2022 2022 2022

中国奶業年鉴

2022

中华人民共和国农业农村部　主管
中国奶业年鉴编辑委员会　　编

中国农业出版社
北　京

图书在版编目（CIP）数据

中国奶业年鉴．2022 / 中华人民共和国农业农村部，中国奶业年鉴编辑委员会编．-- 北京：中国农业出版社，2024.3

ISBN 978-7-109-31865-6

Ⅰ．①中… Ⅱ．①中… ②中… Ⅲ．①乳品工业－中国－2022－年鉴 Ⅳ．①F426.82-54

中国国家版本馆 CIP 数据核字 (2024) 第 066630 号

中国奶业年鉴 2022
ZHONGGUO NAIYE NIANJIAN 2022

中国农业出版社出版
地址：北京市朝阳区麦子店街 18 号楼
邮编：100125
责任编辑：程燕　张雪娇
责任校对：赵硕
印刷：中农印务有限公司
版次：2024 年 3 月第 1 版
印次：2024 年 3 月北京第 1 次印刷
发行：新华书店北京发行所
开本：889mm×1194mm 1/16
印张：35.25　　插页：14
字数：1650 千字
定价：580.00 元

编辑说明

《中国奶业年鉴》是反映我国奶业发展情况的综合性年刊，也是农业农村部年鉴系列中的一部重要产业年鉴，2002 年经原农业部批准由中国奶业协会组织编纂，已经连续出版了 20 卷，2022 卷为第 21 卷。《中国奶业年鉴》自出版发行以来，客观记述了我国奶业的发展历程，反映了奶业生产的实际情况，为行业管理部门制定规划、政策和实施决策提供了依据，为奶业生产经营者提供了技术和数据支持，为广大消费者提供了市场和信息引导，是连续出版的资料性工具书，是中国奶业发展的编年史册，也是奶业行业发展的公报。

《中国奶业年鉴》实行编辑委员会领导下的编辑负责制，编辑委员会由农业农村部等部委和各省（自治区、直辖市）农业农村厅（局）、农委、农牧厅、畜牧局等部门的负责人，中国农业科学院、中国农业大学等院校学者专家以及奶业相关企业人士组成，编辑部设在中国奶业协会。为拓宽《中国奶业年鉴》的服务功能，增强其权威性、史存性、科学性和连续性，《中国奶业年鉴》2012 卷调整了栏目的名称、结构和顺序；2013 卷修订了编纂大纲，增加了条目和附录，细化了条目内容；2014 卷增加了索引，进一步方便读者查阅；2019 卷增加了 D20 奶业部分。农业农村部、海关总署、工业和信息化部相关部门为本卷撰写了有关条目。行业数据主要采用国家统计局、海关总署、国家发展和改革委员会的统计数据，部分数据资料由农业农村部畜牧兽医局、全国畜牧总站、中国奶业协会和中国乳制品工业协会等单位提供。国内数据资料范围仅限于内地30个省（自治区、直辖市）以及新疆生产建设兵团，不包括香港、澳门特别行政区和台湾地区。各地奶业中的数据有些省份采用畜牧行业统计数据，与本年鉴行业统计栏目中数据有差异，请注意引用。

亩、斤、公里、马力均为非法定计量单位。1亩=1/15公顷，1斤=0.5千克，1公里=1千米，1马力≈0.735千瓦。

《中国奶业年鉴》2022卷中各省（自治区、直辖市）按行政区划顺序排列。

《中国奶业年鉴》编辑委员会名单系2023年的最新名单。

《中国奶业年鉴》2022卷所刊载数据一般截至2021年年底，彩插图片、特载等其他部分时效性较强的资料不限于2021年，政策法规及大事记栏目为2022年资料。

《中国奶业年鉴》2022卷的编辑、出版和发行工作得到了各级畜牧兽医行政主管部门、奶业行业协会、国家产业技术体系、科研院校、乳品企业等有关单位和奶业知名专家的大力支持和帮助，在此表示诚挚的感谢！

中国奶业年鉴编辑委员会名单

张军民　中国农业科学院科技局副局长
颜起斌　农业农村部畜牧兽医局防疫处一级调研员
张　超　农业农村部畜牧兽医局奶业处干部
闫奎友　全国畜牧总站奶业与畜产品加工处处长
李蕾蕾　全国畜牧总站体系建设与推广处处长
胡广东　全国畜牧总站饲料行业指导处处长
杨红杰　全国畜牧总站统计信息处处长
王加亭　全国畜牧总站草业处处长
张桂香　全国畜牧总站畜禽种业指导处副处长
张书义　全国畜牧总站奶业与畜产品加工处研究员
周小燕　农业农村部农业机械化总站养殖机械处副处长
史怀平　西北农林科技大学教授
黄　勇　中国农垦经济发展中心副处长
张养东　中国农科院北京畜牧兽医研究所副研究员
赵连生　中国农科院北京畜牧兽医研究所副研究员
李　姣　全国畜牧总站畜禽种业指导处高级畜牧师
姚　琨　国家奶牛产业技术体系首席科学家办公室
肖国庆　国家牧草产业技术体系首席科学家办公室
夏兆刚　中绿华夏有机产品认证中心常务副主任
杨玉琪　光明牧业有限公司市场公关部策划经理

地方特约编辑（按行政区划排序）

任　康　北京市畜牧总站正高级畜牧师
王鸿英　天津市农业发展服务中心畜牧部副部长
李贺峰　河北省奶业协会副秘书长
荆　彪　山西省农业农村厅畜牧兽医局副局长
杨继业　山西省畜禽育种有限公司高级畜牧师
王红柳　内蒙古自治区农牧厅畜牧局奶业处副处长
郑丽杰　辽宁省农业农村厅一级调研员
迟桂凤　吉林省畜牧业管理局二级调研员
杜海涛　黑龙江省奶业协会秘书长
阿晓辉　黑龙江省农业科学院畜牧兽医分院高级畜牧师
钱建国　上海奶业行业协会秘书长
季爱华　上海奶业行业协会主任
朱志谦　江苏省畜牧业协会副秘书长

企业特约编辑

夏志春　北京三元食品股份有限公司政府事务总监
闵　杨　西安银桥乳业科技有限公司行政总监
吴太平　内蒙古圣牧高科牧业有限公司行政总监
韩雪丹　黑龙江飞鹤乳业有限公司对外事务经理
朱福宝　北大荒完达山乳业股份有限公司总经理助理
梁学武　北大荒完达山乳业股份有限公司高级经理
徐涵钰　新希望乳业股份有限公司行政专员
廖晓萍　中地乳业集团有限公司总裁助理
张成柱　济南佳宝乳业有限公司办公室主任
刘享峰　中垦牧乳业（集团）股份有限公司办公室主管
易天雪　河南花花牛乳业集团股份有限公司综合管理部总监
蒋临正　南京卫岗乳业有限公司总裁
李志容　贝因美股份有限公司党委书记、副总经理
吴代锚　广东燕塘乳业股份有限公司投资发展部部长
胡　刚　新疆天润乳业股份有限公司党委副书记、总经理
何水双　福建长富乳品有限公司总经理助理兼总经办主任
傅万夫　辽宁越秀辉山控股股份有限公司办公室总经理兼党群工作部部长
曾令璇　皇氏集团股份有限公司行政经理
李　凯　山东得益乳业股份有限公司总裁助理
何玉婷　新疆西域春乳业有限责任公司办公室主任
狄婷婷　天津嘉立荷牧业集团有限公司行政办公室主任

中国奶业年鉴编辑部

2023 年 7 月 19–21 日，第十四届中国奶业大会、2023 中国奶业 D20 峰会暨 2023 中国奶业展览会在重庆市召开。农业农村部副部长马有祥出席大会并作主旨报告。

第十四届中国奶业大会、2023 中国奶业 D20 峰会暨 2023 中国奶业展览会开幕式现场

第十四届中国奶业大会期间，“山城论剑——2023 中国奶业发展战略高层论坛”在重庆国际博览中心举办。原农业部副部长、中国奶业协会名誉会长、战略发展工作委员会名誉主任高鸿宾作题为《奶业目前的困难和预期》主旨报告。

第十四届中国奶业大会期间，“2023 优质乳工程高峰论坛”在重庆国际博览中心举办。原农业部常务副部长、中国奶业协会原会长刘成果出席论坛并讲话。

中国农业科学院原党组书记、国家食物与营养咨询委员会主任、中国奶业协会战略发展工作委员会名誉副主任陈萌山，在第十四届中国奶业大会、2023 中国奶业 D20 峰会暨 2023 中国奶业展览会开幕式上解读《中国乳制品消费扩容提质指导意见》。

中国工程院院士、中国奶业协会副会长沈建忠在第十四届中国奶业大会、2023 中国奶业 D20 峰会暨 2023 中国奶业展览会开幕式上致辞。

第十四届中国奶业大会、2023 中国奶业 D20 峰会暨 2023 中国奶业展览会开幕式上，由中国奶业协会副会长兼秘书长、战略发展工作委员会秘书长刘亚清主持开场环节，并向大会讲解《中国奶业高质量发展核心指标体系》。

第十四届中国奶业大会、2023 中国奶业 D20 峰会暨 2023 中国奶业展览会开幕式上，由农业农村部畜牧兽医局副局长陈光华主持嘉宾致辞环节。

第十四届中国奶业大会、2023 中国奶业 D20 峰会暨 2023 中国奶业展览会开幕式上，中国工程院院士、中国奶业协会副会长任发政对《中国奶业质量报告（2023）》进行解读。

第十四届中国奶业大会期间，《中国奶牛》创刊 40 周年 400 期主题活动暨第六届荐新论坛在重庆国际博览中心举办。农业农村部食物与营养发展研究所所长、《中国奶牛》原主编王加启研究员出席并称赞《中国奶牛》是一本“未来可期”的杂志。

第十四届中国奶业大会、2023 中国奶业 D20 峰会暨 2023 中国奶业展览会开幕式上，D20 及观察员企业展示高质量发展新成就，彰显昂扬奋进新风貌，整装再出发。

第十四届中国奶业大会、2023 中国奶业 D20 峰会暨 2023 中国奶业展览会开幕式上，中国奶业协会携 120 余家企业共同发布《中国奶业高质量发展重庆宣言》。

中国奶业协会

Dairy Association of China

会员服务指南

宣传服务功能	一般会员单位	理事会员单位	常务理事会员单位	副会长会员单位
首页显示企业 logo				★
“会员之家”首页面链接企业网站			★	★
会员区显示企业 logo（可直链企业网站）	★	★	★	★
发布供求信息（会员板块）	★	★	★	★
协会官网发布信息（会员单位动态、官微、会议通知等）	★	★	★★	★★★
（会员特派“通联员”）新闻推送	★	★	★★	★★★

信息服务功能	一般会员单位	理事会员单位	常务理事会员单位	副会长会员单位
各类电子刊物	★	★	★	★
《中国奶业年鉴》	1 份	1 份	1 份	1 份
《中国奶牛》	1 份	1 份	1 份	1 份
《中国奶业统计摘要》	1 份	1 份	1 份	1 份
《中国奶牛群体遗传改良数据报告》	1 份	1 份	1 份	1 份
协会官方微信号发布信息		★	★★	★★★
会员专属微信群（通联员群）	★	★	★	★
优先在协会自有刊物发表文章（学术类、讯息类）	★核心期刊需根据具体情况而定			
国际奶业讯息（数据资料）	★	★	★	★
奶业数据和行业动态等信息		★	★	★

会展服务功能	一般会员单位	理事会员单位	常务理事会员单位	副会长会员单位
协会主办的各类会议参会优惠	根据具体情况而定			
D20 大会参会邀请	根据具体情况而定			
优先申办《中国奶业大会—专场论坛》	★	★	★	★
优先赞助协会各类大型活动、会议	★	★	★	★
中国奶业展览会展位费	优惠			
中国奶业展览会展位位置（同等条件）	优先等级			
中国奶业展览会微信公众号广告位置	优先等级			
展商专访	优先等级			
参加奶业大会及展会（免费一名）				本人

广告服务功能（有偿）	一般会员单位	理事会员单位	常务理事会员单位	副会长会员单位
优先在协会自有刊物、网络等媒介平台刊登广告	★	★	★	★
中国奶业展览会会刊广告	8 折（广告位置优先选择）			
《中国奶牛》彩色广告	9.5 折		9 折	

培训服务功能	一般会员单位	理事会员单位	常务理事会员单位	副会长会员单位
协会自有培训班项目（支持单位中会员单位优先享有）	（支持单位中）享有参与授课和课程设计权			
行业政策、法规等公益培训	享有听课权			
奶牛生产性能技术指导培训	享有听课权	享有听课权	享有参与权	享有参与权
体型鉴定员备案培训	享有听课权	享有听课权	享有参与权	享有参与权
境外培训学习、考察交流（优先推荐）		★	★★	★★★

专项服务功能	一般会员单位	理事会员单位	常务理事会员单位	副会长会员单位
中国学生饮用奶标志许可使用	符合条件者可依程序优先申请			
学生饮用奶奶源基地认证	符合条件者可依程序优先申请			
奶牛品种登记	★	★	★★	★★★
行业发展动态和趋势咨询	★	★	★★	★★★
中国荷斯坦奶牛遗传评估	★	★	★★	★★★
国际奶业交流（优先邀请）	★	★	★★	★★★
现代奶牛场定级与评价	★	★	★★	★★★
乳制品生产企业现代化等级评价	★	★	★★	★★★

增值服务功能	一般会员单位	理事会员单位	常务理事会员单位	副会长会员单位
为企业定制服务：新品发布、技术推广等活动	★	★	★	★
发起公益活动	★	★	★	★
由协会主办、支持、合作等相关活动特邀免费参会资格	根据活动具体情况，由会员部定向邀请提供服务			
法律服务	设立法务专线，专员对接法务事宜			
评奖（推荐）	行业评选及相关奖项推优工作			

联系方式

中国奶业协会

地址：北京市海淀区圆明园西路 2 号中国农科院牧医所奶业楼（100193）

会员热线：010-62673248　　传真：010-62673942

邮箱：2670911510@qq.com　　http://www.dac.org.cn

中国奶协公众号:DAC-1982

浇灌梦想
托举明天
国家“学生饮用奶计划”
呵护祖国未来
SCHOOL MILK OF CHINA
学
中国学生饮用奶
学生饮用奶唯一专用标志
推广管理机构：中国奶业协会
国家学生饮用奶计划
官方网站：www.schoolmilk.cn
学生饮用奶
学生饮用奶
中国奶业协会乳品工业发展部/国家学生饮用奶计划领导小组办公室
联系电话：010-62673146

目　录

五、D20奶业

六、政策法规

七、科学技术

八、国际奶业

九、奶业大事记

十、行业统计

十一、索　引

一、特　载

TEZAI

中共中央国务院关于做好二〇二三年全面推进乡村振兴重点工作的意见

（二〇二三年一月二日）

党的二十大擘画了以中国式现代化全面推进中华民族伟大复兴的宏伟蓝图。全面建设社会主义现代化国家，最艰巨最繁重的任务仍然在农村。世界百年未有之大变局加速演进，我国发展进入战略机遇和风险挑战并存、不确定难预料因素增多的时期，守好“三农”基本盘至关重要、不容有失。党中央认为，必须坚持不懈把解决好“三农”问题作为全党工作重中之重，举全党全社会之力全面推进乡村振兴，加快农业农村现代化。强国必先强农，农强方能国强。要立足国情农情，体现中国特色，建设供给保障强、科技装备强、经营体系强、产业韧性强、竞争能力强的农业强国。

做好2023年和今后一个时期“三农”工作，要坚持以习近平新时代中国特色社会主义思想为指导，全面贯彻落实党的二十大精神，深入贯彻落实习近平总书记关于“三农”工作的重要论述，坚持和加强党对“三农”工作的全面领导，坚持农业农村优先发展，坚持城乡融合发展，强化科技创新和制度创新，坚决守牢确保粮食安全、防止规模性返贫等底线，扎实推进乡村发展、乡村建设、乡村治理等重点工作，加快建设农业强国，建设宜居宜业和美乡村，为全面建设社会主义现代化国家开好局起好步打下坚实基础。

一、抓紧抓好粮食和重要农产品稳产保供

（一）全力抓好粮食生产。确保全国粮食产量保持在1.3万亿斤*以上，各省（自治区、直辖市）都要稳住面积、主攻单产、力争多增产。全方位夯实粮食安全根基，强化藏粮于地、藏粮于技的物质基础，健全农民种粮挣钱得利、地方抓粮担责尽义的机制保障。实施新一轮千亿斤粮食产能提升行动。开展吨粮田创建。推动南方省份发展多熟制粮食生产，鼓励有条件的地方发展再生稻。支持开展小麦“一喷三防”。实施玉米单产提升工程。继续提高小麦最低收购价，合理确定稻谷最低收购价，稳定稻谷补贴，完善农资保供稳价应对机制。健全主产区利益补偿机制，增加产粮大县奖励资金规模。逐步扩大稻谷小麦玉米完全成本保险和种植收入保险实施范围。实施好优质粮食工程。鼓励发展粮食订单生产，实现优质优价。严防“割青毁粮”。严格省级党委和政府耕地保护和粮食安全责任制考核。推动出台粮食安全保障法。

（二）加力扩种大豆油料。深入推进大豆和油料产能提升工程。扎实推进大豆玉米带状复合种植，支持东北、黄淮海地区开展粮豆轮作，稳步开发利用盐碱地种植大豆。完善玉米大豆生产者补贴，

* 斤为非法定计量单位，1斤=500克。——编者注

实施好大豆完全成本保险和种植收入保险试点。统筹油菜综合性扶持措施，推行稻油轮作，大力开发利用冬闲田种植油菜。支持木本油料发展，实施加快油茶产业发展三年行动，落实油茶扩种和低产低效林改造任务。深入实施饲用豆粕减量替代行动。

（三）发展现代设施农业。实施设施农业现代化提升行动。加快发展水稻集中育秧中心和蔬菜集约化育苗中心。加快粮食烘干、农产品产地冷藏、冷链物流设施建设。集中连片推进老旧蔬菜设施改造提升。推进畜禽规模化养殖场和水产养殖池塘改造升级。在保护生态和不增加用水总量前提下，探索科学利用戈壁、沙漠等发展设施农业。鼓励地方对设施农业建设给予信贷贴息。

（四）构建多元化食物供给体系。树立大食物观，加快构建粮经饲统筹、农林牧渔结合、植物动物微生物并举的多元化食物供给体系，分领域制定实施方案。建设优质节水高产稳产饲草料生产基地，加快苜蓿等草产业发展。大力发展青贮饲料，加快推进秸秆养畜。发展林下种养。深入推进草原畜牧业转型升级，合理利用草地资源，推进划区轮牧。科学划定限养区，发展大水面生态渔业。建设现代海洋牧场，发展深水网箱、养殖工船等深远海养殖。培育壮大食用菌和藻类产业。加大食品安全、农产品质量安全监管力度，健全追溯管理制度。

（五）统筹做好粮食和重要农产品调控。加强粮食应急保障能力建设。强化储备和购销领域监管。落实生猪稳产保供省负总责，强化以能繁母猪为主的生猪产能调控。严格"菜篮子"市长负责制考核。完善棉花目标价格政策。继续实施糖料蔗良种良法技术推广补助政策。完善天然橡胶扶持政策。加强化肥等农资生产、储运调控。发挥农产品国际贸易作用，深入实施农产品进口多元化战略。深入开展粮食节约行动，推进全链条节约减损，健全常态化、长效化工作机制。提倡健康饮食。

二、加强农业基础设施建设

（六）加强耕地保护和用途管控。严格耕地占补平衡管理，实行部门联合开展补充耕地验收评定和"市县审核、省级复核、社会监督"机制，确保补充的耕地数量相等、质量相当、产能不降。严格控制耕地转为其他农用地。探索建立耕地种植用途管控机制，明确利用优先序，加强动态监测，有序开展试点。加大撂荒耕地利用力度。做好第三次全国土壤普查工作。

（七）加强高标准农田建设。完成高标准农田新建和改造提升年度任务，重点补上土壤改良、农田灌排设施等短板，统筹推进高效节水灌溉，健全长效管护机制。制定逐步把永久基本农田全部建成高标准农田的实施方案。加强黑土地保护和坡耕地综合治理。严厉打击盗挖黑土、电捕蚯蚓等破坏土壤行为。强化干旱半干旱耕地、红黄壤耕地产能提升技术攻关，持续推动由主要治理盐碱地适应作物向更多选育耐盐碱植物适应盐碱地转变，做好盐碱地等耕地后备资源综合开发利用试点。

（八）加强水利基础设施建设。扎实推进重大水利工程建设，加快构建国家水网骨干网络。加快大中型灌区建设和现代化改造。实施一批中小型水库及引调水、抗旱备用水源等工程建设。加强田间地头渠系与灌区骨干工程连接等农田水利设施建设。支持重点区域开展地下水超采综合治理，推进黄河流域农业深度节水控水。在干旱半干旱地区发展高效节水旱作农业。强化蓄滞洪区建设管理、中小河流治理、山洪灾害防治，加快实施中小水库除险加固和小型水库安全监测。深入推进农业水价综合改革。

（九）强化农业防灾减灾能力建设。研究开展新一轮农业气候资源普查和农业气候区划工作。优化完善农业气象观测设施站网布局，分区域、分灾种发布农业气象灾害信息。加强旱涝灾害防御体系建设和农业生产防灾救灾保障。健全基层动植物疫病虫害监测预警网络。抓好非洲猪瘟等重大动物疫病常态化防控和重点人兽共患病源头防控。提升重点区域森林草原火灾综合防控水平。

三、强化农业科技和装备支撑

（十）推动农业关键核心技术攻关。坚持产业需求导向，构建梯次分明、分工协作、适度竞争的农业科技创新体系，加快前沿技术突破。支持农业领域国家实验室、全国重点实验室、制造业创新中心等平台建设，加强农业基础性长期性观测实验站（点）建设。完善农业科技领域基础研究稳定支持机制。

（十一）深入实施种业振兴行动。完成全国农业种质资源普查。构建开放协作、共享应用的种质资源精准鉴定评价机制。全面实施生物育种重大项目，扎实推进国家育种联合攻关和畜禽遗传改良计划，加快培育高产高油大豆、短生育期油菜、耐盐碱作物等新品种。加快玉米大豆生物育种产业化步伐，有序扩大试点范围，规范种植管理。

（十二）加快先进农机研发推广。加紧研发大型智能农机装备、丘陵山区适用小型机械和园艺机械。支持北斗智能监测终端及辅助驾驶系统集成应用。完善农机购置与应用补贴政策，探索与作业量挂钩的补贴办法，地方要履行法定支出责任。

（十三）推进农业绿色发展。加快农业投入品减量增效技术推广应用，推进水肥一体化，建立健全秸秆、农膜、农药包装废弃物、畜禽粪污等农业废弃物收集利用处理体系。推进农业绿色发展先行区和观测试验基地建设。健全耕地休耕轮作制度。加强农用地土壤镉等重金属污染源头防治。强化受污染耕地安全利用和风险管控。建立农业生态环境保护监测制度。出台生态保护补偿条例。严格执行休禁渔期制度，实施好长江十年禁渔，巩固退捕渔民安置保障成果。持续开展母亲河复苏行动，科学实施农村河湖综合整治。加强黄土高原淤地坝建设改造。加大草原保护修复力度。巩固退耕还林还草成果，落实相关补助政策。严厉打击非法引入外来物种行为，实施重大危害入侵物种防控攻坚行动，加强"异宠"交易与放生规范管理。

四、巩固拓展脱贫攻坚成果

（十四）坚决守住不发生规模性返贫底线。压紧压实各级巩固拓展脱贫攻坚成果责任，确保不松劲、不跑偏。强化防止返贫动态监测。对有劳动能力、有意愿的监测户，落实开发式帮扶措施。健全分层分类的社会救助体系，做好兜底保障。巩固提升"三保障"和饮水安全保障成果。

（十五）增强脱贫地区和脱贫群众内生发展动力。把增加脱贫群众收入作为根本要求，把促进脱贫县加快发展作为主攻方向，更加注重扶志扶智，聚焦产业就业，不断缩小收入差距、发展差距。中央财政衔接推进乡村振兴补助资金用于产业发展的比重力争提高到60%以上，重点支持补上技术、设施、营销等短板。鼓励脱贫地区有条件的农户发展庭院经济。深入开展多种形式的消费帮扶，持续推进消费帮扶示范城市和产地示范区创建，支持脱贫地区打造区域公用品牌。财政资金和帮扶资金支持的经营性帮扶项目要健全利益联结机制，带动农民增收。管好用好扶贫项目资产。深化东西部劳务协作，实施防止返贫就业攻坚行动，确保脱贫劳动力就业规模稳定在3 000万人以上。持续运营好就业帮扶车间和其他产业帮扶项目。充分发挥乡村公益性岗位就业保障作用。深入开展"雨露计划+"就业促进行动。在国家乡村振兴重点帮扶县实施一批补短板促振兴重点项目，深入实施医疗、教育干部人才"组团式"帮扶，更好发挥驻村干部、科技特派员产业帮扶作用。深入开展巩固易地搬迁脱贫成果专项行动和搬迁群众就业帮扶专项行动。

（十六）稳定完善帮扶政策。落实巩固拓展脱贫攻坚成果同乡村振兴有效衔接政策。开展国家乡村振兴重点帮扶县发展成效监测评价。保持脱贫地区信贷投放力度不减，扎实做好脱贫人口小额信贷工作。按照市场化原则加大对帮扶项目的金融支持。深化东西部协作，组织东部地区经济较发达县（市、区）与脱贫县开展携手促振兴行动，带动脱贫县更多承接和发展劳动密集型产业。持续做好中央单位定点帮扶，调整完善结对关系。深入推进“万企兴万村”行动。研究过渡期后农村低收入人口和欠发达地区常态化帮扶机制。

五、推动乡村产业高质量发展

（十七）做大做强农产品加工流通业。实施农产品加工业提升行动，支持家庭农场、农民合作社和中小微企业等发展农产品产地初加工，引导大型农业企业发展农产品精深加工。引导农产品加工企业向产地下沉、向园区集中，在粮食和重要农产品主产区统筹布局建设农产品加工产业园。完善农产品流通骨干网络，改造提升产地、集散地、销地批发市场，布局建设一批城郊大仓基地。支持建设产地冷链集配中心。统筹疫情防控和农产品市场供应，确保农产品物流畅通。

（十八）加快发展现代乡村服务业。全面推进县域商业体系建设。加快完善县乡村电子商务和快递物流配送体系，建设县域集采集配中心，推动农村客货邮融合发展，大力发展共同配送、即时零售等新模式，推动冷链物流服务网络向乡村下沉。发展乡村餐饮购物、文化体育、旅游休闲、养老托幼、信息中介等生活服务。鼓励有条件的地区开展新能源汽车和绿色智能家电下乡。

（十九）培育乡村新产业新业态。继续支持创建农业产业强镇、现代农业产业园、优势特色产业集群。支持国家农村产业融合发展示范园建设。深入推进农业现代化示范区建设。实施文化产业赋能乡村振兴计划。实施乡村休闲旅游精品工程，推动乡村民宿提质升级。深入实施“数商兴农”和“互联网＋”农产品出村进城工程，鼓励发展农产品电商直采、定制生产等模式，建设农副产品直播电商基地。提升净菜、中央厨房等产业标准化和规范化水平。培育发展预制菜产业。

（二十） 培育壮大县域富民产业。完善县乡村产业空间布局，提升县城产业承载和配套服务功能，增强重点镇集聚功能。实施“一县一业”强县富民工程。引导劳动密集型产业向中西部地区、向县域梯度转移，支持大中城市在周边县域布局关联产业和配套企业。支持国家级高新区、经开区、农高区托管联办县域产业园区。

六、拓宽农民增收致富渠道

（二十一）促进农民就业增收。强化各项稳岗纾困政策落实，加大对中小微企业稳岗倾斜力度，稳定农民工就业。促进农民工职业技能提升。完善农民工工资支付监测预警机制。维护好超龄农民工就业权益。加快完善灵活就业人员权益保障制度。加强返乡入乡创业园、农村创业孵化实训基地等建设。在政府投资重点工程和农业农村基础设施建设项目中推广以工代赈，适当提高劳务报酬发放比例。

（二十二）促进农业经营增效。深入开展新型农业经营主体提升行动，支持家庭农场组建农民合作社、合作社根据发展需要办企业，带动小农户合作经营、共同增收。实施农业社会化服务促进行动，大力发展代耕代种、代管代收、全程托管等社会化服务，鼓励区域性综合服务平台建设，促进农业节本增效、提质增效、营销增效。引导土地经营权有序流转，发展农业适度规模经营。总结地方“小田并大田”等经验，探索在农民自愿前提下，结合农田建设、土地整治逐步解决细碎化问题。完善社会资本投资农业农村指引，加强资本下乡引入、使用、退出的全过程监管。健全社会资本通过流转取得土地经营权的资格审查、项目审核和风险防范制度，切实保障农民利益。坚持为农服务和政事分开、社企分开，持续深化供销合作社综合改革。

（二十三）赋予农民更加充分的财产权益。深化农村土地制度改革，扎实搞好确权，稳步推进赋权，有序实现活权，让农民更多分享改革红利。研究制定第二轮土地承包到期后再延长30年试点工作指导意见。稳慎推进农村宅基地制度改革试点，切实摸清底数，加快房地一体宅基地确权登记颁证，加强规范管理，妥善化解历史遗留问题，探索宅基地“三权分置”有效实现形式。深化农村集体经营性建设用地入市试点，探索建立兼顾国家、农村集体经济组织和农民利益的土地增值收益有效调节机制。保障进城落户农民合法土地权益，鼓励依法自愿有偿转让。巩固提升农村集体产权制度改革成果，构建产权关系明晰、治理架构科学、经营方式稳健、收益分配合理的运行机制，探索资源发包、物业出租、居间服务、资产参股等多样化途径发展新型农村集体经济。健全农村集体资产监管体系。保障妇女在农村集体经济组织中的合法权益。继续深化集体林权制度改革。深入推进农村综合改革试点示范。

七、扎实推进宜居宜业和美乡村建设

（二十四）加强村庄规划建设。坚持县域统筹，支持有条件有需求的村庄分区分类编制村庄规划，合理确定村庄布局和建设边界。将村庄规划纳入村级议事协商目录。规范优化乡村地区行政区划设置，严禁违背农民意愿撤并村庄、搞大社区。推进以乡镇为单元的全域土地综合整治。积极盘活存量集体建设用地，优先保障农民居住、乡村基础设施、公共服务空间和产业用地需求，出台乡村振兴用地政策指南。编制村容村貌提升导则，立足乡土特征、地域特点和民族特色提升村庄风貌，防止大拆大建、盲目建牌楼亭廊“堆盆景”。实施传统村落集中连片保护利用示范，建立完善传统村落调查认定、撤并前置审查、灾毁防范等制度。制定农村基本具备现代生活条件建设指引。

（二十五）扎实推进农村人居环境整治提升。加大村庄公共空间整治力度，持续开展村庄清洁行动。巩固农村户厕问题摸排整改成果，引导农民开展户内改厕。加强农村公厕建设维护。以人口集中村镇和水源保护区周边村庄为重点，分类梯次推进农村生活污水治理。推动农村生活垃圾源头分类减量，及时清运处置。推进厕所粪污、易腐烂垃圾、有机废弃物就近就地资源化利用。持续开展爱国卫生运动。

（二十六）持续加强乡村基础设施建设。加强农村公路养护和安全管理，推动与沿线配套设施、产业园区、旅游景区、乡村旅游重点村一体化建设。推进农村规模化供水工程建设和小型供水工程标准化改造，开展水质提升专项行动。推进农村电网巩固提升，发展农村可再生能源。支持农村危房改造和抗震改造，基本完成农房安全隐患排查整治，建立全过程监管制度。开展现代宜居农房建设示范。深入实施数字乡村发展行动，推动数字化应用场景研发推广。加快农业农村大数据应用，推进智慧农业发展。落实村庄公共基础设施管护责任。加强农村应急管理基础能力建设，深入开展乡村交通、消防、经营性自建房等重点领域风险隐患治理攻坚。

（二十七）提升基本公共服务能力。推动基本公共服务资源下沉，着力加强薄弱环节。推进县域内义务教育优质均衡发展，提升农村学校办学水平。落实乡村教师生活补助政策。推进医疗卫生资源县域统筹，加强乡村两级医疗卫生、医疗保障服务能力建设。统筹解决乡村医生薪酬分配和待遇保障问题，推进乡村医生队伍专业化规范化。提高农村传染病防控和应急处置能力。做好农村新冠疫情防控工作，层层压实责任，加强农村老幼病残孕等重点人群医疗保障，最大程度维护好农村居民身体健康和正常生产生活秩序。优化低保审核确认流程，确保符合条件的困难群众“应保尽保”。深化农村社会工作服务。加快乡镇区域养老服务中心建设，推广日间照料、互助养老、探访关爱、老年食堂等养老服务。实施农村妇女素质提升计划，加强农村未成年人保护工作，健全农村残疾人社会保障制度和关爱服务体系，关心关爱精神障碍人员。

八、健全党组织领导的乡村治理体系

（二十八）强化农村基层党组织政治功能和组织功能。突出大抓基层的鲜明导向，强化县级党委抓乡促村责任，深入推进抓党建促乡村振兴。全面培训提高乡镇、村班子领导乡村振兴能力。派强用好驻村第一书记和工作队，强化派出单位联村帮扶。开展乡村振兴领域腐败和作风问题整治。持续开展市县巡察，推动基层纪检监察组织和村务监督委员会有效衔接，强化对村干部全方位管理和经常性监督。对农村党员分期分批开展集中培训。通过设岗定责等方式，发挥农村党员先锋模范作用。

（二十九）提升乡村治理效能。坚持以党建引领乡村治理，强化县乡村三级治理体系功能，压实县级责任，推动乡镇扩权赋能，夯实村级基础。全面落实县级领导班子成员包乡走村、乡镇领导班子成员包村联户、村干部经常入户走访制度。健全党组织领导的村民自治机制，全面落实“四议两公开”制度。加强乡村法治教育和法律服务，深入开展“民主法治示范村（社区）”创建。坚持和发展新时代“枫桥经验”，完善社会矛盾纠纷多元预防调处化解机制。完善网格化管理、精细化服务、信息化支撑的基层治理平台。推进农村扫黑除恶常态化。开展打击整治农村赌博违法犯罪专项行动。依法严厉打击侵害农村妇女儿童权利的违法犯罪行为。完善推广积分制、清单制、数字化、接诉即办等务实管用的治理方式。深化乡村治理体系建设试点，组织开展全国乡村治理示范村镇创建。

（三十）加强农村精神文明建设。深入开展社会主义核心价值观宣传教育，继续在乡村开展听党话、感党恩、跟党走宣传教育活动。深化农村群众性精神文明创建，拓展新时代文明实践中心、县级融媒体中心等建设，支持乡村自办群众性文化活动。注重家庭家教家风建设。深入实施农耕文化传承保护工程，加强重要农业文化遗产保护利用。办好中国农民丰收节。推动各地因地制宜制定移风易俗规范，强化村规民约约束作用，党员、干部带头示范，扎实开展高价彩礼、大操大办等重点领域突出问题专项治理。推进农村丧葬习俗改革。

九、强化政策保障和体制机制创新

（三十一）健全乡村振兴多元投入机制。坚持把农业农村作为一般公共预算优先保障领域，压实地方政府投入责任。稳步提高土地出让收益用于农业农村比例。将符合条件的乡村振兴项目纳入地方政府债券支持范围。支持以市场化方式设立乡村振兴基金。健全政府投资与金融、社会投入联动机制，鼓励将符合条件的项目打捆打包按规定由市场主体实施，撬动金融和社会资本按市场化原则更多投向农业农村。用好再贷款再贴现、差别化存款准备金、差异化金融监管和考核评估等政策，推动金融机构增加乡村振兴相关领域贷款投放，重点保障粮食安全信贷资金需求。引导信贷担保业务向农业农村领域倾斜，发挥全国农业信贷担保体系作用。加强农业信用信息共享。发挥多层次资本市场支农作用，优化“保险＋期货”。加快农村信用社改革化险，推动村镇银行结构性重组。鼓励发展渔业保险。

（三十二）加强乡村人才队伍建设。实施乡村振兴人才支持计划，组织引导教育、卫生、科技、文化、社会工作、精神文明建设等领域人才到基层一线服务，支持培养本土急需紧缺人才。实施高素质农民培育计划，开展农村创业带头人培育行动，提高培训实效。大力发展面向乡村振兴的职业教育，深化产教融合和校企合作。完善城市专业技术人才定期服务乡村激励机制，对长期服务乡村的在职务晋升、职称评定方面予以适当倾斜。引导城市专业技术人员入乡兼职兼薪和离岗创业。允许符合一定条件的返乡回乡下乡就业创业人员在原籍地或就业创业地落户。继续实施农村订单定向医学生免费培养项目、教师“优师计划”“特岗计划”“国培计划”，实施“大学生乡村医生”专项计划。实施乡村振兴巾帼行动、青年人才开发行动。

（三十三）推进县域城乡融合发展。健全城乡融合发展体制机制和政策体系，畅通城乡要素流动。统筹县域城乡规划建设，推动县城城镇化补短板强弱项，加强中心镇市政、服务设施建设。深入推进县域农民工市民化，建立健全基本公共服务同常住人口挂钩、由常住地供给机制。做好农民工金融服务工作。梯度配置县乡村公共资源，发展城乡学校共同体、紧密型医疗卫生共同体、养老服务联合体，推动县域供电、供气、电信、邮政等普遍服务类设施城乡统筹建设和管护，有条件的地区推动市政管网、乡村微管网等往户延伸。扎实开展乡村振兴示范创建。

办好农村的事，实现乡村振兴，关键在党。各级党委和政府要认真学习宣传贯彻党的二十大精神，学深悟透习近平总书记关于“三农”工作的重要论述，把“三农”工作摆在突出位置抓紧抓好，不断提高“三农”工作水平。加强工作作风建设，党员干部特别是领导干部要树牢群众观点，贯彻群众路线，多到基层、多接地气，大兴调查研究之风。发挥农民主体作用，调动农民参与乡村振兴的积极性、主动性、创造性。强化系统观念，统筹解决好“三农”工作中两难、多难问题，把握好工作时度效。深化纠治乡村振兴中的各类形式主义、官僚主义等问题，切实减轻基层迎评送检、填表报数、过度留痕等负担，推动基层把主要精力放在谋发展、抓治理和为农民群众办实事上。全面落实乡村振兴责任制，坚持五级书记抓，统筹开展乡村振兴战略实绩考核、巩固拓展脱贫攻坚成果同乡村振兴有效衔接考核评估，将抓党建促乡村振兴情况作为市县乡党委书记抓基层党建述职评议考核的重要内容。加强乡村振兴统计监测。制定加快建设农业强国规划，做好整体谋划和系统安排，同现有规划相衔接，分阶段扎实稳步推进。

让我们紧密团结在以习近平同志为核心的党中央周围，坚定信心、踔厉奋发、埋头苦干，全面推进乡村振兴，加快建设农业强国，为全面建设社会主义现代化国家、全面推进中华民族伟大复兴做出新的贡献。

（新华社北京2月13日电）

高标准严监管 全产业链发力 创新乳品消费的个性化需求*

一是要种好草，养好牛，筑牢产业根基。汇聚资源、技术等手段，夯实奶源基地建设，以节本增效为目标，提升规模养殖场草畜配套率、资源利用率和数字化应用率，持续开展振兴奶业苜蓿发展行动，扩大粮改饲政策实施范围，全面普及青贮饲用玉米饲养技术，提升苜蓿、燕麦等优质饲草的普及率，持续推进奶牛营养改良，扩大奶牛生产性能测定范围，完善奶牛育种数据平台，加大对国家奶牛核心育种场的支持，增强良种的自主供应能力。

二是高标准，严监管，守住安全底线。乳品质量安全要对标“四个最严”的要求，修订完善乳品质量安全标准体系，落实生产经营者安全生产第一责任，加强对生鲜乳收购站和生鲜乳运输车的精准化、全时段的管理，运用信息化、智能化监管，建立健全养殖、加工、流通等全过程乳品质量安全追溯体系，加强部门协作，全面推行“双随机一公开”，推进监管信息互查、共享，合力保障乳制品的质量安全。

三是补短板，稳链接，健全产业链条。支持乳品企业提高自有奶源的比例，提高产业链前端原料供应的稳定性，鼓励有条件的奶农拓展自我发展能力，结合休闲观光、乡村文旅发展民族特色乳制品加工，延伸产业链，提升价值链，推动主产省建立健全生鲜乳价格协商机制，督促购销双方签订和履行规范的生鲜乳收购合同，推进第三方检测试点，保障养殖加工合理收益，加快奶酪、乳清等生产工艺和设备创新，支持扩大乳清乳糖等干乳制品生产，推动全产业链收益共享、风险共担的互利互补格局，保证产业链供应链的稳定。

四是调结构，抓科普，促进供需适配。深入研究乳品消费变化的新趋势和新特点，进一步优化产品供给结构，巩固常温液态奶市场，发挥低温奶新鲜优势，挖掘低温奶的市场潜力。普及乳制品营养知识，展示国产乳制品的良好品质，推广国家学生饮用奶计划，加大食育等健康教育内容。加快研发适合国人的奶酪等干乳制品，鼓励发展民族奶食品，加大优质平价为基础的供给，提高乳品供需的适配度。创新乳品消费形式，在稳固线下消费模式的基础上，积极发展新型营销模式，满足群众方便、快捷、个性化的乳制品消费需求。

---

*《高标准严监管 全产业链发力 创新乳品消费的个性化需求》一文，是 2022 年 9 月 6 日，农业农村部和中国奶业协会在山东省济南市共同举办的第十三届中国奶业大会上，农业农村部副部长马有祥的主旨演讲摘要。标题为中国奶业年鉴编辑部所加。

后疫情时代更要坚定奶业发展信心*

一是关于对中国奶业的认识。这几年国际、国内形势波云诡谲、严峻复杂，对中国社会和经济发展造成严重的影响和冲击，充满了各种各样的不确定性。但是，在这么多不确定性和不利因素当中，有一个意外之喜就是这两年消费者对奶制品的需求有前所未有的大幅度增长。2019 年全国人均奶制品消费量 35.8kg，到 2020 年新冠疫情爆发之后上升到 38.3kg，增长 7%。到 2021 年，又上升到 42.3kg，一年增加 4kg，增长了 10.4%，远远超过近十年每年 3.6% 的平均增长速度。市场的消费、需求的上升也推动了奶业价格的上涨。世界粮农组织统计，2021 年全球奶制品价格（指数）上涨 17%。反过来，需求和价格又反作用于供给。2021 年和 2019 年比较，全国奶类产量总量增加 480 万 t，两年平均增长 7%。今年上半年又增长 8.4%。同时全国的奶业企业效益普遍增加，全国规模以上奶制品加工企业主营收入增加 740 亿元，每年平均增长 9%。今年上半年年报显示，全国 34 家奶制品上市企业，27 家主营收入大幅度增长，只有 7 家下滑。伊利突破 1 000 亿元，蒙牛 900 多亿元，都进入了全球前十强。伊利更是进入前五名，在亚洲雄踞第一。现代牧业上半年销售收入我这儿的数字是 56.32 亿元，同比增加 77%，净利润增加 49%。优然牧业营业收入增长近 20%，总奶牛存栏数量 44 万头。

新冠疫情确实有非常严重的破坏性，但是它意外推动了消费者对健康食品的关注，让消费者直接认识和感受到牛奶的营养价值和提高人体免疫力的重要作用。疫情期间，各地保供名录当中，牛奶已经成为和粮食、肉类、蔬菜并列的保供品。三年的疫情，牛奶已经逐步转变为不可或缺的必备食品，成为广大消费者的基本需求。这是一个历史性的根本转变，是一个质的提升。随着大家对奶制品认识的提高和深化，奶业地位会进一步巩固和提高。从产业发展角度讲，消费增长就是底气，市场的扩大就是底气，所以我们要对奶业发展有信心，因为我们有足够的底气。

二是关于中国奶业的发展目标。中国奶业发展的基本目标是什么？往大了说，是满足人民群众日益增长的美好生活需要，具体说是满足人民群众对营养、安全、充裕食物的追求。现在奶制品消费的主体主要是青少年和青壮年，在城市和人民收入水平不断提高的情况下，要真正端住、端牢中国人的饭碗，那碗里不光要有粮，也得有菜，还得有肉，也必须有奶。所以我们现在需要强调的不仅仅是粮食安全，更重要的是从实际出发，从更高层次上强调食物安全，这叫真正的国之大者。

从食物安全的角度看，中国奶业发展的目标就是努力满足中国人民群众对奶制品的基本需求。从宏观上看，这些年有的企业在海外收了一些公司和企业，建了一些基地，甚至也出口了一些奶制品，无碍大局。从全局看，这不过是拾遗补缺。我们更关注的是怎样满足国内消费者对奶制品的基本需求。现在我们说的基本需求，就是 70% 的奶业自给率。由于主观和客观的条件，历史和现实的约束，完全依靠我们自己的力量，全部满足国内对奶制品的需求不现实，因此我们只能说满足基本需求。2021 年，全国奶类总供给量为 6 007t，但是国内的奶业总产量是 3 778 万 t，进口乳制品 2 229 万 t，

*《后疫情时代更要坚定奶业发展信心》一文，是 2022 年 9 月 5 日在山东济南举行的世纪变局下中国奶业发展之道暨成果发布与新研究课题启动会上，原农业部副部长、中国奶业协会名誉会长、战略发展工作委员会名誉主任高鸿宾所作的主旨报告摘编。

自给率为 62.9%，进口占了 37.1%。国家公布的《中国居民膳食指南（2022 年）》要求乳制品的每天摄入量是 300~500g。按下限算，全国奶类总的需求量是 1.5 亿 t，如果按照目前 62.9% 的自给率，需要 5 657 万 t 的产量。

当然还有另外一个算法。按目前奶类消费需求的平均增长水平，按最近每年 4% 的增长率算，到 2025 年全国人均奶类占有量接近 50kg（49.5kg），总需求量是 6 930 万 t，比 2021 年增加 923 万 t，三分之一靠进口的话，进口得增加 308 万 t。现在我们也讲贸易全球化，世界命运共同体。但是实际情况是 2021 年我们进口的乳制品折合液态奶已经占到全球贸易总量的 32%，一个国家拿下了世界奶制品贸易总量的三分之一。如果按照目前 4% 增长率算，2025 年奶制品进口量要占到全球贸易总量的 36%。现在乳制品的出口国主要是新西兰、澳大利亚、美国、欧盟，但是 3~5 年以后，牛奶的主要增产国家是印度和南亚。粮农组织预测到 2031 年，十年以后，全球牛奶产量将达到 10.6 亿 t，增产的三分之一以上来自印度和南亚。

可以肯定地说，在目前世界发展充满不确定性的情况下，互通有无，拾遗补缺可以，但是完全依靠进口满足国内的需求绝对不可能。因此 70% 的自给率是底线，也是中国奶业的奋斗目标，是不可推卸的历史责任。未来国家的食品安全关乎广大群众的福祉，在座的各位，重任在肩。

三是关于中国奶业发展的基本途径。奶业发展有两条路可供选择，一条是扩大规模，走外沿式发展之路，这是传统的路。一条是降本增效，转型升级，走高质量发展的途径。增加数量、扩大规模是必要的，但是有限度。现在的现实是传统粗放的畜牧业必须进行改造，必须走转型升级之路。我们已经向世界承诺 2030 年碳达峰，2060 年碳中和，实现双碳目标。粮农组织计算，现在畜牧业排放的温室气体每年是 71 万 t，占到总的温室气体排放量的 14.5%。在这当中奶牛的排放量占到 20%。实现双碳目标是正确的，但是也不能因噎废食，限制奶牛养殖业发展。虽然目前实现双碳目标强化环保还没有让我们感到现实的压力，没有切肤之痛，但必须未雨绸缪，从长计议，现在开始就得做好充分的准备。

发展奶业只能转变传统的生产方式，改变粗放的生产形式，主要走以提高单产为主的降本增效，科技创新之路。粮农组织测算，过去十年，奶牛单产提高对全球产量的贡献远远大于奶牛牛群存栏规模的扩大。其中北美表现得最突出，美国和加拿大存栏基本没变，但是产量增加。产量增加的主要原因是单产提高，饲养重点高产的专业牛群，使用饲料少。单产提高的主要措施是养殖场生产系统的优化、动物健康、改进饲料效率和遗传育种。这些年我们在这方面已经有了很大的发展、长足的进步。全国的规模化养殖比例已经达到 70%，比五年前增长 33.8%。单产已达 8.7t，规模化、标准化、集约化已经成为行业主流。但是客观来说，我们和发达国家还有很大差距，有差距就意味着有巨大的发展空间和潜力，所以我们的企业千万不能固步自封，不能自以为是，必须以更加开放、更加谦虚的态度去学习、借鉴、吸收、引进可以促进和提高我们自己发展的东西，特别是高产奶牛的遗传育种、饲喂和奶制品深度加工技术等，甚至也包括奶业生产加工的机械制造。国内企业可以相互学习，相互借鉴，但更多的是要向奶业发达国家学习。

四是关于中国奶业的发展趋势。目前国际环境日益恶化，充满不确定性。国内经济需求萎缩，供给冲击。尽管现在局势扑朔迷离，严峻复杂，但是对中国奶业来说，刚性需求还在，基本消费还在，14 亿人的国内大市场的基本需求还在，这就是我们对未来预期的基础，是我们信心的底气。

一个行业发展是一个长期的过程，循序渐进。在这个过程中，成败进退不完全取决于你是不是努力，是不是聪明，关键是现在做正确的事比正确地做事更重要，关键看是不是抓住了窗口期，抓住了风口。从奶业发展的情况看，要么有颠覆性的技术革命，要么是供需存在巨大的差距和缺口。从近一百年奶业的发展史看，真算得上窗口期和风口的，也就是改革开放以后八九十年代，也可能包括 21 世纪初那几年，奶业那时为何能够发展？其实奶业作为一个产业，在发达国家已经达到很高水准，有完整的产业链。但是国内经济腾飞，收入增加，生活改善，奶制品又供给极度短缺，技术储备够了，国内缺口存在，在这种国外行业科学技术储备充分，国内存在大缺口的背景下，中国奶业得到了迅速发展。那时老资格老牌企业三元、光明，包括完达山都有快速的发展，更有那些新的企业，蒙牛、三鹿、现代牧业横空出世，迅速崛起。特别是当年生产常温奶的企业更是以席卷天下之势开拓了城乡市场。我认为中国奶业现在进入了一个循序渐进、行稳致远发展的新阶段。中国这样，全世界也是这样。FAO 预测，未来十年全球奶类生产将以平均每年 1.8% 的速度增长，消费量增长均速为每年 1.4%。可能各个国家有点区别，中低收入的高一点，发达国家低一点。行业格局可能会发生明显的变化，未来肯定是一个优胜劣汰的过程，企业数量会减少，但是技术会进步，效率会提高，这种变化在前几年已经开始了，今后还会继续。

从 2008—2018 年这十年，全国奶业的企业从 815 家减少到 587 家，淘汰了将近三分之一。在企业、行业格局重塑的情况下，比的不是规模大小，挣钱多少，是不是上市，有没有名气，大有大的优势，小有小的精彩，关键看谁走得更远。坚持下去靠什么？一靠市场，二靠企业的核心竞争力。持续发展的企业必定首先有一个稳定可靠的市场，更要有一个团结一心昂扬向上的团队。要有产品创新、技术创新、商业模式创新、组织管理创新的能力，这叫企业的核心竞争力，是企业发展的基础和关键。在未来的发展中，企业一定要有不折不挠坚韧不拔的精神，在行业里深耕，苦心练剑，那样我们才会走得更远更稳更好。

奶业在大食物观中的地位与发展机遇*

为了应对国际风险挑战、顺应社会需求变化、适应农业高质量发展要求，大食物观应运而生。践行大食物观，要以粮食为基础，从更广的维度把握粮食安全，要以新发展理念为指引，加快构建可持续的食物系统。乳制品是大食物的重要组成，大食物观的提出为奶业加快发展提供了新的机遇。我国城乡居民从20世纪80年代至今，人均每日蛋白质摄入量在65g左右波动，尚未达到膳食指南推荐的标准要求，蛋白质摄入不足的人群比例仍然很高。2021年我国奶类蛋白仅占动物蛋白的9.0%，远低于全球25.93%的平均水平，与奶业发达国家，如美国、德国此占比为29.22%、44.29%，相比更低。

目前，中国奶业由恢复性增长进入到全面振兴的新阶段。具体表现在：一是奶类产量进一步加快增长，规模化生产水平大幅提升。据国家统计局公布的数据，今年上半年生鲜乳同比增长8.4%，产量增幅为2006年以来最高水平。2021年全国奶牛养殖规模化达到70%，规模以上乳制品加工企业587家，比2012年减少60家。二是人均奶类消费增至42.3kg，消费增幅处于历史高位。2021年我国奶类生产3 778万t，进口390.0万t（折原奶计2 250.6万t），人均奶类消费量为42.3kg，与2020年的38.3kg相比，增长10.4%，明显高于近15年3.8%的平均消费增长率。三是乳品质量安全水平大幅提升，国产奶消费信心明显恢复。2021年生鲜乳抽检合格率达99.9%，乳制品总体抽检合格率达99.87%，婴幼儿配方奶粉抽检合格率达99.88%。一项包括12个省份、3 000个消费者的调研结果表明，74.8%消费者认为国产乳品十分安全或比较安全，消费者对国产奶质量安全“十分放心”态度占比14.0%，该比例是进口奶的3倍。四是奶业发展质量水平大幅提升，产加销利益链接更加紧密。国家推动奶业一二三产业发展的政策密集出台，奶源基地加快建设，乳企与基地加快融合，产加销利益机制加快构建，国家实施的奶业振兴行动健康推进、成效卓著。

我国奶业目前良好的发展势头为贯彻落实大食物观奠定了坚实的基础。

践行落实大食物观，推动奶业加快振兴。要重视三个体系建设。一是加快奶业现代生产体系建设。积极扩大国内生鲜乳生产能力，优化产销布局。依靠科技创新支撑引领，推进奶畜养殖标准化进程和现代化水平。二是加快奶业现代产业体系建设。坚持一二三产业融合发展，完善利益链接机制、供应链连接机制。坚持龙头企业带动战略，支持乳品企业以各种形式提高奶源控制力，提高抗风险能力。三是加快奶业现代经营体系建设。加快发展乳品深加工、延长奶业链条，深化奶业生产经营体制改革。推动低温奶、干乳制品快速进入市场，增强国内奶企经营效能，扩大乳制品消费规模。

---

*《奶业在大食物观中的地位与发展机遇》一文，是在世纪变局下中国奶业发展之道暨成果发布与新研究课题启动会上，国家食物与营养咨询委员会主任、中国奶业协会战略发展工作委员会名誉副主任陈萌山所作《大食物观正当其时》报告内容摘编。标题为中国奶业年鉴编辑部所加。

刘亚清解读《中国奶业质量报告（2022）》

2022年9月6日，第十三届中国奶业大会开幕式在山东济南举行。《中国奶业质量报告（2022）》在开幕式上正式发布。中国奶业协会副会长兼秘书长刘亚清对《中国奶业质量报告（2022）》进行了解读。报告分析发布权威数据，分享了奶业新变化、新动向，客观展示我国奶业振兴发展进程，增强了消费者对国产乳制品的消费信心。

刘亚清指出，2021年，我国奶业生产继续增长，规模养殖比例进一步提升，技术创新稳步加快，种业阵型初步形成，乳品质量持续保持较高水平，国产品牌美誉度和国际竞争力逐步增强。

一是产量稳步提升，消费日渐恢复。2021年，全国奶类产量3 778万t，同比增长7.0%；乳制品产量突破3 000万t，是近三年产量增幅最高的一年。奶业主产省生乳收购平均价4.29元/kg，创历史新高。规模以上乳制品制造企业主营业务收入4 687.4亿元，同比增11.7%；利润总额375.8亿元，同比减少4.8%。

二是质量持续提升，安全风险可控。2021年，乳制品和生鲜乳抽检合格率均达99.9%，继续保持较高水准；乳蛋白、乳脂肪的抽检平均值分别为3.32%、3.83%，实现双增长；菌落总数、体细胞抽检平均值优于欧盟标准；三聚氰胺等重点监控违禁添加物抽检合格率连续13年保持100%。全国4 261个生鲜乳收购站和5 342辆运输车，实现监管全覆盖，保障生鲜乳质量安全。

三是产业素质加快提升，规模化进程快速推进。2021年，全国存栏100头以上规模养殖比重达到70%，同比提高2.8个百分点。奶牛单产8.7t，较去年增加400kg；规模牧场100%实现机械化挤奶，95%配备全混合日粮（TMR）搅拌车。

刘亚清特别强调，《中国奶业质量报告（2022）》首次增加了国产奶与进口奶比较评估，从安全水平和质量水平两个维度，对巴氏杀菌奶、UHT灭菌奶和婴幼儿配方奶粉进行了全方位比较。安全指标均符合我国、美国及欧盟限量标准；国产奶的乳铁蛋白、β－乳球蛋白、α－乳白蛋白、糠氨酸和乳果糖等各项指标均优于进口奶，民族奶业竞争力显著提升。《中国奶业质量报告（2022）》最后对2022年的奶业质量安全工作做了重点部署，确保我国奶业持续健康发展。

中国工程院院士、时任中国奶业协会副会长沈建忠，中国奶业协会副会长兼秘书长刘亚清，中国工程院院士、中国奶业协会副会长任发政，国家奶牛产业技术体系首席科学家李胜利，农业农村部奶及奶制品质量监督检验测试中心常务副主任郑楠在第十三届中国奶业大会开幕式上共同发布了《中国奶业质量报告（2022）》。报告的发布与解读，有助于促消费、树品牌、提信心，展示我国奶业不断提质量、优品牌的实际效果，推动奶业转型升级和高质量发展。

二、发展综述

FAZHAN ZONGSHU

2021年我国奶业生产与消费概况

一、奶牛养殖

1. 奶类产量。2021年，中国奶类产量3 778.1万t，比上年增长7.0%（图1）。其中，牛奶产量3 682.7万t，比上年增长7.1%；羊奶等其他奶类产量95.4万t，比上年增长5.6%。奶类产量排名位居世界第四位，占全球总产量的4.1%。

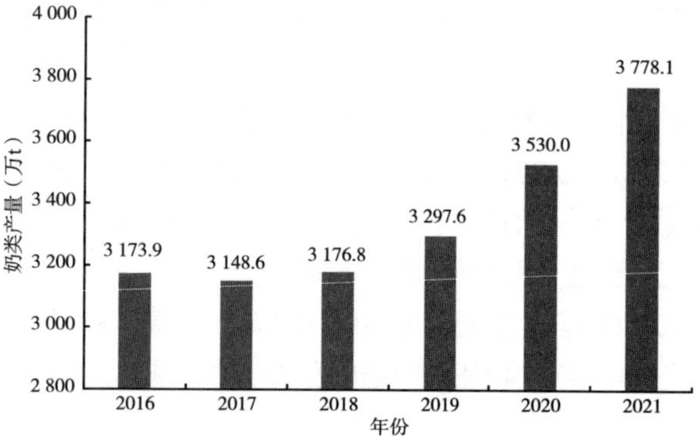

图1　2016—2021年中国奶类产量

数据来源：国家统计局。

2. 规模化养殖水平。2021年，中国奶牛场（户）均存栏奶牛269头，比上年增加60头，增幅28.7%；规模化养殖进程进一步加快，100头以上规模化养殖比例为70.0%，比上年提高2.8个百分点（图2）。

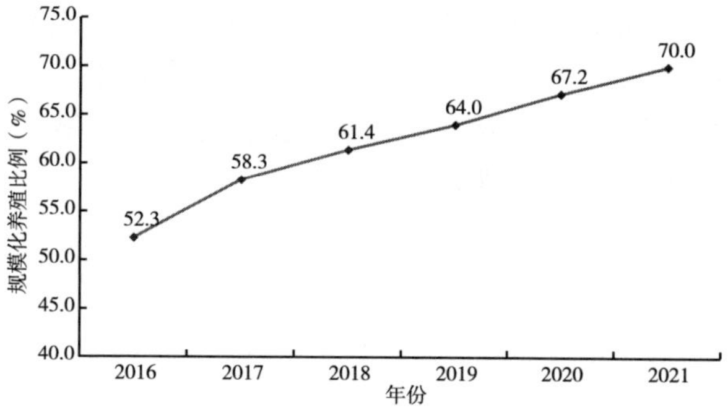

图2　2016—2021年中国奶牛100头以上规模化养殖比例变化

数据来源：农业农村部。

3. 奶牛单产水平。2021年，全国荷斯坦奶牛平均单产8.7t，比上年增长0.4t。其中，规模化牧场奶牛单产水平普遍达到10t以上。据1 309个百头以上规模化牧场奶牛生产性能测定数据显示，奶牛日均产奶量33.2 kg，305天产奶量达到10.2t（表1）。

表1　2016—2021年规模化牧场奶牛平均单产

年份	参测牛只（万头）	日产奶量（kg/天）
2016	100.5	28.1
2017	120.2	29.0
2018	123.8	30.0
2019	127.5	31.2
2020	129.5	32.4
2021	147.9	33.2

数据来源：中国奶业协会。

4. 生鲜乳价格。2021年，河北、山西、内蒙古、辽宁、黑龙江、山东、河南、陕西、宁夏、新疆等10个奶业主产省份年均生鲜乳收购价为4.29元/kg，比上年上涨13.2%，为2016年以来的最高水平（图3）。

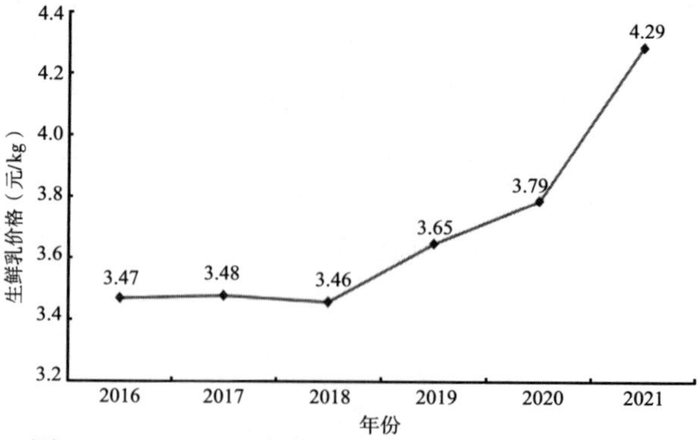

图3　2016—2021年奶业主产省（自治区）生鲜乳平均价格趋势

数据来源：农业农村部。

二、乳制品加工

1. 乳制品产量。2021 年，中国规模以上乳制品加工企业（年主营业务收入 2 000 万元以上，下同）乳制品产量达到 3 031.7 万 t，比上年增长 9.4%。其中，液态奶产量 2 843.0 万 t，比上年增长 9.7%；干乳制品产量 188.7 万 t，比上年增长 4.3%；乳粉产量 97.9 万 t，比上年下降 3.2%（图 4）。

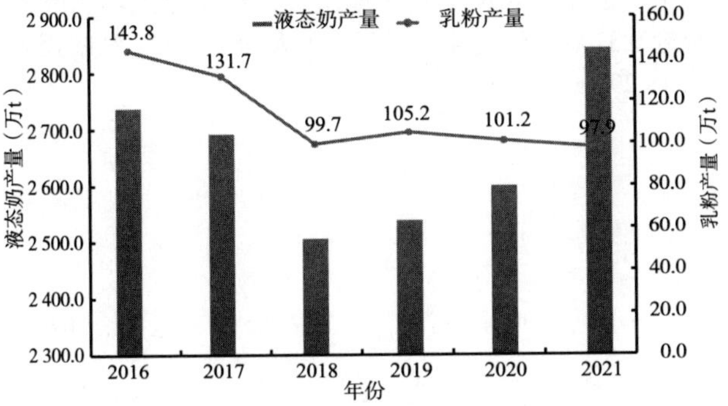

图 4　2016—2021 年中国乳制品产量变化

数据来源：国家统计局。

2. 乳制品加工业集中度。2021 年，中国规模以上乳制品加工企业 589 家，比上年增加 17 家。

3. 乳制品价格。2021 年，中国牛奶平均零售价为 12.6 元 /kg，比上年上涨 3.3%；酸奶平均零售价为 16.0 元 /kg，比上年上涨 3.9%；国产品牌婴幼儿配方奶粉平均零售价为 214.0 元 /kg，比上年上涨 5.4%（图 5）。

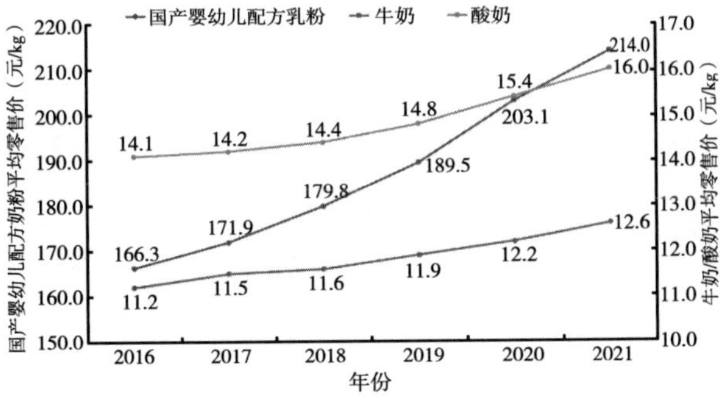

图 5　2016—2021 年国产乳制品平均零售价格

数据来源：商务部。

4. 乳制品销售额和利润。2021 年，中国规模以上乳制品加工企业主营业务收入 4 687.4 亿元，比上年增长 11.7%；总利润 375.8 亿元，比上年减少 4.8%（图 6）。

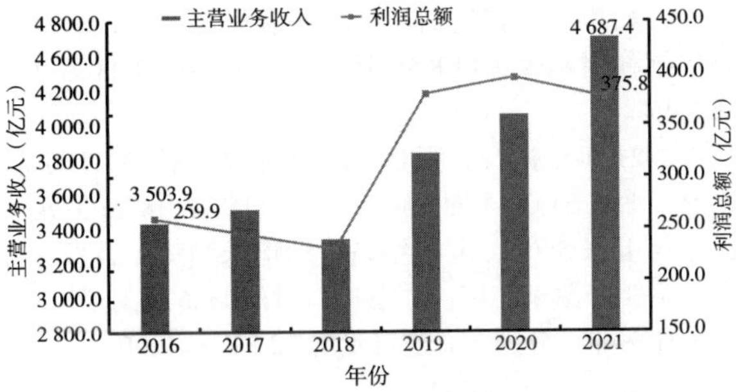

图 6　2016—2021 年中国乳制品加工企业主营业务收入和利润情况

数据来源：国家统计局。

三、乳制品及相关产品进出口

1. 乳制品进口。2021 年，中国乳制品进口量 394.82 万 t，比上年增长 18.5%（图 7），折合生鲜乳 2 251 万 t，比上年增长 17.6%。其中，干乳制品进口 265.12 万 t，比上年增长 17.4%；液态奶进口 129.61 万 t，比上年增长 20.8%。总进口额 138.25 亿美元，比上年增长 13.9%。其中，干乳制品、液态奶进口额分别为 119.56 亿美元、18.69 亿美元，比上年分别增长 11.0% 和 36.7%。

从进口来源国看，2021 年乳制品进口量前六位的国家依次是新西兰、德国、美国、澳大利亚、法国、波兰，进口量分别是 151.67 万 t、51.55 万 t、35.76 万 t、27.57 万 t、21.44 万 t、20.52 万 t，分别占总进口量的 38.9%、13.1%、9.1%、7.0%、5.4%、5.2%。其他国家共 83.31 万 t，占 21.3%（图 8）。

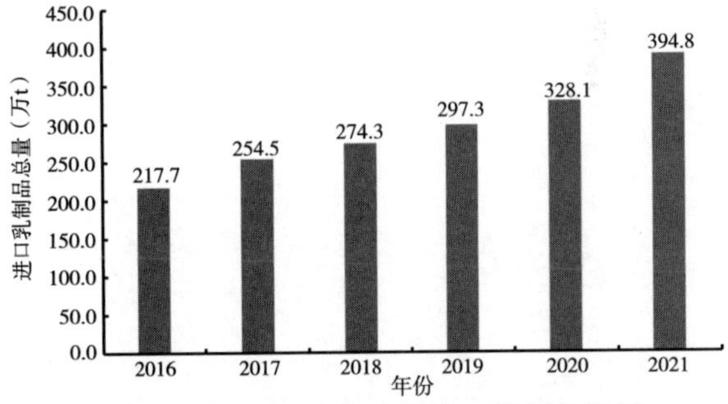

图 7　2016—2021 年中国进口乳制品数量

数据来源：海关总署。

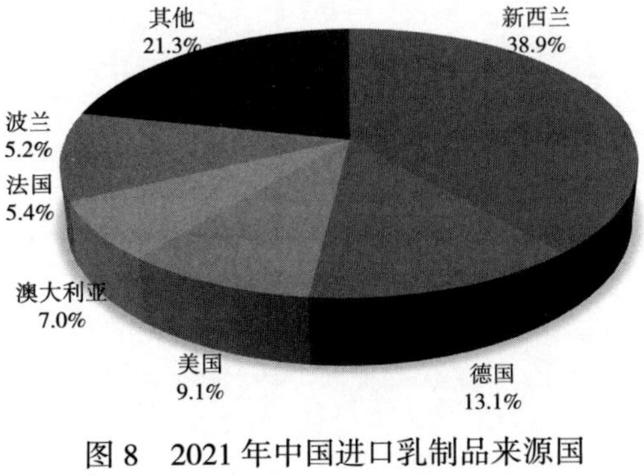

图 8　2021 年中国进口乳制品来源国

数据来源：海关总署。

2. 奶牛和苜蓿进口。据农业农村部统计，2021 年共审批种用奶牛进口 8.59 万头，比上年的 9.38 万头下降 8.4%。

2021 年，据行业测算，进口苜蓿干草 177.9 万 t，比上年增长 31.0%（图 9）；平均进口价格 382.0 美元 /t，比上年上涨 5.7%，近三年呈持续增长趋势。苜蓿干草进口主要来源于美国，占总进口量的 80.6%；其次为西班牙和南非，分别占总进口量的 12.8% 和 2.9%。

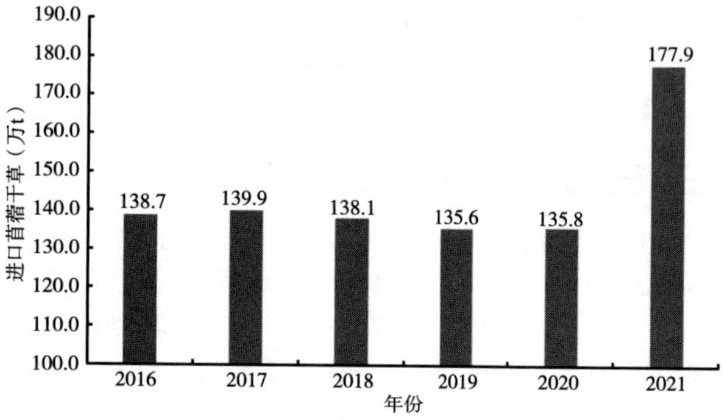

图 9　2016—2021 年中国进口苜蓿干草数量

数据来源：海关总署。

3. 乳制品出口。2021 年，中国乳制品出口量 4.52 万 t，比上年增长 3.1%；其中，婴幼儿配方奶粉出口量 0.85 万 t，增长 25.9%。乳制品出口额 3.06 亿美元，比上年增长 36.32%。

四、乳制品消费

2021 年，中国人均乳制品消费量折合生鲜乳为 42.6 kg，约为世界平均水平的 1/3。消费结构以液态奶为主，近年来奶酪消费快速增加，2021 年人均奶酪消费量 0.37 kg，但仍显著低于美国人均 17.40 kg 和欧盟人均 18.29 kg 的水平。

2021年我国乳品质量安全概况

一、奶牛养殖卫生安全

奶牛养殖环境和卫生条件是保障生鲜乳质量安全的基本要求。2021年，行业继续规范奶牛场选址与建设，提升奶牛场装备设施，保障饲草料供应，强化生鲜乳储运及生鲜乳收购站管理，不断改善奶牛养殖环境和卫生条件。

1. 奶牛场建设。2021年，100头以上的规模化奶牛养殖场6 725个，比上年减少2.5%。规模化奶牛养殖场严格按照《中华人民共和国畜牧法》等法律法规的规定，执行《奶牛标准化规模养殖生产技术示范》，加强动物防疫和生鲜乳质量安全管理，实现了标准化、规范化建设与生产。

2. 奶牛场设施装备。近年来，奶牛场的机械化、信息化、智能化装备和关键技术推广应用加快，质量安全保障能力进一步加强。自2017年起，中国规模化奶牛养殖场100%实现机械化挤奶，2021年，超过95%的规模化奶牛养殖场配备了全混合日粮（TMR）搅拌车。

3. 优质饲草料供应。苜蓿和青贮玉米是奶牛的主要粗饲料。2021年，中国优质苜蓿种植面积超过730万亩*，产量为350万t，比2012年增加301.1万t，可满足336万头泌乳牛的饲喂需求（图1）。

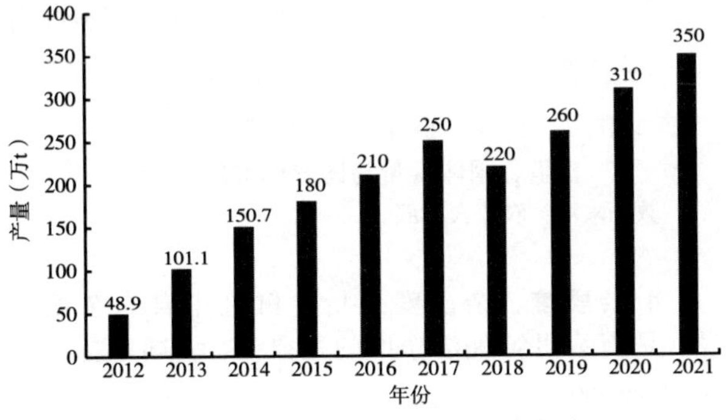

图1　2012—2021年中国优质苜蓿产量

数据来源：农业农村部。

4. 生鲜乳收购站和运输车。严格落实生鲜乳收购站发证六项规定，全面执行《生鲜乳收购站标准化管理技术规范》，生鲜乳收购站的基础设施、机械设备、质量检测、操作规范、管理制度和卫生条件显著提升。全面启用奶业监管平台，对全国4 200余个生鲜乳收购站和5 300余辆运输车进行信息化管理，保障生鲜乳质量安全。

二、生鲜乳质量安全

生鲜乳质量安全指标中，乳脂肪、乳蛋白是反映牛奶营养品质的重要指标，非脂乳固体是生鲜乳中除脂肪和水分外营养物质的总称，杂质度是指生鲜乳中含有杂质的量，是衡量生鲜乳洁净度的重要指标，酸度是评价生鲜乳新鲜程度的指标，相对密度是反映生鲜乳是否掺水的重要指标。

菌落总数是反映奶牛场卫生环境、挤奶操作环境、牛奶保存和运输状况的一项重要指标。生鲜乳中菌落总数过高，不仅会影响牛奶的口感，还可能使乳制品中的细菌数超标，从而对人体健康造成影响。体细胞数是衡量奶牛乳房健康状况和生鲜乳质量的一项重要指标。黄曲霉素 M_1 是反映生鲜乳卫生状况的主要指标，铬、汞、砷、铅是判断生鲜乳是否受到重金属污染的主要指标，三聚氰胺是判断生鲜乳中是否存在人为添加违禁物的指标。

2009年以来，农业农村部持续实施生鲜乳质量安全监测计划，重点监测生鲜乳收购站和运输车，检测指标包括乳脂肪、乳蛋白、杂质度、酸度、相对密度、非脂乳固体、菌落总数、黄曲霉素 M_1、体细胞数、铬、汞、砷、铅和三聚氰胺等多项指标，累计抽检生鲜乳样品约25.5万批次，其中，2021年抽检1.02万批次（图2）。

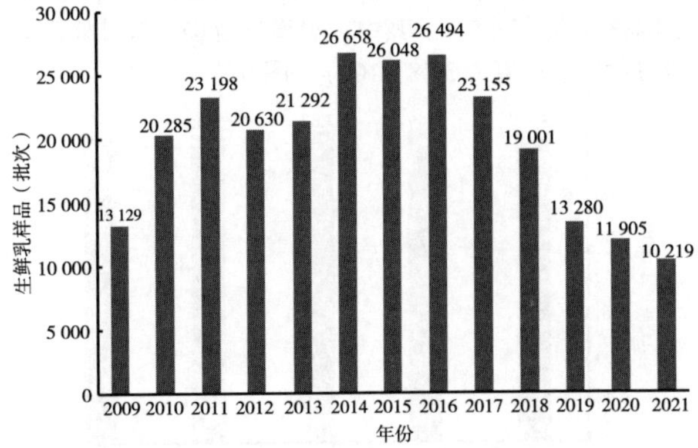

图2　2009—2021年抽检生鲜乳样品批次数

数据来源：农业农村部。

1. 乳蛋白。乳蛋白是乳的主要成分之一，是反映牛奶营养品质的指标，乳蛋白含量国家标准为

* 亩为非法定计量单位，1亩≈667平方米。——编者注

≥ 2.8 g/100 g。

2021 年，农业农村部对 529 批次生鲜乳样品进行监测，乳蛋白含量平均值为 3.32 g/100 g，远高于国家标准（图 3）。其中，规模化牧场生鲜乳样品乳蛋白含量平均值为 3.34 g/100 g（图 4）。

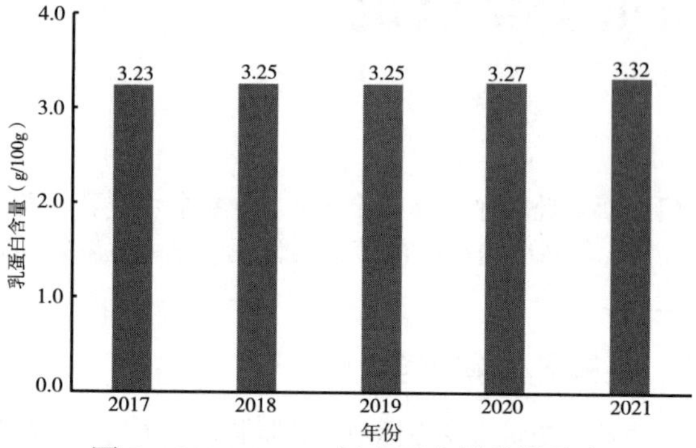

图 3　2017—2021 年全国生鲜乳样品中乳蛋白含量平均值

数据来源：农业农村部。

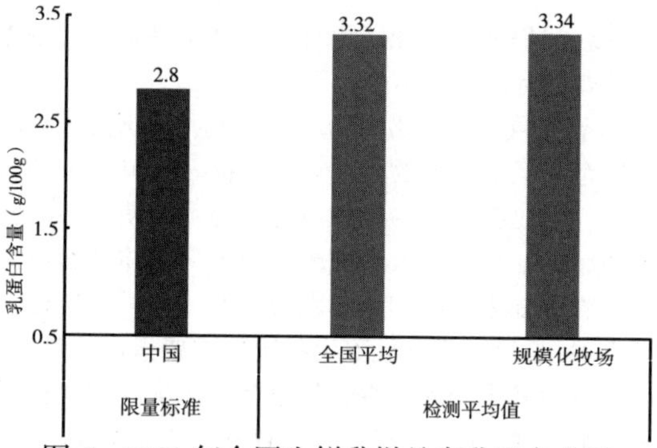

图 4　2021 年全国生鲜乳样品中乳蛋白含量与国家标准的比较

数据来源：农业农村部。

2. 乳脂肪。乳脂肪是乳的主要成分之一，是反映牛奶营养品质的指标。乳脂肪含量国家标准为≥ 3.1 g/100 g。

2021 年，农业农村部对 529 批次生鲜乳样品进行监测，生鲜乳乳脂肪含量平均值为 3.83 g/100 g，远高于国家标准（图 5）。其中，规模化牧场生鲜乳样品乳脂肪含量平均值为 3.88 g/100 g（图 6）。

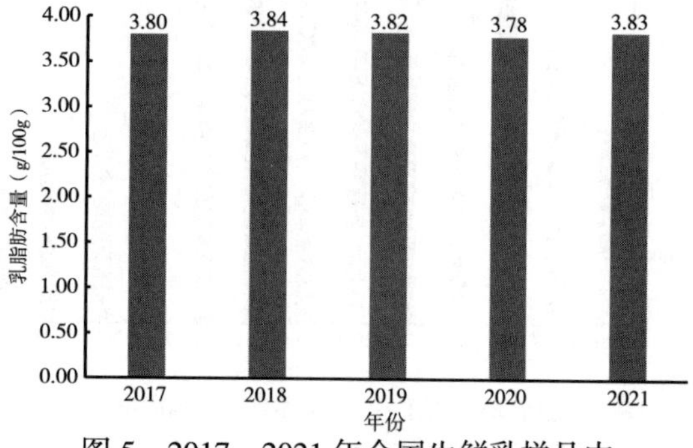

图 5　2017—2021 年全国生鲜乳样品中乳脂肪含量平均值

数据来源：农业农村部。

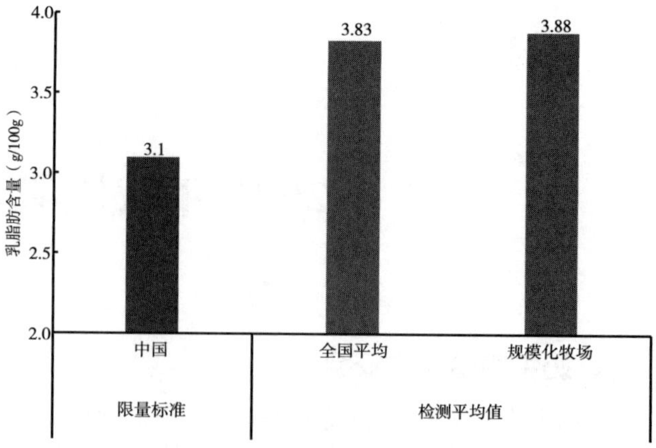

图 6　2021 年全国生鲜乳样品中乳脂肪含量与国家标准的比较

数据来源：农业农村部。

3. 非脂乳固体。非脂乳固体是生鲜乳中除脂肪和水分外营养物质的总称，非脂乳固体含量国家标准为≥ 8.1 g/100 g。

2021 年，农业农村部对 529 批次生鲜乳样品进行监测，生鲜乳非脂乳固体含量平均值为 8.8 g/100 g，高于国家标准（图 7）。

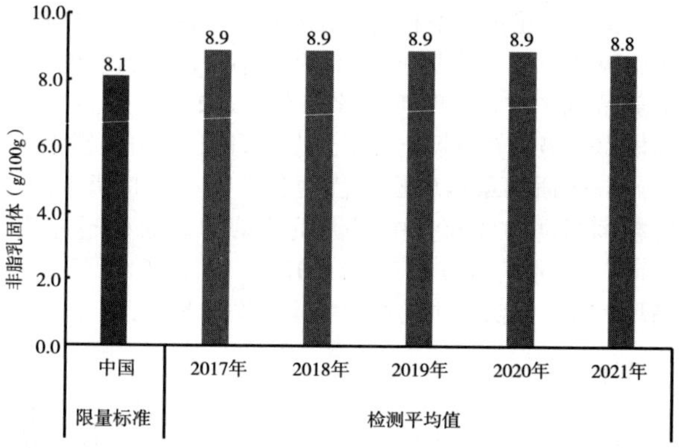

图 7　2017—2021 年全国生鲜乳样品中非脂乳固体含量与国家标准的比较

数据来源：农业农村部。

4. 杂质度。杂质度是指生鲜乳中含有杂质的量，是衡量生鲜乳洁净度的重要指标，国家标准为≤ 4.0 mg/kg。

2021 年，农业农村部对 529 批次生鲜乳样品进行监测，杂质度均符合国家标准，全年抽检合格率为 100%。

5. 酸度。酸度是评价生鲜乳新鲜程度的指标。国家标准规定，生鲜乳酸度范围为 12 ~ 18°T。

2021 年，农业农村部对 529 批次生鲜乳样品进行监测，酸度平均值为 13.67°T，符合国家标准。

6. 相对密度。相对密度是反映生鲜乳是否掺水的重要指标，国家标准为≥ 1.027。

2021 年，农业农村部对 529 批次生鲜乳样品进行监测，生鲜乳相对密度平均值为 1.031，高于国家标准（图 8）。

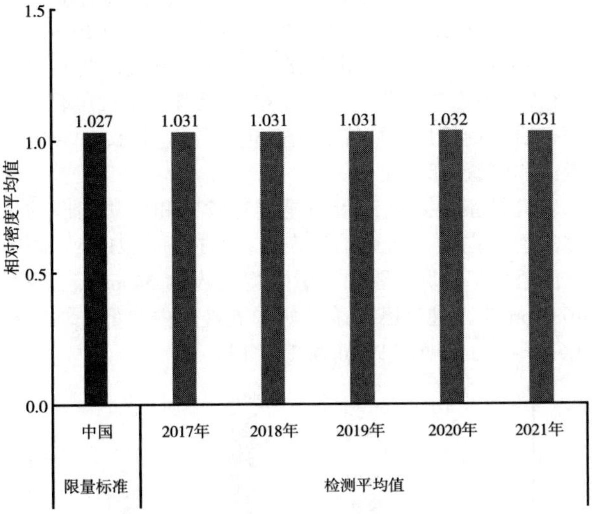

图 8　2017—2021 年全国生鲜乳样品中相对密度平均值与国家标准的比较

数据来源：农业农村部。

7. 菌落总数。菌落总数是反映奶牛场卫生环境、挤奶操作环境、牛奶保存和运输状况的一项重要指标。菌落总数的国家标准为≤ 200 万 CFU/mL。

2021 年，农业农村部对 529 批次生鲜乳样品进行监测，生鲜乳中菌落总数平均值为 21.4 万 CFU/mL，远低于国家限量要求。其中，规模化牧场生鲜乳样品菌落总数平均值为 4.3 万 CFU/mL，低于全国平均水平（图 9，图 10）。

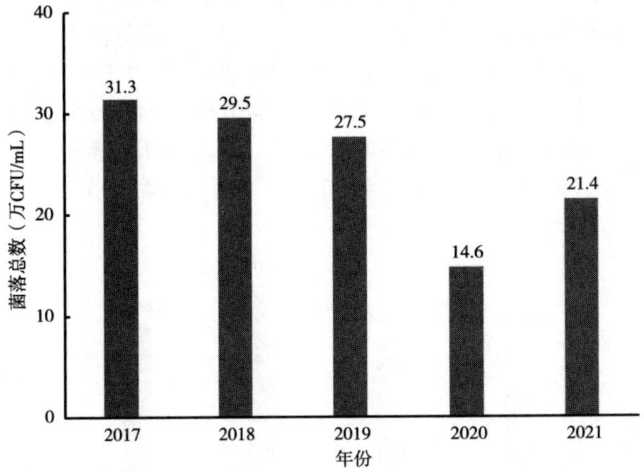

图 9　2017—2021 年全国生鲜乳样品中菌落总数平均值

数据来源：农业农村部。

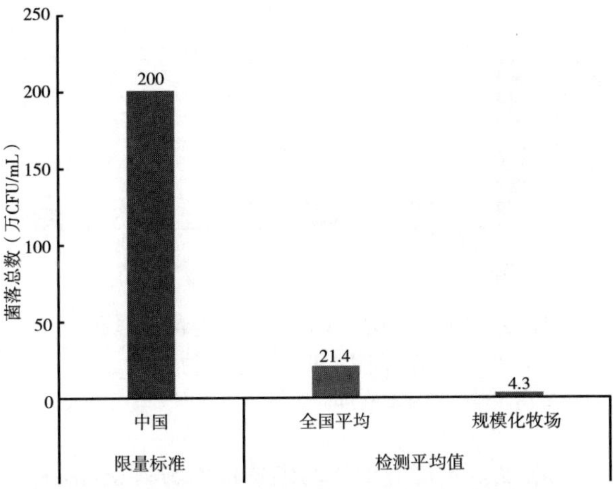

图 10　2021 年全国生鲜乳样品中菌落总数结果与国家标准的比较

数据来源：农业农村部。

8. 体细胞数。体细胞数是衡量奶牛乳房健康状况和生鲜乳质量的一项重要指标。体细胞数越高，生鲜乳中致病菌和抗生素残留的污染风险越大，对乳品质量的影响也越大。欧盟和新西兰规定生鲜乳中体细胞数≤ 40 万个 /mL，美国规定生鲜乳中体细胞数≤ 75 万个 /mL（A 级、B 级奶），中国暂未规定。

2021 年，农业农村部对 529 批次生鲜乳样品进行监测，生鲜乳中体细胞数平均值为 24.9 万个 /mL，低于欧盟、新西兰和美国标准。其中，规模化牧场生鲜乳样品的体细胞数平均值为 21.1 万个 /mL，低于全国平均水平（图 11）。

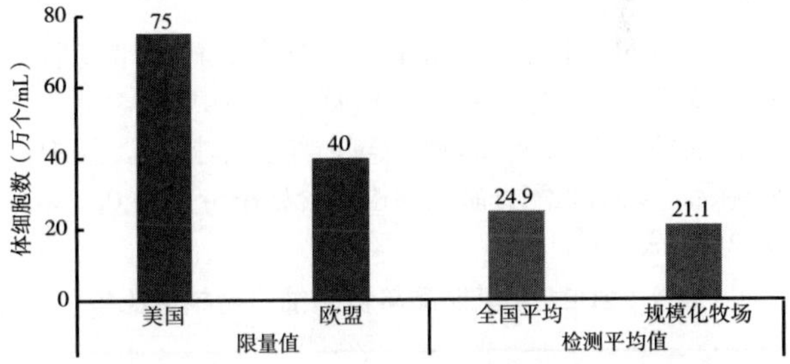

图 11　2021 年全国生鲜乳样品中体细胞数与美国、欧盟标准的比较

数据来源：农业农村部。

9. 黄曲霉素 M_1。2021 年，农业农村部对 9 665 批次生鲜乳样品进行监测，黄曲霉素 M_1 检出样品的平均值为 0.065μg/kg，远低于国家标准 0.5μg/kg（图 12）。

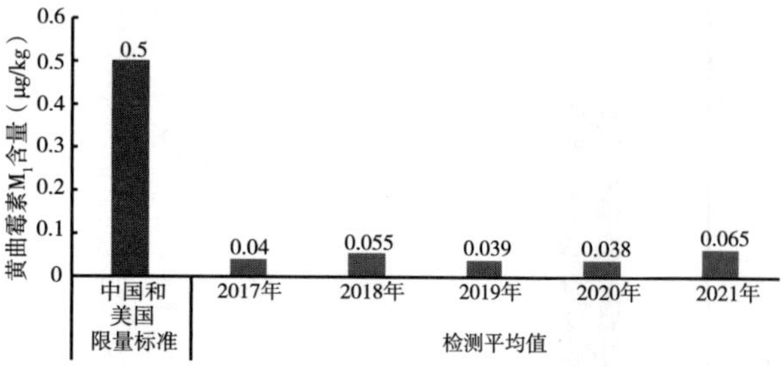

图 12　2017—2021 年检出样品中黄曲霉素 M_1 平均值与中国和美国标准的比较

数据来源：农业农村部。

10. 铬。生鲜乳中铬的国家标准为≤ 0.3 mg/kg。2021 年，农业农村部共抽检 3 197 批次生鲜乳样品，生鲜乳中铬的合格率为 100%。

11. 汞。生鲜乳中汞的国家标准为≤ 0.01 mg/kg。2021 年，农业农村部共抽检 3 197 批次生鲜乳样品，生鲜乳中汞的合格率为 100%。

12. 砷。生鲜乳中砷的国家标准为≤ 0.1 mg/kg。2021 年，农业农村部共抽检 3 197 批次生鲜乳样品，生鲜乳中砷的合格率为 100%。

13. 铅。生鲜乳中铅的国家标准为≤ 0.05 mg/kg。2021 年，农业农村部共抽检 3 197 批次生鲜乳样品，生鲜乳中铅的合格率为 100%。

14. 三聚氰胺。生鲜乳中三聚氰胺的国家标准为≤ 2.5 mg/kg。2021 年，农业农村部共抽检 5 234 批次生鲜乳样品，三聚氰胺均为未检出，抽检合格率 100%。

三、乳制品质量安全

1. 与国内其他食品比较。2021 年，国家市场监督管理总局完成国家食品安全监督抽检 6 954 438 批次，监督抽检不合格率 2.69%，与上年基本持平。其中，乳制品、婴幼儿配方奶粉抽检不合格率分别为 0.13%、0.12%（表 1）。

表 1　2021 年乳制品与食品抽检合格率比较

抽样	食品	乳制品	婴幼儿配方奶粉
不合格比例（%）	2.69	0.13	0.12

数据来源：国家市场监督管理总局。

2. 与进口乳制品比较。

（1）安全指标检测结果比较。2015—2021 年，农业农村部奶及奶制品质量监督检验测试中心（北京）（以下简称奶制品中心）通过市场随机抽样的方式，对我国大中城市销售的国产 209 个品牌 3 064 批次和进口 106 个品牌 450 批次样品进行安全指标的比较，检测指标包括黄曲霉素 M_1、农药残留、兽药残留和重金属等。

结果显示，国产奶与进口奶的黄曲霉素 M_1 含量均未超过我国、国际食品法典委员会、美国（≤ 0.50 μg/kg）及欧盟（≤ 0.05 μg/kg）的限量标准。国产奶与进口奶均未检出使用违禁兽药或兽药残留超限量标准的情况。国产奶与进口奶的重金属铅含量均低于我国限量标准。

（2）营养及质量指标检测结果比较。2019—2021 年，奶制品中心通过市场随机抽样的方式，共对国产 111 个品牌 2 720 批次和进口 67 个品牌 141 批次乳制品进行质量指标比较研究，指标包括乳铁蛋白、β－乳球蛋白和糠氨酸等。

乳铁蛋白。乳铁蛋白是具有营养和多功能性的生物活性蛋白质。研究结果表明，2019—2021 年，国产巴氏杀菌奶中乳铁蛋白含量平均值从 24.54 mg/L 上升至 46.69 mg/L，进口巴氏杀菌奶中乳铁蛋白含量平均值从 4.68 mg/L 上升至 7.90 mg/L（图 13）。

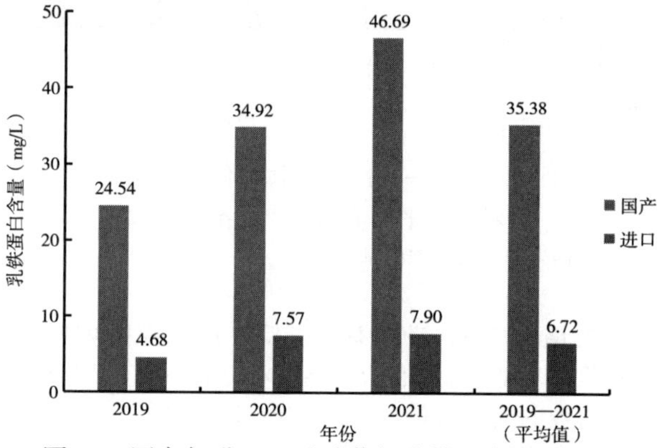

图 13　国产与进口巴氏杀菌奶乳铁蛋白含量比较

β－乳球蛋白。β－乳球蛋白是由乳腺上皮细胞合成的乳特有蛋白质，是牛奶中的重要活性因子。研究结果表明，2019—2021 年，国产巴氏杀菌奶中 β－乳球蛋白含量持续上升，平均值从 2 435.81 mg/L 上升至 2 997.74 mg/L，进口巴氏杀菌奶中 β－乳球蛋白含量平均值从 170.87 mg/L 上升至 587.99 mg/L。国产 UHT 奶中 β－乳球蛋白含量持续上升，平均值从 159.86 mg/L 上升至 170.14 mg/L，而进口 UHT 奶中 β－乳球蛋白含量平均值从 59.22 mg/L 波动至 59.45 mg/L（图 14，图 15）。

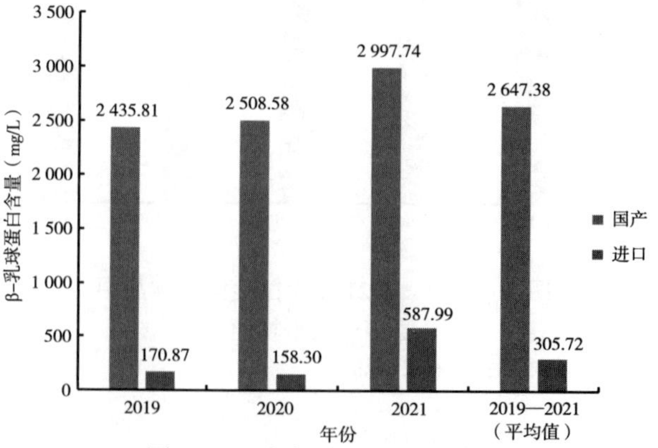

图 14　国产与进口巴氏杀菌奶 β－乳球蛋白含量比较

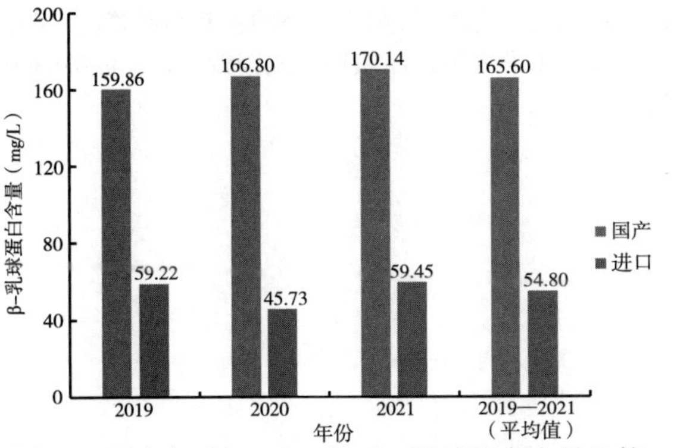

图 15　国产与进口 UHT 奶 β－乳球蛋白含量比较

糠氨酸。糠氨酸含量是反映牛奶热加工程度的一项敏感指标。糠氨酸含量过高，表明牛奶的受热程度高、保存时间长或者运输距离远。研究结果表明，2019—2021 年，国产巴氏杀菌奶中糠氨酸含量平均值从 18.43 mg/100 g 蛋白质下降至 12.60 mg/100 g 蛋白质，进口巴氏杀菌奶中糠氨酸含量平均值从 60.29 mg/100 g 蛋白质下降至 45.17 mg/100 g 蛋白质。国产 UHT 奶中糠氨酸含量平均值从 199.41 mg/100 g 蛋白质下降至 124.23 mg/100 g 蛋白质，进口 UHT 奶中糠氨酸含量平均值亦呈现出下降趋势，从 277.39 mg/100 g 蛋白质下降至 183.06 mg/100 g 蛋白质。国产婴幼儿配方奶粉中糠氨酸含量平均值从 637.88 mg/100 g 蛋白质下降至 585.84 mg/100 g 蛋白质，进口婴幼儿配方奶粉中糠氨酸含量也略有下降，平均值从 671.08 mg/100 g 蛋白质下降至 662.73 mg/100 g 蛋白质（图 16 至图 18）。

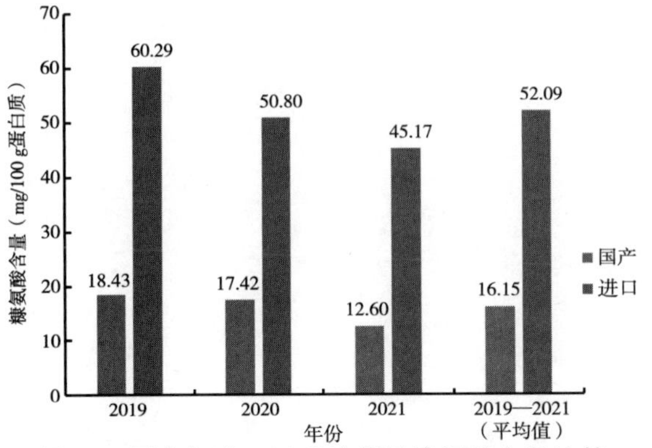

图 16　国产与进口巴氏杀菌奶糠氨酸含量比较

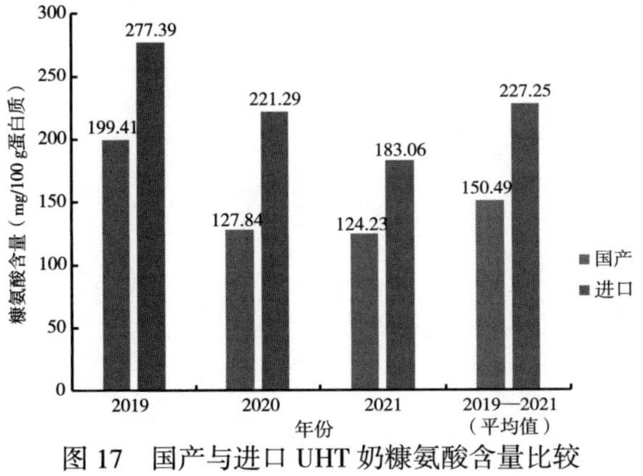

图 17　国产与进口 UHT 奶糠氨酸含量比较

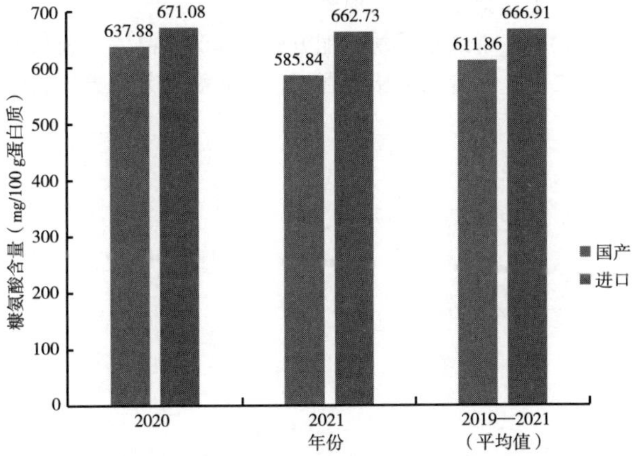

图 18　国产与进口婴幼儿配方奶粉糠氨酸含量比较

3. 进口乳制品未准入境情况。2021 年，全国各入境口岸从来自 19 个国家或地区的乳制品中检出未准入境产品共计 93 批，约 699.64t。主要未准入境的原因为品质不合格、证书不合格、货证不符等。所有未准入境的乳制品均已在口岸退运或销毁（表 2）。

表 2　进口乳制品未准入境情况

项目	未准入境乳制品、国别及不合格批次
类型	干酪（33）、奶油（14）、乳清粉（11）、乳粉（8）、发酵乳（6）、乳基婴幼儿配方食品（3）、消毒乳（1）、其他乳及乳制品（17）
进口国家	大洋洲：新西兰（5）、澳大利亚（3） 欧　洲：法国（28）、荷兰（13）、意大利（6）、波兰（6）、德国（5）、瑞士（3）、丹麦（2）、白俄罗斯（2）、俄罗斯（1）、葡萄牙（1）、英国（1）、奥地利（1） 北美洲：美国（14） 亚　洲：越南（9）、哈萨克斯坦（2）、土耳其（2）、新加坡（1）

数据来源：海关总署。

四、结论

2021 年监测结果表明，我国生鲜乳及奶产品质量安全风险可控，整体状况良好。

第一，生鲜乳中乳脂肪、乳蛋白等质量安全指标达到较高水平。监测结果表明，2017—2021 年生鲜乳的乳脂肪和乳蛋白平均水平高于生乳国家标准，生鲜乳质量安全水平大幅提升。

第二，生鲜乳中各项安全指标达到标准。菌落总数、黄曲霉素 M_1、杂质度、酸度等监测平均值均符合国标限量标准，体细胞数平均值符合欧盟限量标准，我国奶牛养殖环境、奶牛健康状况良好，奶源优质安全。

第三，生鲜乳收购、运输行为规范。自“三聚氰胺”事件以来，通过不断强化生鲜乳质量安全监管，有效遏制了违禁添加等违法行为，生鲜乳中不存在人为添加三聚氰胺等违禁添加物的现象。

第四，继续把婴幼儿配方奶粉作为食品安全监管的重中之重，综合施策从严管理，加大婴幼儿配方奶粉进口产品的监管力度，检测不合格的乳制品严禁进入我国，并依法对未准入境产品做退货或销毁处理，保护消费者权益。

三、行业专述

HANGYE ZHUANSHU

【遗传改良】

2020年种公牛站、核心育种场概况

一、种公牛站

（一）基本情况。截至2020年底，全国共有36个种公牛站获得种畜禽生产经营许可证。种公牛站从业人员共1 447人，具有大专以上学历的专业技术人员806人，其中具有高级技术职称的有167人、中级技术职称的有227人。冻精产品质量检验员100人，执业兽医57人。

（二）种公牛存栏情况。 36个种公牛站存栏种公牛3 529头，比上年减少261头。

采精种公牛存栏2 586头，较上年减少225头。其中荷斯坦牛435头、乳肉兼用西门塔尔牛379头、褐牛21头、三河牛63头、娟姗牛26头、牦牛95头、水牛115头、肉用西门塔尔牛1 025头、夏洛来牛80头、利木赞牛64头、安格斯牛85头、和牛45头，以及其他品种种公牛153头。

后备种公牛存栏943头，较上年减少36头。其中荷斯坦牛218 头、乳肉兼用西门塔尔牛76头、褐牛14头、三河牛220头、娟姗牛6头、牦牛10头、水牛11头、肉用西门塔尔牛259头、夏洛来牛24头、利木赞牛7头、安格斯牛23头、和牛46头，以及其他肉用品种后备种公牛29头。

（三）冻精产销情况。全年生产冻精4 025.4万支，头均生产冻精1.56万支，产量同比增加10.2%。生产荷斯坦牛冻精412.0万支，占冻精生产总量的10.2%，冻精产量同比减少12.9%。生产兼用牛冻精975.9万支，占冻精生产总量的24.2%，冻精产量同比增加37.2%；其中生产乳肉兼用西门塔尔牛冻精896.7万支，同比增加51.6%。生产娟姗牛冻精23.3万支，同比减少12.1%。生产肉用牛冻精2 614.2万支，占冻精生产总量的64.9 %，冻精产量同比增加7.2%；其中生产肉用西门塔尔牛冻精2 135.1万支、夏洛来牛冻精133.2万支、利木赞牛116.8万支、安格斯牛84.9万支。

全年推广销售冻精3 166.0万支，较上年增加13.9%。销售荷斯坦牛冻精417.1万支，占冻精销售总量的13.2%，销量同比减少1.0%。销售兼用牛冻精751.9万支，占冻精销售总量的23.7%，销量同比增加50.7%；其中乳肉兼用西门塔尔牛冻精销售665.2万支，同比增加60.7%。销售娟姗牛冻精21.9万支，同比增加46.0%。销售肉牛冻精1 975.1万支，占冻精销售总量的62.4%，销量同比增加7.1%；其中销售肉用西门塔尔牛冻精1 680.7万支、夏洛来牛冻精81.4万支、利木赞牛冻精65.1万支、安格斯生冻精56.5万支。

二、国家奶牛核心育种场基本情况

全国共10家国家奶牛核心育种场，其中1家是新疆褐牛核心育种场，9家是荷斯坦牛核心育种场。从业人员共1 192人，大专及以上学历人员237人，具有执业兽医资质人员19人。现存栏荷斯坦牛4.83万头，其中核心群母牛5 205头，平均乳脂率4.21%，乳蛋白率3.40%，体细胞数15.80万个/mL，365天头均产奶量13.22t。年度向育种企业等提供后备公牛308头。

2021 年我国奶牛生产性能测定概况

奶牛生产性能测定作为奶牛群体遗传改良工作中一项非常重要的基础性工作，直接影响群体遗传改良进展的总体水平。2008 年农业农村部启动奶牛生产性能测定项目，通过 10 多年的共同努力，工作整体向好稳步推进。

一、覆盖区域持续扩大

2021 年，全国开展奶牛生产性能测定工作的实验室有 38 家，分布在 23 个省（自治区、直辖市）（表 1）。

表 1　2021 年全国奶牛生产性能测定实验室列表

所在地区	编号	奶牛生产性能测定实验室名称
北京	1101	北京奶牛中心奶牛生产性能测定实验室
天津	1201	天津天食牛种业有限公司
	1202	中优乳检测技术（天津）有限公司
河北	1301	河北省畜牧业协会奶牛生产性能测定中心
	1302	石家庄市奶牛生产性能测定中心（乐康牧医河北科技有限公司）
山西	1401	山西省畜禽育种有限公司（原山西省畜牧遗传育种中心）
内蒙古	1501	内蒙古西部良种奶牛繁育中心
	1502	内蒙古优然牧业有限责任公司 DHI 实验室
	1503	内蒙古赛科星家畜种业与繁育生物技术研究院有限公司 DHI 测定中心
	1505	内蒙古富牧科技有限公司 DHI 检测中心
辽宁	2102	辽宁省畜牧业发展中心 DHI 中心
黑龙江	2301	黑龙江省奶业协会
	2302	大庆市萨尔图区新科畜牧技术服务中心
	2303	黑龙江省农垦科学院畜牧兽医研究所 DHI 中心
上海	3101	上海奶牛育种中心有限公司
江苏	3201	南京卫岗乳业检测中心
	3202	江苏省奶牛生产性能测定中心
安徽	3401	安徽省畜禽遗传资源保护中心 DHI 实验室
山东	3701	山东奥克斯畜牧种业有限公司
	3702	山东华田牧业科技有限责任公司
河南	4101	河南省奶牛生产性能测定有限公司
	4102	洛阳市奶牛生产性能测定服务中心
湖北	4201	湖北省畜禽育种中心
湖南	4301	湖南省 DHI 中心
广东	4401	广州市奶牛研究所有限公司奶牛生产性能检测中心
	4402	广东省种畜禽质量检测中心
	4403	广东燕塘乳业股份有限公司 DHI 实验室
广西	4501	广西壮族自治区畜禽品种改良站广西奶牛 DHI 检测中心

（续）

所在地区	编号	奶牛生产性能测定实验室名称
四川	5101	新希望生态牧业有限公司 DHI 测定中心
	5102	四川省畜牧总站
云南	5301	昆明市奶牛生产性能测定中心
重庆	5501	重庆天友 DHI 中心
陕西	6101	陕西省奶牛 DHI 中心
甘肃	6201	甘肃农垦天牧乳业有限公司 DHI 实验室
	6202	中国农业科学院兰州畜牧与兽药研究所奶牛生产性能测定实验室
宁夏	6401	宁夏奶牛生产性能（DHI）测定中心
新疆	6501	新疆维吾尔自治区乳品质量监测中心
	6502	新疆兵团第八师畜牧兽医工作站

二、测定数量不断提升

2021 年，中国奶业协会共收到来自全国 38 个测定中心、1 309 个场的 147.9 万头奶牛的 820.8 万条测定数据，参测奶牛数量比上年增加 13.8%，场平均奶牛规模达到 1 130 头，同比增加 12.3%。场平均规模保持上升趋势（图 1）。

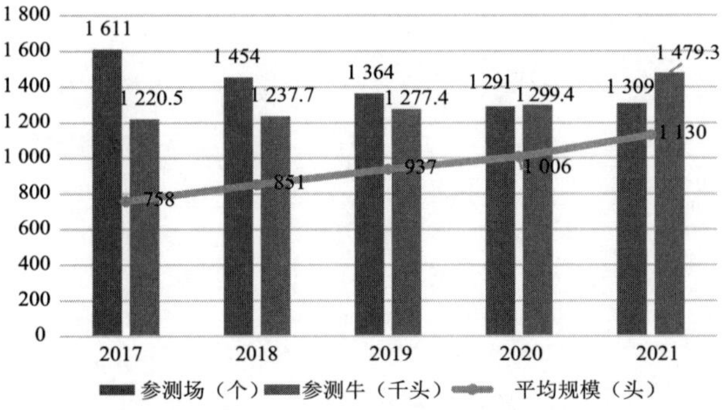

图 1　2017—2021 年全国奶牛生产性能测定年度概况

三、参测质量继续提高

2021 年，参测奶牛测定日平均产奶量达到 33.2kg，比上一年增加 0.8kg，较 2017 年同比增加 14.5%；参测奶牛测定日平均体细胞数达到 23.6 万个 /mL，比上一年下降 0.3 万个 /mL，较 2017 年同比减少 5.1 万个 /mL；2021 年参测奶牛测定日平均乳脂率为 3.93%，平均乳蛋白率为 3.34%，较 2017 年同比平均每 100 克生鲜乳的乳脂肪含量增加 0.04g（图 2、图 3）。

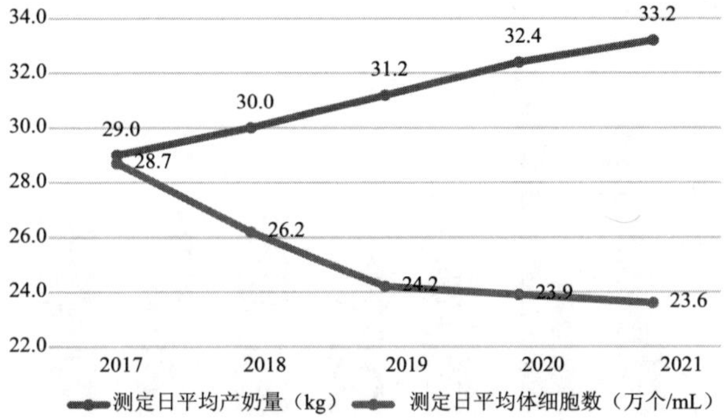

图 2　2017—2021 年测定日平均产奶量与平均体细胞数变化图

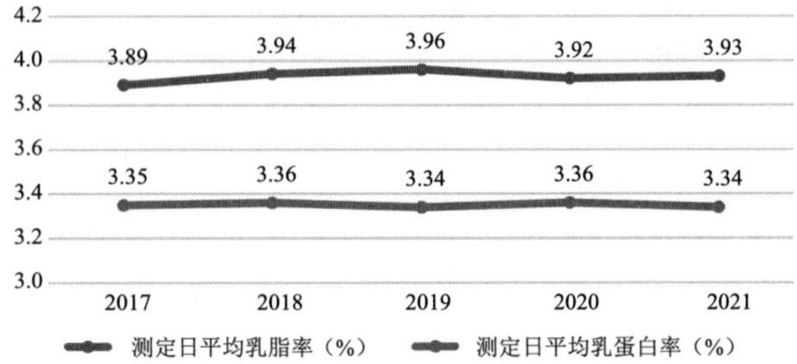

图 3　2017—2021 年测定日平均乳脂率、乳蛋白率变化图

四、牧场规模不断调整

2021 年，参测牛群规模不断扩大，其中参测规模小于 50 头的有 14 个，占 1.1%；50~99 头的有 30 个，占 2.3%；100~199 头的有 125 个，占 9.5%；200~499 头的有 399 个，占 30.5%；500~999 头的有 340 个，占 26.0%；1 000~2 999 头以上的有 284 个，占 21.7%；大于等于 3 000 头的有 117 个，占 8.9%。可以发现在我国中型牧场占比最大（图 4）。

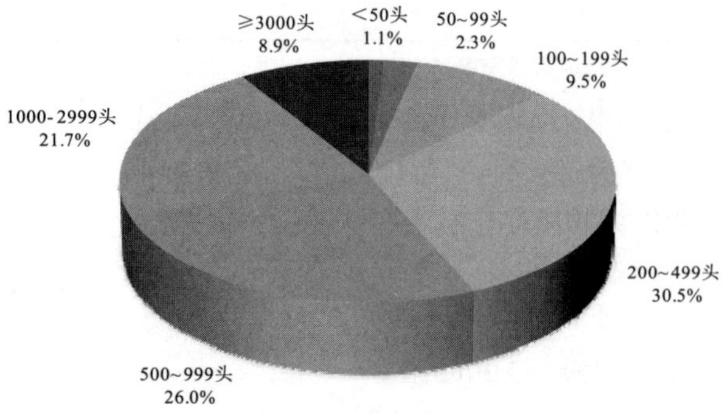

图4　2021年我国不同牛场规模生产性能测定牛场数量

随着参测牛群规模的变大，规模化养殖的管理水平也越来越高，DHI参测数据质量越好，生产性能测定的水平也就越高，测定的日产奶量不断增加，体细胞数明显减少。（图5）

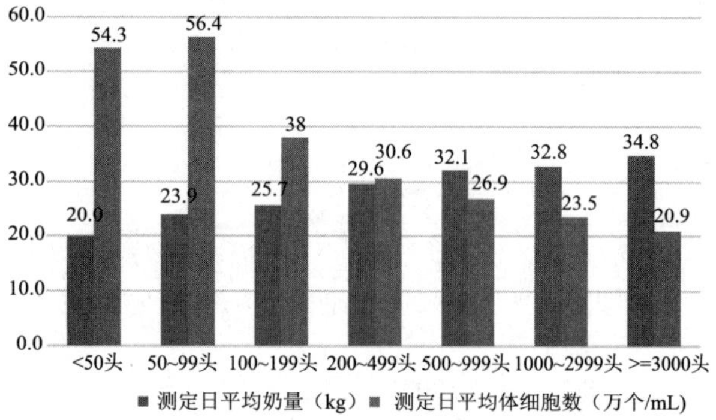

图5　2021年不同牛场规模测定日平均产奶量与平均体细胞数量

五、主产省测定能力继续增加

2021年我国奶业主产省（河北、山西、内蒙古、辽宁、黑龙江、山东、河南、陕西、宁夏、新疆）参测牛数为115.4万头，占全国总参测牛数的78.0%。按照国家统计局2021年各省奶牛存栏的54%作为该省的估算泌乳牛数，参测比例最高的是河南省66%，较高的有河北43%、山西38%、山东36%、宁夏27%、内蒙古26%。（图6）

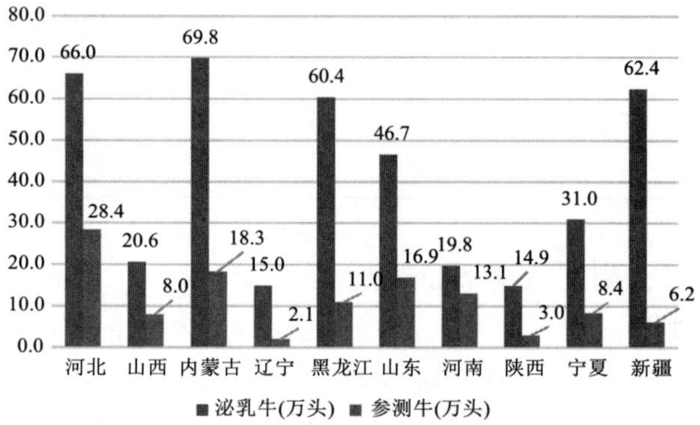

图6　2021年奶业主产省区泌乳牛参测概况

（中国奶业协会，陈绍祜、闫青霞、曹正）

2021 年中国荷斯坦青年公牛全基因组检测概况

奶牛良种是奶业生产的基础，在现代奶业发展策略中，抓好奶牛品种遗传改良和种质资源创新利用是首要工作。过去10年奶牛养殖从数量型不断向质量型转变，奶牛单产水平不断提高。尤其对青年公牛的早期基因组筛查，有效提高了选择强度，缩短了早期饲养周期，在奶牛群体遗传改良中起到了重要作用。

2021 年，农业农村部发布《全国奶牛遗传改良计划 (2021—2035 年)》，计划中提出要加快繁育新技术的突破与应用，基因组选择技术达到国际先进水平并广泛应用，荷斯坦青年公牛基因组遗传评估率达到100%，实现遗传评估与国际接轨，驱动我国奶牛种业科技创新快速发展。明确了未来 15 年我国奶牛遗传改良的目标任务和技术路线。作为国家层面启动的第二轮奶牛遗传改良计划，提出了立足“十四五”、面向2035 年推进奶牛种业高质量发展的主攻方向，这是确保种源自主可控、打好种业翻身仗的一个重要行动。

一、2021 年全基因组检测概况

截至 2021 年 12 月，全国累计 31 家公牛站 3 708 头青年荷斯坦公牛参加了全基因组检测（表 1），其中 2021 年新增了 254 头青年公牛进行基因组检测。

表 1　2021 年全国公牛站参加基因组检测情况

公牛站号	公牛站名	参测总数（头）	公牛站号	公牛站名	参测总数（头）
111	北京首农畜牧发展有限公司奶牛中心	424	361	江西省天添畜牧育种有限公司	4
121	天津天食牛种业有限公司	160	371	山东省种公牛站有限责任公司	14
131	河北品元畜禽育种有限公司	260	373	山东奥克斯畜牧种业有限公司	495
132	秦皇岛全农精牛繁育有限公司	18	374	先马士畜牧（山东）有限公司	84
133	亚达艾格威（唐山）畜牧有限公司	88	411	河南省鼎元种牛育种有限公司	225
141	山西省畜禽育种有限公司（原山西省畜牧遗传育种中心）	102	413	南阳昌盛牛业有限公司	5
			414	洛阳市洛瑞牧业有限公司	14
151	内蒙古天和荷斯坦牧业有限公司	83	441	广州市奶牛研究所有限公司	4
155	内蒙古赛科星繁育生物技术（集团）股份有限公司	333	511	成都汇丰动物育种有限公司	12
			531	云南恒翔家畜良种科技有限公司	27
211	辽宁省牧经种牛繁育中心有限公司	18	532	大理五福畜禽良种有限责任公司	26
212	大连金弘基种畜有限公司	190	611	陕西秦申金牛育种有限公司	20
222	吉林省德信生物工程有限公司	21	612	西安市奶牛育种中心	96
231	黑龙江省博瑞遗传有限公司	129	631	青海正雅畜牧良种科技有限公司	15
232	大庆市银螺乳业有限公司	88	641	宁夏四正种牛育种有限公司	61
311	上海奶牛育种中心有限公司	379	651	新疆天山畜牧生物工程股份有限公司	294
322	南京利农奶牛育种有限公司	19			

二、青年公牛综合选择指数的计算

2021 年中国奶牛基因组选择性能指数计算方法沿用了 2020 年修订版 GCPI 计算公式，利用中国农业大学构建的中国荷斯坦牛基因组选择参考群数据平台，结合青年公牛基因组检测的 SNP 基因型信息，用 GBLUP 方法估计公牛的各性状基因组直接育种值（DGV），并与其系谱育种值进行标准化后加权合并，计算得到中国奶牛基因组选择性能指数（GCPI）。计算 GCPI 公式中使用了乳脂量（Fat）、乳蛋白量（Prot）、体细胞评分（SCS）等生产性状育种值和体型总分（Type）、泌乳系统（MS）、肢体（F&L）等体型性状育种值。通过对各类性状的育种值进行加权计算（表 2）。

GCPI 计算公式如下：

$$GCPI_{2020} = 4 \times \left[25 \times \frac{GEBV_{Fat}}{22.0} + 35 \times \frac{GEBV_{Prot}}{17.0} - 10 \times \frac{GEBV_{SCS} - 3}{0.46} + 8 \times \frac{GEBV_{Type}}{5} + 14 \times \frac{GEBV_{MS}}{5} + 8 \times \frac{GEBV_{FL}}{5} \right] + 1800$$

式中：——第 i 性状的合并基因组估计育种值。

表 2　各性状估计育种值标准差

性状	各性状符号	基因组育种值标准差
产奶量	Milk	800
乳脂率（%）	F	0.3
乳蛋白率（%）	P	0.12
乳脂量（kg）	Fat	22
乳蛋白量（kg）	Prot	17
体型总分（kg）	Type	5
泌乳系统	MS	5
肢蹄评分	FL	5
体细胞评分	SCS	0.46

三、青年公牛 GCPI 情况

根据 2021 年中国荷斯坦牛遗传评估结果，目前在群或者有库存冻精的公牛共 675 头，其中 GCPI 最高值为 2 836，最低值为 1 508，平均值为 2 248。各分项评估性状育种值的最高值、最低值、整体平均值和排名前 50 位公牛的平均值见图 1 和表 3。

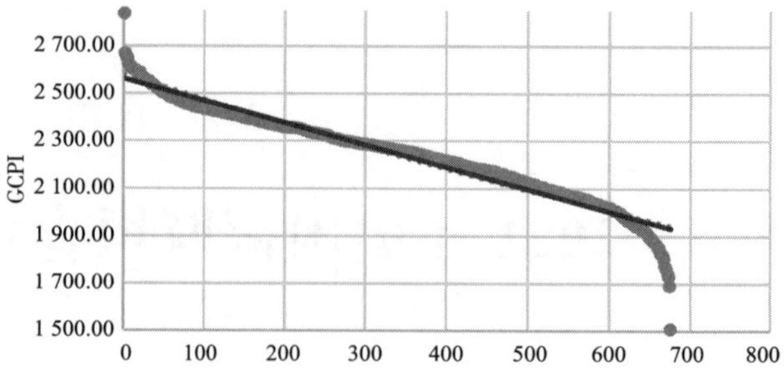

图 1　GCPI 成绩分布散点图

通过基因组选择可以实现公牛的早期选择，进而可以节约待定后备公牛的养殖成本，提高奶牛种公牛的平均选育效益。通过直接使用基因组选择的冻精，不仅缩短了奶牛育种的世代间隔、增加遗传进展，同时直接降低了奶牛育种企业的运行成本，增加了企业收益。

表 3　各分项育种值情况

项目	GCPI	乳脂量	乳蛋白量	体细胞评分	体型总分	泌乳系统评分	肢体评分
最高值	2836	78.70	60.05	3.04	11.59	10.53	9.96
最低值	1508	−30.34	−17.93	0.01	−7.84	−6.51	−12.79
整体平均值	2248	29.65	24.10	2.08	1.78	1.87	0.27
排名前 50 均值	2573	55.77	42.04	2.02	4.54	3.84	2.47

（中国奶业协会，陈绍祜、闫青霞、曹正）

【有机乳】

2020 年度中国有机乳制品发展状况

2020 年是不平凡的一年，更是生产、生活方式转变的一年。新冠疫情全球性的蔓延肆虐，对我们的日常生活和有机行业都有着深远的影响，消费者开始更加关注个人健康与营养，全民对食品的消费趋势也相应发生改变，从追求安全导向上升为功能导向，口感导向让位于健康导向，价格导向让位于质量导向，越来越多的消费者正在转向选择有机食品，后疫情时代有机乳品产业进入新的发展机遇期。

一、国内有机生牛乳及乳制品生产

（一）2020 年发展概况。

1. 有机生牛乳。据中国食品农产品认证信息系统数据统计显示，2020 年，我国国内生产、经过认证的有机生牛乳（包括转换期）总产量为 319.32 万 t，较 2019 年增加 199.7 万 t，同比增长 59.96%。

2. 有机乳制品。按照新版《有机产品认证目录》划分标准，有机乳制品可分为三大类：液体乳（包括巴氏杀菌乳、调制乳、灭菌乳和发酵乳）、乳粉（包括全脂乳粉、脱脂乳粉、部分脱脂乳粉、调制乳粉、牛初乳粉、基粉）、其他乳制品（包括炼乳、奶油、稀奶油、无水奶油、干酪、再制干酪、乳清粉（液）、乳糖、黄油、酪蛋白、乳铁蛋白、乳清蛋白析出液、乳清蛋白粉）。据中国食品农产品认证信息系统数据统计显示，2020 年，我国国内生产、经过认证的有机乳制品总量（包括转换期）为 81.26 万 t，其中有机液体乳以 79.7 万 t 的年产量稳居首位，占比为 98.08%，其次为乳粉和其他乳制品，年产量分别达到 12 940.66t 和 2 668.21t，占比分别为 1.60% 和 0.32%。

3. 有机婴幼儿配方乳品（婴幼儿配方奶粉、婴幼儿配方液态乳）。据中国食品农产品认证信息系统数据统计显示，2020 年我国国内生产、经过认证的有机婴幼儿配方乳品总量为 43 875.91t。

（二）区域分布。

内蒙古自治区作为全国最大的有机生牛乳产区，同时也是最大的有机乳制品产地，2020 年其有机乳制品产量为 66.04 万 t，占全国有机乳制品总产量的 81.27%。其次为山东省、新疆维吾尔自治区、黑龙江省和青海省，有机乳制品认证产量分别为 23 455.5t、16 165.69t 、15 044.63t 和 13 943.73t。

2020 年有机液体乳认证产量位列我国前五位的分别是内蒙古自治区（658 476.6 t）、山东省（23 455.5 t）、新疆维吾尔自治区（14 175.5 t）、青海省（13 773.94 t）和 黑龙江省（12 125 t），分别占全国的 82.62%、2.94%、1.78%、1.73% 和 1.52%。

2020 年有机乳粉类产品主要集中在陕西省、黑龙江省和新疆维吾尔自治区，产量分别为 3 674.47t、2 352.30t 和 1 990.19t，以上三省产量约占同年度全国有机乳粉类产品总产量的 61.95%。

2020 年有机其他乳制品认证产量最大的地区是北京市（1 987.76t），占全国同类别总量的 74.50%；其次为黑龙江省 （567.329 t）、湖南省（50 t）、河北省（49.125 t）和青海省 （12.65 t）。

二、境外国标有机乳制品发展情况

2020 年，境外国标有机乳制品证书数量达 114 张，占所有境外国标认证证书数量（564 张）的 20.21%。从认证产量来看，境外国标有机乳制品产量为 46.7 万 t，占所有境外国标认证产量（658.7 万 t）的 7.09%。从有机产品进口的主要贸易区域看，有机乳制品进口主要来源为欧洲（爱尔兰、奥地利、英国、丹麦、德国、法国、荷兰等）、大洋洲（澳大利亚、新西兰）和北美洲（加拿大、美国、墨西哥）。从进口贸易的主要 TC 有机产品来看，乳粉的贸易量（1.80 万 t）在第二位，贸易额（8.31 亿元）位于第一位，分别占总贸易量和总贸易额的 11% 和 30%。

2020 年我国开展境外有机产品认证的 11 家机构为 49 种产品发放了 7 191.9 万枚有机标签，核销的有机产品重量为 3.9 万 t，总销售额为 103.32 亿人民币。其中灭菌乳、婴幼儿产品和乳粉在有机进口贸易占据主要优势，标志发放总量、核销总量、总销售额均位列前

5位。其中灭菌乳的标志发放数量（2 558万枚）位于在第一位、核销量（8 840t）位于第二位、销售额（23 868万元）位于第五位，占标志发放总量、核销总量、总销售额的35.6%、37.2%、2.3%。婴幼儿产品［婴幼儿饼干或其他婴幼儿谷物辅助食品、婴幼儿谷物辅助食品、婴幼儿泥（糊）状罐装食品、婴幼儿配方奶粉、婴幼儿汁类罐装食品］的标志数量为2 952万枚，占标志发放总量的41.0%、核销量1.62万t，占核销总量的41.4%，销售额85.55亿元。2020年境外乳粉（全脂乳粉、脱脂乳粉、部分脱脂乳粉、调制乳粉、牛初乳粉、基粉）的标志数量为562万枚，占标志发放总量的7.8%；核销量4 969t，占核销总量的12.7%；销售额9.24亿元，占总销售额的8.9%。从上述数据可以看出灭菌乳、婴幼儿产品和乳粉在有机进口贸易中占据主要优势。

三、有机乳制品的市场发展总体情况

按照《有机产品认证实施规则》等标准法规的要求，宣称有机产品的商品必须使用有机防伪标签即有机码，因此有机防伪标签的核销量可基本体现有机产品的销售情况。2020年，我国有机乳制品有机防伪标签核销量共计52.97万t，占有机加工产品总核销量的61.2%。根据发放标志核销量和当年有机产品销售价格对有机乳制品销售额进行估算，2020年我国有机牛乳的销售额为0.11亿元，占畜禽类有机产品核销额（4.92亿元）的2.24%。有机乳制品销售额约157.81亿元，占有机产品总销售额（701亿元）的22.51%。

结合近年来我国有机标志备案数量情况，我国有机产品标志备案数量呈现增加趋势。2020年我国境内有机标志备案数量为26.3亿枚，相比2019年增加了5.1亿枚，增幅24.1%。在2020年发放的有机产品标示备案中，同往年一样，灭菌乳的有机标志备案数量最多，为18.6亿枚，占总有机标志备案数的71%；相比2019年增加了3.8亿枚，增幅25.7%。巴氏杀菌乳的有机标志备案数量为0.58亿枚位列第三，与位列第七、第八位的调制乳和发酵乳共发放有机标志1.2亿枚，再加上灭菌乳18.6亿枚，合计液体乳共发放标志19.8亿枚，占有机标志总数的75.3%，再加上2 822万枚的配方乳粉，我国有机乳制品在销售市场上占绝对优势。

（中绿华夏有机产品认证中心，夏兆刚、潘娅慧、王华飞、栾治华、刁品春；
中国农业大学、乔玉辉、祁松松）

2021 年度中国有机乳制品发展概况

发展有机农业对于保护农村生态环境、推动农村经济发展、带动农民增收创收发挥着重要作用。2021 年农业农村部《农业生产“三品一标”提升行动实施方案》中将“积极发展绿色农产品、有机农产品和地理标志农产品”作为深入推进安全绿色优质农产品发展的重要措施被列入其中。方案强调到 2025 年，绿色食品、有机农产品、地理标志农产品数量达到 6 万个以上，中国有机农业发展迎来政策机遇期，有机乳制品发展在 2021 年也出现了一些新变化。

一、国内有机原料乳及乳制品生产

（一）2021 年发展概况。

1. 有机原料乳。据中国食品农产品认证信息系统数据统计，2021 年，我国国内生产、经过认证的有机原料乳分别有牛乳、羊乳和骆驼乳。2021 年有机生牛乳总产量达到 154.09 万 t，较 2020 年增长了 19.55%，占 2021 年有机动物产品总产量的 93.21%。2021 年我国共有 22 个省份开展了有机羊养殖，国内生产、经过认证的有机生羊乳总产量为 6.54 万 t。2021 年国内生产、经过认证的有机骆驼乳全部位于新疆维吾尔自治区，产量为 2.29 万 t。

2. 有机乳制品。按照新版《有机产品认证目录》划分标准，将有机加工产品种类分成 30 个，其中有机乳制品分为三大类：液态乳（包括巴氏杀菌乳、调制乳、灭菌乳和发酵乳）、乳粉（包括全脂乳粉、脱脂乳粉、部分脱脂乳粉、调制乳粉、牛初乳粉、基粉）、其他乳制品［包括炼乳、奶油、稀奶油、无水奶油、干酪、再制干酪、乳清粉（液）、乳糖、黄油、酪蛋白、乳铁蛋白、乳清蛋白析出液、乳清蛋白粉］。据中国食品农产品认证信息系统数据统计，2021 年我国经过认证的有机乳制品总量为 104.68 万 t，较 2020 年增长了 28.80%；巴氏杀菌乳、调制乳、发酵乳认证产量分别为 6.41 万 t、2.68 万 t 和 2.39 万 t。

2021 年有机加工产品总产量为 538.7 万 t，其中有机乳制品产量达 104.7 万 t，占比为 19.44%，位居加工产品的第二位。在单一有机加工产品产量中，灭菌乳产量最高，达到 90.2 万 t，占加工产品认证总产量的 16.74%，占有机乳制品认证总量的 86.15%。

3. 有机婴幼儿配方乳品（婴幼儿配方奶粉、婴幼儿配方液态乳）。据中国食品农产品认证信息系统数据统计，2021 年我国国内生产、经过认证的有机婴幼儿配方乳品总量为 4.72 万 t。

（二）区域分布。

1. 有机原料乳区域发展情况。内蒙古自治区作为全国最大的有机生牛乳生产省份，2021 年有机生牛乳产量达 104.57 万 t，占全国有机生牛乳产量的 67.95%，较 2020 年增长了 24.65%。其次为新疆维吾尔自治区，有机生牛乳产量为 10.80 万 t，黑龙江省产量为 10.46 万 t，河北省产量为 8.49 万 t，甘肃省产量为 5.42 万 t，产量较 2020 年分别增长了 27.05%、44.48%、27.86% 和 3.44%。同时，自 2018 年开始，内蒙古自治区已连续 4 年稳居全国有机生牛乳产量的第一位（图 1）。

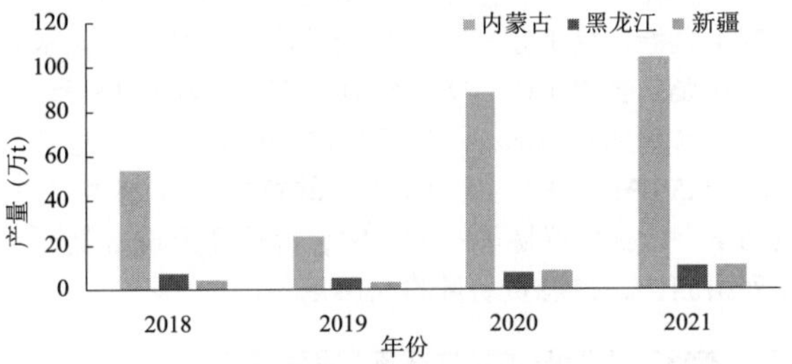

图 1　2018—2021 年内蒙古、黑龙江、新疆有机生牛乳产量情况

2. 有机乳制品区域发展情况。2021 年有机巴氏杀菌乳认证产量位列我国前五位的分别是上海市 14 442t、内蒙古自治区 11 071t、重庆市 6 600t、北京市 5 700t 和山东省 5 134t。

2021 年有机发酵乳认证产量位列我国前五位的分别是内蒙古自治区 12 283t、河北省 5 400t、青海省 1 186.5t、北京市 1 100t 和重庆市 1 096t。

2021 年有机调制乳主要分布在内蒙古自治区、江西省、湖南省和陕西省，获证产量分别为 25 749t、1 020t、47.5t 和 30t。

2021 年有机乳粉类产品发展迅速，主要集中在黑龙江省、陕西省和新疆维吾尔自治区，产量分别为 4 835t、4 550t 和 3 641t，较 2020 年分别增长了 93.42%、23.82% 和 82.93%，以上三省的产量约占同年度全国有机乳粉类产品总产量的 60.65%。

2021 年有机其他乳制品认证产量最大的地区仍是北京市（1 960.8t），占全国同类别总量的 74.43%。其次是黑龙江省（796.3 t）、河北省（700 t）、广东省（442 t）和内蒙古自治区（95.0t）。

二、境外生产获得中国有机产品认证的乳制品发展情况

2021年，境外共有53个国家和地区实施了中国有机产品认证（以下简称“境外国标认证”），相较于2020年增加了17.8%。境外国标认证的有机证书数量达554张，增幅为15.9%。其中，乳粉及其制品两大类的产品证书，自2018年起已连续4年位居境外国标认证产品所获证书数量的第一位，这4年的证书数量分别为53张、39张、42张和50张，说明我国对于境外有机认证乳粉类产品的需求长期旺盛。

从认证产量来看，境外国标认证的有机乳制品产量为69.4万t，相比2020年增加了48.6%。从有机产品进口的主要贸易区域来看，有机乳制品进口主要来源欧洲（爱尔兰、奥地利、英国、丹麦、德国、法国、荷兰等）、大洋洲（澳大利亚、新西兰）和北美洲（美国、墨西哥）。从进口贸易的主要贸易证书（Transaction Certificate，简称TC）有机产品来看，2021年开具TC的进口有机产品为54种，进口的主要TC有机产品为乳制品［乳清粉（液）、浓缩乳清液、乳清蛋白粉、牛乳、巴氏杀菌乳、灭菌乳、乳糖、乳粉、黄油、脱脂乳粉、调制乳粉、低聚半乳糖、乳清蛋白粉、全脂乳粉、发酵乳、无水奶油、奶酪、酪蛋白］。乳制品的贸易量为35.68万t，占总贸易量的62.88%，贸易额为77.67亿元，占总贸易额的55.50%；其中乳清粉（液）的贸易量为26.19万t，位列第一，占总贸易量的47.14%；贸易额为6.28亿元，位列第四位，占总贸易量的5.14%。

三、有机乳制品的市场和贸易概况

（一）中国有机乳制品市场销售总体情况。按照《有机产品认证实施规则》等有机标准法规的要求，宣称有机产品的商品必须在其最小销售包装上使用有机防伪标签即有机码，因此有机防伪标签的核销量可基本体现有机产品的市场及销售情况。2021年全国有机防伪标签备案34.63亿枚（境内33.54亿枚和境外1.09亿枚），有机产品标志发放总核销量为125.46万t（境内121.01万t和境外4.45万t），有机产品销售额为951.6亿元（境内863亿元和境外88.6亿元）。

（二）中国有机加工产品市场销售情况。2021年中国有机加工产品发放标志核销量为109.9万t，占标志发放总量的88.0%，较2020年增加了23.28万t。其中乳制品的核销量最大，为68万t，占加工产品总核销量的61.77%，较2020年增加了16.2万t。2021年中国有机加工产品的销售额为796亿元。其中乳制品的销售额最高为211亿元，占有机加工产品总销售额的26.51%；婴幼儿食品的销售额为123亿元，位列第三，占比15.49%。以上二者合计占比已超过有机加工产品市场总量的40%。

（三）中国有机乳制品产品市场销售情况。

1. 2021年国内有机乳制品市场与销售概况。2021年我国国内有机产品标志备案数量为33.5亿枚，相比2020年增加了7.2亿枚，增幅为27.4%。其中有机灭菌乳的有机标志备案数量最多，为24.52亿枚，较2020年增加了5.9亿枚，增幅31.7%；巴氏杀菌乳的有机标志备案数量位列第二，为1.1亿枚，较2020年增加了0.52亿枚，增幅达89.5%；调制乳和发酵乳有机标志备案数量合计为0.44亿枚；婴幼儿配方奶粉有机标志备案数量为0.43亿枚。以上4类乳制品有机标志备案数量共占全国有机标志总数的79.2%，说明中国有机乳制品在销售市场上占绝对主力。

2. 2021年境外国标认证有机乳制品市场与销售概况。2021年，我国共有16家认证机构开展境外国标有机产品认证工作，境外国标认证产品共发放1.09亿枚有机标志。其中，灭菌乳的有机标志发放数量最多，为0.63亿枚，核销量最大，为1.8万t，由于灭菌乳单品销售额相对较低，销售额位列第三位，为4.8亿元。婴幼儿配方奶粉销售额最多，达65.6亿元，其有机标志发放数量为1.6亿枚，核销量为1.2万t。脱脂乳粉销售额位列第二，为5.2亿元，核销量约为0.1万t。2021年境外国标认证的灭菌乳、婴幼儿配方奶粉和脱脂乳粉三类产品的销售额为75.6亿元，占境外国标认证产品总销售额的85.3%；核销量为3.13万t，占境外国标认证产品总核销量的70.4%。以上数据说明有机乳制品在有机进口贸易中占绝对份额。

（中绿华夏有机产品
认证中心夏兆刚、潘娅慧；
中国农业大学 乔玉辉、冯旭）

【机械补贴】

2020年农业机械购置补贴政策实施和奶业机械装备应用情况

一、2020年农业机械购置补贴状况

农机购置补贴是党中央、国务院出台的一项重要的强农惠农富农政策，自2004年实施以来，支持力度逐渐加大，惠及范围不断拓展，政策效果持续显现，支持推动了我国农机装备水平和农业机械化水平的大幅度提升。截至2020年底，中央财政累计投入2 392亿元，扶持3 800多万农民和农业生产经营组织购置各类农机具4 800多万台（套）。2020年，各级农业农村、财政部门按照《2018—2020年农机购置补贴实施指导意见》，稳步推进农机购置补贴政策实施，2020年实施补贴资金277亿元。

2013—2020年我国畜牧机械总量稳步上升，截至2020年底，我国畜牧机械保有量达811万台，同比增长了2.74%，畜牧养殖机械化率达到35.79%，同比增长了1.57个百分点。

2019年12月，农业农村部印发《关于加快畜牧业机械化发展的意见》（农机发〔2019〕6号，以下简称《意见》），提出了明确的发展目标：到2025年，奶牛规模化养殖机械化率达到80%以上；加快提升畜禽养殖废弃物处理机械化水平，积极促进畜牧业机械化转型升级。为落实《意见》要求，2020年，农业农村部农业机械化管理司和畜牧兽医局组织开展了畜禽养殖机械化典型案例征集活动，征集内容涵盖饲草料收获加工、消杀防疫、精准饲喂、环境控制、畜产品采集和粪污资源化利用等；农业农村部农业机械试验鉴定总站、农业农村部农业机械化技术开发推广总站组织开展了先进适用畜牧养殖装备遴选活动，遴选出涉及高效青贮饲草料收获加工、自动饲喂、消杀防疫、智能环控、畜产品采集、资源化利用等主要环节养殖机械化技术装备313个型号（系列）产品，推动奶业先进适用装备推广，为养殖场（户）选机购机提供参考。《意见》还提到，加大农机购置补贴对畜牧机械装备的支持力度，重点向规模化养殖场倾斜，实行应补尽补；探索开展畜禽养殖成套装备、设施试验鉴定与推广应用的路径。《意见》对于奶业机械化水平提升提供了利好的政策条件。

二、主要奶业机械应用现状

1. 青贮收获机。2020年全国青饲料收获机保有量为5.63万台，同比增长9.61%。全国机械化青贮秸秆数量0.96亿吨，同比增长6.09%。从拥有量看，湖北、内蒙古、河北、山东、新疆、甘肃、黑龙江等地拥有量在0.30万台及以上，合计占全国总量近70%。从作业情况看，内蒙古、新疆、河北、山东、甘肃、吉林等地机械化秸秆数量均超过0.05亿吨，合计占全国总量超过67%。“十三五”期间，中央财政累计补贴青饲料收获机2.12万台，补贴额10.35亿元。其中，2020年中央财政补贴购置青饲料收获机0.65万台，补贴额3.77亿元。玉米全株青贮是目前规模化奶牛养殖场的主要饲料，籽粒破碎是玉米全株青贮收获的重要指标。目前，国产品牌的青贮收获机制造企业在河北、山东等地呈现产业集群分布，重点研发420马力以上功率的机型。

2. TMR制备机。TMR制备机是2007年以来农业部大力推广的奶业机械装备，2020年，全国规模化牧场95%配备了TMR饲料搅拌车。“十三五”期间，中央财政累计补贴1.24万台，补贴额2.66亿元。其中，2020年中央财政补贴购置饲料搅拌机类产品0.72万台，补贴额1.44亿元。随着养殖场标准化建设和基础设施改善，12立方米及以上容积的产品成为主要需求机型。目前国产品牌中的固定式、牵引式机型，已基本能够替代国外品牌设备。养殖场普遍开始对传统TMR设备进行信息化改造，主要是以筒仓加装输送装置，配合传感器技术和后台软件系统，提升配方饲料加工自动化、精细化程度。

3. 挤奶机。挤奶设备也是2007年以来农业农村部重点推广的奶业机械装备，2020年全国挤奶机保有量为9.76万台，规模化牧场100%实现了机械化挤奶，机械挤奶的家畜数量为0.41亿个羊单位，同比增长1.63%。河北、内蒙古、黑龙江等地挤奶机拥有量均超过1万台。新疆、河北、内蒙古、山东、黑龙江等地机械挤奶家畜数量均超过0.03亿个羊单位，合计占全国总量约63%。2009年以来，中央财政累计补贴挤奶机1.99万

台，补贴额5.73亿元。“十三五”期间，中央财政补贴挤奶机数量呈总体减少趋势，累计补贴仅600余台，补贴额0.44亿元，其中，2020年度中央财政补贴仅43台，补贴额不足0.05亿元，主要原因是补贴额度低，用户申报积极性不高。目前，在用产品中国外品牌占多数，国内品牌产品的真空泵、脉动器等核心部件主要靠进口。平面式、管道式基本退出市场，并列快放式、转盘式成为首选，受成本优势的影响，鱼骨式仍占有较大比例。莱力、利拉伐、GEA等国外品牌的挤奶机器人、药浴机器人正逐渐得到引进和应用。

4. 贮奶（冷藏）罐。贮奶（冷藏）罐是奶牛养殖的必备设备，自2009年起，中央财政开始补贴此类产品，累计补贴额超过2亿元。由于贮奶罐和冷藏罐属于耐用品，因此更新较慢。“十三五”期间，中央财政补贴此类产品仅600余台，补贴额不足0.09亿元。相比于传统冷藏罐，速冷设备制冷效率更高，目前，专用生鲜乳运输车配合速冷设备和奶仓是新建牧场配置和老牧场设备更新的首选。随着速冷设备列入国家支持的农业机械推广鉴定产品种类指南后，推广力度逐步增加，此类产品将成为牧场标配。

5. 粪污资源化利用设备。在政策带动下，2018年以来，粪污资源化利用设备应用持续快速增长。2020年，全国畜禽粪污处理机械保有量为9.55万台（套），同比增长22.56%。机械清粪的畜禽数量为4.75亿个羊单位，同比增长12.97%。湖北、江苏、山东、四川、重庆、辽宁等地拥有量均超过0.50万台，合计占全国总量超过63%。山东、江苏、新疆、湖北、辽宁等地机械清粪的畜禽数量均超过0.30亿个羊单位，合计占全国总量超过46%。2020年中央财政补贴机具0.22万台（套），补贴资金0.40亿元。目前，奶牛养殖场广泛使用的粪污资源化利用设备主要有清粪机、固液分离机，好氧发酵罐近年也开始应用。在政策支持引导下，一批畜禽养殖废弃物资源化利用装备将快速被推广应用，有效解决制约奶牛养殖的环保约束。

（农业农村部农业机械化总站，金红伟、吕占民、孙筱）

2021 年农业机械购置补贴政策实施和奶业机械装备应用情况

一、农业机械购置补贴状况

2021 年是“十四五”开局之年，党中央、国务院高度重视农业机械化发展，中央财政安排农机购置补贴资金规模达到 190 亿元，比 2020 年增加 20 亿元。在政策带动下，全国畜牧机械保有量稳步增加，达到 869.85 万台，同比增长 7.26%。畜牧养殖机械化率达到 38.50%，较上年提高 2.72 个百分点。

农业农村部办公厅、财政部办公厅印发《2021—2023 年农机购置补贴实施指导意见》，标志着新一轮农机购置补贴政策开始实施。全国补贴的机具种类范围进一步扩展，由 15 大类、42 个小类、153 个品目调整扩展为 15 大类、44 个小类、172 个品目，重点增加了丘陵山区农业生产和畜牧水产养殖、农产品初加工以及支持农业绿色发展和数字化建设的机具品目。落实“有进有出”的原则，优先保障粮食、生猪等重要农畜产品生产、丘陵山区特色农业生产，以及支持农业绿色发展和数字化发展所需机具的补贴需要，将更多符合条件的高端、复式、智能产品纳入补贴范围，提高补贴标准、加大补贴力度；将粮食、生猪等重要农畜产品生产所需机具全部列入补贴范围，应补尽补；将育秧、烘干、标准化猪舍、畜禽粪污资源化利用等方面成套设施装备纳入农机新产品补贴试点范围，加快推广应用步伐。

农业机械购置补贴政策为奶业装备的快速普及与应用提供了重要保障，机械化水平稳步提升。以 2020 年农业机械化转型升级发展项目监测结果为基础，保守预测 2021 年奶牛规模养殖机械化率在 96% 左右，中等以上牧场基本实现全程机械化，智慧牧场成为发展趋势。

二、主要奶业机械应用现状

1. 青贮收获机。2021 年全国青饲料收获机保有量为 6.26 万台，同比增长 11.21%。全国机械化青贮秸秆数量 1.08 亿 t，同比增长 12.42%。从拥有量看，内蒙古、湖北、山东、河北等地拥有量在 0.5 万台以上，合计占全国总量的 50%。从作业情况看，内蒙古、新疆、河北等地机械化秸秆数量超过 1 000 万 t，合计占全国总量的 48.56%。2021 年，中央财政补贴青饲料收获机为 0.52 万台，补贴额 2.8 亿元。玉米全株青贮是目前规模化奶牛养殖场的主要饲料，籽粒破碎是玉米全株青贮收获的重要指标。2021 年，国产一线品牌的青贮收获机制造企业在河北、山东等地呈现产业集群分布，功率集中在 200 ~ 400 马力 *，400 马力产品已有市场份额。

2. TMR 制备机。2021 年全国饲（料）草粉碎机保有量为 315.79 万台，同比增长 3.48%，中央财政补贴购置饲料搅拌机类产品 0.65 万台，补贴额 1.08 亿元。当前，全国规模化牧场 95% 配备了 TMR 饲料搅拌车，随着养殖场标准化建设和基础设施改善，12m³ 及以上容积的产品成为主要需求机型。国产品牌中的固定式、牵引式机型已基本能够替代国外品牌设备，自走式机型实现研发应用。牧场普遍对传统 TMR 设备进行信息化改造，以筒仓加装输送装置、配合传感器技术和后台软件系统，提升配方饲料加工自动化、精细化程度。大型牧场更加关注中央厨房建设，以大型固定式 TMR 制备机为基础，实现精准高效的配方饲料制作，大幅节省了人力资源，降低了能耗，提高了生产效率。

3. 挤奶机。2021 年全国挤奶机保有量为 9.68 万台，同比下降 0.85%。河北、内蒙古、黑龙江等地挤奶机拥有量均超过 1 万台。2021 年中央财政补贴购置挤奶机仅 27 台（套），补贴额 298.27 万元，主要原因是补贴额度低，用户申报积极性不高。国内规模化奶牛场全部实现了机械化挤奶，多数都具备电子计量、自动脱杯等功能。新建牧场配置和老牧场改造配套机型主要是并列式（含并列快放式）、转盘式挤奶机。国内挤奶机研发主要集中在鱼骨式、并列式和转盘式，超过三分之一的机械是通过国内组装生产完成，核心部件如真空泵、脉动器主要依赖进口。全自动挤奶机器人、药浴机器人多为进口产品，国内应用数量虽然不多，但近几年市场关注度很高。

4. 贮奶（冷藏）罐。贮奶（冷藏）罐是奶牛养殖的必备设备，2021 年中央财政补贴购置贮奶（冷藏）罐仅 45 台，补贴额 69.04 万元，主要原因是贮奶罐和冷藏罐属于耐用品，更新较慢。相较于传统冷藏罐，速冷设备制冷效率更高，专用生鲜乳运输车配合速冷设备

* 马力为非法定计量单位，1 马力 ≈735 瓦特。—— 编者注

和奶仓是新建牧场配置和老牧场设备更新的首选。速冷设备已列入国家支持的农业机械推广鉴定产品种类指南。

5. 粪污资源化利用设备。在政策带动下，2018年以来，粪污资源化利用设备应用持续快速增长。2021年，全国畜禽粪污处理机械保有量为19.63万台（套），同比增长105.62%。机械清粪的畜禽数量为5.59亿个羊单位，同比增长17.62%。江苏、山东、湖北、四川等地拥有量均超1万台（套）。2021年中央财政补贴有机废弃物好氧发酵翻堆机、有机废弃物干式厌氧发酵装置、沼液沼渣抽排设备等超过930台（套），补贴资金超过1 100万元。奶牛场粪污收集设备主要包括刮板式清粪机、清粪车、自动清粪机器人等，清粪机器人基本为进口产品；粪污处理设备主要包括固液分离机、翻抛机、发酵处理设备、牛床垫料再生系统、生物分子膜以及污水处理设施。粪污还田方面，固态肥与液态肥施用已较广泛应用国产设备。在政策支持引导下，畜禽养殖废弃物资源化利用设备快速推广应用，将有效解决制约奶牛养殖的环保约束。

（农业农村部农业机械化总站，
金红伟、吕占民、孙筱）

四、各地奶业

GEDI NAIYE

北京市

【奶类生产】北京市2021年奶牛存栏58 177头，其中，成乳牛30 048头。饲养品种主要以荷斯坦牛为主，其他品种奶牛有少量存栏。北京市奶牛养殖分布在11个区，主要集中于顺义区、密云区、通州区、延庆区、昌平区、房山区和大兴区（表1）。

表1　2021年北京市奶牛存栏情况

地区	奶牛存栏量（头）	成乳牛存栏量（头）
北京市	58 177	30 048
顺义区	12 853	5 543
密云区	12 293	6 530
通州区	10 497	5 294
延庆区	8 667	5 017
昌平区	4 935	2 856
房山区	4 301	2 376
大兴区	4 288	2 243
平谷区	268	148
怀柔区	47	21
海淀区	20	14
门头沟区	8	6

2021年全市生牛乳产量258 474.9t，比2020年增长6.65%。其中，密云区、通州区、顺义区、延庆区、平谷区、门头沟区和怀柔区生牛乳产量与2020年相比有所增加，其他各区生牛乳产量均呈现下降趋势（表2）。

表2　2021年北京市生牛乳产量

地区	生牛乳产量（t）		
	2021年	2020年	增长速度(%)
北京市	258 474.9	242 360.8	6.65
密云区	55 821.3	48 187.1	15.84
通州区	54 775.9	35 185.8	55.68
顺义区	40 649.7	39 356.1	3.29
延庆区	31 281.0	29 504.0	6.02
昌平区	26 985.9	27 666.9	−2.46
大兴区	26 788.3	27 989.0	−4.29
房山区	19 765.5	31 660.7	−37.57
平谷区	1 680.8	1 304.2	28.88
海淀区	699.8	733.8	−4.63
门头沟区	24.5	24.0	2.08
怀柔区	2.2	0.2	1 000.00

【乳制品加工】北京市乳制品生产企业主要分布于顺义、通州、朝阳、丰台、昌平、大兴、平谷、怀柔、密云和延庆等区（表3）。北京市乳制品企业的产品涵

表3　北京市主要乳制品生产企业及经营范围

序号	企业名称	经营范围	所属区
1	北京健生饮料有限公司	乳制品	朝阳
2	北京三元食品股份有限公司	乳制品、饮料、其他食品	大兴
3	北京圣祥乳制品厂	乳制品	丰台
4	蒙牛乳业（北京）有限责任公司	乳制品、饮料	通州
5	蒙牛高科乳制品（北京）有限责任公司	乳制品	通州
6	北京光明健能乳业有限公司	乳制品、饮料	顺义
7	北京超凡食品有限公司	乳制品	顺义
8	北京艾莱发喜食品有限公司	乳制品、糕点、冷冻饮品、其他食品	顺义
9	北京天辰乳业有限公司	乳制品、饮料	顺义
10	北京三元食品股份有限公司乳品四厂	乳制品	昌平
11	北京和润乳制品厂	乳制品、饮料	大兴

（续）

序号	企业名称	经营范围	所属区
12	北京乳旺食品有限公司	乳制品、饮料	平谷
13	北京鸿达乳品有限公司	乳制品	怀柔
14	北京百思乐乳业有限公司	饮料	怀柔
15	内蒙古伊利实业集团股份有限公司北京乳品厂	乳制品、食品添加剂、饮料	密云
16	北京归原生态农业发展有限公司	乳制品	延庆

盖了几乎所有的乳制品种类，但在产品形式上主要以发酵乳、灭菌乳、巴氏杀菌乳和调制乳等液态乳制品为主。

【奶源基地】按照高质量发展的总体要求，坚持市场主导、企业主体、科研后盾、政府支持的总体原则，以优质安全为前提，构建养殖现代化体系，加强优质奶源基地建设，优化奶业生产布局，实施标准化生产，保障乳制品质量安全和有效供给，有效推进首都“菜篮子”生鲜乳保障体系建设。全市登记的规模奶牛养殖场 45 个。其中，设计规模 500 头及以上的奶牛养殖场 40 个，占 88.89%（表 4）。奶牛良种覆盖率达 100%（表 5）。

表 4　2021 年北京市备案的规模化奶牛养殖场分布情况

区	500 头以下	500~999 头	1 000~1 999 头	2 000 头及以上	合计
大兴区	0	0	1	1	2
延庆区	1	7	4	0	12
密云区	0	0	2	3	5
通州区	0	0	2	4	6
房山区	0	3	0	1	4
顺义区	1	4	2	3	10
平谷区	1	0	0	0	1
昌平区	2	1	1	1	5
合计	**5**	**15**	**12**	**13**	**45**

备注：数据来自 2021 年北京市畜禽养殖场（小区）登记备案统计数据。

表 5　2021 年北京市备案的规模化奶牛养殖场名录

序号	名称	设计规模（头）	品种
1	北京海华云都生态农业有限公司	10 000	荷斯坦
2	北京市北务广峰养殖场	3 000	荷斯坦
3	北京首农畜牧发展有限公司（金银岛牧场）	2 900	荷斯坦
4	北京鼎晟誉玖牧业有限责任公司	2 600	荷斯坦
5	北京中地畜牧科技有限公司	2 500	荷斯坦
6	北京鼎晟誉玖牧业有限责任公司奶牛二场	2 435	荷斯坦
7	北京首农畜牧发展有限公司绿荷第一牧场	2 375	荷斯坦
8	北京首农畜牧发展有限公司绿荷分公司半截河牛场	2 300	荷斯坦
9	北京梦渌通养殖有限公司	2 000	荷斯坦
10	北京圣兴达养殖有限公司	2 000	荷斯坦
11	北京首农畜牧发展有限公司绿荷牛业分公司（南口二牛场）	2 000	荷斯坦
12	北京首农畜牧发展有限公司中以示范牛场	2 000	荷斯坦
13	北京首农畜牧发展有限公司绿荷分公司草厂牛场	2 000	荷斯坦
14	北京市久兴养殖场	1 700	荷斯坦
15	北京昭阳牧场	1 600	荷斯坦
16	北京首农畜牧发展有限公司绿荷牛业分公司（南口三牛场）	1 500	荷斯坦

（续）

序号	名称	设计规模（头）	品种
17	北京首农畜牧发展有限公司创辉牛场	1 430	荷斯坦
18	北京雄特牧业有限公司	1 400	荷斯坦
19	北京首农畜牧发展有限公司三堡牛场	1 400	荷斯坦
20	北京首农畜牧发展有限公司小务牛场	1 400	荷斯坦
21	北京康源奶牛养殖有限责任公司	1 300	荷斯坦
22	北京大地群生养殖专业合作社	1 200	荷斯坦
23	北京首农畜牧发展有限公司（北京奶牛中心良种场）	1 150	荷斯坦
24	北京延照富民奶牛养殖中心	1 000	荷斯坦
25	北京利源永兆养殖中心	1 000	荷斯坦
26	北京民禾诚奶业专业合作社	922	荷斯坦
27	北京市马坡肖家坡明仁奶牛养殖场	800	荷斯坦
28	北京双萍养殖有限公司	800	荷斯坦
29	北京兴利鹏奶牛养殖中心	800	荷斯坦
30	北京金鑫园奶牛中心	800	荷斯坦
31	北京方旭养殖中心（延庆方旭养殖中心）	800	荷斯坦
32	北京森茂种植有限公司	750	荷斯坦
33	北京小段奶牛合作社	737	荷斯坦
34	北京富农兴牧奶牛养殖合作社	700	荷斯坦
35	北京中加永宏科技有限公司	600	荷斯坦
36	北京天意兴旺养殖专业合作社	600	荷斯坦
37	北京旺龙达奶牛养殖合作社	510	荷斯坦
38	北京三石奶牛场有限公司（奶牛场）	500	荷斯坦
39	北京瑞林奶牛养殖中心	500	荷斯坦
40	北京三农嘉华农牧业科技有限公司	500	荷斯坦
41	中国农业机械化科学研究院北京农机试验站（奶牛场）	450	荷斯坦
42	北京市龙湾承三养殖场	400	荷斯坦
43	中央军委机关事务管理总局南口农副业基地（奶牛场）	300	荷斯坦
44	北京金东牛场	300	荷斯坦
45	北京金龙腾达养殖场	300	荷斯坦

备注：数据来自 2021 年北京市畜禽养殖场（小区）登记备案统计数据。

【奶农组织】技术服务体系：北京市通过市、区、乡镇、村“四级”技术服务体系，奶牛产业技术体系北京市创新团队和奶业社团组织机构，有效整合全市的科技、人才和产业资源，搭建多学科协同平台、科企合作平台、产业上下游衔接平台，创立多种形式的技术服务模式，加快“产学研推”有机融合，全方位服务于奶牛产业发展，为北京奶业的健康发展提供了政策、科技与人才的支撑。

奶业社团组织机构：2021 年北京市登记备案的奶业社团组织机构共有 2 家（表 6），在协助政府进行行业管理服务产业、推广技术成果、维护奶农和行业的合法权益、促进北京奶业产业的健康发展等方面具有重要

表 6　北京市奶业社团组织机构

序号	名 称	业务主管单位	统一社会信用代码
1	北京市奶业协会	无（已脱钩）	51110000500300288F
2	平谷区刘家店镇奶牛养殖协会	北京市平谷区刘家店镇人民政府	51110117500833885U

作用。

【政策法规】地方标准：截至2021年底，北京市制定与奶牛产业相关的现行有效地方标准共计12项（表7），对推动本地区奶牛产业规范、健康、有序发展起到积极作用。

表7 北京市奶牛产业地方标准

标准号	标准中文名称	实施日期
DB11/T 1870–2021	畜禽养殖粪肥还田利用技术规范	2021/10/1
DB11/T 1764.19–2020	用水定额 第19部分：乳制品	2021/4/1
DB11/T 1759–2020	全株玉米青贮饲料分级技术规范	2021/1/1
DB11/T 150.1–2019	奶牛饲养管理技术规范 第1部分：育种	2019/10/1
DB11/T 150.2–2019	奶牛饲养管理技术规范 第2部分：繁殖	2019/10/1
DB11/T 150.3–2019	奶牛饲养管理技术规范 第3部分：饲养与饲料	2019/10/1
DB11/T 150.4–2019	奶牛饲养管理技术规范 第4部分：卫生防疫	2019/10/1
DB11/T 1322.69–2019	安全生产等级评定技术规范 第69部分：畜禽养殖场	2020/1/1
DB11/T 425–2018	牛场舍区、场区、缓冲区环境质量要求	2019/1/1
DB11/T 1332–2016	奶牛机械挤奶操作规范	2016/8/1
DB11/T 1021–2013	奶牛电子耳标技术规范	2014/2/1
DB11/T 868–2012	生鲜乳贮运技术规范	2012/9/1

（北京市畜牧总站，任 康）

天津市

【奶畜养殖】2021年天津市奶牛存栏10.4万头，同比下降3.1%。生鲜乳产量51.81万t，同比增长3.5%。饲养品种主要以荷斯坦牛为主，主要分布在武清区、静海区、宝坻区、宁河区和滨海新区。2021年，奶牛存栏小幅下降，生鲜乳产量、成母牛单产均稳步增长，奶牛标准化规模养殖水平不断提高，规模牧场技术水平、管理水平和设施设备不断进步，奶牛饲养环境和生产条件不断改善。

2021年，全球新冠疫情持续演变，国内疫情多点散发，各行各业受到影响和冲击。人工短缺、物料短缺、成本上涨等问题制约着奶业发展，加之2021年气候影响导致部分地区青贮储备不足，青贮饲料价格更是涨到历史最高。面对诸多问题，按照国家相关要求，市、区两级农业农村部门，相继出台多项政策为奶牛养殖企业发展提供有力支持。在“十四五”的开局之年，在有关政策的支持和引导下，秉承创新、协调、绿色、开放、共享的新发展理念，天津市奶业在落实乡村振兴战略中，以高标准、高质量发展为引领，强化奶牛良种繁育，持续推进种养结合模式应用，建设绿色优质奶源基地，加强生鲜乳全程监管，在加快构建现代奶业产业体系方面走在全国前列，形成了“种好草、养好牛、喝好奶”的全产业链条。

【乳制品加工】2021年，全市乳制品加工企业共计10家，主要位于武清区和北辰区。天津市乳制品加工企业依照《食品安全法》和食品安全国家标准组织生产，使用国际一流的生产线，通过国际国内相关标准体系认证，形成了海河、津河、华明、中芬、弗里生知名地方品牌。同时，引进蒙牛、伊利、光明、完达山、三元等全国著名乳制品加工企业在本市建立基地，生产巴氏奶、UHT奶、酸奶等不同花色品种，共同繁荣乳制品消费市场。

天津海河乳品有限公司（以下简称海河乳品公司）前身为天津海河乳业有限公司，始创于1957年，历经60余年的变革，确立了城市型乳业的企业定位以及在天津市场的主导品牌地位。海河乳品公司是天津市唯一一家完全使用食品集团国有自有奶源生产乳制品的企业，被中国奶业协会认定为中国学生饮用奶生产企业，“海河”品牌被认定为天津市“津农精品”。同时，作为国家重点龙头企业和本土乳制品市场领军企业，充分发挥优质奶源优势，突出城市乳业定位，不断研发新产品，满足消费者需求。

【市场消费】巴氏杀菌乳、UHT奶、酸奶、奶粉等乳制品，在天津市大小超市、电商平台均有销售，主要为地方品牌海河、弗里生和全国品牌蒙牛、伊利、三元、完达山、君乐宝等。

【奶源基地】规模养殖。2021年，全市共有奶牛养殖场71个，其中存栏规模500头以下的奶牛养殖场13个、存栏规模500～999头的奶牛养殖场26个、存栏规模 1 000 ～ 1 999 头的奶牛养殖场 18 个、存栏规模 2 000 ～ 2 999 头的奶牛养殖场 8 个、存栏规模 3 000 头及以上的奶牛养殖场 6 个。全市奶牛养殖综合水平不断提升，牧场规模化实现 100%，良种优质冻精使用率达 100%，TMR 设备和机械化挤奶设备配套率达 100%，规模养殖场粪污处理设施装备配套率达 100%。

DHI 测定。2021 年全市参加 DHI 测定奶牛场 42 个，参测牛头数 44 799 头，提供有效数据 26.87 万条。天津市奶牛生产性能测定体系已形成，奠定了天津市奶牛育种工作发展的基石，为天津市奶牛遗传改良工作打下了坚实基础。

牧草种植。2021 年全市饲草料种植规模 16 303hm²，其中全株青贮玉米种植规模 15 124hm²、饲用麦类种植规模 417hm²、紫花苜蓿种植规模 762hm²。全市完成饲草青贮收获 54.02 万 t。

疫病防控。2021 年，天津市没有重大的动物疫情发生。所有奶牛养殖场均按照《中华人民共和国动物防疫法》《天津市动物防疫条例》等有关法律法规，并在当地相关疫病防控部门的指导下，进行常规免疫与消毒。

【奶农组织】技术培训。为培养奶牛养殖业现代化管理技术人员和高素质产业人才，提升管理经营理念和劳动效率，进一步提升奶业科技含量，促进奶业可持续健康发展，鉴于新冠疫情防控形势，采取线下培训和线上培训相结合的方式，组织开展了奶牛养殖技术培训 20 余次，累计受益从业人员 700 余人。

【政策法规】一是继续实施天津都市型奶业产业集群建设项目。该项目计划到 2022 年，全面构建“3–5–20”的奶业产业集群发展格局，天津市都市型奶业产业集群整体产值力争突破 100 亿元。项目的实施使本市奶业产业体系建设明显加快，奶业综合实力大幅提升。二是奶牛家庭牧场和奶农合作社升级改造。奶牛家庭牧场和奶农合作社升级改造项目以标准化、现代化生产为核心，按照“缺什么补什么”的原则和先建后补、以奖代补等方式，通过使用节水、节料、节能养殖工艺，完善自动化环境控制设备，配备智能监控系统，有效提升奶牛养殖集约化、设施化、智能化、自动化水平。三是金融保险支持。实施担保贷款贴息扶持。市财政对符合条件的农业经营主体流动资金担保贷款和农业经营主体固定资产贷款给予不超过 3 年的年化 2% 的贴息扶持。奶牛活体抵押贷款，用于向奶牛养殖生产经营企业发放，解决养殖户贷款额度不足的难点和急切需求。实施奶牛养殖保险政策，对符合要求的病死奶牛进行赔付，减少养殖户损失。四是奶牛生产性能测定。2021 年继续承担农业农村部农技推广项目，通过开展奶牛生产性能测定（DHI），结合后裔鉴定技术，持续提高奶牛群体品质，缩短与发达国家奶业生产水平差距。同时通过奶牛生产性能测定（DHI），推进奶牛生产性能测定数据在良种选育、饲养管理中的应用，提高良种资源利用效率。在“十四五”期间，力争实现天津奶牛生产性能测定（DHI）全覆盖。

【质量监管】2021 年，天津市全年完成部级例行监测任务 192 批次，生乳国标监测任务 10 批次。全市完成监督检测 894 站次。样品覆盖全市所有的生鲜乳收购站和运输车。所有监测样品质量均符合国家相关标准规定。

有效落实监管责任。积极部署开展生鲜乳质量安全监管工作，印发了《2021 年推进奶业振兴保障生鲜乳质量安全工作方案》，召开专题会议，做到市、区两级联动，全方位强化生鲜乳质量安全监管工作。通过数据监测、签订责任书、加强各层级工作督导检查，压实企业主体责任、区级监管责任、市级监督责任，确保对生鲜乳质量安全监管工作有人抓、有人管，层层压实责任，织密生鲜乳质量安全的责任网络。

扎实开展专项整治行动。一是抓好日常监管与重点监管的结合。在抓好日常监管的同时，注重抓好元旦、春节、五一、中秋、国庆等重点时节专项整治行动，注重抓好奶厅和运输车等重点环节监管，注重抓好乳制品质量和安全制度落实等重点监管。全市共出动执法人员 1 527 人次，出动检查车辆 257 车次，巡查 870 站次，发放宣传资料 520 份，织密了生鲜乳质量安全的监管网络。二是抓好生产环节与运输环节监管的结合。各区农业农村部门组织农业综合执法切实强化养殖源头生产监管，严格饲料和兽药管理，监督养殖企业严格执行休药期制度。加强质量安全巡查制度，强化一单、两证、三记录和收购站标准化管理，加强生鲜乳购销合同的监督检查，防止不合格奶流入市场。三是抓好行政审批与监管的结合。利用视频会议等形式，市农业农村委对各涉农区行政审批部门生鲜乳收购站和运输车审批进行专项培训，规范审批形式。加强对生鲜乳收购许可证、生鲜乳运输车准运证的核实监管，2021 年对 25 个生鲜乳收购站、49 辆运输车换发许可证，发放 63 辆运输车生鲜乳运输许可证，对 4 家停养奶牛养殖企业注销生鲜乳收购许可证，注销 6 个生鲜乳运输车准运证。

【奶业大事】2021 年，启动“天食智慧牧场项目”建设，该项目总投资约 3 亿元。项目通过建设牛舍、挤奶厅、干草棚等设施及配套生产设备，建设高标准的智能化奶牛场，创建数字化管理体系，实现奶牛育种、高产、高效、观光、生态、安全、智能、科研、示范及人才培养的全面发展，打造智慧、生态、观光型奶牛场，树立天津奶业的良好形象。

2021 年，天津市实施规模畜禽场健康养殖技术示范项目，通过在奶牛中开展中草药饲喂技术示范，有效改善奶牛后备牛腹泻情况，降低奶牛体细胞数，有效预防乳腺炎，为制定规模畜禽场健康养殖技术规范提供依据。

2021 年，天津市农业农村委组织开展第 13 批农业产业化经营市级重点龙头企业申报工作，经企业申请、个相关涉农区政府推荐、专家评审、征求相关单位意见、报请天津市人民政府同意，天津富优农业科技有限公司、天津市武清区新世纪牧业有限公司两家奶牛养殖企业被认定为第 13 批农业产业化经营市级重点龙头企业。

2021年，天津梦得集团有限公司旗下子公司天津富优农业科技有限公司遴选为2021年国家奶牛核心育种场。

2021年，正式发布《牛粪养殖蚯蚓技术规范》《规模奶牛场机械挤奶操作规程》《畜禽粪污异位发酵床处理技术规范》3项地方标准。

2021年，开展规模化奶牛养殖场青贮饲料质量评估分析工作。为掌握天津市全株玉米青贮的制作水平与利用情况，自2017年开始，按照“进场入户、客观评价、综合分析、个性服务”的整体思路，连续5年对天津市规模奶牛养殖场全株玉米青贮饲料营养和发酵质量等情况开展全面普查工作。通过理论培训与现场指导相结合的技术推广模式，使天津市奶牛养殖场全株玉米青贮饲料质量得到了显著提升，在奶牛提高单产水平、促进健康养殖、降低饲喂成本方面发挥了显著作用。

2021年3月1日，为落实市农业农村委要求，推动奶牛产业提质增效，助力乡村振兴，天津市奶牛（肉羊）产业技术体系创新团队召开了体系启动暨工作推动会。会上对天津奶牛产业发展进行了精确研判，对技术体系团队今后建设发展、工作任务、工作重点等相关工作进行了规划部署。

2021年4月12日，为推动京津冀奶牛产业协同发展，创建资源共享机制，天津市奶牛产业技术体系与北京奶牛产业技术体系就双方资源共享、工作质量提升、协作发展等问题举行了协同发展交流座谈会。此次交流密切了京津两地奶牛产业体系关系，同时为双方协同发展奠定了良好基础。

2021年10月17日，中国天津种业振兴大会在梅江会展中心举办。在奶牛种业高峰论坛上中国工程院院士赵春江、天津市奶牛（肉羊）产业技术体系团队首席专家马毅等国内知名专家围绕“十四五”时期奶牛育种发展趋势、信息化技术在畜禽育种中的应用、荷斯坦牛自主培育体系建设、基于全基因组选择和胚胎移植技术的奶牛育种核心群建立等内容进行交流研讨。

（天津市农业发展服务中心，王　煦）

河北省

【奶类生产】2021年河北奶牛存栏135.2万头，生鲜乳产量498.4万t。河北坝上草原牧区、山前平原农牧结合区、黑龙港流域农草牧结合区三大奶牛养殖聚集区奶牛存栏占全省奶牛存栏的90%以上。

【乳制品加工】2021年河北乳制品产量397.64万t，同比增长6.51%，居全国第一位；液体乳387.85万t，同比增长6.95%，居全国第一位；乳粉产量9.85万t，全国排名第四。河北乳制品加工企业46家，日处理生鲜乳能力合计约1.8万t，其中乳粉加工企业16家，婴幼儿配方奶粉产能达到18万t。

河北乳业龙头企业发展势头强劲，君乐宝乳业集团快速发展壮大，2021年销售额实现203亿元，比2018年增加了近1倍。伊利、蒙牛等大型乳企纷纷在河北建设一批乳制品加工项目，增加高端乳制品产能，形成了大龙头领跑、中小企业跟进、奶农加工为补充的乳制品加工格局。乳制品结构持续优化，奶酪黄油实现零的突破。河北对近400万名农村义务教育学生实施了那就“学生饮用奶计划”，年生产供应学生饮用奶近20万t，居全国第一位，占全国20%以上。

【奶源基地】河北优化产业布局，建设奶牛养殖聚集区、示范区，梯次建设现代化万头牧场、标准化千头家庭牧场和规范化中小规模社会牧场。2021年河北新建规模奶牛场23个，共有奶牛养殖场843个。奶牛养殖现代化、智能化水平进一步提升，全部与省级奶牛养殖云平台对接，实现奶牛发情自动揭发、产奶量自动上传、饲料配方精准控制、环境温湿度在线监测。

河北持续建设坝上燕麦、平原青贮玉米、黑龙港苜蓿三大饲草基地，重点扩大优质苜蓿种植面积。2021年，全省苜蓿总面积达到47万亩，年产干苜蓿约35万t，苜蓿本地化率由2018年的35%增长到2021年的50%左右。

【奶牛种业】河北扩大奶牛生产性能测定数量，完善奶牛谱系数据库，扩大优质胚胎和冻精的推广使用，加快群体改良步伐。建设行唐、鹿泉、威县奶牛种业示范园区，建设一流种公牛站，引进、培育顶级种公牛，支持天泉奶牛、康宏牧业等提升育种创新水平，高标准建设胚胎移植实验室，在威县建设单产15t以上种子母牛核心群。

河北成立了“河北省荷斯坦牛种质创新联盟”，建成了全国规模最大的奶牛生产性能测定中心，年测定奶牛24万头，测定数量位居全国第一。筛选*A2*基因奶牛万头以上，组建了全国最大的*A2*基因奶牛核心群。累计支持胚胎移植1.4万枚，推广优质冻精近50万剂。建成单产10t以上高产奶牛核心群152个，全省奶牛平均单产达8.8t，比全国平均单产水平高出0.1t。

【质量监管】制定《河北省奶业质量安全风险管控方案》有力防范生鲜乳生产运输、乳制品加工仓储、市场流通销售各环节风险隐患。2021年河北对生鲜乳收购站运输车进行“全覆盖”检查，对乳制品生产企业进行飞行检查，开展生鲜乳专项抽检900余批次，接受农业农村部组织的第三方全覆盖抽检，合格率均为100%。全省生鲜乳平均乳脂率达3.89%、乳蛋白率达3.33%、体细胞22万个/mL，优于发达国家标准。

河北落实最严格的奶牛养殖规范，保证生鲜乳质量优于奶牛发达国家标准。实施生鲜乳质量专项风险检测和监督飞行抽检，动态监管乳制品质量，适时掌握质量状况。鼓励企业参与国际国内质量评比活动，对获得大奖的企业予以奖励。

【价格协调机制】由政府、协会、乳企代表和牧场代表组成的河北省生鲜乳价格协调会，建立季度生鲜乳价格协调制度，每季度协商发布生鲜乳收购指导价和最低保护价。利益联结机制逐步完善，推动乳企和奶牛场签订长期购销合同，建立稳固的合作关系。建立生鲜乳收购风险防范机制，实施喷粉补贴，稳定乳制品淡季生鲜乳收购预期。持续开展生鲜乳收购秩序专项整治行动，严厉打击超范围收奶，维护健康良好的生鲜乳市场秩序。

【奶业大事】2021 年 12 月 17 日，各民主党派、工商联、无党派人士为全面建成小康社会作贡献评选表彰大会在京召开。中共中央政治局常委、全国政协主席汪洋出席大会并讲话。大会隆重表彰了党的十八大以来在全面建成小康社会中涌现出的一批先进集体、先进个人和优秀成果。河北省奶业协会会长、君乐宝乳业集团董事长兼总裁魏立华荣获“先进个人”称号并受到表彰。

2021 年 7 月，在庆祝中国共产党成立 100 周年之际，河北省奶业协会会长，君乐宝乳业集团党委书记、董事长兼总裁魏立华荣获中共中央授予的“全国优秀党务工作者”称号，在京接受表彰并参加系列庆祝活动。河北省奶业协会副会长兼秘书长、河北省奶业协会石家庄市奶业协会联合党支部书记袁运生荣获中共河北省社会组织委员会授予的“优秀党务工作者”称号。

2021 年 6 月 20 日，河北省奶业协会七届二次理事会暨河北牛人“惠”活动在唐山市滦南县举办，《河北省示范型奶牛家庭牧场》团体标准也在会上予以发布。为切实做好标准的宣传贯彻和推广工作，发挥示范型奶牛家庭牧场带动作用，根据《河北省奶业协会团体标准管理办法》相关规定，河北省奶业协会开展“河北省示范型奶牛家庭牧场”免费认定活动。

2021 年 6 月 3—4 日，由王成武会长、汪玲莉秘书长领队的山东省奶业协会河北奶业考察团一行 20 人，来到河北省保定市和定州市进行奶业考察。

2021 年 4 月 23 日，中国奶业协会在唐山召开“转型升级 品质提升 构建现代奶业新格局”中国奶业高质量发展推进会，正式启动乳制品企业现代化评价工作，河北省奶业协会同期举办第三届河北国际奶业博览会。会议深入贯彻党的十九届五中全会精神，进一步贯彻落实《国务院办公厅关于推进奶业振兴保障乳品质量安全的意见》，为推进现代奶业评价体系建设工作，助力建设现代化奶业，凝聚了发展新动力。

2021 年 3 月 23 日，河北奶协乳品质量安全委员会工作会议在石家庄召开，全体委员围绕河北省奶业协会发布的婴幼儿配方奶粉团体标准如何有效实施和质量管控过程中存在的问题展开深入交流。河北省市场监督管理局牛跃峰调研员就 2020 年对全省乳企飞行检查以及监管情况进行了通报。宣讲解读了河北省《乳制品质量提升行动方案》。

（河北省奶业协会，李贺峰）

石家庄市

【奶畜养殖】2021 年底，全市奶牛存栏 22.83 万头、同比增长 8%，奶产量 80.18 万 t、同比增长 4%，品种主要是中国荷斯坦牛。奶牛场智能化水平不断提升。全年新改造智能化牧场 23 家，累计达到 171 家，智能化牧场覆盖率达到 96% 以上；其中总投资 7 000 万元，占地 130 亩，设计奶牛存栏 1 500 头的君乐宝全智能化未来家庭示范牧场——赞皇君奥牧场已建设完成，成为我国第一家全机器人饲喂、挤奶、全智能化管理的世界一流智慧家庭示范牧场。奶源基地建设模式不断创新，在发展社会牧场和乳企自建牧场的同时，积极探索乳企与奶农合作建设家庭牧场新模式，共开工建设君乐宝与奶农合建千头家庭牧场 4 个，分别是平山君合牧场、行唐君利源牧场、晋州君瑞牧场、正定佳城牧场。

【遗传改良】全市 115 个奶牛场 DHI 参测，参测奶牛 59 026 头，占全省参测奶牛场数量的 1/3。市中心奶牛场测定 18 个，参测奶牛 6 307 头。利用数据指导生产，参测奶牛场牛奶平均单产达到 9.2t，比全省平均水平高 0.4t。创新运行全省唯一一家市级种畜禽质量检测中心、奶牛生产性能测定中心，10t 以上奶牛场达到 8 个，与国际先进水平接轨。规范实施高产奶牛胚胎移植、性控冻精项目，共计落实补助资金 781 万元、高产奶牛胚胎 3 016 枚、性控冻精 23 750 支。加强奶牛良种繁育，通过引进与繁育相结合，加快扩充优质泌乳牛数量，推广使用高产奶牛胚胎和性控冻精，推广生产性能测定技术，不断扩大测定覆盖面。通过对 120 个奶牛场的 6 万多头奶牛的生产性能测定，每头奶牛 305 天平均产奶量由 2018 年的 8 311kg 提高到 2019 年的 8 642kg、2020 年的 8 846kg，增幅明显。

【奶源基地】全市有 177 个奶牛养殖场（区），全部实现了管道式机械化挤奶，饲喂全株青贮玉米。使用全混合日粮（TMR）、奶牛卧床、冷风机和自动饮水等先进技术的比例达到 100%。养殖场粪污处理设施装备配套率达到 100%。主规模化养殖率达到 100%。资源化利用率达到 90%。养殖场（区）全部安装视频网络监控系统，实现了 24 小时的实时监控。

市财政共投入 7 244 万元，争取省财政资金 17 344 万元，整合社会资本 2.5 亿元，支持 151 个规模奶牛场实施标准化牧场改造。对原来的老旧奶牛场的设施、设备进行改造升级，安装使用奶牛卧床、自动饮水、牛舍冷风机、全混合日粮饲喂机械、视频监控系统，以及水、电、路配套设施设备等。

开展智能奶牛场建设。2021 年，虽受疫情影响，但总体形势向好，奶牛存栏逐月增长。2021 年一季度，奶牛存栏 20.95 万头，增长 9.5%；生鲜乳产量 17.36 万 t，增长 16.1%。2021 年奶业振兴市级层面的设计基本完成，

《石家庄市2021年奶业振兴工作方案》对全市的任务进行了分解，增加6万t的任务目标分解到了各县（市、区）。2021年全市共建设奶牛牧场9个，总投资1.5亿元，新增设计存栏1.03万头。其中君乐宝分别在赞皇、正定、行唐、平山、晋州自建家庭牧场5个，投资7 000万元，用于奶牛场的信息化设施建设和设备购置，实现奶牛发情自动提示、挤奶自动计量、TMR混合自动控制、环境自动监测。

巩固奶牛养殖基础。重点完成君乐宝4个千头标准化家庭牧场建设，启动君乐宝5个家庭牧场建设。建设智能奶牛场6个，智能化率达到92%以上。提升乳制品加工能力。重点支持君乐宝君诚年产5万t奶粉加工项目取得婴幼儿配方奶粉生产许可和冀中宝贝乳业日处理320t生鲜乳奶粉加工项目的建成投产。鼓励奶牛场采取开奶吧，生产巴氏奶、冰激凌、酸奶等方式进行生产加工。2021年1月29日河北省农业农村厅和河北省农村信用联合社共同印发了《河北省金融支持奶业振兴实施意见》。

规范生鲜乳市场秩序。按照全省生鲜乳价格协调机制，组织开展生鲜乳市场专项整治行动，严厉打击抢奶、无证收奶、违反生鲜乳购销合同等违法违规行为，依法取缔不符合条件的收购站和运输车。推广生鲜乳全程可视化质量安全追溯系统，开展生鲜乳质量安全专项检测和第三方全覆盖抽检，实时掌握全市生鲜乳质量状况。

【奶站管理】全市177家奶站全部取得生鲜乳收购许可证，全部与乳制品加工企业签订生鲜乳收购合同，安装视频监控网络系统，运输车全部安装GPS定位系统，实现市县畜牧部门在生鲜乳的生产收购、储存运输各环节的全程实时监管。奶站和奶牛养殖场（区）实行一体化建设。开展了两次全市生鲜乳收购站专项整治行动，检查生鲜乳收购站516站次、生鲜乳运输车482车次。组织开办奶站负责人培训班，培训人员360人次。一是每年定期组织开展两次奶站专项整治活动，县级每季度开展一次奶站集中整治行动，重点对生鲜乳运输车持证情况、生鲜乳收购站各项制度落实情况、档案管理和检测情况进行检查，确保奶站十项制度一项操作规程落实到位。明确专人负责农业农村部生鲜乳收购站运输车监管系统平台，及时查看平台两证信息变化，确保奶站信息的准确性和时效性。二是强化人员培训。市级每年组织开办两次奶站法人（负责人）及技术人员培训班，完善各项档案记录，健全监管工作台账，提高奶站标准化规范化管理水平。三是加大执法检查力度。始终保持奶站监管的高压态势，严厉打击非法收购运输“黑窝点”、无证和超范围收购、一证多用套用等违法行为，突出抓反面典型，震慑不法分子，确保生鲜乳质量安全。

【质量安全】根据《河北省奶源工作总站关于做好2021年生鲜乳收购站（车）现场检查工作的通知》要求，在县级现场检查的基础上，市派出人员对石家庄市鹿泉区、行唐县进行了检查，共检查了5个生鲜乳收购站和5辆运输车。根据农业农村部关于印发《2021年度饲料兽药生鲜乳质量安全监测计划的通知》，本年度，省级以上业务主管部门派人员到石家庄市进行生鲜乳抽样592批次，检测三聚氰胺、β内酰胺酶、碱类物质等6项指标，检测结果全部合格。全面落实生鲜乳收购数量大幅波动及质量不合格48小时调查追溯制度，明确专人负责河北省生鲜乳日报告网络平台，实时查看乳制品企业每日报告的检测不合格生鲜乳和交奶数量大幅波动情况，及时通告相关县畜牧部门到场调查处理，确保质量不合格生鲜乳在48小时内处理完成。结合新冠疫情防控形势，组织召开石家庄市第三次畜禽遗传资源普查、质量检测培训会，组织参加2021年全国畜牧总站养殖实用技术大讲堂、2021年中国奶业发展高层论坛暨2020年第五届中国奶业风云榜年度公益评选会议、2021年河北省奶农大会暨奶农与乳企对接活动、全株玉米青贮应用技术、全国畜禽遗传资源普查等培训活动9期，线下培训人员600余人次，线上培训人员2 500人次。

【鲜奶价格】在石家庄市收购生鲜乳的大型乳制品生产企业主要有6家（蒙牛、伊利、君乐宝、河北三元、新希望天香、石家庄明旺），都能按收购合同数量收购生鲜乳，超出合同的部分大多低于市场价格予以收购。每季度公布省生鲜乳参考交易价格及执行情况。实行生鲜乳合同化管理和乳品生产有计划同步发展制度，落实生鲜乳收购和交售数量变化提前通知及申请制度，不得随意变更。2021年，石家庄生鲜乳收购价格市场平稳。据监测，全市奶站年均价格在4.09元/kg，生鲜乳生产成本平均在4元/kg左右，奶牛养殖处于微利状态。

【乳制品加工】石家庄市大的乳制品加工企业有3家，分别为石家庄君乐宝乳业集团有限公司、河北三元食品有限公司和石家庄明旺乳业有限公司。

君乐宝乳业集团成立于1995年，是河北省乳制品加工企业，是农业产业化龙头企业、国家高新技术企业、国家乳品研发技术分中心。业务范围包括婴幼儿配方奶粉、低温酸奶、常温液态奶、牧业四大板块；涵盖奶业全产业链各环节，上下游协同发展，为消费者提供营养、健康、安全的乳制品。

君乐宝是河北省最大的乳制品企业，2021年拥有21个生产工厂和17个大型牧场，养殖奶牛12万头，牧草种植基地50万亩。2021年，共有员工9 000余人，在河北、河南、江苏、吉林等地建有16个生产工厂。君乐宝奶粉2014年在全国率先通过了BRC和IFS双重认证，2015年成为首个通过欧盟BRC A+级认证的奶粉品牌，2016年又获得了BRC AA+顶级认证。君乐宝在鹿泉建设的君诚5万t奶粉加工项目主体已经完成；君乐宝投资2.5亿元打造的君乐宝奶业科技创新研究院已投入使用；君乐宝品元种公牛站顺利承接原省农业农村厅下属种公牛站，通过省级种畜禽生产经营许可，停产两年后重新启动运行。为实现农业农村部提出的“力争一年开好头、三年打基础、五年见成效、十年实现重大突破，逐步实现种业科技的自立自强，种源自主可控”

的目标奠定坚实基础。

河北三元食品有限公司于 2008 年 12 月注册成立，注册资金 215 772.55 万元，是上市公司北京三元食品股份有限公司的全资子公司，隶属于北京首都农业食品集团，主导产品为奶粉和液体奶。河北三元婴幼儿配方奶粉被评为河北省名牌产品，是河北省内首家通过诚信管理体系认证的企业，是河北省农业产业化重点龙头企业、国家高新技术企业。2016 年在石家庄新乐市建设完成了河北三元工业园项目，项目总投资 18 亿元，占地 600 亩，设计年产奶粉 4 万 t、液态奶 25 万 t，生产婴幼儿配方奶粉、常温奶、巴氏奶、酸牛奶等产品，日处理鲜奶能力 1 000t。所有奶粉采用集团自有自控优质牧场奶源，原奶主要指标达到欧盟标准，平均产奶量达到世界先进水平。2021 年乳制品产量 11.84 万 t，其中婴幼儿配方奶粉 3 912t，河北三元销售收入 11.24 亿元。

石家庄明旺乳业有限公司是台湾旺旺集团在河北省投资建设的第一家乳制品生产企业，位于行唐县上方乡，主要产品有 UHT 奶、炼乳、果蔬饮料、植物蛋白饮料等。2021 年，生鲜乳收购量为 3.67 万 t，炼乳总产量为 1.32 万 t，炼乳销售总额为 1.62 亿元，

【奶农组织】石家庄市奶业协会于 2005 年 5 月成立，本协会是由乳制品企业、奶牛场、奶农及相关业务单位自愿组成的地方性、行业性、非营利性社会团体组织，是社会团体法人，是跨部门、跨所有制的非营利性质的行业组织，主要职能是协助政府进行行业管理，在行业中发挥协调、服务、维护、自律的作用，维护会员和行业的合法权益。河北三元食品有限公司、君乐宝乳业集团领导分别担任石家庄市奶业协会理事长和秘书长。现有会员 44 人，理事单位代表 20 人。常务理事单位代表 16 人，副理事长单位代表 10 人。协会积极与政府协作，2021 年组织召开了 4 次价格协调会，在传达奶业人心声，促进奶源基地建设，协调供需矛盾，稳定奶源市场秩序，破解奶业发展难题上都做出了积极贡献。每季度公布省生鲜乳参考交易价格及执行情况，加大对乳企执行的监督力度。实行生鲜乳合同化管理和乳制品生产有计划同步发展制度，落实生鲜乳收购和交售数量变化提前通知及申请制度，不得随意变更。

【政策法规】贯彻落实河北省农业农村厅印发的《河北省奶业振兴规划纲要（2019—2025 年）》《关于加快推进奶业振兴的实施意见》《关于切实做好奶业项目工作的通知》（冀农发〔2021〕158 号），河北省农业农村厅印发的《2021 年省级智能化奶牛场建设项目实施方案》，石家庄市奶业振兴工作领导小组办公室印发的《石家庄市 2021 年奶业振兴工作方案》。

【奶业大事】2021 年 1 月，河北石家庄突发新冠疫情，君乐宝捐赠 300 万元乳制品支援疫情防控。截至 2021 年 1 月 14 日，君乐宝乳业陆续向石家庄市长安区、桥西区、新华区、裕华区、藁城区、鹿泉区及邢台等地捐赠 5 万余箱、价值 300 万元的乳制品，主要面向 4 000 多名疫情防控一线工作人员、3 000 多名一线交警、隔离群众以及江苏、浙江检验医疗队等。特殊时期，君乐宝的产品货物均开展核酸检测，随货配备检测证明，确保产品安全放心。君乐宝还紧急开通相关小程序等线上服务端口，力保婴幼儿配方奶粉、酸奶、牛奶供应，并提供石家庄三环内无接触配送服务。

2021 年 4 月 13 日，2020 年度河北省科学技术奖励大会在石家庄召开，君乐宝婴幼儿配方奶粉安全控制关键技术及产业化项目荣获“河北省科学技术进步奖一等奖”。

2021 年 4 月 16 日，河北省人民政府官网发布关于认定河北省农业产业化重点龙头企业的通知。认定君乐宝等 964 家企业为河北省农业产业化重点龙头企业，有效期至 2022 年 12 月 31 日。

2021 年 6 月 20 日，河北省奶业协会七届二次理事会在唐山举行。会上，河北省奶业协会正式发布由君乐宝等 7 家单位共同编制的《河北省示范型奶牛家庭牧场》团体标准。

2021 年 9 月，中国乳制品工业协会第 27 次年会暨 2021 年中国（国际）乳业技术博览会在杭州召开。大会以“科技强乳 绿色发展”为主题，汇聚了各主管部委、行业部分领导专家、科研人员、企业家、国际乳业组织负责人，交流科技前沿信息，共谋乳业发展大计。同期，2021 中国乳业系列奖项颁奖仪式举行，君乐宝“新一代鲜牛奶”悦鲜活和乐臻婴幼儿配方奶粉相关项目分别荣获技术进步奖特等奖和一等奖。

2021 年 9 月 5 日，第 11 届中华慈善奖表彰大会举行，君乐宝凭借在抗击新冠疫情时期稳产保供、捐款捐物超亿元的突出表现，以及积极创新精准扶贫模式助力脱贫攻坚，荣获民政部授予的第 11 届“中华慈善奖”。

2021 年 9 月 16 日，2017—2020 年全国群众体育先进表彰活动在西安举行。会上评选出全国群众体育先进单位、先进个人代表和全国体育系统先进集体、先进工作者代表等。君乐宝凭借体育精神与企业文化相结合，长期坚持参与支持体育事业发展，荣获“全国群众体育先进单位”称号并受表彰。

2021 年 9 月 17 日，中国质量协会发布 2021 年全国质量标杆名单，君乐宝凭借“实施基于全产业链质量提升、实现协同发展的‘质量管理 5.0 卓越运营模式’经验”成功登榜。

2021 年 7 月 18 日，第 12 届中国奶业大会暨 2021 中国奶业展览会和 2021 中国奶业 20 强 (D20) 峰会在安徽合肥同期召开。峰会上，中国奶业协会发布由君乐宝等 D20 企业参与起草的《中国奶业 D20 标准生牛乳》标准。

2021 年 9 月 30 日，在东京赛场上勇创佳绩的巩立姣、孙颖莎等 12 名河北运动员和全运会冠军巨文馨等河北健儿走进君乐宝，实地探寻君乐宝冠军品质，点赞家乡企业。君乐宝曾通过河北省体育发展基金会捐资的 1 000 万元用于奖励运动员。

【疫病防治】2021 年石家庄奶牛养殖没有疫情发

生。大部分奶牛养殖场（区）在畜牧部门的指导下，由驻场兽医进行常规的程序免疫和消毒，重点是春秋两季口蹄疫免疫检测和奶牛结核病、布鲁氏菌病的防控检疫和净化。2021年县级动物疫病预防控制机构对辖区内所有奶牛组织实施1次布鲁氏菌病检测，并以县为单位集中连片推进奶牛布鲁氏菌病和结核病净化工作，形成净化区。继续推进乳制品企业对生鲜乳收购站凭“两病”检测证明收购生鲜乳制度，倒逼奶牛场切实抓好布鲁氏菌病防控工作。奶牛场仍以乳腺炎、消化不良、肢蹄病等常见病为主。绝大多数奶牛养殖场（区）都能做到“以防为主、防重于治”，对常见多发病能做到“早发现，早治疗”，有的奶牛场在收购量紧缩的情况下，直接淘汰低产牛、病牛，有效降低了养殖成本。加强移动监管，对转场或外调奶牛，动物卫生监督机构严格按规定实施检疫，对跨省引进的奶牛严格调运审批手续并落实隔离观察制度，限制奶牛从高风险区向低风险区移动。

（石家庄市农业农村局，靳培婧）

唐山市

【奶类生产】近年来，唐山市充分利用得天独厚的区位优势、四通八达的交通优势和物质丰厚的资源优势，坚持“人民至上、产业兴旺、消费安全、惠及民生”的理念，把发展“绿色奶业”作为加快乡村振兴、实现农业现代化、助推农业高质量发展的一大支柱产业。科学谋划求发展、因地制宜闯新路、体现特色上规模、产业兴旺高质量，使充满活力的“绿色奶业”在省内和国内打出了一张现代农业产业的亮丽招牌，撑起了唐山乡村振兴的一片蓝天，成为河北省“千万吨奶工程”重要支撑地！

截至2021年底，全市奶牛存栏26.71万头，鲜奶产量110.5万t，成年母牛年均单产已达9t以上。全市奶业已形成以丰润、滦南、滦州、丰南、玉田、迁安、汉沽等县（市、区）为重点的优势产业带，在这个区域内，奶牛养殖量、鲜奶产量均占全市总量的80%以上。按照河北省人民政府《关于持续深化“四个农业”促进农业高质量发展行动方案》要求，全市集中力量，重点打造滦南、滦州、丰润高端乳制品产业集群，有效助推了全市奶业高质量发展。

【乳制品加工】唐山市辖区内有6家乳制品加工企业。一是位于丰润区的蒙牛乳业（唐山）有限责任公司。其拥有2座单体车间、20条智能化常温液态奶无菌灌装生产线，主要生产品种有特仑苏、利乐砖纯牛奶、未来星系列儿童奶、学生奶等。二是位于滦南县的蒙牛乳业（滦南）有限责任公司。其拥有瑞典利乐公司提供的生产线18条（其中利乐包2条、利乐枕7条、百利包6条、康美包1条、特仑苏2条），同时可以生产纯牛奶、花色奶、含乳饮料3个不同品种的产品。三是位于汉沽管理区的唐山三元食品有限公司。其主导产品为奶粉和液体奶，生产许可证核定产品范围为乳制品。四是位于迁安市的迁安三元食品有限公司。主要生产UHT奶、调制乳、发酵乳和含乳饮料、植物饮料。主要产品有故宫、极致、绿荷牧场、特选60年、三元礼盒、1L白砖、1L黑砖、大枕纯牛奶、百利包纯牛奶、百利包早餐奶等。五是位于滦州市的滦州伊利乳业有限责任公司。该公司于2009年5月正式落成投产，占地面积340余亩，共有34条生产线，主要生产品种有安慕希、金典纯牛奶、味可滋、果粒优酸乳、砖纯、臻浓等。六是位于丰南区的河北君乐宝君昌乳业有限公司。该公司于2019年1月2日正式注册成立，注册资本1亿元，总占地面积100亩，拥有员工300余名，其中专业技术人员60余名。生产工艺采用干湿法复合生产工艺，日处理鲜奶能力310t，引进德国GEA公司、瑞典利乐公司等世界一流生产工艺设备，年设计产能2.2万t，2019年12月投产。

【奶源基地】近年来，全市以提高奶牛单产水平和生鲜乳质量、提升奶牛养殖效益为目标，着重在6个方面发力施策，强力推进唐山奶业振兴。

一是打造奶牛优势产区。依托现有奶业布局，强化丰润、滦南、滦州、丰南、玉田、迁安、汉沽等优势奶源基地的奶业主导地位，集中力量打造一批高标准、高质量、高水平的生鲜乳生产基地。积极扶持各县（市、区）扩群增量。从2020年开始，每年申请市级资金对完成年度存栏指标任务前三名的县（市、区）分别给予100万元、70万元和50万元的奖励。截至2021年底，奶牛养殖优势产区奶牛存栏和生鲜乳产量均占全市总量的80%以上。

二是发展适度规模养殖。充分发挥家庭经营精细管理的优势，因地制宜制定导向性和扶持性政策，鼓励奶牛养殖向家庭牧场转变，把家庭牧场打造成奶牛规模生产的主体力量。2019—2021年，全市共利用中央奶牛家庭牧场升级改造项目资金4 515.57万元，支持163个奶牛家庭牧场进行升级改造。通过项目实施，全市奶牛养殖场养殖设备更加先进，生产经营、质量安全和粪污治理水平都有了进一步提高。

三是推进智能牧场建设。自2018年河北省实施智能奶牛场建设项目以来，全市共有150个牧场实施了智能奶牛场项目建设，利用省级项目资金6 000多万元。实现了奶牛发情自动提示、挤奶自动计量和奶量自动读取、TMR混合自动监控、环境自动监测，以及对奶牛场的标准化、信息化管理；全面提升了奶牛养殖科技水平。全市牧场智能化、信息化覆盖率达到75%以上。

四是加强奶牛良种繁育。依托省级性控冻精和胚胎移植项目，加快品种改良和选育。实施繁育和引进相结合，发展唐山本地种公牛站，建立健全种公牛遗传评定和后裔测定体系，提高种公牛自主培育能力和供精能力。2019年以来，共利用省级性控冻精补贴项目资金1 753.125万元，胚胎移植项目资金472.4万元，市级性控冻精补贴项目资金300万元。截至2021年底，全市泌乳牛群比例达到50%以上，奶牛良种覆盖率达到100%，成年母牛平均单产达到9t以上，全市成年母牛平均单产达到9t以上的牧场占65%以上。

五是推进粪污资源化利用。开展奶牛规模养殖场粪污治理、畜禽规模养殖粪污转化有机肥工程，实现了奶牛规模养殖场粪污处理设施全配套，提升了奶牛养殖废弃物资源化利用能力。截至2021年底，奶牛规模养殖场粪污处理设施装备配套率达到100%，粪污综合利用率达到77%以上。玉田、滦州、滦南、丰润等奶牛养殖大县建成万吨有机肥工厂40多座。

六是注重奶牛疫病防控。严格动物防疫条件审查，健全奶牛疫病免疫监测、检疫监管、无害化处理和应急处置等防控措施，落实政府属地责任、部门监管责任、企业主体责任，确保养殖场生物安全。加大疫病防控力度，抓好常见病综合防控，推进布鲁氏菌病和结核病净化，强化奶牛口蹄疫免疫、疫病监测和净化、养殖场环境消毒等措施，实现奶牛养殖场口蹄疫稳定控制。严格限制奶牛从疫病高风险区向低风险区移动，严格实施调运审批和隔离观察制度，防止疫情传入。

【奶农组织】奶业涉及原奶生产、乳制品加工、乳制品销售和进出口等乳业链条各环节，生产过程中随机因素多。所以，除了加强政府及其主管部门的协调机制外，还必须辅之以行业组织的自律、监督、协调等手段。唐山市及各县（市、区）奶业协会自主地开展有益于加强行业管理的各类活动，发挥行业协会协调、服务、维权、自律的功能，强化行业管理、规范行业秩序、提供社会化服务，对唐山的乳业发展起到了辅助推动作用。

【质量监管】建立以市食品药品质量监测中心为支撑、县级农产品质检站为基础的生鲜乳监测体系。建成了县级和乳企生鲜乳收购站网络视频监管平台，安装了生鲜乳运输车GPS定位系统，实时监控生鲜乳收购站及运输车的运行情况。充分运用省生鲜乳信息监管平台发布的预警信息，督促地方核实导致生鲜乳不合格的原因并及时处置，坚决落实生鲜乳收购数量大幅波动和质量不合格48小时追溯机制，严把奶源质量安全关。

【奶站管理】2021年底唐山市共有奶站192个，生鲜乳运输车130辆，全部发放了生鲜乳收购许可证和生鲜乳准运证明。全部奶站六项制度齐全、各项记录完备，挤奶、冷却、储藏、运输设施符合规定要求，且全部采用了封闭式管道挤奶方式，鲜奶运输执行“两证一单”制度。2021年共抽查生鲜乳收购站400余站次、生鲜乳运输车200余辆次，抽检奶样1 000余批次，合格率100%。下发《唐山市维护生鲜乳收购秩序保障乳品质量安全专项整治行动实施方案》，重点查处无证奶站和无证奶车、无合同收奶和违反合同交售、收散奶和超范围收奶等行为，切实维护生鲜乳收购秩序，保障乳制品质量安全。

【利益联结】引导鼓励乳企与奶农建立更加稳固的利益联结关系，实现风险共担、利益共享，进一步规范生鲜乳购销行为，稳定生鲜乳收购秩序。一是加强生鲜乳购销合同签订和履行监督检查，鼓励乳企与生鲜乳收购站签订3年以上长期购销合同。二是严格执行生鲜乳收购参考价格。督促乳企严格按照省生鲜乳价格协调会发布的全省生鲜乳交易参考价格收购生鲜乳，稳定奶牛养殖收益预期。三是发挥第三方仲裁检测的重要作用。充分发挥唐山市畜牧水产品质量监测中心第三方仲裁重要作用，绝不允许乳企无故限收拒收生鲜乳，充分构建公开、公平、公正的市场环境。2018年以来，共做第三方仲裁4起，为奶农减少损失40多万元。

【奶业大事】2021年4月23日，中国奶业高质量发展推进会在唐山市召开，时任农业农村部总畜牧师马有祥出席会议并讲话。《人民日报》4月22日第八版刊发《绿色奶业助力唐山乡村振兴》文章，《河北日报》4月22日第六版刊发《“绿色奶业”成为唐山乡村振兴一大支柱》文章宣传唐山市奶业发展取得的成绩。

（唐山市农业农村局，赵晨言）

山西省

【奶畜养殖】据畜牧部门统计，2021年全省奶牛存栏40.6万头，同比增长3.68%，品种主要为荷斯坦牛，占比达到94.1%，有少数娟姗牛和弗莱维赫牛。奶牛主要分布于山西省的北部和中部地区。朔州、大同、忻州、晋中、太原5市，奶牛存栏37.3万头，占全省存栏总量的91.9%。奶牛存栏10 000头及以上的县（市、区）10个，包括大同市云冈区、阳高县、天镇县，朔州市朔城区、山阴县、应县、怀仁市，晋中市榆次区、祁县，忻州市忻府区，奶牛存栏数29.3万头，占总存栏数的72.2%。

2021年，全省奶山羊存栏9.2万只，比2020年同期下降34.2%。奶山羊主要分布于运城、晋中、临汾、大同4市，存栏7.9万只，占全省存栏总数的85.9%。奶山羊存栏2 000只及以上的有15个县（市、区），包括大同市阳高县、灵丘县，晋中市榆次区、晋中市太谷区、祁县、平遥县、介休市，运城市盐湖区、万荣县、稷山县、河津市，临汾市尧都区、洪洞县、霍州市和汾阳市，共存栏7.5万只，占全省存栏总数的81.5%。

2021年，山西省奶类总产量达到148.9万t，同比增长10.48%，其中牛奶产量147万t，同比增长10.92%；羊奶1.85万t，同比下降17.4%。雁门关农牧交错带具备资源、气候、人才、技术等优势，已经发展为山西省奶业核心生产区，大同、朔州、忻州3个市奶牛养殖量和奶产量占到全省70%以上。朔州市牛奶产量达到61.5万t，占全省牛奶产量的41.3%，同比增长7.6%。2021年全省有机奶产量2 422t。奶业产值占畜牧业产值的比重为17.6%。

智慧牧场建设主要以DHI测定技术为抓手，促进家庭牧场信息化建设，以完善奶牛基础档案和精准饲喂为目标，推动产业升级。

截至2021年底，全省运营的生鲜乳收购站230个，除阳泉市、晋城市和吕梁市外，均分布生鲜乳收购站。全省生鲜乳运输车167辆。

【乳制品加工】2021年山西境内乳制品加工企业13家。本地乳制品企业有山西古城乳业集团有限公司、山西九牛牧业有限公司、大同市牧同乳业有限公司等。伊利和蒙牛在山西设有加工企业。生产的乳制品种类包括UHT奶、巴氏杀菌乳、酸奶和奶粉等。全省日加工处理生鲜乳近2 000t。

【市场消费】2021年全省人均奶类占有量39.0kg，人均乳制品消费量19.33kg，其中城镇居民22.27kg、农村居民14.23kg。

全省乳制品市场主要销售的品牌有伊利、蒙牛、古城、九牛、牧同、光明、三元等。个别地区也有部分进口品牌。本省区域品牌在低温巴氏奶方面占据主要市场。进口品牌以奶粉和UHT奶为主。

【奶源基地】2021年底，全省不同规模奶牛养殖场（户）、奶牛存栏、牛奶产量情况分别为：存栏1~49头的有0.98万养殖场（户），存栏10.4万头，产奶35.0万t；存栏50~99头的有266个养殖场（户），存栏1.97万头，产奶6.7万t；存栏100~199头的有92个养殖场（户），存栏1.41万头，产奶5.1万t；存栏200~499头的有127个养殖场（户），存栏4.61万头，产奶17.0万t；存栏500~999头的有71个养殖场（户），存栏5.24万头，产奶19.1万t；存栏1 000~1 999头的有37个养殖场（户），存栏4.99万头，产奶19.5万t；存栏2 000~4 999头的有13个养殖场（户），存栏4.12万头，产奶15.8万t；存栏5 000头及以上的有9个养殖场（户），存栏7.78万头，产奶29.3万t。

2021年生鲜乳收购年均价格4.24元/kg。统计牧场千克奶饲料成本在2.43元，千克奶全成本在3.39元，同比增长13.6%和10.8%。

牧草种植。2021年，全省优质饲草种植面积达到267.5万亩（其中苜蓿49.2万亩、青贮玉米159.3万亩、燕麦草25.7万亩、其他饲草33.3万亩），位居全国第九。全省饲草总产量达到526.5万t，饲草种植加工企业263家，饲草产业总产值达到13.6亿元。

粪污处理。粪污处理方式以种养合理布局、畜禽粪肥就地就近科学还田利用为主攻方向，坚持政府支持、企业主体、市场化运作，提升设施装备水平，壮大社会化服务组织，完善种养主体有效对接机制，实现畜禽粪污由“治”向“用”的转变，加快构建种养结合、农牧循环的绿色发展格局。奶牛粪污资源化利用主推以下技术模式：刮粪板清粪→地沟收集→固液分离→固体生产牛床垫料或加工商品有机肥/液体密闭储存发酵后就近农田利用，干清粪→固体堆沤肥/液体密闭储存发酵后就近农田利用，集中收集→大型沼气工程→沼液沼渣就近农田利用。

【政策法规】支持奶牛规模场发展，新建80个奶牛规模场。安排中央财政资金2 000万元改扩建50个家庭牧场。支持开展奶牛联合育种和后裔测定，实现存栏500头及以上规模牧场测定全覆盖。制定出台生鲜乳价格协调机制，启动生鲜乳质量第三方仲裁检测试点工作。督促购销双方严格履行生鲜乳购销合同，规范生鲜乳经营秩序。印发《关于开展2021年生鲜乳质量安全监测工作的通知》和《关于开展生鲜乳抽检整改工作的通知》，保障生鲜乳质量安全。

【质量监管】2021年，山西省共完成生鲜乳收购站和生鲜乳运输车监测任务734批次。其中，农业农村部监测任务428批次［广电计量检测（沈阳）有限公司例行监测398批次、《食品安全国家标准 生乳》国标指标监测20批次、农业农村部农产品及加工品质量监督检验测试中心（北京）散户监测10批次］；省级生鲜乳违禁添加物专项监测306批次。样品覆盖全省所有的生鲜乳收购站和运输车。

（山西省农业农村厅畜牧兽医局，荆 彪、杨继业、袁 瑞）

内蒙古自治区

【奶畜养殖】2021年，内蒙古以673.2万t产奶量、143.4万头奶牛存栏量位居全国第一，产量占比18.3%，意味着每五杯奶就有一杯来自内蒙古。全区注册备案的规模养殖场达到1 153个，已建设国家级核心育种场3个、奶牛良种繁育场24个，奶牛良种覆盖率达到了100%，百头以上参测牧场奶牛平均单产9.5t以上，大型养殖企业奶牛平均单产10t以上。实施精细化管理，100%普及全价日粮和全混合日粮（TMR）饲喂技术。规模养殖场全部标准化生产，标准化饲养比重超过90%。创建国家级标准化示范牧场56个，建设数字牧场50个，荷斯坦牛百头以上规模化比重达到84%，标准化牧场已成为养殖主体。推进奶牛粪污综合利用，规模养殖场粪污处理设施装备配套率达到95%以上，大型规模养殖场达到100%。

在育种创新方面，2头荷斯坦种公牛排名进入国际前100名，实现种公牛国际排名零的突破；5头荷斯坦种公牛进入国内前20名，20头进入国内前100名，其中1头位居榜首；30头乳肉兼用西门塔尔公牛进入国内前100名，30头乳肉兼用三河牛公牛进入国内前100名。

【乳制品加工】2021年，全区形成了以伊利、蒙牛为龙头，相关配套产业为辅，大中小企业协同发展的产业格局。2021年底，全区乳制品产量达到368万t，牛奶加工业产值超过2 000亿元。同时，不断推动地方特色乳制品加工标准化改造提升，完善优化民族奶制品生产加工许可市场准入机制。2021年全区改造升级100个地方特色乳制品加工厂，计划到2022年底打造300个民族奶制品生产标准化示范标杆厂，传统奶制品生产加工作坊发展到1 000家以上，年加工产值超10亿元，干奶酪类产量占全国七成以上。2021年，牛奶产量611.5万t，增长5.9%。乳制品产量337.3万t，同比增长16.4%，其中液体乳318.9万t，同比增长17%。内蒙古奶产业规模位居全国第一，产业优势和发展潜力明显。2021年，伊利、蒙牛两家公司液态奶产量分别占全国总产量的25.23%和21.53%，销售收入均突破了1 000亿元大关。

【市场消费】2021年内蒙古人均牛奶占有量为289.6kg，是全国平均水平的13.73倍。2021年原奶平均价格为4.29元/kg，其中2月为4.28元/kg、5月为4.24元/kg、8月为4.37元/kg、11月为4.30元/kg，基本保持了相对稳定的趋势。与2020年平均价格3.79元/kg相比，增长了13.2%。

【奶源基地】实施振兴奶业苜蓿发展行动、粮改饲试点、草牧业发展示范等项目，推进五大优势区饲草料种植和奶牛养殖配套衔接，扩大饲草料种植面积，通过种养结合就地就近保障饲草料供应。全区青贮玉米种植达到892.2万亩、燕麦种植达到139.4万亩，均居全国首位；苜蓿种植达到495.4万亩，居全国第二位。规模化养殖场全部实现“苜蓿+全株青贮+精料补充料”的全价日粮饲喂。

2021年利用中央和自治区本级配套资金2.4亿元完成提升改造400个奶牛场。同时继续加强标准化饲养技术应用，安排饲草料收储补贴资金，对使用全株青贮和苜蓿生产实施全覆盖补贴，加快实现全混合日粮饲喂技术全覆盖，提高饲养管理水平。积极支持伊利现代智慧健康谷和蒙牛中国乳业产业园等十大全产业集群布局，预计达产后，可新增奶牛100万头，新增牛奶产量600万t，全区奶牛存栏量和牛奶产量增幅均可超过80%以上。推动乳制品企业差异化发展，生产低温奶、鲜奶冰激凌、干奶酪等乳制品，走“专精特新”发展道路。大力支持地方特色乳制品发展，2021年，支持锡林郭勒盟等牧区100家地方特色乳制品手工坊标准化提升，生产奶酪、奶皮子、黄油等传统奶食品，培育小而精、小而优、小而强的工厂化生产企业，地方特色乳制品生产加工作坊发展到1 200家以上，产值超10亿元，干奶酪类产量占全国七成以上。300多家企业、手工坊进入商超和各类电商平台。11家企业、111家手工坊进入商超101个专区专柜销售，首批72家手工坊开通“美团点评”线上销售渠道，194家企业上线各类电商平台，进驻商超或线上平台销售后价格上涨15%。

【政策法规】近年来，内蒙古党委、政府深入贯彻习近平总书记关于奶业振兴的系列重要指示精神，把自治区奶业振兴作为打造农畜产品生产基地的重要内容。按照党中央、国务院部署，优化奶业生产布局，创新奶业发展方式，不断提高奶业发展质量效益和竞争力，全力推进奶业率先振兴。立足资源禀赋，结合实际，自2019年自治区陆续出台《关于推进奶业振兴的实施意见》《推进奶业振兴若干政策措施》《奶业振兴三年行动计划》等一系列政策措施，进一步加强政策扶持，强化科技支撑服务。确立奶农规模化养殖在奶业发展中的基础性地位，积极发展奶牛家庭牧场，培育壮大奶农合作社，支持有条件的奶农和合作社发展乳制品加工流通，鼓励乳制品加工企业做优做强。加强婴幼儿配方奶粉品牌建设，提高品质竞争力和美誉度。强化乳制品质量安全监管，健全检验检测体系，坚决守住质量安全底线。发挥自身优势，打造有竞争力的民族奶业。

【质量监管】2021年着力提高奶牛养殖管理的信息化、智能化水平，百头以上规模化养殖比例超过80%，创建国家级标准化示范牧场58个，实施更加严格的乳制品加工检验制度，生鲜乳抽检覆盖所有奶站和运输车，构建起全方位、无死角的奶业全产业链质量安全监管体系。生鲜乳违禁添加物已连续12年保持“零检出”；乳蛋白率、乳脂率等生鲜乳质量指标达到国际先进水平。地方特色乳制品生产旗县区域性综合食品实验室全覆盖，实现地方特色乳制品全覆盖检验检测，为地方特色乳制品保驾护航。建立全国首家生鲜乳质量安全第三方检验测试中心，实现从饲料、养殖、奶站、加工直至销售的全程监督监测。乳制品和婴幼儿配方奶粉抽检合格率居全国首位。为确保质量，出台了《民族传统奶制品加工坊登记办法》，制订了奶豆腐、策格（酸马奶）、驼奶粉等民族奶食品地方标准10个及民族传统奶制品生产卫生规范1个。系统推广传统奶制品检验检测实验室建设标准、园区建设标准、生产企业试点示范创建标准、大型牧户和手工坊试点示范创建标准、商超销售专区（专柜）创建标准、旅游景区演示体验场所创建标准，促进按标生产。

【奶业大事】2021年内蒙古自治区农牧厅、财政厅出台《内蒙古自治区奶业振兴专项资金管理办法（试行）》和《内蒙古自治区奶牛、马育种企业育种能力评价及奖励办法》。经批准启动建设乳业国家技术创新中心，加快推进伊利现代智慧健康谷和蒙牛中国乳业产业园建设。

（内蒙古自治区农牧业技术推广中心，刘云鹏）

辽宁省

【奶畜养殖】2021年底辽宁省奶牛存栏28.1万头，其中娟姗牛0.8万头。规模养殖比重达到91.9%。牛奶产量138.9万t，居全国第八位。全省奶牛优势品种和区域化格局基本形成，全省形成了荷斯坦和娟姗两大优势品种、以荷斯坦牛为主导的品种结构。奶牛养殖区域主要分布在法库县、沈阳市沈北新区、大连市金普新区、义县、凌海市、阜蒙县、彰武县、宽甸县、康平县、西丰县、建平县和铁岭县12个县（市、区）。中西部地区已发展成为奶牛生产优势区，据统计，法库县、沈阳市沈北新区、阜蒙县、彰武县和义县5个县（区）的奶牛存栏数占全省奶牛总存栏的60%以上。

【乳制品加工】辽宁省有生产许可证的乳制品加工企业19家，日处理生鲜乳能力5 000t左右，其中越秀辉山、蒙牛、伊利是排名前列的大型乳制品加工龙头企业。大连心乐乳业、大连三环乳业、鞍钢乳业、本溪木兰花乳业、锦州益多乐乳业、铁岭大牛乳业等本地企业同时在成长。奶牛全产业链总产值约350亿元。全省乳制品加工企业自有牧场存栏奶牛占全省存栏奶牛总数达72%以上，原料奶产量已占到全省80%以上。

【奶源基地】一是搭建奶牛育种科技创新平台。为强化企业主体创新能力，积极推进产学研相结合，不断完善辽宁省奶牛现代种业体系。在辽宁省农业农村厅的指导下，辽宁省农业发展服务中心、奶业协会、种公牛站和10家大型奶牛养殖企业联合成立辽宁省奶牛育种产业创新联盟，联盟的成立将奶牛育种产业链上下游环节有机串联，实施抱团发展，产生聚集效应，促进产业科技成果迅速转化，推动牧场育种技术迭代提升。2021年，联盟成员按照全产业链“补短板、强弱项”的要求，积极参与了2021年辽宁良种奶牛产业集群建设项目的实施。在各级政府的大力支持下，5家项目成员单位成功争取到连续3年、每年0.5亿元的中央补贴资金。二是推进种养一体化发展。自2012年开始，国家持续在辽宁省实施高产优质苜蓿示范项目建设，中央财政每亩补助资金600元。2021年，中央下达辽宁省项目资金132万元，阜新种植苜蓿1 200亩。三是全力发展环境友好型养殖。严格执行规模养殖场环评报告书制度和排污许可制度，加强奶牛养殖污染防治工作。同时，依法加大处罚力度，以监促治，督促养殖业主切实履行“谁养殖、谁治理”的污染防治主体责任。

2021年，全省奶牛良种冻精应用率达100%，DHI参测率达10%以上，泌乳奶牛年均单产为8 400kg，位居全国前列。奶源基地以义县、法库、彰武、建平、西丰等县（市、区）为主，均为现代化程度高、生产管理完善、经营时间较长的奶牛养殖企业，且每家企业均同省内乳制品加工企业建立长期、稳定的供销关系，具备较强的市场生存和抗风险能力。

【智慧牧场】鼓励存栏100~3 000头种养结合紧密的规模奶牛场开展“智慧牧场”建设。2021年奶牛产业集群投入5 000万元用于支持奶牛场数字化智能化建设项目。投入900万元对设施升级改造项目的奶牛场，实行“先建后补、以奖代补”政策，即对升级改造总投资60万元以上的合格项目单位补助30万元。支持圈舍、防疫、奶厅、饲料制备、挤奶及运输等环节设施设备改造提升。支持数字化智能化设备（自动喷淋、环境监测、精准饲喂和监测、全自动全混合日粮搅拌机、挤奶机器人、推料机器人、产奶量自动监测设备等）、信息化采集设备（智能项圈、计步定位、自动计量、个体识别等）、智慧牧场管理平台（发情监测系统、物联网、大数据智能汇总分析等）等推广应用。

【政策法规】积极推进奶农家庭牧场升级改造项目。2021年，国家分配辽宁省奶牛家庭牧场升级改造项目22个，补贴资金660万元。辽宁省下发《2021年奶牛家庭牧场升级改造项目实施方案》，立项16个项目。

继续支持奶牛遗传改良性能测定项目。2021年，全省财政拨付78万元用于支持项目的推广实施，累计测定奶牛1.49万头，上报农业农村部育种数据6.57万条，服务牧场12个，圆满完成既定任务。据业务统计，参加DHI测定的牛只305天平均产奶量10 418kg，平均乳蛋白率3.46%，平均乳脂率3.6%，平均体细胞数19.35万个/mL，乳蛋白率、乳脂率和体细胞数3项指标均高于国家标准，达到世界先进水平。奶牛单产水平和原料奶质量大幅提高，牧场养殖效益显著提升。

【质量监管】辽宁省生鲜乳质量安全监管以专项整治行动为抓手，以农业农村部生鲜乳收购站运输车监督管理系统为平台，以收购运输许可管理为重点，对所属生鲜乳生产、收购、运输等环节进行全面排查，紧紧围绕全过程管理的规范性和质量安全管控，严查、严防非法添加等违法行为。核查、规范网上发证行为和信息录入，推进生鲜乳购销合同备案。2021年，全省有生鲜乳收购站146个。其中，乳制品企业开办奶站21个，奶畜养殖场开办奶站96个，奶农专业生产合作社开办奶站29个。机械化挤奶率达100%。生鲜乳运输车143辆。其中，生鲜乳收购站自有运输车25辆，乳制品企业自有运输车12辆，物流公司80辆，个体23辆，其他3辆。婴幼儿配方奶粉收购奶站8个。省、市、县在质量安全监管过程中，共出动监管执法人员4 362人次，检查奶站752站次，检查运输车689辆次。生鲜乳生产收购运输秩序得到进一步规范，生鲜乳质量安全得到有效保障，全省生鲜乳质量保持高位稳定。2021年农业农村部和省、市、县共抽检生鲜乳1 618批次，检测全部合格。

【奶业大事】2021年10月12—13日，在沈阳市召开“2021辽宁奶业高质量发展高峰论坛暨辽宁奶业博览会”。全国及辽宁省奶业行业主管部门、专家学者、企业家500余人参加了大会。

（辽宁省农业发展服务中心，林广宇）

沈 阳 市

【奶畜养殖】2021年，全市奶牛总存栏数6.55万头，主要分布在法库县等9个县（市、区）。2021年全市牛奶总产量41.3万t。

【乳制品加工】2021年，沈阳市共有8家乳制品加工企业［沈阳娃哈哈乳品有限公司、菲仕兰乳业有限公司、沈阳娃哈哈荣泰食品有限公司、辽宁伊利乳业有限责任公司、沈阳伊利乳业有限责任公司、沈阳蒙牛达能乳制品有限公司、蒙牛乳业（沈阳）有限责任公司、辽宁辉山乳业集团（沈阳）有限公司］，整体设计加工能力1 165.26万t，日处理鲜奶能力达到2 059.08t。2021年乳制品总产量37.876 3万t，产品主要有巴氏杀菌乳、灭菌乳、调制乳、发酵乳、含乳饮料、调制乳粉等。

【奶源基地】2021年，全市共有52个奶牛养殖场，存栏300头及以上的奶牛养殖场（区）共40个，其中存栏规模300~500头的奶牛养殖场（区）2个、存栏规模500头以上的奶牛养殖场（区）38个。奶牛养殖场（区）机械化挤奶率达100%。38个养殖场安装使用信息化管理系统软件，配备全混合日粮（TMR）搅拌设备，实施TMR饲喂技术。沈阳市奶牛养殖场主要是从澳大利亚、新西兰、英国等国进口种系纯正的荷斯坦和娟姗奶牛，实行现代化自营牧场集中养殖路线。并且引进TMR全混合日粮喂养系统，实现全天候喂养。年产量高达8t多，原奶指标均达到欧盟标准。其中辉山乳业法库县登士堡牧场建有60位转盘榨乳厅，6栋全封闭恒温奶牛舍及饲草饲料作业区。娟姗牛的榨乳转盘是一个60位的全功能数据控制的转盘，每小时可以给420头奶牛挤奶。2021年，共计完成粮改饲种植面积30.9万亩，青贮饲料收储量43.42万t。市、区两级畜牧兽医行政主管部门落实强制免疫计划，口蹄疫等重点疫病免疫密度保持100%。开展奶牛布鲁氏菌病、结核病检疫和评估认证，坚持按程序做好口蹄疫O型、亚洲Ⅰ型和A型3个亚型的免疫工作。加强奶牛养殖场动物防疫监管，实施动物卫生风险评估，根据风险等级实施分类监管。奶牛粪污处理方式主要是采用堆积发酵后还田、生物有机肥、燃料块和牛粪生产沼气等无害化处理模式。

【质量监管】全市共有生鲜乳收购站55个，其中乳制品企业开办的奶站8个、奶牛养殖合作社开办的奶站4个、规模养殖场开办的奶站43个。按照农业农村部和省畜牧局的要求，2021年对生鲜乳样品三聚氰胺、革皮水解物、碱类物质、β－内酰胺酶、β－内酰胺类药物残留、氟喹诺酮类药物残留等抽检检测600批次，合格率100%。

沈阳市为进一步做好生鲜乳质量安全监管工作，紧紧围绕生鲜乳质量安全，强化领导，加强生鲜乳收购站、准运车辆规范化管理，确保生鲜乳质量安全。根据《乳品质量安全监督管理条例》《生鲜乳收购管理办法》等相关规定，在全市范围内开展生鲜乳质量安全专项整治活动，加强生鲜乳质量安全监管。一是严格收奶站和运输车的监管，加大奶站和运输车的监管力度，严格审核奶站和运输车的许可资质条件，监督企业按时换证，建立完善的生鲜乳质量检验、不合格乳处理、安全制度，并严格落实制度，推进了奶站和运输车标准化建设与管理。二是加强生鲜乳质量安全监测。生鲜乳收购站监督管理系统，有专人负责，严格按照年初制定的生鲜乳质量安全监测计划实施监测，加强生鲜乳质量安全隐患排查，全年生鲜乳抽检合格率100%。三是加强生鲜乳专项检查，采用多种方式，对养殖场、奶站、运输车进行抽查，打击非法收购运输、非法添加及扰乱生鲜乳收购秩序行为。全年出动执法人员300余人次，基本做到了奶站、运输车辆全覆盖。全市奶站数量为55个，运输车辆43辆，所有的奶站和运输车辆均纳入生鲜乳收购站运输车辆监督管理系统监管。四是按照农业农村部和省厅要求，为切实保护奶农利益，同时也是为了掌握生鲜乳的销售去向，积极宣传并落实生鲜乳购销合同，及时填报、审核和更新相关信息，全市55个奶站全部完成了在全国生鲜乳收购站运输车监管系统的合同备案工作。

（沈阳市农业农村局，钟　波）

阜新市

【奶畜养殖】2021年，阜新市奶牛存栏6.2万头，其中能繁母牛3.7万头，牛奶产量22.7万t。阜新市奶牛主要养殖区域分布在阜新蒙古族自治县和彰武县，分别占全市奶牛存栏量的10.1%和87.4%。全市奶牛饲养量和人均鲜奶占有量均居全省前列。阜新市奶牛养殖主要有两种模式：一是乳制品企业自建基地。利用企业资金、技术等优势，建设高标准的现代化奶牛规模饲养场。如彰武越秀辉山建设3 000头规模的奶牛饲养场15个，总饲养规模可达4万头，成为企业稳定、优质、安全的原料基地。二是个人独资建设规模化奶牛牧场。牧场的基础设施建设、奶牛引进等由投资人独自投入，建成的牧场生产区、管理区、生活区、粪污处理区分开，且布局合理，建立场长负责制，实行严格的企业化管理。全市年存栏100头以上奶牛规模化养殖场36个，奶牛平均单产达到7t以上。

【乳制品加工】阜新伊利乳品有限责任公司落户于阜新市高新区，企业总资产1.36亿元，4条生产线全部引进国际一流水平的超高温无菌奶生产设备。2010年4月，伊利集团在阜蒙县民族工业园区高科技大道投资5.6亿元成立阜新伊利乳品有限责任公司，主要生产纯牛奶、高端奶、含乳饮料等系列产品。2018年，阜新伊利乳品有限责任公司又新增4条安慕希酸奶产品生产线。2021年，阜新伊利乳品有限责任公司产值达到10.75亿元。

【奶源基地】阜新市奶牛品种以荷斯坦牛为主，主要情况如下。

奶牛养殖场改扩建：阜新市优然牧业有限责任公司投资4.8亿元，在彰武县西六镇建设奶牛养殖示范牧场，设计存栏规模1.2万头，2021年存栏已超1万头。

青贮收储：2021年阜新市共完成青贮玉米、牧草等青贮饲料收储127.7万t。

生鲜乳收购价格：2021年阜新市生鲜乳全年平均收购价格为4元/kg。

【奶农组织】阜新市成立奶牛养殖专业合作社。将中、小规模奶牛养殖户集中起来成立奶牛养殖专业合作社，实行统一饲养管理、统一防检疫、统一饲料配制、统一用药、统一销售的“五统一”管理模式。建立“公司+合作社+养殖户”的经营体制，使奶牛养殖户、奶站经营者和加工企业形成一个利益共享、风险共担的整体。

【政策法规】阜新市委、市政府高度重视奶业的发展，为深入贯彻落实《国务院办公厅关于推进奶业振兴保障乳品质量安全的意见》和《辽宁省人民政府办公厅关于推进奶业振兴保障乳品质量安全的实施意见》，进一步提升全市奶业竞争力，出台了《阜新市人民政府办公室关于推进奶业振兴保障乳品质量安全的实施意见》，确立了优先发展奶业发展思路。以降成本、优结构、提质量、创品牌、增活力为着力点，突出草畜配套，种养结合，强化标准规范、科技创新、政策扶持、执法监督和消费培育，加快构建现代奶业产业体系、生产体系、经营体系，不断提高奶业发展质量效益和竞争力，大力推进奶业现代化。坚持全产业链发展模式，建立奶农和乳制品企业之间稳定的利益联结机制，大力发展包括“互联网+”、保险、抵押、贷款等多方面内容的生产性服务业，建设风险共担、利益共享的奶业新型经营主体，实现产业融合发展。

【质量监管】一是健全法规标准体系。认真贯彻落实乳制品质量安全法律法规和标准，健全生鲜乳生产、收购、运输和乳制品加工、销售等管理制度。开展乳制品国家标准执行情况跟踪评价工作，严格按照乳制品安全卫生要求，建立生鲜乳质量分级体系，引导优质优价，监督指导企业依法依规生产。二是加强乳制品生产全程管控。加强源头管理，监督指导养殖者建立完善饲料、兽药等投入品使用记录和采购审核制度，严格落实兽药处方药采购管理制度，严格执行休药期和泌乳期用药规定。引导奶牛养殖散户将生鲜乳销售到合法的生鲜乳收购站。严格生鲜乳采购、运输车辆管理。鼓励乳制品生产企业建设或收购生鲜乳收购站，并将生鲜乳质量安全检测关口前移至生鲜乳收购站，提前管控风险隐患。对生鲜乳收购站、运输车、乳制品企业实行精准化、全时段管理，依法取缔不合格主产经营主体。实施乳制品质量安全监测计划，实现生鲜乳收购站和运输车辆年度监测全覆盖。健全乳制品质量安全风险评估制度，及时发现并消除风险隐患。三是推进行业诚信体系建设。支持乳制品企业开展质量安全承诺活动和诚信文化建设，建立企业诚信档案。充分依托全国信用信息共享平台、国家企业信用信息公示系统和省信用数据交换平台，推动税务、工信和市场监管等部门实现乳制品企业信用信息共享。建立乳制品企业“黑名单”制度和市场退出机制，加强社会舆论监督，形成市场性、行业性、社会性约束和惩戒。

（阜新市农业农村局，荣　真）

附表 1　辽宁省奶畜养殖场（小区）名录

序号	名称	供奶企业	全群存栏（头）	成母畜存栏（头）	奶畜品种	成母畜单产（t / 年）	年总产量（t）	是否有机奶源基地	有机奶产量（t）
1	沈阳淑珍进口种牛养殖专业合作社	伊利乳业	240	200	荷斯坦	7	1 200		
2	沈阳市铁西区鸿源奶牛养殖场	伊利乳业	270	180	荷斯坦	9	1 500		
3	辽宁世领自营牧场有限公司曙光奶牛养殖场	蒙牛乳业	2 072	1 633	荷斯坦	9	15 000		
4	辽宁世领自营牧场有限公司立新牛场	辉山乳业	1 289	968	娟姗	6	6 800		
5	沈阳市武顺木业有限公司	奶吧	150	100	荷斯坦	7	750		
6	辽宁世领自营牧场有限公司朱家堡奶牛养殖场	辉山乳业	1 432	1 026	娟姗、荷斯坦	6	8 881		
7	辽宁辉山乳业集团汪盛牧业有限公司马古奶牛养殖场	辉山乳业	1 148		娟姗、荷斯坦				
8	沈阳隆顺奶牛场	吉林大力乳业	300	220	荷斯坦	2.5	430		
9	辽中区银河奶牛场	蒙牛乳业	140	90	荷斯坦	8.5	765		
10	辽中区彤昊奶牛场	本溪木兰花乳业	136	70	荷斯坦	6.5	455		
11	敖牛堡奶牛场	辉山乳业	2 430	1 946	荷斯坦	11	18 384		
12	八家子奶牛场	辉山乳业	2 090	1 477	荷斯坦	9.5	12 998		
13	大康奶牛场	辉山乳业	2 394	1 969	荷斯坦	11.1	20 174		
14	登士堡奶牛场	辉山乳业	2 958	2 402	荷斯坦	10.1	21 688		
			1 362	980	娟姗	6.9	6 733		
15	吕家堡奶牛场	辉山乳业	2 078	1 484	荷斯坦	8.6	11 437		
16	庙台山奶牛场	辉山乳业	2 104	1 632	荷斯坦	9.1	12 338		
17	彭家奶牛场	辉山乳业	1 611	1 367	荷斯坦	8.8	11 656		
18	栖霞堡奶牛场	辉山乳业	1 225	6	荷斯坦	0	0		
19	四架山奶牛场	辉山乳业	1 405	961	荷斯坦	8.5	7 759		
20	王树行奶牛场	辉山乳业	1 492	1 085	荷斯坦	9	9 553		
21	秀水河奶牛场	辉山乳业	2 071	1 562	荷斯坦	9.5	13 512		
22	杨家堡奶牛场	辉山乳业	1 983	1 053	荷斯坦	9.4	9 686		
23	大三家奶牛场	辉山乳业	1 943	1 574	荷斯坦	9.5	13 348		
24	哈户硕奶牛场	辉山乳业	2 096	1 669	荷斯坦	9.3	13 967		
25	靠边屯奶牛场	辉山乳业	1 838	1 467	荷斯坦	9.9	13 158		
26	拉马章奶牛场	辉山乳业	1 863	1 410	荷斯坦	8.9	11 468		
27	李家堡奶牛场	辉山乳业	2 045	1 723	荷斯坦	10.5	17 112		

（续）

序号	名称	供奶企业	全群存栏（头）	成母畜存栏（头）	奶畜品种	成母畜单产（t／年）	年总产量（t）	是否有机奶源基地	有机奶产量（t）
28	麻子泡奶牛场	辉山乳业	2 133	1 840	荷斯坦	9.8	15 560		
29	七家子奶牛场	辉山乳业	1 854	1 561	荷斯坦	10.2	15 220		
30	石桩子奶牛场	辉山乳业	1 814	1 336	荷斯坦	8.8	11 432		
31	双台子奶牛场	辉山乳业	2 235	1 871	荷斯坦	10.8	17 621		
32	孙家屯奶牛场	辉山乳业	1 594	1 240	荷斯坦	8.8	9 944		
33	太平山奶牛场	辉山乳业	1 778	1 426	荷斯坦	10.2	13 044		
34	团山子奶牛场	辉山乳业	2 394	1 730	荷斯坦	10.2	16 577		
35	腰达房奶牛场	辉山乳业	1 616	1 314	荷斯坦	9	11 248		
36	榆树坨子奶牛场	辉山乳业	1 838	1 466	荷斯坦	9.6	12 490		
37	法库县晟楠养殖场	蒙牛乳业	170	120	荷斯坦	8.3	1 000		
38	两家子奶牛场	辉山乳业	2 132	1 705	荷斯坦	11.2	17 469		
39	石头奶牛场	辉山乳业	2 079	1 739	荷斯坦	12.3	19 621		
40	唐僧庙奶牛场	辉山乳业	2 076	1 774	荷斯坦	10.7	17 103		
41	沈阳金秋实牧业有限公司奶站	伊利乳业	714	341	荷斯坦	9	3 069		
42	辽宁辉山乳液集团太平牧业有限公司新民一年奶牛养殖场	蒙牛乳业	1 530	1 070	荷斯坦	7	7 490		
43	新民市繁苒奶牛场奶站	伊利乳业	218	152	荷斯坦	4.5	684		
44	辽宁辉山乳液集团太平牧业有限公司新民二奶牛养殖场	辉山乳业	1 511	930	荷斯坦	7	6 510		
45	新民市顺腾奶牛养殖基地奶站	伊利乳业	364	185	荷斯坦	7	1 295		
46	新民市姚堡乡和盛发养殖场奶站	沈阳奶吧	45	38	荷斯坦	6.8	258.4		
47	新民市民富养殖专业合作社奶站	沈阳奶吧	240	145	荷斯坦	7	1 015		
48	新民市吕隆奶牛养殖专业合作社奶站	沈阳奶吧	290	150	荷斯坦	7	1 050		
49	新民市毓然奶牛养殖场奶站	沈阳奶吧	100	40	荷斯坦	7	280		
50	新民市贵赫奶牛养殖场奶站	吉林广泽乳业	105	65	荷斯坦	5	325		
51	新民市亿鑫源牛场奶站	沈阳奶吧	121	80	荷斯坦	7	560		
52	本溪木兰花乳业有限责任公司奶牛养殖场	本溪木兰花乳业	800	400	荷斯坦	8.2	3 280		
53	大连心乐农业有限公司奶牛养殖场	大连心乐乳业有限公司	1 981	956	荷斯坦	9	9 019		
54	大连盛丰畜牧业发展有限公司	沈阳伊利乳品有限责任公司	1 028	538	荷斯坦	10.7	6 200		
55	大连三寰乳业有限公司金州良种奶牛繁育基地	大连三寰乳业	2 350	1 170	荷斯坦	10	11 800		
56	大连和大奶牛饲养有奶牛饲养有限公司	大连和大奶牛饲养有限公司	385	145	荷斯坦	9	1 300		

（续）

序号	名称	供奶企业	全群存栏（头）	成母畜存栏（头）	奶畜品种	成母畜单产（t／年）	年总产量（t）	是否有机奶源基地	有机奶产量（t）
57	大连金弘基种畜阿尔滨良繁场	完达山鞍山乳业	835	380	荷斯坦	9.9	3 762		
58	大连金弘基种畜程家良繁场	完达山鞍山乳业	825	390	荷斯坦	11	4 290		
59	大连金弘基种畜丛家良繁场	大连心乐乳业发展有限公司	1 078	530	荷斯坦	8.8	4 664		
60	大连盛大牧业有限公司	大连三寰乳业	851	470	奶牛	9.3	4 100		
61	大连裕源牧业有限公司	大连三寰乳业有限公司	600	300	荷斯坦	9.5	3 000		
62	鞍钢实业集团乳业有限公司	鞍钢实业集团乳业有限公司	1 001	578	荷斯坦	7.5	3 500		
63	海城市佳鑫牧业发展有限公司	自营	180	80	荷斯坦	7.5	300		
64	鞍山市恒利奶牛场	自营	500	235	蒙贝利亚	7.5	750		
65	辽宁佳和牧业有限公司	辽宁伊利乳业有限责任公司	702	550	荷斯坦	8.5	3 000		
66	鞍山市顺鑫畜牧业发展有限责任公司	沈阳市碰碰凉冷饮厂	120	35	荷斯坦	3.65	128		
67	辽宁辉山乳业集团峡河牧业有限公司小林现代化奶牛养殖场	辉山乳业	2 374	0	荷斯坦				
68	辽宁辉山乳业集团峡河牧业有限公司峡河现代化奶牛养殖场	辉山乳业	2 073	0	荷斯坦				
69	辽宁辉山乳业集团百花牧业有限公司百花现代化奶牛养殖场	辉山乳业	2 286	0	荷斯坦、娟姗				
70	本溪爱民牛仁牧业有限公司	牛仁鲜奶吧	110	75	荷斯坦	9	500		
71	东港市升泰奶牛场	丹东升泰乳业有限公司	720	400	荷斯坦	9	3 000		
72	凤城市升泰奶牛场	丹东升泰乳业有限公司	1 100	550	荷斯坦	9	4 800		
73	丹东市派波乳业有限公司	丹东市派波乳业有限公司	453	232	荷斯坦	9	2 000		
74	宽甸中地生态牧场有限公司	辽宁伊利乳业有限责任公司	6 818	3 414	荷斯坦	8.5	26 945		
75	锦州市松山新区建华奶牛合作社	锦州市益多乐乳业有限公司	446	260	荷斯坦	6.0	1 560		
76	恒盛奶牛养殖专业合作社	锦州市双八乳业	100	70	荷斯坦	4.0	280		
77	凌海市温滴楼镇恒升畜禽养殖场	锦州市益多乐乳业公司	120	100	荷斯坦	7.0	700		
78	锦州益多乐生态牧业有限公司	锦州市益多乐乳业公司	420	210	荷斯坦	11.0	2 190		
79	北镇市荣强奶牛养殖专业合作社	锦州市益多乐乳业有限公司	306	160	荷斯坦	10.0	1 600		
80	吴希有奶牛养殖场	零售	147	90	荷斯坦	5.5	495		
81	锦州市太和区大薛乡众兴奶牛场	阜蒙县伊利乳业公司	85	70	荷斯坦	6.0	420		
82	黑山县宏驰奶牛养殖专业合作社	阜新伊利乳品有限公司	650	400	荷斯坦	8.0	3 000		
83	黑山县鑫源养殖场	本溪木兰花乳业	150	80	荷斯坦	5.0	480		
84	黑山县白金奶牛场	锦州双八乳业	100	66	荷斯坦	5.0	396		

（续）

序号	名称	供奶企业	全群存栏（头）	成母畜存栏（头）	奶畜品种	成母畜单产（t／年）	年总产量（t）	是否有机奶源基地	有机奶产量（t）
85	义县胜道牧业有限公司（常家屯）	辉山乳业	1 909	1 658	荷斯坦	9.0	15 000		
86	义县荷光牧业有限公司（车坊）	辉山乳业	1 562	1 358	荷斯坦	8.6	11 677		
87	义县荷光牧业有限公司（东六台）	辉山乳业	1 639	1 492	娟姗	6.2	9 300		
88	义县光华牧业有限公司（高家屯）	辉山乳业	1 741	1 562	荷斯坦	7.7	12 088		
89	义县龙邦牧业有限公司（河夹心）	辉山乳业	1 504	1 401	荷斯坦	8.6	12 082		
90	义县澳华牧业有限公司（四台子）	辉山乳业	1 596	1 451	娟姗	5.9	8 562		
91	义县澳华牧业有限公司（小荒地）	辉山乳业	1 361	1 228	荷斯坦	7.7	9 452		
92	义县胜道牧业有限公司（新庄子）	辉山乳业	2 011	1 720	荷斯坦	8.2	14 112		
93	义县光华牧业有限公司（徐三家）	辉山乳业	1 536	1 325	荷斯坦	8.3	11 000		
94	义县前杨奶农专业合作社	阜新伊利乳品有限公司	480	210	荷斯坦	10.0	2 100		
95	众兴奶站	北山农垦牧业分公司	289	143	荷斯坦	9.0	1 200		
96	营口福寿田奶牛饲养专业合作社	奶吧	100	70	荷斯坦	7	490		
97	盘锦金昌畜牧有限公司	蒙牛乳业（沈阳）有限责任公司、盘锦澳特宝食品有限公司	1 109	685	荷斯坦	11	5 800		
98	盘锦乳泉奶牛养殖有限公司	蒙牛乳业（沈阳）有限责任公司、盘锦澳特宝食品有限公司	398	239	荷斯坦	5.6	1 338		
99	建平县沙海安兴牧业有限公司	伊利平庄分公司	1 710	826	荷斯坦	10	8 260		
100	建平县八家农场源润奶牛养殖合作社	伊利平庄分公司	742	388	荷斯坦	9	3 492		
101	祥合奶站	市区鲜奶吧	97	52	荷斯坦	6.2	324		
102	山嘴奶站	朝阳市内鲜奶吧	75	42	荷斯坦	5.7	240		
103	朝阳金研养殖有限公司	阜新伊利有限责任公司	140	80	荷斯坦	8	640		
104	辽阳环野养殖有限公司	辽阳市奔月食品有限公司、蒙牛乳业（沈阳）有限责任公司	1 030	766	荷斯坦	8	3 700		
105	灯塔市博旺良种奶牛养殖专业合作社	蒙牛乳业（沈阳）有限责任公司	800	440	荷斯坦	9.15	4 020		
106	晟昕养殖专业合作社	锦州双八	280	250	荷斯坦	8	800		
107	善源奶牛养殖合作社	锦州双八	282	250	荷斯坦	8	740		

（续）

序号	名称	供奶企业	全群存栏（头）	成母畜存栏（头）	奶畜品种	成母畜单产（t／年）	年总产量（t）	是否有机奶源基地	有机奶产量（t）
108	利贵养殖场		45	40	荷斯坦	7.5	200		
109	南票区众兴奶牛专业合作社	葫芦岛市龙港区花园英杰饮品店	115	60	荷斯坦	6	360		
110	高新区光辉奶牛养殖场	阜新伊利	518	380	荷斯坦	6	1 795		
111	刘清华奶牛场	牧特巴氏鲜奶	101	60	荷斯坦	5.5	283		
112	阜新市海州区润天奶牛养殖场	锦州双八	176	113	荷斯坦	6.5	582		
113	阜新蒙古族自治县富民奶牛养殖专业合作社	阜新伊利	300	180	荷斯坦	7.5	1 440		
114	阜新蒙古族自治县丰源奶牛养殖专业合作社	锦州益多乐	210	100	荷斯坦	6.5	600		
115	阜新蒙古族自治县海纹奶牛养殖专业合作社	阜新伊利	450	220	荷斯坦	8.5	1 980		
116	阜新蒙古族自治县碱锅奶牛专业合作社	阜新伊利	705	340	荷斯坦	9	3 060		
117	阜新蒙古族自治县腾辉农牧业有限公司	阜新伊利	750	310	荷斯坦	9	0		
118	阜新蒙古族自治县昌达奶牛养殖专业合作社	苏康鲜奶吧	150	70	荷斯坦	8	420		
119	阜新蒙古族自治县顺达奶牛养殖专业合作社	阜新伊利	450	200	荷斯坦	8.5	1 800		
120	阜蒙县佳盛奶牛养殖场	锦州双八	130	65	荷斯坦	5.5	455		
121	阜新康乐百乳业有限公司	康乐百乳业	130	70	荷斯坦	5	350		
122	彰武县森林奶农专业合作社	阜新伊利	310	140	荷斯坦	7.5	913		
123	后新秋镇自强奶农专业合作社	阜新伊利	310	155	荷斯坦	6.5	1 007		
124	彰武县兴隆奶牛养殖场	阜新伊利	936	420	荷斯坦	8.5	4 230		
125	彰武县明罡奶农专业合作社	阜新伊利	226	110	荷斯坦	8	657		
126	彰武县东六镇占元牧场	本溪木兰花	500	260	荷斯坦	7	1 643		
127	彰武县满堂红乡万合奶农专业合作社	阜新伊利	458	300	荷斯坦	8.5	2 409		
128	彰武县龙腾奶牛专业合作社	阜新伊利	700	390	荷斯坦	8.5	3 285		
129	辽宁辉山乳业集团彭家牧业有限公司彰武一场	沈阳蒙牛	2 032	1 358	荷斯坦	11	11 169		
130	辽宁辉山乳业集团彭家牧业有限公司彰武二场	沈阳蒙牛	1 417	735	荷斯坦	11	6 045		
131	辽宁辉山乳业集团彭家牧业有限公司彰武三场	沈阳蒙牛	1 536	861	荷斯坦	10	7 077		
132	辽宁省辉山乳业集团彭家牧业有限公司彰武四场	沈阳蒙牛	1 324	798	荷斯坦	10.5	6 560		
133	辽宁辉山乳业集团五峰牧业有限公司新屯子二奶牛场	沈阳蒙牛	2 877	2 398	荷斯坦	11	20 696		
134	彰武县西六家子镇宏星奶牛养殖场	阜新伊利	495	380	荷斯坦	6.5	2 980		
135	阜新优然牧业有限责任公司	阜新伊利	10 367	8 690	荷斯坦	12	77 380		

（续）

序号	名称	供奶企业	全群存栏（头）	成母畜存栏（头）	奶畜品种	成母畜单产（t／年）	年总产量（t）	是否有机奶源基地	有机奶产量（t）
136	辽宁辉山乳业集团五峰牧业有限公司二道河子牛场	辉山乳业	1 344		荷斯坦				
137	辽宁辉山乳业集团五峰牧业有限公司石岭子牛场	辉山乳业	2 084		荷斯坦				
138	辽宁辉山乳业集团福兴牧业有限公司哈大泠牛场	辉山乳业	2 219		荷斯坦				
139	辽宁辉山乳业集团福兴牧业有限公司刘家牛场	辉山乳业	193		荷斯坦				
140	辽宁辉山乳业集团五峰牧业有限公司大五牛场	辉山乳业	2 032		荷斯坦				
141	辽宁辉山乳业集团五峰牧业有限公司二土牛场	辉山乳业	1 938		荷斯坦				
142	辽宁辉山乳业集团福兴牧业有限公司后新秋牛场	辉山乳业	2 454		荷斯坦				
143	辽宁辉山乳业集团秀水牧业有限公司红星牛场	辉山乳业	2 193		荷斯坦				
144	辽宁辉山乳业集团四合城牧业有限公司三官牛场	辉山乳业	218		荷斯坦				
145	辽宁世领自营牧场有限公司三道沟牛场	辉山乳业	911		荷斯坦				
146	辽宁辉山乳业丰源牧业有限公司神树牛场	辉山乳业	2 334	2 020	荷斯坦	9	18 000	√	18 000
147	辽宁辉山乳业丰源牧业有限公司德兴牛场	辉山乳业	2 466	1 937	荷斯坦	9	18 000	√	18 000
148	辽宁辉山乳业丰源牧业有限公司雅泽牛场	辉山乳业	2 421	2 084	荷斯坦	8	17 000	√	17 000
149	铁岭市清河区玉珍奶牛养殖专业合作社	本溪木兰花乳业有限责任公司	900	500	荷斯坦	4.5	1 600		
150	铁岭宏牛生态牧业有限公司	铁岭市大牛乳品有限公司、辽宁伊利乳业有限责任公司	1 180	612	荷斯坦	10	6 000		
151	辽宁顶好牧业有限公司	铁岭市大牛乳品有限公司	400	250	荷斯坦	8	1 000		
152	昌图县溢康奶牛养殖专业合作社	蒙牛乳业（沈阳）有限责任公司	1 200	750	荷斯坦	9.3	7 000		
153	铁岭县百思特牧业养殖基地	木兰花	550	200	荷斯坦	10	2 000		

备注：本表所指奶畜包括奶山羊、奶绵羊、奶水牛、牦牛、骆驼、驴等产商品奶家畜。如认证为有机奶源基地等，请在相应表格中打钩。

附表 2　辽宁省乳制品生产企业名录

序号	名称	生产地点	生产许可证号码	年收购原奶量(t)	其中：自有奶源量(t)	平均支付价格(元/kg)	日处理生鲜乳能力(t)	年乳制品产量(t)	其中：低温鲜奶(t)	UHT 奶(t)	常温酸奶(t)	低温酸奶(t)	原料奶粉(t)	婴幼儿配方奶粉(t)	成人奶粉(t)	奶油(t)	奶酪(t)	含乳饮料(t)	冰品(t)	年销售收入(万元)	利润(万元)	有机产品(枚)
1	辽宁辉山乳业集团有限公司	沈阳市沈北新区虎石台北大街120号、锦州七里河经济开发区惠山路1号、抚顺市抚顺县救兵辉山产业园区王木北大街1号	辽宁辉山乳业集团（锦州）有限公司 SC10521072700291 辽宁辉山乳业集团（抚顺）有限公司 SC10521042100034 辽宁辉山乳业集团（沈阳）有限公司 SC10521011300105	192 166	192 166	4 002	2 000	169 898	13 542	97 818	696	51 422	5 629	286 666	0	266	0	62	0	318 892	-	0
2	辽宁伊利有限公司	沈阳市沈北新区辉山农业高新技术开发区	SC10521011300068	132 928	0	4.26	800	163 694	0	127 134.5	0	0	0	0	0	0	0	36 559.5	0	104 552.7	1 821.6	0
3	蒙牛乳业（沈阳）有限责任公司	沈阳市沈北新区沈北路121号	SC10521011300951	350 000	0	4.2	510	167 700	0	55 867.88	16 782	56 500	0	0	0	0	0	23 336.98	15 200	130 000	5 170	0
4	大连和大奶牛饲养有限公司	大连市金州新区杏树街道姚家村	SC10521021301135	1 350	1 350	4.54	5	1 350	950	0	0	400	0	0	0	0	0	0	0	2 650	280	
5	大连三寰乳业有限公司	大连沙河口区西南路487号	SC10521020400094	19 981.09	11 902.99	4.31	120	19 291.53	11 302.46	5 959.68		2 029.39								15 539.05	2 939.98	
6	大连心乐乳业有限公司	大连金普新区三十里堡街道北乐村	SC10521021302324	18 888	8 642	4.77	100	21 256	13 559	2 049	0	4 990.03	0	0	0	0	0	658.036 8	0	16 257.56	1 325.32	
7	大连九羊乳业股份有限公司	大连普兰店区唐家房街道巴家村170号	SC10521028200803	2 496.05		7.6	18	2 636.7		1 890	531.7							215		2 800	400	
8	鞍钢实业集团乳业有限公司	辽宁省鞍山市千山区东路455号	SC10521030600015	8 300	3 500.0	5.3	40.0	8 100.0	5 200.0	0.0	0.0	2 700.0							200.0	8 000.0	400.0	0
9	完达山鞍山乳品有限公司	鞍山市铁西经济开发区协作路6号	SC10521030300061	16 167.69	0	4.8	150.0	17 740.0	3 289.0	11 162.0	2 379.0	910.0	388.0						266.0	12 720.9	-700.0	0
10	本溪木兰花乳业有限责任公司	本溪经济技术开发区红柳路360-9A	Sc10521050400142	7 300	2 700	9.2	120	7 300	2 400	1 100	300	3 500	0	0	0	0	0	0	0	8 058	718	0
11	丹东升泰乳业有限公司	东港市	SC10521068100459	7 131.0	7 131.0	4.6	50	8 900.0	2 300	1 900	0.0	3 500						1 200.0		5 200.0	150.0	
12	丹东派波乳业有限公司	元宝区	SC10521060215047	2 000.0	2 000.0	4.0	30	1 960.0	1 450			500						10.0		1 500.0	5.0	
13	锦州益多乐乳业有限公司	太和区	SC10521071100293	4 200	2 000	4.5	50	4 500	2 800			1 500						200		3 000	150	
14	锦州双八乳业有限公司	松山新区	SC10521078300021	4 015	365	4.3	20	3 547	120			3 427								3 196.6	1.4	
15	阜新伊利乳品有限责任公司	辽宁省阜新市阜蒙县园区路2号	SC10521090000011	116 515.68	47 167.2	4.5	600.0	117 507.2	0.0	73 328.6	44 178.6	0.0	0.0						6 000.0		124 800.0	9 379
16	辽阳市奔月食品有限公司	辽阳市宏伟区石场峪村	SC10521100400016	1 875.9	1 875.9	4.06	2 400	1 800.6	776.1	0	0	1 024.5	0	0	0	0	0	0	0	1 856.6	43.4	
17	盘锦澳特宝食品有限公司	辽宁盘锦	SC10521110000015	1 220	4 745	4.9	50	1 200	700			500								960		
18	铁岭市大牛乳品有限公司	铁岭经济技术开发区	SC10621120000050	6 000	5 000	4	30	3 000	1 500		500	500	200		300			500		3 500	30	
19	朝阳市双塔区振海乳制品场	朝阳市双塔区孟克村	SC10521130200525	450	0	4.2	50	500		0	0	500	0	0	0	0	0	0	0	440	66	0

备注：本表包括在中国及海外的生产企业。日处理生鲜乳能力指设计加工生鲜乳能力。自有奶源指来自自建和参建（控股、参股）牧场（小区）的原奶。成人奶粉指除婴幼儿配方奶粉以外的学生奶粉、孕妇奶粉、中老年奶粉等终端消费奶粉。冰品包括冰激凌、雪糕等。有机产品数量单位为“枚”指获得有机标志的数量。

吉林省[1]

【奶畜养殖】2021年，奶牛存栏14.7万头，同比下降2%；牛奶产量32.7万t，同比下降16.7%，其中有机牛奶产量3.5万t。奶牛养殖主要分布在吉林省中部、西部地区。奶牛存栏量和牛奶产量有减少趋势，大型规模奶牛养殖场存栏数量增加，单产水平提升。

【乳制品加工】2021年规模以上运营生产企业6家，年处理生鲜乳能力约60万t，乳制品总产量13.88万t，其中液态奶10.7万t、干乳制品2.39万t。

婴幼儿配方奶粉生产企业3家，注册配方21个，生产婴幼儿配方奶粉1.08万t，同比增长116.05%。液态奶中，低温鲜奶0.37万t、同比下降49.54%，UHT奶2.97万t、同比上涨2.39%；干乳制品中，奶酪0.52万t、同比增长908.78%，奶油0.06万t、同比增长141.78%。年销售收入353 367.13万元、同比增长56.03%，利润71 066.5万元、同比增长101.13%。随着人们消费需求的变化，产品结构不断调整，低温奶制品产量下降，奶酪、奶油等乳制品产量增速较快。

【市场消费】2021年人均奶类占有量为13.76 kg。入户乳制品主要有低温鲜奶和低温酸奶，低温鲜奶售价18~25元/kg、低温酸奶售价19.5~25元/kg，包装规格180~500g，主要生产厂家有长春广泽、吉林春光等。商超销售的低温鲜奶、UHT奶、酸奶、奶酪、奶粉、奶油等品种丰富。低温奶产品以本地厂家生产产品为主；其余产品，来自厂家众多。

【奶源基地】2021年，千头以上规模奶牛养殖场5个，存栏3.57万头，有2个养殖场成母牛年均单产达11t。镇赉瑞信达原生态牧场奶牛存栏1.87万头，是有机奶源基地，为全省最大单体牧场。奶牛规模养殖场基本普及全混合日粮饲喂技术，实行精准饲喂。奶牛家庭牧场（合作社）升级改造5个。高产优质苜蓿示范基地补助2.6万亩。实施粮改饲项目，种植饲草料作物39.3万亩，收储饲草料118万t。加强免疫无口蹄疫区运行维护，对奶牛开展口蹄疫强制免疫，定期开展考核，确保应免奶牛免疫密度达到100%、免疫抗体合格率达80%以上。开展奶牛布鲁氏菌病、结核病监测，持续推动阳性奶牛扑杀工作。奶牛养殖场粪污以堆积发酵、生产有机肥还田为主，少数干湿分离后，制作卧床垫料和燃料块。省内规模以上乳制品加工企业收购生鲜乳平均支付价格4.58元/kg，其中广泽乳业4.7元/kg、吉林春光4.5元/kg、四平君乐宝4.73元/kg、飞鹤（吉林）4.48元/kg。

【奶农组织】吉林省奶业发展协会于2021年10月经省民政厅批准正式成立，会员涵盖奶牛养殖、乳制品加工、饲料生产经营、饲草种植等企业和合作组织。

【政策法规】2021年吉林省人民政府印发了《吉林省人民政府关于加快农产品加工业和食品产业发展的意见》，发挥资源优势，立足全产业链发展，依托骨干企业，着力打造十大产业集群。乳制品产业集群为十大产业集群之一，重点开发婴幼儿配方奶粉、奶酪、乳清粉、浓缩乳蛋白等产品，积极引进知名乳制品企业入驻，打造乳制品产业新高地。吉林省畜牧业管理局印发了《吉林省乳品产业集群“十四五”发展规划》，按照“大生态、大资源、大市场、大产业”的理念和全产业链发展思路，着力推进提质增效、提档升级，健全完善奶业振兴产业、生产、经营、质量监管、保障“五大体系”。

【质量监管】2021年深入贯彻落实《乳品质量安全监督管理条例》，组织开展了生鲜乳收购站标准化管理规范年行动，查缺补漏，提高生鲜乳收购站标准化管理水平，保障生鲜乳质量安全。通过采取县级自查、市级抽查和省级督查的方式，开展生鲜乳质量安全专项整治工作。以婴幼儿配方奶粉奶源基地为重点，加强生鲜乳质量安全监管，推进生鲜乳购销合同备案，落实备案制度。在专项整治中，全省检查生鲜乳收购站89站次、运输车59辆次，出动执法人员283人次。生鲜乳收购站整改7个、吊销1个，生鲜乳运输车整改1辆。完成生鲜乳兽药残留检测201批次，抽检对象为生鲜乳收购站、运输车和奶牛散养户，检测项目为β-内酰胺类、氟喹诺酮类，抽检合格率100%。

（吉林省畜牧业管理局，迟桂凤）

长春市[2]

【奶畜养殖】长春市奶畜主要为奶牛，2021年底奶牛存栏1.61万头，其中成年母牛0.89万头，饲养品种主要为中国荷斯坦牛，少数为乳肉兼用型西门塔尔牛；奶牛养殖的主要区域为榆树市、九台区、农安县。长春奶业总体上呈现以下特点。

奶牛存栏呈上升趋势。2021年全市奶牛存栏1.61万头，同比增长7.33%；2021年牛奶总产量7.04万t，同比下降8.69%。

奶业生产情况整体较好，规模化养殖水平不断提高。2021年100头以上的规模奶牛养殖场9个，与2020年相比持平，存栏量占全市奶牛存栏的87.37%。2021年全市共有生鲜乳收购站9个，奶站的机械化挤奶率达到100%。

【乳制品加工】广泽乳业有限公司是长春市内最大的乳制品加工企业，也是长春市内唯一的一家乳制

① 文中数据除奶牛存栏和牛奶产量为统计数据，其余为行业数据。
② 全市牛奶产量为统计数据，其余数据来源为畜牧行业统计数据。

品加工企业。该公司产品类别主要有 UHT 奶、酸奶、低温鲜奶、奶酪及含乳饮料五大类产品，其乳制品年产量 66 980.44t，其中低温鲜奶 3 736.92t、UHT 奶 29 677.38t、酸奶 9 909.27t、奶酪 5 187.34t、含乳饮料 7 755.33t。从发展形势看，广泽乳业有限公司在市场的占有率正在逐步提高，份额越来越大，生产形势较好。

【市场消费】长春市奶类人均占有量为 5kg，通过对商场和超市等乳制品销售点进行调研，其销售乳制品种类及价格如下。

长春市乳制品销售市场品牌及种类繁多，蒙牛、伊利、君乐宝、光明、完达山等国内知名品牌以及本地的广泽乳业有限公司的产品在超市、市场均有销售，产品类型主要有 UHT 奶、酸奶、各种含乳饮料，价格约为 12 元 /kg, 国内外各大品牌的多种成人及婴幼儿配方奶粉在本市也均有销售。

广泽乳业有限公司还在市区内入户配送低温鲜奶，价格约为 18 元 /kg。

根据奶类市场中低温鲜奶、UHT 奶、酸奶、奶粉等产品的销售情况，长春市内 UHT 奶销量居于首位，UHT 奶的销量可达到牛奶销量的一半，奶粉销量仅次于 UHT 奶，酸奶和低温鲜奶销量分别排在其后。

【奶源基地】全市存栏 1~49 头的奶牛场（户、小区）177 个，共存栏 1 358 头，占全市奶牛存栏总数的 8%；全市存栏 50~99 头的奶牛场（户、小区）10 个，共存栏 679 头，占全市奶牛存栏总数的 4.2%；全市存栏 100~299 头的奶牛场（户、小区）5 个，共存栏 981 头，占全市奶牛存栏总数的 6.1%；全市存栏 300~499 头的奶牛场（户、小区）1 个，共存栏 345 头，占全市奶牛存栏总数的 2%；全市存栏 500~999 头的奶牛场（户、小区）1 个，共存栏 850 头，占全市奶牛存栏总数的 5%；全市存栏 1 000 头及以上的奶牛场（户、小区）2 个，共存栏 11 910 头，占全市奶牛存栏总数的 73.9%。2021 年全市生鲜乳收购站 9 个，相比 2020 年减少了 2 个。9 个奶站分布：榆树 4 个、九台 3 个、农安 1 个、公主岭 1 个。2021 年长春市生鲜乳收购价格为 3.6~3.9 元 /kg，平均价格为 3.8 元 /kg，同比变化不大，较为稳定。牧硕养殖场引入奶牛卧床垫料生产设备，制成的牛粪垫料，柔软舒适，可以让奶牛的乳房有良好的休息，还能有效保护奶牛脆弱的四肢，大大减少蹄病的发病率。

长春市收购生鲜乳的乳制品企业现有 2 家。其中，榆树奶站的牛奶售给黑龙江双城市雀巢乳品有限公司；九台、农安以及公主岭奶站的牛奶售给了广泽乳业有限公司和黑龙江双城市雀巢乳品有限公司。通过多方调查，乳制品企业普遍对生鲜乳质量要求更加严格，主要是对乳脂率和乳蛋白率指标要求提高。

奶牛疫病防控方面，主要是由各县（市、区）动物疫病预防控制中心和各乡镇畜牧兽医站共同完成。乡镇畜牧兽医站主要负责奶牛免疫；动物疫病预防控制中心负责布鲁氏菌病、结核病疫病检测等健康检查，发现阳性病畜及时上报并扑杀。尚未发现阳性奶牛。

奶牛养殖场粪便处理方式：90% 通过堆积发酵处理，用于还田；10% 进行压块处理，用于地炉燃烧取暖。

【奶农组织】全市共有 4 个奶农专业合作社，其中榆树 3 家、公主岭 1 家合作社定期组织培训班，主要对奶牛的良种繁育、饲养管理、原料奶生产和质量控制、全混合日粮（TMR）配置、青黄贮饲料调制、疫病防控、养殖环境污染等多个方面进行培训。授课分理论课程与实训课程，专家与学员们现场沟通交流，解答大家的咨询提问。

【质量监管】全市共有生鲜乳收购站 9 个，生鲜乳运输车辆 6 辆，证件齐全且都在有效期内。

长春市畜牧业管理局对生鲜乳质量安全监管工作非常重视，以生鲜质量安全为中心，强化领导。一是坚持属地管理的原则，明确落实具体单位及责任人。奶站监管具体由各县（市、区）畜牧局负责，日常监管由各乡镇畜牧站负责，并指定质量监督员专门负责奶站管理，进行全程监管，每年对奶站至少抽样两次。同时对奶牛的饲养环节进行监管，包括奶牛使用的饲料和兽药。二是强化责任追究。建立责任追究制度，明确责任分工，具体工作落实到人头，一级对一级负责。三是强化督导检查。在进行日常监管的同时，还加强督导检查的力度，定期或不定期地进行巡回检查，及时发现隐患，及时进行整改和完善。加强违法的追究和处理力度，形成高压态势。

（长春市畜牧总站，许晨光）

白 城 市①

【奶畜养殖】2021 年，白城市奶牛存栏 33 600 头，奶产量 181 055t。规模以上奶牛养殖场存栏 29 811 头，其中成母牛 11 909 头。饲养品种主要为荷斯坦牛，养殖分布区域主要在洮北区、镇赉县。

【乳制品加工】白城市有乳制品加工企业 2 个，分别为飞鹤（镇赉）乳品有限公司、飞鹤（吉林）乳品有限公司。

一是飞鹤（镇赉）乳品有限公司。日处理鲜奶能力 300t，年收购原奶量 9 201t。公司主要生产品项是舒贝诺、精粹贝艾尔、飞睿系列婴幼儿配方奶粉。年乳制品产量 4 702t，其中婴幼儿配方奶粉 1 731t、成人奶粉 2 971t。年收入 26 423 万元。

二是飞鹤（吉林）乳品有限公司。日处理鲜奶能力

① 牛奶产量为统计数据，其他数据为行业数据。

500t，年收购原奶量41 410t，主要奶源来自自建养殖场。年乳制品产量11 071t，其中婴幼儿配方奶粉6 824t，成人奶粉4 247t。年销售收入173 569万元，利润62 155万元。

【市场消费】2021年白城市牛奶人均占有量约为56.6kg。牛奶制品消费量21.5kg，人均消费乳制品300元。

白城市各超市销售的乳制品厂家有蒙牛、伊利、广泽、完达山、君乐宝等；主要销售巴氏杀菌乳、UHT奶、风味益生菌酸牛奶（草莓味、大枣味、原味等）。婴幼儿配方奶粉国产的主要品种有飞鹤、君乐宝、雅士利、雀巢、贝因美、完达山育儿康；进口品种有惠氏、雅培、安婴宝等。市场消费特点和发展趋势是以纯牛奶为主，其次为酸牛奶，然后是其他产品（表1）。

表1　白城市各大超市部分乳制品价格

乳制品名称	单价（元）
蒙牛风味酸牛奶（原味）100g/盒	1.50
完达山风味发酵乳 100g/盒	1.50
蒙牛冠益乳酸牛奶（原味）100g/盒	2.20
伊利利乐枕纯牛奶 240mL/袋	2.20
伊利纯牛奶 180mL/袋	2.40
完达山纯牛奶 180mL/袋	2.40
蒙牛利乐枕高钙牛奶 240mL/袋	2.50
完达山利乐枕高钙牛奶 240mL/袋	2.60
蒙牛高钙低脂牛奶 250mL/盒	3.20

【奶源基地】2021年，白城市奶牛存栏50头及以上规模的养殖场（小区）19个。其中，存栏50~299头的养殖场8个，存栏量1 281头；存栏300~499头的养殖场4个，存栏量1 799头；存栏500~999头的养殖场4个，存栏量2 917头；存栏1 000头及以上规模的养殖场3个，存栏量23 814头。各规模养殖场占总存栏量的比重分别为4.3%、6%、9.8%、79.9%，全部为机械挤奶，均应用全混合日粮（TMR）技术饲喂。

疫病防控情况。各县（市、区）畜牧兽医站工作人员对辖区内奶牛养殖场（小区）的疫病防控情况实行了包保责任制，扎实开展奶牛的重大动物疫病防控工作，做到及时、统一、全面，一直以来未发生疫情。

粪污处理方式。采用干清粪方式，对固体粪便进行好氧堆肥发酵无害化处理，实施就地就近还田利用。

生鲜乳收购。年均收购价格为3~4.3元/kg。企业收购标准：体细胞数小于40万个/mL，蛋白质含量达到3.0%、平皿细菌总数小于100万个/mL、冰点−0.51℃以下。

【质量监管】2021年，白城市强化生鲜乳监测，加强对生鲜乳收购、运输环节的监督检查，组织培训强化奶站管理者及奶户对违禁物质添加危害性的认识，提高生鲜乳收购站、运输车标准化管理水平，有效保障生鲜乳质量安全。2021年《食品安全国家标准　生乳》指标监测、生鲜乳质量安全异地抽检、生鲜乳质量安全例行监测，共完成生鲜乳抽样检测115批次样品，均检测合格。

【奶业大事】镇赉瑞信达原生态牧业有限公司15 000头标准化奶牛场（二期）建设项目已基本建成。本项目以发展生态奶牛养殖基地建设、促进镇赉县农民增收和农业增效为目标，在吉林省镇赉县黑鱼泡镇大围子村建设奶牛养殖场，项目总占地面积1 542.15亩，总建筑占地面积43.38万㎡。项目建设期24个月，总投资61 739.07万元，年可实现销售收入33 069.20万元，年平均利润6 646.486万元。每年可有效消化周边农民38 400多亩玉米，当地农民年增收5 760万元。年产固体肥料16 987t、液体肥料308 890t，供应周边地区玉米生产用肥。新增300个就业岗位，同时带动相关饲料工业、运输业、营销业的发展。

（白城市畜牧业发展服务中心，何思洋）

附表 1　吉林省奶畜养殖场（小区）名录

序号	名称	供奶企业	全群存栏(头)	成母畜存栏(头)	奶畜品种	成母畜单产(t/年)	年总产量(t)	是否有机奶源基地	有机奶产量(t)	是否开展奶牛生产性能测定(DHI)	是否采用全混合日粮饲喂技术(TMR)	粪污处理方式
1	榆树市财源牧业有限公司	双城雀巢有限公司	2 350	1 450	荷斯坦	7	10 415			√	√	还田
2	吉林省牧硕养殖有限公司	广泽乳业有限公司	9 560	5 210	荷斯坦	9	48 347				√	堆积发酵
3	北京首农畜牧发展有限公司白城分公司	蒙牛乳业（乌兰浩特）有限责任公司	3 461	1 910	荷斯坦	11	21 036				√	加工有机肥
4	白城市恒利源乳业有限公司	蒙牛乳业（乌兰浩特）有限责任公司	1 703	717	荷斯坦	6.6	4 752				√	堆积发酵
5	镇赉瑞信达原生态牧业有限公司	飞鹤乳业	18 650	6 124	荷斯坦	11	76 095.73	√	35 000		√	堆积发酵

备注：如认证为有机奶源基地、开展奶牛生产性能测定、采用全混合日粮饲喂技术，请在相应表格中打钩。

附表 2　吉林省乳制品生产企业名录

序号	名称	生产地点	生产许可证号码	年收购原奶量(t)	其中：自有奶源量(t)	平均支付价格(元/kg)	日处理生鲜乳能力(t)	年乳制品产量(t)	其中：低温鲜奶(t)	UHT奶(t)	常温酸奶(t)	低温酸奶(t)	原料奶粉(t)	婴幼儿配方奶粉(t)	成人奶粉(t)	奶油(t)	奶酪(t)	含乳饮料(t)	冰品(t)	年销售收入(万元)	利润(万元)	有机产品(枚)	注册婴幼儿配方奶粉配方数量(个)	注册婴幼儿配方奶粉配方数量(个)
1	广泽乳业有限公司	长春市高新开发区长德路2333号	SC10522010819127	41 401.15	27 947.97	4.70	320	66 980.44	3 736.92	29 677.38	703.43	19 205.85	92.42			621.78	5 187.34	7 755.33		76 784.37	5 155.38			
2	吉林春光牧工商集团有限公司	吉林市船营区迎宾大路1277号	SC10522020431800	4 000	4 000	4.5	200	4 000				4 000								4 500	560			
3	四平君乐宝乳业有限公司	吉林省四平市铁东区山门镇塔山村南宁路北侧	SC10522030324640	46 822.94		4.73	320	49 846.98			11 726.81	38 120.17								50 490.71	846.44			
4	飞鹤（吉林）乳品有限公司	白城市镇赉县工业园区	SC10522082154762	41 409.94		4.48	500	11 070.67						6 823.77	4 246.90					173 568.60	62 154.68		3	3
5	飞鹤（镇赉）乳品有限公司	白城市镇赉县工业园区	SC10522082103179	9 201.37		4.47	300	4 701.66						1 730.85	2 970.81					26 423.46	349.99		9	
6	吉林贝因美乳业有限公司	敦化经济开发区工业园区	SC12922240302651					2 200						2 200						21 600	2 000		9	3

备注：本表包括在中国及海外的生产企业。日处理生鲜乳能力指设计加工生鲜乳能力。自有奶源指来自自检和参建（控股、参股）牧场（小区）的原奶。成人奶粉 指除婴幼儿配方奶粉以外的学生奶粉、孕妇奶粉、中老年奶粉等终端消费奶粉。冰品包括冰激凌、雪糕等。有机产品数量单位为“枚”，指获得有机标志的数量。

附表3 长春市奶畜养殖场（小区）名录

序号	名称	供奶企业	全群存栏（头）	成母畜存栏（头）	奶畜品种	成母畜单产（t/年）	年总产量（t）	是否有机奶源基地	有机奶产量（t）	是否开展奶牛生产性能测定（DHI）	是否采用全混合日粮饲喂技术（TMR）	粪污处理方式
1	榆树市财源牧业有限公司	双城雀巢有限公司	2 350	1 450	荷斯坦	7	10 415				√	堆积发酵
2	九台广源牧业有限公司	双城雀巢有限公司	850	450	荷斯坦	9	1 860				√	还田
3	吉林省牧硕养殖有限公司	广泽乳业有限公司	9 560	5 210	荷斯坦	9	48 347			√	√	还田

备注：如认证为有机奶源基地、开展奶牛生产性能测定、采用全混合日粮饲喂技术，请在相应表格中打钩。

附表4 长春市乳制品生产企业名录

名称	生产地点	生产许可证号码	年收购原奶量（t）	其中：自有奶源量（t）	平均支付价格（元/kg）	日处理生鲜乳能力（t）	年乳制品产量（t）	其中：低温鲜奶（t）	UHT奶（t）	常温酸奶（t）	低温酸奶（t）	原料奶粉（t）	婴幼儿配方奶粉（t）	成人奶粉（t）	奶油（t）	奶酪（t）	含乳饮料（t）	冰品（t）	年销售收入（万元）	利润（万元）	有机产品（枚）	注册婴幼儿配方奶粉配方数量（个）
广泽乳业有限公司	吉林省长春市高新开发区长德路2333号	SC10522010819127	41 401.145	27 947.965	4.70	320	66 980.44	3 736.92	28 984	338	21 678	138	0	0	439	514	8 720	0	75 540	9 057	0	0

备注：本表包括在中国及海外的生产企业。日处理生鲜乳能力指设计加工生鲜乳能力。自有奶源指来自自检和参建（控股、参股）牧场（小区）的原奶。成人奶粉指除婴幼儿配方奶粉以外的学生奶粉、孕妇奶粉、中老年奶粉等终端消费奶粉。冰品包括冰激凌、雪糕等。有机产品数量单位为“枚”，指获得有机标志的数量。

附表 5　白城市奶畜养殖场（小区）名录

序号	名称	供奶企业	全群存栏（头）	成母畜存栏（头）	奶畜品种	成母畜单产（t/年）	年总产量（t）	是否有机奶源基地	有机奶产量（t）	是否开展奶牛生产性能测定（DHI）	是否采用全混合日粮饲喂技术(TMR)	粪污处理方式
1	白城市兴盛奶牛养殖有限公司	林甸伊利乳业有限责任公司	860	400	荷斯坦	9	3 600				√	堆积发酵
2	北京首农畜牧发展有限公司白城分公司	蒙牛乳业（乌兰浩特）有限责任公司	3 461	1 910	荷斯坦	11	21 036				√	堆积发酵
3	白城市恒利源乳业有限公司	蒙牛乳业（乌兰浩特）有限责任公司	1 703	717	荷斯坦	6.6	4 752				√	堆积发酵
4	白城市鑫牛乳业有限责任公司	蒙牛乳业（乌兰浩特）有限责任公司	640	235	荷斯坦	8.9	2 088				√	堆积发酵
5	镇赉瑞信达原生态牧业有限公司	飞鹤乳业	18 650	6 124	荷斯坦	11	76 095.73	√	35 000		√	还田利用或出售
6	大安市源源牧业有限公司	蒙牛乳业（乌兰浩特）有限责任公司	702	296	荷斯坦	6.6	2 736					
7	祥宇奶牛养殖场	君乐宝（四平）有限责任公司	460	317	荷斯坦	5.86	1 857				√	还田利用或出售
8	洮南市鑫龙源牧场	林甸伊利乳业有限责任公司	715	482	荷斯坦	5.5	2 651				√	还田利用或出售

备注：如认证为有机奶源基地、开展奶牛生产性能测定、采用全混合日粮饲喂技术，请在相应表格中打钩。

附表 6　白城市乳制品生产企业名录

序号	名称	生产地点	生产许可证号码	年收购原奶量（t）	其中：自有奶源量（t）	平均支付价格（元/kg）	日处理生鲜乳能力（t）	年乳制品产量（t）	其中：低温鲜奶（t）	UHT 奶（t）	常温酸奶（t）	低温酸奶（t）	原料奶粉（t）	婴幼儿配方奶粉（t）	成人奶粉（t）	奶油（t）	奶酪（t）	含乳饮料（t）	冰品（t）	年销售收入（万元）	利润（万元）	有机产品（枚）	注册婴幼儿配方奶粉配方数量（个）
1	飞鹤（镇赉）乳品有限公司	镇赉县工业园区内	SC10522082103179	9 201.374		4.47	300	4 701.659 4						1 730.852	2 970.808					26 423.46	349.994		3
2	飞鹤（吉林）乳品有限公司	镇赉县工业园区内	SC10522082154762	41 409.941		4.48	500	11 070.670 3						6 823.766	4 246.905					173 569.596	62 155.684		9

备注：本表包括在中国及海外的生产企业。日处理生鲜乳能力指设计加工生鲜乳能力。自有奶源指来自自检和参建（控股、参股）牧场（小区）的原奶。成人奶粉指除婴幼儿配方奶粉以外的学生奶粉、孕妇奶粉、中老年奶粉等终端消费奶粉。冰品包括冰激凌、雪糕等。有机产品数量单位为“枚”，指获得有机标志的数量。

黑龙江省

【奶畜养殖】据国家统计局黑龙江调查总队核定，2021年黑龙江省奶牛存栏109.7万头，较2020年减少2.18万头。牛奶产量达到500.25万t，与2020年（生鲜乳产量500.16万t）基本持平。奶牛养殖主要集中在齐齐哈尔市、大庆市、绥化市和哈尔滨市4个地级市，其奶牛存栏占全省奶牛存栏的68%，生牛乳产量占全省总产量的66%。2021年黑龙江省畜牧总产值达1 913亿元，奶业总产值达448亿元，占畜牧业产值的23.4%。2021年，黑龙江省奶牛养殖和生牛乳产量虽未获较大增量，但黑龙江省奶牛养殖综合素质有所提高。2021年规模场平均单产达到8.5t的历史最高水平，头均效益超4 000元，奶牛场普遍盈利。生牛乳品质保持较高水平，成母牛占比60%，奶牛场对养殖保有信心。

饲料原料价格振荡或高位拉动饲料成本上扬。在精饲料原料方面，到2021年，黑龙江省主要的精料原料玉米和豆粕的价格缓慢上涨到2 650元/t和4 000元/t后小幅回调。棉籽粕价格在2021年底已上涨到4 600元/t，较上一年同期上涨了40%。青贮和长干草类粗饲料价格上涨了10%~15%。据黑龙江省奶业协会统计，2021年黑龙江省千克奶饲料成本较2020年提高0.13元，是推动奶牛场千克奶全成本提高的主因。

限产限电及能源价格上涨对奶牛养殖造成影响。受限产限电等因素的影响，奶牛场建筑材料中钢材、铜、锡、PVC材料、涂料和防水材料均上涨，在人工费上涨的催动下，2021年黑龙江省大规模奶牛场整体建筑成本较2019年增长了30%。这部分成本以折旧的方式进入千克奶成本，2021年尤其是下半年新建和扩建的奶牛场千克奶成本被拉高。同时，煤炭、柴油和石油价格上扬，对黑龙江省这样的高寒地区来说，增加了取暖、运输和生产的费用支出，并以直接和间接两种形式迭加入千克奶全成本。

奶牛养殖全成本上扬、奶价持续高位，奶牛场保持盈利。2021年全省平均生鲜乳千克奶全成本高达3.78元，进入历史最高阶段，生鲜乳价格持续高位，全年平均达到4.23元，奶牛场保持盈利。黑龙江省奶牛养殖标准化、信息化和现代化水平不断提高，奶牛平均单产不断刷新纪录。但奶牛养殖业投资大、周期长、生鲜乳销路单一、抵御风险能力差、话语权相对较弱的状况仍客观存在，需要政府和行业协会予以关注。

奶牛场非奶盈收较2020年稍有下降。牛肉价格稳定，黑龙江省淘汰奶牛的价格平均为14 000元/头。因市场上牛肉供应充足，奶公犊育肥积极性不高，多用于取血清。公犊价格由2020年的4 500元/头下滑至2 100元/头。母犊价格较2020年也有下降，基本稳定在4 200元/头。综上，2021年黑龙江省奶牛场非奶盈收略有下降。

【乳制品加工】黑龙江省已自主培育飞鹤、完达山、摇篮、红星、惠丰等知名企业，同时引进雀巢和伊利、蒙牛、光明、贝因美等国际国内大型企业，全省乳制品规模以上企业共有53家，主要分布在哈尔滨、齐齐哈尔、大庆、绥化、牡丹江等地，初步形成了龙头带动、品牌集中、品类齐全的加工体系。2021年，黑龙江省乳制品产量189.4万t，同比上升17.2%。其中，液态乳产量151.23万t，同比上升22.1%；固体和半固体乳制品产量38.2万t，同比上涨1.2%；奶粉产量36.27万t，同比下降0.8%；婴幼儿配方奶粉产量19.5万t，同比下降11.3%。因2021年全国全年出生人口仅为1 062万人，比2016年的1 786万人少了约四成，新生儿出生率低导致婴幼儿配方奶粉的竞争将更加激烈，婴幼儿配方奶粉产销第一的黑龙江省将面临严峻考验。

政策引导推动乳制品加工业集中度越来越高。2017年实施《婴幼儿奶粉配方注册管理办法》，配方注册制的推行抑制了婴幼儿配方奶粉市场原有的品牌杂、概念营销多等现象，奶粉市场由数量型向质量型发展，由比品种向比品牌方向发展。同时，也使乳制品加工业集中度更高。2021年9月国家市场监管总局组织起草《乳制品生产许可审查细则》（征求意见稿），从保障食品卫生安全的角度出发，针对乳制品的生产场所、设备设施、设备布局与工艺流程、人员管理、管理制度等均有详细要求。与2010版相比，规定更加严格，进一步规范了黑龙江省乳制品加工业生产加工的同时，也提高了进入行业的门槛，使乳制品加工业集中度越来越高。

中小乳企兼并重组和入股合资步伐加快。中小乳企较难打破现有的龙头乳企的垄断地位，部分乳企缩减产销或成为代加工厂，如黑乳集团旗下的龙丹品牌产品生产和销售不断减缩，也有中小乳企定期或不定期生产或转为代加工。中规模的地方性乳企采取兼并重组和入股合资战略，如新希望乳业公司与黑龙江红星乳业公司洽谈战略合作、四川菊乐入资黑龙江惠丰乳业。中小乳业实现资本、资源、奶源、科研、渠道和人才等方面的全面整合，扩展了自身的生存空间。

【奶源基地】由于国家政策的逐步引导，乳企为提高奶源自给率，不断夯实未来奶源供应体系，加大了上游奶源的布局。2021年黑龙江省政府实施大规模奶牛场补贴项目，8个5 000头以上的新建大型奶牛场获得政府补贴。特别是飞鹤系的3个万头奶牛场上马，助力飞鹤乳业全产业链建设步伐；完达山乳业公司有自己的牧业事业部，其控股公司北大荒集团也成立牧业公司，以控股、收购和参股等形式对垦区内产权清晰的规模化奶牛养殖场进行整合，并进行统一管理，实现产业一体化经营；现代牧业既与大型乳企签订稳定的购销协议，又自成种养加体系，同时蒙牛乳业也早已入股现代牧业集团，形成紧密的合作关系；伊利掌控的旗下的优然牧业；蒙牛乳业也通过收购、入股和托管的方式，将黑龙江省多家中规模以上的奶牛场划入自控奶源。奶源向龙头企业集中的步伐加快。从全国的形势来看，大牧业集团公司继续保持 7% 的持续增长率，这样高速的增长对独立的中小规模奶牛场的压力将持续存在，未来家庭牧场、中小规模牧场如何发展值得关注和研究。

【奶农组织】2021 年，黑龙江省奶业协会全年按季度召开乳企奶源联席会议 4 次、特别会议 1 次；组织开展奶业培训会议 11 期，其中线上培训 6 期、线下培训 5 期，培训从业人员超 4 000 人次；组织行业调研 38 次，调解农企矛盾 20 余次，为企业和牧场避免损失达 3 700 多万元；实施了“黑龙江省 335 560 全株玉米青贮精准导入工程”，组织专家到场到窖巡回指导 16 个奶牛场，共计指导完成了超 10 万 t 青贮的制作；编译发布恒天然乳业集团环球乳制品交易活动价格 24 期，年点击率超 2 万余次；制订团体标准 1 项，参与制订团队标准 1 项，推动了黑龙江省奶业标准化的进程。2021 年亮点工作如下。

建设“两大”奶业平台。一是与东北农业大学电气与信息学院合作，建设了“黑龙江省奶业大数据监测”云平台。有 65 个奶牛场和 32 家规模乳企进入了平台，定期上报监测数据，可形成黑龙江省奶业的各类分析表格、数据和报告。二是与北京一牧科技有限公司建设了“黑龙江省奶业大数据展示管理”平台，展示全省及区域内奶业宏观经济情况，可通过平台统筹管理行业发展。

承接本省第三次畜禽资源良种普查工作。组建了近 200 人的普查技术专家组，累计填报审核普查数据 1 179 条，基本完成对黑龙江省 13 个地级市 126 个县（市、区）的畜禽遗传资源普查数据梳理与核实任务。

负责黑龙江省学生饮用奶管理审核。2021 年完成对 4 个牧场的省级审核，并全部通过延续备案，新增学生饮用奶奶源基地 2 个。全省有 4 家学生饮用奶生产企业和 21 个学生饮用奶奶源基地，全年共生产学生饮用奶 2.8 亿盒。

为政府建言献策。向黑龙江省农业农村厅和黑龙江省工信委递交《关于我省实施有序用电管控措施对我省奶业产生较大影响的报告》《黑龙江省粮改饲 3540 全（高）青贮日粮技术标准体系推广效果及建议报告》等 7 份建议报告。

继续推进生鲜乳第三方检测对标。北大荒完达山乳业作为黑龙江省首家开展生鲜乳质量第三方检测对标的试点企业，两年来这项工作一直在有序进行。2021 年 4 月黑龙江省奶业协会对黑龙江省境内的 5 家子公司同时进行采样，并指派专人参与监督见证。27 个牧场的奶样被分别送至黑龙江省绿色食品科学研究院（国家乳制品质量监督检验中心）及黑龙江省奶牛生产性能测定中心进行检测对标。

【政策法规】2021 年 8 月 27 日，黑龙江省农业农村厅、黑龙江省财政厅印发《黑龙江省 2021 年大型奶牛养殖场建设项目实施方案》。支持 2021 年能够完成主体工程，2022 年即可投产的奶牛存栏规模在 3 000 头及以上的奶牛场。存栏规模达 3 000 头的奶牛场补助 1 500 万元。在存栏 3 000 头规模基础上，每增加 1 000 头规模，增加补助资金 500 万元。单场补助资金不超过 5 000 万元。补贴内容包括：一是基础设施建设。主要包括牛舍、榨乳厅、青贮窖、粪污处理设施、生活区和办公区等奶牛场基础建设内容。二是机械设备购置。主要包括挤奶机、TMR、颈夹、卧床、青贮收贮、粪污处理、防疫、监控视频等机械设备。三是购买奶牛。主要包括购买进口奶牛和购买国内奶牛的支出。

2021 年 10 月，黑龙江省十三届人大常委会第二十八次会议审议通过《黑龙江省动物防疫条例（修订草案）》审议。修订后的条例，强化了动物防疫管理责任，规定县级及以上人民政府将动物防疫工作纳入国民经济和社会发展规划，充实县、乡级动物防疫专业力量，建设与养殖、屠宰规模和工作任务相适应的动物防疫队伍。同时完善了县级及以上农业农村主管部门、其他有关部门、动物卫生监督机构和动物疫病预防控制机构动物防疫工作职责。

【质量监管】2021 年，黑龙江省完成国家安排的监测任务 1 065 批次，其中生鲜乳例行监测 879 批次，婴幼儿配方奶粉奶源质量安全监测 166 批次，生鲜乳质量安全监督抽查 20 批次。安排省级生鲜乳质量安全风险监测 400 批次，对奶畜养殖场和奶农合作社开办的收购站进行重点抽检，主要检测指标为三聚氰胺、β－内酰胺酶、氯霉素、黄曲霉毒素 M_1、汞、砷 6 项指标，省级监测任务抽检合格率为 100%。

【奶业大事】2021 年 6 月 9 日，作为大庆市百大项目，黑龙江养可滋乳业主体车间封顶仪式在大庆市大同区经济开发区食品产业园区举行，总投资达 3.3 亿元。该公司的山羊奶精深加工项目分三期建设：一期建设羊初乳和羊奶粉生产线，年生产羊初乳和羊奶粉 6 000t；二期建设羊乳系列营养食品生产线，年产羊奶茶、羊奶酪、羊奶贝等 2 000t；三期建设液态奶加工生产线，年生产液态奶 3 000t。项目全部投产后，年可实现销售收入 5 亿元。为支持奶山羊发展，大庆市大同区建成种羊基地 1 处、标准化养殖基地 7 处、羊舍 74 栋，核心种群突破 1 万只，并发展成为全国最大的规模化奶山羊养殖基地。

2021 年 7 月 10 日，由北大荒完达山乳业公司主办的“高寒生态，领鲜未来”首届中国高寒生态奶业发展高峰论坛在哈尔滨举行。原农业部常务副部长刘成果、黑龙江省政府副秘书长韩库等相关领导，以及来自环境、土壤、畜牧、奶业、营养等多领域十多位专家参会。黑龙江省奶业协会常务副会长张维银作为会议主持人，带领专家学者们就影响奶源质量的“自然生态链”因素进行了探讨和分享。北大荒完达山乳业公司携手黑龙江省农业农村厅、北大荒农垦集团、中国奶业协会、中国农垦乳业联盟、黑龙江省农垦科学院、黑龙江北大荒研究院、黑龙江北大荒牧业公司共同成立了中国首个“中国高寒生态奶业科学研究院”。

2021 年 11 月 11 日，黑龙江省奶业协会组织召开了“黑龙江省奶业大数据平台启动暨线上培训会”。黑龙江省奶业协会秘书长杜海涛、东北农业大学电信学院教授沈维政从各自的角度强调数据的重要性和平台建设情况。东北农业大学农业电气化与自动化博士张翼，对平台的系统功能进行讲解，并解答学员提出的问题。黑龙江省奶业大数据平台正式启用，标志着黑龙江省奶业综合性管理进入数智化阶段。

由黑龙江省奶业协会与东北农业大学电信学院共同开发的“黑龙江省奶业大数据平台”于2021年11月份投入使用，全省70余家乳制品加工企业及示范牧场参与数据报送工作。

2021年12月6日，黑龙江农垦科学院畜牧兽医研究所与北京首农畜牧发展有限公司奶牛中心联合宣布，以畜牧所实验牧场作为种牛基地，充分挖掘优质母牛资源，2021年以来，生产胚胎128枚，移植受体牛12头，妊娠牛7头，受胎率达58.3%，达到国内领先水平；双方联合培育的种公牛冻精销售106 697支，改良肉牛约5.3万头。通过强强联手科技合作，让北大荒乳肉兼用牛优质种质资源在全国广泛推广应用的同时，也取得了显著的经济效益。

2021年12月12日，2021年（第18届）中国品牌年度大奖在北京揭晓，飞鹤因其“农牧工”三位一体产业集群位居于我国北纬47° 的黄金奶源带上，凭借着对上下游合作伙伴的精细化管理，飞鹤实现了对全产业的全程可控，从源头上解决了奶源的安全问题，也令飞鹤奶粉实现了品质的全面升级。飞鹤与华为、李宁一同作为中国优质品牌的代表，入选中国品牌案例。

（黑龙江省农业科学院畜牧兽医分院，阿晓辉；黑龙江省奶业协会，杜海涛）

附表 1　黑龙江省奶畜养殖场（小区）名录

序号	名称	供奶企业	全群存栏（头）	成母畜存栏（头）	奶畜品种	成母畜单产（t/年）	年总产量（t）
1	哈尔滨完达山奶牛养殖有限公司	完达山乳业公司	5 000	3 100	荷斯坦	10.50	31 000
2	双城雀巢有限公司奶牛养殖培训中心	双城雀巢公司	3 200	1 100	荷斯坦	11.50	12 650
3	黑龙江省牡丹江农垦千牧奶牛养殖场	完达山乳业公司	1 337	623	荷斯坦	12	7 476
4	黑龙江省牡丹江农垦将军奶牛养殖专业合作社	完达山乳业公司	7 100	3 200	荷斯坦	10.5	33 000
5	黑龙江省牡丹江农垦安兴奶牛养殖专业合作社	完达山乳业公司	1 750	950	荷斯坦	11.89	11 295
6	黑龙江省牡丹江农垦隆盛奶牛养殖专业合作社	完达山乳业公司	4 600	2 220	荷斯坦	11.08	245 976
7	哈尔滨睿牧业有限责任公司	双城雀巢公司	756	348	荷斯坦	10.87	3 720
8	富锦市天野牧业有限责任公司	双城雀巢公司	1 321	624	荷斯坦	11.25	6 750
9	富锦头兴牧业有限责任公司	双城雀巢公司	1 200	600	荷斯坦	10	6 000
10	富裕光明生态示范奶牛养殖有限公司	富裕光明乳业公司	4 730	2 553	荷斯坦	10.5	26 800
11	黑龙江省九三农垦鑫海奶牛养殖专业合作社	完达山乳业公司	886	507	荷斯坦	12.18	6 000
12	科菲特牧业（富裕）科技有限公司	富裕光明乳业公司	475	405	荷斯坦	10.4	4 100
13	黑龙江丰源牧业有限公司	齐齐哈尔蒙牛公司、肇东伊利公司	6 000	3 417	荷斯坦	11	37 000
14	杜尔伯特蒙古族自治县中林牧业有限公司	肇东伊利公司	2 103	1 314	荷斯坦	10.5	13 000
15	杜尔伯特蒙古族自治县康牧业有限公司	齐齐哈尔蒙牛公司	1 020	573	荷斯坦	11.7	6 700
16	绥化市裕达牧业有限公司	双城雀巢公司	2 119	1 117	荷斯坦	12.06	13 000
17	黑龙江省绿野畜牧业有限公司	肇东伊利公司	10 055	4 116	荷斯坦	11	45 100
18	黑龙江省爱牛畜牧业有限公司	肇东伊利公司	7 150	3 700	荷斯坦	10.5	38 850
19	黑龙江红兴隆农垦奶牛养殖农民专业合作社	完达山乳业公司	2 400	1 024	荷斯坦	11.18	11 448
20	哈尔滨完达山奶牛养殖有限公司军川分公司	完达山乳业公司	1 860	932	荷斯坦	11	10 000
21	北安农垦长鑫牧场专业合作社	完达山乳业公司	2 200	1 114	荷斯坦	10.5	11 000
22	黑河市源泰牧业有限公司	齐齐哈尔蒙牛公司	4 270	2 374	荷斯坦	10	23 000

附表2　黑龙江省乳制品生产企业名录

序号	名称	生产地点	生产许可证号码	年收购原奶量（t）	其中：自有奶源量（t）	平均支付价格（元/kg）	日处理生鲜乳能力（t）	年乳制品产量（t）	其中：低温鲜奶（t）	UHT奶（t）	常温酸奶（t）	低温酸奶（t）	原料奶粉（t）	婴幼儿配方奶粉（t）	成人奶粉（t）	奶油（t）	奶酪（t）	含乳饮料（t）	冰品（t）	年销售收入（万元）	利润（万元）	有机产品（枚）
1	黑龙江飞鹤乳业有限公司	齐齐哈尔克东县	SC10523023050069	79 305.09	67 066.97	5.34	1 100	38 169.90		5 893.40				26 914.46	5 362.05					982 541.00	212 005.00	
2	飞鹤（甘南）乳品有限公司	齐齐哈尔甘南县	SC10523022550075	79 928.87	79 118.99	4.65	1 000	34 042.20						34 042.20						258 439.19	125 290.67	
3	飞鹤（泰来）乳品有限公司	齐齐哈尔泰来县	SC10523022406196	34 250.34	33 297.40	4.78	500	16 143.89						13 502.20	2 641.69					319 753.07	154 588.71	
4	黑龙江尚禾谷营养食品有限公司	齐齐哈尔拜泉镇	SC10623023100149	8 821.43	4 528.32	4.64	200	3 571.70												124 837.24	61 534.86	
5	飞鹤（龙江）乳品有限公司	齐齐哈尔龙江县	JY32302210013534	115 182	113 147.15	4.62	2 000	38 772						38 772.00						342 771.00	158 117.00	
6	哈尔滨龙丹利民乳业有限公司	哈尔滨市	SC10623011100235	2 500	2 300	3.9	200	2 950		2 900		50								1 935.36	−271.28	
7	黑龙江贝因美乳业有限公司	绥化安达市	SC10523128150184	27 934.6	10 870.5	4.52		19 471					15 030	64	4 218	159				45 947	−1 064	
8	黑龙江辰鹰乳业有限公司	黑河嫩江市	SC10523112100100	9 004	9 004	4.35	500	3 383					199.5	3 138.7	44.8					15 016	905	
9	黑龙江农垦全乳元乳业有限责任公司	鹤岗市萝北县共青农场	SC10523300150038	913.18		4.5	200	618.55					53.93	306.15	258.47					2 925	−513	
10	黑龙江华丹乳业有限公司	绥化市安达市	SC10523128101060	8 456.71		4.3	120	4 534						316.1	2 535.275					9 995	754.85	
11	青冈亚华乳多宝乳业有限责任公司	绥化市青冈县中和镇	SC10523122302904	34.45		4.18	200	1 911.25						1 571.25	340					8 519.79	359.4	
12	哈尔滨太子乐乳业集团有限公司	哈尔滨市利民经济技术开发区	SC10532011100176					2 469.33						2 318.39	150.94					38 626.1	4 463.37	
13	依安县摇篮乳业有限责任公司	齐齐哈尔市依安县	SC10523022350623	1 131.977		4.4	200	528.599					71.986	426.174	30.439					2 469	−892	
14	北安宜品努卡乳业有限公司	黑河北安市	SC10523118150120	10 817.4	10 817.4	4.2	700	11 401.425					11 401.425	4 388.56	620.84	32.02				54 748	406.6	1 259 251
15	黑龙江优贝特乳业有限公司	齐齐哈尔市泰来县汤池镇	SC10523022404060	7 000	100	4.2	300	2 800					2 000	275	525					8 500	2 500	
16	北大荒完达山乳业股份有限公司	哈尔滨市		413 084	4.1	4.43	2 033	293 510	31 452	166 371	39 154		12 020	10 082	8 946	479		23 622		507 054	8 157	

备注：本表包括在中国及海外的生产企业。日处理生鲜乳能力指设计加工生鲜乳能力。自有奶源指来自自建和参建（控股、参股）牧场（小区）的原奶。成人奶粉指除婴幼儿配方奶粉以外的学生奶粉、孕妇奶粉、中老年奶粉等终端消费奶粉。冰品包括冰激凌、雪糕等。有机产品数量单位为“枚”指获得有机标志的数量。

上 海 市

【奶畜养殖】上海是国际大都市，随着城市的发展和生态环境治理的推进，环保压力越来越大，土地资源严重短缺，养牛空间越来越小；饲料资源缺乏，没有饲料地，特别是优质粗饲料供应不足，奶牛饲养成本居高不下；劳动力成本高；夏季高温、高湿，持续热应激严重制约了奶牛生产性能的发挥。上海不是养牛的好地方，但有得天独厚的乳制品消费市场。市民对新鲜优质乳的需要，以及保鲜加工的要求，使上海养牛人克服劣势，发挥优势，扬长避短，因地制宜，创建优质、高效、现代化的都市奶牛业，稳定发展上海奶牛养殖，通过创建“智慧牧场”给奶牛创造舒适的环境、提供优质的粗饲料，养健康奶牛，生产新鲜、安全、优质的生鲜乳。

上海奶牛饲养头数和生鲜乳总产量虽然占全国份额很低，但上海奶牛养殖的生鲜乳质量远远高于国家标准，达到并优于欧美标准，并在2019年把嗜冷菌考核加入生奶计价体系。2020—2021年上海奶业又制定和发布《巴氏杀菌乳》和《再制干酪》团体标准，大大提高了上海奶制品的安全和品质。

（一）奶牛生产概况。

2021年上海市饲养的荷斯坦牛存栏量达54 557头（此统计口径包括了上海异地养殖的江苏大丰地区和安徽练江农场的奶牛养殖数量），比2020年增加了760头，增幅为1.4%（表1）。

从奶牛存栏数量上分析，光明食品集团奶牛存栏45 631头，占总存栏的83.6%。崇明区私营奶牛场存栏4 489头，比2020年增加358头，占全市存栏量的8.2%；金山区私营奶牛场存栏3 676头，比2020年减少112头，占全市存栏量的6.7%；嘉定区私营奶牛场存栏761头，比2020年减少110头，占全市存栏量的1.4%。详见表1。

表1　2021年上海奶牛生产概况（归属地为上海的奶牛场）

单位	牛头数		规模场		生鲜乳总产量（万kg）	成乳牛单产（kg）	上市生鲜乳总量（万kg）
	总存栏（头）	其中成乳牛（头）	场数（个）	头数（头）			
合计	**54 557**	**28 154**	**25**	**54 557**	**29 449**	**10 261**	**28 180**
去年同期	53 797	29 049	26	53 797	29 260	10 442	27 822
比去年同期增减（%）	1.4	−3.1	−3.8	1.4	0.6	−1.7	1.3
郊区小计	**8 926**	**4 527**	**10**	**8 926**	**4 030**	**28 199**	**3 907.6**
嘉定区	761	454	1	761	428.1	9 812	404.1
金山区	3 676	1 708	5	3 676	1 768.6	10 551	1 728.2
崇明区	4 489	2 365	3	4 489	1 833.3	7 836	1 775.3
光明食品	45 631	23 627	16	45 631	25 418.7	10 483	24 272.5

（二）原料奶市场价格情况。

自2015年起，上海原料奶收购价格的政府指导价已放开。经过多年的运行，目前奶价的形成方式为：由上海市奶业行业协会牵头，供需双方光明乳业、奶农代表根据成本调查的结果进行协商确定。从运行效果看，双方都基本满意。

2021年，原料奶收购的计价体系不变，上半年的基础价为4.03元/kg，下半年的基础价为4.17元/kg。但在按质论价方面，由于光明乳业实施优质乳工程，对微生物和体细胞数的奖罚进行了调整。根据光明乳业与奶农代表的协商，自2017年8月1日起执行。具体标准见表2。

从2019年起把生鲜乳嗜冷菌作为生奶计价体系之一，实施三年来效果明显，奶农增收、乳企保质，取得了双赢的结果。

关于对微生物和体细胞数奖励的说明：一是对每槽车原料奶的微生物和体细胞数实施奖励，其前提是同槽车原料奶的乳脂肪率达到3.3%、乳蛋白率达到3.1%、微生物≤10万CFU/mL、体细胞数≤30万个/mL,4个指标都满足时才能对同槽车原料奶实施奖励。二是4个指标未能同时满足，该槽车原料奶的微生物和体细胞数只扣不奖。三是不管微生物和体细胞数的指标完成情况如何，乳脂肪率和乳蛋白率按基础价进行结算。

（三）上海奶业的发展趋势。

奶牛养殖场趋于稳定。根据上海市政府和市农委的规划，以及上海环境整治工作的推进，“十三五”期间对奶牛场实施整治退养和改造提升并举的措施，针对规划保留的奶牛场加强养殖户的环保意识，全面落实环境整治工作，提升奶牛场粪污处理能力，做好奶牛养殖废弃物资源的循环利用；针对规划不保留的奶牛场，则加

表2 原料奶中微生物和体细胞的奖罚标准

项目	原标准检测值［万个(CFU)/mL］	新标准检测值［万个(CFU)/mL］	原标准(元/kg)	新标准(元/kg)
体细胞	≤25	≤20	+0.12	+0.15
	≤25	(20,25]	+0.12	+0.12
	(25,40]	(25,30]	+0.05	+0.05
	≤40	(30,40]	0	−0.05
	(40,75]	(40,75]	−0.10	−0.15
	(75,100]	同原标准	−0.50	−1.00
	(100,200]	同原标准	−1.00	−2.00
	>200	同原标准	−2.00	−3.00
微生物	≤10	同原标准	+0.04	+0.04
	(10,30]	同原标准	0.00	0.00
	(30,50]	同原标准	−0.10	−0.10
	(50,100]	同原标准	−0.20	−0.40
	>100	同原标准	−0.50	−1.00

快退养的步伐。“十三五”期间奶牛场数量及奶牛存栏数量均大幅下降，2016年奶牛场数量为65个，2021年奶牛场数量为25个，整体缩减61.5%。现阶段，因环保等因素进行的奶牛场退养拆迁工作已基本完成，2021年上海地区全年仅有1个退养奶牛场，“十四五”期间，上海地区奶牛饲养头数和牧场数量将基本维持稳定状态。

强化奶源质量的进一步提升。上海地区奶牛场生鲜乳安全、质量不断提升。2021年，上海地区原料奶平均乳脂肪率为3.74%，平均乳蛋白率为3.3%，菌落总数为2.08万CFU/mL，体细胞数为22.45万个/mL。自2018年起，光明乳业持续推进优质乳工程，为全面落实《健康中国行动（2019—2030）》做贡献。另外，持续执行上海市生鲜乳价格协商机制，推动奶牛养殖场生鲜乳生产和管理规范化，促进上海地区奶业持续健康发展，为国内生鲜乳收购质量的提高起标杆作用。创建全市“两病”净化示范区，为奶源高质量发展提供持久的安全保障。

创建“智慧牧场”的数字化转型升级。上海地区奶牛场向生态化、规模化、机械化、信息化、智能化转型。在奶牛养殖方式向知识型、技术型转变的过程中，以物联网、云计算、大数据和人工智能为代表的新一代信息技术，成为实现智慧奶牛养殖的核心驱动力。物联网为智慧奶牛养殖提供海量的基础数据来源，大数据使得奶牛养殖的决策更具可预测性。信息技术与奶牛养殖的结合，实现奶牛养殖各个环节的信息感知，准确了解奶牛生长环境情况和生理情况，精准监测奶牛发情期，实时掌握奶牛疾病程度，从而对奶牛进行精细的个性化饲养管理，使奶牛养殖更加科学化、智能化和现代化。

【乳制品加工】乳制品加工企业主要有光明乳业股份有限公司华东中心工厂、上海乳品四厂有限公司、光明乳业股份有限公司奉贤分厂(永安)、上海益民一厂有限公司、上海乳品一厂分厂、上海晨冠乳业有限公司、上海花冠营养乳品有限公司、多美滋婴幼儿食品有限公司、上海纽贝滋营养乳品有限公司、上海恩波露食品有限公司、优诺乳业有限公司、明治乳业（苏州）有限公司上海分公司、恒天然商贸（上海）有限公司、杭州味全食品有限公司、上海妙可蓝多食品科技股份有限公司。本地2021年奶制品有巴氏杀菌乳、UHT奶、奶粉、酸奶、奶酪。

【市场消费】居民消费情况：本地区2021年城镇居民人均奶制品（折合成原料奶）消费量 60kg（包括鲜奶、酸奶、奶酪 、奶粉）。2021年光明学生饮用奶全年销售2.5亿元，覆盖24个省（自治区、直辖市），日均供应学生饮用奶100多万盒。

【政策法规】鉴于当前全国各地奶价和牛奶消费市场情况，经市奶农代表、光明乳业代表和上海市奶业行业协会三方充分协商达成本市生鲜乳价格协商新机制，规定上海地区生鲜乳收购基础价组成为：上期基础价+每次成本调查涨幅+每次市场调节价(±0.00~0.06元/kg)。

经讨论协商2021年上半年上海地区生鲜乳收购基础价格为4.03元/kg，结算时间为1—6月；考虑到本次市场行情涨幅较大，农商双方协商同意本次市场调节价加0.06元/kg，故2021年上半年上海地区生鲜乳收购基础价为4.03元/kg（上期基础价3.92元/kg+本次成本调查涨幅0.05元/kg+本次市场调节价0.06元/kg）。

下半年上海生鲜乳收购基础价为4.17元/kg（上期基础价4.03元/kg+本次成本调查涨幅0.08元/kg+本次市场调节价0.06元/kg），结算时间为7—12月。同时执行规模和优质优价奖励。原有的优质优价、分级奖励、乳脂率、乳蛋白率封顶等方案保持不变。菌落总数每车检测。

2021年光明乳业在上海地区收购生鲜乳163 290.245 t，平均收购价格（光明乳业结算给奶农的价格）4.58元/kg。

此结算价的平均质量指标为：乳脂肪率3.74%、乳蛋白质率3.32%、细菌数1.85万UFU/mL、体细胞数21.53万个/mL（数据来源于光明乳业华东奶源部）。

为进一步规范奶牛养殖场生鲜乳生产和管理，拉高生鲜乳质量安全水平，提升消费者对乳制品的消费体验，促进上海地区奶业持续健康发展，继续执行上海地区生鲜乳收购增加嗜冷菌指标的奖罚，原牧场分级奖励等标准不变，具体方案如下（表3和表4）

表 3　牧场分级奖励标准

生鲜乳交售量（t）	分级奖励（元 /kg）
4 000 以上（含 4 000）	0.12
2 400~4 000（含 2 400）	0.09
1 100~2 400（含 1 100）	0.06
1 100 以下	–0.20

注：牧场季节差考核指标及考核办法维持 2019 年度不变。

表 4　嗜冷菌指标奖罚标准

嗜冷菌	指标等级（CFU/mL）	奖罚（元 /kg）
嗜冷菌考核（2019年起）	≤ 1 000	0.03
	（1 000, 10 000］	不奖不罚
	（10 000, 100 000］	–0.05
	> 100 000	–0.10

【质量监管】2021 年继续实施“上海地区生鲜牛乳按质论价采样监管工作”。由上海市奶业行业协会委托上海市农产品质量安全中心组织实施，具体工作由上海市农产品质量安全中心委托 1 名专业工作人员实施操作，上海市奶业行业协会派 1 名工作人员负责督查，对按质论价项目中 3 个采样地点（乳品四厂、中心工厂、永安工厂）的采样环节进行监督。监督环节包括对采样过程的拍照、登记以及对于采样过程中 12 个质量关键控制点的评分和记录。2021 年共监督奶槽车 2 101 辆次，涉及样品 2 959 批次，监督比例占总奶槽车数的 15.45%，比 2020 年上升 1.3 个百分点。2021 年共计开展监督工作天数为 194 天，比 2020 年上升了 1 个百分点。

加强对学生饮用奶奶源基地的质量监管监测。根据《国家“学生饮用奶计划”推广管理办法》要求，加强对学生饮用奶的质量监管监测，上海市农产品质量安全中心和上海市奶业行业协会服务平台共同负责对学生饮用奶定点牧场的原料奶进行质量检测，并由上海市奶业行业协会组织专家完成对奶源基地管理和定点企业的审核后可继续作为学生饮用奶奶源基地。涉及上海牧场 10 个，江苏牧场 1 个，新增江苏牧场 7 个。

根据农垦发〔2013〕3 号和中奶协发〔2020〕4 号的相关文件精神，所有学生饮用奶奶源基地需要符合每年进行资料审核、每三年进行一次现场评审的要求，上海市奶业行业协会高度重视，专门成立学生饮用奶奶源基地资料审核工作组和专家评审组，负责光明乳业上海地区现有的 15 个学生奶奶源基地的资料审核工作。

11 月 1—15 日，上海市奶业行业协会学生饮用奶审核工作组对光明乳业上海地区 15 个学生饮用奶奶源基地的牧场基本情况、管理、饲养、记录、档案等资料进行审核，专家评审组现场评估核实 90 条要求，提出咨询及整改意见，最终这 15 个光明乳业学生饮用奶奶源基地全部通过资料审核工作。

组织开展乳制品企业实验室盲样能力测试工作。为宣传与推进优质乳工程，促进上海奶业健康发展，上海市奶业行业协会携手第三方检测机构继续组织开展乳制品企业实验室盲样能力测试工作，为优质乳检测保驾护航。实验室能力测试由上海德诺产品检测有限公司和上海市农产品质量安全中心出盲样，各乳制品企业检测人员进行检测，检测结果与标准样比对。测试项目分营养类、安全类。由检测机构出具检测结果，上海市奶业行业协会对优胜乳制品企业进行表彰。

【奶业大事】2021 年 1 月 5 日，按照本市生鲜乳价格协商机制规定，奶农代表、光明乳业代表和上海市奶业行业协会三方召开 2021 年上半年上海生鲜乳收购基础价协商会议，经充分讨论协商，奶农和乳企双方达成一致意见：2021 年上半年上海地区生鲜乳收购基础价为 4.03 元 /kg，原有的优质优价、分级奖励、乳脂率、乳蛋白率封顶以及“两病”检测和原牧场分级奖励标准与奶价挂钩等方案保持不变。生鲜乳价格执行期从 2021 年 1 月 1 日至 2021 年 6 月 30 日。

2021 年 1 月 18 日，上海市奶业行业协会常务副会长唐新仁携秘书长钱建国等一行 5 人赴鼎牛调研。鼎牛总经理项忠华、副书记甘欣、牧业部总经理边小马等陪同调研，并与上海市奶业行业协会专家们进行座谈。同日，上海市奶业行业协会参加在上海市农业发展促进中心召开的“2020 年度上海市农业农村委政府购买行业协会服务项目”验收会，会议采取专家组评审会的形式，主要针对 2020 年项目完成情况进行介绍和答辩。

2021 年 2 月 26 日，欧洲冰激凌项目交流研讨会在上海市奶业行业协会召开。受立陶宛商会委托，上海市奶业行业协会秘书长钱建国、办公室主任曹雅芬，上海益民一厂有限公司副总经理王香、市场总监张楠，光明乳业研究院冰激凌高级经理马中媛，欧洲冰激凌中国项目总负责人 Lina、项目经理徐璐，应邀参加会议。

2021 年 3 月 10 日，上海市奶业行业协会党支部书记、党建联络员参加市级机关行业协会商会 2020 年工作总结会。上海市奶业行业协会作为农业行业代表以如何坚持党建引领、推动行业发展、服务乡村振兴为主题做了典型发言。

2021 年 3 月 11 日，上海市奶业行业协会组织专家到上海乳品四厂有限公司、上海永安乳品有限公司、上海妙可蓝多食品科技有限公司、上海晨冠乳业有限公司 4 家会员单位调研。

2021 年 3 月 18 日，上海市奶业行业协会常务副会长唐新仁、秘书长钱建国、副秘书长陈小弟、办公室主任曹雅芬及《长三角奶业》通信编辑部主任季爱华一行赴中国（上海）自由贸易试验区唯绿包装（上海）有限公司进行工作调研。

2021 年 3 月 26 日，上海市奶业行业协会召集光明乳业和奶农代表，就生鲜乳成本过高问题进行商讨。经农商双方友好协商，在 2020 年疫情防控期间，按沪奶协〔2020〕6 号文件自愿降低奶价的相关牧场，光明乳业给予适当补贴，补贴金额为 2020 年自愿降价总金额的 50%，在 2021 年 3—6 月逐月兑现。

2021 年 4 月 1 日，上海市奶业行业协会有关领导调研上海天恒农牧科技有限公司、先马士商贸（上海）有限公司和上海景牧农业科技有限公司。

2021年4月9日，上海市奶业行业协会常务副会长唐新仁、秘书长钱建国一行前往上海希迪乳业有限公司进行调研考察。

2021年4月22—23日，上海市奶业行业协会领导赴河北唐山，参加第三届河北国际奶业博览会。

2021年5月11日，长三角奶协工作联席会议在安徽省黄山市的上海牛奶集团黄山练江牧场有限公司召开，江浙沪皖闽四省一市奶业协会秘书长、副秘书长应邀出席。

2021年5月18日，上海市奶业行业协会第八届三次理事会监事会在光明乳业股份有限公司总部召开。

2021年5月20日，上海市奶业行业协会常务副会长唐新仁、秘书长钱建国等一行4人赴上海芝享食品科技有限公司参观学习。公司生产副总经理俞朝纲向协会领导详细介绍了芝享食品金山工厂建厂以来的主要业务和发展情况。

2021年6月4日，上海市奶业行业协会召集上海市奶业行业协会团体标准《巴氏杀菌鲜牛乳》评审会议。本次评审小组由国家奶业科技创新联盟郑楠博士、上海市农业农村委科技教育处正高级教授刘佩红、上海交大农学院徐建雄教授、上海市奶业行业协会乳制品工程专家顾佳升、上海市奶业行业协会常务副会长唐新仁5位专家组成，会议由评审小组组长徐建雄教授主持。

2021年6月11日，在上海市奶业行业协会召开生鲜乳成本调查审核会议，经生鲜乳成本调查专家小组审核确认，上海地区奶牛场2021年下半年生鲜乳平均生产成本为4.11元/kg。

2021年6月18日，在上海市奶业行业协会召开三方奶价协商会议，经市奶农代表、光明乳业代表和上海市奶业行业协会三方充分协商，达成上海地区生鲜乳收购基础价组成为4.17元/kg（上期基础价4.03元/kg+本次成本调查涨幅0.08元/kg+本次市场调节价0.06元/kg），原有的优质优价、分级奖励、嗜冷菌、乳脂率、乳蛋白率封顶等方案保持不变。菌落总数每车检测。生鲜乳价格执行期从2021年7月1日至2021年12月31日。

2021年7月18日，上海市奶业行业协会领导参加中国奶业协会在安徽合肥举办的第12届中国奶业大会。

2021年7月20日，上海市奶业行业协会第一个团体标准《巴氏杀菌鲜牛乳》在全国团体标准信息平台发布。

2021年8月19日，上海市奶业行业协会召开“奶酪团体标准”制定工作启动会。参加奶酪团体标准制定的有光明乳业股份有限公司、恒天然商贸（上海）有限公司、上海妙可蓝多食品科技股份有限公司、上海恩波露食品有限公司负责人及本次奶酪团体标准起草人员。会议由上海市奶业行业协会秘书长钱建国主持。

2021年9月10—12日上海市奶业行业协会领导参加乳制品工业协会在杭州举办的第27次年会暨2021年中国（国际）乳业技术博览会。

2021年10月13日，光明乳业研究院举行《再制奶酪》团体标准起草稿第一次讨论会。

2021年10月21日，上海市奶业行业协会常务副会长唐新仁带队赴协会副会长单位——苏州恒利通运输有限公司以及新希望双喜乳业（苏州）有限公司开展工作调研。

2021年10月22日，由上海市奶业行业协会与光明乳业共同举办的“华东地区奶源优质乳工程培训会”在光明乳业华东中心工厂召开，参加培训会的管理、技术人员达到97人。

2021年11月11日，上海市奶业行业协会常务副会长唐新仁带队赴恒天然商贸（上海）有限公司开展工作调研，实地了解会员单位的经营现状和对协会事业发展的想法和期许。

2021年11月15日，市奶农代表、光明乳业代表和上海市奶业行业协会代表在上海市奶业行业协会召开《光明乳业奶源供应商等级评定管理制度》修订会议。

2021年11月16—19日，受上海市农业农村委员会长三角地区奶源优质乳工程项目委托，上海市奶业行业协会秘书长钱建国、副秘书长陈小弟及光明华东奶源经理卢涛一行，历时4天行程超1 000km，按照上海奶源优质乳工程软硬件标准对江苏苏北地区4个规模化奶牛场进行了认真仔细的考察和调研。

2021年11月29日，上海市奶业行业协会生鲜乳成本调查工作组对5个成本调查样本点（奶牛场）2020年11月至2021年10月期间相关成本数据进行调研、统计和测算，经生鲜乳成本调查专家小组审核确认，上海地区奶牛场2022年上半年度生鲜乳平均生产成本为4.16元/kg，并对外公布调查结果。

2021年12月20日，上海市奶业行业协会正式搬迁至闵行区吴中路580号二号楼办公。

（上海市奶业行业协会，季爱华、钱建国）

江苏省

【奶畜养殖】2021年底，全省奶牛存栏13.1万头，同比增长1.5%；生鲜牛奶产量64.9万t，同比增长3.1%。5个设区市奶牛存栏超过万头，分别为盐城市3.35万头、徐州市2.74万头、宿迁市2.01万头、连云港市1.83万头、泰州市1.31万头，以上5个市奶牛合计存栏11.24万头，占全省奶牛总存栏量的85.8%。生牛乳产量排名前10位的县（市、区）分别是盐城市大丰区、泗洪县、睢宁县、连云港市徐圩新区、灌南县、徐州市铜山区、丰县、兴化市、射阳县、泗阳县，10个县（市、区）牛奶产量占全省总量的65%。

【乳制品加工】2021年全省规模以上企业乳制品总产量达138.94万t，其中液体乳产量129.75万t，分别比2020年增长11.3%和10.1%。本地乳制品企业以鲜奶（巴氏杀菌乳）和酸奶等冷链产品为主，以送奶入户和奶点为主要销售渠道，乳制品加工企业与奶源基地联系紧密，地域性品牌知名度和社会信誉度较高。江苏有4家乳制品加工企业为农业产业化国家重点龙头企业，10家乳制品加工企业为农业产业化省级重点龙头企业。全省乳制品行业注册使用江苏学生饮用奶标志企业19家。近两年受新冠疫情的影响，消费者保健意识进一步增强，对于益生菌发酵产品倍加青睐。据省农业（奶牛）产业技术体系专家估算，益生菌发酵乳在液态乳中的占比较2019年有较大幅度提升，其中又以冷链配送的活菌发酵乳为主。

【市场消费】2021年，全省城镇常住居民家庭平均每人年消费奶和奶制品16.6kg，农村常住居民家庭平均每人年消费奶和奶制品12.0kg，全体居民家庭人均消费奶和奶制品15.0kg。地方中小型乳制品加工企业以低温奶、酸奶等冷链产品为主，呈现出鲜明的城市型乳业特征。乡镇居民奶制品消费以常温奶为主。

【奶源基地】2021年底，全省有奶牛养殖场（户）171个。其中，奶牛存栏50头及以上的规模养殖场（户）133个，存栏奶牛数占全省奶牛总数的99.5%；存栏奶牛100头及以上的规模养殖场（户）122个，存栏奶牛数占全省奶牛总数的99.0%；存栏奶牛500及头以上的规模养殖场（户）66个，存栏奶牛数占全省奶牛总数的89.1%（表1）。大中型规模养殖场奶牛年单产均达到8t以上，部分奶牛场奶牛年单产突破11t以上。

表1 江苏省规模养殖场（户）奶牛养殖情况及生牛乳产量

存栏规模分类	场（户）数（个）	存栏量（头）	生牛乳产量（t）
1~49头	38	778	4 015
50~99头	11	669	3 062
100~199头	22	3 164	15 927
200~499头	34	10 930	50 957
500~999头	30	20 883	96 553
1 000~1 999头	22	29 422	143 848
2 000~4 999头	8	26 319	126 498
5 000头及以上	6	50 658	240 666

注：数据来源于业务部门。

【质量监管】截至2021年底，全省共计有持证生鲜乳收购站65个、生鲜乳运输车125辆。围绕生产、收购、运输3个环节，加大对奶畜养殖场、生鲜乳收购站和运输车的监督检查力度。组织开展部级生鲜乳例行监测、飞行检查等工作，部、省两级生鲜乳例行监测共计抽取生鲜乳样品275批次，合格率100%；现场监督检查生鲜乳收购站62个次、生鲜乳运输车93辆次，检查结果均为合格。

【奶业大事】2021年，中央农业相关专项转移支付在农业生产发展专项中安排江苏奶牛生产性能测定任务，支持符合条件的奶牛生产性能测定中心开展奶牛生产性能测定工作，绩效目标为完成奶牛生产性能测定任务3.1万头。省农业农村厅、财政厅安排预算资金217万元，项目资金和任务下达给江苏省畜牧总站，省畜牧总站政府采购南京卫岗乳业有限公司和南京农业大学开展奶牛生产性能测定工作。

2021年，为进一步促进协会改革和健康发展，统筹协调服务于现代畜牧业发展形势，提高协会的功能效率，扩大协会影响力，按照有关规定和要求，江苏整合省级畜牧类相关协会，成立“江苏省畜牧业协会”，江苏省奶业协会自行注销，江苏省畜牧业协会承接江苏省奶业协会职能，内设牛业分会等分会和学生饮用奶计划工作委员会，学生饮用奶计划工作委员会具体承担“学生饮用奶计划”实施工作，修订了《江苏省学生饮用奶计划实施办法（试行）》（2021年江苏省畜牧业协会第4号公告），并组织开展生产企业审核认定。

2021年7月6—8日，根据《农业农村部畜牧兽医局关于开展“学生饮用奶计划”推广情况调研的通知》（农牧便函〔2021〕424号）安排，农业农村部食物与营养发展研究所王晓举书记一行到江苏开展调研，调研组赴扬州市、镇江市以及南京卫岗乳业有限公司，通过座谈和实地考察等形式，调研江苏省“学生饮用奶计划”实施进展情况，总结江苏省及典型市、县“学生饮用奶计划”推广的经验、做法、存在的问题及发展需求，提出进一步扩大实施“学生饮用奶计划”的政策建议。

（江苏省畜牧业协会，朱志谦）

浙江省

【奶畜养殖】据2021年底业务数据统计，全省奶牛存栏4.70万头，其中能繁母牛2.64万头，比2020年分别增长5.79%和3.54%；奶类总产量21.19万t，其中牛奶产量21.15万t，比2020年分别增长7.02%和7.02%。奶牛养殖区域化明显，主要集中在金华市、宁波市、杭州市、绍兴市及温州市，5市存栏占总存栏的86.45%。其中，金华市奶牛饲养量居全省首位，占总存栏的33.36%。成母牛单产超过10t的规模化牧场已经超过5个。

【乳制品加工】据浙江省食品工业协会公布的数据，浙江省获得乳制品及婴幼儿配方奶粉生产许可证的生产企业17家，其中婴幼儿配方奶粉生产企业4家、液态羊奶生产企业2家［不包括龙游伊利乳业有限公司及蒙牛乳业（金华）有限公司和浙江明旺乳业有限公司数据］。2021年生产乳制品56.12万t，其中液态乳28.28万t、含乳饮料19.86万t、乳粉2 350t、炼乳突破5 000t；销售额突破130亿元。

浙江省乳制品加工企业缺乏龙头企业带动，目前本土化的乳制品加工企业只有杭州新希望双峰、浙江一鸣、绍兴一景、浙江美丽健等几个品牌，市场规模小，以本省或本市销售为主，品牌影响力和市场占有率比较低。

在UHT奶、奶粉等品类趋于饱和、市场竞争激烈的条件下，消费潜力大、增长快、附加值高的高蛋白ESL液体乳和固体乳制品（如奶油、奶酪）市场借助新零售和电商时代迅速成熟，以乳制品深加工和高质量发展为代表的乳业时代已然来临。

【市场消费】牛奶消费量逐年上升，尤其是低温鲜奶的增速超过两位数，部分企业的巴氏杀菌乳同比达到20%以上，酸奶虽然有增量但是不明显，基本在6%。随着疫情的持续，浙江作为电商发源省，渠道销售金额占比逐年提升，高端消费群体逐年增加。超市及旧有流通渠道的销量占比逐年降低且增速逐年放缓，同时生鲜乳销售渠道的占比逐月上升。品牌还是主要集中在光明、新希望双峰、味全等。因为成本的增加，以1kg普通巴氏杀菌乳为例，光明16~18元、新希望双峰15~16元、蒙牛15~17元、一鸣14~15元。一鸣主要以奶吧形式销售并扩展到了江苏和上海，深受年轻消费者青睐；美丽健及一景以家庭订奶和特殊渠道销售为主，以生产地市为主要销售区域；光明、新希望双峰的乳制品销售通过超市、配送等方式全渠道发展。

【奶源基地】据业务统计，2021年底，全省共有养殖场（户）166个，与2020年基本持平。年存栏100头以下奶牛场121个，占总存栏的4.05%；年存栏500头及以上奶牛场29个，占总存栏的85.99%（表1）。

表1 浙江省奶牛养殖场规模情况

规模	数量（个）	存栏量（头）	占总存栏量比率（%）
2 000头以上	5	16 283	34.62
1 000~2 000头	11	15 393	32.73
500~999头	13	8 762	18.63
100~499头	16	4 683	9.96
100头以下	121	1 906	4.05
合计	**166**	**47 027**	

整体养殖水平较高，全省泌乳牛平均单产为8t，比2020年提高3.36%。挤奶机、储奶罐、冷藏罐等设备虽已纳入机械购置补贴范围，但2021年无企业申请购买。

浙江省生鲜乳全年收购价在5.31元/kg左右，环保压力迫使中小型牧场主动关闭或者搬迁至浙江西部山区。面对巨大利差，乳制品加工企业纷纷向外省拓展奶源，主要集中在河南、山东及河北，“北奶南调”的现象越演越烈，最远的奶源来源于宁夏回族自治区。合同外的生鲜奶收购价随着外调运输成本的持续提高和运距的逐渐拉长，和本身奶源基地价格还是有一定的差距。养殖户利润因疫情和贸易率掠战影响提升困难，中小规模养殖户年净收入约7 300元/头有所下降，1 000头及以上奶牛场净收入约5 200元/头。

浙江省奶牛养殖场粪污处理常用方式为异位发酵床、沼气池、生化处理等一种或者多种方式相结合，部分大型牧场已经实现养殖粪污无害化处理、资源化利用。

【奶农组织】2021年3月18—20日，浙江省奶业协会秘书处接待广西壮族自治区农业农村厅奶吧考察组一行，探讨水牛奶养殖企业和有条件的奶农在确保质量安全的条件下，推动奶牛养殖向乳制品加工和流通领域拓展，发挥广西民族特色乳制品优势，通过直营、电商等渠道服务当地和周边社区居民，提高奶牛养殖效益。

2021年3月22—23日，浙江省奶业协会赴河北省唐山市参加中国奶业协会的现代奶牛场评价与定级推进会。

2021年4月17—18日，浙江省奶业协会组织部分省奶业协会和市奶业协会理事单位到衢州荷鹭奶牛场考察交流，就国家部委支持奶牛休闲观光牧场发展、深化消费者对奶牛科学养殖的认识、推动一二三产业融合发展等深入探讨。

2021年7月17—9日，浙江省奶业协会组织部分协会单位参加由中国奶业协会主办的在安徽合肥召开的第12届中国奶业大会暨2020中国奶业展览会及2020中国奶业20强（D20）峰会。与长三角奶业协会及安徽省奶业协会一起，协助安徽省奶业协会共同组织协调来自全国各地的奶业协会同仁开好大会。省、市奶业协会主要负责人、部分理事单位参会，大家普遍反映收获颇丰。

2021年9月11—13日，浙江省奶业协会组织部分协会单位（乳制品加工企业10余家和养殖企业6家）参加中国乳制品工业协会在杭州召开的第27次年会暨2021年中国（国际）乳业技术博览会。

2021年9月24—26日，浙江省奶业协会与广东省奶业协会联合主办并组织会员及理事单位参加在广州召开的首届亚洲国际乳业博览会暨高峰论坛。

2021年10月18—20日，浙江省奶业协会组团参加在江苏南京市召开的2021汉诺威国际畜牧展，交流分享农业未来——国际合作发展的方向与趋势。

【政策法规】2021年，奶牛良种补贴政策按照原有的补贴标准不变，由省财政安排75万元，通过政府公开招标，全年采购奶牛冷冻精液5万支。

【质量监管】突出问题导向，强化监管措施，全面开展生鲜乳质量安全专项整治行动。严格审核奶站和运输车资质条件，加强许可管理，推进奶站和运输车标准化建设与管理。截至2021年底，全省有生鲜乳运输车36辆；有奶站41个，机械化挤奶率达100%。全年配合农业农村部指定的第三方机构做好79批次生鲜乳例行检测任务，另外安排了181批次生鲜乳专项监测和生鲜乳质量安全监测（100批次市场监管部门监测，81批次畜牧兽医处监测），检测结果均合格。

【奶业大事】2021年5月16日，中宣部组织人民日报、新华社、中央广电总台等中央媒体和长三角地区共60余家主流媒体团，以及省市场监管局各级领导，就浙江省数字化改革成果“浙江公平在线”和“浙食链”

两大应用系统的试点情况“浙食链”试点发布会在乳业企业——杭州新希望双峰乳业有限公司召开，观摩“浙食链”溯源码在线赋码，一睹数字化赋能下“阳光工厂”的真面目。

2021 年 6 月，杭州新希望双峰乳业有限公司、浙江一鸣股份有限公司等共同开发的“液态乳制品提质与植物基融合及冷链保障关键技术应用”获 2020 年度浙江省科学技术进步奖二等奖。

浙江美丽健乳业有限公司、浙江一景乳业股份有限公司、浙江李子园食品股份有限公司、熊猫乳品集团股份有限公司及浙江百强乳业有限公司各有一款乳制品荣获 2021 年度浙江省名特优食品称号。

（浙江省奶牛业协会，赵广生）

安徽省

【奶畜养殖】 2021 年安徽奶业发展继续围绕“保供给、保安全、保生态”的总体要求，积极推进低碳循环模式攻关，继续向“绿色、生态、效益”型转变，努力做到“布好局、养好牛、种好草、产好奶”。国家统计局安徽调查总队数据显示，全省奶牛存栏 13.1 万头，同比下降 19.8%；产量 47.6 万 t，同比增长 26.3%。生鲜乳产量居全国第 17 位，较 2020 年上升一个位次。全省奶牛养殖呈现“规模程度高、区域集中度高、单体规模大、产业链条发展齐全、总体体量小”的特点。全省 43 个奶牛养殖场，100 头及以上奶牛规模养殖比重达到 98%，TMR 饲喂设备使用率达 98% 以上，机械化挤奶率达 100%。养殖分布主要集中在蚌埠、合肥、马鞍山、淮南等地。现代牧业蚌埠市五河县分公司设计规模 4 万头，2021 年存栏 4.01 万头，为亚洲单体规模最大牧场。阜阳、六安、滁州、宿州等地区，奶牛养殖正在进一步发展中。

【奶源基地】 重点加强蚌埠、合肥、马鞍山、淮南等地开展奶牛养殖标准化示范创建，支持奶牛规模养殖场改造升级。提高奶牛养殖场养殖设施化、生产规范化、防疫制度化、粪污处理无害化水平，大力推进种养结合，扩大优质牧草种植面积，提升规模化、集约化生产水平，确保提供优质、安全、充足的鲜奶产品。建设一批科技示范和养殖大户，增强良种、良法的引领带动作用。积极开展奶牛场布鲁氏菌病、结核病监测净化工作，奶牛场养殖废弃物资源化利用设施设备改造升级，奶牛场流转土地自建牧草种植基地。在粮改饲项目试点工作中，安徽省紧扣农业供给侧结构性改革工作主线，围绕“为养而种，以种促养，以养增收”的目标，以推进农业结构调整为主攻方向，充分发挥财政资金引导作用，调动市场主体收储、使用青贮玉米等优质饲草料的积极性，依靠市场机制拉动种植结构向粮经饲统筹方向转变，构建种养结合、粮草兼顾的新型农牧业结构。2021 年在全省 12 个项目县实施中央财政粮改饲项目 43.22 万亩。光明公司歙县养殖场奶牛单产达到 13t，成为历史新高。现代牧业等集团公司奶牛单产 10t 以上，拉升全省奶牛单产水平。上海光明在阜南县、濉溪县、定远县建设奶牛存栏超过 20 万头规模的智慧牧场群，打造“种养加”结合的生态智慧乳品产业园，投资或过百亿元。

生产性能测定。2021 年通过政府购买服务，由安徽省奶业协会依托安徽省 DHI 实验室继续奶牛生产性能测定，共测定 3 813 头。收集整理 2021 年蚌埠市和爱牧场有限公司、安徽伊尔业爱牧场有限公司、安徽曦强乳业集团有限公司、滁州市南谯奶牛场、合肥优然牧业有限责任公司、安徽华好生态牧业有限责任公司省内 6 个奶牛场参加 DHI 测定。参测奶牛比例大约在 20%，根据测定数据撰写出具了奶牛生产性能测定分析解读报告。邀请国内知名专家做“智慧牧场”技术报告，邀请典型企业做“牧场信息化管理”“DHI 应用经验”报告。召开安徽奶牛 DHI 生产性能测定研讨会，邀请安徽农业大学、安徽省农业科学院畜牧兽医研究所和安徽科技学院 6 名奶牛 DHI 专家组成员做报告。举办奶牛生产性能测定有关技术培训 1 次，培训人员 100 多人。据统计，全省奶牛平均日产奶量约 31.2kg。参测奶牛每年每头增加 1t 产奶量，可直接增加经济收入 4 000 元，经济效益可观。参测奶牛的平均体细胞数下降到 27.5 万个 /mL，高于全国水平（由于现代牧业等大型养殖企业未参加，参测牛场规模化程度较小，拉低了水平），平均乳脂率 3.57%，平均乳蛋白率 3.34%，整体控制在正常的水平。

【市场消费】 据省畜牧部门监测，2021 年生鲜乳均价 4.51 元 /kg，同比上涨 5.37%。

【奶农组织】 建有安徽省奶业协会，协会有会员 215 名，主要参与奶业政策制定；沟通政府与企业间信息交流；协调养殖与加工企业；协助中国奶业协会管理安徽国家学生饮用奶的工作；组织省内奶业科技工作者开展奶业相关科技研究、牧场服务等；组织召开“安徽奶业论坛”大会、安徽奶业政策解读等专项会议，传达奶业政策和新知识。

【质量监管】 受农业农村部委托，北京奶牛中心对安徽省开展生鲜乳例行监测抽取样品 205 批次，生鲜乳国标监测抽取样品 10 批次，覆盖全部生鲜乳收购站和运输车，检测和检查结果全部合格。按照省级负总责、市级抓落实、县级为主力的要求，形成“省、市、县”三级联动机制，县级落实监管职责，同时明确企业法人为生鲜乳质量安全第一责任人的主体责任。一是对奶源基地监督检查。主要检查原奶质量安全控制措施落实情况。严格按照有关规定要求，建立健全饲养档案、投入品（兽药、饲料）和动物疫病防治等方面档案。二是对生鲜乳收购站检查。主要检查场所设立与建设布局、环境卫生、挤奶与储奶设备、人员健康、生产与质量控制记录、购销合同、管理制度执行情况等。三是对生鲜乳运输车检查。主要查看准运证、生鲜乳承运情况、随车携带的生鲜乳交接单、运输车及储奶罐卫生状况等相关情况。据统计，全年检查生鲜乳收购站21站次，检查运输车199辆次，出动执法人员220人次，抽取生鲜乳样品215批次，涵盖全部生鲜乳收购站和运输车。

【奶业大事】第12届中国奶业大会暨2021中国奶业展览会2021中国奶业20强（D20）峰会（以下简称“两会一展”）在合肥滨湖国际会展中心召开。展览面积超8万m^2，覆盖600家国内外奶业巨头，其中安徽省内企业17家，参展净面积达930m^2。与2020年相比，参展企业数量增加了13家，参展净面积增加了702m^2，增长均超过300%，成为展示奶业成就、推进技术创新、促进交流合作的重要平台。“两会一展”既为安徽省创造了难得的学习交流平台，也为安徽奶业振兴提供了宝贵机遇，推动了安徽奶源基地、产品加工、乳制品创新、品牌质量的整体提升，加快了奶业从牧场到餐桌的全产业链高质量发展，充分展示了安徽奶业形象和风采。安徽益益乳业是全省唯一一家婴幼儿配方奶粉生产企业，是淮南市唯一一家国家级农业产业化龙头企业，已经成为“草、畜、乳”一体化、“产、供、销”一条龙全产业链乳企。2021年，该公司乳制品改扩建项目和休闲牧场的开园运行，进一步拓展奶业的“可览、可学、可游、可食”功能，不仅让消费者切身体验安全优质牛奶的生产过程，而且普及奶业文化和科学饮奶知识，对提振国产奶消费信心和激发消费活力具有重要作用。

（安徽省农业农村厅畜牧处，杨　林）

福建省

【奶畜养殖】福建省奶畜以荷斯坦牛为主，少部分为奶水牛及奶山羊。2021年，奶牛总存栏4.24万头，萨能母山羊3 645头。奶类总产量21.39万t。

奶业主产区位于闽北南平市的延平区、建阳区、建瓯市、顺昌县、浦城县，福州市的福清市，漳州市诏安县，三明市建宁县，宁德市周宁县等县（市、区），福建省其他县（市、区）也饲养少量奶牛。其中，南平市奶牛存栏数和鲜奶产量在福建省占据绝对比重，2021年南平市鲜奶产量15.31万t。奶牛存栏3.05万头，成乳牛存栏1.60万头，平均单产约9.8t，单体产量最高超过18t。延平区成乳牛存栏1.79万头，鲜奶产量8.63万t；建瓯市奶牛存栏4 289头，鲜奶产量2.27万t；建阳区奶牛存栏4 145头，鲜奶产量2.28万t；顺昌县奶牛存栏1 750头，鲜奶产量1.21万t。

奶水牛主要分布在漳州市等7个县（市、区）。水牛存栏5 626头，水牛奶产量8 880t，能繁母牛2 960头，年单产3 000kg。其中，漳州市芗城区奶水牛存栏836头，水牛奶产量1 500t；长泰县奶水牛存栏401头，水牛奶产量600t；平和县奶水牛存栏883头，水牛奶产量1 400t；漳州市龙海区奶水牛存栏1 911头，水牛奶产量3 100t；漳浦县奶水牛存栏1 097头，水牛奶产量1 540t；泉州市台商投资区奶水牛存栏438头，水牛奶产量650t；漳州市高新区奶水牛存栏60头，水牛奶产量80t。

奶山羊在福建较少，养殖较有规模的为南安裕农农牧有限公司和秋田农牧（福建）股份有限公司。萨能奶山羊存栏3 645头，羊奶产量1 294t。其他存栏主要分布在南安市、屏南县、龙岩市新罗区、莆田市涵江区、龙岩市永定区、长汀县、上杭县、永安县、尤溪县、厦门市同安区等12个县（市、区）。

智慧牧场建设方面，福建地区牧场因规模大小而发展程度不同，但全省所有奶牛场都采用奶牛饲养软件，包括自动喂料、挤奶、发情监测、饲养管理等人工智能软件，牧场全部实现100%可溯源，为奶品安全提供基础保证。在“十四五”奶牛养殖规划中，福建省计划新增南平市延平区鸿瑞生态农业有限公司，存栏数5 000头；南平市鑫顺农业发展有限公司，存栏数3 000头；福建省南平众创农业发展有限公司，存栏数5 000头；福建鹏华生态农业发展有限公司，存栏数5 000头；南平市绿盛牧业有限公司，存栏数1 600头；浦城县新澳牛牧场，存栏数2 000头；建宁县竹薮生态牧业有限公司，存栏数5 000头等共计7个牧场，预计新增存栏数合计2.66万头。

【乳制品加工】2021年，福建省乳制品总产量18.80万t。其中，液态奶产量12.84万t，干乳制品5.31万t，奶酪6 000t。乳制品加工端，现有长富乳品、大乘食品、澳牛乳业等以加工低温巴氏杀菌乳为主，其他酸奶、含乳饮料、奶粉为辅的液态奶乳制品生产企业也在福建市场占一席之地，其中有代表性的企业有明一集团、贝登、晨冠以奶粉为主的乳制品企业和以奶酪为主的吉士汀食品等13家。福建长富乳品是国家和省级龙头企业，是福建省唯一进入中国奶业D20联盟的20强企业，也是中国奶业协会副会长单位。本省液态奶中约65%为常温奶，35%左右为巴氏鲜奶。巴氏鲜奶销售大部分为本省及周边江西、浙江、广东等省份。

福建省乳制品企业以长富乳品、澳牛乳业、闽牛、台农、大乘食品为主，其中鲜牛奶产量超过12.84万t。福建长富乳品，作为省级龙头企业，主要生产巴氏鲜奶产品，2021年长富乳品日加工鲜奶超过650t，年乳制品产量约11.76万t，年销售额16.663亿元。其中，巴氏杀菌乳6.54万t、UHT奶2.58万t、调制乳饮品0.94万t。加工特点主要以低温冷链产品为主，其中巴氏杀菌乳占比达到65%以上，巴氏杀菌温度时间控制在（75℃ ±0.25℃）/15s，同时使用低温脱气罐，保留了牛奶天然甘甜的口感。明一国际集团营养品有限公司是福建省奶粉生产企业，是福建省农业产业化重点龙头企业、中国乳制品行业领军品牌，集团综合实力位居全国同行业前列，也是福建省入选中国奶业协会副会长单位企业，主要产品有奶粉（婴幼儿配方奶粉、老年奶粉）、液态奶、低温巴氏奶、常温奶、酸奶、含乳饮料等，2021年销售额达17.82亿元。

福建鲜奶量的2/3由本省企业加工，接近1/3销售到广东、浙江等周边省份的蒙牛、伊利和燕塘乳品企业。

福建奶业存在的主要问题：一是土地资源紧张。由于畜禽养殖环境污染和土地等资源约束压力日趋加大，部分新建场反映奶牛养殖规模的新增受制于当地养殖规划，发展空间受到影响。二是饲草资源缺乏。福建省大部分奶牛养殖场自有牧草基地较少，饲料大多靠省外或国外购入，奶牛养殖成本增高，影响奶业生产市场竞争力。三是政策支持不够。与牧区大省相比，福建省农机购置补贴比例较低，相关奶业支持政策缺乏，推动产业集聚发展手段不足。

虽然福建省的奶业总产量较小，但奶源的质量较好，本土乳制品企业以加工低温巴氏鲜奶和酸奶为主，奶酪将成为福建省部分奶企的高端乳制品。今后应加强同政府和相关部门沟通，在政策上、组织协调上给予大力支持，加大科技投入解决牧草资源问题，以面对全球奶业市场的严峻形势。

【市场消费】福建省人均牛奶占有量4.9kg左右。福建省奶类消费以液态奶为主，干乳制品少，其中液态奶又以常温奶居多，但福建省奶企加工液态奶中，又是以加工巴氏杀菌乳为主。2021年福建省奶类消费总量约132万t，人均奶类占有量大约25.37kg，仅为全国人均42.29kg的近3/4，全省80%左右的乳制品消费量靠外省供应和国外进口。未来5~10年，随着乳制品结构调整、居民营养观念转变和消费转型升级，奶类消费需求将持续释放。福建80%的乳制品靠省外或国外调进，乳制品市场潜力巨大，发展多元化优质乳制品市场前景好。

巴氏杀菌乳、UHT奶、酸奶、奶粉、奶酪等乳制品，在福建大小超市都有销售。飞鹤、明一、君乐宝、伊利、完达山等国产品牌奶粉呈现多方竞争的态势，伊利和蒙牛在UHT奶占据优势地位，而巴氏鲜奶则以本土的长富乳品、澳牛乳业、闽牛、大乘食品、台农、澳羚等品牌为主。其中，低温巴氏鲜奶和酸奶销售渠道，有商场销售和液态奶加工企业配送到户，冷链销售网络分布全省各县（市、区）、镇，包括社区连锁便利店。低温巴氏鲜奶还销售到广东省、江西省、浙江省等周边省份。

【奶源基地】福建省有奶牛规模养殖牧场27个，其中25个牧场养殖规模超过千头。规模养殖牧场中，有5个为国家级标准化示范场。全省牧场多采用先进的散栏式饲养和TMR饲喂工艺。有十几个牧场先后引进意大利尤尼法斯特、斯达特公司的TMR全自动喂料车或固定式搅拌站，采用现代化、标准化的管理模式，通过企业内部追溯系统，实现原奶供应生产记录可存储、流向可跟踪、储运信息可查询。在防疫管理上，牧场依托当地畜牧主管部门每年春秋两次进行全群牛结核病和布鲁氏菌病检测，检测情况良好。企业每年完成两次口蹄疫疫苗全群预防注射。在环境治理上，牧场建有环保处理设施，基本采取零排放工艺，污粪先进行固液分离，沼液用于灌溉牧草种植基地，固体晒干制成有机肥销售和烘干牛床垫料等。牧场采取达标排放工艺，固液分离后，沼液处理增加固形物去除及好氧处理装置，做到达标排放、沼液回田种植。

牧场全部采用先进的挤奶设备，10个牧场先后引进德国韦斯伐利亚的转盘挤奶台挤奶，个别牧场采用先进的80位转盘挤奶台挤奶。挤奶设备都配备有清洗和冷却储存设备。原料奶各项指标均优于国家标准，其卫生指标已经达到欧美等乳业发达国家水平。

福建省全省奶价的制定遵循公开、公平、公正、平等协商的原则，以长期合同为立足点，以社会责任和企业担当为抓手，以原料奶质量指标为计价依据，实现优质优价。原料奶价格一年一定，年初制定，全年执行，合作双方实现全流程公开、透明。为了保证原料奶品质，实现优质优价，制定了复杂而又严谨的价格体系。根据冬天和夏天奶量增减情况，生鲜乳收购价夏季超过6元/kg，冬季4.5元/kg左右，全年平均5.25元/kg；全年收奶每车奶的价格均不同，养殖场略有盈利。该价格体系对于乳制品企业和牧场的可持续发展意义重大。

福建奶业企业主要通过牧场改造、整合资源、加大科技投入，来协调养殖牧场与加工企业之间的利益矛盾，稳定提高产品质量，提升乳制品加工企业与奶牛养殖企业的效率和效益，促进福建奶业朝着现代化目标持续健康发展。因单产差距，福建奶牛养殖的收入根据泌乳牛的产量每头奶牛年均净收入8 000~10 000元，每个规模牧场年均利润为800万~1 500万元。

在“十四五”奶牛养殖规划中，福建省将新增南平市延平区鸿瑞生态农业有限公司（存栏数5 000头）、南平市鑫顺农业发展有限公司（存栏数3 000头）、福建省南平众创农业发展有限公司(存栏数5 000头)、福建鹏华生态农业发展有限公司（存栏数5 000头）、南平市绿盛牧业有限公司（存栏数1 600头）、浦城县新澳牛牧场（存栏数2 000头）、建宁县竹薮生态牧业有限公司（存栏数5 000头）等共计7个牧场，预计新增存栏数合计2.66万头。

【奶农组织】福建省奶业协会是福建省唯一的奶业行业组织，2012年6月成立以来，分别在推进福建巴氏鲜奶发展、落实奶牛良种冻精补贴和品种改良政策、深入开展行业调研活动、加强奶业行业宣传、开展奶牛养殖技术培训、支持福建奶源基地建设、引导乳制品企业发展壮大以及加强福建奶业对外交流等方面做出了贡献，特别是在放心奶和学生饮用奶两方面积极工作，取得了一定的成绩。福建省奶业协会积极推进国家优质乳工程项目在福建长富乳品公司实施，提高福建巴氏鲜奶生产销售量，以此促进福建各相关乳制品企业狠抓产品质量，增加产品花色品种，繁荣牛奶市场，让老百姓喝上放心奶。2021年为牧场企业举办了6场业务培训，也为当地奶牛养殖场举办多期牧场种植技术培训，深受奶牛养殖场管理人员和技术人员的欢迎。

南平市延平区福牛奶牛专业合作社是福建省唯一一个奶牛专业合作社，由牧场在自愿、平等、民主、互利原则基础上以股份制形式入股组建，福牛合作社为各牧场“统一采购、统一加工、统一配送”配合饲料。同时，设有奶牛用品超市，如挤奶配件、防疫药品、消毒用品、配种器械等，大大便利了牧场以及养殖户。2021年，福牛合作社成员从2020年的10个牧场增加到12个，总存栏奶牛17 761头，其中泌乳牛8 732头，2021年鲜奶总产量达9.57万t，平均单产9.98 t。另外，还有3个非合作社成员牧场采购了合作社的饲料5 211t，总饲料供给达到40 550t。

【政策法规】2021年，福建省政府推出了一系列政策来推动奶业的健康发展，具体如下。

福建省市场监督管理局印发《福建省市场监督管理局关于推进落实乳制品质量安全提升行动工作方案的通知》（闽市监食生〔2021〕17号）。

福建省农业农村厅关于印发《福建省兽药经营质量管理规范实施细则》《福建省兽药经营质量管理规范检查验收办法》的通知（闽农规〔2021〕6号）。

福建省农业农村厅印发《福建省农业农村厅关于开展“瘦肉精”饲料和生鲜乳抽检工作的通知》（闽农发明电〔2021〕23号）。

【质量监管】2021年，福建各级政府都加强了生鲜乳产品质量安全监管。具体措施如下。

一是严格生鲜乳质量安全监管。严格执行生鲜乳质量安全监测计划，配合农业农村部完成生鲜乳例行监测、生鲜乳质量安全飞行抽样计划等任务。省、市、县三级完成生鲜乳质量安全日常监测任务，共计抽检344批次样品。开展生鲜乳质量安全专项整治行动，福建省现有全国奶业监管平台备案生鲜乳收购站29个，生鲜乳运输车18辆，100%全覆盖奶站及运奶车。全省共出动监督执法人员712人次，检查奶牛养殖场、生鲜乳收购站、运奶车94个（辆），抽检生鲜乳样品272批次，经检测全部合格。27个生鲜乳生产主体纳入省农产品质量安全追溯监管信息平台管理，赋码率100%，实现生鲜乳质量安全可追溯。

二是推进奶牛健康生态养殖。强化疫病防控，严格贯彻“两病”净化制度，坚持每年两次奶牛“两病”全面监测，2021年福建有5个奶牛场通过布鲁氏菌病、结核病牧场验收。奶牛常年平均生鲜乳脂肪含量达到3.73%、蛋白质含量达到3.26%、细菌数降到3万个/mL、体细胞数降到31万个/mL。福建省加快养殖废弃物资源化利用步伐，规模奶牛养殖场废弃物资源化利用率约93%，规模奶牛养殖场资源化利用装备配套率达100%。

三是加强省级监测、抽检工作。按照《福建省农业系统随机抽查工作细则》《福建省农业农村厅关于印发2021年畜牧兽医有关事项随机抽查工作计划的通知》要求，开展动物防疫监督检查、生鲜乳质量安全监督检查事项的“双随机”检查活动。

【奶业大事】2021年3月4—6日，福建省奶业协会组织会员企业赴广州参加2021中国国际包装工业展。福建省奶业协会副会长兼秘书长吴大新、副会长叶德陆等在广东省奶业协会会长颜远义、秘书长汪翔的陪同下前往鸿威会展集团调研。鸿威会展集团领导王照云、汤旭东等与广东、福建两省奶业协会领导就深化交流合作、拓展合作空间和推进9月下旬在广东举办“亚洲乳业博览会”等事宜进行座谈。

2021年3月26—28日，福建省奶业协会组织相关会员参加2021年第14届内蒙古乳业博览会暨高峰论坛。

2021年4月14日，福建省奶业协会党支部书记吴大新参加福建省民政厅综合党委在福州举办的社会组织党建大讲堂活动。

2021年4月19日，福建省奶业协会党支部组织党员同志赴三明市碧海乳业有限公司开展党建活动，深入学习贯彻习近平总书记在党史学习教育动员会上的重要讲话精神，扎实推进协会党建工作的深入开展，以迎接建党100周年的活动。协会会长林纪智、协会书记吴大新同志都谈了自己的感想。

2021年5月7—9日，美国ABS公司高红彬教授与福建省奶业协会在福州、南平地区召开专家座谈会，帮助奶农选择最优秀奶牛冻精提高福建奶牛单产。

2021年5月10—12日，福建省奶业协会组织相关会员企业参加在安徽省黄山市歙县练江牧场召开的长三角奶业江浙沪皖闽四省一市联席会议。

2021年6月27日，福建省奶业协会组织的“2021福建省乳制品和奶源企业质量承诺三年提升行动”新闻发布活动在福州举办。乳制品企业和牧场企业都在会上做了“如何把控乳品质量承诺”。

2021年7月17—19日，福建省奶业协会组织会员企业参加第12届中国奶业大会暨2021中国奶业展览会。

2021年7月23日，福建省民政厅社会组织综合党委第二、第四党支部在福建省水利工程协会举办学习习近平在建党100周年大会上讲话座谈会。福建省奶业协会党支部书记吴大新参会并作“如何保证乳品质量安全、让老百姓喝上放心奶”发言。

2021年9月，福建长富乳品有限公司向福建莆田及厦门地区共计捐献纯牛奶6 625件，价值逾39.2万元。

2021年11月3日，福建省发展改革委综合性评标专家陈光到福建家鸣农业科技发展有限公司（福建省奶业协会副会长单位）调研，福建省奶业协会书记吴大新陪同。

2021年11月16日，长富2021年中国小康牛奶行动公益助学捐赠仪式在南平市延平区实验小学迎宾分校举行，长富乳品公司共捐赠牛奶3 950箱，惠及5所学校，价值逾24.8万元。

2021年12月9日，福建省奶业协会组织的学习党的十九届六中全会暨2021福建民众满意度乳制品企业颁奖活动在协会党建活动室进行。

（福建省奶业协会，吴　妍）

附表 1　福建省奶畜养殖场（小区）名录

序号	名称	供奶企业	全群存栏（头）	成母畜存栏（头）	奶畜品种	成母畜单产（t/年）	年总产量（t）	是否有机奶源基地	有机奶产量（t）
1	南平市长源牧业有限公司	福建长富乳品有限公司	1 731	994	荷斯坦	9.9	9 765		
2	南平市丰旺畜牧养殖有限公司	福建长富乳品有限公司	1 463	798	荷斯坦	10.5	7 707		
3	建瓯市富雅饲草饲料有限公司	福建长富乳品有限公司	1 327	742	荷斯坦	9.9	6 937		
4	南平市绿盛牧业有限公司	福建长富乳品有限公司	1 098	651	荷斯坦	8.6	5 707		
5	建瓯市小雅牧业有限公司	福建长富乳品有限公司	1 796	923	荷斯坦	10.0	8 950		
6	顺昌县富泉农业发展有限公司	福建长富乳品有限公司	1 750	1 188	荷斯坦	10.7	12 105		
7	南平市富洋牧业有限公司	福建长富乳品有限公司	1 177	651	荷斯坦	9.4	6 185		
8	福建南平禾原牧业有限公司	福建长富乳品有限公司	2 205	1 125	荷斯坦	10.6	11 188		
9	南平市南山生态园有限公司	福建长富乳品有限公司	1 318	551	荷斯坦	10.0	7 471		
10	福建省南平市荣发牧业有限公司	福建长富乳品有限公司	1 293	585	荷斯坦	9.8	5 630		
11	建瓯市东源生态牧业有限公司	福建长富乳品有限公司	1 166	719	荷斯坦	10.0	6 841		
12	南平市福延牧业有限公司	福建长富乳品有限公司	1 437	751	荷斯坦	10.3	7 184		
13	南平市建阳区吉翔牧业有限公司	福建长富乳品有限公司	1 748	892	荷斯坦	10.5	8 523		
14	南平市延平区大横生态牧业有限公司	福建大乘食品科技有限公司	3 200	1 500	荷斯坦	8.5	11 520		
15	福建南安市裕农牧业有限公司	台农（厦门）农牧有限公司	800	420	萨能母山羊	0.7	294	√	294
16	建宁县上黎生态牧业有限公司	福建明一天籁生态营养品有限公司	4 500	3 098	荷斯坦、娟姗	9	8 000		
17	福清犇鸿牧业有限公司	伊利	1 350	913	荷斯坦	8.98	8 200		
18	福清盛泽农牧开发有限公司	龙游伊利乳业有限责任公司	1 380	844	荷斯坦	9.23	7 790		
19	周宁县和谐牧业有限公司	龙游伊利乳业有限责任公司	997	851	荷斯坦	8.58	7 300		
20	福建省鼎业生态农业有限公司	广东伊利乳业有限责任公司	3 600	1 907	荷斯坦	10.49	20 000		
21	南平市三田牧业有限公司	福建长富乳品有限公司	1 450	709	荷斯坦	9.87	7 000		
22	南平市富益牧业有限公司	广东燕塘	1 498	691	荷斯坦	10.07	6 958		
23	建阳区嘉远生态农业科技有限公司	蒙牛	1 197	951	荷斯坦	10.01	9 516		
24	浦城县高胜奶牛养殖场	龙游伊利乳业有限责任公司	1 300	613	荷斯坦	9.63	5 900		
25	浦城县坑沿牧场	伊利	1 178	487	荷斯坦	9.63	4 690		
26	南平市建阳区锦山牧业有限公司	福州建氏食品有限公司	1 200	491	荷斯坦	9.77	4 800		
27	秋田农牧（福建）股份有限公司	福建台农乳业有限公司	2 800	2 000	萨能奶山羊	0.7	1 000	√	11

备注：本表所指奶畜包括奶山羊、奶绵羊、奶水牛、牦牛、骆驼、驴等产商品奶家畜。如认证为有机奶源基地等，请在相应表格中打钩。

附表2　福建省乳制品生产企业名录

序号	名称	生产地点	生产许可证号码	年收购原奶量(t)	其中：自有奶源量(t)	平均支付价格(元/kg)	日处理生鲜乳能力(t)	年乳制品产量(t)	其中：低温鲜奶(t)	UHT奶(t)	常温酸奶(t)	低温酸奶(t)	原料奶粉(t)	婴幼儿配方奶粉(t)	成人奶粉(t)	奶油(t)	奶酪(t)	含乳饮料(t)	冰品(t)	年销售收入(万元)	利润(万元)	有机产品(枚)	代加工UHT奶(t)
1	福建长富乳品有限公司	福建省南平市延平区	SC10635070200033	109 535.49	97 969.04	5 408.647147	650	117 616.42	65 422.4	25 834.24	–	9 481.48	-	-	-	2.03(牛初乳)	-	7 454.69		166 633.68	17 000	-	16 876.27
2	福建澳牛乳业有限公司	南平市浦城县	SC10535072200214	0				0	0	0	0	0	0	0	0	0	0	0	0	0	0	0	
3	福建大乘食品科技有限公司	南平市延平区	JY13507020055318	8 400		5 300	100	12 000	5 500	3 500	1 800	1 200						2 400		12 000			
4	明一国际营养品集团有限公司	福建省福州市长乐区	SC20135018200349 SC10535043000381 SC10635043000454	8 000	8 000	5.5	200	41 313	6 300	500		105		22 905	11 303			200		178 204	10 157	259 098	
5	福建省闽牛乳业有限公司	福建省三明市三元区	SC10535040200152	4 602	4 602	5.7	256	4 406	2 170			1 149						1 087		7 576	235		
6	福建省三明市多丰食品有限公司	三明市三元区台江邓地1号	SC10635040300197	50	0	6.8	80	55	5	10	10	5	0	0	0	0	0	25	0				
7	台农（厦门）农牧有限公司－牛奶	厦门市同安区五显镇溪西村大尖里55号	SC10535021201939	349.56	0	7	48	322.31	322.31											475.47	28.79		
8	台农（厦门）农牧有限公司－羊奶	厦门市同安区五显镇溪西村大尖里55号	SC10535021201939	293.77	0	15	48	264.63	264.63											597.35	36.17		

（续）

序号	名称	生产地点	生产许可证号码	年收购原奶量（t）	其中：自有奶源量(t)	平均支付价格（元/kg）	日处理生鲜乳能力（t）	年乳制品产量（t）	其中：低温鲜奶(t)	UHT奶(t)	常温酸奶(t)	低温酸奶（t）	原料奶粉(t)	婴幼儿配方奶粉(t)	成人奶粉（t）	奶油（t）	奶酪（t）	含乳饮料(t)	冰品（t）	年销售收入（万元）	利润（万元）	有机产品（枚）	代加工UHT奶(t)
9	漳州澳羚牧业有限公司	漳州市漳浦县石榴镇玳瑁村园里40-2	SC10635062301658	498	0	9	72	166	166	0	0	0	0	0	0	0	0	332	0	1 500	40		
10	晨冠生物科技有限公司	福鼎	SC10535098200011					284						284						915	-655		
11	福建骏牧乳业股份有限公司	福建省泉州市永春县外山乡墘溪村493号	SC10535052500146	0	0	0		4 620	0	0	0	4 620	420	0	0	0	0	0	0	代工	300	0	
12	贝登（福建）婴幼儿营养品有限公司	法国、中国山东省青岛市、中国福建省莆田市	SC12935030300352	0	0	0	0	1 800	0	0	0	0	0	1 800	0	0	0	0	0	11 662.2	209.29	0	
13	厦门市吉士丁食品有限责任公司	厦门市翔安区新圩镇新曙路302号02单元	SC10535021301463	/	/	/	/	6 000	/	/	/	/	/	/	/	/	6 000	/	/	约30 000		/	

备注：本表包括在中国及海外的生产企业。日处理生鲜乳能力指设计加工生鲜乳能力。自有奶源指来自自建和参建（控股、参股）牧场（小区）的原奶。成人奶粉指除婴幼儿配方奶粉以外的学生奶粉、孕妇奶粉、中老年奶粉等终端消费奶粉。冰品包括冰激凌、雪糕等。有机产品数量单位为“枚”指获得有机标志的数量。

江西省

【奶畜养殖】奶业是江西省推进农业现代化、促进农民增收、提升居民生活质量的重要产业。2021 年，全省存栏奶牛 2.56 万头；鲜奶总产量 83 200t；规模场成母牛单产约 7.2t。受气候、地域和农作物结构等因素影响，江西奶业呈点状分布，主要位于南昌市的进贤县、吉安市的吉州区、抚州市的东乡区和赣州市的于都县、宁都县，其中赣州市奶牛存栏 9 993 头、南昌市奶牛存栏 7 037 头。

【乳制品加工】2021 年，全省有乳制品加工企业 6 家，乳制品加工总产值达 20.52 亿元，占畜牧业总产值的 1.95%。其中，江西阳光乳业集团有限公司产值为 12.01 亿元，江西牛牛乳业有限责任公司产值 1.2 亿元，于都高山青草奶业有限公司产值 1.1 亿元，美庐生物科技股份有限公司产值 2.91 亿元，江西人之初乳品营养有限公司产值 1.79 亿元。

2021 年全省乳制品总产量约 186 100t，其中液态奶产量 180 500t，占乳制品总量的 97.03%。低温奶产品主要是低温鲜奶和低温酸奶，产量分别是 30 200t 和 35 000t，占乳制品总量的 16.24% 和 18.84%。另外，UHT 奶产量 9 000t、常温酸奶产量 10 200t、含乳饮料产量 96 100t，分别占乳制品总量的 4.85%、5.47%、51.63%。

【市场消费】2021 年，全省居民人均鲜奶占有量 1.84kg。省会南昌市城镇居民人均奶制品消费量 35kg，其中鲜乳制品 18kg、奶粉 10kg、酸奶 7kg。赣州市居民奶和奶制品总消费量 79 600t，人均奶和奶制品消费量 8.11kg，其中人均鲜奶消费量 5.65kg、人均酸奶消费量 0.85kg、人均奶粉消费量 0.5kg、人均其他奶制品消费量 1.1kg。

江西乳制品市场主要销售的品牌有江西阳光乳业生产的“天天阳光”牌和“阳光”牌鲜牛奶和鲜羊奶、酸奶等；于都高山青草奶业有限公司生产的高山青草奶系列乳酸菌瓶奶、调制乳等；江西牛牛乳业有限责任公司生产的“牛牛乐”牌鲜牛奶（井冈黄牛奶）、酸奶等；江西省大富乳业集团有限公司生产的“大富康园”牌鲜牛奶、酸奶等；美庐生物科技生产的“美庐”牌婴幼儿配方奶粉；江西人之初乳品生产的“人之初”牌婴幼儿配方奶粉。市场消费的特点是新鲜低温奶市场基本由本地企业的产品掌控，尤其是上户奶 90% 以上是“天天阳光”品牌，常温奶主要被伊利、蒙牛和光明三大品牌占据。

【奶源基地】全省共有奶牛养殖场（户）284 个。其中，存栏奶牛 100 头以下的场（户）274 个，占比 65.38%；100 ~ 199 头的场（户）2 个，占比 2.45%；200 ~ 499 头的场（户）2 个，占比 5.2%；存栏 500 头及以上的场（户）6 个，占比 26.97%。全省奶牛存栏共计 2.56 万头。国家级标准化示范场 3 个，休闲观光牧场 1 个。有机奶源基地 2 个，分别是江西黄甲山牧业有限公司、江西长山现代有机牧场有限公司，有机奶产量 1 662.4t。

机械化挤奶与冷链储运推广应用率达到 100%。全省人工种草面积超过 36 000hm²，其中青贮玉米种植面积达到 2 234.5hm²。加工制作全株玉米青贮 32 800t，直接带动农户 2 万余人，增收 2 600 万元。饲草品种在多花黑麦草和象草（王草）为主导的基础上，优质的饲用玉米和燕麦种植量增加趋势明显。据调查统计，全省饲草的鲜草亩产平均 6.2t，其中象草单产最高，平均鲜草亩产为 13.2t。疫病防控：认真抓好奶牛疫病防控，坚持春秋“两病”检疫不放松，日常开展奶牛布鲁氏菌病、结核病监测净化等防治工作，通过生物隔离、疫苗免疫以及药物消毒等方式进行疫病防控。粪污处理方式：前端采用生物垫床模式实现源头减量，干粪、垫料经腐熟还田；后端采用固液分离—沼气发酵—叠螺机处理—气浮机处理等方式保证出水达标排放。经济指标：全省成年母牛平均产奶量为 5.2t。规模化奶牛养殖场生鲜乳年均收购价 5.07 元 /kg。成年奶牛每年头均盈利 8 520 元，其中宁都嘉荷牧业有限公司交奶合作方为湖北黄冈伊利乳业有限责任公司，收购标准为蛋白含量 3.1g/mL，脂肪含量 3.5g/mL，鲜奶收购价格为 5.5 元 /kg，牧场年净收入为 240 万元。于都高山青草奶业有限公司 2021 年实现销售收入 1.11 亿元，上缴税费 1 100 万元。

【奶农组织】奶农组织主要是江西省奶业发展协会。2021 年江西省奶业发展协会积极为行业发展和政府决策建言献策，并积极参加中国奶业协会的行业活动和兄弟省份奶业协会的交流。如积极为农业农村部《奶业振兴工程建设规划 (2021—2025)》征求意见稿建言；走访赣州、吉安等地调研奶业振兴及全省奶业发展动态，为主管部门制定奶业发展规划提供参考依据；2021 年 4 月 22 日会长及秘书长赴唐山参加中国奶业协会全国各地奶协负责人座谈会；组织会员单位参加圆梦“十三五”企业风采活动，江西阳光乳业和江西牛牛乳业被入选中国奶业的传奇与辉煌企业；应广东省奶业协会之邀，参加首届亚洲乳业国际博览会暨亚洲乳业高峰论坛并进行交流；组织会员参加每年一次的全国奶业盛会第 12 届中国奶业大会暨奶业展览会。此外，江西省奶业发展协会自觉承担社会责任和担当，如组织江西阳光乳业集团有限公司、美庐生物科技股份有限公司、江西人之初营养科技股份有限公司和江西省大富乳业集团有限公司为助力防控新冠疫情捐款捐物 600 多万元。

除了江西省奶业发展协会，全省奶农组织还有各奶牛养殖集中区自发成立的奶农合作社，如赣州市的于都高山青草奶业有限公司采取“公司 + 农户”经营模式，培育奶牛饲养小区，扶持带动周边 160 多户农民，转移农村剩余劳动力近千名，2021 年奶农合作社有会员 165 人，全年参加奶牛养殖技术培训达到 1 962 人次。

【政策法规】大力支持奶牛养殖企业开展粪污资源

化利用。实施养殖大县种养结合整县推进和畜禽粪污资源化利用等项目，配套完善奶牛粪污收集、存储、处理、利用等设施设备，主推“牛—沼—果”立体种养农业循环利用、异位发酵床处理粪污、第三方全量化收集集中处理等粪污资源化利用主导技术和模式，全省奶牛规模养殖场粪污处理设施装备配套率达到98%以上、粪污综合利用率达到90%以上。

江西省奶业虽呈点状分布，但几个主产区也加快投入、强化措施、促进发展。南昌市采取资产联结、合资合作等方式，招大联大，组建集团，推动产业结构优化升级。鼓励加工企业积极采用先进的加工技术标准和产品质量标准，支持乳制品企业加快名、优、新、特产品的研发，增强企业的创新能力。赣州市加大政策扶持力度，安排3万元财政资金，统一购进公牛冻精对养殖户实施奶牛良种补贴。宁都县对宁都嘉荷牧业有限公司泌乳牛实行国家政策性保险，参保奶牛720头，每头奶牛缴纳保费300元，提高了企业防风险能力。

【质量监管】2021年认真落实农业农村部生鲜乳专项整治行动工作要求，坚持问题导向，紧盯关键环节，加大抽检力度，强化执法监督，把生鲜乳生产、收购环节纳入省级重点监管事项清单，以奶站监管和生鲜乳监测为抓手，层层压实生鲜乳质量安全监管责任，加大监管力度，提升监管水平，全面完成了农业农村部下达的监测任务，生鲜乳监测合格率达到100%；三聚氰胺、β－内酰胺酶、碱类物质、硫氰酸钠和革皮水解物抽检合格率达到100%；生鲜乳违禁添加物抽检合格率连续多年保持100%。

全省现有生鲜乳收购站4个，其中乳企开办3家、奶牛养殖场开办1家。生鲜乳运输车6辆（含租用外省生鲜乳运输车2辆）。生鲜乳质量安全监测实现“三个全覆盖”，即所有奶站和运输车抽检全覆盖、国家公布的所有违禁物品种监测全覆盖、所有奶站和运输车标准化建设现场检查全覆盖。加大饲料生产和饲喂环节质量安全监测力度，严厉打击非法添加、超范围、超剂量添加兽药等违法行为，违法案件查处率达到100%。依法加强对生鲜乳生产、收购和运输等重点环节的监管，确保生鲜乳质量安全。

生鲜乳收购站和运输车全部实现系统备案管理，网上申报审核、在线出证，二维码扫码查询等，生鲜乳质量安全监管信息实现了可追溯。依法加强对生鲜乳生产、收购和运输等重点环节的监管，确保生鲜乳质量安全。加大饲料生产和饲喂环节质量安全监测力度，严厉打击非法添加、超范围、超剂量添加兽药等违法行为，违法案件查处率达到100%。

【奶业大事】2021年相继印发了《“双随机、一公开”行政检查计划的通知》《2021年全省生鲜乳专项整治行动方案》（赣农牧函〔2021〕12号）和《江西省农业农村厅畜牧兽医局关于加强生鲜乳生产管理的函》，将生鲜乳生产、收购列入全省年度“重点监管”行政检查事项清单，并在全省开展生鲜乳质量安全专项整治，规范市场秩序，引导企业有序发展。2021年全省新建改扩建存栏500头及以上奶牛牧场3个，由江西阳光乳业投资的嘉牧奶牛场设计规模存栏800头奶牛、秋实奶牛场设计规模存栏2 000头奶牛，2个牧场均已投入生产。达到设计规模后预计年产鲜奶15 000t左右。由江西嘉荷牧业投资的嘉荷奶牛场扩建项目设计规模存栏3 000头奶牛，也已投产，先后从新西兰和澳大利亚引进奶牛1 000头。

（江西省农业技术推广中心，丁君辉；江西省动物疫病预防控制中心，叶　华；江西省农业农村厅畜牧兽医局，甄丽卿；武宁县农业农村局，史　莹；江西省农业科学院，龙　云；江西农业工程职业学院，黄　凯；赣州市农业农村局，胥翠萍、沈啸远；南昌市农村社会事务服务中心，石新建；吉安市农业农村产业发展服务中心，鄢　涛、赖贻奎；江西省奶业发展协会，程　钢）

附表1　2020年江西省奶畜养殖场（小区）名录

序号	名称	供奶企业	全群存栏（头）	成母畜存栏（头）	奶畜品种	成母畜单产（t/年）	年总产量（t）	是否有机奶源基地	有机奶产量（t）
1	江西牛牛乳业有限责任公司	江西牛牛乳业有限责任公司	661	380	西杂奶牛、荷斯坦	6.5	2 470		0
2	江西省大富乳业集团有限公司	江西省大富乳业集团有限公司	1 110	778	荷斯坦	9	7 002		0
3	中博农（东乡）牧业有限公司	阳光乳业	593	480	荷斯坦	5.42	2 600		0
4	抚州市东乡区康华奶牛养殖场	自售	51	28	荷斯坦	5.2	145.64		0
5	江西黄甲山牧业有限公司	江西黄甲山牧业有限公司	780	680	关中奶山羊	0.68	462.4	√	462.4
6	江西长山现代有机牧场有限公司	江西阳光乳业股份有限公司	831	523	荷斯坦	8.5	4 446	√	1 200
7	南昌市星光奶牛乳业有限公司	江西阳光乳业股份有限公司	640	380	荷斯坦	7	2 660		0
8	宁都嘉荷牧业有限公司	湖北黄冈伊利乳业有限责任公司	2 200	900	荷斯坦	9.32	5 550		0
9	吉安瑞穗农业发展有限公司	江西牛牛乳业有限责任公司	300	100	荷斯坦	5.6	560		0
10	江西嘉牧生态农业科技开发有限公司	江西阳光乳业股份有限公司	300		荷斯坦	未产奶	0		0

备注：本表所指奶畜包括奶山羊、奶绵羊、奶水牛、牦牛、骆驼、驴等产商品奶家畜。如认证为有机奶源基地等，请在相应表格中打钩。

附表2　2020年江西省乳制品生产企业名录

序号	名称	生产地点	生产许可证号码	年收购原奶量（t）	其中：自有奶源量（t）	平均支付价格（元/kg）	日处理生鲜乳能力（t）	年乳制品产量（t）	其中：低温鲜奶(t)	UHT奶(t)	常温酸奶(t)	低温酸奶（t）	原料奶粉（t）	婴幼儿配方奶粉（t）	成人奶粉（t）	奶油（t）	奶酪（t）	含乳饮料（t）	冰品（t）	年销售收入（万元）	利润（万元）	有机产品（枚）
1	江西牛牛乳业有限责任公司	井开区建设道329号	SC10636080100018	2 970	2 470	5.2	30	6 900	1 800	800	500	800	/	/	/	/	/	3 000	/	12 000	650	/
2	江西省大富乳业集团有限公司	芦溪县银河镇	SC10536032300088	7 002	7 002	/	50	11 244	4 497	/	/	4 048	/	/	/	/	/	2 699		15 180	1 507	
3	江西阳光乳业集团有限公司	青云谱	SC10536010400010	75 008	38 005	5.05	500	148 989	23 623	8 228	9 480	30 000	300					77 358		120 055	12 881	
4	于都高山青草奶业有限公司	于都县靖石乡黄沙村	SC10536073100092	10 000	10 000	5.2	100	13 700	300		200	200						13 000		11 000	2 000	

备注：本表包括在中国及海外的生产企业。日处理生鲜乳能力指设计加工生鲜乳能力。自有奶源指来自自建和参建（控股、参股）牧场（小区）的原奶。成人奶粉指除婴幼儿配方奶粉以外的学生奶粉、孕妇奶粉、中老年奶粉等终端消费奶粉。冰品包括冰激凌、雪糕等。有机产品数量单位为“枚”指获得有机标志的数量。

山东省

【奶畜养殖】山东是农区奶业大省，2021 年奶牛存栏量、牛奶产量均居全国第四位。以乳制品加工为引领，以奶业大县为重点，结合市场、交通、资源、历史等因素，全省奶牛产业区域化发展更加明显，形成胶东半岛东部沿海优质奶源基地、济南都市圈中部奶业隆起带、沿黄地区奶业优势产区“一地一带一区”格局。饲养品种以荷斯坦牛为主，部分为奶山羊。截至 2021 年底，全省奶牛存栏 86.1 万头，牛奶产量 288.3 万 t，占全国的 7.8%，居第四位；奶山羊存栏 28.6 万只，羊奶产量 6.8 万 t。乳制品加工量 242.6 万 t，约占全国的 8%，居第三位。百头以上规模养殖场 730 余个，规模化养殖比重 90%，万头奶牛场 20 余个，泌乳牛年平均单产达到 8.7t，“十三五”以来累计提高 20 个百分点。年产奶量 5 万 t 以上的县 18 个。规模场全部实现机械化生产，存栏千头以上的大型规模养殖场很多都配备了智能化设施装备，小型规模养殖场数智化设施装备个体覆盖率仍较低。

【乳制品加工】山东奶业发展活力足，通过招商引资，伊利、蒙牛、光明、卫岗等国内 D20 企业纷纷来山东投资兴办加工厂，建设优质奶源基地，日加工能力 800t 左右。济南佳宝、山东得益等本土企业也加大投资力度，建设万头牧场，扩大产能，日加工能力 300t 左右。据省市场监管部门统计，2021 年持证乳制品生产企业 76 家（含 3 家婴幼儿配方奶粉生产企业）。乳制品供给日益多样，品牌化、个性化、高端化趋势明显。

【市场消费】按照 2021 年生鲜乳产量及人口数量计算，山东人均年生鲜乳占有量达 40kg。对乳制品消费市场调查发现，商超中销售的液态奶和固态奶主要以伊利、蒙牛、光明、君乐宝、得益、佳宝等 D20 品牌为主。近几年，山东涌现出山东合力牧业、泰安金兰公司、潍坊市玉泉洼农牧科技、济南舒阳奶业等一批奶农办乳制品加工典型企业，拥有“合力”“归一”“伊金兰”“纯典”“益多鲜”“优鲜福”“舒阳”“荷牧园”“安康”等当地知名品牌。部分养殖场以发展“鲜奶吧”、社区直供、休闲观光等形式促进牧场奶的消费，新业态、新模式发展迅速。

【奶源基地】据 2021 年行业监测数据，全省存栏 100~999 头的占比 36%，1 000~4 999 头的占比 20%，5 000 头及以上的占比 33.7%，产业素质加快提升，规模化进程快速推进。2021 年落实中央农业发展资金 5 035 万元，支持奶牛生产性能测定 11 万头、升级改造中小奶畜牧场和合作社 230 个、种植优质高产苜蓿 1.1 万亩。

2021 年入秋以来，连续降水导致农田长时间积水，玉米青贮机械、运输机械无法下地作业，青贮玉米出现锈病甚至霉变，产量和质量受到严重影响。据行业统计，青贮玉米种植面积有所减少，约 210 万亩，苜蓿种植面积 8 万亩，燕麦种植面积 2 万亩。全年生产各类饲草 550 万 t 以上。青贮玉米单产 2.5t/ 亩，苜蓿单产折干 0.8t/ 亩。近年来，“粮改饲”项目示范带动作用显著，奶牛场普遍使用全株青贮玉米作为粗饲料，通过自种、订单收购、合作种植等方式实现全株玉米青贮全覆盖。通过粪污资源化利用项目带动，引导奶牛场建设粪污处理利用设施，打通粪肥还田通道，实现“奶牛养殖—粪肥—种植”生态循环模式。

经对全省部分牛场提供数据分析，2021 年第一季度千克奶成本平均 3.83 元，生鲜乳平均收购价格 4.30 元 /kg，每月每头奶牛盈利约 450 元，单产低于 6.6t 的牧场处于亏损。第二季度千克奶成本平均 3.89 元，生鲜乳平均收购价格 4.27 元 /kg，每月每头奶牛盈利约 253 元，单产低于 6.6t 的处于亏损。第三季度千克奶成本平均 3.45 元，生鲜乳平均收购价格 4.37 元 /kg，每月每头奶牛盈利约 613 元，单产低于 6.3t 的处于盈亏平衡线上。第四季度千克奶生产成本 3.44 元，生鲜乳平均收购价格 4.32 元 /kg，每月每头奶牛盈利约 623 元，单产低于 6.6t 的处于盈亏平衡线上。综合分析全年千克奶成本平均 3.65 元，生鲜乳平均收购价格 4.32 元，按单产 8.5t 的奶牛计算，每头年效益大概 5 800 元。

【奶农组织】山东省畜牧协会奶业分会是非营利性民间机构，是沟通政府与企业的桥梁，服务对象为在山东省境内注册的奶牛、奶山羊等奶畜养殖场（区），乳制品加工企业，服务乳业的饲料、兽药、育种、机械制造、技术服务等企业。

山东省畜牧协会奶业分会承担山东省境内学生饮用奶加工企业认证管理任务，为会员单位提供生鲜乳成本价格调查、核算、发布等具体工作，以及反映行业诉求、制定奶业团体标准、信息化建设、品牌推广、技术培训等服务。奶业分会充分利用山东奶业专家资源优势，组建奶业专家服务团队，定期对养殖企业、山东学生饮用奶企业及规模牧场开展培训。2021 年组织制定并发布《山东省学生饮用奶计划推广管理办法》和《山东学生饮用奶奶源基地管理规范》团体标准，规范山东学生饮用奶奶源基地和学生饮用奶奶企行为。以第 36 届山东省畜牧业博览会为契机，举办以“新征程牛人再奉献新使命奶业更辉煌”为主题的第三届山东奶业文化艺术节，全方位展示山东乳企风采，向大众科普牛奶的知识，宣传奶业文化和企业品牌。

【政策法规】2021 年分别落实中央农业发展资金 3 450 万元、660 万元、925 万元，支持 16 个地级市 230 个中小奶畜家庭牧场和合作社升级改造，支持 1.1 万亩集中连片优质苜蓿基地建设和 2 个生产性能测定中心、1 个种公牛站、1 个国家奶牛核心育种场生产性能测定工作。

【质量监管】严格生鲜乳收购站、运输车监管，依法取缔不合格的经营主体。严厉打击非法收购、违法添加等行为。多年来，生鲜乳质量合格率一直稳定在

99.5%以上。2021年各级生鲜乳抽检2 158批次，实现生鲜乳收购站和运输车监测全覆盖。开展生鲜乳质量安全专项整治行动和奶站部门联合“双随机、一公开”抽查，检查奶站27个，对发现的问题督促整改。省、市、县共检查奶站809站次，检查运输车584辆次，出动执法人员2 130余人次。市场监管部门对乳制品生产企业连续三年开展省本级体系检查。2021年检查38家乳制品生产企业，婴幼儿配方奶粉生产企业检查全覆盖。完成省级以上乳制品监督抽检1 631批次，合格率达到99.94%，其中婴幼儿配方奶粉监督抽检125批次，全部合格。制定《婴幼儿配方乳粉生产过程可视化监管建设实施指南（征求意见稿）》。在国内率先建立省级婴幼儿配方奶粉可视化监管平台。

【奶业大事】2021年4月17日，为落实《国家畜禽良种联合攻关计划》，奶牛优秀种质自主培育与高效扩繁示范基地奠基仪式在济南市历城区唐王街道办初荷生态农业园举行，全国畜牧总站、中国农业大学、中国农业科学院、山东省科技厅、山东省畜牧兽医局、济南市农业农村局、济南市历城区委区政府、南京卫岗乳业有限公司等部门单位有关人员出席会议。基地建成后年可培育优秀种公牛200头，推广优质冻精200万剂，获优秀母牛30万头，推广性控胚胎50 000枚，将成为我国优秀种公牛自主培育基地和首家国家级优秀奶牛种质输出基地。

2021年6月，山东省畜牧协会奶业分会举办《山东省学生饮用奶计划推广管理办法》和《山东学生饮用奶奶源基地管理规范》团体标准宣贯会，进一步规范引导山东学生饮用奶企业奶源基地建设和发展，让“学生饮用奶计划”推广工作有章可循。

（山东省畜牧兽医局，蒋吉红）

附表1　山东省主要规模奶畜养殖场（小区）名录

序号	县（市、区）	名称	地址	供奶企业（全称）	全群存栏（头）	成母畜存栏（头）	奶畜品种	成母畜单产（t/年）	年总产量（t）	是否有机奶源基地	有机奶产量（t）
1	济南市长清区	济南佳宝乳业有限公司第一牧场	济南市长清区明发路1360号	济南佳宝乳业有限公司	3 300	1 715	荷斯坦、娟姗	9.5	16 200		
2	济南市长清区	济南佳宝畜牧有限公司	济南市长清区文昌办事处三朱村	济南佳宝乳业有限公司	3 475	1 770	荷斯坦	9.6	17 000		
3	济南市长清区	济南市长清区旺盛奶牛厂	济南市长清区张夏镇靳庄	山东亚奥特乳业有限公司	420	190	荷斯坦	7.4	1 400		
4	济南市长清区	济南志诚奶牛养殖有限公司	济南市长清区归德镇张官村	山东亚奥特乳业有限公司	485	215	荷斯坦	6.5	1 400		
5	济南市长清区	济南鲁源奶牛养殖专业合作社	济南市长清区归德镇东赵村	山东旺旺食品有限公司	520	200	荷斯坦	6.0	570		
6	平阴县	济南优然牧业有限责任公司	济南市平阴县孝直镇前洼村	济南伊利乳业有限责任公司	10 760	6 600	荷斯坦	10.5	60 580		
7	平阴县	济南增益奶牛养殖有限公司	济南市平阴县洪范池镇苗海村	山东亚奥特乳业有限公司	480	240	荷斯坦	8.8	1 220		
8	平阴县	山东佳源农牧科技发展有限公司	济南市平阴县孔村镇范皮村	济南伊利乳业有限责任公司	680	310	荷斯坦	9.0	2 140		
9	济南市先行区	济南市先行区三利奶牛养殖专业合作社	济南市先行区孙耿街道魏家村	山东旺旺食品有限公司	350	230	荷斯坦	7.0	730		
10	商河县	现代牧业（商河）有限公司	济南市商河县沙河镇赵黑豆村	内蒙古蒙牛乳业（集团）股份有限公司	23 000	18 656	荷斯坦	13.0	146 000	√	146 000
11	商河县	济南市商河县永胜奶牛专业合作社	济南市商河县郑路镇河西陈村	济南市佳宝乳业有限公司	475	470	荷斯坦	5.5	730		
12	济南市莱芜区	济南市杰瑞牧业有限公司	济南市莱芜区口镇枣园村北	山东得益乳业股份有限公司	560	280	荷斯坦	9.2	2 190		
13	济南市莱芜区	山东仙农园蔬牧有限责任公司	济南市莱芜区茶业口镇吉山林场片区仙农园牧场	山东仙农园蔬牧有限责任公司	300	180	崂山奶山羊	5.5	105		
14	济南市历城区	济南市历城区润达奶牛养殖场	济南市历城区董家街道季家村	山东润旺食品有限公司	320	172	荷斯坦	8.4	1 443		
15	济南市济阳区	山东高速生物工程有限公司	济南市济阳区新市镇江店村	山东高速生物工程有限公司	1 862	962	荷斯坦	9.0	8 658		
16	济南市济阳区	济南春雨富田畜牧养殖有限公司	济南市济阳区新市镇段家村	山东熊猫乳品有限公司	433	205	荷斯坦	8.0	1 640		
17	济南市济阳区	济阳县蓝天奶牛养殖专业合作社	济南市济阳区仁风镇东街村	山东旺旺食品有限公司	415	285	荷斯坦	8.0	2 280		

（续）

序号	县（市、区）	名称	地址	供奶企业（全称）	全群存栏（头）	成母畜存栏（头）	奶畜品种	成母畜单产（t/年）	年总产量（t）	是否有机奶源基地	有机奶产量(t)
18	济南市济阳区	济南景辉牧业有限公司	济南市济阳区仁风镇王老虎村	山东旺旺食品有限公司	900	750	荷斯坦	9.0	6 750		
19	济南市济阳区	济阳县仁风镇富元奶牛养殖专业合作社	济南市济阳区仁风镇王让村	山东旺旺食品有限公司	487	297	荷斯坦	8.0	2 376		
20	济南市济阳区	济阳县顺天奶牛养殖专业合作社	济南市济阳区回河街道吴寨村	山东旺旺食品有限公司	312	204	荷斯坦	8.0	1 632		
21	青岛市城阳区	广源发荣照康养殖有限公司	惜福镇纸房	雀巢	850	560	荷斯坦	5.0	2 800		
22	青岛市即墨区	即墨区永兴奶牛养殖场	大信镇常家街	雀巢	380	190	荷斯坦	8.5	1 615		
23	青岛市即墨区	青岛佳顺养殖有限公司	大信镇西孙唐庄	伊利	590	400	荷斯坦	10.5	4 200		
24	青岛市即墨区	即墨牧春奶牛场	北安兰东	江苏南京卫岗乳品有限公司	480	240	荷斯坦	9.0	2 200		
25	青岛市即墨区	青岛顺美牧业有限公司	段泊岚镇西瓦村	迎春乐	580	290	荷斯坦	9.6	2 650		
26	青岛市即墨区	世丰明光奶牛养殖场	段泊岚镇段三村	雀巢	410	260	荷斯坦	9.2	2 360		
27	青岛市即墨区	青岛奥特奶牛良种场	段泊岚镇姜家庄村	新希望	570	280	荷斯坦	9.5	2 630		
28	青岛市即墨区	青岛奥特种羊场	段泊岚镇姜家庄村		640	360	崂山奶山羊	0.9	87		
29	胶州市	青岛三益奶牛养殖有限公司	九龙街道办事处西匡家茔村东600m	青岛新希望琴牌乳业有限公司	425	410	荷斯坦	9.0	1 900		
30	胶州市	青岛浩德瑞牧业有限公司	洋河镇秦家庄	潍坊伊利乳业有限责任公司	910	388	荷斯坦	11.0	5 000		
31	莱西市	青岛金仰岭牧业有限公司	姜山镇南仰岚岭村	雀巢	322	200	荷斯坦	8.0	1 600		
32	莱西市	青岛亚东畜牧场	姜山镇兴隆屯村	雀巢	405	198	荷斯坦	8.5	1 600		
33	莱西市	莱西市子明养殖场	姜山北仰岭村	江苏南京卫岗乳品有限公司	485	360	荷斯坦	9.0	3 600		
34	莱西市	青岛源川奶牛养殖专业合作社	院上镇史家庄村	雀巢	305	150	荷斯坦	8.8	1 320		
35	莱西市	青岛燕妮奶牛专业合作社奶牛养殖小区	日庄东白石山	雀巢	390	220	荷斯坦	9.0	2 016		
36	莱西市	青岛汇泉涌奶牛养殖专业合作社	日庄东白石山	雀巢	500	260	荷斯坦	9.5	2 520		
37	莱西市	青岛新恒基奶牛养殖专业合作社	日庄院里	伊利	490	290	荷斯坦	9.5	2 256		
38	莱西市	青岛富昊德奶牛养殖场	日庄胡沟	雀巢	500	330	荷斯坦	9.0	3 060		
39	莱西市	青岛强牛奶牛养殖专业合作社	南墅埠前庄	雀巢	430	282	荷斯坦	9.0	2 480		
40	莱西市	青岛普瑞纳奶牛养殖专业合作社	南墅柳杭	雀巢	320	245	荷斯坦	9.0	2 190		
41	莱西市	青岛莱西市宏杰奶牛养殖场	河头店镇陈家村	蒙牛	480	350	荷斯坦	8.8	2 190	√	2 190
42	莱西市	青岛莱西市盛顺达奶牛养殖专业合作社	河头店镇陈家村	雀巢	460	320	荷斯坦	9.0	2 480		
43	莱西市	青岛高家草泊奶牛专业合作社	马连庄镇高家草泊	雀巢	312	122	荷斯坦	8.7	1 090		

（续）

序号	县（市、区）	名称	地址	供奶企业（全称）	全群存栏（头）	成母畜存栏（头）	奶畜品种	成母畜单产（t/年）	年总产量（t）	是否有机奶源基地	有机奶产量（t）
44	莱西市	青岛莱西市兴伟奶牛养殖专业合作社	马连庄镇彭格庄村	蒙牛	305	156	荷斯坦	8.8	1 380		
45	莱西市	青岛兴牧富农奶牛养殖专业合作社	马连庄镇展家村	新希望	500	350	荷斯坦	10.2	2 920		
46	莱西市	青岛夏五奶牛养殖专业合作社	夏格庄夏五	伊利	467	232	荷斯坦	8.0	2 409		
47	莱西市	青岛澳新苑畜牧有限公司	夏格庄西曲	雀巢	600	382	荷斯坦	11.0	3 296		
48	莱西市	莱西市奶牛良种场	夏格庄渭田	雀巢	500	348	荷斯坦	9.0	2 103		
49	莱西市	莱西市增群奶牛养殖场	店埠中由	雀巢	400	201	荷斯坦	8.7	2 175		
50	莱西市	青岛新高地奶牛养殖场	店埠镇政府东	光明	1 805	902.5	娟姗	7.0	3 560		
51	莱西市	莱西市海航鑫源奶牛养殖场	店埠镇西黄埠	雀巢	365	202	荷斯坦	9.9	1 548		
52	莱西市	青岛嘉祥奶牛养殖专业合作社	店埠镇西南阁村	雀巢	450	225	荷斯坦	8.8	1 523		
53	莱西市	青岛庆新奶牛养殖专业合作社	店埠镇前寨	雀巢	498	249	荷斯坦	10.2	2 723		
54	莱西市	青岛恒硕奶牛养殖专业合作社	店埠镇后水	雀巢	310	155	荷斯坦	8.4	1 324		
55	莱西市	青岛博奥牧场	望城街道西韩家屯村	雀巢	446	420	荷斯坦	4.4	1 850		
56	莱西市	青岛荷斯坦奶牛养殖有限公司	望城街道曲家屯村	雀巢、光明	3 200	1 800	荷斯坦	10.1	18 250		
57	莱西市	青岛丰联奶牛养殖专业合作社	望城街道前堤村	雀巢	800	460	荷斯坦	11.1	5 110		
58	莱西市	青岛犇鑫奶牛养殖场	望城街道林泉庄村	伊利	480	300	荷斯坦	11.0	3 285		
59	莱西市	青岛东盛泰奶牛良种繁育基地	望城街道后冯北村		516	0	荷斯坦	0.0	0		
60	莱西市	青岛莱西市联润养殖专业合作社	望城街道林泉庄村	伊利	480	300	荷斯坦	11.0	3 285		
61	莱西市	青岛莱西市联益养殖专业合作社	沽河街道铁家庄	雀巢	420	300	荷斯坦	3.0	900		
62	莱西市	青岛育丰奶牛养殖专业合作社	沽河街道前我乐	雀巢	495	266	荷斯坦	9.0	2 394		
63	莱西市	青岛璐琨养殖有限公司	沽河街道中孟格庄	卫岗	750	350	荷斯坦	11.0	3 600		
64	莱西市	青岛汇泉奶牛养殖场	沽河街道南栾家寨子	光明	1 200	592	荷斯坦	12.5	5 000		
65	莱西市	莱西市俊美奶牛养殖场	沽河街道王家山后	雀巢	350	170	荷斯坦	10.0	1 650		
66	平度市	青岛绿草源牧场	平度市南村镇蔡家辛庄村	潍坊伊利	983	487	中国荷斯坦	6.6	3 214	√	3 214
67	东营市东营区	东营市阳光庄园牧业有限责任公司	文汇街道东营市北二路623号	杭州味全食品有限公司	1 398	430	荷斯坦	10.0	3 800		
68	东营市河口区	东营仙河澳亚现代牧场有限公司	山东省东营市河口区仙河镇镇东路以南	江苏君乐宝乳业等	12 331	6 514	荷斯坦	12.6	83 115.6		
69	东营市河口区	东营神州澳亚现代牧场有限公司	山东省东营市河口区仙河镇镇东路以北	光明乳业、朴诚乳业、上海澳亚乳业等	12 648	6 543	荷斯坦	12.7	84 412.5		
70	东营市河口区	东营神州澳亚现代牧场有限公司新户分公司	山东省东营市河口区新户镇原东兴村	光明乳业等	12 009	6 566	荷斯坦	12.8	84 984		
71	东营市河口区	东营福庆永牧业有限公司	孤岛镇一团四分厂	青岛雀巢乳业	449	175	荷斯坦	9.2	1 749.1		

（续）

序号	县（市、区）	名称	地址	供奶企业（全称）	全群存栏（头）	成母畜存栏（头）	奶畜品种	成母畜单产（t/年）	年总产量（t）	是否有机奶源基地	有机奶产量（t）
72	东营市河口区	河口区建智牧业有限公司	孤岛镇济军基地一团五分厂	青岛雀巢乳业	301	138	荷斯坦	8.3	1 138.55		
73	东营市垦利区	山东华澳大地农牧业有限公司	垦利区董集镇	上海光明、伊利	9 597	5 797	荷斯坦	10.3	57 600		
74	东营市垦利区	东营市东旭牧业有限责任公司	胜坨镇皇殿村	山东得益乳业股份有限公司	480	210	荷斯坦	8.7	1 985		
75	东营市垦利区	东营市丰和农牧业有限公司	胜坨镇尚庄村	青岛雀巢乳业	470	216	荷斯坦	9.2	2 210		
76	东营市垦利区	垦利区兴发奶牛养殖场	兴隆街道办店子村南	青岛雀巢乳业	480	220	荷斯坦	9.2	2 010		
77	东营市垦利区	垦利区明源奶牛养殖场	永安镇牛圈村	青岛雀巢乳业	495	230	荷斯坦	9.2	2 400		
78	东营市垦利区	垦利区东九奶牛养殖场	永安镇东九村西	蒙牛乳业泰安有限责任公司	480	225	荷斯坦	8.8	2 090		
79	东营市垦利区	东营市金海岸农业开发有限公司	垦利街道办21户村	得益乳业	400	206	荷斯坦	9.8	2 070		
80	广饶县	东营市柏拉蒙奶牛繁育有限公司	广饶县大王镇高卜纸村	潍坊伊利乳业有限公司	350	136	荷斯坦	10.0	8 395		
81	广饶县	广饶县大王镇阳光奶牛场	广饶县大王镇农业高新区	青岛新希望琴牌乳业有限公司	520	320	荷斯坦	10.0	2 372		
82	广饶县	广饶县大王镇恒信奶牛场	广饶县大王镇王西村	青岛雀巢乳业	470	260	荷斯坦	10.0	2 555		
83	广饶县	广饶县大王镇张淡牧场	广饶县大王镇北张淡村	山东得益乳业股份有限公司	420	215	荷斯坦	9.0	1 460		
84	利津县	山东广驰乳业有限公司	山东省东营市利津县汀罗镇渤海农场（省道315向南510m）	青岛新希望琴牌乳业有限公司	479	308	荷斯坦、娟姗	5.8	1 492		
85	农高区	东营澳亚现代牧场有限公司	丁庄镇广青路北侧	济南佳宝乳业有限公司、青岛新希望琴牌乳业有限公司	8 377	6 244	荷斯坦	13.0	83 624		
86	农高区	天驰牧业	山东省东营市广饶县农业高新技术产业示范区	东营天驰牧业有限责任公司	10 808	5 973	荷斯坦	10.1	60 302.088		
87	农高区	东营民和牧业有限公司	丁庄街道牛圈村	潍坊伊利乳业有限责任公司	500	208	荷斯坦	10.0	2 049		
88	临朐县	临朐县欣源奶牛养殖专业合作社	临朐县城关街道东朱堡村	潍坊市伊利乳业有限公司	406	175	荷斯坦	9.0	1 460		
89	临朐县	临朐县惠亮奶牛养殖场	东城街道北石庙	临朐伊利乳业有限公司	536	243	荷斯坦	10.0	1 460		
90	临朐县	临朐兴备奶牛养殖专业合作社	东城街道相家楼	临朐伊利乳业有限公司	348	120	荷斯坦	9.0	1 095		
91	临朐县	临朐县汇明养殖场	东城街道胡梅涧	山东三元乳业有限公司	345	200	荷斯坦	10.0	1 277.5		
92	临朐县	临朐曙光牧业有限公司	临朐县蒋峪镇小朱家庄村	潍坊伊利乳业有限责任公司	630	360	荷斯坦	9.2	1 650		
93	临朐县	临朐县永浩奶牛养殖专业合作社	蒋峪镇邢家官庄村	潍坊三元乳业有限责任公司	420	240	荷斯坦	9.0	1 850		
94	临朐县	临朐洋河奶牛专业合作社	临朐县柳山镇洋河村	潍坊伊利乳业有限公司	366	146	荷斯坦	9.5	915		
95	临朐县	临朐县元润养殖场	山旺镇上林西村	潍坊伊利乳业有限责任公司	600	250	荷斯坦	10.0	2 400		
96	临朐县	临朐县新荷奶牛养殖有限公司	辛寨镇卧龙工业园	潍坊伊利乳 业有限责任公司	1 300	950	荷斯坦	12.2	9 600		

（续）

序号	县（市、区）	名称	地址	供奶企业（全称）	全群存栏（头）	成母畜存栏（头）	奶畜品种	成母畜单产（t/年）	年总产量（t）	是否有机奶源基地	有机奶产量（t）
97	临朐县	临朐县玉强奶牛养殖专业合作社	临朐县辛寨街道蒋市村东	潍坊伊利乳业集团有限公司	320	180	荷斯坦	10.0	1 620		
98	临朐县	临朐县宝山奶牛场	冶源镇葛拉村	潍坊三元乳业有限公司	445	410	荷斯坦	10.1	4 120		
99	临朐县	潍坊市德牛牧业有限公司	冶源镇老崖崮村	江苏君乐宝乳业	463	280	荷斯坦	14.5	1 825		
100	临朐县	沂荷农牧科技（山东）有限公司	沂山管委小关村南		3 000	36	荷斯坦	0.0	0		
101	临朐县	临朐县汇宝奶牛养殖专业合作社	临朐县五井镇茹家庄村	潍坊伊利乳业有限公司	502	340	荷斯坦	10.0	3 150		
102	临朐县	临朐县康泰奶牛养殖场	临朐县五井镇黄崖头村	潍坊伊利乳业有限公司	490	250	荷斯坦	11.3	2 530		
103	临朐县	临朐县宇弘奶牛养殖场	石家河区桥沟村	潍坊三元乳业有限公司	406	221	荷斯坦	8.0	1 770		
104	潍坊市寒亭区	潍坊照亮奶牛养殖场	寒亭区固堤街道李家沿村	坊子三元乳业	325	190	荷斯坦	7.0	1 330		
105	潍坊市寒亭区	寒亭区新源奶牛养殖专业合作社	寒亭区寒亭街道北纸坊村	潍坊紫鸢乳业有限公司	309	75	荷斯坦	10.0	750		
106	潍坊市寒亭区	寒亭区盛隆奶牛养殖专业合作社	杨家埠旅游开发区圈子村	山东济南兴牛乳有限公司	528	128	荷斯坦	9.0	1 152		
107	潍坊市寒亭区	潍坊兴茂奶牛养殖厂	寒亭区杨家埠管委会于家绛埠村	蒙牛乳业泰安有限责任公司	650	400	荷斯坦	8.0	3 200		
108	潍坊市寒亭区	潍坊市寒亭区茂盛奶牛养殖专业合作社	朱里街道河滩社区圈子村	山东得益乳业股份有限公司	598	240	荷斯坦	9.0	2 000		
109	潍坊市寒亭区	潍坊纳福奶牛养殖场	固堤街道李家沿村	山东得益乳业有限公司	600	254	荷斯坦	8.5	2 159		
110	潍坊市寒亭区	寒亭区卫东奶牛养殖专业合作社	寒亭区开元街办东里疃村	青岛雀巢	552	280	荷斯坦	9.6	2 874.5		
111	潍坊市寒亭区	潍坊腾龙牧业有限公司	张家院	紫鸢牧业	320	200	荷斯坦	8.0	160		
112	潍坊市寒亭区	潍坊高升牧业有限公司	潍坊市寒亭区固堤镇潘家庵村	南京卫岗乳业有限公司	1 200	600	荷斯坦	10.0	6 000		
113	潍坊市寒亭区	潍坊市涟军养殖场	山东省潍坊市寒亭区朱力街道狮子行村	潍坊市紫鸢乳业公司	506	230	荷斯坦	7.5	1 500		
114	潍坊市寒亭区	潍坊恒祥养殖有限公司	潍坊市寒亭区朱里镇西镇村	杭州味全食品有限公司	1 958	1 958	荷斯坦	10.5	9 450		
115	潍坊市寒亭区	潍坊市寒亭区康源奶牛养殖专业合作社	寒亭区寒亭街道办事处陈埠村	蒙牛泰安乳业有限公司	720	400	荷斯坦	10.0	4 000		
116	潍坊市寒亭区	潍坊嘉盛奶牛养殖专业合作社	开元街道西常疃村	潍坊伊利乳业有限公司	555	260	荷斯坦	9.0	2 340		
117	潍坊市寒亭区	寒亭区团结奶牛养殖专业合作社	寒亭区寒亭街道袁家埠村	坊子三元乳业	500	270	荷斯坦	9.0	2 430		
118	昌邑市	昌邑市烟潍奶牛养殖专业合作社	昌邑市卜庄镇 206 国道 311km 处	青岛新希望琴牌乳业有限公司	600	300	荷斯坦	10.0	3 000		
119	潍坊市滨海区	潍坊优然牧业有限责任公司	滨海区央子街道走马岭村	/	4 692	0	荷斯坦				
120	寿光市	北京首农畜牧发展有限公司山东分公司	寿光市田柳镇东头村北	山东三元乳业有限公司、河北三元食品有限公司	5 064	2 483	荷斯坦	11.0	28 771.7		

（续）

序号	县（市、区）	名称	地址	供奶企业（全称）	全群存栏（头）	成母畜存栏（头）	奶畜品种	成母畜单产（t/年）	年总产量（t）	是否有机奶源基地	有机奶产量（t）
121	寿光市	寿光优然牧业有限责任公司	寿光市田柳镇郎家营村东北部	/	3 580	/	荷斯坦	/	/		
122	昌乐县	潍坊宝利牧业发展有限公司	昌乐县营丘镇赵家庄村南	杭州味全食品有限公司	994	670	荷斯坦	8.5	5 695		
123	昌乐县	华源奶牛养殖专业合作社	高崖库区洛村	沂水县御膳香乳业有限公司	565	396	荷斯坦	8.1	3 207.6		
124	昌乐县	昌乐民意奶牛养殖场	乔官镇下庄村	山东得益乳业股份有限公司	695	330	荷斯坦	8.2	2 706		
125	昌乐县	昌乐永新奶牛养殖专业合作社	鄌郚镇于家洼村	山东得益乳业股份有限公司	372	275	荷斯坦	8.2	2 255		
126	昌乐县	潍坊田原农牧科技股份有限公司	五图街道姜家洼子村	山东亚奥特乳业有限公司	325	260	荷斯坦	8.1	2 106		
127	潍坊市坊子区	潍坊市玉泉洼农牧科技有限公司	潍坊市坊子区坊安街道洼里村	青岛雀巢有限公司	320	260	荷斯坦	6.0	500		
128	高密市	山东大牟牛农业科技发展有限公司	大牟家镇党委农业基地	青岛新希望琴牌乳业有限公司	568	260	荷斯坦	7.5	1 800		
129	高密市	高密市朝阳奶牛养殖专业合作社	经济开发区张四	青岛迎春乐乳业	520	255	荷斯坦	8.5	2 000		
130	高密市	浩翔家庭农场	密水街道东葛家桥	泰安蒙牛乳业	720	315	荷斯坦	10.5	3 000		
131	高密市	潍坊熠瑞农牧有限公司	咸家工业区大楚	泰安蒙牛乳业	775	326	荷斯坦	11.4	2 500		
132	安丘市	合力牧场	山东潍坊安丘市吾山镇驻地	山东合力牧业有限公司	1 100	496	荷斯坦	10.9	5 400		
133	济宁市任城区	济宁市任城区汇源奶牛场	济宁市任城区南张街道宋北村105国道西	济南伊利乳业有限责任公司	800	680	荷斯坦	9.0	6 120		
134	济宁市任城区	济宁市幸福牧业有限公司	济宁市任城区李营街道前双村	徐州绿健乳品有限公司	600	480	荷斯坦	8.5	4 080		
135	济宁市任城区	济宁市任城区基洲奶牛养殖场	济宁市任城区喻屯镇张户村村西	徐州绿健乳品有限公司	350	320	荷斯坦	8.0	2 560		
136	济宁市兖州区	兖州区绿牧养殖场	新兖镇易村	君乐宝（徐州）	600	430	荷斯坦	7.0	3 000		
137	邹城市	邹城市牧兴奶牛饲养专业合作社	邹城市中心店镇双桥村	邹城市牧兴奶牛饲养专业合作社	530	260	荷斯坦	7.5	2 000		
138	金乡县	金乡县康华乳业有限公司	金乡县金乡街道霍谷村	伊利	760	320	荷斯坦	8.2	2 624		
139	金乡县	金乡县金鹰牧业有限公司	金乡县胡集镇后史屯村	济宁三强乳业有限公司	312	160	荷斯坦	7.8	1 246		
140	嘉祥县	山东万祥牧业有限公司	山东省济宁市嘉祥县仲山镇彭官屯村东2 000m	平邑伊利乳业有限公司	986	596	荷斯坦	9.6	62 554		
141	汶上县	现代牧业（汶上）有限公司	汶上县郭仓镇束村东	泰安蒙牛乳业	8 560	4 000	荷斯坦	8.6	34 400		
142	汶上县	汶上县汇鑫牧业有限公司	汶上县康驿镇庙东村	旺旺乳业	800	400	荷斯坦	8.6	3 440		
143	梁山县	绿泉奶牛科技养殖有限公司	马营镇赵坝村南	三强乳业	450	150	荷斯坦	7.2	1 080		
144	梁山县	梁山县富民奶牛养殖有限公司	梁山县寿张集镇开发区富民牛场	梁山县富民奶牛养殖有限公司	860	327	荷斯坦	9.7	3 171.9		

（续）

序号	县（市、区）	名称	地址	供奶企业（全称）	全群存栏（头）	成母畜存栏（头）	奶畜品种	成母畜单产（t/年）	年总产量（t）	是否有机奶源基地	有机奶产量（t）
145	梁山县	山东中汇奶牛养殖有限公司	山东省梁山县韩岗镇袁口村西邻	山东中汇奶牛养殖有限公司	2 141	786	荷斯坦	9.4	5 000		
146	梁山县	山东安山牧业有限公司	梁山县小安山镇西唐村西北	济南伊利乳业有限责任公司	740	302	荷斯坦	9.5	2 869		
147	济宁市太白湖新区	济宁三强农牧科技有限公司	石桥镇三号井煤矿北乌金大道	济宁三强乳业有限公司	602	97	荷斯坦	27.0	240		
148	泰安市泰山区	山东亚奥特乳业有限公司奥特良种奶牛场	泰山区邱家店镇埠阳庄	山东亚奥特乳业股份有限公司	560	300	荷斯坦	9.5	2 400		
149	泰安市泰山区	山东亚奥特乳业有限公司良种奶牛场	泰山区邱家店镇五里井村	山东亚奥特乳业股份有限公司	360	150	荷斯坦	8.0	1 200		
150	泰安市泰山区	泰安市祥顺牧业有限公司	邱家店镇阜阳庄村	君乐宝乳业有限公司	570	330	荷斯坦	8.5	2 440		
151	泰安市岱岳区	泰安市盛誉奶牛养殖专业合作社	泰安市岱岳区马庄镇前营村	山东亚奥特乳业股份有限公司	470	245	荷斯坦	8.0	1 560		
152	泰安市岱岳区	泰安市凤丽生态农业有限公司	泰安市岱岳区山口镇西碾疃村	山东亚奥特乳业股份有限公司	400	260	荷斯坦	9.0	840		
153	泰安市岱岳区	泰安市绿源牧业养殖有限公司	泰安市岱岳区山口镇大马庄村	山东亚奥特乳业股份有限公司	460	320	荷斯坦	9.0	996		
154	泰安市岱岳区	泰安市岱岳区玉廷奶牛养殖专业合作社	泰安市岱岳区祝阳镇祝阳村	山东亚奥特乳业股份有限公司	440	300	荷斯坦	9.2	1 068		
155	泰安市岱岳区	泰安市方顺牧业有限公司	泰安市岱岳区范镇马庄村	山东亚奥特乳业股份有限公司	780	360	荷斯坦	9.5	3 200		
156	泰安市岱岳区	泰安金兰奶牛养殖有限公司	泰安市岱岳区满庄镇泥沟村	泰安市金兰乳业有限公司、山东得益乳业股份有限公司、蒙牛乳业泰安有限责任公司	1 550	960	荷斯坦	11.0	8 700		
157	泰安市岱岳区	泰安市岱岳区金源奶牛养殖专业合作社	泰安市岱岳区夏张镇郑家杭村	泰安市亚奥特乳品有限公司	510	210	荷斯坦	8.0	1 945		
158	泰安市岱岳区	泰安市众鑫日月奶牛养殖专业合作社	泰安市岱岳区山口镇西太平村	山东亚奥特乳业股份有限公司	480	360	荷斯坦	9.6	1 500		
159	泰安市岱岳区	山东乔氏生态农牧发展有限公司	泰安市岱岳区大汶口镇柏子村	山东亚奥特乳业股份有限公司	620	320	荷斯坦	10.0	2 000		
160	泰安市岱岳区	泰安市银燕奶牛养殖有限公司	泰安市岱岳区夏张镇故县店村	山东亚奥特乳业股份有限公司	690	300	荷斯坦	10.0	2 750		
161	泰安市岱岳区	泰安市岱岳区国晟奶牛养殖场	泰安市岱岳区满庄镇宋家庄村	山东亚奥特乳业股份有限公司	639	391	荷斯坦	8.5	2 200		

（续）

序号	县（市、区）	名称	地址	供奶企业（全称）	全群存栏（头）	成母畜存栏（头）	奶畜品种	成母畜单产（t/年）	年总产量（t）	是否有机奶源基地	有机奶产量(t)
162	泰安市岱岳区	泰安市三喜奶山羊养殖场	泰安市岱岳区道朗镇朱家峪	泰安市三喜奶山羊养殖场	361	189	崂山奶山羊、萨能奶山羊	0.7	45		
163	新泰市	新泰市中福田奶牛场	青云街道行宫村	山东亚奥特乳业股份有限公司	407	209	荷斯坦	11.6	2 544		
164	新泰市	山东奎凤农业发展有限公司	运舟湖村北	山东亚奥特乳业股份有限公司	860	560	荷斯坦	10.0	4 200		
165	新泰市	泰安市银燕乳业有限公司	禹村镇汤禹村	山东亚奥特乳业股份有限公司	600	350	荷斯坦	11.0	3 000		
166	肥城市	肥城百润奶牛养殖有限公司	山东省泰安市肥城市汶阳镇贾北村	山东亚奥特乳业股份有限公司	350	200	荷斯坦	8.0	1 000		
167	肥城市	肥城市聚和源奶牛养殖有限公司	肥城市汶阳镇城东村	山东亚奥特乳业股份有限公司	485	300	荷斯坦	7.0	1 500		
168	肥城市	肥城市牧源奶牛养殖有限公司	肥城市汶阳镇砖舍村	山东亚奥特乳业股份有限公司	490	300	荷斯坦	7.0	1 400		
169	肥城市	肥城忠利奶牛养殖专业合作社	王瓜店街道办事处潘台	山东亚奥特乳业股份有限公司	468	296	荷斯坦	9.0	1 640		
170	肥城市	肥城市牧和养殖有限公司	肥城老城	山东亚奥特乳业股份有限公司	962	470	荷斯坦	9.0	3 600		
171	肥城市	龙头泉牧业	肥城市安驾庄镇冯家楼村	山东亚奥特乳业股份有限公司	460	310	荷斯坦	12.0	2 400		
172	肥城市	泰安澳亚现代牧场有限公司	肥城边院镇张岭村北仪过路西	朴城乳业、上海澳雅、苏州明治	10 484	6 418	荷斯坦	12.4	79 856.817		
173	肥城市	肥城市新百利奶牛养殖专业合作社	肥城市边院镇周岗村	济南济阳旺旺	1 395	760	西门塔尔	11.0	6 600		
174	宁阳县	宁阳县磁窑镇恒新奶牛场	宁阳县磁窑镇大磨庄村	山东亚奥特乳业股份有限公司	763	382	荷斯坦	8.8	2 905		
175	宁阳县	山东圣力牧业有限公司	宁阳县东疏镇庞庄村南	浙江一鸣食品股份有限公司	3 616	1 980	荷斯坦	9.8	11 072.23		
176	宁阳县	宁阳县溢源奶牛养殖专业合作社	宁阳县东疏镇郑庄村北	山东亚奥特乳业股份有限公司	1 221	708	荷斯坦	9.2	6 042.4		
177	宁阳县	泰安市顺顺牧业有限公司	宁阳县东疏镇前张村	蒙牛	709	355	荷斯坦	9.0	3 834.6		
178	宁阳县	宁阳县东犇奶牛养殖有限公司	宁阳县东庄镇南古城村	蒙牛	632	355	荷斯坦	9.2	2 207.8		
179	宁阳县	宁阳县鑫阳奶牛养殖专业合作社	宁阳县蒋集镇添福西北村	山东亚奥特乳业股份有限公司	610	380	荷斯坦	8.9	2 672.6		
180	宁阳县	宁阳奥力牧业有限公司	宁阳县乡饮乡八官庄村邱家庄村西南	山东亚奥特乳业股份有限公司	545	328	荷斯坦	8.6	2 120.65		
181	宁阳县	宁阳丰庆牧场有限公司	宁阳县乡饮乡五厂村南	济南伊利乳业有限责任公司	1 027	538	荷斯坦	9.6	5 162.58		
182	宁阳县	宁阳县华丰华元奶牛养殖场	宁阳县乡饮乡崇化村	山东亚奥特乳业股份有限公司	632	378	荷斯坦	9.0	1 952.16		
183	宁阳县	宁阳县永森奶牛养殖场	宁阳县乡饮乡万家村	山东亚奥特乳业股份有限公司	1 417	821	荷斯坦	9.2	5 229		
184	宁阳县	宁阳县顺宇家庭农场	宁阳县伏山镇桑家庄村	山东亚奥特乳业股份有限公司	545	294	荷斯坦	8.8	1 691.87		
185	宁阳县	宁阳县华丰华鑫奶牛养殖场	宁阳县华丰镇成功村南	光明乳业	927	560	荷斯坦	9.5	4 142.53		
186	宁阳县	宁阳县恒源奶牛场	宁阳县葛石镇西官庄村村西	山东亚奥特乳业股份有限公司	540	330	荷斯坦	9.2	2 091.6		
187	宁阳县	泰安兴润牧业有限公司	宁阳县蒋集镇添福西北村	山东亚奥特乳业股份有限公司	305	170	荷斯坦	8.8	1 185.24		

（续）

序号	县（市、区）	名称	地址	供奶企业（全称）	全群存栏（头）	成母畜存栏（头）	奶畜品种	成母畜单产（t/年）	年总产量（t）	是否有机奶源基地	有机奶产量（t）
188	东平县	东平县戴庙兴达奶牛养殖专业合作社	戴庙镇	伊利股份有限公司	492	280	荷斯坦	8.0	2 200		
189	东平县	东平溢隆奶牛养殖专业合作社	接山镇	山东亚奥特乳业股份有限公司	480	400	荷斯坦	7.5	1 550		
190	东平县	东平县润泽牧业有限公司	老湖镇	山东亚奥特乳业股份有限公司	420	220	荷斯坦	8.5	1 700		
191	东平县	东平县聚源奶牛养殖专业合作社	新湖镇	山东亚奥特乳业股份有限公司	412	130	荷斯坦	7.5	1 100		
192	泰安市高新区	泰安市岱岳区其闯养殖有限公司	良庄镇薛庄南村	山东亚奥特乳业股份有限公司	390	125	荷斯坦	7.5	1 010		
193	泰安市高新区	泰安市奶之源奶牛养殖专业合作社	程白塔村	蒙牛	420	280	荷斯坦	9.0	630		
194	泰安市徂汶景区	泰安市金龙腾飞畜业有限公司	滨河片区西颜张村	山东亚奥特乳业股份有限公司	496	390	荷斯坦	12.0	3 600		
195	泰安市徂汶景区	三和顺牧业有限公司	化马湾乡西庄村	徐州君乐宝乳业有限公司	480	238	荷斯坦	7.0	1 666		
196	泰安市徂汶景区	山东泰山安康生态乳业有限公司	徂徕镇北望村	山东泰山安康生态乳业有限公司	520	320	荷斯坦	10.2	1 804		
197	威海市文登区	威海弘昌牧业有限公司	文登区宋村镇紫金山村	青岛雀巢有限公司	407	180	荷斯坦	6.7	882.53		
198	威海市文登区	威海鼎牛牧业有限公司	文登区高村镇山前庄家村	青岛迎春乐乳业集团	970	520	文登奶山羊	0.8	400		
199	荣成市	山东恒大化工（集团）有限公司大疃奶牛场	荣成市大疃镇南石耩村	威海嘉盛乳业有限公司	3 272	1 834	荷斯坦	9.0	15 000		
200	荣成市	威海纯家牧业股份有限公司	荣成市崖西镇北崖西村	青岛雀巢有限公司	500	350	蒙贝利亚、弗莱维赫、荷斯坦	9.0	1 800		
201	荣成市	荣成市乾源牧业有限公司	荣成市崖西镇崖后村村	青岛雀巢有限公司	325	185	荷斯坦	8.5	1 200		
202	荣成市	荣成市红君养殖有限公司	荣成市成山镇李家庄村	青岛雀巢有限公司	350	240	荷斯坦	9.0	1 700		
203	荣成市	荣成市宇琛养殖场	荣成市俚岛镇卧龙王家村	青岛雀巢有限公司	320	200	荷斯坦	9.0	1 400		
204	荣成市	荣成每日农牧有限公司	荣成市滕家镇高落山村	潍坊伊利乳业有限责任公司	415	223	荷斯坦	9.0	1 600		
205	威海市临港区	威海联德食品有限公司	蔄山镇山马邹村	山东鹏程食品股份有限公司	440	311	中国荷斯坦	9.0	1 609		
206	威海市临港区	威海德水牧业有限公司	蔄山镇山马邹村	青岛雀巢有限公司	375	149	中国荷斯坦	11.3	1 715		
207	威海市岚山区	日照鲜纯生态牧业有限公司	岚山区碑廓镇南马家岭村	南京卫岗乳业有限公司	15 638	3 950	荷斯坦	11.2	35 400		
208	威海市岚山区	日照市宏宇牧业有限公司	碑廓镇三朱曹村	上海悠纯牧业科技有限公司	579	320	荷斯坦	7.3	2 005		
209	威海市岚山区	日照市润生牧业有限公司	巨峰镇罗川沟村	南京卫岗乳业有限公司	3 801	2 747	荷斯坦	6.4	1 633.522		
210	莒县	日照凯旋生态农业发展有限公司	果庄镇前棱庄村	蒙牛乳业有限公司	490	350	荷斯坦	7.0	2 000		
211	莒县	莒县江汇奶牛场	小店镇南王家管庄村	潍坊三元	325	172	荷斯坦	5.0	730		
212	莒县	莒县百泰奶牛养殖场	龙山镇前仲沟村	益善房乳业	320	190	荷斯坦	7.5	1 100		
213	莒县	莒县百慧乳业股份有限公司	招贤镇普安村	山东百慧乳业股份有限公司	800	350	荷斯坦	10.0	3 500		

（续）

序号	县（市、区）	名称	地址	供奶企业（全称）	全群存栏（头）	成母畜存栏（头）	奶畜品种	成母畜单产（t/年）	年总产量（t）	是否有机奶源基地	有机奶产量（t）
214	莒县	莒县润达牧业有限公司	浮来山大薛庄村	临沂格瑞食品有限公司	490	240	荷斯坦	9.0	1 900		
215	莒县	莒县陆源牧业有限公司	果庄镇孙家庄村	蒙牛乳业股份有限公司	495	245	荷斯坦	9.1	1 950		
216	日照市东港区	宜生牧业	东港区两城镇两成大道	泰安蒙牛	400	200	荷斯坦	12.0	200		
217	枣庄市台儿庄区	山东祥和乳业有限责任公司	马兰屯镇抗埠村	山东祥和乳业有限责任公司	3 765	1 909	荷斯坦	9.5	19 174	√	2 160
218	枣庄市市中区	枣庄市今日养殖有限公司	市中区税郭镇沙沟村	徐州绿键乳品饮料有限公司	320	152	荷斯坦	7.5	900		
219	临邑县	临邑孟寺镇小解奶牛场	山东省德州市临邑县孟寺镇小解村	科迪乳业	350	200	荷斯坦	9.0	1 080		
220	临邑县	临邑县临盘小马家村奶牛场	山东省德州市临邑县临盘小马家	光明乳业（德州）有限公司	350	200	荷斯坦	9.0	1 650		
221	临邑县	临邑县绿康奶牛养殖场	临邑县德平镇	科迪乳业	550	450	荷斯坦	9.5	2 550		
222	临邑县	临邑县临盘少丽奶牛场	山东省德州市临邑县临盘孟家	山东省农科院	418	307	荷斯坦	8.0	800		
223	乐陵市	乐陵市乐农奶牛养殖专业合作社	乐陵市黄夹镇小韩集村	蒙牛乳业泰安有限公司	539	293	荷斯坦	5.8	1 693		
224	乐陵市	乐陵市乐农奶牛养殖专业合作社	乐陵市黄夹镇小韩集村	蒙牛乳业泰安有限公司	539	220	荷斯坦	7.7	1 693		
225	乐陵市	嘉立荷（山东）牧业有限公司	乐陵市大孙乡政府北1km	蒙牛泰安乳业有限公司、伊利、君乐宝乳业有限公司	10 508	6 276	荷斯坦	11.3	70 791		
226	乐陵市	乐陵市旺源奶牛场	乐陵市寨头堡乡闫芙蓉村	江苏君乐宝乳业有限公司	389	180	荷斯坦	6.9	1 236		
227	乐陵市	乐陵市金亿奶牛养殖专业合作社	乐陵市丁坞镇大杨寨村	山东熊猫乳品有限公司、山东旺旺食品有限公司	2 360	1 120	荷斯坦	8.4	9 378		
228	乐陵市	乐陵市阳光奶牛养殖专业合作社	乐陵市丁坞镇东郭村	江苏君乐宝乳业有限公司	758	350	荷斯坦	7.1	2 501		
229	平原县	平原县盛源奶牛养殖专业合作社	龙门街道办事处军仓社区姜庄村	山东济阳旺旺食品有限公司	550	300	荷斯坦	8.0	28 800	√	28 800
230	平原县	德州烁洋牧业有限公司	平原县张华镇胡庄村东	河南科迪乳业有限公司	360	70	荷斯坦	9.0	630		
231	齐河县	醇源牧场有限公司（一牧）	山东省德州市齐河县晏北街道赵庄村东侧	南通红梅乳业有限公司	4 262	1 423	荷斯坦	11.4	7 863.494		
232	齐河县	醇源牧场有限公司（二牧）	齐河县潘店镇十里雾社区北	明治乳业、蚌埠和平乳业、东营安和乳业	5 672	2 788	荷斯坦	10.5	31 573.8		
233	齐河县	齐河县晟茂奶牛养殖专业合作社	齐河开发区畜牧三场瓦宋村北	济南佳宝乳业有限公司	356	200	荷斯坦	7.0	680		
234	齐河县	齐河县旺达奶牛专业合作社	齐河县晏城街道办事处毛官屯村东	山东旺旺食品有限公司	560	260	荷斯坦、弗莱威赫	8.5	1 700		
235	齐河县	齐河县旺源奶牛养殖专业合作社	齐河县大黄乡大张村	山东旺旺食品有限公司	685	345	荷斯坦	9.0	2 360		
236	齐河县	齐河县安头乡新月家庭农场	安头乡小吴现屯村	泰安蒙牛	393	240	荷斯坦	7.5	1 350		
237	齐河县	齐河县美润牧业有限公司	齐河县胡官屯镇沙张村	济南伊利乳业有限责任公司	850	380	荷斯坦	8.0	2 850		

（续）

序号	县（市、区）	名称	地址	供奶企业（全称）	全群存栏（头）	成母畜存栏（头）	奶畜品种	成母畜单产（t/年）	年总产量（t）	是否有机奶源基地	有机奶产量（t）
238	齐河县	齐河县明军奶牛牧场	齐河县晏城街道办事处毛官屯村西南	济南兴牛乳业	310	160	荷斯坦	7.5	960		
239	武城县	武城县星河牧业有限公司	老城镇沙庄村	徐州君乐宝有限公司	1 200	610	荷斯坦	9.0	5 200		
240	武城县	武城县洪源奶牛养殖专业合作社	李家户刘王庄	河南科迪乳业股份有限公司	530	210	荷斯坦	8.5	1 700		
241	禹城市	山东视界牧业有限公司	伦镇大孙村	东君乳业（禹城）有限公司	13 300	6 942	荷斯坦	10.1	68 788		
242	禹城市	禹城蒙天乳业有限公司	辛店镇沙河辛村	内蒙古蒙牛乳业（集团）股份有限公司 优诺乳业有限公司	11 532	6 310	荷斯坦	10.2	63 152		
243	禹城市	禹城市犇乳奶牛养殖有限公司	房寺镇篦子杨村	河南科迪乳业有限公司、济南佳宝乳业有限公司	412	294	荷斯坦	8.7	2 760		
244	禹城市	禹城市房寺镇裕森奶牛养殖农场	房寺镇张庄村	河南科迪	590	365	荷斯坦	8.5	3 490		
245	禹城市	禹城市瑞丰养殖家庭农场	房寺镇瓜张村	光明乳业（德州）有限公司	509	320	荷斯坦	8.7	3 070		
246	禹城市	禹城市犇福农牧有限公司	梁家镇毛子张村	光明乳业（德州）有限公司	1 000	800	荷斯坦	8.7	7 740		
247	禹城市	禹城市天鹿牧业有限公司	禹兴街道曹坡村北	济南旺旺食品有限公司	1 700	990	荷斯坦	9.0	9 700		
248	德州市陵城区	德州光明生态示范奶牛养殖有限公司	陵城区马庄	德州光明生态示范奶牛养殖有限公司	2 955	1 685	荷斯坦	10.5	17 656.51		
249	冠县	冠县润强奶牛养殖专业合作社	冠县定远寨乡吕铺村	济南平阴伊利乳业有限公司	570	280	荷斯坦	11.6	3 000		
250	冠县	冠县兴润佳源奶牛养殖专业合作社	冠县桑阿镇西白塔村西	济南平阴伊利乳业有限公司	480	310	荷斯坦	11.5	2 800		
251	冠县	冠县范寨康源奶牛养殖专业合作社	冠县范寨乡范庄村	泰安蒙牛乳业有限公司	850	500	荷斯坦	11.5	5 000		
252	冠县	冠县鹏展奶牛养殖专业合作社	冠县范寨乡范庄村	山东德州光明乳业有限公司	500	280	荷斯坦	11.2	2 600		
253	冠县	冠县举德丰牧业有限公司	冠县柳林镇和寨村	江苏君乐宝乳业有限公司	560	350	荷斯坦	11.4	3 000		
254	冠县	冠县东方奶牛养殖专业合作社	冠县范寨乡张坊村	江苏君乐宝乳业有限公司	400	270	荷斯坦	11.0	1 650		
255	冠县	冠县二运奶牛养殖有限公司	冠县店子镇赵当铺村	江苏君乐宝乳业有限公司	350	130	荷斯坦	11.0	1 450		
256	冠县	聊城诺达农业科技有限公司	冠县辛集镇鲍庄村南首路西	泰安蒙牛乳业有限公司	600	300	荷斯坦	11.5	3 000		
257	临清市	临清乳泰牧业有限公司	山东省聊城市临清市尚店乡洼里	临清乳泰牧业有限公司	3 445	1 356	荷斯坦	11.1	15 209		
258	临清市	山东聊城东林牧业有限公司	临清市康庄镇高庄村	山东聊城东林牧业有限公司	2 392	1 133	荷斯坦	11.0	11 748		
259	临清市	临清市天逸养殖有限公司	戴湾镇水城屯东村	光明（德州）乳业有限公司	1 320	554	荷斯坦	8.4	4 571		
260	阳谷县	阳谷县良种奶牛繁育有限公司	闫楼镇赵海村	山东旺旺食品有限公司	1170	528	荷斯坦	11.5	6 072		
261	阳谷县	阳谷县兴隆奶牛养殖专业合作社	阳谷县郭屯镇姜邢村	蒙牛乳业泰安有限公司	359	223	荷斯坦	9.5	2 118.5		

备注：本表所指奶畜包括奶山羊、奶绵羊、奶水牛、牦牛、骆驼、驴等产商品奶家畜。如认证为有机奶源基地等，请在相应表格中打钩。

附表 2　山东省主要乳制品生产企业名录

序号	名称	生产地点	生产许可证号码	年收购原奶量(t)	其中：自有奶源量(t)	平均支付价格(元/kg)	日处理生鲜乳能力(t)	年乳制品产量(t)	其中：低温鲜奶(t)	UHT奶(t)	常温酸奶(t)	低温酸奶(t)	原料奶粉(t)	婴幼儿配方奶粉(t)	成人奶粉(t)	奶油(t)	奶酪(t)	含乳饮料(t)	冰品(t)	年销售收入(万元)	利润(万元)	有机产品(获得有机标志的数量)(枚)
1	济南佳宝乳业有限公司	济南市长清区明发路1999号	SC10537011300356	305 800	123 200	4.81	1 600	331 200	106 000	51 760		151 740						21 700		277 000	20 700	
2	济南伊利乳业有限责任公司	济南市平阴县振兴街536号	SC10537012400189	279 473.38	218 521.94		2 150	314 264.47		196 304.39	61 984.33					419.65		55 556.1		282 780.07	22 622.4	
3	济南舒阳奶业有限公司	章丘区高官寨街道西邻1 000m	SC10537018101093	3 600	3 000	4.1	20	3 600	2 520			1 080								2 600	200	
4	山东兴牛乳业有限公司	济南市桑园路8号	SC10537011200763	6 500	0	4.6	50	6 500	4 500			2 000								6 600	800	
5	山东高速生物工程有限公司	济南市济阳区新市镇江店村	SC10537012500333	7 238	7 551		30	7 238	5 877			1 361								8 705.31	783.48	
6	山东旺旺食品有限公司	济阳区旺旺街8号	SC10637012509637	53 395.87	0	4.73	400	165 738.58		165 738										215 058.4	36 578.72	
7	青岛迎春乐食品有限公司	青岛市城阳区	SC10637021400299	20 000		4.1	400	21 170	6 570	4 380		6 570						3 650				
8	青岛新希望琴牌乳业有限公司	山东省青岛市胶州市经济技术开发区太湖路6号	SC10637028100848	67 300	4 998	4.35	800	66 624	21 219	21 280.038		24 035.439 44						89.357662		60 943	3 812	1
9	柏札莱(青岛)食品有限公司	莱西市店埠镇兴店路工业园	SC10537028501332	1 000	0	3.5	30	300									300			1 500	-220	
10	青岛雀巢有限公司	莱西市威海西路	SC10637028510660	234 100	0	3.84	730	100 550		50 020						50 530				386 049	40 991	
11	富友联合澳亚乳业有限公司	河口区	SC10537050300189	4 512	0	3.8	740	3 925	341	2 498	1 086									1 704		
12	安和乳业(山东)有限公司	广饶县经济技术开发区	SC10537052300940	9 600	0	4.6	1 200	1 265					1 185		80					43 983	207	
13	山东恩泽乳品有限公司	广北农场广青路23号	sc10637052300106	2 800	2 800	4.5	800	1 950	930	100		770			150					2 690	32.8	
14	潍坊伊利乳业有限责任公司	山东省潍坊市临朐县城关街道西环路西侧朐山路南侧	SC10537072408178	209 452.55	174 973.54		1 300	341 370.43		130 981.89	54 357.02							156 031.52		258 300	17 200	
15	山东万宝乳业有限公司	山东省临朐县辛寨镇万宝路567号	SC10637072400449				1 000	1 265.23					1 265.23							8 687	-127	
16	山东三元乳业有限公司	潍坊市坊子区崇文街2466号	SC10637070400024	24 297.47	0	3.6	270	28 416.3316	15 147.11			10 155.62						3 113.6		19 627.1	45	

（续）

序号	名称	生产地点	生产许可证号码	年收购原奶量(t)	其中：自有奶源量(t)	平均支付价格（元/kg）	日处理生鲜乳能力(t)	年乳制品产量(t)	其中：低温鲜奶(t)	UHT 奶(t)	常温酸奶(t)	低温酸奶(t)	原料奶粉(t)	婴幼儿配方奶粉(t)	成人奶粉(t)	奶油(t)	奶酪(t)	含乳饮料(t)	冰品(t)	年销售收入（万元）	利润（万元）	有机产品（获得有机标志的数量）（枚）
17	济宁三强乳业有限公司	任城区唐口工业园人民路8号	SC10537081109576	5 949	240	4.25	150	5 622	3 578	489		1 555								4 958	297	
18	山东亚奥特乳业有限公司	山东泰安泰山区	SC10637090200327	65 000	65 000	4.62	300	70 000	20 000	30 000	3 000	12 000						5 000		42 083	1 500	
19	山东泰山安康生态乳业有限公司	山东省泰安市徂徕山汶河风景名胜区徂徕镇北望村	SC10637091112048		1 804		100	1 804	900			904								2 100	30	
20	蒙牛乳业泰安有限责任公司	泰安市高新区中天门大街669号	SC11037090100044	466 105	171 550	4.54	1 588	451 900		289 500		97 000						32 600	32 800	362 422	20 091	
21	山东德正乳业股份有限公司	文登区秀山西路	SC10237108100056	5 190	750	3.2	200	7 550					7 550							19 102	592	
22	威海嘉盛乳业有限公司	山东省荣成市成山大道西段119号	SC10637108209477	15 000	15 000	4.7	180	13 060	5 750	3 782		2 590	152			20		766		14 000	1 200	
23	山东百慧乳业股份有限公司	莒县经济开发区潍坊东路	SC10937112201137	9 000	3 600	4.2	100	22 500		3 500								19 000		11 600	950	
24	山东祥和乳业有限责任公司	台儿庄区马兰屯镇	SC10637040500101	2 498	2 498	4.7	200	2 910	1 046	634		652						578		2 408	127	2
25	光明乳业（德州）有限公司	山东省德州市经济技术开发区晶华大道2157号	SC10637140100137	119 154.831	16 479	5.2	500	121 993		67 601	53 002							1 390		97 105	1 496	1
26	东君乳业公司	山东禹城	SC106337148200546	5 345	5 345	5.32	160	9 467	1 609	560	11	2 842						4 445		10 044		
27	君君乳酪公司	山东禹城	SC10537148200805	15 000	5 345	5.32	300	30 000									30 000			40 000	3 000	
28	临清乳泰奶业有限公司	山东省聊城市尚店镇工业集聚区（S247省道路西）	SC10637158100456	5 215.33	0	4.4	210	5 023	595.46	2 641.9		1 786.36								3 995.14	66.77	
29	冠县优牧乳业有限公司	山东冠县	SC10537152501005	1 000	1 000	4.15	30	950	300			650								1 500	130	

备注：本表包括在中国及海外的生产企业。日处理生鲜乳能力指设计加工生鲜乳能力。自有奶源指来自自检和参建（控股、参股）牧场（小区）的原奶。成人奶粉 指除婴幼儿配方奶粉以外的学生奶粉、孕妇奶粉、中老年奶粉等终端消费奶粉。冰品包括冰激凌、雪糕等。有机产品数量单位为“枚”，指获得有机标志的数量。

河南省

【奶畜养殖】2021年，河南省积极克服汛期疫情、奶价波动等因素影响，加快推进优质奶源基地建设，持续强化技术支撑服务，切实加强生鲜乳质量安全监管，奶业发展势头强劲，生鲜乳质量高位稳定，奶业呈现出良好的发展态势。据统计，2021年全省奶牛存栏38.5万头，牛奶产量212万t，同比分别增长5%、1%，有力保障了全省奶业的有效供应。

【奶源基地】一是优质奶源基地加快建设。深入实施2021年奶业发展资金、奶畜家庭牧场升级改造和优质草畜生产能力提升等项目，重点利用中央资金支持100个中小牧场升级改造，利用省级"两牛"发展资金支持10个奶牛场新建标准化畜位4.4万个。伊利集团位于西平县的优然牧场设计规模2.4万头，已存栏奶牛超万头，成为全省单体规模最大的牧场。

二是奶牛育种基础性工作扎实开展。全年共完成奶牛品种登记18万头、奶牛生产性能测定11万头，全省参测奶牛场达188个，应测奶牛参测比例达53.5%，稳居全国第一位。高产奶牛核心群组建扩繁高产奶牛母犊4.6万头。

三是奶牛单产提升行动持续实施，测料养牛成效显著。苜蓿、花生秧、全株青贮玉米、玉米秸秆青黄贮和TMR 5种粗饲料营养成分数据库积累数据近万条，精准饲喂、精细饲养技术得到广泛推广应用。开展奶牛场全株青贮品鉴和单产提升观摩活动，指导奶牛场粗饲料质量提升和单产提升，参测奶牛平均单产9.2t，比2020年提高0.2t，实现降本增效。

四是黄河滩区草业带建设持续推进。探索建立草畜深度融合联结机制，开展苜蓿品种筛选及青贮技术研究与推广，不断提高优质饲草生产能力。黄河滩区优质苜蓿种植面积近9万亩，黄河滩区草业带跻身全国十大苜蓿商品草生产基地之一，中央电视台先后2次对黄河滩区草业带建设进行了专题报道。

【公益行动】奶业公益宣传成效明显。开展第五届"健康中原——牛奶伴您行"奶业公益宣传活动，科普奶业知识，组织奶业知识竞赛，参赛人员达184万人次。在《河南畜牧兽医》开辟专栏，开展奶业科普知识系列宣传。制作奶业公益宣传片，在河南电视台、郑州地铁、河南城际高铁播放。通过奶业公益宣传，普及了饮奶知识，促进了奶类消费。2021年，河南在省级及以上媒体、农业农村信息网、楼宇电视屏等投放宣传稿件、简报、信息21篇。

灾后重建有序推进。2021年7月下旬，河南遭遇历史罕见特大暴雨，造成重大人员伤亡和财产损失。按照灾情应急响应级别要求，实行受灾情况日报制度，实时掌握养殖场受灾、死亡数量、圈舍损毁面积、饲草料存储供应等情况。根据调度情况及时编写复工复产技术指南，科学指导养殖场开展生产自救。同时，指导河南省奶业协会组织饲草企业为养殖场捐赠草料等物资，联系对接平价及低价饲草料，帮助养殖场渡过难关。在此基础上，积极争取政策支持，有序推进灾后恢复重建。

【奶农组织】一是组织奶农抗灾自救。受2021年7月下旬特大暴雨影响，郑州、新乡、许昌、鹤壁、安阳、周口等市发生严重内涝，农村地区良田被淹、房屋损毁，部分奶牛养殖场受灾严重。面对灾情，河南省奶业协会迅速行动，及时了解生鲜乳、生产物资等供求情况，指导奶牛养殖场调整生产方式、强化牧场生物安全管理，协助解决各种突发问题，调动一切资源和力量将损失降到最低。为夺取防汛救灾的胜利，帮助群众渡过难关，河南省奶业协会向广大会员及社会各界发出"众志成城、抗洪救灾、你我同行"倡议书，号召会员单位勇于担当、乐于奉献，积极参与防汛救灾，争做防汛救灾表率，积极履行社会责任。据统计，会员单位以及个人救灾捐款捐物累计超过100万元。

二是稳定奶源市场秩序。2021年3月11日，在河南省农业农村厅、河南省奶业协会的共同见证下，蒙牛（焦作）乳业有限公司与奶源供应商按照新版合同约定，共同签订了《生鲜乳收购价补充协议》，对每季度逐月生鲜乳收购价进行了明确约定，同时鼓励优质优价。新版购销合同的签订，打破了以前生鲜乳购销过程中价格不明、收奶企业完全掌控话语权的局面，实现了生鲜乳购销"先定价、后交易"，对规范生鲜乳购销秩序、维护双方合法权益、密切产销利益联结有重要意义。

三是开展技术指导服务。2021年7月27—30日，举办全省肉牛奶牛饲养管理与疾病防控实战技术特训班，采用理论与实践相结合的形式开班授学。针对河南部分地区发生严重洪涝灾害、养殖户损失巨大的实际情况，邀请河南牧业工程学院石冬梅教授专题讲解洪涝灾害后受灾养殖场复产技术措施。

四是引导企业降本增效。"7.20"特大暴雨灾害发生后，河南省农业农村厅、河南省奶业协会、河南省养羊协会共同向社会发出倡议，对接爱心企业向有困难的牧场捐赠牧草超200t，解决了困难牧场的燃眉之急。同时，联合涉农高校、牧草种植加工企业，积极开发利用本地廉价粗饲料资源，合理替代进口高价牧草，达到降本不减产、提质又增效的目的。

【政策法规】肉牛奶牛产业发展政策。重点支持新建畜位300头及以上的奶牛标准化规模养殖场项目建设，对新建1个奶牛畜位省财政按不超过2 000元予以奖补。

国家奶畜中小牧场和奶农合作社升级改造项目。支持100个中小牧场对养殖设施设备等进行升级改造。

国家振兴奶业苜蓿发展行动项目。重点支持高产优质苜蓿基地建设，全省共确定实施单位8家，建设高产优质苜蓿基地3万亩。

国家粮改饲试点项目。全省75个试点县共完成粮改饲面积 128 万亩，超出国家下达目标任务的 53%，示范带动全省优质饲料作物种植面积发展到 300 万亩以上。

【质量监管】强化生鲜乳质量安全监测。制定下发了《2021 年河南省生鲜乳质量安全监测计划》，下达风险和监督抽检 850 批次，其中监督抽检 50 批次、风险监测 800 批次。实际完成抽检 872 批次，其中监督抽检 50 批次、风险检测 822 批次，任务完成率 102.6%。配合部级部门完成抽检 425 批次。

推进生鲜乳第三方检测。在郑州、新乡、焦作 3 个省辖市和济源示范区实施生鲜乳第三方检测试点，涉及乳制品企业 8 家，涉及全省 60% 的生鲜乳收购站。组织第三方检测试点项目承检机构进行实验室间比对检测 2 次和观摩检测 1 次，并就乳蛋白率、黄曲霉毒素等主要检测项目组织参加了全国检测能力验证，第三方检测试点工作得到规范和提升。

完善生鲜乳信息化追溯体系。新建奶站监控系统 3 套，新建生鲜乳运输车监控 40 套，对全省生鲜乳质量安全信息化追溯体系进行完善和维护，将现有持证运营的所有生鲜乳收购站、生鲜乳运输车、27 家乳制品企业收奶区全部纳入信息化监管范围。对追溯体系监管平台进行升级融合，完成视频监控系统、电子交接系统和第三方检测数据系统的单点登录，实现了追溯体系与全省三农信息平台的对接。监管平台全年运行良好，奶站、乳企和奶车“两点一线”的实时监控、全程追溯功能得到进一步完善，省、市、县和乳制品企业“三级四层”监管体系运行良好，生鲜乳质量安全监管及时有效，形成了良好的监管合力。

【奶业大事】2021 年 1 月 7 日，河南省人民政府省长尹弘与蒙牛集团总裁卢敏放一行会谈，就深化合作、扩大投资、高质量发展河南奶业进行交流。

2021 年 4 月 18—20 日，河南省首次以“蓬勃发展的河南饲草产业”为主题组团参加由中国饲料工业协会、全国畜牧总站主办的 2021 中国饲料工业展览会（重庆）。

2021 年 4 月 29—30 日，河南省黄河滩区苜蓿产业高质量发展暨草畜联动高峰论坛在兰考县举办，农业农村部相关领导、专家教授及国内行业大咖齐聚论坛。中国工程院院士南志标出席论坛。

2021 年 6 月 1 日，由河南省农业农村厅联合大河报举办的第五届“健康中原——牛奶伴您行”奶业知识竞赛正式启动。本次活动持续 1 个月，通过大河报官微、顶端新闻网向全国推介。

2021 年 6 月 17 日，河南省奶牛品种登记培训班暨单产提升技术高峰论坛在驻马店正阳县举办。河南省奶业协会、河南省种牛遗传性能测定中心联合发布了《2020 年河南省荷斯坦母牛良种登记的联合公告》。各省辖市、奶牛主产县（市、区）畜牧站长、科长和技术骨干以及奶牛养殖企业负责人参加培训。

2021 年 6 月 17 日，河南省畜牧总站启动奶牛单产提升“1+1”精准指导服务行动，全省 22 家奶牛养殖企业分成 11 组，开展“一对一签约、一对一帮扶”，携手提升奶牛单产水平。

2021 年 6 月 30 日，第五届“健康中原——牛奶伴您行”奶业知识竞赛圆满收官。本次活动进一步激发了河南和全国网友“学奶业知识、抢醇香牛奶”的盛夏热情，共计 184.87 万人次参与答题，创历史新高。

2021 年 7 月 17—19 日，组织奶牛单产提升“1+1”精准指导服务项目负责人及部分市、县（市、区）畜牧（技术推广、畜禽改良）站项目负责人赴安徽省合肥市参加第 12 届中国奶业大会暨 2021 中国奶业展览会。

2021 年 7 月 20 日开始，河南认真落实省委、省政府防汛救灾和加快灾后重建决策部署，统筹全省奶业系统的信息优势、科技优势和人才优势，组织奶业生产、牧草生产等领域相关专家、技术推广人员起草发布相关防灾减灾技术措施，并奔赴生产一线开展技术指导。

2021 年 10 月 13—16 日，组织部分奶业大市（县）奶业管理、技术推广和奶牛场等人员，对宁夏回族自治区奶牛养殖场、牛奶加工企业、奶业研究院、奶牛养殖基地进行实地考察。

2021 年 12 月 1 日，《河南省奶牛群体进展报告 2021》由中原农民出版社出版发布。主要内容包括生产性能测定、品种登记、体型外貌鉴定、重要性状遗传评估和种牛培育等数据分析情况。

2021 年 12 月 7 日，河南农业大学举办“牛韵千载、犇赴未来”牛主题文化节。本次活动共展出工艺品 70 多件，摄影、绘画及书法作品 120 多幅，邮票 400 多枚，发放乳制品 7 000 余份，引导学生把发展奶业使命扛在肩上。《人民日报》《河南日报》等 30 余家媒体对文化节活动进行了报道。

2021 年 12 月 17 日，河南省农业农村厅举办 2021 年生鲜乳质量安全监管法规线上培训班。

2021 年 12 月 20 日，第二届全省优质饲草质量评鉴活动在郑州举办，首次将苜蓿青贮纳入质量评鉴范围，推动饲草行业形成以质论价、优质优价市场机制。

2021 年 12 月 21 日，河南省奶牛生产性能测定中心作为国家奶牛基因组参考群组建项目第三方核查实施单位，承办了全国奶牛基因组参考群第三方核查总结会。

2021 年 12 月 22 日，全省奶牛精准营养技术培训班在郑州举办，会议通报了测料养牛平台建设情况。

（河南省农业农村厅奶业管理处，宋洛文）

郑 州 市

2021 年郑州市继续实施奶业转型升级，通过补短板、强弱项，在规范化、标准化的基础上继续促进家庭牧场发展，促进美丽牧场建设，合力加快推进奶业振兴，乳制品质量安全连续保持优良。

【奶畜养殖】截至2021年底，全市奶牛存栏14 314头，其中成母牛7 352头。牛奶产量6.6万t。100头以上规模奶牛场（区）20个，分布在中牟县、荥阳市、新郑市、巩义市等地。主要呈现以下特点：

规模化养殖程度进一步提高。持续开展奶牛场（小区）转型升级行动，通过淘汰低产奶牛、小区牧场化转型、规模场技术托管等措施，2021年规模养殖比例达到95%，较2020年增长5个百分点。

机械化生产水平明显增强。规模场和养殖小区机械化挤奶率100%。2021年本市一家企业投资300万元，引进了机器人挤奶设备，开启了本市智慧牧场的建设进程。同时100%的牧场配备了全混合日粮（TMR）搅拌车，大型青贮收割机、自动清粪、自动饮水等设施设备和技术相继应用于奶业生产。奶业规模化、标准化、机械化水平均居全省前列。

奶牛单产水平进一步提升。通过严格选育、全方位开展奶牛单产提升行动，机械化、智能化、信息化和关键生产技术的加快推广应用，奶牛科学分群和精细化管理，取得明显效果。2021年，全市参加奶牛生产性能测定（DHI）的奶牛场有17个，参测奶牛8 645头，日均单产30.92kg，305天产量8 774.26kg，乳脂率4.2%，乳蛋白率3.31%，体细胞数26.69万个/mL。

生鲜乳质量安全水平持续高点。按照2021年度“双随机、一公开”工作计划，对全市生鲜乳收购站进行检查，生鲜乳抽检合格率为100%；委托第三方检测机构进驻乳企检测425批次，三聚氰胺监测合格率均为100%。

积极发展美丽牧场，培育发展观光奶业。继续实施美丽牧场建设，并出台了实施方案，支持各类规模养殖场申报创建美丽牧场项目，单个美丽牧场项目最高扶持额不超过500万元。郑州市昌明农牧科技有限公司奶牛科普乐园2017年被农业农村部作为“亲子互动”典型模式向全国推介以来，吸引了大批游客，成为全市奶业宣传及科普教育基地和第一个畜牧业对大众开放的窗口。郑州市昌明农牧科技有限公司是全国四星级休闲农业园区、河南省科普教育基地、河南省农业科普示范园、河南省四星级乡村旅游经营单位、河南省美丽牧场。

2021年，郑州市昌明农牧科技有限公司积极探索牧场乳制品加工，给游客提供牧场乳制品，开辟线上商城，客户下单快递配送，实现一二三产业融合发展。积极拓展观光牧场新领域，利用邙山区位优势，努力打造野外露营地。

【乳制品加工】全市有河南花花牛乳业集团股份有限公司、郑州光明乳业有限公司等5家乳制品加工企业，年设计加工能力60.01万t，2021年总产量25.3万t（较2020年增加3.0万t），其中低温鲜奶0.88万t、UHT奶7.30万t、常温酸奶10.44万t、低温酸奶4.42万t、含乳饮料2.22万t。2021年总产值25.04亿元（较2020年增加6.77亿元）。

河南花花牛乳业集团股份有限公司是本市最大的乳制品加工企业，拥有3个乳制品加工基地，分别是河南花花牛乳业集团股份有限公司郑州分公司、郑州花花牛乳制品有限公司及新蔡花花牛乳业有限公司。集团乳制品日加工能力达1 300t，产品涵盖巴氏杀菌乳、发酵乳、灭菌乳、调制乳、含乳饮料、乳粉、奶酪七大类百余个品种，并依托传统零售、现代商超、送奶入户、电商等多种渠道，形成河南省内全覆盖并逐步布局全国市场的销售网络。2021年，花花牛全年乳制品产量达到17.69万t，其中低温鲜奶8 798t、UHT奶4.46万t、常温酸奶3 498t、低温酸奶9.8万t、原料奶粉137.3t、奶酪260.9t、含乳饮料2.19万t。花花牛陆续投入近1亿元，重点对现有配送车辆及终端冷链进行升级改造。完成冷藏车改造300余辆，终端投放冷柜20 000台，实现全程冷链无缝运营。2021年上线智能运输管理系统（TMS），升级冷链物流监控系统，安装配送车辆门磁监控150余台，加强配送环节冷链监控与数据分析。走“新鲜”的道路，实现了高速增长，成为区域内排名前列的低温奶生产商。

【市场消费】2021年，郑州市居民人均可支配收入39 511元，比2020年增长6%。其中，城镇居民人均可支配收入45 246元、增长5.5%，人均消费性支出28 710元、增长了12.8%；农村居民人均可支配收入26 790元、增长8.1%，人均消费性支出19 868元，增长13.4%。

通过对世纪联华、丹尼斯、大商新玛特等超市乳制品销售情况进行调查，其销售乳制品种类及价格如下。

纯牛奶、酸牛奶类：花花牛透明小袋180g×12袋，批发价格为30.90元；花花牛俄式炭烧酸奶160g×12袋，批发价格为30.90元；花花牛益生菌风味发酵乳180g×12袋，批发价格为43.90元；花花牛袋装轻觉酸牛奶150mL×12袋，批发价格为57.60元。伊利金典有机纯牛奶礼盒装250mL×16盒/箱，100mL含3.6g乳蛋白，早餐伴侣，批发价格为74.90元；伊利金典有机全脂纯牛奶礼盒装250mL×10盒/箱（梦幻盖），100mL含3.8g乳蛋白，早餐伴侣，批发价格为75.0元；蒙牛特仑苏纯牛奶250mL×16盒，100mL含3.6g乳蛋白，批发价格为67.90元；蒙牛特仑苏纯牛奶250mL×24盒，100mL含3.8g乳蛋白，批发价格为187.20元。

婴幼儿配方奶粉类：销售的产品主要有飞鹤、伊利、君乐宝等品牌。

飞鹤星飞帆1段(0~6个月)婴儿配方奶粉700g/听，价格为324元；2段(7~12个月)较大婴儿配方奶粉700g/听，价格为287元；3段(1~3岁)幼儿配方奶粉700g/听，价格为308元。伊利奶粉金领冠1段900g/听，每听342元；金领冠2段900g/听，每听358元；金领冠3段900g/听，每听328元。君乐宝奶粉有机优萃1段800g/听，每听341元；有机优萃2段808g/听，每听350元；有机优萃3段800g/听，每听359元。

【奶源基地】据统计，截至2021年底，全市存栏100头及以上规模奶牛场（区）20个。其中，存栏1 000头及以上场3个，占规模奶牛场总数的15%；

200~999 头场 4 个，占规模奶牛场总数的 20%。

2021 年全市牧草面积 3 000hm²，全年共收储青贮 35.2 万 t。其中，牧草青贮 18.94 万 t、玉米等其他秸秆类青贮 16.26 万 t。郑州辖区内共完成 4 651 头荷斯坦牛的品种登记工作。

2021 年利用中央财政农业生产发展专项资金，投入 175 万元，对 9 个家庭牧场进行了升级改造。通过牛卧床、颈夹、风扇、喷淋、饮水槽、净化水设备、运动场等设施设备的改造，进一步改善了生产环境和饲养水平；利用省肉牛奶牛产业发展专项资金项目，投入 48 万元，新建奶牛畜位 530 个；利用中央财政农业生产发展资金 695 万元，实施粮改饲试点项目 6.53 万亩。

【奶农组织】郑州市奶业协会在本行业发挥协调和服务的职能，紧紧围绕奶业发展开展调研、宣传、推广等工作，为推动奶业的持续、稳定和健康发展做出了积极的贡献。郑州市奶业协会现有会员单位 61 家，个人会员 93 人。

在郑州“7.20”洪灾期间，郑州市奶业协会联合河南奶牛生产性能测定中心积极开展各项应对工作。在第一时间组织专项小组走访辖区内受灾牧场调查受灾情况，为帮助奶农做好灾后疫病预防及时协调资源，购置了一批消毒物资并安排专车送到牧场。年底成立调研组，深入郑州辖区内的奶牛养殖场开展调研工作，听取奶牛养殖场的情况介绍，并给予相关指导建议。

奶业科普方面，2021 年通过对外开放奶业科普馆进行宣传。制作奶业宣传视频、牛奶知识科普手册、活动展板、条幅等一系列道具开展各项宣传工作，共接待 600 余人次，发放宣传手册 2 000 余册，新媒体受关注 4 万余人次。同年，举办“一路青春与健康同行”五四青年节主题活动和“大手牵小手，一起向幸福出发”活动，协助河南农业大学举办“牛文化节”活动，与敬老院合办“关爱老人，送上温暖”活动。现场宣传奶业、解答热点问题，发放牛奶知识科普手册 1 000 余册。

【政策法规】2021 年，郑州市农业农村工作委员会和郑州市财政局联合印发《2021 年郑州市美丽牧场建设项目实施意见》，提出 2021 年建设不少于 10 个具有“现代、生态、规范、富民”内涵特质的美丽牧场。

【质量监管】全市有生鲜乳收购站 16 个，其中奶牛养殖场开办的奶站 14 个、奶牛养殖合作社开办的奶站 2 个。正常运营的生鲜乳运输车有 14 辆。2021 年郑州市生鲜乳质量安全监管主要工作如下。

突出资质合规抓整治。针对全市 16 个生鲜乳收购站和 14 辆生鲜乳运输车辆的生鲜乳收购许可证、生鲜乳准运证明，就许可条件是否完善、办证程序是否规范以及证照是否超过有效期等进行详细了解和认真核查，确保全市所有收购许可证和准运证明合法有效。

突出抽检监测抓整治。2 月，郑州市下发了《郑州市农业农村工作委员会关于下达 2021 年全市兽药饲料和畜产品质量安全检测计划的通知》（郑农〔2021〕27 号），计划在全市奶站抽样 20 批次，重点监测三聚氰胺和黄曲霉毒素 M_1 两个项目。9 月，对全市范围内的 16 个奶站，随机抽取生鲜乳收购站 2 个，抽检生鲜乳 2 批次，同时对上半年省厅抽检中存在风险隐患的中牟县和荥阳市的 4 个奶站及 7 个散养户再次进行了监督抽检，所有被抽检的奶站现场检查同步进行。10 月，农业农村部进行年内生鲜乳质量安全例行检测和国标检测第一次抽样工作，共抽取奶站 16 个、运输车 36 辆，共计抽检样品 72 个。积极发挥第三方机构抽检作用，开展风险隐患排查。

突出信息化建设抓整治。一是把所有收购站和运输车全部纳入农业农村部奶业监管平台，做到信息登记准确、数据更新及时、在线出证无误。二是信息化追溯体系建设。把所有乳制品加工企业和持许可证的生鲜乳收购站安装了视频监控系统。

【奶业大事】2021 年 5 月 10 日，河南省农业农村厅对郑州市 3 个奶站进行了监督检查和抽样检测。

2021 年 9 月 23—30 日，农业农村部畜牧兽医局派检测人员到郑州市进行生鲜乳例行监测和国标检测。

2021 年 12 月 17 日，按照《河南省农业农村厅关于举办全省生鲜乳质量监管法规培训的通知》要求，在郑州市农业农村工作委员会会议室举办了 2021 年全市生鲜乳质量监管法规培训班。

（郑州市农业农村工作委员会，曹杨军）

洛 阳 市

洛阳市以布局区域化、生产标准化、经营规模化、发展产业化、产品绿色化为目标，以高产奶牛核心群组建、品种登记和 DHI 测定等为着手点，重视良种繁育推广体系建设，强化科技体系支撑，加快推进种养结合、草畜配套和养殖废弃物资源化利用，努力构建现代奶业产业体系、经营体系和质量安全体系，强化质量安全管控和品牌培育，推动奶业振兴。

【奶畜养殖】2021 年洛阳市奶牛存栏 2.82 万头，与 2020 年基本持平，占全省奶牛存栏的 7.2%。牛奶总产量 16.14 万 t，同比下降 0.9%，占全省奶牛存栏的 7.6%。全市存栏 100 头以上规模养殖场 27 个，集中分布在洛阳市偃师区、孟津区和嵩县，占全部奶牛规模养殖场总数的 76%。 全市奶牛场年均 305 天产奶量较 2020 年有较大增幅。洛阳爱荷牧业有限公司、偃师市高龙镇隆鑫奶牛养殖场、洛阳沐润农牧有限公司产奶牛年均 305 天产奶量分别为 13 686.49kg、10 515.65kg、10 396.69kg，分别在全省 51 个参测奶牛场中排名第一、第五和第八。其中产奶量最高的洛阳爱荷牧业有限公司比 2020 年产奶量最高的偃师市高龙镇隆鑫奶牛养殖场年均 305 天产奶量增长了 29%。2021 年嵩县亚杰奶牛养殖专业合作社、洛阳爱荷牧业有限公司、洛阳卓尔牧业有限公司获河南省“美丽牧场”荣誉称号。

【乳制品加工】洛阳市共有3家乳制品加工企业，分别是洛阳科迪巨尔乳业有限公司（以下简称科迪巨尔）、洛阳阿新奶业有限公司、洛阳生生乳业有限公司（以下简称生生乳业），均为省农业产业化龙头企业。科迪巨尔是2015年科迪乳业全资收购巨尔乳业后成立的全资子公司，年加工能力12万t，2021年实现销售收入1.05亿元，同比增长10.3%，产品70%供应本地，其余销往周边省市。生生乳业分为奶牛养殖、乳制品加工、休闲观光三大业务板块，2021年实现销售收入6 500万元，其中牧场板块常年存栏2 000头左右，年产生鲜乳8 000t；乳业板块拥有6条乳制品生产线，年加工能力15 000t；休闲观光板块每年接待游客3万余人，是国家首批评选和推介的休闲观光牧场。洛阳阿新奶业有限公司主要生产低温奶，2021年实现销售收入2 050万元。洛阳市嵩县亚杰奶牛养殖专业合作社，探索“奶农办加工”模式开设奶吧，主要生产巴氏鲜奶和巴氏酸奶，在当地比较有知名度。

本市乳企呈现强烈的本土特点，占有市场主要集中在本地，外地市场份额较低，产品以低温奶为主，常温奶、含乳饮品等为辅，随着人们对巴氏鲜奶的逐渐认知，本地低温奶的销量呈上升趋势，大众型产品较多，高端产品市场开发空间大。

【市场消费】本地居民乳制品消费选择范围较广。本地乳制品企业均提供送奶入户服务，入户产品大都以巴氏奶为主，有鲜奶和酸奶、杯装和瓶装等不同的选择，还有一部分在商超进行售卖，价格相对实惠。除本地乳企入户产品外，本市入户较多的产品是郑州的花花牛乳制品，包括原味风味酸乳、DHA风味酸乳、瑞亚牧场鲜牛奶、益生菌风味发酵乳、大红枣益生菌风味发酵乳等产品，价格在3.8~4.5元。同时，本市商超销售的乳制品种类繁多，可以买到的国内外不同品牌、规格、口味的乳制品多达500多种，这些产品临期前促销力度很大。

低温鲜奶。低温鲜奶的主要品牌有光明、伊利、君乐宝、蒙牛、花花牛、三元等，包装形式有桶装、屋顶装、瓶装、袋装等。部分规格和价格为：光明优倍鲜牛奶屋顶装21.8元（950mL），光明新鲜牧场高品质牛奶屋顶装11.9元（950mL），伊利桶装鲜牛奶23.9元（1.5L），伊利金典全职鲜牛奶瓶装9.9元（235mL），君乐宝悦鲜活鲜牛奶瓶装19.9元（780mL)，蒙牛现代牧场鲜牛奶桶装19.9元（1 500mL），蒙牛现代牧场鲜牛奶屋顶装10.9元(960mL)，蒙牛现代牧场基础鲜牛奶屋顶装4.9元(200mL)，蒙牛鲜奶百利包2.6元（180mL），花花牛天养致鲜鲜牛奶瓶装10.9元（750g），花花牛透明袋纯牛奶2元（180g），巨尔100%纯牛奶2.2元（180mL）。

UHT奶。UHT奶因保质期较长的特点，在商超不仅可以购买国内品牌，还可以购买到部分国外品牌，较为多见的有夏进、三元、巨尔、伊利、光明、澳牧、德亚等。部分规格和价格为：夏进浓缩牛奶50元/箱（250mL×10盒），夏进瓶装纯牛奶49.5元/箱（243mL×15盒），夏进纯牛奶39.9元/箱（250mL×20盒），三元特选60年纯牛奶58元/箱（250mL×12盒），三元极致纯牛奶66元/箱（250mL×12盒），三元极致A2β酪蛋白纯牛奶58元/箱（200mL×10盒），三元脱脂纯牛奶36.8元/箱（200mL×16袋），巨尔澳牛牧场纯牛奶28元/箱（180g×16袋），巨尔100%纯牛奶35.2元/箱（180mL×16袋），伊利盒装高钙奶52.8元/箱（250mL×16袋），伊利臻浓牛奶33.6元/箱（230mL×16袋），伊利金典纯牛奶65元/箱（250mL×12盒），光明纯牛奶29.9元/箱（231mL×16袋），光明优加纯牛奶54元/箱（200mL×12盒），澳牧纯牛奶96元/箱（250mL×10瓶），德亚全脂牛奶49.5元/箱（200mL×12盒）。

酸奶。酸奶较多的品牌有三元、光明、蒙牛、伊利、君乐宝等。部分规格和价格为：三元大果块酸牛奶8.5元（260g），三元简卡0蔗糖桶装14.5元（1kg），花花牛老酸奶3.9元（145g），巨尔白马寺老酸奶3元（180g），光明如实无添加发酵乳8.9元（135g），光明新鲜屋酸牛奶屋顶装14.6元（950g），光明屋顶包酸牛奶8.5元（460g），蒙牛冠益乳15.9元（450g），蒙牛阿慕乐原味风味发酵乳4.9元（210g），伊利大果粒8.9元（260g），伊利畅轻发酵乳7.9元（250g），伊利老酸奶4.9元（138g），伊利益消风味桶装酸牛奶13.9元（1.05kg），君乐宝益生菌酸牛奶14.9元（1.08kg），君乐宝简醇连杯13.9元（90g×8）。

婴幼儿配方奶粉。品牌有至初、飞鹤、佳贝艾特、惠氏、美赞臣、诺优能、爱他美、伊利、合生元、君乐宝、美素佳儿等。奶粉的适用阶段以月龄划分，其中1段适用0~6月龄婴儿，2段适用6~12月龄的较大婴儿，3段适用12~36月龄的幼儿，4段适用36~72月龄的儿童。部分规格和价格为：900g a2至初1段488元，2段458元，3段428元，4段398元。700g飞鹤星飞帆1段322元，2段269.5元，3段269.5元，4段168元。800g佳贝艾特悦白1段468元，2段468元，3段468元；800g佳贝艾特悠装配方羊奶粉1段368元，2段368元，3段368元。900g惠氏启赋蕴萃配方奶粉1段369元，2段369元，3段319元，4段309元。900g爱他美卓萃1段375元，2段328元，3段285元，4段285元。800g伊利金领冠塞纳牧1段438元，2段418元，3段388元，4段246元。800g合生元派星1段359元，2段359元，3段359元，4段340元。

【奶源基地】2021年本市偃师区、孟津区、伊川县、洛宁县、嵩县5个县（区）实行粮改饲试点项目，共争取项目资金1 044万元。由于不可抗力因素，“7.20”的连续性、高强度降雨，对全市种植的全株玉米造成小面积绝收、大面积减产，受灾面积为0.7万亩，给青贮收储工作带来了极大的不确定性。面对这些问题，本市积极组织农技人员开展抗洪救灾活动，并及时把种植、养殖救灾物资、救灾款发放到农户，最大限度地减少了种植户、养殖户的损失。全市全株玉米种植产量下降20%左右，全株玉米青贮量下降25%。即便如此，2021年实际完成粮改饲面积8.99万亩，完成年度目标任务的102.16%；完成饲草料收储21.28万t，完成年度目标任务的96.29%。

奶业知识培训和技术推广。奶牛品种登记是奶牛品种选育、遗传改良的基础工作，对有效组织群体遗传改良、提高生产能力和管理水平具有积极的促进作用。2021年1—12月进行奶牛品种登记以来，共计完成奶牛登记9 207头，其中新增登记3 698头、跟踪登记5 509头，共计27个奶牛养殖场。超额完成2021年河南省畜牧总站下发的9 000头任务量。5月28日，举办全市奶牛饲料营养与遗传评估培训班，各县（区）畜牧负责人及全市存栏50头以上奶牛场技术人员近80人参加了培训。6—9月，组织技术人员下场入户进行奶牛粗饲料样品采集，共完成样品采集179个，涉及牛场22个。其中，全株青贮55个、黄贮20个、TMR全混合饲料50个、苜蓿干草20个、花生秧20个、燕麦草14个，超额完成175个采样任务，并及时寄送至相关实验室检测。收到检测结果后，第一时间将检测结果反馈养殖场，指导养殖场把握青贮饲料品质、调整日粮配方、科学养牛。2021年将紫花苜蓿高产优质栽培和收储技术作为主推技术，有效解决了苜蓿生产企业品种选择、栽培管理、干草加工、收储等关键环节技术难题，提高了优质苜蓿产量和质量。2021年全市紫花苜蓿种植总面积约1万亩，其中宜阳县种植4 000亩、伊川县种植4 900亩、新安县种植1 000亩。全市苜蓿青贮总量4 400t。8—10月，积极采取多种途径、多种方式开展技术服务工作，指导奶牛场搞好全株青贮玉米收储。据统计，2021年全市种植专用青贮玉米0.72万亩，大型青贮收储机器153台，青贮池总面积171.9万m^3。2021年全市各类青贮总量103.94万t，其中玉米全株青贮32.98万t、玉米去籽青贮总量69.34万t、苜蓿青贮总量0.44万t、其他饲草青贮1.18万t。

洛阳市生鲜乳交售去向多元，既有本地乳企，又有外地乳企。年生鲜乳收购均价在3.7~4.58元/kg。

全市奶牛接种的疫苗主要有口蹄疫、流行热、羊痘、布鲁氏菌病、牛痘疫苗等，2021年未发生重大动物疫病，动物防疫工作成效显著。

【质量监管】严格落实生鲜乳质量安全监管责任。按照属地管理原则，对全市27个生鲜乳收购站进行分类监管，明确了县、乡监管责任人及养殖场和生鲜乳收购站负责人负总责的监管体系，细化了任务分工，在养殖场和生鲜乳收购站显著位置公示了监管责任人职责及举报电话，对27个生鲜乳收购站张贴生鲜乳收购站责任明示牌、发放生鲜乳质量安全生产告知书、签订生鲜乳质量安全承诺书。

强化生鲜乳收购站和运输车日常监管。洛阳市和相关县（区）农业农村局高度重视生鲜乳收购站和运输车的检查和日常监管，突出重点，注重实效。为消除生鲜乳质量安全隐患，把好生鲜乳运输车辆关，要求许可证到期前15天必须进行申请，并组织专人对申请资料严格审核、现场进行验收。对于符合发证要求的，在生鲜乳收购站运输车监督管理系统中填写信息，并在线出证；对不符合要求的，责令整改，合格后才予以发证。在日常监管中，严格按照生鲜乳车辆办理审核条件逐一核实检查，利用车辆通过GPS卫星定位设备，不定期进行远程监控。年内没有发现无证收购运输生鲜乳、倒买倒卖不合格生鲜乳、非法添加违禁物质等违法行为。为强化生鲜乳质量安全信息化追溯体系建设，2021年新增3套监控设备。

加大生鲜乳质量安全抽检力度。按照要求，生鲜乳抽样范围必须覆盖辖区所有奶站和奶车，并进行监测抽样和现场检查。2021年根据省局部署和安排，本市完成了省级和市级生鲜乳抽样和现场检查工作，共检查奶站111站次，检测运输车76辆次，出动执法人员155人次，检查37批次。省、市、县抽检样品57批次，生鲜乳质量安全检测合格率100%。

（洛阳市农业农村局，雷海伟、叶逢春）

附表1 河南省奶畜养殖场（小区）名录

序号	名称	供奶企业	全群存栏（头）	成母畜存栏（头）	奶畜品种	成母畜单产（t/年）	年总产量（t）	是否有机奶源基地	有机奶产量（t）
1	河南瑞亚牧业有限公司	蒙牛乳业（焦作）有限公司	3 681	2 091	荷斯坦	11.4	24 000		
2	郑州绿麒麟奶牛养殖有限公司	蒙牛乳业（焦作）有限公司	1 698	670	荷斯坦	9.9	7 900		
3	中牟县万胜牧业有限公司	蒙牛乳业（焦作）有限公司	1 639	804	荷斯坦	10	9 700		
4	洛阳生生乳业有限公司	洛阳生生乳业有限公司	2 000	1 650	荷斯坦	9.5	8 000	√	8 000
5	北京首农畜牧发展有限公司兰考分公司	新乡市三元食品有限公司	5 870	2 860	荷斯坦	10.5	28 200		
6	河南花花牛农牧科技有限公司	花花牛乳业有限公司	2 200	1 750	荷斯坦	11.2	9 600		
7	河南启航牧业有限公司	蒙牛乳业（焦作）有限公司	1 300	500	荷斯坦	10	5 000		
8	河南兴豫源牧业科技有限公司	蒙牛乳业（焦作）有限公司	5 541	3 387	荷斯坦	8.1	27 434		
9	河南人和春天奶业科技有限公司	蒙牛乳业（焦作）有限公司、郑州光明	1 408	711	荷斯坦	8	7 467		
10	焦作丰澳牧业有限公司	蒙牛乳业（焦作）有限公司	1 300	600	荷斯坦	9.8	5 030		
11	河南天牧农业发展有限公司	蒙牛乳业（焦作）有限公司	1 570	753	荷斯坦	8.7	6 615		
12	新乡市奥天牧业有限公司	济源伊利公司	1 378	747	黑白花	10.5	7 600		
13	北京首农畜牧发展有限公司河南分公司	蒙牛乳业（焦作）有限公司	4 580	2 249	荷斯坦	10	24 000		
14	河南花花牛畜牧科技有限公司	花花牛乳业有限公司、三元乳业	2 334	1 155	荷斯坦	10.53	12 162		
15	滑县光明生态示范奶牛养殖有限公司	郑州光明、武汉光明	10 684	5 422	荷斯坦	11.3	62 678		
16	汤阴天润牧业有限公司	蒙牛乳业（焦作）有限公司	1 300	600	荷斯坦	10	6 000		
17	河南荣华牧业有限公司	正阳君乐宝乳业有限公司	1 350	845	荷斯坦	10	6 000	√	6 000
18	平顶山优然牧业有限责任公司	伊利实业集团股份有限公司	10 243	4 983	荷斯坦	7.58	37 777		
19	汝州瑞亚牧业有限公司	花花牛乳业有限公司	1 826	804	荷斯坦	9.15	7 300		
20	河南合源乳业有限公司	花花牛乳业有限公司	1 566	809	荷斯坦	9.58	7 700		
21	郏县发展牧业有限公司	花花牛乳业有限公司	1 474	714	荷斯坦	10.86	7 700		
22	鲁山瑞亚牧业有限公司	济源伊利乳业有限责任公司	2 745	1 759	荷斯坦	8.94	15 700		
23	河南伊源乳业有限公司		1 383	0	荷斯坦		0		
24	叶县瑞亚牧业有限公司		1 063	0	荷斯坦		0		
25	河南惠龙牧业股份有限公司	济源伊利乳业有限责任公司	1 051	50	荷斯坦	7.92	396		
26	济源市伟恒牛业有限公司	济源伊利乳业有限责任公司	9 125	4 251	荷斯坦	12.8	50 000		
27	河南果香源农业科技有限公司	蒙牛乳业（焦作）有限公司	2 569	693	荷斯坦	12	6 122		
28	驻马店优然牧业有限责任公司	济源伊利乳业有限责任公司	9 700	700	荷斯坦				
29	河南牛硕牧业有限公司	南阳三色鸽、安徽白帝新希望	1 780	785	娟姗、荷斯坦	8.9	6 987		
30	乐源牧业正阳有限公司	正阳君乐宝乳业有限公司	10 565	6 728	荷斯坦	10	67 280		
31	平舆诚信瑞亚牧业有限公司	蒙牛乳业（焦作）有限公司	6 519	3 671	荷斯坦	7.2	26 431		
32	平舆瑞亚牧业有限公司	伊利（黄冈）乳业	3 950	2 445	荷斯坦	7.5	18 338		

（续）

序号	名称	供奶企业	全群存栏（头）	成母畜存栏（头）	奶畜品种	成母畜单产（t/年）	年总产量（t）	是否有机奶源基地	有机奶产量（t）
33	新蔡豫信瑞亚牧业有限公司	蒙牛乳业（焦作）有限公司	5 000	2 400	荷斯坦	12	30 000		
34	新蔡瑞亚牧业有限公司	蒙牛乳制品（武汉）有限责任公司	4 105	1 510	荷斯坦	11.5	17 960		
35	商水县许寨牧业有限公司	开封禹王乳业有限公司	1 020	670	荷斯坦	8	5 000		
36	沈丘县一起发养殖专业合作社	河南科迪乳业	3 255	2 604	荷斯坦	6.5	17 100		
37	河南省馨润牧业有限公司	深圳晨光乳业	1 230	820	荷斯坦	8.8	6 500		
38	河南盛全农牧有限公司	武汉蒙牛	1 016	430	荷斯坦	9.6	4 100		
39	睢县瑞亚牧业有限公司	花花牛乳业有限公司	2 262	1 208	荷斯坦	9.52	12 050		

备注：本表所填报存栏 1 000 头以上的奶牛场。如认证为有机奶源基地等，请在相应表格中打钩。

附表 2　河南省主要乳制品生产企业名录

序号	名称	生产地点	生产许可证号码	年收购原奶量（t）	其中：自有奶源量（t）	平均支付价格（元/kg）	日处理生鲜乳能力（t）	年乳制品产量（t）	其中：低温鲜奶（t）	UHT 奶（t）	常温酸奶（t）	低温酸奶（t）	原料奶粉（t）	婴幼儿配方奶粉（t）	成人奶粉（t）	奶油（t）	奶酪（t）	含乳饮料（t）	冰品（t）	年销售收入（万元）	利润（万元）	有机产品（枚）
1	蒙牛乳业（焦作）有限公司	河南省焦作市城乡一体化示范区神州东路 3188 号	SC10541081200015	353 869	0	4.57	1 785	513 300	0	238 900	63 700	88 400	0	0	0	0	0	83 517	38 754	430 000	15 200	0
2	济源伊利乳业有限公司	河南省济源市玉泉特色产业园	SC10541900100129	177 300.00	60 400	4.66	600	306 700		48 000	66 000							192 700		174 415	12 320	0
3	河南花花牛乳业集团股份有限公司	郑州市二七区马寨产业集聚区腾达路 1 号	SC10541010300077	98 531.55	199 734	4.35	1 000	176 873	8 798	44 635	3 498	97 656	137				261	21 888		179 543	2 668	
4	正阳君乐宝乳品有限公司	河南省正阳县真阳镇君乐宝大道 68 号	SC10541172400014	40 700	30 000	4.3	500	55 000	0	0	10 200	44 800	0	0	0	0	0	0	0	41 000		0
5	郑州光明乳业有限公司	新郑市和庄镇神州路南段	SC10541018400032	68 579.81	11 521	5.09	330	76 113	0	28 346	40 716	6 711	0	0	0	0	0	339.64	0	70 871	372	0
6	河南科迪乳业股份有限公司	虞城县利民镇	SC10541142500030	60 000	8 000	5.5	52	19 000	7 000		8 000	4 000								59 100	45 000	
7	新乡市三元食品有限公司	新乡市原阳县原阳工业区南二环路 1 号	SC10541072500442	60 029	29 975	4.38	260	63 507	0	49 492	0	5 192	0	0	0	0	0	8 823	0	37 739	214	
8	河南三剑客奶业有限责任公司	河南省漯河市沙澧产业集聚区湘江西路 869 号	SC10541110200015	9 200	3 100	4.6	600	14 800	3 800	1 700	6 000	3 300	0	0	0	0	0	10 800	0	29 000	450	0

（续）

序号	名称	生产地点	生产许可证号码	年收购原奶量（t）	其中：自有奶源量（t）	平均支付价格（元/kg）	日处理生鲜乳能力（t）	年乳制品产量（t）	其中：低温鲜奶（t）	UHT奶（t）	常温酸奶（t）	低温酸奶（t）	原料奶粉（t）	婴幼儿配方奶粉（t）	成人奶粉（t）	奶油（t）	奶酪（t）	含乳饮料（t）	冰品（t）	年销售收入（万元）	利润（万元）	有机产品（枚）
9	河南三色鸽乳业有限公司	南阳市宛城区经一路1号	SC10541130200300（1-1）	29 000	17 500	4.75	90	35 000	2 000	11 000	0	7 000	0	0	0	0	0	15 000	0	16 136	123	0
10	河南伊利乳业有限公司	平顶山市郏宝路66号	SC10541042100013	24 802.09	24 802	4.71	200	53 336	16 662			36 674								33 985	746	
11	洛阳科迪巨尔乳业有限公司	洛阳市高新技术产业开发区河洛路209号	SCI0541039100131	6 532	2 100	4.35	260	12 585	784	3 295	0	5 408	0	0	0	0	0	3 098	0	8 894	62	0
12	洛阳生生乳业有限公司	河南省洛阳市孟津区平乐镇	SC10641032200017	2 120	2 120	4.1	100	2 570	820	410		1 130						210		2 680	−45	0
13	南阳农校绿白乳制品厂	社旗县潘河街道西安路与纬三路交叉口西北角	SC10541130300224	1 800	1 800	4.5	5	1 900	900			1 000								2 000	600	
14	洛阳阿新奶业有限公司	洛阳空港产业集聚区（孟津县麻屯镇董村）	SC10541032200212	2 190	1 100	4.6	30	2 400	1 100	0	0	1 300	0	0	0	0	0	0	0	2 050	20	0
15	焦作市博农乳业有限责任公司	河南省博爱县磨头镇博爱农场工业路西侧	SC10541082200164	21 000	3 600	4.42	300	20 200	3 700	4 500	500	11 500	0	0	0	0	0	100	0	13 659	1 006	0
16	开封市禹王乳业有限公司	开封市禹王台区南郊乡豆腐营	SC10541020500151	900	900	4.5	144	900	200	0	0	700	0	0	0	0	0	120	0	800	50	0
17	河南中荷乳业有限公司（获嘉县）	新乡市获嘉县产业聚集区南区迎宾大道33号	SC10541072400031	1 800	0	4.5	200	2 000	4	750	6	1 220	10	0	0	1	0	20	0	2 000	−600	0
18	河南宝乐奶业有限公司	河南省扶沟县韭园镇韭园经济开发区	SC10641162100368	18 000	3 700	4.9	150	17 500		9 000	8 500							14 500		14 425		
19	河南西峡县健羊牧业有限公司	南阳市西峡县丹水镇	SC10541132300687	260	260	4.8	10	260	140			120								312	57	
20	西峡县新太阳乳业有限责任公司	西峡县县城电厂路西段	SC10641132300307	800	800	4.8	15	800	400	0	0	250	0	0	0	0	0	150	0	1 500	300	0

备注：本表包括在中国及海外的生产企业。日处理生鲜乳能力指设计加工生鲜乳能力。自有奶源指来自自建和参建（控股、参股）牧场（小区）的原奶。成人奶粉指除婴幼儿配方奶粉以外的学生奶粉、孕妇奶粉、中老年奶粉等终端消费奶粉。冰品包括冰激凌、雪糕等。有机产品数量单位为“枚”指获得有机标志的数量。

湖北省

【奶类生产】2021年全省奶牛存栏1.72万头，平均单产达到9t，牛奶总产量9.61万t。全省奶牛养殖主要分布在黄冈、武汉、宜昌、咸宁、襄阳、十堰等地。

【乳制品加工】随着奶业标准化、规模化水平不断提升，乳制品生产总量稳步增长，乳制品加工企业发展迅速。全省乳制品加工企业有13家，设计总加工能力超过190万t，实际加工80万t。国内伊利、蒙牛和光明乳业等大型乳制品企业均在湖北省建设加工基地和产业园区。

【市场消费】市场主要销售品牌有蒙牛、伊利、光明、武汉扬子江等。主要乳制品超市销售价格：蒙牛纯牛奶整箱装（250mL×24盒）销售价格50元，蒙牛真果粒整箱（250g×24盒）销售价格55元，蒙牛纯甄酸牛奶整箱装（200mL×10盒）销售价格39.9元，蒙牛特仑苏纯牛奶箱装（250mL×12盒）销售价格52.9元；伊利金典限定牧场有机纯牛奶（250mL×10盒）销售价格54元，伊利安慕希原味常温酸奶整箱（205g×12盒）销售价格49.9元；光明纯牛奶（250mL×24盒）销售价格52.9元，光明优加纯牛奶（200mL×12盒）销售价格49.5元，光明莫斯利安酸奶（200g×12盒）销售价格60元。武汉扬子江产品以入户为主：高品质鲜牛乳190mL销售价格5元，高钙鲜牛奶190mL销售价格4.5元，鲜牛奶190mL销售价格4.5元，低脂酸牛奶190mL销售价格4.5元，鲜牛奶190mL销售价格4元，原味酸牛奶180mL销售价格4.3元，燕麦酸牛奶180mL销售价格5元。

【奶源基地】全省奶牛养殖以规模化养殖为主，2021年存栏100头以上的规模化牧场（户）13个，其中1 000头以上的3个，规模化率超过95%。黄冈伊利畜牧发展有限责任公司、黄冈梅家墩牧业有限责任公司2个牧场通过专家验收，成为学生饮用奶奶源基地。2021年，生鲜乳收购年均价格在4.5~5.5元/kg，较2020年有所提高，养殖户奶业养殖年净收入5 000元左右。

饲草饲料。省内种植业与养殖业结合日益紧密，农业产业内部产业融合得到加强，一定程度上解决了牛羊优质饲草料来源问题。部分新型农业经营主体以农业优势资源为依托，将种养业某些环节甚至整个环节连接在一起，形成了农业内部紧密协作、循环利用、一体化发展。部分牛羊养殖主体在满足自身养殖需要的基础上，开展青贮饲料产品的种植和加工销售，形成以草牧业养殖为中心，产业链向前向后延伸，实现“以一为主，接二连三”产加销一条龙发展。

粪污处理方式。粪污处理主要采取有机肥加工厂和沼气、农田利用等方式，并在全省开展奶牛“场(运动场)、床（卧床）一体化”养殖模式的推广应用，该技术已成为农业农村部主推的农业引领性技术之一。“场、床一体化”养殖模式，即运动场设防雨棚，卧床和运动场连成一体，用无害化处理的粪便做垫料，利用垫料中的有益优势菌，清除垫床中有害微生物和有害气体。维持垫料水分低于65%，使其干燥舒适，便于牛只任意躺卧。经过多年的推广应用，其较低的成本、较理想的效果受到了广大养殖户（场）的认可。全省已有80%的奶牛场应用该模式。

【奶农组织】湖北省奶牛行业协会积极履行社会责任，充分发挥协会的引导与组织作用：与湖北奶牛生产性能测定中心配合，宣传推广奶牛生产性能测定技术，从源头上把控乳制品质量安全；宣传、推广奶牛“场、床一体化”养殖模式，帮助牧场解决粪污等废弃物污染的环境问题；推进国家“学生饮用奶计划”的实施，多次邀请营养师入校为学校校长、专管员、班主任、家长等进行营养健康知识培训；与武汉市市场监督管理局合作，对乳制品加工企业实验室检测人员进行培训，规范检测操作，提高品控认识水平。

【质量监管】全省生鲜乳质量安全监管严格按照“四包一”制度，落实属地监管责任，确保每一个生鲜乳收购站、运输车、奶牛养殖场都在监管之中。督导经营主体规范建立“三表一单”（生鲜乳购销记录表、检测记录表、销售记录表、生鲜乳交接单）等收购台账，落实企业质量自检、生鲜乳运输全程铅封、生鲜乳交接单随车同行、不合格生鲜乳无害化处理等制度，压实奶牛养殖场、生鲜乳收购站开办者和运输车经营主体第一责任人责任。开展生鲜乳质量安全监测249批次，监测覆盖全部生鲜乳收购站和运输车，检测项目涵盖黄曲霉毒素M_1、氯霉素类（氯霉素、甲砜霉素、氟甲砜霉素）、青霉素类（仅测氨苄西林）、磺胺类、三聚氰胺、碱类物质、硫氰酸钠、β-内酰胺酶、铅、铬、汞和砷等指标，监测结果均为合格。

（湖北省农业农村厅，付 聪）

附表 1　湖北省奶畜养殖场（小区）名录

序号	名称	供奶企业	全群存栏（头）	成母畜存栏（头）	奶畜品种	成母畜单产（t/年）	年总产量（t）	是否有机奶源基地	有机奶产量（t）
1	武汉金旭畜牧科技发展有限公司	黄石市金贝乳业有限公司	225	113	荷斯坦	7.3	694		
2	黄冈梅家墩牧业有限责任公司	武汉惠尔康扬子江乳业有限公司	456	290	荷斯坦	7.5	2 100		
3	黄冈优然牧业有限责任公司武穴分公司	湖北黄冈伊利乳业有限责任公司	3 829	1 895	荷斯坦	9.8	23 000		
4	黄冈优然牧业有限责任公司	湖北黄冈伊利乳业有限责任公司	4 698	2 818	荷斯坦	11.3	31 843		
5	武汉光明生态示范奶牛场有限公司	武汉光明乳品有限公司	3 052	1 645	荷斯坦	11.0	17 724		
6	赤壁晋氏牧业有限公司	黄石市金贝乳业有限公司	404	150	荷斯坦	6.1	920		
7	武汉新东杨畜牧养殖专业合作社	湖北爱牧客品牌科技有限责任公司	110	56	荷斯坦	6	350		
8	黄冈市华窑奶业有限公司	黄石市金贝乳业有限公司	270	143	荷斯坦	6	816		
9	红安县盛源牧业有限公司	湖北黄冈伊利乳业有限责任公司	603	207	荷斯坦	7	1 500		
10	浠水县柏杨山牧业有限公司	湖北黄冈伊利乳业有限责任公司	300	210	荷斯坦	7.80	1 200		
11	宜昌喜旺百里荒牧业有限公司	宜昌喜旺食品有限公司	76	69	荷斯坦	7	483		
12	湖北嘉兆生物科技有限公司	湖北嘉兆生物科技有限公司	280	159	荷斯坦	7.5	1 200		
13	襄阳丽波乳业有限公司	襄阳丽波牧业有限公司	718	430	荷斯坦	7	3 000		

备注：本表所指奶畜包括奶山羊、奶绵羊、奶水牛、牦牛、骆驼、驴等产商品奶家畜。如认证为有机奶源基地等，请在相应表格中打钩。

湖南省

【奶畜养殖】2021年，湖南省奶畜品种以荷斯坦牛为主，有少量娟姗牛和奶山羊，奶牛、奶山羊存栏量较2020年有所上升。养殖场主要规模化牧场饲养方式持续改进，精细化管理水平不断提高，生产性能得到提升。2021年，全省主要规模化牧场（小区）奶牛存栏21 107头，成母牛10 271头，主要规模化牧场荷斯坦成母牛平均单产9.0t，高产场达到10.3t；娟姗牛成母牛平均单产7.0t。奶牛养殖小区成母牛平均单产仅5.0t。牛奶总产量72 141t，有机奶源产量9 000t。主要规模化奶山羊场存栏11 639头，平均单产0.56t，羊奶总产量3 600t。总体看，湖南省奶畜存栏数和生鲜乳产量均处于国内相对靠后位置，奶畜养殖技术和管理水平、单产水平仍有待提升，湖南作为畜牧业大省，奶业占畜牧业产值的比重较小，奶业振兴任重道远。

从产业分布看，根据不同的资源禀赋，全省初步构建了四大奶畜产业优势区，分别是以南山牧场为代表的草山资源区，以常德为代表的洞庭湖平原饲草供应优势区，以长沙为代表的城市消费型区，以永州、郴州承接沿海产业转移为代表的奶业发展区。从生产方式看，以适度规模养殖为主，主要形成了草山生态牧养型、圈舍饲喂精养型、种－养－加－销－旅三产融合一体化经营型3类模式。从奶源品质看，2021年生鲜乳抽检合格率100%，DHI测定日平均乳脂率3.34%，平均乳蛋白率3.4%，平均乳糖率4.95%，测定日平均体细胞数28.9万个/mL，乳尿素氮13.2mg/dL。德人牧业、优卓牧业、金健桃花源牧场被评为国家休闲观光牧场；新建奶牛场2个、改扩建奶牛场6个，新建奶山羊养殖场（家庭牧场）15个，南山牧场建设观光挤奶厅3个。

在奶源上立足于做大做强湖南奶业产业，解决本上奶业原料奶供给问题。从建设优质奶源基地入手，积极发展家庭牧场，提升奶牛养殖现代化水平，提质升级改造现有牧场，立足存量提产量，新建牧场扩增量。在养殖技术上，提升现代化水平，实施奶源质、量同增。全面实施规模化养殖、TMR饲喂、信息化管理、全株青贮、栏舍环境人工控制和防暑降温等饲养新技术，推进粪污无害化处理和资源化利用，加大奶牛疫病净化力度。

【乳制品加工】2021年，湖南省共有乳制品加工及涉乳生产企业18家，其中总产值过亿元的企业8家。近年来，省内乳制品加工企业不断扩大产能建设和工艺升级改造，全省乳制品年生产加工能力已达850 000t以上。全省奶品生产企业有3种类型：一是以进口或国产优质奶粉为原料的奶粉生产企业，以澳优乳品（湖南）有限公司、合生元（长沙）营养制品有限公司、湖南欧比佳营养食品有限公司、湖南展辉食品有限公司（以下简称展辉）为代表，分别拥有多个婴幼儿配方奶粉注册配方，其中澳优（以下简称澳优）拥有54个婴幼儿配方奶粉注册配方、展辉拥有9个婴幼儿配方奶粉注册配方。湖南龚牧营养品科技有限公司以羊奶为原料，生产成人羊奶粉。二是液态奶生产企业，以生鲜乳为原料，生产低温奶（巴氏奶和酸奶）和高温灭菌乳，全省有液态奶生产企业8家。三是复原乳和含乳饮料生产企业，以外购奶粉为原料，生产瓶装、听装常温含乳饮料。全省乳制品加工业的奶源仍需大量依靠外调，本土奶源供应量约40%。全省主要乳企的统计数据显示，2021年乳制品加工销售额递增20.14%、年利润递增57.26%。本年度液态奶产品生产特点为巴氏奶、酸奶等低温奶产品持续稳定增长，有机奶产品品类6个，产量7 111t。

【市场消费】湖南有近7 000万人口，城镇人口的年人均牛奶消费额仅200余元，若本省达到世界乳制品消费平均水平，奶品年消费额将超过400亿元，湖南奶制品市场消费潜力巨大。从消费结构看，低温液态奶消费增长速度较常温奶明显加快；城镇居民消费酸奶、巴氏杀菌乳等低温奶产品比例继续上升，农村居民消费以常温奶、含乳饮料等产品为主，但低温奶产品也在不断深入农村消费市场；奶粉消费以婴幼儿配方奶粉为主，消费总量呈快速增长。

湖南省奶制品消费市场中，本土品牌市场份额略有上升，但省外品牌和产品仍居主导地位，本土奶业企业奶制品仅占市场份额的1/6。在湖南境内生产并销售的液态奶品牌有金健、新希望南山、南山草原、皇氏优氏、优卓、德人牧香、湘蜜，光明等；在湖南境内市场销售占有量较大的省外液态奶品牌有蒙牛、伊利、卡氏、君乐宝等；在湖南省内生产、销售的奶粉品牌有澳优、龚牧等。

新希望南山、南山草原、金健、皇氏优氏、优卓、德人牧香生产销售的150~200mL巴氏杀菌乳3.2~8.0元；新希望南山、金健、皇氏优氏、湘蜜、南山草原生产销售的150~250mLUHT奶2.8~4.8元；新希望南山、金健、皇氏优氏、南山草原、优卓、德人牧香生产销售的120~250mL酸奶2.5~8.0元；澳优、龚牧生产销售的900g奶粉148~428元。结合市场消费需求，巴氏奶和酸奶1.25L、950mL规格的少量进入市场。

【奶源基地】全年主要奶牛养殖场存栏量在100~499头的养殖场（小区）存栏总数为9 223头，占43.70%；存栏在500~999头的养殖场5个，存栏总数为4 188头，占19.84%；存栏在1 000~2 999头的养殖场2个，存栏总数为2 696头，占12.77%；存栏在3 000及头以上的养殖场1个，存栏5 000头，占23.69%。规模养殖场的销售额和利润同比增幅分别达14.87%、10%，生鲜乳总产量同比增长了38%，高产成母牛产奶利润超过6 000元头，创近六年来新高。但小区养殖户年净收入仅2 200元/头。

全省奶牛养殖实现机械化挤奶全覆盖，规模化牧场100%采用TMR饲喂，畜舍环境人工控制、自动清粪系统、青贮玉米机械化收割、污水自动处理系统等装备不断完善，现代化程度不断提高。奶牛生产性能（DHI）测定在省内规模化牧场或小区开展，全省完成对10个牧场、121份数据检测解读报告，奶牛参测头次达114 631头次、参测头数达19 931头，上报有效数据94 631个，有效率86.7%。

省内奶牛养殖的草料以干草、青贮玉米为主。据统计，2021年全省规模化奶牛场青干草中苜蓿、燕麦草外调比例占90.0%；粗饲料本地化供应方面，主要为苜蓿、全株青贮玉米和禾本科青草。因气候影响，本地粗饲料普遍减产，苜蓿平均单产2.5t/亩，全株青贮玉米平均单产3t/亩。

疫病防控方面，全省各级动物疫病防检部门全力抓好奶牛疫病防控工作，奶牛养殖场（小区）奶牛“两病”检疫工作覆盖率为100%；按要求定期接种疫苗；全年无重大动物疫病发生。在粪污处理上，散养户主要采用粪污直接还田（地），规模化养殖场采用粪便生产有机肥或发酵处理后种植牧草的方式处理。

2021年全省规模化奶牛场平均原料奶的综合成本为4.398元/kg，自有原料奶收购价格年均4.73元/kg，外调原料奶价格年均4.935元/kg，生鲜乳单位利润空间同比有所下降。

湖南省正在不断完善挤奶设备、TMR全日粮饲料混合搅拌机、有机肥加工设备和粪污固液分离设备等农机购置补贴机制，对规模养殖场改扩建予以适度补助。

【奶农组织】为适应全省奶业行业快速发展的形势，湖南省奶业协会加强内部管理，完善组织机构，党支部活动有声有色，充分发挥行业协会的引领作用。全年组织参加各类重要会议十余次，配合推介企业品牌；严把学生饮用奶产品和奶源质量关，助力学生饮用奶推广工作取得一定成效，学生饮用奶推广数量同比增长24.49%，惠及397.83万名学生。通过微信平台、网站和专家团队现场指导等方式，解答会员提出的相关技术咨询，并解决技术难题。发布行业信息及政策等300多次，培训奶牛养殖户和相关技术人员100余人次。

【政策法规】2021年，湖南省强力推动“六大强农行动”实施，发布实施湖南省地方标准《奶牛生产性能测定技术规范》，鼓励资源条件优渥的地方发展“一县一品”奶业区域特色经济，支持建设一批“奶业特色小镇”。在奶畜良种补贴、畜禽养殖标准化示范创建、养殖粪污资源化利用、重大动物疫病防控、农业政策性保险，以及招商引资、土地开发利用、冷链物流、品牌创建、小微企业、信贷融资等方面的政策扶持上给予奶业支持。同时，鼓励产业优势区农村开展粗饲料种植，建设优质饲草料种植加工基地，继续推进高产优质苜蓿示范项目试点工作，筛选适宜本省气候、土壤的苜蓿优良品种3~4个，研制适合本地牧草耕种收储的农机设备，大力实施“以养定种、种养结合、草畜配套、草企结合”的发展战略，示范带动走出一条具有湖南特色的循环发展、生态发展、绿色发展、链式发展的草食牧业发展新路子，实现优质青干草本地化供应，解决优质草料供应难题。在振兴奶业苜蓿发展行动中，全省优质苜蓿种植基地新增5个，新增苜蓿种植面积334hm²，新增总投资998万元，全省优质苜蓿示范基地建设面积达1 000hm²。相关部门也出台相应的支持政策，增加财政补贴，扩大“学生饮用奶计划”实施规模和地域范围，大力推广“学生饮用奶计划”。

【质量监管】为切实加强生鲜乳质量安全监管，省农业农村厅统筹安排，采取行政监管和乳制品企业自管相结合、日常监管和专项检查相结合、项目实施和执法监管相结合的监管方式，从源头上杜绝生鲜乳质量安全问题的发生。

2021年重点在长沙市、常德市、邵阳市和永州市的奶畜养殖县和重点区域全面开展生鲜乳违禁物质专项整治行动。完成农业农村部监测计划22批次、本省监测计划30批次。奶畜散养户监测，全年分2次进行，共监测52批次样品，检测项目为菌落总数、体细胞、蛋白质、脂肪、黄曲霉毒素M_1、苯甲酸、碱类物质、β－内酰胺酶。所有样品均检测三聚氰胺、碱类物质、硫氰酸钠3个项目，全年的抽检合格率达100%。现场检查10个生鲜乳收购站，按照“生鲜乳收购站标准化管理现场检查内容和判定标准”进行检查，检查收购站全部达标。现场检查16辆次生鲜乳运输车，按照“生鲜乳运输车现场检查内容和判定标准”进行检查，检查车辆全部达标。

湖南省农业农村厅根据全省实际情况统一制定《关于开展2021年生鲜乳质量安全专项整治行动的通知》。7—11月对全省10个生鲜乳收购站和13辆生鲜乳运输车质量安全生产情况进行二次全覆盖专项检查，检查奶站52站次，检查运输车52辆次，出动执法人员218人次，抽检60批次。举办监管人员和生鲜乳养殖收购运输车从业人员培训7期，专业执法培训247人次。生鲜乳质量安全监管体系完善，各项日常监管措施到位，在专项整治行动中没有发现生鲜乳添加违禁物的行为。严格落实属地管理责任，与所有生鲜乳生产、收购、运输企业和个人签订责任状，每个季度至少对所属生鲜乳监管对象进行1次检查，指出发现问题和整改要求，并认真填写执法检查笔录，加盖执法单位公章，交被检查单位，对违反法律法规的行为坚决依法进行处理。

【奶业大事】湖南省政府办公厅2021年7月8日发布《湖南省人民政府办公厅关于促进畜牧业高质量发展的实施意见》（湘政办发〔2021〕28号）。文件明确提出要重点发展优质低温奶生产和奶源供应基地；以优势牛羊产业区和奶业主产区为重点，开展粮改饲，建设优质饲草饲料种植加工基地。

湖南省政府2021年10月12日发布《乳品质量安全监督管理条例》，确保乳制品质量安全，促进奶业健康发展。

湖南省农业农村厅制定了生鲜乳质量安全监测计划与专项整治行动方案，发布《关于配合开展2021年生鲜乳质量安全“双随机一公开”行政检查工作的通知》

和《关于开展2021年生鲜乳质量安全专项整治行动的通知》。

湖南省农业农村厅2021年7月30日发布《〈湖南省2021—2023年农业机械购置补贴实施方案〉的通知》(湘农联〔2021〕54号),对农机购置实行定额补贴,提升部分重点补贴机具补贴额,逐步降低区域内保有量明显过多、技术相对落后的机具补贴额。

皇氏集团湖南优氏乳业有限公司正式启动“中国优质乳工程”、中国有机产品认证项目,优氏双龙牧场被评为湖南省畜禽标准化养殖示范牧场。

湖南德人牧业科技有限公司二牧场、衡阳市衡阳伊源牧业有限公司正式新建投产,湖南羊来了牧业发展有限公司和湖南优之健乳业有限公司新建中。

伊利战略性入股澳优,实现强强联合、资源互补。

“中国奶业的传奇与辉煌——圆梦‘十三五’企业风采录”评选,湖南省5家奶业加工企业和3个牧场入选。

(湖南省奶业协会,刘海林、樊志坚)

附表1　湖南省奶畜养殖场（小区）名录

序号	名称	供奶企业	全群存栏（头）	成母畜存栏（头）	奶畜品种	成母畜单产（吨/t）	年总产量（t）	是否有机奶源基地	有机奶产量（t）
1	湖南优氏牧业科技有限公司	皇氏集团优氏乳业	933	530	荷斯坦	9.3	5 000		
2	城步誉利农业发展有限公司	湖南南山牧业有限公司	802	320	荷斯坦	9	2 600	√	2 600
3	湖南优卓牧业有限公司	简爱.智慧	1 696	840	娟姗、荷斯坦	7.5（娟姗）、9.5（荷斯坦）	4 000		
4	湖南德人牧业科技有限公司第一牧场	湖南上优食品科技有限公司	367	185	娟姗、荷斯坦	7	1 700		
5	湖南德人牧业科技有限公司第二牧场	湖南上优食品科技有限公司、湖南新希望南山液态乳有限公司	900	440	荷斯坦	7.5	3 500		
6	湖南都市田园牧业科技发展有限公司	湖南上优食品科技有限公司	70	30	荷斯坦、娟姗	6.5	200		
7	湖南金健乳业股份有限公司第一牧场	湖南金健乳业股份有限公司	768	469	中国荷斯坦	10.3	4 830.7		
8	湖南金健乳业股份有限公司第五牧场	湖南金健乳业股份有限公司	785	478	中国荷斯坦	9.4	4 496		
9	南山牧场	湖南南山牧业有限公司	8 700	4 070	中国荷斯坦	5	20 000	√	6 400
10	城步儒林奶牛	湖南南山牧业有限公司	1 000	460	荷斯坦	5.5	2 500		
11	湖南省江华温氏奶牛场	江华温氏奶牛场	5 000	2 449	荷斯坦	9.52	23 314.48		
12	城步犇牧牧业有限公司	湖南犇牧营养品科技有限公司	11 000	6 000	萨能奶山羊	0.55	3 300	√	600
13	湖南狮冲农业股份有限公司	湖南狮冲农业股份有限公司	639	450	萨能奶山羊	0.675	303.75		
14	衡阳伊源牧业		86						

备注：本表所指奶畜包括奶山羊、奶绵羊、奶水牛、牦牛、骆驼、驴等产商品奶家畜。如认证为有机奶源基地等，请在相应表格中打钩。

附表 2　湖南省主要乳制品生产企业名录

序号	名称	生产地点	生产许可证号码	年收购原奶量（t）	其中：自有奶源量（t）	平均支付价格（元/kg）	日处理生鲜乳能力（t）	年乳制品产量（t）	其中：低温鲜奶（t）	UHT 奶（t）	常温酸奶（t）	低温酸奶（t）	原料奶粉（t）	婴幼儿配方奶粉（t）	成人奶粉（t）	奶油（t）	奶酪（t）	含乳饮料（t）	冰品（t）	年销售收入（万元）	利润（万元）	有机产品（枚）
1	湖南优之健乳业有限公司	常德澧县	SC10543072310079	1 040	/	4.9	200	1 248	200	/	/	1 048	/	/	/	/	/	/	/	1 457	140	
2	湖南金健乳业股份有限公司	湖南省常德经开区桃林路717号	SC10543070100011	9 078.5	9 078.5	4.81	150	10 955.3	1 259.2	1 151	/	8 545.134	/	/	/	/	/	353	/	12 104.67	918.33	
3	衡阳伊源牧业有限公司	衡阳县杉桥镇	SC10543042110019	0	/	/	20	/	/	/	/	/	/	/	/	/	/	/	/	2 000	300	
4	湖南新希望南山液态乳业有限公司	湖南长沙望城	SC10543011200116	43 000	9 720	4.1	280	50 000	3 000	24 000	300	22 700	/	/	/	/	/	50	/	35 315.36	897	
5	湖南南山牧业有限公司	城步苗族自治县南山牧场大坪	SC10543052900016	22 000	18 000	4.68	200	21 500	200	18 200	/	2 500	/	/	70	/	/	/	/	26 505	1 016	3
6	湖南朴诚乳业有限公司	宁乡经开区永佳西路9号	SC10543012410027	80	15	5.31	150	80	12	0	0	68	/	/	/	/	/	/	/	1 445.4	67.1	
7	湖南上优食品科技有限公司	常德西湖工业园	SC10543070100046	4 700	4 700	5.25	330	5 180	1 778	0	924	2 478	/	/	/	/	/	/	/	6 280	320	
8	皇氏集团湖南优氏乳业有限公司	湖南省长沙市宁乡市经开区永佳西路18号	SC10543012400268	8 000	6 000	5	280	29 257.9	11 790	172	6 837.2	10 458.9	/	/	/	/	/	/	/	17 696.9	1 463	
9	澳优乳业（中国）有限公司	湖南长沙	SC12943011200128	/	/	/	/	23 449.77	/	/	/	/	/	22 420.80	162.61	/	/	/	/	288 390.95	54 844.52	3
10	湖南光明乳品有限公司	湖南省长沙市望城区望城大道69号	SC10543011200165	9 600	/	4.55	50	34 242	/	/	/	5 065	/	/	/	/	/	29 177	/	38 300	1 910	
11	湖南湘蜜乳业有限公司	邵阳市隆回县	SC10543052400134	2 722	/	4.9	60	2 373	/	/	/	/	/	/	/	/	/	/	/	2 838	65	
12	湖南鼐牧营养品有限公司（羊奶）	城步县城	SCi0543052900057	3 100	1 000	8	80	600	/	/	/	36	480	/	200	/	/	/	/			
	合计			100 220.5（牛奶）、3 100（羊奶）	47 513.5（牛奶）、1 000（羊奶）	4.84（牛奶）、8（羊奶）	1 720	178 885.97	18 239.2	43 523	80 61.2	52 899	480	22 420.8	432.61			29 580		432 333.28	61 940.95	6

备注：本表包括在中国及海外的生产企业。日处理生鲜乳能力指设计加工生鲜乳能力。自有奶源指来自自建和参建（控股、参股）牧场（小区）的原奶。成人奶粉指除婴幼儿配方奶粉以外的学生奶粉、孕妇奶粉、中老年奶粉等终端消费奶粉。冰品包括冰激凌、雪糕等。有机产品数量单位为“枚”指获得有机标志的数量。

广东省

【奶畜养殖】截至2021年底，广东省存栏荷斯坦牛5.41万头，成母牛2.829万头；挤奶水牛0.262 5万头，成母牛0.1787万头。牛奶总产量19.81万t，其中，荷斯坦牛奶总产量19.65万t，成母牛年均单产6.95t，挤奶水牛总产量0.160 8万t，成母牛年均单产0.9t。荷斯坦牛主要分布在粤北、珠江三角洲和粤西地区。存栏前六位的分别是：清远市1.24万头、广州市0.86万头、惠州市0.75万头、肇庆市0.52万头、阳江市0.29万头、湛江市0.27万头，约占广东省21个地级市荷斯坦牛存栏总量的72.64%；奶水牛主要分布在揭阳、佛山、肇庆等地。全省荷斯坦牛存栏在100头以上的养殖场有37个，存栏奶牛5.24万头，占全省存栏奶牛的96.88%；奶水牛存栏100头以上的养殖场有5个，存栏奶水牛546头，占全省存栏奶水牛的31.01%。

【乳制品加工】全省登记在册的生鲜奶收购站37个，主要分布在广州、惠州、清远等大中城市。生鲜奶生产收购运输全部实行持证经营和运输车辆准运证管理，全部实现机械挤奶。全省有液态奶生产企业28家，年产量过万吨的有广东燕塘乳业股份有限公司、广东伊利乳业有限责任公司、广州风行乳业股份有限公司、广美香满楼畜牧有限公司、广州九龙维记牛奶有限公司5家企业。加工厂设计产能约64.71万t，乳制品实际总产量约46.26万t。主要生产液态奶，品种以巴氏杀菌乳、UHT奶、酸奶和含乳饮料为主，主要销往广东、香港、福建、海南、湖南等地区。由于广东气候炎热、饲料成本高和奶牛单产低等原因，导致原料奶价格一直居高不下，部分乳企为了降低生产成本，采取收购省外乳企或牧场、在省外直接投资建场或入股建场方式，从外省运奶入粤生产。部分乳企采用代加工方式，将省外乳企代生产的乳制品返粤或在华南地区销售。

【市场消费】2018年广东省居民家庭人均年奶类消费8.6kg，其中城镇消费10.8kg、农村4kg。全省每年奶类消费量约为80万t，每年需向港澳供应生鲜乳及其制品约2万t。2019年广东省牛奶人均占有量仅为1.2kg。

广东市场销售的乳制品品牌主要有燕塘、风行、香满楼、温氏、蒙牛、伊利等。燕塘、风行等乳企在利用传统商超销售产品的同时，在社区布局自营店、加盟店，同时开设公众号、微商城，线上线下同步展开销售，取得较好效果。

【奶源基地】全省荷斯坦牛养殖户332户，存栏荷斯坦牛54 086头。其中，存栏1~19头的有294户，存栏奶牛1 591头，占2.94%；存栏20~99头的有1户，存栏奶牛99头，占0.18%；存栏在100头及以上的有37户，存栏奶牛52 396头，占96.88%（其中，100~199头的有2户，存栏奶牛212头，占0.39%；200~499头的有6户，存栏奶牛2 367头，占4.38%；500~999头的有9户，存栏奶牛7 047头，占13.03%；存栏1 000头及以上的有20户，存栏奶牛42 770头，占79.08%）。

全省奶水牛养殖户275户，存栏挤奶水牛2 628头。其中，1~19头的有262户，存栏奶牛1 186头，占45.13%；20~99头的有8户，存栏奶牛627头，占23.85%；100头及以上的有5户，存栏546头，占31.01%。

为保护奶牛养殖企业和乳制品加工厂双方权益，广东省生鲜乳的购销全部实行订单生产，确保乳制品质量安全和稳定供应。广东省奶业协会于2021年11月召开2022年广东省生鲜乳价格协调会，经参会代表充分辨析和友好协商，将2022年广东省生鲜乳购销价在2021年的基础上酌情小幅上调，按照优质优价原则，价格在5 600~5 800元/t。

全省主要把挤奶机、储奶罐等设备纳入农机购置补贴范围，同时保持在积极沟通，努力将栏舍、风机、TMR搅拌车等设备也尽早纳入。

2021年广东省积极开展学生饮用奶奶源基地验收工作，广州市燕海奶牛科技研究有限公司、广东燕禾果牧农业科技开发有限公司等通过了现场评审。截至2021年底，全省共有学生饮用奶定点生产企业4家（不包含伊利、蒙牛和光明在广东设立的企业），日供应学校学生饮用奶119.5万份，各定点企业配套的学生饮用奶奶源基地共17个（其中定点企业自有的学生饮用奶源基地10个），其余为合同企业，分布在全省各地，共饲养奶牛32 770头，日生产供应符合学生饮用奶标准的生鲜乳441t。全省学生饮用奶定点企业生产供应的学生饮用奶品种已从以前以常温奶为主开始扩展到低温品种。低温品种新增从2020年才开始试点，可供应的学生饮用奶产品种类还是以常温奶为主。在低温产品的试点上，燕塘、风行和晨光各自获得许可的时间有先后，试点工作依次展开。

【奶农组织】加强自身建设，发挥职能作用。进一步完善各项内部管理制度。在省民政厅和省农业农村厅的领导下，广东省奶业协会按照《广东省行业协会管理条例》和《广东省奶业协会章程》，定期组织召开理事会议，按时上交年检报告等。

圆满完成各项工作任务。广东省奶业协会组织专家组，完成广州市燕海奶牛科技研究有限公司、广东燕禾果牧农业科技开发有限公司等学生饮用奶奶源基地现场评审工作；完成农业农村部畜牧兽医局"关于开展学生饮用奶计划"推广情况的调研工作，形成《广东省"学生饮用奶计划"推广情况报告》；11月召开2022年广东省生鲜乳价格协调会；认真做好生鲜乳收购站统计监测汇总工作，按时上报每月统计表至农业农村部，实时监测全省各地生鲜乳收购许可证与运输车辆准运证信息的录入和更新等；协助开展奶业生产统计工作，认真做好奶牛养殖和乳制品加工企业生产统计工作；协助编纂

《中国奶业年鉴》。

坚持有序开展交流、宣传和培训工作。广东省奶业协会继续办好《南方奶业》，按时出版4期，创建《南方奶业》微信公众号，广泛宣传奶业政策法规、牛奶知识、会展信息、奶牛养殖技术和乳制品加工技术。9月，广东省奶业协会组织9省奶业协会携手合作，联合举办了主题为“加强技术创新利用 推进乳品健康消费”的首届亚洲乳业博览会暨高峰论坛，搭建乳业行业信息交流平台，整合乳制品优势资源，围绕奶业振兴发展、奶业技术创新利用、乳制品健康消费等进行深入探索和交流，对新时代奶业创新发展具有重要意义。

【政策法规】大力发展奶牛标准化规模养殖，全面提升奶业发展质量水平。不断优化奶牛养殖与乳制品加工布局，突出重点，巩固发展以广州为中心的城郊型奶源基地，加快向粤东西两翼和粤北发展。同时，大力开展奶牛标准化规模养殖示范创建、省级现代化美丽牧场示范创建、学生饮用奶奶源基地创建、国家奶牛场标准化改扩建、省级草食动物示范基地项目建设。用好奶牛良种补贴和优质后备母牛饲养补贴。在2018—2020年共创建了40个现代化美丽牧场的基础上，2021年再创建15个，其中奶牛美丽牧场3个，示范带动奶牛标准化规模养殖水平的提高，有力保障了生鲜乳的质量和安全。推荐广东燕塘乳业有限公司红五月良种奶牛场分公司等4个牧场，参加国家第四批奶牛休闲观光牧场评选。同时，不断加强奶牛生产性能测定工作，建设了奶牛生产性能测定实验室2个，平均月测定10 000头份，占全省成母牛存栏的40%左右。通过奶牛生产性能测定工作的实施，不断提高奶牛健康、饲养管理和生鲜乳质量安全水平，加快推进全省奶业转型升级。

全力做好新冠疫情防控期间稳定奶业生产和乳制品的有效供给。受疫情防控期间综合管控影响，5月，部分地方限制广东燕塘等乳制品加工企业的运输车辆通行，严重影响了乳制品企业所需原材料运输和产品物流配送。广东省农业农村厅及时调度掌握有关情况，迅速协调交通、公安等部门解决奶制品、饲草料等运输困难问题，维护奶业正常产销秩序，受到了企业的高度认可。

根据《农业农村部 财政部关于做好2022年农业生产发展等项目实施工作的通知》(农计财发〔2022〕13号)和《农业农村部办公厅 财政部办公厅关于实施奶业生产能力提升整县推进项目的通知》(农办牧〔2022〕13号)的要求，广东省农业农村厅下发《关于印发〈奶业生产能力提升整县推进项目申报指南〉的通知》(粤农农办〔2022〕111号)，经各有关县(市、区)组织相关企业申报和专家评审，英德市人民政府申报的“英德市奶业生产能力提升整县推进项目”获得通过。通过实施奶业生产能力提升整县推进项目，在保证粮食生产的前提下，推动该市发展草畜配套、适度规模养殖，适当控制养牛业发展速度，增加乳制品加工产能和业务规模，带动养牛业发展，实现三大产业的完美融合。降低中间交易成本，提升生产效率，提升该市饲草料供应水平和养殖设施装备水平。项目建设目标是牧草种植量2.06万亩，奶牛存栏量5 300头，奶类产量2.8万t，奶牛年均单产水平达到9t以上。同时，项目建设将推动上下游配套产业的发展，搭建完整的产业链体系，提高该市奶业安全质量和竞争力，促进奶业高质量发展，实现价值最大化。

【质量监管】高度重视乳制品质量安全监管，制定了《广东省2021年生鲜乳质量安全监测计划》，地方各级农业农村主管部门制定详细的乳制品质量监督检测计划，实行生鲜乳收购站和运输车年度监测全覆盖，不留监管空白。根据全省奶牛养殖布局，共建立了37个生鲜乳收购站，全部按要求建设有生鲜乳检测室，配备必要的仪器设备和专业技术人员，对出场的生鲜乳实行批批自检。全省共有生鲜乳运输车64辆，运输车全部实行准运证管理，部分运输车还装备了卫星跟踪监控管理设施。2021年，广东省密切配合农业农村部委托的质检机构，联合相关地市的畜牧管理部门先后到广州、清远、惠州、肇庆等11个地级市对生鲜乳收购站和运输车进行检查及监督抽样，共抽检生鲜乳样品135个，加强对养殖场、生鲜乳收购站和运输车标准化管理、生鲜乳质量检验、安全制度落实等方面的监督检查，及时堵塞安全隐患风险漏洞。

（广东省农业技术推广中心，陈三省、刘建营）

广西壮族自治区

【奶畜养殖】生产情况。据畜牧部门统计，2021年广西奶牛存栏6.24万头，其中能繁母牛3.80万头；奶类总产量9.77万t。存栏奶牛中荷斯坦牛存栏1.69万头，能繁母牛1.04万头；奶水牛存栏4.55万头，能繁母奶水牛2.76万头。荷斯坦牛奶产量7.29万t，水牛奶产量2.48万t。

养殖分布。广西奶业呈现两大优势区域发展。荷斯坦牛养殖以南宁、贺州、柳州、来宾、北海、贵港、崇左7个地级市为中心产区，2021年有荷斯坦牛存栏1.60万头，占广西荷斯坦牛总数的94.68%；奶水牛养殖以钦州、玉林、南宁3个地级市为主要产区，2021年有奶水牛存栏4.41万头，占广西奶水牛存栏总数的96.92%。

2021年广西奶类产值为7.18亿元(其中水牛奶3.10亿元)。

生鲜乳价格。2021年荷斯坦牛奶收购价格为5.65元/kg，水牛奶收购价格为12.50元/kg。饲养年产1.6t的奶水牛年可获利4 000元左右，广西奶水牛养殖户有9 701户。

智慧牧场建设情况。广西石埠乳业生态观光牧场有限公司的奶牛养殖场具备建设智慧牧场的基础和条件，建设初见成效。该奶牛场位于广西崇左市扶绥县渠黎镇笃邦村，场地面积232.30亩，租用种植饲草地1 500亩，存栏荷斯坦牛3 200头，奶牛年均单产达11t。新建有数字奶牛平台、DHI数据库和一牧云分析系统；拥有先进的TMR饲喂、转盘挤奶、控温控湿、发情监测等现代智能化系统；配备场区监控系统，对重点生产区域和粪污资源化利用区域进行全天候实时监控。采用自动刮粪，牛粪收集经处理烘干后用作奶牛卧床垫料或制成有机肥，污水经发酵处理后用于牧草和甘蔗等农作物施肥；病死牛经无害化处理后，发酵成有机肥，场区环境良好。疫病防控、投入品使用规范，执行兽用处方药，对全场奶牛实行科学免疫和防疫监测。对投入品的入库、出库、使用等实行规范管理，建立产品追溯体系；管理制度和生产记录档案齐全，建立信息管理系统；创建企业品牌，牛奶产品注册有“石埠”“晨鲜”“养力”商标。

广西石埠乳业生态观光牧场有限公司创建了“扶绥县崇山美奶牛产业示范区”，经广西壮族自治区人民政府同意，授予扶绥县崇山美奶牛产业示范区为“2021年广西现代特色农业示范区（五星级）”称号。

特色水牛奶业发展情况。2021年，广西继续加强水牛奶业开发工作。2021年养殖规模在100头以上的奶水牛养殖小区（场）有23个，奶水牛存栏7 580头；养殖规模在50~100头的奶水牛养殖小区（场）有22个，奶水牛存栏1 499头。

奶业发展趋势。广西奶业的特色是水牛奶业，发展方向为荷斯坦牛和奶水牛并重，突出发展水牛奶业。在广西壮族自治区人民政府的推动下，广西水牛奶业作为特色农业产业将加大发展力度，建立水牛奶品质检测平台和产品质量认证，引导乳制品企业发展水牛奶精深加工，突出水牛奶产品特色，提高产品质量和附加值，打造乳制品“桂系”特色品牌，推动广西水牛奶业持续稳步增长。

【乳制品加工】2021年广西获得食品生产许可证并生产乳制品的企业有22家，其中婴幼儿配方奶粉企业1家。2021年广西乳制品产量为31.22万t，其中液体乳29.98万t，占96.03%。

广西加工水牛乳制品的企业有广西皇氏甲天下乳业股份有限公司、广西壮牛乳业有限公司、广西百菲乳业有限公司、广西桂牛水牛乳业股份有限公司、广西石埠乳业有限责任公司、广西农垦西江乳业有限公司、广西合浦南国乳业有限公司和广西天添乳业有限公司等，2021年实际加工水牛奶产品6.75万t，主要有巴氏杀菌乳、酸奶、UHT奶、含乳饮料等系列50多个品种，包装有瓶装、杯装、袋装、听装和利乐包装等，部分产品和奶酪远销香港、广东、湖南、上海、北京、黑龙江等20多个地区。

【市场消费】2021年广西常住人口5 037万人，奶类产量9.77万t，人均奶类占有量为1.94kg。

【奶源基地】2021年底，广西存栏100头以上规模的奶牛养殖小区（场）共44个，存栏奶23 356头，占广西奶牛存栏6.24万头的37.45%，奶牛品种主要有荷斯坦牛、娟姗牛和奶水牛。44个规模养殖场中，南宁市16个、钦州市4个、柳州市5个、北海市6个、玉林市4个、来宾市3个、贵港市2个、崇左市2个、防城港市1个、贺州市1个。存栏规模100~300头的养殖小区（场）24个，301~500头规模7个，501~1 000头规模9个，1 000头以上规模4个。属于奶企自建的奶牛养殖小区（场）共13个，国有单位办的4个，私营公司办的15个，合作社或个体的12个。

2021年广西在饲草料开发与利用方面，重点抓好高产优质牧草（桂牧1号等）和优质农副产品（玉米秆、菠萝渣等）种植开发利用以及粮改饲项目实施工作，较好地解决了奶牛养殖业所需饲草料问题。全年推广种植单一高产牧草（桂牧1号等象草）45.45万亩、青贮专用玉米16.09万亩，实施果园隙地种草17.68万亩、冬闲田种草12.22万亩。科学推广农作物秸秆饲料化利用598万t。2021年广西粮改饲项目，中央财政补助资金3 056万元，共完成粮改饲种植面积19.67万亩、完成了任务的107.49%；收储优质饲草料61.97万t、完成了任务的112.87%。

2021年广西继续抓好奶牛疫病防控工作，主要是推广普及生态健康养殖技术，加强规模养殖场和散养户管理，强化动物疫病（口蹄疫、结核病、布鲁氏菌病）的免疫、监测和净化，严格调运奶牛落地监管和检疫。2021年广西奶牛养殖业无重大疫情发生。

【奶农组织】2021年4月27—29日，广西壮族自治区奶业协会协助国家奶牛产业技术体系杨敦启秘书长带队的奶牛金钥匙专家组一行10人分别到广西皇氏集团来宾绿健牧业有限公司、广西农垦西江乳业有限公司牧场开展“两高一长寿”创标杆现场检测、诊断、评估、处方、培训活动，完成了2个牧场的挤奶厅设备管理、牛群饲养繁殖和疾病防控管理、粪便筛分、TMR装备及调制管理、青贮与粗饲料、TMR检测分析、日粮配方、现场管理与舒适度等10个方面的检测和评估工作。

2021年5月11日，广西壮族自治区奶业协会协助国家奶牛产业技术体系首席科学家、中国农业大学教授李胜利带领的中国奶业协会国家学生饮用奶专家组一行4人到广西石埠乳业有限责任公司，对该公司申报的国家学生饮用奶进行资格审核，完成相关审核、评估和评审工作。

广西壮族自治区奶业协会于2021年5月22日与上思皇氏乳业畜牧发展有限公司、广西来宾绿健牧业有限公司、广西石埠乳业生态观光牧场有限公司、钟山温氏乳业有限公司、广西农垦西江乳业有限公司奶牛场以及广西桂牛水牛奶乳业股份有限公司、皇氏集团股份有限公司那马牧场签订了“荷斯坦牛10t、奶水牛2.5t”责任状，启动广西奶业增量提质目标工程。为了推进实施该目标工程，广西壮族自治区奶业协会于2021年9月17日在南宁市举办广西奶业增量提质暨“荷斯坦牛10t、奶水牛2.5t”工程培训班，广西壮族自治区奶业协会会员及区内非会员企业牧场共100多人参加培训。

2021年，广西壮族自治区奶业协会组织广西皇氏甲天下乳业股份有限公司捐款捐物支援河南省焦作市博爱县抗击“强降雨洪涝”灾情，共捐款捐物价值120万元。

2021年，广西各级畜牧部门继续加强奶农技术培训，组织开展有关法规、生态养殖技术、饲养管理、疫病防治等培训班55期，培训学员3 300人次，发放宣传资料2 750份。

【政策法规】2021年12月广西壮族自治区人民政府办公厅印发了《广西加快农作物秸秆综合利用工作方案（2021—2025年）》（桂政办发〔2021〕139号）、《广西农业机械化改革发展实施方案（2022—2025年）》（桂政办发〔2021〕140号）和《广西现代特色农业示范区高质量建设五年行动方案（2021—2025年）》（桂政办发〔2021〕144号）文件。对包含奶业在内的秸秆畜禽工程、特色产业农机化技术示范、畜禽水产养殖机械化和特色农业示范区建设等项目给予政策支持。

【质量监管】2021年6月，广西持有生鲜乳收购许可证的生鲜乳收购站共31个，已核发生鲜乳运输许可证的运输车共27辆。到10底，持有生鲜乳收购许可证的生鲜乳收购站共33个，新增2个；已核发生鲜乳运输许可证的运输车辆共25辆，注销2辆。

2021年广西在生鲜乳质量监管方面主要把好三关。

一是强化主体责任，全面完成监测任务。2021年，广西各级政府管理部门高度重视生鲜乳质量安全监管工作，以文件形式下达监管任务，狠抓各级监管责任的落实。广西壮族自治区农业农村厅下发了《关于开展2021年广西生鲜乳质量安全监测和监督抽查工作的通知》（桂农厅办函〔2021〕29号），要求各级农业农村部门在当地政府的统一领导下，认真履行生鲜乳质量安全监管职责，落实监管措施；县（市、区）认真履行监管职责，制定实施方案，创新工作机制，组织专门力量，明确分工，责任到单位、具体环节和个人，监督奶牛养殖者、生鲜乳收购者和运输者切实履行主体责任。持续推进监管信息化、制度化和监测常态化。信息化方面，把全区生鲜乳收购站和运输车全部纳入精准化、全时段管理。制度化方面，继续开展专项监督检查，落实各地生鲜乳收购站、运输车专人监管制度，确保监管频次。常态化方面，继续组织实施生鲜乳质量安全监测计划，较好完成监测任务。

2021年农业农村部对广西例行监测抽检生鲜乳58批次、《食品安全国家标准 生乳》国标指标监测抽检生鲜乳20批次、散户奶质量安全监测5批次，抽检合格率100 %；现场检查生鲜乳收购站32站次、生鲜乳运输车26辆次，全部达标。监督抽查生鲜乳20批次，黄曲霉毒素M_1、铅、铬、汞、砷5个项目未检出，抽查合格率100 %。广西壮族自治区农业农村厅完成质量安全监测三聚氰胺、碱类物质、硫氰酸钠、黄曲霉毒素M_1、β－内酰胺酶5个项目65批次。三聚氰胺、碱类物质、黄曲霉毒素M_1、β－内酰胺酶4个项目结果均符合规定；硫氰酸钠检测结果不作判定，上报数据为具体检测值。

二是强化监督管理，确保质量安全。2021年，广西严格按照国家有关规定要求，加强对生鲜乳生产、收购、运输和销售4个环节的监管，重点对奶畜养殖场和养殖散户、生鲜乳收购站和运输车进行摸排巡查，整改、取缔不合格生鲜乳收购站和运输车，严查、严防非法添加等违法违规行为，核查、规范网上发证行为和信息录入，对违反《乳品质量安全监督管理条例》的行为按相关规定严肃处理，确保产品质量安全，提高监管效率和精准化水平。

三是加强宣传培训，提高执法水平。2021年，广西通过工作群等多种形式的交流平台，大力宣传《乳品质量安全监督管理条例》等法律法规，强化执法意识，加大技术指导和服务。根据生鲜乳质量安全监管工作需要，举办了1期广西生鲜乳质量安全监管和奶业生产统计培训班，参训人员为各有关市、县生鲜乳质量安全部门负责人、抽样检测工作人员和直联直报平台填报人员、统计人员以及生鲜乳收购站负责人、重点乳制品生产企业质量监管负责人，共计130人。通过宣传培训学习，提高业务素质和本领，做到监管人员秉公执法，从业者遵法守法，规范生产、收购、运输和销售，提高整个行业的技术水平和执法水平。

（广西壮族自治区畜牧站，唐善生；广西壮族自治区农业农村厅，黄树丛）

海南省

【奶畜养殖】2021年底，海南省奶牛存栏1 110头，其中三亚345头、澄迈80头、儋州189头、昌江496头。全年牛奶产量2 409t。奶牛养殖企业主要有4家，分布在三亚、澄迈、儋州、昌江等地。海南奶牛养殖以规模养殖场为主，集约化、设施化、标准化发展较好。奶业产值占畜牧业总产值比重较低，存栏量较2020年减少590头，牛奶产量减少191t。

【乳制品加工】海南省共4家奶企，海南艾森牧业有限公司（位于澄迈县），拥有牧草种植—奶牛养殖—乳制品加工—冷链配送为一体的完整产业体系，是海南乳品行业的龙头企业，配备检测实验室和运输车；三亚和昌江雪古丽公司，拥有小型乳制品加工厂，配备检测室和运输车，采用以色列阿非金挤奶设备，具有自动脱杯功能，自动筛查抗生素，若检测到不合格奶，挤奶杯自动脱落；儋州泓牯畜牧科技有限公司，主要养殖品种为奶水牛，产奶量较少，2021年奶产量800kg。因自然环境等因素限制，海南奶牛业规模仍较少，市场以复原乳、酸奶、乳酸菌饮料为主，且多为全国性的品牌产品；少量鲜牛奶以个人定制、高档酒店供应为主。海南本地市场产品主要分为复原乳酸奶、乳酸菌饮料和巴氏杀菌乳，其中巴氏杀菌乳仅占一小部分。

【市场消费】各大乳制品企业均有进入海南本地市场，本地品牌以艾森、雪古丽为主，主要生产巴氏杀菌乳、复原乳酸奶和乳酸菌饮料等。规格为150~1 000mL，市场价格与全国无较大差异。

【奶源基地】奶牛养殖基地3个，设计均为规模养殖场，全部应用全混合日粮（TMR）技术。其中昌江雪古丽牧场主要饲养娟姗牛、安格斯肉牛，并结合人工草地轮牧技术、秸秆饲料化技术推广种养结合理念，建设热带林果业与草原牧业相结合的数字化牧场，构建“南牧北旅”的生态牧场。

牧草主要为甜玉米秸秆、象草等青绿饲料，以及青储饲料，苜蓿等优质草料依靠岛外输入。

【质量监管】根据农业农村部和海南省农业农村厅下达的监测计划，结合本省实际情况，对本省奶牛场进行检查、抽样，共抽取生鲜乳样品20份，合格率100%。检测项目包括黄曲霉毒素M_1、β-内酰胺、抗生素（青霉素G、苄星青霉素、氨苄西林、阿莫西林、苯唑西林、氯唑西林、萘夫西林、双氯西林、头孢喹肟、头孢乙腈、头孢洛宁、头孢匹林、头孢哌酮、头孢唑林、头孢噻呋）等指标。结合监测计划的实施，不定期对养殖场开展排查，主要检查生鲜乳冷却、冷藏储存、低温运输等设施设备运行及卫生状况，检查生鲜乳收购交接、检测和销售记录及重要岗位持有健康证等情况，同时对是否有违禁添加进行重点抽查。检查过程未发现违法添加和滥用药物行为，奶站设备及卫生状况、各项记录均符合要求。现场检查、抽检中，未发现非法使用违禁药物和滥用药物情况。

（海南省农业农村厅畜牧兽医处）

重庆市

【奶畜养殖】根据相关统计，截至2021年底，重庆市奶牛存栏0.72万头、同比下降16.28%；产奶总量3.07万t、同比下降4.36%；牛奶产值约1.6亿元。有机奶产量6 039t，同比增加2 843t、增长88.95%。奶牛品种以荷斯坦牛、中国荷斯坦牛为主（0.59万头），其余为娟姗牛。对养殖100头以上规模奶牛场和奶牛生产合作社进行粗算，产奶牛年均产奶约8.04t，同比增加0.27t、增长3.47%。奶牛养殖以规模养殖为主，主要分布在巴南、黔江、渝北、合川、垫江、荣昌、长寿、云阳、巫溪、綦江等地。近年来，受环境保护治理压力、养殖用地批准困难、奶牛“两病”净化政策、饲草料和劳动力价格大幅上涨、新冠疫情防控政策措施以致从国外购牛风险大增、途径不畅等多种因素影响，全市奶牛补栏困难，饲养总量、规模化养殖数量继续萎缩。中小规模奶牛场逐渐减少，大型规模养殖场减量，产奶牛单产有所提升。奶源基地基本实现规模养殖，远郊区县存有部分奶牛散养、牛奶就近直销的情况。

重庆乳制品加工企业针对本地牛奶成本较高、鲜奶不足、资源有限等情况，通过资本参与、合同订购、战略合作、技术支持等，逐渐将奶源生产基地扩展到陕西、宁夏、四川等省份，经过多年的建设、发展、运行，已建立和形成稳定、可靠的供求关系，降低了对本市奶源的依赖，但也给本地奶牛养殖、发展带来了一定的不利影响，也是奶牛数量持续下降的原因之一。

全市奶牛规模养殖场通过设施设备升级改造，基本做到雨污分流、固液分离，生产条件极大改善，实现了散栏式喂养和分群管理。多数场建成了管道式、厅式挤奶场地，两家乳制品加工企业自建牧场和合作牧场均采用机械化方式挤奶。饲养管理上，已改精粗饲料分开投喂为TMR全混合日粮饲喂。各规模奶牛场重点对口蹄疫、布鲁氏菌病、结核病等传染病进行了防控。天友乳业自建牧场和光大乳业直属养殖场等加强了高产奶牛生产性能测定，强化个体指标选择选育，采用优质性控冻精，增产母犊，提升后备牛群生产性能。

智慧牧场建设方面，重庆光大（集团）有限公司经过十年的精细化管理，利用奶牛生产性能测定研究中心、奶业之星系统、供应链管理（SAP）信息系统、质量检测系统及检测实验室、乳制品自动化生产加工基地、光大OA办公系统以及商业智能决策（BI）系统、智能信息标准化冷链物流系统、门店零售终端（POS）系统等，把6s管理和常态化、标准化考核纳入其中，倾力打造从奶源到终端全程追溯的全产业链精细化管控能力，提高了专业化、精细化管理运营水平，全面提升了奶源管理、生产加工水平和产品质量。集团旗下重庆泰基科技发展有限公司拥有自建的巴南生态牧场，存栏奶牛2 000多头，在西南地区率先引进德国韦斯伐里亚转盘式挤奶机、自动清洗储奶罐、TMR自动喂料车、中央循环供热系统、智能监控系统、自动饮水器等一系列先进设备及养殖技术，硬件设施达到了国内领先水平。同时，牧场管理不断汲取国际领先的技术经验，引入奶业之星信息化系统，依托“奶牛环境—生产性能测定—全日粮混合—网络”（EDTN）奶牛饲养管理技术和核心群（MOET）育种方案、育种技术，率先设立奶牛生产性能测试研究中心，采用科学化、规范化、信息化管理，建立重庆市奶牛科技专家大院，全程监控奶牛生长、生活、生产状况，在营养、防疫、育种等方面及时给出适合每头奶牛的个体解决方案，奶牛选种选育、生鲜乳质量等均名列地区前茅，并在西南同行中率先通过了良好农业规范（GAP）一级认证。

【乳制品加工】截至2021年底，重庆主要有重庆市天友乳业股份有限公司（以下简称天友乳业）和重庆光大集团乳业股份有限公司（以下简称光大乳业）两家乳制品加工企业，日处理鲜奶能力1 300t。两企业全年收购原奶21.06万t，同比增加2.2万t，增长

11.66%。其中天友乳业收购 18.74 万 t，同比增加 1.38 万 t、增长 7.95%；光大乳业收购 2.32 万 t，同比增加 0.82 万 t、增长 54.67%。全年生产各类乳制品 27.46 万 t，同比增加 2.42 万 t、增长 9.66%。产品中，低温鲜奶 3.79 万 t，同比增加 0.81 万 t、增长 27.18%，为天友乳业增产 0.81 万 t；UHT 奶 15.78 万 t，同比增加 0.99 万 t、增长 6.69%，主要为天友乳业增产；常温酸奶 0.38 万 t，同比增加 0.08 万 t、增长 26.67%，为天友乳业增产；低温酸奶 5.9 万 t，同比减少 0.03 万 t、下降 0.51%，其中天友乳业减少 0.47 万 t、下降 8.6%，光大乳业增产 0.44 万 t、增长 106.12%；原料奶粉 104.4t，同比减少 2 389.6t、下降 95.81%；婴幼儿配方奶粉 782.6t，同比减少 1.4t，下降 1.78%；成人奶粉 111t，同比增加 48t、增长 76.19%；含乳饮品 1.510.71 万 t，同比增加 0.8 万 t、增长 112.3%，其中天友乳业增加 0.3 万 t、同比增长 48.32%，光大乳业增加 0.5 万 t、增长 5.4 倍。生产获得有机标志产品数量 3 146.03 万枚，同比增加 1 454.5 万枚、增长 85.99%，其中天友乳业增加 1 334.49 万枚、增长 78.89%，光大乳业当年获得有机乳品标志，生产有机乳品 120 万枚。

重庆乳企产品呈现出本地奶源主要生产低温鲜奶和低温酸奶尤其是有机奶，埠外奶源主要生产 UHT 奶、常温鲜奶、低温酸奶、常温酸奶、含乳饮品、奶粉等产品的特点。生产的有机奶产品主要为低温鲜奶、低温酸奶、常温酸奶。

天友乳业旗下黄河乳业注册有“恬恩”“英贝儿”“汇滋力”3 个婴幼儿配方奶粉品牌，配方 9 个、生产奶粉 782.6t。

【市场消费】2021 年，重庆常住人口 3 212.43 万人，人均占有市内生产的生鲜乳约 0.96kg，同比减少 0.04kg、下降 4%；消费本地生产的奶及奶制品约 8.55kg，同比增加 0.74kg、增长 9.47%。市场销售的奶制品主要有巴氏杀菌乳、UHT 奶、低温酸奶、常温酸奶、婴幼儿配方奶粉、成人奶粉、含乳饮品等。同时，市场上存在少量鲜奶或经简单消毒后直接上市、以奶吧形式消费、售卖给糕点、冷饮店等直销的情况。随着经济社会快速发展、居民收入不断提高、饮食习惯更新迭代，奶类消费市场呈现出多元化持续增长的发展态势。

重庆市场上，本地乳企品牌主要有天友集团的“天友”、光大集团的“奶牛梦工场”等，埠外品牌主要有伊利、蒙牛、澳牧、圣牧、现代牧业、养乐多、光明、娃哈哈、旺仔、晨光等，以及 WHOLE MILK、simply white、妙维思等国外品牌。包装形式有康美包、利乐包、屋顶盒、PE 瓶、PET 瓶、玻璃瓶等，规格有 50mL、100mL、195g、200mL、220mL、250mL、260mL、750mL、950mL、1L、2L 等。巴氏杀菌乳、酸奶一般为盒装、袋装。常见袋装规格为 200~250mL，价格在 2~5 元；盒装规格主要在 100~2 000mL，价格多在 3~20 元；瓶（罐）装规格主要在 145~260mL，价格在 3~6 元。

【奶源基地】截至 2021 年底，奶牛存栏 100 头以上的规模养殖场及合作社 10 个。其中 2 个养殖场（合作社）奶牛存栏数量较 2020 年大幅减少，只有 100 余头。存栏 100 头以上的养殖场规模化率约为 60%，同比下降 9 个百分点。

全市种植青贮玉米面积 3 957.3hm²，同比略增；平均单产（折合干草，后同）16.07t/hm²；生产饲草料 6.36 万 t，实际收储鲜草 7.26 万 t。种植青贮青饲高粱面积 1 013hm²，平均单产 17.06t/hm²，生产饲草料 1.73 万 t，实际收储鲜草 2.16 万 t；种植多花黑麦草面积 5 156.5hm²，平均单产 18.2t/hm²，生产饲草 9.38 万 t。

本地合作牧场是重庆 2 家乳制品加工企业重要的本土奶源之一。2 家企业多年来从牧场管理、质量控制、技术交流培训、产品市场开发方向、发展建议、保险费补助等方面持续给予了一定的帮扶、支持，特别是生鲜乳价格。4 月起，生鲜乳基价从 4.5 元 /kg 提高 0.1 元 /kg，再根据所售牛奶的理化指标、微生物指标、体细胞数等现场检测数据，实行按质计价、优质优价的计价方法。质量加价一般在 0.5~0.6 元 /kg，鲜奶牧场实际售价 5.2 元 /kg 左右，处于全国较高位置。

因受 2020 年以来新冠疫情严密防控、饲草料及人力成本大涨、牛源引进更新困难等多重因素影响，中小规模奶牛养殖场（户）年净收入估算约 2 000 元 / 头（按平均产奶量约 8.04t/ 头），规模达 100 头的奶牛场净收入约 15 万元，基本处于微利状况。养殖场（户）由于无法外购、引进奶牛，大多只能通过自购国内外冻精或性控冻精，依靠本场自繁自养更新牛群、淘汰低产老病残牛，保持、扩充养殖规模。

天友乳业外购原奶主要通过重庆企业在陕西、宁夏等地建设的大型牧场提供，光大乳业外购原奶主要通过市场化第三方奶源基地提供。原奶总量约 15 万 t，其他途径采购约 3 万 t。

【奶农组织】2021 年重庆奶农合作组织数量没有增减变化，但位于垫江县的重庆文顺奶牛养殖场饲养数量大幅下降。

奶农技术培训主要由当地畜牧部门、购奶企业根据情况，结合重庆市农业农村委、重庆市畜牧技术推广总站发布的中国荷斯坦牛等奶牛主导品种和奶牛规模场精细化饲养技术、玉米全株青贮等主推技术、制定发布的《奶牛标准化规模养殖场建设规范》《奶牛抗热应激饲养管理技术规范》等地方标准进行。

【政策法规】2021 年，除享受国家扶持政策中的奶牛保险补贴，继续执行 2019 年先后出台的《重庆市人民政府办公厅关于推进奶业振兴保障乳品质量安全的实施意见》、重庆市农业农村委等 9 部门《关于贯彻落实〈进一步促进奶业振兴的若干意见〉的通知》、重庆市发展改革委关于转发国家发展改革委等 7 部委《关于印发〈国产婴幼儿配方乳粉提升行动方案〉的通知》等文件外，重庆没有出台其他的资金和项目支持政策。奶牛保险的具体政策是：每头保费 500 元，国家补贴400元，业主自己承担100元，保险金额1万元。全市6 000余头奶牛参加了保险。天友乳业对部分合作牧场按45元/头另外给予保险单项补助。部分县（区）对奶牛养殖贷款实行贴息扶持。

4月，重庆市农业农村委办公室印发了开展奶业生产专项调研的通知，对主要奶牛养殖县（区）的养殖情况进行了实地调查了解，形成《重庆市奶业发展情况及对策建议》，提交政府决策参考。

【质量监管】2021年，根据农业农村部畜牧兽医局对生鲜乳质量安全监管工作要求，重庆市农业农村委制定了生鲜乳质量安全监测计划和生鲜乳质量安全专项整治工作方案，全面压实奶畜养殖者、生鲜乳收购站开办者和运输车经营者的主体责任，落实畜牧部门监管责任。对辖区内奶畜养殖场、生鲜乳收购站和运输车进行监督巡查，对正常运行的生鲜乳收购站和运输车信息全部录入“生鲜乳收购站运输车监督管理系统”，进行精细化管理，坚决取缔不合格收购站和运输车，注销、关停僵尸收购站和运输车的证号。按时完成农业农村部下达的监测项目和数量，在本市黔江、渝北、长寿、荣昌、巫溪、合川等10个设有生鲜乳收购站和运输车的地区，抽取了30批次生鲜乳样品，合格率100%。

【奶业大事】2021年3月24日，乌拉圭东岸共和国驻华大使费尔南多·卢格里斯、重庆总领事馆代总领事琪娜、乌拉圭科拿乳品首席代表田文静等一行作为首批国外新鲜见证官到天友乳业实地参观考察。

2021年5月19日，重庆市人大常委会主任、党组书记张轩等领导视察光大乳业，就固体废物污染环境防治情况等进行检查。

2021年5月19日，中共重庆市委副书记吴存荣到天友乳业调研，传达贯彻市委五届十次全会精神，提出市农投集团要加强畜禽、水产等生物育种研究，加大精深加工技术创新力度，不断提高农业综合效益。

2021年9月，天友乳业旗下百特有机纯牛奶和百特轻酸奶在2021年第60届世界品质评鉴大会上双获金奖。

2021年10月18日，北京华思联认证公司对两江牧场、天翼牧场、大巴山牧场、天合牧场4个自营牧场进行了认证，4个自营牧场均取得了良好农业规范一级（GAP+）证书。

（重庆市农业农村委，潘　川；重庆市畜牧技术推广总站，李发玉、刘学福、尹权为）

附表 1　重庆市奶畜养殖场（小区）名录

序号	名称	供奶企业	全群存栏（头）	成母畜存栏（头）	奶畜品种	成母畜单产（t/年）	年总产量（t）	是否有机奶源基地	有机奶产量（t）
1	重庆泰基科技有限公司巴南牧场	重庆时代乳业	2 011	1 206	荷斯坦、娟姗	7	8 500	√	2 600
2	重庆市天翼牧业发展有限公司	重庆天友乳业	895	542	荷斯坦	10.3	5 580		
3	重庆市天友纵横牧业发展有限公司两江奶牛养殖场	重庆天友乳业	599	359	荷斯坦、娟姗	9.6	3 439	√	3 439
4	重庆市天合牧业发展有限公司	重庆天友乳业	580	345	荷斯坦	10.7	3 707		
5	重庆市蒙润农业有限公司	重庆天友纵横牧业	330	198	中国荷斯坦	7.9	1 571		
6	重庆渝西奶牛养殖专业合作社	重庆天友乳业	315	183	荷斯坦	6.1	1 120		
7	巫溪县文鑫农牧有限责任公司	重庆天友乳业	105	82	荷斯坦	6.3	521		
8	云阳县林久农牧综合开发有限责任公司	重庆天友纵横牧业	272	110	荷斯坦	6.2	684		
9	重庆爱牧生态农业有限公司	重庆天友纵横牧业	415	302	荷斯坦	6	1 811		
10	重庆文顺奶牛养殖场	重庆天友纵横牧业	105	70	荷斯坦	5.5	385		
11	綦江区宏源奶牛场	无	54	40	荷斯坦	5.2	208		

备注：本表所指奶畜包括奶山羊、奶绵羊、奶水牛、牦牛、骆驼、驴等产商品奶家畜。如认证为有机奶源基地等，请在相应表格中打钩。

附表 2　重庆市主要乳制品生产企业名录

序号	名称	生产地点	生产许可证号码	年收购原奶量(t)	其中：自有奶源量(t)	平均支付价格（元/kg）	日处理生鲜乳能力(t)	年乳制品产量(t)	其中：低温鲜奶(t)	UHT 奶(t)	常温酸奶(t)	低温酸奶(t)	原料奶粉(t)	婴幼儿配方奶粉(t)	成人奶粉(t)	奶油(t)	奶酪(t)	含乳饮料(t)	冰品(t)	年销售收入（万元）	利润（万元）	有机产品（枚）
1	重庆市天友乳业股份有限公司	重庆市渝北区金石大道 99 号	SC10550011212179	187 381.6	68 612	5.16	1 000	248 885.7	35 233	149 178.8	3 759.14	50 437	104.4	782.6	111	0	0	9 168.93	0	198 256.4	9 053.45	30 260 278
2	重庆光大集团乳业股份有限公司	重庆江北区鱼嘴镇鱼冠大道 15 号	SC10550010509096	23 200	8 075	5.5	277	25 700	2 632	8 601	0	8 537	0	0	0	0	0	5 930	0	29 500	360	1 200 000

备注：本表包括在中国及海外的生产企业。日处理生鲜乳能力指设计加工生鲜乳能力。自有奶源指来自自建和参建（控股、参股）牧场（小区）的原奶。成人奶粉指除婴幼儿配方奶粉以外的学生奶粉、孕妇奶粉、中老年奶粉等终端消费奶粉。冰品包括冰激凌、雪糕等。有机产品数量单位为"枚"指获得有机标志的数量。

四 川 省

【奶类生产】2021年底，全省奶牛存栏830.5万头（含牦牛）。据行业统计，四川省地域内荷斯坦、娟姗奶牛及改良奶牛存栏约6万头。四川新希望、菊乐异地投资，在宁夏、甘肃建设奶牛场7个，存栏奶牛4.1万头。三州高原挤奶牦牛150万头。奶水牛及改良奶水牛0.3万头。奶山羊0.2万只。全年奶类产量71.9万t，比2020年增长0.5%，其中牛奶产量71.75万t（含牦牛奶产量约25.33万t）。生鲜乳收购站收购备案合同生鲜乳平均交售价格为5.1元/kg，收购价格4.89元/kg。牦牛奶交售价7.00元/kg。

【乳制品加工贸易】2021年四川省乳制品企业84家（含乳制品街饮），其中规模以上加工企业32家，乳制品产量113.7万t（其中液态奶产量103.9万t，奶粉产量0.3万t。干乳制品产量9.79万t）。阿坝州高原之宝牦牛乳业股份有限公司是四川省唯一一家婴幼儿配方奶粉生产企业。

2021年四川省进口液奶1 204.1t，进口额143.9万美元；进口酸奶26.8t，进口额9.4万美元；进口奶粉38 564.6t，进口额7 397.00万美元；进口炼乳19.20t，进口额3.30万美元；进口乳清3 505.6t，进口额267.10万美元；进口奶油761.9t，进口额349.9万美元；进口奶酪152.2t，进口额60.5万美元。

【奶源基地】2021年登记奶牛场（户）402个。其中，50~500头养殖场98个；1001~5 000头规模的牧场6个；5 000头以上的牧场1个。省部级示范场28个，7个规模场通过GAP评定，13个规模化奶牛场成为学生饮用奶奶源基地示范牧场。

四川省现有DHI测定中心两个，分别在省畜牧总站和新希望生态牧业有限公司。省畜牧总站DHI中心有优然牧业、现代牧业等6家企业参加测定，全年测定奶牛6 190头，平均日产奶量31.93kg；乳脂率3.56%，乳蛋白率3.25%，体细胞数31.48万个/mL；平均产犊间隔397天，中央补贴参测奶牛1 000头，补贴资金7万元。新希望生态牧业有限公司主要测定自己公司位于省内的3个牧场的奶牛，全年测定7 945头，平均日产奶量29kg；乳脂率4.41%，乳蛋白率3.43%，体细胞数30.56万个/mL；中央补贴参测奶牛2 000头，补贴资金14万元。

全省现有种公牛站1个，为成都汇丰动物育种有限公司。种公牛55头，其中娟姗公牛3头、荷斯坦公牛3头。

饲草生产。2021年四川省饲料产量为1 863.06万t，其中配合饲料1 023.19万t、混合饲料198.43万t。

【政策法规】四川省政府印发了《四川省“十四五”推进农业农村现代化规划》的通知（川府发〔2021〕11号）。四川省政府对四川奶业振兴调整规划布局。规划明确：保障粮食等重要农产品安全，需要提升牛羊禽兔饲草产业。实施基础母畜扩群增量、良种推广、草畜配套和健康养殖行动，支持一批规模养殖场实施畜禽圈舍标准化、集约化和智能化改造。推广政策保险补贴。提升优质饲料、饲草料供给能力。实施奶业振兴工程，改造适度规模奶牛养殖场，建设奶牛养殖大县生鲜乳检测站。同时布局了成都平原经济区、川东北经济区和攀西经济区的17个县为奶牛生产基地县。

2022年全省新增规模化奶牛场2个，合计存栏量1 000头左右，单产均超过了10t。四川省继续支持壮大专业合作社和家庭牧场。省财政厅和农业农村厅下发了《关于提前下达2021年中央财政农业生产发展资金的通知》（川财农〔2020〕186号），建设支持改造奶牛家庭牧场1个，支持资金20万元。四川省农业农村厅、四川省财政厅印发了《关于做好2021年中央财政农业生产发展等项目实施工作的通知》（川农函〔2021〕386号）文件，下达资金500万元，在20个县种植优质苜蓿10 000亩。省政府对奶业整县推进项目开展研究布局。

【质量监管】2021年制定了《四川省2021年生鲜乳质量安全监测计划》。在农业农村部部署的监测计划外，增加“四川省2021年生鲜乳质量安全专项监测计划”，由省饲料工作总站承担监测任务。印发了《四川省农业农村厅关于开展2021年全省生鲜乳专项整治的通知》（川农函〔2021〕390号）。全年省、市（州）、县（区）现场检查生鲜乳收购站577站次，检查运输车758辆次，出动执法人员1 529人次。全省抽检生鲜乳样品1 997批次，其中市、县抽检样品1 501批次（含快速检测），检测合格率100%。省、市、县安排监测资金38.94万元，其中省级安排资金10万元，市、县安排资金28.94万元。

【奶业大事】省业务主管部门依托四川省奶业协会于2020年12月和2021年6月分别召开了两次“牧场成本核算暨生鲜乳价格协调会”，会议总结并分析研判了牧场生产成本和生鲜乳市场行情，经奶农代表、乳企代表间协商和专家评估，在四川省农业农村厅分管领导的见证下分别达成了上、下半年生鲜乳最低收购指导价格。协会通过网上消费者投票、专家评审，产生了四川民众满意乳制品品牌，并给相关企业授牌颁奖。

2021年1月5日晚间，新乳业发布公告，以2.31亿元收购国内酸奶茶饮开创者和细分品类领导者“一只酸奶牛”的60%股权。作为广受年轻人喜爱的现制酸奶茶饮时尚品牌，“一只酸奶牛”已在西南、华中、华东、华北、华南等区域布局1 000多家门店，其微信公众号有百万粉丝，小程序会员达到80万名，支付宝口碑会员超过170万名，以30岁以下女性为主要客群，仅2019年就售出数千万杯产品。入股“一只酸奶牛”之后，新乳业将进入其线上线下渠道，进一步深化“鲜战略”在品质消费时代的蝶变。

2021年9月7日，新乳业发布公告，宣布以5 840

万美元战略入股澳亚集团，占股比例达到5%，并同时签署了一份自2022年开始的5年期为基础、可滚动续期的奶源供应协议，将从澳亚投资获得稳定的奶源供应。

2021年9月13日，菊乐股份·惠丰优牧碱草香生态牧场开工奠基。项目位于黑龙江肇源县，占地面积315亩，计划养殖荷斯坦牛6 000头，其中成母牛3 600头、犊牛及后备牛2 400头；日产鲜奶约100t，合计年产鲜牛奶约3.6万t。

（四川省农业生态资源保护中心，杨 嵩、罗 茜、肖 琴；四川省奶业协会，李自成）

贵州省

【奶类生产】2021年贵州省奶类总产量4.02万t，成母牛单产为7.77t。奶牛存栏8 643头，与2020年同比下降24.84%。奶牛品种主要为荷斯坦牛，有少量娟姗牛，全省奶牛分布在贵阳市、遵义市、黔南布依族苗族自治州、黔东南苗族侗族自治州的清镇、开阳、息烽、修文、红花岗、都匀、独山、凯里等地。其中，贵阳市奶牛存栏占全省的73.22%。全省生鲜牛乳平均交售价格为4.61元/kg。

【乳制品加工】全省主要乳制品加工企业有6家，2021年乳企销售总额17.11亿元，利润2.1亿元。乳制品产量15.7万t，其中巴氏杀菌乳5.3万t、UHT奶7.42万t、 酸奶2.74万t、含乳饮料0.24万t。与2020年同期相比，含乳饮品下降。本地乳企未生产配方奶粉、奶油和奶酪。

【市场消费】2021年，全省乳制品销量为15.7万t，主要销售区域为贵州省内市场，主要品牌有山花、现代牧业、新希望、好一多、贵草、皇氏、蒙牛、伊利、澳优、欧亚、光明等，同类产品价格相差不大。本省生产产品主要在省内和云南、四川、重庆等周边省份销售。据市场消费调查，消费习惯、收入水平、购买的便利性、保健意识、营养知识、质量和价格等因素是影响乳制品消费行为的主要因素，因受乳制品不同的消费理念以及价格等因素的影响，UHT奶在贵州占有较大市场消费比例。 城镇居民人均液态奶消费量稳定，市场正处于成熟阶段，农村居民人均液态奶消费量随着生活水平的不断提高，市场处于成长阶段。消费者在超大仓储和超市购买液态奶的比例仍在不断上升，同时网购销售比例也在提高。

【奶源基地】据行业统计数据，2021年全省奶牛养殖场（户）共38个。其中，1~99头规模的养殖场（户）31个，存栏奶牛194头，占2.24%；100~399头规模的养殖场（户）1个，存栏奶牛186头，占2.15%；400~499头规模的养殖场（户）2个，存栏奶牛885头，占10.24%；500~999头规模的养殖场（户）1个，存栏奶牛972头，占11.25%；1 000~1 999头规模的养殖场（户）2个，存栏奶牛2 313头，占26.76%；2 000头及以上规模的养殖场（户）1个，存栏奶牛4 093头，占47.36%；无5 000头及以上规模养殖场（户）。全省奶牛养殖以规模养殖场（户）为主，挤奶方式为集中到挤奶平台机械化挤奶；大多采用全混合日粮（TMR）技术。

【奶农组织】全省有奶农合作社6个，其中贵阳市4个，主要组织周边农户种草，通过种养循环有效解决粪污消纳问题，并针对牧草种植与管理等进行培训；遵义市2个，拥有会员163户，采用“公司+奶农合作社+奶农”三级培训的方式，2021年线上线下培训奶农130余人次， 市、县农业农村部门实地技术指导50余次。

【政策法规】为贯彻落实《国务院办公厅关于推进奶业振兴保障乳品质量安全的意见》（国办发〔2018〕43号），根据《乳品质量安全监督管理条例》和《生鲜乳生产收购管理办法》，制定《乳品收购站规划方案》《2021年贵州生鲜乳收购站制度》及《2021生鲜乳收购站生鲜乳质量监测抽查制度》等共7项制度。

【质量监管】全省共有7个奶站，全部由乳制品生产企业开办，均已取得生鲜乳收购许可证，生鲜乳收购没有中间环节。质量安全监管方面，狠抓中央有关精神和农业农村部相关工作要求的贯彻落实，制定全省2021年生鲜乳质量安全监测工作计划，明确了生鲜乳及运输车辆监管组织工作、抽检数量及送样时间、监测对象和要求、监测方式、工作进度等内容，检测项目包括三聚氰胺、碱类物质和革皮水解物、β-内酰胺酶、黄曲霉毒素M_1、抗生素等，检测合格率100%。

【奶业大事】贵州南方乳业有限公司在贵州牧草种籽繁殖场独山区域、贵州威宁县等实施草地生态奶牛拓展增量，推进公司如期上市。

（贵州省农业农村厅畜牧发展处，毛世明）

云南省

【奶畜养殖】2021年，云南省荷斯坦牛存栏8.54万头（云南省奶业协会会员数据），能繁母牛4.11万头，牛奶产量40万t。云南省荷斯坦牛主要分布在昆明市、大理州、红河州和文山州。昆明市（嵩明县、宜良县、石林县、寻甸县、晋宁区和富民县等6个地区）奶牛存栏3.91万头（包括昆明雪兰牛奶有限公司在陆良县的2个牛场），牛奶产量13.87万t，奶类产值8.02亿元，占畜牧业比重的5.06%，比2020年增长4.6%。大理州（洱源县、大理市、弥渡县、祥云县、鹤庆县、剑川县、宾川县、巍山县、云龙县）奶牛存栏5万头，奶产量27万t，牛奶产值11.7亿元，占畜牧业总产值的4.8%。红河州（个旧市、弥勒市、泸西县、建水县）奶牛存栏1.57

万头，奶产量8.85万t，牛奶产值3.45亿元，占畜牧业总产值的1.594%。文山州（文山市）奶牛存栏0.13万头，奶产量0.67万t，牛奶产值0.87亿元，占畜牧业总产值的0.57%。

奶水牛1 536头，主要分布在德宏州（芒市、盈江县、陇川县）、保山市（腾冲市）、大理州（大理市、巍山县、鹤庆县），水牛奶产量705.2t，牛奶产值约1.08亿元。云南奶山羊存栏50万只，能繁母羊30万只，主要分布在昆明市（石林县、宜良县）、曲靖市（陆良县）、红河州（建水县、弥勒市、泸西县、个旧市、开远市、石屏县、蒙自市）、大理州（剑川县、鹤庆县）、玉溪市（华宁县、通海县）、文山州（砚山县），羊奶产量13.83万t，产值约10亿元。牦牛（犏牛）存栏5万头、能繁母牛2万头，奶产量1.5t，产值约2.3亿元，主要分布在云南省迪庆藏族自治州。

云南省奶类总产量85万t，奶业总产值100亿元，其中奶牛养殖产值约41亿元，占全省畜牧业总产值的3.8%。荷斯坦牛养殖规模化程度逐年提高，新建和扩建了16个规模化养殖场，除了标准化奶牛养殖场外，主要采用奶牛小区及合作社集中饲养、统一挤奶的模式，使奶业成为当地农民的主要收入来源之一。有机奶源持续增加，有机奶源牧场4个（云南新希望邓川蝶泉乳业有限公司、云南牛牛牧业股份有限公司、云南欧亚乳业有限公司和云南乍甸乳业有限责任公司），有机奶产量2.4万t。

云南奶业特色明显，具有荷斯坦牛、奶水牛、奶肉兼用型西门塔尔牛、牦牛和奶山羊多元化发展得较为完善的奶业生产、加工和销售体系。奶牛养殖总体趋势表现为“稳中有升”，其中荷斯坦牛、奶山羊和犏牛在相关龙头企业的带动下，养殖规模增长较快、生鲜奶质量大幅提高，而奶水牛、牦牛养殖稳中有降。云南奶业机遇与挑战并存，继续推进奶牛、奶山羊标准化规模养殖，同时发展适度规模的家庭牧场，提高养殖效益，积极探索适合本省的产业化发展模式。

【乳制品加工】云南省2021年有乳制品加工企业16家，其中昆明市7家（牛奶加工厂4家，山羊奶加工厂3家）、大理州3家、曲靖市1家、红河州2家、腾冲市1家（水牛奶加工）、德宏州1家（鲜奶吧）、香格里拉1家（牦牛奶加工）。乳制品年加工能力约为130万t。乳制品总产量62.52万t，其中鲜奶4.48万t、UHT奶22.94万t、常温酸奶5.53万t、低温酸奶13.72万t、原料奶粉0.15万t、成人奶粉0.30万t、奶油92.33t、奶酪11t、含乳饮料12.52万t。全省乳制品年销售额达58.21亿元。

尽管受到全球性新冠疫情的影响，但由于乳制品营养丰富（特殊的免疫活性物质），云南乳制品加工业较2021年度稳中有升，乳制品加工呈现多样化，鲜奶（巴氏杀菌乳）、酸奶（包括常温酸奶）发展势头良好，升幅较大，而常温奶、含乳饮料市场有所下滑，说明消费者的营养健康意识不断提高。各乳制品企业更加重视奶源基地建设，大力引进国外优秀荷斯坦牛，建设标准化奶牛场。作为奶业发展的新模式，云南省“鲜奶吧”产业发展稳中有进，但需要加强监管，任重道远。

【市场消费】云南省2021年人均奶类占有量约为20kg，人均奶制品（折合成生奶）消费量19kg。云南省内市场主要的乳制品品牌有伊利、蒙牛、雪兰、欧亚、蝶泉、来思尔、乍甸、艾爱等。根据品牌、包装和产品质量，云南市场主要产品销售价格为：巴氏杀菌乳（鲜奶），0.8~2.3元（100g）；低温酸奶，1.7~3.3元（100g）；常温酸奶，3.4~4.3元（100g）；常温调制乳，0.8~1.9元（100g）；常温含乳饮料，0.8~1.1元（100g）；常温纯奶，1.0~1.5元（100g）；婴幼儿配方奶粉（1阶段），37.0~44.8元（100g）；中老年奶粉，8.1~10.6元（100g）。

【奶源基地】（1）奶牛场：全省备案奶牛规模养殖场92个，设计存栏10.1万头。单体牧场存栏量最大的是云南牛牛牧业股份有限公司，存栏6 300余头。据行业监测，2021年中小型养殖户继续退出。全省100头以上奶牛养殖场（小区）82个，其中荷斯坦牛场29个、娟姗牛场2个、奶水牛场3个、牦牛场4个。规模养殖场奶牛存栏14.95万头，其中荷斯坦牛1.44万头，荷斯坦牛规模养殖比例达45.54%，比2020年提高19个百分点。1 001头及以上养殖场29个，501 ~ 1 000头养殖场5个，101 ~ 500头养殖场16个，云南省计划实施小牧场升级项目80个。奶水牛0.19万头，50 ~ 500头养殖场2个，500头以上养殖场1个。1 000只以上规模化奶山羊场4个。全省190个生鲜乳收购站，涉及养殖场（户）9 432个，同比下降30.37%，养殖规模化进程进一步加快，100头以上存栏规模比重达49.67%，同比提高2.89个百分点。（2）奶站：云南省全省录入生鲜乳监督管理系统的奶站有188个，奶站数量同比减少4个。其中，乳制品企业开办110个，占58.5%；奶畜养殖场开办44个，占23.4%；奶农专业合作社开办34个，占18.1%。（3）机械挤奶：机械化挤奶站136个，机械化挤奶率达72.3%。（4）生鲜乳准运：取得生鲜乳运输车准运证的车辆有114辆，随车携带生鲜乳交接单。（5）奶牛生产性能测定（DHI）：全省参测奶牛场23个，其中昆明市10个、其他地级市（自治州）13个，平均每月测定样品数在9 871个以上，共检测样品118 455个。出具DHI管理报告171份，出具生鲜乳质量安全监测报告248份。（6）种草：截至2021年底，全省饲草保留种植面积984.07万亩，产量3 123.2万t，面积和产量同比分别增长6.8%、11.83%。主要一年生品种面积及产量中，全株青贮玉米137.133万亩，平均产量1 965kg/亩（干重，下同）；多花黑麦草88.432万亩，平均产量1 259kg/亩；毛苕子（非绿肥）41.573万亩，平均产量584.63kg/亩；饲用燕麦8.94万亩，平均产量818.64kg/亩，饲用小黑麦27.32万亩，平均亩产量380kg，饲用大麦5.971万亩，平均亩产量848.25kg。主要多年生饲草种植保留面积和产量中，紫花苜蓿保留面积26.75万亩，平均亩产量1 160kg；鸭茅保留面积95.13万亩，平均亩产量927kg；多年生黑麦草保留面积150.79万亩，平均亩产量871kg；狼尾草属（皇竹草、王草、象草、巨菌草）保留面积72.09万亩，平均亩产量1 590kg；狗尾草保留面积28.174万亩，平均亩产量1 323.6kg；臂形草保留面积10.136万亩（2021年新增0.606万亩），平均亩产量1 135kg。（7）疫病防控：主要由市、县各级动物疫病预防控制中心、动物卫生监督所监督管理。把预防为主、防治结合，强制免疫和疫情监测工作作为重点，每年进行两次口蹄疫二联疫苗注射，确保100%的免疫密度；每年至少进行一次奶牛“两病”检疫及扑杀净化工作，并实施动物标识管理，跨境奶牛引种检疫备案、产地检疫、运输检疫监督等。（8）粪污处理方式：①沼气工程模式。在相关政府部门的引导和支持下，规模奶牛场普遍采用沼气工程技术。②有机肥或还田模式。奶牛粪便生产有机肥，用于种花或种植有机蔬菜，昆明市实施效果明显；奶牛粪便污水还田作肥料为传统而经济有效的处置方法，个体分散户养牛粪便污水处理均采用该法。③自然处理模式。主要采用氧化塘、土地处理系统或人工湿地等自然处理系统对养殖场粪便污水进行处理。（9）奶价与定价：昆明片区荷斯坦牛平均奶价为5.07元/kg，有所上升；山羊奶收购价为7.33元/kg，有所上升。大理片区平均奶价4.63元/kg，同比持平。红河州平均奶价4.78元/kg，同比有所上升。全省平均收购价约4.83元/kg，奶价同比小幅上升。生鲜水牛奶收购价为13.9元/kg，同比小幅上升。在《食品安全国家标准　生乳》（GB19301-2010）的基础上，云南乳企生奶收购按质论价（根据脂肪、蛋白质含量，细菌数、体细胞数、酸度等），乳制品质量大幅提高。（10）养牛效益：中国荷斯坦牛养殖户养殖年净收入2 000元/头、奶水牛养殖年净收入3 000元/头。

【奶农组织】（1）奶业协会：云南省奶业协会、昆明市奶业协会、大理白族自治州奶业协会以及昆明市宜良县奶业协会等。（2）宣传培训：云南省畜牧总站、云南省奶业协会、昆明市奶业协会、大理白族自治州奶业协会和个旧畜牧站等组织全省范围的“奶牛现代养殖技术”班，内容涵盖“奶牛冻精改良技术，饲养管理，优质牧草种植，秸秆青贮，奶牛产前、产中和产后全过程配套技术，生鲜乳质量安全监管技术”，共发放了《养牛实用技术》和《奶牛高效饲养新技术》等资料3 500余份。云南省奶业协会作为信息沟通、宣传会员单位、传达有关奶业发展政策法规以及学术交流的重要窗口，将《奶业天地》会刊出版发行和网站的运营工作作为头等大事，分别于3月、6月、9月、12月按时出版并及时寄送到会员单位和相关部门，内容上力求做到政策法规、科普性、学术性、时效性和可读性兼顾，会刊质量得到了明显提高。2021年发布的国内外奶业发展信息量有所增加，及时将国内外有关奶业发展信息上传至网站。

【政策法规】（1）《国务院办公厅关于推进奶业振兴保障乳品质量安全的意见》。（2）《云南省人民政府办公厅关于推进奶业振兴保障乳品质量安全的实施意见》（云政办发〔2018〕96号）。（3）云南省政府出台《支持肉牛产业加快发展若干措施》。2020—2022年，对肉牛、奶牛养殖企业或农民专业合作社每年收储全株青贮玉米1 500t以上的，采取先储后补的方式，省财政按照60元/t给予奖补。（4）昆明市奶业扶持政策：能繁奶牛保险政策，畜牧良种补贴政策，粮改饲试点项目补助政策，优质冻精改良补助政策，以及昆明市人民政府办公室出台了《昆明市支持肉（奶）牛产业加快发展若干措施》。（5）红河州奶业扶持政策：2021年落实能繁奶牛保险政策，个旧市奶牛参保1 556头，保费575 720元，奶牛保险理赔金额7 000元/头，保险费370元/头（财政补贴333元/头、农户自担37元/头）。

【质量监管】（1）生鲜乳专项整治工作。云南省农业农村厅下发了《关于开展2021年生鲜乳质量安全专项整治行动的通知》。一是要求县级自查和市（州）检查。奶业重点市（州）派出检查组到奶业重点县开展检查，县（市、区）进行全面自查。二是省级重点督查，省级由畜牧兽医处牵头，联合云南农业大学、云南省奶业协会相关专家所组成调研组对昆明、大理、红河等奶业重点市（州）进行监督检查，共随机抽查了12个奶站、4辆运输车。通过此次督查，对存在的收购许可证及运输证办理不规范、不及时和档案记录不全、环境卫生状况不佳、无随车携带交接单、收购合同不全等问题，督促相关县（市、区）限期整改。通过开展检查，整改生鲜乳收购站18个，整改生鲜乳运输车1辆，取缔生鲜乳运输车1辆。（2）开展兽药饲料生鲜乳“双随机、一公开”监督抽查。为进一步了解掌握全省兽药、饲料、生鲜乳生产经营使用以及安全生产情况，云南省农业农村厅下发了《云南省农业农村厅办公室关于开展兽药饲料生鲜乳生产经营使用情况“双随机、一公开”抽查的通知》，联合云南省疫控中心、云南省动物卫生监督所，分成3个检查组，对昆明、大理、保山3个市（州）的部分奶站和奶牛养殖企业进行监督检查。（3）落实监管工作职责。各级农业农村主管部门履行生鲜乳质量安全监管职责，做到生鲜乳监管工作有人抓、有人管。一是与辖区内奶畜养殖场、生鲜乳收购站签订《畜产品质量安全承诺书》《生鲜乳收购质量安全承诺书》，明确奶畜养殖场生鲜乳收购站在生鲜乳生产、收购过程中的责任与义务。二是通过不定期对奶畜养殖场、生鲜乳收购站负责人及乳制品企业奶源部负责人进行相关知识、法律法规培训，进一步提高从业者的素质。（4）奶畜养殖场、生鲜乳收购站、运输车监管情况检查。全省共注销奶站22个、运输车34辆，包括极少部分奶站及运输车的法人等相关信息变更，注销后又重新录入情况。同时，结合生鲜乳监测系统，极少部分奶站长期没有统计奶牛存出栏、奶产量及收购量等记录，要求相关市（州）及时清理并注销没有营运的奶站和运输车。（5）生鲜乳质量安全监测与执法情况检查：出动执法人员 725 人次、检查奶站 434 站次、检查运输车 315 辆次，抽检 1 912 批次。省、市、县安排监测资金 100 万元、抽检 160 批次，其中按《2021 年云南省生鲜乳质量安全监督抽检计划》要求，云南省兽药饲料检测所完成监测任务 160 批次，监测项目为三聚氰胺、碱类物质和黄曲霉毒素 M_1 和氯霉素，合格率为 100%。按《农业农村部畜牧兽医局关于开展生鲜乳国标指标监测和奶畜散养户生鲜乳质量监测工作的通知》和《农业农村部畜牧兽医局关于开展 2021 年生鲜乳质量安全监测和监督抽查工作的通知》要求，2021 年，农业农村部委托农业农村部蜂产品质量监督检验测试中心（北京）于 2021 年 10 月分两批次对全省生鲜乳样品例行监测，共完成生鲜乳例行抽检 61 批次，《食品安全国家标准 生乳》国标监督抽查 20 批次，合格率 100%。（6）奶畜散养户监管情况。一是奶牛散养地区情况。全省奶牛散养户主要集中在大理州，其余市（州）均以养殖小区或规模养殖场为主。2016 年，大理州奶牛散养户近 2 万多户，截至 2021 年 10 月，该地区奶牛实际存栏 5.9 万头，散养户仅剩 4 000 多户，散户退出效应明显。二是散奶流向情况。大理州散奶的流向主要加工制作成当地传统特色产品乳扇、乳饼等风味食品。

【奶业大事】2021 年 12 月 3 日，巍山县人民政府联合大理白族自治州工投、大理白族自治州农业农村局和云南皇氏来思尔乳业有限公司在巍山举行巍山县皇氏来思尔万头奶牛养殖示范牧场项目投资协商会暨《巍山县云南皇氏来思尔乳业万头奶牛养殖牧光一体示范项目投资协议》签约仪式。

云南皇氏来思尔乳业有限公司于 2021 年 12 月 26 日完成乳业智能化工厂日加工 750t 生产线安装调试，进入全线试运行。

2021 年 11 月 18 日，云龙县与云南欧亚乳业有限公司举行万头奶牛养殖示范牧场项目投资协议签约仪式。

2021 年 6 月 9 日，昆明市奶业协会第六届理事会进行了新会长及协会领导班子换届选举。

2021 年，云南乍甸乳业有限责任公司荣获“云南省脱贫攻坚先进集体”称号，同年公司荣获“绿色食品”州级产业基地称号。9 月，荣获 2021 云南省绿色食品 20 佳创新企业荣誉称号。11 月，荣获“强边固防”疫情防控光彩行动爱心捐赠企业称号。

（云南省奶业协会，黄艾祥、李 清）

昆 明 市

【奶畜养殖】2021 年 12 月底，昆明市荷斯坦牛存栏 2.94 万头，成母牛 1.57 万头。奶牛分布在嵩明县、宜良县、石林县、寻甸县、晋宁区、富民县。全市共有 30 个奶牛养殖场（其中合作社有 17 个、标准化奶牛场 13 个）。昆明市奶山羊存栏 19.52 万只，其中能繁母羊 12.71 万只，主要分布在石林县、宜良县。

昆明市荷斯坦牛牛奶产量 8.25 万 t，羊奶产量 1.51 万 t，奶类产值 5.09 亿元，占畜牧业比重的 3.2%。荷斯坦牛养殖规模化程度逐年提高，除了标准化奶牛养殖场外，主要采用奶牛小区及合作社集中饲养、统一挤奶的模式，昆明市已没有奶牛散养户。寻甸县建设了 1 个标准化奶牛场（云南伊利），规模为 4 000 头。

【乳制品加工】昆明市 2021 年有乳制品加工企业 9 家，其中牛奶加工厂 6 个、羊奶加工厂 3 个。鲜奶吧 4 家。昆明市 2021 年乳制品总产量 18.71 万 t，其中巴氏杀菌乳 2.5 万 t、UHT 奶 5.84 万 t、酸奶 8.77 万 t、含乳饮料 1.4 万 t、奶粉 0.2 万 t。全市乳制品加工产值达 20.35 亿元。

昆明乳制品加工业产值同比增长 3.88%。乳制品加工呈现多样化，低温奶发展势头良好，而常温奶、含乳饮料市场有所下滑，说明消费者的营养健康意识不断提高。昆明市“鲜奶吧”产业发展稳中有进，全市鲜奶吧数量达 4 家，年加工巴氏奶 1 425t。2021 年 1—12 月，昆明市 “利芙德” 的“鲜奶吧”年生产巴氏奶 270t，奶源全部为娟姗牛牛奶。

【市场消费】昆明市 2021 年人均奶类占有量约为 22.11kg，人均乳制品消费量约为 35.3kg。昆明市场主要的乳制品品牌有省外的蒙牛、伊利、光明等，省内的雪兰、欧亚、蝶泉、来思尔、乍甸等。

昆明消费者喜欢喝巴氏杀菌乳，其次是酸奶。奶粉消费群体主要为婴幼儿和中老年人。

【奶源基地】（1）奶牛场：全市 100 头以上规模奶牛养殖场 30 个，其中荷斯坦牛场 29 个、娟姗牛场 1 个。规模养殖场奶牛存栏 2.87 万头，奶产量 9.8 万 t。存栏 1001 头及以上规模养殖场 12 个，501~1 000 头 6 个，101~500 头 12 个。（2）昆明市录入生鲜乳监督管理系统的生鲜乳收购站有 36 个。其中，乳制品企业开办 4 个、占 11.1%；奶畜养殖场开办 18 个、占 50%；奶农专业合作社开办 14 个、占 38.9%。（3）机械挤奶：机械化挤奶站 30 个，机械化挤奶率达 100%。（4）生鲜乳准运：取得生鲜乳运输车准运证的车辆有 31 辆，随车携带生鲜乳交接单。（5）TMR 应用：昆明市有 14 个荷斯坦牛（娟姗牛）奶牛场应用 TMR，占 46.7%。（6）奶牛生产性能测定（DHI）：2021 年，全省参测奶牛场 23 个，其中昆明市 10 个，其他地级市（自治州）13 个，平均每月测定样品数在 9 871 个以上，共检测样品 118 455 个。出具 DHI 管理报告 171 份，出具生鲜乳质量安全监测报告 248 份。（7）疫病防控与省业务部门要求相同。（8）粪污处理方式与省主管部门要求的技术模式相同。（9）奶价与定价：2021 年荷斯坦牛奶收购价为：昆明片区平均奶价 4.9 元 /kg，奶价同比基本持平； 山羊奶收购价为 6.5 元 /kg，与 2020 年基本持平。（10）养牛效益：中国荷斯坦奶牛养殖户养殖年净收入 2 000 元 / 头。

【奶农组织】（1）奶业协会：昆明市奶业协会，昆明市宜良县奶业协会。晋宁区由于禁养奶牛，奶业协会已停止工作。（2）奶农培训：昆明市组织全市奶业从业人员参加省内外会议和技术培训 3 期 185 人次。

【政策法规】（1）《国务院办公厅关于推进奶业振兴保障乳品质量安全的意见》。（2）《云南省人民政府办公厅关于推进奶业振兴保障乳品质量安全的实施意见》（云政办发〔2018〕96 号）。（3）昆明市奶业扶持政策：能繁奶牛保险政策、畜牧良种补贴政策、粮改饲试点项目补助政策、优质冻精改良补助政策，以及昆明市人民政府办公室出台了《昆明市支持肉（奶）牛产业加快发展若干措施》。

【质量监管】落实生鲜乳质量安全监管责任，检查奶畜养殖场、生鲜乳收购站、运输车监管情况和生鲜乳质量安全监测与执法情况，开展服务、培训及宣传。

2021 年，昆明市动物卫生监督所和昆明市奶业协会每月对全市奶牛养殖场（合作社）开展一次奶样抽检，项目为三聚氰胺、氯霉素、黄曲霉毒素 M_1 等，全年共抽检样品 511 批次，未检出不合格样品，昆明市生鲜乳质量安全状况良好。先后 40 余人次协助农业农村部生鲜乳检测中心、云南省饲料检测所对昆明市生鲜乳抽检，抽检覆盖全市的所有生鲜乳收购站和运输车辆，共抽检生鲜乳 121 批次。全年共组织了 1 期生鲜乳质量安全监管技术培训班，培训 110 余人次，培训对象包括奶牛场技术负责人、技术人员，动物卫生监督所负责人和技术骨干，培训内容为奶牛养殖新技术和生鲜乳质量安全监管技术等。

【奶业大事】2021 年 6 月 9 日，昆明市奶业协会第六届理事会进行了新会长及协会领导班子换届选举。

（昆明市动物卫生监督所，周亚平）

附表1　云南省奶畜养殖场（小区）名录

序号	名称	供奶企业	全群存栏（头）	成母畜存栏（头）	奶畜品种	成母畜单产（t/年）	年总产量（t）	是否有机奶源基地	有机奶产量（t）
1	云南新希望雪兰牧业科技有限公司	昆明雪兰牛奶有限责任公司	3 918	1 763	荷斯坦	10.3	18 159	√	6 878
2	石林新希望雪兰牧业有限公司	昆明雪兰牛奶有限责任公司	4 833	2 175	荷斯坦	10.28	22 359		
3	陆良新希望雪兰奶牛养殖有限公司	昆明雪兰牛奶有限责任公司	5 184	2 333	荷斯坦	10.88	25 383		
4	嵩明会新奶牛养殖专业合作社	昆明雪兰牛奶有限责任公司	1 622	665	荷斯坦	6.9	4 589		
5	嵩明犇腾奶牛养殖有限公司	昆明雪兰牛奶有限责任公司	705	289	荷斯坦	6.03	1 743		
7	宜良县兴达奶牛养殖场（雪兰）	昆明雪兰牛奶有限责任公司	983	403	荷斯坦	6.22	2 507		
8	宜良县瓦窑奶牛养殖场（昆明）	昆明雪兰牛奶有限责任公司	193	79	荷斯坦	5.66	447		
9	宜良县胜利奶牛养殖专业合作社（昆明）	昆明雪兰牛奶有限责任公司	585	240	荷斯坦	6.34	1 522		
10	宜良县鑫磊奶牛养殖场	昆明雪兰牛奶有限责任公司	22	9	荷斯坦	5.66	51		
11	宜良县奶初源奶牛养殖专业合作社	昆明雪兰牛奶有限责任公司	663	272	荷斯坦	6.52	1 773		
12	宜良九乡阿格里乳牧业有限公司	昆明雪兰牛奶有限责任公司	317	130	荷斯坦	6.55	852		
13	宜良锦秀奶牛养殖专业合作社	昆明雪兰牛奶有限责任公司	122	50	荷斯坦	6.58	329		
14	宜良森琦奶牛养殖专业合作社	昆明雪兰牛奶有限责任公司	212	87	荷斯坦	7.45	648		
15	晋宁尼摩合奶牛专业合作社	云南伊利乳业有限责任公司	900	500	荷斯坦、娟姗	10	5 000		
16	云南海牧牧业有限责任公司石林分公司	蒙牛乳业（曲靖）有限公司	800	550	荷斯坦	11	6 050		
17	昆明守捷农业有限公司（昆明）	鲜奶吧自产自销	92	70	娟姗	6	420		
18	寻甸赛优牧业有限公司	云南伊利乳业有限责任公司	1 100	450	荷斯坦	11.00	4 950		
19	寻甸稼竜畜牧养殖有限公司	云南伊利乳业有限责任公司	1 030	547	荷斯坦	11.00	6 017		
20	石林春草原农产品专业合作社	红河云牧乳业有限公司	310	208	荷斯坦	6.5	1 352		
21	石林新鹏牧业有限公司	云南伊利乳业有限责任公司	1 766	879	荷斯坦	10.20	8 966		
22	宜良县玮鹏奶牛养殖专业合作社	昆明雪兰牛奶有限责任公司	610	250	荷斯坦	6.41	1 603		
23	云南伊盛奶牛养殖有限公司	云南伊利乳业有限责任公司	2 060	940	荷斯坦	8.00	7 520		
24	云南恒牧牧业有限公司	云南伊利乳业有限责任公司	1 100	650	荷斯坦	10.00	6 500		
25	云南迪杰农业科技有限公司	昆明雪兰牛奶有限责任公司	446	183	荷斯坦	6.44	1 179		
26	澄江市众益奶牛养殖农民专业合作社	昆明雪兰牛奶有限责任公司	966	396	荷斯坦	5.96	2 360		
27	寻甸营顺奶牛养殖有限公司	云南新希望邓川蝶泉乳业有限公司	670	240	荷斯坦	5.90	1 416		
28	通海县云江奶牛养殖场	云南新希望邓川蝶泉乳业有限公司	1 560	740	荷斯坦	5.60	4 144		
29	现代牧业（宝鸡）有限公司	昆明雪兰牛奶有限责任公司	1 033	465	荷斯坦	10.93	5 082		
30	通海县云江奶牛养殖有限公司（蝶泉乳业）	云南新希望邓川蝶泉乳业有限公司	910	645	荷斯坦	5.60	3 612		

（续）

序号	名称	供奶企业	全群存栏（头）	成母畜存栏（头）	奶畜品种	成母畜单产（t/年）	年总产量（t）	是否有机奶源基地	有机奶产量（t）
31	现代牧业洪雅有限公司	昆明雪兰牛奶有限责任公司	578	260	荷斯坦	10.92	2 839		
32	云南爱地业农业开发有限公司	云南新希望邓川蝶泉乳业有限公司	730	270	荷斯坦	5.80	1 566		
33	嵩明兴瑞合奶牛养殖有限公司	昆明雪兰牛奶有限责任公司	1 393	571	荷斯坦	5.8	3 312		
34	嵩明金国养殖有限公司	云南欧亚乳业有限公司	1 200	650	荷斯坦	5.6	3 640		
35	嵩明东达种养殖专业合作社	昆明雪兰牛奶有限责任公司	1 188	487	荷斯坦、西门塔尔	5.53	2 693		
36	嵩明牧兴奶牛养殖专业合作社	昆明雪兰牛奶有限责任公司	1 390	570	荷斯坦	5.15	2 936		
37	嵩明县明新奶牛养殖场有限公司	昆明雪兰牛奶有限责任公司	511	312	荷斯坦	5.66	1 766		
38	龙渔多养殖合作社	昆明雪兰牛奶有限责任公司	489	305	荷斯坦	4.66	1 421		
39	嵩明博野种养殖发展有限公司	云南伊利乳业有限公司	442	248	荷斯坦、娟姗	7	1 736		
40	利芙德娟姗牧场	昆明守捷农业有限公司	110	107	娟姗	3.5	375		
41	富民县优牧品原乳业有限公司	鲜奶吧自用	120	65	荷斯坦、娟姗	4.5	293		
42	海原新希望牧业有限公司	昆明雪兰牛奶有限责任公司	556	250	荷斯坦	10.58	2 645		
	昆明市合计（奶牛）		38 945	18 290		6.66	150 947.9	√	6 878
43	石林志和养殖专业合作社收购站（昆明）	昆明龙腾生物乳业有限公司	7 450	3 500	萨能奶山羊	0.65	6 300		
44	石林合胜奶山羊养殖专业合作社	昆明龙腾生物乳业有限公司	9 200	4 600	萨能奶山羊	0.6	2 760		
45	云南羊羊好农牧发展有限公司	昆明龙腾生物乳业有限公司	3 600	2 000	萨能奶山羊	0.48	2 190		
	昆明市合计（奶山羊）		20 250	10 100		0.43	11 250		
46	现代牧业（曲靖）有限公司	蒙牛乳业（曲靖）有限公司	3 074	695	荷斯坦	13.505	25 550		
47	云南牛牛牧业股份有限公司（红河）	云南乍甸乳业有限责任公司	7 200	3 800	荷斯坦	10.6	40 280	√	6 300
48	云南乍甸乳业有限责任公司（红河）	云南乍甸乳业有限责任公司	1 620	852	荷斯坦	7.8	6 646	√	2 754
49	弥勒市佛亨牧业有限公司（红河）	云南乍甸乳业有限责任公司	269	213	荷斯坦	6.45	1 373		
50	红河佳合奶牛养殖有限公司（红河）	云南乍甸乳业有限责任公司	575	210	荷斯坦	6.5	1 155		
51	弥勒东风奶牛场（红河）	云南乍甸乳业有限责任公司	1 047	811	荷斯坦	5.6	4 533		
52	建水面甸镇梭罗奶牛养殖专业合作社（红河）	云南乍甸乳业有限责任公司	32	15	荷斯坦	5.3	80		
53	九牛有限公司奶牛养殖场	云南伊利乳业有限公司	644	300	荷斯坦	7.54	2 262		
54	个旧市鸡街镇隆盛奶牛养殖专业合作社	云南乍甸乳业有限责任公司	1 820	1 052	荷斯坦	7.2	7 574.4		

（续）

序号	名称	供奶企业	全群存栏（头）	成母畜存栏（头）	奶畜品种	成母畜单产（t/年）	年总产量（t）	是否有机奶源基地	有机奶产量（t）
	红河州合计（荷斯坦奶牛、乳肉兼用牛）		13 207	7 253		7.05	89 452.5	√	9 054
55	云南海牧牧业文山分公司	蒙牛乳业（曲靖）有限公司	1 300	350	荷斯坦	11	2 000		
	文山州合计（荷斯坦奶牛）		1 300	350	荷斯坦	11	2 000		
56	大理云樱牧业有限公司（来思尔）	云南皇氏来思尔乳业有限公司	826	479	荷斯坦	9.17	4 393		
57	洱源县鑫农养殖专业合作社（蝶泉）	云南新希望邓川蝶泉乳业有限公司	144	107	荷斯坦	4.66	500		
58	陈官机械化挤奶站（蝶泉）	云南新希望邓川蝶泉乳业有限公司	231	168	荷斯坦	4.6	773		
59	赶香营机械化挤奶站（蝶泉）	云南新希望邓川蝶泉乳业有限公司	90	66	荷斯坦	4.6	310		
60	云南新希望蝶泉牧业有限公司（蝶泉乳业）	云南新希望邓川蝶泉乳业有限公司	1 668	935	荷斯坦	10.341	9 670	√	1 235
61	鹤庆县现代农业庄园有限公司（欧亚）	云南欧亚乳业有限公司	5 627	4 054	荷斯坦、娟姗	12	47 650	√	6 608
62	祥云和泰牧业有限公司（欧亚）	云南欧亚乳业有限公司	1 611	1 369	荷斯坦、娟姗	11	15 060		
63	弥渡县金润良种奶牛场（欧亚）	云南欧亚乳业有限公司	356	156	荷斯坦	9	1 404		
64	神野牧场（欧亚）	云南欧亚乳业有限公司	473	232	荷斯坦	9	2 088		
65	益新牧场（欧亚）	云南欧亚乳业有限公司	235	103	荷斯坦	9	927		
66	明新牧场（欧亚）	云南欧亚乳业有限公司	1 800	1 100	荷斯坦	9.0	9 900		
67	兴泰牧场（欧亚）	云南欧亚乳业有限公司	540	380	荷斯坦	9.0	3 420		
68	云南大理云端牧业有限公司（来思尔）	云南皇氏来思尔乳业有限公司	3 781	2 013	荷斯坦	8.3	16 708		
69	海富牧场（欧亚）	云南欧亚乳业有限公司	420	253	荷斯坦	11	2 783		
70	聚鑫牧场（欧亚）	云南欧亚乳业有限公司	695	392	荷斯坦	10.5	4 116		
71	鹤泽牧场（欧亚）	云南欧亚乳业有限公司	435	231	荷斯坦	9.5	2 195		
72	远源牧场（欧亚）	云南欧亚乳业有限公司	610	369	荷斯坦	10.2	3 765		
73	本源牧场（欧亚）	云南欧亚乳业有限公司	330	185	荷斯坦	9	1 665		
74	华利牧场（欧亚）	云南欧亚乳业有限公司	230	123	荷斯坦	8.5	1 046		
75	辉宝牧场（欧亚）	云南欧亚乳业有限公司	220	112	荷斯坦	8.5	952		
76	白塔山牧场（欧亚）	云南欧亚乳业有限公司	412	239	荷斯坦	9.1	2 175		
77	剑湖牧场（来思尔）	云南皇氏来思尔乳业有限公司	330	178	荷斯坦	8.8	1 567		
78	大理云端牧业有限公司（来思尔）	云南皇氏来思尔乳业有限公司	410	220	荷斯坦	8.3	1 826		
79	大理颖颖奶牛养殖合作社（来思尔）	云南皇氏来思尔乳业有限公司	210	86	荷斯坦	7.5	645		

（续）

序号	名称	供奶企业	全群存栏（头）	成母畜存栏（头）	奶畜品种	成母畜单产（t/年）	年总产量（t）	是否有机奶源基地	有机奶产量（t）
80	大理感通养殖场（来思尔）	云南皇氏来思尔乳业有限公司	120	68	荷斯坦	7.5	510		
81	鹤庆荷斯坦牧业有限公司	云南欧亚乳业有限公司	859	383	荷斯坦	9.6	3 680		
	大理州合计（荷斯坦奶牛）		22 663	14 001		8.43	139 728	√	7 843
82	腾冲市巴福乐槟榔江水牛良种繁育有限公司（腾冲）	云南皇氏来思尔乳业有限公司	1 040	650	奶水牛	2.40	455		
83	腾冲市中和约园奶水牛养殖专业合作社（腾冲）	腾冲市爱艾摩拉牛乳业有限责任公司	36	24	奶水牛	2.40	57.6		
84	腾冲鹏腾牧业有限公司（来思尔）	云南皇氏来思尔乳业有限公司	5 477	678	海福特荷斯坦杂交牛	3.00	2 034		
	腾冲市合计（奶水牛）		1 076	674		2.4	455		
	腾冲合计（海福特荷斯坦杂交）		5 477	678		2	2 034		
	腾冲合计（奶水牛、海福特荷斯坦杂交）		6 553	1 352		2.3	2 489		
85	芒市勐戛镇赵苍达奶水牛养殖场（德宏）	芒市禾牛科技有限责任公司，部分自销	29	12	奶水牛	2.6	48.3		
86	德宏民诚养殖专业合作社（德宏）	芒市禾牛科技有限责任公司	62	22	奶水牛	0.84	18.5		
87	盈江弄璋文明奶水牛养殖小区（德宏）	鲜奶吧自行销售	76	43	奶水牛	2.38	54.75		
88	盈江旧城宏发奶水牛养殖小区（德宏）	鲜奶吧自行销售	85	42	奶水牛	1.60	1.07		
89	陇川县张老大奶水牛养殖场（德宏）	陇川县扬程食品有限责任公司	22	16	奶水牛	1.20	22		
90	陇川县许有增奶水牛养殖场（德宏）	陇川县扬程食品有限责任公司	20	13	奶水牛	1.45	12		
91	陇川县张定建奶水牛养殖场（德宏）	陇川县扬程食品有限责任公司	12	8	奶水牛	1.3	5.5		
92	陇川县叶超留奶水牛养殖场（德宏）	陇川县扬程食品有限责任公司	9	6	奶水牛	0.00	0		
93	陇川县董有强奶水牛养殖场（德宏）	陇川县扬程食品有限责任公司	10	6	奶水牛	0.00	0		
94	陇川县陈昌寿奶水牛养殖场（德宏）	陇川县扬程食品有限责任公司	25	15	奶水牛	0.00	0		
95	陇川县陈德清奶水牛养殖场（德宏）	陇川县扬程食品有限责任公司	11	10	奶水牛	1.60	13.6		
96	芒市勐戛镇李国启奶水牛养殖户	鲜奶吧自行销售	32	17	奶水牛	1.76	30.2		
97	芒市勐戛镇张建国家庭牛场	鲜奶吧自行销售	21	11	奶水牛	1.65	5.2		
98	芒市勐戛镇朱贵周家庭牛场	鲜奶吧自行销售	7	4	奶水牛	1.56	39.1		
99	陇川县张八奶水牛养殖户	鲜奶吧自行销售	10	5	奶水牛	0.00	0		

（续）

序号	名称	供奶企业	全群存栏（头）	成母畜存栏（头）	奶畜品种	成母畜单产（t/年）	年总产量（t）	是否有机奶源基地	有机奶产量（t）
100	陇川县邢德学奶水牛养殖户	鲜奶吧自行销售	14	9	奶水牛	0.00	0		
101	陇川县张寿良奶水牛养殖户	鲜奶吧自行销售	15	7	奶水牛	0.00	0		
	德宏州合计（奶水牛）		460	246	奶水牛	1.63	250.22		
102	德宏民诚养殖专业合作社（德宏）	用于本社牛场替换水牛奶饲喂犊牛	27	10	弗莱维赫杂交	3.12	31.2		
	德宏州合计（弗莱维赫杂交）		27	10	弗莱维赫杂交	3.12	31.2		
	德宏州合计（奶水牛、弗莱维赫杂交）		487	256	奶水牛、弗莱维赫杂交	2.38	281.42		
103	旺 扎（新增）	农拉央培合作社	25 600	13 380	牦牛、牦犏牛	0.5	6 690		
104	张志坚（新增）	农 户	14 000	6 760	牦牛、牦犏牛	0.5	3 380		
105	农 缅（新增）	红坡集体农民合作社	800	421	牦牛、牦犏牛	0.5	210.5		
106	斯南劳丁（新增）	养殖农民专业合作社	767	360	牦牛、牦犏牛	0.5	180		
	香格里拉合计（牦牛、牦犏牛）		41 167	20 921		0.5	10 460.5		
	云县鹏云牧业有限公司（来思尔，新增）	云南皇氏来思尔乳业有限公司	10 514	1 496	海福特荷斯坦杂交	3.10	4 637.6		
	临沧市合计（乳肉兼用）		10 514	1 496		3.1	4 637.6		
	云南省合计（荷斯坦奶牛、西门塔尔杂交牛、弗莱维赫杂交）		85 356	41 050		5.67	388 831.2	√	23 775
	云南省合计（奶水牛）		1 536	920		2.4	705.22		
	云南省合计（奶山羊）		20 250	10 100		0.43	1 1250		
	云南省合计（牦牛、牦犏牛）		41 167	20 921		0.5	10 460.5		
	合计		148 309	72 991			411 246.92		

备注：本表所指奶畜包括奶山羊、奶绵羊、奶水牛、牦牛、骆驼、驴等产商品奶家畜。如认证为有机奶源基地等，请在相应表格中打钩。

附表2 云南省主要乳制品生产企业名录

序号	名称	生产地点	生产许可证号码	年收购原奶量(t)	其中：自有奶源量(t)	平均支付价格(元/kg)	日处理生鲜乳能力(t)	年乳制品产量(t)	其中：低温鲜奶(t)	UHT奶(t)	常温酸奶(t)	低温酸奶(t)	原料奶粉(t)	婴幼儿配方奶粉(t)	成人奶粉(t)	奶油(t)	奶酪(t)	含乳饮料(t)	冰品(t)	年销售收入(万元)	利润(万元)	有机产品(枚)
1	昆明雪兰牛奶有限责任公司		SC10553011110668																			
2	（雪兰）昆明市海子乳业有限公司	云南昆明	SC10553011113025	103 969.00	69 068.00	4.79	500.00	124 429.53	23 509.99	58 429.79	1 490.18	36 025.57				8		4 966		119 147.05	6 114.49	47 850.00
3	昆明七彩云乳业有限公司		SC10553012115057																			
4	春和牧野鲜奶餐吧（昆明，鲜奶吧）	昆明市经开区	JY25301000001866（食品经营许可证）	540		6.3	20	540	395	—	—	145	—	—	—	—	—	—	—	1 050	20	—
5	富民优牧品原农业科技开发有限公司（昆明，鲜奶吧）	富民县赤就镇东核村委会望海山	中央厨房检验5301000001962	600	600		10	600	600											1 000	100	
6	昆明守捷农业有限公司（昆明，鲜奶吧）	寻甸县鸡街镇四哨村	JY25301290039545（食品经营许可证）	270	270		3	270	270											760	150	
7	云南庞俊商贸有限公司（昆明，鲜奶吧）	昆明市大板桥街道办事处板桥社区工业园	JY15301010041947（食品经营许可证）	15	0	6.5	1.5	12	12	0	0	3	0	0	0	0	0	0	0	110	10	0
8	云南伊利乳业有限责任公司	云南嵩明杨林工业园区景观大道延长线	SC5301270000003208	59 655	0	5	650	59 000			50 000							9 000		67 999.4	6 799.9	0
	昆明市合计（牛奶）			165 049.00	69 938.00	5.65	1 184.50	184 851.53	24 786.99	58 429.79	51 490.18	36 173.57	0.00	0.00	0.00	8.20	0.00	13 965.79	0.00	190 066.45	13 194.39	47 850.00
9	昆明龙腾生物乳业有限公司（龙腾）	宝峰园区	SC10553012207005	21 360	2 190	7.5	120	2 300	100			50	1 000		1 150					16 000	1 280	
10	昆明圣宴食品有限公司	石林县台创园	SC13153012620780	70	0	7.5	10	70	50	0	5	15	0	0	0	0	0	0	0	70	7	0
11	石林彝寨乳业有限公司	林县石林北收费站匝道口	SC10553012600039	36	0	7	6	36	0	0	0	0	0	0	36	0	0	0	0	175	30	0
	昆明市合计（羊奶）			21 466	2 190	7.33	130	2 406	150	0	5	65	1 000	0	1 186	0	0	0	0	16 245	1 317	0
12	蒙牛乳业（曲靖）有限公司	曲靖陆良	SC10553032200083	11 128.35	11 128.35	5.1	380	166 200		72 000	22 200	0	0	0	0	0	0	73 800	0	0	0	0
	曲靖市合计（牛奶）			11 128.35	11 128.35	5.1	380	166 200		72 000	22 200	0	0	0	0	0	0	73 800	0	0	0	0
13	云南乍甸乳业有限责任公司（红河）	个旧市鸡街镇乍甸	SC10553250136769	46 590	6 646	4.85	300	47 740	18 561	15 573		9 820		3 786	50 600	3 677	2	3 244		45 553	3 296	51 016
14	红河云牧乳业有限公司（红河）	弥勒市小石山工业园食品加工园	SC10653252651003	1 100	1 100	4.7	260	6 000	600	2 500		150	450	4 800	2 100	147		8 400		11 058	718	
	红河州合计（牛奶）			47 690	7 746	4.78	560	53 740	19 161	18 073	0	9 970	450	8 586	52 700	3 824	2	11 644	0	56 611	4 014	51 016

（续）

序号	名称	生产地点	生产许可证号码	年收购原奶量（t）	其中：自有奶源量（t）	平均支付价格（元/kg）	日处理生鲜乳能力（t）	年乳制品产量（t）	其中：低温鲜奶（t）	UHT奶（t）	常温酸奶（t）	低温酸奶（t）	原料奶粉（t）	婴幼儿配方奶粉（t）	成人奶粉（t）	奶油（t）	奶酪（t）	含乳饮料（t）	冰品（t）	年销售收入（万元）	利润（万元）	有机产品（枚）
15	云南欧亚乳业有限公司（欧亚）	云南省大理州大理经济技术开发区	SC10553290113000	118 162.13	58 071	4.35	1 500	228 005	6 225	118 431	4 074	26 780	0	0	0	0	0	72 495	0	176 844	9 825	1 086 000
16	云南皇氏来思尔乳业有限公司（来思尔）	大理市大理镇	SC10553290101054	66 161.11	21 390.12	4.57	480	112 403.36	5 753.14	55 540.10	4 933.35	36 859.51						9 317.26		90 173.69	4 692.54	
17	云南新希望邓川蝶泉乳业有限公司（蝶泉）	云南省大理州洱源县邓川镇新州街88号	SC10553293016421	8 200.375	8 200.375	4.98	600	42 290.17	0	31 803.15	803.54	7 837.77	0	0	1 845.71	0	0	14 854.15	0	50 055.5	1 904.22	792 000
	大理州合计			192 523.62	87 661.50	4.63	2 580.00	382 698.53	11 978.14	205 774.25	9 810.89	71 477.28	0.00	0.00	1 845.71	0.00	0.00	96 666.41	0.00	317 073.19	16 421.76	1 878 000.00
18	腾冲市艾爱摩卡牛乳业有限责任公司（腾冲）	腾冲市	SC10553052213032	656.4	280.6	17.8	31	432.4	272.6	0	20	0	0	0	0	0	10	129.8	0	997.3	153	
	腾冲市合计			656.4	280.6	17.8	31	432.4	272.6	0	20	0	0	0	0	0	10	129.8	0	997.3	153	
19	芒市禾牛科技有限责任公司鲜奶吧（德宏）	芒市勐焕街道风情街1号	JY25331030047591（食品经营许可证）	33	17.8	10	0.5	34	32			1						1		83.2	18.5	
	德宏州合计			33	17.8	10	0.5	34	32	0	0	1	0	0	0	0	0	1	0	83.2	18.5	

备注：本表包括在中国及海外的生产企业。日处理生鲜乳能力指设计加工生鲜乳能力。自有奶源指来自自建和参建（控股、参股）牧场（小区）的原奶。成人奶粉指除婴幼儿配方奶粉以外的学生奶粉、孕妇奶粉、中老年奶粉等终端消费奶粉。冰品包括冰激凌、雪糕等。有机产品数量单位为“枚”指获得有机标志的数量。

附表3　昆明市奶畜养殖场（小区）名录

序号	名称	供奶企业	全群存栏（头）	成母畜存栏（头）	奶畜品种	成母畜单产（t/年）	年总产量（t）	是否有机奶源基地	有机奶产量（t）
1	嵩明兴瑞合奶牛养殖有限公司	昆明雪兰牛奶有限责任公司	2 150	922	荷斯坦	6	5 500		
2	嵩明会新奶牛养殖专业合作社	昆明雪兰牛奶有限责任公司	2 300	1 080	荷斯坦	6	6 500		
3	嵩明犇腾奶牛养殖有限公司	昆明雪兰牛奶有限责任公司	480	150	荷斯坦	6	1 200		
4	嵩明金国养殖有限公司	云南欧亚乳业有限公司	1 200	650	荷斯坦	4.6	1 400		
5	嵩明东达种养殖专业合作社	昆明雪兰牛奶有限责任公司	1 210	1 020	荷斯坦、西门塔尔	7.38	3 763.8		
6	嵩明牧兴奶牛养殖专业合作社	昆明雪兰牛奶有限责任公司	2 200	1 700	荷斯坦	4.5	3 600		
7	嵩明县明新奶牛养殖场有限公司	昆明雪兰牛奶有限责任公司	511	312	荷斯坦	3.66	2 100		
8	龙渔多养殖合作社	昆明雪兰牛奶有限责任公司	489	305	荷斯坦	3.66	545		
9	嵩明博野种养殖发展有限公司	云南伊利乳业有限公司	442	248	荷斯坦、娟姗	7	1 736		
10	利芙德娟姗牧场	昆明守捷农业有限公司	110	107	娟姗	2.5	270		

（续）

序号	名称	供奶企业	全群存栏（头）	成母畜存栏（头）	奶畜品种	成母畜单产（t/年）	年总产量（t）	是否有机奶源基地	有机奶产量（t）
11	云南伊盛奶牛养殖有限公司	云南伊利乳业有限公司	2 060	940	荷斯坦	8	8 030		
12	寻甸营顺奶牛养殖有限公司	寻甸营顺奶牛养殖有限公司	290	210	荷斯坦	2.809	590		
13	寻甸赛优牧业有限公司	云南伊利乳业有限公司	1 100	450	荷斯坦	11	4 850		
14	寻甸稼竜畜牧养殖有限公司	云南伊利乳业有限责任公司	1 030	547	荷斯坦	11	6 000		
15	云南恒牧牧业有限公司	云南伊利乳业有限责任公司	1 100	650	荷斯坦	10	5 800		
16	石林新鹏牧业有限公司	云南伊利乳业有限公司	1 766	879	荷斯坦	10.2	8 500		
17	石林新希望雪兰牧业有限公司	昆明雪兰牛奶有限责任公司	2 375	1 399	荷斯坦	10.4	14 400		
18	云南海牧牧业有限公司石林分公司	蒙牛乳业（曲靖）有限公司	980	550	荷斯坦	10.68	6 387.5		
19	石林春草原农产品专业合作社	红河云牧乳业有限公司	310	208	荷斯坦	6.5	1 000.6		
20	云南迪杰农业科技有限公司	昆明雪兰牛奶有限责任公司	1 680	658	杂交黑白花奶牛	10	3 200		
21	晋宁尼摩合奶牛专业合作社	云南伊利乳业有限责任公司	871	475	荷斯坦、娟姗	10.1	4 708.5		
22	宜良县奶初源奶牛养殖专业合作社	昆明雪兰牛奶有限责任公司	850	508	荷斯坦	7	1 400		
23	宜良九乡阿格里乳牧业有限公司	昆明雪兰牛奶有限责任公司	340	200	荷斯坦	5.6	780		
24	宜良县玮鹏奶牛养殖专业合作社	昆明雪兰牛奶有限责任公司	580	360	荷斯坦	6.4	960		
25	宜良县锦秀奶牛养殖专业合作社	红河云牧乳业有限公司	283	104	荷斯坦	6.4	435		
26	宜良县瓦窑奶牛养殖场	昆明雪兰牛奶有限责任公司	330	200	荷斯坦	6	420		
27	宜良森琦奶牛养殖专业合作社	云南伊利乳业有限公司	252	106	荷斯坦	7.3	720		
28	宜良县兴达奶牛养殖场	昆明雪兰牛奶有限责任公司	880	506	荷斯坦	7.5	1 800		
29	宜良县胜利奶牛养殖专业合作社	昆明雪兰牛奶有限责任公司	436	203	荷斯坦	6	996		
30	富民县优牧品原乳业有限公司	鲜奶吧自用	120	65	荷斯坦、娟姗	6.5	430		
	合计		28 725	15 712			98 022.4		
31	石林志和养殖专业合作社收购站	昆明龙腾生物乳业有限公司	7 450	3 500	萨能奶山羊	648	6 300		
32	云南合胜奶山羊养殖专业合作社	昆明龙腾生物乳业有限公司	9 200	4 600	萨能奶山羊	0.6	2 760		
33	云南羊羊好农牧发展有限公司	昆明龙腾生物乳业有限公司	3 600	2 100	吐根堡、阿尔卑斯、萨能奶山羊	0.84	900		
	合计		20 250	10 200			9 960		

备注：本表所指奶畜包括奶山羊、奶绵羊、奶水牛、牦牛、骆驼、驴等产商品奶家畜。如认证为有机奶源基地等，请在相应表格中打钩。

附表 4　昆明市主要乳制品生产企业名录

序号	名称	生产地点	生产许可证号码	年收购原奶量(t)	其中：自有奶源量(t)	平均支付价格(元/kg)	日处理生鲜乳能力(t)	年乳制品产量(t)	其中：低温鲜奶(t)	UHT 奶(t)	常温酸奶(t)	低温酸奶(t)	原料奶粉(t)	婴幼儿配方奶粉(t)	成人奶粉(t)	奶油(t)	奶酪(t)	含乳饮料(t)	冰品(t)	年销售收入(万元)	利润(万元)	有机产品(枚)
1	云南伊利乳业有限责任公司	云南嵩明杨林工业园区景观大道延长线	530127000003208	59 655	0	4.80	650	59 000			50 000							9 000		67 999.40	6 799.9	0
2	昆明雪兰牛奶有限责任公司		SC10553011110668																			
3	昆明市海子乳业有限公司	云南昆明	SC10553011113025	103 969	69 068	4.9	500	124 429.53	23 509.99	58 429.79	1 490.18	36 025.57				8.20		4 965.79		119 147.05	6 114.49	4 785
4	七彩云乳业有限公司		SC10553012115057																			
5	昆明守捷农业有限公司	昆明寻甸四哨村	JY25301290039545	270	270		3	270	270											760	150	
6	富民品原农业科技开发有限公司	富民县赤就镇东核村委会望海山	JY25301000001962	600	600		10	600	600											1 000	100	
7	云南庞俊商贸有限公司	昆明市大板桥街道办事处板桥社区工业园	JY15301010041947	15	0	6.5	1.5	12	12	0	0	3	0	0	0	0	0	0	0	110	10	0
8	春和牧野鲜奶餐吧	昆明市经开区		540		6.3	20	540	395	—	—	145	—	—	—	—	—	—	—	1 050	20	—
	合计（序号2、3、4企业均为雪兰所属企业，数据为3家企业总和）			165 049	69 938	5.63	1 184.5	184 851.5263	24 786.99373	58 429.79101	51 490.1816	36 173.57489	0	0	0	8.2	0	13 965.78504	0	190 066.45	13 194.39473	4 785
9	昆明龙腾生物乳业有限公司	晋宁	SC10553012207005	15 651	323	7		1 988					1 178		810					13 283	365	
10	昆明圣宴食品有限公司	石林县台创园	SC13153012620780	70	0	7.5	10	70	50	0	5	15	0	0	0	0	0	0	0	70	7	0
11	石林彝寨乳业有限公司	石林县石林北收费站匝道口	SC10553012600039	36	0	7	6	36	0	0	0	0	0	0	36	0	0	0	0	175	30	0
	合计			15 757	323	7.17	16	2 094	50	0	5	15	1 178	0	846	0	0	0	0	13 528	402	0

备注：本表包括在中国及海外的生产企业。日处理生鲜乳能力指设计加工生鲜乳能力。自有奶源指来自自建和参建（控股、参股）牧场（小区）的原奶。成人奶粉指除婴幼儿配方奶粉以外的学生奶粉、孕妇奶粉、中老年奶粉等终端消费奶粉。冰品包括冰激凌、雪糕等。有机产品数量单位为“枚”指获得有机标志的数量。

西藏自治区

【奶畜养殖】据统计数据显示，2021年西藏自治区产奶牛149.13万头，比2020年同期增加16万头。其中，改良产奶牛4.06万头（荷斯坦、娟姗）、本地产奶黄牛约24.96万头、产奶犏牛7.5万头、产奶牦牛约112.6万头。产奶羊300万只。全区奶畜奶产量53.72万t，同比增长9.26%，其中牛奶产量48.85万t、羊奶产量4.87万t。奶畜养殖在拉萨、山南、林芝、日喀则、昌都、那曲、阿里7个地区均有分布。奶牛养殖规模化、标准化、机械化水平大幅提升，100头以上奶牛规模养殖场38个、1.28万头。机械化挤奶率达到31.5%，TMR使用率57%。

【乳制品加工】全区有一定规模的奶制品加工企业9家，乳制品种类包括巴氏杀菌乳、UHT奶、酸奶等30余个品种，日处理鲜奶340t，年产值3.96亿元，占农畜产品加工业总产值的8%。每100mL生鲜乳中的乳蛋白和乳脂肪平均值分别为3.41g、4.66g，均高于国家标准。全区多数原料奶由农牧民专业合作社用于加工生产酸奶、酥油、奶渣等产品，生鲜乳收购价6元/kg（其中牦牛奶收购价约26元/kg），高出全国平均水平41%。

【市场消费】2021年全区常住人口为366万人（其中城镇134万人、乡村232万人），接待国内外游客约4 153万人次。据统计，全区居民人均鲜奶占有量为146.8kg，其中人均牛奶占有量133.5kg；全区奶消费量约60万t，实际生产53.72万t，自给率达89.5%。

【奶源基地】在日喀则、山南、林芝、拉萨4个地区投资950万元实施苜蓿种植1.58万亩。深入推进种养结合、草畜配套，通过种植业结构调整、低产田改造、房前屋后空地利用，种植燕麦、披碱、绿麦、青饲玉米、箭筈豌豆等优质饲草，多措并举拓宽饲草资源，确保就地就近保障饲草料供应。2021年安排人工种草、饲草产业发展等项目资金1.05亿元，实施人工种草面积39.84万亩，建设饲草料加工配送中心1个。同时，为探索开发利用新的饲草资源，试点性引进金牧粮草、巨菌草等开展种植试验。

粪污采用堆积发酵还田、高温发酵、机械干湿分离、垫料、有机肥加工以及作为燃料等方式进行处理。同时试点推进畜禽养殖废弃物资源化利用，安排资金1 289万元，在山南市乃东区实施粪污资源化利用整县推进项目。全区规模养殖场（大型养殖场）粪污处理设施装备配套率达到100%，综合利用率达91.2%。

【奶农组织】2021年新组建奶业（养殖业）合作社16个，对合作社奶农不定期进行理论和现场培训，切实提高奶农养殖奶畜技能水平。

【政策法规】西藏自治区农业农村厅出台《西藏自治区关于跨省引进奶牛管理办法（试行）》，下发了《区农业农村厅关于维护生鲜乳购销秩序保障乳品质量安全的通知》（内附《西藏自治区生鲜乳生产经营管理规程》《西藏自治区标准化奶牛养殖场建设技术指南》；山南市出台《山南市牛产业发展实施意见》，对奶牛养殖提出了发展目标、养殖布局、主要措施以及政策扶持等相关要求。

2021年，支持20个中小型奶牛养殖场改造升级，每个给予100万元补贴，共计国家补贴2 000万元。国家投资4 959.9万元建设林芝市良种奶牛繁育中心项目，由林芝市乡兴牧业有限责任公司经营管理。投资200万元提升改造米林县小型奶牛养殖场项目。自治区财政投资2 400万元奶牛良种补贴专项资金，支持奶牛品种改良，奶牛良种率达到47%。

【质量监管】2021年10月28日至11月7日，西藏自治区农业农村厅委托第三方对全区较大的4个养殖场、2家乳制品有限公司的生鲜乳进行了质量抽查，检测指标包括乳脂、蛋白质、非脂乳固体等，经检测均未发现违禁物质和影响生鲜乳质量安全的事件。

【奶业大事】2021年8月20日，带着以习近平同志为核心的党中央的亲切关怀和全国人民的深情祝福，中央政治局常委、全国政协主席、中央代表团团长汪洋率中央代表团部分成员对那曲市色尼区嘎尔德生态畜牧业产业示范基地进行了视察，详细了解基地职能牧草种植、牦牛乳制品传统加工等情况，对基地带动农牧民就业、促进当地群众增收的做法表示肯定。

（西藏自治区农业农村厅畜牧水产处，李春来）

附表1　西藏自治区奶畜养殖场（小区）名录

序号	名称	供奶企业	全群存栏(头)	成母畜存栏(头)	奶畜品种	成母畜单产(t/年)		年总产量(t)	是否有机奶源基地	有机奶产量(t)
						牛	羊			
1	强玛浪玛鲁林达培畜牧专业合作社		18 739	7 891	牦牛、藏羊	0.12	0.01	281.78		
2	安多县强玛镇酿心村农畜产品销售专业合作社		23 036	9 899	牦牛、藏羊	0.12	0.01	310.31		
3	强玛镇强玛居委会扶贫经济合作社		9 585	3 951	牦牛、藏羊	0.12	0.01	160.21		
4	强玛觉毛亚培畜牧专业合作社		11 051	4 643	牦牛、藏羊	0.12	0.01	168.67		
5	强玛热卡胜卡尔琼宗畜牧业专业合作社		18 308	8 054	牦牛、藏羊	0.12	0.01	205.64		
6	嘎雄牧业专业合作社		8 365	3 625	牦牛、藏羊	0.12	0.01	134.08		
7	申扎县巴扎乡查卡牛羊育肥农民专业合作社		8 860	3 688	牦牛、藏羊	0.12	0.01	126.12		
8	色庆乡杂玛多种经营合作联合社		2 433	757	牦牛	0.13	0.01	91.65		
9	路干村牧业专业合作社		8 500	3 707	牦牛、藏羊	0.12	0.01	125.69		
10	班戈县门当乡嘎穷村扶贫合作社		13 288	5 999	牦牛、藏羊	0.12	0.01	154.16		
11	班戈县加苏村牧业专业合作社		5 287	2 188	牦牛、藏羊	0.12	0.01	104.11		
12	双湖县协德乡奇那茶水发展牧业专业合作社		29 773	13 578	牦牛、藏羊	0.12	0.01	243.99		
13	双湖县才玛荣生态牧业有限公司		31 620	14 447	牦牛、藏羊	0.12	0.01	254.43		
14	双湖县查仓生态牧业有限公司		24 480	11 155	牦牛、藏羊	0.12	0.01	201.92		
15	鲁玛扎村专业牧业合作社		25 760	11 761	牦牛、藏羊	0.12	0.01	207.50		
16	双湖县措折罗玛镇克那村股份经济合作社		31 231	14 309	牦牛、藏羊	0.12	0.01	243.32		
17	果根擦曲村牧业专业合作社		26 806	12 272	牦牛、藏羊	0.12	0.01	206.65		
18	双湖县措折罗玛镇空隆村股份经济合作社		31 978	14 702	牦牛、藏羊	0.12	0.01	243.18		
19	达吾玛宗村牧业专业合作社		26 190	12 067	牦牛、藏羊	0.12	0.01	190.57		
20	祖姆村牧业专业合作社		22 604	10 401	牦牛、藏羊	0.12	0.01	168.39		
21	色林阳光牧业合作社		24 722	11 417	牦牛、藏羊	0.12	0.01	176.62		
22	三塔牌嘎塔养殖基地		190	35	牦牛	0.15		40.25		
23	市果扎种畜场		1 800	800	牦牛	0.15		120.00		
24	噶尔县康乐新居合作社		49	47	娟姗、荷斯坦、黄改奶牛	2.00		40.00	√	40
25	噶尔县朗玛村专业合作社		140	139	娟姗、荷斯坦、黄改奶牛	1.00		69.50	√	69.5
26	昆莎乡噶尔新村基地养殖场（牧户散养）		235	233	娟姗、荷斯坦、本地黄改奶牛	1.00		116.50	√	116.5

（续）

序号	名称	供奶企业	全群存栏（头）	成母畜存栏（头）	奶畜品种	成母畜单产（t/年）	年总产量（t）	是否有机奶源基地	有机奶产量（t）
27	雪域利民养殖专业合作社	山南雅砻惠民乳业	115	48	黄改奶牛	2.16	103.68		
28	山南市乃东区白荣乳业有限公司	拉萨净土、山南雅砻乳业	548	180	荷斯坦	2.40	432.00		
29	结巴乡次德畜牧养殖专业合作社	山南雅砻乳业	180	100	荷斯坦	2.16	216.00		
30	森布日现代牧场	拉萨高原之宝、拉萨净土乳业、拉萨藏地吉隆	1 086	558	荷斯坦	6.76	3 772.08		
31	山南市隆子县聂雄乳业有限公司	拉萨净土、林芝贡布乳业、山南雅拉香布实业有限公司	969	472	荷斯坦	2.60	1 227.20		
32	曲松县堆随乡养牛场	山南雅砻惠民乳业	150	83	荷斯坦	2.16	179.28		
33	西藏江平农业有限责任公司	拉萨净土乳业	150	118	荷斯坦	2.80	330.40		
34	曲水曲甫乃忠家庭牧场		32	20	荷斯坦	4.30	86.00		
35	曲水玉珠黄改农牧民专业合作社		215	120	荷斯坦	4.30	516.00		
36	曲水县净土奶牛养殖有限公司		550	125	娟姗、荷斯坦	4.30	537.50		
37	曲水柏林村奶牛养殖场		160	83	荷斯坦	4.30	356.90		
38	林周净牧农牧发展有限公司	高原之宝	351	149	荷斯坦、安格斯	3.00	240.00		
39	柳梧达东村奶牛养殖场		130	117	荷斯坦、娟姗	5.00	580.00		
40	墨竹工卡县牧之源奶牛养殖有限公司		599	317	荷斯坦	0.81	256.00		
41	城关区智昭奶牛养殖有限公司	城关区净土乳液	1 712	1 200	荷斯坦、三河牛、娟姗	3.00	1 100.00		
42	城关区嘎巴生态牧场有限公司	城关区净土乳液	1 295	800	荷斯坦、娟姗	4.70	1 200.00		
43	林芝市乡兴牧业有限责任公司	贡布乳业	1 342	800	娟姗、荷斯坦、西门塔尔	2.50	1 500.00		
44	定结叶如藏布奶牛改良农民专业合作社		82	52	娟姗、当地黄牛	0.91	47.45		
45	亚东帕里神女奶牛养殖专业合作社		116	50	娟姗、当地黄牛	0.90	45.00		
46	仁布县帕夏利明良种牲畜养殖专业合作社		41	30	娟姗	2.00	640.00		
47	仁布县帕当乡牲畜养殖农民专业合作社		34	13	娟姗、荷斯坦	2.50	765.00		
48	桑珠孜区西藏天牧原奶牛乳业有限责任公司		789	629	娟姗	3.65	1 607.09		
49	桑珠孜区江当乡郭佳尼伟奶牛养殖专业合作社		89	86	荷斯坦	3.65	219.73		
50	桑珠孜区日喀则市江当扶贫产业开发有限责任公司		30	18	荷斯坦	3.65	45.80		

（续）

序号	名称	供奶企业	全群存栏（头）	成母畜存栏（头）	奶畜品种	成母畜单产（t/年）	年总产量（t）	是否有机奶源基地	有机奶产量（t）
51	桑珠孜区江当乡奴日村夏努养殖专业合作社		27	18	荷斯坦	3.65	44.30		
52	日喀则市边雄乡塔玛久丹养殖农民专业合作社		56	42	荷斯坦	3.65	106.30		
53	日喀则市金叶农民奶牛专业合作社		57	41	荷斯坦	3.65	104.60		
54	日喀则市边雄乡孜强养殖农民专业合作社		60	42	荷斯坦	3.65	107.30		
55	桑珠孜区聂日雄乡除松村培杰种植专业合作社		42	30	荷斯坦	3.65	76.65		
56	桑珠孜区聂日雄乡聂岗农业机械种植专业合作社		28	21	荷斯坦	3.65	53.66		
57	桑珠孜区聂日雄乡冲堆农业机械种植专业合作社		35	25	荷斯坦	3.65	63.87		
58	桑珠孜区聂日雄乡帕冲农业机械种植专业合作社		54	39	荷斯坦	3.65	99.65		
59	桑珠孜区聂日雄乡德日农业机械化种植专业合作社		30	19	荷斯坦	3.65	48.30		
60	桑珠孜区聂日雄乡格布地种植专业合作社		22	16	荷斯坦	3.65	40.80		
61	桑珠孜区奴杰朗巴养殖专业合作社		142	98	荷斯坦	3.65	250.00		
62	桑珠孜区亚嘎布养殖专业合作社		111	84	荷斯坦	3.65	214.30		
63	桑珠孜区甲措雄乡罗杰江热养殖专业合作社		40	29	荷斯坦	3.65	74.30		
64	桑珠孜区加木堆村珠穆养殖专业合作社		40	18	荷斯坦	3.65	45.20		
65	日喀则市曲布雄乡岗西达热养殖专业合作社		228	119	荷斯坦	3.65	304.12		
66	江孜县喜嘎养牛农民专业合作社		315	285	荷斯坦	2.09	595.65		
67	聂拉木县彭布日瓦奶牛养殖农民专业合作社		88	15	娟姗、当地黄牛	3.70	325.60		
68	聂拉木县门布拉堆母牛养殖农民专业合作社		47	18	娟姗	1.30	61.10		
69	聂拉木县乃龙乡达曲农产品加工农民专业合作社		120	20	娟姗	1.56	187.20		
70	聂拉木县羌拉小康农产品农民专业合作社		56	15	娟姗	1.20	67.20		
71	聂拉木春都霍尔巴羊养殖农民专业合作社		49	23	娟姗	1.30	63.70		
72	西藏白朗拉东曲木扎娟姗奶牛养殖农民专业合作社		120	56	娟姗	2.01	112.42		
73	白朗哲丹林娟姗牛养殖农民专业合作社		342	60	娟姗	2.74	164.25		
74	白朗旺达娟姗奶牛养殖基地		350	80	娟姗	2.19	175.20		
75	南木林县昌果奶牛养殖农民专业合作社		68	32	娟姗、西门塔尔	2.20	68.00		
76	南木林县色雄奶牛养殖农民专业合作社		145	65	娟姗、西门塔尔	2.50	132.00		

（续）

序号	名称	供奶企业	全群存栏(头)	成母畜存栏（头）	奶畜品种	成母畜单产（t/年）	年总产量（t）	是否有机奶源基地	有机奶产量（t）
77	南木林县藏雄奶牛养殖农民专业合作社		107	54	娟姗、荷斯坦、西门塔尔	2.10	112.00		
78	南木林县普星奶牛养殖农民专业合作社		78	34	娟姗、西门塔尔、荷斯坦	2.15	71.00		
79	南木林县吉热奶牛养殖农民专业合作社		112	53	娟姗	2.10	130.00		

备注：本表所指奶畜包括奶山羊、奶绵羊、奶水牛、牦牛、骆驼、驴等产商品奶家畜。如认证为有机奶源基地等，请在相应表格中打钩。

附表2　西藏自治区主要乳制品生产企业名录

序号	名称	生产地点	生产许可证号码	年收购原奶量（t）	其中：自有奶源量（t）	平均支付价格（元/kg）	日处理生鲜乳能力（t）	年乳制品产量（t）	其中：低温鲜奶（t）	UHT奶（t）	常温酸奶（t）	低温酸奶（t）	奶酪（t）	含乳饮料（t）	冰品（t）	年销售收入（万元）	利润（万元）	有机产品（枚）
1	西藏净土乳业有限公司	拉萨市城关区城东智昭产业园区汇泉路6号	91540191MA6T35UY3W	2 200	900	6	150	1 400		1 300		100				9 500	−1 000	
2	西藏藏地吉龙农业开发有限公司	西藏拉萨堆龙德庆工业园区	SC10554012500888	200		6	50	18 000		14		16		20		1 336.9	−377.2	
3	山南雅砻惠民乳业有限责任公司	乃东泽当镇	SC10554222100144	300		6	30	300				300				340	95	
4	西藏林芝市贡布乳业有限公司	林芝市巴宜区八一镇生物科技产业园巴吉路	SC10554262100032	729.41		5.9			353.71		217.47	157.87	0.358			1 347.36	−59.57	
5	西藏年河乳业有限公司	白朗县	SC10554022800113	3 400	1 100	6	80	3 300		700	750	980		900		2 240	336	
6	嘎尔德生态牧业开发有限公司	色尼区罗玛镇4村	无	700	150	24	5	600	60	80	100	150	60	150		2 243.12	280	1
7	西藏聂荣嘎确生态畜牧业发展有限责任公司	聂荣县下曲乡5村	无	120	10	22	0.5	100	8		15		77			987.53	12	
8	西藏娘亚牦牛养殖产业发展有限责任公司	嘉黎县阿扎镇	无	200	10	22	0.5	180	10		52		108			54.65	8	

备注：本表包括在中国及海外的生产企业。日处理生鲜乳能力指设计加工生鲜乳能力。自有奶源指来自自建和参建（控股、参股）牧场（小区）的原奶。成人奶粉指除婴幼儿配方奶粉以外的学生奶粉、孕妇奶粉、中老年奶粉等终端消费奶粉。冰品包括冰激凌、雪糕等。有机产品数量单位为“枚”指获得有机标志的数量。

陕西省

【奶畜养殖】2021年，陕西省奶牛存栏26.4万头，较2020年下降4.2%；奶山羊存栏262万只，较2020年增长5.8%。奶类产量174.1万t，较2020年下降1.1%，其中牛奶产量104.6万t，较2020年下降3.7%。

陕西省奶牛主要分布在关中地区5市1区（即西安市、宝鸡市、咸阳市、铜川市、渭南市和杨凌示范区），奶牛存栏和牛奶产量分别占陕西省的90.2%和88.9%。陕西省奶山羊全部饲养在关中地区。

【发展趋势】陕西奶业发展在充分考虑土地承载能力和饲草饲料供给能力的情况下，科学合理设定区域养殖规模，进一步优化关中地区奶业核心区，发挥奶畜大县带动作用，充分挖掘发展奶畜生产潜力，引导奶牛养殖向北部转移，加快推进榆林北部地区优质奶源基地建设，全省奶业继续保持增长态势。2021年，陕西省乳制品全产业链列入全国首批农业产业链重点链建设名录；乳制品产业链列入省委、省政府确定的首批23条重点产业链之一，并明确一名省级领导担任“链长”。2021年中央和省级财政共安排1.21亿元支持陕西奶畜产业发展。一是奶牛产业发展资金4 700万元，主要项目进展情况：中垦乳业一期1.5万头规模奶牛养殖场建成投产，存栏奶牛1万余头；现代牧业宝鸡牧场扩建万头奶牛养殖场工程建设已接近尾声。二是奶山羊产业发展资金7 400万元，主要项目进展情况：新建奶山羊标准化规模养殖场80个，改造提升标准化养殖场24个。飞鹤乳业全资收购陕西小羊妙可乳业有限公司和陕西绿能生态牧业有限公司，全面布局羊乳制品市场。正大集团千阳县奶山羊全产业链项目全面开工建设，建成2栋泌乳羊舍，建设的进口羊隔离场已通过海关总署验收。

【乳制品加工】2021年，陕西省生产乳制品116.4万t，同比下降3.7%，实现营业收入约160亿元。奶粉产量居全国第二位，液态奶产量居全国第七位。

【市场消费】2021年，全省人均奶类占有量44.4kg，与2020年持平。

【奶源基地】行业统计数字显示，陕西省存栏奶牛100头以上养殖场282个，较2020年减少29个。

DHI测定。2021年度陕西省奶牛DHI测定中心接受送检牛场26个，参测奶牛2.98万头，测定样品200 880头份，制作DHI测定报告286批份。2021年参测场奶牛305天产奶量平均达到10 327.3kg，平均乳脂率为4.03%，乳蛋白率为3.39%，乳糖含量为5.14%，总固型物含量为13.11%，平均体细胞数为23.79万个/mL，乳制品质量与2020年相比有所提升。在有取样条件的2个奶山羊场开展了生产性能测定试验，共检测样品2 900批次，参测羊只平均日产鲜奶约2.4kg，平均乳脂率为3.15%，乳蛋白率为3.28%，乳糖含量为4.51%，总固型物含量为11.3%。

饲草种植。2021年国家高产优质苜蓿示范建设项目投资2 760万元，在陕西省新种植4.6万亩高产优质苜蓿。中央投资12 000万元，在阎良、眉县等16个县（市、区）和省农垦集团实施粮改饲项目，收储全株青贮206万t。

养殖效益。2021年，全省牛奶平均价格约为4.29元/kg，较2020年上涨11.43%，全年牛奶价格运行平稳，最高4.39元/kg，最低4.13元/kg。按成母牛计算，每头奶牛养殖盈利年均约为8 140元（收益仅包含生鲜乳销售、公犊销售、淘汰奶牛以及牛粪销售收入，养殖成本包括饲料费、雇工费、防疫治疗费、水电燃料费等）。

全省羊奶平均价格约为6.45元/kg，较2020年增长25.73%，7月均价最高，为6.65元/kg；3月均价最低，为5.96元/kg。从2021年奶山羊生产监测点收益情况看，散户平均每只成母羊养殖利润约为1 255元/年，规模场养殖利润约为420元/年（养殖收入包括生鲜乳销售、公羔销售及淘汰羊销售，养殖成本包括饲料费、雇工费、防疫治疗费、水电燃料费）。

【质量监管】陕西省有生鲜乳收购站335个，较2020年增加12个，其中牛奶收购站125个、羊乳收购站200个、牛羊乳兼收站10个。按主体分，乳制品企业开办的100个、养殖场开办的103个、合作社开办的132个，分别占奶站总数的30%、31%、39%。婴幼儿配方奶粉奶源基地奶站57个，其中羊奶站51个。全省核发准运证的生鲜乳运输车有289辆。

2021年省、市、县共完成生鲜乳违禁添加物专项监测任务1 400批次，其中牛乳样品600批次、羊乳样品800批次。收购环节样品760批次，运输环节640批次。婴幼儿配方奶粉奶源质量安全监测任务280批次，散户监测90批次。检测指标主要有三聚氰胺、革皮水解物、β-内酰胺酶等违禁添加物，检测结果全部合格。

【奶业大事】

2021年6月，乳制品产业链列入省级23条重点产业链，成为省级领导担任“链长”的11条重点产业链之一。

2021年11月，农业农村部公布“陕西省乳制品全产业链”成为全国首批全产业链重点链。

（陕西省农业农村厅畜牧兽医局，王鹏飞）

甘肃省

【奶畜养殖】据统计，2021年甘肃省奶牛存栏32.3万头（含杂种牛），同比增长3.1%，年产生鲜乳66.6万t，同比增长15.9%。2021年有机奶产量36 685t。全省奶业发展已经形成4个优势产区，分别是以张掖市甘州区、凉州区和古浪县等10个县（区）为主的河西走廊优质奶业优势产区；以临夏县、临洮县、白银市白银区等8个县（区）为主的中东部种养循环奶业优势产区；以夏河县、合作市等7个县（市）为主的高原牧区牦牛奶业优势产区；以永昌县、合水县和环县养殖奶山（绵）羊为主的特色奶业优势产区。奶产品产值占牧业产值的6.02%。初步建成武威现代生态奶业产业园、张掖甘州区奶牛养殖产业园和甘肃农垦天牧乳业现代奶业产业园。

随着全国畜牧业梯次向西部转移，大型奶牛养殖场在甘肃建场扩群倒逼了中小牧场进行改造升级，奶牛养殖集约化、规模化、智能化水平不断提升，奶牛整体生产能力和标准化程度进一步提高。奶厅管理系统、发情监测系统、牛群管理系统、精准饲喂系统、自动识别技术等智能化设备在规模牧场得到普遍使用，实现了奶牛饲养、牛奶生产、粪污处理等生产全程机械化、数字化和智能化。

2021年全省新建、续建奶畜规模养殖场项目26个（10个为新建项目）。其中古浪县6万头奶牛园区9个奶牛养殖场奶源基地续建项目持续推进，当年存栏奶牛2.87万头，泌乳牛8 934头，日交售生鲜乳232t。新建的甘肃瑞嘉牧业万头奶牛养殖建设二期项目、甘肃德华牧业万头奶牛养殖基地产业化建设二期项目、甘肃居延牧业有限公司合黎镇五四村5 000头奶牛养殖基地建设项目、甘肃居延牧业有限公司罗城镇红山村5 000头奶牛养殖基地建设项目、兰州雪顿（安定区）5 000头奶牛养殖场、环县白草塬10万只奶山羊养殖基地建设项目、甘南州燎原乳业公司万头奶牛智慧化可控奶源基地建设项目和碌曲县奶产业建设项目等10个新建项目有序推进，当年已经存栏奶牛（羊）2.3万头（只）。

【乳制品加工】全省取得生产许可证的乳制品加工企业47家，产品主要为本地巴氏杀菌乳、UHT奶、奶粉、酸奶和干酪素。奶类产量为38.34万t，其中液体乳产量为36.49万t、乳粉和干酪素产量为1.85万t。乳制品企业日处理生鲜乳能力达到4 000t以上。

省内婴幼儿配方奶粉生产企业有3家。其中，百跃羊乳（合水）古象有限公司主要产品有婴儿配方奶粉、幼儿配方奶粉、调制奶粉和全脂奶粉，企业设计日产能27t，年生产羊奶粉3 000t；临夏州燎原乳业有限公司主要产品有雪赐婴幼儿配方奶粉、亚归婴幼儿配方奶粉、诺滋婴幼儿配方奶粉、优比丽婴幼儿配方奶粉、伊宝乐婴幼儿配方奶粉、雅克蓝婴幼儿配方奶粉、全脂奶粉（全脂羊奶粉、全脂牦牛奶粉）、调制奶粉（全脂加糖配方奶粉、幼童配方奶粉、学生配方奶粉、中老年配方奶粉、孕妇配方奶粉）、巴氏杀菌乳等，年营业收入1.02亿元；甘南燎原乳业股份有限公司主要产品有湿法工艺生产的雅克蓝幼儿配方奶粉、优比丽婴幼儿配方奶粉、发酵乳、乳清粉、全脂奶粉（全脂奶粉、全脂牦牛奶粉）、调制奶粉（全脂加糖配方奶粉、幼童配方奶粉、学生配方奶粉、中老年配方奶粉、孕妇配方奶粉）等，企业设计日产能320t，年产量3 800t。

庄园牧场是省内规模较大的集奶牛养殖、技术研发、乳制品加工、销售为一体的专业化乳制品供应企业，位于榆中县的“日加工600t液态奶加工厂”，是主要的生产加工基地，2021年入选“甘肃省第一批数字化车间”，获得国家“优质乳工程示范工厂”称号（生产线编号为CEMA-N032PL01）。公司年营业收入10.21亿元，同比增长38.06%，实现净利润5 353.31万元，同比增长412.11%。兰州伊利乳业有限责任公司设计日产能732t，拥有12条生产线［其中高速A3生产线4条，高速A1生产线2条（2020年新增），低速A1生产线2条，高速常温酸奶生产线4条］，日处理鲜牛奶600t，年营业收入13.62亿元，产品辐射陕西、甘肃、青海及新疆、西藏等省份。武威伊利一期10条生产线，日处理液态奶603t，累计生产金典纯牛奶、伊利纯牛奶和优酸乳等产品12万t，年营业收入10.2亿元。

【市场消费】甘肃省2021年人均生鲜乳占有量约26.64kg，市场主要销售的乳制品品牌有蒙牛、伊利、庄园、雪顿等。产品主要有伊利的250mL纯牛奶、240mL枕纯、230mL枕核桃、230mL枕臻浓、205mL安慕希、250mL优酸乳、250mL金典纯牛奶（苗条砖）、250mL高钙奶等，蒙牛的酸酸乳、纯牛奶、高钙奶、早餐奶、真果粒、新养道、谷物奶、特仑苏、儿童牛奶等，兰州雪顿的利乐枕纯牛奶、每日奶、1 000mL×6无菌砖、200mL×12无菌砖、原味八连杯、160g×4黄桃风味酸奶等，庄园牧场股份有限公司的“庄园牧场”“圣湖”“东方多鲜庄园”系列品种。“庄园浓缩奶”2021年上半年被评为甘肃省最具影响力产品品牌。

甘肃省牛奶消费市场呈现出消费量逐步攀升、消费种类增加和本地乳制品认可度趋升的特点。在甘肃低温奶市场，当地乳企庄园牧场巴氏杀菌乳产销量占全省总量的25%左右，市场区域优势明显。

【奶源基地】2021年，全省百头以上荷斯坦牛规模养殖场87个，存栏奶牛19万头，占全省荷斯坦牛数量的76%；千头以上奶牛养殖场50个，存栏奶牛18.3万头，占全省荷斯坦奶牛数量的73.2%，全省奶牛平均单产达到8 000kg以上。

近年来，甘肃省大力扶持发展以优质苜蓿和青贮玉米为主的优质饲草产业，逐步完善产业链条，优质饲草连片种植面积迅速增加，生产基地逐步向优势区域集中。全省人工种草保留面积2 470万亩，居全国第三位，其中紫花苜蓿留床面积 1 207 万亩，位列全国第一，已成为全国优质草产品和牧草种子的主产区。以苜蓿为主的草产品加工企业发展到 260 多家，草产品加工能力达到 623 万 t。2021 年，全省“粮改饲”项目实施主体完成收储任务 255.1 万亩，储量 861.63 万 t，带动“粮改饲”达到 483.77 万亩，收储全株玉米青贮饲料为主的饲草 1 659 万 t。安排高产优质苜蓿示范基地建设项目补助资金 12 740 万元，在全省 13 个市（州）39 个县（区）和兰州新区、省农垦总公司种植高产优质苜蓿 25.3 万亩。

安排衔接推进乡村振兴奶业补助资金 8 500 万元，用于奶牛核心育种场建设、万头标杆牧场和千头示范牧场创建等。落实到奶牛合作社（家庭牧场）项目补助资金 884 万元，扶持奶牛养殖企业 20 家进行改造升级、扩群增量和提质增效。全年生鲜乳价格处于较高价位，牛奶年平均收购价 4.50 元 /kg 左右，同比上涨 10% 以上，奶牛养殖效益良好。羊奶收购价在 7.5~8.5 元 /kg，牦牛奶收购价 14 元 /kg 左右，与往年持平。

【DHI 测定】2021 年，甘肃省 2 个 DHI 实验室共参测泌乳牛 23 266 头，参测 6 次以上奶牛头数 11 381 头，向中国奶牛数据中心报送数据合格率达 88% 以上。其中，中国农业科学院兰州畜牧与兽药研究所 DHI 实验室参测泌乳奶牛 13 600 头，参测奶牛达 6 次以上的有 6 182 头，数据合格率达到 88.47%；甘肃农垦天牧乳业有限公司 DHI 实验室参测奶牛 9 666 头，参测奶牛达 6 次以上的有 5 199 头，数据合格率达到 90.06%。

【质量监管】严格落实国务院《乳品质量安全监督管理条例》《生鲜乳生产收购管理办法》，全面推行生鲜乳收购许可证、生鲜乳准运证明在线出证。印发了《甘肃省 2021 年生鲜乳质量安全监测工作方案》《甘肃省畜牧兽医局关于开展 2021 年生鲜乳质量安全专项整治行动的通知》，对全省生鲜乳质量安全监测工作进行了全面安排部署。省、市、县共安排生鲜乳安全监测资金 44.5 万元，对全省 91 个生鲜乳收购站和 204 辆运输车进行全覆盖检查，检测生鲜乳样品 1 113 批次，其中配合第三方检测机构抽检样品 321 批次，省级完成配套监测任务 104 批次，市、县抽检 688 批次，检测合格率达 100%。

【奶业大事】2021 年 5 月 18 日，由甘肃前进牧业科技有限责任公司与四川菊乐食品股份有限公司共同出资筹建的甘肃蜀汉牧业有限公司 5 000 头奶牛养殖基地正式投产。

2021 年 5 月 19 日，甘肃前进牧业科技有限责任公司高台 5 万头奶牛产业园建设项目在高台县合黎镇启动。甘肃省农业农村厅、张掖市和甘州区等有关领导见证项目启动仪式。

2021 年 6 月 30 日，甘肃省农垦集团有限责任公司并购兰州庄园牧场股份有限公司新闻发布会在兰州举行。

2021 年 8 月 29 日，总投资 4.1 亿元的金昌市招商引资重点项目“天牧乳业奶牛养殖二期项目”正式投产运行。

2021 年 9 月 15 日，甘肃甘味乳业有限公司日处理 1 200t 乳制品加工厂建设项目开工仪式在兰州新区举行。项目总投资 10 亿元，分两期建设，一期项目投资 6 亿元，建设 1 200t 常温、低温液态奶加工厂 1 座；二期项目投资 4 亿元，建设 600t 奶粉生产线 1 座。

2021 年 12 月 19 日，平凉市奶牛养殖示范园区项目启动仪式暨优然牧业·灵台“1+1”两万头高产奶牛牧场项目签约仪式举行。平凉市委主要领导出席并讲话。

（甘肃省畜牧兽医局畜牧处，唐 煜）

附表 1 甘肃省奶畜养殖场（小区）名录

序号	名称	供奶企业	全群存栏（头）	成母畜存栏（头）	奶畜品种	成母畜单产（t/年）	年总产量（t）	是否有机奶源基地	有机奶产量（t）
1	张掖市甘州区前进奶牛专业合作社	新疆天润乳业股份有限公司	773	629	荷斯坦	10.8	6 796.0		
2	张掖市甘州区绿洲奶牛繁育农民专业合作社	成都光明乳业有限公司	2 260	1 249	荷斯坦	11.7	14 549.0		
3	甘肃前进牧业科技有限责任公司	广东燕塘乳业股份有限公司	7 995	5 179	荷斯坦	11.76	60 929.0	√	23 085
4	甘肃德瑞牧业有限公司	四川菊乐食品股份有限公司	4 288	2 358	荷斯坦	11.2	26 433.2		
5	甘肃德联牧业有限公司	贵州南方乳业有限公司	6 942	3 818	荷斯坦	13.8	52 584.1		
6	甘肃蜀汉牧业有限公司	四川菊乐食品股份有限公司	2 877	1 582	荷斯坦	12.8	20 186.3		
7	甘肃德华牧业有限公司		4 928	0	荷斯坦	0.0	0.0		
8	甘肃三元黑河农牧科技有限责任公司	蒙牛、光明、宁夏伊美	4 067	2 266	荷斯坦	8.4	18 935.5		
9	甘肃下寨农牧科技有限责任公司	新疆蒙牛、武威伊利	3 584	1 089	荷斯坦	8.5	9 244.7		
10	甘肃云鑫实业有限公司		1 800	330	娟姗	0.0	1 980.0		
11	张掖市蓼泉奶牛养殖农民专业合作社	四川菊乐、重庆天佑、广州香满楼、贵阳三联、成都新希望、青海好朋友、雪盾、小西牛	2 512	1 405	荷斯坦	11.3	15 943.0		
12	张掖市五泉奶牛养殖农民专业合作社	四川菊乐、重庆天佑、广州香满楼、贵阳三联、成都新希望、青海好朋友、雪盾、小西牛	1 800	1 030	荷斯坦	11.0	11 330.0		
13	甘肃瑞谐良种奶牛繁育有限责任公司	兰州伊利、上海光明	2 720	1 400	荷斯坦	12.1	17 000.0		
14	张掖市新华草畜科技有限责任公司	四川菊乐、重庆天佑、广州香满楼、贵阳三联、成都新希望、青海好朋友、雪盾、小西牛	2 300	1 300	荷斯坦	10.8	14 000.0		
15	张掖市东联草畜科技有限责任公司	四川菊乐、重庆天佑、广州香满楼、贵阳三联、成都新希望、青海好朋友、雪盾、小西牛	2 480	1 300	荷斯坦	12.0	15 662.0		
16	山丹县金龙家庭农场	零售	200	70	荷斯坦	6.0	420.0		
17	甘肃华瑞农业股份有限公司	蒙牛、光明	6 572	2 353	荷斯坦、娟姗	9.7	22 767.3	√	13 600
18	民乐县晨旭养殖专业合作社	零售	140	80	荷斯坦	6.0	438.0		
19	武威优然牧业有限责任公司	武威伊利	9 200	3 856	荷斯坦	9.8	6 000.0		
20	嘉立荷（甘肃）牧业	武威伊利	5 438	0	荷斯坦				
21	武威荣华新型农业股份有限公司	武威伊利	13 500	6 372	荷斯坦	11.0	70 000.0		
22	武威瑞达牧场有限公司	兰州庄园	2 300	1 500	荷斯坦	10.6	15 910.0		
23	甘肃省武威金宇浩睿农牧业股份有限公司	武威伊利	12 000	4 300	荷斯坦	8.0	2 250.0		
24	甘肃育新顺牧业有限公司	武威伊利	3 022	864	荷斯坦	9.8	5 040.0		

（续）

序号	名称	供奶企业	全群存栏（头）	成母畜存栏（头）	奶畜品种	成母畜单产（t/年）	年总产量（t）	是否有机奶源基地	有机奶产量（t）
25	甘肃铭原恒牧业有限公司	武威伊利	2 150	378	荷斯坦	10.0	1 926.0		
26	甘肃佳秉运牧业有限公司	武威伊利	3 633	1 880	荷斯坦	10.8	6 538.0		
27	甘肃润悦鑫牧业有限公司	武威伊利	2 530	748	荷斯坦	10.2	4 204.0		
28	武威市鑫牧旺农牧有限公司	武威伊利	3 320	1 450	荷斯坦	9.8	5 520.0		
29	甘肃峰伟宝农牧有限公司	武威伊利	2 700	900	荷斯坦	9.3	2 200.0		
30	武威市伊云鑫农牧有限公司	武威伊利	2 876	738	荷斯坦	8.7	1 800.0		
31	武威恒丰源养殖专业合作社	零售	263	85	荷斯坦	6.0	420.0		
32	会宁县亿源养殖有限公司	兰州伊利	1 200	1 200	荷斯坦	9.0	7 300.0		
33	靖远新希望牧业有限公司	新希望乳业	1 780	812	荷斯坦	11.8	9 542.0		
34	甘肃陇蓄园农业发展有限责任公司	蒙牛乳业	920	390	荷斯坦	11.2	4 380.0		
35	景泰县团结牧业	零售	365	120	荷斯坦	7.2	864.0		
36	白银市首百源乳业有限公司	宝鸡蒙牛	1 315	548	荷斯坦	9.3	5 110.0		
37	白银鑫昊工贸有限公司四龙奶牛养殖示范园	兰州伊利、自用	2 850	1 000	荷斯坦	9.8	9 800.0		
38	白银馨凯养殖有限公司	鲜奶自售	410	110	荷斯坦	8.0	700.0		
39	白银天博养殖有限公司	兰州伊利	2 000	700	荷斯坦	10.0	7 000.0		
40	甘肃润沣牧业发展有限公司	青海小牦牛乳业	1 150	430	荷斯坦	10.6	4 560.0		
41	甘肃鑫河实业集团有限公司	兰州伊利	1 090	400	荷斯坦	11.0	4 380.0		
42	甘肃三鼎乳业有限责任公司	兰州伊利	1 230	462	荷斯坦	10.0	4 630.0		
43	甘肃省天辰牧业有限公司	兰州伊利	1 110	510	荷斯坦	9.0	4 600.0		
44	通渭县亨丰乳业有限责任公司	兰州庄园	400	180	荷斯坦	9.0	1 600.0		
45	通渭县库邦畜牧养殖有限责任公司	兰州伊利	900	450	荷斯坦	11.0	4 950.0		
46	陇西天力元乳业有限责任公司	零售	150	40	荷斯坦	6.0	180.0		
47	陇西县诚义养殖农民专业合作社	零售	102	37	荷斯坦	6.0	170.0		
48	甘肃安贝源乳业有限公司	宝鸡蒙牛、兰州伊利	5 221	2 372	荷斯坦	10.0	17 200.0		
49	临洮县和谐牧业有限公司	青海小牦牛乳业	323	220	荷斯坦	7.5	1 100.0		
50	临洮县华加牧业有限公司	兰州雪顿	360	240	荷斯坦	7.5	1300.0		
51	甘肃祁牧乳业有限责任公司	武威伊利、自用	6 769	2 924	荷斯坦	9.0	38 000.0		
52	金昌市居佳乳业有限公司奶牛养殖场	居佳乳业	1 784	984	荷斯坦	9.0	8 961.0		
53	甘肃农垦天牧乳业有限公司	兰州伊利、兰州庄园、兰州雪顿	20 807	10 422	荷斯坦	11.0	75 704.0		
54	甘肃瑞嘉牧业有限公司	兰州庄园	8 968	3 058	荷斯坦	9.0	27 192.5		
55	永昌新希望农牧业有限公司	成都新希望	4 999	2 400	荷斯坦	8.5	9 600.0		
56	酒泉晟航养殖农民合作社	乐为尔乳品公司	128	67	荷斯坦	8.2	550.0		

（续）

序号	名称	供奶企业	全群存栏（头）	成母畜存栏（头）	奶畜品种	成母畜单产（t/年）	年总产量（t）	是否有机奶源基地	有机奶产量（t）
57	酒泉天丰养殖农民合作社	零售	146	77	荷斯坦	8.1	620.0		
58	玉门油田农牧业有限责任公司	华油乳品厂	540	260	荷斯坦	7.7	2 000.0		
59	敦煌市双元乳业有限公司	双元乳业	153	85	荷斯坦	8.5	765.0		
60	兰州瑞兴牧业有限公司	兰州庄园	1 400	714	荷斯坦	10.4	7 408.1		
61	永登县鑫牧养殖场	青海小牦牛乳业	158	120	荷斯坦	8.5	120.5		
62	榆中缘牧奶牛养殖场	零售	112	40	荷斯坦	7.0	280.0		
63	榆中万豫奶牛养殖场	西宁市大通伊洛酸奶加工厂	114	44	荷斯坦	6.0	260.0		
64	榆中绿康奶牛养殖场	零售	320	160	荷斯坦	6.5	720.0		
65	榆中艺汇源奶牛养殖有限公司	零售	102	48	荷斯坦	6.5	310.0		
66	榆中瑞丰牧场有限公司	兰州庄园	1 116	506	荷斯坦	8.6	4 357.6		
67	榆中冯湾红霞养殖场	零售	205	80	荷斯坦	8.3	660.0		
68	榆中德利奶牛繁育场	青海小牦牛乳业	120	60	荷斯坦	8.0	400.0		
69	华清牧业	兰州伊利	1 410	750	荷斯坦	8.5	4 512.0		
70	甘肃天予牧场生物科技有限公司	兰州伊利	984	450	荷斯坦	10	5 475.0		
71	甘肃荷斯坦奶牛繁育示范中心	兰州伊利	3 455	1 819	荷斯坦	12.0	34 000.0		
72	兰州史飞龙奶牛养殖专业合作社	兰州天方乳品有限公司	190	100	荷斯坦	8.0	600.0		
73	甘肃牧乐阳农牧发展有限公司	零售	137	68	荷斯坦	8.0	535.0		
74	兰州鸿霖养殖场	西宁天露乳业	190	76	荷斯坦	8.5	586.0		
75	甘肃巨源达生物科技有限公司	青海平安乳业	230	120	荷斯坦	8.5	600.0		
76	兰州市金和奶牛养殖农民专业合作社	临洮双鱼乳业、兰州天方乳业	300	130	荷斯坦	10.0	1 300.0		
77	源生奶牛养殖专业合作社	临洮双鱼乳业、零售	450	210	荷斯坦	7.8	1 640.0		
78	兰州牧工商有限责任公司新区牧场	兰州伊利	3 446	1 555	荷斯坦	11.0	5 318.0		
79	临夏州盛源奶牛养殖有限公司	临夏燎原、甘南燎原	4 125	1 855	荷斯坦	11.6	21 561.0		
80	临夏县瑞园牧场有限公司	庄园乳业、宝鸡蒙牛	2 641	1 211	荷斯坦	11.5	13 947.5		
81	甘肃临夏丰源奶牛养殖有限公司	临夏燎原、甘南燎原	2 754	1 177	荷斯坦	11.5	13 578.0		
82	华亭市绿源养殖农民专业合作社	零售	105	52	荷斯坦	6.0	180.0		
83	庄浪县康源养殖有限责任公司	零售	320	130	荷斯坦	6.0	780.0		
84	庄浪县鑫盛源牛业有限责任公司	零售	210	84	荷斯坦	6.0	462.0		
85	甘肃陇牛康源牧业有限公司	陇牛乳业	1 320	368	荷斯坦	9.5	3 954.0		
86	庆阳陇牛养殖农民专业合作社	陇牛乳业	724	448	荷斯坦	9.5	4 120.0		
87	环县昊乐养殖有限公司	宁夏伊利	2 250	850	荷斯坦	10.5	8 900.0		

备注：如认证为有机奶源基地请在对应表格中打钩。

附表2 甘肃省主要乳制品生产企业名录

序号	名称	生产地点	生产许可证号码	年收购原奶量(t)	其中：自有奶源量(t)	平均支付价格(元/kg)	日处理生鲜乳能力(t)	年乳制品产量(t)	其中：低温鲜奶(t)	UHT奶(t)	常温酸奶(t)	低温酸奶(t)	原料奶粉(t)	婴幼儿配方奶粉(t)	成人奶粉(t)	奶油(t)	奶酪(t)	含乳饮料(t)	冰品(t)	年销售收入(万元)	利润(万元)	有机产品(枚)
1	甘肃临泽雪莲乳品有限责任公司	甘肃省张掖市临泽县工业开发园区	SC10562072300118	5 000	5 000	4	300	1 900	1 000	0	0	500	0	0	400	0	0	0	0	1 985	50	0
2	甘肃传祁乳业有限公司	甘肃省张掖市甘州区长安镇前进村	SC10662070201287	4 800	4 800	4.35	100	25 600	1 350	2 184	0	826	0	0	0	0	0	240	0	3 850	482.16	0
3	武威伊利乳业有限责任公司	甘肃省武威市凉州区武威工业园区金沙路	SC10562060201630	124 894.2	0	4.8	603	124 894		114 802	2.066 4	0	0	0	0	0	0	9 632	0	102 350	7 963	0
4	武威高原生物制品有限责任公司	甘肃省武威市凉州区天马大道	SC10562060200844	18 000	0	3.4	120	1 200	0	0	0	0	0	0	0	810	0	0	0	5 516	265	0
5	天水娃哈哈饮料有限公司	甘肃省天水市秦州区暖和湾工业示范区1号	SC10562050200157	674.4	0	4.2	210	36 741	0	0	0	0	0	0	0	0	0	36 741	0	9 427	1 090	0
6	天水嘉乐乳业有限公司	甘肃省天水市麦积区中滩镇农业高新科技园	SC10562050300019	3 200	0	4.5	200	4 500	900	2 100	0	900	0	0	0	0	0	600	0	2 724	220	0
7	庆阳市嘉仕乳业有限公司	甘肃省庆阳市镇原县孟坝镇北街	SC10562102700030	6 200	2 400	7.8	100	800	0	0	0	0	0	0	800	0	0	0	0	7 630	670	0
8	甘肃鲜之纯乳业有限公司	甘肃省庆阳市西峰区温泉镇地庄村盖坳队60号	SC10562100200758	100	98	7.5	5	100	100	0	0	0	0	0	0	0	0	0	0	180	160	0
9	庆阳陇牛乳业有限公司	甘肃省庆阳市宁县米桥街道15号	SC10562102600045	5 000	11 773	4	30	5 290	50	4 200	0	40	0	0	0	0	0	1 000	0	5 600	760	0
10	庆阳伟赫乳制品有限公司	甘肃省庆阳市环县西滩工业园区	SC10562102200341	8 100	8 100	8.5	600	180 000	150	200	0	100	0	0	0	0	0	150	0	95 400	11 036.2	0
11	百跃羊乳（合水）古象有限公司	甘肃省庆阳市合水县示范园区纬四东路北侧	SC12962102400073	38	0	5	150	636.53	0	0	0	0	0	541.52	95.01	0	0	0	0	106 511	83	0
12	甘肃那拉陇原乳业有限责任公司	甘肃省庆阳市合水县解放东路137号	SC10562102400086	260	260	4	8	450	0	0	0	0	0	0	0	0	0	0	0	800	260	0
13	临夏州燎原乳业有限公司	甘肃省临夏回族自治州临夏县经济开发区清真食品区	SC10562292100109	2 918.49	2 918.49	5.2	580	1 655.05	0	0	0	0	0	1 477.48	177.57	0	0	0	0	18 208.22	1 426.42	0
14	临夏州华安生物制品有限责任公司	甘肃省临夏回族自治州临夏县经济开发区清真食品加工区经十七路1号	SC10562292100035	10	0	4.2	15	832	0	0	0	0	0	0	0	0	0	0	0	4 549	89.38	0
15	临夏金牛乳业有限责任公司	甘肃省临夏回族自治州临夏县北塬乡朱潘村潘东社132号	SC10562292100416	2 790	0	3.2	18	520	0	0	0	0	0	0	520	0	0	0	0	605	73	0
16	临夏市泉乳乳品有限责任公司	甘肃省临夏回族自治州临夏市折达公路3号	SC10562290100412	15 000	12 000	4.8	15	1 200	0	0	0	0	0	0	0	0	0	0	0	1 845	147.6	0
17	兰州庄园牧场股份有限公司	甘肃省兰州市榆中县三角城乡三角城村	SC10562012300296	76 664.24	40 621.15	4.62	220	81 509.8	6 355.7	66 319.6	498.3	8 180.7	94.1	0	0	0	0	61.6	0	69 012.55	2 749.72	0
18	甘肃天方食品有限责任公司	甘肃省兰州市七里河区彭家坪路24-1号	SC10562010300656	2 000	0	4.5	20	2 520	720	0	0	1 500	0	0	0	0	0	215	0	21 396	503	0
19	兰州雪顿生物乳业有限公司	甘肃省兰州市七里河区彭家坪路16号	SC10562010300259	22 869	0	4.77	150	23 665.68	527.79	17 715.8	0	5 422.09	0	0	0	0	0	0	0	27 638.3	1 690.63	0
20	兰州伊利乳业有限责任公司	甘肃省兰州市红古区花庄镇工农路17-24号	SC10562011100015	219 000	0	4.5	1 000	220 000	0	166 000	40 000	6 000	0	0	0	0	0	8 000	0	120 000	7 870	0

（续）

序号	名称	生产地点	生产许可证号码	年收购原奶量(t)	其中：自有奶源量(t)	平均支付价格(元/kg)	日处理生鲜乳能力(t)	年乳制品产量(t)	其中：低温鲜奶(t)	UHT奶(t)	常温酸奶(t)	低温酸奶(t)	原料奶粉(t)	婴幼儿配方奶粉(t)	成人奶粉(t)	奶油(t)	奶酪(t)	含乳饮料(t)	冰品(t)	年销售收入(万元)	利润(万元)	有机产品(枚)
21	甘肃普罗生物科技有限公司老市区分公司	甘肃省酒泉市玉门市老市区钻井北路2号	SC10562098100253	1 000	0	4.5	10	1 000	0	0	0	0	0	0	0	0	0	0	0	16 000	150	0
22	玉门油田农牧业有限责任公司	甘肃省酒泉市玉门市老市区三台炼油路	SC10562098100124	1 800	1 800	4.2	20	1 800	1 300	0	500	0	0	0	0	0	0	0	0	1 800	200	0
23	酒泉市乐为尔乳业有限责任公司	甘肃省酒泉市肃州区果园工业园区	SC10562090200474	3 500	0	4.6	120	3 920	1 000	1 825	0	1 095	0	0	0	0	0	0	0	3 620	220	0
24	敦煌市双元乳业有限公司	甘肃省酒泉市敦煌市月牙泉镇杨中公路63号	SC10562098200141	800	650	4.5	20	900	100	0	0	600	0	0	0	0	0	200	0	850	40	0
25	金昌居佳生态农业有限公司	甘肃省金昌市金川区甘肃省金昌市金川区延安东路59号、甘肃省金昌市金川区北京路13号	SC10562030200214	8 030	8 030	4.2	30	5 553.11	848	3 637.71	0	1 059.4	0	0	0	0	0	8	0	16 645	388	0
26	甘肃祁牧乳业有限责任公司	甘肃省嘉峪关市市辖区嘉东工业园区	SC10562020000024	38 146.34	38 146.34	4.3	80	13 142.78	2 575.22	7 045.65	0	2 759.3	0	0	0	0	0	739.36	0	24 808.12	5 016.2	0
27	甘南雪域牦珍乳业有限责任公司	甘肃省甘南藏族自治州夏河县桑科乡	SC10562300000017	2.5	10	13	0	2.5	0	0	0	2.5	0	0	0	0	0	0	0	3	-25	0
28	甘肃华羚乳品股份有限公司	甘肃省甘南藏族自治州合作市生态产业园	SC10562300100018	60 000	10 000	14	60	6 500	0	0	0	0	0	500	1 000	0	0	0	0	48 000	0	1
29	甘肃雪顿牦牛乳业股份有限公司	甘肃省甘南藏族自治州夏河县拉卜楞镇浪格路008号	SC10562302700044	10 000	0	14	400	8 150	0	8 000	0	0	0	0	150	0	0	0	0	10 000	0	0
30	燎原乳业股份有限公司	甘肃省甘南藏族自治州合作市甘南合作生态产业园区	SC10562300100026	19 640	18 000	14	320	3 837	0	0	0	1 358	0	520	1 959	0	0	0	0	17 486	1 267	0
31	临洮康源乳品有限责任公司	甘肃省定西市临洮县洮阳镇车刘家村	SC10562112400101	730	0	4.2	300	200	0	0	0	200	0	0	0	0	0	0	0	200	20	0
32	甘肃德鑫源乳业有限责任公司	甘肃省定西市临洮县太石镇上咀村	SC10562112400281	2 500	500	4.2	80	300	0	0	0	0	200	0	0	0	0	0	0	900	300	0
33	甘肃省临洮县农副产品综合开发公司	甘肃省定西市临洮县临洮县城西桥头2号	SC10562112400265	600	0	4.2	20	400	0	0	0	0	0	0	0	0	0	250	0	350	10	0
34	白银鑫昊生物科技有限公司	甘肃省白银市白银区银西产业园食品园区	SC10562040200355	651.18	651.18	4.5	100	600.42	0	468	0	12.24	0	0	0	0	0	5.18	0	411.04	-1 278.79	0

备注：本表包括在中国及海外的生产企业。日处理生鲜乳能力指设计加工生鲜乳能力。自有奶源指来自自检和参建（控股、参股）牧场（小区）的原奶。成人奶粉指除婴幼儿配方奶粉以外的学生奶粉、孕妇奶粉、中老年奶粉等终端消费奶粉。冰品包括冰激凌、雪糕等。有机产品数量单位为“枚”，指获得有机标志的数量。

金 昌 市

【奶畜养殖】金昌市奶畜主要有奶牛、奶绵羊两大类。奶牛主要品种为荷斯坦，重点分布在金川区，占全市存栏量的85.83%；奶绵羊全部分布在永昌县，其中甘肃元生农牧科技有限公司占全市总存栏量的89.67%。黄牛、牦牛因为泌乳期短，泌乳量少，乳汁绝大部分用于犊牛吮食，少部分人工挤取后制作成酸奶、酥油等奶制品，商品化率低，在此不作统计。

2021年底全市奶牛存栏3.57万头，其中成母牛存栏1.68万头，年产鲜奶13.22万t，年均单产9.68t。存栏东佛里生奶绵羊及其杂交种1.76万只，其中成母羊存栏1.1万只，绵羊奶产量0.13万t，年均单产300kg。全年奶业实现产值61 002万元，占畜牧业总产值的27.23%。奶牛主要养殖品种有荷斯坦、西荷杂种奶牛，分别占98.89%、1.11%;奶绵羊主要品种为东佛里生羊、东湖杂交种，分别占15.47%、84.53%。金昌奶业呈现出特色突出（有国内最大的奶绵羊产业化基地）、品质优异（各养殖场原奶理化指标均达到国内较高水平）、科技引领［DHI实验室运行良好，胚胎移植（IVF）项目开工建设，智慧化养殖技术开始快速应用］、规模不断扩大（甘肃农垦天牧乳业公司二期工程投产达标，达到2万头规模；瑞嘉牧场养殖规模快速扩大，即将达到万头设计规模）等特点。

随着居佳生态农业有限公司规模牧场的建设，预计全市奶牛饲养量将突破4万头规模。奶绵羊产业新规划万只奶绵羊场3个，已动工建设1个，预计2023年新增2个万只奶绵羊场，奶绵羊存栏规模将达到4万只左右，为原奶的精深加工奠定基础。

智慧牧场建设：甘肃农垦天牧乳业有限公司以定制化的“奶业之星”信息管理系统为核心，整合搭建了科派腾精准饲喂管理系统、博美特挤奶机系统、体况评分系统、视频监控系统等一系列的自动化设备和专设信息管理系统，实现了“日粮加工—精准饲喂—自动化挤奶—繁育保健—视频监控—采购管理—物资管理—财务成本核算”养殖全流程的信息化管理和自动化控制。甘肃元生农牧科技有限公司以奶绵羊智能生产管理系统为核心，采用全自动无接触式性能测定设备、智能化多功能分栏设备、利拉伐挤奶设备、羊病智能诊断软件，初步构建起“羊只个体管理、群体管理、物料管理、生物安全管理”智能化系统。

【乳制品加工】全市仅有金昌市居佳生态农牧有限公司1家乳制品加工企业。该企业设计日处理鲜奶能力150t，2021年实际处理鲜奶7 000t，产品包括灭菌乳、巴氏杀菌乳、发酵乳、调制乳4个系列18个品种。年产量分别为：低温鲜奶400t，UHT奶4 500t，低温酸奶2 080t。

随着区域内奶牛养殖规模的不断扩大，2023年计划开工建设金昌居佳生态农业有限公司年产5万t乳制品深加工产品和特殊医学用途配方食品项目。

【奶源基地】规模养殖。全市有奶牛规模养殖场6个，其中永昌县2个、金川区4个。2万头单体牧场1个（甘肃农垦天牧乳业有限公司）、万头牧场2个（甘肃瑞嘉牧业有限公司、永昌新希望农牧业有限公司）、千头牧场1个（金昌市居佳生态农业有限公司牧场）和百头养殖小区2个（金昌市裕和祥奶牛养殖农民专业合作社、永昌小坝奶牛养殖小区），分别占全市奶牛养殖量的56.99%、36.89%、5.01%、0.78%，全市奶牛规模化养殖率达到99.67 %。有规模奶绵羊养殖场2个，均在永昌县。其中，万只牧场1个（甘肃元生农牧科技有限公司）、千只牧场1个（新科源农牧专业合作社），分别占奶绵羊养殖量的87.14%、8.90%，全市奶绵羊规模化养殖率达到96.04 %。

政策补贴。2021年通过“以奖代补、先建后补”的方式开展标杆牧场创建、核心育种场建设、粪污处理设施和防疫设施改造提升建设，分别对甘肃农垦天牧乳业有限公司、甘肃瑞嘉牧业有限公司、金昌居佳生态农业有限公司3家公司改扩建项目补助350万元、100万元、50万元。2021年奶业享受财政补贴方面，全市承保奶牛8 200头、奶绵羊10 000只，享受财政补贴资金共计672.6万元。

牧草种植。2021年全市年末紫花苜蓿留床面积1.33万hm^2，产鲜草33.6t/hm^2（含水量60%），产干草13.5t/hm^2，苜蓿干草价格2 500~2 800元/t，干草总产量18万t。全市种植青贮玉米0.36万hm^2，单产72t/hm^2，价格为550元/t，总产量25.92万t。

疫病防控。按照“因病设防、预防为主”的原则，主要是每年春秋两次对辖区奶牛“两病”集中检测、净化。预防的主要病种有口蹄疫、巴氏杆菌病、梭菌病。

粪污处理方式。全市规模奶牛养殖场粪污处理设施装备配套率达到100%。粪污资源化利用设施均有堆粪场（有砼地坪及挡墙），清粪方式均为干清粪，粪便处理利用方式均为堆粪发酵还田，污水处理方式均为“好氧发酵+厌氧发酵”，污水利用方式均为达标排放（场区绿化）。

养殖效益情况。奶牛方面，主要乳企生鲜乳收购年均价格为4.3~4.6元/kg；绵羊奶价格为16元/kg。受乳制品加工企业利益分配和饲草料价格快速上涨影响，奶牛场处于亏损或微利状态，奶绵羊场1只奶绵羊的收益在1 700元左右。

【奶农组织】全市有2个奶牛养殖农民专业合作社，即金昌市裕和祥奶牛养殖农民专业合作社、小坝奶牛养殖小区，没有奶业协会等团体组织。

【政策法规】2021年3月甘肃省委农办、甘肃省农业农村厅、甘肃省林草局《关于印发〈甘肃省现代丝路寒旱农业优势特色产业三年倍增行动计划总体方案〉〈分产业篇方案〉〈甘肃省现代产业园区创建和产业基地建设实施方案〉的通知》（甘农领办发〔2021〕5号）和《中共金昌市委办公室、金昌市人民政府关于印发〈兴业带富工程暨现代丝路寒旱农业优势特色产业三年倍增行动实施方案〉的通知》（市委办发〔2021〕15号），对草畜产业倍增工作做出安排部署。

2021年12月印发《金昌市"十四五"莱草畜产业发展规划》，明确将奶产业作为金昌市"十四五"重点发展产业，按照"百亿"产业链中的重点产业打造。

2021年由甘肃元生农牧科技有限公司牵头，西北农林科技大学、金昌市农业农村局等单位参与制定的《东佛里生羊》地方标准（DB62/T 4475-2021）由甘肃省市场监管局于2021年12月30日发布。

【质量监管】一是全面推行生鲜乳收购许可证和生鲜乳准运证明在线出证，实行区域内生鲜乳收购站和运输车辆年度监测全覆盖。二是定期开展生鲜乳生产、收购、运输环节的检查，督促落实质量安全责任。三是配合省有关部门开展生鲜乳质量安全监测工作，没有发现质量问题。2021年办理生鲜乳准运车辆24辆，生鲜乳运输范围包括甘肃、宁夏、青海、陕西、四川、湖南6个省份。

【奶业大事】2021年10月12日，甘肃元生农牧科技有限公司入选农业产业化国家重点龙头企业。

2021年10月25日，甘肃元生农牧科技有限公司入选农业农村部第三批兽用抗菌药使用减量化行动试点达标养殖场。

2021年12月22日，甘肃元生农牧科技有限公司绵羊奶入选全国名特优新农产品名录。

（金昌市畜牧兽医总站，周　勇）

兰 州 市

【奶畜养殖】2021年兰州市奶牛存栏1.57万头，同比下降13%；生鲜乳产量6.78万t，同比下降0.03%。奶牛品种主要以荷斯坦为主，其他品种奶牛有少量存栏。兰州市奶牛养殖区域主要分布在榆中县、永登县、皋兰县、红古区、七里河区、西固区6个县（区），奶牛存栏量占全市的98.6%（表1）。2021年，随着兰州牧工商有限公司兰州新区牧场建成投产，兰州市部分产能转移到兰州新区，因而兰州市奶牛存栏量有所下降。2020年以来，在国家、省、市奶业振兴政策的支持引导下，兰州市奶产业不断转型升级，奶牛标准化规模养殖水平不断提高，奶牛养殖场硬件设施显著改善、智能化水平大幅提高，生鲜乳质量水平稳步提升。

【乳制品加工】2021年全市乳制品生产企业有伊利、庄园、雪顿、天方4家，以生产液态奶为主，原料奶日处理能力达1 730t，乳制品年总产量达30.3万t，产值达20.5亿元。产品主要包括本地巴氏杀菌乳、UHT奶、调制乳、酸奶、含乳饮料和冷饮等。企业根据消费者需求情况，不断优化产品结构，满足了不同地区、不同消费水平、不同消费人群的消费需求，但仍然存在产品结构不合理、本地知名品牌较少、品牌价值低、市场产品差异化小、同质化严重等问题。

【市场消费】据不完全统计，2021年兰州市人均奶类占有量约为18.5kg，低于全国平均水平。本地乳制品市场主要销售的液态奶品牌有伊利、蒙牛、庄园、雪顿、燎原、君乐宝、夏进等，乳制品销售主要通过商超、便利店、直销点等渠道进行销售。本地巴氏奶销售价格在10~11元/kg；UHT奶平均在40~70元/箱；80g杯装低温酸奶平均在10~15元/板；常温酸奶平均在40~80元/盒。

【奶源基地】规模养殖。2021年全市百头以上规模化奶牛场22个，饲养奶牛12 142头；百头以下养殖场（户）191个，饲养奶牛3 555头，养殖场（户）数量比2019年减少了260个，饲养奶牛减少了2 267头。百头以上规模场（户）比重占全市养殖场（户）数的10.33%，奶牛饲养量占全市总饲养量的77.35%；百头以下养殖场（户）比重占全市养殖场（户）数的89.67%，奶牛饲养量占全市总饲养量的22.65%（表2）。

牧草种植。2021年，全市推广人工种草面积18.1万亩，年产量36.93万t。其中，推广高产优质苜蓿2.85万亩，年产量1.5万t；推广优质燕麦草5.71万亩，年产量2.28万t；推广全株青贮玉米9.6万亩，年产量33.2万t。2021年全市有饲草生产加工企业3家，牧草种植合作社19个，年加工牧草16.2万t，全年向外省调出优质牧草7.5万t。

表1　兰州市2017—2021年奶牛存栏分布情况

单位：头

年份	县（区）							
	红古区	榆中县	永登县	皋兰县	七里河区	西固区	城关区	安宁区
2017	5 500	4 071	3 208	1 672	2 181	1 157	496	312
2018	5 700	3 900	3 100	1 600	2 200	1 100	300	65
2019	5 810	3 619	3 319	1 530	2 181	882	196	62
2020	6 762	3 364	3 283	1 520	2 007	941	159	65
2021	4 451	3 896	2 664	2 002	1 662	803	159	60

表2　兰州市奶牛养殖规模情况

饲养规模（头）	场（户）数量（个）	存栏量（头）	规模占比（%）
1~20	133	1 303	8.30
21~100	58	2 252	14.34
101~200	10	1 425	9.07
201~500	6	1 987	12.66
501~1 000	2	1 473	9.38
1 001~2 000	3	3 802	24.22
2 000以上	1	3 455	22.01
合计	213	15 697	—

疫病防控。兰州市各县（区）严格落实属地化疫病防控责任，对辖区内奶牛养殖场（小区）开展奶牛布鲁氏菌病、结核病检疫监测，对奶牛开展口蹄疫强制免疫，扎实开展奶牛重大动物疫病防控工作。

粪污处理。在全市开展畜禽粪污资源化利用技术培训，加强入户技术指导，确保做到全量收集。奶牛规模养殖场大部分采用干清粪方式，堆积发酵后还田利用。兰州瑞兴牧业有限公司采用固液分离方式，将分离出的固体经发酵后晾干，用作牛床垫料，污水经处理后还田。

生鲜乳价格。2021年，兰州市奶站平均交售给乳制品企业的价格为4.3元/kg。近年来，受饲料成本的快速上涨和环境整治压力、劳动用工成本上升及新冠疫情等因素的影响，导致生鲜乳生产成本不断升高（生鲜乳生产成本由2019年的3.2~3.4元/kg上涨到2021年的3.8~4.0元/kg），部分养殖场（户）亏损或仅能维持日常生产，个别奶牛养殖场（户）甚至走向卖牛停产或转型肉牛养殖。

【奶农组织】2021年，全市共有奶农专业合作社8个。市动物疫病预防控制中心每年组织奶业专家、技术推广人员深入合作社，主要对奶牛饲养管理、饲料营养调制、疾病防治、生鲜乳质量安全等多个方面进行技术指导。通过培训讲解、现场操作、分析解答问题等多种方式，提高了奶农饲养管理技术水平，达到了奶牛养殖提质增效的目的。

【质量监管】2021年，兰州市共有生鲜乳收购站11个，其中养殖场开办7个、乳制品企业开办2个、奶农专业合作社开办2个，机械化挤奶率达100%。根据农业农村部和甘肃省每年两次“双随机”对奶站、运输车奶样进行抽检，合格率达到100%。

为进一步做好生鲜乳生产、收购、运输环节质量安全监管工作，根据《甘肃省2021年生鲜乳质量安全专项整治行动方案》及国家、省、市生鲜乳质量安全监管相关工作要求，在全市范围内开展生鲜乳质量安全专项整治行动。一是全面实行质量安全承诺制，与奶站、奶牛养殖场（户）签订《生鲜乳质量安全承诺书》，明确奶站开办者、奶畜养殖者的质量安全第一责任人责任。二是严格收奶站和运输车的监管，严格审核奶站和运输车的资质条件，推进奶站标准化建设与管理。三是进一步规范生鲜乳收购运输的信息化、精准化管理。四是强化日常监管，采取县级自查、市级抽查等方式，县（区）每月对辖区内奶站、奶畜养殖场（户）开展1次全覆盖检查，市级每季度进行1次抽查，严厉打击生鲜乳生产收购运输环节的违法行为，确保生鲜乳质量安全。

【奶业大事】2021年底，皋兰县甘肃天予牧场生物科技有限公司设计存栏2 000头标准化牧场建成投产，一期引进高产奶牛500头，日生产鲜奶18t。

（兰州市动物疫病预防控制中心，田　斌）

庆 阳 市

【奶畜养殖】庆阳市是一个农业大市，饲草资源丰富，发展奶业具有得天独厚的条件。据统计，截至2021年底全市有奶牛养殖场（户）413个，奶牛存栏达到6 236头，其中荷斯坦牛5 329头，占奶牛总数的85%。荷斯坦成母牛存栏3 896头，成年奶牛年均单产达5 432 kg。奶山羊存栏9.26万只。全市鲜奶产量30 602t（其中牛奶21 611t、羊奶8 991t），奶业产值达到10 425.6万元，奶业产值占畜牧业总产值的2.23%。

【乳制品加工】2021年底，全市有乳制品加工企业5家，日处理原料奶1 300t。

庆阳陇牛乳业有限公司成立于2011年6月，位于庆阳市宁县米桥镇米桥街15号，是一家集饲草种植、收购、加工，奶牛养殖、繁育，乳制品生产及销售为一体的省级农业产业化重点龙头企业。该公司总占地面积$2.19hm^2$，资产总计4.8亿元，各类员工270余人(其中工程师9人、高级工21人);现奶牛存栏3 600余头，日产鲜奶50t;可生产巴氏奶、发酵乳、灭菌乳、调制乳、果汁饮料五大系列30余种口味的乳制品。

甘肃红南梁农业科技发展有限公司位于华池县城壕镇太阳村，总占地面积$7.9hm^2$，投资1.2亿元建成乳制品加工厂1座，建有科技楼1栋2 $190m^2$、生产加工车间7 $120m^2$、库房2 $200m^2$，引进德国、丹麦、英国乳制品智能生产线4条、生产设备31台（件）、制冷及其他设备7台（套），并配套建设供热站1处、污水处理厂1处，年设计生产能力18万t。

百跃羊乳（合水）古象有限公司位于庆阳市合水县工业集中园东区，项目总投资3.5亿元，占地$2hm^2$，建筑面积10 $000m^2$。其中，生产婴幼儿配方奶粉车间面积6 $000m^2$、检验中心面积1 $200m^2$、其他设施占用面积2 $000m^2$。购置生产设备及检验设备200多台，其中化验设备82台。设计年产能达10 000t。

合水县那拉陇原乳业有限责任公司位于合水县城解放东路，有全脂、调制乳粉干湿法生产线1条，设计年产能达3 000t，主要产品有全脂甜牛奶粉、中老年高钙奶粉、“高钙＋锌＋铁”奶粉、学生奶粉、儿童高钙奶粉、全脂奶粉6个单品。

环县伟赫乳业18万t乳制品加工厂，位于环县西滩工业集中区，占地面积12.5 hm^2，2021年5月1日建设完工，2021年9月1日正式运营投产。总投资3.1亿元，内设生产部、检验中心、研发部等9个部门，现有员工137人。以“创新、领先、优质、高效”为建设理念，引进2台100位新西兰怀卡托挤奶设备和全系列配套信息化管理系统，结合全新的管理理念，建成智能化液态奶生产车间，日加工液态奶600 t。

【市场消费】2021年人均奶类占有量8.42 kg。鲜奶多用于当地消费，生产的鲜奶由专人配送，分别以单价10元/kg提供居民、政府食堂与学生早餐奶，每天销量0.8t，月消费24t，年消费290t。随着人民群众生活水平不断提高，牛奶消费在城市逐渐普及，对奶品的种类、质量、特色及功能有了更多的选择。

【奶源基地】2021年全市有奶畜养殖农户396户，规模化养殖场17个，规模化养殖比重达82.53%。全市依托振兴奶业苜蓿发展项目，种植高产优质紫花苜蓿$1.42\times10^4hm^2$，紫花苜蓿累计留存面积达到$3.2\times10^5hm^2$；种植燕麦、甜高粱等一年生牧草$7.33\times10^4hm^2$；种植全株青贮玉米$2.67\times10^4hm^2$，完成玉米秸秆青贮2.9×10^6t。该项目为奶业发展奠定了坚实的饲草料基础。生鲜乳收购价格执行“随行就市、以质论价、优质优价”的计价原则，乳制品厂根据市场、季节、供需关系等实际情况变化，适时调整生鲜乳收购标准和收购价格。原料奶收购价平均为4.4元/kg。

粪污处理。奶畜场粪污实行全程无害化处理模式，全面干湿分离粪便，将干粪烘干后铺垫奶牛卧床，湿粪污中加入发酵剂发酵处理，制成有机肥料还田循环利用，实现全场粪污资源化处理。

疫病防控。落实动物防疫政府属地管理责任和部门监管责任，压实牛羊养殖、贩运、屠宰等环节从业者防疫主体责任。切实落实重大动物疫病强制免疫、监测排查、隔离观察、消毒灭源、宣传培训等综合防控措施，强化产地检疫、屠宰检疫、流通监管等关键环节防疫监管。在环县、庆城县、合水县推行“政府向社会力量购买动物防疫服务”改革试点，将动物疫病强制免疫、检疫协助、排查监测报告等疫病防控劳务服务纳入购买范围，实行公司化管理、市场化经营、行政化监管，推动村级防疫员向职业化转变，防疫效果明显提升。

【质量监管】一是落实质量安全监管责任。建立政府、部门、企业和社会“四位一体”责任体系，建立部门协调联动机制，市、县、乡层层签订责任书，做到责任到人、任务到户。二是加强奶源管理。在奶畜养殖环节，着力饲料、兽药等投入品使用管理，确保原料奶质量安全。三是加强生鲜乳质量检测。实行严格的乳制品生产加工检验制度，对奶站和运输车辆实行信息化监控、全覆盖检测，对生鲜乳抽检，严禁违禁物添加，乳蛋白、乳脂含量达到国家标准。

（庆阳市畜牧技术推广中心，苟红晶）

武威市

【奶畜养殖】武威市依托传统优势奶源基地基础，发挥东北部沿沙产业带气候干爽、通风隔离条件好、疫病传播慢、出产生牛乳品质优等资源优势，在凉州区长城镇、邓马营湖、古浪县黄花滩等沙漠沿线，合理布局奶牛牧场项目，大力引进培育奶牛养殖龙头企业，打造奶牛养殖优势区。用了不到3年时间，吸引内蒙古优然牧业、宁夏金宇浩睿、天津嘉立荷等11家省内外奶牛养殖龙头企业相继落户武威，奶牛存栏量由2018年的2.79万头发展到2021年的7.1万头，由全省第四位跃居至第一位。

【乳制品加工】优化资源要素配置，在城郊省级工业园区布局乳制品加工业、饲料兽药优势产业及包装、物流等新业态，打造乳制品加工集聚区。相继引进建设投资2.1亿元金世泰智能化彩印包装、1.1亿元兽药生产线、2亿元物流仓储、1.3亿元饲料厂等奶产业上下游项目。已初步形成以液态奶制造为牵引，集奶牛养殖、饲草种植、饲料加工、生物医药、彩印包装、物流物联等为一体的“1+6+N”奶产业集群，形成接二连三优势区。总投资超过85亿元，带动全市奶牛养殖设计规模超过20万头、日产奶3 000t以上。

武威工业园区现有乳制品加工企业2家，为武威伊利乳业有限责任公司和武威高原生物制品有限公司。武威高原生物制品有限公司主营食品级干酪素、鲜奶干酪素等酪蛋白系列产品，奶油、佛灯油与甜茶粉等乳制品及固体饮料产品，产值约5 500万元。武威伊利绿色生产及智能制造示范应用项目，一期投资11.2亿元，购进6条利乐钻安慕希生产线、2条高速标准装生产线、2条高速苗条装生产线，形成603t的日生产能力；二期项目再增加投资10亿元，新增18条生产线，扩充1 285t的日生产能力。一、二期项目全部建成达产后，日生产能力为1 888t。一期项目于2019年开工、2020年12月13日正式投产，当月综合营收突破2 000万元，当月成为规模以上企业。2021年1—12月武威伊利综合营收突破10亿元、产量达12万t。二期项目于2021年12月启动实施。全部建成达产后，年总产值可达67亿元，上缴税金1亿元以上，将提供就业岗位1 500人以上，带动产业链超100亿元。

【市场消费】2021年，全市奶产量达14.14万t，按全市人口146万人计算，人均奶类占有量为97.97kg。商超销售的纯牛奶及酸奶有伊利、蒙牛、庄园、夏进等品牌，产品有金典、安慕希、特仑苏等，价格在30~100元/箱。鲜奶主要由鲜奶吧和散养户供给，价格在6~8元/kg。

【奶源基地】武威市立足资源禀赋和产业基础，坚持“政府引导、龙头引领、政策扶持、科技创新、服务保障”，着力打造甘肃乳都和百亿级河西走廊黄金奶源基地。全市奶牛养殖场（户）342个，其中现存栏万头以上标准化牧场3个（武威荣华新型农业股份有限公司、武威市优然牧业有限责任公司、甘肃省武威金宇浩睿农牧业股份有限公司）；5 000~10 000头标准化牧场1个［嘉立荷（甘肃）牧业有限公司］；1 000~4 999头标准化牧场9个。14个大型牧场奶牛存栏6.28万头。200头以下奶牛散养户300余户，存栏约8 200头。大型牧场全面推广应用TMR全混合营养日粮、精准饲喂系统、100%机械化挤奶技术和智慧牧场管理模式，奶牛良种覆盖率提高到99%，规模化经营水平达到90%。

全市泌乳牛2.6万头，日产奶842t，其中千头以上牧场日产797t，散养户日产约45t。2021年，全市奶产量达14.14万t，同比增长53.7%，生鲜乳主要销往武威伊利、兰州庄园、成都光明等企业。2021年生鲜乳收购年均价格为4.85元/kg。

坚持“以养定种、以种促养”，发挥南部祁连山区气候冷凉、中部平原绿洲区土地肥沃、北部荒漠区日照充足的优势，因地制宜建设优质饲草种植区，已形成“沿山”燕麦草、“沿川”青贮草、“沿沙”苜蓿草优势种植区。2021年落实粮改饲项目中央财政资金1 354.2万元、省级财政资金1 650万元，高产优质苜蓿项目中央财政资金900万元。全市优质饲草种植面积达到7.53万hm^2，其中青贮玉米2.83万hm^2、苜蓿1.83万hm^2、其他一年生多年生牧草2.88万hm^2。完成收储全株青贮玉米面积1.63万hm^2、产量99.46万t，青贮玉米亩均单产水平为4.2t。

2021年，落实奶业相关农机购置补贴资金1 516.5万元。其中，国家补贴资金909.9万元，市、县补贴资金606.6万元。落实规模养殖场改扩建补助资金1 600万元，其中2021年中央奶牛养殖合作社（场、家庭牧场）建设项目补助资金600万元、2021年甘肃现代丝路寒旱现代农业优势特色产业三年倍增行动奶产业补助资金1 000万元。认真落实动物疫病防控各项措施，坚持强制免疫和因病设防相结合、集中免疫和及时补免相结合的原则，认真做好奶牛免疫工作，组织技术力量，按照相关规程对奶牛场奶牛开展“两病”监测，筑牢防疫屏障，全市未发生重大动物疫情和畜产品安全事件。奶牛场粪污处理方式包括黑膜沼气发电、牛床垫料循环利用、堆肥还田利用、“粪便堆肥+污水发酵处理”、粪水达标排放等。

【政策法规】制定实施《武威市人民政府关于加快奶业发展的实施意见》（武政发〔2019〕48号）、《武威市人民政府办公室关于印发武威市加快推进粮改饲和秸秆综合利用产业发展的实施意见的通知》（武政办发〔2019〕116号），设立奶业、粮改饲专项资金，从生鲜乳收购、奶牛良种引进、标准化牧场建设、饲草种植加工、贷款贴息等多个层面给予扶持，2021年全市落实奶产业奖补资金7 542.6万元。《中共武威市委办公室武威市人民政府办公室关于印发〈深度推进现代农业优势主导产业振兴三年行动实施意见〉的通知》（武办发〔2021〕5号）确定奶业为全市现代农业的首位产业，出台百亿级产业奖补政策，对奶产业达到奖补条件的县（区）给予200万元奖补，最高奖励不超过300万元，全力打造超百亿元的奶产业优势特色产业集群。

【质量监管】组织开展生鲜乳质量安全专项整治行动，新办理生鲜乳收购站许可证9个，现有生鲜乳收购站14个、生鲜乳运输车33辆。推进实施生鲜乳收购质量检测，全年配合农业农村部对14个生鲜乳收购站、18辆生鲜乳运输车进行现场抽样检测，乳蛋白、乳脂抽检平均值均高于国家标准规定，酸度抽检平均值低于国家标准最高值，违禁添加物抽检合格率连续多年保持100%。每100g生鲜乳中乳蛋白、乳脂含量分别达3.43g、3.75g，酸度15°T，口感醇正鲜香浓郁，乳制品质量处于领先水平。

【奶业大事】编制《武威现代生态奶业产业园建设实施方案》。2021年1月，武威现代生态奶业产业园入选全省10个百亿级产业园。

组织编制武威市凉州区国家现代农业产业园3年创建方案和5年建设规划，加大跟踪协调服务，助力跑“部”进“省”，邀请国家级专家考察指导，组织成立创建工作领导小组。2021年4月，以奶业为主导产业的武威市凉州区国家现代农业产业园获批创建。

2021年11月，武威市第五次党代会和五届一次人代会明确提出打造甘肃乳都和百亿级河西走廊黄金奶源基地。

2021年12月，市委、市政府召开武威市百亿级奶产业集群发展暨伊利二期项目启动大会。

（武威市农业农村局，赵晓程、王 慧）

张掖市

【奶畜养殖】2021年，张掖市奶牛存栏6.19万头，其中成年奶牛存栏5.44万头，奶类总产量27万t。奶牛品种主要以荷斯坦为主，良种率达到98%以上。全市奶牛养殖场（户）共有274个，其中千头以上15个，规模养殖占总存栏量的95%，泌乳牛平均单产达到9t以上。前进牧业、甘肃华瑞等规模养殖企业泌乳牛平均单产达到10t以上。奶牛养殖基本实现了规模化、集约化、标准化生产。

【乳制品加工】全市现有传祁乳业、三元乳业、甘肃临泽雪莲乳品有限责任公司、甘肃华瑞4个乳制品加工企业，2021年实际处理鲜奶1.63万t。新建的传祁乳业乳制品加工生产线，设计产能为日处理鲜奶100t，乳制品实际年产量 4 044t，其中低温鲜奶 1 724t、UHT 奶 1 933t、低温酸奶 361t、含乳饮料 26t。张掖市不断扶持乳制品企业并壮大乳制品企业加工能力，增强产品研发能力，拓展产品市场，助推乳企达产达标、全负荷生产，推进奶业全产业链建设，促进产业增产增效。

【市场消费】2021 年，全市年产鲜奶 27 万 t，鲜奶除满足本地需求外，还销往伊利、蒙牛、深圳光明、成都菊乐、贵州三联、光明乳业股份有限公司、四川新希望乳业有限公司、兰州庄园牧场股份有限公司、青海金祁连乳业有限责任公司等大型乳制品加工企业。本市各大商超乳制品主要以蒙牛、伊利、庄园品牌为主，深受消费者青睐，市场占有份额较大。

【奶源基地】张掖市是全国最大的杂交玉米种子繁育基地，2021 年全市优质饲草种植面积达到 8.68 万 hm^2。其中以青贮玉米、燕麦、甜高粱为主的一年生牧草 5.22 万 hm^2，以紫花苜蓿为主的多年生牧草 3.46 万 hm^2。深入推广秸秆青贮、黄贮、微贮、氨化等饲料化利用技术，建成希诺、百盛、天泽等示范带动能力强的秸秆饲草加工专业化服务组织和商品化秸秆饲料精深加工企业 32 家。规模化生产秸秆压块、颗粒等秸秆精深加工饲料。全市秸秆资源总量 358.25 万 t，秸秆饲料化利用量 245.04 万 t，秸秆饲料化利用率达到 68.4%。为奶业发展提供了有力的饲草饲料保障。

以前进牧业、甘肃华瑞等奶企为中心，依托石岗墩畜牧园区饲草基地和奶牛养殖基地，从饲草种植、养殖工艺、设施结构、环境控制等方面管控；严格遵照有机食品的生产、加工、包装、储藏、运输标准，完善质量跟踪审查体系和生产、销售记录，积极推动建设生态有机奶源基地；示范开展数字牧场建设，从繁育、饲喂、挤奶、保健、防治、运输、粪污处理等关键环节进行数字化管理，实现牧场养殖过程可视、生产过程可控、质量可追溯；充分发挥链主企业作用，通过改组改造、入股融资、并购重组等形式，拓宽融资渠道，吸引更多企业和资本参与龙头企业投资经营。

【奶农组织】前进牧业是甘肃省最大的奶牛养殖企业、甘肃省奶业协会会长单位、国家级农业产业化重点龙头企业，先后获得部级标准化示范场、全国 A+ 奶源基地、全国十大最美牧场等称号，企业资产总额达 18 亿元。近年来，先后与贵州三联、成都菊乐、新希望等企业合作，在甘州区建成奶牛规模养殖场 7 个，其中万头规模场 1 个（前进牧业）、千头规模场 4 个（德瑞、绿洲、德华、德联）、百头规模场 2 个（前进合作社、汇源）。存栏优质荷斯坦牛近 3 万头，日产鲜奶超 400t，2021 年销售收入 10 亿元，净利润 1.8 亿元。配套建成优质牧草基地 2 万 hm^2，2016 年通过了国家认监委奶牛养殖和牧草种植有机产品认证。

【政策法规】市委、市政府专门针对前进牧业制定了 10 条扶持政策，市级财政连续 5 年，每年安排 100 万元，支持前进牧业优选 5 000 头能繁母牛开展奶牛生产性能测定（DHI）、建档立卡、系谱登记、后裔测定等工作。2021 年各县（区）出台的一号文件，对新建的高标准奶牛养殖场，均给予不同程度的政策及资金扶持。

【质量监管】定期对全市生鲜乳收购站开展监督检查，突出对奶畜养殖、生鲜乳收购站和运输车辆 3 个重点环节的监管，督导奶畜养殖场严格落实疫病防控、兽药使用、病原微生物和污染物控制、挤奶规范等方面的工作。按照《生鲜乳收购管理办法》，进一步强化生鲜乳收购站和运输车规范化管理，督导落实常规检测、产品留样、清洗消毒、交接单和从业人员健康证等制度。将前进牧业作为食用农产品合格证推行单位，进一步强化畜产品生产者是畜产品质量安全的第一责任人，推行质量自我控制、合格证自我开具和质量安全自我承诺制度。落实生鲜乳质量安全监管责任、主体责任公示制度，严格生鲜乳收购、运输行政许可，依法取缔生鲜乳违法收购站点和运输车辆，严厉打击生鲜乳违法添加行为。配合农业农村部开展生鲜乳抽样 80 份，抽检合格率 100%。

【奶业大事】积极推动甘肃德华牧业有限公司万头奶牛养殖基地产业化建设项目（二期）、甘州区云鑫实业万头牛场建设项目、甘肃居延牧业有限公司罗城镇红山村 5 000 头奶牛养殖基地产业化建设项目、甘肃居延牧业有限公司合黎镇五四村 6 000 头奶牛养殖基地建设项目、甘肃陇黔牧业有限公司 6 000 头奶牛养殖基地产业化建设项目、山丹县合方农牧科技发展有限公司万头奶牛养殖（二期）建设项目等重点项目建设。

（张掖市畜牧技术推广站，胡俊慧）

青海省

【奶畜养殖】2021年青海省牛存栏642.4万头。其中，奶牛存栏13.7万头，同比下降15.33%；能繁母牛8.56万头，同比下降11.48%。全省奶牛主要分布在西宁市、海东市，存栏分别为7.82万头、3.60万头。全省牦牛存栏596.88万头，同比下降1.97%，其中能繁母牦牛298.32万头，同比下降4.32%，主要分布在海北州、黄南州、海南州、果洛州、玉树州、海西州，牦牛存栏分别为88.59万头、79.14万头、99.68万头、102.71万头、148.95万头、28.69万头。

2021年青海省奶类总产量为35.4万t，同比下降4.17%。其中，奶牛奶产量21.34万t，同比下降9.23%；牦牛奶产量14.06万t，同比增长7.57%。

青海省坚持奶牛、牦牛协同发展，农区以高产奶牛为主，农牧交错区以乳肉兼用牛为主，牧区以牦牛为主。在统筹好保护与发展关系的同时，强化牦牛奶生产，发挥好牦牛主体畜种的产奶作用。2021年奶牛存栏有所下降，但奶牛良种率、牛奶产量、生鲜乳价格保持稳定，奶牛质量逐步提升，生鲜乳生产能力不断提高，奶牛养殖综合生产能力明显增强；牦牛奶产量稳中有升。总体发展趋势良好。

【乳制品加工】2021年青海省乳制品加工企业主要产品有低温鲜奶、UHT奶、酸奶、原料奶粉及含乳饮料。年销售收入达105 449.5万元，利润为10 070.78万元，乳制品总产量达141 783.52t。其中，低温鲜奶7 556.23t、UHT奶75 575.2t、常温酸奶14 594.7 t、低温酸奶24 255.4t、原料奶粉43.8t、含乳饮料858.16t、有机奶818t。近两年，由奶牛养殖场及奶农合作社建立的特色小型乳制品加工企业不断涌现，生产、加工、销售具有地域特色的乳制品，丰富了奶产业发展模式，增强了市场风险抵御能力，以奶农合作社为代表的乳制品加工企业发展步伐明显加快。

【市场消费】2021年全省人均奶类占有量达到59.60kg，市场上主要销售的乳制品品牌为天露、青海湖、小西牛、青藏牧场、青藏祁莲、伊利、蒙牛、光明、庄园等。巴氏杀菌乳规格为220g和225g，价格在2.5~4.5元；常温奶规格为180g、200mL、220mL和250mL，价格在2.5~5.0元；风味酸奶规格为100g、160g、180g、220g等，价格在3.0~7.8元。乳制品市场种类丰富、供应充足，人均奶类消费量达16.7kg。全省奶类市场消费发展趋势呈现稳定态势。

青海具有乳制品消费的传统，对乳制品需求量比较大。乳制品品牌主要由国内知名品牌和地方品牌组成，但由于本地乳制品企业规模小且大都处于发展初期，在市场及产品推广上实力欠缺，配套资源滞后，宣传、推广资源基本由国内知名品牌占有。从消费者数据来看，巴氏奶、常温奶的消费者购买意愿还是更倾向本地品牌，高端纯牛奶消费者更倾向蒙牛、伊利等国内知名品牌。酸奶品类较为复杂，从产品类别、产品特性、消费者需求角度看，未来市场将更趋于高端化、差异化、多元化。

【奶源基地】2021年全省规模养殖场全部实现机械化挤奶，规模化率达70%，有效提升了奶牛生产效率。

2021年规模养殖场农机补贴项目，投资203.685万元，共有943户农户受益，其中中央财政资金203.685万元，主要购置饲草料加工设备等。

2021年争取中央财政资金300万元，重点扶持3个奶农专业合作社，主要用于奶农合作社及标准化规模养殖场提升改造建设、高产优质饲草料种植加工基地建设、粪污资源化利用等，围绕生产、加工等关键环节开展技术研发和示范，加快提升改造，着力破解制约奶业发展的技术瓶颈，进一步促进奶牛养殖业稳定发展。奶牛粪污处理主要采用 干清粪、固液分离、生产有机肥、生产垫料等技术。通过规模养殖场建设、粪污资源化利用等一系列项目的实施，奶牛散养户和低产牛逐步退出养殖环节，牛群结构进一步得到优化，种养加一体化运营加快推进。奶牛标准化规模养殖场达到品种良种化、养殖设施化、生产规范化、防疫制度化、粪污资源化的"五化"标准，养殖场标准化水平明显提高，资源化利用率有效提升。

2021年粮改饲及高产优质苜蓿示范项目，中央财政投入资金9 305万元。全省种植玉米、燕麦、苜蓿等饲草料共计223.5万亩，其中玉米种植面积约35万亩、燕麦种植面积约136万亩、苜蓿种植面积约13.6万亩、其他饲草种植面积约38.9万亩。年产青贮玉米、苜蓿等共计145.47万t，初步形成了"种植企业+合作社+农户"的饲草产业发展模式和种养结合、以养促种的循环发展模式，提升了奶牛饲养水平。

2021年，全省各级兽医机构认真贯彻中央农村工作会议和重大动物疫病防控工作会议精神，按照"保供固安全、振兴畅循环"的"三农"总思路和"抓生产保供给、防风险保安全、补短板促转型"的目标任务，认真做好动物疫病免疫、疫病监测、疫情报告、人畜共患病防治、实验室建设提升等工作，全省未发生区域性重大动物疫情事件，保障了畜禽生产安全、畜产品质量安全、公共卫生安全和生态环境安全。

2021年生鲜乳收购年均价格为4.40元/kg，奶牛养殖户年净收入约2 400元/头，500头规模养殖场年净收入约104万元，基本保证了奶牛养殖的盈利状况。

【奶农组织】青海省奶业协会积极配合行业主管部门开展奶业相关工作，充分发挥行业协会组织作用，积极宣传奶牛养殖、乳制品加工和质量安全监管等方面的成效，搭建交流与合作平台，参与主办了2021年第三届银川国际奶业博览会暨论坛，协办了2021年第14届内蒙古乳业博览会暨高峰论坛，为奶业的健康发展起到了促进作用。积极推进利益联结机制，保障乳制品质量安全，提升广大群众认可度。同时根据中国奶业协会"学生饮用奶计划”工作要求，继续开展学生饮用奶加工企业及奶源基地的监督管理，全省学生饮用奶奶源基地安全可靠，配送有序进行，全年配送学生饮用奶900万份。

【政策法规】为认真贯彻《国务院办公厅关于推进奶业振兴保障乳品质量安全的意见》（国办发〔2018〕43号）、农业农村部等九部委《关于进一步促进奶业振兴的若干意见》（农牧发〔2018〕18号）精神，由青海省农业农村厅启动制定《青海省奶业振兴工程建设规划（2021—2025）》，以促进全省奶业高质量发展，保障乳制品质量安全，提升奶业生产效益和竞争力，挖掘高原特色奶业潜质，实现全省奶业振兴目标。

鼓励具备条件的奶牛养殖场、合作社建设区域特色小型乳制品加工企业，推行生产加工销售一体化模式，生产具有地方特色的乳制品，利用每年投入规模养殖场建设的资金，在合作社、养殖场能够办理相关乳制品加工手续的基础上，支持利用建设资金购置乳制品加工设施，开展酸奶、巴氏奶生产，扩大收益。

着力打造“青海牦牛奶”品牌。青海省政府制定出台了《青海省人民政府办公厅关于加快推进牦牛产业发展的实施意见》，根据牦牛奶市场需求大、加工能力不足等现状，因势利导，利用生态畜牧业合作社建设资金和牦牛产业发展项目，大力扶持积极性较高的合作社开展牦牛奶加工，支持牦牛奶生产基地建设。同时加大对牦牛乳加工企业的技术改造力度，持续推进牦牛产业发展，以突出有机、绿色、无污染优势，提高牦牛产值。2021年建设千头牦牛养殖基地15个，对从事牦牛奶生产的生态畜牧业通过政府扶持和企业融资的形式设立奶站及采购移动收奶车辆、消毒设备、运输奶车辆，初步建立了牦牛奶冷链运输体系。企业开发精制酥油、酸奶、牛奶、奶油巧克力、雪糕、牛奶饼干等产品。青海省着力打造以“企业为龙头、合作社为纽带、牧户为基础、资源为保障”的一体化发展新模式，牦牛奶产业健康快速发展。

为规范牦牛奶生产，创建高端牦牛奶品牌，发挥和有效利用牦牛生乳的资源优势，规范牦牛生鲜乳产业的健康发展，通过实施标准化、品牌化管理战略，因地制宜发展高原特色牦牛产业，起草制定了《食品安全地方标准 牦牛乳》（DBS63/0007-2019），于2020年发布，并获得省级科技成果。这为保障乳制品质量安全、规范产业发展、促使牧民健康养殖、保障企业和消费者的合法权益提供了科学依据。

【质量监管】全年坚持以生鲜乳质量安全为核心，以安全隐患排除为目标，持续加大奶畜养殖场、生鲜乳收购站、运输车辆3个重点关键环节的监督检查。属地管理部门严格规范发证行为和信息录入，积极推进生鲜乳购销合同备案机制，提高精准化管理水平。坚决取缔不合格生鲜乳收购站和运输车，严厉打击非法添加等违法违规行为。不断强化安全生产宣传教育，生鲜乳收购站管理得到进一步规范，奶源基地原料奶来源可靠、质量安全可控，全省生鲜乳收购市场秩序良好。

全省11个生鲜乳收购站分布在西宁市、海东市、海南州的7个县（区）。其中，乳制品加工企业开办的收购站有3个、奶牛养殖场开办的收购站有8个。集中机械化挤奶站有9个，占全省的81.8%，实现日均收奶量约70t。

全年开展日常监测，分别对基础设施、机械设备、质量检测、人员要求、操作规范、管理制度、卫生条件等方面都提出具体要求，指出存在问题，积极落实整改。切实加强生鲜乳运输环节的管理，严格执行生鲜乳交接单填写的有关规定，严禁无生鲜乳准运证明的车辆运输生鲜乳。坚决取缔不合格的生鲜乳收购站及运输车辆，全年取缔不合格生鲜乳收购站1个，停运生鲜乳运输车辆1辆。

统一配发了《青海省生鲜乳收购站生鲜乳收购、检测记录档案》等标准文本，健全和规范了档案管理及生鲜乳质量安全追溯系统。及时组织实施生鲜乳质量安全监测行动，安排省级监测资金，以三聚氰胺等非法添加物为重点，在全省开展生鲜乳生产、收购和运输环节质量安全隐患排查及监督监测，完成省级抽检生鲜乳样品140批次，检测结果合格率均为100%。

侧重监测与执法的衔接，开展监管责任落实情况检查，建立完善的监管工作制度，落实直接监管责任人及具体责任，建立健全监管责任体系。对检查中发现的违法行为，坚决予以严肃查处。畅通生鲜乳质量安全举报投诉电话，进一步加强社会监督。

全年乳制品强化日常监督抽检和风险监测，开展乳制品省、市（州）、县三级监测，抽检样品1 574批次，不合格7批次，抽检合格率99.56%，不合格产品按照《食品安全法》采取核查处置，处置率100%。

【奶业大事】青海天露乳业有限公司、青海雪峰牦牛乳业有限责任公司2家企业跻身中国奶业圆梦“十三五”企业风采录，获得表彰，提升了省内乳制品加工企业的品牌影响力。

（青海省畜牧总站，张亚君）

附表 1　青海省奶畜养殖场（小区）名录

序号	名称	供奶企业	全群存栏（头）	成母畜存栏（头）	奶畜品种	成母畜单产（t/年）	年总产量（t）	是否有机奶源基地	有机奶产量（t）
1	青海藏地堂生物科技开发有限公司	青海好朋友乳业有限公司	316	218	荷斯坦	7.5	780		
2	青海互邦农业开发有限公司土门关养殖场	青海互邦农业开发有限公司乳品厂	25	25	荷斯坦	7.2	180		
3	青海万元奶牛繁殖基地	西宁市城北区和睦康养园	147	103	荷斯坦	3	60		
4	湟源云祥奶牛养殖场	湟源大华云祥老酸奶加工坊	57	45	荷斯坦	7.5	337.5		
5	湟源全林牛羊养殖农民专业合作社	西宁市城东区何明乳制品加工店	30	24	荷斯坦	7.2	172.8		
6	青海天露乳业生物科技有限公司	青海天露乳业生物科技有限公司	1 688	1 094	荷斯坦	6.28	6 867.74	√	8 118
7	民和县忠杰奶牛养殖场		550	361	荷斯坦	3.8	1 053		
8	民和县鼎辉农牧科技有限公司	青海省天露乳业有限责任公司	720	489	荷斯坦	4.2	2 216		
9	民和县成军奶牛养殖专业合作社		86	49	荷斯坦	3.5	387		
10	循化县胖子农牧开发有限公司		206	65	荷斯坦	9	585		
11	循化县德林农牧开发有限公司		232	42	西门塔尔	6	252		
12	循化县三江牦生态养殖有限公司		56	11	西门塔尔	6	66		
13	兴海县华天池养殖农民专业合作社		170	50	牦牛	1.2	46	√	46
14	兴海县科秀塘桑当奶牛养殖专业合作社		610	500	牦牛	0.15	20	√	20
15	共和县世辉奶牛养殖专业合作社	青海雪峰牦牛乳业有限责任公司	380	130	荷斯坦	5.4	702		
16	贵德县河西镇江仓麻村天露良种奶牛繁育有限公司	青海天露乳业生物科技有限公司	968	371	荷斯坦	7.89	2 927.315		
17	祁连县峨堡镇黄草沟自有牧场	青海金祁连乳业有限责任公司	1 000	1 000	牦牛	0.9	900		

备注：本表所指奶畜包括奶山羊、奶绵羊、奶水牛、牦牛、骆驼、驴等产商品奶家畜。如认证为有机奶源基地等，请在相应表格中打钩。

附表 2　青海省主要乳制品生产企业名录

序号	名称	生产地点	生产许可证号码	年收购原奶量（t）	其中：自有奶源量（t）	平均支付价格（元/kg）	日处理生鲜乳能力（t）	年乳制品产量（t）	其中：低温鲜奶（t）	UHT 奶（t）	常温酸奶（t）	低温酸奶（t）	原料奶粉（t）	婴幼儿配方奶粉（t）	成人奶粉（t）	奶油（t）	奶酪（t）	含乳饮料（t）	冰品（t）	年销售收入（万元）	利润（万元）	有机产品（枚）
1	青海天露乳业生物科技有限公司	西宁市青海生物科技产业园经四路 16 号	91633100MA7DEHBT16	14 673	9 795	4.35	56	14 109	3 500	9 696	10	903								11 990.5	958	5497627
2	青海高原之宝牦牛乳业有限公司	黄南州	SC10563232101022	1 200	160	6	200	20 000		980		220								2 146	321.9	
3	青海好朋友乳业有限公司	西宁市南川工业园区同安路附 108 号	SC10563010302557	7 000		4.5	300	10 000		4 000	4 500	1 000						500		4 800	145	
4	青海互邦农业开发有限公司	湟中区土门关乡	SC10563012202769	2 000	1 200	4.6	6.5	2 000	1 200			800								1 620	204	
5	青海金祁连乳业有限责任公司	祁连县	SC10563222201028	7 236.61		5	75	7 753.7		7 155.1	572.36	26.24								7 594	416	35 260
6	青海小西牛生物乳业股份有限公司	西宁市	SC10563010502538	65 000	26 000	4.5	300	71 300	0	49 700	3 000	18 300	0	0	0	0	0	300	0	63 900	5 800	0
7	民和湟乳乳制品有限责任公司	民和县现在农业科技示范园	SC10563212201598	2 100	1 500	4.5	60	2 100			2 000				100					2 300	35	
8	青海雪峰牦牛乳业有限责任公司	共和县	SC10563252101104	16 465.06	702	4.2	1 000	14 520.82	2 856.23	4 044.12	4 512.36	3 006.15	43.8	0	0	0	0	58.16	0	11 098.98	2 190.88	

备注：本表包括在中国及海外的生产企业。日处理生鲜乳能力指设计加工生鲜乳能力。自有奶源指来自自建和参建（控股、参股）牧场（小区）的原奶。成人奶粉指除婴幼儿配方奶粉以外的学生奶粉、孕妇奶粉、中老年奶粉等终端消费奶粉。冰品包括冰激凌、雪糕等。有机产品数量单位为“枚”指获得有机标志的数量。

宁夏回族自治区

【奶畜养殖】牛奶产业是宁夏回族自治区党委和政府确定的“六特”产业之一。宁夏作为全国奶业优势产区和优质高端乳制品重要生产基地，形成了以银川市、吴忠市为核心区，石嘴山市、中卫市为发展区的“一体两翼”主阵地，主要分布在引（扬）黄灌区16个县（市、区）。奶牛存栏70.2万头，同比增长22.3%；生鲜乳总产量280.5万t，同比增长30.3%；人均鲜奶占有量386kg；成母牛年均单产9 200kg，比全国平均水平高600kg。2021年生鲜乳产值109.15亿元，占畜牧业总产值的38.8%，占农业总产值的14.4%。在银川市兴庆区、平罗县、吴忠市利通区建设智慧牧场5个，改造和提升信息化智能化装备，开展物联网、全程饲喂监控、大数据管理等新型基础设施建设。规划到2025年，全区奶牛存栏量达到100万头，生鲜乳产量580万t，全产业链产值达到1 000亿元。

【乳制品加工】宁夏共有乳制品加工企业22家，设计日加工能力1.09万t，主要分布在银川市和吴忠市。其中，全年保持正常生产的企业15家，停产或季节性生产的企业7家。乳制品总产量217.35万t，其中UHT奶168.32万t、低温鲜奶0.63万t、酸奶6.39万t、全脂及配方奶粉0.57万t、含乳饮料6.36万t、奶油和奶酪产品2.96万t、其他产品2.63万t。生产婴幼儿配方奶粉的企业有1家，注册配方数有9个。

【市场消费】乳制品入户销售的产品主要是北方乳业的巴氏杀菌纯鲜奶、酸牛奶，按月订购，每瓶4元；夏进乳业的巴氏纯牛奶、巴氏酸牛奶，按月订购，每瓶4.2元。商超及订单销售的主要乳制品产品及价格见表1。市场消费主要以常温奶、巴氏奶、酸奶为主，夏进乳业生产的特色枸杞奶畅销区内外，塞尚乳业与雀巢、星巴克咖啡、蒙牛、伊利合作，研制出夸克奶酪、奶油奶酪、蛋白粉、芝士奶盖浆、代餐粉等定制型产品，以满足不同客户的需求。

表1　银川市部分超市乳制品销售价格调查表

品牌	品名	规格	价格（元）
伊利	鲜牛奶	180g	2.5
	金典纯牛奶	250mL×12	49.9
	利乐枕纯牛奶	240mL	2.7
	安慕希常温酸奶	250g	4.5
	伊利金典有机奶	250mL×12	66.0
	伊利QQ星DHA纯牛奶	195mL×12	54.4
	金领冠珍护婴儿配方奶粉（6~12月龄2段）	900g	350.9
	金领冠睿护婴儿配方奶粉（0~6月龄1段）	800g	253.3
蒙牛	特仑苏纯牛奶	250mL×12	46.9
	精选牧场高钙牛奶	250mL×10	39.9
	蒙牛纯牛奶利乐包	250mL×10	33.6
	蒙牛利乐包未来星佳智型儿童牛奶	190mL	3.5
	纯甄果粒酸牛奶	200g	4.9
	蒙牛盒装纯牛奶	250mL	2.8
	蒙牛冠益乳酸牛奶黄桃果粒	450g	15.9
夏进	爵品纯牛奶	250mL×16	80.0
	浓缩牛奶	250mL×12	39.9
	利乐枕浓缩牛奶	227g	2.3
	瓶装纯牛奶	243mL	2.9
	夏进原味酸牛乳	950mL	10.0
	益生菌酸牛奶原味	180g	2.5
	浓缩酸牛奶	180g	3.5
	夏进冰激凌酸牛奶	180g	3.0
飞鹤	星飞帆幼儿配方奶粉3段	700g	268.9
	超级飞帆幼儿配方奶粉3段	900g	263.9
	星飞帆较大婴儿配方奶粉2段	700g	268.9
	智纯有机幼儿配方奶粉3段	700g	313.7
	星飞帆卓睿3段幼儿配方奶粉	750g	408.0
雀巢	能恩金牌成长4儿童配方奶粉	900g	189.0
	能恩2升级配方婴儿配方奶粉	900g	248.0
	能恩1升级配方初生婴儿配方奶粉	900g	292.0
	超启能恩3幼儿配方奶粉	800g	359.0
	超启能恩1婴儿配方奶粉	800g	408.0
北方	银泉巴氏鲜牛奶	500g	6.9
	银泉塑瓶纯牛奶	243mL	3.0
	银泉利乐枕浓缩牛奶	227mL	2.5
	益生菌酸牛奶（原味）	180g	3.0
	瓶装酸牛奶	215mL	3.5
金河	乐膳风味发酵乳	138g	5.5
	金河益生菌原味酸牛奶	1.2kg	17.9
	金河原味酸牛奶屋顶包	200g	2.9
	碗装经典老酸奶	139g	3.0
	纯享苹果味益生菌酸奶	300g	8.2
	简醇无蔗糖风味酸牛奶	180g	4.2
	涨芝士风味酸牛奶	180g	3.8

（续）

品牌	品名	规格	价格（元）
金河	益生菌无蔗糖浓缩酸牛奶	180g	3.0
	冰激凌酸奶	120g	3.5
	益生菌酸奶原味	1kg	9.9
	寻味西夏酸奶	192g	3.9
	金河百香果菠萝酸牛奶	1kg	15.4
	金河酒酿酪乳	108g × 3	14.7
君乐宝	优萃婴幼儿配方奶粉 1 段	800g	364.0
	至臻幼儿配方奶粉 3 段	800g	323.0
	舒适成长幼儿配方奶粉 3 段	800g	288.0
	恬适较大婴幼儿配方奶粉 2 段（6~12 月龄）	800g	293.0
	乐铂婴儿配方奶粉 1 段	800g	181.0
春天然	巴氏鲜牛奶	185mL	3.5
	春天然鲜牛奶	980g	19.8

【奶源基地】新（扩）建奶牛养殖场 53 个，100 头以上规模奶牛场达到 355 个，规模化养殖比重达到 99% 以上（表 2）。加快构建和完善规模化经营体系，加快推进白土岗、五里坡、孙家滩、红崖子、月牙湖等 8 个奶牛养殖基地建设，8 个基地奶牛养殖场、奶牛存栏、生鲜乳日产量分别达到 175 个、40.3 万头、6 000t，同比分别增长 17.4%、20.7% 和 38.7%。

表 2　2021 年宁夏奶牛规模养殖情况

规模（头）	场数（个）	奶牛存栏量（万头）	占总存栏比例（%）
100~1 000	106	4.82	6.8
1 001~5 000	227	40.67	57.9
5 001~10 000	14	13.85	19.7
＞ 10 000	8	10.86	15.6
合 计	**355**	**70.20**	**100.0**

奶业机械购置补贴共 1 382.04 万元。其中，挤奶机 72 万元、饲草收获机 1 191.19 万元、饲料（草）粉碎机 3.16 万元、饲料混合机 9.49 万元、全混合日粮制备机 106.2 万元。

奶牛主产区饲草面积 11.16 万 hm^2，饲草产量 412.55 万 t。其中，种植青贮玉米 7.4 万 hm^2，全珠玉米青贮量 411.3 万 t；优质苜蓿留床面积 1.9 万 hm^2，产量 29.1 万 t；一年生牧草 1.8 万 hm^2，干草产量 12.1 万 t。《2021 年中国全株玉米青贮质量安全报告》显示，宁夏全株玉米青贮质量分级评分指数（CSQS）达到 67.8 分，在全国粮改饲项目省份中排名第四。

全区规模养殖场奶牛良种率、全混合日粮（TMR）饲喂率、机械化挤奶与冷链储运推广应用率、青贮饲喂率均达到 100%。参加奶牛生产性能测定的牧场 25 个，全年测定奶样 40.85 万头份，305 天产奶量 10 763.2 kg。实施养殖大县种养结合整县推进试点和畜禽粪污资源化利用等项目，配套完善奶牛粪污收集、存储、处理、利用等设施设备，推广应用粪污厌氧发酵（沼气工程）、污水清洁回用、粪便垫料利用、粪污全量还田种养结合等 8 种粪污资源化利用主推技术和模式。2021 年，全区畜禽粪污综合利用率达到 90% 以上，设施装备配套率达到 95%，大型规模养殖场粪污处理设施装备配套率达到 100%。

宁夏规模奶牛养殖场生鲜乳年均收购价格 4.05 元 /kg，成母牛年头均盈利 6 500~10 000 元。

【奶农组织】宁夏共有奶农合作社 95 个，主要分布在银川市、吴忠市、中卫市、石嘴山市。现有行业协会等组织 7 家，其中自治区级 1 家，为宁夏奶产业协会；市级 4 家，分别是银川市奶业协会、吴忠市奶牛养殖业协会、石嘴山奶产业技术创新联盟、中卫市奶业协会；县（区）级 2 家，分别是灵武市奶牛养殖协会、惠农区奶产业联合会。共举办宁夏奶产业岗位骨干人才知识提升、中国乳制品工业协会第 27 次年会相关专题论坛等各类培训 13 期，培训专业技术人员及种植养殖户 1 000 余人（次）。

【政策法规】相关厅局为支持奶产业发展，陆续出台了扶持政策，其中，宁夏回族自治区人民政府办公厅关于印发《自治区支持九大重点产业加快发展若干财政措施（暂行）的通知》（宁政办规发〔2021〕4 号），提出财政专项资金、财政金融政策、税收优惠政策、科技创新力度和人才就业政策 5 个方面 17 条政策，支持奶产业高质量发展；宁夏回族自治区农业农村厅联合工业和信息化厅、市场监管厅制定了《宁夏生鲜乳购销合同（示范文本）》（宁农 < 牧 > 发〔2021〕4 号），规范生鲜乳购销秩序；宁夏回族自治区科技厅出台了《自治区奶产业高质量发展科技支撑行动方案》的通知，开展奶产业高质量发展科技支撑行动，布局建设一批高水平科技创新平台，引领支撑奶产业向价值链中高端迈进；宁夏回族自治区牛奶产业高质量发展包抓工作领导小组关于印发《2021 年全区奶产业高质量发展工作要点及分工方案》（奶产业机制发〔2021〕1 号）的通知，明确了 2021 年奶产业重点工作，以及各成员单位的职责和任务。

国家及自治区在奶产业方面提供的扶持资金共计 20 763 万元。具体如下：

中央扶持资金 16 323 万元，其中粮改饲补助资金 13 683 万元。种植青贮玉米 14.62 万 hm^2，收储优质全株玉米青贮 710.6 万 t，补助资金 13 067 万元；示范推广“小黑麦 + 青贮玉米”“春小麦 + 燕麦草”等一年两茬饲草作物 1.5 万 hm^2，补助资金 600 万元。另外，高产优质苜蓿示范建设补助资金 2 640 万元，种植优质高产苜蓿 0.3 万 hm^2，每亩补助 600 元。

自治区扶持资金 3 000 万元。按照《农业农村厅财政厅关于支持做好 2021 年农业结构调整有关事宜的通知》，下达奶产业性控冻精（胚胎）补贴资金 3 000 万元，在全区规模养殖场使用符合参数的性控冻精 21.5 万支，每支补贴 100 元；性控胚胎 0.65 万枚，每枚补贴 400 元。

畜禽粪污资源化利用整县推进项目资金 1 440 万元，主要在中宁县实施，用于建设畜禽粪污资源化利用中心 1 个、区域畜禽粪污集中综合处理中心 3 个，对 15 个养殖场配套畜禽粪污处理和资源化利用设施设备。

发布奶产业有关的地方标准 4 项，分别是《奶牛体细胞控制技术规程》（DB64/T 1782—2021）、《奶牛同期排卵定时输精技术规程》（DB64/T 1784—2021）、《奶牛性控胚胎移植技术规程》（DB64/T 1785—2021）、《奶牛选种选配技术规程》（DB64/T 1787—2021）。

【质量监管】一是严格执法检查，落实生鲜乳质量安全监管职责。制定全区生鲜乳质量安全监测计划，确保辖区内收购站和运输车年度监测全覆盖；严格落实原辅料收购、原辅料入厂质量查验制度，对购入的原辅料实行批批检验，合格后方可入库；严格工艺操作规程，严格执行各项质量标准，严禁在生产过程中添加其他危害健康的物质。二是持续强化生鲜乳质量安全监测。抽检乳制品 766 批次，其中国家抽检 99 批次、省级抽检 347 批次、地方抽检 320 批次，宁夏地产乳制品合格率 100%。开展省级风险监测 44 批次，未发现问题样品，抽检合格率连续 12 年保持 100%。三是坚持生鲜乳质量安全可追溯监管。宁夏共有生鲜乳收购站 264 个，生鲜乳运输车 596 辆，配备手持移动抽样终端，生鲜乳收购站、运输车抽检现场检查信息填写全程自动化，实现生鲜乳质量安全监管信息可追溯。四是电子信息各项记录日趋完善。在宁夏食品生产信息监管平台中增设了食品安全信息电子追溯功能并上线运行，供企业选择使用，探索推广生产领域“一品一码”应用，全区乳制品生产企业全部建立了追溯体系，实现从原料、辅料到成品等各环节均具有可追溯性。

【奶业大事】2021 年 1 月 30 日，中国人民政治协商会议第十一届宁夏回族自治区委员会第四次会议委员指出要对宁夏奶业协会进行换届，提出要加强、加大“宁夏牛奶”公用区域品牌宣传，提高养殖活体保险额度，建立生鲜乳第三方监测平台等要求。

2021 年 4 月 12 日，中卫光明生态智慧牧场正式开工建设。“十四五”期间，光明牧业计划在中卫总投资 36 亿元，建设 6 个万头奶牛养殖基地，推动全产业链一体化、规模化、高端化发展。同日，成功申报宁夏黄河绿洲奶牛特色产业集群建设项目，中央财政提供资金 1.5 亿元，通过直接补助、以奖代补、先建后补等方式支持自治区奶产业集群项目发展。

2021 年 6 月 29 日，宁夏农垦举行奶产业高质量发展成果发布会。农垦集团鲜奶日产首次突破 1 000t，鲜奶总量处于宁夏首位、西北第一；养殖规模突破 8 万头，处于全区首位、西北第一；成母牛年均单产突破 11t，高于大型牧业集团平均单产，处于国内先进水平；奶牛联合育种实现新突破，来自贺兰山奶业平吉堡奶牛一场定向选配的 11119516 号种公牛，经遗传评估，GCPI（全基因组检测综合育种值）高达 3 977，测定结果排名第一，比前 100 名平均值 2 896 高出 1 081。该头公牛超过了国内一流种公牛遗传水平，被正式命名为“宁京 1 号”。

2021 年 7 月 6 日，“宁夏牛奶”通过农产品地理标志省级专家审定会。

2021 年 8 月 12 日，蒙牛乳业（宁夏）有限公司乳制品生产建设项目在灵武市开工。建成投产后，将成为一家集国家标准化体系、智能化生产制造体系、全产业链质量安全体系为一体的单体液态奶加工厂。

2021 年 9 月 26 日，宁夏奶产业协会换届大会在银川市召开，全区奶牛养殖牧场、乳制品加工企业、饲草种植等产业链相关单位、组织、专家等 200 余人参加会议。会上，经协商将宁夏奶业协会与宁夏乳制品工业协会合并，并将协会名称变更为“宁夏奶产业协会”，选举产生了新一届理事会，并通报了生鲜乳价格协调机制委员会成立相关事项，规范了宁夏生鲜乳购销合同，签订了法律服务协议。

2021 年 9 月 29 日，“健康中国　鲜进未来——第八届新鲜盛典”在宁夏启幕。自治区政府副主席、自治区政府残工委主任、七届主席团主席王和山同志致辞。新乳业公布了夏进乳业“五年倍增”战略部署。

2021 年 11 月 24 日，首次召开生鲜乳价格协商会议。根据 10 个奶业主产省份生鲜乳情况，结合本地区及周边省份前三季度生鲜乳价格走势及生产成本构成，确定 12 月生鲜乳交易参考价为 4.23 元 /kg，在此基础上，可上下浮动 5%。

2021 年 12 月 18 日，宁夏伊利乳业有限责任公司营业收入突破 100 亿元，产量突破 100 万 t。同日，宁夏回族自治区党委和政府召开全区奶产业高质量发展现场会。自治区党委书记、人大常委会主任陈润儿出席会议并讲话，强调要深入学习贯彻习近平总书记在中央经济工作会议上的重要讲话和视察宁夏重要讲话精神，坚定信心、埋头苦干、勇毅前行，扎实推进奶产业高质量发展，打造创新性、标志性、引领性的“高端奶之乡”，为建设先行区、建设美丽新宁夏做出新的更大贡献。自治区党委副书记、自治区主席咸辉主持会议，自治区政协主席崔波出席。

2021 年 12 月 30 日，宁夏奶产业协会组织召开 2022 年第一季度宁夏生鲜乳价格协商会，结合乳制品消费市场趋势和国内奶业专家对生鲜乳成本分析，经过生鲜乳价格协商会议专家、乳企、养殖户代表协商表决，确定宁夏 2022 年第一季度生鲜乳交易参考价格为 4.19 元 /kg，在此基础上，可上下浮动 5%。

2021年12月31日，农业农村部、国家发展改革委等7部委联合印发《关于公布第七批农业产业化国家重点龙头企业名单的通知》，宁夏农垦奶业获重点龙头企业。该公司奶牛存栏突破10万头，2021年新增奶牛4万头，鲜奶日产量达1 200t，年产量突破40万t，生鲜乳质量指标优于欧盟标准。

（宁夏回族自治区畜牧工作站，田　佳）

银川市

【奶畜养殖】银川市奶牛存栏20.46万头，同比增长59.22%。其中，贺兰县5.1万头、兴庆区3.4万头，金凤区0.53万头、西夏区2.4万头、永宁县1.10万头、灵武市7.93万头。成母牛11.45万头，同比增长34.5%；生鲜乳产量87.37万t，同比增长8.9%。生鲜乳产值达到33.2亿元，在全市第一产业中占比达39.6%。全市奶牛规模化率达99%以上，机械化挤奶率达100%，智能项圈、挤奶机器人在奶牛养殖场不断投入使用，逐步建立完整的信息数据库，通过对数据的采集、共享、分析形成专门的科学饲养解决方案，支持奶牛养殖企业应用精准饲喂系统、挤奶机器人、环境精准监测等5G信息化新技术建设智慧牧场，力争到2025年底，奶牛场信息化、智能化覆盖率达到90%以上。

【乳制品加工】全市有乳制品加工企业8家，分别为蒙牛乳业银川公司、宁夏金河科技股份公司、平吉堡酸奶厂、夏进昊尔乳业公司、北方乳业有限公司、上陵春天然乳品股份有限、宁夏塞尚乳业有限公司、亿美乳业股份有限公司。8家企业设计日加工能力达到4 516t，日收购鲜奶3 439t。乳制品企业主要产品有奶粉、巴氏杀菌乳、UHT奶、酸奶、含乳饮料、奶油、奶酪等，生鲜乳平均收购价为4.15元/kg。全市总人口288.2万人，生鲜乳人均占有量310kg，城镇居民年奶类消费支出374.07元，农村居民奶类消费支出165.9元。生鲜乳收购年均价格4.15元/kg，养殖场奶业养殖头均年净收入5 000~6 500元。

【奶源基地】全市有规模养殖场109个，存栏奶牛23.3万头。200头以上规模化率达到99.7%。存栏200~999头的规模养殖场34个，存栏奶牛2.35万头；存栏1 000~2 999头的规模养殖场56个，存栏奶牛9.6万头；3 000头及以上的规模养殖场19个，存栏奶牛11.35万头。其中，灵武白土岗养殖基地、兴庆月牙湖万亩奶牛养殖园区、宁夏农垦贺兰山奶业集团及中地生态牧场4个万头以上养殖基地，机械化挤奶率达100%，全混合日粮（TMR）技术应用100%。全市有14个牛场参加了奶牛生产性能测定（DHI），奶牛良种补贴全覆盖。全市苜蓿种植面积7 570.45 hm^2、青贮种植面积2.3万hm^2。全市90%以上牧场都有粪污处理设备，一种是选用粪便肥料化一体机处理奶牛粪便，将新鲜牛粪装入一体机内，经高温好氧发酵加工处理后一部分制作成有机肥用于农田，一部分作为牛卧床垫料循环利用；另一种是个别小规模奶牛场采用干清粪，粪便在堆粪场堆积发酵用于农田。奶牛场污水处理采取两种处理模式：一种是液体污水通过多级沉降，通过氧化塘进行氧化处理，处理后的污水部分由养殖场循环利用，剩余部分用于养殖场自建饲草基地和农田；另一种是建设污水处理设备，挤奶台污水经过深度处理达到《畜禽养殖业污染物排放标准》的要求后用于循环回冲挤奶台，或用于灌溉周边农田。

【奶农组织】依托宁夏回族自治区畜牧工作站、宁夏奶产业协会对奶农进行奶牛高效繁殖、精准化饲养、精细化管理等方面的培训，每年参加以上各类学习班10次以上，培训奶农600人次以上，对提高养殖场对新技术应用能力起到了重要作用。

【政策法规】积极争取国家、自治区项目资金6 000万元，用于标准化示范场创建、粪污资源化综合利用、奶牛性控冻精（胚胎）等方面的补助。优质饲草料基地建设对集中连片300亩以上的苜蓿种植户，每亩补贴600元。

【质量监管】全市共有生鲜乳收购奶站（点）109个，运输车205辆，持续加强生鲜乳日常监管。一是分别与收购奶站（点）负责人签订《生鲜乳质量安全目标管理责任书》，明确各项工作职责。二是加强养殖场（户）的管理，严禁使用和添加国家明令禁用药品和化学品，建立健全规模养殖场（户）饲养、防疫和投入品（兽药、饲料）及动物疫病防疫、治疗等档案，从源头上防止疫情的传入传出。三是对奶站（点）生产场区、卫生环境严格执行消毒制度，对饲料来源、配方饲喂、人畜混住、同属种牲畜混养、购进牲畜的隔离观察均实现严格的管理制度。四是全面强化奶牛疫病防治工作，严格执行奶牛佩戴免疫标识、奶牛常见疾病预防及奶牛免疫期、患病期全部检验等制度。五是完善奶站（点）各项管理制度。根据奶站（点）现有条件，协助奶站（点）建立健全挤奶、收购、冷却、运输等各项管理制度和操作规程。2021年全市共完成国家、自治区生鲜乳样品抽检150份，三聚氰胺、革皮水解蛋白、碱类物质等监测项目全部符合规定，未检测出违禁物质，生鲜乳抽检合格率达到100%。

【奶业大事】2021年10月，灵武市与西北农林科技大学、宁夏大学农学院合作建立"博士、硕士工作站"。

2021年12月18日，自治区党委书记陈润儿、自治区主席咸辉、自治区政协主席崔波带领有关部门及地方负责同志，现场观摩、调研灵武市白土岗奶牛养殖基地。

（银川市畜牧兽医技术推广服务中心，蔡建伟）

吴忠市

【奶畜养殖】2021年吴忠市奶牛存栏29.4万头，日产生鲜乳3 600t，均占全区40%以上，奶牛存栏超千头的养殖场占比达到75%。建成利通区五里坡、青铜峡牛首山、吴忠国家农业科技园区三大养殖核心区，奶牛头均单产9.3t，良种率、机械化挤奶率、青贮饲喂率均为100%，近三年农业农村部生鲜乳抽检合格率100%。平均乳脂率、乳蛋白率和体细胞数等指标优于欧盟标准。形成饲草种植、奶牛养殖、乳制品加工、印刷包装、冷链物流等一二三产业融合发展的产业链，综合产值高达260亿元。2021年，制定印发了《吴忠市2021年奶产业高质量发展实施方案》，利通区五里坡四期、吴忠国家农业科技园区鸽堂沟、青铜峡牛首山及盐池县新（扩）建规模奶牛养殖场开工建设。在农业农村部王加启博士工作团队"吴忠牛乳"地理标志教授工作站的指导下，金宇浩兴、优然牧业、夏进牧业等7个奶牛养殖场实施首批奶牛牧场良好农业规范（GAP）一级认证。推广使用标准化管理模式，金宇浩兴、夏进牧业、上陵澳兰、华牧等6个奶牛养殖场成功创建2021年度自治区级畜禽养殖标准化示范场。建成"金宇浩兴5G+智慧牧场"，结合数字奶业信息服务云平台信息化技术，先后在利通区五里坡四期园区内建起了奶牛良种繁育中心、奶牛生产性能测定中心、草畜博士工作站等服务机构，实现了奶牛营养调控、精准化饲喂、机械化挤奶、程序化免疫、生产性能测定等关键技术全覆盖，构建起全产业链社会化综合服务体系，为吴忠市奶产业高质量发展保驾护航。

【乳制品加工】培育引进伊利、新希望、娃哈哈等10家龙头企业，全市生鲜乳日产能达到5 800 t。引进的宁夏伊利乳业现有运行生产线51条，日加工能力4 300 t，2021年加工液态奶150万t以上，加工产值达103亿元。夏进牧业现有生产线46条，日加工能力达800 t，2021年加工量26.5万t、加工产值17.5亿元。雪泉公司年加工产值1.1亿元，产品主要销往西北地区县城。

【市场消费】全市居民人均奶类（折合成原料奶）占有量867kg，主要乳制品品牌及产品有夏进牧业（巴氏有机奶、爵品纯牛奶、甜牛奶、酸牛奶、发酵老酸奶、乳制饮料）、伊利（金典有机奶、营养舒化奶、儿童QQ星、安慕希系列酸奶）等。

【奶源基地】全市规模化养殖场143个，规模化养殖比例达到98%，高于全国平均水平30个百分点。大力推广黑麦草、苜蓿、青贮玉米等优质饲草种植，成立利通区益农草畜联合体，建立优质饲草种植基地，推广"春小麦+饲用燕麦""饲用小黑麦+青贮玉米"等一年两茬复种模式种植面积1 333 hm^2。全面推广规程化粪污资源化利用技术，印发了《吴忠市规模奶牛养殖场粪污处理设施建设技术指南》《吴忠市畜禽粪污资源化利用技术手册》。重点推广种养结合、深度处理、垫料回用和集中处理等粪污处理模式，牧场配套建设粪便堆肥发酵、雨污分流、粪污处理等设施。规模养殖场粪污处理设施配套率100%、粪污资源化利用率95%以上，病死畜无害化处理率100%。加强兽医社会化服务体系、牧场疫病自防体系、疫病监测预警信息体系、疫病防控可追溯体系的建设，确保奶产业的健康发展。

【奶农组织】通过政策扶持，规范了生产、经营、服务行为。奶农专业合作社在协调奶企双方利益，做好奶农生产、技术、资金、信息、销售等服务方面发挥了积极作用，进一步促进了奶农合作社组织的发展。逐步建立了"龙头企业+合作社+奶农"的产、加、销一体化的紧密利益共同体。联合伊利公司举办了2021年牛二代网络培训班，从奶牛营养和牛奶合成概要、奶牛乳腺炎防治、奶牛舒适度、奶牛繁殖、高产奶牛的饲养管理、常见疾病诊断和治疗、奶牛繁殖管理、围产期管理等方面，对13个奶牛养殖场相关人员进行了培训，并取得了明显效果。与农业农村部王加启博士工作团队合作建立了"吴忠牛乳"地理标志教授工作站，安装运行吴忠牛乳生鲜乳质量安全追溯平台，建立技术规程，组织技术培训人员120人。

【政策法规】制定印发了《吴忠市奶产业高质量发展实施方案（2021年）》。起草了《吴忠市"人才+奶产业"行动计划》《奶产业高质量发展行动计划》等。吴忠市农业农村局、吴忠市奶牛养殖业协会与国内饲草龙头企业甘肃亚盛田园牧歌草业集团有限公司签订了战略合作框架协议。宁夏回族自治区农业农村厅、吴忠市人民政府与新希望乳业股份有限公司签订了战略合作框架协议，共同推进新希望夏进乳业五年倍增计划的全面完成。吴忠市第五届人民代表大会常务委员会第三十三次会议通过并印发《吴忠市关于促进奶产业高质量发展的决定》。联合市生态环境局多次对全市奶牛养殖粪污资源化利用情况进行督查，制定《关于强化养殖污染监管加强畜禽粪污资源化利用的整改方案》和《推进粪污资源化利用技术》，下发《关于做好自治区生态环境保护督查反馈意见整改验收销号工作的通知》，进一步明确粪污资源化利用要求，加快中央、自治区环保督察反馈问题整改销号工作。

【质量监管】严格生鲜乳收购站许可管理，严厉打击非法收购运输"黑窝点"和各种违禁添加行为，加强生鲜乳抽样检测，对全市奶站、运输车辆抽检做到全覆盖。按照"落实制度、严格发证、强化监管、确保质量"的原则，以奶站监管和生鲜乳检测为抓手，层层落实生鲜乳质量安全监管责任，扎实开展生鲜乳违禁物质专项整治行动，三聚氰胺、β-内酰胺酶、碱类物质等抽检合格率达到100%。

【奶业大事】

2021年3月30日，与农业农村部王加启博士工作团队合作建立了“吴忠牛乳”地理标志教授工作站，安装运行吴忠牛乳生鲜乳质量安全追溯平台，建立技术规程。

2021 年 5 月 28 日，吴忠市农业农村局、吴忠市奶牛养殖业协会与国内饲草龙头企业甘肃亚盛田园牧歌草业集团有限公司签订了战略合作框架协议。

2021 年 7 月，吴忠市人大常委会通过《关于促进奶产业高质量发展的决定》在自治区属首次。

2021 年 9 月 17 日，与国家奶业科技创新联盟签订了吴忠牛乳高质量发展标准体系建设战略框架协议，共同促进“吴忠牛乳”地理标志农产品与奶业全产业链标准化、优质化建设深度融合。

2021 年 9—10 月，宁夏伊利公司邀请 Sanders 等 8 名国外知名专家，举办牛二代网络培训班。

2021 年 12 月 16 日，自治区奶产业高质量发展工作推进会在吴忠市召开。

2021 年 12 月 30 日，吴忠市委徐耀书记带队到内蒙古伊利集团考察。

（吴忠市畜牧水产中心，周 磊）

附表1　宁夏回族自治区奶畜养殖场（小区）名录

序号	名称	供奶企业	全群存栏（头）	成母畜存栏（头）	奶畜品种	成母畜单产（t/年）	年总产量（t）	是否有机奶源基地	有机奶产量（t）
1	宁夏农垦贺兰山奶业有限公司奶牛一分场	蒙牛乳业（银川）有限公司	2 477	1 133	荷斯坦	12.04	13 644.90		
2	宁夏农垦贺兰山奶业有限公司奶牛二分场	蒙牛乳业（银川）有限公司	2 605	1 240	荷斯坦	11.02	13 666.12		
3	宁夏农垦贺兰山奶业有限公司平吉堡奶三场	宁夏伊利乳业有限责任公司	1 521	675	荷斯坦	12.35	8 336.12		
4	宁夏贺兰山奶牛原种繁育公司	宁夏伊利乳业有限责任公司	1 413	813	荷斯坦	11.78	9 574.00		
5	宁夏荷利源奶牛繁育有限公司	蒙牛乳业（银川）有限公司	1 657	917	荷斯坦	9.70	8 895.02		
6	宁夏赛科星养殖有限责任公司	宁夏伊利乳业有限责任公司	7 798	4 070	荷斯坦	10.0	40 691.46		
7	宁夏翔达牧业科技有限公司	蒙牛乳业（银川）有限公司	4 981	2 590	荷斯坦	9.9	25 670.70		
8	宁夏农垦贺兰山奶业公司平吉堡第六奶牛场	宁夏伊利乳业有限责任公司	5 108	3 003	荷斯坦	11.3	33 833.90		
9	宁夏农垦贺兰山奶业茂盛牧场	宁夏伊利乳业有限责任公司	5 592	3 187	荷斯坦	10.3	32 946.80		
10	宁夏汇丰源牧业股份有限公司	宁夏伊利乳业有限责任公司	5 652	3 075	荷斯坦	9.8	30 288.40		
11	贺兰中地生态牧场有限公司	宁夏伊利乳业有限责任公司	11 075	5 786	荷斯坦	13.2	76 446.00		
12	宁夏中地畜牧养殖有限公司	宁夏伊利乳业有限责任公司	10 938	5 978	荷斯坦	11.5	68 913.78		
13	宁夏农垦贺兰山奶业有限公司暖泉牧场分公司	宁夏伊利乳业有限责任公司	6 878	3 612	荷斯坦	11.6	41 884.96		
14	宁夏新澳农牧有限公司	蒙牛乳业（银川）有限公司	4 330	3 402	荷斯坦	8.2	27 916.43		
15	宁夏泽瑞生态养殖牧业有限公司	蒙牛乳业（银川）有限公司	3 852	2 451	荷斯坦	9.6	23 606.03		
16	宁夏农垦贺兰山奶业有限公司灵武奶牛场	蒙牛乳业（银川）有限公司	3 142	1 431	荷斯坦	11.8	16 920.39		
17	宁夏瑞丰源牧业有限公司	宁夏伊利乳业有限责任公司	13 668	5 086	荷斯坦	10.9	55 297.82		
18	宁夏农垦贺兰山奶业有限公司简泉奶牛场	宁夏伊利乳业有限责任公司	12 400	6 578	荷斯坦	8.9	58 451.17		
19	惠农区兴业奶牛养殖专业合作社	宁夏伊利乳业有限责任公司	2 024	2 024	荷斯坦	8.5	17 175.00		
20	宁夏金谷禾川农牧有限公司	宁夏伊利乳业有限责任公司	2 962	1 553	荷斯坦	9.1	14 182.14		
21	宁夏伊祥源牧业有限公司	宁夏伊利乳业有限责任公司	4 186	2 464	荷斯坦	8.4	20 693.92		
22	宁夏金宇浩兴农牧业股份有限公司	四川菊乐食品股份有限公司、宁夏伊利乳业有限责任	7 962	5 865	荷斯坦	8.0	46 886.36		
23	宁夏夏进综合牧业开发有限公司	宁夏夏进乳业集团股份有限公司	11 281	5 887	荷斯坦	11.0	64 782.40		
24	吴忠优然牧业有限责任公司	宁夏伊利乳业有限责任公司	5 906	2 622	荷斯坦	12.0	31 579.04		
25	吴忠市东宝奶牛养殖专业合作社	蒙牛乳业（银川）有限公司	6 576	3 281	荷斯坦	8.4	27 524.69		
26	吴忠市万银奶牛养殖专业合作社	蒙牛乳业（银川）有限公司、宁夏伊利乳业有限责任公司	3 970	3 560	荷斯坦	11.8	42 138.20		
27	吴忠市秀琴奶牛养殖专业合作社	蒙牛乳业（银川）有限公司	5 019	3 252	荷斯坦	9.8	31 870.25		

（续）

序号	名称	供奶企业	全群存栏（头）	成母畜存栏（头）	奶畜品种	成母畜单产（t/年）	年总产量（t）	是否有机奶源基地	有机奶产量（t）
28	吴忠市万财奶牛养殖专业合作社	蒙牛乳业（银川）有限公司	3 086	1 273	荷斯坦	10.5	13 361.68		
29	吴忠市小西牛养殖有限公司	青海小西牛生物乳业股份有限公司	2 245	1 157	荷斯坦	4.1	4 772.97		
30	吴忠市犇腾养殖专业合作社	蒙牛乳业（银川）有限公司	4 890	2 576	荷斯坦	9.7	24 920.60		
31	吴忠市鑫启源养殖专业合作社	蒙牛乳业（银川）有限公司	3 398	1 797	荷斯坦	8.9	15 948.57		
32	吴忠市富农奶牛养殖专业合作社	蒙牛乳业（银川）有限公司	5 171	3 106	荷斯坦	10.4	32 168.88		
33	宁夏昊恺农牧发展有限公司	蒙牛乳业（银川）有限公司	8 368	4 720	荷斯坦	10.9	51 401.28		
34	吴忠市利通区荣跃奶牛养殖专业合作社	蒙牛乳业（银川）有限公司	4 315	2 476	荷斯坦	9.1	22 496.70		
35	宁夏农垦贺兰山奶业有限公司连湖奶牛场	宁夏伊利乳业有限责任公司	1 571	690	荷斯坦	10.2	7 057.00		
36	青铜峡市康盛奶牛养殖场	蒙牛乳业（银川）有限公司	2 818	1 761	荷斯坦	7.3	12 935.00		
37	宁夏恒天然牧业有限公司	宁夏伊利乳业有限责任公司	4 903	2 664	荷斯坦	8.6	22 815.80		
38	青铜峡市恒源林牧有限公司	宁夏伊利乳业有限责任公司	5 614	2 674	荷斯坦	9.4	25 027.98		
39	宁夏金宇浩源农牧业发展有限公司	宁夏伊利乳业有限责任公司	6 534	2 974	荷斯坦	8.2	24 272.00		
40	宁夏元邦牧业科技有限公司	蒙牛乳业（银川）有限公司	5 152	2 822	荷斯坦	9.0	25 404.42		
41	宁夏阜民丰牧业发展有限责任公司	宁夏伊利乳业有限责任公司	6 479	3 348	荷斯坦	5.4	17 932.60		
42	中卫市沐露奶牛养殖农民专业合作社	宁夏伊利乳业有限责任公司	4 526	2 464	荷斯坦	10.1	24 812.00		
43	宁夏农垦贺兰山奶业有限公司渠口牧场	宁夏伊利乳业有限责任公司	5 048	2 669	荷斯坦	12.2	32 510.06		
44	宁夏牛一农牧科技有限公司	宁夏伊利乳业有限责任公司	7 515	3 329	荷斯坦	8.8	29 374.32		
45	宁夏兴垦牧业有限公司	宁夏伊利乳业有限责任公司	12 384	6 145	荷斯坦	8.2	50 616.93		
46	中垦天宁牧业有限公司	中宁县黄河乳制品有限公司、重庆市天友乳业、中垦华山牧乳业有限公司	12 057	6 585	荷斯坦	11.9	78 267.56		
47	海原县新希望牧场有限公司	成都新希望乳品厂	7 860	4 001	荷斯坦	7.9	31 756.36		

备注：如认证为有机奶源基地，请在相应表格中打钩。

附表2　宁夏回族自治区主要乳制品生产企业名录

序号	乳制品加工企业名称	生产地点	生产许可证号码	年生鲜乳收购量（t）	其中：自有奶源量（t）	平均支付价格（元/kg）	日处理生鲜乳能力（t）	年乳制品产量（t）	其中：低温鲜奶（t）	UHT奶（t）	常温酸奶（t）	低温酸奶（t）	原料奶粉（t）	婴幼儿配方奶粉（t）	成人奶粉（t）	奶油（t）	奶酪（t）	含乳饮料（t）	冰品（t）	年销售收入（万元）	利润（万元）	有机产品（枚）
1	宁夏伊利乳业有限责任公司	吴忠市	SC10564030200130	1 559 497.68	217 097.74	4.10	3 708	1 266 125.486	/	1 055 173.27	189 163.24	/	/	/	/	21 788.98333	/	/	/	1 036 701.111	130 618.321 2	/
2	宁夏夏进乳业集团股份有限公司	吴忠市	SC10564030200017	208 896	63 000	3.95	900	302 793.5	529.288	202 183.432	/	15 498.5	/	/	/	/	/	40 504.78	/	171 393	15 566	/
3	蒙牛乳业（银川）有限公司	银川市	SC10564010500185	1 008 512.91	140	4.12	1 500	484 988.28	/	386 048.1	/	30 940.18	/	/	/	/	/	/		350 500.0469	16 567.19	/
4	吴忠恒枫乳业有限公司	吴忠市	SC10564030200269	167.15	/	3.28	400	20.78	/	/	/	/	/	/	/	/	/	/	/	5.49	−18.66	/
5	中宁县黄河乳制品有限公司	中卫市	SC12964052100985	12 359.63	/	4.25	260	12 539.62	256.93	11 520	/	/	/	307.09	260	447.2	/	/	/	7 035	376	7
6	青铜峡市众乐乳业有限公司	青铜峡市	SC10564038100455	154.64	/	4	80	150.56	149.55	/	/	0.76	3 288	/	/	/	/	/	/	151.19	−87.35	/
7	宁夏银川平吉堡乳品厂	银川市	SC10564010500048	296	/	4	30	724.665	/	/	/	636	/	/	/	/	/	/	/	639.04	−50.56	/
8	宁夏夏进昊尔乳品有限公司	银川市	SC10564010500097	3 126.6	/	3.95	100	21 708.31	56.77	15 272.59	/	/	5.95	235.93	/	56.77	/	6 080.3	/	3 607.18	234.91	/
9	宁夏北方乳业有限责任公司	银川市	SC10564012100692	8 032	/	4.1	100	13 026	1 334	4 941	/	814	245	/	/	/	/	2 520	/	4 809	153.6	/
10	宁夏金河科技股份有限公司	银川市	SC10564012200013	9 178	/	4.2	200	20 697.37	321	2 039	/	8 704.57	/	/	/	/	/	7 727.8	/	15 016.33	181	/
11	宁夏塞尚乳业有限公司	银川市	SC10564012200675	25 365.94	/	4	400	20 248.44	0	0	/	4 942.48	0.2	/	/	4 287.02	/	4 295.04	/	31 495.31		/
12	宁夏亿美生物科技有限公司	灵武市	SC10264022100300	30 718.86	/	4.6	2 000	13 896.88	66	175	/	/	4 598.11	/	/	1 661.7724	13	/	/	13 314	412	/
13	宁夏雪泉乳业有限公司	吴忠市	SC10564030200734	12 286.4	/	4.25	310	9 450.92	1 483	4 022.95	/	1 530	332.08	/	/	1 370.19	/	/	/	13 998.5	1 371.2	/
14	宁夏伊安纳乳业有限公司	吴忠市	SC10564030201366	1 242.5	/	4.55	80	1 219.56	1 219.56	0	/	/	/	/	/	/	/	/	/	1 066	77	/
15	宁夏春天然乳品股份有限公司	银川市	SC10564010500030	464.45	/	4.35	50	446.72	421.83	0	/	13.67	/	/	/	/	/	/	/	432.36	−41.35	/

备注：本表包括在中国及海外的生产企业。日处理生鲜乳能力指设计加工生鲜乳能力。自有奶源指来自自建和参建（控股、参股）牧场（小区）的原奶。成人奶粉指除婴幼儿配方奶粉以外的学生奶粉、孕妇奶粉、中老年奶粉等终端消费奶粉。冰品包括冰激凌、雪糕等。有机产品数量单位为“枚”指获得有机标志的数量。

新疆生产建设兵团

【奶畜养殖】2021 年底，新疆兵团奶牛存栏 27.18 万头，比 2020 年增加 1.58 万头，同比增长 6.2%；牛奶总产量 78.02 万 t，比 2020 年增长 4.18 万 t，同比增长 5.7%。奶牛主要品种有中国荷斯坦牛、西门塔尔牛和新疆褐牛。其中，荷斯坦牛存栏 21.8 万头，主要分布在八师、七师、一师、十二师 4 个师；西门塔尔牛 2.08 万头，在各师均有分布；新疆褐牛 3.3 万头，主要分布在四师、九师、十师、十三师 4 个师。

奶牛主产区八师、七师、一师、十二师，4 个师奶牛存栏 14.45 万头，占兵团奶牛总存栏的 53.2%，牛奶总产量 57.49 万 t，占兵团奶产量的 73.7%，成母牛单产 7.4t。

2021 年兵团原料奶实现产值 37.3 亿元，占畜牧业总产值的 13.5%。生鲜乳收购价格全年保持高位略有上涨，由年初的 4.78 元 /kg 上涨至年末的 5.02 元 /kg，收购价格创新高，奶牛养殖利润较好。

【乳制品加工】2021 年兵团辖区共有乳制品加工企业 11 家（含 2 家婴幼儿配方奶粉生产企业），日加工处理鲜奶能力总计 3 285t，年加工能力达到 90 万 t 以上。产品主要包括大包装工业奶粉、UHT 奶、酸奶、巴氏杀菌乳、奶酪等。大包装工业奶粉销往内地，液态奶主要在新疆销售。2021 年实际加工鲜奶 46.0 万 t，生产奶粉 0.72 万 t、UHT 奶 19.76 万 t、酸奶 10.9 万 t、巴氏杀菌乳 4.97 万 t、奶酪等 5.3 万 t。兵团区域内规模较大的乳企有新疆天润乳业、石河子花园乳业、新农乳业、石河子娃哈哈启力乳业、石河子乳旺乳业、石河子天山云牧乳业 6 家，其中石河子花园乳业、新疆天润乳业和新农乳业为兵团控股上市乳制品企业，石河子花园乳业和石河子天山云牧乳业是新疆区域内仅有的 2 家婴幼儿配方奶粉生产许可企业。

【市场消费】2021 年兵团人均奶类占有量 224kg，人均乳制品(折合成鲜奶)消费 32.5kg，其中纯牛奶 24.2kg、酸奶 5.9kg、奶粉 0.3kg，人均用于奶类消费支出约为 487.5 元。

新疆商场、超市乳制品销售品牌及种类繁多，本地的天润、花园、新农、西域春、南达及国内知名品牌伊利、蒙牛、光明、麦趣尔等均有销售。产品类型主要有 UHT 奶、酸奶、含乳饮料、巴氏杀菌乳、奶粉、奶酪等。新疆消费者偏爱酸奶，其次是纯牛奶，巴氏杀菌乳排第三位。奶类消费群体主要为婴幼儿和中老年人，其次是中小学生。国外进口乳制品对新疆区域影响较小。

【奶源基地】2021 年兵团奶牛养殖场（户）共 7 996 个。其中，1~29 头规模的养殖场（户）7 453 个，存栏 9.9 万头，约占奶牛存栏总数的 36.4%；30~99 头规模的养殖场（户）432 个，存栏 2.4 万头，约占奶牛存栏总数的 8.8%；存栏规模达 100 头及以上荷斯坦奶牛场（户）111 个，存栏 14.89 万头，约占奶牛存栏总数的 54.8%，其中 100~199 头规模的奶牛养殖场（户）16 个，200~499 头规模的奶牛养殖场（户）29 个、500~999 头规模的奶牛养殖场（户）23 个、1 000~1 999 头规模的奶牛养殖场（户）23 个、2 000 头及以上规模的奶牛养殖场（户）20 个。

奶牛规模化养殖总体水平达到 62% 以上。配备 TMR 饲喂机械 173 台（套），青贮玉米收割机 73 台，苜蓿收获机械 144 台。机械化挤奶设备 226 套，机械化集中挤奶率达到 80% 以上。清粪机械 226 套，2021 年底，兵团奶牛粪污综合利用率达到 90%，100 及头以上规模养殖场粪污处理设施装备配套率达到 100%。

奶牛疫病防控及监测。通过落实重大动物疫病防控责任，一年 3 次集中免疫和月月补免，对奶牛布鲁氏菌病、结核病，实行一年两次“两病”检测，发现阳性畜进行无害化扑杀处理，净化了奶牛养殖环境。奶牛乳腺炎、子宫内膜炎等发病率逐年下降。新疆天润烽火台奶牛养殖有限公司 7 月通过国家动物疫病净化创建场评估。

兵团各级兽医实验室开展了奶牛口蹄疫、布鲁氏菌病、结核病的血清学和病原学检测，牛口蹄疫 O 型免疫抗体样品检测 1.51 万份，个体合格率 93.15%；检测场点 953 个，场点合格率 98.01%。牛口蹄疫 A 型免疫抗体样品检测 1.40 万份，个体合格率 91.28%；检测场点 946 个，场点合格率 95.14%。奶牛布鲁氏菌病样品检测 8.02 万份，检出阳性 57 份，个体阳性率 0.07%；检测场点 234 个，阳性场点 14 个，场点阳性率 5.98%。采用牛型结核分枝杆菌 PPD 皮内变态反应试验检疫奶牛 11.09 万头，阳性 7 头，个体阳性率 0.01%；检测场点 136 个，阳性 3 个，场点阳性率 2.21%。对检出的 7 头阳性牛进行了扑杀。

饲草基地建设。2021 年饲草料作物种植面积 291.8 万亩，其中籽实玉米种植 162.9 万亩、青贮玉米正播 35.5 万亩、青贮玉米复播 19 万亩、苜蓿保留面积 30.3 万亩、其他饲草种植面积 44.1 万亩。北疆各师饲草料供给充足，南疆垦区仍有缺口。

农作物秸秆饲料化利用工作实施范围涵盖 13 个师的 149 个团场，各师主要以增加农作物种植面积、提高秸秆机械收获率和推广“三贮一化”技术提高秸秆饲料化利用率来增加农作物秸秆饲料化利用量，全兵团共增加 5.3 万 t。

饲料基地建设。截至 2021 年底，兵团共有 49 家饲料和饲料添加剂获证企业，饲料总产量 123.85 万 t，总产值 47.46 亿元，营业收入 45.36 亿元，

2021 年抽取饲料样品 305 批次，合格率为 100%。其中饲料产品质量安全监测任务 206 批次，养殖环节饲料中违禁添加物专项监测任务 99 批次。样品涉及 13 个师 105 个团，包括 44 家饲料生产企业、103 个养殖场(户)和 16 家饲料经营门店。经营环节抽样 24 批次，生产环节抽样 132 批次，使用环节饲料生产厂抽样 46 批次、

养殖场抽样103批次。

品种改良。奶牛品种改良主要通过人工授精技术，2021年实际使用奶牛冻精38.5万剂，奶牛肉牛性控冻精配种2.4万头。参配母牛18.5万头。奶牛冻精冷配技术覆盖面达到96%以上。通过冷配项目带动，兵团奶牛良种率提高到65%以上。全兵团规模化牛场奶牛平均单产由2012年的6.4t提高到2021年的7.4t，平均单产提高了1.0t。

2021年自筹资金81万元，当年采购冻精39.5万剂，其中荷斯坦牛冻精27.0万剂、新疆褐牛冻精3.5万剂、乳用西门塔尔牛冻精9.0万剂。

【质量监管】奶站及运输车管理。截至2021年12月底有生鲜乳收购站95个，均为发证奶站，全年因奶源不足等因素关停7个规模较小的奶站。奶站全部机械化集中挤奶，其中开办主体为加工企业的有14个，开办主体为奶畜养殖场的有67个，开办主体为奶农合作社的有14个。生鲜乳收购站布局合理，硬件设施基本完善，可保障兵团范围内生鲜乳的正常收购及其质量安全。对从业人员进行了相关奶业法律培训以及以生鲜乳生产收购、卫生安全、化学品管理的培训。奶站建立了卫生管理、质量安全保障、工作规程、挤奶操作、留样等制度。生鲜乳收购、销售、检测等记录较完备，奶牛防疫、检疫、治病、抗奶、酒精阳性乳记录处置清晰。

现有运输车62辆，准运证核发比例100%，车辆准运证由师级畜牧兽医主管部门审核发放和管理，运输车辆全部装有定位系统。运输车辆严格初检和交接：进口和出口用铅封，并详细记录数量、领取时间、各个铅封号码，双方签字确认。初检合格后，填写生鲜乳交接单，详细记录生鲜乳收购站名称、生鲜乳收购经手人、生鲜乳数量、押运员、司机、车牌号、出发时间、出发时生鲜乳温度、到达时间、到达时生鲜乳温度、收购企业名称、企业收奶人员签名，并签字确认。

兵团制定下发了2021年生鲜乳质量安全监测计划，生鲜乳质量安全监测计划覆盖兵团所有奶站、奶源基地和生鲜乳运输车辆。生鲜乳质量安全监测工作纳入兵团各级绩效考核，各级部门严格督促奶畜养殖者、生鲜乳收购站开办者和运输车经营者，全面落实经营主体责任，严守生鲜乳质量安全事故底线。

按照国家生鲜乳质量安全监测计划，开展了以三聚氰胺、β－内酰胺酶、黄曲霉毒素M_1、碱类物质和抗生素为重点的生鲜乳违禁添加物专项监测工作。抽样情况及检测结果如下。

抽样情况：全年开展生鲜乳违禁添加物专项监测抽样168批次，涵盖兵团95个生鲜乳收购站、62辆运输车。在生鲜乳抽样环节中，收购站抽样105批次，运输环节抽样63批次。

检测结果：三聚氰胺检测合格率100%；β－内酰胺酶检测合格率100%；黄曲霉毒素M_1，选用《食品国家标准　乳制品中黄曲霉毒素M_1的测定》（GB5413.37–2010）进行确证，检测合格率为100%；碱类物质，采用生鲜乳中碱类物质的测定方法（MRT/B 7–2016）进行检测，检测结果全部为合格，合格率100%；抗生素未检出。

【政策法规】2021年新疆生产建设兵团办公厅印发《关于促进兵团畜牧业高质量发展的意见》的通知(新兵发〔2021〕25号)，提出实施奶业振兴行动，按照“市场开拓是关键，龙头拉动是引擎，科技是支撑，养殖是基础，奶源是保障”的总体要求，优化产业布局，建设规模化标准化奶源基地，突出奶牛良种和品质提升，强化优质饲草料保障，充分发挥龙头企业示范带动引领作用，加快产加销一体化全产业链建设，快速扩增牛奶产能。在一师、三师、六师、七师、八师、十二师高产奶牛核心区建设20万荷斯坦牛高产优质奶牛养殖基地，在四师、五师、九师、十师西门塔尔牛、新疆褐牛集中区建设10万头乳肉兼用牛养殖基地。鼓励支持龙头企业到南疆发展奶业，大力支持南疆建设标准化规模化养殖场。重点支持龙头企业加快优质奶源基地建设，开展乳制品创新研发，优化加工工艺和产品结构，完善冷链运输体系和质量安全体系。加快推进龙头企业品牌培育和优质乳制品外销、拓展等，内延外扩拓市场，大幅提高乳制品市场竞争力，把兵团建成全国重要的商品乳制品和优质奶源基地。到2025年，新增高产奶牛存栏6万头，新增牛奶产量30万t。

（新疆生产建设兵团畜牧兽医工作总站，杨　华）

附表 1　新疆生产建设兵团 2021 年 1 000 头及以上规模养殖场情况

养殖场名称	品种	总存栏（头）	成乳牛存栏（头）	后备母牛存栏（头）
新农万头奶牛养殖基地	荷斯坦	4 824	2 199	2 625
五团天润沙河一牧场	荷斯坦	2 689	1 388	1 301
五团天润沙河二牧场	荷斯坦	2 221	1 164	1 057
五团天润沙河三牧场	荷斯坦	2 170	1 074	1 096
五团新农一场	荷斯坦	1 552	826	404
五团新农二场	荷斯坦	1 589	853	421
五团新农三场	荷斯坦	1 356	697	314
十团奔丰养殖有限公司	荷斯坦	1 795	980	303
30 团吉缘牧业	荷斯坦	2 600	1 400	250
51 团新疆天山金昱有限责任公司	荷斯坦	2 000	0	2 000
79 团养殖合作社	新疆褐牛	1 713	1 146	567
创锦牧业	西门塔尔	7 090	5 025	2 065
六师 103 团现代牧业	荷斯坦	1 201	545	380
新疆芳草天润牧业有限公司	荷斯坦	4 732	2 198	235
西部准噶尔牧业股份有限公司	荷斯坦	1 635	877	758
124 团祥盛通牧业	荷斯坦	3 000	1 200	427
124 团景慎合作社	荷斯坦	1 500	650	300
124 团苏宝勇	荷斯坦	1 500	660	280
124 团郭军合作社	荷斯坦	2 000	1 079	378
125 团天澳牧业公司	荷斯坦	26 400	20 100	6 000
125 团东润牧业	荷斯坦	1 580	957	623
133 团天盈牧业	荷斯坦	1 700	1 003	312
133 团红光牧业	荷斯坦	3 000	1 706	450
134 团西部牧业四连牛场	荷斯坦	2 285	1 425	289
石河子市曙瑞牧业有限责任公司	荷斯坦	2 977	1 989	532
石河子市祥瑞牧业有限责任公司	荷斯坦	2 100	1 155	200
141 团三盈牧业	荷斯坦	2 300	1 685	520
141 团双鹤牧业	荷斯坦	1 957	1 586	206
141 团振新牧业	荷斯坦	3 044	1 740	1 304
石河子市天锦牧业有限责任公司	荷斯坦	2 193	1 102	818
北泉镇双顺牧业	荷斯坦	1 900	1 470	105
泉旺牧业	荷斯坦	1 960	1 561	110
利群牧业	荷斯坦	1 902	987	399
娃哈哈启力三牛场	荷斯坦	1 523	954	569
西锦牧业奶牛场	荷斯坦	1 669	1 157	512
石河子阜瑞牧业有限公司	荷斯坦	2 650	1 325	800
启力娃哈哈一牛场	荷斯坦	1 606	815	433
启力娃哈哈二牛场	荷斯坦	1 555	780	380
梦园牧业	荷斯坦	1 855	605	539
天润公司沙湾牛场	荷斯坦	1 250	821	341
新疆博格达畜牧有限公司	荷斯坦	1 000	636	364
新疆天润北亭牧业有限公司	荷斯坦	2 500	1 211	667
新疆天润西山烽火台示范奶牛场	荷斯坦	1 506	877	404

附表 2　新疆生产建设兵团 2021 年奶业加工情况统计

企业名称	日处理鲜奶能力（t）	实际年处理鲜奶量（t）	奶粉产量（t）	UHT 奶产量（t）	巴氏奶产量（t）	酸奶产量（t）	其他	企业产值（万元）	企业净利润（万元）
阿拉尔新农乳业有限责任公司	300	45 007	1 284.00		21 200	1 092	73	31 941	3 525
新疆天润唐王城乳品有限公司	200	17 932.722		11 869.017		4 003.7726	2 506.044	13 786.2	−441.7
创锦牧业	35	9 633						4 816.5	
伊犁伊力特乳业有限公司	30	5 500	700	0	0	0		2 100	220
澳利亚乳业	200	21 900	194	0	866.8	10 918		2 230.68	−424.85
新疆西部天山乳业有限公司	500	0	0	0	0	0	0	0	0
新疆石河子娃哈哈启力乳业有限公司	200	1 526	182	0	0	0	0	75.85	−168.85
新疆乳旺乳业有限公司	320	34 364.295	4 466.808	0	0	0	0	16 480.9	−397
新疆天山云牧乳业有限责任公司	300	25 000	190	0	21 543.29	2 524	0	19 023	−2 300
新疆石河子花园乳业有限公司	400	71 998.56	187.93	64 020.65	1 089.91	6 691.22	25 008.78	68 901.8	6 188.96
新疆天润乳业	800	227 315.49	0	121 697.39	5 024.119	83 572.5	25 008.78	210 231	16 818.5

五、D20奶业

D20 NAIYE

【D20 企业】

内蒙古伊利实业集团股份有限公司

【奶源基地】2021 年全国总存栏奶牛量 181 万头，成母牛存栏量 95.6 万头，年收奶量 878 万 t，规模化养殖占比、机械挤奶比例、全混合日粮（TMR）技术应用均为 100%。

伊利集团位居全球乳业五强，连续 8 年蝉联亚洲乳业第一，也是中国规模最大、产品品类最全的乳制品企业。伊利自建及合作奶源基地主要分布在内蒙古、宁夏、河北、黑龙江、山东等 20 多个省份。在智慧牧场建设方面，伊利重点围绕奶牛饲喂、繁育、挤奶环节推动牧场使用精准饲喂、发情监测、高端挤奶机以及分群门等智能化系统与牧场管理系统进行互联互通，实现数字化运营管理，挖掘并发挥智能化业务系统数据价值。2021 年，伊利免费为合作牧场配备使用"伊利智慧牧场大数据分析应用平台 3.0"，平台整合了国内外产业链专家共同参与研究开发，为每一座牧场随时提供行业领先专家意见；构建全过程直观、醒目的视窗面板，可随时随地掌握牧场信息；通过数据自动化采集、网络化传输、大数据标准化处理，及时对奶牛健康状况做出评估和分类，实现精准监测与数字化管理，从源头提升乳品质量，持续引领行业数字化升级。

【乳品加工】2021 年国内外生产企业 43 家，婴幼儿配方奶粉生产企业数量 5 家，注册配方数量 14 家，加工厂设计产能 1 413 万 t（表 1）。

表 1　2020 年伊利各类乳制品产量

单位：t

主要产品	生产量	生产量比上年增减（%）
液态奶	9 678 079	9.21
奶粉及奶制品	248 948	11.40
冷饮产品	479 520	11.22

【市场消费】尼尔森零研数据显示，公司液态类乳品零售额市占份额同比提高了 0.4 个百分点，继续保持市场领导地位；婴幼儿配方奶粉零售额市占份额同比提高了 1.4 个百分点，增速位列市场第一，市占份额位居第二；成人配方奶粉零售额市占份额同比提高了 2.2 个百分点，报告期末市占份额位居市场第一，保持绝对领先地位；奶酪业务的零售额市占份额同比提升 6.3 个百分点，市占份额快速提升；冷饮业务市占份额保持市场第一，继续引领行业。

2021 年公司实现营业总收入 1 105.95 亿元，较上年同期增长 14.15%，净利润 87.32 亿元，较上年同期增长 23.00%。

1. 液体乳业务。报告期，公司液体乳业务实现营业收入 849.11 亿元，同比增长 11.54%。通过构建立体化渠道和积极拓展地、县级线下市场，液态奶业务规模及市占地位继续保持行业领导者地位，其中，伊利纯牛奶、金典纯牛奶、安慕希常温酸奶系列产品年销售规模均超过 200 亿级，成为近 13 亿级消费者信赖的"国民品牌"。

公司坚持品质领先战略，继续深化金典"有机生活倡导者"的品牌形象，实施有机引领、品质升级举措，常温有机液态奶市占份额在连续多年保持市场领先地位的基础上，较上年同期增长 0.64 个百分点，通过有机系列引领行业增长。公司聚焦高端儿童白奶，推广"原生营养儿童牛奶"新品类，构建"儿童专属、帮助孩子成长的"品牌核心竞争力，推动"QQ 星"品牌升级发展。

公司抓住新冠疫情下消费者的健康营养诉求，对"臻浓"系列纯牛奶进行产品线升级，满足了消费者浓郁口感的体验，该品类年度销售收入较上年同期增长近六成；公司通过"舒化"高端功能系列产品，持续夯实无乳糖、好吸收的品牌利益点，进一步拓展了细分业务赛道，年度销售收入较上年同期增长近三成。

2. 奶粉及奶制品业务。2021 年，公司奶粉及奶制品业务实现营业收入 162.09 亿元，同比增长 25.80%。"金领冠"旗下系列婴幼儿配方奶粉，专注母乳研究 19 年，持续技术创新与突破，结合通过中欧双重有机认证的有机 A2 奶源，实现了有机婴幼儿配方奶粉的重大突破，全方位打造专业配方核心竞争力，年销售收入突破百亿级，带动奶粉业务实现加速增长。公司聚焦专业化乳品的创新开发，依托国内、新西兰双核心奶源基地，搭建"伊利 Pro"平台，为烘焙、餐饮、饮品行业的专业级客户提供高品质的乳品和全方位产品解决方案服务，促进奶酪、乳脂业务快速发展。

3. 冷饮业务。2021年，公司冷饮业务实现营业收入71.61亿元，同比增长16.28%，在业务规模连续20多年保持第一的同时，盈利能力较上年同期大幅提升。通过不断优化产品结构、打造“巧乐兹”“甄稀”“NOC须尽欢”等有青春活力、浪漫、有趣的冰激凌品牌形象，不断夯实渠道优势，积极探索线上渠道以及实体店业务模式，进一步拓宽消费场景，市场渗透率遥遥领先，该业务已连续27年位居全国冷饮行业龙头地位。

【全球发展】国际化是伊利集团的重要战略。伊利在亚洲、欧洲、美洲、大洋洲等乳业发达地区构建了一张覆盖全球资源体系、全球创新体系、全球市场体系的骨干大网。伊利的全球合作伙伴总计2 000多家，遍及六大洲，分布在39个国家。伊利在全球拥有15个研发创新中心、74个生产基地，旗下液态奶、奶粉、酸奶、奶酪、冷饮等产品销往60多个国家和地区。

伊利在国际化发展过程中，始终秉持互利共赢的理念，以“全球化思维、本土化经营”的运作方式，积极与全球合作伙伴开展友好合作，积极融入当地社会，发掘和培养本地人才，主动践行社会责任，推动当地经济发展与繁荣，与各方共享发展成果。

2021年3月24日，伊利集团正式启动“Goldrush”项目，对位于新西兰西海岸的Westland霍基蒂卡工厂进行全面升级，大幅提高优质草饲黄油品牌Westgold（牧恩）产量，助力Westland从大宗原料供应市场拓展到全球消费品零售市场，扩大国际黄油市场份额，为全球消费者带来更高品质的草饲黄油全新体验。本次工厂升级项目包括生产系统升级、包装系统升级和仓储系统升级。预计项目完成后，Westland霍基蒂卡工厂将达到42 000t的年产能，实现产能规模翻倍。此次，Westland霍基蒂卡工厂升级项目完成后，将会把拥有百年历史传承的Westgold（牧恩）黄油品牌推向更广阔的国际市场。

2021年3月28日，新西兰大洋洲乳业的南坎特伯雷工厂耗资2 500万纽币的新实验室建成并投入运行。该实验室可以对产品进行更广泛的测试，最大限度地减少对第三方研究机构的依赖，有助于大幅缩短测试周转时间，让伊利产品更快送达消费者手中。

2021年6月21日，伊利与荷兰专业投资机构StartLife在食品和农业科技领域签署合作协议，并成为英国剑桥大学制造业研究院（IfM）“开放创新论坛”（Open Innovation Forum）成员。伊利也由此成为这两家机构成员中的全球唯一乳企和唯一中国企业。此举标志着伊利同欧洲的创新合作进一步深化，伊利将携手合作伙伴一道，为全球消费者提供更加全方位的健康解决方案，共建全球健康生态圈。

2021年6月29日，伊利泰国Chomthana公司被授予2021年度泰国“劳动关系与福利杰出单位”荣誉称号。该荣誉是由泰国劳工部颁发，重点表彰依法与员工建立劳动关系，持续改善劳动福利，并与工会或福利委员会建立良好沟通机制，致力于构建和谐劳动关系和福利改善的优秀企业。伊利是本年度唯一获此殊荣的在泰中资企业，本次获奖是继荣膺泰国公共卫生部“FDA质量奖”后，伊利泰国Chomthana公司再度荣获泰国国家层面的权威褒奖。

2021年10月，伊利泰国Chomthana公司再次被泰国公共卫生部食品药品监督管理局授予“2021 FDA质量奖”，连续两年蝉联泰国食品药品质量管理最高殊荣。

2021年12月10日，伊利集团在东南亚的首个自建工厂——伊利印尼乳业生产基地举行一期项目投产仪式，标志着伊利“全球织网”再创新的里程碑。一期项目投资8.67亿元人民币，一期、二期全部建成后可日产冰激凌400万支，成为印尼单体规模最大的冰激凌工厂，也是迄今为止中国乳企在东南亚建设的最大生产基地，刷新中国乳企在东南亚的投资规模纪录。

2021年12月，由印度尼西亚投资部主办的“经济振兴计划”在印尼巴厘岛举行签约仪式。印尼投资部部长巴赫利尔签发嘉奖证书，感谢伊利在新冠疫情期间对于印尼经济振兴所做出的杰出贡献。伊利作为亚洲第一乳企受邀参加活动，也是本次活动唯一受邀的中资企业。

【社会责任】党的十九大报告指出，农业农村农民问题是关系国计民生的根本性问题，必须始终把解决好“三农”问题作为全党工作的重中之重。公司深入贯彻落实党和国家关于乡村振兴的相关工作部署要求，落实“全面价值领先”目标，秉承“平衡为主、责任为先”的伊利法则和“厚度优于速度，行业繁荣胜于个体辉煌，社会价值大于商业财富”的理念，发挥龙头企业的引领作用，探索接续推进乡村振兴实施路径，从产业带动、营养支持、灾害应急等方面助力乡村振兴，以奶业振兴推动乡村振兴，实现社会价值领先。

1. 完善与农牧民利益联结机制，以奶业振兴带动乡村振兴。为切实解决奶业上游产业存在的技术弱、融资难、转型慢、风险大等困难，公司与广大农牧民在技术、金融、产业、风险四个方面进行联结，带动全产业链高效协同发展，为奶业振兴打下坚实基础。2021年，为有效巩固脱贫成果，帮助更多农牧民走上致富之路，伊利在原有四个联结机制上，增加了优质高产饲草料、奶牛品质升级、全面贴身服务三个联结。“七个联结”构成了伊利“利益联结2.0”，进一步完善了与农牧民的利益联结机制，助力农牧民早日过上更加美好的生活，以奶业振兴带动乡村振兴。

2021年，公司创新产业链金融模式，推进以“核心企业承担实质性风险”为特色的融资模式，为合作牧场提供融资扶持约75.96亿元。

2. “伊利营养2030”坚守十年承诺，以关爱孩子助力乡村振兴。2021年，公司联合中国红十字基金会，积极响应农业农村部和中国奶业协会“中国小康牛奶行动”的号召，将已实施4年的“伊利营养2020”精准扶贫项目升级为“伊利营养2030”平台型公益项目。“伊利营养2030”将坚守十年承诺，持续深入落实乡村振兴和健康中国两大战略，践行营养物资捐赠、健康知识科普、梦想关爱守护三大行动，用营养守护孩子的健康与梦想。

2021 年，公司深入到内蒙古、山西、甘肃、江西、黑龙江、广西、河北、云南、浙江、安徽、江苏、辽宁等 14 个省份，投入 718.34 万元，开展 50 多场捐赠活动，让近 6 万名儿童享受到牛奶的营养守护。

3. 及时响应重大灾害性事件，以责任担当守护乡村振兴。2021 年，公司积极主动承担社会责任，在重大灾害性事件出现时及时响应，以责任担当守护乡村振兴，让世界共享健康。面对突发疫情，公司积极开展河北石家庄、内蒙古呼伦贝尔、黑龙江肇东、安徽合肥、广东广州、江苏南京抗疫捐赠工作。另外，集中助力开展北京、重庆、甘肃、贵州、河北、江西、宁夏、青海、山东、新疆、陕西、内蒙古、四川、山东 14 个省份联合抗疫，第一时间将营养物资捐赠给一线交警、医护人员等。面对云南漾濞、青海玛多、四川泸州地震，河南、山西、湖北洪灾，内蒙古通辽雪灾等突发自然灾害，公司迅速启动“伊利自然灾害应急预案”，成立专项救援小组，为救灾一线送去牛奶、矿泉水、奶酪棒等物资，用实际行动为受灾群众、一线坚守人员等提供营养守护。

【奶业大事】1. 坚持以消费者为中心，打造卓越品质标杆。近年来，公司坚守“伊利即品质”的企业信条，持续升级全球质量管理体系，获得了 BRCGS 食品安全全球标准认证、欧盟有机认证以及等同于欧美药品设计的 QbD 符合性认证。同时，公司严格落实“集团—事业部—工厂” 三级食品安全风险监测防控体系，确保从源头到终端的每一项食品安全和质量风险得到有效防控。

作为国内同时服务夏季奥运和冬季奥运的“双奥企业”，公司在服务奥运的 17 年中，持续打造“奥运品质”的产品与服务，不断满足并引领消费者的品质升级体验，“伊利即品质” 得到了社会的高度认可。公司围绕品质生活场景，上市了金典、安慕希、舒化奶、畅轻、甄稀、须尽欢等高端系列子品牌的新品，其中安慕希旗下的 AMX 无糖产品，满足了不同消费者的健康需求，成为常温酸奶领域里的明星产品，备受消费者青睐；金典有机纯牛奶与金典低温鲜奶以有机认证和 GAP 一级认证牧场的优质奶源，为消费者打造了品质好奶；畅轻低温酸奶的市场占有率位居市场细分品类第一（尼尔森零研数据）。

2021 年，公司获得了“全国质量奖”“中国质量奖提名奖”“国家科技进步奖二等奖”三项科技质量领域权威奖项，是乳品行业内唯一获得“全国质量奖”的企业。

2. 坚持创新，驱动业务健康持续发展。“不创新无未来”，公司始终坚持以创新驱动业务健康持续发展。公司通过增加创新资源投入、推进开放式创新平台搭建、引入高端健康食品研究人才等举措，不断夯实公司创新实力。

公司新建的乳业创新基地将作为国家乳业技术创新中心总部。该中心是科技部批复的唯一一个国家级乳业技术创新中心，将汇聚国内外乳业创新资源，推进技术成果应用转化，打造具有全球影响力的乳业科技创新中枢，推动中国乳业向国际领先地位、全球价值链高端迈进。同期，公司的乳及乳制品检测与监控技术实验室，已获批为国家市场监管重点实验室，成为国家级乳及乳制品前瞻性研究及重大关键技术突破研究基地。

2021 年，公司完成了上海创新中心和北京创新中心实验室升级，并通过伊利母婴营养研究院（YMINI）与多家权威机构、高校共同搭建“母婴营养生态圈”，进一步促进国内婴幼儿营养及母婴健康产、学、研、用的融合发展，赋能伊利母乳研究和金领冠配方升级。公司“金领冠婴幼儿配方奶粉” 旗下的专利已达 70 余项，为中国宝宝持续提供高端品质服务。

公司聚焦消费者健康营养需求，围绕消化、控糖及减脂等功能，开展系统的产品功能研究与开发，并建立起原料、配方、工艺、功效、包装等环节的全方位创新推动机制，其中，通过搭建药食同源功效数据库，将营养属性与药食同源功能属性相结合，公司开发出针对中老年预防骨质疏松、促进心血管健康的“欣活”纾糖膳底功能配方奶粉，并在行业内推出了首款“零蔗糖、低升糖指数”的成人纾糖奶粉，以专业的产品和服务，助力中老年消费者健康生活。

3. 积极推动数字化转型，探索“消费者运营” 新模式。公司持续探索“消费者运营”创新营销模式，在营销、渠道、运营及大数据等领域，采取开放合作的方式，与业务伙伴共建以消费者为中心的服务网络，并通过“社群营销”“O2O 到家”等新零售运营模式，实现“品牌—门店—消费者” 的无缝连接，满足消费者在多场景下的不同消费需求。

公司进一步加强与电商平台的战略合作，提高电商业务运营效率，实现电商业务的高质量增长。2021 年，星图公司调研数据显示，公司常温液体乳在电商平台的零售额市占份额为 28.4%，持续位居电商平台常温液体乳细分市场首位。

公司继续加强核心业务平台的信息化建设，通过数据治理以及 AI 算法平台的部署上线，为数字化业务转型提供了系统及数据环境保障。借助百万级销售终端、13 亿级消费者以及万余家合作伙伴提供的信息，公司应用大数据分析技术，精准把握消费需求动向，不断优化产品结构，全面提升消费者服务能力。

4. 加快推进海外业务发展，夯实全球供应链运营基础。2021 年，公司在印尼投资建设的冷冻饮品生产基地一期项目完工投产， 项目投资 8.67 亿元人民币，是公司为东南亚消费者提供高品质产品与本土化服务的核心基地。公司对新西兰 Westland Dairy Company Limited 工厂进行升级，大幅提高优质草饲黄油品牌 Westgold（牧恩） 的产量，扩大其在国际黄油市场的份额，为全球消费者带来更高品质的草饲黄油全新体验。

公司通过携手全球合作伙伴持续构建“全球健康生态圈”，充分发挥“全球供应链网络” 的协同优势，有效保障了供、产、销体系的高效运营。

5. 携手合作伙伴，共建健康产业生态圈，致力于实现产业链共赢。多年来，公司始终坚持与产业链上下游合作伙伴共同成长，实现互利共赢。报告期，公司深入贯彻落实习近平总书记“加快探索以生态优先、绿色发展为导向的高质量发展新路子”重要指示精神，在内蒙古自治区、呼和浩特市两级政府的支持下，带头规划并推动建设伊利现代智慧健康谷项目，该项目以乳为产业发展核心，重点发展健康食品、现代奶业产业集群，通过建设高端配方奶粉、液态奶、奶酪生产基地以及配套奶源基地，打造一个面向乳业全产业链的创新生态圈，全面推动行业健康持续发展。

公司通过夯实技术、金融、产业、风险、优质高产饲草料、奶牛品质升级、全面贴身服务 7 个方面的“利益联结”机制，全力扶持上游奶业发展，以奶业振兴带动乡村经济振兴、乳产业链健康持续发展。2014 — 2021 年，公司累计服务产业链伙伴 8 590 户，累计提供融资扶持约 930 亿元，以实际行动践行“携手乳业上下游合作伙伴共同发展”的初心与使命，通过产业链金融业务，帮助合作伙伴降低经营风险，解决融资困局，最大化发挥全产业链协同价值。

2021 年，公司成立了数字化中心，通过构建“数字化规划、数据服务、技术与产品、新零售发展和消费者数字化运营”五项核心能力。一方面，面向消费者，以提供高品质产品、创造更好消费者体验为联结，实现向“消费者运营”模式的转型；另一方面，与互联网企业、数字化技术公司等机构建立紧密的合作共创机制，以数字化转型赋能全链创新，以“智慧 + 产业”双融合构建创新体系，以科技研发驱动产品创新，进一步完善乳业创新生态圈。

6. 持续夯实公司基业长青的文化根基，令公司焕发出蓬勃的生机和活力。2021 年，公司围绕战略重点，系统性推动企业文化建设工作，完善业务经营理念，以业务为导向动态优化价值观评估权重，推动企业文化建设举措与业务发展深度融合，强化战略、业务、文化一体化落地，更好地引领、赋能业务，助力战略目标实现。公司持续强化创新文化构建，通过优化管理机制、打造创新试点、开展“最美伊利人评选”“创新元”等以“创新”为主题的文化活动，营造公司创新文化氛围，全面激活组织创新活力。公司在全球分子公司开展 186 场文化故事分享会，面向全员分享了数千个感人肺腑、催人奋进的文化践行故事，强化了全体伊利人对于企业文化的理解、认同和践行，鼓舞了团队士气。公司通过打造一流职业发展平台，持续完善员工关爱体系，连续开展“春雨计划”，员工满意度、敬业度调研结果再创新高，团队的认同感、归属感和荣耀感进一步增强，团队的向心力、凝聚力和战斗力进一步提升。同时，公司以坚守品质信条为核心的特色文化建设，受到广泛认可，分别获得中国企业联合会、中国企业家协会颁发的“全国企业文化优秀成果特等奖”，中国文化管理协会颁发的“2021 年度新时代企业文化实践创新典范单位”，公司是全国唯一一家获得荣誉表彰的乳制品企业。

（内蒙古伊利实业集团股份有限公司，何 旭）

附表 1　内蒙古伊利实业集团股份有限公司乳制品生产企业名录

名称	生产地点	生产许可证号码	年收购原奶量（t）	其中：自有奶源量(t)	平均支付价格（元/kg）	日处理生鲜乳能力（t）	年乳制品产量（t）	其中：低温鲜奶（t）	UHT 奶（t）	常温酸奶（t）	低温酸奶（t）	原料奶粉（t）	婴幼儿配方奶粉（t）	成人奶粉及其他(t)	奶油（t）	奶酪（t）	乳饮料（t）	冰品（t）	年销售收入(万元)	利润(万元)	有机产品（枚）
内蒙古伊利实业集团股份有限公司	/	/	878	/	/	28 993.16	8 195 009.952	131 721.91	5 446 681	1 209 221	671 417.79	135 382.94	0 257.99	6 559.65	25 298	13 211.67	2 236 004	461 400	11 059 500	873 200	1

备注：本表包括在中国及海外的生产企业。日处理生鲜乳能力指设计加工生鲜乳能力。自有奶源指来自自建和参建（控股、参股）牧场（小区）的原奶。成人奶粉指除婴幼儿配方奶粉以外的学生奶粉、孕妇奶粉、中老年奶粉等终端消费奶粉。冰品包括冰激凌、雪糕等。有机产品数量单位为“枚”指获得有机标志的数量。

内蒙古蒙牛乳业（集团）股份有限公司

【奶源基地】2021年，蒙牛日均生鲜乳收购量19 000余t，奶牛存栏150多万头，奶牛平均单产9.3t，100%来自规模化、集约化牧场，机械挤奶率达100%，实现100%TMR科学饲养、100%紫花苜蓿、青贮全覆盖。

参控股牧业公司有国内知名的现代、圣牧，战略参控股原奶供应占比近50%，使得蒙牛在高品质奶源供应方面更具优势。蒙牛全国合作牧场带动苜蓿、玉米青贮等优质饲草种植面积600余万亩，并积极开展牧场配方体检优化和新型高品质牧草开发引进，提升奶牛营养和精细化饲喂。在奶源布局上，按照国家奶业振兴发展要求，结合蒙牛集团奶源战略布局规划，依托产业集群基础和资源平台优势，坚持“生态优先、绿色发展”。“十四五”期间，蒙牛在内蒙古、黑龙江、宁夏、河北、河南、山西、山东、新疆、云南等省份布局建设10多个种养加产业园，持续推动实现“百万头奶牛、百万亩草场、百万吨牛奶”奶源建设规划，为乡村振兴注入更多蒙牛力量。在牧场资金扶持方面，蒙牛与金融机构累计投入扶持资金260多亿元，辐射全国所有合作牧场，满足合作伙伴购牛、增量、购买设备、转型改造、良种繁育、信息化建设、饲草料购置等多种资金需求。

疫病防控方面，严格按照国家相关规定、行业标准执行检疫。重点针对口蹄疫、结节病、流行热、结核、布病等疫病按照多层次推进、全覆盖实施进行防控，着重落实日常防疫工作、疫苗防疫工作、高风险疫病防控、疫病应急处置。粪肥处理基于“达标排放”的要求，根据牧场类型不同，采用发酵、堆肥等方式处理推动牧场粪肥资源化利用。

【乳品加工】2021年，蒙牛在国内建了41座生产基地，在新西兰、印度尼西亚、澳大利亚建有海外生产基地，全球工厂总数达68座，年产能合计1 000多万t。蒙牛形成了包括液态奶、冰激凌、奶粉、奶酪等品类在内的丰富产品矩阵，乳品总产量800多万t。

液态乳制品产量600多万t，干乳制品产量8万多t，其他含乳产品及植物基产品150多万t。截至2021年12月底，雅士利及合作伙伴Alra共有17个系列51个产品获批婴幼儿配方奶粉注册。蒙牛常温奶推出“更好有机”的沙漠有机纯牛奶及CBP高钙纯牛奶等产品，低温酸奶贯彻国家“三减三健”国民健康方针，推出冠益乳系列零蔗糖、减糖系列产品，低温鲜奶推出“宝宝的第一口鲜奶”优护A2鲜牛奶及4.0乳蛋白鲜牛奶，满足消费者对营养健康美味的需求。

奶粉方面，持续投入创新研发以母乳营养成分为科学标准的婴幼儿配方奶粉产品，同时创新研发一系列儿童、女士、成人、中老年奶粉，以涵盖不同消费人群日益多样化的营养需求。

冰激凌产品创新升级，“随变”成功推出焦糖珍珠、朗姆酒口味爆浆流芯等系列新潮产品，“绿色心情”推出植物草本植轻系列产品。

奶酪推出了零添加儿童奶酪棒，并推出中国第一款有机奶酪棒及常温奶酪棒，以及休闲奶酪零食新品，创新奶酪与干果、膨化零食的有机结合，满足广大消费者的多样化需求。

【市场消费】2021年，蒙牛集团营业收入881亿元，净利润50亿元。其中，高端白奶、低温鲜奶、冰激凌等均实现了双位数高增长。雅士利奶粉产品业绩为人民币36.50亿元，较去年上升22.7%，成人奶粉收入增长迅猛。蒙牛形成了包括液态奶、冰激凌、奶粉、奶酪等品类在内的丰富产品矩阵；拥有特仑苏、纯甄、冠益乳、优益C、每日鲜语、蒂兰圣雪、瑞哺恩、贝拉米、妙可蓝多、爱氏晨曦等明星品牌。婴幼儿配方奶粉包括牛奶粉、有机奶粉、羊奶粉，覆盖超高端、高端、中端等多层级市场。奶粉品牌包含雅士利、多美滋、瑞哺恩、朵拉小羊，战略合作品牌Arla宝贝与我、特康力、M8儿童配方奶粉，以及针对中老年人需要的品牌悠瑞等。在高端纯牛奶、低温酸奶、高端鲜奶、奶酪等领域，蒙牛乳业市场份额处于领先地位。除中国内地外，蒙牛产品还进入了东南亚、大洋洲、北美等区域的10余个国家和地区市场。

【全球发展】2021年3月底，蒙牛集团完成收购东南亚领先的冰激凌品牌艾雪，加速布局东南亚市场。艾雪在印尼建立了广泛的冰激凌销售网络。2021年11月，蒙牛完成收购Burra Foods，新增澳大利亚乳制品原料生产基地，年产量达8万t以上，产品除在澳大利亚销售外，还销往中国、印尼、日本、马来西亚、泰国、新加坡等国家和中国香港等地区。雅士利新西兰工厂的瑞哺恩（菁珀），采用国际先进MSD干燥工艺，保留营养成分活性，含双重优质蛋白乳铁蛋白和α-乳清蛋白、OPO结构脂、高活CPP因子、黄金比例的益生元及DHA&AA，为宝宝提供多方位营养，且容易吸收。朵拉小羊羊奶粉源自澳大利亚，含有100%纯羊乳蛋白，天然易消化，肠胃好吸收。产品坚持不添加蔗糖、香精香料、麦芽糊精，为宝宝提供纯正健康的营养。

【社会责任】蒙牛依据“2025年更具责任感的蒙牛”战略画像，全面助力国家乡村振兴建设。蒙牛制定《蒙牛乳业乡村振兴工作方案》，以打造“中国乳业产业园”平台，推动“中国乳都”向“世界乳都”升级为契机，将产业振兴、营养普惠与乡村振兴紧密结合，推动产业、技术、党建共建“三位一体”建设，实现奶业产业的强带动和全覆盖，为国家乡村振兴事业贡献乳业力量。

2021年，蒙牛继续落地“保收购、保供应、保运力、保资金、保运营”五大保障举措，推动奶业在疫情以及自然灾害的背景下快速复苏。疫情防控期间，蒙牛联合第三方金融机构向牧场调拨共计50亿元的免息资金，助力合作伙伴稳定发展。蒙牛在各类灾情期间积极守护上游牧场，努力保障乳业产业链产能供应，将灾情对牧场发展的不利影响降到最低。7月，河南发生洪灾，蒙牛快速协调，将区域牧场生鲜乳运至泰安、武汉、太原以及马鞍山等工厂，保障河南区域内牧场生鲜乳全部收购；11月，内蒙古通辽、赤峰、兴安盟以及辽宁发生历史罕见雪灾，蒙牛积极协调相关资源，帮助50多个合作牧场解决灾后面临的生鲜乳拉运、饲草料、牧场运营以及资金等困难，并陆续投入扶持资金近1亿元，快速帮助当地受灾牧场恢复经营。

蒙牛布局建设种养加产业集群，新增带动150多万农牧民增收致富。2021年，蒙牛与战略合作伙伴已建成和在建牧场70余座，涉及奶牛存栏规模50多万头。蒙牛启动“筑嵘计划”，将连续3年投入5亿多元专项资金，帮助牧场伙伴建设现代化牧场服务平台，加快牧场数字化、智能化转型升级。2021年，“爱养牛”平台交易累计达170亿元，为近600多个原奶合作伙伴节约采购成本约10亿元。

蒙牛携手中国青少年发展基金会，通过蒙牛营养普惠基金，聚焦营养改善、教育赋能、身心健康提升等领域，开展“牛奶捐赠”“食育教育”“环保教育”等公益项目，帮助中小学生在成长发育期及时补充营养，培养健康生活方式。2021年，蒙牛“营养普惠工程”为全国19个省、43个市、185所学校捐赠高品质学生奶303万盒，惠及学生214 475人。此外，资助“强棒天使”项目，免费向棒球基地的孩子提供日常饮用学生奶。搭建“壹份爱 惠未来”平台，开展“未来星”“一分钱公益”等公益项目，并携手“青椒计划”，以培养乡村青年教师成长为支点，改善经济欠发达地区儿童教育质量。截至2021年底，培训覆盖14个县区的1 411位乡村教师。2021年度蒙牛公益慈善捐赠款物价值4 584.50万元。

除产业振兴、营养普惠以外，蒙牛还通过定点帮扶、技术引领、党建共建及消费助力等多元化方式，因地制宜促进乡村全面发展。2021年，蒙牛向西藏洛扎县捐赠700万资金用于对口支援，并重点开展学生奶“联合品牌”项目，挖掘和巩固西藏及全国援藏省市学生奶市场，在提升西藏中小学生营养健康状况的同时，带动西藏地区乳业发展，实现打造“高原乳都”的战略目标。蒙牛有效整合产业资源，秉持“可持续的牧业经营理念”，通过牧场经营管理者培训、奶业精英专业力培训等活动，提升农牧民的牧场经营能力，助力行业人才发展。另外，蒙牛持续推动“爱养牛”等线上平台的建设，致力于实现对农牧民、贫困养殖户技术指导及培训全覆盖。蒙牛持续开展牧场主大学、中丹中心和金钥匙技术示范专场等项目，并联合国家奶牛产业技术体系、中丹中心以及国内200余名专家，持续深化技术服务体系保障。2021年，通过爱养牛、牛人慧教育平台、奶牛金钥匙等线上、线下培训方式，开展培训近50场，实现合作牧场100%覆盖，受益3万余人次。另外，蒙牛通过消费助力乡村振兴。

蒙牛发挥党建共建引领作用，解决牧场就业岗位，带动牧民增收致富；积极践行社会责任，对偏远山村学校开展党史故事进校园、牛奶知识进课堂、捐资助学做帮扶的公益活动；依托“蒙牛基层党支部＋地方银行党支部＋牧场党支部”模式，围绕国家“奶业振兴”策略，通过蒙牛、牧场、银行三方合作，打造零门槛、高效率的“金三角”融资平台，从而解决牧场融资问题，实现牧场良性运转。2021年，蒙牛购买脱贫地区80.8万元的农产品，以实际行动促进贫困地区的经济发展。

【奶业大事】1月12日，国家乡村振兴局发布《2020年企业精准扶贫案例名单通告》，蒙牛综合扶贫案例、产业扶贫案例分别入选2020年“企业精准扶贫综合案例50佳”和“企业精准扶贫专项案例50佳”，成为唯一一家“双案例”入选的乳企。

1月18日，蒙牛企业文化焕新发布，蒙牛集团总裁卢敏放从使命、初心，谈到格局、生态、模式，深入浅出地解读了升级版企业文化的内涵。未来5年，蒙牛人将在新的企业文化指引下，不忘初心、砥砺前行，点滴营养，绽放每个生命。

1月26日，内蒙古自治区十三届人大四次会议上，内蒙古自治区人大代表、国际乳品联合会董事、蒙牛集团总裁卢敏放提出了关于“支持乳业交易中心建设 推动公平交易”“促进内蒙古奶业转型升级 实现高质量发展”的相关建议，并提出了关于制定《内蒙古自治区奶业供销产业链秩序保障与处理条例》的议案。

1月27日，蒙牛总裁卢敏放受邀参加世界经济论坛“达沃斯议程”对话会，围绕“改变粮食系统和土地使用”这一话题展开探讨。会上，卢敏放分享了中国乳业节能减碳、满足公众营养需求等方面的经验，并就改善粮食安全等议题提出了建议。

4月21日，2021年（第十一届）中国品牌力指数SM(C–BPI®) 品牌排名和分析报告重磅发布。蒙牛液态奶以598.3的分值远超其他品牌，荣获“C–BPI中国液态奶行业品牌力”第一名。同时，优益C连续五年站稳“C–BPI中国乳酸菌饮料行业品牌力”第一名的位置，摘得“2021C–BPI黄金品牌（Golden Brand）”桂冠。冰激凌/雪糕品牌排行榜中蒙牛连续4年位列第一，在奶酪棒/条品牌排行榜中蒙牛连续两年夺得第一名。

4月22日，由中国国际商会、内蒙古贸促会、新西兰–中国贸易协会主办，蒙牛集团承办的第四届中国–新西兰商务理事会会议在北京举行。在两国互动日益增强的经贸合作领域，乳业占据了重要的地位。作为全球第二大乳品消费市场，也是最大的乳品进口国，中国在去年进口了328万t的乳品，同比增长超过10%。而新西兰作为全球最大的乳品出口国，有三分之一的优质乳品出口到了中国。这种积极向好的态势表明，中新之间的双边贸易，已经成为当今全球乳业发展最重要的引擎之一。

4月22日，内蒙古自治区推进高质量发展重大项目建设动员大会在包头举行。作为重大项目之一，中国乳业产业园项目宣布奠基。首批开工的低温、鲜奶、奶酪三个工厂，全部按照“5G智慧样板工厂”标准建设，是目前全国最大的综合类低温板块项目。中国乳业产业园的建设，让大家再度见证了新时代的“蒙牛速度”。未来五年，蒙牛将打造全球乳业的标准与科研、智能制造、交易平台、组织与人才四大高地。

5月8日，内蒙古自治区纪念第74个世界红十字日暨全区“博爱一日捐”活动推进会在呼和浩特召开。全国人大常委会副委员长、农工党中央主席、中国红十字会会长陈竺为内蒙古自治区获得中国红十字会表彰的抗击新冠疫情先进集体、先进个人、优秀志愿者、“全国红十字模范单位”和抗疫捐赠爱心企业颁发奖章奖牌。其中，蒙牛集团荣获中国红十字会新冠疫情防控工作“特殊贡献奖”及“中国红十字会人道勋章”。

5月21日，云南大理漾濞连续发生多次2.8级至6.4级地震，22日凌晨，青海省果洛藏族自治州玛多县又发生7.4级地震。蒙牛集团得知地震灾情信息后，第一时间启动应急机制，发挥自身在应急救灾、仓储物流的丰富经验，于5月22日上午携手中华慈善总会、蓝天救援队迅速开展应急救灾工作，从青海、云南两地仓库中，紧急调拨一批乳制品、帐篷等急需生活物资，以最快速度发往受灾地区，为受灾地区群众、一线救灾人员提供支持。

5月25日，蒙牛集团在北京召开2021年度可持续发展执行委员会全体会议，在重点议题推进方面，集团上下同心协力投身到“可持续发展行动”中来，大到碳排放管理、责任供应链建设，小到捡拾垃圾等，蒙牛人在各项工作中都获得了突破性进展。为了更好地实现“2025年再创一个新蒙牛”战略目标，蒙牛将进一步把社会责任融入发展战略，把社会价值根植于业务DNA，坚定走好可持续发展之路。

6月8日，2021年全国食品安全宣传周主场活动正式启动，作为活动的重要环节，由国务院食品安全办指导，经济日报社主办，中国经济网承办的第十二届中国食品安全论坛成功举办。蒙牛总裁卢敏放出席2021年全国食品安全宣传周，并在中国食品安全论坛上讲话。卢敏放表示：“对于任何一家乳品企业来说，没有质量，一切都是负数，提升乳品质量、保障乳品安全，是乳业对国家、对民族的责任与使命。”

6月21日，蒙牛发布2020年度ESG报告，介绍了蒙牛在经济、社会、环境三个维度的社会责任绩效。在经济层面上，蒙牛始终致力于为全球消费者提供更营养的产品和更优质的服务。在社会责任方面，蒙牛始终主动承担社会公益责任，与社会大众携手共建美好生活。在环境层面，蒙牛发展生态牧场、践行绿色制造、助力循环经济，为守护可持续的地球贡献力量。

6月24日，由蒙牛集团党委及各基层党组织共同参与的“永远跟党走，共创新蒙牛”庆祝建党100周年红歌会演，在和林基地六期工厂盛大启幕。蒙牛集团总裁卢敏放，蒙牛集团党委书记、执行董事孟凡杰及集团高管团队与公司600余名员工代表共同参加此次活动，一同传唱百年记忆。

6月25日，全球乳业人才培训中心在内蒙古呼和浩特启动，作为蒙牛中国乳业产业园总规划下的重要项目之一，全球乳业人才培训中心致力于打造可持续发展的全球人才生态圈，助推中国乳业抢占全球人才高地，满足新发展阶段中国乳业最迫切的人才需求。

7月12日，中国社会科学院中国企业社会责任报告评级专家委员会发布了对《中国蒙牛乳业有限公司2020年可持续发展报告(ESG报告)》的评级报告。评级结果显示，蒙牛2020年可持续发展报告的过程性、实质性、完整性、平衡性、可比性、可读性及创新性均达到五星级，综合为“五星佳”级，为国内及行业最高评级，是中国企业社会责任报告中的典范。

7月13日，蒙牛以非公开发行方式持有妙可蓝多股份比例达28.46%，蒙牛成为妙可蓝多的控股股东。稍早的7月6日，蒙牛旗下公司收购中国圣牧约10.5亿普通股，占后者全部已发行股本的12.48%左右，持股比例从17.51%增至29.99%左右，交割完成后，蒙牛成为圣牧的最大股东。

7月18日，第十二届中国奶业大会暨2021中国奶业展览会、中国奶业20强（D20）峰会在合肥召开。蒙牛集团总裁卢敏放在会上致辞，向全行业提出四点倡议，获得各方好评，引发高度关注，让奶业振兴成为中华民族复兴的不竭动力，为“草原牛 中国牛 世界牛”点赞。

7月30日，蒙牛启动以“讲诚信、树正气”为主题的“诚信日”正式开启。蒙牛集团总裁卢敏放出席活动并表示：“一个公司的正直性决定了这个公司能否长久发展，对员工讲诚信、对合作伙伴讲诚信、对消费者讲诚信、对社会讲诚信，正直诚信是蒙牛的永恒底色。”

8月20日，恒生公布最新指数排名，蒙牛可持续发展卓越表现再获认可，连续第二年入选恒生可持续发展企业指数核心成分股，蝉联港股ESG表现前30位，充分印证蒙牛的环境社会及企业管治（ESG）绩效持续获得资本市场认可。

8月31日，在中粮集团党组书记、董事长吕军，上海市委常委、副市长吴清的见证下，蒙牛同上海市经信委、浦东新区政府在上海达成战略合作，蒙牛乳业总裁卢敏放与上海市经信委主任吴金城、浦东新区副区长吴强，分别代表各方签署战略合作框架协议。

9月5日，第十一届“中华慈善奖”表彰大会在北京隆重举行。蒙牛集团作为乳业唯一代表出席表彰大会，凭借在抗击新冠疫情中所做的突出贡献获得表彰。

9月14日，北京环球度假区蒙牛品牌日成功开启，作为中国乳业唯一官方合作伙伴，蒙牛集团总裁卢敏放与环球度假区领导共同出席活动，并为蒙牛冰激凌&牛奶工坊剪彩。

10月13日，蒙牛参加COP15高级别会议，集团总裁卢敏放作为唯一受邀的中国企业代表，发表了对乳业生态建设与促进全球粮食安全的演讲，同时携贝拉米启动生物多样性保护公益活动，并发布首份生物多样性报告。

10 月 25 日，蒙牛携手国际足联，成为卡塔尔世界杯全球官方赞助商，同时宣布续签梅西，新签姆巴佩两大球王同时成为蒙牛品牌代言人，加之与中国航天基金会、中国足协中国之队、中超联赛、上海迪士尼度假区、北京环球度假区等国内国际一流文化体育品牌长期战略合作，蒙牛实现顶级品牌 IP“大满贯”。

11 月 3 日，2020 年度国家科学技术进步奖揭晓，“奶及奶制品安全控制与质量提升关键技术”荣获国家科学技术进步奖二等奖，蒙牛乳业作为获奖单位接受表彰。作为中国乳业龙头企业，蒙牛一直以来积极投身行业关键技术研发与创新，引领民族乳业不断取得新突破。

（内蒙古蒙牛乳业股份有限公司，张永霞、王俊威、朱 诸、林 笛、高莉芳、何 平、顾 隽、王成保、顾媛媛）

光明乳业股份有限公司

光明乳业股份有限公司（以下简称光明乳业）业务渊源始于 1911 年，至今已有百余年的历史。作为中国高端乳品的引领者，光明乳业从牧场到终端，通过打造全产业链，确保高品质的产品与服务始终如一，致力于成为“中国最好的乳制品企业”。

光明乳业坚守品质引领创新，在“立足上海，发展华东，优化全国，乐在新鲜”的企业战略下，不断提升全产业链核心竞争力。光明乳业旗下拥有“光明冷饮”“致优”“优倍”“如实”“畅优”“健能 Jcan”“莫斯利安”“优加”“牛奶棚”“光明悠焙”等众多知名品牌。

光明乳业积极落实食品安全主体责任，严格实施“以质量为核心，以创新为动力，以品质促品牌”的质量战略，坚守匠心、用品质代言，让更多人感受美味和健康的快乐。

【奶源基地】截至 2021 年底，奶牛存栏约 8.95 万头，其中成母牛平均存栏 42 921 头，原料奶总产量超 45 万 t，成母牛年单产达 10.5t，其中有 2 个牧场成母牛年单产达 12t。牧场养殖分布在上海（含崇明）、江苏、浙江、河南、山东、天津、湖北、黑龙江、宁夏、安徽，共 25 个奶牛养殖场。牧场养殖规模最高达 13 800 头，最少 800 头，分传统拴系饲养（9 个牧场）和现代化散栏饲养（16 个牧场）两种模式。

所有牧场均采用全混合日粮（TMR）技术，均为立式 TMR 设备，分固定式和移动式两种。

牧场均采用机械挤奶，包括 3 种类型：管道式挤奶（传统拴系牧场）、并列式挤奶、转盘挤奶。所有牧场每月参加奶牛生产性能测定（DHI），均由上海奶牛 DHI 检测中心进行检测。

2021 年生奶质量持续保持良好，远优于欧盟标准。其中体细胞数 22.03 万个 /mL，鲜奶微生物平均 0.99 万 CFU/mL。

2021 年公司牧场未发生重大动物疫情，牧场主要免疫口蹄疫（O 型和 A 型），每年免疫 2~3 次，免疫后抗体合格率均在 95% 以上（低于 80% 全群补免）。另外，牧场还进行了梭菌免疫、山羊痘免疫。牧场监控疫病为牛结核、布鲁氏菌病，每年 2 次检疫，同时对牛病毒性腹泻病毒（BVDV）、牛副结核病进行监控。

【乳品加工】光明乳业在全国拥有 17 家生产企业，主要生产新鲜牛奶、新鲜酸奶，常温牛奶、常温酸奶、奶粉、奶酪等各类乳制品。2021 年，公司乳制品总产量近 134.81 万 t，其中液态奶产量 134.02 万 t、干乳制品产量 0.79 万 t。

光明乳业始终关注乳制品供应链管理的创新发展。2010 年，公司在乳品八厂率先导入 WCM 世界级制造，至今已推行 12 年，2019 年乳品四厂启动 TPM 特别奖的挑战，光明乳业的 WCM 推动成功进入到第二阶段，从关注工厂制造现场，转变为关注产业链整体运作的最优化。光明乳业 WCM 也获得了日本 JIPM 协会的高度认可，是首家获得 TPM 优秀奖、TPM 优秀奖 A 类、TPM 优秀继续奖的单位。2021 年，公司旗下乳品四厂成功通过 TPM 特别奖的终审，保持行业领先。

【市场消费】新鲜牛奶品类。引领行业，保持市场占有率第一的位置不断砥砺前行。优倍引领鲜活营养标准，进一步提升免疫球蛋白含量至 200mg/L，并将 α–乳白蛋白、β–乳球蛋白纳入营养数值标示，成为 5 种鲜活营养，并在全国陆续切换包装；致优推出了致优 A2 新品，“亲和蛋白 + 活性营养”，专为孩子和妈妈甄选。全方位高端化宣传推广，线下通过展览、活动专场、包装活化等活动向大众传达致优品牌的艺术高端化形象；新鲜牧场积极分销、推广，快速拓展华东以外的鲜奶市场。2021 年引进 INF 新工艺技术，推出含活性营养的奶滴瓶，提升产品竞争力。

新鲜酸奶品类。如实品牌有效推动整体光明新鲜酸奶的业绩提升及深度分销，市场份额稳步提升。如实瓶装系列新品上市，有效弥补如实个人饮用装产品线的缺失，强产品力帮助新品快速分销及自然动销；儿童健能上市新包装，借力节目《典籍里的中国》做深度传播；噜渴持续业绩提升，新口味白桃慕斯闪亮上市。

常温牛奶品类。聚焦市场变化，专注消费趋势，完善品类结构，拓展高端产品，满足细分需求，从而实现高于品类的快速成长。

常温酸奶品类。以“LIVE YOUNGER 活出年轻力”为主题，持续推进莫斯利安品牌年轻化升级战略。结合品牌代言人刘昊然，以莫斯利安星厨甜品系列为抓手，进行各类 IP 联名，线上线下开展全面联动。

除以上四大品类外，光明冷饮响应国家内循环号召，光明冷饮于 2021 年 3 月发布“一城一物可持续发展战略”，推出了棒冰型的杨梅果——一支杨梅，该产品荣获 2021 年国际美食奖章等大奖。

光明益生菌新品类抓住益生菌市场高速发展契机，针对益生菌消费人群及购买渠道分析，以新零售作为益生菌重点渠道来进行突破，通过抖音等全新平台进行产品分销，迅速切入市场，快速抢占消费者心智，产品自上市以来已达千万销售额。

2021年，光明乳业品牌建设持续高标准推进，不断深耕品牌年轻化战略布局，赋予光明品牌更多新鲜活力。由光明乳业冠名央视大型文化综艺节目《典籍里的中国》，以典籍为脉络，鲜活输出文化自信，实现流量和口碑双丰收；推出百集微纪录片《无声的功勋》，独家冠名警务侦查纪录片《大城无小事》，在为消费者提供高品质乳品的同时，将光明力量传递给更多人。在产品方面，光明优倍继续携手《我们的歌》，延续“鲜活力，青春样”的积极态度，致力打造观众喜爱的破圈节目；光明健能KIDS冠名语言文化类电视节目《典籍里的孩子》，将品牌价值与文化价值共融，触达不同的消费群体，塑造强大的品牌效应；光明莫斯利安连续两年以中国区官方合作伙伴身份助力英雄联盟总决赛，并推出英雄联盟联名款宇宙风味爆珠酸奶，用美味诠释热爱。此外，光明莫斯利安还携手国际知名潮流品牌Smiley World打造联名产品及限定快闪店，以年轻化突围方式提升品牌活力，吸引年轻消费群体，持续为品牌增添新动能。

【**全球发展**】光明乳业持续推进公司国际化发展，加强对海外投资实体新莱特乳业有限公司（以下简称新莱特）的治理，提升海外业务的多元化发展和运营能力，提升公司的国际品牌形象和竞争力。

2021年，新莱特持续提升南、北岛工厂的运营能力，率先启动了ERP系统的更新，逐步建设整个企业资源的集约化管理体系。同时，新莱特开启了对北岛工厂的技术改造，用于生产植物基营养品，满足跨国客户的需求。此外，新莱特利用Dairyworks的品牌优势，持续丰富产品组合和销售渠道，向市场推出鲜奶、稀奶油、奶酪和黄油等消费者包装产品，得到了新西兰当地市场和其他出口市场消费者的欢迎和好评。

其间，新莱特及Dairyworks也参加了第四届“进口博览会”，向中国市场推广了“乳铁蛋白”的营养价值，同时还推广了Dairyworks的奶酪产品，得到了众多客户和两国政要的一致认可。

【**社会责任**】光明乳业作为D20乳企中的重要一员，积极树立公益标杆和示范效应，投身中国小康牛奶行动，坚持向贫困地区学校捐赠学生饮用奶，捐赠范围覆盖河南、海南、河北、湖北、陕西、山东以及安徽等多个省份。2021年是光明乳业学生奶推广行动的20周年，这20年间，光明乳业已累计向各贫困地区捐赠学生奶38万箱，价值超1 800万元，惠及学生数量超40万人，援助学校超400所，涉及20个省、60多个县市。

2021年，光明乳业持续在抗击疫情、扶贫助学、抗震救灾等多个领域长期开展公益事业。面对郑州水灾，公司全面启动内部应急机制，积极安排物资，捐赠26 200箱光明莫斯利安酸奶、光明纯牛奶等前线所需物资，驰援救援人员和受灾群众。从2020年疫情发生至2021年持续开展的“三送”活动，为全市1 859名援鄂医疗队员家属送上关爱。开展“光明进校园”活动，将视力筛查、心理健康、艺术教育、体育活动等百余场公益课程配送至学校，以实际行动助力青少年健康成长。

光明乳业与乡村振兴有着天然的、广泛的联系，农业、畜牧业是光明乳业优质的源头和“第一车间”。光明乳业秉承“创新生活，共享健康”的企业使命，积极探索企业与农牧民利益联结机制，助力乡村振兴。2021年光明乳业下属光明牧业进一步扩大养殖版图，完善牧业养殖产业链，全面布局奶源基地，响应产业振兴带动乡村振兴战略。光明牧业推动绿色养殖，种养结合发展。2021年光明牧业在宁夏中卫，安徽淮北、阜南，河南等奶源基地流转土地14.5万亩，全国累计流转经营土地22万亩，拓展饲料来源，增加饲料属地化供应量，有效带动了当地农业产业化、规模化发展。同时光明牧业充分利用奶牛生理特点，积极响应秸秆回收利用号召，将水稻秸秆、小麦秸秆、花生秧秸秆等农作物秸秆经过简单物理加工后，作为奶牛的饲料资源。截至2021年12月底，与公司签约规模种植户近50户，招标签订订单种植优质青贮玉米、大小麦、苜蓿、燕麦19万亩，年收购饲料约33.32万t，年支付饲料金额约2.2亿元，有效带动了农业转型升级，增加了农户的收入。

【**奶业大事**】2021年5月28日，在2021年度上海市质量工作会议上颁发了2020年度上海市政府质量奖，光明乳业荣获上海市最高质量荣誉——2020年度上海市市长质量奖，成为该奖项自2008年设立以来首家获奖的食品企业。此次获奖是光明乳业在百年追求卓越之路上的里程碑，是城市和市民给予光明乳业品牌和产品的荣誉及褒奖，是行业和市场给予光明乳业品牌定位、产品品质的赞誉及高度认可。光明乳业以“匠心造精品”，以“诚信树品牌”，以“服务国民健康”为己任，引导行业高质量发展。

2021年11月3日，在2020年度国家科学技术奖励大会上，由中国农业科学院北京畜牧兽医研究所牵头完成，光明乳业参与的“奶及奶制品安全控制与质量提升关键技术”获国家科学技术进步奖二等奖。这是光明乳业第五次在该大会上拿下的重要奖项，成为行业内荣获此至高荣誉最多的乳制品企业。作为光明乳业产品研发和领先成果的科研创新基地，光明乳业研究院始终保持着国内乳品行业综合实力排名第一的位置。在研究院八大科研平台中，依托光明乳业建设的“乳业生物技术国家重点实验室”于2018年被科技部评估为“优秀类企业国家重点实验室”，也是我国乳品行业唯一一家国家重点实验室。光明乳业由此成为“技术引领、标准引领、品质引领”的国内乳企典范。

秉承着“绿色生产、绿色光明”的环保理念，光明乳业结合企业特性，以实际行动鼓励号召消费者为城市环境做出贡献。2021年，光明乳业更是在上海地区率先试点覆盖面更广、回收方式更多元的“奶盒回收2.0模式”。

通过不限规格、不限品牌开展牛奶纸盒回收，不仅可以实现二次利用，如制作“环保椅”等，还可参与线上随心订平台实现产品兑换。光明乳业已走进全国 81 个垃圾分类重点城市，累计覆盖 5 013 个点位，回收奶盒 348 余万只。“奶盒回收 2.0 模式”升级后，光明乳业将上海模式、上海经验成功复制推广至全国其他试点垃圾分类的城市，成为第一家在全国推广牛奶纸盒回收行动的乳制品企业，通过这一创新的垃圾分类推广和激励模式，引领市民提高垃圾分类回收意识。

（光明乳业股份有限公司，李丹倩）

附表1 光明乳业股份有限公司奶牛养殖场（小区）名录

序号	名称	地址	全群存栏（头）	成母畜存栏（头）	奶畜品种	成母畜单产（t/年）	年总产（t）	是否有机奶源基地	有机奶产量(t)
1	光明牧业有限公司金山种奶牛场	上海市金山区廊下镇永光路1588号	4 548	2 284	荷斯坦	10.5	26 915	否	
2	光明牧业有限公司星火奶牛一场	上海市奉贤区海湾镇海兴路1458号	766	429	荷斯坦	9.5	3 846	否	
3	光明牧业有限公司星火奶牛二场	上海市奉贤区海湾镇海农路606号	1 186	654	荷斯坦	10.4	6 968	否	
4	光明牧业有限公司申星奶牛场	上海市奉贤区海湾镇随塘河路1505号	1 782	928	荷斯坦	9.1	8 227	否	
5	光明牧业有限公司至江奶牛场	上海市崇明区东平镇长江农场东煌181号	1 063	764	荷斯坦	9.5	7 571	否	
6	光明牧业有限公司佳辰后备牛场	上海市崇明区新海镇长征公路2132号	1 521	0	荷斯坦	0.0	0	否	
7	光明牧业有限公司鸿星奶牛场	上海市崇明区新海镇北沿公路3126号	793	517	荷斯坦	12.1	6 353	否	
8	光明牧业有限公司新东奶牛场	上海市崇明区新海镇星村公路318弄116号	1 910	1 198	荷斯坦	10.8	1 3945	否	
9	光明牧业有限公司跃一奶牛场	上海市崇明区新海镇北沿公路486号	1 632	967	荷斯坦	9.8	10 302	否	
10	光明牧业有限公司跃二奶牛场	上海市崇明区新海镇跃进农场跃进中路159号	808	518	荷斯坦	10.2	5 586	否	
11	江苏申牛牧业有限公司－海丰奶牛场	江苏省大丰区海丰农场海丰奶牛场五大队民丰路	11 859	6 137	荷斯坦	10.3	64 718	否	
12	江苏申牛牧业有限公司－申丰奶牛场	江苏省大丰区海丰农场海丰奶牛场五大队民丰路	13 814	7 306	荷斯坦	10.9	80 579	否	
13	浙江光明牧业有限公司	金华市婺城区汤溪镇九峰山附近的秧垄山石羊村	1 570	798	荷斯坦	10.7	8 557	否	
	浙江光明牧业有限公司（娟姗）	金华市婺城区汤溪镇九峰山附近的秧垄山石羊村	724	382	娟姗	5.7	2 179	否	
14	武汉光明生态示范奶牛场有限公司	武汉东西湖区辛安渡农场工业园50号	3 052	1 645	荷斯坦	11.0	17 724	否	
15	德州光明生态示范奶牛养殖有限公司	山东德州市陵城区陵城镇马庄村	3 122	1 680	荷斯坦	10.5	17 657	否	
16	天津市今日健康乳业有限公司	天津市北辰区双口镇立新园林场内	2 714	1 500	荷斯坦	9.4	15 284	否	
17	富裕光明生态示范奶牛养殖有限公司	黑龙江省齐齐哈尔市富裕县友谊乡勤联村，小新民斜对面	4 647	2 530	荷斯坦	9.8	26 271	否	
18	富裕县光明哈川奶牛饲养专业合作社	黑龙江省齐齐哈尔市富裕县小哈洲村	2 268	1 076	荷斯坦	10.6	12 114	否	
19	双城米特利农业发展有限公司	黑龙江省哈尔滨市双城区长产村102国道东侧	2 839	1 673	荷斯坦	10.7	17 677	否	
20	滑县光明生态示范奶牛养殖有限公司	河南省滑县万古镇武家庄村	10 936	5 584	荷斯坦	11.0	62 678	否	

（续）

序号	名称	地址	全群存栏（头）	成母畜存栏（头）	奶畜品种	成母畜单产（t/年）	年总产（t）	是否有机奶源基地	有机奶产量(t)
21	江苏银宝光明牧业有限公司	江苏省盐城市射阳县大喇叭海堤线	3 770	1 934	荷斯坦	8.8	16 494	否	
	江苏银宝光明牧业有限公司（娟姗）	江苏省盐城市射阳县大喇叭海堤线	3 784	1 287	娟姗	5.9	4 555	否	
22	中卫光明生态智慧牧场有限公司	宁夏回族自治区中卫市沙坡头区常乐镇黄套村	2 746	0	荷斯坦	0.0	0	否	
23	阜阳光明生态智慧牧场有限公司	安徽省阜阳市阜南县柳沟镇柳沟村	3 471	0	荷斯坦	0.0	0	否	

备注：本表所指奶畜包括奶山羊、奶绵羊、奶水牛、牦牛、骆驼、驴等产商品奶家畜。本表奶畜养殖场指企业在中国及海外自建和参建（控股、参股）牧场（小区）。如认证为有机奶源基地等，请在相应表格中打钩。

附表 2　光明乳业股份有限公司乳制品生产企业名录

序号	名称	生产地点	生产许可证号码	年收购原奶量（t）	其中：自有奶源量(t)	平均支付价格（元/千克）	日处理生鲜乳能力（t）	年乳制品产量(t)	其中：低温鲜奶(t)	UHT 奶（t）	常温酸奶(t)	低温酸奶(t)	原料奶粉(t)	婴幼儿配方奶粉(t)	成人奶粉及其他(t)	奶油(t)	奶酪(t)	乳饮料(t)	冰品(t)	年销售收入（万元）	利润（万元）	有机产品（枚）
1	天津光明梦得乳品有限公司	天津市北辰区风电产业园区永信道 16 号	SC10512011302613	104 099	1 393	5.13	500	100 164.44		56 767.76	42 879.38							517.30		77 421.00	−3 251.00	1
2	光明乳业（德州）有限公司	山东省德州市德州经济技术开发区晶华路 2157 号	SC10637140100137	119 155	7 075	5.21	600	121 992.74		67 601.48	53 001.66							1 389.60		96 527.08	1 495.79	1
3	南京光明乳品有限公司	江苏省南京市江宁区禄口街道来凤路 2 号	SC10532011501911	24 354	-	5.03	250	42 864.24	7 856.51	-	13 489.35	2 755.83	-	-	-	-	-	18 762.55	-	37 237.75	413.22	-
4	北京光明健能乳业有限公司	北京市顺义区林河工业开发区内林河大街 14 号	SC10611130310647	53 086	4 618	5.1	460	59 924.04	19 036.27	29 807.74		6 143.20						4 936.83		40 517.73	−1 362.00	-
5	成都光明乳业有限公司	成都市东三环路二段航天路 9 号	SC10551010800030	20 410	-	5.37	230	37 220.78	8 610.40		2 755.48	25 854.90								23 301.32	90.12	-
6	广州光明乳品有限公司	广东省广州市黄埔区永和开发区新庄二路 38 号	SC10544011600445	39 214	15 540	5.14	150	71 272.48	20 038.74			47 293.78						3 939.96		75 396.18	−8 729.75	-
7	湖南光明乳品有限公司	长沙市望城区望城大道 69 号	SC10543011200165	8 909	278	5.33	60	33 421.63	-	-	-	33 421.63	-	-	-	-	-	-	-	19 283.50	1 933.97	-

（续）

序号	名称	生产地点	生产许可证号码	年收购原奶量（t）	其中：自有奶源量（t）	平均支付价格（元/千克）	日处理生鲜乳能力（t）	年乳制品产量（t）	其中：低温鲜奶（t）	UHT 奶（t）	常温酸奶（t）	低温酸奶（t）	原料奶粉（t）	婴幼儿配方奶粉（t）	成人奶粉及其他（t）	奶油（t）	奶酪（t）	乳饮料（t）	冰品（t）	年销售收入（万元）	利润（万元）	有机产品（枚）
8	黑龙江光明佳原乳品有限公司	黑龙江省佳木斯市汤原县	SC10523082800019	5 113	3 755	4.74	60	33 421.63	-	-	-	4 573.35	-	-	-	-	-	28 848.28	-	37 300.24	986.13	-
9	光明乳业（泾阳）有限公司	陕西省泾阳县泾干大街西段 2 号	SC10561042300013	16 885	-	4.58	120	24 381.57		16 592.94								7 788.63		16 230.85	564.25	-
10	江苏光明银宝乳业有限公司	射阳县射阳港经济开发区幸福大道 34 号	SC10532092401655	36 181	24 774	5.07	500	35 505.91	18 325.82	9 010.04		8 170.05								32 118.48	−2 738.27	-
11	上海乳品四厂有限公司	上海市奉贤区海湾镇海兴路 1750 号	SC10531012001071	99 395	29 909	5.15	400	101 243.02	86 550.14			14 007.61					672.26	13.01		82 584.11	6 287.71	1
12	黑龙江省光明松鹤乳品有限责任公司	黑龙江省富裕县富裕镇	SC10523022700877	127 545	47 580	4.87	800	111 937.46		101 803.39	4 137.96			926.41	3 183.27	108.90		1 777.54		88 593.00	9 758.00	1
13	武汉光明乳品有限公司	武汉市东西湖区张柏路 1 号	SC10542011200055	95 639	31 051	5.25	500	141 620.77	39 053.91			101 634.97						931.89		101 927.53	10 400.41	-
14	上海永安乳品有限公司	海湾镇永华路一号	SC10531012001047	39 599	14 560	4.94	250	46 477.96	5 315.00	24 570.76	-	4 414.00					1 335.20	10 843.00		43 690.11	239.78	-
15	郑州光明乳业有限公司	新郑市和庄镇神州路南段	SC10541018400032	70 200	14 899	5.09	400	76 113.17		28 346.45	40 715.84	6 711.25						339.63		70 870.56	371.99	-
16	光明乳业股份有限公司华东中心工厂	上海市闵行区紫东路 489 号	SC10531011200677	325 487	123 328	5.28	2100	349 747.31	190 198.05	24 984.46	39 580.34	81 171.49				2 427.76		11 385.22		299 265.29	22 656.35	1

备注：本表包括在中国及海外的生产企业。日处理生鲜乳能力指设计加工生鲜乳能力。自有奶源指来自自建和参建（控股、参股）牧场（小区）的原奶。成人奶粉指除婴幼儿配方奶粉以外的学生奶粉、孕妇奶粉、中老年奶粉等终端消费奶粉。冰品包括冰激凌、雪糕等。有机产品数量单位为“枚”指获得有机标志的数量。

现代牧业（集团）有限公司

【总体情况】按照“种好草、养好牛、产好奶”要求，现代牧业引领奶牛规模化养殖行业，成为国内高品质原奶供应商及优质乳加工制造者。2021 年，现代牧业在全国建成万头规模牧场 35 个，奶牛存栏 35.4 万头，同比大幅增长 43.0%。其中成母牛 18.4 万头，占比 52.1%。原料奶产量实现历史性的突破，达 161 万 t，同比增长 8.1%；成乳牛年均单产达 11.3t，同比增长 1.8%，再创高峰。盈利突破预期，销售收入 70.78 亿元，同比增长 17.6%。现金 EBITDA 录得 24.34 亿元，同比增长 7.5%。公司净利润 10.35 亿元，同比大幅增长 32.0%，创历史新高。现代牧业品牌奶继续深耕三四线城市，渠道渗透率得到进一步提升。

现代牧业坚持新发展理念，坚持科技创新引领行业发展。现代牧业始终坚持创新是引领发展的第一动力。自 2014 年 9 月以来，现代牧业在国内率先实施“优质乳工程”优质 UHT 奶项目，是国内参与推进“优质乳工程”的乳品企业之一。2021 年 7 月，在合肥召开的“领鲜金奖八连冠·专注中国优质乳”现代牧业优质乳成果、八连冠金奖发布会暨优质乳工程技术研讨会上，隆重发布了《现代牧业优质乳工程评价成果白皮书暨现代牧业优质乳工程评价验收纪实》，正式宣告现代牧业旗下所有牧场全部通过“优质乳工程”认证，成为全国通过“优质乳工程——特级乳”评价验收的集团化牧场企业。此次验收，不仅标志着现代牧业在规模化养殖领域的持续地位，更表明了现代牧业在奶源质量、加工工艺和产品质量上都达到了国家乃至世界水平。现代牧业开拓创新，坚持种养加一体化、坚持绿色可持续发展、坚持履行责任彰显担当，是大型规模养殖的开创者，是服务消费的孺子牛。

严把牛奶质量关，连续 8 年获世界食品品质评鉴大会金奖。公司坚持严格的原奶标准，从挤奶到加工 2 h 完成全过程，这主要得益于先进的生产模式，现代牧业原奶体细胞总数低于 15 万个，微生物低于 1 万个，均优于欧盟标准。“尊贵纯牛奶”第八次夺金，使得现代牧业成为第一个连续八年获得世界食品品质评鉴大会金奖的中国企业。品牌奶销售收入同比增长超 22%，达 15 亿元，联营公司利润贡献同比增长 17%，达 3 600 万元。现代牧业金奖纯牛奶也连续 3 年获得了世界食品品质评鉴大会金奖。金奖纯牛奶原生无添加，保留了纯净的原生营养，每 100mL 含 3.2g 优质乳蛋白，运用了甄选的优质荷斯坦奶牛奶源。同为金奖的现代牧业高钙牛奶，每 100mL 中含 125mg 钙，还特别添加了可促进钙成分吸收的维生素 D，更适合需要补钙的老人、小孩等人群。另外，作为首次在世界食品品质评鉴大会亮相，便获得金奖的现代牧业脱脂牛奶，采用先进脱脂工艺，打造了零脂肪、零乳糖的脱脂牛奶，不仅更加健康，也更助于日常营养吸收。

【奶源基地】现代牧业多措并举，狠抓奶源基地建设。现代牧业作为我国奶牛养殖的头部企业，在提升我国奶源自给率方面一直率先垂范，并做出了相应贡献。一是自有牧场加速自繁，牛群自繁增长率达到 6.4%。二是抓整合并购。2021 年 3 月，现代牧业以人民币 34.8 亿元收购富源国际全部股权；2021 年 4 月，现代牧业以不超过 8.15 亿元人民币，收购中博农畜牧科技股份有限公司全资子公司中元牧业全部股权，完成澳源牧业 52% 和宁夏阜民丰 90% 的股权收购，共增加奶牛约 9 万头。三是创新以租代建运营模式，启动中国乳业产业园和林格尔万头牧场战略合作项目，并在新疆成功布局现代牧业首座规模化牧场。现代牧业在近 20 个省份建有现代化牧场，日产鲜奶量超过 4 000t。

现代牧业双管齐下，融资成本率下降。受新冠疫情、养殖行情等因素影响，饲料价格、养殖人工成本连续上涨，并且奶价波动下行，导致持续挤压养殖利润空间。现代牧业一方面加强成本管控，通过可持续的单产提升、准确市场节点把握、配方与物料市价紧密联动调整、精准饲喂执行保障等有效措施，极大减小了饲料价格上涨的影响，公斤奶饲料成本处于行业领先水平，大幅跑赢市场。另外，通过挖潜节流，大力推行对标改善提升效益，销售费用率、行政费用率及融资成本率均得到有效控制，其中销售费用率、行政费用率分别下降至 2.6% 和 5.4%，融资成本率下降至 3.7%。

严格疫病预防管理，强化奶牛“两病”防控。现代牧业严格落实《中华人民共和国动物防疫法》《中华人民共和国生物安全法》等法律法规。一方面，严格执行日常各项消毒、免疫、检疫工作，结合各牧场区域周边的特殊情况，以当地畜牧部门要求为基础，建立系统有效的牧场卫生防疫体系。另一方面，加强人畜共患病预防工作。为切实保障员工在工作过程中的职业健康与人身安全，现代牧业建立了集团、牧场、部门三层级的职业健康管理机构，依照集团一级制度指导，各运营中心依据生产一线的实际情况，制定有效可行的操作流程，集团严格遵守国家关于职业健康防护等相关法律法规，提供符合法规要求、合格足量的劳动防护用品和防护设施。

坚定不移推进高质量发展，助推奶业双碳战略。现代牧业积极响应党中央号召，立足大循环、促进双循环，准确把握奶业发展新动向与新趋势，着力实现“五年领跑计划”，推进农业绿色发展，助力实现“碳达峰、碳中和”目标。构建“饲草种植—奶牛养殖—粪污处理—沼气发电—粪肥还田”的绿色循环产业链条。通过处理牛粪，实现沼气发电、沼渣回收利用、有机肥还田的综合利用，每年直接效益可达 2 亿元，每年可减少碳排放 37.3 万 t，碳交易潜力价值 746 万元，实现了生产过程中再生能源的循环利用，打造生态农业循环经济。同时依托奶牛养殖，以做强核心业务、进军饲料板块、发展肉牛产业、打通交易平台、培育育种业务、整合地草资源为抓手，用全产业链运营思维强化产业延伸，进一步完善全产业链布局，提高集团公司综合业务能力，从而推动我国奶牛养殖向更高水平、更高质量的方向发展。

【社会责任】勇担企业社会责任，助力国家乡村振兴。为带动一方经济发展，现代牧业牧场选址多为乡村贫困地区，并在建场后积极吸收当地农民为员工，通过无偿提供技术支持服务、捐赠饲料牛只等措施，集团各牧场长期坚持对当地贫困群体开放企业部分就业岗位，拓宽贫困户就业渠道，解决当地就业问题。现代牧业积极为当地学校改善教学环境，对困难学生进行义务帮扶；义务承担修路，改善当地交通。现代牧业为抗击新冠疫情，时常献出企业爱心，多次捐款、捐物、捐牛奶，仅2021年一年就投入800余万元，累计投入1 800余万元，尽显现代牧业集团的社会责任与担当。

【奶业大事】2021年1月19日，现代牧业公布盈喜，2020年经常性溢利同比增长230%以上。

2021年1月20日，现代牧业发布公告，定增6.5亿股配售股份，受资本市场热捧。

2021年3月3日，现代牧业集团与南京农业大学校企战略合作签约仪式圆满成功。

2021年3月23日，现代牧业以人民币34.8亿元收购富源全部股权，进一步巩固奶牛养殖行业龙头地位。

2021年3月23日，现代牧业发布2020全年业绩，不平凡之年，创不平凡业绩，盈利实现翻倍增长。

2021年4月8日，现代牧业以不超过人民币8.15亿元的现金收购中元牧业全部股权，加快行业整合。

2021年4月12日，现代牧业连续8年荣获世界食品品质评鉴大会金奖。

2021年4月18日，现代牧业斩获优质乳工程双料大奖，助力国家奶业科技创新联盟吹响新号角。

2021年6月29日，现代牧业全新管理团队首次亮相，共同启动牧业发展新征程。

2021年7月5日，现代牧业公布盈喜，上半年溢利实现翻番，经常性溢利同比大幅增长约200%。

2021年7月5日，标普给予现代牧业BBB的投资级信用评级，前景展望为稳定。现代牧业成为全球首家奶牛养殖企业获得国际信用评级为投资级的企业。

2021年7月8日，现代牧业成功为5亿美元5年期公司美元债定价，债券票息为2.125%，共获约4.2倍超额认购。

2021年7月17日，现代牧业举办“领鲜金奖八连冠·专注中国优质乳”优质乳成果、八连冠金奖发布会暨优质乳工程技术研讨会，现代牧业成为全球唯一获优质乳工程认证的牧业集团。

2021年7月18日，现代牧业携新品隆重亮相第十二届中国奶业大会暨2021中国奶业展览会。

2021年8月23日，现代牧业公布2021年中期业绩，经常性溢利同比大幅增长约230%，为全面实现“五年领跑计划”迈出了坚实有力的第一步。

2021年9月10日，现代牧业携手正缘农牧，正式启动中国乳业产业园和林格尔万头牧场战略合作项目。

2021年9月15日，现代牧业正式启动新疆昌吉5 000头奶牛标准化示范养殖场战略合作项目，创新以租代建运营模式，成功布局新疆首座规模化牧场。

2021年9月20日，现代牧业全面启动幸福计划暨2021调薪计划，整体调薪率≥10%，其中业务一线调薪总额占总调薪额度的80%以上，有利于5年战略落地夯实人才支撑。

2021年12月4日，现代牧业（集团）有限公司蝉联网易·新能量乳制品行业峰会“年度最具成长力新锐品牌”，执行总裁孙玉刚荣获“最佳操盘手”。

2021年12月10日，现代牧业双碳项目正式启动，全面开启集团减碳绿色发展之路。

［现代牧业（集团）有限公司，吕中旺］

附表 1　现代牧业（集团）有限公司奶牛养殖场（小区）名录

序号	名称	地址	全群存栏（头）	成母畜存栏（头）	奶畜品种	成母畜单产（t/年）	年总产量（t）	是否有机奶源基地	有机奶产量（t）
1	现代牧业（集团）有限公司	安徽省马鞍山市博望区丹阳镇	8 735	4 611	荷斯坦	11.30	47 331.31	否	/
2	现代牧业（和林格尔）有限公司	内蒙古自治区呼和浩特市和林格尔县盛乐经济园区	11 672	6 131	荷斯坦	12.32	74 633.03	否	/
3	现代牧业（张家口）有限公司－一期	河北省张家口市塞北管理区	8 859	4 753	荷斯坦	11.01	50 889.83	否	/
4	现代牧业（张家口）有限公司－二期	河北省张家口市塞北管理区	11 887	6 262	荷斯坦	11.12	69 997.31	否	/
5	现代牧业（张家口）有限公司－三期	河北省张家口市塞北管理区	11 178	5 793	荷斯坦	10.98	66 242.03	否	/
6	现代牧业（张家口）有限公司－四期	河北省张家口市塞北管理区	12 501	6 643	荷斯坦	11.90	75 967.39	否	/
7	现代牧业（汶上）有限公司	山东省济宁市汶上县郭仓镇	8 514	4 424	荷斯坦	10.51	46 537.32	否	/
8	现代牧业（察北）有限公司	张家口市察北管理区白塔管理处	24 466	12 271	荷斯坦	10.50	133 011.99	否	/
9	现代牧业洪雅有限公司	四川省洪雅县东岳镇团结村 11 组	6 615	3 715	荷斯坦	10.23	38 524.52	否	/
10	现代牧业（合肥）有限公司	肥东县白龙镇长王村	20 828	11 428	荷斯坦	11.37	129 699.22	否	/
11	现代牧业（宝鸡）有限公司	陕西省宝鸡市眉县（市农牧良种场院内）	21 626	11 407	荷斯坦	12.08	134 198.77	否	/
12	现代牧业（尚志）有限公司	黑龙江省尚志市乌吉密乡和平村	8 087	4 082	荷斯坦	10.94	44 820.91	否	/
13	现代牧业（察北）恒盛有限公司	河北省张家口市察北管理区白塔管理处	5 108	2 718	荷斯坦	11.51	32 404.32	否	/
14	现代牧业（通辽）有限公司	内蒙古自治区通辽市经济技术开发区大连路东侧	11 770	6 001	荷斯坦	12.02	76 468.53	否	/
15	现代牧业（五河）有限公司	安徽省蚌埠市五河县朱顶镇现代牧业园区	42 678	21 347	荷斯坦	10.58	229 046.66	否	/
16	现代牧业（双城）有限公司	双城市农丰镇永久村	24 512	11 932	荷斯坦	11.25	123 739.82	否	/
17	现代牧业（商河）有限公司	山东省济南市商河县沙河镇政府驻地	24 219	12 624	荷斯坦	11.78	144 704.09	否	/
18	现代牧业（新乐）有限公司	河北省石家庄市新乐市木村乡木村北沙河南岸	19 074	10 950	荷斯坦	11.24	52 314.73	否	/
19	现代牧业（兰陵）有限公司	山东省临沂市兰陵县矿坑镇棠林村	5 439	3 242	荷斯坦	11.60	3 345.48	否	/
20	现代牧业（衡水）有限公司	衡水市武强县孙庄乡工业园区	8 960	5 018	荷斯坦	12.63	5 933.25	否	/
21	富奥衡水牧业有限公司	河北省衡水市武强县街关镇合留路东侧	9 469	5 094	荷斯坦	12.14	5 646.90	否	/
22	现代牧业（宿迁）有限公司	江苏省宿迁市泗洪县青阳镇重岗社区余庄居委会	10 231	5 553	荷斯坦	11.76	6 137.95	否	/
23	现代牧业（吴忠）有限公司	吴忠市利通区扁担沟镇五里坡奶牛养殖基地	1 965	1 124	荷斯坦	12.21	1 157.76	否	/

（续）

序号	名称	地址	全群存栏（头）	成母畜存栏（头）	奶畜品种	成母畜单产（t/年）	年总产量（t）	是否有机奶源基地	有机奶产量（t）
24	内蒙古富源牧业（赛罕）有限责任公司	内蒙古自治区呼和浩特市赛罕区金河镇羊盖板村	4 227	2 399	荷斯坦	12.90	2 684.58	否	/
25	现代牧业（托克托）有限公司	内蒙古呼和浩特市托克托县五申镇官士夭村	4 268	2 365	荷斯坦	12.39	2 571.89	否	/
26	内蒙古艾林牧业有限责任公司－和林一牧	内蒙古呼和浩特市和林格尔县前恼木气自然村村东	6 059	3 112	荷斯坦	13.17	3 412.50	否	/
27	内蒙古艾林牧业有限责任公司－大梁牧场	内蒙古呼和浩特市和林格尔县前恼木气自然村村东	1 305	702	荷斯坦	12.67	760.99	否	/
28	内蒙古艾林牧业有限责任公司－马群沟牧场	内蒙古呼和浩特市和林格尔县前恼木气自然村村东	1 068	590	荷斯坦	12.56	662.56	否	/
29	内蒙古艾林牧业有限责任公司－舍必崖牧场	内蒙古呼和浩特市和林格尔县前恼木气自然村村东	1 203	678	荷斯坦	13.06	736.46	否	/
30	现代牧业（曲靖）有限公司	云南省曲靖市陆良县芳华镇狮子口村委会	2 157	595	荷斯坦	12.41	621.13	否	/
31	现代牧业（眉山）有限公司	四川省眉山市青神县西龙镇万沟村4组	778	410	荷斯坦	9.41	375.98	否	/
32	内蒙古富源牧业（兴安盟）有限责任公司	内蒙古兴安盟科右前旗额尔格图镇白音浩特嘎查南2公里	2 414	1 367	荷斯坦	12.57	1 406.18	否	/
33	富源牧业张家口有限责任公司	河北省张家口市沽源县塞北管理区三牛点村	3 366	1 871	荷斯坦	12.53	1 962.09	否	/
34	现代牧业（磴口）有限公司	内蒙古自治区巴彦淖尔市磴口县隆盛合镇公地村	2 477	0	荷斯坦	0.00	0.00	否	/
35	宁夏阜民丰牧业发展有限责任公司	宁夏回族自治区中卫市沙坡头区常乐镇李营村	6 076	3 092	荷斯坦	8.88	2 480.59	否	/
	合计		353 791	184 304		11.30	1 610 428.056		

备注：本表所指奶畜包括奶山羊、奶绵羊、奶水牛、牦牛、骆驼、驴等产商品奶家畜。本表奶畜养殖场指企业在中国及海外自建和参建（控股、参股）牧场（小区）。如认证为有机奶源基地等，请在相应表格中打钩。

附表 2　现代牧业（集团）有限公司乳制品生产企业名录

序号	名称	生产地点	生产许可证号码	年收购原奶量（t）	其中：自有奶源量(t)	平均支付价格（元/kg）	日处理生鲜乳能力（t）	年乳制品产量（t）	其中：低温鲜奶（t）	UHT 奶（t）	常温酸奶（t）	低温酸奶（t）	原料奶粉（t）	婴幼儿配方乳粉(t)	成人奶粉及其他(t)	奶油（t）	奶酪（t）	乳饮料（t）	冰品（t）	年销售收入（万元）	利润（万元）	有机产品（枚）
1	现代牧业（蚌埠）有限公司	安徽省蚌埠市五河县朱顶镇现代牧业园区	SC10534032200010	151 200		4.5	230	145 500		145 500										10 506	4 100	

备注：本表包括在中国及海外的生产企业。日处理生鲜乳能力指设计加工生鲜乳能力。自有奶源指来自自建和参建（控股、参股）牧场（小区）的原奶。成人奶粉指除婴幼儿配方奶粉以外的学生奶粉、孕妇奶粉、中老年奶粉等终端消费奶粉。冰品包括冰激凌、雪糕等。有机产品数量单位为“枚”指获得有机标志的数量。

石家庄君乐宝乳业有限公司

【奶源基地】截至2021年，集团共有奶源基地180个，奶牛存栏23万头，其中企业投资自建牧场17个，奶牛存栏13万头；合作牧场163家，奶牛存栏12万头，规模化养殖比例达100%。年生鲜乳收购总量106万t，生鲜乳质量达到国际先进水平，乳脂肪率3.87%、乳蛋白率3.33%，菌落总数1.7万/mL、体细胞数22万个/mL。

君乐宝牧场管理创建了5种模式。一是建设观光牧场，打造"优致牧场模式"。君乐宝拥有4个自建观光牧场，建立行业标杆，将奶牛科普知识和牧场实景观光相结合，以生动、立体的形式展现中国现代化奶业的先进水平。

二是建设国家级奶业园区，实施"金牛模式"助力农民增收。整合政府、企业、农民三方资源，直接帮扶村庄200余个，涉及人口18 000余人，增加近4 000多个就业岗位，其中直接吸纳人口就业2 000余人，人均年增收4万~5万元。在邢台威县，君乐宝采用奶牛胚胎繁育、牧草种植、奶牛养殖、饲料加工、液态奶加工、产品就地消费、生态牧场观光等全产业链一体化生产经营模式，投资50多亿元建设了5个万头规模化牧场、1个液态奶加工厂、1个3A级旅游区及10万亩饲草基地，成为全亚洲在县域范围内规模最大、产业链最完整的奶牛养殖示范区。2021年，威县君乐宝乡村振兴示范区成功获评省级乡村振兴示范区创建示范点。

三是建设种养加一体化工厂，构建"零距离生产加工模式"。按照"零距离一体化"顶层设计理念，君乐宝在张家口察北牧场建设牧草种植、饲料加工、奶牛养殖、生产加工一体化，从而最大限度地保留乳品中的生物活性物质。

四是建设社会牧场，推行"利益共享模式"。君乐宝合作牧场主要分布在河北、河南、山东、江苏、吉林等10余个省份。集团对所有合作的奶牛养殖场建立统一规范的管理制度及标准，实现了奶牛科学养殖、精细化管理和全链条监管保障。"利益共享模式"保障牧场长期收益，奶价形成、结算机制公开透明，严格执行政府指导价和最低保护价且整体高于行业平均水平，为合作牧场提供全方位的金融支持及免费技术培训。

五是建设标准化家庭牧场，助力乡村振兴。君乐宝参与编制河北省奶业协会发布的《河北省示范型奶牛家庭牧场》团体标准，并大力推进家庭牧场建设。推行"1+1+N"组团模式，即在一个地区围绕"1个工厂+1个自建牧场+N个家庭牧场"的产业布局，实现与工厂、自建牧场组团式推进与发展。2019年，君乐宝第一个家庭牧场在邢台柏乡建成，奶牛单产达10t以上，比全省平均8t提升了2t，每头牛每年增收8 000元左右，产生了良好的经济效益。2021年，君乐宝在石家庄、保定等地建设了15个家庭牧场，助力乡村振兴。

2021年，君乐宝收购省公牛站，成立育种公司，建设国家级奶牛核心育种场和高产奶牛扩繁基地，并通过引进国外种用胚胎、国外代购代养优秀种公牛等手段，力争用5~8年时间培育出自有优秀种公牛，建立自主育种体系。

【乳品加工】集团经营保持良性增长，生产规模持续扩大。截至2021年底，在河北、江苏、河南、吉林等地建有21个生产工厂，其中河北省17家，主要分布在石家庄、保定、张家口、唐山、邯郸、邢台、沧州地区，河南省驻马店1家，吉林省四平1家，江苏省徐州2家，产能共计228万t，河北省产能占比77%。其中液态奶工厂13个，拥有生产线151条，灌装设备254台，产能210万t；奶粉工厂8家，已投产7家，共拥有生产线27条，灌装设备31台，产能17.9万t。

近年来，君乐宝不断引进先进工艺设备，推进工业化、信息化发展融合。其中，液态奶工厂引进世界最先进的德国斯托克无菌冷灌装设备，以及瑞典利乐公司灌装设备，为产品品质提供了强有力的保障。奶粉工厂采用丹麦、瑞士、法国、德国、澳大利亚、新西兰等世界领先的婴幼儿配方奶粉生产技术和装备，建设成国际领先水平的全自动配方奶粉生产线，配套全自动仓储物流中心，开创了电商物流自动发运系统，确保产品以最安全、最便捷、最省时的方式供应给消费者。基于物联网、互联网技术，充分利用、整合多模块数据信息管理工具，实现运营各环节数据的自动生成、自动采集、总结分析、预警等智能管控，得以保障产品安全及高品质。整合第三方专业信息团队共同研发的食品安全追溯系统，更是实现每一最小单位产品的双向全链条质量安全可溯源。凭借着在智能制造领域的突出表现，君乐宝成功入围工信部2017年智能制造试点示范项目名单。

【市场消费】君乐宝乳业集团销售额增长率连续多年在全行业领先，2021年销售额突破203亿元。

在奶粉领域，2021年君乐宝奶粉产销量突破10万t，全国领先。在君乐宝等国产品牌的带动下，国产奶粉市场份额从2016年的30%左右增长到2021年的75%左右。2021年，君乐宝奶粉推出"内码制"创新升级安全追溯体系，率先在旗下奶粉产品罐内加装二维码，罐内码和罐底码一罐双码可以最大限度地保障产品品质安全，同时稳定市场秩序。通过双码扫描，消费者不仅可以获得现金、积分等多重福利，更重要的是，可以清晰掌握这罐奶粉的原材料、生产过程、质量检验、销售流向等全方位信息，确保每一罐产品安全可追溯。

旗帜奶粉凭借独有的"0124"模式，首创鲜活奶粉品类，并在安全、营养、活性、新鲜四个全球公认的科学指标维度上做到了创新引领、标准引领、品质引领，树立了婴幼儿配方奶粉鲜活营养的新鲜度标准。旗帜奶粉独有独创的"鲜奶密闭传输系统"技术于2021年3

月获得国家专利技术认证，由国家知识产权局正式颁发了证书，领先世界。

在酸奶领域，君乐宝酸奶市场占有率位居全国第三位。简醇酸奶凭借零蔗糖健康优势、丰富口感在零蔗糖酸奶品类全国销量第一，成为中国零蔗糖酸奶市场领先品牌。

在低温鲜奶方面，2021 年悦鲜活 A2 牛奶上市，含有更多珍稀 A2β－酪蛋白，喝着舒服、喝着营养、喝着安全。悦鲜活更是实现了高端瓶装鲜奶市占第一、便利店渠道瓶装鲜奶市占第一。

君乐宝致力于强品牌战略，先后聘请埃森哲、罗兰贝格、里斯、普华永道等国际一流咨询公司，进行企业品牌战略、营销、管理咨询。结合企业实际情况，君乐宝形成系统的 5~10 年品牌战略规划与实施路线，逐年提升品牌价值与美誉度。一是加大品牌传播，实施公信力融媒体传播策略，大数据科学分析精细化管理，使用央视索福瑞第三方数据，聘请国际 4A 凯洛传播公司进行媒介策略分析，建立以品牌目标及市场需求的融媒体整合传播策略，通过科学化大数据测算，优化媒体组合，实现投放成本最优、效果最大化。2017 年起，公司以提高君乐宝奶粉品牌公信力、知名度、美誉度为目的，连续 3 年与央视合作，占领公信力制高点，覆盖全国 78% 收视人口，打响全国知名度，媒体投资回报率超过 170%。线下体验方面，投资近 4.5 亿元建设国家 4A 级旅游观光优致牧场、透明工厂，并面向全社会免费开放，接受公众观光和监督，游客接待量累计超过 400 万人次，为提升君乐宝品牌影响力及产品形象奠定了坚实的基础。倡导健康生活，持续冠名赞助郑开、衡水湖、秦皇岛、石家庄等马拉松国际赛事，为品牌注入活力，提升品牌国际影响力和美誉度。二是强化渠道开拓，坚持全渠道运营持续精耕细作，拥有经销商 3 300 个、网点 60 万家。同时大力推展电商，通过视频、直播等新媒体营销创新，结合客服、物流等综合服务，整合提升线上品牌影响力。三是扩大品牌知名度，调研显示君乐宝的品牌知名度已经达 98%，完成了从地方品牌向全国品牌的蜕变和跨越。目标人群呈现年轻趋势，关联产品凸出奶粉品类，在消费者图谱分析上呈现可信可靠的感情联想；在企业认知上，消费者认为君乐宝是不断创新、产品丰富的品牌。君乐宝已由区域品牌逐步提升为全国性品牌。四是开展年轻化营销，紧跟年轻人的喜好，走时尚路线，借助媒体、新媒体造势开路。2021 年，君乐宝优萃有机奶粉独家冠名抖音首档跨屏互动音乐综艺《为歌而赞》。同时，君乐宝小小鲁班儿童奶粉独家冠名的金鹰卡通《爱上幼儿园 6》也在上半年热播。在代言方面，5 月优萃有机奶粉携手实力气质女神演员韩雪，开启有机新生活，展现其天然营养。同时，实力歌手袁维娅、张碧晨，主持人华少，演员杨迪一起见证新一代国潮好奶粉的高品质。6 月君乐宝至臻 A2 奶粉又邀请“中国男篮领军人物”易建联出任“至臻形象大使”，向世界展示中国“臻骨气”。君乐宝还自制品牌新歌《爱上优萃》及“爱的宣言”MV，并同邀韩雪、袁维娅、张碧晨三位新一代女神一起助力，抢占“后浪”消费者认知。此外，君乐宝与电影频道战略合作，深度植入《佳片有约》王牌栏目，将品牌与栏目融合做到极致；个性化打造君乐宝“优萃”和“简醇”电影季，并覆盖《中国电影报道》和《星光星播客》等栏目，打造品牌价值高地。

【全球发展】君乐宝坚持打造国产奶粉领先者，婴幼儿配方奶粉以港澳市场作为进军国外市场的桥头堡。2016 年 8 月，君乐宝奶粉通过国家进出口检验检疫部门和香港食环署 397 项严苛检测，登陆中国香港销售。香港是全球顶级品牌的聚集地，供港销售是对君乐宝奶粉国际品质最好的证明。2017 年 8 月，君乐宝奶粉登陆中国澳门市场，实现“同质同价 陆港澳通行”，成为唯一一家通行于港澳市场的国产奶粉，君乐宝奶粉被称为国产奶粉恢复出口的重要标志。

除此之外，君乐宝奶粉自 2014 年上市销售，不断获得国际认可。2015 年，在全球奶粉行业中是第一家通过了食品安全全球标准 BRC 的 A+ 顶级认证；作为唯一国产奶粉品牌，君乐宝奶粉在香港通过了第三方独立检测机构的最高安全评级；君乐宝旗帜奶粉连续三年斩获世界食品品质评鉴大会特别金奖，并被授予“国际高质量奖杯”；君乐宝还获得国际权威质量评定组织 B.I.D 颁发的“国际质量管理卓越和创新钻石奖”，这些都充分证明了国产乳业的品质与实力。

君乐宝一直把科技创新作为企业的核心竞争力，以创新引领高质量发展，建立了国际、国内两个创新平台和全员创新管理体系。

一方面，建立了以项目为纽带的产学研国际联合研发平台，与美国范德堡大学、爱尔兰农业与食品发展部、以色列领先油脂、荷兰皇家帝斯曼等全球领先高校、科研院所和领先企业开展合作，推动科技创新和产品研发。

另一方面，着力建设高水平的企业科研平台。已建成河北省企业技术中心、国家乳品专业研发中心、院士工作站、博士后科研工作站等 9 个省级以上科研平台。

以搭建的国家级研发平台为依托，先后承担国家级研发项目 6 项，获得 81 项研发专利，15 项省级以上科研鉴定成果，30 多项科技成果转化。2021 年，投资 5 亿元打造的世界级研发中心——君乐宝奶业创新研究院，并已正式投入使用。君乐宝奶业创新研究院集科学研究基地、创新产品孵化基地、国家项目示范基地、消费者体验基地四大功能于一体，从牧草种植、奶牛遗传育种、乳品工艺技术到新产品开发，全产业链进行研究、全面支持君乐宝科技发展需求。

君乐宝为实现高质量发展，为消费者提供优质乳制品，全球首创了两个模式。一是在全球率先推出全产业链模式。即牧草种植、奶牛养殖、生产加工全产业链一体化生产经营模式，确保产品的安全放心。二是首创了“五个世界级”模式。自建现代化牧场，原奶指标优于欧盟、美国、日本标准；优选全球顶级供应商，与爱尔兰 KERRY、荷兰皇家帝斯曼、以色列领先油脂等战略合作；建设全球领先的工厂，用国际一流的工艺设备做婴幼儿配方奶粉；引进了食品安全全球标准BRC和国际食品安全标准IFS双重管理体系；投资5亿元打造君乐宝奶业创新研究院，力争将产业研发做到世界级水平。

【社会责任】君乐宝作为新时代民族乳企，充分认识到企业除了为社会创造物质财富，同时还肩负着服务社会、造福社会的使命。多年来，君乐宝坚持在乡村振兴、爱心助学、抗击新冠疫情等领域全方位落实责任价值观，将社会责任感作为企业发展的底色，将公益慈善融入企业发展战略，积极履行企业社会责任。

全民要共富，乡村须振兴。要实现共同富裕，全面推进乡村振兴是必不可少的一环，其中促进农业稳定发展和农民增收是关键所在。为积极推动农业农村现代化步伐，君乐宝充分发挥农业产业化国家重点龙头企业优势，将乡村振兴与产业兴农有机结合，先后在邢台威县、张家口察北、石家庄灵寿等地建设乳品工厂、牧场等产业项目，有力带动了当地相关产业的发展。采用“资金入股、政府运作、企业租赁、集体受益、个人分红”的利益联结模式，落实流转土地挣租金、入园打工挣薪金、入股分红挣股金，带动农民增收。

在企业不断发展壮大的同时，君乐宝一直持续关注青少年健康成长，践行营养扶贫。君乐宝乳业集团积极响应“中国小康牛奶行动”，2017年以来，公司累计向贫困地区捐赠价值2 000余万的优质学生奶。除此之外，君乐宝还连续7年独家支持省中学生“自强之星”大型公益评选活动，为评选出的100多位自强不息、品学兼优的“自强之星”学子捐助助学金。

2015年，君乐宝发起并成立河北省君乐宝公益基金会，近年来为社会捐款捐物超亿元。基金会为非公募基金会，资助内容涉及赈灾、个人家庭援助，解决贫困地区儿童饮奶等社会发展项目，资助贫困学生的助学项目、重大疾病预防及治疗项目等。基金会连续四年举办“牛奶的行走”大型公益活动，募集善款300多万元为河北省贫困地区学生捐赠牛奶。基金会还为灾区、慈善组织以及社会福利机构捐款捐物，价值2 000多万元，连续多年对张家口、邢台、保定等地区开展精准扶贫，并向中国光彩事业基金会捐款100万元用于支持贵州省毕节市织金县修建水窖、危房改造等。

新冠疫情发生以来，君乐宝积极奉献爱心，通过各种渠道向抗疫一线捐赠现金、防疫急缺物资与乳制品超一亿元。2021年，在石家庄、邢台等地疫情复燃的关键时刻，君乐宝与家乡人民守望相助，陆续向石家庄市长安区、桥西区、新华区、裕华区、藁城区、鹿泉区及邢台等地捐赠10万余箱、价值近600万元的乳制品，主要面向一线防疫工作人员、各中风险隔离小区居民、初高中学生以及江苏、浙江援助河北医疗队等，以营养关怀助力家乡人民抵御病毒侵袭。

应对自然灾害需要全社会共同努力，君乐宝也从未缺席。2021年7月，河南省遭遇极端强降雨，当地群众面临停水停电、物资缺乏等困难，君乐宝伸出援手，将酸奶、婴幼儿配方奶粉、儿童奶粉等营养物资及宝宝口粮送达灾区，与河南省人民共渡难关。作为民生保供重点企业，君乐宝联合上下游合作伙伴协同发力，用稳定、充足的优质产品供应与全国人民一同抵御灾难，用共同的信念和坚守铸起“稳定大后方”的坚实保障。

凭借多方面的优异表现，2021年君乐宝乳业集团荣获民政部授予的第十一届“中华慈善奖”。

【奶业大事】2017年1月24日，中共中央总书记、国家主席、中央军委主席习近平考察了君乐宝乳业在张家口投资兴建的婴幼儿配方奶粉企业——君乐宝旗帜乳业。习近平总书记对企业实行“种植、养殖、加工零距离一体化”，从而确保质量安全最优化的做法表示肯定，勉励企业创新经营理念、积极开拓市场、再在创造良好效益的同时，带动当地经济发展和周边农民增收。

创品牌的过程中，信誉很重要，科技很重要，既要有高的标准，更要每一步脚踏实地、扎扎实实，持之以恒抓好饲料、养殖、加工、销售各个环节，最后让市场说话，让群众说话。

2016年8月26日，中国奶业20强(D20)峰会暨奶业振兴大会在河北石家庄举办。峰会期间，包括东道主君乐宝在内的中国奶业20强企业共同签署《中国奶业振兴宣言》，向全社会郑重承诺，做放心产业、做优质产业、做和谐产业、做开放产业，以好牛奶、好奶粉、好乳品赢得消费者、赢得信誉和尊重，自强不息、奋力拼搏，引领带动民族奶业全面振兴。

（君乐宝乳业集团，郭柯宇）

附表 1　石家庄君乐宝乳业有限公司奶牛养殖场（小区）名录

序号	名称	地址	全群存栏（头）	成母畜存栏（头）	奶畜品种	成母畜单产量（t/年）	年总产量（t）	是否有机奶源基地	有机奶产量（t）
1	河北乐源牧业有限公司	河北省石家庄市鹿泉区铜冶镇西任村	4 871.00	2 698.00	荷斯坦	11.31	30 217.89	否	
2	乐源牧业行唐有限公司	河北省石家庄市行唐县南豆庄村北	1 513.00	784.00	荷斯坦	9.82	8 312.32	是	8 312.32
3	石家庄君盛牧业有限公司	行唐县北河乡安家峪村西南	5 840.00	2 845.00	荷斯坦	11.25	30 588.57	是	30 588.57
4	乐源牧业正阳有限公司	河南省驻马店市正阳县兰青乡吴庄村余楼	10 124.00	5 483.00	荷斯坦	11.56	67 214.86	否	–
5	徐州乐源牧业有限公司	江苏省徐州市丰县顺河镇工业大道南	4 260.00	2 269.00	荷斯坦	11.77	22 042.78	否	–
6	乐源牧业威县有限公司	河北省邢台市威县赵村镇前寺庄村	12 852.00	7 016.00	荷斯坦	11.08	79 555.65	否	–
7	乐源君邦牧业威县有限公司	河北省邢台市威县赵村镇前赵村	10 551.00	5 557.00	荷斯坦	12.25	66 165.78	否	–
8	乐源君宏牧业威县有限公司	河北省邢台市威县赵村乡后赵村西北	11 645.00	5 777.00	荷斯坦	12.13	71 705.21	否	–
9	乐源君享牧业威县有限公司	河北省邢台市威县侯贯镇西王村	10 590.00	5 686.00	荷斯坦	13.80	45 401.83	否	–
10	乐源君康牧业威县有限公司	河北省邢台市威县章台镇掌史村	13 469.00	5 283.00	荷斯坦	12.70	34 411.53	否	–
11	张家口君乐宝旗帜牧业有限公司	张家口市察北管理区旗帜大道 6 号	23 848.00	10 334.00	荷斯坦	10.95	117 325.48	否	–
12	乐源牧业邯郸有限公司	河北省邯郸市大名县埝头乡曹仁村	8 608.00	–	荷斯坦	–	–	否	–
13	君乐宝优致牧场张家口牧业有限公司	河北省张家口市崇礼区红旗营乡元房子村	164.00	76.00	荷斯坦	0.01	129.02	否	–

备注：本表所指奶畜包括奶山羊、奶绵羊、奶水牛、牦牛、骆驼、驴等产商品奶家畜。本表奶畜养殖场指企业在中国及海外自建和参建（控股、参股）牧场（小区）。如认证为有机奶源基地等，请在相应表格中打钩。

附表 2　石家庄君乐宝乳业有限公司乳制品生产企业名录

序号	名称	生产地点	生产许可证号码	年收购原奶量（t）	其中：自有奶源量（t）	平均支付价格（元/kg）	日处理生鲜乳能力（t）	年乳制品产量（t）	其中：低温鲜奶（t）	UHT 奶（t）	常温酸奶（t）	低温酸奶（t）	原料奶粉（t）	婴幼儿配方奶粉（t）	成人奶粉及其他（t）	奶油（t）	奶酪（t）	乳饮料（t）	冰品（t）	年销售收入（万元）	利润(万元）	有机产品（枚）
1	君乐宝乳业集团有限公司	石家庄市石铜路 68 号	SC10513011300130	264 293.27	86 437.51	4.51	734.15	235 441.03		63 281.32		133 307.03	4 850.70			61.82		33 940.16		1 674,953.40	90 395.07	
2	保定君乐宝乳业有限公司	保定市七一东路（高新区东区）2192 号	SC10513060500111	30 636.89		4.42	210.00	41 767.16		13 406.55	28 360.61											
3	沧州君乐宝乡谣乳业有限公司	沧州中捷产业园黄赵公路北	SC10513090700083	31 025.41	4 127.72	4.75	240.00	26 614.25		21 850.07								4 764.18				
4	威县君乐宝乳业有限公司	威县赵村乡前寺庄村迎宾大道 6 号	SC10513053300453	135 092.96	92 206.24	4.57	679.00	127 643.46	49,648.61	77 835.08								159.77				
5	邯郸君乐宝乳业有限公司	邯郸市大名县经济开发区 215 省道与南环路交叉口	SC10513042501200	5 736.90	2 861.45	4.71	800.00	4 669.95		4 669.95												
6	四平君乐宝乳业有限公司	吉林省四平市铁东区山门镇塔山村南宁路北侧	SC10522030324640	46 822.94	578.46	4.73	270.00	49 846.98			11 726.81	38 120.17										
7	正阳君乐宝乳业有限公司	河南省驻马店市正阳县真阳镇君乐宝大道 68 号	SC10541172400014	39 576.68	27 457.50	4.67	108.43	54 680.53				44 812.50						9 868.03				
8	石家庄君乐宝乐时乳业有限公司	石家庄市鹿泉经济开发区云开路 49 号	SC10513011300084	32 685.78	2 566.88	4.18	300.00	71 999.20				10 585.27						61 413.93				
9	石家庄永盛乳业有限公司	河北石家庄市石铜路 36 号	SC10513011300017	166 505.46	40 940.83	4.41	738.65	208 123.56			49 076.28	137 585.40						21 461.88				
10	河北君乐宝君诚乳业有限公司	石家庄市鹿泉区铜冶镇火炬路 9 号	SC10513011300855	5 381.85	5 381.85	4.90	800.00	2 321.54							2 321.54							
11	河北君乐宝君恒乳业有限公司	石家庄市鹿泉区铜冶镇火炬路 8 号	SC10513011300662	39 043.42	39 043.42	5.19	300.00	15 111.42						13 043.46	2 067.96							1.00
12	石家庄君乐宝太行乳业有限公司	行唐县太行路 88 号	SC12913012500050	14 764.74	14 764.74	4.83	300.00	15 648.08					1 832.51	10 071.21	3 744.36							
13	旗帜婴儿乳品股份有限公司	河北省张家口市察北管理区旗帜大道 6 号	SC10513070700046	53 204.28	53 204.28	4.62	450.00	15 579.73					605.35	13 420.84	1 553.54							
14	河北君乐宝君源乳业有限公司	石家庄市碧水街 2 号	SC12913011300193	59 757.88	59 757.88	4.77	560.00	24 137.31						24 137.31								

（续）

序号	名称	生产地点	生产许可证号码	年收购原奶量（t）	其中：自有奶源量（t）	平均支付价格（元/kg）	日处理生鲜乳能力(t)	年乳制品产量（t）	其中：低温鲜奶（t）	UHT 奶（t）	常温酸奶（t）	低温酸奶（t）	原料奶粉（t）	婴幼儿配方奶粉（t）	成人奶粉及其他（t）	奶油（t）	奶酪（t）	乳饮料（t）	冰品（t）	年销售收入（万元）	利润(万元)	有机产品（枚）
15	江苏君乐宝乳业有限公司	1、江苏省徐州市顺河工业园；2、江苏省徐州市丰县经济开发区汉源路与华张路交叉处	SC10532032100036	121 883.31	61 535.28	4.79	442.00	140 657.51		22 379.58	2 318.61	107 512.70						8 446.62				
16	河北君乐宝君昌乳业有限公司	河北省唐山市丰南区迎宾路23号	SC10513020700554	28 088.18	28 088.18	4.88	300.00	15 237.99							15 237.99							

备注：本表包括在中国及海外的生产企业。日处理生鲜乳能力指设计加工生鲜乳能力。自有奶源指来自自建和参建（控股、参股）牧场（小区）的原奶。成人奶粉指除婴幼儿配方奶粉以外的学生奶粉、孕妇奶粉、中老年奶粉等终端消费奶粉。冰品包括冰激凌、雪糕等。有机产品数量单位为“枚”指获得有机标志的数量。

北京三元食品股份有限公司

【奶源基地】2021年三元食品奶源供应商年奶牛全群存栏138 803头、成母牛存栏67 628头，生鲜乳总产量681 248.93t。其中牛奶产量，养殖区域主要集中在京津冀地区。有机奶源主要分布在河北承德市及河北三河市，2021年有机原料奶总产量24 742.75t。

现有奶户养殖规模见表1。机械挤奶比例100%，全混合日粮（TMR）技术应用率达100%，生产性能测定（DHI）应用率占88%以上。在疫病防控情况方面，所有养殖户都能提供春秋两季当地牧兽医主管部门出具的两病检疫、免疫证明，粪污处理方式基本实现干湿分离。生鲜乳收购加工按工厂所在区域划分如表2。奶业养殖年净收入3 900元/头左右（成乳牛）。

表1 规模养殖比例

存栏规模（头）	< 200	[200,500)	[500,1000)	≥ 1000
养殖场个数（个）	2	55	35	36
比例（%）	1.56%	42.97%	27.34%	28.13%

表2 各区域生鲜乳收购年均价格 单位：元/kg

区域	北京	天津	河北迁安	山东潍坊	河北新乐	河南新乡	江苏连云港	广西柳州
生鲜乳收购单价	4.46	4.33	4.24	4.05	4.36	4.38	4.56	4.54

【乳制品加工】三元食品股份有限公司现有17家乳制品生产厂，生产液态奶、奶粉、奶酪、冰品及其他奶制品等百余种，日均处理鲜奶约3 000t；国外生产基地分别为加拿大阿瓦隆乳业公司、艾莱发喜新西兰食品有限公司、法国圣休伯特公司。

全年乳制品总产量603 218t，其中，低温鲜奶12 4451t、UHT奶31 8361t、常温酸奶11 698t、低温酸奶107 847t、原料奶粉257t、婴幼儿配方奶粉2 549t、奶油2 449t、奶酪7 537t、成人奶粉及其他乳制品4 446t、乳饮料123 623t。

【市场消费】2021年常温牛奶全年销售额870.4亿元，同比增长14.7%；2021年低温鲜奶全年销售额96.4亿元，同比增长11.4%。2021年三元品牌北京线下液态奶市场占有率32.6%，其重点品类高端白奶占该品类总体的28.8%，基础白奶占该品类总体的57.9%，低温鲜奶占该品类总体的73.2%，基础酸奶占该品类总体的40.1%，大果粒占该品类总体的28.0%，儿童酸奶占该品类总体的23.9%，老酸奶占该品类总体的68.7%，中低端益生菌酸奶占该品类总体的21.7%。

【国际化】“十四五”期间，三元食品将把握新发展阶段、贯彻新发展理念、构建新发展格局，始终秉承诚信为本、质量立市、创新领“鲜”的价值观，坚持争做乳业质量标杆和“做优、做强、做大”的战略发展定位，以消费者为中心，持续加大科技创新投入将产品做优，打造核心竞争力将品牌做强，以主营盈利为导向、投资并购为补充，将企业做大，努力将三元食品建设成为最受国人信赖的民族乳企。

三元食品聚焦于战略协同型并购，坚持三元食品“低温”基因，通过投资并购国内的区域性乳企，完善全国布局；结合自身优势要素，利用国外乳品行业的成本和产品优势，寻找能与三元食品有效协同互补的企业，通过并购重组，快速实现规模、产品、品牌、渠道的突破，强化全产业链优势。

2016年，三元食品与普度资本投资与贸易集团公司（加拿大）收购了阿瓦隆乳业有限公司（Avalon Diary Ltd.，简称阿瓦隆）。阿瓦隆成立于1906年，是加拿大不列颠哥伦比亚省历史最悠久的持续经营乳制品公司，在加拿大拥有良好的品牌效应，主要产品包括有机液态牛奶、酸奶等。通过对阿瓦隆的收购，三元食品引进了加拿大优质有机奶产品，拓宽了进口产品线，而且和投资公司的业务在区域市场和产品种类等方面实现互补，获得了更广泛的业务区域分布以及交叉销售机会，实现了协同效应。

2018年，三元食品联合复星集团收购了法国圣休伯特公司（St Hubert SAS，简称圣休伯特）。圣休伯特成立于1904年，具有百年历史，是法国家喻户晓的品牌，主要产品包括植物基健康涂抹酱、植物基酸奶、植物基饮料等，在法国、意大利及周边国家市占率第一，经营情况良好。自收购以来，圣休伯特在欧洲市场持续发展植物基涂抹酱业务，不断巩固植物基涂抹酱领域的领先位置，并加快发展植物基酸奶以及其他新品类。圣休伯特自2019年起开拓中国市场，已在中国上市植物基酸奶和燕麦奶产品。通过对圣休伯特的收购，三元食品引进了健康有机产品，进一步丰富了产品线，提升了品牌形象；引进并应用先进的生产工艺和专利技术，用全球智慧布局“大健康产业”；发展国内国外两个市场，增强了对海外企业的管理经验和国际运营能力。

随着大健康产业快速发展和中国消费者对健康的持续关注，主打“健康”元素的乳制品及食品呈现强劲的增长态势。在此背景下，三元食品依靠技术、资金及资源禀赋，不断进行产品结构升级，以迎合消费升级的多样化市场需求，努力提升其产品力，增强国际竞争力。

【社会责任】作为中国D20奶业成员，三元食品积极参与中国奶业协会自2017年开启的中国小康牛奶行动，助力改善我国青少年营养情况和身体素质，滋养下一代健康成长，营造全社会共同关爱少年儿童群体营养健康的浓厚氛围。

青少年儿童是祖国的未来、民族的希望。2021 年 6 月，三元食品进一步遵循和响应《健康中国 2030 规划纲要》，深化升级中国小康牛奶行动，将年度公益活动的主题定为“三元学生奶营养 1+1+1”，在捐赠牛奶的同时，还为孩子们捐赠了营养书籍，并邀请专业教师为孩子们讲解食育营养知识，在提高孩子们健康水平的同时，提升营养健康意识，强化青少年儿童尊重食物、尊重劳动的思想。

2021 年 10—12 月，三元食品相继举办三元学生奶营养“1+1+1”菏泽专场、三元学生奶营养“1+1+1”驻马店汝南专场、三元学生奶营养“1+1+1”公益活动走进原阳等，助力加大学校健康教育力度、引导学生合理膳食、促进学生心理健康、加强体医融合和非医疗健康干预，为青少年的营养健康保驾护航。

少年强，则国强；少年健康，则国健康。三元食品自 2000 年成为我国首批首家学生奶定点生产企业，一直用“良心、爱心、责任心”践行“国家学生饮用奶计划”，在保障产品质量的同时，积极开展学生奶公益活动，践行中国小康牛奶行动。

【奶业大事】三元极致牛奶荣获“2021 年凰家评测年度好物奖”。

2021 年 12 月，在 2021 凤凰网“挑战与变革——展望科技未来”科技峰会上，三元极致牛奶被评为牛奶类别 2021 凰家评测年度好物，成为乳品类唯一上榜产品。此次凰家评测依据科学方法论提炼评测维度和评分占比，结合需求场景、性价比等用户视角，通过实验室检测，综合安全、营养、口味和价格等进行多维度评比。三元极致纯牛奶在 22 款常温牛奶横评中，凭借出色的营养指标和香浓顺滑的感官体验，获得评测最高分，赢得一致好评。

新蓝图前景美好，新征程催人奋进。站在新的历史起点，三元食品将继续深化体制机制变革，以科技创新为根本动力，以品牌建设为价值引领，矢志不移履行社会责任，努力为实现人民对美好生活的追求、构建双循环的新发展格局做出更大贡献。

（北京三元食品股份有限公司，夏志春）

附表 1　北京三元食品股份有限公司奶牛养殖场（小区）名录

序号	名称	地址	全群存栏（头）	成母畜存栏（头）	奶畜品种	成母畜单产（t/年）	年总产量（t）	是否有机奶源基地	有机奶产量（t）
1	半河	北京市通州区永乐店镇半截河村东	1 460	931	荷斯坦	11.64	9 289.04	否	0.00
2	草场	北京市通州区漷县镇草厂村东	1 896	947	荷斯坦	13.11	12 717.44	否	0.00
3	长三	北京市房山区长阳镇保合庄村南	1 235	647	荷斯坦	13.00	8 479.51	否	0.00
4	长四	北京市房山区长阳镇保合庄村南	1 201	611	荷斯坦	10.94	6 867.77	否	0.00
5	创辉	北京大兴区采育镇大皮营村南	1 462	714	荷斯坦	12.36	9 155.07	否	0.00
6	二牧	天津市宝坻区牛道口镇郑各庄村北	3 229	1 684	荷斯坦	12.84	21 969.95	否	0.00
7	河北首农	河北省定州市高棚镇纽店村	19 141	9 699	荷斯坦、娟姗	11.04	110 941.56	否	0.00
8	金鑫园	北京市延庆区沈家营八里店北	736	370	荷斯坦	11.00	4 221.37	否	0.00
9	金银岛	北京大兴区庞各庄镇保安庄村西	2 841	1 492	荷斯坦	12.34	19 176.18	否	0.00
10	兰考	河南省兰考县许河乡杨桥村北	5 386	2 566	荷斯坦	10.49	28 160.94	否	0.00
11	良种场	北京市延庆区延庆农场北	1 391	581	荷斯坦	13.78	9 651.19	否	0.00
12	南二	北京市昌平区南口镇南口农场南	2 267	1 182	荷斯坦	11.73	13 656.15	否	0.00
13	南三	北京市昌平区南口镇南口农场西南	1 472	756	荷斯坦	12.22	8 309.82	否	0.00
14	三堡	北京市通州区永乐店镇三堡村	1 454	764	荷斯坦	11.77	9 056.85	否	0.00
16	寿光	山东省寿光市田柳镇东头村北	5 132	2 483	荷斯坦	11.04	28 771.71	否	0.00
17	顺三	北京市顺义区龙湾屯镇丁甲庄村	382	205	荷斯坦	10.50	2 210.27	否	0.00
18	小段	北京市顺义区大小孙各庄镇小段村	741	392	荷斯坦	12.08	4 662.49	否	0.00
19	小务	北京市通州区永乐店镇小务村东	1 521	766	荷斯坦	12.28	8 661.33	否	0.00
20	新绿洲	河北省唐山市滦县新城 205 国道北、滦河商厦东侧	8 564	4 529	荷斯坦、娟姗	10.34	46 241.37	否	0.00
21	邢台首农	河北省邢台市宁晋县大曹庄管理区东工业园区泰丰路南侧	3 385	1 681	荷斯坦	14.06	21 462.38	否	0.00
22	雄特	北京市顺义大孙各庄村东	1 385	710	荷斯坦	11.64	7 928.84	否	0.00
23	延津	河南省延津县新兴农场	4 393	2 249	荷斯坦	10.50	24 009.54	否	0.00
24	一牧	北京市通州区于家务乡渠头村东	2 245	1 021	荷斯坦	11.38	11 220.09	否	0.00
25	中以	北京市通州区永乐店镇德仁务村东	1 887	931	荷斯坦	12.36	11 234.14	否	0.00
26	晓雅	围场满族蒙古族自治县黄土坎乡大墙村	1 600	850	荷斯坦	10.82	9 132.49	是	9 132.49
27	御道口	承德市围场满族蒙古族自治县御道口牧场压岱生产队	1 096	616	荷斯坦	12.33	6 615.97	是	6 615.97
28	三河百辰奶牛养殖有限公司	三河市皇庄镇马大亩村村民委员会	800	440	荷斯坦	9.36	4 117.00	否	0.00

（续）

序号	名称	地址	全群存栏（头）	成母畜存栏（头）	奶畜品种	成母畜单产（t/年）	年总产量（t）	是否有机奶源基地	有机奶产量（t）
29	香河春山养殖有限公司	香河县刘宋镇程官屯村林海巷6号	600	330	荷斯坦	10.83	3 575.00	否	0.00
30	北京富农兴牧奶牛养殖中心（普通合伙）	北京市延庆区旧县镇大柏老村	500	275	荷斯坦	7.48	2 058.00	否	0.00
31	三河市富祥奶牛养殖有限公司	三河市皇庄镇葛中马坊	1 882	1 035	荷斯坦	7.34	7 594.00	是	7 594.00
32	天津市佳禾牧业有限公司	天津市武清区大碱厂镇洪家庄村	941	518	荷斯坦	7.21	3 732.00	否	0.00
33	北京金龙腾达养殖场	北京市延庆区旧县镇小柏老村西	200	110	荷斯坦	8.35	918.00	否	0.00
34	北京科润维德生物技术有限责任公司	北京市海淀区苏家坨镇前沙涧村东1000米	134	74	荷斯坦	10.42	771.00	否	0.00
35	北京梦淥通养殖有限公司	北京市顺义区杨镇小店村东（6605部队副食品生产基地东侧）	900	495	荷斯坦	5.75	2 846.00	否	0.00
36	北京民禾诚奶牛专业合作社	北京市顺义区马坡镇肖家坡村村委会南	450	248	荷斯坦	7.88	1 955.00	否	0.00
37	农标普瑞纳（廊坊）饲料有限公司霸州养殖分公司	河北省廊坊市霸州市煎茶铺镇七间房村南	244	134	荷斯坦	9.05	1 212.00	否	0.00
38	三河顺发奶牛养殖有限公司	三河市皇庄镇韶道庵村南	973	535	荷斯坦	10.00	5 350.00	否	0.00
39	北京三石奶牛场有限公司	北京市昌平区流村镇西峰山村	550	303	荷斯坦	8.94	2 708.00	否	0.00
40	怀来县土木镇银海鑫兴牧场	河北省怀来县土木火车站南50米	1 314	723	荷斯坦	9.38	6 784.00	否	0.00
41	北京天意兴旺养殖专业合作社	北京市延庆区旧县镇大柏老养殖小区一分社	450	248	荷斯坦	7.19	1 782.00	否	0.00
42	北京延照富民奶牛养殖中心	北京市延庆区延庆镇赵庄村	476	262	荷斯坦	10.04	2 630.00	否	0.00
43	北京运昌奶牛养殖专业合作社	北京市延庆区井庄镇井家庄村北500米	386	212	荷斯坦	8.95	1 897.00	否	0.00
44	北京中加永宏科技有限公司	北京市房山区琉璃河镇赵营村	483	266	荷斯坦	1.55	412.00	否	0.00
45	天津市北辰区恩芝奶牛养殖场	天津市北辰区双口镇东提村南	420	150	荷斯坦	5.54	830.84	否	0.00
46	天津市北辰区久金奶牛养殖场	天津市北辰区双口镇杨河村南	410	174	荷斯坦	5.42	942.91	否	0.00
47	天津市隆达奶牛养殖场	天津市静海区唐官屯镇靳官屯村	1 194	250	荷斯坦	13.59	3 397.99	否	0.00
48	天津市静海区蓄驰奶牛养殖有限公司	天津市静海区大邱庄镇巨家庄村	500	200	荷斯坦	10.37	2 073.65	否	0.00
49	天津市东盛养殖场（普通合伙）	天津市静海区陈官屯镇吕官屯村铁路东	575	115	荷斯坦	5.75	661.42	否	0.00
50	玉田县林西镇旺达养殖场	河北省唐山市玉田县林西镇西迷王会村	800	310	荷斯坦	10.61	3 288.08	否	0.00
51	沧州金源牧业有限公司	河北省 沧州市青县木门店镇前吴召村	630	205	荷斯坦	10.56	2 164.51	否	0.00
52	青县华盛奶牛养殖专业合作社	河北省 沧州市青县木门店镇后仔仪	504	240	荷斯坦	8.64	2 072.41	否	0.00
53	青县耐康奶牛养殖有限公司	河北省青县流河镇东魏村	500	350	荷斯坦	12.97	4 538.12	否	0.00
54	唐山市丰润区宏达奶牛养殖场	唐山市丰润区左家坞镇左家坞村	600	200	荷斯坦	2.90	579.99	否	0.00

（续）

序号	名称	地址	全群存栏（头）	成母畜存栏（头）	奶畜品种	成母畜单产（t/年）	年总产量（t）	是否有机奶源基地	有机奶产量（t）
55	玉田县增财奶牛养殖农民专业合作社	河北省唐山市玉田县郭家桥乡北杨铺村	1 100	380	荷斯坦	3.24	1 230.78	否	0.00
56	迁安市智联农牧有限公司	迁安市大五里乡贯头山村	620	308	荷斯坦	9.56	2 943.00	否	0.00
57	迁安市民健农牧有限公司	迁安市建昌营镇西环路西	140	50	荷斯坦	3.88	194.00	否	0.00
58	迁安市二牛畜牧养殖有限公司	迁安市太平庄乡东峪村	1 720	670	荷斯坦	9.57	6 414.00	否	0.00
59	滦南县海龙奶牛养殖场	滦南县程庄镇潘戴庄村	420	175	荷斯坦	6.21	1 086.00	否	0.00
60	滦县茂源牧场	滦县小马庄镇光水坨村	500	270	荷斯坦	7.70	2 080.00	否	0.00
61	昌黎县玉杰奶牛养殖专业合作社	昌黎县朱各庄	395	165	荷斯坦	5.56	917.00	否	0.00
62	遵化市铁厂美富养牛场	遵化市铁厂镇铁厂村	630	310	荷斯坦	6.29	1 949.00	否	0.00
63	滦南县石建贵奶牛养殖场	滦南县倴城镇西石家林村	510	180	荷斯坦	5.17	326.00	否	0.00
64	滦南县明赫奶牛养殖有限公司	滦南县宋道口镇大二里村	750	390	荷斯坦	6.09	2 376.00	否	0.00
65	乐亭县天园奶牛养殖专业合作社	乐亭县古河乡东新庄村	550	160	荷斯坦	5.56	890.00	否	0.00
66	秦皇岛浩轩生态农业经济示范园	卢龙县木井乡侯庄子村南	830	410	荷斯坦	7.39	3 029.00	否	0.00
67	昌黎县鑫丰奶牛养殖专业合作社	昌黎县安山镇党各庄村	390	165	荷斯坦	8.19	1 351.00	否	0.00
68	昌黎县青源奶牛养殖合作社	昌黎县龙家店镇垂柳庄村	350	165	荷斯坦	8.24	1 359.00	否	0.00
69	滦县天牧养殖专业合作社	滦州市榛子镇东营村	390	180	荷斯坦	8.97	1 292.00	否	0.00
70	滦南县龙顺奶牛养殖场	河北省唐山市滦南县扒齿港镇后龙坨村	360	160	荷斯坦	8.39	1 342.00	否	0.00
71	滦县隆泉奶牛养殖专业合作社	滦县王店子镇大高庄村	380	130	荷斯坦	7.98	1 038.00	否	0.00
72	滦县店坨泽生牧场	滦县古马镇店坨村	370	160	荷斯坦	7.03	1 125.00	否	0.00
73	唐山市丰润区绿欣源畜牧养殖场	唐山市丰润区泉河镇东孝义村	280	150	荷斯坦	9.64	1 446.00	否	0.00
74	卢龙灏辰牧业有限公司	卢龙县木井乡曹庄村	560	315	荷斯坦	9.58	905.00	否	0.00
75	滦南县福兴奶牛养殖场	滦南县扒齿港镇东水清庄村	440	210	荷斯坦	6.72	353.00	否	0.00
76	唐山市丰润区金明奶农农民专业合作社	唐山市丰润区火石营镇前刘城子村	210	95	荷斯坦	6.91	197.00	否	0.00
77	高邑县千秋优种奶牛有限公司	高邑县城东10公里国营苗圃东临	550	180	荷斯坦	8.60	1 852.52	否	0.00
78	石家庄市藁城区河牧奶牛养殖服务专业合作社	藁城区梅花镇许家庄村	220	73	荷斯坦	6.30	550.37	否	0.00
79	石家庄市诚鑫牧业有限公司	藁城区南孟镇南乡村	575	148	荷斯坦	7.70	1 363.78	否	0.00
80	石家庄市藁城区荣祥奶牛饲养专业合作社	藁城区东桥寨村	554	234	荷斯坦	7.60	2 128.25	否	0.00
81	晋州市周家庄农牧业有限公司	晋州市周家庄乡北王庄村村西	1 325	525	荷斯坦	8.60	5 403.20	否	0.00

（续）

序号	名称	地址	全群存栏（头）	成母畜存栏（头）	奶畜品种	成母畜单产（t/年）	年总产量（t）	是否有机奶源基地	有机奶产量（t）
82	行唐县鑫泉养殖小区	行唐县翟营乡康庄村南	515	248	荷斯坦	7.50	2 225.90	否	0.00
83	河北红山乳业有限公司	隆尧县山口镇霍庄村	520	194	荷斯坦	8.10	1 880.53	否	0.00
84	元氏县康顺奶牛养殖场	元氏县殷村镇故城村北	589	225	荷斯坦	9.10	2 450.29	否	0.00
85	元氏县铁达奶牛养殖有限公司	元氏县槐阳镇铁屯	682	236	荷斯坦	9.60	2 711.29	否	0.00
86	元氏县绿康奶牛养殖场	元氏县南因镇杜村	436	225	荷斯坦	9.50	2 557.99	否	0.00
87	赵县永兴牧业有限公司	赵县北王里镇后田村东	640	268	荷斯坦	8.60	2 758.20	否	0.00
88	平山县兴达养殖专业合作社	石家庄平山县上三汲乡郎家村	305	123	荷斯坦	7.40	1 089.26	否	0.00
89	正定县旭盛奶牛养殖专业合作社	正定县北早现乡北早现村	345	190	荷斯坦	5.60	1 273.31	否	0.00
90	石家庄市瑞江奶牛养殖有限公司	藁城区增村镇东慈邑村南	547	356	荷斯坦	7.20	3 067.44	否	0.00
91	正定县润达奶牛养殖专业合作社	正定县新城铺镇小邯村	440	216	荷斯坦	6.40	1 654.35	否	0.00
92	河北艾拓牧业有限公司	赵县新寨店镇赵刀寺村	416	130	荷斯坦	8.70	1 353.49	否	0.00
93	石家庄市藁城区秀芳养殖专业合作社	藁城区西关镇丰上村	721	296	荷斯坦	8.20	2 904.68	否	0.00
94	石家庄硕文牧业有限公司	行唐县上方乡东井底村	355	220	荷斯坦	7.50	1 974.59	否	0.00
95	石家庄德安农牧有限公司	新乐市邯邰镇香城村	768	398	荷斯坦	7.80	3 715.10	否	0.00
96	元氏县金寨奶牛养殖场	元氏县北正乡杨家寨村	520	231	荷斯坦	8.70	2 405.05	否	0.00
97	潍坊照亮奶牛养殖场	潍坊市寒亭区固堤街道办事处李家沿村	308	127	荷斯坦	8.40	1 066.80	否	0.00
98	高青县顺腾奶牛养殖专业合作社	高青县花沟镇庄家村	326	109	荷斯坦	8.40	915.60	否	0.00
99	高青县光军奶牛养殖专业合作社	高青县黑里寨镇西小王村	314	108	荷斯坦	9.00	972.00	否	0.00
100	高青县凤德奶牛养殖场	高青县黑里寨镇店头王村	347	108	荷斯坦	8.10	874.80	否	0.00
101	临朐县汇明养殖场	山东省潍坊市临朐县东城街道胡梅涧村	255	71	荷斯坦	8.10	575.10	否	0.00
102	青岛莱西市联润养殖专业合作社	莱西市望城街道办事处林泉庄村	2 078	1 100	荷斯坦	8.70	9 570.00	否	0.00
103	青岛犇鑫奶牛养殖场	青岛莱西市望城街道办事处林泉庄村东	559	296	荷斯坦	9.60	2 841.60	否	0.00
104	临朐县宝山奶牛场	临朐县冶源镇葛拉村	396	157	荷斯坦	9.00	1 413.00	否	0.00
105	临朐县永浩奶牛养殖专业合作社	临朐县沂山镇邢家官庄村	469	167	荷斯坦	8.70	1 452.90	否	0.00
106	临朐县宇弘奶牛养殖场	临朐县寺头镇桥沟村	411	136	荷斯坦	9.00	1 224.00	否	0.00
107	原阳县福源奶牛有限公司	原阳县官厂乡判官村	1 033	523	荷斯坦	9.30	4 285.00	否	0.00
108	新乡市菁宇农牧有限公司	福宁集乡王庄村	352	194	荷斯坦	9.60	1 447.00	否	0.00
109	河北圣犇牧业有限公司	河北省邢台市沙河市十里亭镇高店村北	1 922	859	荷斯坦	8.10	4 393.00	否	0.00
110	河南省黄河岸边乳业有限公司	原阳县靳堂乡朱庄村	650	480	荷斯坦	7.20	1 969.00	否	0.00

（续）

序号	名称	地址	全群存栏（头）	成母畜存栏（头）	奶畜品种	成母畜单产（t/年）	年总产量（t）	是否有机奶源基地	有机奶产量（t）
111	孟州市华亿畜产养殖有限公司	孟州西虢镇西逯滩区	420	140	荷斯坦	7.20	821.00	否	0.00
112	博爱县鑫恒牧业有限公司	博爱县金城乡刘村北地	337	187	荷斯坦	6.90	1 196.00	否	0.00
113	新乡市卫滨区固城生态奶牛养殖场	新乡市卫滨区张固城村	220	140	荷斯坦	7.20	521.00	否	0.00
114	开封市大勇阳光畜牧养殖场	开封市祥符区范村乡齐岗村	480	196	荷斯坦	7.50	1 137.00	否	0.00
115	辉县市吉利奶牛养殖场	辉县市占城陶村	460	250	荷斯坦	6.60	558.00	否	0.00
116	邯郸市邯山区利林奶牛养殖有限公司	河北省邯郸市邯山区河沙镇南泊村南	1 006	568	荷斯坦	11.70	5 039.00	否	0.00
117	卫辉市牧丰奶牛养殖有限公司	卫辉市孙杏村镇张武店村西头	238	56	荷斯坦	9.48	378.00	否	0.00
118	潍坊照亮奶牛养殖场	潍坊市寒亭区固堤街道办事处李家沿村	308	127	荷斯坦	8.40	1 066.80	否	0.00
119	高青县顺腾奶牛养殖专业合作社	高青县花沟镇庄家村	326	109	荷斯坦	8.40	915.60	否	0.00
120	高青县光军奶牛养殖专业合作社	高青县黑里寨镇西小王村	314	108	荷斯坦	9.00	972.00	否	0.00
121	高青县凤德奶牛养殖场	高青县黑里寨镇店头王村	347	108	荷斯坦	8.10	874.80	否	0.00
122	临朐县汇明养殖场	山东省潍坊市临朐县东城街道胡梅涧村	255	71	荷斯坦	8.10	575.10	否	0.00
123	青岛莱西市联润养殖专业合作社	莱西市望城街道办事处林泉庄村	2 078	1 100	荷斯坦	8.70	9 570.00	否	0.00
124	青岛犇鑫奶牛养殖场	青岛莱西市望城街道办事处林泉庄村东	559	296	荷斯坦	9.60	2 841.60	否	0.00
125	临朐县宝山奶牛场	临朐县冶源镇葛拉村	396	157	荷斯坦	9.00	1 413.00	否	0.00
126	临朐县永浩奶牛养殖专业合作社	临朐县沂山镇邢家官庄村	469	167	荷斯坦	8.70	1 452.90	否	0.00
127	临朐县宇弘奶牛养殖场	临朐县寺头镇桥沟村	411	136	荷斯坦	9.00	1 224.00	否	0.00
128	江苏三元双宝乳业有限公司奶牛分公司	江苏省连云港市	1 850	960	荷斯坦	9.80	9 600.00	是	1400.00
129	柳州三元天爱乳业有限公司	柳州市鹧鸪江路 103 号	1 073	624	荷斯坦	7.24	4 236.59	否	0.00

附表 2　北京三元食品股份有限公司乳制品生产企业名录

序号	名称	生产地点	生产许可证号码	年收购原奶量（t）	其中：自有奶源量（t）	平均支付价格（元/kg）	日处理生鲜乳能力（t）	年乳制品产量（t）	其中：低温鲜奶（t）	UHT 奶（t）	常温酸奶（t）	低温酸奶（t）	原料奶粉（t）	婴幼儿配方乳粉（t）	成人奶粉及其他（t）	奶油（t）	奶酪（t）	乳饮料（t）	冰品（t）	年销售收入（万元）	利润（万元）	有机产品（枚）
1	北京三元食品股份有限公司	北京市	SC10511150810031	248 837	167 881	4.4566	1200	264 114	116 899	62 447		71 513				758	3 045	9 453		415 251	12 285	31 118 250
2	北京三元食品股份有限公司乳品四厂	北京市	SC10511140210065	4	4	4.0538		6 886					70		1 222	1 102	4 492			83 874	3 818	
3	天津三元乳业有限公司	天津市	SC10512022300241	27 178	3 062	4.3271	100	26 907		26 907										16 604	257	
4	迁安三元食品有限公司	河北省唐山市	SC10513028300120	56 198	32 621	4.2423	306	55 823		52 905						82		2 836		33 059	597	
5	河北三元食品有限公司	河北省石家庄市	SC10513018400046	122 456	75 206	4.3582	1000	118 416	2 666	74 021	3 398	29 406	116	2 265	2 328	502	0	3 712		112 447	1 496	5 935 539
6	唐山三元食品有限公司	河北省唐山市	SC12913020900010	5 569	4 429	4.3013	200	1 251					70	284	897					4 481	1 229	
7	山东三元乳业有限公司	山东省潍坊市	SC10637070400024	40 048	18 436	4.6719	250	42 795		33 420	8 299	0						1 076		29 440	213	
8	江苏三元双宝乳业有限公司	江苏省连云港市	SC10532070300509	13 823	4 111	4.5612	75	13 750	3 252	8 938		1 404						156		12 124	302	1 393 717
9	新乡市三元食品有限公司	河南省新乡市	SC10541072500442	60 029	36 160	4.3829	260	63 944		54 771		5 208				5		3 960		37 739	214	
10	甘肃三元乳业有限公司	甘肃省张掖市	SC10562070200977				300	3 520		3 520										2 958	3 260	
11	柳州三元天爱乳业有限公司	广西壮族自治区柳州市	SC10545020500353	4 237	4 237	4.5394	82	3 506	1 634	1 235		315						322		4 003	12	
12	湖南太子奶集团生物科技有限责任公司	湖南省株洲市	SC10543020100021					2 306		197								2 109		1 852	5 898	

备注：本表包括在中国及海外的生产企业。日处理生鲜乳能力指设计加工生鲜乳能力。自有奶源指来自自建和参建（控股、参股）牧场（小区）的原奶。成人奶粉指除婴幼儿配方奶粉以外的学生奶粉、孕妇奶粉、中老年奶粉等终端消费奶粉。冰品包括冰激凌、雪糕等。有机产品数量单位为“枚”指获得有机标志的数量。

西安银桥乳业（集团）有限公司

【奶源基地】2021年西安银桥乳业拥有奶源基地46个，存栏奶牛6.8万余头，其中成母牛存栏3.4万余头，年鲜牛奶产量28.08万t；奶源分布区域覆盖陕西、甘肃、宁夏、山西、河南等省份，其中陕西关中4市为主要产区，奶牛养殖重点区县有临潼区、阎良区、泾阳县、合阳县、华阴市、富平县、眉县；自有奶源占比达到29.7%，有机奶源基地位于陕西省泾阳县，年产有机鲜奶10 055t。奶源基地规划扩建智慧牧场3个、改造升级牧场5个。

银桥奶源基地奶牛存栏200头以上规模养殖率达到100%，其中奶牛存栏200~299头占比2.2%，存栏300~499头占比13.0%，存栏500~999头占比45.7%，存栏1 000头以上占比39.1%；100%实现了机械化挤奶，100%实现了全混合日粮（TMR）机械饲喂。

饲草种植。2021年银桥奶源基地参加陕西高产优质苜蓿示范场建设，种植紫花苜蓿995hm^2，苜蓿干草平均单产12.4t/ hm^2，苜蓿干草总产量1.23万t；种植优质青贮玉米9 985 hm^2，平均单产38.2t/hm^2，青贮玉米总产量达38.14万t。

疫病防控。2021年银桥奶源基地积极落实奶牛口蹄疫免疫工作，应免密度达100%，免疫抗体监测合格率达100%。

粪污处理方式。银桥奶源基地粪污处理方式主要有两种，第一种方式是牛粪干清，堆积发酵用作农家肥还田，占比89.1%；第二种方式是用牛粪制作沼气，沼渣经干湿分离、堆积发酵后用于卧床垫料，沼液作为液肥用于还田灌溉，占比10.9%。

养殖效益。2021年银桥乳业生鲜乳收购年均价格为4.56元/kg，2021年奶牛养殖年净收入达到4 580元/头，规模奶牛场年净收入达到6 090元/头。

【乳品加工】银桥乳业现有婴幼儿配方奶粉生产工厂2个，旗下共6个婴幼儿配方奶粉品牌，18个注册配方，包括阳光宝宝、阳光澳嘉、贝多瑞、澳瑞佳4款牛奶基粉婴幼儿配方奶粉；艾宝瑞、秦俑冠佳2款羊奶粉婴幼儿配方奶粉。银桥中心工厂年设计产能60万t。已形成常温液态奶、低温酸奶、婴幼儿配方奶粉、牛羊奶粉等100多个品种多元产品矩阵，2021年各类乳制品产量27万t。圆满完成全年各项体系认证和评审检查工作，旗下“阳光宝宝”婴幼儿配方奶粉再次荣获“质量金奖”。

【市场消费】银桥乳业总体液态奶陕西市场占有率为34.34%，其中常温液态奶陕西市场占有率为32.03%，低温酸奶系列陕西市场占有率为38.69%，到户瓶装奶系列陕西市场占有率为27.77%，低温鲜奶系列陕西市场占有率为23.71%。全国婴幼儿配方奶粉体量大约在1 500亿元，银桥市场占有率约千分之一；成人粉全国体量约在400亿元，银桥市场占有率约为千分之二。

面对常态化疫情防控政策，银桥将消费渠道向线上转移，积极发展多种社区团购到家模式，适应新消费习惯，同时快速拓展常温液态奶产品线，满足各消费群体的多样化口味需求，2021年液态奶总体销售实现稳定增长。

【社会责任】2021年12月，西安新冠疫情暴发，银桥为认真贯彻陕西省西安市疫情防控和民生保障工作的具体要求，扎实做好粮油肉蛋奶等稳产保供，积极助力打赢疫情防控阻击战，通过陕西省红十字会向奋战在西安市疫情防控一线的工作者捐赠价值510万元的产品。自疫情发生以来，银桥乳业发挥坚定的责任担当和强有力的应急能力，坚持“疫情防控”和“稳产保供”两手抓，在充分保证企业生产和员工安全的前提下，确保产业链、供应链各个关键环节、关键岗位平稳有序地进行生产。

5月，庆“六一”送爱心慈善联合大行动启动暨款物捐赠仪式在商南县赵川希望小学举行。银桥乳业为赵川镇希望小学捐赠了价值两万元的爱心牛奶，助力学生健康成长。

3月，郭明义爱心团队银桥乳业分队党员走进临潼区特殊教育学校，开展“弘扬雷锋精神、银桥与爱同行”主题教育志愿服务活动，为这里的学生们送去关怀与温暖。

【奶业大事】4月，西安市市长李明远来银桥乳业调研食品工业企业发展运营情况。希望银桥乳业加快形成产业集群，打造千亿级食品工业园区，为全市食品产业高质量发展提供坚实的支撑和保障。

4月，陕西省市场监管局纪检监察组到银桥检查十四运会乳品安全，银桥作为十四运会乳制品独家供应商，有最严格的源头控制、最严格的过程管控、最严谨的产品监测、最严密的风险防控和最完善的产品信息追溯体系。坚决把好乳制品安全的每一道关口。

5月，银桥乳业受邀参加首届中国国际消费品博览会。旗下“生榨核桃牛奶”等多款明星产品亮相展会。

8月，银桥荣幸当选为陕西省乳制品产业链“链主”企业。参加陕西省重点产业链提升工作领导小组会议，肩负推动陕西省乳制品产业链高质量发展的责任和荣誉。

陕西省政协副主席魏增军到银桥乳业调研陕西省乳制品产业链建设情况。希望银桥乳业作为乳制品产业链的“链主”企业，赋能产业链高质量发展，生产出更高品质、更具创新、更富营养的乳制品。

9月，中华人民共和国第十四届运动会在陕西西安隆重开幕。银桥圆满完成全运会及残特奥会乳制品独家供应商服务保障工作，为“健康中国 体育强国”展现民族品牌担当。

10月，2021欧亚经济论坛在西安国际会展中心成功举办。银桥乳业连续九届成为“欧亚经济论坛官方指定乳品”，并受邀出席开幕式。

［西安银桥乳业（集团）有限公司，闵　杨］

附表 1　西安银桥乳业（集团）有限公司奶牛养殖场（小区）名录

序号	名称	地址	全群存栏(头)	成母畜存栏(头)	奶畜品种	成母畜单产(t/年)	年总产(t)	是否有机奶源基地	有机奶产量(t)
1	西安市临潼区相桥街办南王养殖场	陕西省西安市临潼区相桥街办姚家村	1051	559	荷斯坦	9.5	5 310		
2	西安凯旋奶业有限责任公司	陕西省西安市临潼区相桥街办朝阳村	985	468	荷斯坦	8.5	3 978		
3	西安昕洋牧业有限责任公司	陕西省西安市临潼区相桥街办朝阳村	1 459	698	荷斯坦	9.1	6 351		
4	西安市临潼区银桥科技示范奶牛场	陕西省西安市临潼区相桥街办北王村	456	235	荷斯坦	8.5	1 997		
5	西安市临潼区新市奶牛养殖场	陕西省西安市临潼区新市街办新市村	996	458	荷斯坦	8.5	3 893		
6	西安市兴盛源牧业有限公司	陕西省西安市临潼区任留街办垣头村	910	465	荷斯坦	9.5	4 417		
7	西安市阎良区文强奶牛养殖示范园	陕西省西安市阎良区凤凰路街办三贤村三南组	805	365	荷斯坦	8.8	3 212		
8	西安阎良区海文养殖专业合作社	陕西省西安市阎良区凤凰路街办三贤村新东组	710	338	荷斯坦	11.2	3 785		
9	西安市阎良区牧歌畜牧养殖专业合作社	陕西省西安市阎良区关山镇代家村	535	289	荷斯坦	9.5	2 745		
10	西安市阎良区武屯镇随安畜牧养殖专业合作社	陕西省西安市阎良区武屯镇任官村中东组	505	238	荷斯坦	8.2	1 951		
11	三原徐木北鹿奶牛养殖专业合作社	陕西省咸阳市三原县徐木发展服务中心冯家顺村	991	498	荷斯坦	8.8	4 382		
12	泾阳县佳丰源牧业有限公司	陕西省咸阳市泾阳县兴隆镇符庄村	1 560	845	荷斯坦	9.2	7 774		
13	陕西澳美慧科技有限公司一场	陕西省咸阳市泾阳县三渠镇梁宋村	11 058	5 750	荷斯坦	10.2	58 650		
14	陕西澳美慧科技有限公司二场	陕西省咸阳市泾阳县安吴镇	4 895	2 442	娟姗	7	17 094		
15	陕西建兴奶牛繁育有限公司	陕西省咸阳市泾阳县安吴镇安吴农场	2 987	1 542	荷斯坦	10.5	10 055	√	10 055
16	大荔县华秦牧业有限责任公司	陕西省渭南市大荔县冯村镇冯村街	264	160	荷斯坦	8.4	1 344		
17	蒲城天天奶牛养殖有限公司	陕西省渭南市蒲城县永丰镇坞坭村	450	238	荷斯坦	8	1 904		
18	西安草滩牧业有限公司	陕西省渭南市华阴市华西镇	8 901	4 001	荷斯坦	9.5	8 577		
19	合阳兴隆牧业公司	陕西省渭南市合阳县杨家庄办事处杨家庄村北	971	505	荷斯坦	9.4	4 747		
20	韩源牧业有限公司	陕西省渭南市合阳县同家庄镇杨家庄村	1 012	524	荷斯坦	9.6	5 030		
21	合阳县富千家牧业有限公司	陕西省渭南市合阳县同家庄镇新堡村西	896	456	荷斯坦	9.2	4 195		
22	合阳县兴隆乳业有限公司	陕西省渭南市合阳县同家庄镇	1 025	523	荷斯坦	8.8	4 602		
23	合阳县翱翔养殖场	陕西省渭南市合阳县路井乡	420	184	荷斯坦	8	1 472		
24	陕西晟杰实业有限公司	陕西省渭南市合阳县金峪镇解庄村	1 414	730	荷斯坦	9.9	7 227		

（续）

序号	名称	地址	全群存栏（头）	成母畜存栏（头）	奶畜品种	成母畜单产（t/年）	年总产（t）	是否有机奶源基地	有机奶产量（t）
25	富平县隆仁奶牛养殖专业合作社	陕西省渭南市富平县流曲镇碳村	620	278	荷斯坦	8.2	2 279		
26	陕西嘉润生态农业有限公司	陕西省渭南市富平县流曲镇大岗村	845	364	荷斯坦	8.5	3 094		
27	富平县芳蕾农牧发展有限公司	陕西省渭南市富平县到贤镇庄镇村仁义组	589	225	荷斯坦	8.2	1 845		
28	富平县青牧农牧产业有限责任公司	陕西省渭南市富平县齐村镇三合村前东组	659	341	荷斯坦	8.5	2 898		
29	麟游县秦牧生态牧业有限公司	陕西省宝鸡市麟游县酒房镇大庄村菜子山组	1 658	859	荷斯坦	10.2	8 761		
30	宝鸡凯农现代牧业有限责任公司	陕西省宝鸡市岐山县故郡镇索王村	1 320	645	荷斯坦	10.6	6 837		
31	眉县兴旺奶牛饲草专业合作社	陕西省宝鸡市眉县横渠镇石马寺五组	985	534	荷斯坦	9.5	5 073		
32	陕西宏军现代牧业有限公司	陕西省眉县齐镇党家寨村姜眉路东侧	799	410	荷斯坦	9	3 690		
33	宝鸡草原康源牛业有限责任公司	陕西省宝鸡市高新区千河镇寨子村一组	1 502	718	荷斯坦	9.2	6 605		
34	定边县吉元泰乳业有限公司	陕西省榆林市定边县十里沙村	1 120	545	荷斯坦	9	4 905		
35	定边县聚牧盛源奶牛养殖农民专业合作	陕西省榆林市定边县堆子梁镇小滩子村	980	410	荷斯坦	8.8	3 608		
36	新绛县润泽养殖有限公司	山西省运城市新绛县泽掌镇泽掌村	584	298	荷斯坦	8.3	2 473		
37	山西草和牛业有限公司	山西省运城市新绛县龙兴镇仁美村	798	401	荷斯坦	9.6	3 849		
38	翼城县长峰农工商实业有限公司	山西省临汾市翼城县唐兴镇治南村	1 258	645	荷斯坦	9	5 805		
39	翼城县芸翊畜牧业有限公司	山西省临汾市翼城县南梁镇西政村	451	238	荷斯坦	9.2	2 189		
40	翼城县富华养殖有限公司	山西省临汾市翼城县里岩镇老官庄村	987	440	荷斯坦	9.1	4 004		
41	朔州市立新养殖有限公司	山西省朔州市朔城区红旗牧场二分厂	1 356	661	荷斯坦	8.5	5 618		
42	三门峡市纯厚牧业有限公司	河南省三门峡市湖滨区磁钟乡磁钟村	365	195	荷斯坦	8.2	1 599		
43	三门峡市人和牧业有限公司	河南省三门峡市陕州区西张村镇窑头村	495	258	荷斯坦	8	2 064		
44	环县昊乐养殖有限公司	甘肃省庆阳市环县木钵镇高寨村	2 654	1 215	荷斯坦	10	12 150		
45	庆阳陇牛养殖农民专业合作社	甘肃省庆阳市宁县米桥镇米桥村七组	578	315	荷斯坦	9	2 835		
46	中卫市六合鑫奶牛养殖农民专业合作社	宁夏回族自治区中卫市沙坡头区东园镇金沙村	2 541	1 328	荷斯坦	10.5	13 944		

备注：本表所指奶畜包括奶山羊、奶绵羊、奶水牛、牦牛、骆驼、驴等产商品奶家畜。本表奶畜养殖场指企业在中国及海外自建和参建（控股、参股）牧场（小区）。如认证为有机奶源基地等，请在相应表格中打钩。

内蒙古圣牧高科牧业有限公司

圣牧作为中国最大的有机乳品公司，是一家种、养、加一体化沙漠有机循环原奶企业，业务涵盖整个乳品行业价值链，包括牧草种植、奶牛养殖到生产原奶以及加工生产高端液态奶产品。2014 年 7 月，圣牧成功登陆香港联交所主板，成为全球有机奶第一股，是国内首家获得中国和欧盟有机标准双认证的原奶品牌公司。

自成立以来，圣牧以创建全球有机奶第一品牌为愿景，始终秉持诚信、卓越、务实、激情的核心价值观，创新地将沙漠治理与循环农业相结合，利用黄沙遍布的乌兰布和沙漠的地理优势和天然的环境保障，进行大规模的生态治理和沙产业建设，形成有机产业链，成为中国沙漠有机循环农业的开创者，全球最大的沙漠有机原奶生产商。奶业现代化进程迅速加快，资本、人才等要素资源向头部企业迅速集中。在行业转型过程中，圣牧创新提出新发展观，坚持年轻、开放、变革的理念，共促可持续、共发展的行业蓬勃愿景，力创全球有机奶第一品牌。

【奶源基地】圣牧主要业务为奶牛养殖，生产和销售高端沙漠有机原奶、优质非有机原奶。专注沙漠有机奶生产销售业务，同时满足客户对优质原奶的多元化需求，不断开发多种功能性原奶以丰富公司产品结构，提升竞争力。

截至 2021 年底，圣牧拥有 33 座牧场，奶牛存栏为 122 518 头，日产鲜奶 1 647t；其中，拥有有机认证的牧场为 19 座，有机奶牛存栏 79 652 头，日产有机鲜奶 1171t，是中国规模最大的有机原奶生产商；除此之外，圣牧还经营 3 座 DHA 奶牧场，日产高品质鲜奶 159t。圣牧 14 座非有机牧场中包含 1 座育肥牛牧场。公司通过持续优化牛群结构，有机奶牛存栏量同比上升 35.3%，生产性生物资产自繁扩群率高达 5.6%，后备牛群储备充足，牛群规模持续优质增长。

数智赋能。2021 年 1 月，圣牧的 SAP-ERP 系统成功上线，实现了从采购到付款、销售到收款、养殖到成本核算业财一体化，提升财务工作效率、降低养殖成本，并打通前端牧场和后端运营组织的数据孤岛，实现一体化、精细化运营成本管理，提升牧场总体经济效率；打通了上游草场种植和下游乳制品加工的产业链延伸，实现产业链快速扩展，提升整体产业链协同效益。SAP-ERP 项目的成功为公司打造了一个集成、整合、智能决策的数字化平台，为更进一步的数字化管理和智慧牧场建设奠定了坚实基础。凭借出色的项目运营水平以及创新的数字智能化体系建设，公司的 SAP-ERP 项目入选了 SAP 公司的优秀案例，并被哈佛商业评论杂志纳入案例研究。

疫病防控。圣牧高度重视动物福利，采用低密度、低压力、高品质的饲养方式，致力于为奶牛提供最舒适的生存环境。圣牧牧场每只奶牛活动区域平均占地 60~80 m^2，拥有充足的活动范围。

每天安排专职人员清理牛舍，保证奶牛成长环境的清洁干净；设立规律化的作息时间，有效预防乳腺炎等疾病，从而提高牛奶的生产品质，配备运动场、沙垫、风扇、牛体刷、御寒服、防风栏、照明设备、喷淋系统等系列设备设施，保障奶牛健康舒适地生活。

通过精益的牧场运营，2021 年圣牧的成母牛淘汰率由去年同期的 35.9% 下降至本年度的 32.9%，全群奶牛较去年同期增加 11 783 头，全群扩群率为 10.6%。同时，通过切实有效的选种育种措施，有效提升了奶牛基因组系谱准确性和完整性水平，并实现了核心育种场建设以及牛群系统改良工程建设。

粪污处理。圣牧按照“三亩田养一头牛，一头牛还三亩田”的方式，不断升级对有机肥的加工与施用管理，通过改造堆肥厂，采用工字钢的结构，使堆肥场兼具透明通风与防雨的效果，大大缩减了有机肥腐熟发酵周期，再利用先进技术精准施肥，全面提升有机肥利用率。加工处理后的有机肥可使沙化土壤颗粒结构增加，保水保肥性能提高，土壤肥力提高，同时提高作物的抗旱能力。2021 年，实现有机肥料还田 1.5 万 hm^2，约减少 750 万 t 化肥使用量。

原奶价格。受惠于市场需求量的增长，2021 年原奶平均销售单价为 5 104 元 /t，较去年同期上涨 13.1%，其中沙漠有机奶以其独特的品牌和营养价值，需求增长较快，有机原奶平均销售单价为 5 324 元 /t，较去年上涨约 4.0%。优质非有机原奶平均销售单价为 4 646 元 /t，较去年上涨 17.8%。

【市场消费】在国家政策和产业资源的强力赋能下，依托全新的资源禀赋，在大股东蒙牛集团的资本和资源支持下，未来 3~5 年，圣牧将推进业务规划落地，实现有机奶销量翻倍，利润翻倍增长的战略目标。

2021 年，由于原奶价格上涨及公司产品结构优化，销售收入为 29.84 亿元，较 2020 年同期上涨 12.2%；全年实现毛利额 10.64 亿元，较 2020 年同期上涨 3.8%。2021 年实现年内溢利人民币 5.09 亿元，较同期上涨 10.5%。

圣牧有机奶分别包括有机纯牛奶、有机酸牛奶、有机儿童奶和有机脱脂奶四大品类，线上线下销售共计 10 余个种类，遍布全国 600 多个城市。2021 年荣获亚洲国际有机产品博览会第 15 届年度有机产品金奖。

未来，在业务方面，圣牧将继续借助行业增长形势，深耕有机原奶业务，继续扩大有机原奶的业务规模，做强沙漠有机原奶品牌，根据下游乳制品市场需求，适时增加有机原奶的产量，继续打造智慧牧场，实现奶牛养殖生产管理流程化、标准化、数字化、智能化。在可持续发展方面，圣牧将坚持生态优先、绿色发展，打造行业ESG和碳中和治理典范企业，推进原奶品牌化，增强市场推广，增强原奶竞争实力。持续建立相关减排举措与企业内量化标准，为国家“双碳”绿色目标贡献力量，打造圣牧在奶牛养殖业差异化竞争的“护城河”，向实现创建全球有机奶第一品牌的企业愿景稳步迈进。

【社会责任】2021年，面对新冠疫情常态化，疫情多地频发、中高风险地区不断出现的严峻情况，积极组织公司各部门捐赠抗疫物资，支援防疫工作。2021年10月，为支援阿拉善盟额济纳旗的疫情防控工作，圣牧向当地红十字会、当地新冠疫情防控工作指挥部等机构捐赠牛奶等物资，共计30万元。

作为“百企联百村”的参与企业，在2021年脱贫攻坚战取得一定成果时，积极了解马家夭村困难村民的生活情况，在节日时捐赠米面粮油和节日礼品等物资，为他们送去温暖。

2021年7月，河南郑州遭受特大暴雨，全市城乡大面积受灾，形成重大自然灾害。圣牧发动员工为河南洪灾捐赠19.9万元，为当地受灾群众送去温暖和祝福。

营运地区周边的沙尔沁镇中心学校因经费紧张无力购置住校生床品。2021年8月，圣牧为贫困学生购置标准床品，在一定程度上缓解了其家庭的经济压力，让他们安心投入学习中。

因疫情导致很多外地采购商未能如期采购，造成阿拉善盟240hm² 的哈密瓜滞销。2021年9月，为解决阿拉善盟哈密瓜种植脱贫户的滞销问题，公司自费包销哈密瓜2.75万kg，有效解决了农户的“急难愁盼”问题。

【奶业大事】2021年1月18日，圣牧收到由联合国全球契约组织的欢迎信，由此正式成为联合国全球契约组织(UNGC)的会员企业。于2021年7月27日，联合国全球契约组织(UNGC)官方发布《企业碳中和路径图——落实巴黎协定和可持续发展目标之路》，作为畜牧行业首家代表企业被《企业碳中和路径图》收录。

2021年5月19日，圣牧在乌兰布和沙漠举办以“有机、生态、可持续发展”为主题的沙漠牛人论坛。论坛齐聚全国奶业的知名专家、学者及乳企高管、战略供应商、下游合作伙伴、金融机构等300余人，围绕有机农业、繁殖育种、饲喂营养、动物保健、奶厅变革等专题分享研讨，把脉牧业行业趋势，共话奶业改革发展，为圣牧的发展及奶业振兴聚力赋能。

2021年6月29日，与山西省畜牧遗传育种中心签署荷斯坦牛联合育种战略合作协议，发挥各自优势，在生产性能测定、荷斯坦牛核心群选育、后备公牛自主培育等领域深度合作，对加快推进种子母牛建设、提升荷斯坦牛种质自主创新能力、增强奶牛种业综合竞争力具有重要意义。

2021年7月29日，香港特别行政区政府驻北京办事处主任梁志仁一行到巴彦淖尔市调研考察，并走访了圣牧有机产业园。

2021年8月，经全球有机产业最高行业协会组织——国际有机农业联盟(IFOAM-Organics International)严格审核，圣牧被授予完全会员称号。因此，圣牧也成为国际有机农业联盟和国际有机农业亚洲联盟在中国奶牛养殖行业第一个具有投票权的会员，具有参与国际有机产品标准制定和行使选举的权力。未来在推动国际有机产品标准完善、提升我国在国际有机农业舞台地位等方面，圣牧将起到示范、带动和促进作用。

2021年9月6日，与爱养牛、九三康诺三方签署有机全产业链战略合作协议。围绕圣牧不断增长的有机饲料需求，充分发挥九三集团土地资源、非转基因作物种植等优势，共同打造百万亩以上有机饲料原料种植基地。借助爱养牛平台，实现“供、种、管、收、储、运、加、销”全程监管、可追溯的有机订单农业闭环体系，共同打造国内领先的“全域有机农场”，打通并优化有机农业全产业链条。

2021年9月23日，与内蒙古农业大学在人才培养、科研课题研究、实习及试验基地建设等方面开展合作，为人才引进提供路径，为科技研究提供智慧支持。

2021年10月19日，“行动向未来”第三届碳中和高峰论坛暨金钥匙·低碳行动路演在北京召开。圣牧作为金钥匙企业低碳行动联盟代表发言，并在经历重重角逐后荣膺金钥匙行动“新自然经济”类别首个冠军奖。

2021年11月10日，在第26届联合国气候变化缔约大会（COP26）开幕期间，联合国全球契约组织召开“气候行动企业雄心”高级别线上会议，圣牧也作为联合国全球契约成员企业受邀参加，并积极分享应对气候变化的观点、战略和实践。

2021年，圣牧9座牧场获得现代奶业评价定级S级，5座牧场获得中国良好农业规范（GAP）认证，入选数量居国内行业前列。

（内蒙古圣牧高科牧业有限公司，陈黛奇）

附表 1　内蒙古圣牧高科牧业有限公司奶牛养殖场（小区）名录

名称	地址	全群存栏（头）	成母畜存栏（头）	奶畜品种	成母畜单产量（t/年）	年总产量（t）	是否有机奶源基地	有机奶产量（t）
内蒙古圣牧高科牧业有限公司	呼和浩特市经济技术开发区沙尔沁工业区开放大街	125 518	60 154	荷斯坦	10.26	584 747	是（19 座）	394 730

备注：本表所指奶畜包括奶山羊、奶绵羊、奶水牛、牦牛、骆驼、驴等产商品奶家畜。本表奶畜养殖场指企业在中国及海外自建和参建（控股、参股）牧场（小区）。如认证为有机奶源基地等，请在相应表格中打钩。

黑龙江飞鹤乳业有限公司

飞鹤始建于1962年，从丹顶鹤故乡齐齐哈尔起步，是中国最早的奶粉企业之一。2019年11月，中国飞鹤港股上市，成为港交所历史上首发市值最大的乳品企业。60年来，飞鹤一直专注于中国宝宝体质和母乳营养研究，引领行业开创多种提升奶粉对中国宝宝体质适应性的技术、配方与工艺。潜心打造“更新鲜、更适合”的高品质奶粉，是飞鹤乳业的不懈追求。

【奶源建设】飞鹤依托齐齐哈尔北纬47° 黄金奶源带的天然优势和得天独厚的生态优势，打造了中国婴幼儿配方奶粉行业第一个婴幼儿配方奶粉专属产业集群，实现了从源头牧草种植、饲料加工、规模化奶牛饲养，到生产加工、售后服务各个环节的全程可控。如今，飞鹤已在饲草种植、自有奶源地建设、奶源自给率等方面率先实现《奶业振兴意见》中的2020年目标，并率先实现100%牧场新鲜生牛乳制粉。

保障优质奶源是飞鹤产品质量的关键，潜心打造“更新鲜、更合适”的高品质奶粉，是飞鹤乳业的不懈追求。飞鹤建立了严格的产品标准体系，并制定了《奶源管理要求》《有机奶源管理要求》等内部管理标准，通过供应商牧场审核、现场管理等，多措并举，严格把控产品质量。

飞鹤严格遵守ISO9001、HACCP、《良好农业规范》GB/T2014和FSSC22000等质量、安全体系标准，在原有鲜奶采购控制程序、奶源管理要求两个制度基础上，2021年加大供应商管控力度，要求所有奶源供应牧场需通过GAP牧场认证，同时新增牧场管理和奶源年度规划两项管理流程。

飞鹤工厂每月对辖区所在牧场针对鲜奶微生物指标控制、饲草饲料管理、兽药管理、休药期控制等进行现场检查，向牧场反馈检查结果并跟踪检查整改情况，确保牧场奶源安全。飞鹤牧场对牧场有完善的审核标准，每年组建审核小组，对供应商牧场环境和体系建设等方面进行全面审核。2021年，飞鹤协助牧场完成37项改进项目，全年共完成5个外部、10个内部牧场管理评审工作，内部牧场共涉及86个问题点，全部整改完毕，审核结果全部合格。

在牧场建设上，牧场规划和设计尽最大可能使用机械设备，实现自动化。牧场全部采用国际先进挤奶系统，TMR饲喂系统、自动喷淋送风系统、自动清粪系统、粪污自动处理系统等。制定合理标准饲养管理流程，生产细节全部流程化，做到可追溯核查检验结果。同时，飞鹤注重生态环境保护，在牧场发展过程中积极与当地政府配合，推进粪污转化利用项目，补足企业生态环境的短板，并建设规模化生物天然气与有机肥循环综合利用项目，探索出种养加一体的生态循环模式，实现了用地与养地相结合，有效保护了生态环境。

【乳品加工】飞鹤以《食品安全国家标准婴幼儿配方食品》（GB10765—2021）及《食品安全国家标准较大婴儿配方食品》（GB10766—2021）等产品执行标准为基础，不断健全产品质量安全管理体系建设，实行全供应链质量安全管理。飞鹤现拥有欧洲卫生工程设计指南（EHEDG）、欧洲乳品厂设计标准、德国标准化学会（DIN）相关标准及中国相关国家规范，并通过CE（进口设备）认证的现代化国内工厂6个，加拿大工厂1个，引进德国GEA全套自动化生产线，且集团和工厂还配备500人的质量管理团队。

飞鹤结合国家提出的“中国制造2025”与自身发展需要，致力于从自动化工厂到智能工厂的转型，通过软硬结合、智能平台建设、数字化管理系统等多领域开拓，持续赋能智能管理企业建设。

为保证产品品质，飞鹤工厂的生产车间均配备了世界一流的加工设备，实现了生产的管道化、自动化、密闭化和标准化。在生产加工环节上，企业始终坚守“品质不能为任何事情让路”的铁律，坚决执行“不合格原辅料不得入厂，不合格产品不得出厂”准则，对鲜奶、原材料、半成品、成品进行24h全程跟踪检验，经过25道检验工序、300逾次检验，确保出厂合格率达100%。

飞鹤引入世界级工厂（WCM）制造企业生产过程执行管理系统（MES）、仓库管理系统（WMS）及设备管理EV系统等工具，对生产、物流与仓储进行更精密、高效和规范的管理，确保产品的最佳品质。获得中国乳制品工业协会2020年度质量金奖和日本工业协会TPM世界级制造卓越奖。飞鹤所有工厂建立和实施了ISO9001质量管理体系和FSSC22000食品安全管理体系。每个工厂均建立综合检测实验室并配有LIMS系统，配备各类检测仪器1 400余台/套，通过先进的硬件设备保障产品质量。

【市场消费】2016—2021年，飞鹤分别实现营收37.24亿元、58.87亿元、103.92亿元、137.22亿元、185.92亿元、227.76亿元，业绩保持连续增长。飞鹤的产品涵盖婴幼儿配方奶粉及儿童奶粉产品，包括超高端、高端及普通类别产品，以及其他产品，如成人及学生乳制品等。飞鹤的收益由2020年的185.92亿元，增至2021年的227.76亿元，同比增长22.5%，2021年婴幼儿配方奶粉产品收益达215.15亿元，占2021年总收益的95%，同比增长21.7%。飞鹤主要通过全国约2 000名线下客户（覆盖超过11万个零售销售点）的广泛经营网络销售产品。

【全球发展】飞鹤通过自主研发，建立中国母乳营养成分谱系，从而对中外母乳数据进行全面回顾与分析。这一系列研究所采用的数据分析方法在中国母乳研究领域尚属首次，深度挖掘了学术公开的中国母乳成分数据，这也是目前行业中公开的学术研究中对中国母乳成分样本量最大的总结之一。

飞鹤承担“十四五”国家重点研发计划课题“大宗功能性乳基料规模化绿色生产技术研发与产业化示范”项目，致力于解决大宗功能性乳基料规模化绿色高效生产技术问题，并通过集成创新突破婴幼儿配方乳品新型核心配料规模化制备的核心技术瓶颈。该项目建设基于我国婴幼儿配方乳品核心配料的核心技术“卡脖子”难题和产业重大需求问题，本项目成果将揭示核心配料加工及贮藏中的品质变化规律与调控机制，攻破大宗功能性乳基料规模化绿色生产技术，还将是婴幼儿配方乳品新型配料制备技术方面的突破，从而为产业提高经济效益、社会效益及环境效益。

作为乳业中科技含量较高的婴幼儿配方奶粉行业，创新是推动行业高质量发展的第一动力。飞鹤借助高校、科研机构的丰富智力资源，持续贯彻“产学研”深度融合，为企业及行业培养优秀专业人才，创造更多核心竞争优势，推动我国奶业高质量发展。

2021 年，飞鹤完成对黑龙江省飞鹤乳业婴幼儿营养健康技术创新中心、黑龙江省奶粉系列产品工程技术研究中心和黑龙江省企业技术中心 3 个中心日常管理工作，积极参与产业研究，促进研发创新，开展成果转化，推动产业技术人才培养。

【社会责任】飞鹤热衷于社会公益，制定完善的公益慈善战略，围绕健康关怀、精准扶贫、抗击疫情三大领域，开展多元化公益慈善活动，心系母婴群体的健康事业，积极助力抗击新冠疫情。2021 年，飞鹤积极投身社会公益事业，实现全年累计捐赠 1 604.7 万元。

国产婴幼儿配方奶粉龙头企业飞鹤一直关注母婴群体的现实需求，在教育、医疗、健康等多方面不断创新。2021 年，飞鹤通过丰富多样的活动形式，协助解决每个中国家庭的育儿难题，帮助父母树立正确的育儿观。同时，也为产后母亲提供全方位服务，竭尽所能呵护每个家庭的幸福。

飞鹤乳业始终牢记企业的社会责任，以脱贫攻坚为己任，坚持“发展企业、回报社会、助力扶贫”的理念，从产业扶贫、医疗健康扶贫、教育扶贫 3 个方面着手开展扶贫工作，在完善大扶贫格局的基础上，不断寻找新突破，为精准扶贫事业贡献飞鹤智慧。

在产业扶贫方面，飞鹤实行创新产业集群发展模式，带动上游牧草种植、奶源建设等产业发展，将富地专业的农产（农业公司）、自有牧场纳入到产业集群链条中。2021 年飞鹤与 1 家产业链前端专属农业公司及 9 家配套农业企业、8 个现代化核心工厂紧密合作，农业总种植面积达 60 万亩，并同时与两个 20 万 t 饲料加工厂合作，用于饲料加工制作。飞鹤产业集群把黑龙江当地贫困户的土地流转过来，变成饲料地，让贫困户有直接的租金收入，带动黑龙江省 100 多万亩耕地增值，创造 15 万个就业岗位，拉动 15 万户农民增收致富，对转移农村劳动力、调整产业结构起到了推动作用。

在医疗健康扶贫方面，为了让贫困地区能够方便就医，飞鹤陆续为多地医院捐赠基本医疗设施，先后为甘南、克东等地医院捐赠价值数百万的医疗设备，为当地医疗事业的发展贡献了力量。

作为中国奶业 D20 成员，中国飞鹤积极响应“中国小康牛奶行动”号召，自 2017—2021 年，以“温暖向阳，大爱无疆”为主题，共捐赠总价值超 400 万元的学生奶粉，援助学校 66 所，覆盖 8 个省份 20 个地区，为实现健康中国梦凝心聚力，展现了民族乳企的强大势能。

2021 年，新冠疫情持续肆虐，飞鹤依托其产品、资源、物流运输等优势，保障抗疫一线医护工作者的营养供给，守护母婴人群的营养健康。同时，飞鹤影响带动上下游企业共克时艰，维护我国婴幼儿配方奶粉市场稳定，为我国快速战胜疫情、经济社会的快速恢复注入强大动能，以实际行动诠释乳品龙头企业的责任担当。2021 年，中国飞鹤因在扶弱济困、助学助医等公益慈善领域所做出的努力，尤其是在抗击新冠疫情所做出的突出贡献，荣获中华慈善奖和 2021 年责任企业。

（黑龙江飞鹤乳业有限公司，韩雪丹）

北大荒完达山乳业股份有限公司

【奶源基地】北大荒完达山乳业股份有限公司（以下简称完达山乳业）奶源基地地处北纬 42°~47°，是世界上仅存的四大黑土带之一，是举世公认的黄金奶源带。多年来，完达山乳业在北大荒集团的领导和支持下，不断加大对奶源基地的投入和培育力度，全力推进规模化养殖，奶源基地模式转型升级，公司基地规模化养殖比例达 100%。全部实现 TMR 饲喂、机械化挤奶，现奶牛存栏 10 万余头，年产鲜奶 40 余万 t，主要分布在黑龙江省垦区内。完达山乳业积极引进和学习世界先进的奶牛饲养管理技术，加大生鲜乳质量安全品质提升，提升奶牛单产水平、质量指标，奶牛单产平均达到 9.5t 以上，牛奶质量达到或者超过欧盟标准，规模牧场平均脂肪 4.0%、蛋白 3.3%、微生物 10 万 CFU/mL 以内，体细胞 20 万个 /mL 以内。

【乳品加工】完达山乳业股份有限公司系北大荒集团控股公司，现有 20 家分、子公司，14 家加工企业，工厂主要分布在黑龙江、河北、天津、辽宁等地。完达山乳业年加工鲜奶能力 113 万 t，年加工乳制品能力 68 万 t，其中粉类工厂年产能 8.9 万 t，液态奶工厂年产能 59.3 万 t。可生产奶粉、液态奶、饮料及保健食品等，拥有稚采、菁美、菁采、元乳、诸葛小将、黄金季、黑沃、妍轻等明星产品。2021 年生产加工情况：加工产品 29.35 万 t，其中奶粉 1.9 万 t、液态奶 26.1 万 t、其他 1.35 万 t。

【市场消费】北大荒完达山乳业主销产品为奶粉和液态奶，奶粉已经实现全国布局，除西藏、台湾、港澳外，在其他省份均有产品销售。主销渠道为商超、KA、婴童和电商。液态奶主要围绕东北、华北、华东等成熟市场销售，并逐步向华中、西南等地扩展。2021 年销售收入达 57.3 亿元，利润 0.91 亿元。

【社会责任】1. 北大荒完达山乳业液态奶营销事业部晋陕冀省区辛集“爱心捐赠防疫物资、齐心筑牢抗议堡垒”。2021 年 1 月，石家庄新冠疫情暴发，液态奶营销事业部晋陕冀省区石家庄辛集区域经销商辛集市恒鑫商贸有限公司代表北大荒完达山乳业向辛集疫情一线公安干警致敬，感谢他们对辛集人民的辛苦付出。辛集市人民政府官网、辛集市电视台、腾讯视频、辛集市主流媒体等新闻渠道相继报道完达山作为爱心企业的捐赠善举。

辛集各大媒体以“爱心捐赠防疫物资、齐心筑牢抗疫堡垒”为主题，多渠道报道此次爱心企业捐赠事宜，强调了“病毒无情，人间有爱”。特别感谢北大荒完达山乳业向辛集市公安交通管理大队捐赠 300 箱牛奶，助力疫情防控，用实际行动彰显企业担当，这批牛奶将被发送到各个疫情防控执勤点，为坚守在一线的公安干警提供营养支持。感谢完达山乳业为辛集市打赢疫情防控阻击战贡献出自己的力量。

2. 北大荒完达山乳业爱心捐赠护佑家国。1 月 31 日，哈尔滨室外温度低至 –27℃。上午 9 时，完达山乳业将 300 多箱抗疫慰问品送到黑龙江省应对新冠疫情工作领导小组指挥部，为这寒冷的冬日增添了一丝温暖。

当前，黑龙江多地散发新冠疫情，哈尔滨部分区域调整为中风险地区。恰逢年关将近，疫情防控形势也变得异常严峻。完达山乳业党委副书记、工会主席翟文波表示，防疫一线的辛勤工作者一直牵动着完达山人的心，助力打赢疫情防控阻击战是完达山乳业义不容辞的责任。2020 年疫情暴发，完达山乳业连续 14 次奔赴疫情严重地区捐赠物资。2021 年我们全力护佑好自己的家园，希望这些乳制品能够帮助奋战在一线的工作人员加强营养、增强体质。完达山乳业也将尽自己最大的能力，持续为一线的工作人员提供帮助。

在抗击疫情前线，完达山乳业为所爱尽所能，提供大量物资援助。在后方也按照中央、省委和北大荒集团党委要求，全力安排生产调度，坚决保障乳品供应。据了解，自新冠疫情防控工作开展以来，北大荒完达山乳业一直冲锋在前，全员联动，践行社会责任，彰显企业担当，为坚决打赢疫情防控阻击战提供了坚强的人文关怀和物资保障。

3. 众志成城、共同抗疫——北大荒完达山乳业在行动。突如其来的疫情，让张家界这座被称为人间仙境的著名旅游城市瞬间按下了暂停键。此次疫情严重，直接影响当地出生率极高的永定区妇幼保健院新生宝宝的口粮问题，奶粉营销事业部党委书记、总经理吴迪，党委委员、副总经理陶占强与省区经理谭丽娟及张家界相关部门多次沟通，克服了重重困难，以最快的速度将 15 万元完达山奶粉送达张家界永定区妇幼保健院，保证新生宝宝口粮无忧。

8 月 16 日上午，由张家界经销商代表北大荒完达山乳业与永定区妇幼保健院进行了捐赠仪式。在捐赠仪式上，妇幼保健院院长激动地说：“新生的宝宝没有口粮，在我们束手无策的时候是完达山帮我们解决了这个最大的难题，我代表院方和宝宝的家属向你们致谢，不愧是‘国家队’企业，有担当！”张家界经销商陆林明回应道：“感谢医务人员的默默付出，我们做完达山品牌 13 年了，北大荒完达山乳业是一家有责任、有担当、有爱心的民族乳品企业，是王震将军带着毛主席嘱托开创的军旅文化品牌，在此我非常荣幸地代表北大荒完达山乳业向奋斗在张家界疫情一线的所有医务人员道一声你们辛苦了！我们也祈祷早日控制疫情，宝宝都能够健康地成长！”

捐赠仪式虽简单，但这份守望互助的真情却温暖了所有人。北大荒完达山人将不辱使命，为强壮中国人民体质而继续前行，用实际行动诠释“为所爱 尽所能”的品牌理念，为爱护航。

4. 唱响抗击疫情同心曲，助力桑植老区战疫情——特渠营销事业部学生奶中心开展爱心捐赠。在公司的大力支持下，特渠营销事业部全力调配，于 8 月 9 日向湖南省张家界桑植县捐赠的 1 000 箱学生奶运抵目的地，驰援桑植老区，助力桑植抗疫。

疫情发生以来，特渠营销事业部第一时间联系桑植县卫健委，了解疫情情况，筹备物资，为奋战在抗疫一线的医务工作人员、志愿服务者送去温暖和爱心，为他们提供健康和营养保障。

疫情当前，物资紧缺，老区人民的困难牵动着每个完达山人的心。特渠营销事业部代表表示，作为民族乳业标杆的完达山，愿意与社会各界一道携手共抗疫情，同舟共济渡难关，愿为桑植县人民早日战胜疫情，贡献力量。

桑植县卫健局相关负责人对完达山乳业与老区人民同舟共济、共克时艰，积极参与桑植县抗击疫情防控，助力桑植抗疫的善举表示感谢，并给予了高度评价。

疫情终将过去，胜利必会到来。在此抗击疫情攻坚阶段，特渠营销事业部全力以赴与时间赛跑，勠力同心、共克时艰，坚持用实际行动，感恩社会、回馈社会，积极践行作为“完达山人”的社会责任感，在公益的道路上勇往直前。

5. 勠力同心战疫情，暖心捐赠显担当——奶粉营销事业部哈尔滨省区爱心捐献活动。疫情面前显担当，非常时期显大爱，“上善若水，守望相助”。奶粉营销事业部哈尔滨省区向巴彦县中医院捐赠完达山全家营养高钙奶粉 150 件，为一线抗疫助力。

病毒无情，人间有爱。10 月 8 日，哈尔滨市新冠疫情暴发后，巴彦县是受疫情影响最严重的地区之一，作为民族企业，完达山乳业展现大企风范、彰显国企担当，为巴彦县中医院捐赠奶粉。

6. 北大荒完达山乳业捐赠万元物资向疫情防控一线工作人员致敬。9 月 26 日，完达山乳业相继到黑龙江省疾控中心、哈尔滨市巴彦县兴隆镇、南岗、香坊、平房、道里区等核酸检测点，哈高新区江南园区投资服务有限公司、黑龙江迪安医学检验所核酸检测点等地，为奋战在疫情防控一线的医护人员及志愿者送去了共计 1 100 箱的乳制品，总价值近 6 万元，为抗疫前线的工作人员的身体健康提供了有力支持。

捐赠现场，北大荒完达山乳业党委副书记、工会主席翟文波表示，哈尔滨再次发生新冠疫情，最辛苦的就是防疫一线的工作者，他们的健康一直牵动着完达山人的心，助力打赢疫情防控阻击战是完达山义不容辞的责任，希望捐赠的这些乳制品能够帮助奋战在一线的工作人员加强营养、增强体质。完达山乳业也将尽自己最大的能力，持续为一线的工作人员提供营养帮助，战胜疫情。

自新冠疫情防控工作开展以来，完达山乳业始终牢记“领袖嘱托、总理关怀、将军受命、总书记特指”，63 年初心不改，不断以实际行动践行社会责任，彰显企业担当，持续关注各地疫情发展，多次对疫情一线工作单位进行捐助和支援，不断用好产品致敬中国抗疫英雄。

【奶业大事】疫情之下，企业营收逆势增长。公司经受住了新冠疫情和市场激烈竞争的影响，实现逆势增长，取得了收入和利润双增长的较好成绩，特别是收入实现了历史新突破。

第十九届食品安全大会荣获三项荣誉称号。公司于 2021 年 12 月 26 日在以“实施食品安全战略，助力健康中国建设”为主题的第十九届中国食品安全大会上，荣膺 2020—2021 食品安全诚信单位、管理创新二十佳案例、社会责任企业 3 项荣誉称号。

校企长期研究合作产学研和技术创新工作迈出领先的一步。公司于 2021 年 1 月 8 日与江南大学签署战略合作协议，共同建立协同创新实验室；于 2021 年 9 月 28 日与哈尔滨医科大学签署战略合作协议，共同开展动物功能试验研究。校企双方将在中国母乳研究、乳脂深加工和功能脂质开发等诸多领域开展全方位长期研究合作，标志着公司在产学研和技术创新工作方面再次在行业内迈出领先的一步。

筹办首届中国高寒生态奶业发展高峰论坛。公司筹办的主题为“高寒生态、领鲜未来”的首届中国高寒生态奶业发展高峰论坛于 2021 年 7 月 10 日在哈尔滨市隆重举行。此次峰会首次提出“高寒生态奶”的概念，旨在提升国产奶业的市场地位，助力中国奶业全面振兴，向行业和消费者展现完达山在国产奶粉品类中的旗帜作用。

A2+ 有机奶粉引领行业新发展。公司高端奶粉新品——完达山菁美 A2 有机奶粉于 2021 年 9 月 25 日在国内首发上市；公司“安力聪菁悦 A2 β－酪蛋白有机孕产妇奶粉”于 2021 年 11 月 1 日正式获得第三方低 GI 产品认证证书，成为国内首支获得“有机产品＋低 GI 食品”双认证的调制乳粉产品；公司主持的 A2 系列乳制品研制开发与产业化示范项目被纳入黑龙江省“十四五”规划首批乳制品重大专项。公司在 A2+ 有机奶粉的产业赛道布局和产品升级创新方面取得先发优势，引领了行业新发展。

公司被评为亚洲品牌 500 强、中国 500 强最具价值品牌。公司于 2021 年 6 月 22 日以 462.87 亿元的品牌价值，连续 18 年荣膺“中国 500 最具价值品牌”，较 2019 年的 366.18 亿元增长了 10.71%，总排名第 173 位；于 2021 年 9 月 23 日连续 11 年入围亚洲品牌 500 强，排名 360 位，完达山品牌影响力再上新台阶。

全面优化管理组织架构激发企业发展的新动能。公司全面优化管理组织架构，组建了四大职能管理中心和一个财务共享服务中心，新设立了特渠营销事业部、新零售事业部，完成了液态奶事业部和营养食品事业部的产销分离工作。初步构建了横向到边、纵向到底的“管理中心＋事业部”组织管理模式，进一步激发了企业发展的新动能。

黑龙江省技术创新示范企业。公司于 2021 年 6 月 8 日被黑龙江省工信厅认定为黑龙江省技术创新示范企业，这是公司继省级技术创新中心、国家高新技术企业之后再次获得的殊荣，标志着完达山科技创新水平再上新台阶。

启动人力资源管理体系优化项目。公司于 2021 年 3 月 17 日正式启动人力资源管理体系优化项目，聘请国际先进人力资源管理咨询机构——怡安翰威特咨询公司，对公司职级、薪酬、绩效及激励体系顶层设计进行优化，着力建立一套更适合行业特点和公司实际的人力资源管理体系。

（北大荒完达山乳业股份有限公司，梁学武）

附表1 北大荒完达山乳业股份有限公司奶牛养殖场（小区）名录

序号	名称	地址	全群存栏（头）	成母畜存栏（头）	奶畜品种	成母畜单产量（t/年）	年总产量（t）	是否有机奶源基地	有机奶产量（t）
1	北安农垦长鑫牧场专业合作社	黑龙江省黑河市北安市长水河农场第二管理区第一居民组	2 138	1 057	荷斯坦	10.0	100 000	否	
2	北安农垦鑫旺牧场专业合作社	黑龙江省黑河区北安区赵光农场第九管理区二十九队	1 586	915	智利荷斯坦	10.0	80 000	否	
3	黑龙江省九三农垦荣达奶牛养殖专业合作社	黑龙江省黑河市嫩江县七星泡农场第一管理区	1 679	1 027	荷斯坦	10.0	9 800	否	
4	九三农垦七星泡农场鑫顺奶牛养殖场	黑龙江省黑河市嫩江县七星泡农场第一管理区奶牛小区牛舍	483	203	荷斯坦	8.0	1 080	否	
5	黑龙江省九三农垦鑫澳奶牛养殖专业合作社	黑龙江省黑河市嫩江县嫩江农场第一畜牧养殖区	1 141	648	荷斯坦	8.5	5 440	否	
6	嫩江市鲁豫养殖专业合作社	嫩江市七星泡农场十九队	504	270	荷斯坦	9.0	2 200	否	
7	黑龙江省牡丹江农垦隆盛奶牛养殖专业合作社	黑龙江省鸡西市虎林市庆丰农场第九连队	4 302	2 199	荷斯坦	10.1	21 055	否	
8	黑龙江省牡丹江农垦千牧奶牛养殖场	黑龙江省鸡西市密山市八五一一农场第一管理区第七作业站	1 593	813	荷斯坦	11.8	8 200	否	
9	黑龙江省牡丹江农垦互利养牛专业合作社	黑龙江省鸡西市虎林市八五〇农场第一管理区一作业站	778	331	荷斯坦	8.7	2 923	否	
10	黑龙江省牡丹江农垦朝卫奶牛养殖专业合作社	黑龙江省鸡西市密山市八五七农场第三管理区第六作业站	1 045	533	荷斯坦	10.7	5 300	否	
11	黑龙江省牡丹江农垦安兴奶牛养殖专业合作社	黑龙江省鸡西市虎林市八五八农场场直2KM处	1 727	876	荷斯坦	10.8	10 700	否	
12	嫩江市建源奶牛养殖专业合作社	黑龙江省黑河市嫩江市建边农场第三管理区第四居民组	540	424	荷斯坦	11.0	3 600	否	
13	黑龙江省九三农垦连新奶牛养殖专业合作社	黑龙江省黑河市嫩江市嫩北农场第八管理区原十四居民组	615	335	荷斯坦	9.0	3 015	否	
14	黑龙江省九三农垦鸿源农牧科技发展有限责任公司	黑龙江省黑河市嫩江市九三管理局嫩北农场二队	1 153	615	荷斯坦	10.4	6 398	否	
15	黑龙江省九三农垦德胜奶牛养殖专业合作社	黑龙江省黑河市嫩江市山河农场第六管理区	1 045	717	荷斯坦	10.7	8 000	否	
16	嫩江市鸿垣农牧有限公司	黑龙江省黑河市嫩江市铁西社区科洛小区3号楼000115室	145	85	荷斯坦	9.0	600	否	
17	黑河市特瑞奶牛养殖专业合作社	黑龙江省黑河市嫩江市鹤山农场场直红旗街56栋2-2号	1 079	650	荷斯坦	11.0	7 500	否	

（续）

序号	名称	地址	全群存栏（头）	成母畜存栏（头）	奶畜品种	成母畜单产量（t/年）	年总产量（t）	是否有机奶源基地	有机奶产量（t）
18	黑龙江省九三农垦溢生沣牧业管理有限公司	黑龙江省黑河市嫩江市山河农场第六管理区	1 325	760	荷斯坦	8.8	6 600	否	
19	黑龙江省九三农垦麒源奶牛养殖专业合作社	黑龙江省黑河市嫩江市大西江农场第五管理区	1 137	733	荷斯坦	10.0	7 400	否	
20	黑龙江省九三农垦荣祥奶牛养殖专业合作社	黑龙江省黑河市嫩江市九三管理局荣军农场B区3委3号	336	208	荷斯坦	9.5	1 825	否	
21	大连金弘基种畜程家良繁场	辽宁省大连市金州区登沙河街道程家村	813	641	荷斯坦	8.6	3 200	否	
22	大连金弘基阿尔滨良繁场	辽宁省大连市金州区登沙河镇阿尔滨村	941	647	荷斯坦	9.0	3 200	否	
23	大连金弘基种畜 XY 良繁场	辽宁省大连市金州区登沙河街道海头村	688	495	荷斯坦	8.7	3 600	否	
24	保定徐水区天晨养殖场	河北省保定市徐水区户木乡屯庄村	625	435	荷斯坦	9.5	4 015	否	
25	保定孟扬养殖有限公司	河北省保定市清苑区臧村镇刘庄村	350	262	荷斯坦	8.4	1 643	否	
26	保定华戎饲养有限公司	保定市蠡县百尺镇握纽庄	345	247	荷斯坦	8.4	1 497	否	
27	保定宏达牧业有限公司	保定市满城区于家庄乡汤村	1 780	1095	荷斯坦	11.1	4 015	否	
28	宁晋县鼎康奶牛养殖场	河北省邢台市宁晋县纪昌庄砖河村	234	125	荷斯坦	6.1	760	否	
29	大曹庄管理区华达奶牛养殖场	河北省邢台市宁晋县徐家河榆树庄村	1 094	532	荷斯坦	5.1	2 700	否	
30	河北澳鑫牧业有限公司	河北省邢台市赵县赵州镇封家铺村	494	263	荷斯坦	6.1	1 600	否	
31	宁晋县程盛奶牛养殖场	河北省邢台市宁晋县东南汪镇南丁曹二村	379	179	荷斯坦	3.3	584	否	
32	邢台市大曹庄管理区佳龙奶牛养殖场	河北省邢台市您进线徐家河贾家庄村	205	90	荷斯坦	5.7	511	否	
33	高邑县祥瑞牧业有限公司	河北省石家庄市高邑县中韩西韩庄村	308	141	荷斯坦	6.5	920	否	
34	宁晋县新康辉奶牛养殖场	河北省邢台市宁晋县纪昌庄东和睦村	317	195	荷斯坦	9.3	1 800	否	
35	河北雄达牧业有限公司	河北省邢台市宁晋县大曹庄农业总公司	223	166	荷斯坦	4.4	730	否	
36	元氏县铁达奶牛养殖有限公司	河北省邢台市元氏县槐阳镇铁屯	310	169	荷斯坦	13.0	2 190	否	
37	元氏县绿康奶牛养殖场	河北省邢台市元氏县南因镇西杜村西	557	317	荷斯坦	6.9	2 190	否	
38	元氏县康顺奶牛养殖场	河北省邢台市元氏县南村镇故城村村北	402	223	荷斯坦	11.5	2 555	否	
39	晋州市旺源奶牛养殖场	河北省晋州市马于镇赵家庄村	991	459	荷斯坦	6.4	2 920	否	
40	衡水市桃城区华生奶牛养殖专业合作社	河北省衡水市桃城区	353	202	荷斯坦	7.2	1 460	否	
41	宁晋县京辉奶牛养殖场	河北省邢台市宁晋县北河庄镇塔底村	124	96	荷斯坦	5.7	547	否	
42	天津完达山畜牧养殖有限公司	天津市武清区南蔡村镇苏羊坊村	212	135	荷斯坦	9.2	1 280	否	
43	天津市武清区富泉奶牛养殖场	天津市武清区城关镇西门外	364	198	荷斯坦	8.5	1 850	否	

（续）

序号	名称	地址	全群存栏（头）	成母畜存栏（头）	奶畜品种	成母畜单产量（t/年）	年总产量（t）	是否有机奶源基地	有机奶产量（t）
44	天津市福润德牧业有限公司	天津市武清区大孟庄镇大王村西侧	824	434	荷斯坦	10.4	4 300	否	
45	昌黎县靖安镇大勇奶牛养殖场	昌黎县靖安镇吴各庄村	320	216	荷斯坦	7.6	1 500	否	
46	卢龙县鑫园牧业有限公司	卢龙县木井乡郭佃子村东	279	237	荷斯坦	8.2	1 720	否	
47	天津嘉立荷牧业集团有限公司	天津宝坻区大钟庄镇林钟路南			荷斯坦	11.3		否	
48	北京森茂种植有限公司	北京市房山区窦店镇兴隆庄村西	349	176	荷斯坦	10.1	1 600	否	
49	东营仙河澳亚现代牧场有限公司	山东省东营市河口区仙河镇镇东路以南			荷斯坦	12.2		否	
50	唐山市古冶区瑞康奶牛养殖场	唐山市古冶区卑家店镇平台子村北	400	211	荷斯坦	9.5	1 300	否	
51	天津市惠泽牧业有限公司	天津市滨海新区小王庄镇北大港农场	778	402	荷斯坦	6.7	960	否	
52	遵化市润辉养殖有限公司	遵化市地北头镇西枣林庄村	343	198	荷斯坦	7.3	1 600	否	
53	滦南县弘康养殖有限公司	河北省唐山市滦南县程庄镇后坨里村西	521	310	荷斯坦	9.8	1 900	否	
54	张北睿丰牧业有限公司	河北省张家口市张北县馒头营乡			荷斯坦	11.3		否	
55	山东万宝乳业有限公司	山东省潍坊市临朐县辛寨政府驻地			荷斯坦	8.5		否	
56	唐山恒天然牧场有限公司	河北省唐山市汉沽管理区农业总公司第15生产队			荷斯坦	11.6		否	
57	牡丹江万鼎乳业有限公司	黑龙江省牡丹江经济技术开发区江南六道街688号			荷斯坦	8.8		否	
58	丰宁满族自治县源顺合奶牛养殖专业合作社	河北省承德市丰宁满族自治县土城镇四间房村	120	119	荷斯坦	9.2	950	否	
59	滦县兴源奶牛养殖专业合作社（锦硕）	河北省唐山市滦州市王店子镇高城子村	1 785	1 186	荷斯坦	11.6	7 800	否	
60	丰宁满族自治县志夺奶牛养殖专业合作社	河北省承德市丰宁满族自治县土城镇洞上村	497	229	荷斯坦	9.5	1 500	否	
61	天津市武清区富栏奶牛养殖场	天津市武清区城关镇西门外	364	198	荷斯坦	8.8	108	否	
62	天津市武清区新世纪牧业有限公司	天津市武清区大良镇北小营村	547	274	荷斯坦	9.5	1 500	否	
63	黑龙江省牡丹江农垦鑫兴奶牛养殖专业合作社	黑龙江省鸡西市密山市8511农场第八作业站	1 343	617	荷斯坦	9.0	5 342	否	
64	黑龙江省牡丹江农垦将军奶牛养殖专业合作社	黑龙江省鸡西市密山市8511农场第十一作业站	6 800	3 000	荷斯坦	10.2	28 935	是	3868
65	黑龙江省牡丹江农垦金澳奶牛养殖专业合作社	黑龙江省鸡西市密山市855农场	3 600	1 856	荷斯坦	9.0	13 535	否	

（续）

序号	名称	地址	全群存栏（头）	成母畜存栏（头）	奶畜品种	成母畜单产量（t/年）	年总产量（t）	是否有机奶源基地	有机奶产量（t）
66	黑龙江省牡丹江农垦双峰奶牛养殖专业合作社	黑龙江省鸡西市密山市双峰农场第一管理区第一作业站	2 032	1 121	荷斯坦	9.3	9 838	否	
67	黑龙江省牡丹江农垦牧丰奶牛养殖专业合作社	黑龙江省鸡西市鸡东县 8510 农场杨木林子管理区第五作业区	4 633	2 273	荷斯坦	10.0	22 221	否	
68	黑龙江省牡丹江农垦金沙奶牛养殖专业合作社	黑龙江省鸡西市密山市 855 农场东区	1 204	567	荷斯坦	9.3	4 176	否	
69	黑龙江省红兴隆农垦犇犇奶牛养殖农民专业合作社	黑龙江省双鸭山市宝清县 852 农场第五作业区	2 040	977	荷斯坦	10.2	4 461	否	
70	黑龙江宝惠农牧有限公司	黑龙江省黑河市嫩江县尖山农场第六管理区第 22 队居民组	1 528	857	荷斯坦	11.1	7 841	否	
71	黑龙江省九三农垦洪兴奶牛养殖专业合作社	黑龙江省黑河市嫩江县九三管理局鹤山农场第四畜牧养殖区	414	215	荷斯坦	8.1	1 345	否	
72	九三农垦荣军农场荣升奶牛养殖牧场	黑龙江省黑河市嫩江县荣军农场十一队 31 幢 098 号	318	161	荷斯坦	9.3	1 179	否	
73	科菲特牧业（富裕）科技有限公司九三分公司	黑龙江省黑河市嫩江县鹤山农场第一管理区原鹤山二队	2 244	1 355	荷斯坦	10.5	11 785	否	
74	嫩江市向荣牧业有限公司	黑龙江省黑河市嫩江县荣军农场荣福小区车库	1 390	725	荷斯坦	11.4	6 502	否	
75	大庆老房身养殖有限公司	黑龙江省大庆市大同区高台子镇老房身村两门朱家屯	486	210	荷斯坦	8.5	332	否	
76	黑龙江省牡丹江农垦云都奶牛养殖专业合作社	黑龙江省鸡西市虎林市云山农场第三管理区第六作业站	1 260	741	荷斯坦	9.0	4 401	否	
77	黑龙江省牡丹江农垦振东奶牛养殖专业合作社	黑龙江省鸡西市密山市八五一一农场第一管理区第五作业站	1 044	468	荷斯坦	10.2	4 108	否	
78	黑龙江省牡丹江农垦源泉奶牛养殖专业合作社	黑龙江省鸡西市密山市八五一一农场第四作业站	2 080	1 010	荷斯坦	10.0	7 500	否	
79	哈尔滨完达山奶牛养殖有限公司	哈尔滨市松北区对青山镇胜利村	4 223	2 205	荷斯坦	8.1	20 000	是	20 000
80	哈尔滨完达山奶牛养殖有限公司军川分公司（有机）	黑龙江省鹤岗市萝北县军川农场三十九队	1 955	922	荷斯坦	11.2	10 000	是	10 000

备注：本表所指奶畜包括奶山羊、奶绵羊、奶水牛、牦牛、骆驼、驴等产商品奶家畜。本表奶畜养殖场指企业在中国及海外自建和参建（控股、参股）牧场（小区）。如认证为有机奶源基地等，请在相应表格中打钩。

附表 2　北大荒完达山乳业股份有限公司乳制品生产企业名录

名称	生产地点	生产许可证号码	年收购原奶量（t）	其中：自有奶源量（t）	平均支付价格（元/kg）	日处理生鲜乳能力（t）	年乳制品产量（t）	其中：低温鲜奶（t）	UHT 奶（t）	常温酸奶（t）	低温酸奶（t）	原料奶粉（t）	婴幼儿配方奶粉（t）	成人奶粉及其他（t）	奶油（t）	奶酪（t）	乳饮料（t）	冰品（t）	年销售收入（万元）	利润（万元）	有机产品（枚）
北大荒完达山乳业股份有限公司			413 084	41 767	4.4	2 033	293 510	31 452	166 371	39 154		12 020	10 082	8 946	479		23 622		507 054	8 157	12 000 000

备注：本表包括在中国及海外的生产企业。日处理生鲜乳能力指设计加工生鲜乳能力。自有奶源指来自自建和参建（控股、参股）牧场（小区）的原奶。成人奶粉指除婴幼儿配方奶粉以外的学生奶粉、孕妇奶粉、中老年奶粉等终端消费奶粉。冰品包括冰激凌、雪糕等。有机产品数量单位为“枚”指获得有机标志的数量。

新希望乳业股份有限公司

【奶源基地】新希望乳业股份有限公司旗下现有自有牧场 13 家，主要分布在四川、云南、华东与西北等地，牛只大部分是来自新西兰、澳大利亚、乌拉圭等地的荷斯坦牛，来自新西兰的娟姗牛，从源头保证了牛奶品质。2021 年底总存栏 43 120 头，其中成母牛存栏 23 421 头，成母牛年单产 9.99t；全年牛奶产量 222 022t。有机奶源分布在四川洪雅牧场、云南蝶泉牧场、华东唯品牧场，全年产量 4 440t。

新建牧场。宁夏新希望塞上牧业有限公司于 2021 年 1 月 8 日注册，注册资本 2 000 万元，位于宁夏吴忠市利通区孙家滩，存栏规模 7 500 头，概算投资 4 亿元，规划占地面积 46.92hm²，总建筑面积约 15.5hm²，于 2021 年 11 月 18 日动工建设。

云南新希望蝶泉有机牧场 2 000 头奶牛扩建项目。该项目创建于 2020 年 10 月 15 日，由云南新希望蝶泉牧业有限公司和洱源县三营镇人民政府共同投资建设，位于洱源县永胜村，占地面积 8.5hm²，总投资 10 031 万元。该项目于 2021 年 6 月 20 日开工，计划 2022 年 5 月 31 日竣工。该扩建项目牛舍采用国内最先进的全封闭隧道式建设、牛舍内使用智能灯光，满足奶牛全天光照需求，按照每头日产奶 40kg 设计，实行机械通风，改善奶牛舒适度，增产效果非常显著。项目建成后可饲养泌乳牛 2 200 头，会同蝶泉牧场一期牛群存栏数将达到 3 800 头，日产鲜奶达 66t，年总产值 1.2 亿元，实现利润 2 000 万元 / 年。从澳大利亚进口的 1 000 头优质荷斯坦青年母牛已在 2022 年 3 月 16 日到达牧场。

智慧牧场建设情况。牧场在 2020 年全面完成了开发和完善，于 2021 年 3 月全面验收。在 2021 年重点对物联网设备进行了部署，主要有以下几个设备的推进。

1. 精准饲喂设备系统。共计推广了 13 家牧场，对牧场的日粮加料精准度进行了全面的监控并配套牧场 KPI 考核。

2. 智能称重设备。对 3 家牧场进行了智能称重设备部署，主要对后备牛进行生长监控，包括对奶牛体高和体重的检测。

3. 精准喷淋设备。对南方两家牧场进行精准化喷淋设备的部署，主要应对夏季奶牛热应激的防控，以及节约水资源。

4. 智能项圈设备。针对奶牛疾病揭发和发情揭发，对 2 家没有计步器的牧场进行智能项圈的部署。

5. 智能体温监测。对该设备进行试验与评估，评估报告良好，对奶牛产后的健康有实时监控的效果。

6. 过磅设备的智能化。在海原牧场试运行了无人值守过磅系统，旨在减少人为操作，提高员工工作效率。

7. 数字化管理。针对数据的运用制定了相对应的制度和流程，包括数字管理制度、数据分析流程、数据的检查制度、周例会模板升级（增加对系统的使用率）、新员工的入职培训（针对新员工对信息化系统的运用）。

农机购置补贴。2021 年无奶业机械购置补贴，规模养殖场改扩建补助 141 万元，粮改饲补贴 129 万元。

饲草收购及种植。全年收购青贮 20.7 万 t，单产平均 3t，其中青贮单产 1.5t（海原自种），燕麦草单产 400kg，黑小麦单产 400kg。

牧场疫病防控。牧场人员车辆规范消毒，严格做好牛只两病检疫、病原微生物的抗原抗体检测监控、开展疫苗免疫等工作，公司日常做好微生物的监控工作，主要通过对奶样、血清、排泄物、发病牛只的病料进行病原菌、病原微生物的抗原抗体的检测监控。

粪污处理方式。牧场通过奶牛场粪污循环利用与种养一体化模式，实现粪污循环利用、构建种养一体化生产模式，促进生态农业和循环农业发展。通过粪便收集、固液分离、发酵、晾晒杀菌后，粪污用于有机肥生产与牛床垫料；污水通过氧化塘处理，进行农业灌溉、种养循环。

生鲜乳收购价格。四川地区年均价为 4.97 元 /kg，云南片区年均价为 4.91 元 /kg，华东片区年均价为 4.74 元 /kg，西北片区年均价为 4.41 元 /kg。

【乳品加工】新希望乳业积极践行鲜立方战略，发挥城市型乳企的地域优势，全国工厂布局，现有 16 家生产工厂，遍布 9 个省份、14 个城市，年度液态奶设计产能 142.15 万 t；2021 年液态奶实际产量 93.82 万 t，产能利用率 66%。

新希望乳业先后投入 18 亿元新建了川乳华西、河北天香、安徽白帝 3 家工厂。2021 年投资 3.5 亿元，使青岛琴牌二期工厂顺利投产，设备、工艺自动化先进程度达到了国际领先水平；同时所有工厂的前处理实施了升级技改，提升自动化水平和防纠错功能；在灌装设备上，推行自动化替换半自动，高速替换低速的升级置换。生产硬件的改善和投入，有效保障并提升了品质的稳定性，提高了效率、降低了成本。

在设备硬件提升的同时，通过强化全程标准化管理，生产严格执行 QACP 体系，打造透明工厂、美丽产品，产品品质恒定性稳步提升，产品内控精准率同比提升 6.86%，市场投诉率同比下降 26%；通过行业对标挖掘潜力，全面推进精益管理，成本效率指标提升明显，人均劳动效率同比提升 10.01%，设备效率同比提升 6.8%。生产在推进精益日常管理体系的基础上，更高标准地在华西工厂试点推进世界级制造（WCM）管理体系，开展六大支柱活动，通过全面消除各项损耗和瑕疵，提升生产绩效，同时提升员工素养和打造生产管理体系。

新希望乳业 2021 年正式启动了数字化工厂 MES 项目。作为集团六大灯塔项目之一，MES 项目通过工单驱动，系统集中整合，建立了一个标准的精益化生产平台，实现了人机料法环测的生产要素全在线，让生产运行管理透明化，协同高效化。

推进零碳乳业项目，生产线路一方面精细推进单位（每吨）能源耗用的降低，水电气同比均有6%以上的降幅，同时统筹推进绿色能源替换布局，上半年启动了华西、白帝两工厂的沼气锅炉，双峰、白帝的储能项目，华西、南山的光伏发电项目，项目投产运行后，绿色用电比例将达到26.3%，绿色蒸汽比例将达到20.94%。

【市场消费】新希望乳业2021年全年整体营业收入达89.67亿元。新希望乳业低温鲜奶增速持续保持高双位数增长，增速达到35%，全国份额同比2020年增加0.6，达到9.2%，仅次于光明、蒙牛，位列第三位，是份额增幅最大的区域型乳企。其中核心单品24小时增速达35.8%，全国范围内拓展黄金24小时营养乳、上市铂金24小时全优乳，通过产品线的持续迭代，实现高质量增长，其中黄金24小时在2021年同比增长926%，并获得吴晓波频道金物奖最具潜力奖。在24小时产品线不断向上延展并取得成功的同时，新希望乳业在高端鲜奶的细分领域也取得了更大的突破，推出以“循环农作自然出美味”为品牌理念的唯品有机、唯品娟姗牛乳，口味香浓的国潮鲜奶今日鲜奶铺、原生亲和营养更好吸收的纯正A2鲜牛乳以及针对乳糖不耐受人群特别研制的澳特兰无乳糖鲜牛乳，销售实现了45%的增长，其中A2鲜牛乳增长93%，今日鲜奶铺同比增长16倍。

在低温酸奶品类持续萎缩下跌的大市场环境下，新希望乳业找到了自己的增长之道，通过产品差异化的不断创新，整体实现了1%的微增，并在功能型、控糖细分等赛道取得突破。其中活润晶球酸奶2021年持续迭代升级，在原味的基础上推出零糖晶球、肠胃双护双晶球新品，借助全国范围内的持续拓展，实现倍增，并在FBIF全球创新食品评鉴大赛中获得“全场最佳”。在控糖领域，除重点品牌初心之外，通过“三维控糖”技术的运用，快速上市了更多零糖产品，实现150%的增长。

【全球发展】2021年9月，公司以58 400 000美元购买JAPFA LTD.持有的AustAsia Investment Holdings Pte. Ltd.（以下简称“澳亚投资”）的16 805 598股普通股，占澳亚投资已发行股份的5%，并与澳亚投资之附属控股子公司签署了自2022年开始的以5年期为基础、可滚动续期的奶源供应协议。

组织培训。公司在云南地区建立机械化挤奶站，重点对家庭牧场奶牛饲养管理技术开展指导与培训，提高农户养殖技能，就奶牛的日常饲喂管理、疫病、疾病防控、牛奶质量提升、食品安全等进行培训，2021年全年共计组织开展572次培训，每次培训2 000余人。2021年5月遴选6个较大家庭牧场主参加云南省第二届奶牛科学饲养管理技术研讨会。通过持续的培训与帮扶，当地家庭牧场逐渐兴起，奶牛品种改良逐见成效。

通过采购优质奶源为农户们增加9 200万元的收入。合作家庭牧场数从原有的18家发展到2021年底的23家，其中百头以上家庭牧场5家。泌乳牛日单产从18kg提升到23kg。

2021年公司在全国西北、西南、华东地区的13个牧场周边收购当地农户种植的玉米青贮（含裹包青贮），以公司对粗饲料的质量要求和奖励措施，来提升农户对玉米种植和交贮的积极性。2021年全年收购青贮20.7万t，为约2万户农民共计创收1 035万元。

【社会责任】公司秉承“做最实在的公益”的初心，积极参与各项社会公益活动。公司持续运营“希望有你”公益平台11年，惠及偏远地区儿童331万人；积极参与学生奶业务，为27个省份的350万学生提供营养助力。2021年公司在福建、宁夏进行小学公益探访活动，在河南洪灾、宁夏疫情中积极捐赠物资，全年捐赠物资价值约280万元。

2021年9月，在“希望有你，童心绘梦”主题公益活动的捐赠仪式上，“希望有你”公益团队为宁夏当地的孩子们捐赠了价值35万元的缤纷鸟线上美术课包。通过绘画课程、举办绘画展览，为孩子们提供最优质、最有趣、最科学的美术课程，让美育理念这颗种子在孩子们心里生长发芽。除了优质的教育资源，孩子们的健康成长才是一切的基础，新希望乳业践行D20小康牛奶行动，为当地的孩子们带来了营养专属礼物——向永宁县闽宁镇第二小学捐赠了价值32.6万元的学生营养奶，向乳制品摄入与儿童健康效应研究项目（甘肃）捐赠价值8.3万元的学生营养奶。

【奶业大事】2021年1月，公司以2.31亿元收购酸奶茶饮品牌“一只酸奶牛”60%股权，跨赛道布局新式茶饮。

2021年4月，与中国农业科学院签订战略合作协议，合作 开展奶牛养殖碳中和项目。

2021年5月，公司召开2020年年度股东大会暨品牌战略发布会，发布《新乳业2021—2025年战略规划》，提出“鲜立方”战略及“三年倍增，五年力争进入全球乳业领先行列”，并与中国极地研究中心签订品牌合作协议，为极地科考提供营养乳品。

2021年8月，青岛智能工厂二期竣工投产。

（新希望乳业股份有限公司，徐涵钰）

附表 1　新希望乳业股份有限公司奶牛养殖场（小区）名录

序号	名称	地址	全群存栏（头）	成母畜存栏（头）	奶畜品种	成母畜单产（t/年）	年总产（t）	是否有机奶源基地	有机奶产量（t）
1	四川新希望奶牛养殖有限公司	四川省眉山市洪雅县阳平路 66 号	1 051	675	荷斯坦	8.90	6 030	√	2 372
2	石林新希望雪兰牧业有限公司	云南省昆明市石林县鹿阜街道办事处老挖村委会老挖村	2 336	1 471	荷斯坦	10.32	14 718		
3	陆良新希望雪兰奶牛养殖有限公司	云南省曲靖市陆良县芳华镇戚家山村杨梅沟	3 531	2 044	荷斯坦	9.98	19 826		
4	云南新希望雪兰牧业科技有限公司	云南省曲靖市陆良县大莫古镇太平哨居委会新哨村毛草凹	2 016	1 001	荷斯坦	10.41	12 408		
5	云南新希望蝶泉牧业有限公司	云南省大理白族自治州洱源县三营镇永乐村委会白沙河以北	1 668	936	荷斯坦	10.34	9 786	√	1 032
6	建德新希望牧业有限公司	建德市更楼街道石岭村	760	486	荷斯坦	10.91	4 989		
7	四川新希望华西牧业有限公司	成都市青白江区清泉镇金龙村 4、5 组	1 314	769	荷斯坦、娟姗	8.99	6 346		
8	吴忠新希望牧业有限公司	宁夏吴忠市利通区孙家滩开发区吴家沟村	1 807	960	荷斯坦	10.24	10 223		
9	靖远新希望牧业有限公司	甘肃省白银市靖远县东升乡东兴村	1 801	1 013	荷斯坦	8.56	9 568		
10	海原县新希望牧业有限公司	海原县西安镇园河行政村村委会前排平房（3 间）	7 831	4 011	荷斯坦	10.13	35 741		
11	永昌新希望农牧业有限公司	甘肃省金昌市永昌县河西堡镇金昌华博创业孵化园	4 428	2 362	荷斯坦	10.99	9 646		
12	山东唯品牧业有限公司	山东省莱阳市沐浴店镇驻地	2 063	1 090	荷斯坦、娟姗	10.96	12 229	√	996
13	宁夏夏进综合牧业开发有限公司	宁夏回族自治区吴忠市利通区孙家滩管委会孙家滩农业开发区	11 286	5 926	荷斯坦	11.98	65 065		
14	福建新希望澳牛乳业有限公司	中国福建省福州市	1 228	677	荷斯坦	8.00	5 447		
	新希望牧业合计		43 120	23 421		9.99	222 022		4 400

备注：本表所指奶畜包括奶山羊、奶绵羊、奶水牛、牦牛、骆驼、驴等产商品奶家畜。本表奶畜养殖场指企业在中国及海外自建和参建（控股、参股）牧场（小区）。如认证为有机奶源基地等，请在相应表格中打钩。

附表2　新希望乳业股份有限公司乳制品生产企业名录

序号	名称	生产地点	生产许可证号码	年收购原奶量（t）	其中：自有奶源量（t）	平均支付价格（元/kg）	日处理生鲜乳能力（t）	年乳制品产量（t）	其中：低温鲜奶（t）	UHT奶（t）	常温酸奶（t）	低温酸奶（t）	原料奶粉（t）	婴幼儿配方奶粉（t）	成人奶粉及其他（t）	奶油（t）	奶酪（t）	乳饮料（t）	冰品（t）	年销售收入（万元）	利润（万元）	有机产品（枚）	低温调制乳（t）
1	四川新华西乳业有限公司	四川省成都市郫都区永兴东路9号	SC10551142300017				500	108 115.45															
2	四川新希望乳业有限公司洪雅阳平分公司	四川省洪雅县洪川镇临江路12号	SC10551012400098				250	61 581.35															
3	西昌新希望三牧乳业有限公司	四川省西昌市安宁镇马坪坝村	SC10551340100016				60	14 658.33															
4	昆明市雪兰牛奶有限责任公司	云南省昆明市官渡区经济技术开发区云大西路66号	SC10553011110668				500	89 416.08															
5	昆明市海子乳业有限公司	昆明经开区阿拉街道办事处海子村委会旁	SC10553011113025				48	21 565.43															
6	昆明市七彩云乳业有限公司	云南省昆明阳宗海风景名胜区七甸工业园区大哨片区	SC10553012115057				60	13 448.01															
7	云南新希望邓川蝶泉乳业有限公司	云南省大理州洱源县邓川镇新州街88号	SC10553293016421				500	57 243.35															
8	湖南新希望南山液态乳业有限公司	湖南省长沙市望城区雷锋大道108号	SC10543011200116				200	40 869.86															

（续）

序号	名称	生产地点	生产许可证号码	年收购原奶量（t）	其中：自有奶源量（t）	平均支付价格（元/kg）	日处理生鲜乳能力（t）	年乳制品产量（t）	其中：低温鲜奶（t）	UHT 奶（t）	常温酸奶（t）	低温酸奶（t）	原料奶粉（t）	婴幼儿配方奶粉（t）	成人奶粉及其他（t）	奶油（t）	奶酪（t）	乳饮料（t）	冰品（t）	年销售收入（万元）	利润（万元）	有机产品（枚）	低温调制乳（t）
9	安徽新希望白帝乳业有限公司	安徽省合肥市肥东县肥东经济开发区镇西路55号	SC10534012200126				200	50 702.71															
10	杭州新希望双峰乳业有限公司	浙江省杭州市余杭区余杭经济开发区新洲路836号	SC10533011010328				280	45 696.32															
11	新希望双喜乳业（苏州）有限公司	江苏省苏州市高新区鹿山路49号	SC10532050500426				150	20 902.10															
12	河北新希望天香乳业有限公司	河北省保定市满城区南韩村镇大顾店村新兴产业园区新希望路8号	SC10613060500018				500	97 553.66															
13	青岛新希望琴牌乳业有限公司	山东省青岛市胶州市太湖路6号	SC10637028100848				500	86 030.19															
14	山东绿源唯品乳业有限公司	山东省烟台市莱阳市沐浴店镇绿源唯品农业园	SC10537068200750				18	5 386.17															
15	宁夏夏进乳业集团股份有限公司	宁夏吴忠市金积工业园区	SC10564030200017				600	231 248.86															
16	宁夏夏进吴尔乳品有限公司	宁夏银川市西夏区平吉堡	SC10564010500097				100	34 361.43															

备注：本表包括在中国及海外的生产企业。日处理生鲜乳能力指设计加工生鲜乳能力。自有奶源指来自自建和参建（控股、参股）牧场（小区）的原奶。成人奶粉指除婴幼儿配方奶粉以外的学生奶粉、孕妇奶粉、中老年奶粉等终端消费奶粉。冰品包括冰激凌、雪糕等。有机产品数量单位为“枚”指获得有机标志的数量。

中地乳业集团有限公司

【奶源基地】中地乳业作为种养加一体化企业，秉承科技创新、全产业链融合发展的理念，致力为消费者提供更安全、更健康、更营养的高品质食品。公司2021年启动产业升级和战略转型，从单一的牧场养殖转向一二三产业深度融合发展，通过云计算、区块链、人工智能、5G通信和物联网等技术，建设中地特色的智慧牧场、智能工厂。

近年来，公司通过战略转型，进一步狠抓精细化管理和高效率运营，在精准营养、科学育种、健康养殖与奶牛福利、种养结合与循环农业、智能化管理与高效运营等方面实现了跨越式发展，奶牛单产水平明显提高，公司智能化管理水平明显提升。公司通过资产重组后，在山东省临沂市规划布局4座万头智慧生态牧场，截至2021年底，第一座万头智慧生态牧场已投入生产运营，存栏优质荷斯坦牛8 251头，其中成母牛4 021头，年产生鲜乳36 507t；第二座万头牧场正在建设中。

为推进数字化转型，建设智慧生态牧场，公司依托物联网、云计算、大数据、人工智能和区块链等数字化技术，使用集成化软件系统、自动化控制设备与网络化感知设备，自动获取与分析数据，并通过自动化智能化设备执行数字化方案，建成中地牧场智慧管理平台和智慧化运行管理大脑，实现对奶牛养殖、生产过程与牧场环境进行自动化监测、精准化控制和智能化管理。公司沂南智慧生态牧场是基于智慧牧场平台打造的首个智慧化灯塔牧场，中地乳业将继续探索创建可复制、可推广、可持续发展的智慧生态牧场模式。

为提升科学营养和精细化管理，公司建立了奶牛粗饲料常规营养指标数据库和生产数据库，搭建了营养评价体系，从原料品质检测、营养标准制定与评估等方面实现了科学营养、精准饲喂和高效养殖，提高了饲料转化效率，提升了生产性能。智慧牧场平台贯通了饲料入库检验（LIMS）–饲喂配方编制（营养管理模型）→饲喂计划编制与下达（TMR自动饲喂）→饲料加工与投喂（TMR自动饲喂）→饲喂计划执行反馈（智慧牧场平台）→成本核算（ERP）→生产数据分析/财务数据分析（DW/BI）等业务流程，涉及大量软件系统集成、自动化设备物联，产生了包括E–SOP执行、物联网运行、物料与人工耗用、成本核算等多个维度的数据，提升了从生产现场到管理大屏的端到端数字化管理能力。

为夯实种群质量与可持续发展根基，全力推行数字育种。智慧生态牧场育种模块中地育种指数数据模型，涵盖牛只ID信息、生产性能测定数据（DHI）、体型外貌鉴定数据、奶牛生长数据、基因组检测数据、繁殖和健康等数据信息，建立了中地牛群核心数据库（以下简称“核心库”），制定育种规划。通过数据模型分析，依据效益指数分别建立育种核心群、生产群和基础群，以及不同群体效益指数NM$与305d产奶量。在分群育种的基础上，依据核心库数据，全面推行核心群基因组检测，筛选优秀基因，采用性控扩繁技术生产优质胚胎，快速提升育种速度。通过数字育种及快速扩繁，牛群达15t（3.5%校正奶）以上个体比例快速提升。

为确保健康养殖对奶产业的保驾护航作用，公司建立了系统的疫病防控体系，在疫病防控、生物安全、牛奶品质、奶牛福利等方面实现了以预防为主，健康养殖的系统化绿色可持续发展体系。智慧牧场数字化健康与福利监测、E–SOP的线上运行，实现了智能化监控与管理。

为使规模化牧场环境友好协同发展和种养结合，提升粪污资源化综合利用，中地沂南智慧生态牧场建成了基于光局域网、无线互联网和5G网络的多模物联网环境监控和粪污综合利用体系，在智慧牧场平台上能够统一监控牧场全域环境数据，包括温湿风光气等自然环境传感数据和视频监控数据。通过智能集成粪污综合利用系统，实现从牛舍粪污监控、清理、加工到无害化处理、有机肥还田等综合利用一站式管理，为牧场实现高水平碳排放管理提供了实时而有效的数字化工具。为实现种养结合提升粪污资源化综合利用，公司配置固液分离、翻抛发酵、烘干等垫料再生系统，同时着力推进土地流转配套，发展本土化粗饲料。截至2021年，公司累计流转土地600hm² 用于玉米青贮饲料种植，产量为66t/hm²(DM > 32%)，逐步推进种养结合循环发展。

为打造智慧牧场，公司建立了数字化运营管理引擎，实现了业财一体化信息系统群。根据集团全产业链经营目标制定年度预算目标，集团自上而下分解，运营实体成员企业自底向上编制，形成集团全面预算，确保经营、投资与财务等经济活动全覆盖，人、财、物等资源流动全覆盖，产、供、销经营过程全覆盖。将预算编制–控制–报告植入高度集成的业财一体化信息系统群，实现目标一致、预算覆盖、管控精细、分析支撑的数字化经营管理体系。通过信息系统与智能设备的高度智联，实现奶牛饲养单日成本实时核算，将牧场精细化运营管理推上新的高度。

【乳品加工】公司2021年启动产业升级和战略转型，从单一的牧场养殖转向一二三产业深度融合发展，在山东省临沂市沂南县食品工业园建设乳制品加工厂一座，设计日处理生鲜乳1 000t。基础设施正在建设中。

【社会责任】中地乳业集团有限公司在培育主导产业健康发展的同时，积极参与企业及牧场所在地的农村基础设施建设，致力提高农民素质，培养高素质农民，从而激发农村地区经济活力，实现农村经济的蓬勃发展。

1. 带动农民增收。

（1）土地流转。为贯彻落实中央一号文件精神，深入推进农业供给侧结构性改革，积极推进种养一体化、农牧生态循环建设，提升生鲜乳质量安全水平。2021

年公司流转自建饲草基地种植面积 8 642 亩，自建基地提供的主要原料价值 1 002 万元。

（2）订单农业。2021 年累计形成订单饲料基地种植面积 18 678 亩，通过订单基地采购主要原料金额达 20 619 万元，直接带动农户 4 933 户。

（3）多种方式带动农民增收。公司发展过程中，重信誉、讲诚信，不拖欠农户收购款，不拖欠工资，在当地有良好的社会声誉。牧场向当地提供 200 多个就业岗位，平均月工资 5 500 元，人均年收入 6.6 万元。

2. 保障员工的健康和福利。

（1）稳定就业岗位。通过对企业的科学管理，维持企业正常运转，稳定现有就业岗位。

（2）免费为员工提供食宿。

（3）在五险一金的基础上，额外为员工购买商业险。

（4）注重员工培训。通过在岗培训、技能培训等方式，提高职工队伍素质，培养适合企业发展的不同层次人才。

（5）提高农民工工资福利水平。

3. 积极参与慈善事业。近年来，公司以发展现代农业为契机，积极投身于新农村建设，通过产业带动、村企联动、投资推动等多种形式，实现强村富民、村企共赢，为农村经济社会快速发展做出贡献。

2021 年 8 月 23 日，“百万乳品送乡亲”捐赠仪式在山东省沂南县爱心众筹公益平台举行，中地乳业集团有限公司为保障老人及残疾儿童营养健康，向沂南县慈善总会捐赠价值 200 万元的乳品。即在未来一年中为沂南县天河养老服务中心、青驼养老院、蒲旺敬老院的入住老人和沂南县特殊教育学院及特教实验幼儿园的残疾儿童每人每天提供一袋（盒）乳制品，总价值 200 万元。

（中地乳业集团有限公司，何 举）

附表 1　中地乳业集团有限公司奶牛养殖场（小区）名录

序号	名称	地址	全群存栏（头）	成母畜存栏（头）	奶畜品种	成母畜单产（t/年）	年总产（t）	是否有机奶源基地	有机奶产量（t）	有机奶产量（t）
1	沂南中地牧业有限公司	山东省临沂市沂南县蒲汪镇长虹大道 7 号	8 251	4 021	荷斯坦	12 293	36 507	否		

备注：本表所指奶畜包括奶山羊、奶绵羊、奶水牛、牦牛、骆驼、驴等产商品奶家畜。本表奶畜养殖场指企业在中国及海外自建和参建（控股、参股）牧场（小区）。如认证为有机奶源基地等，请在相应表格中打钩。

济南佳宝乳业有限公司

济南佳宝乳业有限公司(Jinan Jiabao Dairy Co.,Ltd.)始创于1932年的“五大牧场”，正式成立于1998年10月，是国家级农业产业化重点龙头企业，员工近2 000人，注册资金12 800万元。

佳宝工业园投资10亿元，占地1 000亩，引进德国、瑞典等世界最先进的机器设备，按照GMP要求设计，标准化生产，生产全过程电子监控。集国际先进技术于园区，同国内外知名营养专家、科研院校技术合作，不断开发新产品，提升企业自身的科技实力和核心竞争力。佳宝乳制品分为巴氏奶、灭菌奶、酸奶、调制乳、含乳饮料五大系列近百个品种，畅销以山东省为核心的国内大部分地区，成为大众消费的健康食品。为巩固和扩大奶源，公司投资5亿元，全面整合原自营的三大牧场，新建万头生态绿色、高科技现代化牧场一座，保障了从牧场到餐桌的24小时直达新鲜产品的原料奶供给。

公司采用“互联网+”模式，通过线下多个销售渠道，涵盖沃尔玛、佳世客、大润发、家乐福等国内外知名连锁卖场，银座、利群、家家悦等省内大型连锁超市、居民社区便利店和自助贩卖机。线上渠道有天猫、京东、有赞商城等，并与世界知名企业恒天然、澳亚、星巴克、COSTA等建立了战略合作关系，呈现出互惠互利、合作共赢的新局面。

企业及产品先后荣获上百项荣誉，如国家高新技术企业、中国名牌产品、中国绿色食品、中国无公害农产品、中国食品工业协会推荐产品、中国轻工业质量效益型先进单位、全国“重合同守信用”先进单位、山东老字号、山东首批社会责任试点企业、山东名牌、山东省著名商标等。公司通过了FSSC22000、HACCP、ISO9001、ISO45001、ISO14001等国际管理体系和安全标准化国家二级认证，具备国家学生饮用奶生产资质。公司是国际乳联IDF中国委员、中国乳制品工业协会副理事长、中国奶业协会副会长单位，是中国奶业20强（D20）联盟企业之一。

【奶源基地】济南佳宝乳业自营三大牧场均为国家标准委员会认定的全国农业标准化示范项目，国家科技专项核心示范场，中国奶协良好农业规范（GAP）认证示范场，是国家公益性行业科技专项和国家现代奶业产业技术体系济南综合试验站建设的依托单位和核心示范场。牧场坐落于济南市农高区，存栏荷斯坦牛1万余头、娟姗高产奶牛2000余头，年单产10t，年产7万t，自有奶源占比60%。牧场采用规模化养殖、机械化作业，引进世界先进的挤奶设备、全混合日粮技术，配有专业的兽医团队，科学开展疫病防治，未出现牛只传播疫情的情况。为巩固和扩大奶源，公司投资新建的万头生态牧场计划于2022年10月完工，设计存栏高产奶牛12 000余头，实现粪污统一机械化、无害化、绿色可循环处理，节能降耗推动驻地养殖业绿色环保可持续发展。各区域生鲜乳收购年平均价格4.95元/kg。牧场2021年实现产值6万元/头，养殖牧场净收入数亿元。

【乳品加工】总投资10亿元的佳宝工业园区是“国家农副产品深加工示范项目”工程，园区占地1 000余亩，拥有三大乳品加工厂，分别为常温灭菌奶生产厂、低温巴氏奶厂和酸奶工厂，年总产35万t，其中生产低温巴氏奶10万、tUHT灭菌奶10万t、低温酸奶15万t。通过严格的奶源采购制度和自有奶源的可靠控制，投入世界最先进的进口设备，达到智能制造工厂标准，全力保证质量安全，产品质量的稳定赢得了消费者的信任。公司根据市场变化及时调整产品结构，避开激烈的常温奶市场竞争，加大低温奶市场的开发，现低温奶市场占有率稳步提升。通过精准的市场分析、产品的准确定位、疫情后的销售战略调整保证了企业发展的良好势头，2021年销售业绩持续向好。

【市场消费】佳宝乳品主要有巴氏杀菌奶、超高温灭菌奶、酸奶和含乳饮料四大类，线上销售渠道有天猫旗舰店、京东旗舰店，传统渠道有商超、送奶入户、团购及学生奶等。同时不断加大社区自助售卖机的铺设，济南市及周边城市投入3 000台以上，成为企业新的销售增长点。送奶入户产品以巴氏杀菌奶和酸奶为主，济南市场占有率达78%以上；进入商超的产品涵盖销售全品项，济南市场占有率达20%以上；山东省市场占有率在3.2%左右。2021年公司销售收入28.6亿元，利税3.53亿元，净利润1.8亿元左右。

【全球发展】佳宝乳业合作的国际企业有新西兰恒天然和印尼的澳雅，主要以产品代工为主。正在落实中国和爱尔兰农业合作谅解备忘录实施的“一带一路”中爱奶业合作项目即爱尔兰小镇项目。2019年5月，中国农业科学院北京畜牧兽医研究所、爱尔兰国立都柏林大学和爱尔兰农业食品发展研究院在北京共同签署了《中爱奶业可持续发展中心合作协议》，构建中国爱尔兰奶业发展命运共同体。其后佳宝乳业与中国农业科学院、中国奶业协会、山东省畜牧总站四方联合共同签订合作协议，就中爱奶业示范牧场、技术培训和推广达成共识，在佳宝新建万头牧场建设中爱奶业示范基地项目，力争共同建立中爱奶业科学技术中心华东分中心，助力山东奶业加快转型升级，促进华东奶业持续健康发展。

为了充分发挥中爱奶业合作项目的资源优势，提升生态牧场的综合效益，公司将在原生态牧场建设规划内增建产学研综合基地一处——爱尔兰风情小镇项目，计划投资1.2亿元，占地约300亩，功能定位是集科学研究、观光体验、教学观摩、成果转化于一体的产学研基地。该项目集饲养模式展示、牛品种展示、科普展馆、犊牛接触、绿化景观、休闲广场、有机种植、亲子游戏、互动课堂、生态餐厅、特色民宿等多种功能于一体。建成后，设计年接待能力5万人，带动经济效益约2 000万元/年。同时借鉴国内同类牧场（君乐宝优致牧场）经验申报国家 3A 级或 4A 级旅游景区。佳宝乳业爱尔兰示范牧场项目建设获得了中爱奶业可持持续发展中心、中国农业科学院北京畜牧兽医研究所、中国奶业协会、爱尔兰贸易与科技局（Enterprise Ireland）和爱尔兰食品局（Bord Bia）、爱尔兰都柏林大学、爱尔兰食品科学研究院的大力支持，并上报至爱尔兰国参赞，得到了大使馆的高度重视，并承诺在项目进行的相关阶段，可以安排爱尔兰大使或参赞亲临佳宝对于此项目给予政府方面的支持。如果项目进展顺利，预计在 2023 年建设完成。

【社会责任】自 2018 年以来，佳宝公司通过小康牛奶行动，每年给学校捐赠牛奶 2.8 万提以上，价值 150 万元，不含灾难气候的捐赠，以及对贫困老人、军转干部、养老院等的社会捐赠，4 年共计捐赠牛奶近 10 万提，价值近 640 万元，受捐赠学生 11.6 万人。企业积极开展扶贫。2021 年佳宝公司联结带动农户 4 200 户，公司对口扶贫 15 个贫困户。扶贫助农以合作种植全株玉米青贮饲料项目为主，是济南市农业农村局立项的青贮玉米产业化示范联合体。通过定向收购全株玉米作为自有牧场饲料的方式助农，从玉米选种、种植到收购，佳宝提供一定的技术指导和支持，并按照略高于市场收购价格收购该村的全株玉米，并建议村组织按照每千克青贮玉米提取 0.02 元来建立扶贫专项基金，重点对该村贫困户、五保户进行定向精准帮扶，通过企业定向对口扶贫和村扶贫基金的应用，已帮助建档贫困户脱贫。

探索紧密型合作模式，更好地带动周边农业产业化发展，佳宝公司经过多方协调，与奶农们成立专业的奶业合作社，创建了“基地 + 农户”模式，与广大养牛农户签订稳定收购合同，避开市场价格波动，以保护价格长期收购农民鲜奶，保证奶农们稳定收益。基本思路是：先期政府在规划土地使用上提供支持，村镇组织农民集资买奶牛、盖牛舍，佳宝公司出资购买挤奶、冷却贮奶和运奶设备，由佳宝公司与养牛户签订长期供销服务合同。运营中佳宝公司委派畜牧技术人员常驻小区，指导奶牛饲养、做好防疫治病、配种方面的工作。每年组织奶农进行业务培训近百场，培训奶农上万人次。合作社拥有科学的饲养管理，专业的兽医团队技术指导，高品质的奶源产出，稳定的收购服务，奶业合作社未来可期。

通过产业化青贮环节带动，每年可转化粮食近 20 万 t，约 15 万 hm^2，50 多万 t 的农作物秸秆过腹还田，农民增加收入约 4 亿多元，户均增收 30 000 元；同时带动牧草种植近 5 000 hm^2，有近 2 万农民围绕着佳宝乳业产业链条运作，通过带动乳品上下游产业发展，增加了就业机会和人均收入，龙头企业的带动和示范作用得到了充分发挥。

2021 年 7 月，河南省因遭遇极端强降雨而引发洪灾，给河南省人民生命财产带来巨大损失，公司第一时间启动应急机制，组织专项救灾物资连夜运抵河南浚县参与救灾。

【奶业大事】佳宝乳业是山东省工业旅游示范企业和工业旅游示范基地，每年接待外宾、各级政府、同行以及学生的研学参观交流等近 5 万人次，是山东省食品行业的形象工程。

2021 年 7 月，公司参加了第十二届中国奶业大会暨 2021 中国奶业展览会，展会上企业精心布展、宣传、推介，商务洽谈络绎不绝，在佳宝品牌宣传、产品推广、商务合作等方面工作均取得了良好成效。农业农村部副部长马有祥，山东省畜牧兽医局党组书记、局长唐建俊等领导先后亲临佳宝展位现场参观指导，详细了解佳宝乳业推出的最新产品，并对公司的创新研发、产业带动和践行国家乡村振兴战略等方面工作给予了高度肯定。

（济南佳宝乳业有限公司，张成柱）

附表1　济南佳宝乳业有限公司奶牛养殖场（小区）名录

序号	名称	地址	全群存栏（头）	成母畜存栏（头）	奶畜品种	成母畜单产（t/年）	年总产（t）	是否有机奶源基地	有机奶产量（t）
1	济南佳宝乳业有限公司第一牧场	济南市长清区	12 000	7 000	荷斯坦	10	7万	否	否

备注：本表所指奶畜包括奶山羊、奶绵羊、奶水牛、牦牛、骆驼、驴等产商品奶家畜。本表奶畜养殖场指企业在中国及海外自建和参建（控股、参股）牧场（小区）。如认证为有机奶源基地等，请在相应表格中打钩。

附表2　济南佳宝乳业有限公司乳制品生产企业名录

序号	名称	生产地点	生产许可证号码	年收购原奶量（t）	其中：自有奶源量（t）	平均支付价格（元/kg）	日处理生鲜乳能力（t）	年乳制品产量（t）	其中：低温鲜奶（t）	UHT奶（t）	常温酸奶（t）	低温酸奶（t）	原料奶粉（t）	婴幼儿配方奶粉（t）	成人奶粉及其他（t）	奶油（t）	奶酪（t）	乳饮料（t）	冰品（t）	年销售收入（万元）	利润（万元）	有机产品（枚）
1	济南佳宝乳业有限公司	济南市长清区明发路1999号	SC10537011300356	30万	26万	4.95	1500	35万	10万	10万		15万								286 000	18 000	无

备注：本表包括在中国及海外的生产企业。日处理生鲜乳能力指设计加工生鲜乳能力。自有奶源指来自自建和参建（控股、参股）牧场（小区）的原奶。成人奶粉指除婴幼儿配方奶粉以外的学生奶粉、孕妇奶粉、中老年奶粉等终端消费奶粉。冰品包括冰激凌、雪糕等。有机产品数量单位为“枚”指获得有机标志的数量。

中垦乳业股份有限公司

【奶源基地】中垦乳业奶牛存栏4万头，养殖区域分布在陕西、宁夏、四川、重庆等地区，年生鲜乳产量20万t，自有产品奶源自有率达100%。有机奶源产量8 160t，养殖区域分布在陕西、重庆等地区。公司旗下自有牧场8个、合作牧场6个。在自有牧场中，万头规模以上牧场3个（含1个1.5万头牧场）、千头规模以上牧场5个。“十四五”期间，拟投资新建3个万头牧场、1个5 000头有机牧场，新增奶牛养殖规模3.5万头。其中，2022年拟新建1个万头牧场、1个5 000头有机牧场。科技创新赋能智慧牧场建设，配备了TMR全混日粮自动饲喂设备以及先进挤奶设备，引进了以色列阿菲金、Feedwatch精准饲喂系统等先进管理软件，建设了信息采集及网络体系，通过“互联网+牧场”大数据网云技术，实现奶牛智慧饲养、智慧调温喷淋和智慧挤奶，强化智慧健康管理，建立每头奶牛专属健康报告，进行24小时360° 精细管控和照顾，确保奶牛保持愉悦的心情和健康的状态。所属牧场全部采用规模化、标准化养殖，万头规模以上牧场奶牛存栏数占总存栏数的80%，千头规模以上牧场存栏数占总存栏数的90%。年青贮种植面积10万亩，制作优质青贮20万t。所属牧场均按照“三大标准”体系建立了完善的疫病防控系统，粪污处理采用“干湿分离—沼气发酵—沼液还田—沼渣做卧床—沼液还田”的无害化处理方式。

【乳品加工】中垦乳业现有4个乳制品加工基地，其中，婴幼儿配方奶粉生产企业1个（拥有注册配方9个）、现代化液态奶加工厂3个、年乳制品加工能力近70万t。建有1个省级博士后科研工作站、1个省级乳品工程中心，拥有1个国家级农业产业化重点龙头企业、7个省级农业产业化重点龙头企业。

中垦乳业秉承“创新品质、健康中国”理念，以“鲜活”定义“新品质”，以“铸就国家品牌，引领良品生活”为核心，构架起草场、牧场、工厂、市场的全程质量控制体系及优质安全乳制品一体化全产业链经营体系，对各环节进行精益管控，采用“全国标杆、世界品质”自控牧场生鲜乳，利用全程冷链和巴氏加工工艺最大限度地保留牛乳的营养成分和活性物质。公司旗下所属的天友乳业、华山牧乳业等乳品加工企业均已通过“中国优质乳工程”验收，百特纯牛奶获得世界金奖、恬恩婴儿奶粉取得欧盟双认证，成为具有国际标准的、值得消费者信赖的中国好奶引领者。

推进质量安全标准化管控体系建设。建立ISO9001质量管控体系、ISO22000食品安全管理体系、良好农业规范（GAP）以及良好生产规范（GMP）、ISO1400环境管理体系、OHSMS28001职业健康安全管理体系和诚信管理等管理体系，制定100多个质量安全制度和600余个各级标准，近年来未出现乳品质量安全问题。

坚持创新驱动高质量发展。实施奶牛种源提升行动，打造中垦乳业奶牛育种生物工程技术创新体系，按照创建国家级奶牛核心育种场要求，与国内外一流育种企业以及中国农业大学、西北农林大学等科研院所在华山牧场合作建设胚胎实验室和核心育种场，选育自有种公牛。与时俱进推动工艺技术创新，加大技术改造和设备更新的资金投入以及工作力度，不断改善工艺技术装备和工序结构，完善生产过程工艺控制手段，注重原创性创新。

实施全过程精细化管控。加大质量追溯投入，在全产业链加强农垦质量追溯体系建设，建立完备的饲草料、生鲜奶生产验收、原料奶管理、加工过程控制、添加剂的使用和管理、出厂检验、产品流向等十几个关键环节控制点控制记录，冷链物流配销集成应用GPS、温湿度传感器、载重传感器、门磁等物流技术装备及网络传输等技术，自主研发TMS系统、全程可视化系统，从而实现对车辆、驾驶员、线路的实时远程监控，合作开发物流终端配送移动互联系统实现订单下发、消息获取、发车、GPS跟踪、客户签收和异常工作处理的精细化、规范化和一体化管控。通过全过程精细化管控，对每一批次产品从所用原料来源到产品加工、配送、销售均实施追溯性管理，确保产品质量安全。

【市场消费】中垦乳业产品涵盖固态与液态、常温与低温、中端与高端，以巴氏鲜奶、低温酸奶为主，拥有“天友”“华山牧”两大液态奶和“恬恩”婴幼儿配方奶粉品牌系列，包含天友、华山牧、奶气、恬恩四大主力品牌，产品近200个。其中，中国驰名商标1个，省级著名商标4个。产品销售区域辐射重庆、四川、陕西、海南等20余个省份。公司打造数字化新零售，构建线上线下全渠道融合的一体化互联互通乳品新零售体系，线上SKU达到120余个，形成以乳制品为主，其他关联品类为辅的产品体系；打造互联网奶气品牌，形成酸奶、甜牛奶、乳酸菌等产品矩阵。

天友乳业品牌标识语为“天友，让爱更美好”，致力为消费者带来产品、生活、精神三大层面上的美好感受。产品层面上，向消费者传递“天友，身边的新鲜好奶”的价值理念，天友通过提供新鲜优质的乳品，让消费者享有健康与活力；生活层面，天友通过对美好品质的热爱，激发人们对生活的热爱；精神层面，天友通过对消费者贴心的关怀，让消费者感受到实质的温暖。同时以满足不同消费群体的需求构建起更清晰的品牌架构，合理地进行产品开发延伸，拓展品牌价值。“天友”定位是为大众消费群体提供丰富优质乳品的品牌；“百特”定位高端乳品独立子品牌，面向消费升级的中高端消费群体，借势品牌的美誉度和知名度进行产品线的品类延伸，联动天友母品牌，合筑企业竞争壁垒；“淳源”定位为超高端有机乳品独立子品牌，面向苛求产品品质的高端消费群，稳步增长，迎接未来有机乳品的消费高潮。作为天友产品/牧场的标杆代表，与天友母品牌联动传播，提升企业品牌形象。

华山牧品牌定位是生产至高品质的新鲜牛奶，致力打造高品质鲜奶的旗舰品牌，以“良品华山牧，鲜活新高度”为品牌标识语，以“更具差异化的新鲜特征、更具里程碑的品牌表达、更追求极致的消费者情感链接”为品牌愿景，用行业最高标准主导产业链的方方面面，重新定义“鲜活”概念，建立满足人民美好生活需要的新标准，引领消费升级新朝向。在鲜活旗帜的引领下，华山牧已经开拓布局了常温、低温、巴氏、入户奶、学生奶五大产品类目，涵盖高中低端价格区间乳制品，满足不同人群的消费需求。华山牧立足陕西辐射西北布局全国，依托自有全国标杆牧场奶源优势和工厂供应链技术优势，旗下低温酸奶和巴氏鲜奶凭借真实的鲜活、卓越的品质深受广大消费者青睐，在陕西乳品市场中占据较大份额。

奶气品牌是中垦乳业整合天友、华山牧优势产能，利用互联网大数据和创新型营销模式，针对和面向全国年轻用户开发的一款纯互联网品牌，旗下涵盖灭菌乳、灭菌调制乳、巴氏杀菌风味酸奶等品类产品 13 个，与京东、天猫、永辉超市、盒马鲜生等电商渠道开展深度合作，销售区域覆盖全国 30 多个省份。优质的产品及服务使奶气品牌深受广大消费者喜爱，线上渠道好评率常年保持 98% 以上。

恬恩品牌是中垦乳业全力支持打造的中高端国产婴幼儿配方奶粉品牌，是落实“固液并举”发展战略的重要一环，生产加工基地是被誉为“塞上江南”的宁夏，也是宁夏唯一一家婴幼儿配方奶粉生产加工企业。恬恩取意“恬承母爱，恩泽未来”，坚持科学配方、精确配比、营养均衡搭配，打造优质的国产奶粉品牌。通过自有草场、牧场、工厂，实现新鲜牛奶原产地 24h 灌装成粉，三方检测严把产品质量关，有力保障品质安全。采取“线上 + 线下”营销模式，产品销售区域覆盖四川、重庆、宁夏、陕西等数十个地区。

【社会责任】自中垦乳业成立起，一直不忘初心、牢记使命，切实肩负国企担当，积极履行社会责任。坚持参与小康牛奶行动，关爱偏远山区儿童，连续开展“天友童行计划”活动，为潼南区、酉阳县、巫溪县、城口县等数十个区县的近 100 所偏远山区小学的 41 500 余名学生送去价值超 210 万元的产品。积极参与乡村振兴行动，全面发挥龙头农业企业的产业带动作用，直接解决周边 1 000 余名农民就业，促进 2 000 户农户增收，带动产业链上下游中小企业及个体万余人致富。新冠疫情暴发以来，中垦乳业迅速反应，勇于担当、敢于担当、善于作为，秉承“一杯好奶，强壮国人”的初心，在履行保供责任的同时，积极向企业所在地的慈善机构、医疗机构、抗议前线捐钱捐物，累计捐赠价值超 600 万元。

【奶业大事】2021 年 3 月，华山牧乳业有机乳品、牛奶、酸奶等产品被纳入《全国扶贫产品目录》（第十三批）。

2021 年 4 月，中垦乳业董事长邱太明、天友乳业总经理费睿荣获国家奶业科技创新联盟“奶业优质发展突出贡献奖”，天友乳业、华山牧乳业荣获国家奶业科技创新联盟“优质乳工程助力健康中国先进企业”。

2021 年 4 月，中垦乳业赞助重庆马拉松活动，宣扬企业“铸就国家品牌，引领良品生活”的经营理念，彰显企业健康向上的良好风貌。

2021 年 5 月，第二届天友 523 新鲜宠粉节暨 90 周年新鲜盛典在解放碑十字金街盛大举行，全国首款娟姗有机鲜牛奶于新鲜盛典宠粉之夜重磅发布。

2021 年 6 月，黄河乳业顺利通过 BRC&IFS 欧洲双认证体系复审，BRC 标准评级达到 A 级，IFS 标准得分达到优级。

2021 年 9 月，百特有机纯牛奶和百特轻酸奶在第 60 届世界品质评鉴大会上荣获双料金奖。

2021 年 9 月，华山牧乳业被陕西省畜牧业协会授予“脱贫攻坚优秀企业”称号。

2021 年 9 月，天友乳业乳品一厂荣获重庆市“健康企业”称号。

2021 年 10 月，在物流透明管理研究院、中国物流与采购联合会冷链专业委员会联合举办的第十五届物流透明峰会上，重庆友生活冷链物流有限公司被授予“优秀战略客户”称号。

2021 年 12 月，华山牧品牌被纳入中国农垦品牌目录产品品牌。

（中垦乳业股份有限公司，刘享峰）

附表 1　中垦乳业股份有限公司奶牛养殖场（小区）名录

序号	名称	地址	全群存栏（头）	成母畜存栏（头）	奶畜品种	成母畜单产（t/年）	年总产（t）	是否有机奶源基地	有机奶产量（t）
1	中垦天宁牧场有限公司	宁夏中宁县恩和镇红梧山	11 583	6 610	荷斯坦	12.01	79 747	否	–
2	中垦华山牧业有限公司	陕西省渭南市大荔县韦林镇华山牧场	10 175	5 864	荷斯坦	11.92	68 576	是	4 729
3	中垦定边牧业有限公司	陕西省榆林市定边县红柳沟镇红庄村	9 264	1 017	荷斯坦	6.55	2 202	否	–
4	重庆市天友纵横牧业发展有限公司两江奶牛养殖场	重庆市渝北区茨竹镇中河街秦家村奶牛场	634	393	荷斯坦	10.55	3 431	是	3 431
5	重庆市天翼牧业发展有限公司	重庆市黔江区白石乡中河村 3 组奶牛场	845	574	荷斯坦	10.64	6 023	否	–
6	宣汉大巴山牧业有限公司	宣汉县天生镇民主村 6 组	1 196	845	荷斯坦	11.05	9 279	否	–
7	重庆市天合牧业发展有限公司	重庆市合川区太和镇胡家坝	576	366	荷斯坦	10.51	3 730	否	–
8	宁夏天鸿畜牧科技有限公司	宁夏吴忠市红寺堡区高效节水生态农业示范园区	1 127	0	荷斯坦	–	–	否	–

备注：本表所指奶畜包括奶山羊、奶绵羊、奶水牛、牦牛、骆驼、驴等产商品奶家畜。本表奶畜养殖场指企业在中国及海外自建和参建（控股、参股）牧场（小区）。如认证为有机奶源基地等，请在相应表格中打钩。

附表 2　中垦乳业股份有限公司乳制品生产企业名录

序号	名称	生产地点	生产许可证号码	年收购原奶量（t）	其中：自有奶源量（t）	平均支付价格（元/kg）	日处理生鲜乳能力（t）	年乳制品产量（t）	其中：低温鲜奶（t）	UHT 奶（t）	常温酸奶（t）	低温酸奶（t）	原料奶粉（t）	婴幼儿配方奶粉（t）	成人奶粉及其他（t）	奶油（t）	奶酪（t）	乳饮料（t）	冰品（t）	年销售收入（万元）	利润（万元）	有机产品（枚）
1	中垦华山牧乳业有限公司	陕西省渭南市经济技术开发区中垦大道	SC10561050101686	45 094.01	44 919.01	4.25	274	55 899	1 923	35 672	0	12 962	0	0	0	0	0	0	0	44 633	-2 468	8
2	重庆市天友乳业股份有限公司乳品一厂	渝北区金石大道 99 号	SC10550011212179	183 524	155 524	4.83	870	248 813	35 314	117 663	3 675	50 415	1 190	183	17	/	1 859	38 497	/	255 195	11 404	39 060 000
3	重庆市天友乳品二厂有限公司	重庆市经济技术开发区大石支路 6 号	SC10550010800608			4.51																
4	中宁县黄河乳制品有限公司	宁夏回族自治区中卫市中宁县	SC12964052100985			4.25																

备注：本表包括在中国及海外的生产企业。日处理生鲜乳能力指设计加工生鲜乳能力。自有奶源指来自自建和参建（控股、参股）牧场（小区）的原奶。成人奶粉指除婴幼儿配方奶粉以外的学生奶粉、孕妇奶粉、中老年奶粉等终端消费奶粉。冰品包括冰激凌、雪糕等。有机产品数量单位为“枚”指获得有机标志的数量。

河南花花牛乳业集团股份有限公司

河南花花牛乳业集团股份有限公司是一家集饲草种植、饲料生产、奶牛养殖、奶牛研究、乳品研发与加工为一体的农业全产业链企业，是农业产业化国家重点龙头企业和中国奶业 20 强（D20）企业之一。集团拥有一家致力于高端生态饲草种植的河南格瑞佳农业科技有限公司，一家河南全赫饲料有限公司，精饲料生产能力达 18 万 t/ 年，15 座自有奶源基地，3 座乳品加工基地；乳制品加工能力达 1300t/d，产品涵盖巴氏杀菌乳、发酵乳、灭菌乳、调制乳、乳饮料、乳粉、奶酪七大类百余个品种。近年来，花花牛先后加入“中荷奶业发展中心”和“国家奶业科技创新联盟”，并通过“国家优质乳工程”认证，2019 年荣膺“第十一届全国少数民族传统体育运动会”指定乳品供应商，中国奶业协会选定的“学生饮用奶计划”新增产品种类试点 15 家企业之一。

【奶源基地】经过多年发展，花花牛奶源基地正朝着规模化和产业化的方向迈进，已在河南省范围内拥有 15 座牧场，分别是河南瑞亚牧业、鲁山瑞亚牧业、汝州瑞亚牧业、郏县发展牧业、河南合源乳业、河南伊源乳业、新蔡瑞亚牧业、平舆瑞亚牧业、平舆诚信瑞亚牧业、叶县瑞亚牧业、中牟县瑞亚牧业、扶沟瑞亚牧业（在建）等。主要分布在河南省区域内郑州市中牟县，平顶山市鲁山县、宝丰县、汝州市、郏县，驻马店市新蔡县、平舆县等地。2021 年奶牛全群存栏 44 681 头，成母畜存栏达到 23 150 头，自建牧场生鲜乳产量 19.97 万 t，自有奶源供给率达 100%。生鲜乳年均收购价格为 4 543 元 /t，养殖头均年收入 48 329 元 / 头。

有机奶源。公司进一步加强养殖产业“有机奶认证”，着力发展有机牧场项目，推动有机产业发展。主要措施方向：一是人才培养，构建有机奶体系人才培养、有机奶工作技能培训系统，促进持证上岗；二是项目匹配，推进种养一体化发展，满足现代化牧场有机牧草的需求，形成有机农业和有机生态牧场相结合的一体化高端农牧产业链；三是结合牧场发展实际，开展有机牧场牛粪发酵有机肥研究，并系统推进有机牧草种植，2022 年计划推动 1~3 个有机化牧场建设，推进绿色有机产品生产，走稳走实高质量发展之路。

智慧牧场。养殖产业以奶牛养殖为核心，朝着规模化和产业化方向稳健发展，形成集牧草种植、鲜奶生产、良种繁育、粮食购销等为一体的综合性农业产业化集群企业。现已在河南省范围内拥有数家规模化牧场，其规模化和现代化程度处于先进水平。通过推行标准化、规模化养殖，行业专家现场诊断，数字化、信息化手段齐抓共管。在经济新常态下实现从传统型向现代化企业的华丽蜕变。经过多年积淀，养殖事业部已逐步建立起上下游环节一体化、种养基地集群化的完整产业化链条，牧场从传统的手工作业向现代的数字化、智慧化发展，以“高投入、高起点、高产出和高效益”为经营目标，选取优质奶牛，采用先进技术和现代化设备，引入先进的养牛理念、饲养管理方式和繁殖育种技术，努力建设成为高产优质奶牛繁育推广基地、现代化奶业技术和装备展示基地、生态循环农业示范基地、产学研结合奶业高新技术创新基地、奶业高端实用人才孵化基地。一是夯实养殖技术服务，保障奶牛福利环境控制、奶牛生产数字化管理、全混合日粮（TMR）饲养技术和奶牛生产标准化管理体系建设、繁殖育种技术等方面的工作日趋完善。二是推进养殖模式升级，成立河南省奶牛发展研究院，产学研策融合，与高校、科研机构和国内产业集团加强合作，构建草畜循环农业模式，探索低碳农牧业。

改扩建补助。2021 年养殖事业部获得国家补助批文资金约 3 800 万元，当年到位资金 807.54 万元。其中申报了现代农业产业园，奶业提质增效、生态种养循环等项目，通过国家对养殖场的资金支持，加快了规模化养殖场的建设，为河南省奶业发展注入了充足的动力。

青贮种植。公司致力于全产业链协同发展，全方位打造种养加结合新模式，于 2020 年成立河南格瑞佳农业科技有限公司，初步实现自建农业与订单农业相结合。2021 年种植青贮玉米 2 000hm² 左右，供应牧场玉米青贮收获面积约 1 112.47hm²，收货量 29 406t，平均 26.43t/hm²；玉米籽粒收获面积约 366.2hm²，收货量 1 042t，平均 2.85t/hm²；黄贮销售面积约 52hm²，销售量约 570t，平均 10.96t/hm²。

疫病防控。公司遵循“预防为主，防治结合”的疫病防控方针。以创建国家“两病”净化场为标准，提升动保防疫控制，重点跟踪技术服务，结合实际进行综合会诊，减少淘汰牛以降低损失，提高效益；切实做好隔离、消毒、检测和免疫工作，防疫防控工作切实有效；通过 12 项 SOP 流程的推广，重点落实各牧场新产牛产前、产后的保健护理，降低发病概率，将死亡率控制在合理范围内；加强奶牛血清疫病检测，定期将血清样本送至上级主管部门，由上级主管部门进行检测并出具检测报告，推进落实“两病”净化工作，并已取得良好成效。

粪污处理。采取干湿分离的粪污处理方式。粪污经两次压榨后达到很好的固液分离效果。干粪堆积发酵后，一部分作为有机肥还田，另一部分作为奶牛卧床垫料。粪水经“厌氧＋好氧”发酵后形成沼液，与周边果园种植户等进行合作，对沼液进行科学还田利用。

【乳品加工】河南花花牛乳业集团拥有3座乳品加工基地，分别是河南花花牛乳业集团股份有限公司郑州分公司、郑州花花牛乳制品有限公司及新蔡花花牛乳业有限公司（在建）。公司大力推进智能化工厂建设，引进全自动化灌装机和自动化生产线，采用全自动化中控程序操作，优化生产工艺，提高能源利用率，构建绿色工厂过程控制，人员操作标准化，提高生产效率，有效降低生产成本。根据市场需求每年对设备和技术进行改进，在环境控制上进行空气杀菌、除湿改造升级等，提高产品品质。2021年，集团乳制品日加工能力达1 300t，产品涵盖巴氏杀菌乳、发酵乳、灭菌乳、调制乳、乳饮料、乳粉、奶酪七大类百余个品种，并依托传统零售、现代商超、送奶入户、电子商务等多种渠道，形成河南省内全覆盖并逐步布局全国市场的销售网络。2021年，花花牛全年乳制品产量达17.69万t，其中低温鲜奶8 798t、UHT奶4.46万t、常温酸奶3 498t、低温酸奶9.8万t、原料奶粉137.3t、奶酪260.9t、乳饮料2.19万t。

“新鲜在你身边”是花花牛永恒的主题。近年来，公司持续投入冷链建设，提升低温产品配送环节质量保证。花花牛陆续投入近1亿元，重点对现有配送车辆及终端冷链进行升级改造，完成冷藏车改造300余辆，终端投放冷柜2万台，实现全程冷链无缝运营。2018—2020年陆续更新、增加符合国家环保要求的冷链车辆500余台。2020年上线智能运输管理系统（简称TMS），升级冷链物流监控系统，安装配送车辆门磁监控150余台，加强配送环节冷链监控与数据分析。企业也正是抓住了奶业消费趋势与市场发展趋势，走“新鲜”的道路，打开了中原地区低温酸奶和巴氏鲜奶市场，实现了高速增长，成为区域内排名前列的低温奶生产商（图1）。

单位：t

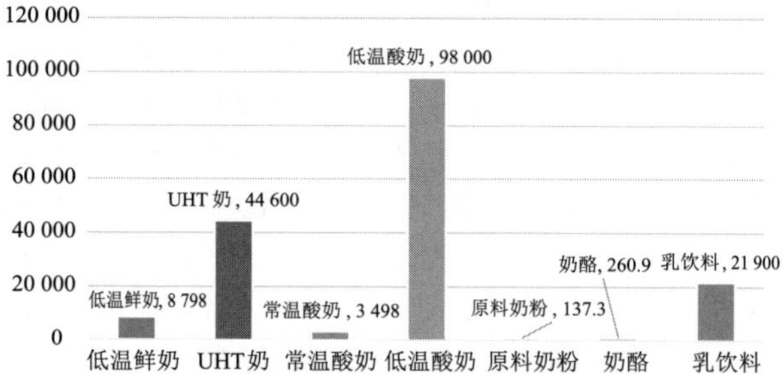

图1　2021年花花牛乳制品产量占比

【市场消费】品牌建设方面，花花牛以“新鲜”为品牌战略，在以郑州为中心的150km“新鲜半径”之内，产品从原奶收集到加工仅需2个小时，确保花花牛低温牛奶“新鲜每一天”。

通过充分发挥自身奶源及冷链优势，花花牛重新定位产品发展方向、合理优化产品结构、重点提升产品品质、丰富产品品项。在坚持低温酸奶品类持续做强，低、常温白奶做大双发展战略布局的基础上，紧抓市场消费主流发展趋势，积极布局奶酪品类，集中公司核心资源，制定主推轻觉酸奶、优质乳巴氏鲜牛奶、儿童奶酪棒三大核心品类的年度品牌传播策略，为公司打造强品牌、大单品的发展方向夯实基础，按计划完成乳制品各品类创新项目规划落地，逐步扩大省内市场占有率。花花牛产品各品类河南整体市场占有率：鲜奶29%、酸奶32%、超高温灭菌乳3%，其中商超鲜奶占比达到31%、酸奶占比达到30%。

在渠道方面，花花牛拓展传统零售、现代商超、送奶入户、电子商务等多种销售渠道，深耕省内市场，全面推进渠道标准化建设的落地工作，价格管理体系分城市层级与线上线下进行细化完善，推进市、县、乡镇各级市场精耕细作及渠道下沉，持续夯实基础，挖掘潜力；拓宽省外市场，重点聚焦“南京城市群”“武汉长沙城市群”，形成覆盖以河南为中心的中原地区，以湖南、湖北和上海为中心的长三角地区，以深圳为中心的珠三角地区，并逐步布局全国市场的销售网络。

【全球发展】近年来，花花牛致力与国际接轨，与中东、以色列、巴基斯坦等国家展开农业技术交流，研究奶业技术，推动国际产能合作、产业结构优化升级。2015年加入“中荷奶业发展中心”，依托中国农业大学、荷兰瓦赫宁根大学及研究中心、荷兰皇家菲仕兰公司的资源优势，秉承“从牧场到餐桌”的奶业全产业链发展理念，将荷兰奶业全产业链的安全优质奶业生产模式带到中国，携手合作，共同推动中国奶业全产业链建设再上新台阶。基于双方的良好合作，2018年研究中心与花花牛乳业共同约定，将花花牛乳业集团位于郑州市中牟县的瑞亚牧场，作为中荷奶业发展中心在中原地区的示范基地——荷兰奶业技术中心。2019年中荷奶业发展论坛暨SDDDC年会庆典首次出京在郑州举办，携手花花牛乳业集团开启奶业新篇章。

【社会责任】花花牛作为农业产业化国家重点龙头企业，以优质的产品和服务，得到了社会各界的广泛认可，并竭力于社会公益事业，彰显企业责任担当，积极投身国家扶贫事业，参与小康牛奶行动、社会公益等活动。

2021年4月29日，河南花花牛乳业集团2021年中国小康牛奶行动公益助学捐赠仪式在太康县符草楼镇一中顺利举行。当日，河南花花牛乳业集团向符草楼镇一中共计捐赠学生奶300提，用实际行动表达了对学生的关爱。2021年7月，郑州遭遇“7.20”大暴雨，花花牛在灾情面前不惧危难、心系群众，在保障自身生产工作的前提下，向郑州、安阳、新乡等灾区捐赠乳制品

50 多 t，价值 100 多万元。

进入新时代，中国奶企发展转型在即，花花牛主动求变，从自身及产业发展出发，延展产业发展链条，走绿色农业产业化发展之路，并将其与当地扶贫攻坚结合起来。公司拥有 7 家农业产业化省级重点龙头企业，在生产经营过程中，通过牧场建设带动周边农户发展饲草订单种植，累计帮助 2 万多户农民实现增收；同时，创新“五位一体”合作经营扶贫模式，将“政府 + 银行 + 企业 + 合作社 + 贫困户”进行联动，带动当地 4 000 余户贫困户发展，累计帮扶增收 1 200 万元 / 年，户均收益 3 000 元，脱贫成效显著稳定。

【奶业大事】 2021 年 5 月 11 日，中国动物疫控中心主任陈伟生等一行莅临河南花花牛乳业集团股份有限公司养殖事业部鲁山瑞亚牧业有限公司，围绕动物预防保健调研检查，并了解企业生产管理情况。

2021 年 5 月 27 日下午，全国畜牧总站牧业绿色发展处处长刘桂珍一行莅临河南花花牛乳业集团股份有限公司养殖事业部鲁山瑞亚牧业有限公司，参观调研绿色种养循环农业技术模式。

2021 年 7 月 15 日下午，河南省高院院长胡道才一行莅临花花牛乳业集团，开展“万人助万企”活动，助力企业发展，由河南省国资委总经济师唐传斌、河南省“万人助万企”第一工作组同志陪同。

2021 年 7 月 15 日，河南省政府举办中国（河南省）- 巴基斯坦（俾路支省）务实合作交流会，河南花花牛乳业集团有限公司作为 8 家企业之一进行现场展示推介，花花牛乳业集团副总裁杨永代表参会。7 月 16 日下午，巴基斯坦驻华大使莫因 · 哈克一行 5 人莅临花花牛乳业集团参观访问。

2021 年 7 月 30 日上午，河南省高级人民法院院长胡道才莅临河南花花牛乳业集团股份有限公司郑州分公司调研暴雨灾后复工复产工作。集团总裁董硕峰等领导陪同调研。

2021年9月2日，爱林中国区负责人Klaus Warmedinger、商务总监李振平、生产总监葛建伟、技术总监 Hennie Vandeven、销售经理陈世虎、技术经理党国强一行到访花花牛乳业集团进行参观交流。

2021 年 9 月 16 日，河南省市场监督管理局二级巡视员刘波一行莅临花花牛乳业集团开展“万人助万企”调研活动，推动《河南省市场监督管理局服务“万人助万企”12 条举措》落地落实。

2021 年 9 月 28 日下午和 2021 年 9 月 29 日上午，由陕西省农业农村厅党组成员、副厅长王韬，甘肃省农业农村厅副厅长周邦贵带领的考察团，在河南省农业农村厅副厅长赵耕等领导的陪同下莅临花花牛乳业集团参观考察。

2021 年 11 月 24 日，河南省召开食品产业企业家座谈会。会上花花牛乳业集团董事长关晓彦就花花牛经营发展情况、产品创新、人才建设等作交流发言，并就加快食品产业高质量发展提出相关建议。

（河南花花牛乳业集团股份有限公司，杨　永）

附表 1　河南花花牛乳业集团股份有限公司奶牛养殖场（小区）名录

序号	名称	地址	全群存栏（头）	成母畜存栏（头）	奶畜品种	成母畜单产（t/年）	年总产（t）	是否有机奶源基地	有机奶产量（t）
1	河南合源乳业有限公司	宝丰县闹店镇洼里村	1 908	987	荷斯坦	9.3	9 179.1		
2	郏县发展牧业有限公司	郏县王集乡雨霖头村	1 785	855	荷斯坦	10.89	9 310.95		
3	汝州瑞亚牧业有限公司	汝州市纸坊乡赵东村	2 241	987	荷斯坦	8.79	8 675.73		
4	鲁山瑞亚牧业有限公司	鲁山县辛集乡清水营村	3 216	2 010	荷斯坦	8.94	17 969.4		
5	平舆瑞亚牧业有限公司	平舆县辛店乡黄寨村委（郭尹路西）	5 073	3 043	荷斯坦	7.08	21 544.44		
6	河南伊源乳业有限公司	叶县田庄乡东李村（村北生产路东）	1 697	0	荷斯坦		0		
7	河南瑞亚牧业有限公司	郑州市中牟县官渡镇石井村南	4 655	3 005	荷斯坦	8.79	26 413.95		
8	新蔡瑞亚牧业有限公司	新蔡县黄楼镇黄楼村委牛坡黄化路南侧	4 562	2 287	荷斯坦	9.18	20 994.66		
9	平舆诚信瑞亚牧业有限公司	平舆县杨埠镇大朱村委大郭庄西侧	7 902	4 435	荷斯坦	7.89	34 992.15		
10	扶沟瑞亚牧业有限公司	河南省周口市扶沟县江村镇西冯凌村西侧	0	0	荷斯坦		0		
11	睢县瑞亚牧业有限公司	睢县孙聚寨乡	3 054	1 639	荷斯坦	10.05	16 471.95		
12	新蔡豫信瑞亚牧业有限公司	新蔡县万庄乡	6 063	3 902	荷斯坦	8.76	34 181.52		
13	中牟县瑞亚牧业有限公司	郑州市中牟县	1 342		荷斯坦		0		
14	叶县瑞亚牧业有限公司	河南省叶县水寨乡桃奉宋时南公路南	1 183		荷斯坦		0		
	小计		44 681	23 150		8.967	199 733.85		

备注：本表所指奶畜包括奶山羊、奶绵羊、奶水牛、牦牛、骆驼、驴等产商品奶家畜。本表奶畜养殖场指企业在中国及海外自建和参建（控股、参股）牧场（小区）。如认证为有机奶源基地等，请在相应表格中打钩。

附表 2　河南花花牛乳业集团股份有限公司乳制品生产企业名录

序号	名称	生产地点	生产许可证号码	年收购原奶量（t）	其中：自有奶源量（t）	平均支付价格（元/kg）	日处理生鲜乳能力（t）	年乳制品产量（t）	其中：低温鲜奶（t）	UHT奶（t）	常温酸奶（t）	低温酸奶（t）	原料奶粉（t）	婴幼儿配方奶粉（t）	成人奶粉及其他（t）	奶油（t）	奶酪（t）	乳饮料（t）	冰品（t）	年销售收入（万元）	利润（万元）	有机产品（枚）
	河南花花牛乳业集团股份有限公司	郑州市二七区马寨产业集聚区腾达路1号	SC10541010300077	98 531.55	199 733.85	4.35438886	1000	176 872.93	8 798.14	44 635.12	3 497.98	97 655.57	137.32				260.867	21 887.935		179 542.54	2 667.95	
		郑州市航空港区豫港大道西侧	SC10541018400354																			

备注：本表包括在中国及海外的生产企业。日处理生鲜乳能力指设计加工生鲜乳能力。自有奶源指来自自建和参建（控股、参股）牧场（小区）的原奶。成人奶粉指除婴幼儿配方奶粉以外的学生奶粉、孕妇奶粉、中老年奶粉等终端消费奶粉。冰品包括冰激凌、雪糕等。有机产品数量单位为"枚"，指获得有机标志的数量。

南京卫岗乳业有限公司

【奶源基地】2021 年卫岗乳业奶牛存栏 27 127 头，其中成母牛 11 015 头，牛奶产量 98 000t，养殖基地主要分布在江苏、山东等地区。奶牛品种有荷斯坦、蒙荷杂交、西荷杂交，新西兰与澳大利亚进口奶牛等。为培育适应南方地区气候条件的牛种，攻克种质资源“卡脖子”问题。卫岗在南京、淮安投资建设国家级奶牛核心育种场、奶牛胚胎工程实验室，开展奶牛胚胎体外生产及基因技术育种等核心关键技术研究，参与国家畜禽良种联合攻关计划，成功突破活体采卵－体外受精－胚胎移植高效扩繁技术，扩繁效率达传统人工授精技术的 20 倍。2021 年公司有万头规模养殖牧场 1 个，2 000~3 000 头规模牧场 3 个，1 000 头规模牧场 5 个。牧场在地方动物疫病控制中心及兽医站的指导下，由公司技术管理部制定奶牛防疫计划，做好疫病监测。奶牛免疫的主要疫病有口蹄疫、流行热、牛结节性皮炎、BVD、梭菌病等，坚持每年两次两病检疫，保证检疫免疫率达 100%。

社会奶源年度采购计划量 108 543t，实际供应量 110 327t，年度达成率 101.64%，其中长期供应商供应量 86 259t，占 78.19%；临采供应商供应量 24 068t，占 21.81%，2021 年采购均价为 5.24 元 /kg。

2021 年，鲜淳农业依据集团“十四五”战略规划目标，持续推进优质奶源基地建设布局，包括鲜纯牧场三期改扩建，新建淮安洪泽牧场 7 000 头项目，合资投建山东奥克斯鲜淳种业科技牧场项目，规划新建淮阴饲料厂项目、淮阴育种场项目、台创园智慧农牧科技项目、淮阴包圩新园牧场项目等，预计达产规模突破 50 000 头。各牧场技改项目共计投入 1 115 万元，包括润生牧场青贮窖地面硬化，新沂牧场新建 TMR 和道路，泗洪牧场综合牛舍改造、鑫隆牧场技改等。

2021 年，鲜淳农业种植玉米面积 6 015 亩，总产量 5 757.96t，亩产 0.94t。牧场粪污处理采取种养结合循环经济生产模式，是现代化牧业和农业可持续发展的方向，更加合理地利用各类土地资源，解决现代化规模牧场的粪污处理难题，实现了产业生态化、资源节约化、土地集约化、经济绿色化。鲜淳农业积极响应国家提出的战略规划，利用气象大数据分析技术，优化作物精准施肥模型，设计出了最优粪污消纳方案，指导沼液科学还田，有效提高粪便资源化利用率 50%，以粪肥处理为桥梁，将种植、养殖和有机肥加工相结合，推进“种养加”一体化，更好地促进生态农业的发展。

各牧场积极响应国家号召，投资筹建粪污处理设备，通过固液分离系统、液体储存系统、灌肥系统成功解决了粪污处理这一行业的环保难题。在整个粪肥处理工程中，奶牛场粪污通过机械刮板清粪系统及反冲系统统一收集，经过固液分离系统进行分离，固体粪污部分制作成或加工成有机肥，用于蚯蚓养殖或加工等；液体粪污经过发酵堰收集发酵，定期处理后施于农田。牧场利用藕塘种植净化、果树田间补肥、农作物定期施肥等方式，从牧场输送、农田施用到用量规范等管理技术，消除粪肥处理与施用不当而产生的对土壤、作物及环境的负面影响。

自 2021 年开始，卫岗结合已有的产业布局，在南京打造“一核两区”奶业产业创新带。其中，智慧农牧科技示范区，采用隧道通风模式、牛舍空气定向排放、定向物理收集生物除臭技术，解决了牧场防疫和气体排放问题，融合科普休闲，打造都市农业综合体，成为高效农业新技术实验、成果示范及产业化推广基地；联动周边乡村及农户，形成村企共建乡村振兴区域共同体，为乡村振兴、奶业振兴、三产融合探索出了新发展模式。

江苏区域奶业养殖头均年净收入 5.35 万元 / 头，奶牛场平均净收入 5 600 万元。山东区域奶业养殖头均年净收入 5.52 万元 / 头，奶牛场净收入 12 500 万元。

【乳品加工】卫岗乳业共有 3 个生产加工基地，2021 年液态奶生产总量 27.7 万 t。

南京工厂。设计产能 450t/ 天，共有 22 条生产线，产品主要以低温巴氏产品为主；产品品类为鲜牛奶、酸牛奶、调制乳、含乳饮料；包装形式有玻璃瓶、联杯、纸杯、塑杯、屋顶包、塑瓶、百利包、利乐钻；2021 年液态奶生产总量 15.9 万 t。

泰州工厂。设计产能 80t/ 天，9 条产线，产品为低温巴氏类；产品类型为鲜牛奶、酸牛奶、调制乳；包装形式有玻璃瓶、联杯、纸杯、塑杯、袋装；2021 年生产液态奶总量 2.4 万 t。

徐州工厂。常温车间：设计产能 370t/ 天，10 条产线，产品为超高温灭菌类；产品类型为纯牛奶、调制乳、含乳（酸）饮料；包装形式有 125/200/250/1 000mL 利乐砖、利乐枕等。低温车间：设计产能 50 t/ 天，6 条产线，产品为低温巴氏类，产品类型为鲜牛奶、酸牛奶、含乳饮料；包装形式有玻璃瓶、纸杯、塑杯、袋装，2021 年生产液态乳总量 9.3 万 t。

乳品加工工厂主要设备为利乐、SPX、GEA 等公司前处理设备，瑞典利乐、杭州中亚、美国唯绿、日本四国、宁波永宏等国际国内一流灌包装设备，设备先进可控，生产效率高。

卫岗乳业组建了超 50 人的数字创新团队，运用实时工业以太网、5G 通信、标识解析等技术，实现工艺、制造、检测、物流等各环节之间的全面互联互通，形成对全部生产流程的信息可追溯；并搭建了工业互联网平台，实现数据的集成、分析和挖掘，结合深度学习、知识图谱，拓展数据的汇聚与管理能力。卫岗数字工厂已经实现排产计划调整、能耗平衡分析、物流路径控制、安全风险预警等功能，完全构建了生产管理的进度智能管控、全流程质量优化、能源效率优化、厂内物流优化的柔性可重构制造系统。

在生产制造软件系统方面，已稳定运行的有 ERP 系统，从原料到产品全程物资、成本流程管控。MES 系统：通过软硬件升级实现性能优化和功能提升，扩展系统在计量、质量、设备、安环、能源等业务领域的数据集成，对生产单元所有工艺参数实时管控，实现生产业务计划、调度、工艺、执行、统计、分析全过程的闭环管理，设备管理、质量管理、能源管理、数据采集平台、移动 BI 的全面支撑。实时数据：设备状态、工艺参数、读码数据。生产数据：按应用功能进行细分，记录收奶管理、防错管理、质量管理等功能操作过程中产生的数据记录。WMS 系统：仓库职能管理管控。

【市场消费】根据尼尔森数据显示，2021 年卫岗低温白奶全国市场占有率为 2.2%（不含订户），常温白奶全国市场占有率为 0.4%，低温酸奶全国市场占有率为 0.83%。2021 年，企业年销售收入 340 462.79 万元，利润 12 865.71 万元。卫岗以“品质 + 创新”双驱动加速品牌价值提升，促进奶企共同发展，连续多年举办“巴氏鲜奶节”，提振国民乳制品信心，促进行业生态健康发展。通过“新鲜教育”和“万人看卫岗”项目，普及科学饮奶知识、培养大众良好饮奶习惯，积极推进品牌强国战略，同时大力践行公益事业塑造国产乳企形象，有效增强“中华老字号”品牌声量。

【全球发展及研发】卫岗乳业研发部坚持以市场为导向、以消费者和客户为中心、以产品和技术服务为抓手，围绕消费场景与产品应用挖掘消费者和客户的产品需求。深耕“新鲜战略”，不断创新升级产品品类，全面实施品类定制化战略，迎合消费者多元化、品质化、高端化和健康化的消费趋势，发挥自身的低温产品供销及物流优势，完善鲜奶格局，打造至淳草饲、至淳 5 小时等高端新品；同时促进代餐零食类产品（整谷专家）的持续增长，开发零蔗糖、零乳糖产品，扩大产品的功能类别；积极应对市场大潮，在越来越多的消费者意识到高营养、高蛋白的奶酪制品的价值之际，推出独立奶酪品牌“悠酪士”，以儿童奶酪棒为新品触手，在奶酪行业中做出尝试，满足消费者的个性化需求。此外，卫岗结合国家乳制品加工现状以及产品结构现状，在布局奶酪的同时，也积极加入乳品创新平台，探索和开发乳品深加工方面的工作。

【社会责任】

1. 抗击疫情。2021 年 7 月，南京突发疫情，卫岗乳业快速行动，以国家疫情防控重点保障企业的责任与担当，为疫情防控战贡献企业力量。受江宁区疫情防控指挥部委托，企业承担起江宁区医护人员、志愿者等一线防疫人员及禄口封控区域居民生活物资供应配送工作，为打赢疫情防控战役提供坚实的后勤保障。疫情防控期间，卫岗通过同心·贻芳行慈善基金会，先后向江宁、六合、秦淮等多个社区街道、医疗队、核酸检测点等地方的一线工作人员及时送去帐篷、牛奶、面包等物资，累计捐赠金额约 200 万元；倡议发起“一城百店”活动，携手南京各大咖啡、茶饮店，为奋战在一线的抗疫工作者免费提供由卫岗淳牛奶调制的美味咖啡。此外，卫岗还积极驰援泰州、淮安、扬州、日照、洛南等地，为一线抗疫人员送去新鲜的乳制品，传递来自南京的温暖与关爱。

自 2020 年疫情发生以来，卫岗乳业已连续两年圆满完成“奶瓶子”民生物资保供任务，为抗疫一线捐赠防护物资等，累计逾 3 200 万元。卫岗乳业获得全国工商联“抗击新冠疫情先进民营企业”表彰。

2. 防汛抗洪。2021 年 7 月，为河南抗洪救灾一线的工作人员和战士们送去价值 62 余万元的卫岗牛奶和防汛慰问物资。

3. 关爱青少年。2021 年 5 月，卫岗乳业再次启动主题为“一杯好牛奶 苗壮向未来”的卫岗营养助力计划，分别向周岗学校、允公小学、南京市江宁特殊教育学校、扬州市邗江实验小学及淮安市城北开明中学捐赠物资逾 18 万元。

9 月起，卫岗乳业联合首都营养学会专业营养师，发挥各自专业优势，走进江苏、山东、安徽等地 100 多个校园开展“卫营养、为健康”食育活动，普及科学饮奶、健康膳食知识，以“卫岗力量”助力健康中国 2030 战略落地。

4.“99 公益日”项目。2021 年 9 月 9 日，共青团江苏省委、江苏省慈善总会联合腾讯“99 公益日”项目启动了“我要上大学”助学线上捐资活动，旨在帮助全省 2021 年参加高考且家庭困难、品学兼优的全日制普通高等院校的大学本科新生消除后顾之忧，顺利迈入大学校园，开启人生新阶段。卫岗集团团委快速号召发动集团共青团员以及全体员工，积极参与此次活动，为贫困大学生送上一份爱心和力量。

5. 爱心公益暑托班。将为民办实事、办好事落在实处，南京团市委、南京市圆梦青少年发展基金会已经连续三年举办“宁聚青春 筑梦金陵”爱心公益暑托班，践行“我为群众办实事”活动，切实缓解青少年暑期“看护难”问题，帮助身边困境青少年、事实无人抚养儿童、网约车司机和快递小哥子女度过一个充实有意义的暑假。卫岗乳业响应号召积极参与，为暑托班的小朋友们每天送上新鲜美味的卫岗牛奶，为他们的健康茁壮成长送上一份助力。

6. 乡村振兴与精准扶贫。2021 年 10 月，卫岗乳业与淮阴区人民政府达成战略合作协议，卫岗将在淮阴区建设奶牛国家级核心育种场、动物营养实验室、奶牛胚胎工程实验室，通过科技示范和科技服务带动淮阴区农业高质量发展，提升淮阴区的农业科技含量。

近年来，卫岗乳业先后参与“万企联万村 共走振兴路”项目，与江宁区谷里街道石坝社区、淮安市洪泽区三河镇永丰村展开项目合作；参与“消费扶贫”项目，对口支援伊犁州特克斯县；参与“社会力量助力挂牌督战村”项目，对口支援云南省昭通市镇雄县以勒镇大山村；参与“百企帮百村”“光彩事业”等众多扶贫事业。与日照智能化乳品产业园项目合作，利用卫岗在种植、养殖、乳品加工、物流、销售等方面的优势，建立农牧结合、种养一体、生态循环、绿色环保的现代示范牧场，并发展青贮饲料、循环农业、高效农业、观光旅游等产业项目，以产业链的延伸助力乡村振兴。

【奶业大事】

2 月 3 日，卫岗乳业乳制品智能化生产项目启动，项目总投资 30 亿元，总建筑面积约 14 万 m^2，主要用于建设卫岗全国运营总部、乳制品类生物技术绿色生态智能化工厂，从而进一步提升乳业生产智能化水平、乳品加工自动化水平、质量控制标准化水平，为企业转型升级提质增效。

3 月 20 日，卫岗乳业举办了以“守卫营养 领鲜未来”为主题的第六届卫岗巴氏鲜奶节暨合作伙伴大会，发布了卫岗重磅新品至淳 5 小时鲜牛奶，用时间定义品质，开启鲜奶新时代。

3 月 26 日，卫岗集团旗下山东鲜淳乳业有限公司与日照市岚山区人民政府在卫岗工业园签订项目合作备忘录，就双方在日照智能化乳品产业园项目中的补充合作事项达成一致。

3 月，溧水马拉松开跑，卫岗减脂淳获得溧水马拉松官方指定乳品称号，现场展区产品试吃受到众多参赛者好评。

4 月，江苏省人民政府公布《省政府关于表彰第九届江苏省农业技术推广奖的决定》，卫岗乳业主持的优质乳供应链关键技术集成与推广应用项目荣获第九届江苏省农业技术推广奖三等奖。

4 月 13 日，卫岗乳业与金陵科技学院校企合作签约仪式暨“奶业科技与数字化产业学院”揭牌仪式隆重举行，卫岗乳业与金陵科技学院签署战略合作协议并共建奶业产业学院。

4 月 14 日，被誉为设计界“奥斯卡”的德国 iF 设计奖公布了 2021 年度获奖名单。卫岗淳高品质鲜牛奶国潮版与星空投影牛奶包装概念版两项包装设计作品斩获 2021 年度德国 iF 设计大奖包装类设计奖。

4 月 18 日，“领跑未来 新鲜升级”2021 年国家奶业科技创新联盟工作会议在北京举行。国家奶业科技创新联盟对于为“面向人民生命健康”而勇于创新的有突出贡献的先进企业和突出个人进行表彰，卫岗乳业荣获优质乳工程助力健康中国先进企业和奶业优质发展突出贡献奖。

4 月 19 日，产教融合人才培养论坛暨智慧畜牧产业学院揭牌仪式在扬州大学举行，卫岗乳业作为产业学院共建单位出席本次活动，围绕“乡村振兴战略”和“新农科”建设，探讨共建产业学院、发展一流专业、培育新型农科人才等问题。此外，卫岗集团董事长白元龙出任扬州大学智慧畜牧产业学院第一届理事会副理事长。

4 月 22 日，中国物流与采购联合会冷链物流专业委员会在广州召开乳品工作组成立暨第一次工作会议，卫岗乳业凭借强大的冷链物流体系和优质的乳品产业链水平，成为中物联冷链委乳品工作组首届成员单位并获颁证书。

4 月 23 日，卫岗乳业应邀出席乳品企业现代化评价申报签字仪式与现代奶牛场授牌仪式。旗下 3 家牧场通过首批《现代奶业评价 奶牛场定级与评价》标准体系认证，其中盱眙牧场、润生牧场均被评为 S 级，爱德牧场评为 A 级。

5 月 10 日，中国品牌日卫岗乳业成为人民日报社“有间国潮馆”的“国潮合作伙伴”，受邀参加由人民日报社主办的“有间国潮馆”线下快闪活动。

5 月 20 日，中国（江苏）国际冷链产业博览会在南京举办，卫岗乳业受邀参会，与行业同仁共同探讨食品冷链技术发展新思路。

6 月 9 日，淮河华商大会召开，卫岗旗下“至淳”系列乳品作为首届淮河华商大会官方指定牛奶，闪耀亮相会场，为来自全球各地侨胞送上卫岗的“新鲜味道”。

6 月 16—18 日，由中物联冷链委主办的亚洲国际冷链物流与技术装备展览会在上海成功举办，卫岗集团受邀参会，再次荣获中国冷链物流百强企业称号，位列十强。

6 月 23 日，2021 年南京市独角兽瞪羚企业发布会在南京市江宁经开区举行，南京卫岗乳业以优异的科技创新实力和产业发展速度，荣登 2021 年度南京市瞪羚企业榜单。

7 月，卫岗乳业受邀出席中国奶业协会主办的第十二届中国奶业大会暨 2021 中国奶业展览会、2021 中国奶业 20 强（D20）峰会。

7 月 12 日，卫岗乳业与南京农业大学举行校企合作战略协议签约仪式。

8 月 14 日，卫岗乳业荣誉入选中国食品工业协会品牌战略工作委员会评选的全国高端会议茶歇品牌食品名单。

8 月，卫岗乳业凭借“优质乳生产供应体系关键技术集成与推广应用”的项目成果获中国乳制品工业协会科学技术奖二等奖。

9 月 13 日，经中国信息通信研究院组织专家评估会专家组一致认可，卫岗工业互联网标识解析综合二级节点获批建设。

9 月 23–25 日，第五届中华老字号（山东）博览会在山东国际会展中心隆重开幕，卫岗乳业受邀参与本次博览会及第五届中华老字号掌门人大会暨品牌发展高峰论坛，与众多中华老字号共同探索老字号焕新之路。

9 月 28 日，卫岗乳业旗下产品——苗条砖淳高品质牛奶（南博联名国潮款）荣誉入选 2021 年“江苏好礼 舒心相伴”江苏特色伴手礼名录，并荣获江苏优选好礼奖。

10 月 13 日，淮阴区委书记、淮安国家高新区党工委书记王建军，淮安市农业农村局局长倪建华，淮安市商务局局长、口岸办主任龚晓琴一行走访调研卫岗乳业，双方签署战略合作协议。

10月15–17日，由江苏省餐饮行业协会举办的以“绿色餐饮、消费促进”为主题的2021第十一届中国·江苏国际餐饮博览会在南京国际展览中心盛大开幕。卫岗乳业受邀参与本次博览会，并斩获“餐饮业乳类制品优秀供应商”称号。

10月28–30日，第四届中国（淮安）国际食品博览会在江苏淮安国际食品博览中心盛大开幕，卫岗乳业应邀赴约，会上与淮阴区人民政府达成战略合作协议，共同为乡村振兴注入新动能。

11月22日，卫岗集团与南京农业大学校企联动，签署合作协议，卫岗乳业构建绿色低碳循环全产业链体系研究项目正式启动。

12月3日，第30届中国食品博览会暨2021全国食品工业“三品”成果展在武汉国际博览中心开幕，卫岗乳业应邀参加本次盛会，凭借过硬的产品品质、优良的口碑及品牌影响力成功入选工信部2021食品工业“三品”专项行动典型成果“创品牌”企业。

12月16日，卫岗乳业桢源应用气象研究院与江苏省气象局事企合作的生态科技牧场项目在2021“科创江苏”创新创业大赛中斩获一等奖。

12月20日，卫岗乳业被评为省级供应链创新与应用重点培育企业终期评估优秀企业。

12月23日，卫岗乳业被中国农业产业化龙头企业协会评为2021年度农业产业化头部企业。

12月，第二届江苏质量大会在南京召开，卫岗乳业荣获2021年度江苏省省长质量奖。

（南京卫岗乳业有限公司，贾 靖）

附表 1　南京卫岗乳业有限公司奶牛养殖场（小区）名录

序号	名称	地址	全群存栏（头）	成母畜存栏（头）	奶畜品种	成母畜单产（t/年）	年总产（t）	是否有机奶源基地	有机奶产量（t）
1	连云港东旺养殖有限公司（简称“东旺一牧”）	江苏省连云港市连云区东辛农场东滩分场九十六大队	2 100	1 200	荷斯坦	10.5	12 600	否	
2	连云港东旺养殖有限公司（简称“东旺二牧”）	江苏省连云港市连云区东辛农场东滩分场九十六大队	2 100	1 200	荷斯坦	11	13 200	否	
3	泰州市宏星奶牛养殖专业合作社	江苏省泰州市姜堰区白米镇曹新村	1 240	744	荷斯坦	10.3	7 663	否	
4	连云港立旺牧业有限公司	江苏省连云港市赣榆区城头镇茼湖村村东	1 230	738	荷斯坦	10.3	7 601	否	
5	泰州市牧源荣奶奶专业合作社	江苏省泰州市姜堰区张甸镇西网村	439	263	荷斯坦	9.8	2 577	否	
6	兴化市忠鑫奶牛专业合作社	江苏省兴化市竹泓镇一村	450	270	荷斯坦	10	2 700	否	
7	青岛璐琨养殖有限公司	山东省莱西市沽河街道办事处中孟格庄村	1 200	650	荷斯坦	9.8	6 370	否	
8	莱西市子明养殖场	山东省莱西市姜山镇北仰岭村	1 100	480	荷斯坦	10.5	5 040	否	
9	莱阳市祥泉牧业养殖场	山东省莱阳市谭格庄镇大水岔村 002	1 550	540	荷斯坦	9.6	5 184	否	
10	潍坊高升牧业有限公司	山东省潍坊市寒亭区固堤街道潘家庵村西首 60 米	950	500	荷斯坦	9.4	4 700	否	
11	即墨市牧春奶牛场	山东省青岛市即墨区北安街道办事处兰东村	650	300	荷斯坦	9.5	2 850	否	
12	保定市玉洁农牧有限公司	河北省保定市徐水区漕河镇	2 000	1 500	荷斯坦	11.2	16 800	否	
13	唐山市丰南区忠义牧业有限公司	河北省唐山市滦南县扒齿港镇吴代庄	1 500	900	荷斯坦	10.9	9 810	否	
14	辉县市晨光养殖服务专业合作社	河南省新乡市辉县市洪州乡大刘庄村	1 080	648	荷斯坦	10.8	6 998	否	
15	蚌埠市和爱牧场有限公司	安徽省蚌埠市李楼乡八里岗蚂蚁山奶牛场	5 000	3 000	荷斯坦	11	33 000	否	
16	唐山市浩金畜牧有限公司	唐山市滦南县扒齿港镇吴代庄	958	575	荷斯坦	9.5	5 463	否	
17	滁州市南谯区江南奶牛养殖场	滁州市南谯区章广镇太平村	461	277	荷斯坦	9	2 493	否	
18	宿迁金娥奶牛养殖中心	江苏省宿迁市泗洪县车门乡团结村杜庄	390	234	荷斯坦	9	2 106	否	
19	泰兴市马甸苏余奶牛场	江苏省泰兴市马甸镇马甸苏余村	410	246	荷斯坦	9	2 214	否	
20	青岛新希望琴牌乳业有限公司	青岛市胶州市经济技术开发区太湖路 6 号	3 300	1 980	荷斯坦	11	21 780	否	
21	临清乳泰牧业有限公司	临清尚店乡洼里	3 300	1 980	荷斯坦	9.2	18 216	否	
22	山东视界牧业有限公司	山东省德州市禹城市伦镇孙庄村社区大孙村	8 500	5 100	荷斯坦	10.1	51 510	否	
23	南京市六合区卫竹牧场	南京市六合区竹镇	390	234	荷斯坦	9	2 106	否	
24	江苏宇宸农业产业有限公司	泰州市姜堰区白米镇土山村	1 080	648	荷斯坦	10.5	6 804	否	

备注：本表所指奶畜包括奶山羊、奶绵羊、奶水牛、牦牛、骆驼、驴等产商品奶家畜。本表奶畜养殖场指企业在中国及海外自建和参建（控股、参股）牧场（小区）。如认证为有机奶源基地等，请在相应表格中打钩。

附表2 南京卫岗乳业有限公司乳制品生产企业名录

序号	名称	生产地点	生产许可证号码	年收购原奶量(t)	其中：自有奶源量(t)	平均支付价格(元/kg)	日处理生鲜乳能力(t)	年乳制品产量(t)	其中：低温鲜奶(t)	UHT奶(t)	常温酸奶(t)	低温酸奶(t)	原料奶粉(t)	婴幼儿配方奶粉(t)	成人奶粉及其他(t)	奶油(t)	奶酪(t)	乳饮料(t)	冰品(t)	年销售收入(万元)	利润(万元)	有机产品(枚)
1	南京卫岗乳业有限公司	江苏省南京市江宁区经济技术开发区将军大道139号	SC10532011500380	123 430.25	67 657.96	4.95	450	159 804.26	119 876.74	1 775.89	2 670.02	34 116.57	1 365.04					1 699.45		246 551.98	7 873.47	
2	泰州卫岗乳品有限公司	江苏省泰州市海陵区凤凰东路40号	SC10632120200061	16 339.03	6 293.85	4.62	80	24 093.36	9 819.32		/	14 274.04	/					0.00		18 112.86	569.75	
3	徐州卫岗乳品有限公司	江苏省徐州市新沂市无锡——新沂工业园大桥东路218号	SC10532038100142	56 098.32	13 961.91	5.04	420	93 221.89	1 864.10	74 050.05	/	4 901.27	12 406.47					11 935.50		52 897.05	558.50	

备注：本表包括在中国及海外的生产企业。日处理生鲜乳能力指设计加工生鲜乳能力。自有奶源指来自自建和参建（控股、参股）牧场（小区）的原奶。成人奶粉指除婴幼儿配方奶粉以外的学生奶粉、孕妇奶粉、中老年奶粉等终端消费奶粉。冰品包括冰激凌、雪糕等。有机产品数量单位为“枚”指获得有机标志的数量。

贝因美婴童食品股份有限公司

【奶源基地】贝因美奶源基地以引进纯种荷斯坦牛为主，通过采用冻精配种、性控配种手段促进奶牛改良，现存栏量达到 12 105 头、成母牛 7 427 头。每头奶牛都有完整的健康档案，以保证生乳品质。

2021 年公司全年牛奶产量 27 992t。优质生乳实现从原料种植、饲养管理到牛奶品质的全程可追溯。为提高奶牛养殖水平，奶源基地牧场按照统一规划、合理布局、规模适度、相对集中、人畜分离、规范管理、结合实际，已达到标准化养殖场要求。其中 1 000 头以上养殖场占比 29%，5 000~1 000 头养殖场占比 14%，300~500 头养殖场占比 14%，200~300 头及以下养殖场占比 43%。

奶牛养殖分布于国际公认的中温带季风气候优质奶牛饲养带(北纬 45°)中国“黄金奶源带”黑龙江省安达市及大庆周边地区。

公司及时与生乳供应方签订购销合同，不断完善生乳计价标准，坚持以“政策引导、质量先行”为中心思想，在将生乳价格做到“合情合理”的同时，确保辖区牧场的利益。

2021 年，全年生乳收购均价为 4.32 元 /kg。

2021 年，公司青贮玉米种植面积 41 230 hm^2，单产 3.5 t/ hm^2，总产量达到 14.43t。

在疫病防控方面，采用综合防控技术，实行封闭性管理，执行严格、有效的消毒管理制度，完善防疫检疫管理体系，以保证牧场环境卫生。全年口蹄疫疫苗免疫接种 3 次，重点加强对牛布鲁氏菌病、牛结核病等的实时监测和净化，确保无人间疫情发生。加强组织人员进行防治技术培训工作，完善消毒、防疫制度，实现了奶牛养殖场疫病的有效预防和控制。

在粪污处理方面，牧场牛舍内全部采用荷兰 JOZ 刮粪板、美国 US 自动粪污处理系统，将牛舍内粪污进行二次筛分，固体粪污进行有机堆肥或制作牛床垫料，液体粪污经厌氧发酵、达标后还田改良草场。通过科学饲养、高效挤奶、粪污处理等先进技术的应用，实现奶牛养殖的规模化、集约化及标准化。

泌乳牛年盈利额度约 3 500 元 / 头。

由于牧场投入及养殖水平不一致，整体奶牛场净收入较难准确估算，在 30 万 ~ 3 000 万元。

【乳品加工】贝因美在国内外拥有黑龙江安达、杭州母婴、广西北海、湖北宜昌、吉林敦化五大现代化产业基地。安达贝佳满乳业集团有限公司成立，进行生产基地独立经营的模式探索，借助黑龙江安达市的区域优势打造“从牧场到亲子家庭”全产业链系统。与黑龙江康贝牧业管理有限公司共同成立合资公司，结合双方在牧场建设、牧场管理、乳制品加工等方面的优势，提高牧场管理效率、保障鲜奶供应、探索产品合作，实现互利共赢。公司 2021 年乳粉产量为 20 783t，其中乳粉类 20 632t，乳脂肪类 123t, 液态奶 28t。

公司长期专注于婴童食品行业，依靠自身技术的不断创新、积累、优化，积累了大量的专有技术。公司现拥有发明专利 23 项，婴幼儿配方奶粉注册配方产品 54 个，特殊医学用途配方食品注册配方 4 个，软件著作权 19 项。公司在婴幼儿配方奶粉的研发、生产等技术方面积累了丰富的经验，形成了具有自主知识产权的核心技术，并积累了大量的专业技术人才。这些核心技术可以更好地满足不同婴儿群体的营养需求，增加奶粉的营养附加值。

公司乳品加工以自主生产为主要模式，少量产品通过委外加工、OEM 模式生产。自主生产模式按“市场预测”和“订单方式”相结合的模式进行组织。公司主导产品婴幼儿配方奶粉主要由全资子公司 \ 控股子公司贝因美（黑龙江）乳业、贝因美母婴、宜昌贝因美等工厂生产；婴幼儿营养米粉、葡萄糖等辅食主要由北海贝因美生产，亲子食品通过 OEM 模式生产。

【市场消费】公司产品主要通过区域代理、KA 渠道、婴童渠道、电商等进行全渠道销售，同时部分产品通过总承销模式和包销模式进行销售，公司正在重点打造线上线下融合的新零售业务模式。乳制品销售收入占总销售收入的 90.05%。根据尼尔森数据，贝因美的市场占有率约为 4%，国产奶粉排名前 4 位，始终屹立于国产奶粉第一阵营。2021 年贝因美实现营收 25.40 亿元，同比减少 4.71%；归属于上市公司股东的净利润 7 331.46 万元，同比增长了 122.61%；归属于上市公司股东的扣除非经常性损益的净利润 729.61 万元，同比增长了 101.52%；归属于上市公司股东的净资产 17.86 亿元，同比增长 22.89%。

作为中国婴幼儿配方奶粉市场的重要品牌，30 年来，公司始终围绕“国际品质、科学配方”的经营理念，通过构建强大的品质、研发和智能制造体系来持续推动品牌战略的实施。公司建立了完善的全球奶源供应链，从原料源头出发来保障产品品质。同时，凭借以“科学配方 + 智造技术 + 国际化标准”体系为核心的小贝智造方程式和行业内领先的追踪追溯系统，以实现让中国宝宝喝上国际领先品质的放心奶，保障了品牌美誉度。在“史上最严奶粉注册制新政”的背景下，公司共计完成了婴幼儿配方奶粉 54 个配方产品的注册。其中所申报的“特殊医学用途婴儿配方食品无乳糖配方”产品更是一举打破了“洋品牌”特配粉对国内市场的垄断地位，极大地提升了品牌的竞争力。

2020 年以来，公司在重塑品牌形象、优化品牌方面加大投入。通过央视、卫视硬广投放，户外广告等方式，强化品牌认知。携手 CCTV-1《大国品牌》栏目，打造国产奶粉品牌样板；联动消费者教育活动，推广《谢宏面对面》《美妈有话说》公益栏目，全面塑造“育儿专家、亲子顾问”的专业形象；投放及赞助浙江卫视《青春环游记》、爱奇艺《做家务的男人》、腾讯《心动的信号》等节目，夯实品牌年轻化战略；发起《妈妈英雄汇》年度大型网络消费者互动活动，寻找各类型爱生活的妈妈，传递品牌温度。此外，通过母垂精准投放、网易等主流媒体，实现品牌曝光及吸粉引流；通过社交媒体及红人双效联合运用，进行全域营销，抢占母婴人群，优化品牌投资。

未来公司会进一步传播和强化消费人群对公司民族品牌的认知，打造大国品牌。持续聚焦品牌建设，精准面向品牌人群传播，强化对公司研发、生产、配方、技术等方面的品牌认知，提升品牌声量。

【全球发展】公司一直致力于全球化布局和国际化战略，打造和完善全球产业链。

1. 优化的股东结构。贝因美股份有限公司从一家地方企业开始，逐步壮大，发展成一家拥有多元化股东结构的公司，包括贝因美集团持股18.19%、宁波信达华建持股4.99%、长城国融持股2.89%。

2. 国际化的产业战略布局。贝因美不仅在国内外拥有五大现代化产业基地，同时还与全球最大的乳制品出口企业恒天然集团、Kerry集团建立了战略合作关系，进行国际化产业布局。2017年4月，贝因美联手一致行动人全资收购美国SCL公司，进一步推进全球化布局。

3. 海外研发合作。在研发合作上，公司与以色列施耐德医学中心等机构开展项目合作，充分利用国外优秀研发机构的能力，在创新中不断提升与超越，进一步为国际化提供研发和技术支撑。公司与爱尔兰百年工厂KERRY合作生产了绿爱和红爱婴幼儿系列奶粉产品。该产品严格执行欧盟、爱尔兰标准，并顺利通过了中国奶粉配方注册。2014年11月，爱尔兰政府授信贝因美绿爱+为一个“真正代表爱尔兰品质的婴幼儿配方奶粉”。该两款产品原装原罐进口后销往国内市场，深受国内消费者的喜爱。

【社会责任】贝因美主张“生命因爱而生，世界因爱而美”，将“帮助宝宝健康成长、帮助妈妈成就母爱、帮助家庭幸福和谐、帮助员工实现梦想”作为贝因美的使命，而这就是贝因美企业的社会责任之大爱观。自创立以来，贝因美累计捐赠财物总价值近10亿元。

1. 为丹寨儿童送健康。2021年6月，贝因美携手谢宏基金会发起爱心捐赠公益活动，向丹寨县捐赠奶粉，用于改善丹寨县儿童的营养状况，促进儿童健康快乐成长。此次爱心捐赠活动，贝因美发挥企业资源优势，共捐赠价值187万余元的2 000箱奶粉，惠及丹寨县23 223名学生。

2. 河南灾区捐赠。2021年河南多地遭遇罕见大暴雨，灾情牵动人心。7月，贝因美第一时间通过当地经销商捐赠价值50万元的物资，及时向灾区人民送去关爱。同时，又通过中国友好和平发展基金会向河南捐赠价值150万元的物资，用于灾区婴童人群的生活所需。

3. 谢宏公益基金会捐赠物资助力困境新生儿家庭。2021年10月12日，浙江省谢宏公益基金会做客浙江省妇女儿童基金会，并向浙江省妇女儿童基金会捐赠纸尿裤200包用于支持“新生·致爱”项目，此项目旨在号召社会爱心家庭认领“新生·致爱”公益礼包，以爱的名义为育有新生儿的困境家庭送上祝福，构筑起妇幼健康公益服务网络，有效提高全省妇女儿童健康水平。截至2021年，项目已帮扶451个困境家庭的新生儿。

4. 驰援一线，浙江省谢宏公益基金会捐赠2万只医用防护口罩。2021年12月，浙江省疫情多发，防控形势严峻。浙江省谢宏公益基金会第一时间展开行动，向宜昌工厂小贝大美防护用品公司募集2万只医用防护口罩，用于支援杭州防疫第一线人员。疫情当前，浙江省谢宏公益基金会以实际行动践行责任与担当，为共抗浙江疫情贡献力量。

【奶业大事】

1. 重要战略部署。

（1）打造大国品牌，重塑品牌矩阵。公司通过携手CCTV“大国品牌”，焕新品牌视觉认知，重塑“贝因美”的品牌定位，确定以“贝因美”品牌统领全系配方奶粉、儿童健康零食、母婴营养品等品类矩阵。

2022年度，公司焕新推出了贝因美爱加孕产妇、可睿欣、冠军宝贝系列辅零食产品。同时，面对竞争激烈的市场环境，公司推出了 火星宝贝、红爱儿童粉等多款儿童配方奶粉，以及即食型益生菌粉和睛彩叶黄素脂营养芯片等开创性产品。公司始终坚持以解决用户需求为原点的品牌初心，以及“对宝宝负责，让妈妈放心”的质量方针。

（2）专注研发智造，打造国际品质。公司一直专注于婴童食品领域，依靠自身技术的不断创新、积累，拥有大量的专有技术。公司现拥有发明专利23项，实用新型专利5项，婴幼儿配方奶粉产品注册配方54个，特殊医学用途配方食品注册配方4个，软件著作权19项。公司在婴幼儿食品的研发、生产等方面积累了丰富经验，形成了具有自主知识产权的核心技术，并积累了大量的专业技术人才。这些核心技术的广泛应用，可以更好地满足母婴人群的营养需求，增加产品的附加值。

（3）拥抱数字经济，迎接新零售时代。公司基本完成了数据营销体系的主体建设，整合了支付宝小程序、SCRM、微信公众号等平台的会员数据，数据平台的建设将加速为终端零售业务提供数字赋能，加强公司与消费者之间的联系。从2020年春节疫情防控期间，公司就举办线上微课堂等直播活动323场，累计消费者达1 432万人次，为消费者带去了更立体、更专业、更有温度的品牌体验。未来，公司将强化会员管理，以消费者价值最大化为目标，扎实做好基础会员服务，提升响应时效，增强消费者黏性和公司亲和力。同时，公司将不断深入推进以门店为对象的创新型精准营销体系建设，实现一店一码、职能服务一体化、业务数字一体化的精准营销体系，形成线上线下的良性互动，加强公司、客户与消费者之间的联系，从而实现真正的母婴生态圈服务体系。

（4）优化资产结构，加强成本控制。公司通过设立 MCN 公司、信息技术服务公司、消费者运营及数字营销公司，有效实现了公司强大的技术服务输出，提升了公司信息技术的价值成果转化。公司拓展发展思路，以业务为纽带，以资本合作为契机，充分发挥公司的产能优势和品牌优势。

在经营成本控制方面，在保证原料品质的前提下，加强重点原料资源开发和备份力度，加深与乳铁蛋白主产区企业的合作伙伴关系，确保供应稳定和成本有效控制。优化生产管理，充分利用工厂富裕产能，提高工厂制造效益；承揽对外加工业务，降低工厂闲置产能；优化仓储物流配送，提高效能，降低费用；提高销售计划准确率，缩短库存周转时间。

2. 重大会议、活动、项目建设。贝因美入驻爱尔兰馆，奶粉“绿爱”获爱尔兰大使力荐。2021 年 5 月 7 日，以“开放中国，海南先行”为主题的首届中国国际消费品博览会正式拉开序幕。在这占地面积达 8 万 m^2 的展馆中，不仅有来自世界各地的知名品牌入驻，也有国内的优秀企业携旗下产品亮相，面向全球展示中国实力，贝因美便是其中一员。选用了爱尔兰草饲奶源的贝因美绿爱成为唯一入驻爱尔兰馆的奶粉品牌，不仅在爱尔兰馆内拥有独立的展区，还得到了爱尔兰大使的大力推荐。

贝因美亮相奶业大会，多元化产品彰显“大国品牌实力”。2021 年 7 月 17—19 日，第十二届中国奶业大会暨 2021 中国奶业展览会、中国奶业 20 强（D20）峰会在安徽省合肥市召开。作为 D20 成员之一，贝因美出席此次峰会。会展期间，农业农村部副部长马有祥、安徽省人民政府副省长张曙光等领导亲临贝因美展台参观，关心指导企业发展。贝因美执行董事、高级经营顾问袁芳向来访领导、嘉宾详细汇报讲解了本次参会产品，贝因美爱加等一系列产品获得领导的高度认可。

专精特新、做好自己。“大国品牌”贝因美荣获中国乳业科技进步奖特等奖。2021 年 9 月 10 日，中国乳制品工业协会第二十七次年会暨 2021 年中国（国际）乳业技术博览会在杭州隆重举行。会上，贝因美获得行业最高奖项——科技进步奖特等奖，引领行业的科技水平再创新高，未来发展大有可为。浙江省食品工业协会会长、贝因美创始人谢宏在主题演讲中分享了“做好自己、专精特新、历久弥新”的创新经验。

贝因美携绿爱亮相进博会，“大国品牌”魅力凸显。2021 年 11 月 5-10 日，第四届中国国际进口博览会（简称“进博会”）开幕式在国家会展中心（上海）举行。贝因美携旗下高端产品——绿爱亮相进博会，成为现场关注的焦点。

（贝因美婴童食品股份有限公司，陈 真）

附表1　贝因美婴童食品股份有限公司奶牛养殖场（小区）名录

序号	名称	地址	全群存栏（头）	成母畜存栏（头）	奶畜品种	成母畜单产（t/年）	年总产（t）	是否有机奶源基地	有机奶产量（t）
1	黑龙江康贝牧业有限公司	黑龙江省安达市先源乡红星村	9 000	4 900	荷斯坦	11	43 800		
2	山东屯荷斯坦奶牛繁育场	黑龙江省青冈县新村乡	1 100	600	荷斯坦	12	6 205		

备注：本表所指奶畜包括奶山羊、奶绵羊、奶水牛、牦牛、骆驼、驴等产商品奶家畜。本表奶畜养殖场指企业在中国及海外自建和参建（控股、参股）牧场（小区）。如认证为有机奶源基地等，请在相应表格中打钩。

附表2　贝因美婴童食品股份有限公司乳制品生产企业名录

序号	名称	生产地点	生产许可证号码	年收购原奶量（t）	其中：自有奶源量（t）	平均支付价格（元/kg）	日处理生鲜乳能力（t）	年乳制品产量（t）	其中：低温鲜奶（t）	UHT奶（t）	常温酸奶（t）	低温酸奶（t）	原料奶粉（t）	婴幼儿配方奶粉（t）	成人奶粉及其他（t）	奶油（t）	奶酪（t）	乳饮料（t）	冰品（t）	年销售收入（万元）	利润（万元）	有机产品（枚）
1	黑龙江贝因美乳业有限公司	黑龙江省安达市	SC10523128150184	27 992	17 058	4.32	1 000	19 470		36				17 425	1 886	123				57 831.33	-1 079.61	

备注：本表包括在中国及海外的生产企业。日处理生鲜乳能力指设计加工生鲜乳能力。自有奶源指来自自建和参建（控股、参股）牧场（小区）的原奶。成人奶粉指除婴幼儿配方奶粉以外的学生奶粉、孕妇奶粉、中老年奶粉等终端消费奶粉。冰品包括冰激凌、雪糕等。有机产品数量单位为“枚”指获得有机标志的数量。

广东燕塘乳业股份有限公司

2021年，面对新冠疫情造成的阶段性影响，公司一方面积极做好各项防控防护措施，充分利用一体化全产业链优势，保证产品供应不断、质量不降、价格不涨，为全民防疫攻坚战筑起强而有力的健康后盾；另一方面，公司持续通过理顺旗舰工厂链条、奶源体系升级、管理结构优化等措施，夯实优势资源基础，不断提高经营效率。同时，公司逐步开展广东省以外的销售业务并且增长显著。公司不断探索更多形式的营销路径，降低流通成本，扩大营销收入，提高经营效益。下面从5个方面分别对公司在2021年的发展进行阐述。

【奶牛养殖】2021年，公司不断加大自有牧场建设，更好地保证原料奶品质，有效掌控原料奶资源，已建立全新型、现代化的阳江牧场、澳新牧场和新澳牧场。公司把牧场视为第一生产车间，以规模化、集约化、标准化的方式进行管理。一方面，从国外引入优质良种奶牛，使公司自产原料奶数量稳步提高；另一方面，采用全球领先的美国原种胚胎牛基因组、繁育工程等技术，在奶牛品种改良优化、养殖饲喂、机械化挤奶、疫病防治、提高单产量等方面均达到了国内领先水平。其间，公司阳江牧场和澳新牧场均已获得国家学生饮用奶奶源基地认证、广东省“菜篮子”基地认证；澳新牧场还被农业农村部评为奶牛标准化示范场。公司自有牧场建设成绩斐然，建设水平居于南方领先水平。

与此同时，公司严格执行“公司+牧场”的集约化购奶模式，与十多个大中型牧场建立了互助互信、风险共担的“三赢”模式战略合作关系，即牧场获得收益和提升，公司获得发展，消费者获得健康安全的乳制品。公司重视对合作牧场原料奶供应体系的管控。一方面，公司战略合作牧场的养殖规模普遍在1 000头以上，规模化养殖比例高，有利于先进养殖技术的运用，也有利于从源头开展质量检测以保证原料奶的优鲜品质；另一方面，公司通过自有良种奶牛养殖示范基地“一点”，在奶牛品种改良优化、扩大养殖规模、提高单产水平、改良牧场设施等方面提供全面指导，带动合作牧场养殖水平的“全面”提高。供应稳定、质量优良的生鲜乳是乳制品加工企业生存发展的基石，公司的原料奶来源于自有奶源基地和战略合作奶源基地，有效保障了公司稳定优质的原料奶来源。2021年全年生鲜乳收购量比2020年增加8 000余t，其中自有牧场占比略低于合作牧场。自有牧场全群存栏量及成母畜存栏量基本持平，但其年内的产奶总量和自有奶源量均有增长。

2016—2021年，公司前几年的生鲜乳收购价格保持平稳，在2021年收购价格略有抬升，呈现总体上升趋势，从2016年的5 244元/t，增长至2021年的5 527元/t，6年内涨幅达5.4%（图1）。

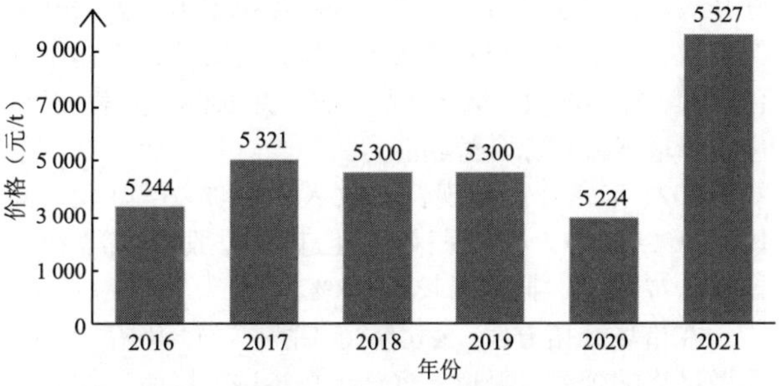

图1　2016—2021年度生鲜乳收购年平均价

【生产加工】公司始终坚持以“市场导向、科技领先、质量第一、顾客至上”为经营方针，为实现对产品全方位的质量控制，公司建立了华南地区乃至全国领先成熟的乳制品产品质量控制体系，坚持从牧场开始进行全程质量监控，配有先进、齐全的检验检测设备，经验丰富的质检团队及缜密的质检流程，构建起贯穿全产业链的可追溯质控管理系统。从牧场饲料采购、仓管、配制等环节开始，公司对外购的饲料、农副产品及产出鲜乳等进行全程自检和不定期送检。除国标常规检测项目之外，公司引进了国际先进的体细胞检测仪，还配置了温控与质检系统，从原材料端口入手，严格把控产品质量。在产品制造环节，公司品控中心承担起产品质量监控、检测、检验职能，同时引进国际一流的检测仪器，制定了包括纸箱在内的包材检测流程，建立起完善的质量检测体系，全面确保产品的质量安全。

2021年，燕塘乳业乳制品产量同比增长了14.53%。分品类来看，常温酸奶的增长幅度最大，达到了129.64%，乳饮料产量增长了18.17%，低温酸奶增长了8.21%，UHT纯奶也有8.45%的增幅（图2）。

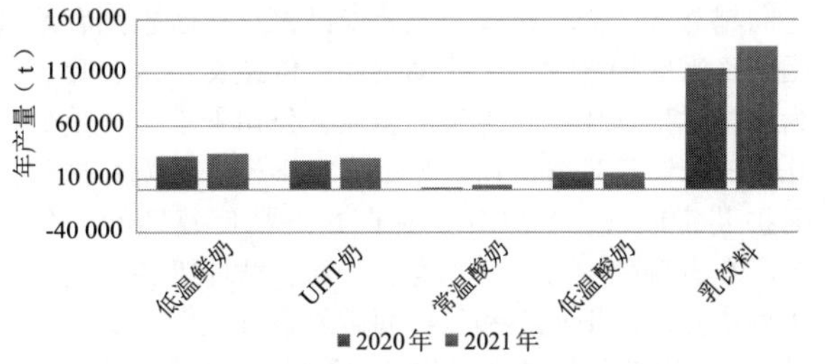

图2　2020年度与2021年度品类产量对比

【市场消费】步入后疫情时代，随着消费者健康管理意识的提升，消费者倡导科学饮食和营养均衡，消费升级成为大势所趋，将有利于乳制品行业消费市场的长期发展。与此同时，受消费需求个性化、品质化升级、上游成本增加等因素影响，行业内部产业链整合与一体化进程加快，行业竞争态势依旧激烈。

2021年，公司坚持“精耕广东、放眼华南、迈向全国”的发展战略，贯彻落实“主动出击拓市场，精耕细作强管理，创新发展求突破”的总体工作思路，以绣花功夫扎实做好生产经营各项工作，实现“十四五”规划的良好开局。公司立足自身优势，深耕传统渠道，大力开拓新渠道、新市场，积极探索新零售，同时持续推动精细化管理，降本增效，优化产品结构，并取得了显著效果，进一步增强公司综合盈利能力。

2021年，公司实现营业收入198 474.69万元，同比增长21.24%；实现归属于上市公司股东的净利润15 773.77万元，同比增长50.38%。

在市场开拓方面，公司坚持“精耕”与“开拓”并重，在做足终端延展、渠道下沉、市场渗透的同时，探索新型营销模式，不断扩大市场版图。

2021年初，公司积极倡导经销商、营销体系人员驻地过年，直营门店、送奶到户、商超、北京路店假期期间保持营运，抢占了节后销售先机，为实现良好开局打下了坚实基础。2021年，公司积极推进全渠道发力，推行滴灌式营销，拉动销量增长和市场版图扩大。同时，公司持续构建和完善全渠道立体式营销网络，不断深化开展各项营销工作。运用样板市场经验，结合周边城区市场情况，逐步深耕粤港澳大湾区；不断整合直营店渠道，推进门店的形象更新与概念重塑；积极探索电商、微信平台、短视频平台、KA、社区团购电商等新型渠道，形成新的增长点；积极探索地铁门店营销模式，不断实现消费全场景覆盖，提高公司品牌影响力，报告期内在广州地铁站内推出多家地铁乳品形象店，得到了消费者普遍好评；加大对省外、澳门地区等的市场开拓和渗透力度。

【社会责任】投入公益事业。公司热心投入公益事业，在创造经济价值的同时，真诚回馈社会，身体力行践行社会责任，以实际行动促进社会进步。春运期间，公司大力支持广州春运志愿服务，捐赠牛奶设立志愿者服务“加油站”，为志愿服务队提供支持与关怀。公司还向越秀区团委、抗疫一线公安民警、社区志愿者及贫困残障家庭捐赠牛奶，扶助贫弱，传递文明送温暖。作为国家学生饮用奶定点生产企业，公司秉承“关爱少年儿童成长”的理念，向广州市多家学校进行爱心捐赠，呵护儿童成长。2021年，在广州疫情反复期间，公司向广东省疾控中心以及越秀、天河、黄埔等各区政府、防疫指挥部、街道办和隔离酒店的防疫工作人员等捐赠乳制品，以实际行动支援防疫一线，众志成城共抗疫情。

解决职工问题。在公司内部，由工会牵头，党员、团员带头捐赠、管理层积极捐赠、普通职工自愿捐赠的钱款设立的爱心基金运作愈加规范，“守望互助，同舟共济”的理念已成为企业文化的一部分。公司为员工购买住院二次医保，为员工子女购买独生子女保险，对经济困难、大病住院等员工开展定期走访和慰问活动，协助困难职工申请民政认定和社会福利，切实解决特需职工的生活问题。报告期内，公司为患病职工办理住院二次医保理赔8人次，爱心基金帮扶困难职工37人次，把对困难职工的关怀落到实处。

公司工会牵头相关部门，深入车间、基层一线调研，倾听一线职工的心声，主动了解一线职工在生产、工作和生活中的困难与诉求，耐心解答职工问题，维护职工切身利益，为职工排忧解难。调研共形成具体意见或建议45项，并对整改措施进行逐条落实，切实为职工办实事、办好事。公司不断改善职工工作环境，努力提高职工待遇，让劳动者更有尊严。

维护股东和债权人合法权益。公司严格按照相关法律法规、部门规章、规范性文件和公司章程规定，依法召开股东大会。公司股东大会全部采用现场会议与网络投票相结合的形式召开，为中小股东平等参与公司治理提供便利。公司不断完善法人治理结构和内控体系，严格履行信息披露义务，确保所披露信息真实、准确、完整、及时、公平、简明清晰、通俗易懂；通过投资者服务热线、传真、电子邮箱和互动易平台、网上业绩说明会、投资者现场调研等多种方式与投资者保持沟通交流，依法保障股东的知情权和参与权，维护广大投资者的合法利益。报告期内，公司共组织开展投资者交流活动8场次，积极参加中证中小投资者服务中心、省证监局、省上市公司协会等联合举办的《股东来了》2021投资者权益知识竞赛，组织员工踊跃参赛答题并多渠道推广活动，得到了广大投资者及公司员工的高度关注和热情参与，践行了保护投资者合法权益的责任，并荣获标兵奖、最佳组织奖、最佳宣传推广奖。公司在保证财务状况稳定与资产、资金安全的基础上，依法维护债权人的合法利益。在生产经营的决策过程中，公司重视对债权人合法权益的保护，充分考虑了债权人的合法权益，及时反馈、通报与其债权权益相关的重大信息，严格按照与债权人签订的合同履行债务，切实维护债权人的合法利益，实现股东利益与债权人利益“双赢”。

劳动者权益保护。公司认真贯彻执行《劳动法》《劳动合同法》等法律法规，建立了较为完善的人力资源管理制度和用工管理规章制度，确保用工规范。公司依照“合法、公平、平等自愿、协商一致、诚实信用”原则，与职工签订劳动合同，并严格执行劳动保障标准，不断完善薪酬和福利体系，维护劳动者合法权益，依法为劳动者缴纳五险一金，购买商业保险，定期组织员工体检，提供伙食、交通、住宿、通信、夜班、误餐、外派等补助补贴及节日和生日礼物等员工福利。公司将继续努力为员工提供更好的工作环境及人文关怀，保障劳资关系和谐有序。

【奶业大事】2021年，燕塘乳业获得优质乳工程助力健康中国先进企业称号。

2021年，燕塘乳业获得奶业优质发展突出贡献奖。

2021年，燕塘乳业获得“十三五”广东省二十强农业科技创新企业称号。

2021年，燕塘乳业获得国家认可委员会实验室认可证书。

2021年，湛江燕塘澳新牧业有限公司获得现代奶牛场定级A级证书。

2021 年，广东燕塘乳业股份有限公司红五月良种奶牛场分公司获得现代奶牛场定级 S 级证书。

2021 年，陆丰市新澳良种奶牛养殖有限公司获得现代奶牛场定级 S 级证书。

2021 年，陆丰市新澳良种奶牛养殖有限公司获得学生饮用奶奶源基地证书。

（广东燕塘乳业股份有限公司，吴代锚、翁子帅、庞思源）

附表 1　广东燕塘乳业股份有限公司奶牛养殖场（小区）名录

序号	名称	地址	全群存栏(头)	成母畜存栏（头）	奶畜品种	成母畜单产（t/年）	年总产（t）	是否有机奶源基地	有机奶产量（t）
1	广东燕塘乳业股份有限公司红五月良种奶牛场分公司	广东省阳江市阳东区红五月农场17队	4 093	2 312	荷斯坦、娟姗	9.2	21 270	否	
2	湛江燕塘澳新牧业有限公司	广东省湛江市遂溪县草潭镇草潭大村对面岭	3 198	1 850	荷斯坦	8.9	16 465	否	
3	陆丰市新澳奶牛养殖有限公司	广东省陆丰市铜锣湖农场西南管理区三连队西北侧新点一号	2 696	1 558	荷斯坦、娟姗	8.9	13 866	否	
4	钟山温氏乳业有限公司	广西壮族自治区贺州市钟山县钟山镇龙井村	4 450	2 600	荷斯坦	9.4	21 996	否	
5	肇庆市鼎湖温氏畜牧有限公司	广东省肇庆市鼎湖区莲花镇大布村蛇岗布	4 800	2 600	荷斯坦	9.1	21 294	否	
6	肇庆市鼎湖温氏乳业有限公司鱼湾奶牛场	广东省英德市东华镇渔湾青石塘	4 350	2 550	荷斯坦	7.5	17 213	否	
7	南平市富益牧业有限公司	福建省南平市延平区大横镇大横村白沙尾	1 967	1 252	荷斯坦	7.8	8 789	否	
8	韶关市武江区兴农畜牧有限公司	广东省韶关市武江区龙归镇寺前村委矿塘村民小组庙门口黄泥夫	1 002	417	荷斯坦	8.5	3 190	否	
9	开平市粤顺牧业有限公司	广东省开平市马冈镇黄屋村委会陈田新村万江山	848	514	荷斯坦	7.5	3 470	否	
10	甘肃前进牧业科技有限责任公司	甘肃省张掖市甘州区石岗墩开发区	5 939	3 772	荷斯坦	9	30 553	否	
11	天津市妙生奶牛饲养有限公司	天津市宝坻区新安镇小赵村	1 050	730	荷斯坦	12	7 884	否	
12	陆丰市冠源生态农业有限公司	广东省陆丰市大安农场部队埔尾片区	2 676	960	荷斯坦	9	7 776	否	

备注：本表所指奶畜包括奶山羊、奶绵羊、奶水牛、牦牛、骆驼、驴等产商品奶家畜。本表奶畜养殖场指企业在中国及海外自建和参建（控股、参股）牧场（小区）。如认证为有机奶源基地等，请在相应表格中打钩。

附表 2　广东燕塘乳业股份有限公司乳制品生产企业名录

序号	名称	生产地点	生产许可证号码	年收购原奶量（t）	其中：自有奶源量(t)	平均支付价格(元/kg)	日处理生鲜乳能力（t）	年乳制品产量（t）	其中：低温鲜奶（t）	UHT奶（t）	常温酸奶（t）	低温酸奶（t）	原料奶粉（t）	婴幼儿配方奶粉（t）	成人奶粉及其他（t）	奶油（t）	奶酪（t）	乳饮料（t）	冰品（t）	年销售收入（万元）	利润（万元）	有机产品（枚）
1	广东燕塘乳业股份有限公司	广州市黄埔区	SC10544011200503	113 243	51 601	5 527	1 050.00	219 185.65	34 117.58	29 679.58	4 415.06	16 081.90	/	/	/	/	/	134 891.53	/	220 309.39	18 361.37	/

备注：本表包括在中国及海外的生产企业。日处理生鲜乳能力指设计加工生鲜乳能力。自有奶源指来自自建和参建（控股、参股）牧场（小区）的原奶。成人奶粉指除婴幼儿配方奶粉以外的学生奶粉、孕妇奶粉、中老年奶粉等终端消费奶粉。冰品包括冰激凌、雪糕等。有机产品数量单位为“枚”指获得有机标志的数量。

新疆天润乳业股份有限公司

【公司概况】新疆天润乳业股份有限公司（以下简称“天润乳业”）成立于 2002 年，位于乌昌公路 2702 号。2013 年 11 月 22 日，公司在上海证券交易所主板上市，证券简称“天润乳业”，股票代码 600419，是第十二师控股上市公司。天润乳业系国家经动办西北地区（兵团）乳制品动员中心、国家农业产业化重点龙头企业、国家高新技术企业和科技创新百强企业。以乳业基础为基业，围绕产品化发展目标，成为新疆生产建设兵团集饲草种植、奶牛养殖、乳品生产、科研开发、市场营销五位一体的产业化、专业化乳品企业。全资子公司 2 家，产业涵盖种植养殖业、乳品加工业和市场服务业三大领域，被评为中国奶业 20 强企业联盟成员单位（中国奶业 D20）。拥有天润、盖瑞、佳丽等品牌，拥有天润科技、沙湾盖瑞、图木舒克唐王城乳品公司和位于澳大利亚的 4 家乳品生产企业。公司持续进行技术改造，引进德国、瑞典等国家的世界先进的设备和技术，成为新疆首个智能化控制的企业，是新疆乳品行业液态奶产销量最大的企业，被评为全国乳品质量安全管理优秀企业。拥有 6 家奶牛养殖产业，18 个规模化牧场，奶牛养殖规模达到 4.6 万头，有 7 个牧场被认定为国家学生饮用奶奶源基地，以及乌鲁木齐市民生建设“哺育工程”合格奶源基地。

【发展情况】2021 年，面对复杂严峻的国际环境和国内疫情散发等多重考验，我国坚持稳中求进工作总基调，科学统筹疫情防控和经济社会发展，加大实体经济支持力度，快消品市场销售规模扩大，基本生活类和升级类商品销售增长较快，线上购物、直播带货等新型消费持续上扬；我国公众健康意识提升，对乳制品摄入更加关注，推动乳制品需求稳健增长，同时原奶价格因供需关系不匹配、上游成本增加等因素持续上涨，给乳制品行业发展带来了机遇与挑战。天润乳业坚持以习近平新时代中国特色社会主义思想为指导，紧紧围绕兵师党委对天润乳业的定位要求，不断深化企业改革，狠抓目标任务落实，经过全体员工的共同努力，较好地完成了年度生产经营任务，产业规模发展壮大，市场销售成效斐然，经济实力显著增强。2021 年，公司发挥上市公司的融资功能，积极进行资本运作，成功完成非公开发行股票项目，保障公司奶源战略布局的实施；加速推进奶源基地建设，保障全产业链生态体系；加快推进唐王城工厂达产达效，缓解产能压力；与山东齐河县达成的产业战略合作协议进入实施阶段，加快公司布局国内产业“走出去”发展战略的步伐；进一步深化市场管理机制改革，建立疆内疆外双循环市场体系。

【业务情况】

1. 主要业务。公司主要从事乳制品制造业及畜牧业，营业收入主要来源于乳制品销售收入，营业利润主要来源于乳制品销售业务。

2. 经营模式。公司拥有独立完整的奶牛养殖、乳制品研发、采购、生产和销售体系，公司根据自身情况、市场规则和运作机制，独立开展经营。

牧场管理。公司拥有天澳牧业、沙湾天润、天润烽火台、天润沙河、天润北亭、芳草天润、巴楚天润 7 家奶牛养殖企业，充分发挥天山北坡黄金奶源带的优势，不断提升牧场管理水平，提高自有奶源比例，为公司提供优质可靠的原料奶。

采购模式。公司采购的主要原料包括饲草料和包装材料等。公司根据自身经营需求，进行供应商开发及考核、商务谈判、合同签订、价格核算等。公司按年度预算、月采购需求计划，对采购申请、订单下达、入库、发票核销及付款申请等各个采购环节实施管控，为公司采购决策提供依据。

生产模式。公司乳制品生产主要通过下属子公司天润科技、沙湾盖瑞、天润唐王城实施。公司采用“以销定产”的生产方式，销售公司根据年度预算和产品实际销售情况制定滚动的月度需求计划，由生产单位制定具体的生产计划和每天的生产进度安排，将生产任务落实到责任人。

销售模式。公司下设销售公司，建立了稳固的营销网络和较为完善的售后服务体系。针对不同的区域，公司分别采取直销模式和经销模式，直销模式通过公司自有营销队伍，对快消品主渠道大型连锁商超进行直接销售；经销模式是在主要地区选择经销商，由经销商间接将公司产品销售给相应区域的终端客户。

【核心竞争力】1. 牧场与生产基地自然资源优越，具备较强的区位优势。新疆在北纬 45°附近，处在公认的黄金奶源带上，并拥有 8.6 亿亩优质草场，集中在天山南北地区，有大量优良奶牛和全国最大的进口良种牛核心群，奶源品质在全国名列前茅。公司牧场与生产基地位于草场资源丰富的地区，较长的日照时间及较大的昼夜温差使牧场具有了独特的优势，这为公司奶源的品质提供了得天独厚的自然条件。同时，新疆是国家“一带一路”倡议及西部大开发战略的重要区域，公司毗邻乌鲁木齐机场，周边公路交通系统发达便捷，且树立了较为牢固的品牌效应，拥有稳定的消费市场与消费群体，这为公司提供了良好的发展环境。

2. 稳定、安全的奶源基地。公司是农业产业化国家重点龙头企业，重视奶源基地建设，坚信对行业长期发展而言，“得奶源者得天下”。公司原奶采购主要来自自有牧场和可控的合作奶源，供应量与质量稳定，可以有效地保证公司原料奶供应。公司共拥有分布在新疆昌吉、阿克苏、奎屯、沙湾、西山农场、芳草湖农场等地区的 18 个牛场，牛只总存栏约 3.54 万头，同时对自有奶源基地进行技术升级改造，不断提升标准化养殖水平。公司拥有 7 个学生饮用奶奶源基地、乌鲁木齐市民生建设“哺育工程”合格奶源基地。经过多年发展，公司坚持自有及可控奶源的经营战略，与公司的产品战略相辅相成，持续提高公司生鲜乳自给率，提升奶源品质，确保奶源安全，进一步巩固了在区域乳制品市场的领先地位。

3. 优秀的人才团队和精细化管理模式。经过 20 余年的发展，天润乳业培养了一大批行业内优秀人才，拥有一支与时俱进的管理团队和一批资深的行业专家，公司董事长刘让先生为享受国务院政府特殊津贴的畜牧行业专家。同时为了更好地开展科研创新工作，天润先后聘请多位国内专家进行指导。天润乳业在疆内率先建立了先进、完善、专业的生产和设备管理制度，同时具有完整建设与运营环保、智能、现代化牧场与生产车间的经验。经过多年发展，在牧场运营方面，公司掌握了奶牛规模化散栏饲养、自动化环境控制、数字化精准饲喂管理、粪污无害化处理等现代奶牛饲养先进技术；在生产工厂管理方面，严格执行国家 ISO9001、HACCP22000 管理体系，并通过 FOSS 乳成分分析仪、体细胞仪、沃特世液相色谱仪等专业分析仪器，全程把控和监督生产的各个环节；同时公司采用定制的企业资源计划（ERP）进行精细化管理，提升管理效率，成功打造了全面覆盖生产、销售、供应、财务、人力资源、办公自动化等各环节的 ERP 信息系统，提高了公司各项活动管理的精细化水平。以上因素使得公司牧场与生产管理、运营在疆内处于领先地位，同时为公司经营规模再上新台阶奠定了基础。

4. 扎实的行业技术储备与产品创新能力。公司重视技术研发和创新，将不断研发适应市场需要的新产品作为保持公司核心竞争力的重要手段。公司坚持以市场为导向，以原始创新为主体，持续加大新产品科技研发投入，增强公司软实力。2021 年，公司先后推出“吸葡萄了”风味酸奶、阿尔泰酸奶、夏牧场纯牛奶等口味各异的新产品，同时不断探索，储备了批量新产品，以差异化优良口感、健康的理念、新颖的包装持续增强市场占有率。公司重视研发创新精神，将实验室建立在大学，长期同中国农业大学、新疆大学等高校开展产学研合作，公司建立了博士后科研工作站、新疆发酵乳微生物菌种资源开发重点实验室、中德畜牧业技术创新中心中德牛业发展合作项目等；公司自主研发的奶啤拥有国家专利，使用了独特采集的菌种自然发酵，在不注入二氧化碳气体的情况下，使得这款乳酸菌饮料兼顾牛奶与啤酒的口感。2021 年公司“天润乳业·丝路云端牧场”“天润优品－引领益生菌 4.0 时代”两个参赛项目荣获十二师创新创业大赛企业组三等奖。2021 年，公司获国家授权专利 39 项，其中发明专利 6 项，公司技术创新能力和创新成果在疆内起到领军示范作用。

5. 全方位、高标准的产品质量控制。公司建立健全了行业内先进成熟的产品质量控制体系，从源头上确保原料奶质量，成立专门的饲草料收购质量督导组，严格收购标准；深化牧场防疫工作，原料奶质量合格率达 100%，公司牧业板块所属牧场顺利通过国家级学生饮用奶奶源基地验收；公司通过新的设备工艺，有效控制了原料奶的菌落总数，并且优化乳制品加工工艺，提高设备利用率。坚持从牧场原奶端开始到消费终端的全程质量监控，并配有先进、齐全的检验检测设备，拥有一批经验丰富的质检人员，充分保证了公司产品的优等质量。公司先后建立了 ISO9001 质量管理体系、危害分析和关键控制点（HACCP）、食品安全管理体系（GB/T22000）和食品工业企业诚信管理体系，顺利通过四大管理体系的认证工作与年度监督审核工作，并通过了国家乳制品生产许可证（SC）换证审查工作。公司品牌和产品质量赢得了广大消费者的认可，牢固树立了企业的绿色环保形象。

6. 良好的销售体系和客户基础。天润乳业深耕乳业主业 20 余年，在公司以客户为中心、以市场为导向的发展战略下，坚持产品、渠道、市场差异化原则，整合优化营销系统。2018 年公司进一步加快市场布局，根据市场发展不断调整优化销售体系，成立独立的销售公司；以强城市型市场体系建设为主，坚持现代与传统相结合的策略，以乌鲁木齐市场为核心，实现疆内县级市场全覆盖，以新疆为基础的全国市场规划，实施“用新疆资源，做全国市场”战略，并先后在北京、上海、广东等全国 32 个省份建立了市场网络体系；以产品布局市场渠道，建立电商平台，创新营销模式，积极开拓专卖店，通过传统渠道抓住消费味蕾、现代渠道提升品牌认知、专卖店强化用户体验，三驱并轨让天润作为疆奶的首席代表持续升华；在倡导国内消费大循环的背景下，利用现阶段新媒体短视频热度，大力展开线上推广，发扬地域乳企优势，强化消费者认识，持续建设品牌形象；在疆外渠道布局方面，从填点连线的渠道铺市，到择优渠道布局，最终精准化渠道策略输出。

【经营情况】2021 年，公司坚持稳中求进的工作总基调，立足新发展阶段，贯彻新发展理念，构建新发展格局，充分发挥以销售为主体，乳品加工和牧业养殖为两翼的“一体两翼”作用，调整优化市场销售体系，持续提升加工产能保障，加大自有奶源布局，深化国资国企改革，完成 5.67 亿元非公开发行股票项目，推动公司健康持续高质量发展。2021 年，公司取得了较好的经营成果，实现营业收入 210 925.81 万元，归属上市公司股东的净利润 14 967.07 万元，分别较上年同期增长 19.32% 和 1.52%；经营活动产生的现金流量净额 36 012.37 万元，全年上缴各项税费 6 813.67 万元。

1. 销售板块。公司实施传统与现代相结合的“线上突围、线下承载”市场发展战略。2021 年，公司聚焦销售目标，加大对销售团队的激励力度，深挖新疆市场潜能，精耕细作疆外市场，两者并重，完成品牌全面升级，重点产品推广和线上业务拓展成效显著，实现销售市场的持续稳定发展。2021 年，公司实现乳制品销量 24.33 万 t，较上年同期增长 22.70%。

调整优化市场管理架构。公司进一步深化市场管理机制改革，综合考量疆外各区域市场销售业绩、发展潜力、未来规划等因素，划分为重点市场、培育市场、潜力市场和营销中心四大主体，建立了疆内疆外双循环市场体系。同时，公司针对不同区域有侧重地配备销售团队支持，配套更具吸引力的激励措施，充分激发销售团队积极性。

加大线上业务投入力度。线上渠道成为乳品行业竞争的新赛道。2021 年，公司加强对电商平台的运营管理，一方面梳理完善电商管理制度和考核机制，指导线上品牌规划和内容推广；另一方面积极利用抖音、微博、小红书等新媒体平台，聚焦核心产品宣传“种草”，吸引消费者关注和增强互动。

着力品牌提升和传播。2021 年公司对天润品牌全面升级，确定“天选牧场，自然营养”的品牌定位，明确品牌使命和品牌愿景，对天润品牌视觉体系进行全面优化；针对重点推广的奶啤产品，确立“对脾气的奶啤”产品定位，提炼“鲜牛乳发酵，零酒精添加”作为卖点，突出产品特色。此外，公司在机场、高铁站等核心交通枢纽投放品牌广告，多方位提高产品曝光率和品牌知名度。

观光牧场得到好评。作为公司奶牛观光科普基地和投资者教育基地，天润丝路云端牧场运营良好，云端牧场以研学活动为切入点，加深公众对公司产品的了解和认可，全年客流量达 6 万余人次，获得游客、合作单位的广泛好评点赞。2021 年天润丝路云端牧场获得十二师新时代文明实践教育基地、国家休闲观光牧场等荣誉称号，成为公司一张靓丽的宣传名片。

2. 乳业板块。乳业板块是公司全产业链的中坚力量。2021 年，公司乳业板块持续推进精细化管理，积极挖潜改造，紧抓产品质量和研发创新不放松，积极推进天润唐王城投产运营，有效发挥产能供应市场。

提升质量安全保障。公司将食品质量安全放在首位，严格落实国家质量安全制度体系，加强内部质检巡查力度，重点管控生产关键环节，针对质量提升开展培训，严格落实质量安全责任，全方位提升公司质量管理水平。2021 年公司产品出厂合格率达 100%。

有序开展新品研发上市。公司积极开展各类新产品的研发实验。2021 年公司共完成 50 余款新品开发，陆续推出阿尔泰风味酸奶、血橙石榴酸奶等新产品，为消费者提供更多选择。同时，公司深入开展市场调研，加大与供应商、科研院校的技术交流，根据消费者喜好及行业发展趋势信息，开拓新产品研发思路。

加快推进项目建设进度。2021 年，天润唐王城乳品加工项目全面投产运营，日均产能达 100t，有效缓解了产能压力；公司与山东齐河县产业战略合作协议落地实施，公司在山东齐河县设立乳品加工控股子公司，迈出布局疆外产业“走出去”发展战略的第一步，为开拓疆外市场做出了有益尝试。

3. 牧业板块。根据“围绕市场建工厂、围绕工厂建牧场”的产业发展思路，公司近年来形成了覆盖南北疆的规模化奶牛养殖布局，打造高品质原料奶生产保供基地。截至 2021 年底，公司共拥有 18 个规模化养殖牧场，牛只存栏 3.54 万头，为全产业链提供基础保障。

原料奶保障有力。2021 年原料奶价格维持高位，公司以提高自有牧场奶产量、保障供应为重点，严格饲草收储标准，强化奶牛精准饲喂，提高牛群产奶量和原料奶质量，公司奶牛年均单产达到国内行业先进水平，为后续乳制品加工业务提供高品质原料。全年生产优质鲜奶 16.44 万 t，公司奶源自给率约 67%。

提升牛只繁育水平。公司牧业事业部充分发挥条线管理优势，借助专家技术服务指导和信息化系统数据分析，实施专业繁育评估体系，制定标准操作规范，有效提高成母牛繁殖率，提升犊牛培育强度，育种工作取得了新突破，扩大了养殖规模，实现了牛群结构的调整优化。

开展奶源基地建设合作。“得奶源者得天下”。2021 年，公司通过灵活的合作方式进行自有奶源投资布局，222 团万头规模化奶牛养殖场项目以及巴楚县 5 000 头标准化奶牛养殖示范项目的各项建设工作有序推进。项目建成后，将进一步提高公司自有奶源比例，缓解原料奶外购的成本压力。

（新疆天润乳业股份有限公司，刘西宏）

附表 1　新疆天润乳业股份有限公司奶牛养殖场（小区）名录

序号	名称	地址	全群存栏（头）	成母畜存栏（头）	奶畜品种	成母畜单产（t/年）	年总产（t）	是否有机奶源基地	有机奶产量（t）
1	新疆天润乳业股份有限公司	乌鲁木齐市（第十二师）头屯河区五一农场乌昌公路	31 626	16 675	荷斯坦	10.16	164 404.09	√	10 168.14
2	新疆天澳牧业有限公司第一牧场	新疆生产建设兵团第七师 123 团 10 连	1 727	893	荷斯坦	9.91	8 791.26		
3	新疆天澳牧业有限公司第二牧场	新疆生产建设兵团第七师 125 团 13 连	1 434	760	荷斯坦	9.96	7 309.17		
4	新疆天澳牧业有限公司第三牧场	新疆生产建设兵团第七师 125 团 21 连	968	664	荷斯坦	9.18	6 464.63		
5	新疆天澳牧业有限公司第四牧场	新疆生产建设兵团第七师 126 团 9 连	1 348	711	荷斯坦	9.63	6 565.77		
6	新疆天澳牧业有限公司第五牧场	新疆生产建设兵团第七师 127 团 7 分司	1 562	904	荷斯坦	9.50	8 059.89		
7	新疆天澳牧业有限公司第六牧场	新疆生产建设兵团第七师 128 团 72 公里处	1 746	970	荷斯坦	9.89	9 597.41		
8	新疆天澳牧业有限公司第七牧场	新疆生产建设兵团第七师 129 团 2 连	810	445	荷斯坦	9.74	3 456.11		
9	新疆天澳牧业有限公司第八牧场	新疆生产建设兵团第七师 129 团 4 连	1 227	658	荷斯坦	9.88	5 839.40		
10	新疆天澳牧业有限公司第九牧场	新疆生产建设兵团第七师 130 团 14 连	1 900	927	荷斯坦	10.28	8 879.08		
11	新疆天润沙河牧业有限公司一牧场	新疆阿拉尔市五团沙河镇 8 连	2 698	1 388	荷斯坦	10.41	13 836.25		
12	新疆天润沙河牧业有限公司二牧场	新疆阿拉尔市五团沙河镇 1 连	2 221	1 164	荷斯坦	10.07	11 540.93		
13	新疆天润沙河牧业有限公司三牧场	新疆阿拉尔市五团沙河镇 9 连	2 170	1 074	荷斯坦	9.41	10 168.14	√	10 168.14
14	新疆芳草天润牧业有限责任公司	新疆五家渠芳草湖农场 23 连	4 730	2 386	荷斯坦	10.90	26 600.00		
15	沙湾天润生物有限责任公司	沙湾市沙温公路以西三个泉子基地	2 859	1 436	荷斯坦	9.94	14 273.12		
16	新疆天润烽火台奶牛养殖有限公司	新疆生产建设兵团第十二师 104 团西山农牧场二连	1 351	759	荷斯坦	10.7	7 715.53		
17	新疆天润北亭牧业有限公司	新疆生产建设兵团第十二师 222 团五连	2 875	1 536	荷斯坦	10.97	15 307.40		
18	巴楚天润牧业有限公司	新疆喀什地区巴楚县阿纳库勒乡园艺（15）村	2021 年为建设期						

备注：本表所指奶畜包括奶山羊、奶绵羊、奶水牛、牦牛、骆驼、驴等产商品奶家畜。本表奶畜养殖场指企业在中国及海外自建和参建（控股、参股）牧场（小区）。如认证为有机奶源基地等，请在相应表格中打钩。

附表 2 新疆天润乳业股份有限公司乳制品生产企业名录

序号	名称	生产地点	生产许可证号码	年收购原奶量（t）	其中：自有奶源量（t）	平均支付价格（元/kg）	日处理生鲜乳能力（t）	年乳制品产量（t）	其中：低温鲜奶（t）	UHT 奶（t）	常温酸奶（t）	低温酸奶（t）	原料奶粉（t）	婴幼儿配方奶粉（t）	成人奶粉及其他（t）	奶油(t)	奶酪（t）	乳饮料(t)	冰品（t）	年销售收入（万元）	利润（万元）	有机产品（枚）
1	新疆天润乳业股份有限公司	乌鲁木齐市（第十二师）头屯河区五一农场乌昌公路		232 432.05	155 314.89	4.35	800	244 061.94		121 697.39		83 572.46			24 995.73	210 925.81	17 986.40		/	220 309.39	18 361.37	/
2	新疆天润生物科技股份有限公司	新疆乌鲁木齐市头屯河区乌昌公路 2702 号	SC10565010600056	179 311.50	119 815.95	4.35	500	193 597.38		90 010.24	-	67 334.00	-		22 456.78	151 817.51	8 213.94					
3	沙湾盖瑞乳业有限责任公司	新疆塔城地区沙湾市乌鲁木齐东路工业园区	SC10565422300016	29 957.21	20 017.41	4.35	150	31 911.74		19 690.55		12 221.19				21 470.65	141.42					
4	新疆天润唐王城乳品有限公司	新疆图木舒克市华阳路 8 号	SC10565900301096	18 046.78	12 058.86	4.35	150	18 552.82		11 996.60		4 017.27			2 538.95	14 644.81	-441.70					

备注：本表包括在中国及海外的生产企业。日处理生鲜乳能力指设计加工生鲜乳能力。自有奶源指来自自建和参建（控股、参股）牧场（小区）的原奶。成人奶粉指除婴幼儿配方奶粉以外的学生奶粉、孕妇奶粉、中老年奶粉等终端消费奶粉。冰品包括冰激凌、雪糕等。有机产品数量单位为“枚”指获得有机标志的数量。

福建长富乳品有限公司

【奶源基地】福建长富乳品有限公司现有奶源基地12个，存栏荷斯坦牛1.82万头，其中成乳牛9 828头，年产生鲜乳9.8万t。奶源基地均为千头以上的规模化牧场，其中1 000~1 500头的规模牧场有7个，占全部牧场数的58%；1 500~2 000头的规模牧场有4个，占全部牧场数的34%，2 000头以上的牧场有1个，占全部牧场数的8%。

2021年第九牧场将拴养模式改为散放模式，管道挤奶升级为并列式挤奶，整合了挤奶设备、发情监测等模块，重建高效的信息采集和质量管理体系。同年，公司在延平区王台镇投资建设一个集种养结合、生态循环、休闲观光、农耕体验、教育培训多功能于一体的现代农业产业园，建成后可养殖成乳牛3 000头、后备牛2 000头，预计日产鲜牛奶80t。2021年，牧场已完成牛舍、粪污综合处理、转盘式挤奶台及其他附属设施的建设，计划2022年下半年开始供奶。

2021年，公司旗下牧场主要粗饲料为裹包青贮、苜蓿干草、燕麦干草。裹包青贮主要是外购，产地有安徽、河南、山东；苜宿干草主要从西班牙、美国进口；燕麦干草产地主要为澳大利亚。牧场全年未发生传染性疫病，已有两家牧场通过福建省奶牛布鲁氏菌病非免疫净化场认证，一家通过国家级布鲁氏菌病净化示范场和牛结核病净化示范场认证。

牧场采用固液分离进行粪污处理，固体牛粪发酵作卧床垫料或有机肥，液体粪污经厌氧发酵无害化处理后还田利用，以种养结合的方式消纳利用畜禽养殖废弃物。2021年，区域年均鲜乳收购价5.41元/kg，奶牛养殖头均年净收入4 500元。

【乳品加工】1.乳制品总产量及分品种产量。长富公司共有加工厂1个，2021年设计产能为20万t。2021年乳制品产量11.76万t，其中巴氏杀菌奶65 422.4 t、UHT奶25 834.24t、酸奶9 481.48t、乳饮料7 454.69 t。

2.乳品加工特点、成效及发展趋势。

①加工特点。长富主要以低温冷链产品为主，其中巴氏杀菌乳占比达到70%以上，巴氏杀菌温度时间控制在75℃ ±0.25℃ /15s，同时使用低温脱气罐，保留了牛奶天然甘甜的口感。

②成效。通过巴氏杀菌最大限度地保留了牛奶中的天然活性物质，如乳铁蛋白、α乳白蛋白和β乳球蛋白以及活性肽等。

③发展趋势。未来，我国消费升级和消费结构的优化也将为乳制品加工企业在低温领域继续提供新的发展契机。长富公司坚持以低温巴氏鲜奶为代表的“大品类战略”，持续开展具有创新创意的知识营销，通过深度挖掘和传播“天然活性营养”及“每日配送”消费价值，深化品类区隔，强化和培养“喝好奶，喝当天”的消费习惯。

【市场消费】2021年公司销售总收入为16.66亿元，利润1.7亿元。公司生产的巴氏杀菌乳在福建省入户和商超的市场占有率为90%左右。

长富开创“先奶源、后市场”的产业模式，依托武夷优质生态牧场，走出了一条适度规模养殖、全产业一体化发展之路。公司聚焦品牌与市场竞争力，打造强化“天然活性营养”的价值传递，大力发展巴氏鲜奶；以“喝好奶、喝当天”的理念树立消费主张；用“每日配送”与消费者建立安全感和信任感，构筑销售壁垒，拓宽与竞争对手的鸿沟，夯实长富巴氏鲜奶福建第一品牌地位。通过双“铁”（地铁、高铁）实现全省重点区域的逐步覆盖，品牌竞争优势不断上升，为市场保驾护航。

【社会责任】小康牛奶行动。自2017年以来，长富公益助学行动累计捐赠了总价值360多万元的优质牛奶，惠及6万名贫困地区学生，以牛奶支持陪伴孩子们健康成长，用实际行动切实书写企业的责任担当。在给予孩子们健康身体的同时，长富公司还在各个学校及社区举办了营养课堂等公益活动，通过“营养课堂”普及科学饮奶知识，助力孩子们健康成长。

疫情捐赠。自2020年疫情暴发以来，全国抗疫行动毫不松懈，公司员工在做好自身防控的同时，积极助力抗疫工作，多次捐赠防疫物资支持抗疫。长富已向福建、江西等地的抗疫一线人员、集中隔离点、医院、红十字会等捐赠累计价值超过900万元的优质牛奶。向战斗在一线的抗疫工作者表达敬意，同时为他们提供营养保障，为抗击疫情大局尽绵薄之力。

公益科普牛奶知识，推动中国奶业高质量发展。2021年，国家优质乳工程被正式纳入国民营养计划（国卫办食品函〔2021〕278号），成为其重要组成部分，并率先在福建等地实施。长富作为奶业的一分子、国家优质乳工程的标杆示范企业，长期以来积极贯彻落实国民营养计划。2021年，长富成立了国民营养计划社区公益体验馆项目（由配送中心升级），目的是通过公益体验活动，传播科学膳食理念、推广普及牛奶知识，帮助国民养成科学饮奶的好习惯，推动中国奶业高质量发展。

长富国民营养社区公益体验馆是优质奶推广普及的重要阵地，也是广大中小学生的校外学习园地。公司已建成100多家社区公益体验馆，分布于闽浙赣三省。2021年，已有累计超过200万人次参与牛奶知识科普公益活动。

扶贫项目。闽北由于丘陵地形特征，劳动力生产成本较高，农民增收困难，大量青壮年进城，造成土地闲置，资源浪费。长富先后在武夷山脉建设34个现代化生态牧场，通过土地流转，盘活农村闲置的土地35 000亩，使田园变资源，稳定增加农民收入；通过种植牧草，培育闽北牧草产业经济，直接带动牧场周边村农户3 500

户，每年创收近 4 亿元。

组织奶农培训。2021 年，公司共组织牧场技术培训 5 次，参加人次达 172 人次。培训内容主要涉及疫病防控、原料奶质量管理、降本增效措施等。

【奶业大事】

1. 重大事件。2021 年，长富入选 2021 年省级工业旅游试点企业，获得福建省民众满意度乳制品品牌企业称号，成为优质乳工程助力健康中国先进企业和农业产业化国家重点龙头企业等。

长富被福州市卫健委、计生协列入“健康知识进万家社区宣传合作企业”，福州 21 家体验馆被授牌为“健康知识进万家”科普宣传点，助力健康中国建设。

完成标准化青贮制作技术项目。5 个牧场共生产标准化青贮 2.85 万 t，节约饲料成本 500 多万元，为 2022 年投资成立牧草公司奠定基础。

2. 创新项目。自主研发“屋顶灌装生产线激光打码工位漏码监测”装置，有效解决生产日期漏码问题，稳定产品质量，节约投资成本近百万元。

2021 年，长富公司参与标准修订、评审 17 项，其中国标 6 项、行标 9 项、D20 团标 1 项、优质乳团标 1 项。

2021 年，长富申报专利与版权共 26 项，其中发明专利 2 项、实用新型专利 6 项、外观专利 6 项、版权 12 项，获得授权外观专利 6 项、版权 6 项。

（福建长富乳品有限公司，蓝珍妹）

附表1 福建长富乳品有限公司奶牛养殖场（小区）名录

序号	名称	地址	全群存栏（头）	成母畜存栏（头）	奶畜品种	成母畜单产（t/年）	年总产（t）	是否有机奶源基地	有机奶产量（t）
1	南平市长源牧业有限公司（3牧）	福建省南平市延平区炉下镇瓦口村	1 731	994	荷斯坦	9 920	9 765	否	0
2	南平市丰旺畜牧养殖有限公司（5牧）	福建省南平市延平区峡阳镇浪石村	1 463	798	荷斯坦	10 475	7 707	否	0
3	南平市绿盛牧业有限公司（9牧）	福建省南平市延平区夏道镇徐洋村	1 098	651	荷斯坦	8 582	5 707	否	0
4	建瓯市小雅牧业有限公司（10牧）	福建省建瓯市南雅镇小雅村	1 796	923	荷斯坦	10 033	8 950	否	0
5	顺昌县富泉农业发展有限公司（11牧）	福建省顺昌县洋口镇沙墩村	1 750	1 188	荷斯坦	10 693	12 105	否	0
6	南平市富洋牧业有限公司（12牧）	福建省南平市延平区夏道镇罗坑村	1 177	651	荷斯坦	9 446	6 185	否	0
7	福建南平禾原牧业有限公司（13牧）	福建省南平市延平区峡阳镇埂头村	2 205	1 125	荷斯坦	10 645	11 188	否	0
8	南平市南山生态园有限公司（14牧）	福建省南平市延平区南山镇村尾村	1 318	551	荷斯坦	9 983	7 471	否	0
9	福建省南平市荣发牧业有限公司（15牧）	福建省南平市延平区西芹镇禾村后甲	1 293	585	荷斯坦	9 848	5 630	否	0
10	建瓯市东源生态牧业有限公司（16牧）	福建省建瓯市东峰镇井歧村	1 166	719	荷斯坦	10 004	6 841	否	0
11	南平市福延牧业有限公司（25牧）	福建省南平市延平区来舟镇王富村	1 437	751	荷斯坦	10 321	7 184	否	0
12	南平市建阳区吉翔牧业有限公司（33牧）	福建省南平市延平区王台镇罗坍村	1 748	892	荷斯坦	10 510	8 523	否	0

备注：本表所指奶畜包括奶山羊、奶绵羊、奶水牛、牦牛、骆驼、驴等产商品奶家畜。本表奶畜养殖场指企业在中国及海外自建和参建（控股、参股）牧场（小区）。如认证为有机奶源基地等，请在相应表格中打钩。

附表2 福建长富乳品有限公司乳制品生产企业名录

序号	名称	生产地点	生产许可证号码	年收购原奶量（t）	其中：自有奶源量（t）	平均支付价格（元/kg）	日处理生鲜乳能力（t）	年乳制品产量（t）	其中：低温鲜奶（t）	UHT奶（t）	常温酸奶（t）	低温酸奶（t）	原料奶粉（t）	婴幼儿配方奶粉（t）	成人奶粉及其他（t）	奶油（t）	奶酪（t）	乳饮料（t）	冰品（t）	年销售收入（万元）	利润（万元）	有机产品（枚）
1	福建长富乳品有限公司	福建省南平市延平区	SC10635070200033	109 535.49	97 969.04	5 408.65	650	117 616.42	65 422.4	25 834.24	–	9 481.48	–	–	–	–	–	7 454.69	–	166 633.68	17 000	–

备注：本表包括在中国及海外的生产企业。日处理生鲜乳能力指设计加工生鲜乳能力。自有奶源指来自自建和参建（控股、参股）牧场（小区）的原奶。成人奶粉指除婴配粉以外的学生奶粉、孕妇奶粉、中老年奶粉等终端消费奶粉。冰品包括冰激凌、雪糕等。有机产品数量单位为“枚”指获得有机标志的数量。

【观察员企业】

辽宁辉山乳业集团有限公司

2021 年，是辉山品牌薪火相传的第 70 年，亦是越秀辉山迈入新征程的起步之年。秉承“不断超越、更加优秀”的企业精神，基于深耕十余年的全产业链模式，越秀辉山坚持奶源 100% 来自规模化自营牧场，开创了“从田间到餐桌”的管控模式，以优秀的品质，践行让中国人每天都能喝到高品质放心好奶的初心梦想。

加快数字化发展，推动数字经济和实体经济深度融合，带动企业上下游数字化转型，从而实现全产业链数字一体化建设。在起步之年，越秀辉山就开始打造“数字化全产业链”建设之路。未来，越秀辉山将以“珍稀”品质，衔接行业内涵式质量提升的发展模式转变，助力中国奶业稳步迈入“十四五”高质量发展新时代。

【奶源基地】饲草饲料。越秀辉山通过流转土地的方式，拥有 2.67 万 hm^2（40 万亩）的农业种植基地，并形成沈北 3 个作业区、法库 3 个作业区、康平作业区、西丰作业区、义县作业区九大作业区，主要收获玉米青贮、高湿玉米和苜蓿青贮。

越秀辉山于 2021 年开启智慧农业新篇章，智慧农业以北斗卫星定位技术为基础，以云计算为核心，充分借助物联网、移动互联网，综合利用智能控制技术、智能数据采集技术、地理信息技术等，结合农艺技术融入生产的各个环节当中。2021 年，农业种植板块重点作业环节拖拉机全部安装北斗自动驾驶导航系统，同时建立包括自动驾驶平台和作业质量监控平台两部分的数字化平台。越秀辉山智慧农业在保障产业链上游产出品质的同时，实现了区域现代化农业快速、健康、和谐可持续发展。

越秀辉山先后在辽宁省沈阳、锦州、阜新、抚顺、铁岭等地投资建设了良种奶牛繁育及乳品加工产业集群项目。2021 年，建成 78 座现代化自营牧场，奶牛存栏 12 万余头。其中，荷斯坦奶牛约 11.8 万头、娟姗奶牛约 7 000 头。

多年来，公司始终坚持进口种系纯正的荷斯坦牛和娟姗牛，坚持走现代化自营牧场集中养殖路线，实现 100% 自有奶源。

在数字化种植与养殖方面，基于物联网、大数据等数字化技术实现对种植、养殖的全生命周期管理，并提升种植和养殖的整体运营效率，打造智慧牧场。

2021 年 3 月起，越秀辉山搭建智慧牧场管理平台，将现有牧场各子系统进行对接集成，实现牧场奶牛养殖的标准化、数字化、自动化、智能化。

越秀辉山在 10 家自营牧场试点推行智能项圈，提高牛只行为检出率，实现远程牧场管理，快速、准确地对奶牛发情和疾病进行监测。搭建智慧平台，实现了数据互传，为牧场管理提供有效依据。

越秀辉山智慧牧场系统利用物联网技术，通过智能感知、识别设备，自动获取牛舍内温湿度指数、氨气浓度和光照度的数据，实时监测牛舍环境，自动控制现有风机、光照等设施设备，通过对饲养环境相关指标参数进行设置，保证牛舍环境良好，从而提高奶牛的舒适度。

同时，牧场内工作车辆通过 GPS 定位，实现车辆运行轨迹、工作状态等实时监测；利用车牌识别系统、微信小程序、控制闸门、语音报号等技术实现自动称重取代人工检斤，此类设备管理方面的数字化转型，极大程度提高了牧场工作效率。

疫病防控方面，通过越秀辉山智慧牧场管理平台结合大数据技术，完整保存牛群记录，包括家族史、血统、繁殖记录、疫苗接种史和健康记录，严控奶牛健康状况，确保奶源品质。

【乳品加工】越秀辉山拥有 4 座现代化乳品加工基地，先后从法国、德国、美国、瑞典等国家引进先进的乳品生产设备和加工工艺，完善的生产管理系统和先进的技术支持，使越秀辉山的产品品质更有保障，产品涵盖的液态奶产品有巴氏杀菌乳、调制乳、灭菌乳、发酵乳、乳饮料等，乳粉类产品有婴幼儿配方奶粉、全脂乳粉、脱脂乳粉、调制乳粉、脱盐乳清粉等，乳脂类产品有稀奶油、炼乳等，以及现制现售饮品、冷冻饮品等潮流产品。

其中，沈阳液态奶加工厂是越秀辉山液态奶旗舰工厂，占地面积 490 亩，总建筑面积 53 万 m^2，日设计产能 1 726t，现有 31 条生产线，主要产品包括巴氏杀菌乳、灭菌乳、调制乳、发酵乳、稀奶油、含乳饮料等。

该基地建设高端可追溯产品智能制造生产线，引进自动开箱、装箱线系统、自动码垛系统、全自动预制杯封口机、自动装箱系统、自动包装线、机器人码垛系统及高端可追溯系统等智能设备，保障奶源实时管控，保证产品质量。立体仓库可以提高空间利用率、提高产成品出入库效率、提高产成品出入库准确性、减少仓储劳动强度，减员增效。管理上引入德国 SAP-ERP 系统，可随时在 SAP 系统中进行正溯、回溯的数据调取，实现产品全程可追溯，对企业的人财物等资源进行管理。

锦州液态奶加工厂产品设计日产能 570t，包括酸奶生产线 8 条，实际日产能 210t；常温奶生产线 5 条，实际日产能达 360t。锦州奶粉加工厂具备婴幼儿配方奶粉生产资质，设计年产能 1.8 万 t，每日可以提供 50t 婴幼儿配方奶粉产品。该基地上线伟迪捷公司的婴幼儿配方奶粉配料“防错系统”，保证婴幼儿配方奶粉从原料入厂到称量、投料的精准性，生产过程实现依据订单分批扫码称量投入，保证了婴幼儿配方奶粉实施配料过程的科学严格和质量控制。获批的注册配方是 3 个系列 9 个产品配方，分别是玛瑞系列 123 段、辉山初品系列 123 段和星恩系列 123 段。

抚顺乳品加工厂主要生产工业原料粉，用于调节奶源平衡，设计年产能 1.2 万 t。

【市场消费】2021 年，越秀辉山旗下液态奶产品包含常温白奶、低温白奶、低温酸奶三大系列。越秀辉山液态奶产品囊括常温白奶、巴氏杀菌乳、低温酸奶、稀奶油等多个产品品类，四大明星品牌系列有娟姗、鲜博士、零添加品类、DOUBLE JOY。

高端娟姗，就在辉山。依托国内最大规模的纯种娟姗牛繁育基地，不断探索创新，公司拥有《人民日报》"人民好品"称号的娟姗冷藏牛乳、天生高钙的娟姗常温牛奶产品；并且即将推出营养指标领先行业水平的新品梦幻盖娟姗纯牛奶，通过双膜过滤技术保留更多活性营养的娟姗鲜奶、娟姗酸奶，不断布局娟姗细分品类，打造最具代表性的高端娟姗品牌。越秀辉山将全面布局娟姗奶源市场，以差异化竞争满足市场消费需求。

鲜奶就喝鲜博士。牛在身边，奶更新鲜，鲜博士主张"尊重自然，好奶源无需过度加工"，品牌焕新、产品升级。避免过度加工保留更多免疫球蛋白、乳铁蛋白等六大鲜营养，传递"鲜原料、鲜产品、鲜生活"的生活态度，"鲜博士，让一切更新鲜"。

零添加品类。基于好奶源无需过度添加的理念，在健康无添加赛道上不断壮大，目前已有"十天""○ +"两个 6 000 万级的平台品牌。

DOUBLE JOY。好吃好玩好颜值，让牛奶与多种食材创意结合，让低温酸奶、牛奶拥有更多玩法，打造更多快乐滋味。

依托低温创新孵化车间新产线、新包装、新技术，联合风行共同打造区域领先的10亿级中高端酸奶品牌，形成覆盖不同区域、渠道、消费需求的品牌矩阵。坚持甄选好奶源、成就好酸奶，专注释放自然食材美味与健康潜力的核心价值主张，创新孵化能够代表行业标杆水平的新产品，实现"十四五"低温酸奶区域领先的战略目标。

越秀辉山的婴幼儿配方奶粉依托独有的全产业链资源优势和科学的配方、先进的鲜奶一次成粉工艺，生产的奶粉质量安全，全链路自控，得到了全国消费者的深度认可，2021 年正式开启布局全国的战略步伐。2021 年，辉山奶粉拥有玛瑞、辉山初品和星恩 3 个系列的婴幼儿配方奶粉。

辉山玛瑞。国内首款使用珍稀娟姗奶源的婴幼儿配方奶粉，珍稀的娟姗奶源搭配高含量乳铁蛋白顶级配方，延续母爱科技，同时添加 1,3- 二油酸 -2- 棕榈酸甘油三酯（OPO 结构油脂）、动物双歧杆菌 Bb-12、低聚果糖（FOS）、低聚半乳糖（GOS）、DHA&ARA、胆碱、核苷酸等营养元素和功能性物质，满足宝宝不断成长变化的营养需求。

辉山初品。采用高含量乳铁蛋白配方，同时添加 1,3- 二油酸 -2- 棕榈酸甘油三酯（OPO 结构油脂）、低聚果糖（FOS）、低聚半乳糖（GOS）、DHA&ARA、胆碱、叶黄素、核苷酸等营养元素，帮助宝宝筑起健康成长的防护盾。

辉山星恩。2022 年升级为珍稀的 A2 奶源，旨在打造超高性价比的 A2 奶粉。珍稀的 A2 奶源，搭配乳铁蛋白，同时添加低聚果糖（FOS）、低聚半乳糖（GOS）、DHA 和 ARA、胆碱、核苷酸等营养元素，为宝宝提供专业全面的营养，构建非凡宝宝均衡营养每一面。

2022 年辉山奶粉全新定位"稀有奶源奶粉引领者"，珍稀的自有全产业链，珍稀的娟姗、A2 奶源，珍稀的乳铁蛋白，产品包装焕颜升级，新定位、新形象、新增长，三新焕颜助力销售业绩增长。辉山奶粉为满足不同年龄层次及不同区域市场的销售需求，亦将不断研发推出高品质成人奶粉产品。

【社会责任】自 2020 年新冠疫情发生以来，越秀辉山积极履行社会责任，连续向包括武汉、襄阳、广州、大连、沈阳等在内的多个城市进行多批次捐赠。2021 年 6 月 8 日，首批辉山 2054 鲜 · 奶茶搭乘飞机跨越 3 000 公里奔赴广州，"天使奶茶致敬白衣天使"为坚守在广州抗疫一线的医护人员献上爱心，为广东省、广州市的抗疫工作尽一份绵薄之力。

2021 年夏季，河南省多地遭遇罕见的极端强降水天气，造成郑州、安阳、商丘等 16 个市、150 个县市区 1 000 多万人受灾。为支援河南灾后重建工作，越秀辉山，向受灾地区捐赠了 150 万元现金及价值 150 万元的物资，以实际行动支援灾后重建，积极履行社会责任，彰显国企担当。

【奶业大事】2021 年 6 月 22 日，辽宁越秀辉山控股股份有限公司完成工商注册登记，标志着越秀辉山新公司正式成立。公司将继续坚持全产业链发展模式，坚持奶源 100% 来自规模化自营牧场，坚持将"辉山"品牌做大做强。

2021 年 7 月 18 日，第十二届中国奶业大会、2021 中国奶业 20 强（D20）峰会于安徽省合肥市召开。越秀辉山作为奶业大会首席支持单位、D20 联盟重要成员受邀出席，与风行乳业、长城乳业同时入选《中国奶业的传奇与辉煌——圆梦"十三五"企业风采录》。

2021 年 7 月 30 日，缘起于"英雄奶茶"，由引爆沈城的辉山快闪店衍生而来的鲜博士乳品创意 LAB 店正式营业，以"鲜原料、鲜产品、鲜生活"理念，成为城市新地标，探索出可复制的全新商业模式，打通 Z 时代沟通新链路，开启网红营销新赛道。

2021 年 10 月 13 日，2021 奶业高质量发展高峰论坛暨辽宁省奶业博览会、首届辽宁鲜奶文化节于辽宁沈阳盛大开幕，越秀辉山作为协办单位出席，凭借完善的全产业链布局，打造新鲜奶源半径，并且不断探索高端奶源的新鲜化进程，将新鲜理念注入品质生活。

2021 年 12 月 6 日，越秀辉山发布"十四五"战略规划，同时宣布成立越秀食品研究院乳业分院。

"十四五"期间，越秀辉山将秉承"不断超越、更加优秀"的企业精神，至 2025 年实现让东北区域乳制品达到市场领先，优质特色乳制品具有全国影响力，奶牛养殖规模进行业前三，整体营业收入达行业前十，并发展成为“区域领先、全国突破，奶源自有、品质更优”的乳制品企业，实现高起点、高质量、跨越式发展。

2021 年 12 月 7 日，2022 年辽宁卫视春节联欢晚会新闻发布会暨辽宁广播电视集团（台）战略合作资源说明会在沈阳隆重举行。越秀辉山正式成为辽宁卫视 2022 年度首席战略合作伙伴，并以首席战略合作伙伴的身份亮相 2022 年辽宁卫视春节联欢晚会。

（辽宁辉山乳业集团有限公司，梁 多）

附表1　辽宁辉山乳业集团有限公司奶牛养殖场（小区）名录

序号	名称	地址	全群存栏（头）	成母畜存栏（头）	奶畜品种	成母畜单产（t/年）	年总产（t）	是否有机奶源基地	有机奶产量（t）
1	登仕堡奶牛场荷斯坦	法库县登仕堡子镇登仕堡奶牛场	4 034	2 942	荷斯坦	10.2	25 543		
	登仕堡奶牛场娟姗		1 789	1 223	娟姗	5.5	5 241		
2	团山子奶牛场	沈阳市法库县双台子乡团山子牛场	3 230	2 802	荷斯坦	9.1	16 782		
3	大康奶牛场	辽宁省沈阳市法库县三面船镇大康牛场	3 093	2 744	荷斯坦	9.8	20 399		
4	李家堡奶牛场	法库县卧牛石乡李家堡牛场	2 750	2 392	荷斯坦	8.5	14 915		
5	新屯二奶牛场	彰武县西六家子乡新屯子村	2 699	2 326	荷斯坦	8.8	15 788		
6	八家子奶牛场	辽宁省法库县秀水河子镇八家子牛场	2 522	2 124	荷斯坦	8.6	12 953		
7	曙光奶牛场	辽宁省沈阳市沈北新区尹家乡曙光村	2 499	2 324	荷斯坦	8.2	14 356		
8	敖牛堡奶牛场	辽宁省法库县大孤家子镇敖牛堡牛场	2 470	2 280	荷斯坦	9.9	19 226		
9	雅泽奶牛场	铁岭市西丰县西丰镇永丰村雅泽牛场	2 468	2 278	荷斯坦	8.5	15 571		
10	石头奶牛场	沈阳市康平县沙金乡石头井子村	2 368	2 192	荷斯坦	10.7	18 931		
11	唐僧庙奶牛场	沈阳市康平县张强镇唐僧庙牛场	2 337	2 060	荷斯坦	9.4	16 311		
12	德兴奶牛场	辽宁省铁岭市西丰县德兴满族乡玉兴屯	2 296	2 088	荷斯坦	9.5	16 412		
13	神树奶牛场	辽宁省西丰县郜家店镇神树牛场	2 273	2 091	荷斯坦	9.3	15 934		
14	七家子奶牛场	沈阳市法库县双台子乡七家子奶牛场	2 253	1 804	荷斯坦	8.2	11 887		
15	常家屯奶牛场	锦州市义县九道岭镇常家屯村常家屯牛场	2 235	1 907	荷斯坦	9.0	13 001		
16	两家子奶牛场	辽宁省沈阳市康平县两家子乡两家子牛场	2 147	1 993	荷斯坦	9.2	15 641		
17	朱家堡奶牛场	沈阳市沈北新区清水台镇朱家堡村	2 094	1 525	娟姗	6.7	7 512		
18	麻子泡奶牛场	辽宁省法库县卧牛石乡麻子泡牛场	2 094	1 851	荷斯坦	8.4	14 529		
19	王树行奶牛场	辽宁省法库县秀水河子镇王树行子村	2 087	1 735	荷斯坦	8.4	9 689		
20	河夹心奶牛场	锦州市义县头台满族乡河夹心村河夹心牛场	2 029	1 482	荷斯坦	8.2	8 618		
21	彰武一奶牛场	辽宁省阜新市彰武县满堂红乡彰武一牛场	1 987	1 252	荷斯坦	8.5	8 786		
22	立新奶牛场	辽宁省沈阳市沈北新区石佛寺乡立新村	1 900	1 418	娟姗	6.4	6 703		
23	双台子奶牛场	辽宁省沈阳市法库县双台子乡双台子村双台子牛场	1 832	1 642	荷斯坦	8.9	15 591		
24	靠边屯奶牛场	辽宁省沈阳市法库县双台子镇靠边屯牛场	1 813	1 645	荷斯坦	8.1	11 708		
25	小荒地奶牛场	辽宁省锦州市义县稍户营子镇小荒地牛场	1 749	1 512	荷斯坦	10.6	12 611		
26	新庄子奶牛场	锦州市义县白庙子乡新庄子村新庄子牛场	1 600	1 322	荷斯坦	8.4	13 055		

（续）

序号	名称	地址	全群存栏（头）	成母畜存栏（头）	奶畜品种	成母畜单产（t/年）	年总产（t）	是否有机奶源基地	有机奶产量（t）
27	孙家屯奶牛场	沈阳市法库县卧牛石乡孙家屯村	1 386	1 242	荷斯坦	8.3	10 586		
28	杨家堡奶牛场	沈阳市法库县秀水河子镇杨家堡牛场	1 354	1 058	荷斯坦	7.7	7 692		
29	新民二奶牛场	新民市新农乡孙家屯村新民二牛场	1 311	939	荷斯坦	7.8	7 257		
30	哈户硕奶牛场	沈阳市法库县卧牛石乡哈户硕牛场	1 291	1 184	荷斯坦	7.5	10 590		
31	四架山奶牛场	沈阳市法库县叶茂台镇四架山牛场	1 235	882	荷斯坦	8.3	7 666		
32	吕家堡奶牛场	法库县秀水河子镇吕家堡村	1 065	865	荷斯坦	8.1	11 525		
33	高家屯奶牛场	辽宁省义县城关满族乡高家屯村高家屯牛场	854	574	荷斯坦	8.4	10 311		
34	大三家奶牛场	辽宁省沈阳法库县包家屯乡大三家子村大三家子牛场	740	600	荷斯坦	8.3	11 573		
35	秀水奶牛场	辽宁省沈阳市法库县秀水河子镇前屯村	413	232	荷斯坦	8.3	11 174		
36	红星奶牛场	阜新市彰武县东六家子镇红星村红星牛场	2 287	1	荷斯坦				
37	石岭奶牛场	辽宁省彰武县两家子乡焦家村石岭牛场	2 192	0	荷斯坦				
38	马古奶牛场	沈北新区财落镇马古矿马古牛场	2 180	0	荷斯坦				
39	东贾家奶牛场	沈阳市康平县东贾家牛场	2 144	21	荷斯坦				
40	柳树屯奶牛场	康平县柳树屯乡柳树屯牛场	2 121	1	荷斯坦				
41	哈大冷奶牛场	彰武县冯家镇哈大冷村	2 096	0	荷斯坦				
42	砬子山奶牛场	辽宁省锦州义县高台子镇砬子山村砬子山牛场	2 041	10	荷斯坦				
43	丰乐奶牛场	辽宁省铁岭市西丰县钓鱼乡丰乐牛场	2 012	9	荷斯坦				
44	二土奶牛场	辽宁省阜新市彰武县两家子乡二土村	1 996	20	荷斯坦				
45	寿山奶牛场	铁岭市西丰县西丰镇柏榆乡寿山村寿山牛场	1 995	0	荷斯坦				
46	大五奶牛场	辽宁省彰武县五峰镇碱锅村大五牛场	1 976	1	荷斯坦				
47	青山奶牛场	铁岭市西丰县金星乡青山村青山牛场	1 851	0	荷斯坦				
48	小林奶牛场	抚顺市抚顺县峡河乡小林村小林牛场	1 661	1	荷斯坦				
49	峡河奶牛场	辽宁省抚顺市抚顺县石文镇峡河乡峡河村峡河牛场	1 643	16	荷斯坦				
50	十家子奶牛场	沈阳市康平县方家屯镇十家子牛场	1 409	1	荷斯坦				
51	二道河子奶牛场	阜新市彰武县二道河子乡二道河子牛场	1 356	0	荷斯坦				
52	清河城奶牛场	锦州市义县清河城子村清河城牛场	1 310	33	荷斯坦				

（续）

序号	名称	地址	全群存栏（头）	成母畜存栏（头）	奶畜品种	成母畜单产（t/年）	年总产（t）	是否有机奶源基地	有机奶产量（t）
53	栖霞堡奶牛场	法库县三面船镇栖霞堡牛场	1 206	13	荷斯坦				
54	后新秋奶牛场	辽宁省彰武县后新秋镇博音花村 后新秋牛场	1 857	0	荷斯坦				
55	百花奶牛场	抚顺市抚顺县汤图乡百花村百花牛场	1 677	0	荷斯坦				
56	富民奶牛场	铁岭市西丰县房木镇富民村富民牛场	1 623	0	荷斯坦				

备注：本表所指奶畜包括奶山羊、奶绵羊、奶水牛、牦牛、骆驼、驴等产商品奶家畜。本表奶畜养殖场指企业在中国及海外自建和参建（控股、参股）牧场（小区）。如认证为有机奶源基地等，请在相应表格中打钩。

附表2　辽宁辉山乳业集团有限公司乳制品生产企业名录

序号	名称	生产地点	生产许可证号码	年收购原奶量（t）	其中：自有奶源量（t）	平均支付价格（元/kg）	日处理生鲜乳能力（t）	年乳制品产量（t）	其中：低温鲜奶（t）	UHT奶（t）	常温酸奶（t）	低温酸奶（t）	原料奶粉（t）	婴幼儿配方奶粉（t）	成人奶粉及其他（t）	奶油（t）	奶酪（t）	乳饮料（t）	冰品（t）	年销售收入（万元）	利润（万元）	有机产品（枚）
1	辽宁辉山乳业集团（沈阳）有限公司	沈阳	SC10521011300105	174 500	174 500	1 100	172 241.91	13 290.72	123 567.7487	505.30	34 777.10			101.04		590		30 128		425 744	17 473	4 811 600
2	辽宁辉山乳业集团（锦州）有限公司	锦州	SC10521072700291	34 270	34 270	570	35 504	0	24 853	0	10 651			0								
3	辽宁辉山乳业集团（锦州）有限公司	锦州	SC10521072700291	6 000	6 000	300	1 340					1 200	140									

备注：本表包括在中国及海外的生产企业。日处理生鲜乳能力指设计加工生鲜乳能力。自有奶源指来自自建和参建（控股、参股）牧场（小区）的原奶。成人奶粉指除婴幼儿配方奶粉以外的学生奶粉、孕妇奶粉、中老年奶粉等终端消费奶粉。冰品包括冰激凌、雪糕等。有机产品数量单位为“枚”指获得有机标志的数量。

皇氏集团股份有限公司

皇氏集团股份有限公司成立于2001年，2010年在深交所A股上市，是国内乳品行业第四家上市企业。皇氏集团乳业板块包含牧草种植、奶牛养殖、乳品加工及销售等全产业链业务，自建和合作建设有28个标准化奶牛养殖基地和6个现代化乳品加工厂，乳制品年产能力近70万t，是国家乳品加工技术研发分中心、广西水牛乳工程技术研究中心、全国第一个乳制品企业自建的菌种种质资源库、乳酸菌航天育种创新研究中心等，并与巴基斯坦合作开展奶水牛胚胎育种改良方面研究，打造奶水牛“种源芯片”，助力乡村振兴。

2021年，面对复杂多变的经济形势以及疫情带来的不确定性，皇氏集团在加速布局奶源建设的同时，加快推进奶水牛胚胎技术研究、奶水牛种源引入及扩繁；乳业板块在科技研发、营销创新、数字化营运等多方面稳扎稳打，多方突破。在产品上，以水牛奶、自有专利菌种为主要特色，在差异化赛道进行市场开拓。

【奶源基地】皇氏集团股份有限公司在全国自营、参股及合作牧场有28个，其中直属管理规模牧场9个、合作牧场16个、奶水牛规模牧场3个。公司的牧场奶牛存栏总数41 887头，其中奶水牛存栏总数12 126头，荷斯坦奶牛存栏总数29 761头。

作为“中国水牛乳之都”的水牛奶核心生产企业，建好水牛奶种源基地是坚持企业，将水牛奶产品推向全国的必要手段。针对广西奶水牛产业主要面临的种源退化、养殖规模滞后、奶源严重不足等问题，正式启动“奶水牛产业升级项目”。公司积极规划建设奶水牛生态养殖牧场，合作建设奶水牛种育基地，未来将进一步加大奶水牛扩繁速率。对外，成立皇氏赛尔生物科技有限公司，积极引进巴基斯坦优质奶水牛种源，推动奶水牛繁育一体化工作，为进口优质奶水牛装上中国“芯”；对内，坚持加强政企合作、帮扶农户等，积极探索促进一二三产业融合新路径，实现种业科技自立自强、种源自主可控、高质量可持续发展，有效解决水牛奶奶源紧缺问题。

皇氏集团奶源基地的建设和运行遵循“减量化、再循环、再利用”的循环经济原则，实行“奶牛养殖—牛粪生产有机肥—种植牧草”等农牧紧密结合的循环生态养殖方式，实现奶牛清洁养殖，变废为宝，形成了完整的循环经济产业链。养殖基地所产的有机肥料，是“三高”农业所需的优质有机肥料，对于改善土壤质量、提高土地肥力、改善农业生态条件，具有重要作用。在牧草种植上，建设标准化的青贮玉米、饲用高粱、甘蔗和牧草种植模式，并示范引导周边农户种植，产出质量安全的饲草和农作物副产品。

【乳品加工】皇氏集团在国内有6个现代化乳品加工厂，乳制品年产能力近70万t。作为国家农业产业化龙头企业，皇氏集团积极响应国家大数据战略，紧紧把握科技迅猛发展的脉搏，结合未来发展方向，开创一条符合自身条件的数字化转型之路。皇氏集团旗下的广西皇氏、云南来思尔、广西来宾、贵州遵义四大乳制品智能工厂，均整合了数字化设计、智能化生产、智能化管理、协同化赋能、绿色制造、安全管控、综合绩效七大关键要素，通过建设智能化的前处理设备、加工设备、灌装设备、制冷设备等，实现产品品质和生产效率的提高；通过构建可追溯冷链物流系统、B2B和B2C智慧销售平台，实现乳制品的精准配送和实时追踪，以及市场需求的精准预测，把公司乳制品加工厂建设成生产制造全过程智能化、自动化、可追溯的智能制造基地，有力促进了企业提质增效。

皇氏集团作为国家学生饮用奶定点生产企业，企业及产品通过HACCP、ISO9001、GMP等多体系认证，是国家级农业产业化重点龙头企业。公司聚焦大品类和优势产品，大力发展水牛奶和低温酸奶等，饭不着爆浆燕麦代餐酸奶、裸酸奶、爱特浓系列、小爱酸奶系列等新产品深受消费者喜爱。同时，公司凭借水牛奶、益生菌资源及相关大健康产业积累了深厚技术经验、强大的自主创新能力和核心竞争力。2021年，皇氏集团以“人源益生菌功能发掘与发酵乳高效应用技术”项目荣获中国发明协会发明创业奖创新奖一等奖。皇氏赛尔生物科技（广西）有限公司正式被广西壮族自治区科技厅认定为“新型研发机构”。皇氏来思尔乳业携手中国航天培育“航天菌种”并被云南省太空生物科技发展促进会授予“乳酸菌航天育种创新研究中心”。

【市场消费】皇氏集团主要有以水牛奶、荷斯坦牛奶为主要原料的巴氏杀菌奶、无菌奶、水牛奶系列、特色果奶和酸奶等液态奶制品和乳饮料。在销售网络建设上，皇氏集团的数字化转型已逐渐渗透到渠道流通、营销投放等各个环节，通过数字化建设赋能业务和管理，应用人工智能和消费者大数据，构建消费者数字化平台，精准分析消费者的消费喜好，倒推定制产品，促进产品迭代创新，满足更多个性化需求，实现“新媒体、新产品、新渠道”三新。以“皇氏新鲜屋”为例，以新零售模式建成的集营销、销售、物流和服务于一体的“互联网+线下门店”的新零售渠道体系，进一步开拓了“皇氏水牛奶”品牌与消费者直接沟通的渠道；又如“皇小二”自动取奶机，通过微信小程序，打通线上线下双向渠道，以多元化的营销环境紧密连接用户，将用户聚集在自己的私域内，实现声量与销量的双增长。

【全球发展】针对广西奶水牛产业主要面临着种源退化、养殖规模滞后、奶源严重不足的问题，皇氏集团于2020年10月正式启动“奶水牛产业升级项目”，通过与全国唯一的专门从事水牛研究的中国农业科学院（广西）水牛研究所、广西大学动物科技学院以及巴基斯坦科研机构及其他合作方通力合作，以胚胎移植作为突破口，在巴基斯坦建立现代化的胚胎实验室及无疫牧场，通过从巴基斯坦引进优质奶水牛种质资源进行品种改良研究。2021 年 10 月，科研团队在巴基斯坦“中巴水牛联合研究实验室”中以体外胚胎生产（IVEP）的方式，首次成功批量培育出乳肉兼用的尼里·拉菲水牛胚胎，用一颗奶水牛“种子”，改变一个产业的发展。

【社会责任】2021 年，皇氏集团坚持履行政治责任、经济责任和社会责任相统一，全力以赴助力乡村振兴，保障民生物资乳制品供应稳定，实现“十四五”良好开局，为国家和地方经济社会发展做出了积极贡献。作为西南地区乳制品主力军，面对反复不定的新冠疫情，在抓好疫情防控的同时，皇氏集团产业链上下游协同发力，公司各大生产加工基地迅速从“常态”转为“应急”模式，做到加工、配送、供应各个环节无缝衔接，各环节工作人员坚守岗位，产品在保障各省份需求的同时，还发运至周边省份及华东、华南等地区，有效保障了市场供应。

在确保市场供应稳定的同时，公司集结广西、云南、湖南、贵州、山东、浙江各分子公司资源，向奋战在抗疫一线的工作人员捐赠了价值总计 550 多万元的物资，彰显了众志成城、共克时艰的爱心与力量，继续发挥作为农业产业化国家重点龙头企业的社会责任。

【奶业大事】2021 年 4 月 4 日，为加快推进奶水牛品改繁育工作，加强上游奶源建设布局，作为全国领先的水牛奶生产加工企业，皇氏集团领导率领中国商务代表团前往世界奶水牛腹地——巴基斯坦考察交流，正式开启双方在水牛精液、胚胎和其他乳制品进出口贸易的深度交流与合作。

2021 年 5 月 10 日，第五个中国品牌日庆典暨第二届广西品牌发展峰会在南宁举行，自治区相关部门领导、品牌专家、各行业龙头企业、商协会企业家代表等 500 多人参加会议。大会当天还发布了“2021 广西企业品牌价值榜”，经专家评审、技术机构测算、品牌评价发布工作委员会审定，皇氏集团股份有限公司“皇氏乳业”品牌价值 52.35 亿元，位列榜单 24 位，广西奶业品牌位列第一。

2021 年 6 月 17 日，承载着中国航天梦的神舟十二号载人飞船飞向太空，皇氏来思尔乳业鲜活菌以其鲜活、优质的特性，作为本土益生菌代表，被遴选为云南高原特色优势物种进行太空搭载。通过航天育种这一最先进的技术领域，利用航天诱变技术对鲜活菌进行育种，本次太空搭载菌种共送样 22 株，其中有 11 株是专利菌种，在太空培植 3 个月后返回地球，航天菌种将对中国益生菌的研究产生深远影响。

2021 年 7 月 12 日，皇氏集团从新西兰引进一批荷斯坦奶牛。皇氏将继续推进奶源基地建设，扩大自有牧场和自有奶源，为市场供应健康优质鲜奶，以满足广西消费者的需要。

2021 年 7 月 17—19 日，第十二届奶业大会暨 2021 中国奶业展览会和中国奶业 20 强（D20）峰会在合肥隆重举行。皇氏集团和旗下子公司云南皇氏来思尔乳业有限公司、皇氏集团湖南优氏乳业有限公司凭借“十三五”期间对中国奶业做出的卓越贡献，入选《中国奶业的传奇与辉煌——圆梦“十三五”企业风采录》。

2021 年 9 月 6 日，皇氏集团举行皇氏乳业集团成立大会暨第一次会议。皇氏乳业集团王鹤飞总经理对集团未来的发展提出了实现皇氏乳业“第一个百亿”战略目标。

2021 年 9 月 10 日，巴基斯坦驻华大使莫因·哈克先生带领考察团参观考察皇氏集团。考察团与皇氏集团双方围绕皇氏中巴奶水牛产业合作项目的进展情况、未来规划等事项进行了座谈。

2021 年 10 月 12 日，皇氏集团水牛种业科研团队在巴基斯坦的“中巴水牛联合研究实验室”以体外胚胎生产（IVEP）的方式，首次成功批量培育出“乳肉兼用”尼里·拉菲水牛胚胎。

2021 年 11 月 9 日，皇氏集团控股子公司皇氏赛尔生物科技（广西）有限公司正式被广西壮族自治区科技厅认定为“新型研发机构”。

2021 年 11 月 11 日，皇氏集团与上海申能新能源投资有限公司（以下简称申能新能源）达成战略合作，未来双方将以光伏项目为抓手，围绕降低工厂能源消耗、推进低碳牧场建设等方面展开深入合作。

2021 年 12 月 10 日，皇氏巴马活菌惊艳亮相展览会，“人源益生菌功能发掘与发酵乳高效应用技术项目”荣获中国发明协会发明创业奖创新奖一等奖。

2021 年 12 月 19 日，皇氏集团启动“助推产业升级，助力乡村振兴”战略计划发布会暨皇氏二十周年加冠勇登峰庆典，皇氏集团正式发布《奶水牛种源芯片战略规划》与《皇氏百亿级乳企战略规划》。

（皇氏集团股份有限公司，曾令璇）

附表 1　皇氏集团股份有限公司奶牛养殖场（小区）名录

序号	名称	地址	全群存栏(头)	成母畜存栏(头)	奶畜品种	成母畜单产(t/年)	年总产(t)	是否有机奶源基地	有机奶产量(t)
1	上思皇氏乳业畜牧发展有限公司	上思县那琴乡龙楼圩	580	291	荷斯坦	9.34	3 036.68	否	0
2	广西皇氏甲天下畜牧有限公司	广西南宁市江南区江西镇皇氏乳业根竹养殖基地	761	447	荷斯坦	8.38	3 751.54	否	0
3	广西臻牛畜牧有限公司	南宁市良庆区那马镇那马社区那扭坡绿坛坪	396	190	奶水牛	0.35	65.50	否	0
4	广西皇氏甲天下奶水牛开发有限公司	广西桂平市蒙圩镇龙门工业区	539	254	荷斯坦	8.42	1 639.01	否	0
5	广西皇氏田东生态农业有限公司	田东县林逢镇和同村	599	0	荷斯坦	—	—	否	0
6	广西来宾绿健牧业有限公司	广西来宾桥巩乡农科所奶牛场	1 521	936	荷斯坦	8.94	8 273.73	否	0
7	来宾市兴宾区宏礼奶水牛养殖场	来宾市兴宾区桥巩乡峦山村机耕路北侧	313	276	奶水牛	0.78	214.32	否	0
8	云南大理云端牧业有限公司	剑川县羊岑乡杨家村三甸箐	3 781	2 013	荷斯坦	8.30	17 000.00	否	0
9	大理云樱牧业有限公司	巍山县永建镇永乐村委会碗城村	826	479	荷斯坦	9.17	4 390.12	否	0
10	剑湖牧场	云南剑川	330	178	荷斯坦	8.80	1 600.00	否	0
11	大理云犇牧业有限公司	洱源县右所镇温水村委会元井村	410	220	荷斯坦	8.30	1 700.00	否	0
12	大理颖颖奶牛养殖合作社	云南大理	210	86	荷斯坦	7.50	640.00	否	0
13	大理感通养殖场	大理市大湾庄村委会	120	68	荷斯坦	7.50	500.00	否	0
14	腾冲巴福乐槟榔江水牛良种繁育有限公司	云南腾冲	1 040	650	奶水牛	2.00	455.00	否	0
15	云县鹏云牧业有限公司	云南临沧	10 514	1 496	乳肉兼用	2.10	3 142.00	否	0
16	腾冲鹏腾牧业有限公司	云南腾冲	5 477	678	乳肉兼用	2.00	1 356.00	否	0
17	湖南优氏牧业科技有限公司	湖南省宁乡市煤炭坝镇双龙村	935	465	荷斯坦	9.60	4 464.00	否	0
18	来宾市兴宾区宏礼奶水牛养殖场	广西来宾市兴宾区桥巩乡	420	213	奶水牛	2.1	450.6		
19	灵山县本菲拉奶水牛养殖专业合作社	广西钦州市灵山县文利镇文利新城区	2 148	1 021	奶水牛	1.8	1 820.7		
20	灵山县陆屋镇丰顺育畜奶水牛场	广西钦州市灵山县陆屋镇新光农场	310	167	奶水牛	1.2	210		
21	广西横县兴云牧业有限公司	广西南宁市横县横州镇长寨村	1 320	724	奶水牛	1.9	1 385.6		
22	北流市梁显奶水牛养殖专业合作社	北流市城西一路三里 51 号	331	161	奶水牛	1.8	289.6		
			19 830	9 730			48 914.9		

备注：本表所指奶畜包括奶山羊、奶绵羊、奶水牛、牦牛、骆驼、驴等产商品奶家畜。本表奶畜养殖场指企业在中国及海外自建和参建（控股、参股）牧场（小区）。如认证为有机奶源基地等，请在相应表格中打钩。

附表 2 皇氏集团股份有限公司乳制品生产企业名录

序号	名称	生产地点	生产许可证号码	年收购原奶量（t）	其中：自有奶源量(t)	平均支付价格（元/kg）	日处理生鲜乳能力(t)	年乳制品产量（t）	其中：低温鲜奶（t）	UHT 奶（t）	常温酸奶（t）	低温酸奶（t）	原料奶粉（t）	婴幼儿配方奶粉(t)	成人奶粉及其他（t）	奶油（t）	奶酪（t）	乳饮料（t）	冰品（t）	年销售收入（万元）	利润（万元）	有机产品（枚）
1	2021 年合计	广西南宁市高新区丰达路 65 号、云南省大理白族自治州大理市大理镇食品工业园区、湖南省长沙市宁乡市宁乡经开区永佳西路 18 号、贵州省遵义市南部新区药业园区	SC10645011100087、SC10553290101054、SC10543012400268、SC20134112200010	175 943.06	52 227.90	4.64	1 124.54	250 657.77	31 474.78	118 069.82	14 054.67	63 799.49	—	—	—	—	—	23 259.01	—	206 966.95	7 936.38	

备注：本表包括在中国及海外的生产企业。日处理生鲜乳能力指设计加工生鲜乳能力。自有奶源指来自自建和参建（控股、参股）牧场（小区）的原奶。成人奶粉指除婴幼儿配方奶粉以外的学生奶粉、孕妇奶粉、中老年奶粉等终端消费奶粉。冰品包括冰激凌、雪糕等。有机产品数量单位为“枚”指获得有机标志的数量。

山东得益乳业股份有限公司

山东得益乳业股份有限公司是一家集生态化农业种植、规模化奶牛养殖、智能化乳品加工、现代化低温物流、数字化营销服务于一体的农业产业化国家重点龙头企业、中国奶业协会副会长单位、中国奶业 D20 企业联盟观察员、中国乳制品工业协会副理事长单位、国家奶业科技创新联盟优质乳工程示范基地。

【奶源基地】得益乳业在北纬 37° 黄金纬度的黄河三角洲湿地，建设一二三产业融合生态循环奶业基地项目，以种养结合为特色，发挥得益“种－养－加－售”一体化战略优势，实现农牧生态可持续发展，是国务院一二三产业融合发展政策支持项目。该项目有助于打造和带动地方农产品品牌升级，实现农牧生态产业可持续发展，助力山东省打造乡村振兴齐鲁样板。

生态循环奶业基地总占地面积 3 000 余公顷，奶牛存栏 3.5 万头，并配套建立 2 万 hm^2 的紫花苜蓿和玉米青贮种植基地。基地先后从澳大利亚引进 7 000 头纯种荷斯坦青年奶牛，已繁育至万头规模。基地采用世界先进的集约化养殖方式，率先提出国内 6 个 100% 牧场经营管理体系，实现了 100% 青贮全覆盖、100% 进口冻精繁育、100% 全自动 TMR 喂养、100% 全自动清粪、100% 全自动挤奶及 100% 全自动粪污处理，从饲草种植、奶牛品种、养殖规模、设施配置、养殖技术到牧业管理等均达到了国际先进水平。

得益乳业奶源采取自有牧场和社会化牧场共同发展的模式，2021 年自有牧场存栏 1.2 万头，成母牛单产 11t，并全部参加 DHI 测定；社会化牧场 20 余处，存栏 1 万余头，成母牛单产 8.25t，全部采用机械化挤奶、TMR 日粮饲喂，利用公司信息化平台实现奶牛养殖的信息化管理。原奶从牧场到工厂 1 小时内低温送达，通过开发智慧养殖系统平台，引入互联网、物联网和大数据信息化技术，实现从草料药采购、配种、喂养、疾病、挤奶、销售到原奶销售产业链信息化控制，保证原奶品质。优质原奶蛋白含量达到 3.5%、菌落总数控制在 1 万 CFU/mL 以下、体细胞数控制在 20 万个 /mL 以下，指标能媲美欧盟标准。

【乳品加工】得益乳业专注于国际流行的低温奶生产加工与研发，主营巴氏鲜奶、低温酸奶、低温乳酸菌饮料等系列，共 90 多个产品。2021 年得益乳业产品已面向儿童、青年、中年、老年等所有人群，满足了不同年龄层次人群的营养需求。多年来，得益为 100 万订户提供送奶到家的服务，赢得了千万家庭的共同信赖。

得益乳业新建低温乳品智能车间，设计产能 18 万 t/年，产品以低温巴氏鲜奶、益生菌功能性酸奶、奶酪等乳制品为主，以世界级标杆法国 Yoplait 工厂为标准进行设计，达到国内领先水平，以 ERP、OTAS 上位机 SCADA 系统为核心，实现互联网数字化与工业自动化平台相结合，搭建以客户为导向的“订单式”生产模式，引进德国 GEA 全自动前处理系统、国际先进膜浓缩设备，实现生产过程全自动，在低温的情况下将牛奶中的蛋白含量由 3.1g/mL 提升至 4.5g/mL，保持牛奶的鲜活属性，同时配置双离心除菌机，除菌率达到 98%，与全自动杀菌机及负压脱气配套使用后，提升低温乳制品的口感及品质；整个车间采用中控室集中控制，实现从收奶至产品包装入库整个乳品生产链条的智能化、自动化、信息化，实现对整个生产过程实时记录和监测以及防错，保证产品在原料进厂、生产加工、包装出厂的整个生产流程中可控，且产品鲜活营养。

得益乳业通过中国优质乳工程认证，专线生产、精准控制、工艺创新，将牛奶杀菌温度波动控制在 ±0.2℃以内；保留牛奶的天然活性营养物质，产品中的乳铁蛋白含量高达 55 mg/L 以上，同时降低能耗，是山东省内首家通过国家优质乳工程认证的本土企业。得益乳业在 2019 年荣获优质乳工程工匠团队奖，臻优荣获第十三届中国（北京）国际妇女儿童产业博览会优秀新产品奖，鲜境荣获消费者喜爱品牌。

得益乳业与中国农业大学开展合作，对中国本土的益生菌进行筛选获得 1 株乳双歧杆菌。该菌株具有优异的耐酸性和耐氧性，并通过严苛的随机双盲测试证明具有润肠通便的效果。公司将研制菌种命名 IU–100 益生菌，并完成专利菌种保藏（No.CGMCC 12942）；上市 IU100 益生菌风味发酵乳，专利菌种的润肠通便效果比市面同功能型产品效果更优，有效提升了产品的口感、品质和技术差异化水平，同时通过自主掌握酸奶中核心的菌种技术，确保了产品开发的自主性以及产品的稳定性。

【市场消费】得益乳业打造覆盖山东，辐射华东、华北的低温冷链和销售网络，实现了客户服务零距离。

得益乳业为实现冷链的全程控制，打造完善的“得益冷链物流控制体系”，实现全程冷链可追溯，24 小时新鲜直达。得益乳业自控拥有独立制冷机组的冷藏车辆 150 余辆，并且在济南、青岛、临沂、烟台等 16 地市建立低温冷库及分拨中心，形成了覆盖山东全省，辐射华北、华东的配送网络。

得益乳业现有社区、商超、代理、零售、连锁、团购、特通、电商八大渠道，建设鲜活牛奶门店 10 000 余家，覆盖大型超市 1 500 余家，三星级以上酒店 200 多个，便利连锁店 2 000 多家，拥有 5 000 余人的益家订终端服务队伍，配套 5 000 余辆专业保温投递车辆，密集覆盖山东省 16 个地市，辐射北京、天津、河北、山西、河南、江苏、安徽、浙江、上海等省份，利用信息化设备实现企业、终端、客户互联互通，打造智能化销售终端，每天为 100 万个家庭提供新鲜高品质牛奶，服务全国近千万消费者。

【全球发展】得益乳业积极开展对外合作，开放性引进国际先进技术，与中国农业大学、瓦赫宁根大学、哥本哈根大学、慕尼黑工业大学、维罗纳大学、墨尔本大学、澳大利亚联邦科工组织等国内外著名院校、研究机构合作交流，不断增强公司在技术方面的实力。

上游与中国农业大学、国际奶业战略与技术研究中心合作，在当前原料价格上涨、碳减排的行业形势下，实施奶牛精准饲喂，配制定制饲料；建立科研课题基地，青贮品质逐年提升，由“双三十”提升至“双三十二”，通过以上措施提高奶牛单产、乳蛋白率和饲料转化率，降低甲烷、氮和磷环境排放量。人才培养方面，通过现代奶牛场高级人才研修班，培训输出现代化奶牛场管理人才。

得益乳业与意大利帕尔马大学和维罗纳大学共同创建了中国－意大利乳品科学技术研发中心，意大利维罗纳大学的 Dellaglio 教授荣获山东省淄博市高新区成立以来第一个国际科学技术合作奖。得益乳业积极开展对外合作，开放性引进国际先进技术，先后与瓦赫宁根大学、澳大利亚联邦科工组织、哥本哈根大学、中国农业大学等在内的 10 余所国内外著名院校、研究机构合作交流和项目转化，不断强化自主科研能力；公司拥有有效专利 105 项，其中授权发明专利 8 项，实用新型专利 10 项；拥有自有专利菌种 3 株；拥有省级企业技术中心、山东省功能性乳制品工程技术研究中心两个省级研发平台。

【社会责任】得益乳业作为山东低温奶领域龙头企业，高度重视并履行社会责任，近年来不断加大社会公益事业的投入，在乡村振兴、脱贫攻坚、助医助学、青少年关爱等方面投入了大量精力。

疫情无情人有情，大疫“大考”更显得益乳业的大爱情怀。疫情防控期间，得益乳业紧急行动保障了终端的牛奶需求，并陆续为抗击疫情一线的医院、公安、疾控等部门工作人员赠送营养健康的牛奶。截至 2021 年，累计向山东省内以及江苏、河南、安徽的一线抗疫人员捐赠了价值 200 余万元的新鲜牛奶，用以保障当地的抗疫工作，充分彰显了“好品山东”乳品企业的担当。

得益乳业积极发挥产业带动作用，农业采用“龙头企业＋合作社＋农民”的合作模式，通过土地流转和作业外包等方式可实现年带动 1.3 万户、4.2 万人，每年增收 6 000 万元。畜牧养殖通过“自有牧场＋合作牧场”，带动 1 500 余人就业，农户 3.54 万人。冷鲜物流和新零售，鲜活牛奶门店 1 万余家，提供 7 200 个投递岗位，社区订购服务有 180 万家庭，服务全国 1 500 万消费者。

【奶业大事】4 月 21 日，2021 年中国低温鲜活好奶高峰论坛暨得益乳业优质乳全产业链鲜活好奶成果发布会在济南成功举办。此次高峰论坛由国家奶业科技创新联盟主办，中国奶业协会、中国乳制品工业协会支持，山东得益乳业股份有限公司承办。参与此次高峰论坛的有协会领导、行业专家、知名乳企、合作伙伴、权威媒体等近 300 人。此次论坛全面覆盖行业消费趋势、优质乳工程、质量安全、全产业链协同发展等各方面，为实现真正意义上的“鲜活好奶”展开深入研讨。

本届中国低温鲜活好奶高峰论坛，响应国家“健康中国战略”的号召，助力提升国民营养水平，表现出高度的前瞻性和责任感。得益乳业将以高峰论坛为契机，坚定“鲜活好奶”战略，持续满足消费者选择鲜活好奶的需求，促进我国奶业高质量发展，为国民营养健康贡献一份力量。

（山东得益乳业股份有限公司，耿福顺、李 凯）

附表 1　山东得益乳业股份有限公司奶牛养殖场（小区）名录

序号	名称	地址	全群存栏（头）	成母畜存栏（头）	奶畜品种	成母畜单产（t/年）	年总产（t）	是否有机奶源基地	有机奶产量（t）
1	山东得益乳业股份有限公司高青场	高青县	16 078	9 451	荷斯坦	11.70	115 863		

备注：本表所指奶畜包括奶山羊、奶绵羊、奶水牛、牦牛、骆驼、驴等产商品奶家畜。本表奶畜养殖场指企业在中国及海外自建和参建（控股、参股）牧场（小区）。如认证为有机奶源基地等，请在相应表格中打钩。

附表 2　山东得益乳业股份有限公司乳制品生产企业名录

序号	名称	生产地点	生产许可证号码	年收购原奶量（t）	其中：自有奶源量（t）	平均支付价格（元/kg）	日处理生鲜乳能力（t）	年乳制品产量（t）	其中：低温鲜奶（t）	UHT 奶（t）	常温酸奶（t）	低温酸奶（t）	原料奶粉（t）	婴幼儿配方奶粉（t）	成人奶粉及其他（t）	奶油（t）	奶酪（t）	乳饮料（t）	冰品（t）	年销售收入（万元）	利润（万元）	有机产品（枚）
1	山东得益乳业股份有限公司	山东淄博	SC1063703991302	216 565.76	115 862.68	4.01	750	226 343.53	83 686.73	6 293		132 063.27						4 300.53		114 965	9 382	

备注：本表包括在中国及海外的生产企业。日处理生鲜乳能力指设计加工生鲜乳能力。自有奶源指来自自建和参建（控股、参股）牧场（小区）的原奶。成人奶粉指除婴幼儿配方奶粉以外的学生奶粉、孕妇奶粉、中老年奶粉等终端消费奶粉。冰品包括冰激凌、雪糕等。有机产品数量单位为“枚”指获得有机标志的数量。

新疆西域春乳业有限责任公司

【奶源基地】西域春乳业依托呼图壁种牛场精心打造饲草料种植与饲料加工、奶牛繁育改良与饲养、乳制品加工与销售的全产业链模式，使奶源与终端产品市场联系更为紧密。西域春乳业自有牧场11座，奶牛存栏2.6万头，其中成母牛11 500头，牛奶总产量105 000 t。公司自有奶源占80%，养殖主要分布在昌吉地区，主要产区在呼图壁县。公司旗下牧场均为存栏2 000头及以上的规模牧场。

为积极发展畜牧业，提高公司奶牛养殖规模，保障西域春乳业奶源供应，2021年公司自筹资金7 129.3万元，实施呼图壁种牛场牧二场、牧五场改扩建项目，新建成母牛舍、产房、泌乳牛舍、挤奶厅，以及购置阿菲金80位转盘式挤奶设备、奶厅配套挤奶设备等，扩建后新增奶牛存栏3 000头。

公司自筹资金1 590.4万元，新建呼图壁种牛场种公牛站项目，通过性控冻精加大种群扩繁基础和速度。项目建成后，可存栏种公牛100头，每年生产冻精150万支。

西域春奶源基地的牧场采用散栏式饲喂方式，使用以色列80位转盘挤奶机。利用阿菲金牧场管理软件系统，建立数据云平台，实现集团化统一数字化智能管理。通过奶牛发情监测、TMR监控及原料库存管理、奶厅MRS自动测产与检测、运输过程GPS监控，牧场依据数字化管理体系建立实施日绩效考核办法，并取得了非常好的效果。奶业机械购置补贴达到100%。

2021年，西域春乳业拥有天然草场1.33万hm^2，人工饲草料基地0.8万hm^2。其中苜蓿种植面积0.17万hm^2，平均单产15 000kg/hm^2，年总产2.5万t；青贮玉米种植面积0.23万hm^2，单产600 000kg/hm^2，年总产15万t。

疫病防控方面，西域春乳业按照国家相关规定严格执行各项消毒、免疫、检疫工作。在牛场各出入口对出入车辆设置有标准的消毒池，并备有喷雾消毒设备，人员进出通道有喷雾消毒室。根据自治区要求、结合本场实际，制定科学的免疫程序，严格按照免疫程序接种，并按照国家和自治区要求佩戴免疫标识。牛场每年开展两次疫病监测，2021年有2个牧场通过自治区两病净化场考核验收，同时申报了国家无布病、结核病小区。

西域春乳业十分重视生态环境保护，在粪污处理方面主要采用刮粪板清理，部分牛粪发酵后用作卧床垫料，其余粪污全部集中送往中广核呼图壁生物能源有限公司（第三方）生产沼气，提纯净化后通过管道输送到西域春乳业提供热能。利用沼渣和沼液建起了有机肥厂，农牧民通过使用有机肥来提高土壤肥力，改善土壤结构，减少化肥用量，降低病虫害的发生。

区域内生鲜乳收购年均价格4.5元/kg，奶牛养殖头均年净收入8 000元，奶牛场净收入7 000万元左右。

【乳品加工】公司始终坚持绿色低碳、新鲜营养的加工理念，在工艺创新、产品研发以及节能减排技术改造等方面进行大规模的技术研发。为适应消费市场对高质量乳品的要求，公司启动并实施优质乳工程项目，严格把控乳制品质量安全，实时更新安全生产技术、创新生产加工工艺。公司正在优化质量追溯体系、问责机制，把质量安全控制细化到每个生产环节，将质量管控落实到人。

公司已通过ISO9001质量管理体系认证、乳制品危害分析与关键控制点（HACCP）体系认证、乳制品良好生产规范认证。西域春乳业公司有9座牧场通过学生饮用奶奶源基地认证，被中国奶业协会认定为中国学生饮用奶生产企业。

【市场消费】西域春乳业主要产品有巴氏杀菌乳、发酵乳、灭菌乳、调制乳、乳粉、乳饮料六大系列、60多个品类。2021年乳制品总产量近11万t。

西域春乳业以稳固疆内市场，加快疆外市场延伸拓展来提升市场竞争力，2021年销售范围已经覆盖新疆全域，并在上海、浙江、广东、山东、江苏、福建、海南、北京、郑州、湖北、湖南、四川等地都设有销售处。2021年公司销售收入9.48亿元，2021年疆外销售收入占总收入的23.5%。

【社会责任】西域春乳业始终秉持博爱精神，勇于承担社会责任，在危难紧急时刻彰显国企担当。2021年河南发生洪灾时，公司第一时间为河南受灾地区送去乳制品等物资，先后两次捐赠价值45万元的乳制品，为保障灾区群众生活贡献一份力量。

为贯彻落实新疆维吾尔自治区党委关于南疆扶贫开发工作一系列的决策部署，西域春乳业公司在和田地区洛浦县建设了西域春乳品加工分厂和3 000头核心群高产奶牛示范场两个重点项目，创造就业岗位400人，间接创造就业岗位1 500人，主要集中在种植、养殖、加工、销售等行业，公司把“种养加”全产业模式推广到南疆地区，通过龙头企业的带动作用，带领少数民族脱贫致富，形成新的就业增收途径。2019—2021年西域春乳业为和田地区洛浦县的3 766户贫困户，捐赠金额共计2 335万元，为南疆扶贫开发做出积极贡献。

【奶业大事】2021年，西域春乳业实施优质乳工程项目，通过项目的实施，西域春乳业拥有了优质的原料奶，具备了进行功能产品开发的前期基础。

2021年9月17日，西域春乳业与新疆农业大学食药学院举行研究生联合培养点签约仪式。此次合作对整合校企优势资源，搭建科技创新与实践教学平台，提升高校与企业科技创新能力和水平，促进科研成果转化与高科技人才培养，提高校内仪器设备使用率和学校服务社会的能力有重要意义。通过联合培养研究生，为西域春乳业研发创新产品、加强品牌建设、提升品牌形象提供了新活力、新动力，为新疆奶业振兴、奶业高质量发展奠定了良好基础。

2021 年 12 月，西域春乳业生产的纯牛奶荣获全国名特优新农产品证书，编号 CAQS-MTYX-20200806；生产的酸奶荣获全国名特优新农产品证书，编号 CAQS-MTYX-20200805。

西域春“至简”酸奶荣获 2021 年瑞丽潮流大番榜“年度臻享品质酸奶”奖项，西域春奶啤荣获 2021 年度中国特色旅游商品大赛银奖。

2021 年 9 月，西域春乳业获评自治区级农业产业化龙头企业殊荣。

（新疆呼图壁种牛场有限公司，葛建军；
新疆西域春乳业有限责任公司，何玉婷）

附表 1　新疆西域春乳业有限责任公司奶牛养殖场（小区）名录

序号	名称	地址	全群存栏(头)	成母畜存栏（头）	奶畜品种	成母畜单产（t/年）	年总产（t）	是否有机奶源基地	有机奶产量（t）
1	新疆呼图壁种牛场有限公司	新疆昌吉州呼图壁县东郊种牛场	26 000	12 500	荷斯坦、西门塔尔	10t/年，7t/年	108 000	否	/

备注：本表所指奶畜包括奶山羊、奶绵羊、奶水牛、牦牛、骆驼、驴等产商品奶家畜。本表奶畜养殖场指企业在中国及海外自建和参建（控股、参股）牧场（小区）。如认证为有机奶源基地等，请在相应表格中打钩。

附表 2　新疆西域春乳业有限责任公司乳制品生产企业名录

序号	名称	生产地点	生产许可证号码	年收购原奶量（t）	其中：自有奶源量（t）	平均支付价格（元/kg）	日处理生鲜乳能力（t）	年乳制品产量（t）	其中：低温鲜奶（t）	UHT奶（t）	常温酸奶（t）	低温酸奶（t）	原料奶粉（t）	婴幼儿配方奶粉（t）	成人奶粉及其他（t）	奶油（t）	奶酪（t）	乳饮料（t）	冰品（t）	年销售收入（万元）	利润（万元）	有机产品（枚）
1	新疆西域春乳业有限责任公司	新疆昌吉州呼图壁县东郊种牛场	SC10565232300315	109 000	95 000	4.8	700	110 000	6 000	59 600	200	38 200	/	/	/	/	/	6 000	/	105 000		/

备注：本表包括在中国及海外的生产企业。日处理生鲜乳能力指设计加工生鲜乳能力。自有奶源指来自自建和参建（控股、参股）牧场（小区）的原奶。成人奶粉指除婴幼儿配方奶粉以外的学生奶粉、孕妇奶粉、中老年奶粉等终端消费奶粉。冰品包括冰激凌、雪糕等。有机产品数量单位为“枚”指获得有机标志的数量。

天津嘉立荷牧业集团有限公司

天津嘉立荷牧业集团有限公司（以下简称嘉立荷牧业）是天津食品集团有限公司的全资子公司，注册资本3.9亿元，现拥有资产总额27.4亿元，下辖18家分子公司，员工1 300多人，是全国农业产业化重点龙头企业，也是天津市主要生鲜乳供应商。

【生产状况】

奶牛存栏数及总产量。截至2021年底，嘉立荷牧业荷斯坦存栏39 736头，成母牛存栏20 394头，全年上市生鲜乳224 923 670kg，成母牛头均年产奶量12 288kg。

养殖分布区域及规模养殖。嘉立荷牧业所属各奶牛场集中分布在天津市宝坻区、滨海新区、静海区、宁河区，山东省乐陵市，河北唐山市丰润区以及甘肃省武威市。其中万头牛场3个，牛群占比47.6%；5 000头牛场1个，牛群占比9.1%；存栏2 000头以上的牛场5个，牛群占比28.63%；存栏2 000头以下的牛场7个，牛群占比14.66%。

奶源规划及智慧牧场建设情况。一是按照天津食品集团有限公司农业板块发展规划，在天津市宝坻区打造宝坻区国家现代农业产业园。嘉立荷牧业在产业园内成立了天津天食智慧牧业有限公司，建设智慧牧场。该牧场设计养殖规模4 300头，年产优质生鲜乳2.75万t，旨在中国—中东欧现代农业示范区内打造一个面向“一带一路”的现代化观光牧场。二是按照嘉立荷牧业发展战略规划，与甘肃省武威市凉州区人民政府签订战略合作协议，建设优质奶源基地建设项目，该项目计划饲养奶牛规模为16 000头，年产优质生鲜乳10多万t。

奶业机械购置补贴及规模养殖场改扩建补助。嘉立荷牧业2021年共申请补贴项目6个，补助资金3 341.85万元，项目内容主要包括产业集群、现代农业产业园等建设项目。

苜蓿和青贮玉米种植面积及产量。嘉立荷牧业苜蓿种植面积达167hm^2，平均单产13 157kg/hm^2，年产量2 197 300kg。青贮玉米种植面积84hm^2，平均单产15 838kg/hm^2，年产量1 330 380kg。

粪污处理方式。嘉立荷牧业奶牛场粪污全部通过固液分离、厌氧发酵、氧化塘三级氧化、沼液还田的方式妥善处理，真正实现种养结合，绿色发展。

各区域生鲜乳收购年均价格。天津市各区域中，滨海新区生鲜乳收购年均价格为4.07元/kg，宝坻区4.39元/kg，静海区4.53元/kg，宁河区4.53元/kg，山东乐陵市4.62元/kg，唐山丰润区4.79元/kg。

（天津嘉立荷牧业集团有限公司，狄婷婷、张振兴、仇普斌、任 妮、全春兰）

附表1 天津嘉立荷牧业集团有限公司奶牛养殖场（小区）名录

序号	名称	地址	全群存栏（头）	成母畜存栏（头）	奶畜品种	成母畜单产（t/年）	年总产（t）	是否有机奶源基地	有机奶产量（t）
1	天津嘉立荷示范奶牛场分公司	天津市宝坻区大钟庄林钟路	3 616	3 025	荷斯坦	12.03	34 884.41		
2	天津嘉立荷第五奶牛场分公司	天津市静海县良王庄乡西硫城大桥南	2 088	1 143	荷斯坦	13.65	16 103.97		
	天津嘉立荷第六奶牛场分公司	天津市宝坻区后辛庄村北嘉立荷第六奶牛场			荷斯坦	12.74	3 489.83		
3	天津嘉立荷第七奶牛场分公司	天津市宁河县潘庄镇西	2 872	1 667	荷斯坦	11.32	18 798.80		
4	天津嘉立荷第八奶牛场分公司	天津市宝坻区里自沽农场南	1 005	531	荷斯坦	12.84	6 758.33		
5	天津嘉立荷第九奶牛场分公司	天津市宝坻区里自沽农场南	987	506	荷斯坦	13.03	6 962.01		
6	天津嘉立荷第十奶牛场分公司	天津市大港区小王庄镇东	2 015	1 267	荷斯坦	11.89	14 489.20		
7	天津嘉立荷第十一奶牛场分公司	天津市大港区小王庄镇东	2 142	1 265	荷斯坦	12.26	15 685.13		
8	天津嘉立荷第十二奶牛场分公司	天津市宝坻区新安镇大高村东	926	549	荷斯坦	12.80	7 098.24		
9	天津嘉立荷第十四奶牛场分公司	天津市大港区小王镇嘉立荷新建奶牛场	2 261	1 306	荷斯坦	12.59	16 733.21		
10	天津嘉立荷第十五奶牛场分公司	天津市宝坻区林亭口镇南清沟村西	680	519	荷斯坦	12.41	6 199.57		
11	天津嘉立荷第十六奶牛场分公司	天津市宝坻区林亭口镇南清沟村西	735	584	荷斯坦	13.02	7 323.51		
12	天津嘉立荷第十七奶牛场分公司	天津市宏乐奶牛养殖有限公司（王埠路）	892	455	荷斯坦	11.80	5 131.20		
13	嘉立荷（山东）牧业有限公司	山东省乐陵市大孙乡	8 346	6 222	荷斯坦	11.80	72 466.62		
14	嘉立荷唐山牧业有限公司	河北省唐山市丰润区欢喜庄乡原油葫芦泊水库	5 210	1 009	荷斯坦				
15	嘉立荷（甘肃）牧业有限公司	甘肃省武威市凉州区长城镇邓马营湖嘉立荷甘肃牧业	5 362	8	荷斯坦				
16	天津市惠泽牧业有限公司	天津市大港区小王庄镇东	599	338	荷斯坦	11.90	3 883.07		

备注：本表所指奶畜包括奶山羊、奶绵羊、奶水牛、牦牛、骆驼、驴等产商品奶家畜。本表奶畜养殖场指企业在中国及海外自建和参建（控股、参股）牧场（小区）。如认证为有机奶源基地等，请在相应表格中打钩。

六、政策法规

ZHENGCE FAGUI

【国务院发布】

国务院食品安全办
关于命名国家食品安全示范城市的通知

食安办发〔2022〕5号

各省、自治区、直辖市和新疆生产建设兵团食品安全委员会：

按照《国家食品安全示范城市评价与管理办法》，经城市自评、省级初评、国家验收和社会公示，并报请国务院食品安全委员会批准，现命名北京市东城区等29个城市（区）为“国家食品安全示范城市”。

附件：国家食品安全示范城市名单

国务院食品安全办

2022年10月13日

附件：

国家食品安全示范城市名单

（29个，按行政区划排序）

北京：东城区、西城区、海淀区
天津：和平区、宝坻区、蓟州区
河北：石家庄市、唐山市、张家口市
辽宁：沈阳市、大连市
吉林：长春市
上海：徐汇区、闵行区、浦东新区
江苏：南京市
浙江：杭州市、宁波市
福建：厦门市
山东：青岛市、潍坊市、烟台市、威海市
湖北：武汉市
湖南：长沙市
广东：广州市、深圳市
四川：成都市
陕西：西安市

【农业农村部发布】

中华人民共和国农业农村部令

2022年第3号

《病死畜禽和病害畜禽产品无害化处理管理办法》已经农业农村部2022年4月22日第4次常务会议审议通过，现予公布，自2022年7月1日起施行。

部长 唐仁健

2022年5月11日

病死畜禽和病害畜禽产品无害化处理管理办法

第一章 总则

第一条 为了加强病死畜禽和病害畜禽产品无害化处理管理，防控动物疫病，促进畜牧业高质量发展，保障公共卫生安全和人体健康，根据《中华人民共和国动物防疫法》(以下简称《动物防疫法》)，制定本办法。

第二条 本办法适用于畜禽饲养、屠宰、经营、隔离、运输等过程中病死畜禽和病害畜禽产品的收集、无害化处理及其监督管理活动。

发生重大动物疫情时，应当根据动物疫病防控要求开展病死畜禽和病害畜禽产品无害化处理。

第三条 下列畜禽和畜禽产品应当进行无害化处理

(一)染疫或者疑似染疫死亡、因病死亡或者死因不明的；

(二)经检疫、检验可能危害人体或者动物健康的；

(三)因自然灾害、应激反应、物理挤压等因素死亡的；

(四)屠宰过程中经肉品品质检验确认为不可食用的；

(五)死胎、木乃伊胎等；

(六)因动物疫病防控需要被扑杀或销毁的；

(七)其他应当进行无害化处理的。

第四条 病死畜禽和病害畜禽产品无害化处理坚持统筹规划与属地负责相结合、政府监管与市场运作相结合、财政补助与保险联动相结合、集中处理与自行处理相结合的原则。

第五条 从事畜禽饲养、屠宰、经营、隔离等活动的单位和个人，应当承担主体责任，按照本办法对病死畜禽和病害畜禽产品进行无害化处理，或者委托病死畜禽无害化处理场处理。

运输过程中发生畜禽死亡或者因检疫不合格需要进行无害化处理的，承运人应当立即通知货主，配合做好无害化处理，不得擅自弃置和处理。

第六条 在江河、湖泊、水库等水域发现的死亡畜禽，依法由所在地县级人民政府组织收集、处理并溯源。

在城市公共场所和乡村发现的死亡畜禽，依法由所在地街道办事处、乡级人民政府组织收集、处理并溯源。

第七条 病死畜禽和病害畜禽产品收集、无害化处理、资源化利用应当符合农业农村部相关技术规范，并采取必要的防疫措施，防止传播动物疫病。

第八条 农业农村部主管全国病死畜禽和病害畜禽产品无害化处理工作。

县级以上地方人民政府农业农村主管部门负责本行政区域病死畜禽和病害畜禽产品无害化处理的监督管理工作。

第九条 省级人民政府农业农村主管部门结合本行政区域畜牧业发展规划和畜禽养殖、疫病发生、畜禽死亡等情况，编制病死畜禽和病害畜禽产品集中无害化处理场所建设规划，合理布局病死畜禽无害化处理场，经本级人民政府批准后实施，并报农业农村部备案。

鼓励跨县级以上行政区域建设病死畜禽无害化处理场。

第十条 县级以上人民政府农业农村主管部门应当落实病死畜禽无害化处理财政补助政策和农机购置与应用补贴政策，协调有关部门优先保障病死畜禽无害化处理场用地、落实税收优惠政策，推动建立病死畜禽无害化处理和保险联动机制，将病死畜禽无害化处理作为保险理赔的前提条件。

第二章 收集

第十一条 畜禽养殖场、养殖户、屠宰厂（场）、隔离场应当及时对病死畜禽和病害畜禽产品进行贮存和清运。

畜禽养殖场、屠宰厂（场）、隔离场委托病死畜禽无害化处理场处理的，应当符合以下要求：

（一）采取必要的冷藏冷冻、清洗消毒等措施；

（二）具有病死畜禽和病害畜禽产品输出通道；

（三）及时通知病死畜禽无害化处理场进行收集，或自行送至指定地点。

第十二条 病死畜禽和病害畜禽产品集中暂存点应当具备下列条件：

（一）有独立封闭的贮存区域，并且防渗、防漏、防鼠、防盗，易于清洗消毒；

（二）有冷藏冷冻、清洗消毒等设施设备；

（三）设置显著警示标识；

（四）有符合动物防疫需要的其他设施设备。

第十三条 专业从事病死畜禽和病害畜禽产品收集的单位和个人，应当配备专用运输车辆，并向承运人所在地县级人民政府农业农村主管部门备案。备案时应当通过农业农村部指定的信息系统提交车辆所有权人的营业执照、运输车辆行驶证、运输车辆照片。

县级人民政府农业农村主管部门应当核实相关材料信息，备案材料符合要求的，及时予以备案；不符合要求的，应当一次性告知备案人补充相关材料。

第十四条 病死畜禽和病害畜禽产品专用运输车辆应当符合以下要求：

（一）不得运输病死畜禽和病害畜禽产品以外的其他物品；

（二）车厢密闭、防水、防渗、耐腐蚀，易于清洗和消毒；

（三）配备能够接入国家监管监控平台的车辆定位跟踪系统、车载终端；

（四）配备人员防护、清洗消毒等应急防疫用品；

（五）有符合动物防疫需要的其他设施设备。

第十五条 运输病死畜禽和病害畜禽产品的单位和个人，应当遵守下列规定：

（一）及时对车辆、相关工具及作业环境进行消毒；

（二）作业过程中如发生渗漏，应当妥善处理后再继续运输；

（三）做好人员防护和消毒。

第十六条 跨县级以上行政区域运输病死畜禽和病害畜禽产品的，相关区域县级以上地方人民政府农业农村主管部门应当加强协作配合，及时通报紧急情况，落实监管责任。

第三章 无害化处理

第十七条 病死畜禽和病害畜禽产品无害化处理以集中处理为主，自行处理为补充。

病死畜禽无害化处理场的设计处理能力应当高于日常病死畜禽和病害畜禽产品处理量，专用运输车辆数量和运载能力应当与区域内畜禽养殖情况相适应。

第十八条 病死畜禽无害化处理场应当符合省级人民政府病死畜禽和病害畜禽产品集中无害化处理场所建设规划并依法取得动物防疫条件合格证。

第十九条 畜禽养殖场、屠宰厂（场）、隔离场在本场（厂）内自行处理病死畜禽和病害畜禽产品的，应当符合无害化处理场所的动物防疫条件，不得处理本场（厂）外的病死畜禽和病害畜禽产品。

畜禽养殖场、屠宰厂（场）、隔离场在本场（厂）外自行处理的，应当建设病死畜禽无害化处理场。

第二十条 畜禽养殖场、养殖户、屠宰厂（场）、隔离场委托病死畜禽无害化处理场进行无害化处理的，应当签订委托合同，明确双方的权利、义务。

无害化处理费用由财政进行补助或者由委托方承担。

第二十一条 对于边远和交通不便地区以及畜禽养殖户自行处理零星病死畜禽的，省级人民政府农业农村主管部门可以结合实际情况和风险评估结果，组织制定相关技术规范。

第二十二条 病死畜禽和病害畜禽产品集中暂存点、病死畜禽无害化处理场应当配备专门人员负责管理。

从事病死畜禽和病害畜禽产品无害化处理的人员，应当具备相关专业技能，掌握必要的安全防护知识。

第二十三条 鼓励在符合国家有关法律法规规定的情况下，对病死畜禽和病害畜禽产品无害化处理产物进行资源化利用。

病死畜禽和病害畜禽产品无害化处理场所销售无害化处理产物的，应当严控无害化处理产物流向，查验购买方资质并留存相关材料，签订销售合同。

第二十四条 病死畜禽和病害畜禽产品无害化处理应当符合安全生产、环境保护等相关法律法规和标准规范要求，接受有关主管部门监管。

病死畜禽无害化处理场处理本办法第三条之外的病死动物和病害动物产品的，应当要求委托方提供无特殊风险物质的证明。

第四章 监督管理

第二十五条 农业农村部建立病死畜禽无害化处理监管监控平台，加强全程追溯管理。

从事畜禽饲养、屠宰、经营、隔离及病死畜禽收集、无害化处理的单位和个人，应当按要求填报信息。

县级以上地方人民政府农业农村主管部门应当做好信息审核，加强数据运用和安全管理。

第二十六条 农业农村部负责组织制定全国病死

畜禽和病害畜禽产品无害化处理生物安全风险调查评估方案，对病死畜禽和病害畜禽产品收集、无害化处理生物安全风险因素进行调查评估。

省级人民政府农业农村主管部门应当制定本行政区域病死畜禽和病害畜禽产品无害化处理生物安全风险调查评估方案并组织实施。

第二十七条 根据病死畜禽无害化处理场规模、设施装备状况、管理水平等因素，推行分级管理制度。

第二十八条 病死畜禽和病害畜禽产品无害化处理场所应当建立并严格执行以下制度：

（一）设施设备运行管理制度；

（二）清洗消毒制度；

（三）人员防护制度；

（四）生物安全制度；

（五）安全生产和应急处理制度。

第二十九条 从事畜禽饲养、屠宰、经营、隔离以及病死畜禽和病害畜禽产品收集、无害化处理的单位和个人，应当建立台账，详细记录病死畜禽和病害畜禽产品的种类、数量（重量）、来源、运输车辆、交接人员和交接时间、处理产物销售情况等信息。

病死畜禽和病害畜禽产品无害化处理场所应当安装视频监控设备，对病死畜禽和病害畜禽产品进（出）场、交接、处理和处理产物存放等进行全程监控。

相关台账记录保存期不少于二年，相关监控影像资料保存期不少于三十天。

第三十条 病死畜禽和病害畜禽产品无害化处理场所应当于每年一月底前向所在地县级人民政府农业农村主管部门报告上一年度病死畜禽和病害畜禽产品无害化处理、运输车辆和环境清洗消毒等情况。

第三十一条 县级以上地方人民政府农业农村主管部门执行监督检查任务时，从事病死畜禽和病害畜禽产品收集、无害化处理的单位和个人应当予以配合，不得拒绝或者阻碍。

第三十二条 任何单位和个人对违反本办法规定的行为，有权向县级以上地方人民政府农业农村主管部门举报。接到举报的部门应当及时调查处理。

第五章　法律责任

第三十三条 未按照本办法第十一条、第十二条、第十五条、第十九条、第二十二条规定处理病死畜禽和病害畜禽产品的，按照《动物防疫法》第九十八条规定予以处罚。

第三十四条 畜禽养殖场、屠宰厂（场）、隔离场、病死畜禽无害化处理场未取得动物防疫条件合格证或生产经营条件发生变化，不再符合动物防疫条件继续从事无害化处理活动的，分别按照《动物防疫法》第九十八条、第九十九条处罚。

第三十五条 专业从事病死畜禽和病害畜禽产品运输的车辆，未经备案或者不符合本办法第十四条规定的，分别按照《动物防疫法》第九十八条、第九十四条处罚。

第三十六条 违反本办法第二十八条、第二十九条规定，未建立管理制度、台账或者未进行视频监控的，由县级以上地方人民政府农业农村主管部门责令改正；拒不改正或者情节严重的，处二千元以上二万元以下罚款。

第六章　附则

第三十七条 本办法下列用语的含义：

（一）畜禽，是指《国家畜禽遗传资源目录》范围内的畜禽，不包括用于科学研究、教学、检定以及其他科学实验的畜禽。

（二）隔离场所，是指对跨省、自治区、直辖市引进的乳用种用动物或输入到无规定动物疫病区的相关畜禽进行隔离观察的场所，不包括进出境隔离观察场所。

（三）病死畜禽和病害畜禽产品无害化处理场所，是指病死畜禽无害化处理场以及畜禽养殖场、屠宰厂（场）、隔离场内的无害化处理区域。

第三十八条 病死水产养殖动物和病害水产养殖动物产品的无害化处理，参照本办法执行。

第三十九条 本办法自2022年7月1日起施行。

中华人民共和国农业农村部令

2022年第7号

《动物检疫管理办法》已于2022年8月22日经农业农村部第9次常务会议审议通过，现予公布，自2022年12月1日起施行。

部长　唐仁健

2022年9月7日

动物检疫管理办法

第一章　总则

第一条　为了加强动物检疫活动管理，预防、控制、净化、消灭动物疫病，防控人畜共患传染病，保障公共卫生安全和人体健康，根据《中华人民共和国动物防疫法》，制定本办法。

第二条　本办法适用于中华人民共和国领域内的动物、动物产品的检疫及其监督管理活动。

陆生野生动物检疫办法，由农业农村部会同国家林业和草原局另行制定。

第三条　动物检疫遵循过程监管、风险控制、区域化和可追溯管理相结合的原则。

第四条　农业农村部主管全国动物检疫工作。

县级以上地方人民政府农业农村主管部门主管本行政区域内的动物检疫工作，负责动物检疫监督管理工作。

县级人民政府农业农村主管部门可以根据动物检疫工作需要，向乡、镇或者特定区域派驻动物卫生监督机构或者官方兽医。

县级以上人民政府建立的动物疫病预防控制机构应当为动物检疫及其监督管理工作提供技术支撑。

第五条　农业农村部制定、调整并公布检疫规程，明确动物检疫的范围、对象和程序。

第六条　农业农村部加强信息化建设，建立全国统一的动物检疫管理信息化系统，实现动物检疫信息的可追溯。

县级以上动物卫生监督机构应当做好本行政区域内的动物检疫信息数据管理工作。

从事动物饲养、屠宰、经营、运输、隔离等活动的单位和个人，应当按照要求在动物检疫管理信息化系统填报动物检疫相关信息。

第七条　县级以上地方人民政府的动物卫生监督机构负责本行政区域内动物检疫工作，依照《中华人民共和国动物防疫法》、本办法以及检疫规程等规定实施检疫。

动物卫生监督机构的官方兽医实施检疫，出具动物检疫证明、加施检疫标志，并对检疫结论负责。

第二章　检疫申报

第八条　国家实行动物检疫申报制度。

出售或者运输动物、动物产品的，货主应当提前三天向所在地动物卫生监督机构申报检疫。

屠宰动物的，应当提前六小时向所在地动物卫生监督机构申报检疫；急宰动物的，可以随时申报。

第九条　向无规定动物疫病区输入相关易感动物、易感动物产品的，货主除按本办法第八条规定向输出地动物卫生监督机构申报检疫外，还应当在启运三天前向输入地动物卫生监督机构申报检疫。输入易感动物的，向输入地隔离场所在地动物卫生监督机构申报；输入易感动物产品的，在输入地省级动物卫生监督机构指定的地点申报。

第十条　动物卫生监督机构应当根据动物检疫工作需要，合理设置动物检疫申报点，并向社会公布。

县级以上地方人民政府农业农村主管部门应当采取有力措施，加强动物检疫申报点建设。

第十一条　申报检疫的，应当提交检疫申报单以及农业农村部规定的其他材料，并对申报材料的真实性负责。

申报检疫采取在申报点填报或者通过传真、电子数据交换等方式申报。

第十二条　动物卫生监督机构接到申报后，应当及时对申报材料进行审查。申报材料齐全的，予以受理；有下列情形之一的，不予受理，并说明理由：

（一）申报材料不齐全的，动物卫生监督机构当场或在三日内已经一次性告知申报人需要补正的内容，但申报人拒不补正的；

（二）申报的动物、动物产品不属于本行政区域的；

（三）申报的动物、动物产品不属于动物检疫范围的；

（四）农业农村部规定不应当检疫的动物、动物产品；

（五）法律法规规定的其他不予受理的情形。

第十三条　受理申报后，动物卫生监督机构应当指派官方兽医实施检疫，可以安排协检人员协助官方兽医到现场或指定地点核实信息，开展临床健康检查。

第三章　产地检疫

第十四条　出售或者运输的动物，经检疫符合下列条件的，出具动物检疫证明：

（一）来自非封锁区及未发生相关动物疫情的饲养场（户）；

（二）来自符合风险分级管理有关规定的饲养场（户）；

（三）申报材料符合检疫规程规定；

（四）畜禽标识符合规定；

（五）按照规定进行了强制免疫，并在有效保护期内；

（六）临床检查健康；

（七）需要进行实验室疫病检测的，检测结果合格。

出售、运输的种用动物精液、卵、胚胎、种蛋，经检疫其种用动物饲养场符合第一款第一项规定，申报材料符合第一款第三项规定，供体动物符合第一款第四项、第五项、第六项、第七项规定的，出具动物检疫证明。

出售、运输的生皮、原毛、绒、血液、角等产品，经检疫其饲养场（户）符合第一款第一项规定，申报材料符合第一款第三项规定，供体动物符合第一款第四项、第五项、第六项、第七项规定，且按规定消毒合格的，出具动物检疫证明。

第十五条 出售或者运输水生动物的亲本、稚体、幼体、受精卵、发眼卵及其他遗传育种材料等水产苗种的，经检疫符合下列条件的，出具动物检疫证明：

（一）来自未发生相关水生动物疫情的苗种生产场；

（二）申报材料符合检疫规程规定；

（三）临床检查健康；

（四）需要进行实验室疫病检测的，检测结果合格。

水产苗种以外的其他水生动物及其产品不实施检疫。

第十六条 已经取得产地检疫证明的动物，从专门经营动物的集贸市场继续出售或者运输的，或者动物展示、演出、比赛后需要继续运输的，经检疫符合下列条件的，出具动物检疫证明：

（一）有原始动物检疫证明和完整的进出场记录；

（二）畜禽标识符合规定；

（三）临床检查健康；

（四）原始动物检疫证明超过调运有效期，按规定需要进行实验室疫病检测的，检测结果合格。

第十七条 跨省、自治区、直辖市引进的乳用、种用动物到达输入地后，应当在隔离场或者饲养场内的隔离舍进行隔离观察，隔离期为三十天。经隔离观察合格的，方可混群饲养；不合格的，按照有关规定进行处理。隔离观察合格后需要继续运输的，货主应当申报检疫，并取得动物检疫证明。

跨省、自治区、直辖市输入到无规定动物疫病区的乳用、种用动物的隔离按照本办法第二十六条规定执行。

第十八条 出售或者运输的动物、动物产品取得动物检疫证明后，方可离开产地。

第四章 屠宰检疫

第十九条 动物卫生监督机构向依法设立的屠宰加工场所派驻（出）官方兽医实施检疫。屠宰加工场所应当提供与检疫工作相适应的官方兽医驻场检疫室、工作室和检疫操作台等设施。

第二十条 进入屠宰加工场所的待宰动物应当附有动物检疫证明并加施有符合规定的畜禽标识。

第二十一条 屠宰加工场所应当严格执行动物入场查验登记、待宰巡查等制度，查验进场待宰动物的动物检疫证明和畜禽标识，发现动物染疫或者疑似染疫的，应当立即向所在地农业农村主管部门或者动物疫病预防控制机构报告。

第二十二条 官方兽医应当检查待宰动物健康状况，在屠宰过程中开展同步检疫和必要的实验室疫病检测，并填写屠宰检疫记录。

第二十三条 经检疫符合下列条件的，对动物的胴体及生皮、原毛、绒、脏器、血液、蹄、头、角出具动物检疫证明，加盖检疫验讫印章或者加施其他检疫标志：

（一）申报材料符合检疫规程规定；

（二）待宰动物临床检查健康；

（三）同步检疫合格；

（四）需要进行实验室疫病检测的，检测结果合格。

第二十四条 官方兽医应当回收进入屠宰加工场所待宰动物附有的动物检疫证明，并将有关信息上传至动物检疫管理信息化系统。回收的动物检疫证明保存期限不得少于十二个月。

第五章 进入无规定动物疫病区的动物检疫

第二十五条 向无规定动物疫病区运输相关易感动物、动物产品的，除附有输出地动物卫生监督机构出具的动物检疫证明外，还应当按照本办法第二十六条、第二十七条规定取得动物检疫证明。

第二十六条 输入到无规定动物疫病区的相关易感动物，应当在输入地省级动物卫生监督机构指定的隔离场所进行隔离，隔离检疫期为三十天。隔离检疫合格的，由隔离场所在地县级动物卫生监督机构的官方兽医出具动物检疫证明。

第二十七条 输入到无规定动物疫病区的相关易感动物产品，应当在输入地省级动物卫生监督机构指定的地点，按照无规定动物疫病区有关检疫要求进行检疫。检疫合格的，由当地县级动物卫生监督机构的官方兽医出具动物检疫证明。

第六章 官方兽医

第二十八条 国家实行官方兽医任命制度。官方兽医应当符合以下条件：

（一）动物卫生监督机构的在编人员，或者接受动物卫生监督机构业务指导的其他机构在编人员；

（二）从事动物检疫工作；

（三）具有畜牧兽医水产初级以上职称或者相关专业大专以上学历或者从事动物防疫等相关工作满三年以上；

（四）接受岗前培训，并经考核合格；

（五）符合农业农村部规定的其他条件。

第二十九条 县级以上动物卫生监督机构提出官方兽医任命建议，报同级农业农村主管部门审核。审核通过的，由省级农业农村主管部门按程序确认、统一编号，并报农业农村部备案。

经省级农业农村主管部门确认的官方兽医，由其所在的农业农村主管部门任命，颁发官方兽医证，公布人员名单。

官方兽医证的格式由农业农村部统一规定。

第三十条 官方兽医实施动物检疫工作时，应当持有官方兽医证。禁止伪造、变造、转借或者以其他方式违法使用官方兽医证。

第三十一条 农业农村部制定全国官方兽医培训计划。

县级以上地方人民政府农业农村主管部门制定本行政区域官方兽医培训计划，提供必要的培训条件，设立考核指标，定期对官方兽医进行培训和考核。

第三十二条 官方兽医实施动物检疫的，可以由协检人员进行协助。协检人员不得出具动物检疫证明。

协检人员的条件和管理要求由省级农业农村主管部门规定。

第三十三条 动物饲养场、屠宰加工场所的执业兽医或者动物防疫技术人员，应当协助官方兽医实施动物检疫。

第三十四条 对从事动物检疫工作的人员，有关单位按照国家规定，采取有效的卫生防护、医疗保健措施，全面落实畜牧兽医医疗卫生津贴等相关待遇。

对在动物检疫工作中做出贡献的动物卫生监督机构、官方兽医，按照国家有关规定给予表彰、奖励。

第七章 动物检疫证章标志管理

第三十五条 动物检疫证章标志包括：

（一）动物检疫证明；

（二）动物检疫印章、动物检疫标志；

（三）农业农村部规定的其他动物检疫证章标志。

第三十六条 动物检疫证章标志的内容、格式、规格、编码和制作等要求，由农业农村部统一规定。

第三十七条 县级以上动物卫生监督机构负责本行政区域内动物检疫证章标志的管理工作，建立动物检疫证章标志管理制度，严格按照程序订购、保管、发放。

第三十八条 任何单位和个人不得伪造、变造、转让动物检疫证章标志，不得持有或者使用伪造、变造、转让的动物检疫证章标志。

第八章 监督管理

第三十九条 禁止屠宰、经营、运输依法应当检疫而未经检疫或者检疫不合格的动物。

禁止生产、经营、加工、贮藏、运输依法应当检疫而未经检疫或者检疫不合格的动物产品。

第四十条 经检疫不合格的动物、动物产品，由官方兽医出具检疫处理通知单，货主或者屠宰加工场所应当在农业农村主管部门的监督下按照国家有关规定处理。

动物卫生监督机构应当及时向同级农业农村主管部门报告检疫不合格情况。

第四十一条 有下列情形之一的，出具动物检疫证明的动物卫生监督机构或者其上级动物卫生监督机构，根据利害关系人的请求或者依据职权，撤销动物检疫证明，并及时通告有关单位和个人：

（一）官方兽医滥用职权、玩忽职守出具动物检疫证明的；

（二）以欺骗、贿赂等不正当手段取得动物检疫证明的；

（三）超出动物检疫范围实施检疫，出具动物检疫证明的；

（四）对不符合检疫申报条件或者不符合检疫合格标准的动物、动物产品，出具动物检疫证明的；

（五）其他未按照《中华人民共和国动物防疫法》、本办法和检疫规程的规定实施检疫，出具动物检疫证明的。

第四十二条 有下列情形之一的，按照依法应当检疫而未经检疫处理处罚：

（一）动物种类、动物产品名称、畜禽标识号与动物检疫证明不符的；

（二）动物、动物产品数量超出动物检疫证明载明部分的；

（三）使用转让的动物检疫证明的。

第四十三条 依法应当检疫而未经检疫的动物、动物产品，由县级以上地方人民政府农业农村主管部门依照《中华人民共和国动物防疫法》处理处罚，不具备补检条件的，予以收缴销毁；具备补检条件的，由动物卫生监督机构补检。

依法应当检疫而未经检疫的胴体、肉、脏器、脂、血液、精液、卵、胚胎、骨、蹄、头、筋、种蛋等动物产品，不予补检，予以收缴销毁。

第四十四条 补检的动物具备下列条件的，补检合格，出具动物检疫证明：

（一）畜禽标识符合规定；

（二）检疫申报需要提供的材料齐全、符合要求；

（三）临床检查健康；

（四）不符合第一项或者第二项规定条件，货主于七日内提供检疫规程规定的实验室疫病检测报告，检测结果合格。

第四十五条 补检的生皮、原毛、绒、角等动物产品具备下列条件的，补检合格，出具动物检疫证明：

（一）经外观检查无腐烂变质；

（二）按照规定进行消毒；

（三）货主于七日内提供检疫规程规定的实验室疫病检测报告，检测结果合格。

第四十六条 经检疫合格的动物应当按照动物检疫证明载明的目的地运输，并在规定时间内到达，运输途中发生疫情的应当按有关规定报告并处置。

跨省、自治区、直辖市通过道路运输动物的，应当经省级人民政府设立的指定通道入省境或者过省境。

饲养场（户）或者屠宰加工场所不得接收未附有有

效动物检疫证明的动物。

第四十七条 运输用于继续饲养或屠宰的畜禽到达目的地后，货主或者承运人应当在三日内向启运地县级动物卫生监督机构报告；目的地饲养场（户）或者屠宰加工场所应当在接收畜禽后三日内向所在地县级动物卫生监督机构报告。

第九章 法律责任

第四十八条 申报动物检疫隐瞒有关情况或者提供虚假材料的，或者以欺骗、贿赂等不正当手段取得动物检疫证明的，依照《中华人民共和国行政许可法》有关规定予以处罚。

第四十九条 违反本办法规定运输畜禽，有下列行为之一的，由县级以上地方人民政府农业农村主管部门处一千元以上三千元以下罚款；情节严重的，处三千元以上三万元以下罚款：

（一）运输用于继续饲养或者屠宰的畜禽到达目的地后，未向启运地动物卫生监督机构报告的；

（二）未按照动物检疫证明载明的目的地运输的；

（三）未按照动物检疫证明规定时间运达且无正当理由的；

（四）实际运输的数量少于动物检疫证明载明数量且无正当理由的。

第五十条 其他违反本办法规定的行为，依照《中华人民共和国动物防疫法》有关规定予以处罚。

第十章 附则

第五十一条 水产苗种产地检疫，由从事水生动物检疫的县级以上动物卫生监督机构实施。

第五十二条 实验室疫病检测报告应当由动物疫病预防控制机构、取得相关资质认定、国家认可机构认可或者符合省级农业农村主管部门规定条件的实验室出具。

第五十三条 本办法自2022年12月1日起施行。农业农村部2010年1月21日公布、2019年4月25日修订的《动物检疫管理办法》同时废止。

中华人民共和国农业农村部令

2022年第8号

《动物防疫条件审查办法》已于2022年8月22日经农业农村部第9次常务会议审议通过，现予公布，自2022年12月1日起施行。

部长 唐仁健

2022年9月7日

动物防疫条件审查办法

第一章 总则

第一条 为了规范动物防疫条件审查，有效预防、控制、净化、消灭动物疫病，防控人畜共患传染病，保障公共卫生安全和人体健康，根据《中华人民共和国动物防疫法》，制定本办法。

第二条 动物饲养场、动物隔离场所、动物屠宰加工场所以及动物和动物产品无害化处理场所，应当符合本办法规定的动物防疫条件，并取得动物防疫条件合格证。

经营动物和动物产品的集贸市场应当符合本办法规定的动物防疫条件。

第三条 农业农村部主管全国动物防疫条件审查和监督管理工作。

县级以上地方人民政府农业农村主管部门负责本行政区域内的动物防疫条件审查和监督管理工作。

第四条 动物防疫条件审查应当遵循公开、公平、公正、便民的原则。

第五条 农业农村部加强信息化建设，建立动物防疫条件审查信息管理系统。

第二章 动物防疫条件

第六条 动物饲养场、动物隔离场所、动物屠宰加工场所以及动物和动物产品无害化处理场所应当符合下列条件：

（一）各场所之间，各场所与动物诊疗场所、居民生活区、生活饮用水水源地、学校、医院等公共场所之间保持必要的距离；

（二）场区周围建有围墙等隔离设施；场区出入口处设置运输车辆消毒通道或者消毒池，并单独设置人员消毒通道；生产经营区与生活办公区分开，并有隔离设施；生产经营区入口处设置人员更衣消毒室；

（三）配备与其生产经营规模相适应的执业兽医或者动物防疫技术人员；

（四）配备与其生产经营规模相适应的污水、污物处理设施，清洗消毒设施设备，以及必要的防鼠、防鸟、防虫设施设备；

（五）建立隔离消毒、购销台账、日常巡查等动物防疫制度。

第七条 动物饲养场除符合本办法第六条规定外，还应当符合下列条件：

（一）设置配备疫苗冷藏冷冻设备、消毒和诊疗等防疫设备的兽医室；

（二）生产区清洁道、污染道分设；具有相对独立的动物隔离舍；

（三）配备符合国家规定的病死动物和病害动物产品无害化处理设施设备或者冷藏冷冻等暂存设施设备；

（四）建立免疫、用药、检疫申报、疫情报告、无害化处理、畜禽标识及养殖档案管理等动物防疫制度。

禽类饲养场内的孵化间与养殖区之间应当设置隔离设施，并配备种蛋熏蒸消毒设施，孵化间的流程应当单向，不得交叉或者回流。

种畜禽场除符合本条第一款、第二款规定外，还应当有国家规定的动物疫病的净化制度；有动物精液、卵、胚胎采集等生产需要的，应当设置独立的区域。

第八条 动物隔离场所除符合本办法第六条规定外，还应当符合下列条件：

（一）饲养区内设置配备疫苗冷藏冷冻设备、消毒和诊疗等防疫设备的兽医室；

（二）饲养区内清洁道、污染道分设；

（三）配备符合国家规定的病死动物和病害动物产品无害化处理设施设备或者冷藏冷冻等暂存设施设备；

（四）建立动物进出登记、免疫、用药、疫情报告、无害化处理等动物防疫制度。

第九条 动物屠宰加工场所除符合本办法第六条规定外，还应当符合下列条件：

（一）入场动物卸载区域有固定的车辆消毒场地，并配备车辆清洗消毒设备；

（二）有与其屠宰规模相适应的独立检疫室和休息室；有待宰圈、急宰间，加工原毛、生皮、绒、骨、角的，还应当设置封闭式熏蒸消毒间；

（三）屠宰间配备检疫操作台；

（四）有符合国家规定的病死动物和病害动物产品无害化处理设施设备或者冷藏冷冻等暂存设施设备；

（五）建立动物进场查验登记、动物产品出场登记、检疫申报、疫情报告、无害化处理等动物防疫制度。

第十条 动物和动物产品无害化处理场所除符合本办法第六条规定外，还应当符合下列条件：

（一）无害化处理区内设置无害化处理间、冷库；

（二）配备与其处理规模相适应的病死动物和病害动物产品的无害化处理设施设备，符合农业农村部规定条件的专用运输车辆，以及相关病原检测设备，或者委托有资质的单位开展检测；

（三）建立病死动物和病害动物产品入场登记、无害化处理记录、病原检测、处理产物流向登记、人员防护等动物防疫制度。

第十一条 经营动物和动物产品的集贸市场应当符合下列条件：

（一）场内设管理区、交易区和废弃物处理区，且各区相对独立；

（二）动物交易区与动物产品交易区相对隔离，动物交易区内不同种类动物交易场所相对独立；

（三）配备与其经营规模相适应的污水、污物处理设施和清洗消毒设施设备；

（四）建立定期休市、清洗消毒等动物防疫制度。

经营动物的集贸市场，除符合前款规定外，周围应当建有隔离设施，运输动物车辆出入口处设置消毒通道或者消毒池。

第十二条 活禽交易市场除符合本办法第十一条规定外，还应当符合下列条件：

（一）活禽销售应单独分区，有独立出入口；市场内水禽与其他家禽应相对隔离；活禽宰杀间应相对封闭，宰杀间、销售区域、消费者之间应实施物理隔离；

（二）配备通风、无害化处理等设施设备，设置排污通道；

（三）建立日常监测、从业人员卫生防护、突发事件应急处置等动物防疫制度。

第三章 审查发证

第十三条 开办动物饲养场、动物隔离场所、动物屠宰加工场所以及动物和动物产品无害化处理场所，应当向县级人民政府农业农村主管部门提交选址需求。

县级人民政府农业农村主管部门依据评估办法，结合场所周边的天然屏障、人工屏障、饲养环境、动物分布等情况，以及动物疫病发生、流行和控制等因素，实施综合评估，确定本办法第六条第一项要求的距离，确认选址。

前款规定的评估办法由省级人民政府农业农村主管部门依据《中华人民共和国畜牧法》《中华人民共和国动物防疫法》等法律法规和本办法制定。

第十四条 本办法第十三条规定的场所建设竣工后，应当向所在地县级人民政府农业农村主管部门提出申请，并提交以下材料：

（一）《动物防疫条件审查申请表》；

（二）场所地理位置图、各功能区布局平面图；

（三）设施设备清单；

（四）管理制度文本；

（五）人员信息。

申请材料不齐全或者不符合规定条件的，县级人民政府农业农村主管部门应当自收到申请材料之日起五个工作日内，一次性告知申请人需补正的内容。

第十五条 县级人民政府农业农村主管部门应当自受理申请之日起十五个工作日内完成材料审核，并结合选址综合评估结果完成现场核查，审查合格的，颁发动物防疫条件合格证；审查不合格的，应当书面通知申请人，并说明理由。

第十六条 动物防疫条件合格证应当载明申请人的名称（姓名）、场（厂）址、动物（动物产品）种类等事项，具体格式由农业农村部规定。

第四章 监督管理

第十七条 患有人畜共患传染病的人员不得在本办法第二条所列场所直接从事动物疫病检测、检验、协助检疫、诊疗以及易感染动物的饲养、屠宰、经营、隔离等活动。

第十八条 县级以上地方人民政府农业农村主管部门依照《中华人民共和国动物防疫法》和本办法以及有关法律、法规的规定，对本办法第二条所列场所的动物防疫条件实施监督检查，有关单位和个人应当予以配合，不得拒绝和阻碍。

第十九条 推行动物饲养场分级管理制度，根据规模、设施设备状况、管理水平、生物安全风险等因素采取差异化监管措施。

第二十条 取得动物防疫条件合格证后，变更场址或者经营范围的，应当重新申请办理，同时交回原动物防疫条件合格证，由原发证机关予以注销。

变更布局、设施设备和制度，可能引起动物防疫条件发生变化的，应当提前三十日向原发证机关报告。发证机关应当在十五日内完成审查，并将审查结果通知申请人。

变更单位名称或者法定代表人（负责人）的，应当在变更后十五日内持有效证明申请变更动物防疫条件合格证。

第二十一条 动物饲养场、动物隔离场所、动物屠宰加工场所以及动物和动物产品无害化处理场所，应当在每年三月底前将上一年的动物防疫条件情况和防疫制度执行情况向县级人民政府农业农村主管部门报告。

第二十二条 禁止转让、伪造或者变造动物防疫条件合格证。

第二十三条 动物防疫条件合格证丢失或者损毁的，应当在十五日内向原发证机关申请补发。

第五章 法律责任

第二十四条 违反本办法规定，有下列行为之一的，依照《中华人民共和国动物防疫法》第九十八条的规定予以处罚：

（一）动物饲养场、动物隔离场所、动物屠宰加工场所以及动物和动物产品无害化处理场所变更场所地址或者经营范围，未按规定重新办理动物防疫条件合格证的；

（二）经营动物和动物产品的集贸市场不符合本办法第十一条、第十二条动物防疫条件的。

第二十五条 违反本办法规定，动物饲养场、动物隔离场所、动物屠宰加工场所以及动物和动物产品无害化处理场所未经审查变更布局、设施设备和制度，不再符合规定的动物防疫条件继续从事相关活动的，依照《中华人民共和国动物防疫法》第九十九条的规定予以处罚。

第二十六条 违反本办法规定，动物饲养场、动物隔离场所、动物屠宰加工场所以及动物和动物产品无害化处理场所变更单位名称或者法定代表人（负责人）未办理变更手续的，由县级以上地方人民政府农业农村主管部门责令限期改正；逾期不改正的，处一千元以上五千元以下罚款。

第二十七条 违反本办法规定，动物饲养场、动物隔离场所、动物屠宰加工场所以及动物和动物产品无害化处理场所未按规定报告动物防疫条件情况和防疫制度执行情况的，依照《中华人民共和国动物防疫法》第一百零八条的规定予以处罚。

第二十八条 违反本办法规定，涉嫌犯罪的，依法移送司法机关追究刑事责任。

第六章 附则

第二十九条 本办法所称动物饲养场是指《中华人民共和国畜牧法》规定的畜禽养殖场。

本办法所称经营动物和动物产品的集贸市场，是指经营畜禽或者专门经营畜禽产品，并取得营业执照的集贸市场。

动物饲养场内自用的隔离舍，参照本办法第八条规定执行，不再另行办理动物防疫条件合格证。

动物饲养场、隔离场所、屠宰加工场所内的无害化处理区域，参照本办法第十条规定执行，不再另行办理动物防疫条件合格证。

第三十条 本办法自2022年12月1日起施行。农业部2010年1月21日公布的《动物防疫条件审查办法》同时废止。

本办法施行前已取得动物防疫条件合格证的各类场所，应当自本办法实施之日起一年内达到本办法规定的条件。

中华人民共和国农业农村部公告

第 524 号

根据《中华人民共和国种子法》《中华人民共和国草原法》和《草种管理办法》等有关规定，批准北京新禾丰农化资料有限公司和北京克劳斯生态科技有限公司的草种经营许可申请，并颁发《草种经营许可证》。

特此公告。

附件：《草种经营许可证》单位名单（第三十一批）

农业农村部

2022 年 1 月 27 日

附件：

《草种经营许可证》单位名单（第三十一批）

序号	单位名称	住所	法定代表人	经营范围	经营方式	有效区域	许可证编号	有效期	备注
1	北京新禾丰农化资料有限公司	北京市海淀区西四环北路 160 号 7 层一区 737	王世成	草种	批发、零售、进出口	全国	（农）草种经许字（2022）第 001 号	至 2027 年 1 月 26 日	期满重新申请
2	北京克劳斯生态科技有限公司	北京市顺义区李遂镇市场南路 1 幢 414 号	任洋	草种	批发、零售、进出口	全国	（农）草种经许字（2022）第 002 号	至 2027 年 1 月 26 日	期满重新申请

中华人民共和国农业农村部公告

第 530 号

根据《农业机械试验鉴定办法》（农业农村部令 2018年第3号）的规定，现将我部新修订的《水稻插秧机》等19项农业机械推广鉴定大纲、新制定的《甘蔗切种机》等 12 项农业机械推广鉴定大纲予以发布，自发布之日起实施。

特此公告。

农业农村部

2022 年 2 月 22 日

附件：

新制定修订的农业机械推广鉴定大纲 .zip

相关链接：

http://www.moa.gov.cn/govpublic/NYJXHGLS/202202/P020220224389959828080.zip

新制定修订的农业机械推广鉴定大纲目录

序号	大纲编号	大纲名称	制定 / 修订	代替大纲编号
1	DG/T 008–2022	插秧机	修订	DG/T 008–2019
2	DG/T 016–2022	秸秆（根茬）粉碎还田机	修订	DG/T 016–2019
3	DG/T 025–2022	棉花收获机	修订	DG/T 025–2019
4	DG/T 048–2022	果品分级机	修订	DG/T 048–2019
5	DG/T 050–2022	挤奶机	修订	DG/T 050–2019
6	DG/T 059–2022	大型喷灌机	修订	DG/T 059–2019
7	DG/T 064–2022	投（饲）饵机	修订	DG/T 064–2019
8	DG/T 078–2022	薯类收获机	修订	DG/T 078–2019
9	DG/T 086–2022	病死畜禽处理设备	修订	DG/T 086–2019
10	DG/T 087–2022	铧式犁	修订	DG/T 087–2019
11	DG/T 089–2022	开沟机	修订	DG/T 089–2019
12	DG/T 128–2022	花生脱壳机	修订	DG/T 128–2019
13	DG/T 147–2022	畜禽粪便发酵处理机	修订	DG/T 147–2019
14	DG/T 148–2022	畜禽粪便翻堆机	修订	DG/T 148–2019
15	DG/T 154–2022	热风炉	修订	DG/T 154–2019
16	DG/T 210–2022	草捆捡拾收集机	修订	DG/T 210–2019
17	DG/T 211–2022	轨道运输机	修订	DG/T 211–2021
18	DG/T 217–2022	设施环境控制设备 温湿度控制器	修订	DG/T 217–2019
19	DG/T 231–2022	菌料装瓶（袋）机	修订	DG/T 231–2019
20	DG/T 271–2022	甘蔗切种机	制定	/
21	DG/T 272–2022	甘薯移栽机	制定	/
22	DG/T 273–2022	去雄机	制定	/
23	DG/T 274–2022	水肥一体化设备	制定	/
24	DG/T 275–2022	烟叶收获机	制定	/
25	DG/T 276–2022	药浴机	制定	/
26	DG/T 277–2022	牲畜分群设备	制定	/
27	DG/T 278–2022	修蹄机	制定	/
28	DG/T 279–2022	畜禽识别（定位）监控设备	制定	/
29	DG/T 280–2022	有机废弃物干式厌氧发酵装置	制定	/
30	DG/T 281–2022	病死畜禽贮藏设备	制定	/
31	DG/T 282–2022	水草清理（梳割）机	制定	/

中华人民共和国农业农村部公告

第 531 号

为规范动物检疫工作，严格动物及动物产品运输监管，夯实动物疫病防控基础，促进畜牧业高质量发展，根据《中华人民共和国动物防疫法》《动物检疫管理办法》等规定，现就强化动物检疫监督工作有关事项公告如下。

一、动物卫生监督机构应当加强官方兽医管理，结合动物检疫申报点设置，明确官方兽医工作地点、管理范围、出证权限，实现官方兽医与检疫申报点关联管理。禁止“多车一证”，对使用不同车辆运输的动物及动物产品，官方兽医应当分别出具检疫证明。

二、从事畜禽运输的单位和个人应当向所在地县级人民政府农业农村主管部门备案。备案时应当在“牧运通”信息系统提交单位营业执照、个人身份证明等材料。患有人畜共患传染病的人员不得直接从事动物运输活动。

畜禽运输车辆应当向所在地县级人民政府农业农村主管部门备案。备案时应当在“牧运通”信息系统提交车辆所有权人的营业执照、运输车辆行驶证、运输车辆照片。

三、畜禽运输车辆应当符合下列条件：

（一）车厢壁及底部、隔离地板应当耐腐蚀、防渗漏、耐高温，便于清洗、消毒和烘干；

（二）具有防止动物排泄物等污物渗漏、遗撒的设施设备；

（三）随车配有清洗、消毒设备和消毒药品；

（四）跨省、自治区、直辖市运输的，应当配备符合交通运输部要求的卫星定位系统车载终端；

（五）具有其他保障动物防疫的设施设备。

四、农业农村主管部门办理备案时，应当核实相关材料信息。备案材料符合要求的，及时予以备案；不符合要求的，应当一次性告知备案人补正相关材料。

五、从事畜禽运输的单位和个人应当建立健全运输台账，详细记录检疫证明编号、畜禽名称、畜禽数量、运输时间、启运地点、到达地点、运输路线、车辆清洗、消毒以及运输活动中死亡、染疫或者疑似染疫畜禽的处置等情况。跨省运输畜禽的备案车辆卫星定位系统相关信息记录保存期限不得少于二个月。

六、动物卫生监督机构及其官方兽医接到产地检疫申报后，应当了解运输车辆、承运单位、个人以及车辆驾驶员的备案情况。发现未备案的，应当及时向农业农村主管部门报告。

七、农业农村主管部门应当加强信息化建设，推进检疫监管与养殖、运输、屠宰等信息互联互通，实现动物检疫监督全链条智慧监管。要加快完善养殖场（户）、屠宰厂（场）基础数据库，实现货主、启运地、目的地等信息“菜单式”管理；建立检疫信息落地反馈功能，对一定时限内未确认到达，或者确认到达的信息与检疫证明信息不符的，系统要能够及时发出警示提醒；健全检疫信息智能纠错功能，对信息填写不规范、数据错误等异常情况设置智能提醒。

八、跨省调运活禽、活羊的检疫和调运管理，不再执行《中华人民共和国农业部公告第 2516 号》《农业部办公厅关于加强活羊跨省调运监管工作的通知》（农办医〔2014〕35 号）有关要求，严格按照动物检疫规程执行。

九、本公告自 2022 年 4 月 1 日起施行。我部原公布实施的生猪运输车辆备案管理规定与本公告不一致的，以本公告为准。

特此公告。

农业农村部

2022 年 2 月 23 日

中华人民共和国农业农村部公告

第 537 号

根据《中华人民共和国种子法》《中华人民共和国草原法》和《草种管理办法》等有关规定，批准北京百斯特草业有限公司、四川冠高生物科技有限公司和北京正道农业股份有限公司的草种经营许可申请，并颁发《草种经营许可证》。

特此公告。

附件：《草种经营许可证》单位名单（第三十二批）

农业农村部

2022 年 3 月 17 日

附件：

《草种经营许可证》单位名单（第三十二批）

序号	单位 名称	住所	法定代表人	经营范围	经营方式	有效区域	许可证编号	有效期	备注
1	北京百斯特草业有限公司	北京市朝阳区雅成一里 19 号楼 8 层 908 内 1	郤建辉	草种	批发、零售、进出口	全国	（农）草种经许字（2022）第 003 号	至 2027 年 3 月 16 日	期满重新申请
2	四川冠高生物科技有限公司	成都高新区益州大道北段 388 号 8 栋 11 楼 1109 号	何文	草种	批发、零售、进出口	全国	（农）草种经许字（2022）第 004 号	至 2027 年 3 月 16 日	期满重新申请
3	北京正道农业股份有限公司	北京市昌平区回龙观镇生命园路 4 号院 7 号楼 1 层 101 室	邵进翚	草种	批发、零售、进出口	全国	（农）草种经许字（2022）第 005 号	至 2027 年 3 月 16 日	期满重新申请

中华人民共和国农业农村部公告

第 571 号

根据《中华人民共和国动物防疫法》有关规定，我部对原《人畜共患传染病名录》进行了修订，现予发布，自发布之日起施行。2009 年发布的农业部第 1149 号公告同时废止。

附件：人畜共患传染病名录

农业农村部

2022 年 6 月 23 日

附件：

人畜共患传染病名录

牛海绵状脑病、高致病性禽流感、狂犬病、炭疽、布鲁氏菌病、弓形虫病、棘球蚴病、钩端螺旋体病、沙门氏菌病、牛结核病、日本血吸虫病、日本脑炎（流行性乙型脑炎）、猪链球菌Ⅱ型感染、旋毛虫病、囊尾蚴病、马鼻疽、李氏杆菌病、类鼻疽、片形吸虫病、鹦鹉热、Q 热、利什曼原虫病、尼帕病毒性脑炎、华支睾吸虫病。

中华人民共和国农业农村部公告

第 573 号

根据《中华人民共和国动物防疫法》有关规定，我部对原《一、二、三类动物疫病病种名录》进行了修订，现予发布，自发布之日起施行。2008 年发布的中华人民共和国农业部公告第 1125 号、2011 年发布的中华人民共和国农业部公告第 1663 号、2013 年发布的中华人民共和国农业部公告第 1950 号同时废止。

特此公告。

附件：一、二、三类动物疫病病种名录

农业农村部

2022 年 6 月 23 日

附件：

一、二、三类动物疫病病种名录

一类动物疫病（11 种）

口蹄疫、猪水疱病、非洲猪瘟、尼帕病毒性脑炎、非洲马瘟、牛海绵状脑病、牛瘟、牛传染性胸膜肺炎、痒病、小反刍兽疫、高致病性禽流感。

二类动物疫病（37 种）

多种动物共患病（7 种）：狂犬病、布鲁氏菌病、炭疽、蓝舌病、日本脑炎、棘球蚴病、日本血吸虫病。

牛病（3 种）：牛结节性皮肤病、牛传染性鼻气管炎（传染性脓疱外阴阴道炎）、牛结核病。

绵羊和山羊病（2 种）：绵羊痘和山羊痘、山羊传染性胸膜肺炎。

马病（2 种，略）猪病（3 种，略）禽病（3 种，略）兔病（1 种，略）蜜蜂病（2 种，略）鱼类病（11 种，略）甲壳类病（3 种，略）。

三类动物疫病（126 种）

多种动物共患病（25 种）：伪狂犬病、轮状病毒感染、产气荚膜梭菌病、大肠杆菌病、巴氏杆菌病、沙门氏菌病、李氏杆菌病、链球菌病、溶血性曼氏杆菌病、副结核病、类鼻疽、支原体病、衣原体病、附红细胞体病、Q 热、钩端螺旋体病、东毕吸虫病、华支睾吸虫病、囊尾蚴病、片形吸虫病、旋毛虫病、血矛线虫病、弓形虫病、伊氏锥虫病、隐孢子虫病。

牛病（10 种）：牛病毒性腹泻、牛恶性卡他热、地方流行性牛白血病、牛流行热、牛冠状病毒感染、牛赤羽病、牛生殖道弯曲杆菌病、毛滴虫病、牛梨形虫病、牛无浆体病。

绵羊和山羊病（7 种）：山羊关节炎/脑炎、梅迪–维斯纳病、绵羊肺腺瘤病、羊传染性脓疱皮炎、干酪性淋巴结炎、羊梨形虫病、羊无浆体病。

马病（8 种，略）猪病（13 种，略）禽病（21 种，略）兔病（2 种，略）蚕、蜂病（8 种，略）犬猫等动物病（10 种，略）鱼类病（11 种，略）甲壳类病（5 种，略）贝类病（3 种，略）两栖与爬行类病（3 种，略）。

中华人民共和国农业农村部公告

第 574 号

为进一步加强动物疫病防控工作，保障畜牧业高质量发展，根据《中华人民共和国动物防疫法》有关规定，我部组织制订了《种用动物健康标准》。现予发布，自发布之日起施行。

农业农村部

2022 年 6 月 24 日

种用动物健康标准

为了提高种用动物健康水平，促进畜牧业高质量发展，依据《中华人民共和国动物防疫法》，特制定本标准。

1 适用范围

本标准规定了与动物疫病相关的种用动物健康标准和检查方法。

本标准适用于中华人民共和国境内饲养的种用动物。

2 定义

本标准所指种用动物，是指经过选育、具有种用价值、适于繁殖后代的种猪、种牛、种羊、种马（驴）、种禽（鸡、鸭、番鸭、鹅）等动物。

本标准所指健康标准，是指根据《中华人民共和国动物防疫法》适用范围和相关定义，种用动物在动物疫病方面应符合的要求。

3 防疫条件要求

3.1 饲养场符合农业农村部规定的动物防疫条件（选址距离按照所在省、自治区、直辖市有关规定要求执行），并取得县级以上地方人民政府农业农村主管部门颁发的《动物防疫条件合格证》《种畜禽生产经营许可证》。

3.2 按国家规定开展重大动物疫病强制免疫工作，免疫抗体合格率达到国家规定要求，免疫档案齐全。

3.3 调出种用动物的，应当严格执行检疫制度；引进种用动物的，应当严格执行隔离观察制度。

3.4 开展定期消毒、灭鼠杀虫，有防止鸟类等野生动物传入疫病的设施和措施。

3.5 按国家规定加施畜禽标识，养殖档案齐全。

3.6 按照国家动物疫病监测计划开展动物疫病监测，监测结果符合规定要求。

4 种猪健康标准（略）

5 种牛健康标准

5.1 未发生口蹄疫、布鲁氏菌病、牛结核病、炭疽、棘球蚴病、牛结节性皮肤病、牛病毒性腹泻、牛传染性鼻气管炎。

5.2 临床健康。

5.3 对口蹄疫、布鲁氏菌病、牛结核病、牛结节性皮肤病进行监测。口蹄疫、牛结节性皮肤病病原学监测结果为阴性，布鲁氏菌病血清学检测应为抗体阴性，结核病经变态反应或 γ－干扰素体外检测法检测为阴性。

6 种羊健康标准

6.1 未发生口蹄疫、小反刍兽疫、布鲁氏菌病、炭疽、棘球蚴病、绵羊痘和山羊痘、山羊传染性胸膜肺炎。

6.2 临床健康。

6.3 对口蹄疫、小反刍兽疫、布鲁氏菌病进行监测。口蹄疫病原学监测结果为阴性，小反刍兽疫病原学监测结果表明无病毒感染，布鲁氏菌病血清学检测应为抗体阴性。

7 种马（驴）健康标准（略）

8 种禽健康标准（略）

9 检测方法

9.1 口蹄疫

按《口蹄疫诊断技术》（GB/T 18935）执行。

9.2 非洲猪瘟（略）

9.3 布鲁氏菌病

按《动物布鲁氏菌病诊断技术》（GB/T 18646）执行。

9.4 炭疽

按《动物炭疽诊断技术》（NY/T 561）执行。

9.5 猪瘟（略）

9.6 猪繁殖与呼吸综合征（略）

9.7 伪狂犬病

按《伪狂犬病诊断方法》（GB/T 18641）、《伪狂犬病病毒荧光 PCR 检测方法》（GB/T 35911）执行。

9.8 猪丹毒（略）

9.9 猪肺疫（略）

9.10 结核病

按《动物结核病诊断技术》（GB/T 18645）、《结核病病原菌实时荧光PCR检测方法》（GB/T 27639）执行。

9.11 棘球蚴病

按《动物棘球蚴病诊断技术》（NY/T 1466）执行。

9.12 牛结节性皮肤病

按《牛结节性皮肤病诊断技术》（GB/T 39602）执行。

9.13 牛病毒性腹泻

按《牛病毒性腹泻/粘膜病诊断技术规范》（GB/T 18637）执行。

9.14 牛传染性鼻气管炎

按《牛传染性鼻气管炎诊断技术》（NY/T 575）执行。

9.15 小反刍兽疫

按《小反刍兽疫诊断技术》（GB/T 27982）执行。

9.16 绵羊痘和山羊痘

按《绵羊痘和山羊痘诊断技术》（NY/T 576）执行。

9.17 山羊传染性胸膜肺炎

按《山羊接触传染性胸膜肺炎诊断技术》（GB/T 34720）执行。

9.18 非洲马瘟（略）

9.19 马传染性贫血（略）

9.20 马鼻疽（略）

9.21 高致病性禽流感（略）

9.22 新城疫（略）

9.23 禽白血病（略）

9.24 鸡白痢（略）

9.25 鸭瘟（略）

9.26 小鹅瘟（略）

中华人民共和国农业农村部公告

第577号

根据《中华人民共和国种子法》《中华人民共和国草原法》和《草种管理办法》等有关规定，批准北京鼎鑫嘉禾生态工程科技有限公司的草种经营许可申请，并颁发《草种经营许可证》。

特此公告。

附件：《草种经营许可证》单位名单（第三十三批）

农业农村部

2022年7月8日

附件：

《草种经营许可证》单位名单（第三十三批）

序号	单位名称	住所	法定代表人	经营范围	经营方式	有效区域	许可证编号	有效期	备注
1	北京鼎鑫嘉禾生态工程科技有限公司	北京市昌平区天通北苑一区甲6号楼1至3层02内三层507室	王惠媛	草种	批发、零售、进出口	全国	（农）草种经许字（2022）第006号	至2027年7月7日	期满重新申请

农业农村部关于印发《国家动物疫病强制免疫指导意见（2022—2025年）》的通知

农牧发〔2022〕1号

各省、自治区、直辖市及计划单列市农业农村（农牧）、畜牧兽医厅（局、委），新疆生产建设兵团农业农村局，部属有关事业单位：

为切实做好全国动物疫病强制免疫工作，根据《中华人民共和国动物防疫法》规定，结合当前动物防疫实际，我部制定了《国家动物疫病强制免疫指导意见(2022—2025年)》。现印发你们，请遵照执行。

农业农村部

2022年1月4日

国家动物疫病强制免疫指导意见(2022—2025年)

一、总体要求

（一）指导思想。按照保供固安全、振兴畅循环的工作定位，立足维护养殖业发展安全、公共卫生安全和生物安全大局，坚持防疫优先，扎实开展动物疫病强制免疫，切实筑牢动物防疫屏障。

（二）基本原则。坚持人病兽防、关口前移，预防为主、应免尽免，落实完善免疫效果评价制度，强化疫苗质量管理和使用效果跟踪监测，保证“真苗、真打、真有效”。

（三）目标要求。强制免疫动物疫病的群体免疫密度应常年保持在90%以上，应免畜禽免疫密度应达到100%，高致病性禽流感、口蹄疫和小反刍兽疫免疫抗体合格率常年保持在70%以上。

二、病种和范围

高致病性禽流感：对全国所有鸡、鸭、鹅、鹌鹑等人工饲养的禽类，根据当地实际情况，在科学评估的基础上选择适宜疫苗，进行H5亚型和（或)H7亚型高致病性禽流感免疫。对供研究和疫苗生产用的家禽、进口国（地区）明确要求不得实施高致病性禽流感免疫的出口家禽，以及因其他特殊原因不免疫的，有关养殖场（户）逐级报省级农业农村部门同意后，可不实施免疫。

口蹄疫：对全国有关畜种，根据当地实际情况，在科学评估的基础上选择适宜疫苗，进行O型和（或)A型口蹄疫免疫：对全国所有牛、羊、骆驼、鹿进行O型和A型口蹄疫免疫；对全国所有猪进行O型口蹄疫免疫，各地根据评估结果确定是否对猪实施A型口蹄疫免疫。

小反刍兽疫：对全国所有羊进行小反刍兽疫免疫。开展非免疫无疫区建设的区域，经省级农业农村部门同意后，可不实施免疫。

布鲁氏菌病：对种畜以外的牛羊进行布鲁氏菌病免疫，种畜禁止免疫。各省份根据评估情况，原则上以县为单位确定本省份的免疫区和非免疫区。免疫区内不实施免疫的、非免疫区实施免疫的，养殖场（户）应逐级报省级农业农村部门同意后实施。各省份根据评估结果，自行确定是否对奶畜免疫；确需免疫的，养殖场（户）应逐级报省级农业农村部门同意后实施。免疫区域划分和奶畜免疫等标准由省级农业农村部门确定。

包虫病：内蒙古、四川、西藏、甘肃、青海、宁夏、新疆和新疆生产建设兵团等重点疫区对羊进行免疫；四川、西藏、青海等省份可使用5倍剂量的羊棘球蚴病基因工程亚单位疫苗开展牦牛免疫，免疫范围由各省份自行确定。

省级农业农村部门可根据辖区内动物疫病流行情况，对猪瘟、新城疫、猪繁殖与呼吸综合征、牛结节性皮肤病、羊痘、狂犬病、炭疽等疫病实施强制免疫。

三、主要任务

（一）制定免疫计划。各省份按照本意见要求，结合防控实际（含计划单列市工作需求），制定本辖区的强制免疫计划，报农业农村部畜牧兽医局备案，抄送中国动物疫病预防控制中心，并在省级农业农村部门门户网站公开。对散养动物，采取春秋两季集中免疫与定期补免相结合的方式进行，对规模养殖场（户）及有条件的地方实施程序化免疫。

（二）实行“先打后补”。各省份可采用养殖场（户）自行免疫、第三方服务主体免疫、政府购买服务等多种形式，全面推进“先打后补”工作，在2022年年底前实现规模养殖场（户）全覆盖，在2025年年底前逐步全面停止政府招标采购强制免疫疫苗。

（三）加强技术指导。中国动物疫病预防控制中心要制定国家动物疫病强制免疫技术指南，组织开展省级免疫技术师资培训。国家兽医参考实验室、专业实验室、区域实验室和各省份动物疫病预防控制中心要持续跟踪病原变化和流行趋势，为各地免疫方案的制定、疫苗的选择和更新提供技术支撑。各省份要组织做好乡镇动物防疫机构、村级防疫员及社会化服务组织的免疫技术培训。疫苗及诊断试剂供应企业要做好培训、技术服务等工作。

（四）做好免疫记录。养殖场（户）要详细记录畜禽存栏、出栏、免疫等情况，特别是疫苗种类、生产厂家、生产批号等信息。乡镇动物防疫机构、村级防疫员要做好免疫记录、按时报告，确保免疫记录与畜禽标识相符。

（五）落实报告制度。各省份按月报告疫苗采购及免疫情况。在每年3—5月、9—11月春秋两季集中免疫期间，对免疫进展实行周报告制度。各省份要明确专人负责汇总、统计免疫信息，按时报中国动物疫病预防控制中心。

（六）评估免疫效果。各省份要加强免疫效果监测评价，坚持常规监测与随机抽检相结合，对畜禽群体抗体合格率未达到规定要求的，及时组织开展补免。对开展强制免疫“先打后补”的养殖场（户），要组织开展抽查，确保免疫效果。农业农村部将组织开展定期检查，视情况随机暗访和抽检，通报检查结果。

四、保障措施

（一）加强组织领导。地方各级人民政府对辖区内动物防疫工作负总责，组织有关部门按照职责分工，落实强制免疫工作任务。省级农业农村部门具体组织实施强制免疫，各级动物疫病预防控制机构负责开展养殖环节强制免疫效果评价，各级承担动物卫生监督职责的机构负责监督检查养殖场（户）履行强制免疫义务情况。

（二）落实主体责任。《中华人民共和国动物防疫法》规定，饲养动物的单位和个人是免疫主体，承担免疫责任。有关单位和个人应自行开展免疫或向第三方服务主体购买免疫服务，对饲养动物实施免疫接种，并按有关规定建立免疫档案、加施畜禽标识，确保可追溯。

（三）做好经费支持。按照《财政部、农业农村部关于修订印发农业相关转移支付资金管理办法的通知》（财农〔2020〕10号）要求，对国家确定的强制免疫病种，中央财政切块下达补助资金，统筹支持各省份开展强制免疫、免疫效果监测评价、疫病监测和净化、人员防护，以及实施强制免疫计划、购买防疫服务等。

（四）开展宣传培训。各省份要充分利用各类媒体，加大国家动物疫病强制免疫政策的宣传力度，提升养殖者自主免疫意识，提高科学养殖和防疫水平。要制定动物免疫病种的免疫培训方案，定期开展技术培训，指导相关人员科学开展免疫，加强个人防护。

（五）强化监督检查。中国兽医药品监察所要加强疫苗质量监管工作，开展监督抽检，对生产企业实行督导检查。各级农业农村部门要加强对辖区内强制免疫疫苗生产企业的监督检查，督促生产企业严格执行兽药生产质量管理规范（GMP）。全面实施兽药“二维码”管理制度，加强疫苗追踪和全程质量监管，严厉打击制售假劣疫苗行为。对拒不履行强制免疫义务、因免疫不到位引发动物疫情的单位和个人，要依法处理并追究责任。

各地要密切关注动物疫病强制免疫工作进展，及时报告新问题、新变化。农业农村部将根据防控工作需要，结合各地实际，适时调整优化强制免疫有关要求并另行通知。

农业农村部关于印发《“十四五”全国饲草产业发展规划》的通知

农牧发〔2022〕7号

各省、自治区、直辖市及计划单列市农业农村（农牧）、畜牧兽医厅（局、委），新疆生产建设兵团农业农村局：

为加快建设现代饲草产业，促进草食畜牧业高质量发展，我部制定了《“十四五”全国饲草产业发展规划》。现印发你们，请结合本地实际，认真组织实施。

农业农村部

2022年2月16日

附件：

农业农村部关于印发《“十四五”全国饲草产业发展规划》的通知.ofd

http://www.moa.gov.cn/zxfile/reader?file=http://www.moa.gov.cn/govpublic/xmsyj/202202/P020220225543847961405.ofd

农业农村部关于印发《“十四五”奶业竞争力提升行动方案》的通知

农牧发〔2022〕8号

各省、自治区、直辖市农业农村（农牧）、畜牧兽医厅（局、委），新疆生产建设兵团农业农村局：

为贯彻落实《国务院办公厅关于推进奶业振兴保障乳品质量安全的意见》《国务院办公厅关于促进畜牧业高质量发展的意见》，提升奶业竞争力，保障奶类供给安全，我部制定了《“十四五”奶业竞争力提升行动方案》。现印发给你们，请结合本地实际，认真组织实施。

农业农村部

2022年2月16日

附件：

农业农村部关于印发《“十四五”奶业竞争力提升行动方案》的通知.pdf

http://www.moa.gov.cn/zxfile/reader?file=http://www.moa.gov.cn/govpublic/xmsyj/202202/P020220222537160074945.pdf

《“十四五”奶业竞争力提升行动方案》详细内容参见2021卷特载部分。

农业农村部关于印发《畜间布鲁氏菌病防控五年行动方案（2022—2026年）》的通知

农牧发〔2022〕13号

各省、自治区、直辖市及计划单列市农业农村（农牧）、畜牧兽医厅（局、委），新疆生产建设兵团农业农村局，部属有关事业单位：

为贯彻落实2022年中央一号文件有关要求，强化畜间布鲁氏菌病防控，保障畜牧业生产安全、公共卫生安全和生物安全，我部制定了《畜间布鲁氏菌病防控五年行动方案（2022—2026年）》。现印发你们，请结合本地实际，认真组织实施。

农业农村部

2022年3月28日

畜间布鲁氏菌病防控五年行动方案（2022—2026年）

布鲁氏菌病（以下简称“布病”）是由布鲁氏菌属细菌感染引起的人畜共患传染病，是当前我国重点防控的人畜共患传染病之一。为加强畜间布病防控，降低流行率和传播风险，促进畜牧业高质量发展，维护人民群众身体健康，制定本方案。

一、总体要求

（一）指导思想。贯彻习近平总书记关于加强国家生物安全风险防控和治理体系建设指示精神，坚持人民至上、生命至上，实行积极防御、系统治理，有效控制传染源、阻断传播途径、提高抗病能力，切实做好布病源头防控工作，维护畜牧业生产安全、公共卫生安全和生物安全。

（二）基本原则。——源头防控，突出重点。坚持人病兽防、关口前移，重点抓好种牛、种羊、奶牛、奶山羊和肉羊的布病防控，统筹抓好肉牛、猪、鹿、骆驼和犬等其他易感动物的布病防控，切实降低流行率，有效防范传播风险。

——因地制宜，综合施策。坚持一地一策，根据各地布病流行形势，以县为基本单位连片推进布病防控，免疫区以实施持续免疫为主，非免疫区以实施持续监测剔除为主，有效落实各项基础性、综合性防控措施。

——技术创新，强化支撑。坚持科技引领，推动畜间布病快速鉴别诊断技术和防控模式创新应用，加强基层防控能力建设，统筹利用国家兽医实验室、疫控机构、科研教学单位、龙头企业等技术力量，不断提高布病防控技术支撑水平。

——健全机制，持续推进。坚持夯实基础，不断强化基层动物防疫体系建设，压实属地管理、部门监管和生产经营者主体责任，注重布病防控与各项支持政策相衔接，构建系统化、规范化、长效化政策制度和工作推进机制。

（三）主要目标。总体目标：到2026年，全国畜间布病总体流行率有效降低，牛羊群体健康水平明显提高，个体阳性率控制在0.4%以下，群体阳性率控制在7%以下。

免疫指标：布病强制免疫工作有效开展，免疫地区免疫密度常年保持在90%以上，免疫建档率100%，免疫奶牛场备案率100%，免疫评价工作开展率100%。

净化指标：布病净化和无疫小区建设工作扎实推进，内蒙古20%以上，辽宁、四川、陕西、甘肃、新疆50%以上，其他省份80%以上的牛羊种畜场（站）建成省级或国家级布病净化场、无疫小区；各省份30%以上的规模奶牛场达到净化或无疫标准；平均每省份每年建成3个以上（含3个）省级或国家级布病净化场、无疫小区。

宣传培训指标：从事养殖、运输、屠宰、加工等相关重点职业人群的布病防治知识知晓率达90%以上，基层动物防疫检疫人员的布病防治知识普及覆盖面达95%以上。

能力建设指标：90%以上的县级动物疫病预防控制机构具备开展布病血清学确诊检测能力；河北、山西、内蒙古、辽宁、吉林、黑龙江、山东、河南、陕西、甘肃、青海、宁夏、新疆、新疆生产建设兵团等重点省份省级和市级动物疫病预防控制机构，年度采样监测覆盖100%的牛羊调出大县和牛羊养殖大县（各省份自行确定养殖大县名单）。

二、重点任务

（一）监测排查。各地按照监测计划要求加强布病日常监测，根据流行程度确定监测数量和频次，扩大覆盖面，及早发现并剔除阳性个体。建立日常排查制度，对调入牛羊、引起人感染布病和高流产率畜群以及其他可疑情况，及时开展排查、隔离、采样、检测和报告等工作。对阳性场群，有针对性地持续开展全群跟踪监测，确保覆盖区域内所有存在阳性个体和造成人感染情况的场群。

（二）强制免疫。制定完善本省份布病强制免疫计划，扎实做好牛羊场群免疫工作，强化备案管理，健全免疫档案，开展免疫评价，确保免疫密度和效果，提升群体抵抗力，切实打牢布病防控基础。指导地方和养殖场户按照《家畜布鲁氏菌病防治技术规范》要求开展强制免疫，加强重点区域和场户免疫情况监督抽检。支持和引导第三方社会化服务组织参与布病免疫等防疫工作。

（三）消毒灭源。定期集中组织开展牛羊养殖、运输、屠宰、无害化处理等关键场所和环节"大清洗、大消毒"专项行动，有效消灭传染源。指导牛羊养殖场、屠宰场等场所建立健全生物安全管理制度，强化人员、物流隔离和消毒措施，及时对污染的场所、用具、物品进行彻底清洗，不断提高生物安全水平。

（四）净化无疫。按照《农业农村部关于推进动物疫病净化工作的意见》等文件要求，以种畜场、奶畜场和规模牛羊场为重点，全面开展布病净化场和无疫小区建设，每年建成评估一批高水平的布病净化场和无疫小区。优先支持国家级牛羊养殖标准化示范场、休闲观光牧场等开展布病净化。鼓励具备条件的地区和企业，开展连片净化和无疫小区建设，通过以点带面，逐步推开，全面提升养殖环节布病防控能力和区域布病综合防控水平。

（五）检疫监督。建立防疫检疫工作联动机制，推动监测排查、强制免疫等情况与检疫申报有效衔接。利用"牧运通"等信息化载体和手段，深入推行智慧检疫，实现检疫监督全链条信息闭环管理。规范检疫出证，强化检疫监管，监督养殖主体和贩运人严格落实动物检疫申报、落地报告制度，实现动物调运启运地、途经地、目的地全程可追溯。有序推进牛羊集中或定点屠宰，强化检疫检验，建立牛羊及其产品进出台账，记录来源和流向，确保可追溯。

（六）调运监管。全面实施畜禽运输车辆和人员备案制度，充分发挥动物防疫指定通道作用，加强活畜跨区域调运监管，防止畜间布病跨区域传播。按照农业农村部公告第2号要求，除布病无疫区、无疫小区、净化场，以及用于屠宰和种用乳用外，跨省调运活畜时，禁止布病易感动物从高风险区域（免疫区）向低风险区域（非免疫区）调运。切实理顺地方行业监管和农业综合执法关系，推进行刑衔接，加大对违法违规调运行为的打击力度。

（七）疫情处置。严格按照《家畜布鲁氏菌病防治技术规范》要求处置疫情，对发病和监测阳性动物进行扑杀，对同群动物进行隔离监测，对病畜圈舍环境、集中放牧区域、被污染的场地等进行规范消毒，对扑杀动物、流产物、被污染物等进行无害化处理。对阳性率较高的场群，应及时剔除阳性动物、开展免疫或整群淘汰。在确保生物安全的前提下，积极稳妥探索开展阳性动物集中无害化处理和资源化利用试点。

（八）宣传培训。会同卫生健康、林草等有关部门利用多种手段进行布病防治政策和措施宣传，科普布病防治知识。对消费群体，倡导养成健康消费习惯，不食用未加热成熟的牛羊肉，不饮用未消毒杀菌的生奶。对从事养殖、运输、屠宰、加工等重点人群开展专门宣传，不断强化防范意识，指导做好消毒、隔离等防护措施。对动物防疫检疫人员，组织开展集中培训，熟练掌握布病疫苗接种和防护用品使用要领，确保操作规范，防护到位。

（九）效果评估。省级农业农村部门要定期对辖区内布病防控效果进行评估，根据评估结果及时调整防控策略和措施。定期开展畜间布病流行病学调查，掌握本地区布病疫情发生规律、流行趋势和风险因素，对免疫状况、调运情况、流行动态和监测结果进行汇总分析，及时对疫情进行预警。对布病防控措施落实不到位、防控效果较差的地区，及时予以通报、督促抓好整改，对防控成效突出的单位和个人进行表彰。

三、保障措施

（一）强化组织指导。各地要健全工作机制，压实属地管理责任，成立由农业农村部门牵头的畜间布病防控领导小组，加强组织领导和统筹协调，分解目标任务，强化督促指导，确保各项防控措施落地见效。农业农村部将结合春秋防检查，定期调度和通报有关情况，并将结果与动物防疫补助等项目经费分配挂钩。

（二）强化经费保障。各地要将畜间布病防控所需经费纳入本级财政预算，合理安排和使用中央财政动物防疫补助经费，重点保障强制免疫、监测净化、消毒灭源、宣传培训、评估指导等工作需要。将布病防控与畜牧业发展支持政策结合，在统筹安排涉农涉牧项目资金时，优先支持开展布病防控相关工作，对通过评估的布病无疫区、无疫小区和净化场进行先建后补、以奖代补。积极探索开展奶牛布病保险，作为强制扑杀补助的有效补充。

专栏 重点支持政策项目

1. 强制免疫补助。主要用于开展布病等动物疫病强制免疫疫苗采购、储存、接种及免疫效果监测评价、疫病监测和净化、人员防护等相关防控工作，对实施强制免疫和购买动物防疫服务予以补助等。

2. 强制扑杀补助。主要用于对在布病预防、控制、净化、消灭过程中强制扑杀的羊、肉牛、奶牛等动物及销毁的动物产品和相关物品的所有者给予适当补偿。

3. 陆生动物疫病病原学监测区域中心建设。在畜禽养殖密集、动物疫病流行状况复杂、防控任务重的地区，依托地市级动物疫病预防控制机构，更新改造升级病原学监测实验室，提升病原学监测能力，及时准确掌握相关病种的流行态势和病原分布状况，提升监测调查和预警分析能力。

4. 边境动物疫情监测站建设。为加强边境动物及陆生野生动物的疫病监测预警和风险防范能力，在外来病传入高风险区的内陆边境县建设边境动物疫情监测站，承担边境地区布病等优先防治病种以及重点防范外来病的监测、流行病学调查、巡查监视和信息直报任务。

5. 动物防疫指定通道建设。对经省级人民政府批准设立的动物防疫指定通道相关设施设备进行更新或改造，配备监督执法和信息化装备设施，提升查证验物能力，堵截染疫动物，控制流通环节动物疫病传播扩散风险。

6. 牧区动物防疫专用设施建设。在牧区县和半牧区县建设牧区动物防疫专用设施，有效解决牧区防疫工作中由于放牧大动物数量多导致的家畜不易保定、免疫监测工作难开展等问题，提高工作效率，降低工作强度，确保布病免疫、监测、诊断等防控工作有效开展，提高防疫工作质量和效果。

（三）强化技术支持。中国动物疫病预防控制中心要做好布病疫情监测、强制免疫指导、防控技术推广服务和防控效果评估。布病国家参考实验室、专业实验室和其他国家兽医实验室要深入开展布病诊断技术及疫苗免疫程序和效果研究，在快速鉴别诊断技术、试剂和疫苗研发方面取得突破。各地农业农村部门要组建布病防控技术专家团队，建立防控专家咨询机制，定期组织开展疫情风险研判；组建布病防控应急专业队伍，加强技术人员培养，提高防治水平和服务能力。

（四）强化措施联动。各级农业农村部门要积极与卫生健康、林草、市场监管、公安等相关部门协调，建立联防联控机制和联席会议制度，加强工作交流，强化疫情会商、信息沟通、措施联动。建立疫情联合调查和处置机制，定期对布病防治工作情况进行巡查检查，发现问题及时解决，有效推动各项工作开展。

（五）强化进展反馈。各地要根据本方案细化各项措施，制定本省份布病防控行动方案，确定并公开免疫县、免疫奶牛场名单，于今年7月30日前将行动方案、免疫县和免疫奶牛场名单报农业农村部畜牧兽医局备案。每年1月底前，将上一年度布病防控工作进展情况报农业农村部畜牧兽医局，免疫县、免疫奶牛场名单变化情况一同报送。

农业农村部关于印发《三类动物疫病防治规范》的通知

农牧发〔2022〕19号

各省、自治区、直辖市及计划单列市农业农村（农牧）、畜牧兽医厅（局、委），新疆生产建设兵团农业农村局：

为做好动物防疫工作，促进养殖业持续健康发展，依据《中华人民共和国动物防疫法》规定，我部组织制定了《三类动物疫病防治规范》。现予印发，请遵照执行。

农业农村部

2022年6月23日

三类动物疫病防治规范

为做好三类动物疫病防治工作，促进养殖业发展，依据《中华人民共和国动物防疫法》，制定本规范。

1 适用范围。本规范所指三类动物疫病是《一、二、三类动物疫病病种名录》（中华人民共和国农业农村部公告第573号发布）中所列的三类动物疫病。

本规范规定了三类动物疫病的预防、疫情报告及疫病诊治要求。

本规范适用于中华人民共和国境内三类动物疫病防治的相关活动。

2 疫病预防

2.1 从事动物饲养、屠宰、经营、隔离、运输等活动的单位和个人应当加强管理，保持畜禽养殖环境卫生清洁、通风良好、合理的环境温度和湿度；确保水生动物养殖场所具有合格水源、独立进排水系统，保持适宜的养殖水环境。

2.2 从事动物饲养、屠宰、经营、隔离、运输等活动的单位和个人应当建立并执行动物防疫消毒制度，科学规范开展消毒工作，及时对病死动物及其排泄物、被污染的饲料、垫料等进行无害化处理。

2.3 从事动物饲养、屠宰、经营、隔离等活动的单位和个人应控制车辆、人员、物品等进出，并严格消毒。

2.4 动物饲养场和隔离场所、动物屠宰加工场所以及动物和动物产品无害化处理场所应当取得动物防疫条件合格证；经营动物、动物产品的集贸市场应当具备相应动物防疫条件。

2.5 应使用营养全面、品质良好的饲料。畜禽养殖应使用清洁饮水，鼓励采取全进全出、自繁自养的饲养方式。

2.6 养殖场户可根据本地区疫病流行情况，合理制定免疫程序，对危害严重的疫病实施免疫。

2.7 养殖场户应根据国家和本地区的动物疫病防治要求，主动开展疫病净化工作。

2.8 饲养种用、乳用动物的单位和个人，应按照相应动物健康标准等规定，定期开展动物疫病检测；检测不合格的，应当按照国家有关规定处理。

3 疫情报告

3.1 从事动物饲养、屠宰、经营、隔离、运输等活动的单位和个人发现动物患病或疑似患病时，应当立即向所在地农业农村主管部门或者动物疫病预防控制机构报告，并迅速采取消毒、隔离、控制移动等控制措施，防止动物疫情扩散。其他单位和个人发现动物患病或疑似患病时，应当及时报告。

3.2 执业兽医、乡村兽医以及从事动物疫病检测、检验检疫、诊疗等活动的单位和个人在开展动物疫病诊断、检测过程中发现动物患病或疑似患病时，应及时将动物疫病发生情况向所在地农业农村主管部门或者动物疫病预防控制机构报告。

3.3 县级以上动物疫病预防控制机构应每月汇总本行政区域内动物疫情信息，经同级农业农村主管部门审核后逐级报送，畜禽疫情报中国动物疫病预防控制中心，水生动物疫情报全国水产技术推广总站。中国动物疫病预防控制中心和全国水产技术推广总站按规定报送农业农村部。

3.4 三类动物疫病发病率、死亡率、传播速度出现异常升高等情况，或呈暴发性流行时，应当按照动物疫情快报要求进行报告。

4 疫病诊治

4.1 经临床诊断、流行病学调查或实验室检测，综合研判认定为三类动物疫病的，可对患病动物进行治疗。

4.2 对于需使用抗菌药、抗病毒药、驱虫和杀虫剂、消毒剂等进行治疗的，应当符合国家兽药管理规定。药物使用应确保精准，严格执行用药时间、剂量、疗程、休药期等规定，建立用药记录，并保存 2 年以上。

4.3 治疗畜禽寄生虫病后，应及时收集排出的虫体和粪便，并进行无害化处理。

4.4 患病水生动物养殖尾水应经无害化处理后再行排放。

4.5 对患病畜禽应隔离饲养，必要时对患病动物的同群动物采取给药、免疫等预防性措施。

4.6 动物疫病诊疗过程中，相关人员应做好个人防护。治疗期间所使用的用具应严格消毒，产生的医疗废弃物等应进行无害化处理。

农业农村部办公厅关于印发《社会资本投资农业农村指引》的通知

农办计财〔2022〕10 号

各省、自治区、直辖市及计划单列市农业农村（农牧）、畜牧兽医、海洋渔业厅（局、委），新疆生产建设兵团农业农村局，黑龙江省农垦总局、广东省农垦总局：

社会资本投资农业农村是巩固农业基础地位、推动农业农村优先发展的重要支撑，是应对新冠肺炎疫情影响和打赢脱贫攻坚战、全面建成小康社会的有效举措，也是实施乡村振兴战略的重要力量。为深入贯彻落实乡村振兴战略，激发社会资本的动力和活力，引导社会资本有序投入农业农村，健全多元投入保障机制，加快形成乡村振兴多元投入格局，我部制定了《社会资本投资农业农村指引》，现印发你们，请结合本地实际，充分发挥财政政策、产业政策的引导带动功能，不断调动强化社会资本投资农业农村的积极性、主动性，切实发挥好社会资本投资农业农村、服务乡村振兴战略实施的作用。

农业农村部办公厅

2020 年 4 月 13 日

社会资本投资农业农村指引

一、总体要求

（一）指导思想。以习近平新时代中国特色社会主义思想和习近平总书记关于“三农”工作的重要论述为指导，按照“产业兴旺、生态宜居、乡风文明、治理有效、生活富裕”总要求，坚持农业农村优先发展总方针，以农业供给侧结构性改革为主线，聚焦乡村振兴重点领域，进一步扩大开放，创新投融资机制，降低准入门槛，营造良好营商环境，激发社会资本投资活力，更好满足乡村振兴多样化投融资需求，助力粮食、生猪等重要农产品稳产保供和农民收入持续稳定增长，为应对新冠肺炎疫情影响、打赢脱贫攻坚战和补齐全面小康“三农”短板重点任务提供有效支撑。

（二）基本原则。

1. 尊重农民主体地位。充分尊重农民意愿，切实发挥农民在乡村振兴中的主体作用，引导社会资本与农民建立紧密利益联结机制，不断提升人民群众获得感。支持社会资本依法依规拓展业务，注重合作共赢，多办农民“办不了、办不好、办了不合算”的产业，把收益更多留在乡村；多办链条长、农民参与度高、受益面广的产业，把就业岗位更多留给农民；多办扶贫带贫、帮农带农的产业，带动农村同步发展、农民同步进步。

2. 遵循市场规律。充分发挥市场在资源配置中的决定性作用，更好发挥政府作用，引导社会资本将人才、技术、管理等现代生产要素注入农业农村，加快建成现代农业产业体系、生产体系和经营体系。坚持“放管服”改革方向，建立健全监管和风险防范机制，营造公平竞争的市场环境、政策环境、法治环境，降低制度性交易成本，创造良好稳定的市场预期，吸引社会资本进入农业农村重点领域。

3. 坚持开拓创新。鼓励社会资本与政府、金融机构开展合作，充分发挥社会资本市场化、专业化等优势，加快投融资模式创新应用，为社会资本投资农业农村开辟更多有效路径，探索更多典型模式。有效挖掘乡村服务领域投资潜力，拓宽社会资本投资渠道，保持农业农村投资稳定增长，培育经济发展新动能，增强经济增长内生动力。

二、投资的重点产业和领域

对标全面建成小康社会和实施乡村振兴战略必须完成的硬任务，立足当前农业农村新形势新要求，围绕农业供给侧结构性改革，聚焦农业农村现代化建设的重点产业和领域，促进农业农村经济转型升级。

（一）现代种养业。支持社会资本发展规模化、标准化、品牌化和绿色化种养业，巩固主产区粮棉油糖胶生产，大力发展设施农业，延伸拓展产业链，增加绿色优质产品供给。鼓励社会资本大力发展青贮玉米、高产优质苜蓿等饲草料生产，发展草食畜牧业。支持社会资本合理布局规模化养殖场，扩大生猪产能，加大生猪深加工投资，加快形成养殖与屠宰加工相匹配的产业布局；稳步推进禽肉、牛羊肉等产业发展，增加肉类市场总体供应。鼓励社会资本建设优质奶源基地，升级改造中小奶牛养殖场，做大做强民族奶业。鼓励社会资本发展集约化、工厂化循环水水产养殖、稻渔综合种养、盐碱水养殖和深远海智能网箱养殖，推进海洋牧场和深远海大型智能化养殖渔场建设，加大对远洋渔业的投资力度。

（二）现代种业。鼓励社会资本投资创新型种业企业，提升商业化育种创新能力，提升我国种业国际竞争力。引导社会资本参与现代种业自主创新能力提升，加强种质资源保存与利用、育种创新、品种检测测试与展示示范、良种繁育等能力建设，建立现代种业体系。支持社会资本参与国家南繁育种基地建设，推进甘肃、四川国家级制种基地建设与提档升级，加快制种大县和区域性良繁基地建设。鼓励社会资本投资畜禽保种场（保护区）、国家育种场、品种测定站建设，提升畜禽种业发展水平。

（三）乡土特色产业。鼓励社会资本在特色农产品优势区开发特色农业农村资源。发展“一村一品”“一县一业”乡土特色产业，建设标准化生产基地、集约化加工基地、仓储物流基地，完善科技支撑体系、生产服务体系、品牌与市场营销体系、质量控制体系，建立利益联结紧密的建设运行机制，形成特色农业产业集群。因地制宜发展具有民族、文化与地域特色的乡村手工业，发展一批家庭工厂、手工作坊、乡村车间，培育“土字号”“乡字号”特色产品品牌。支持社会资本投资建设规范化乡村工厂、生产车间，发展特色食品、制造、手工业和绿色建筑建材等乡土产业。

（四）农产品加工流通业。鼓励社会资本参与粮食主产区和特色农产品优势区发展农产品加工业，提升行业机械化、标准化水平，助力建设一批农产品精深加工基地和加工强县。鼓励社会资本联合农民合作社和家庭农场发展农产品初加工，建设一批专业村镇。统筹农产品产地、集散地、销地批发市场建设，加强农产品仓储保鲜冷链物流体系建设，建设一批贮藏保鲜、分级包装、冷链配送等设施设备，提高冷链物流服务效率和质量，打造农产品物流节点，发展农超、农社、农企、农校等产销对接的新型流通业态。支持社会资本参与现代农业产业园、农村产业融合发展示范园、农业产业强镇建设。

（五）乡村新型服务业。鼓励社会资本发展休闲农业、乡村旅游、餐饮民宿、创意农业、农耕体验、康养基地等产业，充分发掘农业农村生态、文化等各类资源优势，打造一批设施完备、功能多样、服务规范的乡村休闲旅游目的地。引导社会资本发展乡村特色文化产业，推动农商文旅体融合发展，挖掘和利用农耕文化遗产资源，打造特色优秀农耕文化产业集群。支持社会资本发展农业生产托管服务，提供市场信息、农技推广、农资供应、统防统治、深松整地、农产品营销等生产性服务，建设一批农业科技服务企业、服务型农民合作社。鼓励社会资本改造传统小商业、小门店、小集市等商业网点，积极发展批发零售、养老托幼、文化教育、环境卫生等生活性服务业，为乡村居民提供便捷周到的服务。

（六）生态循环农业。支持社会资本参与畜禽粪污资源化利用、秸秆综合利用、废旧农膜回收、农药化肥包装废弃物回收处理、病死畜禽无害化处理、废弃渔网具回收再利用，加大对收储运和处理体系、还田管网设施、准用渔具等方面的投入力度。鼓励社会资本投资农村可再生能源开发利用，加大对农村能源综合建设投入力度，推广农村可再生能源利用技术，探索秸秆打捆直燃和成型燃料供暖供热，沼气生物天然气供气供热新模式。支持社会资本参与长江黄河等流域生态保护、东北黑土地保护、耕地保护与质量提升、农业面源污染治理、重金属污染耕地治理修复、种植结构调整试点。

（七）农业科技创新。鼓励社会资本创办农业科技创新型企业，参与实施农业关键核心技术攻关行动，开展生物种业、重型农机、渔业装备、智慧农业、绿色投入品、渔具标识和玻璃钢等新材料渔船等领域的研发创新、成果转化与技术服务。鼓励社会资本牵头建设农业领域国家重点实验室等科技创新平台基地，参与农业科技创新联盟、国家现代农业产业科技创新中心等建设，打造产学研用深度融合平台。引导社会资本发展技术交易市场和服务机构，提供科技成果转化服务，加快先进实用技术集成创新与推广应用。

（八）农业农村人才培养。支持社会资本参与农村实用人才、农业科技人才、农村专业服务型人才培养，投资建设农业农村人才培训基地、孵化基地，为人才提供更好的培训、实训、实习平台。鼓励社会资本为优秀农业农村人才提供奖励资助、技术支持、管理服务，促进农业农村人才脱颖而出。

（九）农业农村基础设施建设。支持社会资本参与高标准农田建设、农田水利建设，参与实施区域化整体建设，推进田水林路电综合配套，同步发展高效节水灌溉。鼓励参与渔港和避风锚地建设。鼓励社会资本参与农产品产地追溯体系建设，提供产品分级和物流运输周转等服务。

（十）数字乡村建设。鼓励社会资本参与数字农业、数字乡村建设，推进农业遥感、物联网、5G、人工智能、区块链等应用，提高农业生产、乡村治理、社会服务等信息化水平；参与农业农村信息基础设施投资、基础数据资源体系和重要农产品全产业链大数据中心建设。鼓励社会资本参与“互联网+”农产品出村进城工程、信息进村入户工程建设，推进优质特色农产品网络销售，促进农产品产销对接。

（十一）农村创新创业。鼓励社会资本投资建设返乡创业园区、农村创新创业园区、农村创新创业孵化实训基地等平台载体，加强各类创新创业平台载体的基础设施、服务体系建设，推动产学研用合作，激发农村创新创业活力。鼓励社会资本联合普通高校、职业院校、优质教育培训机构等开展面向农村创新创业人员的创业能力、产业技术、经营管理培训，强化乡村振兴人才支撑。

（十二）农村人居环境整治。支持社会资本投资农村人居环境整治，参与农村厕所革命、农村生活垃圾治理、农村生活污水治理等项目建设运营，开展村庄清洁行动、美丽宜居村庄、文明渔港和最美庭院创建等活动，推进农村人居环境整治与发展乡村休闲旅游等有机结合。

三、创新投入方式

根据各地农业农村实际发展情况，因地制宜创新投融资模式，通过独资、合资、合作、联营、租赁等途径，采取特许经营、公建民营、民办公助等方式，健全联农带农有效激励机制，稳妥有序投入乡村振兴。

（一）完善全产业链开发模式。支持农业产业化龙头企业联合家庭农场、农民合作社等新型经营主体、小农户，加快全产业链开发和一体化经营，开展规模化种养，发展加工和流通，开创品牌、注重营销，推进产业链生产、加工、销售各环节有机衔接，推进种养业与农产品加工、流通和服务业等渗透交叉，强化农村一二三产业融合发展。鼓励社会资本聚焦比较优势突出的产业链条，补齐产业链条中的发展短板。支持龙头企业下乡进村建总部、建分支机构、建生产加工基地，发挥农业产业化龙头企业的示范带动作用。

（二）探索区域整体开发模式。支持有实力的社会资本在符合法律法规和相关规划、尊重农民意愿的前提下，因地制宜探索区域整体开发模式，统筹农业农村基础设施建设与公共服务、高标准农田建设、集中连片水产健康养殖示范建设、产业融合发展等进行整体化投资，建立完善合理的利益分配机制，为当地农业农村发展提供区域性、系统性解决方案，促进农业提质增效，带动农村人居环境显著改善、农民收入持续提升，实现社会资本与农户互惠共赢。

（三）创新政府和社会资本合作模式。积极探索农业农村领域有稳定收益的公益性项目，推广政府和社会资本合作（PPP）模式的实施路径和机制，让社会资本投资可预期、有回报、能持续，依法合规、有序推进政府和社会资本合作。鼓励各级农业农村部门按照农业领域政府和社会资本合作相关文件要求，对本地区农业投资项目进行系统性梳理，筛选并培育适于采取PPP模式的乡村振兴项目，优先支持农业农村基础设施建设等有一定收益的公益性项目。鼓励社会资本探索通过资产证券化、股权转让等方式，盘活项目存量资产，丰富资本进入退出渠道。鼓励信贷、保险机构加大金融产品和服务创新力度，开展投贷联动、投贷保贴一体化等投融资模式试点。

（四）探索设立各类乡村振兴基金。各级农业农村部门应结合当地发展实际，推动设立政府资金引导、金融机构大力支持、社会资本广泛参与、市场化运作的乡村振兴基金。鼓励有实力的社会资本结合地方农业产业发展和投资情况规范有序设立产业投资基金。充分发挥农业农村部门的行业优势，积极稳妥推进基金项目储备、项目推介等工作，鼓励相关基金通过直接股权投资和设立子基金等方式，充分发挥在乡村振兴产业发展等方面的引导和资金撬动作用，进一步推动农业产业整合和转型升级，加快推进乡村振兴战略实施。

（五）建立紧密合作的利益共赢机制。强化社会资本责任意识，引导围绕“米袋子”“菜篮子”、生猪生产等重点领域，做好疫情、灾害时期农产品稳产保供。鼓励农民以土地经营权、水域滩涂、劳动、技术等入股，农村集体经济组织通过股份合作、租赁等形式，参与村庄基础设施建设、农村人居环境整治和产业融合发展，创新村企合作模式，充分发挥产业化联合体等联农带农作用，激发和调动农民参与乡村振兴的积极性、主动性。鼓励社会资本采用“农民＋合作社＋龙头企业”“土地流转＋优先雇用＋社会保障”“农民入股＋保底收益＋按股分红”等利益联结方式，与农民建立稳定合作关系、形成稳定利益共同体，做大做强新型农业经营主体，提升小农户生产经营能力和组织化程度，让农民更多分享产业链增值收益，让社会资本和农民共享发展成果。

四、打造合作平台

打造一批社会资本投资农业农村的合作平台，为社会资本投向“三农”提供规划、项目信息、融资、土地、建设运营等一揽子、全方位投资服务，促进要素集聚、产业集中、企业集群，实现控风险、降成本、提效率。

（一）完善规划体系平台。统筹做好发展引导规划、专项规划、区域规划、建设规划等的管理制定、信息发布等工作，充分发挥以《乡村振兴战略规划（2018—2022年）》《全国农业现代化规划（2016—2020年）》等为总纲，以种植业、渔业、畜牧业、种业、乡村产业、农垦和农业科技、农业机械化、农田建设和农业国际合作等相关规划为指导，以地方农业农村发展有关规划为补充的农业农村规划体系作用，引导社会资本突出重点、科学决策，有序投向补短板、强弱项的重点领域和关键环节。

（二）构建农业园区平台。围绕以粮食生产功能区、重要农产品生产保护区、特色农产品优势区，以及国家现代农业产业园为核心的“三区一园”，以及农业产业强镇、全国“一村一品”示范村镇、农村产业融合发展示范区、农业绿色发展先行区、农村创新创业园区、农业对外合作发展试验区和孵化实训基地、精深加工基地、南繁硅谷等重大农业园区，建立社会资本投资指导服务机构，发挥园区平台的信息汇集、投资对接作用。健全完善政策支持体系，加快园区公共服务设施和能力水平建设，增强各类园区对社会资本的引导和聚集功能，不断提升农业绿色化、优质化、特色化、品牌化水平。

（三）建设重大工程项目平台。依托高标准农田建设、优质粮食工程、大豆振兴计划，奶业振兴行动、畜禽种业振兴行动，优势特色产业集群建设，以及包括畜禽粪污资源化利用整县推进在内的绿色发展“五大行动”、农村人居环境整治、信息进村入户工程、国家现代种业提升工程等，建立项目征集和发布机制，引导各类资源要素互相融合。加强宣传和解读，让社会资本了解重大工程项目的参与方式、运营方式、盈利模式、投资回报等相关信息，提高项目透明度；充分发挥政府投资“四两拨千斤”的引导带动作用，稳定市场收益预期，调动社会投资积极性。

（四）推进项目数据信息共享。汇集农业领域基建项目、财政项目，以及各行各业重大项目，形成重点项目数据库，通过统一的信息共享平台集中向社会资本公开发布，发挥信息汇集、交流、对接等服务作用，引导各环节市场主体自主调节生产经营决策。推广大数据应用，引导整合线上线下企业的资源要素，推动业态创新、模式变革和效能提高。鼓励行业协会商会主动完善和提升行业服务标准，发布高标准的服务信息指引，发挥行业协会、开发区、孵化器的沟通桥梁作用，加强与资本市场对接。

五、营造良好环境

（一）加强组织领导。各级农业农村部门要把引导社会资本投资农业农村作为重要任务，加强与财政、发改、金融、自然资源等部门的沟通，推进信息互通共享，协调各有关部门立足职能、密切配合，形成合力。要建立规范的合作机制，引导社会资本积极参与相关规划编制、项目梳理，严格遵循乡村规划“三区三线”的空间管制，准确把握投资方向，积极探索具体方式，提高各类项目落地效率，充分发挥政府、市场和社会资本的合力作用。加强对外资的管理，推动外资依照《外商投资法》相关规定和要求，投资农业农村。

（二）强化政策激励。积极协调各部门完善激励引导政策，将农业种植养殖配建的保鲜冷藏、晾晒存贮、农机库房、分拣包装、废弃物处理、管理看护房等辅助设施用地纳入农用地管理，落实农业设施用地可以使用耕地政策，并对在农村建设的保鲜仓储设施用电实行农业生产用电价格。加快健全以农村产权交易政策、农村人才队伍建设等为重要内容的政策保障体系；加快推进以深化“放管服”改革、优化项目审批程序和招投标程序、建立政企常态化沟通机制和投资需求信息发布机制、健全社会资本进入退出渠道等为主要内容的配套服务体系；加快构建以农村土地流转风险防范制度、农村社会信用评价制度，以及农业保险“扩面、增品、提标”和农产品期货价格发现机制等为重要内容的风险防范体系；加快健全商业性、合作性和政策性、开发性金融，以及信贷担保等为重要内容的多层次农村金融服务体系，不断加大对社会资本投资农业农村的支持力度。

（三）广泛宣传引导。大力宣传社会资本投资农业农村的重大意义，做好政策解读，回应社会关切，稳定市场预期，培育合作理念，正确引导社会资本有序进入农业农村经济领域。各地要加强社会资本投资农业农村的成功经验和案例的总结，推介一批典型模式。充分利用报刊、广播、电视、互联网等媒体，全方位、多角度、立体式宣传社会资本投资建设成果，营造社会资本投资农业农村的良好氛围。

附件：1. 重点产业和领域目录

现代种养业涉及奶业两项：

优质奶源基地

奶业振兴

2. 重大政策目录

重点规划涉及奶业三项：

全国苜蓿产业发展规划（2016–2020 年）

全国草食畜牧业发展规划（2016–2020 年）

全国奶业发展规划（2016–2020 年）

重大工程项目涉及奶业一项：

奶业振兴行动

农业农村部办公厅关于扶持国家种业阵型企业发展的通知

农办种〔2022〕5 号

为贯彻党中央、国务院种业振兴决策部署，落实全国种业企业扶优工作推进会精神，深入实施种业企业扶优行动，支持重点优势企业做强做优做大，我部组织开展了国家种业阵型企业遴选工作，加快构建“破难题、补短板、强优势”企业阵型。根据企业创新能力、资产实力、市场规模、发展潜力等情况，决定遴选袁隆平农业高科技股份有限公司等 69 家企业为国家农作物种业阵型企业（附件 1），温氏食品集团股份有限公司等 86 家企业为国家畜禽种业阵型企业（附件 2），宁德市富发水产有限公司等 121 家企业为国家水产种业阵型企业（附件 3）。现就有关工作通知如下。

一、把种业企业扶优工作摆上重要位置

中央全面深化改革委员会第二十次会议审议种业振兴行动方案时强调，要强化企业创新主体地位，加强知识产权保护，优化营商环境，引导资源、技术、人才、资本等要素向重点优势企业集聚。实现种业科技自立自强、种源自主可控，必须把扶优企业作为打好种业翻身仗的关键一招，摆上种业振兴行动的突出位置，打造一批具有核心研发能力、产业带动能力、国际竞争能力的航母型领军企业、“隐形冠军”企业和专业化平台企业，加快形成优势种业企业集群。

二、把阵型企业作为企业扶优的重点对象

各地要树立扶企业就是扶种业的理念，把阵型企业纳入重点支持范围，作为重点扶持对象，跟踪了解企业发展情况，及时帮助解决企业困难问题，同时加强对本地有特色、有优势、能担当的企业的支持，但注意不能另搞一套阵型、分散资源。阵型企业要切实增强荣誉感和责任感，对标产业需求，找准发展定位，优化发展布局，加大研发投入，强化企业管理，做到企业发展与国家战略同频共振。“破难题”阵型企业要聚焦少数主要依靠进口的种源，加快引进创制优异种质资源，推进产学研紧密结合，培育一批具有自主知识产权新品种。“补短板”阵型企业要聚焦有差距的种源，充分挖掘优异种质资源，在品种产量、性能、品质等方面尽快缩小与国际先进水平的差距。“强优势”阵型企业要聚焦优势种源，加快现代育种新技术应用，巩固强化育种创新优势，完善商业化育种体系。专业化平台阵型企业（机构）要在科技创新、金融支持、行业自律、人才培训等方面发挥优势，持续为育种创新提供支撑服务。

三、把推进“三对接”作为企业扶优的重要平台

发挥企业整合聚集各方资源的主导作用，持续提升企业创新能力水平。支持科研单位与阵型企业对接，开展科技、资源、技术、人才长期战略合作，共享国家科研设施平台，共建研发平台或产学研创新联合体。鼓励金融机构与阵型企业对接，推出更多适合种业特点的金融保险产品，创新融资担保方式，形成长期稳定支持。

推动种业基地与阵型企业对接，优先保障企业用地需求，推动与制种大县结合共建；支持阵型企业申报国家畜禽核心育种场、良种扩繁推广基地、核心种公畜站和国家级水产原良种场，不断提升育种能力和良种性能水平。

四、把创设扶持政策作为企业扶优的重要手段

支持阵型企业参与种质资源保护、鉴定和开发利用，加快优异种质资源交流共享。支持阵型企业牵头承担国家育种创新攻关等任务，强化新品种展示示范推广。支持阵型企业实施现代种业提升工程项目，提升基础能力条件水平。积极争取发改、财政、科技等相关部门支持，加快研究推进重大品种研发与推广后补助、企业贷款贴息、企业研发加计扣除税收优惠等相关扶持政策出台实施。

五、把净化发展环境作为企业扶优的重要保障

深入开展种业监管执法年活动，紧盯春耕备耕、秋冬种等供种关键农时，聚焦制种基地、种子市场等重点区域，针对套牌侵权、假冒伪劣等突出问题，加大违法案件惩处和曝光力度，对违法行为重拳出击、整治到底、震慑到位，让侵权者付出沉重代价。加强种畜禽生产经营许可管理和质量检测，强化冻精等畜禽遗传物质监管。各地要宣贯落实新修改的种子法，同时跟进研究修订地方性法规，提升知识产权保护水平，为企业发展营造良好环境。

六、把构建亲清政商关系作为企业扶优工作的重要要求

充分发挥市场在资源配置中的决定性作用，更好发挥政府作用。着力构建亲清政商关系，积极主动为企业创造公平的竞争环境和良好的营商环境。建立与重点企业的“一对一”联系机制，全面了解企业发展需求，听取企业意见和建议，列出问题清单，一企一策、精准帮扶。充分发挥行业协会在行业协调、服务、维权和自律等方面作用。

我部将强化阵型企业动态管理，定期将符合遴选条件的企业纳入阵型，对已不符合遴选条件或出现违法违规等问题的企业，一经查实取消资格。

联系方式：

农业农村部种业管理司 王磊

电话：010–59193282；

电子邮箱：zyscxc@agri.gov.cn

农业农村部渔业渔政管理局 吴珊珊

电话：010–59192970；

电子邮箱：aqucfish@163.com

附件：1. 国家农作物种业阵型企业名单（略）

2. 国家畜禽种业阵型企业名单

3. 国家水产种业阵型企业名单（略）

农业农村部办公厅

2022 年 7 月 21 日

附件：

国家畜禽种业阵型企业名单（奶牛）

北京 北京首农畜牧发展有限公司

河北 河北乐源牧业有限公司

内蒙古 内蒙古赛科星繁育生物技术（集团）股份有限公司

上海 光明牧业有限公司

山东 山东奥克斯畜牧种业有限公司

河南 河南花花牛实业总公司

新疆 新疆天山畜牧生物育种有限公司

农业农村部办公厅关于加快推进种业基地现代化建设的指导意见

农办种〔2022〕11号

各省、自治区、直辖市农业农村（农牧）厅（局、委），新疆生产建设兵团农业农村局：

为贯彻党中央、国务院种业振兴决策部署，落实《“十四五”全国现代种业发展规划》《“十四五”现代种业提升工程建设规划》安排，深入实施种业基地提升行动，强化基地属地责任，发挥企业主体作用，推动有效市场和有为政府更好结合，加快建设现代化种业基地，健全良种繁育和应急保障体系，实现重要农产品种源自主可控，确保农业生产用种安全。现提出如下指导意见。

一、优化基地布局，打造国家种源保障战略力量

（一）完善农作物种业基地布局。持续推进甘肃杂交玉米、四川杂交水稻、黑龙江大豆、海南南繁等国家级育制种基地建设。在玉米、水稻、大豆、小麦、马铃薯制种优势区布局建设一批区域性粮食作物良种繁育基地和制种大县，在油料、棉花、糖料、果蔬等种子种苗生产优势区布局建设一批重要经济作物区域性良种繁育基地和制种大县，继续支持云南、青海等冬（夏）繁育制种基地建设。坚持有进有出、奖优罚劣，对制种大县和区域性良种繁育基地实行动态调整。鼓励各地在支持国家种业基地建设基础上，立足本地资源禀赋和区域农业发展需要，布局建设省级农作物种业基地，满足多元化生产用种需求。

（二）加强畜禽种业基地布局。以生猪、奶牛、肉牛、羊、蛋鸡、肉鸡、水禽为重点，以蜂、蚕、马、驴等为补充，在畜禽种业优势区遴选建设一批国家畜禽核心育种场、扩繁基地和种公畜站（简称“畜禽种业基地”）。建立基地定期考核和随机抽查制度，实行优胜劣汰、动态调整。各地要结合产业需求和优势特色，布局建设一批省级畜禽种业基地，健全省级畜禽良种繁育体系，保障畜牧业种源供给。

二、加强基地建设，提高产业链现代化水平

（三）建设现代化农作物制种基地。各地要加强基地田块整治、土壤改良、灌排沟渠、路网电网等农田基础设施建设，强化设施设备管护，打造集中连片、旱能灌、涝能排、有效隔离、稳产高产的制种基地，持续提升基地田间基础设施标准化水平。要支持开展制种机械化关键技术联合攻关，加强先进制种机械装备研发与应用，加快提高“耕、种、管、收”作业质量与效率，持续提升制种全程机械化水平。要立足高质量种子生产，支持企业对标国际先进水平，改造种子加工装备，升级种子烘干、精选、包衣、包装等技术工艺，持续提升种子加工自动化水平。支持企业加强物联网、卫星遥感及大数据等技术应用，开展田间生产、种子加工、仓储调运等信息监测，强化溯源管理和数据分析，持续提升流程控制信息化水平。要加快培育种子生产各环节专业化服务主体，有效提供农资供应、农机作业、统防统治、代繁代制、收储加工及金融保险等服务，持续提升种子生产服务社会化水平。

（四）建设现代化畜禽种业基地。各地要支持国家畜禽核心育种场（基地、站）加强场区设施标准化建设，进一步提高养殖圈舍、测定栏舍、粪污处理、疫病防控等设施水平。加强饲养管理自动化建设，改造提升设施设备和信息管理系统，实现生产过程自动化、生产数据可视化。加强测定评估智能化建设，加快个体识别、性能测定等环节精准测定设备及软件应用，实现数据自动收集、分析评估，并与国家畜禽遗传评估中心实时对接。加强疫病防控立体化建设，设立场外防疫隔离区，完善场内防疫设施，加强车辆、物资、人员、饲料等进出管控，阻断以空气、蚊虫、鼠鸟等为媒介的传播途径，构建种畜禽疫病防控体系。

（五）建设现代种业产业园。鼓励各地结合本地实际，引导有条件的种业基地县建设现代种业产业园，推动科技研发、加工物流、营销服务等市场主体向园区集中，资本、科技、人才等要素向园区集聚，打造以制种产业为核心、相关产业为补充，链条完整、产业融合、现代化水平高、带动能力强的种业发展新业态。支持符合条件的县创建以种业为主导产业的国家现代农业产业园及农业现代化示范区。

三、强化管理服务，营造基地发展良好环境

（六）加强基地监管。各地要抓好基地源头治理，强化企业生产经营许可资质、亲本种子植物检疫等市场准入审查，严格落实生产备案制度。定期开展制种基地巡查，抓好田间隔离与花期检查，组织开展种子质量抽查，抓好制种过程管控。要加强种畜禽生产经营许可管理和质量检测，强化精液等遗传物质监管。建立完善制种纠纷处置机制，及时化解矛盾问题。强化执法监管，建立跨区域联合执法和重大案件督办机制，严厉查处套牌侵权、私繁滥制等违法行为。加强信息技术应用，探索利用卫星遥感技术开展制种基地监管试点。

（七）加强基地服务。鼓励各地打造基地公共服务平台，为制种生产、农资农机、物流交通等提供全方位专业化服务；支持有条件的基地市县建立种子检验实验室，为企业和农户提供种子检测服务；组织技术人员培训，提高制种人员专业素质。针对基地发展需要及时研究出台用地、用水、用电以及金融、保险、物流等支持政策。要积极探索一站式办公的企业服务机制，简化办理流程，提高服务水平。

（八）推进基地与优势企业合作共建。各地要探索土地流转新机制，支持种业企业与制种大户、合作社、农民建立长期契约合作关系，确保基地持续稳定。支持企业建设现代化种子生产加工设施，在土地流转、建设用地、金融支持等方面给予倾斜。要将种业产业及支持重点企业政策纳入地方发展规划，建立与重点企业联系机制，定期组织与基地有关部门、金融机构、专业合作组织等对接，协调解决企业遇到的实际问题。企业要在发展战略布局中统筹基地建设，充分发挥技术和产业优势，加大资金、装备、人才投入力度，立足当地打造支柱产业、富民产业。

四、强化监测储备，提高应急供种保障水平

（九）建立健全农业用种供需监测体系。各地要完善种子市场供需监测点布局，加强对重点品种、重点企业、重点区域的分析研判和监测预警，在关键农时及时发布供求信息。统筹利用现有农业生产救灾资金，做好灾后生产用种供给和应急调剂，保障农业生产用种安全。

（十）完善两级农作物种子储备制度。各地要建立健全省级储备制度，到2023年实现省级储备制度全覆盖。加强省级储备种子管理，进一步优化储备结构，增强应急保障针对性，确保储得进、调得出、用得上。

（十一）强化良种应急保障。各地要制定农作物供种应急预案，加强良种供应应急工作指挥，确保当地具备一定的种子应急调度能力，落实种子仓储、运输、加工、供应等应急能力建设和维护。研究建立畜禽种源风险预警机制，科学合理设定预警风险水平，及时启动风险防控预案。

五、强化组织保障，确保各项任务落实落地

（十二）加强组织领导。各省级农业农村部门要加强统筹规划，会同发改、财政、工信、金融等部门加大政策、资金支持力度，强化基地建设和管理，落实监督考核责任。有关种业基地重点地市要强化辖区内各县制种产业规划统筹、政策创设和基地监管。各基地县要切实加强基地管理和服务，成立领导小组，编制发展规划，健全政策体系，出台管理办法，建立县乡村三级管理队伍，积极对接优势企业联合共建，营造基地发展良好环境。

（十三）强化政策保障。各地要抓好制种大县奖励、现代种业提升工程、种畜禽生产性能测定、国家现代农业产业园等政策项目实施，高标准农田建设优先支持制种基地。要利用高素质农民培育等政策渠道，培养一批懂技术、善经营、会管理的种业基地人才。要积极创设金融支持政策，探索开展土地经营权、大型机械设备、畜禽养殖圈舍、种畜禽活体抵押贷款和制种商业保险试点；通过税费减免、贷款贴息等措施支持企业加大基地建设投入，引导社会和金融资本参与。

（十四）强化宣传引导。各地要及时总结基地建设和应急供种保障经验做法，深入挖掘基地企业结合共建、政策创新、社会化服务等方面的典型案例，利用新媒体、网络、电视、报纸等形式，以及大型展会等平台，加大宣传力度，讲好基地故事。鼓励对基地建设作出突出贡献的先进单位和个人，按照国家有关规定予以表彰表扬，努力营造种业基地提升良好氛围。

农业农村部办公厅

2022年9月15日

农业农村部办公厅关于印发农业生产“三品一标”提升行动有关专项实施方案的通知

农办规〔2022〕20号

各省、自治区、直辖市农业农村（农牧）、渔业厅（局、委），新疆生产建设兵团农业农村局，部机关各司局、各直属单位：

推进农业生产“三品一标”是推动农业绿色发展的重要抓手。为贯彻落实中央一号文件决策部署，实施农业品种培优、品质提升、品牌打造和标准化生产提升行动，农业农村部分行业分领域制定了“3+3”专项实施方案（包括种植业、畜牧业、渔业和品种、品牌、标准化等）。现印发给你们，请结合实际，抓好落实。

各级农业农村部门要高度重视农业生产“三品一标”提升行动实施，加强统筹协调，健全工作机制，务实推动各项任务落实。要聚焦主导产业细化推进。结合本地实际，选好主导产业，建立任务清单、品种清单、标准清单、品牌清单，逐项落实、逐年推进。要聚集资源要素协同推进。发挥政策指挥棒作用，引导资金、人才、技术等资源要素向重点行业、重点区域、重点领域集聚，形成同向合力。要典型引路整体推进。总结提炼一批各具特色的模式机制，综合运用传统媒体和新媒体，加强宣传推介力度，营造推进农业生产“三品一标”良好氛围。

附件：1. 种植业“三品一标”提升行动实施方案（2022—2025年）（略）

2. 畜牧业“三品一标”提升行动实施方案（2022—2025年）

3. 渔业“三品一标”提升行动实施方案（2022—2025年）（略）

4. 农业品种培优实施方案（2022—2025年）（略）

5. 农业品牌打造实施方案（2022—2025年）（略）

6. 农业标准化生产实施方案（2022—2025年）（略）

农业农村部办公厅

2022年9月16日

附件2：

畜牧业“三品一标”提升行动实施方案（2022—2025年）

为落实《农业生产“三品一标”提升行动实施方案》要求，推进畜牧业品种培优、品质提升、品牌打造和标准化生产，提升畜牧业质量效益和竞争力，制定本实施方案。

一、总体思路

以习近平新时代中国特色社会主义思想为指导，深入贯彻党的十九大和十九届历次全会精神，全面落实中央经济工作会议、中央农村工作会议精神，立足新发展阶段、贯彻新发展理念、构建新发展格局、推动高质量发展，坚持质量兴牧、绿色兴牧、品牌强牧，推广一批畜禽良种，创建一批生产高效、环境友好、产品安全、管理先进的畜禽养殖标准化示范场，打造一批有影响力的畜牧业知名品牌，加快构建现代畜禽养殖、动物防疫和加工流通体系，不断增强畜牧业质量效益和竞争力，为全面推进乡村振兴、加快农业农村现代化提供有力支撑。

二、目标任务

到2025年，畜禽种业发展实现全面提升，畜禽核心种源自给率达到78%。畜产品品质保障达到更高水平，全国饲料质量安全抽检合格率98%以上；50%以上的规模养殖场实施养殖减抗行动，兽药质量监督抽检合格率保持在98%以上，以上，动物源细菌耐药趋势得到有效遏制。标准化规模养殖持续推进，每年创建100个左右国家级畜禽养殖标准化示范场。全国畜禽规模养殖比重达到78%左右。畜牧业绿色发展取得显著成效，支持250个以上项目县开展畜禽粪污资源化利用整县推进工作，全国畜禽粪污综合利用率达到 80% 以上。

三、重点任务

（一）推进畜禽品种优化。

1. 加强畜禽种质资源保护和利用。完成第三次全国畜禽遗传资源普查，加快抢救性收集保护。统筹布局国家和省级保种场保护区和基因库，加快建设国家畜禽种质资源库，开展国家级和省级畜禽遗传资源保护单位确定。开展畜禽遗传资源登记，大力扶持以地方畜禽遗传资源为基础的新品种和配套系培育，加快地方品种产业化开发。

2. 强化畜禽育种保护与创新。支持以地方畜禽遗传资源为基础的新品种和配套系培育。实施全国畜禽遗传改良计划，开展畜禽良种联合攻关，支持地方品种持续选育提质增效，加快培育一批生产性能水平高、综合性状优良、重点性状突出的新品种和配套系，不断提高优质种源供给能力。

3. 加大畜禽良种繁育与推广力度。结合各地资源条件和养殖基础，明确优势区域主推品种，健全畜禽良种推广体系。打造一批国家级育繁推一体化种业企业，加大新品种扩繁应查。

（二）促进畜产品品质提升。

1. 健全畜产品质量安全标准体系。强化畜禽产品质量提升科技攻关，开展畜禽产品致病微生物、生物毒素等风险监测和评估，建立健全畜禽产品质量监测标准体系，完善畜产品质量安全法规标准体系，优化畜产品质量安全评价标准，健全畜产品生产、收购、运输等管理制度。

2. 加强饲料等投入品监管。加大监督指导力度，实施饲料质量安全风险预警、风险监测、飞行检查、饲料标签专项监管。开展饲料和饲料添加剂生产企业现场检查，压实企业质量安全主体责任。实施牛羊养殖环节“瘦肉精”专项整治，加大重点地区飞行检查力度，严厉打击使用“瘦肉精”等禁用物质的违法违规行为。加强技术培训和服务，推广新型安全高效饲料添加剂，指导养殖场（户）规范使用饲料添加剂。

3. 强化兽药生产使用全程管控。全面实施《兽药生产质量管理规范（2020 年修订）》，依法严把兽药产品准入关，组织开展不达标企业专项清理行动，全面推进兽药生产经营二维码追溯监管，组织开展兽药质量安全监督抽检和风险监测，及时研判风险。完善兽药网络经营监督工作机制，会同工业信息化部门开展专项整治行动，重点整治网络无证经营和销售假兽药等问题。加强养殖环节用药监管，强化规范用药宣传培训。按照《全国兽用抗菌药使用减量化行动方案（2021—2025 年）》要求，实施畜禽养殖兽用抗菌药使用减量化行动。持续推动兽药残留限量标准和检测方法标准制修订工作，强化兽用抗菌药综合治理，加强动物源细菌耐药性监测，鼓励和支持有条件的地方推广使用安全高效低残留兽用抗菌药替代产品。

（三）打造畜产品优质品牌。

1. 加强品牌建设主体培育。大力培育畜牧龙头企业、养殖专业合作社、家庭牧场、社会化服务组织等经营主体，通过统一生产、统一服务、统一营销、技术共享、品牌共创等方式，形成稳定的产业联合体。积极引导行业协会、科研院所、高等学校参与畜牧品牌发展，鼓励行业协会开展行业自律，强化协作，带动经营主体打造品牌、推介品牌、树立品牌。

2. 推动优质特色产品开发。着重完善特色家畜家禽品种遗传资源保护体系，扩大优质种群规模。加大特色优质畜禽品种商业化培育和地方品种产业化开发力度，延伸产业链条，打造特色优势产区。打好脱贫地区生态牌、特色牌，大力开发优质优价地方畜禽品种，发挥好特色畜禽养殖在促进脱贫地区实现巩固拓展脱贫攻坚成果同乡村振兴有效衔接过程中的重要作用。

3. 促进优质品牌推广平台建设。加强奶业公益宣传，举办中国奶业 20 强（D20）峰会，推广学生饮用奶计划，扩大和提升国产奶业品牌知名度和美誉度。推进无规定动物疫病达标场认定，提升无疫区、无疫小区和净化场畜产品产量产比，树立绿色健康畜产品良好形象。完善畜产品品牌发展机制，培育一批具有国际和国内影响力的产品品牌、企业品牌，鼓励地方及行业协会注册区域公用品牌。

（四）推进畜牧业标准化生产。

1. 开展标准化示范创建活动。落实《畜禽养殖标准化示范创建活动工作方案（2018—2025 年）》，以生猪、奶牛、蛋鸡、肉鸡、肉牛和肉羊规模养殖场为重点，兼顾特种畜禽开展示范场创建活动，以标准化、现代化生产为核心，创建一批生产高效、环境友好、产品安全、管理先进的畜禽养殖标准化示范场。鼓励与中小养殖场户建立紧密联结机制，带动中小养殖场户提升标准化生产水平的经营主体参与示范创建。

2. 提升畜禽养殖设施设备水平。总结推广立体高效设施养殖模式。支持家庭牧场、养殖合作社等适度规模养殖场对精准饲喂、环境控制、疫病防控、粪污处理、产品收集等关键环节设施设备升级改造。推动基于物联网、大数据技术的智能统计分析软件终端在畜禽养殖中的应用，实现养殖管理数字化、智能化，推进精准饲喂管理，提高资源利用效率。

3. 加强养殖废弃物资源化利用。落实《“十四五”全国畜禽粪肥利用种养结合建设规划》，实施畜禽粪污资源化利用整县推进工程，改造提升粪污处理设施装备，建设粪肥还种养循环技术模式，探索构建粪污资源化利用市场运行机制。

四、保障措施

（一）加强政策支持。继续实施生猪（牛羊）调出大县奖励政策以及草原生态保护补助奖励和畜禽良种、优质高产苜蓿、粮改饲、畜禽粪污资源化利用等畜牧业发展支持项目。推进肉牛肉羊生产发展五年行动，实施牧区草原畜牧业转型升级项目。加大农机购置补贴对畜牧养殖机械装备的支持力度，实行应补尽补。

（二）加强法治保障。加快畜牧兽医相关法律法规规章制修订，提高依法治牧水平。强化动物防疫检疫、种畜禽生产、饲料、兽药、畜产品质量安全监管力度，创新执法体制机制，提高基层执法水平。开展法治宣传教育，增强各类生产经营主体遵法学法守法用法意识。

（三）加强科技创新。坚持创新驱动发展，依托现代农业产业技术体系、科研院所和国家农业科技创新联盟、创新型企业等科研力量，围绕产业链关键环节开展集中攻关研发，加强核心技术和设施装备研究。加强基层畜牧兽医行业技术推广体系建设，强化从业人员培训，提升服务能力。

（四）加强协会服务。充分发挥行业协会和其他社会组织在品种培优、品质提升、品牌打造和标准化生产等方面的作用，鼓励行业协会等社会组织在产业振兴、畜牧业国际贸易、种畜禽引进培育普查等领域，配合行业管理部门，做好组织、协调、服务工作。

【海关总署发布】

海关总署关于2022年自澳大利亚进口两类农产品触发水平数量的公告

2022年第14号

根据《中华人民共和国政府和澳大利亚政府自由贸易协定》和海关总署公告2019年第207号（关于自由贸易协定项下进口农产品实施特殊保障措施有关问题的公告），我国对自澳大利亚进口的两类8个税号农产品（以下简称两类农产品）实施特殊保障措施。现将2021年度两类农产品适用协定税率进口数量和2022年度进口触发水平数量予以公布（见附件）。

两类农产品进口时仍按照海关总署公告2019年第207号的规定办理相关手续。

特此公告。

附件：2021年度两类农产品适用协定税率进口数量和2022年度进口触发水平数量情况表。

详见以下链接：

http://images.mofcom.gov.cn/www/202209/20220922095500294.pdf

海关总署

2022年1月29日

海关总署关于进口蒙古国乳品检验检疫要求的公告

2022年第23号

根据我国相关法律法规和《中华人民共和国海关总署与蒙古国海关总局关于蒙古国输华乳品检验检疫要求议定书》的规定，允许符合检验检疫要求的蒙古国乳品进口。现将进口蒙古国乳品检验检疫要求予以公布（见附件）。

特此公告。

附件：进口蒙古国乳品检验检疫要求.doc

海关总署

2022年3月6日

附件：

进口蒙古国乳品检验检疫要求

一、检验检疫依据

（一）《中华人民共和国进出境动植物检疫法》《中华人民共和国进出境动植物检疫法实施条例》《中华人民共和国进出口商品检验法》《中华人民共和国进出口商品检验法实施条例》《中华人民共和国食品安全法》《中华人民共和国食品安全法实施条例》。

（二）《中华人民共和国进出口食品安全管理办法》《中华人民共和国进口食品境外生产企业注册管理规定》。

（三）《中华人民共和国海关总署与蒙古国海关总局关于蒙古国输华乳品检验检疫要求议定书》。

（四）《海关总署关于明确进口乳品检验检疫要求

的公告》。

二、允许进口产品

蒙古国输华乳品是指原产于蒙古国、以经过适当热处理的奶牛乳、山羊乳和绵羊乳为主要原料加工而成的乳及乳制品，包括灭菌乳、调制乳、发酵乳、干酪及再制干酪、稀奶油、奶油、无水奶油、炼乳、乳粉、乳清粉和乳清蛋白粉、牛初乳粉等。

三、生产设施要求

蒙古国输华乳品生产企业应当符合中国和蒙古国有关动物卫生和公共卫生要求，应经蒙古国官方批准或注册，并获得中方注册。

四、为输华乳品提供原料乳的奶畜要求

（一）采集生乳前至少1个月，养殖场无口蹄疫病例或疑似病例。

（二）采集生乳时，养殖场未发现炭疽临床症状。

（三）养殖场无牛结核病、副结核、牛瘟、裂谷热、小反刍兽疫、羊天花、传染性牛胸膜肺炎。

（四）养殖场受蒙古国技术监督总局监管。

（五）养殖场及其周边地区未因动物疾病按OIE法典和蒙古国动物卫生法规规定而受到检疫限制。

五、检疫审批要求

蒙古国输华巴氏杀菌乳和以巴氏杀菌工艺生产的调制乳，应事先办理检疫审批，获得《进境动植物检疫许可证》。

六、证书要求

蒙古国输华乳品应随附蒙古国官方签发的卫生证书。

七、食品安全要求

蒙古国输华乳品应当符合中国法律法规的规定和中国食品安全国家标准。

八、包装和标识要求

蒙古国输华乳品必须用符合中国标准的全新材料包装。外包装要标明生产厂注册编号。内包装须符合中国相关法律法规和标准规定，标签上至少应注明原产国、品名、企业注册号、生产企业名称地址和联系方式、生产日期和保质期、贮存条件、净含量等内容。

九、存放和运输要求

蒙古国输华乳品的存放、运输的全过程，均应符合卫生条件，防止受有毒有害物质的污染。货物装入集装箱后，应加施封识，封识号须在卫生证书中注明。运输过程中不得拆开及更换包装。

十、其他

蒙古国输华乳品应来自获得海关总署注册的生产企业。获得注册的蒙古国输华乳品企业名单，可通过海关总署网站查询。

海关总署关于进口西班牙燕麦草检验检疫要求的公告

2022年第52号

根据我国相关法律法规和《中华人民共和国海关总署与西班牙王国农业、渔业和食品部关于西班牙燕麦草输华卫生与植物卫生要求议定书》规定，即日起，允许符合以下相关要求的西班牙燕麦草进口：

一、检验检疫依据

（一）《中华人民共和国生物安全法》。

（二）《中华人民共和国进出境动植物检疫法》及其实施条例。

（三）《进出口饲料和饲料添加剂检验检疫监督管理办法》。

（四）《中华人民共和国海关总署与西班牙王国农业、渔业和食品部关于西班牙燕麦草输华卫生与植物卫生要求议定书》。

二、允许进境商品名称

本公告中的燕麦草（燕麦 *Avena sativa* L. 和糙伏毛燕麦 *Avena strigosa* Schreb）是指在西班牙境内种植，经高温脱水的燕麦干草。

三、企业注册

输华燕麦草必须来自经西班牙王国农业、渔业和食品部（以下简称西方）考核批准的加工企业。加工企业由西方向中华人民共和国海关总署（以下简称中方）推

荐，经中方审核通过后予以注册登记，在中方网站上公布并动态更新。

四、关注的有害生物

输华燕麦草不得携带以下中方关注的有害生物：

1. 三叶斑潜蝇 Liriomyza trifolii

2. 密执安棒形杆菌密执安亚种 Clavibacter michiganensis subsp. michiganensis

3. 小麦基腐病菌 Oculimacula yallundae

4. 玉米褪绿斑驳病毒 Maize chlorotic mottle virus (MCMV)

5. 大麦黄矮病毒 Barley yellow dwarf virus

6. 多年生豚草 Ambrosia psilostachya

7. 毒麦 Lolium temulentum

8. 细茎野燕麦 Avena barbata

9. 法国野燕麦 Avena ludoviciana

10. 不实野燕麦 Avena sterilis

11. 草莓滑刃线虫 Aphelenchoides fragariae

12. 鳞球茎茎线虫 Ditylenchus dipsaci

五、产品生产和出口要求

（一）种植、加工、储存及运输。

1. 种植农场须实施有效的有害生物综合治理（IPM），以避免和控制中方关注的有害生物发生。加工企业须建立质量控制体系，对原料采购、高温脱水、产品检测等环节实施有效管理，保持加工区及设备清洁，在压缩打捆包前采取有效的去杂、去污措施，不得使用金属材质材料打捆包装，确保燕麦草符合以下要求：

（1）不带中方关注的有害生物和其他活的有害生物；

（2）不带草根、植物种子以及其他植物残体和异物；

（3）不带动物粪便、动物尸体、禽类羽毛；

（4）不带土壤；

（5）不带转基因成分；

（6）中国国家标准《饲料卫生标准》（GB13078）的相关要求。

2. 装运前的储存设施应符合以下要求：

（1）具有相对封闭和独立的空间。

（2）采取有效的防鼠、虫、鸟措施，防止有害生物污染。

3. 加工企业应具备机械干燥设施，烘干工艺应保持 250℃ 5 分钟以上。

4. 种植、加工及储存场所与动物饲养场、牧场等隔离，避免被动物排泄物、分泌物等污染。

5. 使用干净的集装箱和其他密闭工具装运输华燕麦草，必要时，应实施检验检疫和检疫处理。每个集装箱或其他运输工具内应至少有一个包装标识，注明加工企业名称、注册登记号码以及“西班牙燕麦草输往中华人民共和国”的英文字样。产品标签应符合中国国家标准《饲料标签》（GB 10648）的要求。

（二）离境前检疫和证书要求。

1. 经西方检验检疫合格，符合本议定书要求的燕麦草，允许向中国出口。

2. 每批输华燕麦草应随附西班牙官方出具的符合国际标准的植物检疫证书。植物检疫证书应注明加工企业名称和注册登记号码、发货人及收货人名称及地址、集装箱或运输工具号码等信息，并在附加声明中注明“This consignment complies with the ‘Protocol on the sanitary and phytosanitary requirements for the export of oaten hay from Spain to China’, and is free of any quarantine pest concerned by China”（该批货物符合西班牙燕麦草输华卫生与植物卫生要求议定书规定，不带中方关注的有害生物）。

3. 西班牙官方应出具兽医卫生证书。

六、进境检验检疫

（一）证书核查。

1. 核查是否附有《进境动植物检疫许可证》；

2. 核查是否来自注册登记企业；

3. 核查植物检疫证书和兽医卫生证书是否真实有效。

（二）货物检查。根据有关法律、行政法规、规章等规定，结合本要求第四条和第五条，对燕麦草实施检验检疫，合格后准予进境。

七、不符合情况处理

1. 无有效的植物检疫证书或兽医卫生证书，作退回或销毁处理；

2. 来自未经注册登记的加工企业，作退回或销毁处理；

3. 发现土壤或转基因成分，作退回或销毁处理；

4. 发现不符合本要求第五条第（一）款第 1 项的，按照相关法律法规作除害、退回或销毁处理。经处理合格的，准予进境；

5. 发现不符合本要求第五条第（一）款第 5 项的，作补正、退回或销毁处理；

发现其他不符合中国进境动植物检疫要求的情况，按照相关法律法规规定处理。

特此公告。

海关总署

2022 年 6 月 21 日

海关总署关于进口尼泊尔青贮饲料检验检疫要求的公告

2022年第69号

根据我国相关法律法规和《中华人民共和国海关总署和尼泊尔农业与畜牧业发展部关于尼泊尔青贮饲料输华安全卫生条件议定书》规定，即日起，允许符合以下相关要求的尼泊尔青贮饲料进口：

一、检验检疫依据

（一）《中华人民共和国生物安全法》；

（二）《中华人民共和国进出境动植物检疫法》及其实施条例；

（三）《进出口饲料和饲料添加剂检验检疫监督管理办法》；

（四）《中华人民共和国海关总署和尼泊尔农业与畜牧业发展部关于尼泊尔青贮饲料输华安全卫生条件议定书》。

二、允许进境商品名称

本公告中的青贮饲料（haylage）是指在尼泊尔境内种植、分拣、粉碎、包装的人工栽培青贮饲料，包括青贮玉米（Zea mays）、青贮象草（Pennisetum purpureum）、青贮高粱（Sorghum bicolor）。

三、企业注册

输华青贮饲料应来自尼泊尔农业与畜牧业发展部（以下简称尼方）检疫主管部门检查批准的加工企业。加工企业由尼方向中华人民共和国海关总署（以下简称中方）推荐，经中方实地检查或文件审查通过后予以注册登记，在中方网站上公布并动态更新。

四、关注的植物有害生物和动物疫病

输华青贮饲料不得携带以下中方关注的植物有害生物和动物疫病：

1. 玉米细菌性枯萎病菌 Pantoea stewartii
2. 菊迪卡氏菌 Dickeya chrysanthemi
3. 甘蔗流胶病菌 Xanthomonas axonopodis pv. Vasculorum
4. 甘蔗白条病菌 Xanthomonas albilineans
5. 根结线虫属（非中国种）Meloidogyne Goeldi (non-Chinese species)
6. 长针线虫属（传毒种类）Longidorus spp. as virus vectors
7. 最短尾短体线虫 Pratylenchus brachyurus
8. 飞机草 Chromolaena odorata
9. 宽叶酢浆草 Oxalis latifolia
10. 北美刺龙葵 Solanum carolinense
11. 狭叶独脚金 Striga angustifolia
12. 紫茎泽兰 Eupatorium adenophorum
13. 菲律宾霜霉病菌 Peronosclerospora philippinensis
14. 甘蔗霜霉病菌 Peronosclerospora sacchari
15. 高粱霜霉病菌 Peronosclerospora sorghi
16. 口蹄疫 Foot and mouth disease

五、产品生产和出口要求

（一）种植、加工、储存及运输。

1. 种植农场应实施有效的综合管理措施，以避免和控制中方关注的植物有害生物和动物疫病发生。加工企业应建立有效的防疫体系，保持加工区及设备清洁卫生。在压缩打捆前采取有效的去杂、去污措施，不得采用金属材料打捆包装，确保青贮饲料符合以下要求：

（1）不带中方关注的植物有害生物和动物疫病；

（2）不带其他活的有害生物；

（3）不带草根、种子和其他植物残体；

（4）不带动物粪便、动物尸体和禽类羽毛；

（5）不带土壤、塑料膜、石块、金属片等异物；

（6）不带转基因成分；

（7）中国国家标准《饲料卫生标准》（GB 13078）的相关要求。

2. 装运前的储存设施应符合以下要求：

（1）具有相对封闭和独立的空间；

（2）采取有效的防鼠、虫、鸟措施，防止有害生物污染；

（3）加工前，对加工设备进行专门清扫。

3. 加工企业应具备机械干燥或田间干燥的设施。

4. 种植、加工及储存场所与动物饲养场、牧场等隔离，避免被动物的排泄物、分泌物及其他杂质污染。

5. 运输青贮饲料的集装箱应彻底清扫干净，必要时须进行检疫和消毒。每个集装箱或其他运输工具内应至少有一个包装标识，注明加工厂名称、注册登记号码以及“尼泊尔青贮饲料输往中华人民共和国”的中文、尼泊尔文和英文字样。产品标签应符合中国国家标准《饲料标签》（GB 10648）的要求。

（二）离境前检验检疫和证书要求。

1. 出口前，尼方应按照世界动物卫生组织规定的方式进行检疫处理。经尼方检疫合格，符合中国进境动植物检疫要求的青贮饲料，准予向中国出口。

2. 每批输华青贮饲料应随附尼泊尔官方出具的符合国际标准的植物检疫证书和兽医卫生证书。植物检疫证书应注明加工企业名称和注册登记号码、集装箱或其他运输工具号码等信息。出口前或运输途中经消毒或除害处理的，应注明处理指标，并在植物检疫证书附加声明中注明：“This consignment complies with the Protocol of safety and Health Conditions for the export of haylage from Nepal to China, and is free of any pests of quarantine concern to China”（该批货物符合尼泊尔青贮饲料输华安全卫生条件议定书的要求，不带中方关注的检疫性有害生物）。

3. 兽医卫生证书应根据处理措施，注明以下内容：

（1）无明显动物源性物料污染；

（2）经过以下方法处理：

蒸汽密闭仓内处理，草捆中心温度达到80℃，至少10分钟；或用35%~40%甲醛溶液（甲醛气体）在密闭室内熏蒸，温度19℃以上，至少熏蒸8小时；或由世界动物卫生组织规定的其他处理方法；

或者，（3）在获准出口前，已储存至少4个月。

六、进境检验检疫

（一）证书核查。

1. 核查是否附有《进境动植物检疫许可证》；

2. 核查是否来自注册登记企业；

3. 核查植物检疫证书和兽医卫生证书是否真实有效。

（二）货物检查。根据有关法律、行政法规、规章等规定，结合本要求第四条和第五条，对青贮饲料实施检验检疫，合格后准予进境。

七、不符合情况处理

1. 无有效的植物检疫证书或兽医卫生证书，作退回或销毁处理；

2. 来自未经注册登记的加工企业，作退回或销毁处理；

3. 发现土壤或转基因成分，作退回或销毁处理；

4. 发现不符合本要求第五条第（一）款第1项规定的，按照相关法律法规作除害、退回或销毁处理。经处理合格的，准予进境；

5. 发现不符合本要求第五条第（一）款第5项的，作补正、退回或销毁处理；

发现其他不符合中国进境动植物检疫要求的情况，按照相关法律法规规定处理。

特此公告。

海关总署

2022年7月27日

海关总署关于进口巴基斯坦水牛胚胎检疫卫生要求的公告

2022年第89号

根据我国相关法律法规和《中华人民共和国海关总署与巴基斯坦伊斯兰共和国国家粮食安全与研究部关于中华人民共和国从巴基斯坦伊斯兰共和国输入水牛胚胎的检疫和卫生条件议定书》规定，自本公告发布之日起，允许符合相关要求的巴基斯坦水牛胚胎进口：

一、检验检疫依据

（一）《中华人民共和国生物安全法》。

（二）《中华人民共和国进出境动植物检疫法》及其实施条例。

（三）《中华人民共和国海关总署与巴基斯坦伊斯兰共和国国家粮食安全与研究部关于中华人民共和国从巴基斯坦伊斯兰共和国输入水牛胚胎的检疫和卫生条件议定书》。

二、允许进口商品名称

本公告中的水牛胚胎，是指在巴基斯坦通过中巴双方注册的生产单位内，从水牛活体卵巢采集卵母细胞，使用体外授精方式生产的胚胎。

三、检疫审批要求

巴基斯坦伊斯兰共和国国家粮食安全与研究部（以下简称“巴方”）凭中华人民共和国海关总署（以下简称“中方”）签发的《中华人民共和国进境动植物检疫

许可证》对输华水牛胚胎实施检疫。每份进境水牛胚胎检疫许可证只允许进口一批水牛胚胎。

四、巴基斯坦生产单位注册要求

中方可以派出动物检疫官员，考核巴方推荐注册的卵母细胞采集中心、精液生产中心和胚胎加工场所。

卵母细胞、精液和胚胎须在中巴双方注册的卵母细胞采集中心、精液生产中心和胚胎加工场所内生产。巴基斯坦生产单位在注册有效期内可向中国出口水牛胚胎。

五、巴基斯坦动物卫生状况要求

供体母牛、供精公牛和试情动物所在的农场及其周围 50 公里范围内，在过去 3 年内没有牛瘟、牛海绵状脑病、牛传染性胸膜肺炎、小反刍兽疫、蓝舌病、牛结节性皮肤病、水疱性口炎和裂谷热。

六、供体动物卫生要求

供体母牛、供精公牛和试情动物必须：

（一）有唯一、持久的鉴别耳号，可追溯到生产的卵母细胞、精液和胚胎。

（二）所在农场在巴方监管下实施口蹄疫区域化管理，符合《中华人民共和国海关总署和巴基斯坦伊斯兰共和国国家粮食安全与研究部关于口蹄疫免疫无疫区要求备忘录》要求。

（三）所在农场通过临床观察或实验室检测的方式对下列动物疫病进行有计划监测：蓝舌病、牛结核病、布氏杆菌病、牛流行性白血病、副结核病、出血性败血症、牛巴贝斯虫病、毛滴虫病、胎儿弯曲杆菌病、牛病毒性腹泻 / 粘膜病、牛传染性鼻气管炎、Q 热、钩端螺旋体、水泡性口炎、裂谷热、小反刍兽疫和牛结节性皮肤病。中方可以审核监测计划执行情况和检测结果报告。

发生上述疫病时，阳性动物应立即从所在农场剔除，有关卵母细胞、精液以及胚胎均不能出口中国。

（四）在采卵或采精前 3 个月内一直饲养在注册的卵母细胞采集中心或精液生产中心，并按照附件中所列疫病进行至少 1 次检测，结果为阴性。

（五）在采卵或采精前 24 小时内，由巴方官方兽医临床检查确认无任何传染病迹象。

七、胚胎生产卫生要求

（一）卵母细胞、精液和胚胎须根据国际胚胎移植协会（IETS）手册推荐的方法，按照世界动物卫生组织（WOAH）认可的标准进行采集和处理。

（二）水牛胚胎必须。

1. 采取适当措施确保其在加工、冷冻、运输和储存过程中不受病原微生物污染；

2. 确认水牛胚胎生产体系中的生物成份（包括无活性的卵母细胞 / 胚胎、有关培养液、冲洗液、培养细胞以及动物源性生物制品等）不受病原微生物污染；

3. 胚胎至少清洗 10 次，每次清洗应达到稀释 100 倍，然后用含 0.25% 胰蛋白酶、pH 值为 7.6 – 7.8 的冲洗液冲洗两次，胚胎在胰蛋白酶内浸泡的时间共为 60~ 90 秒，每次清洗均使用新的已灭菌的移液管转移胚胎；

4. 只有来自同一供体的胚胎才能一起清洗，每次洗涤不能多于 10 个胚胎；

5. 在 50 倍以上显微镜下观察胚胎整个表面的透明带，确保完整无损并无粘附物；

6. 使用玻璃化冷冻方式进行冷冻保存。

八、胚胎存放及封识要求

（一）输出水牛胚胎应放入冷冻容器。冷冻容器要按照IETS手册推荐的方法或等效方法进行铅封和标识。

（二）输出水牛胚胎在允许出口前，须在中巴双方认可的胚胎加工场所内储存。

九、检疫证书要求

检疫合格的，由巴方按照双方确认的证书样本签发检疫证书。

特此公告。

附件：供体动物的检疫实验要求 .doc

http://www.customs.gov.cn/customs/302249/302266/302267/4593099/2022092312032252530.doc

海关总署

2022 年 9 月 21 日

海关总署关于进口阿联酋骆驼乳产品检验检疫要求的公告

2022 年第 123 号

根据我国相关法律法规和中华人民共和国海关总署与阿拉伯联合酋长国气候变化和环境部有关阿拉伯联合酋长国输华骆驼乳产品检验检疫要求议定书的规定，自本公告发布之日起，允许符合要求的阿拉伯联合酋长国骆驼乳产品进口：

一、检验检疫依据

（一）《中华人民共和国进出境动植物检疫法》《中华人民共和国进出境动植物检疫法实施条例》《中华人民共和国进出口商品检验法》《中华人民共和国进出口商品检验法实施条例》《中华人民共和国食品安全法》《中华人民共和国食品安全法实施条例》。

（二）《中华人民共和国进出口食品安全管理办法》《中华人民共和国进口食品境外生产企业注册管理规定》。

（三）《中华人民共和国海关总署与阿拉伯联合酋长国气候变化和环境部关于阿拉伯联合酋长国输华骆驼乳产品检验检疫要求议定书》。

（四）《海关总署关于明确进口乳品检验检疫要求的公告》。

二、允许进口的产品范围

阿拉伯联合酋长国输华骆驼乳产品（以下简称输华骆驼乳产品）是指原产于阿拉伯联合酋长国（以下简称阿联酋）、以经过适当热处理的骆驼乳为主要原料加工而成的乳产品，包括发酵乳和乳粉。

三、生产企业要求

输华骆驼乳产品生产企业经阿联酋官方批准或注册，在阿联酋官方的监督之下且符合中国和阿联酋有关动物卫生和公共卫生的要求。

根据《中华人民共和国食品安全法》《中华人民共和国进口食品境外生产企业注册管理规定》，向中国出口骆驼乳产品的生产企业应当经中国注册。未获得注册企业生产的产品不得向中国出口。

四、提供原料乳的奶畜要求

为输华骆驼乳产品提供原料乳的骆驼须符合下列条件：

（一）采集生乳前至少一个月，农场无口蹄疫病例或疑似病例。

（二）采集生乳时，农场未发现炭疽临床症状。

（三）采集生乳时，农场未感染或疑似感染中东呼吸综合征冠状病毒。

（四）农场受地方主管部门监管。

（五）农场及其周边地区未因动物疾病按世界动物卫生组织（WOAH）陆生动物卫生法典和阿联酋动物卫生法规规定而受到检疫限制。

五、证书要求

输华骆驼乳产品应随附阿联酋官方签发的卫生证书。

六、食品安全要求

（一）输华骆驼乳产品应当符合阿联酋、中国的法律法规要求以及中国食品安全国家标准要求。

（二）输华骆驼乳产品应当采用下述工序之一加工。

1. 最低温度 132℃至少 1 秒的消毒程序（超高温 UHT），或

2. 如果乳的 pH 低于 7.0，采用最低温度 72℃至少 15 秒的消毒程序（高温短时巴氏消毒 HTST），或

3. 如果乳的 pH7.0 或以上时，采用 HTST 程序两次。

七、包装和标识要求

输华骆驼乳产品必须用符合国际标准的全新材料包装。外包装要标明企业注册编号。内包装须符合中国相关规定，标签上应注明原产国、品名、企业注册号、生产企业名称地址和联系方式、生产日期和保质期等内容。

八、存放和运输要求

输华骆驼乳产品的存放、运输的全过程，均应符合卫生条件，防止受有毒有害物质的污染。货物装入集装箱后，应加施封识，封识号须在卫生证书中注明。运输过程中不得拆开及更换包装。

特此公告。

海关总署

2022 年 12 月 8 日

海关总署关于进口蒙古国天然饲草检验检疫要求的公告

2022年第125号

根据我国相关法律法规和中华人民共和国海关总署与蒙古国海关总局有关蒙古国天然饲草输华卫生与植物卫生要求议定书的规定，即日起，允许符合以下要求的蒙古国天然饲草进口：

一、检验检疫依据

（一）《中华人民共和国生物安全法》。

（二）《中华人民共和国进出境动植物检疫法》及其实施条例。

（三）《进出口饲料和饲料添加剂检验检疫监督管理办法》。

（四）《中华人民共和国海关总署与蒙古国海关总局关于蒙古国天然饲草输华卫生与植物卫生要求议定书》。

二、允许进境商品

本公告中的天然饲草是指产自蒙古国境内，收割后晒干，经湿热处理打包成捆（包）的天然饲草。

三、企业注册

输华天然饲草应来自经中华人民共和国海关总署（以下称中方）注册登记的蒙古国加工企业，加工企业由蒙古国海关总局（以下称蒙方）向中方推荐，中方对加工企业进行文件、视频或现场检查，确认其符合要求后予以注册登记。注册登记企业名单在中方网站上公布并动态更新。

四、关注的植物有害生物和动物疫病

输华天然饲草不得携带以下中方关注的植物有害生物和动物疫病的病原体：

1. 剪股颖粒线虫 Anguina agrostis
2. 苜蓿籽蜂 Bruchophagus roddi
3. 三叶斑潜蝇 Liriomyza trifolii
4. 日本金龟子 Popillia japonica
5. 苜蓿疫霉根腐病菌 Phytophthora medicaginis
6. 苜蓿黄萎病菌 Verticillium albo-atrum
7. 苜蓿细菌性萎蔫病菌 Clavibacter michiganensis subsp. insidiosus
8. 菟丝子（属）Cuscuta spp.
9. 列当（属）Orobanche spp.
10. 豚草（属）Ambrosia spp.
11. 匍匐矢车菊 Centaurea repens L.
12. 毒芹 Cicuta virosa
13. 天仙子 Hyoscyamus niger
14. 石龙芮 Ranunculus sceleratus
15. 拟腺棘豆 Oxytropis pseudoglandulosa
16. 野罂粟 Papaver nudicaule
17. 狼毒 Stellera chamaejasme
18. 龙葵 Solanum nigrum
19. 口蹄疫 Foot and mouth disease
20. 炭疽病 Anthrax
21. 非洲猪瘟 African swine fever
22. 小反刍兽疫 Peste des petits ruminants
23. 禽流感 Avian influenza
24. 绵羊痘和山羊痘 Sheep pox and Goat pox
25. 牛结节性皮肤病 Lumpy skin disease

五、产品生产和出口要求

（一）种植、加工、储存及运输。

1. 输华天然饲草草场应实施综合管理措施，以避免和控制中方关注的植物有害生物和动物疫病发生。天然饲草采收区域方圆10公里范围内，在采收前一年内应未发生中方关注的动物疫病。天然饲草草场和晾晒、加工及储存场所应与动物饲养场、牧场等隔离，确保不被动物排泄物、分泌物等污染。

2. 采收时，割草高度应距离地面5厘米以上，并压缩打包成捆（包）。收割、晾晒期间，不得混杂有毒杂草、草根、土壤及其他杂物，避免被动物源性物料污染。

3. 蒙方确保加工企业具备有效的动植物疫情防控体系，具备湿热处理条件，保持加工区及相关设备清洁，在压缩打捆包装前采取有效的去杂、去污措施，不得使用金属材质材料打捆包装，确保输华天然饲草符合以下要求：

（1）不带中方关注的植物有害生物、动物疫病病原体及其他活的有害生物；

（2）不带有毒杂草、草根和植物种子；

（3）不带动物排泄物、动物尸体和禽类羽毛；

（4）不带土壤、塑料膜、石块、金属片等异物；

（5）不带转基因成分；

（6）中国国家标准《饲料卫生标准》（GB13078）的相关要求。

4. 加工企业对输华天然饲草实施不低于 121℃持续时间不少于 20 分钟的湿热处理。

5. 存储、加工和运输期间应符合以下要求。

（1）具有相对封闭和独立的加工、存放场地；

（2）采取有效的防鼠、虫、鸟措施，防止有害生物污染；

（3）加工前，应对加工设备进行专门清扫。

6. 输华天然饲草应使用干净的集装箱或其他采用篷布密闭的专用运输工具，装运前进行彻底清扫，并使用二氧化氯消毒药剂进行处理（有效氯含量 500mg/L ~ 1500mg/L，用量 $20mL/m^2$ ~ $30mL/m^2$，作用 30 ~ 60 分钟）。

7. 每个集装箱或其他采用篷布密闭的专用运输工具内应至少有一个包装标识，注明天然饲草产地、加工企业名称、注册登记号码以及“蒙古国天然饲草输往中华人民共和国”的英文字样。产品标签应符合中国国家标准《饲料标签》（GB 10648）要求。

（二）离境前检疫和证书要求。

1. 蒙方对输华天然饲草实施动植物检疫监管，如检疫发现中方关注的植物有害生物和动物疫病病原体、有毒杂草、土壤、动物源性物料的，则该批货物不得向中国出口，蒙方暂停相关企业的天然饲草输华并查明原因；经检疫合格，确认符合中国进境动植物检疫要求的天然饲草，允许向中国出口。

2. 输华天然饲草应随附蒙古国官方按照国际标准出具的植物检疫证书和兽医卫生证书，证书内容由双方协商确定。

六、进境检验检疫

（一）证书核查。

1. 核查是否附有《进境动植物检疫许可证》。

2. 核查是否来自注册登记企业。

3. 核查植物检疫证书和兽医卫生证书是否真实有效。

（二）货物检查。

根据有关法律、行政法规、规章等规定，结合本要求第四条和第五条，对天然饲草实施检验检疫，合格后准予进境。

七、不合格情况处理

1. 无有效的植物检疫证书或兽医卫生证书的，作退回或销毁处理。

2. 来自未经注册登记的加工企业的，作退回或销毁处理。

3. 发现土壤或转基因成分的，作退回或销毁处理。

4. 发现中方关注的植物有害生物或动物疫病病原体、其他活的生物（如老鼠等啮齿类动物）的，作除害、退回或销毁处理。

5. 发现动物排泄物、动物尸体、禽类羽毛、草根、金属材料的，作除害、退回或销毁处理。

6. 发现其他不符合中国进境动植物检疫和饲料安全法律法规要求的，按照相关法律法规规定处理。

发现上述不合格情况，中方将向蒙方通报，并视情况采取暂停相关企业输华资质等措施。

八、回顾性审查

根据蒙古国动物疫病和天然饲草有害生物发生情况，以及口岸截获情况，中方将开展进一步的风险评估，在与蒙方协商基础上，调整关注的植物有害生物、动物疫病名单及相应检验检疫措施。

特此公告。

海关总署

2022 年 12 月 9 日

海关总署关于2023年度自新西兰进口有关农产品触发水平数量的公告

2022年第134号

根据《中华人民共和国政府和新西兰政府自由贸易协定》，我国对自新西兰进口的四类12个税号农产品实施特殊保障措施，自2022年起已不再对第一类、第三类和第四类农产品实施特殊保障措施。2023年是对第二类农产品实施特殊保障措施的最后一年，该类农产品进口数量达到年度触发水平后，有关在途产品不再适用协定税率。现将2022年度第二类农产品适用协定税率进口数量和2023年度进口触发水平数量予以公布（详见附件）。

特此公告。

附件：2022年度第二类农产品适用协定税率进口数量和2023年度进口触发水平数量情况表.doc

海关总署

2022年12月29日

附件：

2022年度第二类农产品适用协定税率进口数量和2023年度进口触发水平数量情况表

单位：t

分类	税号	产品描述	2022年度适用协定税率进口数量			2023年度可适用协定税率进口数量		
			本年度触发水平数量	累计进口数量	以在途方式进口数量	本年度触发水平数量	本年度实际可进口的触发水平数量	本年度可签发在途证明数量
二	04021000	脂肪含量≤1.5%固状乳及奶油	188 094	384 456	196 362	197 498	1 136	0
	04022100	脂肪含量>1.5%未加糖固状乳及奶油						
	04022900	脂肪含量>1.5%加糖固状乳及奶油						
	04029100	浓缩但未加糖的非固状乳及奶油						

说明：

1. 协定指《中华人民共和国政府和新西兰政府自由贸易协定》；
2. 2022年度以在途方式进口数量=2022年度适用协定税率累计进口数量－2022年度触发水平数量；
3. 2023年度实际可进口的触发水平数量=2023年度协定所规定年度触发水平数量－2022年度以在途方式进口数量。

海关总署关于婴幼儿配方食品、再制干酪等产品进口执行食品安全国家标准检验相关要求的公告

2022 年第 136 号

《食品安全国家标准 婴儿配方食品》《食品安全国家标准 较大婴儿配方食品》《食品安全国家标准 幼儿配方食品》《食品安全国家标准 再制干酪和干酪制品》《食品安全国家标准 浓缩乳制品》（以下统称新国标）将于近期陆续实施，为贯彻落实好《中华人民共和国食品安全法》，进一步优化营商环境，促进外贸平稳发展，参照国际惯例以及国内的监管要求，经商国家卫生健康委、市场监管总局，现就上述产品进口执行标准问题公告如下：

一、自新国标实施之日起，境外企业应按新国标生产输华食品。在新国标实施日期前生产、进口的符合原国标规定的产品，根据国内标准实施的规定和世界贸易组织规则，可在保质期内继续进口、销售。有特殊规定的，以特殊规定为准。

二、为做好新旧标准衔接，进口货物境内收货人或其报关代理人在向海关申报实际进境的上述产品时，必须填报“生产日期”，生产日期应与商品标签上的生产日期一致，具体填报为 8 位数字，顺序为年（4 位）、月（2 位）、日（2 位）。

上述要求分别自各新国标实施之日起执行。

特此公告。

海关总署

2022 年 12 月 30 日

【国家市场监督管理总局发布】

市场监管总局关于发布《婴幼儿配方乳粉生产许可审查细则（2022版）》的公告

2022年第38号

行政规范性文件《婴幼儿配方乳粉生产许可审查细则（2022版）》已经2022年10月31日市场监管总局第14次局务会议通过，现予公告，自发布之日起施行。原食品药品监管总局2013年12月16日发布的《婴幼儿配方乳粉生产许可审查细则（2013版）》同时废止。

市场监管总局

2022年11月14日

婴幼儿配方乳粉生产许可审查细则（2022版）.pdf

相关链接：

《婴幼儿配方乳粉生产许可审查细则（2022版）》解读

详细内容参见如下链接：

https://www.samr.gov.cn/zw/zfxxgk/fdzdgknr/tssps/art/2023/art_1f1a1e0ed220486d96a75c4161b922fe.html

国家市场监督管理总局公告

2022年第42号

根据《中华人民共和国食品安全法》《特殊医学用途配方食品注册管理办法》等法律法规，市场监管总局组织制定了《特殊医学用途配方食品标识指南》，现予以公告。

市场监管总局

2022年12月20日

特殊医学用途配方食品标识指南.pdf

https://gkml.samr.gov.cn/nsjg/tssps/202212/W020221228392456535470.pdf

认监委秘书处关于公布2022年度有机产品认证优良实践案例的函

认秘函〔2022〕42号

各省、自治区、直辖市和新疆生产建设兵团市场监管局（厅、委）、各有机产品认证机构：

为大力推动有机产品认证实施工作，总结交流质量认证促进有机产业发展、助力乡村产业振兴和生态文明建设的创新做法和成功经验，今年7月，市场监管总局认证监管司组织开展了“有机产品认证优良实践案例”征集活动，共收到来自全国各相关单位的优良实践案例127个。经中国有机产品认证技术工作组评审，选出30个有机产品认证优良实践案例（详见附件），现予公布。请各单位积极引导借鉴学习优良案例，形成更多可复制可推广的经验和做法。入选案例将在“中国有机产品认证与有机产业发展技术服务平台”（http://www.cn-organic.org.cn）对外发布。

附件：2022年度有机产品认证优良实践案例

认监委秘书处

2022年10月19日

附录：

2022年度有机产品认证优良实践案例

申报单位名称	优良实践标题
内蒙古蒙牛乳业（集团）股份有限公司	沙漠有机品牌故事——一份来自沙漠绿洲的甄稀礼物
内蒙古伊利实业集团股份有限公司	有机牧场高质量发展，助力产业链提升

市场监管总局办公厅关于明确再制干酪和干酪制品生产许可有关事项的通知

市监食生函〔2022〕1705 号

各省、自治区、直辖市和新疆生产建设兵团市场监管局（厅、委）：

新修订的《食品安全国家标准 再制干酪和干酪制品》（GB 25192—2022，以下称新标准）将于 2022 年 12 月 30 日实施。为做好执行新旧标准的衔接，严格再制干酪和干酪制品生产许可，现将有关事项通知如下：

一、关于生产许可分类

新标准按照原料干酪的比例，将原《食品安全国家标准 再制干酪》（GB 25192—2010）规定的再制干酪类产品划分为再制干酪和干酪制品。新标准对仅添加 15% ~ 50% 干酪的产品明确为干酪制品，对添加 50% 以上干酪的产品明确为再制干酪。根据新标准有关要求，将《市场监管总局关于修订公布食品生产许可分类目录的公告》（国家市场监管总局公告 2020 年第 8 号）中食品类别“乳制品”下的品种明细“再制干酪”调整为“再制干酪和干酪制品”。自 2022 年 12 月 30 日起，乳制品生产许可相关工作按照调整后的品种明细执行。

二、关于生产许可变更

2022 年 12 月 30 日之前，已取得再制干酪食品生产许可证的企业，其再制干酪产品符合新标准中有关再制干酪规定的，不需要申请生产许可变更；其再制干酪产品不符合新标准中有关再制干酪规定的，若仍保持干酪比例为 15% ~ 50% 的，应选择“干酪制品”申请许可变更；若不申请生产许可变更，应将干酪的比例提高到 50% 以上。申请许可变更时，企业声明生产条件未发生变化的，可以不再进行现场核查。干酪制品生产许可审查要求参照《企业生产乳制品许可条件审查细则(2010 版)》中再制干酪有关要求执行。2022 年 12 月 30 日前生产的再制干酪产品可销售至保质期结束。

三、关于包装材料使用

为贯彻落实党中央、国务院关于统筹疫情防控和经济发展的决策部署，帮助企业纾困解难，减少资源浪费，新标准实施后，如企业生产的再制干酪产品，旧版包装材料上标示内容仅涉及执行的食品安全国家标准年代号和干酪比例与新标准规定不一致，应当向当地县级市场监管部门报告后，可将旧版包装材料延期使用至 2023 年 6 月 30 日。

各地市场监管部门要加强再制干酪与干酪制品生产企业监督检查，督促企业严格执行新标准并按照新标准要求及时变更食品生产许可，在产品包装标签上如实标注干酪原料比例和“再制干酪”或“干酪制品”的名称，防止以干酪制品冒充干酪、再制干酪。

市场监管总局办公厅

2022 年 12 月 26 日

【国家卫生健康委员会发布】

国家卫生健康委
关于关山樱花等 32 种“三新食品”的公告

2022 年第 1 号

根据《中华人民共和国食品安全法》规定，审评机构组织专家对关山樱花等 2 种新食品原料、磷脂酶 A_1 等 11 种食品添加剂新品种、以六甲基二硅氧烷和六甲基二硅氮烷为原料的氧化硅涂层等 19 种食品相关产品新品种的安全性评估材料进行审查并通过。

特此公告。

附件：关山樱花等 32 种“三新食品”公告文本

国家卫生健康委

2022 年 2 月 24 日

附件：

关山樱花等 32 种“三新食品”公告文本

（详见如下链接地址 http://www.nhc.gov.cn/sps/s7892/202203/edcfce214e74438cb44ad94d64967b0c/files/2a9af1c84d03416e9c9a13c04c5c5085.pdf）

相关链接：

解读《关于关山樱花等 32 种“三新食品”的公告》（2022 年第 1 号）

一、新食品原料

（一）关山樱花。关山樱花是蔷薇科李亚科樱属关山樱（Cerasus serrulate ‘Sekiyama’）的花，在日本、韩国及我国台湾地区具有多年食用历史，并被作为蔬菜或食品原料广泛食用。我国于上世纪 90 年代开始引进种植关山樱，目前在我国有广泛种植，且在山东、浙江、江苏等省已有食用。干品和鲜品均可食用。

根据《食品安全法》和《新食品原料安全性审查管理办法》规定，国家卫生健康委员会委托审评机构依照法定程序，组织专家对关山樱花的安全性评估材料审查并通过。新食品原料生产和使用应当符合公告内容以及食品安全相关法规要求。鉴于关山樱花在婴幼儿、孕妇及哺乳期妇女人群中的食用安全性资料不足，从风险预防原则考虑，上述人群不宜食用，标签及说明书中应当标注不适宜人群。

该原料的食品安全指标按照我国现行食品安全国家标准中其他蔬菜制品的规定执行。

（二）吡咯并喹啉醌二钠盐。吡咯并喹啉醌二钠盐是以 6- 氨基 -5- 甲氧基 -1H- 吲哚 -2- 羧酸乙酯和 2- 氧代戊烯二酸二甲酯为原料，经偶联成环反应、喹啉环的形成、氧化反应、酯水解反应以及精制等工艺制成。吡咯并喹啉醌二钠盐天然存在于多种食物如牛奶、鸡蛋、菠菜等中。本申报产品的纯度为≥ 98.0 g/100 g（以干基计）。吡咯并喹啉醌二钠盐在美国被作为“一般认为安全的物质（GRAS）”管理，可作为原料用于能量饮料、运动饮料、电解质饮料等食品；欧盟和加拿大作为膳食补充剂或天然保健食品。本产品推荐食用量为≤ 20 毫克 / 天（即吡咯并喹啉醌二钠盐含量为 98.0 g/100 g 的本产品推荐食用量为≤ 20 毫克 / 天，超过该含量的产品按照实际含量折算食用量）。使用范围和最大使用量：饮料（40 mg/kg，固体饮料按照冲调后液体质量折算）。

根据《食品安全法》和《新食品原料安全性审查管理办法》规定，国家卫生健康委员会委托审评机构依照法定程序，组织专家对吡咯并喹啉醌二钠盐的安全性评估材料进行审查并通过。新食品原料生产和使用应当符合公告内容以及食品安全相关法规要求。鉴于吡咯并喹啉醌二钠盐在婴幼儿、孕妇及哺乳期妇女人群中的食用安全性资料不足，从风险预防原则考虑，上述人群不宜食用，标签及说明书中应当标注不适宜人群。

该原料的食品安全指标按照公告规定执行。

二、食品添加剂新品种

（一）磷脂酶 A_1

1. 背景资料。米曲霉（Aspergillus oryzae）来源的

磷脂酶 A_1 申请作为食品工业用酶制剂新品种。美国食品药品管理局、法国食品安全局、丹麦兽医和食品局等允许其作为食品工业用酶制剂使用。

2. 工艺必要性。该物质作为食品工业用酶制剂，主要用于催化磷脂水解。其质量规格执行《食品安全国家标准 食品添加剂 食品工业用酶制剂》（GB 1886.174）。

（二）麦芽糖淀粉酶。

1. 背景资料。地衣芽孢杆菌（*Bacillus licheniformis*）来源的麦芽糖淀粉酶申请作为食品工业用酶制剂新品种。法国食品安全局、丹麦兽医和食品局、加拿大卫生部等允许其作为食品工业用酶制剂使用。

2. 工艺必要性。该物质作为食品工业用酶制剂，主要用于催化淀粉水解。其质量规格执行《食品安全国家标准 食品添加剂 食品工业用酶制剂》（GB 1886.174）。

（三）葡糖氧化酶。

1. 背景资料。李氏木霉（*Trichoderma reesei*）来源的葡糖氧化酶申请作为食品工业用酶制剂新品种。美国食品药品管理局、法国食品安全局、丹麦兽医和食品局等允许其作为食品工业用酶制剂使用。

2. 工艺必要性。该物质作为食品工业用酶制剂，主要用于催化葡萄糖的氧化。其质量规格执行《食品安全国家标准 食品添加剂 食品工业用酶制剂》（GB 1886.174）。

（四）脂肪酶。

1. 背景资料。李氏木霉（*Trichoderma reesei*）来源的脂肪酶申请作为食品工业用酶制剂新品种。美国食品药品管理局、法国食品安全局、丹麦兽医和食品局等允许其作为食品工业用酶制剂使用。

2. 工艺必要性。该物质作为食品工业用酶制剂，主要用于催化脂类物质水解。其质量规格执行《食品安全国家标准 食品添加剂 食品工业用酶制剂》（GB 1886.174）。

（五）二氧化硅。

1. 背景资料。二氧化硅作为抗结剂已列入《食品安全国家标准 食品添加剂使用标准》（GB 2760），允许用于冷冻饮品、固体饮料等食品类别，本次申请扩大使用范围用于其他豆制品（大豆蛋白粉和调配大豆蛋白粉）（食品类别 04.04.03）。美国食品药品管理局、欧盟委员会等允许其作为抗结剂用于食品。根据联合国粮农组织/世界卫生组织食品添加剂联合专家委员会评估结果，该物质的每日允许摄入量不需要限定。

2. 工艺必要性。该物质作为抗结剂用于其他豆制品（大豆蛋白粉和调配大豆蛋白粉）（食品类别 04.04.03），改善产品流动性，提高生产效率。其质量规格执行《食品安全国家标准 食品添加剂 二氧化硅》（GB 25576）。

（六）二氧化碳。

1. 背景资料。二氧化碳作为防腐剂已列入《食品安全国家标准 食品添加剂使用标准》（GB 2760），允许用于饮料类、配制酒等食品类别，本次申请扩大使用范围用于风味发酵乳（食品类别 01.02.02）。国际食品法典委员会、美国食品药品管理局、欧盟委员会等允许其作为食品添加剂用于发酵乳。根据联合国粮农组织/世界卫生组织食品添加剂联合专家委员会评估结果，该物质的每日允许摄入量不需要限定。

2. 工艺必要性。该物质用于风味发酵乳（食品类别 01.02.02），调节产品口感。其质量规格执行《食品安全国家标准 食品添加剂 二氧化碳》（GB 1886.228）。

（七）姜黄。

1. 背景资料。姜黄作为着色剂已列入《食品安全国家标准 食品添加剂使用标准》（GB 2760），允许用于冷冻饮品、方便米面制品、焙烤食品等食品类别，本次申请扩大使用范围用于面糊（如用于鱼和禽肉的拖面糊）、裹粉、煎炸粉（食品类别 06.03.02.04）。美国食品药品管理局、日本厚生劳动省、韩国食品药品安全部等允许其作为着色剂用于食品。

2. 工艺必要性。该物质作为着色剂用于面糊（如用于鱼和禽肉的拖面糊）、裹粉、煎炸粉（食品类别 06.03.02.04），改善产品色相。其质量规格执行《食品安全国家标准 食品添加剂 姜黄》（GB 1886.60）。

（八）乳酸链球菌素。

1. 背景资料。乳酸链球菌素作为防腐剂已列入《食品安全国家标准 食品添加剂使用标准》（GB 2760），允许用于预制肉制品、熟肉制品、酱及酱制品等食品类别，本次申请扩大使用范围用于卤制半干豆腐（食品类别 04.04.01.03.02）。美国食品药品管理局、欧盟委员会、日本厚生劳动省等允许其作为防腐剂用于乳酪、蛋制品等食品类别。根据联合国粮农组织/世界卫生组织食品添加剂联合专家委员会评估结果，该物质的每日允许摄入量为 0~2 mg/kg bw。

2. 工艺必要性。该物质作为防腐剂用于卤制半干豆腐（食品类别 04.04.01.03.02），有效抑制食品腐败变质。其质量规格执行《食品安全国家标准 食品添加剂 乳酸链球菌素》（GB 1886.231）。

（九）三氯蔗糖。

1. 背景资料。三氯蔗糖作为甜味剂已列入《食品安全国家标准 食品添加剂使用标准》（GB 2760），允许用于糖果、焙烤食品、酱及酱制品等食品类别，本次申请扩大使用范围用于新型豆制品（大豆蛋白及其膨化食品、大豆素肉等）（食品类别 04.04.01.05）。美国食品药品管理局、日本厚生劳动省、加拿大卫生部等允许其作为甜味剂用于食品。根据联合国粮农组织/世界卫生组织食品添加剂联合专家委员会评估结果，该物质的每日允许摄入量为 0~15 mg/kg bw。

2. 工艺必要性。该物质作为甜味剂用于新型豆制品（大豆蛋白及其膨化食品、大豆素肉等）（食品类别 04.04.01.05），改善产品口感。其质量规格执行《食品安全国家标准 食品添加剂 三氯蔗糖》（GB 25531）。

（十）植物炭黑。

1. 背景资料。植物炭黑作为着色剂已列入《食品

安全国家标准 食品添加剂使用标准》（GB 2760），允许用于冷冻饮品、糖果、糕点等食品类别，本次申请扩大使用范围用于风味发酵乳（食品类别 01.02.02）、果酱（食品类别 04.01.02.05）。欧盟委员会、日本厚生劳动省、加拿大卫生部等允许其作为着色剂用于食品。根据联合国粮农组织 / 世界卫生组织食品添加剂联合专家委员会评估结果，该物质的每日允许摄入量不需要限定。

2. 工艺必要性。该物质作为着色剂用于风味发酵乳（食品类别 01.02.02）、果酱（食品类别 04.01.02.05），增强产品色泽。其质量规格执行《食品安全国家标准 食品添加剂 植物炭黑》（GB 28308）。

（十一）白油（液体石蜡）。

1. 背景资料。白油（液体石蜡）作为食品工业用加工助剂已列入《食品安全国家标准 食品添加剂使用标准》（GB 2760），允许用于薯片的加工工艺、油脂加工工艺、糖果的加工工艺等。本次申请扩大使用范围用于鲜酵母制品的加工工艺。美国食品药品管理局、澳大利亚和新西兰食品标准局允许其作为脱模剂和润滑剂用于酵母生产中。

2. 工艺必要性。作为食品工业用加工助剂，用于鲜酵母制品的加工工艺，对块状鲜酵母起到润滑、形成保护膜的作用，降低块状鲜酵母与模具之间的摩擦力，方便鲜酵母脱模，改善产品品质。其质量规格执行《食品安全国家标准 食品添加剂 白油（液体石蜡）》（GB 1886.215）。

三、食品相关产品新品种

（一）以六甲基二硅氧烷和六甲基二硅氮烷为原料的氧化硅涂层。

1. 背景资料。该物质为聚对苯二甲酸乙二醇酯（PET）容器内壁表面沉积形成的氧化硅涂层。美国食品药品管理局及德国联邦风险评估研究所均允许该物质用作食品接触用 PET 容器表面的涂层。

2. 工艺必要性。该涂层可增强 PET 容器的气体阻隔性能，且不影响 PET 容器透明度。

（二）2- 丙烯酸与 2,5- 呋喃二酮和 2- 丙烯酰胺聚合物的钠盐。

1. 背景资料。该物质常温下为琥珀色液体。欧洲委员会和德国联邦风险评估研究所均允许该物质用于食品接触用纸和纸板材料及制品。

2. 工艺必要性。该物质用于食品接触用纸和纸板的生产，具有良好的阻垢效果。

（三）三烯丙基异氰脲酸酯。

1. 背景资料。该物质常温下为淡黄色液体。美国食品药品管理局、德国联邦风险评估研究所与印度尼西亚国家药品和食品管理局均允许该物质用于食品接触用氟橡胶材料及制品。

2. 工艺必要性。该物质作为橡胶固化过程的交联剂，可以改善终产品的抗拉强度、抗形变能力和硬度等物理性能。

（四）C16-18- 脂肪酸与季戊四醇的酯化物。

1. 背景资料。该物质常温下为黄色固体。欧盟委员会和日本厚生劳动省均允许该物质用于食品接触用聚对苯二甲酸丁二醇酯（PBT）塑料材料及制品。

2. 工艺必要性。该物质为热塑性塑料的脱模剂，用于注塑成型过程中，可防止聚合物熔体黏附在加热后的机器零件上，并有助于更高温度下的脱模，改善了进料性能。

（五）维生素 E（dl- α - 醋酸生育酚）。

1. 背景资料。该物质常温下为液体，不溶于水。美国食品药品管理局将维生素 E（dl- α - 醋酸生育酚）作为“一般认为安全的物质（GRAS）”管理；欧盟委员会允许该物质用于食品接触用聚乙烯（PE）和聚丙烯（PP）塑料材料及制品。

2. 工艺必要性。该物质在 PE 和 PP 的加工过程中可以提高塑料的熔融指数和伸长保持率，从而增强加工稳定性，并可以减少塑料变色。

（六）氢化 -1- 癸烯的均聚物。

1. 背景资料。该物质常温下为无色透明液体，不溶于水。美国食品药品管理局和欧洲委员会均允许该物质用于食品接触用涂料及涂层。

2. 工艺必要性。该物质为表面活性调节剂，用在包装涂料配方中可以调节涂料的表面活性，从而避免液体涂料在罐装和运输过程中起泡。

（七）己二酸与 1,2- 丙二醇的聚合物。

1. 背景资料。该物质常温下为无色到黄色的高黏度液体。美国食品药品管理局和欧洲委员会均允许该物质用于食品接触用涂料及涂层。

2. 工艺必要性。该物质作为涂料及涂层用添加剂，可以增加涂层的柔韧性及在金属罐上的附着力。

（八）麦芽糊精。

1. 背景资料。该物质常温下为微黄色至白色粉末，可溶于水。《食品安全国家标准 食品接触材料及制品用添加剂使用标准》（GB 9685-2016）已批准该物质作为添加剂用于聚乙烯（PE）、聚丙烯（PP）和聚苯乙烯（PS）等多种塑料材料及制品。原国家卫生计生委 2017 年第 11 号公告已批准该物质用于食品接触用纸和纸板。此次申请将其使用范围扩大至食品接触材料及制品用黏合剂。美国食品药品管理局和德国联邦风险评估研究所均允许该物质用于食品接触用黏合剂。

2. 工艺必要性。该物质用作黏合剂树脂乳液聚合时的乳化剂，可增强乳液的稳定性，改善黏合剂的黏结力和流变性能。

（九）C.I. 颜料蓝 15。

1. 背景资料。该物质在常温下为蓝色粉末。GB 9685-2016 已批准该物质作为添加剂用于橡胶、涂料及涂层、纸和纸板、油墨以及 PE、PP 和 PS 等多种塑料材料及制品。此次申请将其使用范围扩大至食品接触用 PLA 塑料材料及制品。美国食品药品管理局、日本厚生劳动省及印度尼西亚国家药品和食品管理局均允许该物质用于食品接触用 PLA 塑料材料及制品。

2. 工艺必要性。该物质是一种多用途着色剂，具有较高的着色力且易分散。

（十）C.I. 颜料红 254。

1. 背景资料。该物质常温下为红色粉末。GB 9685-2016 已批准该物质作为添加剂用于涂料及涂层、油墨以及 PE、PP 和 PS 等多种塑料材料及制品。此次申请将其使用范围扩大至食品接触用PLA塑料材料及制品。美国食品药品管理局与印度尼西亚国家药品和食品管理局允许该物质用于食品接触用 PLA 塑料材料及制品。

2. 工艺必要性。该物质是一种多用途着色剂，添加了该着色剂的 PLA 塑料材料及制品具有较好的耐溶剂性能和耐光牢度。

（十一）C.I. 颜料黑 7。

1. 背景资料。该物质常温下为黑色粉末。GB 9685-2016 已批准该物质作为添加剂用于橡胶、涂料及涂层、纸和纸板、油墨以及 PE、PP 和 PS 等多种塑料材料及制品。此次申请将其使用范围扩大至食品接触用 PLA 塑料材料及制品。美国食品药品管理局、欧盟委员会和日本厚生劳动省均允许该物质用于食品接触用 PLA 塑料材料及制品。

2. 工艺必要性。该物质是一种着色剂，具有较高的着色力且易分散、耐高温。

（十二）C.I. 颜料黄 180。

1. 背景资料。该物质常温下为黄色粉末。GB 9685-2016 已批准该物质作为添加剂用于 PE、PP 和 PS 等多种塑料材料及制品。此次申请将其使用范围扩大至食品接触用 PLA 塑料材料及制品。美国食品药品管理局与印度尼西亚国家药品和食品管理局均允许该物质用于食品接触用 PLA 塑料材料及制品。

2. 工艺必要性。该物质是一种着色剂，具有较好的着色力、耐热性和耐溶剂性。

（十三）羟乙基纤维素。

1. 背景资料。该物质常温下为白色粉末。GB 9685-2016 已批准该物质作为添加剂用于涂料及涂层、粘合剂、纸和纸板。此次申请将其使用范围扩大至食品接触用橡胶材料及制品。德国联邦风险评估研究所、法国卫生部和荷兰卫生福利及体育部均允许该物质用于食品接触用橡胶材料及制品。

2. 工艺必要性。该物质用作橡胶添加剂，能增强橡胶密封件的密封性和稳定性。

（十四）丙烯酸与苯乙烯的共聚物。

1. 背景资料。该物质常温下为白色液体。GB 9685-2016 已批准该物质作为添加剂用于涂料及涂层、黏合剂、纸和纸板以及 PE、PP 和 PS 等多种塑料材料及制品。此次申请将其使用范围扩大至食品接触用橡胶材料及制品。欧洲委员会和法国卫生部均允许该物质用于食品接触用橡胶材料及制品。

2. 工艺必要性。该物质用作橡胶添加剂，能够改善橡胶的弹性和柔韧性，使其功能更加优化。

（十五）丙烯酸与次磷酸钠聚合物的钠盐。

1. 背景资料。该物质为白色乳液。GB 9685-2016 已批准该物质作为添加剂用于食品接触用黏合剂。此次申请将其使用范围扩大至食品接触用纸和纸板材料及制品。美国食品药品管理局和欧洲委员会均允许该物质用于食品接触用纸和纸板材料及制品。

2. 工艺必要性。该物质作为纸和纸板生产过程使用的添加剂，与碳酸钙配制成白色填料，可提高料浆加工效率、降低能耗。

（十六）松香甘油酯。

1. 背景资料。该物质常温下为浅黄色固体。GB 9685-2016 已批准该物质作为添加剂用于食品接触用粘合剂、涂料及涂层。此次申请将其使用范围扩大至食品接触用纸和纸板材料及制品。美国食品药品管理局和欧洲委员会均允许该物质用于纸和纸板材料及制品。

2. 工艺必要性。该物质作为纸和纸板生产过程中的浆内施胶剂，在高 pH 值条件下能提供良好的施胶效果，可以增强纸和纸板的防水性。

（十七）丙烯酸与苯乙烯、丙烯酸乙酯、丙烯酸-2-乙基己基酯和甲基丙烯酸甲酯的共聚物。

1. 背景资料。该物质为白色乳状液体。美国食品药品管理局和欧盟委员会均允许该物质用于食品接触用粘合剂。

2. 工艺必要性。该物质作为生产水性黏合剂的主要原料，在生产用于复合包装和非直接接触食品标签的水性黏合剂时有助于发挥良好的黏结性能。

（十八）1,4-二（羟甲基）环己烷与乙二醇、2,2-二甲基-1,3-丙二醇、间苯二甲酸、对苯二甲酸二甲酯和偏苯三甲酸酐的聚合物。

1. 背景资料。该物质为无色透明液体，不溶于水。美国食品药品管理局、欧洲委员会和日本厚生劳动省均允许该物质用于食品接触用涂料及涂层。

2. 工艺必要性。该物质作为涂料的主要成膜物质，能够使涂膜具有良好的附着力、抗腐蚀性和抗蒸煮性，同时可以避免泛白等现象的发生。

（十九）过氧辛酸。

1. 背景资料。该物质为过氧酸类消毒剂中的有效成分，可溶于水。美国环境保护署和欧洲化学品管理局均允许该物质用作食品接触表面的消毒剂有效成分。

2. 工艺必要性。含有该物质的消毒剂通过产生羟基自由基，与微生物膜表面的有机物发生强氧化反应，破坏微生物膜的通透性，并进一步破坏胞内蛋白质的合成，最终达到杀灭食品包装材料等产品的食品接触表面上的金黄色葡萄球菌、大肠杆菌、脊髓灰质炎病毒等微生物的效果。

（国家卫生健康委食品安全标准与监测评估司 2022 年 3 月 1 日发布）

国家卫生健康委
关于莱茵衣藻等36种“三新食品”的公告

2022年第2号

根据《中华人民共和国食品安全法》规定，审评机构组织专家对莱茵衣藻等3种新食品原料、喹啉黄铝色淀等18种食品添加剂新品种、磷酸锆（2∶1）等15种食品相关产品新品种的安全性评估材料进行审查并通过。

特此公告。

附件：莱茵衣藻等36种“三新食品”的公告文本

国家卫生健康委

2022年5月5日

相关链接：

附件：

莱茵衣藻等36种“三新食品”的公告文本

（http://www.nhc.gov.cn/sps/s7892/202205/7777634cb5994c308e12cf3a3255c622/files/f1626c9f342f48e5abc1051867d76562.pdf）

解读《关于莱茵衣藻等36种“三新食品”的公告》（2022年第2号）

一、新食品原料

（一）莱茵衣藻。

莱茵衣藻（Chlamydomonas reinhardtii）属于衣藻科、衣藻属。经藻种培养、发酵罐异养扩大培养、干燥等工艺制成。主要营养成分包括蛋白质、碳水化合物、脂肪、氨基酸、维生素和矿物质等，其中蛋白质≥30.0%、粗多糖≥10.0%。莱茵衣藻在美国被列为“一般认为安全”物质，可作为膳食蛋白质来源；在新加坡被批准作为食品原料使用；在我国香港允许其进入市场销售。

根据《中华人民共和国食品安全法》和《新食品原料安全性审查管理办法》规定，国家卫生健康委员会委托审评机构依照法定程序，组织专家对莱茵衣藻的安全性评估材料审查并通过。新食品原料生产和使用应当符合公告内容以及食品安全相关法规要求。鉴于莱茵衣藻在婴幼儿食品中的使用安全性资料不足，从风险预防原则考虑，使用范围不包括婴幼儿食品。

该原料的食品安全指标按照我国现行食品安全国家标准中藻类及其制品的规定执行。

（二）长双歧杆菌长亚种BB536。

长双歧杆菌长亚种（原名称为“长双歧杆菌”）已被列入我国《可用于食品的菌种名单》，也已列入欧洲食品安全局资格认定（QPS）名单的推荐生物制剂列表以及国际乳品联合会公报（Bulletin of the IDF 455/2012）的“在发酵食品中有技术必要性的微生物品种目录”。长双歧杆菌长亚种BB536（Bifidobacteriumlongumsubsp. longumBB536）从健康婴儿肠道中分离得到，该菌株已在美国、日本被批准用于婴幼儿食品。国内外开展的多项婴幼儿临床研究证明，该菌株具有较好的食用安全性。

根据《中华人民共和国食品安全法》和《新食品原料安全性审查管理办法》规定，国家卫生健康委员会委托审评机构依照法定程序，组织专家对长双歧杆菌长亚种BB536的安全性评估材料进行审查并通过。新食品原料生产和使用应当符合公告内容以及食品安全相关法规要求。

该菌株原料的食品安全指标应符合我国相关标准。

（三）甘蔗多酚。

甘蔗多酚是以甘蔗为原料，经压榨、过滤、提取，且除去多余糖分和盐分后得到甘蔗糖蜜，再以水、乙醇为提取溶剂，经过滤、真空浓缩、离子交换和喷雾干燥等工艺制成的粉体物质；或经过滤、真空蒸馏等工艺制成的液体物质。主要特征成分为总多酚。美国已将其列为“一般认为安全物质”，欧盟允许其作为食品原料使用，澳大利亚与新西兰将其按照普通食品管理，我国台湾地区已将其作为食品原料使用。本产品推荐食用量为：总多酚含量为200g/kg的粉体推荐食用量为≤1克/天，总多酚含量为14.8g/kg的液体推荐食用量为≤10克/天，超过该含量的按照实际含量折算。

根据《中华人民共和国食品安全法》和《新食品原料安全性审查管理办法》规定，国家卫生健康委员会委托审评机构依照法定程序，组织专家对甘蔗多酚的安全性评估材料审查并通过。新食品原料生产和使用应当符合公告内容以及食品安全相关法规要求。鉴于甘蔗多酚在婴幼儿、孕妇和哺乳期妇女人群中的食用安全性资料不足，从风险预防原则考虑，上述人群不宜食用，标签及说明书中应当标注不适宜人群。该原料的食品安全指标按照公告规定执行。

二、食品添加剂新品种

（一）喹啉黄铝色淀。

1. 背景资料。喹啉黄铝色淀申请作为食品添加剂新品种。本次申请用于糖果和巧克力制品包衣（仅限糖果包衣）（食品类别 05.03）。国际食品法典委员会、欧盟委员会允许其作为着色剂用于食品装饰、包衣。

2. 工艺必要性。该物质作为着色剂用于糖果和巧克力制品包衣（仅限糖果包衣）（食品类别 05.03），增强产品色泽。其质量规格按照公告的相关要求执行。

（二）β－果糖基转移酶。

1. 背景资料。Aspergillusfijiensis 来源的 β－果糖基转移酶申请作为食品工业用酶制剂新品种。美国食品药品管理局、日本厚生劳动省、澳大利亚和新西兰食品标准局等允许其作为食品工业用酶制剂使用。

2. 工艺必要性。该物质作为食品工业用酶制剂，主要用于将蔗糖转化为低聚果糖。其质量规格执行《食品安全国家标准食品添加剂食品工业用酶制剂》（GB1886.174）。

（三）β－葡聚糖酶。

1. 背景资料。枯草芽孢杆菌（Bacillussubtilis）来源的 β－葡聚糖酶申请作为食品工业用酶制剂新品种。美国食品药品管理局、法国食品安全局、丹麦兽医和食品局等允许其作为食品工业用酶制剂使用。

2. 工艺必要性。该物质作为食品工业用酶制剂，主要用于催化 β－葡聚糖的水解。其质量规格执行《食品安全国家标准食品添加剂食品工业用酶制剂》（GB1886.174）。

（四）蛋白酶。

1. 背景资料。枯草芽孢杆菌（Bacillussubtilis）来源的蛋白酶申请作为食品工业用酶制剂新品种。丹麦兽医和食品局等允许其作为食品工业用酶制剂使用。

2. 工艺必要性。该物质作为食品工业用酶制剂，主要用于催化蛋白水解。其质量规格执行《食品安全国家标准食品添加剂食品工业用酶制剂》（GB1886.174）。

（五）海藻糖酶。

1. 背景资料。李氏木霉（Trichodermareesei）来源的海藻糖酶申请作为食品工业用酶制剂新品种。美国食品药品管理局、法国食品安全局、丹麦兽医和食品局等允许其作为食品工业用酶制剂使用。

2. 工艺必要性。该物质作为食品工业用酶制剂，主要用于催化海藻糖的水解。其质量规格执行《食品安全国家标准食品添加剂食品工业用酶制剂》（GB1886.174）。

（六）磷脂酶 A_1。

1. 背景资料。黑曲霉（Aspergillusniger）来源的磷脂酶 A_1 申请作为食品工业用酶制剂新品种。法国食品安全局、丹麦兽医和食品局等允许其作为食品工业用酶制剂使用。

2. 工艺必要性。该物质作为食品工业用酶制剂，主要用于催化磷脂水解。其质量规格执行《食品安全国家标准食品添加剂食品工业用酶制剂》（GB1886.174）。

（七）葡糖氧化酶。

1. 背景资料。黑曲霉（Aspergillusniger）来源的葡糖氧化酶申请作为食品工业用酶制剂新品种。法国食品安全局、丹麦兽医和食品局等允许其作为食品工业用酶制剂使用。

2. 工艺必要性。该物质作为食品工业用酶制剂，主要用于催化葡萄糖的氧化。其质量规格执行《食品安全国家标准食品添加剂食品工业用酶制剂》（GB1886.174）。

（八）乳糖酶。

1. 背景资料。枯草芽孢杆菌（Bacillussubtilis）来源的乳糖酶申请作为食品工业用酶制剂新品种。法国食品安全局、丹麦兽医和食品局等允许其作为食品工业用酶制剂使用。

2. 工艺必要性。该物质作为食品工业用酶制剂，主要用于催化乳糖水解。其质量规格执行《食品安全国家标准食品添加剂食品工业用酶制剂》（GB1886.174）。

（九）植酸酶。

1. 背景资料。黑曲霉（Aspergillusniger）来源的植酸酶申请作为食品工业用酶制剂新品种。法国食品安全局、澳大利亚和新西兰食品标准局等允许其作为食品工业用酶制剂使用。

2. 工艺必要性。该物质作为食品工业用酶制剂，主要用于催化植酸水解。其质量规格执行《食品安全国家标准食品添加剂食品工业用酶制剂》（GB1886.174）。

（十）五水硫化钠。

1. 背景资料。五水硫化钠申请作为食品工业用加工助剂新品种。澳大利亚和新西兰食品标准局等允许其作为加工助剂用于食品。

2. 工艺必要性。该物质作为食品工业用加工助剂用于制盐工艺，起到脱酸、脱色和沉降重金属的作用，提高食用盐品质。其质量规格按照公告的相关要求执行。

（十一）谷氨酰胺转氨酶。

1. 背景资料。谷氨酰胺转氨酶作为食品添加剂已列入《食品安全国家标准食品添加剂使用标准》（GB2760），允许用于豆类制品，本次申请扩大使用范围用于风味发酵乳（食品类别 01.02.02）和非熟化干酪（食品类别 01.06.01）。美国食品药品管理局、日本厚生劳动省等允许其作为稳定剂和凝固剂用于酸奶、天然奶酪和加工奶酪。

2. 工艺必要性。该物质作为稳定剂和凝固剂用于风味发酵乳（食品类别 01.02.02）和非熟化干酪（食品类别 01.06.01），增强乳制品凝胶强度，提高乳蛋白热稳定性。其质量规格执行《食品安全国家标准食品添加剂 食品工业用酶制剂》（GB 1886.174）。

（十二）氯化镁。

1. 背景资料。氯化镁作为食品添加剂已列入《食品安全国家标准食品添加剂使用标准》（GB2760），允许用于豆类制品，本次申请扩大使用范围用于方便米面制品（食品类别 06.07）、冷冻米面制品（食品类别 06.08）和复合调味料（食品类别 12.10）。美国食品药品管理局、欧盟委员会、日本厚生劳动省等允许其作为食品添加剂用于面条、调味品等食品类别。根据联合国粮农组织 / 世界卫生组织食品添加剂联合专家委员会评估结果，该物质的每日允许摄入量不需要限定。

2. 工艺必要性。该物质作为增味剂用于方便米面制品（食品类别 06.07）、冷冻米面制品（食品类别 06.08）和复合调味料（食品类别 12.10），与氯化钠一起使用，可补充或增强咸味，起到减盐增味的作用。其质量规格执行《食品安全国家标准食品添加剂 氯化镁》（GB25584）。

（十三）三氯蔗糖。

1. 背景资料。三氯蔗糖作为食品添加剂已列入《食品安全国家标准食品添加剂使用标准》（GB2760），允许用于糖果、焙烤食品、酱及酱制品等食品类别，本次申请扩大使用范围用于再制干酪（食品类别 01.06.04）。国际食品法典委员会、美国食品药品管理局等允许其作为甜味剂用于干酪制品。根据联合国粮农组织 / 世界卫生组织食品添加剂联合专家委员会评估结果，该物质的每日允许摄入量为 0–15mg/kgbw。

2. 工艺必要性。该物质作为甜味剂用于再制干酪（食品类别 01.06.04），改善产品口感。其质量规格执行《食品安全国家标准食品添加剂 三氯蔗糖》（GB25531）。

（十四）叶黄素。

1. 背景资料。叶黄素作为食品添加剂已列入《食品安全国家标准食品添加剂使用标准》（GB2760），允许用于冷冻饮品、糖果、饮料类等食品类别，本次申请扩大使用范围用于调制乳（食品类别 01.01.03）和风味发酵乳（食品类别 01.02.02）。日本厚生劳动省、澳大利亚和新西兰食品标准局等允许其作为着色剂用于食品。根据联合国粮农组织 / 世界卫生组织食品添加剂联合专家委员会评估结果，该物质的每日允许摄入量不需要限定。

2. 工艺必要性。该物质作为着色剂用于调制乳（食品类别 01.01.03）和风味发酵乳（食品类别 01.02.02），改善产品色相。其质量规格执行《食品安全国家标准食品添加剂 叶黄素》（GB26405）。

（十五）乙酰磺胺酸钾（又名安赛蜜）。

1. 背景资料。乙酰磺胺酸钾（又名安赛蜜）作为食品添加剂已列入《食品安全国家标准食品添加剂使用标准》（GB2760），允许用于焙烤食品（食品类别 07.0），最大使用量为 0.3g/kg。本次申请在饼干（食品类别 07.03）中扩大用量至 0.6g/kg。国际食品法典委员会、美国食品药品管理局、澳大利亚和新西兰食品标准局等允许其作为甜味剂用于饼干及焙烤食品。根据联合国粮农组织 / 世界卫生组织食品添加剂联合专家委员会评估结果，该物质的每日允许摄入量为 0~15mg/kgbw。

2. 工艺必要性。该物质作为甜味剂用于饼干（食品类别 07.03），改善产品口感。其质量规格执行《食品安全国家标准食品添加剂 乙酰磺胺酸钾》（GB25540）。

（十六）聚丙烯酰胺。

1. 背景资料。聚丙烯酰胺作为食品工业用加工助剂已列入《食品安全国家标准食品添加剂使用标准》（GB2760），允许用于饮料（水处理）的加工工艺、制糖工艺和发酵工艺等。本次申请扩大使用范围用于制盐工艺。美国食品药品管理局等允许其作为食品添加剂用于食品。

2. 工艺必要性。该物质作为食品工业用加工助剂用于制盐工艺，快速沉淀卤水中的悬浮颗粒，加快溶液澄清，保证产品质量。其质量规格执行《食品安全国家标准食品添加剂 聚丙烯酰胺》（GB31629）。

（十七）聚二甲基硅氧烷及其乳液。

1. 背景资料。聚二甲基硅氧烷及其乳液作为食品工业用加工助剂已列入《食品安全国家标准食品添加剂使用标准》（GB2760），允许用于豆制品、啤酒、焙烤食品、薯片等加工工艺等。本次申请扩大使用范围用于酵母加工制品生产加工工艺。澳大利亚和新西兰食品标准局等允许其作为食品工业用加工助剂用于食品。

2. 工艺必要性。该物质作为食品工业用加工助剂用于酵母加工制品生产加工工艺，消除酵母加工制品生产过程中产生的气泡。其质量规格执行《食品安全国家标准食品添加剂 聚二甲基硅氧烷及其乳液》（GB30612）。

（十八）肌醇（环己六醇）。

1. 背景资料。肌醇（原料为植酸钾）申请作为食品营养强化剂新品种。肌醇（原料为植酸钙镁）作为营养强化剂已列入《食品安全国家标准食品营养强化剂使用标准》（GB14880），允许用于调制乳粉（仅限儿童用乳粉）、果蔬汁（肉）饮料、风味饮料食品类别。本次申请用于调制乳粉（仅限儿童用乳粉）（食品类别 01.03.02）、果蔬汁（肉）饮料（包括发酵型产品等）（食品类别 14.02.03）、风味饮料（食品类别 14.04.02.02）和特殊膳食用品（食品类别 13.0）。美国食品药品管理局、欧盟委员会、日本厚生劳动省等允许其用于婴儿配方奶粉、特殊膳食用食品、特殊医学用途食品等食品类别。

2. 工艺必要性。该物质作为食品营养强化剂用于调制乳粉（仅限儿童用乳粉）（食品类别 01.03.02）、果蔬汁（肉）饮料（包括发酵型产品等）（食品类别 14.02.03）、风味饮料（食品类别 14.04.02.02）和特殊膳食用品（食品类别 13.0），强化食品中肌醇的含量。其质量规格按照公告的相关要求执行。

三、食品相关产品新品种

（一）磷酸锆（2:1）。

1. 背景资料。该物质常温下为白色粉末，不溶于水。美国食品药品管理局和日本厚生劳动省均允许该物质用于食品接触用聚乙烯（PE）、聚丙烯（PP）、聚苯乙烯（PS）、聚乳酸（PLA）塑料材料及制品和涂料及涂层。

2. 工艺必要性。该物质作为添加剂可以改善塑料材料及制品的拉伸性能、抗冲击性能和弯曲性能，可提高涂层的耐磨性。

（二）C10-C22脂肪酸聚甘油酯。

1. 背景资料。该物质在常温下为浅黄色至棕色的油状液体或固体。欧盟委员会和日本厚生劳动省均允许该物质用于食品接触用塑料材料及制品。

2. 工艺必要性。该物质用作食品接触用塑料材料及制品中的防雾剂，防雾效果佳、透光率高。

（三）2-甲基-2-丙烯酸-1,2-亚乙基酯与2-甲基-2-丙烯酸甲酯的聚合物。

1. 背景资料。该物质常温下为白色固体粉末。欧盟委员会、日本厚生劳动省和瑞士联邦政府均允许该物质用于食品接触用聚乙烯（PE）和聚丙烯（PP）塑料材料及制品。

2. 工艺必要性。该物质作为PE和PP塑料薄膜的防黏连剂，可以减小薄膜拉扯过程中的阻力，使滑动性更好。

（四）己二酸与N-（2-氨基乙基）-1,3-丙二胺、氮丙啶、（氯甲基）环氧乙烷、1,2-乙二胺、N,N''-1,2-乙二基二[1,3-丙二胺]、甲酸和α-氢-ω-羟甲基聚（氧-1,2-乙二基）的聚合物。

1. 背景资料。该物质常温下为液体，不溶于水。美国食品药品管理局和德国联邦风险评估研究所均允许该物质用于食品接触用纸和纸板材料及制品。

2. 工艺必要性。该物质作为纸生产过程中的湿强剂可以提高纸张强度，并减少生产中蒸汽的消耗，降低能耗。

（五）C.I.溶剂红52。

1. 背景资料。该物质常温下为红色粉末。《食品安全国家标准食品接触材料及制品用添加剂使用标准》（GB9685-2016）已批准该物质作为添加剂用于涂料及涂层、黏合剂、纸和纸板。此次申请将其使用范围扩大至食品接触用聚对苯二甲酸1,4-环己烷二甲醇酯（PCT）塑料材料及制品。德国联邦风险评估研究所、法国卫生部和荷兰卫生福利及体育部均允许该物质用于食品接触用PCT塑料材料及制品。

2. 工艺必要性。该物质是一种红色着色剂，具有较好的稳定性、耐热性、耐光性和耐候性。

（六）C.I.颜料黄180。

1. 背景资料。该物质常温下为黄色粉末。GB9685-2016已批准该物质作为添加剂用于PE、PP、PS等多种塑料材料及制品。本次申请将其使用范围扩大至PCT塑料材料及制品。法国卫生部和日本卫生烯烃与苯乙烯塑料协会均允许该物质用于食品接触用PCT塑料材料及制品。

2. 工艺必要性。该物质是一种黄色着色剂，具有较好的稳定性、耐热性、耐光性和耐候性。

（七）丙烯酸乙酯与丙烯酸和苯乙烯的聚合物。

1. 背景资料。该物质常温下为无色液体，易溶于水。美国食品药品管理局和欧洲委员会均允许该物质用于食品接触用涂料及涂层。

2. 工艺必要性。该物质为涂料的主要成膜物质，容易分散于水，可用于生产水性涂料。形成涂层后，可使涂层有较好的固化性能和柔韧性能。

（八）1,3-苯二甲酸与2,2-二甲基-1,3-丙二醇、1,2-乙二醇和己二酸的聚合物。

1. 背景资料。该物质常温下为液体，不溶于水。美国食品药品管理局和欧洲委员会均允许该物质用于食品接触用涂料及涂层。

2. 工艺必要性。该物质为涂料的主要成膜物质，可增加涂层的附着力。成膜后，使其具有较强的抗腐蚀性和抗酸性。

（九）甲乙酮肟封端-1-异氰酸根-3-异氰酸根甲基-3,5,5-三甲基环己烷的均聚物。

1. 背景资料。该物质常温下为无色透明液体，可溶于水。美国食品药品管理局和欧洲委员会均允许该物质用于食品接触用涂料及涂层。

2. 工艺必要性。该物质为涂料的主要成膜物质，在高温下具有较好的稳定性和抗酸性，可提高涂膜在高温蒸煮情况下的耐受度。

（十）1,4-苯二甲酸-1,4-二甲酯与癸二酸、2,2-二甲基-1,3-丙二醇和1,2-乙二醇的聚合物。

1. 背景资料。该物质常温下为琥珀色颗粒，不溶于水，可溶于氯仿、二甲苯等有机溶剂。美国食品药品管理局和欧洲委员会均允许该物质用于食品接触用涂料及涂层。

2. 工艺必要性。该物质为涂料的主要成膜物质，用于金属罐的涂层中，使其具有较好的柔韧性和阻隔性。

（十一）1,4-丁二醇二甲基丙烯酸酯与甲基丙烯酸羟乙酯、丙烯酸乙酯、丙烯酸和苯乙烯的聚合物。

1. 背景资料。该物质常温下为无色或黄色液体，容易分散在水中。美国食品药品管理局和欧洲委员会均允许该物质用于食品接触用涂料及涂层。

2. 工艺必要性。该物质为涂料的主要成膜物质，可在金属罐内壁形成保护涂层，提高耐腐蚀性。

（十二）1,3-苯二甲酸与氮杂环十三烷-2-酮、1,4-苯二甲酸、1,12-十二烷二酸和3,3'-二甲基-4,4'-二氨基二环己基甲烷的聚合物。

1. 背景资料。该物质常温下是透明固体，不溶于水和乙醇。欧盟委员会和日本卫生烯烃与苯乙烯塑料协会均允许该物质用于食品接触用塑料材料及制品。

2. 工艺必要性。以该物质为原料生产的塑料材料及制品具有较好的抗应力开裂性、稳定性和抗疲劳性能，以及较高的玻璃化转变温度和比热变形温度。

（十三）1,3- 苯二甲酸与 1,3- 苯二甲胺和己二酸的聚合物。

1. 背景资料。该物质常温下为无色透明颗粒，不溶于水。欧盟委员会和日本厚生劳动省均允许该物质用于食品接触用塑料材料及制品。

2. 工艺必要性。以该物质为原料生产的塑料薄膜，具有良好的氧气阻隔性能、热稳定性能和热成型性能。

（十四）3- 羟基 -2-（羟甲基）-2- 甲基丙酸与 1,3- 二异氰酸根合甲苯和 α- 氢 -ω- 羟基聚[氧（甲基 -1,2- 亚乙基）]的聚合物。

1. 背景资料。该物质常温下为乳白色液体，不溶于水。美国食品药品管理局和欧盟委员会均允许该物质用于间接接触食品用黏合剂。

2. 工艺必要性。该物质作为生产水性黏合剂的主要原料，用于复合包装和非直接接触食品标签的水性黏合剂时有助于发挥良好的黏结性能。

（十五）2- 丙烯酸与 2- 丙烯酸丁酯、乙酸乙烯酯和 2- 丙烯酸 -2- 乙基己酯的聚合物。

1. 背景资料。该物质在常温下为白色液体，可部分溶于水。美国食品药品管理局和欧盟委员会均允许该物质用于间接接触食品用黏合剂。

2. 工艺必要性。该物质作为基础树脂用于复合包装和标签中非直接接触食品的水性黏合剂，具有较高的内聚力，有助于发挥良好的黏结性能。

（国家卫生健康委食品安全标准与监测评估司 2022 年 5 月 11 日发布）

关于发布《食品安全国家标准 食品添加剂 丁香酚》（GB 1886.129—2022）等 36 项食品安全国家标准和 3 项修改单的公告

2022 年第 3 号

根据《中华人民共和国食品安全法》规定，经食品安全国家标准审评委员会审查通过，现发布《食品安全国家标准 食品添加剂 丁香酚》（GB 1886.129–2022）等 36 项食品安全国家标准和 3 项修改单。其编号和名称如下：

GB 1886.129–2022 食品安全国家标准 食品添加剂 丁香酚

GB 1886.355–2022 食品安全国家标准 食品添加剂 甜菊糖苷

GB 1886.356–2022 食品安全国家标准 食品添加剂 丙酸钙

GB 1886.357–2022 食品安全国家标准 食品添加剂 靛蓝铝色淀

GB 1886.358–2022 食品安全国家标准 食品添加剂 磷脂

GB 1886.359–2022 食品安全国家标准 食品添加剂 胶基及其配料

GB 1886.360–2022 食品安全国家标准 食品添加剂 茶多酚棕榈酸酯

GB 1886.361–2022 食品安全国家标准 食品添加剂 叶绿素铜

GB 1886.362–2022 食品安全国家标准 食品添加剂 ε- 聚赖氨酸

GB 1886.363–2022 食品安全国家标准 食品添加剂 植物活性炭（稻壳活性炭）

GB 1886.364–2022 食品安全国家标准 食品添加剂 越橘红

GB 1903.26–2022 食品安全国家标准 食品营养强化剂 二十二碳六烯酸油脂（金枪鱼油）

GB 1903.27–2022 食品安全国家标准 食品营养强化剂 低聚半乳糖

GB 1903.30–2022 食品安全国家标准 食品营养强化剂 多聚果糖

GB 1903.33–2022 食品安全国家标准 食品营养强化剂 5'- 单磷酸胞苷 (5'-CMP)

GB 1903.40–2022 食品安全国家标准 食品营养强化剂 低聚果糖

GB 1903.55–2022 食品安全国家标准 食品营养强化剂 L- 抗坏血酸钾

GB 1903.56–2022 食品安全国家标准 食品营养强化剂 硒酸钠

GB 1903.57–2022 食品安全国家标准 食品营养强化剂 柠檬酸锰

GB 1903.58–2022 食品安全国家标准 食品营养强化剂 碳酸锰

GB 2762–2022 食品安全国家标准 食品中污染物限量

GB 4789.2–2022 食品安全国家标准 食品微生物

学检验 菌落总数测定

GB 4806.8-2022 食品安全国家标准 食品接触用纸和纸板材料及制品

GB 4806.12-2022 食品安全国家标准 食品接触用竹木材料及制品

GB 5009.34-2022 食品安全国家标准 食品中二氧化硫的测定

GB 5009.211-2022 食品安全国家标准 食品中叶酸的测定

GB 5009.285-2022 食品安全国家标准 食品中维生素 B_{12} 的测定

GB 5009.286-2022 食品安全国家标准 食品中纳他霉素的测定

GB 5009.287-2022 食品安全国家标准 食品中胭脂树橙的测定

GB 5413.20-2022 食品安全国家标准 婴幼儿食品和乳品中胆碱的测定

GB 7101-2022 食品安全国家标准 饮料

GB 8538-2022 食品安全国家标准 饮用天然矿泉水检验方法

GB 13102-2022 食品安全国家标准 浓缩乳制品

GB 14930.1-2022 食品安全国家标准 洗涤剂

GB 25192-2022 食品安全国家标准 再制干酪和干酪制品

GB 31604.53-2022 食品安全国家标准 食品接触材料及制品 5-亚乙基-2-降冰片烯迁移量的测定

GB 1886.87-2015 《食品安全国家标准 食品添加剂 蜂蜡》第1号修改单

GB 1886.92-2016 《食品安全国家标准 食品添加剂 硬脂酰乳酸钠》第1号修改单

GB 1886.179-2016 《食品安全国家标准 食品添加剂 硬脂酰乳酸钙》第1号修改单

以上标准文本可在食品安全国家标准数据检索平台（https://sppt.cfsa.net.cn:8086/db）查阅下载。

国家卫生健康委
市场监管总局
2022年6月30日

相关链接：

国家卫生健康委发布36项新食品安全国家标准

根据《食品安全法》规定，国家卫生健康委、市场监管总局联合印发2022年第3号公告，发布36项新食品安全国家标准和3项修改单。主要包括：《食品中污染物限量》（GB 2762-2022）1项污染物标准、《饮料》（GB 7101-2022）等3项食品产品标准、《洗涤剂》（GB 14930.1-2022）等3项食品相关产品标准、《食品添加剂 丁香酚》（GB 1886.129-2022）等11项食品添加剂质量规格标准、《食品营养强化剂 二十二碳六烯酸油脂（金枪鱼油）》（GB 1903.26-2022）等9项食品营养强化剂质量规格标准、《食品中二氧化硫的测定》（GB 5009.34-2022）等9项检验方法标准，以及《食品添加剂 蜂蜡》（GB 1886.87-2015）第1号修改单等3项食品添加剂质量规格修改单。上述食品安全国家标准的制定、修订符合法律法规规定，充分考虑群众健康权益，兼顾食品产业发展需求，参考国际相关法规、标准和通行做法，为食品安全监管所需，标准制定、修订过程充分征求了社会各方意见并向世贸组织通报。

上述标准文本可在食品安全国家标准数据检索平台（https://sppt.cfsa.net.cn:8086/db）查阅下载，欢迎各方下载使用。

（国家卫生健康委食品安全标准与监测评估司 2022年7月28日发布）

国家卫生健康委关于《可用于食品的菌种名单》和《可用于婴幼儿食品的菌种名单》更新的公告

2022年第4号

根据《中华人民共和国食品安全法》及其实施条例有关规定，为进一步规范《可用于食品的菌种名单》和《可用于婴幼儿食品的菌种名单》管理，审评机构组织专家对两个菌种名单进行了更新。对名单中涉及菌种分类和命名调整的，设置2年过渡期。

特此公告。

附件：1.《可用于食品的菌种名单》

2.《可用于婴幼儿食品的菌种名单》

国家卫生健康委

2022年8月18日

附件：1.《可用于食品的菌种名单》

http://www.nhc.gov.cn/sps/s7892/202208/1d6c229d6f744b35827e98161c146afb/files/f7177b32d93142f9827dcc55fb6889c2.pdf

2.《可用于婴幼儿食品的菌种名单》

http://www.nhc.gov.cn/sps/s7892/202208/1d6c229d6f744b35827e98161c146afb/files/ac49033c37bf4290a2dee8dabe329750.pdf

相关链接：

解读关于《可用于食品的菌种名单》和《可用于婴幼儿食品的菌种名单》更新的公告（2022年第4号）

一、工作背景

根据《食品安全法》及其实施条例有关规定，原卫生部先后于2010年、2011年发布了《可用于食品的菌种名单》（含21个菌种）、《可用于婴幼儿食品的菌种名单》（含4个菌种的6个菌株）。2013年《新食品原料安全性审查管理办法》施行后，又陆续审批公告了16个可用于食品的菌种和8个可用于婴幼儿食品的菌株。随着生物科技的发展，近年来，有关国际权威组织对涉及2个名单中部分菌种和菌株的分类学地位和拉丁名称进行了调整，并在相关国际食品和贸易领域广泛使用。为规范两个名单的管理，顺应国际食品贸易需要，便于公众检索查询，国家卫生健康委委托国家食品安全风险评估中心对上述2个名单进行更新完善。

二、需要说明的主要问题

（一）更新原则。一是对两个名单进行增补完善。将原《可用于食品的菌种名单》和《可用于婴幼儿食品的菌种名单》公布之后，又陆续批准公告的16个可用于食品的菌种和8个可用于婴幼儿食品的菌株增补进名单。二是调整菌种菌株名称。某些微生物的分类学地位已经基于全基因组测序结果发生了改变，国际上也做了相应的调整。本次对已经修改名称的菌，基于菌拉丁文名称的原始词根、结合国际上对该词根的注解进行中文翻译，并尽量与已有菌的拉丁文中词根相同部分的中文翻译保持一致。三是更新《可用于食品的菌种名单》的菌种具体到亚种。鉴于菌种的安全性和有效性具有株的特异性，为了确保食用安全，对于国际科技界将菌分类到亚种，或根据新的分类学规则变为亚种的菌种，名单中的表述具体到亚种（其中动物双歧杆菌<乳双歧杆菌>重新划分为2个亚种）。

（二）新旧菌种名单的衔接。菌种名称的更新既是科学问题，也涉及产业的平稳发展。在长期的生产经营过程中，产业在市场流通的产品均使用原2个名单的菌种名称（包括中文名称和拉丁名称），消费者已形成普遍认知。名单更新后，政策宣贯解读、企业调整标签标识、原产品库存消化等需要一定过程。为了确保管理科学稳定、不影响正常生产经营，设置了2年的过渡期。并在更新的名单中保留了原名单的中文名称和拉丁名称，便于菌种使用者和管理者查阅。过渡期内新旧菌种名称均可以使用，过渡期满后均需使用更新后的菌种名单。

（三）更新内容的参考依据。本次名单更新主要依据是国际科技界基于全基因组测序技术在微生物分类学中应用的最新研究成果。在具体菌种的归属和表述上也参考了欧洲食品安全局（EFSA）、国际乳品联合会（IDF）等国际组织和加拿大、丹麦等相关国家对拟更新菌种名单的分类和管理，更新后的名单有较好的国际法规衔接和一致性，便于产业发展。

三、更新的具体内容

（一）在《可用于食品的菌种名单》和《可用于婴幼儿食品的菌种名单》中动物双歧杆菌（Bifidobacterium animalis）增加动物双歧杆菌动物亚种 (Bifidobacterium animalis subsp. animalis)，乳双歧杆菌 (Bifidobacterium lactis) 更名为动物双歧杆菌乳亚种 (Bifidobacterium animalis subsp. lactis)；长双歧杆菌 (Bifidobacterium longum）更名为长双歧杆菌长亚种 (Bifidobacterium longum subsp. longum)，婴儿双歧杆菌 (Bifidobacterium infantis）更名为长双歧杆菌婴儿亚种 (Bifidobacterium longum subsp. infantis)，德氏乳杆菌保加利亚亚种（保加利亚乳杆菌）（Lactobacillus delbrueckii subsp. bulgaricus）更名为德氏乳杆菌保加利亚亚种（Lactobacillus delbrueckii subsp. bulgaricus），嗜热链球菌（Streptococcus thermophilus）更名为唾液链球菌嗜热亚种（Streptococcus salivarius subsp. thermophilus），乳酸乳球菌乳酸亚种（Lactococcus lactis subsp. lactis）更名为乳酸乳球菌乳亚种（Lactococcus lactis subsp. lactis），乳酸乳球菌双乙酰亚种（Lactococcus lactis subsp. diacetylactis）更名为乳酸乳球菌乳亚种（双乙酰型）（Lactococcus lactis subsp. lactis biovar diacetylactis），乳酸乳球菌乳脂亚种（Lactococcus lactis subsp. cremoris）更名为乳脂乳球菌（Lactococcus cremoris）。

（二）根据国际有关菌种分类地位的变化情况，《可用于食品的菌种名单》及《可用于婴幼儿食品的菌种名单》中 12 个菌种更新为不同种属。

1. 干酪乳杆菌（Lactobacillus casei）、副干酪乳杆菌（Lactobacillus paracasei）和鼠李糖乳杆菌（Lactobacillus rhamnosus）分别更名为干酪乳酪杆菌（Lacticaseibacillus casei）、副干酪乳酪杆菌（Lacticaseibacillus paracasei）和鼠李糖乳酪杆菌（Lacticaseibacillus rhamnosus）；

2. 发酵乳杆菌（Lactobacillus fermentum）和罗伊氏乳杆菌（Lactobacillus reuteri）分别更名为发酵粘液乳杆菌（Limosilactobacillus fermentum）和罗伊氏粘液乳杆菌 (Limosilactobacillus reuteri)；

3. 植物乳杆菌（Lactobacillus plantarum）更名为植物乳植杆菌（Lactiplantibacillus plantarum）；

4. 唾液乳杆菌（Lactobacillus salivarius）更名为唾液联合乳杆菌（Ligilactobacillus salivarius）；

5. 弯曲乳杆菌（Lactobacillus curvatus）和清酒乳杆菌（Lactobacillus sakei）分别更名为弯曲广布乳杆菌（Latilactobacillus curvatus）和清酒广布乳杆菌（Latilactobacillus sakei）；

6. 产丙酸丙酸杆菌（Propionibacterium acidipropionici）更名为产丙酸丙酸菌（Acidipropionibacterium acidipropionici）；

7. 凝结芽孢杆菌（Bacillus coagulans）更名为凝结魏茨曼氏菌（Weizmannia coagulans）；

8. 小牛葡萄球菌 （Staphylococcus vitulinus）更名为小牛动物球菌（Mammaliicoccus vitulinus）。

（国家卫生健康委食品安全标准与监测评估司 2022 年 8 月 25 日发布）

国家卫生健康委关于乳糖酶等 7 种“三新食品”的公告

2022 年第 5 号

根据《中华人民共和国食品安全法》规定，审评机构组织专家对乳糖酶等 3 种食品添加剂新品种和 2-（5-氯 -2H- 苯三唑 -2- 基）-6-（1,1- 二甲基乙基）-4- 甲基苯酚等 4 种食品相关产品新品种的安全性评估材料进行审查并通过。

特此公告。

附件：关于乳糖酶等 7 种“三新食品”公告文本

国家卫生健康委

2022 年 8 月 30 日

附件：

关于乳糖酶等 7 种“三新食品”公告文本

http://www.nhc.gov.cn/sps/s7892/202209/6da6db349ff145288f33040de18b80be/files/58144e2fed19426a98ffca9dd2b51f99.pdf

相关链接：

解读《关于乳糖酶等7种“三新食品”的公告》（2022年第5号）

一、食品添加剂新品种

（一）乳糖酶。黑曲霉（Aspergillus niger）来源的乳糖酶申请作为食品工业用酶制剂新品种。美国食品药品管理局、法国食品安全局、丹麦兽医和食品局等允许其作为食品工业用酶制剂使用。

该物质作为食品工业用酶制剂，主要用于催化乳糖的水解。其质量规格执行《食品安全国家标准 食品添加剂 食品工业用酶制剂》（GB 1886.174）。

（二）番茄红。番茄红作为着色剂已列入《食品安全国家标准 食品添加剂使用标准》（GB 2760），允许用于风味发酵乳、饮料类等食品类别，本次申请扩大使用范围用于冷冻鱼糜及其制品（包括鱼丸等）（食品类别09.02.03）和熟制水产品（可直接食用）（食品类别09.04）。美国食品药品管理局、日本厚生劳动省等允许其作为着色剂用于食品。根据联合国粮农组织/世界卫生组织食品添加剂联合专家委员会评估结果，该物质的每日允许摄入量不需要限定。

该物质作为着色剂用于冷冻鱼糜及其制品（包括鱼丸等）（食品类别09.02.03）和熟制水产品（可直接食用）（食品类别09.04），改善产品色泽。其质量规格执行《食品安全国家标准 食品添加剂番茄红》（GB 28316）。

（三）胭脂虫红。胭脂虫红作为食品添加剂已列入《食品安全国家标准 食品添加剂使用标准》（GB 2760），允许用于冷冻饮品、糖果、焙烤食品、熟肉制品等食品类别。本次申请扩大使用范围用于调理肉制品（生肉添加调理料）（食品类别08.02.01）。美国食品药品管理局、日本厚生劳动省、澳大利亚和新西兰食品标准局等允许其作为着色剂用于食品。根据联合国粮农组织/世界卫生组织食品添加剂联合专家委员会评估结果，该物质的每日允许摄入量为0–5mg/kg bw。

该物质作为着色剂用于调理肉制品（生肉添加调理料）（食品类别08.02.01），改善产品色泽。其质量规格执行《食品安全国家标准 食品添加剂 胭脂虫红及其铝色淀》（GB 1886.315）。

二、食品相关产品新品种

（一）2-（5-氯-2H-苯三唑-2-基）-6-（1,1-二甲基乙基）-4-甲基苯酚。该物质常温下为淡黄色固体。《食品安全国家标准 食品接触材料及制品用添加剂使用标准》（GB 9685）已批准该物质用于聚乙烯（PE）、聚丙烯（PP）塑料材料及制品。本次申请将其使用范围扩大至食品接触用聚苯乙烯（PS）塑料材料及制品。欧盟委员会、日本厚生劳动省和南方共同市场均允许该物质用于食品接触用PS塑料材料及制品。

该物质为紫外线吸收剂，可增强对长波紫外线的吸收，添加到PS塑料材料及制品中可减缓其因光老化而导致的降解。

（二）1,6-二异氰酸根合己烷与α-甲基-ω-羟基-聚（氧-1,2-乙二基）的聚合物。该物质在常温下为无色或淡黄色液体，不溶于水。美国食品药品管理局和德国联邦风险评估研究所均允许该物质用于间接接触食品用黏合剂。

该物质主要用于生产双组分聚氨酯黏合剂，用于复合包装中间层和间接接触食品的标签，有助于发挥良好的黏结性能。

（三）1,4-苯二甲酸与1,3-苯二甲酸、2,2,4,4-四甲基-1,3-环丁二醇、1,4-环己烷二甲醇、2-甲基-1,3-丙二醇和己二酸的聚合物。该物质常温下为无色或淡黄色颗粒，不溶于水。美国食品药品管理局和日本厚生劳动省均允许该物质用于食品接触用涂料及涂层。

该物质为涂料的主要成膜物质，用于金属罐的涂层中，使其具有较好的抗化学性和抗机械压力性能。

（四）聚[亚氨基-1,4-丁烷二基亚氨基（1,10-二氧代-1,10-癸烷二基）]。该物质常温下为白色固体。国家卫生健康委员会2021年第6号公告已批准该物质作为食品接触材料及制品用塑料树脂，所生产的薄膜厚度不得超过50μm，不得用于接触婴幼儿食品及母乳。本次申请该物质用于重复使用制品时不限制终产品厚度。美国食品药品管理局、欧盟委员会、日本厚生劳动省和南方共同市场均允许该物质用于食品接触用塑料材料及制品。

以该物质为原料生产的聚酰胺塑料制品具有较好的机械加工性能和耐热性能。

（国家卫生健康委食品安全标准与监测评估司 2022年9月7日发布）

【国家林业和草原局发布】

国家林业和草原局公告

2022 年第 15 号

根据《中华人民共和国种子法》第十九条、第九十一条的规定，现将由国家林业和草原局草品种审定委员会审定通过的‘青牧2号’老芒麦等6个草品种（详见附件）予以公告。自公告发布之日起，这些品种可以在本公告规定的适宜种植范围内推广。

特此公告。

附件：2022 年度草品种名录（中英文）

国家林业和草原局
2022 年 11 月 21 日

附件：

2022 年度草品种名录（中英文）

详见如下链接地址（http://www.forestry.gov.cn/html/main/main_4461/20221226164048783210660/file/20221226164132720442013.pdf）

国家林业和草原局关于 16 起破坏草原资源案件的通报

各省、自治区、直辖市、新疆生产建设兵团林业和草原主管部门：

为切实强化草原资源保护管理，严厉打击违法违规行为，充分发挥案件警示教育作用，营造依法治草爱草护草的良好社会氛围，现将 16 起破坏草原资源案件通报如下：

一、新疆维吾尔自治区福海县邓某某开垦草原案

邓某某于 2012 年以来，多次在福海县喀拉玛盖镇迭恩村实施开垦草原行为。2019 年 6 月，经福海县草原监理所立案调查，邓某某开垦草原 50.62 公顷（759.27 亩），其行为已涉嫌构成犯罪。2019 年 7 月，福海县草原监理所将此案移送至福海县公安局。2020 年 11 月，福海县人民法院以非法占用农用地罪判处邓某某有期徒刑一年零五个月，并处罚金 80000 元，并就本案责令附带民事公益诉讼被告邓某某修复因开垦被毁坏的草原 50.62 公顷（759.27 亩）。

二、吉林省长岭县马某某开垦草原案

2018 年 2 月，长岭县畜牧业管理局在执法巡查时发现，马某某在长岭县长岭镇大二号村实施开垦草原行为。经查，马某某于 2012 年 5 月至 2017 年开垦草原 22.78 公顷（341.73 亩），其行为已涉嫌构成犯罪。2018 年 8 月，长岭县畜牧业管理局将此案移送至长岭县公安局。2019 年 7 月，长岭县人民法院以非法占用农用地罪判处马某某有期徒刑二年零六个月，缓刑三年，并处罚金 24000 元，没收马某某非法所得 12080 元。

三、内蒙古自治区扎鲁特旗宋某某开垦草原案

2020 年 7 月，扎鲁特旗乌力吉木仁苏木综合行政执法局检查时发现，宋某某在召日格村实施开垦草原行为，并立案调查。经查，宋某某开垦草原 15.04 公顷（225.67 亩），其行为已涉嫌构成犯罪。2020 年 7 月，乌力吉木仁苏木综合行政执法局将此案移送至扎鲁特旗公安局。2020 年 12 月，扎鲁特旗人民法院以非法占用农用地罪判处被告宋某某有期徒刑一年，缓刑二年，并

处罚金 19200 元。

四、河北省沽源县抗某某开垦草原案

抗某某于 2013 年至 2020 年 6 月在沽源县白土窑乡四道营自然村实施开垦草原行为。2020 年 5 月，经沽源县自然资源和规划局立案调查，抗某某开垦草原 8.07 公顷（121.10 亩），其行为已涉嫌构成犯罪。2020 年 6 月，沽源县自然资源和规划局将此案移送至沽源县公安局。2020 年 10 月 22 日，沽源县人民法院以非法占用农用地罪判处抗某某有期徒刑六个月，并处罚金 5000 元。

五、黑龙江省兰西县姜某某开垦草原案

姜某某于 2017 年至 2018 年在兰西县奋斗乡春岭村十二户屯南实施开垦草原行为。2018 年 6 月，经兰西县草原监理站立案调查，姜某某开垦草原 5.06 公顷（75.95 亩），其行为已涉嫌构成犯罪。2018 年 7 月，兰西县草原监理站将此案移送至兰西县公安局。2019 年 3 月，兰西县人民法院以非法占用农用地罪判处姜某某有期徒刑一年，缓刑一年，并处罚金 4000 元。

六、内蒙古自治区鄂托克旗陈某某非法占用草原案

陈某某于 2018 年 8 月，在鄂托克旗棋盘井镇伊克达赖嘎查实施非法占用草原开采砂石行为。经鄂托克旗农牧业局立案调查，陈某某为鄂托克旗万立工贸公司管理人，非法占用草原面积 37.41 公顷（561.10 亩），其行为已涉嫌构成犯罪。2018 年 12 月，鄂托克旗农牧业局将此案移送至鄂托克旗公安局。2020 年 7 月，鄂托克旗人民法院以非法占用农用地罪判处陈某某有期徒刑二年，并处罚金 162000 元。

七、宁夏回族自治区中宁县宁夏天瑞农业科技有限公司非法占用草原案

宁夏天瑞农业科技有限公司于 2020 年 6 月在中宁县白马乡实施非法占用草原建设养殖场行为。2020 年 12 月，经中宁县林业和草原局立案调查，宁夏天瑞农业科技有限公司非法占用草原 59.92 公顷（898.86 亩），其行为已涉嫌构成犯罪。2021 年 2 月，中宁县林业和草原局将此案移送至中宁县公安局。2021 年 4 月，中宁县人民法院以非法占用农用地罪判处宁夏天瑞农业科技有限公司罚金 300000 元；以非法占用农用地罪判处该公司副总经理贾某某有期徒刑二年零六个月，缓刑三年，并处罚金 10000 元。

八、内蒙古自治区呼和浩特市新正合建筑材料有限责任公司非法占用草原案

2019 年 2 月，和林县国土资源局向和林县林业和草原局移交案件线索，呼和浩特市新正合建筑材料有限责任公司（法定代表人为云某某）在和林县盛乐镇西沟门村，实施非法占用草原开采石料行为。经内蒙古自治区草原勘察规划院鉴定，该公司碎石场非法占用草原 8.36 公顷（125.37 亩），其行为已涉嫌构成犯罪。2019 年 5 月，和林县林业和草原局将此案移送至和林县公安局。2020 年 1 月，和林县人民法院以非法占用农用地罪判处云某某有期徒刑二年，缓刑二年，罚金 100000 元，判处呼和浩特市新正合建筑材料有限责任公司罚金 200000 元。

九、青海省公路建设管理局 S302 线峨堡至祁连公路建设项目非法占用草原案

青海省公路建设管理局于 2014 年至 2016 年，在祁连县峨堡镇、阿柔乡、八宝镇修建 S302 线峨堡至祁连公路建设项目，实施非法占用草原行为。2017 年 12 月，经祁连县农牧水利和科技局立案调查，该单位未办理草原征占用审核手续，非法占用草原 133.90 公顷（2008.47 亩）。2018 年 5 月，祁连县农牧水利和科技局将此案移送至祁连县公安局，祁连县公安局作出不予立案决定。2018 年 5 月 18 日，祁连县农牧水利和科技局向祁连县公安局提出复议申请，21 日，祁连县公安局作出维持原不予立案决定。2018 年 7 月，祁连县农牧水利和科技局责令青海省公路建设管理局对进出祁连县两侧护坡已恢复的草原进行封育，于 8 月前通过植被恢复验收，并就其非法占用草原行为作出行政处罚，罚款 1988385.30 元。

十、甘肃省嘉峪关市交通运输局非法占用草原案

甘肃省嘉峪关市交通运输局于 2021 年 1 月在嘉峪关市修建 S06 酒（泉）嘉（峪关）绕城高速公路工程项目，实施非法占用草原行为。2021 年 4 月，经嘉峪关市林业和草原局立案调查，S06 酒（泉）嘉（峪关）绕城高速公路工程项目未办理草原征占用审核手续，非法占用草原 100.24 公顷（1503.60 亩）。2021 年 4 月，嘉峪关市林业和草原局将该案移送至嘉峪关市公安局，嘉峪关市公安局作出不予立案决定。2021 年 6 月，嘉峪关市林业和草原局就嘉峪关市交通运输局非法占用草原行为作出行政处罚，罚款 365675.50 元。

十一、四川省红原县文化体育和旅游局非法占用草原案

2021 年 5 月，红原县文化体育和旅游局在安曲镇下哈拉玛村修建旅游基础设施建设项目，实施非法占用草原行为。2021 年 6 月，经红原县林业和草原局立案调查，红原县文化体育和旅游局未办理草原征占用审核手续，非法占用草原 0.95 公顷（14.20 亩）。2021 年 8 月，红原县林业和草原局责令红原县文化体育和旅游局立即恢复被破坏的草原植被，并对其违法行为作出行政处罚，罚款 41241.06 元。

十二、西藏自治区丁青县华鑫矿业涉嫌非法占用草原案

西藏自治区丁青县华鑫矿业有限责任公司于2017年至2019年，在丁青县木塔乡开展探矿项目，实施非法占用草原行为。2019年2月，经丁青县林草主管部门立案调查，该公司未办理草原征占用审核手续，非法占用草原36.67公顷（550.05亩），其行为已涉嫌构成犯罪。2019年9月，丁青县林业和草原局将该案移送至丁青县公安局。2019年10月，丁青县公安局对该公司以涉嫌非法占用农用地罪立案侦查。目前，该案件正在审理中。

十三、四川省阿坝县泽某非法转让草原，洛某、仁青某某破坏草原（采挖草原泥炭）案

泽某于2019年12月在阿坝县贾洛镇漫巴洛村实施非法转让草原行为。2019年12月，经阿坝县林业和草原局草原监理站立案调查，泽某非法转让草原给洛某、仁青某某，洛某、仁青某某在非法转让的草原上，实施非法破坏草原采挖草原泥炭行为，破坏天然草原0.33公顷（4.90亩）。2019年12月，阿坝县林业和草原局草原监理站责令泽某、洛某、仁青某某立即停止违法行为，限期于2020年6月前恢复草原植被，并分别对泽某、洛某、仁青某某作出行政处罚，共计罚款192000元。

十四、四川省红原县国有资产投资管理有限责任公司破坏草原（施工车辆在草原上行驶破坏草原植被）案

2021年7月，红原县林业和草原局草原执法人员在巡查中发现，红原县国有资产投资管理有限责任公司的施工车辆离开道路，在邛溪镇热多村草原上行驶，破坏草原植被。经红原县林业和草原局立案调查，红原县国有资产投资管理有限责任公司施工车辆离开道路，在草原上破坏草原植被1.17公顷（17.6亩）。2021年8月，红原县林业和草原局责令该公司立即恢复破坏的草原植被，并作出行政处罚，罚款90614.16元。

十五、甘肃省肃南裕固族自治县杨某某违反草原禁牧规定放牧案

杨某某于2021年1月，在肃南裕固族自治县祁丰乡青稞地村实施违规放牧行为。经肃南裕固族自治县自然资源局立案调查，杨某某违反禁牧规定，在禁牧区和禁牧期违规放牧牦牛37头，共折合148个羊单位。2021年2月，肃南县自然资源局责令杨某某立即停止违规行为，撤出草原禁牧区，并对杨某某作出行政处罚，罚款1480元。

十六、“易车·天地工作室”视频拍摄团队涉嫌破坏草原（机动车辆在草原上行驶破坏草原植被）案

2021年12月，有群众举报，国内某视频网站发布的某条视频中，出现团队驾驶车辆离开道路故意碾压草原行为。经查，“易车·天地工作室”视频拍摄团队在新疆哈密白石头景区拍摄该视频期间，驾驶车辆离开道路，在草原上行驶破坏草原植被。该视频上传到国内某视频网站后，短时间内点击量达到109.70万次，造成不良影响。除视频中出现的3台车辆外，视频拍摄过程还有保障车、设备运输车、拍摄车共计7台车辆，离开道路在草原上行驶。目前，该视频主创人员已删除发布在国内某视频网站的该视频。当地林业和草原局对该违法行为仍在调查处理中。

草原是我国重要的陆地生态系统，也是农牧民赖以生存的家园。保护草原，事关生态安全、食物安全和乡村振兴。各级林业和草原主管部门要认真践行习近平生态文明思想，牢固树立绿水青山就是金山银山理念，严格执行《草原法》等法律法规，切实保护好草原资源。要以通报的破坏草原资源案件为鉴，强化草原普法宣传，加大草原执法监督力度，常态化开展草原执法监管巡查，完善执法监管措施和手段，始终保持打击破坏草原资源违法行为的高压态势，为巩固草原生态保护修复成果和建设美丽中国保驾护航。

特此通报。

国家林业和草原局

2022年4月12日

【工业和信息化部发布】

工业和信息化部办公厅
关于公布2021年度绿色制造名单的通知

工信厅节函〔2022〕7号

为贯彻落实《“十四五”工业绿色发展规划》，强化绿色制造标杆引领，经申报单位自评价、第三方评价、地方工业和信息化主管部门评估确认及专家论证、公示等程序，现将2021年度绿色制造名单予以公布。其中，绿色工厂662家、绿色设计产品989种、绿色工业园区52家、绿色供应链管理企业107家。有关事项通知如下：

一、各地工业和信息化主管部门要加强绿色制造名单与相关产业政策的衔接，发挥以点带面示范作用，引领本地区制造业绿色转型。

二、列入我部绿色制造名单的单位，应于每年4月底前通过公开渠道展示宣传绿色制造先进技术和典型做法，鼓励按年度发布企业绿色低碳发展报告。

三、列入我部绿色工厂名单的企业，应于2022年3月15日前在“绿色制造公共服务平台”上对绿色制造水平指标进行自我声明，并于今后每年1月15日前对上一年度、7月15日前对半年度绿色制造水平指标进行自我声明（更新），展示绿色制造先进经验和典型做法。

四、我部将进一步加强对绿色制造名单的监督管理，适时对绿色制造名单单位进行复核，完善名单动态管理机制，对不再符合绿色制造评价要求的单位予以除名。对第三方机构的评价工作进行抽查，经核实存在严重不良行为的评价机构，一定时间内我部将不再采信其出具的评价报告。

附件1：绿色工厂名单.pdf

附件2：绿色设计产品名单.pdf

附件3：绿色工业园区名单.pdf

附件4：绿色供应链管理企业名单.pdf

工业和信息化部办公厅

2022年1月15日

附件1：

2021年度绿色工厂名单（相关摘要）

序号	地区	工厂名称	第三方评价机构名称
15	北京	蒙牛高科乳制品（北京）有限责任公司	中标合信（北京）认证有限公司
79	河北	蒙牛乳业（察北）有限公司	河北省电子信息技术研究院
114	内蒙古	内蒙古蒙牛奶酪有限责任公司	中国电子技术标准化研究院
115	内蒙古	内蒙古蒙牛达能乳制品有限公司	中国电子技术标准化研究院
116	内蒙古	包头伊利乳业有限责任公司	内蒙古蒙正工程咨询服务有限责任公司
118	内蒙古	赤峰伊利乳业有限责任公司	内蒙古博辉标准化技术服务事务所有限公司
368	湖北	武汉伊利乳业有限责任公司	中钢集团武汉安全环保研究院有限公司
371	湖北	蒙牛乳业（当阳）有限责任公司	北京埃尔维质量认证中心
504	贵州	贵州南方乳业有限公司	贵州省建筑材料科学研究设计院有限责任公司
576	青海	高原之宝牦牛乳业有限公司	大连理工大学

附件2：绿色设计产品名单（略）

附件3：绿色工业园区名单（略）

附件4：

2021年度绿色供应链管理企业名单（相关摘要）

序号	地区	园区名称
28	内蒙古	内蒙古蒙牛乳业（集团）股份有限公司

工业和信息化部办公厅关于印发2022年第二批行业标准制修订和外文版项目计划的通知

工信厅科函〔2022〕158号

各有关单位：

根据工业和信息化标准制修订工作总体安排，我部编制完成了2022年第二批行业标准制修订和外文版项目计划，现印发给你们，请认真组织落实。具体要求如下：

一、标准起草单位要做好标准制定与技术创新、试验验证、知识产权处置、产业化推进、应用推广的统筹协调。

二、有关行业协会（联合会）、标准化技术组织、标准化专业机构等主管单位要尽早安排，将文件及时转发至主要起草单位，并做好标准组织起草、征求意见和技术审查等工作，把好技术审查关。

三、部机关相关司局要做好行业标准制修订、外文版研制过程的管理工作，确保标准的质量和水平。

四、在计划执行过程中，如需对标准项目进行调整，按有关规定办理。

工业和信息化部办公厅

2022年7月1日

（联系电话：010－68205240）

工业和信息化部2022年第二批行业标准制修订和外文版项目计划

附件：

2022年第二批产业优化升级标准项目计划表（相关内容摘要）质量与可靠性提升

序号	计划号	项目名称	性质	标准类别	制修订	代替标准	采标情况	项目周期（月）	主管单位	技术委员会或技术归口单位	主要起草单位	备注
370	2022-0884T-QB	浓缩发酵乳制品	推荐	产品	制定			24	消费品工业司	全国食品工业标准化技术委员会	东北农业大学，光明乳业股份有限公司，卡士乳业（深圳）有限公司，石家庄君乐宝乳业有限公司，广西皇氏甲天下乳业股份有限公司	
385	2022-0899T-QB	乳酸菌制品	推荐	产品	制定			24	消费品工业司	全国食品工业标准化技术委员会工业发酵分技术委员会	中国食品发酵工业研究院有限公司，食品行业生产力促进中心，锦旗生物集团河北一然生物科技有限公司，内蒙古蒙牛乳业（集团）股份有限公司，中国生物发酵产业协会	

工业和信息化部办公厅关于公布2022年新型信息消费示范项目名单的通知

工信厅信发函〔2022〕200号

各省、自治区、直辖市及计划单列市、新疆生产建设兵团工业和信息化主管部门，各有关单位：

为深入贯彻落实《国务院关于进一步扩大和升级信息消费 持续释放内需潜力的指导意见》（国发〔2017〕40号），按照《工业和信息化部办公厅关于组织开展2022年新型信息消费示范项目申报工作的通知》（工信厅信发函〔2022〕75号）要求，经企业申报、地方推荐、专家评审、网上公示等环节，确定151个项目作为2022年新型信息消费示范项目，现予公布。请各地结合实际，抓好项目实施推进，充分发挥示范带动效应。

附件：2022年新型信息消费示范项目名单

工业和信息化部办公厅

2022年8月15日

附件：

2022年新型信息消费示范项目名单

序号	项目	名称	申报单位	申报方向
7	蒙牛西南基地	“数智牛”时尚体验中心	蒙牛乳制品（眉山）有限公司	信息消费体验中心

工业和信息化部科技司关于公布2022年全国质量标杆典型经验遴选结果的通知

根据《工业和信息化部办公厅关于做好2022年工业质量提升和品牌建设工作的通知》（工信厅科函〔2022〕88号）要求，今年工业和信息化部科技司继续委托中国质量协会组织开展2022年全国质量标杆典型经验遴选和交流活动。

经企业自主申报，各地方工业和信息化主管部门和行业协会等单位组织推荐，评审委员会资格审查、资料评审、答辩评审和网上公示，最终认定46项工业企业质量管理体系升级、质量管理数字化、可靠性提升、过程控制和质量管理方法的典型经验，以及5项中小企业、7项服务业企业的典型经验为2022年全国质量标杆（名单见附件）。相关典型经验材料将在中国质量协会网站（www.caq.org.cn）“质量标杆栏目”和“全国质量标杆”微信公众号陆续发布。

请各地方工业和信息化主管部门、有关行业协会积极组织本地区（行业）开展质量标杆经验交流活动，带动更多企业实现产品和服务质量提升。请获得本年度全国质量标杆认定的企业，巩固并深化质量标杆典型经验的应用，加强质量创新，持续践行先进质量管理方法，促进产品和服务质量迈向卓越，实现质量、效率和效益的稳步提升，为制造强国、质量强国建设做出更大的贡献。

附件：2022年全国质量标杆名单

工业和信息化部科技司

2022年10月24日

附件：

2022年全国质量标杆名单（相关摘要）

一、工业企业		
质量管理数字化方向		
序号	企业名称	经验名称
7	内蒙古蒙牛乳业（集团）股份有限公司	实施全产业链“智慧质量”数字化管理的经验

工业和信息化部关于公布2022年消费品工业“三品”战略示范城市名单的通告

工信部消费函〔2023〕28号

为贯彻落实《国务院办公厅关于开展消费品工业“三品”专项行动营造良好市场环境的若干意见》（国办发〔2016〕40号），根据《工业和信息化部办公厅关于组织申报2022年消费品工业“三品”战略示范城市的通知》（工信厅消费函〔2022〕253号），经地方申报、省级工业和信息化主管部门初审推荐、专家评审和网上公示等环节，我部遴选出39个2022年消费品工业“三品”战略示范城市（名单见附件），现予以公布。

特此通告。

附件：2022年消费品工业“三品”战略示范城市名单.wps

工业和信息化部

2023年2月8日

附件：

2022年消费品工业“三品”战略示范城市名单

序号	示范城市	特色优势产业
3	黑龙江省齐齐哈尔市	乳制品制造

【多部委联合发布】

工业和信息化部 国家发展和改革委员会 财政部 国家市场监督管理总局公告

2022 年第 5 号

为贯彻落实《"十四五"智能制造发展规划》，经省级有关部门推荐、专家评审、网上公示等程序，现将2021 年度智能制造示范工厂揭榜单位和优秀场景名单予以公告。

附件：

1. 2021 年度智能制造示范工厂揭榜单位名单

2. 2021 年度智能制造优秀场景名单

工业和信息化部

国家发展和改革委员会

财政部

国家市场监督管理总局

2022 年 2 月 14 日

附件 1：

2021 年度智能制造示范工厂揭榜单位名单（相关摘要）

序号	地区	企业名称	揭榜任务名称	典型场景名称
17	内蒙古自治区	内蒙古伊利实业集团股份有限公司	乳制品智能制造示范工厂	1. 质量精准追溯；2. 人机协同作业；3. 智能仓储；4. 采购策略优化；5. 销售驱动业务优化；6. 车间智能排产；7. 能耗数据监测。
21	辽宁省	蒙牛乳业（沈阳）有限责任公司	乳制品智能制造示范工厂	1. 智能仓储；2. 资源动态组织；3. 车间智能排产；4. 供应链可视化；5. 智能在线检测；6. 销售驱动业务优化。
24	黑龙江省	飞鹤（泰来）乳品有限公司	乳制品智能制造示范工厂	1. 精益生产管理；2. 智能仓储；3. 智能在线检测；4. 精准作业派工；5. 销售计划动态优化；6. 采购策略优化；7. 原料性质表征与配方研发；8. 产品数字化设计与仿真。
29	上海市	光明乳业股份有限公司	乳制品全产业链智能制造示范工厂	1. 先进过程控制；2. 智能仓储；3. 物流实时监测与优化；4. 销售计划动态优化；5. 智能在线检测；6. 人机协同作业；7. 质量精准追溯；8. 生产计划优化。
96	宁夏回族自治区	宁夏伊利乳业有限责任公司	乳制品智能制造示范工厂	1. 精益生产管理；2. 智能仓储；3. 质量精准追溯；4. 供应链风险预警与弹性管控；5. 车间智能排产；6. 销售驱动业务优化。

附件 2：

2021 年度智能制造优秀场景名单（相关摘要）

序号	地区	公司名称	典型场景名称
14	天津市	天津伊利乳业有限责任公司	供应链可视化
31	内蒙古自治区	内蒙古蒙牛高科乳业有限公司	基于数字孪生的制造 在线运行监测与故障诊断

中华人民共和国工业和信息化部 国家发展和改革委员会 财政部 国家市场监督管理总局公告

2022年第39号

为贯彻落实《“十四五”智能制造发展规划》，经省级有关部门推荐、专家评审、网上公示等程序，现将2022年度智能制造示范工厂揭榜单位和优秀场景名单予以公告。

附件：

1. 2022年度智能制造示范工厂揭榜单位名单

2. 2022年度智能制造优秀场景名单

工业和信息化部

国家发展和改革委员会

财政部

国家市场监督管理总局

2022年12月30日

附件1：

2022年度智能制造示范工厂揭榜单位名单（相关摘要）

序号	地区	企业名称	揭榜任务名称	典型场景名称
15	河北省	君乐宝乳业集团有限公司	乳制品智能制造示范工厂	1. 数据驱动产品设计优化；2. 智能在线检测；3. 工艺数字化设计；4. 生产计划优化；5. 精益生产管理；6. 智能仓储；7. 工厂数字化设计；8. 供应链可视化。
21	内蒙古自治区	内蒙古金灏伊利乳业有限责任公司	液态奶智能制造示范工厂	1. 精益生产管理；2. 质量精准追溯；3. 智能仓储；4. 车间智能排产；5. 供应链可视化；6. 能耗数据监测；7. 在线运行监测；8. 人机协同制造。

附件2：

2022年度智能制造优秀场景名单（相关摘要）

序号	地区	企业名称	典型场景名称
35	河北省	河北新希望天香乳业有限公司	在线运行监测
37	河北省	蒙牛乳业（唐山）有限责任公司	安全风险实时监测与应急处置 能耗数据监测 在线运行监测

海关总署 农业农村部关于防止巴勒斯坦口蹄疫传入我国的公告

2022 年第 5 号

2021 年 12 月 15 日，巴勒斯坦向世界动物卫生组织（OIE）紧急报告，该国约旦河西岸地区图巴斯省的 1 家农场发生口蹄疫疫情，血清型待鉴定。涉及的易感动物为 172 只山羊和绵羊，其中 40 只发病，5 只死亡。为保护我国畜牧业安全，防止疫情传入，根据《中华人民共和国海关法》《中华人民共和国进出境动植物检疫法》及其实施条例等有关法律法规的规定，现公告如下：

一、禁止直接或间接从巴勒斯坦输入偶蹄动物及其相关产品（源于偶蹄动物未经加工或者虽经加工但仍有可能传播疫病的产品）。

二、禁止寄递或携带来自巴勒斯坦的偶蹄动物及其产品入境。一经发现一律作退回或销毁处理。

三、进境船舶、航空器和铁路列车等运输工具上卸下的废弃物、泔水等，一律在海关的监督下作动植物检疫除害处理，不得擅自抛弃。

四、对边防等部门截获的非法入境的来自巴勒斯坦的偶蹄动物及其产品，一律在海关的监督下作销毁处理。

五、凡违反上述规定者，由海关依照《中华人民共和国海关法》《中华人民共和国进出境动植物检疫法》及其实施条例有关规定处理。

六、各级海关、各级农业农村主管部门要分别按照《中华人民共和国海关法》《中华人民共和国进出境动植物检疫法》《中华人民共和国动物防疫法》等有关规定，密切配合，做好检疫、防疫和监督工作。

本公告自发布之日起实施。

特此公告。

海关总署 农业农村部

2022 年 1 月 12 日

中华人民共和国农业农村部 中华人民共和国海关总署公告

第 521 号

根据《中华人民共和国生物安全法》《中华人民共和国动物防疫法》《中华人民共和国进出境动植物检疫法》等法律法规，农业农村部和海关总署在风险评估的基础上，将 2020 年 1 月 15 日发布的《中华人民共和国进境动物检疫疫病名录》（农业农村部、海关总署联合公告第 256 号）中牛结节性皮肤病由一类动物传染病调整为二类动物传染病。

特此公告。

农业农村部 海关总署

2022 年 1 月 30 日

海关总署 农业农村部
关于防止南非口蹄疫传入我国的公告

2022年第30号

2022年3月21日，南非向世界动物卫生组织（OIE）紧急报告，该国西北省（North West）1家农场于3月2日发生口蹄疫（南非2型，SAT 2），涉及1600头牛，其中1100头牛发病，疫点位于此前我国认可的口蹄疫非免疫无疫区内。为保护我国畜牧业安全，防止疫情传入，根据《中华人民共和国海关法》《中华人民共和国进出境动植物检疫法》及其实施条例等有关法律法规的规定，现公告如下：

一、禁止直接或间接从南非输入偶蹄动物及其相关产品（源于偶蹄动物未经加工或者虽经加工但仍有可能传播疫病的产品），停止签发从南非输入偶蹄动物及其相关产品的《进境动植物检疫许可证》，撤销已经签发在有效期内的《进境动植物检疫许可证》。

二、自本公告发布之日起启运的来自南非的偶蹄动物及其相关产品，一律作退回或销毁处理。本公告发布之日前启运的来自南非的偶蹄动物及其相关产品要加强检疫，经检疫合格后方可放行。

三、禁止寄递或携带来自南非的偶蹄动物及其相关产品入境。一经发现一律作退回或销毁处理。

四、来自南非的进境船舶、航空器等运输工具上卸下的动植物性废弃物、泔水等，一律在海关的监督下作除害处理，不得擅自抛弃。

五、对边防等部门截获非法入境的来自南非的偶蹄动物及其相关产品，一律在海关的监督下作销毁处理。

六、凡违反上述规定者，由海关依照《中华人民共和国海关法》《中华人民共和国进出境动植物检疫法》及其实施条例有关规定处理。

七、各级海关、各级农业农村部门要分别按照《中华人民共和国海关法》《中华人民共和国进出境动植物检疫法》《中华人民共和国动物防疫法》等有关规定，密切配合，做好检疫、防疫和监督工作。

本公告自发布之日起实施。

特此公告。

海关总署 农业农村部

2022年4月1日

海关总署 农业农村部
关于解除老挝牛结节性皮肤病疫情禁令的公告

2022年第37号

根据风险评估结果，自本公告发布之日起，解除老挝牛结节性皮肤病疫情禁令，允许符合要求的老挝牛及其相关产品输华。海关总署、农业农村部2021年第58号联合公告同时废止。

特此公告。

海关总署 农业农村部

2022年4月29日

海关总署 农业农村部关于防止蒙古绵羊痘和山羊痘传入我国的公告

2022 年第 38 号

2022 年 4 月 23 日，蒙古向世界动物卫生组织（OIE）紧急报告，4 月 11 日至 12 日，该国肯特省（Hentiy）、东方省（Dornod）、苏赫巴托尔省（S ü hbaatar）各 1 家农场发生绵羊痘和山羊痘，涉及 2747 只绵羊，其中 95 只发病，死亡 13 只。为保护我国畜牧业安全，防止疫情传入，根据《中华人民共和国海关法》《中华人民共和国进出境动植物检疫法》及其实施条例等有关法律法规的规定，现公告如下：

一、禁止直接或间接从蒙古输入绵羊、山羊及其相关产品（源于绵羊或山羊未经加工或者虽经加工但仍有可能传播疫病的产品），停止签发从蒙古输入绵羊、山羊及其相关产品的《进境动植物检疫许可证》，撤销已经签发在有效期内的《进境动植物检疫许可证》。

二、自本公告发布之日起启运的来自蒙古的绵羊、山羊及其相关产品，一律作退回或销毁处理。本公告发布之日前启运的来自蒙古的绵羊、山羊及其相关产品要加强检疫，经检疫合格后方可放行。

三、禁止寄递或携带来自蒙古的绵羊、山羊及其相关产品入境。一经发现一律作退回或销毁处理。

四、来自蒙古的进境航空器、公路车辆、铁路列车等运输工具上卸下的动植物性废弃物、泔水等，一律在海关的监督下作除害处理，不得擅自抛弃。

五、对边防等部门截获非法入境的来自蒙古的绵羊、山羊及其相关产品，一律在海关的监督下作销毁处理。

六、凡违反上述规定者，由海关依照《中华人民共和国海关法》《中华人民共和国进出境动植物检疫法》及其实施条例有关规定处理。

七、各级海关、各级农业农村部门要分别按照《中华人民共和国海关法》《中华人民共和国进出境动植物检疫法》《中华人民共和国动物防疫法》等有关规定，密切配合，做好检疫、防疫和监督工作。

本公告自发布之日起实施。

特此公告。

海关总署 农业农村部

2022 年 4 月 29 日

海关总署 农业农村部关于防止印度尼西亚口蹄疫传入我国的公告

2022 年第 44 号

2022 年 5 月 9 日，印度尼西亚向世界动物卫生组织（OIE）紧急报告，4 月 12 日至 4 月 22 日，该国 80 个村庄发生口蹄疫，血清型尚待鉴定。涉及的易感动物有 70013 头牛，其中 3496 头发病。为保护我国畜牧业安全，防止疫情传入，根据《中华人民共和国海关法》《中华人民共和国进出境动植物检疫法》及其实施条例等有关法律法规的规定，现公告如下：

一、禁止直接或间接从印度尼西亚输入偶蹄动物及其相关产品（源于偶蹄动物未经加工或者虽经加工但仍有可能传播疫病的产品）。

二、禁止寄递或携带来自印度尼西亚的偶蹄动物及其产品入境。一经发现一律作退回或销毁处理。

三、来自印度尼西亚的进境船舶、航空器等运输工具上卸下的动植物性废弃物、泔水等，一律在海关的监督下作除害处理，不得擅自抛弃。

四、对边防等部门截获的非法入境的来自印度尼西亚的偶蹄动物及其产品，一律在海关的监督下作销毁处理。

五、凡违反上述规定者，由海关依照《中华人民共和国海关法》《中华人民共和国进出境动植物检疫法》及其实施条例有关规定处理。

六、各级海关、各级农业农村部门要分别按照《中华人民共和国海关法》《中华人民共和国进出境动植物检疫法》《中华人民共和国动物防疫法》等有关规定，密切配合，做好检疫、防疫和监督工作。

本公告自发布之日起实施。

特此公告。

海关总署 农业农村部

2022年5月17日

海关总署 农业农村部关于解除蒙古国部分地区绵羊痘和山羊痘疫情禁令的公告

2022年第71号

根据风险分析结果，自本公告发布之日起，解除蒙古国东戈壁省扎门乌德市部分区域绵羊痘和山羊痘疫情禁令。区域位于地理坐标北纬43°49′34.01″、东经111°44′59.19″；北纬43°29′06″、东经111°42′14.14″；北纬43°29′59.15″、东经111°44′5.53″；北纬43°51′3.89″、东经111°43′7.81″四点连线所在范围内。

海关总署和农业农村部2022年联合公告第38号对蒙古国上述区域的禁令同时解除。

特此公告。

海关总署 农业农村部

2022年8月3日

海关总署 农业农村部关于解除南非羊毛和偶蹄动物皮张口蹄疫禁令的公告

2022年第76号

根据风险分析结果，自本公告发布之日起，解除海关总署、农业农村部联合发布的2022年第30号公告中对南非羊毛和偶蹄动物皮张的禁令。从南非进口的羊毛和偶蹄动物皮张须符合世界动物卫生组织（WOAH）陆生动物法典有关口蹄疫病毒灭活技术要求及我国相关法律法规规定。

特此公告。

海关总署 农业农村部

2022年8月19日

海关总署 农业农村部关于取消博茨瓦纳部分地区口蹄疫非免疫无疫区地位的公告

2022 年第 90 号

据世界动物卫生组织（WOAH）通报，2022 年 8 月 18 日，博茨瓦纳东北区（North–East）1 个村庄发生口蹄疫，疫点位于我国此前认可的博茨瓦纳口蹄疫非免疫无疫区内。为保护我国畜牧业安全，防止疫情传入，根据《中华人民共和国海关法》《中华人民共和国进出境动植物检疫法》及其实施条例等有关法律法规的规定，决定取消博茨瓦纳疫点所在区域（编号 6b，区划图见附件）的口蹄疫非免疫无疫区地位，禁止上述区域内偶蹄动物及其产品输华。

特此公告。

附件：博茨瓦纳口蹄疫无疫区区划图 .png（略）

海关总署 农业农村部

2022 年 9 月 21 日

海关总署 农业农村部关于防止西班牙绵羊痘和山羊痘传入我国的公告

2022 年第 93 号

2022 年 9 月 22 日，西班牙向世界动物卫生组织紧急报告，该国安达卢西亚自治区（Andalusia）格拉纳达省（Granada）的 1 家农场于 2022 年 9 月 14 日发生绵羊痘和山羊痘，涉及 314 只绵羊和 11 只山羊，其中 30 只绵羊染疫死亡，其余 284 只绵羊和 11 只山羊被扑杀销毁。为保护我国畜牧业安全，防止疫情传入，根据《中华人民共和国海关法》《中华人民共和国进出境动植物检疫法》及其实施条例等有关法律法规的规定，现公告如下：

一、禁止直接或间接从西班牙输入绵羊、山羊及其相关产品（源于绵羊或山羊未经加工或者虽经加工但仍有可能传播疫病的产品）。

二、禁止寄递或携带来自西班牙的绵羊、山羊及其相关产品入境。一经发现一律作退回或销毁处理。

三、来自西班牙的进境航空器、船舶和铁路列车等运输工具上卸下的动植物性废弃物、泔水等，一律在海关的监督下作除害处理，不得擅自抛弃。

四、对边防等部门截获的非法入境的来自西班牙的绵羊、山羊及其相关产品，一律在海关的监督下作销毁处理。

五、凡违反上述规定者，由海关依照《中华人民共和国海关法》《中华人民共和国进出境动植物检疫法》及其实施条例有关规定处理。

六、各级海关、各级农业农村部门要分别按照《中华人民共和国海关法》《中华人民共和国进出境动植物检疫法》《中华人民共和国动物防疫法》等有关规定，密切配合，做好检疫、防疫和监督工作。

特此公告。

海关总署 农业农村部

2022 年 9 月 30 日

海关总署 农业农村部关于防止赞比亚牛传染性胸膜肺炎传入我国的公告

2022 年第 109 号

2022 年 10 月 28 日，赞比亚向世界动物卫生组织（WOAH）紧急报告，9 月 1 日，该国中央省（Central）的 1 家农场发生牛传染性胸膜肺炎，涉及的易感动物有 47498 头牛，其中 1520 头发病。为保护我国畜牧业安全，防止疫情传入，根据《中华人民共和国海关法》《中华人民共和国进出境动植物检疫法》及其实施条例等有关法律法规的规定，现公告如下：

一、禁止直接或间接从赞比亚输入牛及其相关产品（源于牛未经加工或者虽经加工但仍有可能传播疫病的产品）。

二、禁止寄递或携带来自赞比亚的牛及其相关产品入境。一经发现，一律作退回或销毁处理。

三、来自赞比亚的进境航空器、船舶等运输工具上卸下的动植物性废弃物、泔水等，一律在海关的监督下作除害处理，不得擅自抛弃。

四、对边防检查等部门截获的非法入境的来自赞比亚的牛及其相关产品，一律在海关的监督下作销毁处理。

五、凡违反上述规定者，由海关依照《中华人民共和国海关法》《中华人民共和国进出境动植物检疫法》及其实施条例有关规定处理。

六、各级海关、各级农业农村部门要分别按照《中华人民共和国海关法》《中华人民共和国进出境动植物检疫法》《中华人民共和国动物防疫法》等有关规定，密切配合，做好检疫、防疫和监督工作。

特此公告。

海关总署 农业农村部

2022 年 11 月 11 日

中华人民共和国农业农村部 国家卫生健康委员会 国家市场监督管理总局公告

第 594 号

根据《中华人民共和国食品安全法》规定，经食品安全国家标准审评委员会审查通过，现发布《食品安全国家标准 食品中 41 种兽药最大残留限量》(GB 31650.1–2022) 及 21 项兽药残留检测方法食品安全国家标准，自 2023 年 2 月 1 日起实施。标准编号和名称见附件，标准文本可在中国农产品质量安全网 (http://www.aqsc.org) 查阅下载。

附件 :《食品安全国家标准食品中 41 种兽药最大残留限量》(GB 31650.1–2022) 及 21 项兽药残留检测方法食品安全国家标准目录

农业农村部

国家卫生健康委

市场监管总局

2022 年 9 月 20 日

附件：

《食品安全国家标准食品中 41 种兽药最大残留限量》(GB 31650.1−2022) 及 21 项兽药残留检测方法食品安全国家标准目录

序号	标准号	标准名称	代替标准号
1	GB 31650.1–2022	食品安全国家标准 食品中 41 种兽药最大残留限量	
2	GB 31613.4–2022	食品安全国家标准 牛可食性 组织中吡利霉素残留量的测定 液相色谱 – 串联质谱法	
3	GB 31613.5–2022	食品安全国家标准 鸡可食性 组织中抗球虫药物残留量的测定 液相色谱 – 串联质谱法	
4	GB 31613.6–2022	食品安全国家标准 猪和家禽 可食性组织中维吉尼亚霉素 M_1 残留量的测定 液相色谱 – 串联质谱法	
5	GB 31659.2–2022	食品安全国家标准 禽蛋、奶和奶粉中多西环素残留量的测定 液相色谱 – 串联质谱法	
6	GB 31659.3–2022	食品安全国家标准 奶和奶粉 中头孢类药物残留量的测定 液相色谱 – 串联质谱法	GB/T 22989–2008
7	GB 31659.4–2022	食品安全国家标准 奶及奶粉 中阿维菌素类药物残留量的测定 液相色谱 – 串联质谱法	GB/T 22968–2008
8	GB 31659.5–2022	食品安全国家标准 牛奶中利 福昔明残留量的测定 液相色谱 – 串联质谱法	
9	GB 31659.6–2022	食品安全国家标准 牛奶中氯 前列醇残留量的测定 液相色谱 – 串联质谱法	
10	GB 31656.14–2022	食品安全国家标准 水产品中 27 种性激素残留量的测定 液相色谱 – 串联质谱法	
11	GB 31656.15–2022	食品安全国家标准 水产品中 甲苯咪唑及其代谢物残留量的测定 液相色谱 – 串联质谱法	
12	GB 31656.16–2022	食品安全国家标准 水产品中氯霉素、甲砜霉素、氟苯尼考和氟苯尼考胺残留量的测定 气相色谱法	
13	GB 31656.17–2022	食品安全国家标准 水产品中二硫氰基甲烷残留量的测定 气相色谱法	
14	GB 31657.3–2022	食品安全国家标准 蜂产品中头孢类药物残留量的测定 液相色谱 – 串联质谱法	GB/T 22942–2008
15	GB 31658.18–2022	食品安全国家标准 动物性食品中三氮脒残留量的测定 高效液相色谱法	
16	GB 31658.19–2022	食品安全国家标准 动物性食品中阿托品、东莨菪碱、山莨 菪碱、利多卡因、普鲁卡因残留量的测定 液相色谱 – 串联 质谱法	
17	GB 31658.20–2022	食品安全国家标准 动物性食品中酰胺醇类药物及其代谢物残留量的测定 液相色谱 – 串联质谱法	
18	GB 31658.21–2022	食品安全国家标准 动物性食品中左旋咪唑残留量的测定 液相色谱 – 串联质谱法	
19	GB 31658.22–2022	食品安全国家标准 动物性食品中 β – 受体激动剂残留量的测定 液相色谱 – 串联质谱法	GB/T 22286–2008 GB/T 21313–2007
20	GB 31658.23–2022	食品安全国家标准 动物性食品中硝基咪唑类药物残留量的测定 液相色谱 – 串联质谱法	
21	GB 31658.242022	食品安全国家标准 动物性食品中赛杜霉素残留量的测定 液相色谱 – 串联质谱法	
22	GB 31658.252022	食品安全国家标准 动物性食品中 10 种利尿药残留量的测定 液相色谱 – 串联质谱法	

国家市场监督管理总局 农业农村部 国家卫生健康委员会 海关总署关于发布《查处生产经营含金银箔粉食品违法行为规定》的公告

2022年第20号

根据《中华人民共和国食品安全法》《中华人民共和国广告法》《中华人民共和国农产品质量安全法》等法律法规，市场监管总局、农业农村部、国家卫生健康委、海关总署联合制定了《查处生产经营含金银箔粉食品违法行为规定》。现予以公告，自发布之日起施行。

市场监管总局 农业农村部

国家卫生健康委 海关总署

2022年6月23日

查处生产经营含金银箔粉食品违法行为规定

第一条 为了加强食品安全监督管理，严厉查处生产经营含金（银）箔金（银）粉类物质（以下简称金银箔粉）食品违法行为，维护人民群众身体健康，净化市场消费环境，根据《中华人民共和国食品安全法》《中华人民共和国广告法》《中华人民共和国农产品质量安全法》等法律法规，制定本规定。

第二条 金银箔粉未列入《食品安全国家标准 食品添加剂使用标准》（GB 2760），不属于食品添加剂，不是食品原料，不能用于食品生产经营。

第三条 本规定所称含金银箔粉食品是指食品生产经营者在生产加工制作的食品中添加金银箔粉、用于销售的食品。

第四条 食品生产者应当按照食品安全法律法规及标准生产加工食品，加强原辅料采购控制，不得采购使用金银箔粉生产加工食品。

第五条 食品、食用农产品销售者应当加强进货查验，不得采购销售含金银箔粉食品及食用农产品。餐饮服务提供者应当加强原料采购、加工制作管理，不得制作、售卖含金银箔粉的餐食。

第六条 食品进口商应当依法进口食品，进口的食品应当符合我国食品安全国家标准，不得进口含金银箔粉食品和用于食品生产经营的金银箔粉。

第七条 网络食品交易第三方平台应当严格落实主体责任，加强平台内经营者资质审核。网络食品交易第三方平台应当对平台上的食品经营行为及信息进行检查，禁止入网食品生产经营者宣传、销售含金银箔粉食品。网络食品交易第三方平台发现入网食品生产经营者宣传、销售含金银箔粉食品的，应当及时制止并立即报告所在地县级市场监管部门；发现严重违法行为的，应当立即停止提供网络交易平台服务。

第八条 入网食品生产经营者应当依法经营，不得通过互联网等信息网络宣传、销售含金银箔粉食品。任何单位和个人不得通过互联网等信息网络宣传金银箔粉可食用。

第九条 相关广告主体在食品广告中不得宣传金银箔粉可食用，不得宣传食品中添加金银箔粉具有保健功能、治疗功效等，不得以食品添加金银箔粉为噱头宣扬奢靡享乐、拜金主义等。

第十条 食用农产品生产者、销售者应当依法从事食用农产品生产经营活动，保障食用农产品质量安全，不得生产销售含金银箔粉的食用农产品，不得以添加金银箔粉为噱头炒作食用农产品。

第十一条 县级以上地方市场监管部门、农业农村主管部门、各级海关，应当加强食品安全监管和监测，发现违反本规定生产经营含金银箔粉食品和宣传金银箔粉可食用的，应当依法予以查处。

第十二条 县级以上地方市场监管部门发现食品生产经营者违反本规定第四条、第五条规定的，应当按照食品安全法相关规定予以查处，涉嫌犯罪的，依法移送公安机关；发现违反本规定第七条规定的，应当按照食品安全法、网络交易监督管理办法等相关规定予以查处；发现违反本规定第八条规定的，应当按照食品安全法、广告法等相关规定予以查处。

第十三条 海关发现进口商违反本规定第六条规定的，应责令其销毁或退运并按照食品安全法有关规定予以查处；发现已经进口的，有关主管部门应督促进口商立即停止销售，实施召回，进口商拒不召回的，海关依据食品安全法相关规定予以处罚。

第十四条 县级以上地方农业农村主管部门、市场监管部门发现食用农产品生产者、销售者违反本规定第十条规定的，应当按照农产品质量安全法、食品安全法等相关规定予以查处，涉嫌犯罪的，依法移送公安机关。

第十五条 卫生健康行政部门应当会同相关部门开展食品安全科普宣传，适时组织专家解读含金银箔粉食品的安全风险，及时发布消费警示。

第十六条 各相关部门、食品行业协会应当加强食品安全宣传和营养健康教育，倡导健康饮食方式，引导科学理性消费。

第十七条 任何组织或者个人发现生产经营含金银箔粉食品、宣传金银箔粉可食用等违法行为的，可向相关部门投诉举报。

第十八条 本规定自发布之日起施行。

市场监管总局 国家卫生健康委 海关总署
关于依法查处生产经营含金银箔粉食品违法行为的通知

国市监食生发〔2022〕18号

各省、自治区、直辖市和新疆生产建设兵团市场监管局（厅、委）、卫生健康委，海关总署广东分署、各直属海关：

根据我国食品安全法律法规及食品安全标准规定，金（银）箔金（银）粉类物质（以下简称金银箔粉）不是食品添加剂，不能用于食品生产经营。为进一步加强食品安全监管，维护人民群众身心健康和生命安全，净化市场消费环境，现就有关事项通知如下：

一、严格食品安全监管

各级市场监管部门要督促食品生产经营者严格落实主体责任，食品生产者不得采购使用金银箔粉生产加工食品，食品销售者不得采购销售含金银箔粉食品，餐饮服务提供者不得制作售卖含金银箔粉餐食。

二、严格进口食品安全监管

各级海关部门要督促食品进口商落实主体责任，不得进口含金银箔粉食品，已经进口的，立即停止销售。

三、严格网络交易监管

各级市场监管部门要督促网络交易平台严格落实主体责任，加强平台内经营者资质审核，严禁平台内经营者销售含金银箔粉食品。加强对“含金银箔粉食品”“可食用金银箔粉”的网络交易监测，及时督促网络交易平台依法采取下架等处置措施。

四、严格广告监管

各级市场监管部门要严厉打击以食品添加金银箔粉为噱头宣扬奢靡享乐、拜金主义等违背社会良好风尚的广告宣传行为，依法从严查处宣传食品中添加金银箔粉具有保健功能、治疗功效等虚假违法广告。

五、严厉打击违法违规行为

各有关部门要加大执法力度，严厉打击生产经营含金银箔粉食品的违法行为，严厉打击虚假宣传金银箔粉可食用的违法行为，严厉打击进口含金银箔粉食品违法行为。相关违法行为一经查实，一律依法从严从重从快查处；涉嫌犯罪的，一律依法移送公安机关追究刑事责任。

六、加强科普宣传和舆论引导

各有关部门要加强食品安全和营养健康教育，组织专家开展健康解读，正确引导社会舆论，适时发布消费提示，倡导科学理性消费。鼓励社会各界监督，畅通投诉举报渠道，积极营造良好消费环境，坚决遏制“食金之风”。

市场监管总局 国家卫生健康委 海关总署

2022年1月29日

国家文物局 国家林业和草原局关于公布第一批“红色草原”名单的通知

文物革发〔2022〕23号

各省、自治区、直辖市文物局、林业和草原局：

为深入贯彻习近平总书记关于传承红色基因、赓续红色血脉重要指示精神，积极践行习近平总书记关于绿水青山就是金山银山重要理念，弘扬草原地区红色文化，推动草原地区生态保护和绿色发展，按照《国家文物局 国家林业和草原局关于开展“红色草原”推介活动的通知》（文物革函〔2022〕265号）要求，国家文物局、国家林业和草原局确定12处草原入选第一批“红色草原”名单，即山西花坡草原，内蒙古明安草原、乌拉盖草原，吉林郭尔罗斯草原，湖南南滩草原，湖南、广西南山草原，四川红原草原、甘孜草原、松潘草原，甘肃红石窝草原，青海金银滩草原，新疆塔什汗草原。

各有关地方和部门要切实加强对“红色草原”革命文物和草原生态的系统保护，加大支持力度，建立协作机制，形成工作合力；开展革命文物资源调查，提升革命文物保护级别，讲好革命故事；用好红色资源，促进绿色发展，常态化、长效化服务党史学习教育、“四史”宣传教育和生态文明教育，打造富有特色的革命传统教育、爱国主义教育、青少年思想道德教育和草原保护与绿色发展基地；丰富文化和生态产品供给，助力融合发展，以绿色发展促进红色资源保护传承，以红色资源赋能草原地区高质量发展和生态文明建设。

特此通知。

国家文物局
国家林业和草原局
2022年8月17日

第一批“红色草原”简介

1. 花坡草原。位于山西省长治市沁源县，草原类型以山地草甸为主，境内有山西花坡国家草原自然公园（试点）；是抗日战争时期太行地区通往延安的秘密交通线的重要段落，现有县级文物保护单位北沟村秘密交通站旧址和圪旋头遭遇战遗址。

2. 明安草原。位于内蒙古自治区包头市达尔罕茂明安联合旗，草原类型以温性草原为主；是“草原英雄小姐妹”舍生忘死保护集体羊群的英勇事迹发生地，现有自治区文物保护单位龙梅玉荣旧居。

3. 乌拉盖草原。位于内蒙古自治区锡林郭勒盟乌拉盖管理区，草原类型以温性草甸草原和温性草原为主，境内有内蒙古乌拉盖国家草原自然公园（试点）；是内蒙古生产建设兵团农垦历史的见证地，现有县级文物保护单位哈场兵团大礼堂、粮库旧址。

4. 郭尔罗斯草原。位于吉林省松原市前郭尔罗斯蒙古族自治县，草原类型以温性草甸草原为主；是郭前旗蒙古族进步青年组织“大同会”和蒙古骑兵独立团的诞生地，现有市级文物保护单位前郭县烈士陵园。

5. 南滩草原。位于湖南省张家界市桑植县，草原类型以热性灌草丛和山地草甸为主，境内有湖南南滩国家草原自然公园（试点）；是土地革命战争时期湘鄂西、湘鄂川黔革命根据地的重要组成部分，现有全国重点文物保护单位贺龙故居，红二、六军团长征出发地旧址和省级文物保护单位贺龙刀劈芭茅溪盐税局旧址、贺龙武装讨袁廖城议事旧址。

6. 南山草原。位于湖南省邵阳市城步苗族自治县和广西壮族自治区桂林市龙胜各族自治县，草原类型以山地草甸和热性灌草丛为主，是中国南方高山牧场的典型代表；是中央红军长征翻越的“老山界”所在地，现有全国重点文物保护单位湘江战役旧址和省级文物保护单位南山红军长征路遗迹、红军岩、高山红哨旧址。

7. 红原草原。位于四川省阿坝藏族羌族自治州红原县，草原类型以高山草甸和沼泽为主，境内有四川瓦切国家草原自然公园（试点）；1960年，国务院批准设立红原县，周恩来总理题词“红军长征走过的大草原”；现有全国重点文物保护单位阿坝红军长征遗迹和省级文物保护单位日干乔红军过草地遗迹。

8. 甘孜草原。位于四川省甘孜藏族自治州甘孜县，草原类型以高寒草甸为主；是红军第二、第四方面军长征途中的甘孜会师所在地，现有全国重点文物保护单位白利寺和省级文物保护单位甘孜县朱德旧居，红二、四方面军甘孜会师纪念地，十八军窑洞群遗址。

9. 松潘草原。位于四川省阿坝藏族羌族自治州松潘县，草原类型以高寒草甸为主；是红军长征爬雪山、过草地的发生地，现有全国重点文物保护单位阿坝红军长征遗迹和省级文物保护单位红军长征纪念碑碑园、松潘塔坪山红军战斗遗址。

10. 红石窝草原。位于甘肃省张掖市肃南裕固族自治县，草原类型以高寒草甸草原为主；是西路军浴血奋战的所在地，现有县级文物保护单位石窝会议会址、大草滩村红军战壕、红西路军纪念塔、石居里河红军居住地。

11. 金银滩草原。位于青海省海北藏族自治州海晏县，草原类型以高寒草甸和高寒草原为主；是中国第一个核武器研制基地的所在地，现有全国重点文物保护单位第一个核武器研制基地旧址。

12. 塔什汗草原。位于新疆维吾尔自治区巴音郭楞蒙古自治州和硕县，草原类型以高寒草原为主；是红山核武器试爆指挥机构的所在地，现有全国重点文物保护单位红山核武器试爆指挥中心旧址。

国家林业和草原局 应急管理部关于印发《“十四五”全国草原防灭火规划》的通知

林规发〔2022〕100号

各有关省、自治区、新疆生产建设兵团林业和草原主管部门、应急管理厅（局）：

为进一步提升草原火灾综合防控能力，全面加强草原火灾预防、扑救、保障三大体系建设，根据《草原防火条例》，国家林业和草原局、应急管理部编制了《“十四五”全国草原防灭火规划》。现印发给你们，请结合实际认真贯彻执行。

特此通知。

附件：“十四五”全国草原防灭火规划

国家林业和草原局

应急管理部

2022年10月12日

附件：

“十四五”全国草原防灭火规划

详见如下链接地址

http://www.forestry.gov.cn/html/main/main_5461/20230109112858949628944/file/20230109112950074546753.pdf

自然资源部 国家林草局 国家发展改革委 财政部 农业农村部关于进一步完善政策措施 巩固退耕还林还草成果的通知

自然资发〔2022〕191号

各省、自治区、直辖市人民政府，新疆生产建设兵团：

党中央、国务院高度重视退耕还林还草工作。1999年以来，我国先后实施两轮退耕还林还草，工程综合效益显著，有力促进了生态改善和农牧民增收，对推进生态文明建设、促进区域经济社会发展等发挥了重要作用。为进一步完善政策措施，巩固退耕还林还草成果，经国务院同意，现就有关事项通知如下：

一、认清当前形势

退耕还林还草工程实施20多年来，各地区各有关部门认真贯彻落实党中央、国务院决策部署，累计安排退耕还林还草2.13亿亩，惠及1.58亿农牧民，取得显著成效，同时也面临可退耕空间不足、成果巩固难度较大等问题。根据当前形势，为统筹耕地保护和生态安全，暂缓安排新增退耕还林还草任务，将工作重心转到巩固已有建设成果上来。各地要切实提高政治站位，扎实做好退耕还林还草任务落实和成果巩固工作。

二、延长补助期限

为巩固退耕还林还草成果，2014年开始实施的第二轮退耕还林还草现金补助期满后，中央财政安排资金，延长补助期限，继续给予适当补助。具体补助年限和标准是：退耕还林现金补助期限延长5年，补助标准为每亩500元，每年每亩100元；退耕还草现金补助期限延长3年，补助标准为每亩300元，每年每亩100元。涉及农民集体所有土地的，现金补助原则上发放给原土地承包权人，流转耕地实施退耕还林还草的按合同约定发放。现金补助政策已经到期的，2022年一次性补齐应发放补助。补助资金严格按照国家和省级林草部门确认的县级验收结果发放，并与管护责任挂钩。

三、实行精准管理

各地要全面调查核实第二轮退耕还林还草实施情况，已安排但尚未实施的退耕还林还草任务，要严格限定在全国“三区三线”划定的耕地保护红线任务外实施，且符合国家允许退耕的5种情形（即25度以上坡耕地、陡坡梯田、重要水源地15—25度坡耕地、严重沙化耕地、严重污染耕地）。加快推进退耕还林还草地块上图入库，按照统一技术要求建立并完善第二轮退耕还林还草矢量数据库，确保底数清、位置准、数据实、信息全。加强部门协同，尽快将退耕还林还草地块矢量数据补充标注到以第三次全国国土调查为基础的最新年度国土变更调查成果底图，并纳入国土空间规划“一张图”，实行动态监管和信息共享。对达到地类调查标准的，应及时变更地类，调整承包经营合同，并依申请换发不动产权证书，确保退耕还林还草地块权属清晰。

四、巩固已有成果

各地要依法依规将退耕还林还草已有成果统一纳入林草资源管理，严格管护，合理利用。将符合条件的退耕还林还草地块按规定分别纳入森林生态效益补偿和草原生态保护补助奖励范围。在详细调查摸底基础上，编制省级退耕还林还草巩固成果提质增效实施方案，对确有必要的已退耕地块，开展补植补造补播、森林抚育、灌木平茬、低质低效林改造、品种改良和退化人工草地更新复壮等。在充分尊重群众意愿、兼顾生态效益的基础上，根据退耕地资源禀赋强化科学经营，积极发展绿色富民产业。

五、强化责任落实

继续实行省级人民政府对本地区退耕还林还草负总责，按照目标、任务、资金、责任“四到省”要求，进一步加强组织领导，逐级落实市、县、乡目标和责任，细化措施办法，强化成果巩固。加强资金监管，及时发放补助资金，严格执行村级张榜公示制度，接受群众监督，坚决杜绝骗取套取、虚报冒领和挤占挪用补助资金等问题的发生。各地要高度重视巡视督查、审计监督、检查验收等发现问题的整改，落实整改措施，确保整改到位。各级发展改革、财政、自然资源、农业农村、林草等部门要各司其职、密切配合，形成工作合力。国家林草局要进一步加强指导和监管，将退耕还林还草工作纳入林长制督导考核范围。

自然资源部
国家林草局
国家发展改革委
财政部
农业农村部
2022年10月28日

全国绿化委员会　国家林业和草原局　中央空中交通管理委员会办公室　住房和城乡建设部　交通运输部　水利部　农业农村部　中国民用航空局　中央军委后勤保障部　中国国家铁路集团有限公司关于进一步加强美国白蛾防控工作的通知

林生发〔2022〕54 号

各省、自治区、直辖市、新疆生产建设兵团绿化委员会、林业和草原、住房和城乡建设（园林绿化）、交通运输、水利、农业农村（农牧）主管部门，各地区空管协调委办公室，民航各地区管理局、空管局，军队各有关单位，各铁路集团公司、各铁路公司：

为落实习近平总书记关于外来入侵物种、美国白蛾防控工作的重要批示精神和党中央、国务院决策部署，防止美国白蛾暴发成灾、造成扰民，保护国土绿化和生态文明建设成果，现就进一步加强美国白蛾防控工作通知如下：

一、提高思想认识，明确目标任务

美国白蛾是重点管控的外来入侵物种，被列入我国林业和进境植物检疫性有害生物名单，具有食性杂、繁殖量大、适生性强、传播途径广等特点，可危害 300 多种植物，侵入居民生活区及公共场所，严重影响城乡绿化景观和人民群众生产生活。自 1979 年我国首次发现以来，已扩散至 14 个省（区、市）的 611 个县级行政区，存在局部成灾现象，扩散蔓延风险依然较大，疫情防控形势严峻复杂。2021 年，美国白蛾在华北多地暴发，引起中央领导同志高度重视和社会广泛关注。灾情的发生，反映出防控工作存在重视程度不够、属地责任落实和部门协同不到位、防控措施执行不力、科普宣传不深入、支撑保障不足等突出问题。各地各部门要进一步增强紧迫感和责任感，克服麻痹思想，消除厌战情绪，坚持问题导向，坚守疫情防控底线，全面加强美国白蛾防控工作，避免发生重大灾害和扰民事件，确保重点地区特别是首都生态安全。

二、落实防控责任，强化部门协作

要坚持“属地负责、政府主导，区域联动、部门协同，社会参与、群防群治”的原则，在地方政府统一部署下，各部门按照职责分工做好防控工作，建立统一规划部署、统一作业时间、统一技术标准、统一检查验收的协同联动机制，统筹推进相关工作，形成群防群控工作格局。林业和草原主管部门要加强组织协调，牵头制定工作方案和技术方案，开展疫情监测、检疫监管及疫情除治等工作，负责林地、湿地、苗圃等区域防控工作。农业农村、住房城乡建设（园林绿化）、交通运输、水利和铁路部门要依照职责分工做好农田、城市公园绿地及园林绿化带区域、居民小区、公路交通线路两侧用地范围以内绿化带、水利工程及河渠湖库周边绿化区域、铁路线路两侧地界以内绿化带等美国白蛾易发区域防控工作。军队要加强与地方联防联治，做好管辖范围内防控工作。军民航各级空管部门要为美国白蛾飞机防治作业提供空管服务保障。各级绿化委员会要加强指导监督。

三、坚持科学治理，提升防控成效

要根据疫情发生特点，按照“主防第一代，查防二、三代”的防控策略，全面做好第一代防控工作，突出幼虫网幕期精准防治；密切关注第二代、第三代发生情况，强化查防一体和应急处置，严防暴发成灾和扰民现象发生。要加强疫情监测，开展网格化巡查，及时全面掌握虫情动态。要依法加强检疫监管，强化检疫阻截，严防疫情传播扩散。要加强灾害除治，落实工作方案和技术方案，抓住关键时间节点，联防联治、统防统治。要推进绿色防治，合理选择防治药剂，确保用药安全高效。要完善应急预案，加强应急物资储备，提高突发灾害事件应对能力。

四、加强组织领导，强化支撑保障

要全面落实各级林长责任，把美国白蛾防控工作纳入防灾减灾救灾体系和林长制考核评价体系，在各级林长的领导下，建立跨部门疫情防控工作协调和督查机制，加强督查检查考核和防控成效评估，加强基层防控能力建设和防控资金保障。要健全防控工作机制，确保责有人负、事有人管、活有人干。对防控工作不力的，重点约谈、挂牌督办；对在防控工作中取得显著成绩的单位和个人，按照国家有关规定给予表彰和奖励。

特此通知。

全国绿化委员会
国家林业和草原局
中央空中交通管理委员会办公室
住房和城乡建设部
交通运输部
水利部
农业农村部
中国民用航空局
中央军委后勤保障部
中国国家铁路集团有限公司
2022年5月18日

农业农村部　财政部关于做好2022年农业生产发展等项目实施工作的通知

农计财发〔2022〕13号

各省、自治区、直辖市及计划单列市农业农村（农牧）、畜牧兽医、渔业厅（局、委）、财政厅（局），新疆生产建设兵团农业农村局、财政局，北大荒农垦集团有限公司、广东省农垦总局，农业农村部有关直属单位：

为深入贯彻落实党的十九届六中全会以及中央经济工作会议、中央农村工作会议精神，按照中央一号文件部署要求，2022年中央财政安排农业生产发展资金、农业资源及生态保护补助资金、动物防疫等补助经费、渔业发展补助资金，支持深化农业供给侧结构性改革，加快农业农村现代化建设，全面推进乡村振兴。为指导各地做好项目实施工作，确保政策有效落实，现将有关事项通知如下。

一、总体思路

坚持以习近平新时代中国特色社会主义思想为指导，贯彻落实中共中央、国务院关于“三农”工作重大决策部署，坚持稳字当头、稳中求进，按照保供固安全、振兴畅循环的工作定位，重点围绕粮食生产稳面积提产能、产业发展稳基础提效益、乡村建设稳步伐提质量、农民收入稳势头提后劲，调整优化存量、统筹安排增量，强化政策引导、改革完善实施方式，做到政策总体保持稳定、重点任务保障充分、重大试点落实有效，助力牢牢守住保障国家粮食安全和不发生规模性返贫两条底线，推动乡村振兴取得新进展、农业农村现代化迈出新步伐。项目资金安排突出三个导向：一是突出重点领域，着力支持提升粮食和大豆油料等重要农产品供给保障能力，强化现代农业基础支撑，促进乡村产业融合，推进农业绿色发展。二是突出统筹衔接，根据项目各自政策目标和功能属性，科学推进政策统筹、任务统筹、资金统筹，优化支出结构，促进衔接配套，提高资金效益，形成政策合力，集中资金办大事。三是突出创新引导，完善“大专项＋任务清单”管理方式，强化以绩效评价结果为导向的项目和资金安排机制，压实地方投入责任，撬动金融和社会资本投入，引导农民和新型农业经营主体主动参与，扩大农业农村有效投资。

二、重点任务

（一）全力保障粮食和油料等重要农产品有效供给。深入实施“藏粮于地、藏粮于技”战略，加大粮食、油料生产政策扶持力度，统筹推进小麦促壮稳产、水稻集中育秧，千方百计稳定粮食生产，多油并举提升油料产能。促进畜牧业稳定健康发展，推进渔业绿色发展，统筹抓好蔬菜、棉糖胶等生产。

（二）加强耕地保护、种业振兴、农机装备支撑保障。稳定实施耕地地力保护补贴政策，强化东北黑土地保护，扩大保护性耕作面积，推进耕地保护与质量提升。开展土壤普查试点。实施畜禽良种补贴，稳定支持国家级畜禽遗传资源保护，开展生产性能测定，持续提高品种选育水平，提升我国畜禽种业核心竞争力。加快推进农机装备补短板，推进农业用北斗终端及辅助驾驶系统的应用，开展农机研发制造推广应用一体化试点。

（三）大力推动农业产业融合发展和乡村人才振兴。聚焦稳产保供目标任务，统筹布局建设一批国家现代农业产业园、优势特色产业集群、农业产业强镇。统筹推进农业现代化示范区建设。培育高素质农民，实施乡村产业振兴带头人培育“头雁”项目，培育一批乡村产业振兴带头人，加快推进农业社会化服务，引领带动小农户发展。

（四）推进农业资源保护利用和绿色转型发展。深化落实以绿色生态为导向的农业补贴制度改革，推进农业绿色发展体制机制创新，切实保护耕地、草原和水生生物等资源。强化农业生态环境治理，提高地膜科学使用回收水平，促进农作物秸秆综合利用，稳步推进绿色种养循环农业试点。

（五）支持脱贫地区乡村特色产业发展壮大。贯彻落实中共中央、国务院关于实现巩固拓展脱贫攻坚成果同乡村振兴有效衔接的决策部署，支持脱贫地区发展壮大特色优势富民产业，完善产业发展支撑保障和设施条件，提升全产业链发展水平，培育壮大新型农业经营主体，健全联农带农富农机制。相关资金项目继续向脱贫县倾斜。

三、强化政策落实与监督评价

（一）推进统筹使用。落实和完善“大专项＋任务清单”管理方式，切实提升政策的精准性、指向性和实效性。约束性任务补助资金不得统筹使用。各省（自治区、直辖市）在完成任务清单及绩效目标的基础上，可在大专项内部统筹安排指导性任务补助资金，但不得跨转移支付项目整合资金、不得超出任务清单范围安排资金、不得将中央财政资金切块用于省级及以下地方性政策任务。安排给832个脱贫县（原国家扶贫开发工作重点县和连片特困地区县）的资金，按照财政部等11部门《关于继续支持脱贫县统筹整合使用财政涉农资金工作的通知》（财农〔2021〕22号）执行。鼓励各地按规定利用现有资金渠道，强化政策衔接配合，推动相关项目在实施过程中统筹。

（二）细化实施方案。省级农业农村、财政部门要按要求抓紧组织编制省级实施方案，明确实施条件、补助对象、补助水平、实施要求和监管措施。要因地制宜研究确定补助方式，鼓励采取政府购买服务、先建后补、以奖代补等支持方式，积极探索适应不同主体、更加科学有效的支持模式。各省（自治区、直辖市）在编制实施方案过程中，要加强与农业农村部、财政部沟通，于2022年6月30日前正式印发并以省级农业农村、财政部门联合发文形式报农业农村部、财政部备案，同时，将农业生产发展等项目实施方案和资金安排情况按规定同步上报农业农村部转移支付管理平台。

（三）强化政策公开。省级农业农村、财政部门要及时将中央财政支农政策和省级实施方案向社会发布，督促指导基层农业农村、财政部门按规定程序加强涉农补贴申报信息公开，简化申报流程，公开申报指南，保障涉农主体知情权和选择权，有关信息公开渠道和查询方式报农业农村部、财政部备案。要做好拟补助对象、资金安排等信息公开公示工作，广泛接受社会监督。要通过多种渠道方式宣传解读政策，使广大农民群众、新型农业经营主体和基层干部准确理解掌握政策内容，积极营造有利于政策落实的良好氛围。

（四）严格过程管控。地方各级农业农村、财政部门要加强项目执行定期调度和督促指导，及时掌握项目执行和资金使用情况。省级农业农村、财政部门要加强日常监督管理，创新工作方式，及时妥善处理项目执行中的问题，重大事项要及时向农业农村部、财政部报告。各省（自治区、直辖市）自2022年7月起每月通过农业农村部转移支付管理平台上报资金执行情况，2023年1月31日前报送项目实施总结报告，按要求报送有关基础数据。各省（自治区、直辖市）要确保各项数据的真实性、准确性和完整性，有关数据材料报送情况纳入相关资金的绩效评价范围。

（五）加强资金监管。各省（自治区、直辖市）财政、农业农村部门要认真落实财政部等七部门联合印发的《关于进一步加强惠民惠农财政补贴资金“一卡通”管理的指导意见》，规范补贴资金代发金融机构，加强惠农财政补贴资金发放管理。各级财政、农业农村部门要切实加强资金监管，不得受理以中介机构名义直接代理申报的资金项目，上下级和同级政府相关部门之间的申报材料不得通过中介机构运转，不得将财政补助资金用于支付中介费用。

（六）深化绩效管理。省级财政、农业农村部门要按照《农业相关转移支付资金绩效管理办法》，进一步建立健全本区域项目绩效评价机制，将政策目标实现情况、任务清单完成情况、资金使用管理情况等纳入指标体系，严格奖惩措施，全面评估、考核政策落实情况。农业农村部和财政部将采取绩效监控与抽查复核相结合的方式，重点评价资金安排规范性、资金执行进度、信息报送以及地方财政投入、社会资本投入等情况，并组织对重点任务、重点地区进行绩效考评。对违反规定统筹中央财政资金用于地方性任务的，中央财政将在安排下年度资金时予以扣减。对由中介机构直接代理申报项目、将财政补助资金用于支付中介费用的，一经查实，项目支持对象列入黑名单，有关县（市、区）暂停安排实施该项目。

附件：1. 农业生产发展资金项目实施方案

2. 农业资源及生态保护补助资金项目实施方案（略）

3. 动物防疫等补助经费项目实施方案

4. 渔业发展补助资金项目实施方案（略）

农业农村部　财政部

2022年5月9日

附件1：

农业生产发展资金项目实施方案

中央财政农业生产发展资金主要用于对农民直接补贴，以及支持农业绿色发展与技术服务、农业经营方式创新、农业产业发展等方面工作。

一、稳定实施直接补贴政策（略）

二、持续推进农业绿色发展（略）

三、发展壮大乡村产业

（一）加快推进农业产业融合发展。统筹布局建设一批国家现代农业产业园、优势特色产业集群和农业产业强镇。重点围绕保障国家粮食安全和重要农产品有效供给，聚焦稻谷、小麦、玉米、大豆、油菜、花生、牛羊、生猪、淡水养殖、天然橡胶、棉花、食糖、奶类、种业、设施蔬菜等重要农产品，适当兼顾其他特色农产品，构建以产业强镇为基础、产业园为引擎、产业集群为骨干，省县乡梯次布局、点线面协同推进的现代乡村产业体系，整体提升产业发展质量效益和竞争力。

（二）实施奶业振兴行动和畜禽健康养殖。一是整县推进奶业生产能力提升。择优支持奶业大县发展奶牛标准化规模养殖，推广应用先进智能设施装备，推进奶牛养殖和饲草料种植配套衔接，选择有条件的奶农、农民专业合作社依靠自有奶源开展养加一体化试点，示范带动奶业高质量发展。实施苜蓿发展行动，支持苜蓿种植、收获、运输、加工、储存等基础设施建设和装备提升，增强苜蓿等优质饲草料供给能力。二是实施粮改饲。以农牧交错带和黄淮海地区为重点，支持规模化草食家畜养殖场（户）、企业或农民专业合作社以及专业化饲草收储服务组织等主体，收储使用青贮玉米、苜蓿、饲用燕麦、黑麦草、饲用黑麦、饲用高粱等优质饲草，通过以养带种的方式加快推动种植结构调整和现代饲草产业发展。各地可根据当地养殖传统和资源情况，因地制宜将有饲用需求的区域特色饲草品种纳入范围。三是实施肉牛肉羊增量提质行动。（略）四是实施良种补贴。（略）五是实施蜂业质量提升行动。（略）

（三）支持种业发展。鼓励地方探索以保促用、保用结合的资源保护利用方式，持续加强育种创新基础性工作，推动种业高质量发展。继续支持符合条件的国家畜禽遗传资源保种场、保护区和基因库等国家级畜禽遗传资源保护品种保护单位开展畜禽遗传资源保护，支持符合条件的国家畜禽核心育种场、种公畜站、奶牛生产性能测定中心等开展种畜禽和奶牛生产性能测定工作。

（四）推进地理标志农产品保护和发展。（略）

四、大力培育新型农业经营主体（略）

附件2：

动物防疫等补助经费项目实施方案

中央财政动物防疫等补助经费主要用于动物疫病强制免疫、强制扑杀和销毁、养殖环节无害化处理等三方面支出。具体实施要求按照《动物防疫等补助经费管理办法》《农业农村部办公厅、财政部办公厅关于印发〈动物疫病防控财政支持政策实施指导意见〉的通知》和《农业农村部办公厅、财政部办公厅关于做好非洲猪瘟防控财政补助政策实施工作的通知》执行。

一、强制免疫补助

主要用于开展口蹄疫、高致病性禽流感、H7N9流感、小反刍兽疫、布鲁氏菌病、棘球蚴病等动物疫病强制免疫疫苗（驱虫药物）采购、储存、注射（投喂）及免疫效果监测评价、疫病监测和净化、人员防护等相关防控工作，对实施强制免疫和购买动物防疫服务等予以补助。2022年继续对符合条件的养殖场户实施强制免疫“先打后补”。各地要加强资金使用管理，提高免疫质量和政策成效，高致病性禽流感、口蹄疫、小反刍兽疫抗体合格率常年保持在70%以上。

二、强制扑杀和销毁补助

主要用于对在动物疫病预防、控制、净化、消灭过程中强制扑杀的动物、销毁的动物产品和相关物品的所有者给予补偿。纳入中央财政补助范围的疫病种类包括非洲猪瘟、口蹄疫、高致病性禽流感、H7N9流感、小反刍兽疫、布鲁氏菌病、结核病、棘球蚴病、马鼻疽和马传贫等。销毁的动物产品包括被动物疫病污染或可能被污染、存在动物疫病传播风险的猪肉、牛肉、羊肉、禽肉、马肉等肉类，鸡蛋等蛋类，牛奶等奶类；销毁的相关物品包括被动物疫病污染或可能被污染的、未拆包装的成品饲料。

三、养殖环节无害化处理补助

按照“谁处理补给谁”的原则，对承担养殖环节病死猪无害化处理任务的实施者给予补助。补助资金不得用于重大动物疫病扑杀畜禽、屠宰环节病死畜禽和病害畜禽产品无害化处理补助。各省（自治区、直辖市）要按照本区域无害化处理补助标准，统筹省市县资金安排，足额安排资金。要加快资金执行进度，中央和省级财政资金下达后，市县财政应在三个月内将补助资金给付到位，确保无害化处理体系有效运行。

（中国奶业协会，任永红整理）

七、科学技术

KEXUE JISHU

2021年中国奶山羊产业及科技发展情况

奶山羊产业是我国畜牧业的重要组成部分，随着羊奶消费市场的快速升温，奶山羊产业迎来了空前利好的发展机遇。奶山羊分布地域广泛，除陕西、山东两大主产区外，我国南北方如广东、云南、浙江、内蒙古、黑龙江、河南、甘肃、安徽等省份奶山羊存栏量也逐年增加。奶山羊产业中奶山羊养殖板块正经历快速转型，现代化、集约化、标准化的质量效益型适度规模经营模式迅速增加。奶山羊科技研发进展加快，吸引大量资金投向奶山羊全产业链的各个环节，乳品加工能力和产品研发水平持续提升，种类繁多、品质优良，呈现出良好的发展势头。

一、奶山羊良种引进

良种是奶山羊产业发展的根本，国外优质种羊引进后，迅速推动我国现有奶山羊品种的改良进程，提高种羊品质。据统计，2021年度总计从澳大利亚引进种羊2 286只。

2021年6月16日，富平县莫瑞斯种业科技有限公司引进萨能奶山羊199只，陕西宝泰良种繁育有限公司引进萨能奶山羊126只。

2021年6月24日，庆阳伟赫乳制品有限公司引进萨能奶山羊615只，萨能约克郡奶山羊107只，阿尔卑斯/吐根堡奶山羊23只；淅川县优源农牧科技有限责任公司引进萨能奶山羊748只；陕西宝泰良种繁育有限公司引进萨能奶山羊165只，萨能约克郡奶山羊17只，阿尔卑斯/吐根堡奶山羊286只。

二、奶山羊产业技术研发

1. 奶山羊育种技术。

（1）西北农林科技大学华进联研究团队在单细胞分辨率水平，构建了关中奶山羊精子发生阶段和体细胞的单细胞转录图谱。利用scRNAseq测序技术，首次对关中奶山羊精子发生过程进行解析。从单细胞水平对主要细胞类型进行了鉴定，首次详细阐述了关中奶山羊精子发生过程中所涉及的不同类型细胞的基因表达谱，并阐明了精子发生过程中的基因表达变化情况，揭示了青春期关中奶山羊体细胞发育情况。该研究结果可丰富人们对关中奶山羊精子发生过程的认识，为关中奶山羊育种研究提供有力的理论和技术支持。

（2）西北农林科技大学罗军研究团队发现，CDH1和PRP6基因可以通过影响胎盘滋养层细胞迁移和侵袭能力，保证胎盘分化、胎盘植入深度、胎盘充血量和充氧量进而提高母体产羔性能，为提高山羊繁殖性能提供理论依据。

2. 高效繁殖技术。

（1）西北农林科技大学胡建宏研究团队以关中奶山羊为试验对象，利用免疫组织化学染色和组织观察法解析了奶山羊雄性生殖细胞与支持细胞的发育规律，明确了雄性生殖细胞与支持细胞发育的关键时间节点，并通过单细胞测序鉴定了睾丸曲细精管的主要细胞类型，从而解析其关键分子特征，成功构建了奶山羊精子发生的单细胞转录图谱；此外利用RNA-seq测序数据注释出X染色体和Y染色体编码的关键基因，并在此基础上初步建立了一种奶山羊性控精液分选方法，为控制幼畜性别奠定了基础。

（2）西北农林科技大学动物医学院权富生研究团队建立了特异性和重复性好、灵敏度高、结果可靠的双重Taqman荧光定量PCR方法，可以定量计算奶山羊精液中X和Y精子数量，以此来检测经过分离的奶山羊精液X和Y精子的数量和比例，为性控技术的开发和生产应用提供技术支撑。

（3）西北农林科技大学孙秀柱研究团队以萨能奶山羊为试验对象，分析NAC、SLS和SDS对冷冻－解冻前后萨能奶山羊精液冷冻保存效果的影响，从而为这三类抗氧化剂在萨能奶山羊精液冷冻保存技术中的应用提供理论依据和技术支撑。研究表明，将NAC、SLS和SDS添加到羊精液冷冻稀释剂中，可以减少精子在冷冻过程中的氧化损伤，提高冷冻后精液的品质，为冷冻精液保存提供理论依据。最佳浓度：N-乙酰半胱氨酸为0.6 mg/mL，十二烷基磺酸钠为0.15 mg/mL，十二烷基硫酸钠为0.15mg/mL。

（4）西北农林科技大学罗军研究团队以100头西农萨能奶山羊为研究对象分组处理，发现PMSG200IU+FSH120IU（1 ∶ 0.6）的混合比例最适宜用在生产中奶山羊同期发情激素处理，转录组测序筛选得到与卵巢细胞发育以及激素传导相关的5个关键候选基因（*PROM1*、*EGR4*、*EPCAM*、*NR4A2*、*BTG2*），PFM2 处理组相比较 PC 组和 FC 组，通过促进 *PROM1*、*EGR4*、*EPCAM* 等与卵巢黄体细胞发育及分泌孕酮相关基因表达，抑制 *NR4A2*、*BTG2* 等阻止卵泡颗粒细胞向黄体细胞分化相关基因表达，从而使得卵巢有较多排卵点且不存在大卵泡，有利于受精和早期胚胎发育，为促进新的激素配方在繁殖中的应用提供了理论依据。

（5）西北农林科技大学孙秀柱研究团队发现，添加外源性抗氧化剂可以在精液冷冻保存过程中减少其氧化应激和降低 ROS 水平，使解冻后精子活率、质膜完整率、抗氧化水平及顶体酶类活性均得到显著提高。最佳添加浓度为：0.8 mg/mL 灵芝多糖 (GLP) 或添加浓度为 150 nmol/L 米托蒽醌甲磺酸盐 (Mito Q)。此研究为冷冻精液的保存提供了新的技术支持。

3. 饲草料与饲养管理技术。

（1）湖南农业大学张佩华研究团队发现，饲粮中添加茶多酚能降低乳中体细胞数，可以提高奶山羊的抗氧化功能，为茶多酚在奶山羊养殖中的应用提供理论依据。

（2）西北农林科技大学曹斌云研究团队发现，奶山羊日粮中添加黄芪多糖能够提高产奶性能，增强机体免疫力，其 100 mg/kg 为最适添加水平，为黄芪多糖在实践中的应用提供参考。

（3）西北农林科技大学胡建宏研究团队发现，在关中奶山羊日粮中添加杂交构树发酵饲料可提高奶山羊的采食量和产奶量；延长产奶高峰期，延缓奶山羊在泌乳盛期到泌乳中期过渡时产奶量的下降速度；降低羊奶中氨基酸的总量，提高 PUFA 的含量，改善羊奶品质。另外，饲喂杂交构树发酵饲料可提高奶山羊血清中 PRL 的含量，进而影响奶山羊的产奶量，最佳添加比例为 10%，为奶山羊饲料配方提供了新的原料思路。

（4）西北农林科技大学史怀平团队探究了亚麻酸对奶山羊泌乳性能的影响，发现精料补充料中 α－亚麻酸可以显著增加奶山羊的采食量，但对其平均日产奶量没有显著影响。试验组羊奶中乳脂、乳糖、蛋白质和总固形物的含量与对照组无显著差异，但高亚麻酸组羊奶中 DHA 含量比对照组和低亚麻酸组显著升高；奶山羊精料补充料添加亚麻酸有助于改善羊乳品质。

4. 疫病防控技术。西北农林科技大学动物医学院陈德坤研究团队通过测序、微生物相关性分析等筛选出与羊口疮病毒 (*ORFV*) 呈显著负相关且为益生性的菌属。并利用荧光定量 *PCR*、流式细胞术等分析了益生性菌属中屎肠球菌及枯草芽孢杆菌体外对山羊 *PBMCs* 免疫应答的调节差异。发现 *ORFV* 隐性携带山羊的肠道菌群在控制羊口疮的炎症病理过程中发挥了关键作用。并且抗生素处理 *ORFV* 隐性携带山羊导致肠道菌群的改变促进了 *ORF* 的爆发及病理损伤。表明抗生素对肠道的破坏促进了 *ORFV* 隐性携带山羊的疾病进程。此研究为禁止抗生素滥用提供了理论依据。

5. 羊奶产品开发及评价。

（1）陕西师范大学张富新团队通过比较山羊初乳和成熟乳中主要成分的含量，评价其对肠道菌群的影响，建立了羊乳成分与肠道菌群功能特征之间的相关性。与山羊成熟乳相比，初乳的蛋白质、脂肪、矿物质、干物质、EGF、IGF–I、LTF 和 IgG 含量显著高于山羊成熟乳，而乳糖和 cAMP 含量较低。宏基因组分析表明，成熟乳的摄入可增加益生菌乳酸菌和鼠杆菌的数量，而山羊初乳的摄入可促进益生菌乳酸菌和另枝杆菌的生长，但也可促进病原体幽门螺杆菌的生长。脂肪含量与幽门螺杆菌的丰度呈正相关。研究表明山羊初乳和成熟乳以不同的方式改变肠道微生物群落的组成和结构，从而对宿主的代谢和健康产生下游影响。

（2）陕西师范大学张富新团队研究分析了母乳、牛乳和羊乳中主要成分的含量，并使用 16S rRNA 基因的高通量测序评估了它们对小鼠肠道微生物群的影响。不同类型的乳在营养成分方面存在显著差异，这些差异可能会改变小鼠肠道微生物群的组成和功能特征。微生物多样性分析表明，母乳、牛乳、羊乳和对照组的肠道微生物群组成不同。宏基因组分析显示，母乳组中异丙戊酸杆菌和双歧杆菌的相对丰度显著增加，而牛乳组和羊乳组中异丙戊酸杆菌和阿克曼菌的相对丰度分别显著增加。牛乳中的蛋白质、矿物质和总氨基酸与阿克曼病呈正相关，与异丙戊酸杆菌、双歧杆菌呈负相关，由此表明母乳、牛乳和羊乳进入肠道时，不同类型的乳之间有足够的差异，并对肠道微生物群进行差异化修饰，这可能对微生物群的生理功能产生积极影响。

（3）陕西师范大学刘永峰团队探究了真空结合加热或冷冻浓缩方法对羊奶理化品质（pH、浊度、色值、粒度、酪蛋白二级结构和脂肪球）的影响。结果表明：25% 总固形物浓缩羊奶理化品质优于 35% 固形物浓缩羊奶，且含 25% 固形物的真空冷冻浓缩羊奶较其他浓缩羊奶品质好。

（4）陕西师范大学刘永峰团队以陕西不同地区的奶站收购的生鲜羊奶及其加工羊奶粉为试验样品，对其感官、理化和安全指标进行分析，发现陕西不同区域的生鲜羊奶和羊奶粉的质量均符合国家标准要求；生鲜羊奶与羊奶粉在蛋白质、非脂乳固体、酸度与冰点指标上，随月份呈现夏季较低、秋冬季较高的变化趋势；生鲜羊奶的质量对羊奶粉的质量起决定性作用。

（5）陕西科技大学贾玮团队联合脂质组学和代谢组学研究了发酵棕色山羊奶化学成分变化对感官质量的影响。发酵后，棕色羊奶样品中有机酸、肽和中长链脂肪酸含量显著增加，共鉴定出 108 种与感官质量相关的代谢物和 174 种脂质，杂环化合物作为美拉德反应的中间产物，改变了颜色、味道和香气，而甘油三酯含量的变化减少了异味的影响，大大改善了发酵棕色山羊奶的感官质量。为检查羊奶感官质量提供了新的方法，并深入了解了如何对羊奶的感官质量进行改进，以进一步丰富市场上的乳制品。

（6）陕西科技大学贾玮团队研究通过定量脂质组学对羊乳中的卵磷脂（PC）进行了精确描述，并通过蛋白质组学探讨了基质效应（牛、山羊和母乳）对PC代谢模式的脂肪酶催化作用。研究了闪速真空和磁场处理对PC轮廓的影响。结果发现，PC(16:0_18:1)(1365.24 μg/mL）和PC（16:0_20:2）（1 354.73 μg/mL）在羊奶中含量最高。12种新的生物活性脂肪酶：LDHB、NSDHL、ALDH3B1、DPYD、ALDH1A1、ALDOC、ENO1、ALDOA、PRDX6、XDH、ENO3和GAPDH在PC生物合成中被核定位。在0.08 5 MPa、65 ℃闪速真空和5 mT磁场条件下，C15:0、C16:0的PC升高，C6:0、C8:0降低，所表征的蛋白XDH上调约91倍。研究结果表明，不同的生物活性脂肪酶对PC的物种代谢具有理想的效果，磁场对减少PC的损失具有有益作用。

（7）西北大学黄琳娟团队通过在线亲水作用色谱－串联质谱定性和定量地比较了不同泌乳阶段山羊乳的N/O-糖基。复合N-聚糖和高甘露糖N-聚糖分别占聚糖库的82.1%和17.9%。含有非二等分天线复合物结构的N-聚糖异构体占30.8%。经Neu5Ac、Neu5Gc和岩藻糖基化修饰的N-聚糖分别为3.7%、5.3%和35.3%。首次报道了三氨酰三岩藻糖基化复合物N-聚糖（H5N5F3）。随着持续哺乳，总N-聚糖减少1.20倍，岩藻糖基化减少1.66倍，这与母乳中的趋势一致。同样，Neu5Ac和Neu5Gc修饰的唾液酸化分别减少了1.69倍和3.62倍。在O-糖基组中，46.2%的结构是O-连接的核心1，23.1%是O-连接的核心2，7.7%是O-连接的核心3和核心4。随着泌乳过程的进行，总的O-聚糖含量下降了1.26倍。与母乳不同，Neu5Ac-和Neu5Gc修饰的唾液酸化分别增加了4.4倍和2倍。这些发现将有助于研究羊奶低聚糖的结构－功能关系，并有助于开发针对不同年龄组的配方食品。

（8）东北农业大学刘宁团队以羊奶和牛奶为研究对象，基于脂质组学技术检测生奶、巴氏杀菌奶、发酵后的酸奶三个阶段样品的脂质轮廓。所有样品中共检测出27种脂质亚类包含1 607种脂质分子。结果表明，巴氏杀菌对牛奶和羊奶的脂质轮廓基本无影响，而发酵对牛奶和羊奶的脂质轮廓产生了显著变化，尤其是大幅下调了溶血型磷脂(lysophospholipids， LPL)含量，并筛选出27种和23种脂质分子可用做鉴定巴氏杀菌处理和发酵的潜在生物标志物。

（9）东北农业大学王翠娜团队采用数据独立采集定量蛋白质组学技术，对来自中国3个省份（广东、GD，内蒙古、NM，陕西、SX）的萨能山羊奶样品的乳清蛋白进行了表征和比较。在所有3个样本中，总共有550个蛋白质被定量。GD与NM，GD与SX，NM与SX分别有44、44和33种差异表达蛋白（DEP）。GO功能分析表明，3组比较中DEP数量最多的是：生物过程，对孕酮的反应、甘油醛-3-磷酸代谢过程和巨核细胞分化的负调控；分子功能，抗氧化活性、结合和过氧化物酶活性；细胞成分，相同类别的细胞外区域。3组比较的DEP途径为疾病，合成与代谢，合成、降解和代谢。蛋白质－蛋白质相互作用网络分析表明，DEP对GD和SX的相互作用最大。

（10）东北农业大学食品李柏良团队研究了不同来源酪蛋白和乳清蛋白的牛奶基、羊奶基和混合基（使用羊奶和牛奶乳清粉）婴幼儿配方奶粉（IF）的特性，旨在探究使用羊奶制备的奶粉特性。山羊奶基IF与其他IF相比具有不同的水分活度、色泽和玻璃化转变温度，但结晶度和溶解度相似。SDS-PAGE图谱显示羊奶基和混合基IF含有较高的β-酪蛋白，而牛奶基IF含有较高的αs1-酪蛋白。酪蛋白的差异影响粉末的表面组成和游离脂肪水平。山羊奶基IF可降低颗粒的表面脂肪含量和游离脂肪水平。进一步分析表明，颗粒表面主要填充饱和脂肪酸。结果表明，由于酪蛋白的不同，山羊奶基婴儿配方奶粉具有良好的特性和表面组成，颗粒稳定性较高。

（11）江南大学周鹏团队采用凝胶电泳和ESI串联质谱技术对羊奶乳清蛋白中不同还原糖在干燥状态下的糖基化进行监测。将乳清蛋白与不同的糖类(葡萄糖、果糖、半乳糖、乳糖、核糖和木糖)在摩尔比为1:2的条件下，与赖氨酸残基和糖还原端(终浓度为1mg/mL)在37 ℃，K_I溶液保持65%的相对湿度下孵育24小时。总的来说，通过QE-HF MS/MS鉴定出237个独特的糖化肽，对应于208种蛋白质中的303个位点。在己糖和乳糖诱导的乳清中，分别发现142个己糖基化位点和54个乳糖基化位点。结果发现葡萄糖和半乳糖的糖基化蛋白和多肽数量均高于其他糖类；而核糖和木糖戊糖的终产物糖化程度高于单糖和双糖基这项工作能够提供一个关于干燥状态下山羊奶乳清蛋白糖基化的全面总结。

（12）中国农业大学毛学英团队研究了羊乳和牛乳脂肪球的TAG、界面性质和消化率的差异，并对它们不同的脂质消化机制进行了阐明。生羊奶脂肪球体积较小，分子量较小，不饱和TAG较少，液体有序区域较大，糖蛋白较少，这有助于比牛奶更高的消化率。均质后的山羊乳脂质也有较高的消化率，这归因于易于消化的TAG的特殊结构和较少的糖基化分子，而不是球状结构。与其他加工乳相比，HTST（高温短时乳）乳脂肪球的磷脂层和糖基化分子更完整，导致脂质消化率更低。巴氏杀菌山羊乳和牛乳脂肪球之间消化率的差异可能分别由变性蛋白质和糖基化分子引起。因此，甘油三酯和界面特性有助于山羊和牛奶脂肪球之间的不同消化。

（13）上海理工大学迟海团队从鲜羊奶中筛选获得3株乳酸菌，以常见食源性致病菌（单增李斯特菌、金黄色葡萄球菌、蜡样芽孢杆菌）为指示菌，对其抑菌性质及益生特性进行了研究。3株乳酸菌分别鉴定为粪肠球菌（命名为DH9003和DH9012）和乳酸乳球菌（命名为DH9011），且抑菌能力强，能够耐胆盐、人工肠胃液，有良好的黏附能力，安全可控，具有益生菌特质及应用价值。

（14）南京财经大学练鸿振团队为了能够快速、灵敏、低成本、方便地对市场上的羊奶进行鉴伪，基于竞争法原理开发了牛源酪蛋白胶体金免疫层析试纸条并对其进行了评价。通过在纯羊奶中添加不同比例的牛奶，获得含有不同浓度牛源蛋白的羊奶溶液并进行免疫层析试纸条测定，结果发现基于肉眼判断羊奶掺伪定性检出限为1.2 mg/100 g，试纸条消线值为6 mg/100g，羊奶与牛奶进行煮沸和酶解处理后对检测结果没有影响。将纯牛源α－酪蛋白和β－酪蛋白分别添加到羊奶中后测定结果表明该方法无法区分α－酪蛋白和β－酪蛋白，并无法检出酶解后的α－酪蛋白和β－酪蛋白。亲和柱结合液质结果表明酪蛋白经过多种酶联合酶解后得到的大部分多肽并不能与酪蛋白抗体结合，胶体金试纸条方法也无法检测出人工合成多肽。以上研究结果表明，该试纸条方法可以测定羊奶中完整空间结构的牛源酪蛋白。

（15）齐鲁工业大学王存芳团队研究添加两种钙（天然乳钙和氯化钙）以及阳离子交换树脂脱钙对羊乳胶束酪蛋白性质的影响。添加的钙会部分迁移到胶体磷酸钙中，并且更多的钙以氯化钙的形式进入到胶束中，导致山羊奶上清液中酪蛋白、水合速率和ζ电位大幅的降低，并且与天然牛奶钙相比浊度更大。添加1.8 mmol/kg天然乳钙和5.4 mmol/kg氯化钙时，山羊酪蛋白的水合率最低。在脱钙率为35.8%时，酪蛋白胶束的解离基本完成，导致较高的水合速率和ζ电位，较低的浊度和粒径。钙的添加和去除均会显著降低酪蛋白中的α－螺旋和β－折叠含量，并导致微观结构中酪蛋白胶束性质的损失。旨在为开发钙基功能性山羊乳制品提供理论依据。

（16）齐鲁工业大学王存芳团队研究了添加乳品生物活性肽和莲子/百合粉对山羊酸奶在储存过程中风味和质量特性的影响。添加乳生物活性肽和莲子/百合粉均可缩短发酵时间，提高持水力，并抑制山羊酸奶在储存期间的后酸化。在羊奶酸奶样品中总共检测到50种挥发性风味成分，添加上述两种添加剂均能有效改善羊奶酸奶的风味和质地。莲子/百合球茎粉添加组的WHC质地性能最好，其次是单独添加乳制品活性肽组和同时添加两种活性肽组。研究发现，添加这两种添加剂有助于弥补山羊酸奶的两个缺陷：发酵时间过长和乳质过软。因此，建议在山羊酸奶中添加乳制品生物活性肽和莲子/百合粉作为营养补充剂。

（17）齐鲁工业大学王存芳团队研究比较了均质化、低温长时间（LTLT）、高温短时间（HTST）、超高温灭菌（UP）和超高温（UHT）处理对山羊奶酪蛋白（CN）热稳定性、微观结构和功能特性的影响。CN－乳清蛋白复合物在LTLT山羊奶中观察到最大的变化，在HTST山羊奶中观察到的变化最少。LTLT、UP和UHT牛奶中的CN胶束比HTST牛奶中的CN胶束变化更明显，均质化、UP和UHT处理后无规则卷曲结构显著增加。均质化对CN的功能性质有显著影响。此外，在LTLT和UHT山羊奶中观察到CN性质最明显的变化。结果表明，均质化、巴氏杀菌和超高温灭菌可有效改变山羊奶中CN的功能特性，促进其在乳品工业中的应用。

三、奶山羊产业技术推广

1. 推广技术。

（1）推广移动式机器挤奶技术。昆明龙腾乳业有限公司在云南的石林县、陆良县、泸西县等奶山羊主产区推广移动式挤奶机分户挤奶、统一收购，保证羊乳品质质量安全。

（2）果－草－羊养殖模式推广。云南省泸西县推广果树下种质黑麦草或紫花苜蓿、苕子等优质牧草，牧草和水果次品用于饲喂奶山羊，奶山羊粪便发酵后用作果树栽培的有机肥，这种果－草－羊的绿色循环模式大大提高了种养殖业的经济效益和社会效益。

（3）奶山羊综合生产性能评估技术推广。内蒙古自治区农牧业科学院奶山羊课题组赵启南博士推广“奶山羊综合生产性能评估技术”，为企业筛选优良高产种母羊700余只，优良种公羊150余只，帮助辐射区提升集约化奶山羊羊场内羊群品质与群体一致性，累计录入良种奶山羊生产性能数据4 160余条。

2. 技术培训与指导。奶山羊专业委员会成员采用不同形式进行奶山羊技术培训与服务，协助地方举办奶山羊产业技术培训会，提升奶山羊产业技术水平，有力推动了奶山羊产业的发展。

2021年7月9–10日，云南省畜牧兽医科学院、云南省畜牧总站、云南农业大学、云南羊羊好农牧发展有限公司共同举办了2021年云南省奶山羊产业发展技术管理培训班。奶山羊主产区20个州（市、县）的相关人员对各地奶山羊产业的发展情况做了汇报。10日下午，来自全省奶山羊规模养殖场、合作社及羊奶收奶站的管理人员200余人参加了培训班，培训的主要内容为云南羊奶产业发展现状及趋势、奶山羊鲜精人工授精技术、生鲜乳质量安全监管、羔羊的哺乳方式及饲养管理、奶山羊粗饲的运用及营养管理、未来羊奶的发展方向、科技助力云南奶山羊产业发展等内容。

2021年7月23–27日，中国奶业协会奶山羊专业委员组织委员调研了内蒙古奶山羊产业，调查小组有史怀平、张富新、魏安民、胡钟仁、葛武鹏等。内蒙古奶山羊产业刚冉冉升起，发展势头强劲，区内有内蒙古盛健生物科技有限责任公司、内蒙古蒙羊羊乳业有限公司、特羊牧业科技有限公司等奶山羊企业，其间与各个企业主管进行了产业技术交流；同时，与赵启南博士等畅谈产业发展形势与对策，共同探讨推进内蒙古奶山羊产业发展之路。

3. 国际交流。2021年，在中国奶业大会期间，邀请西班牙胡安·卡伯特教授远程交流奶山羊产业技术，胡安·卡伯特教授做题为Status of somatic cell count in goat milk的报告，加深了对羊奶中体细胞的认识。

2021 年，内蒙古自治区农牧业科学院奶山羊课题组赵启南博士与新西兰梅西大学 Nicolas Lopez-Villalobos 教授多次开展线上会议，针对奶山羊生产性能记录、遗传信息评估及奶山羊数量遗传学育种模型构建进行了详细交流，将为提升我国奶山羊种质水平奠定了重要理论支撑。

四、主要成绩

2021 年 3 月 15 日，中国奶业协会奶山羊专业委员会发出了“增加成员的通知”，通过在各个社交媒体、电话、微信群广泛征集，一批社会成员提交了中国奶业协会奶山羊专业委员会会员登记表，充分完成了成员征集工作。截至 2021 年，中国奶业协会奶山羊专业委员会会员 94 名，其中新增会员 40 余名（等待中国奶业协会发文）。

2021 年 9 月，阳春三月乳业有限公司年产 1.08 万 t 液态羊奶生产线项目顺利投产。

2021 年 10 月，宜品奥特种羊有限公司扩建奠基暨青岛奶山羊快速繁育中心成立。

2021 年 12 月 14 日，陕西和氏高寒川牧业有限公司东风奶山羊场和千阳县种羊场通过国家核心育种场遴选。

2021 年 12 月 17 日，曹斌云教授主持的陕西省地方标准《奶山羊养殖技术规范》正式发布。

2021 年，由荷斯坦杂志主导、史怀平教授等参编的首部《中国羊奶统计资料》已公开发行，史怀平、罗军教授共同编写的《奶山羊实用养殖技术》在西北农林科技大学出版社出版，赵启南博士编写的《奶山羊主导品种及体型外貌鉴定技术》在中国农业出版社出版。

2021 年，曹斌云教授申报陕西农业技术推广成果奖“奶山羊全产业链技术规范的集成创新与推广”荣获一等奖；史怀平教授申报的陕西农业技术推广成果奖“奶山羊健康养殖技术研究集成及推广”荣获二等奖。

2021 年，圭山奶山羊品种选育列入云南省重大科技专项项目云南地方家畜（猪、羊）种质资源开发平台建设及成果转化子项目。

2021 年，陕西师范大学刘永峰教授基于 B/S 架构及 MySQL 数据库设计并建立的羊奶粉信息管理系统，实现羊奶粉营养、安全品质监管相关信息的跨地域、跨行业、跨部门的信息共享。

五、大会记事

2021 年 3 月 26–28 日，中国奶协奶山羊专业委员会在丽江举办“2021 中国羊奶产业丽江论坛暨《中国羊奶产业统计资料》首卷本编辑交流会”。本次会议由荷斯坦传媒承办，罗军主任在线致辞。会议邀请荷斯坦杂志主编豆明、西北农林科技大学教授史怀平、云南省畜牧兽医科学院院长洪琼花、山东农业大学副教授纪志宾、陕西省乳品质量安全生产协会常务副秘书长王伟民等行业专家作主题报告。同时，与会学者、知名企业、资深专家共同商讨奶山羊产业数据梳理、收集工作，为《中国羊奶产业统计资料》出谋划策。

2021 年 5 月 13 日，新西兰奶羊产业技术研讨会在西安召开。

2021 年 7 月 16–19 日，在奶业大会期间，举办“中国羊奶产业论坛——奶山羊健康养殖与疾病防控”，中央和国家机关行业协会商会第四联合党委书记赵泽琨出席并致辞；同时邀请胡安·卡伯特教授、张乃峰研究员、焦建平高级兽医师、沈志强研究员、史怀平教授、王宝印董事长等在会上作专题报告；来自国内外多所科研院校的专家、学者、羊奶制品加工企业负责人共 100 余人汇聚一堂，集思献言，共同探讨羊奶产业健康发展之路。同时，中国奶业协会奶山羊专业委员会和荷斯坦传媒举办《中国羊奶产业统计资料》首卷本发布会。

2021 年 7 月 22–24 日，第九届中国乳业会议大会在内蒙古呼和浩特召开，受会议组委会邀请，陕西师范大学刘永峰教授作题为《基于 DNA 质量的牛羊乳掺假技术研究》主题报告。

2021 年 10 月 20 日，宜品奥特种羊有限公司扩建奠基暨青岛奶山羊快速繁育中心成立仪式在山东青岛举行，罗军教授、王建民教授等出席，会上罗军教授作题为《我国奶山羊种业现状与发展前景》的报告，王建民教授作题为《奶山羊种质特性及遗传多样性分析》的报告。

2021 年 11 月 20–21 日，由浙江大学奶业科学研究所、西北农林科技大学动物科技学院主办，国家农业（奶业）产业技术体系营养与饲料研究室、中国奶业协会奶山羊专业委员会作为支持单位，线上线下相结合召开了第三届奶畜泌乳生物学国际研讨会，国内外 20 余家单位的 900 余位同行专家和研究生参会，共同探讨奶畜泌乳关键科学问题，为振兴我国奶业贡献力量。

（史怀平 纪志宾 李卫娟 刘永峰 赵启南 许会芬 李 聪）

国家奶牛产业技术体系2020年建设情况

国家奶牛产业技术体系（以下简称“奶牛体系”）建设依托单位是中国农业大学，李胜利教授为首席科学家。“十三五”期间，奶牛体系下设33名岗位科学家（132名团队成员）、21个综合试验站（84名团队成员），综合试验站涵盖115个示范县、210个示范辐射牛场、345名技术推广骨干。

2021年是十四五开局之年，根据农业农村部部署安排，奶牛体系紧紧围绕中国奶业提质增效关键技术研究和示范、奶牛疾病精准防控及两病净化关键技术研究与示范两大产业重大关键问题进行技术攻关并全面落实推进各项工作。

一、总体情况

2021年，奶牛体系在科学研究、服务产业、行业咨询方面全面推进，引领奶业科技创新，推动产业提质增效，技术支撑政府决策。其中，取得新技术11项、新规程3项、新工艺6项、新设备7项、新产品12项、4项国家标准、6项行业标准、24项地方和团体标准、计算机软件18项、专利59项（含3项国外专利）；论文319篇，其中SCI 75篇，著作18部，获得国家级奖励1项，举办培训班201场，线下线上合计培训69 000多人次，推广主推品种4项，主推技术44项，进行各种技术咨询和应急服务87次。

二、重大关键问题技术攻关

（一）中国奶业提质增效关键技术研究和示范。

1. 奶牛分子育种技术取得突破性进展。针对我国奶牛育种基础工作薄弱、平衡育种进展慢等问题，历时10年，收集上百万条繁殖数据，初步建成繁殖性能遗传评估及基因组选择技术体系；定义了母牛和公牛繁殖力性状共24个，建立了基因组预测资源群体（8 719头母牛和3 478头公牛），挖掘了繁殖性能相关候选基因10个；基因组选择准确性达0.3的选育可用水平。重要基因功能验证取得进展：围绕长寿性状，利用模式生物系统，初步筛选并验证出衰老候选基因Tmem254及plac功能。

2. 规模化牧场提高繁殖率综合技术取得突破性进展。建立了一套适合于产后母牛的同期发情－定时输精程序（GPGMH程序）：优化了米非司酮注射剂量、注射时间和人工输精的时间，形成了适合于产后母牛的同期发情新程序，相较于GPG程序，可提高水牛配种受胎率9个百分点，降低卵巢囊肿发病率5个百分点。提出改善夏季繁殖率低的应对方案：在上述GPGMH程序基础上，日粮中添加40 mg辣椒精，提高配种受胎率20个百分点（53.6% Vs 33.3%）及日产奶量28%。

3. 奶牛饲草料资源开发与优化配置取得重要进展。饲草料开发方面，针对目前饲料资源不足的问题，2021年营养专家对葵花皮和葵花杆、辣椒秸秆、花生秧、灵芝渣、银杏叶渣、工业大麻副产物等、张杂谷等进行了饲料营养价值评定和开发利用，葵花皮CP、NDF、ADF和P含量相对较高；辣椒叶中蛋白质、脂肪、矿物质含量丰富，而辣椒秸秆中纤维含量较高；灵芝渣和银杏叶渣营养丰富，银杏叶渣CP达17%，Ca含量2.9%；工业大麻副产物具有较高的营养价值，可以作为反刍动物优质的粗蛋白和NDF来源；饲用张杂谷在初浆至盛浆生育期时营养价值高、适口性强、消化率高。以上结果为饲料资源进一步开发提供了基础数据。在饲料优化配置方面，对花生秧进行青贮研究发现，以“10 kg/t糖蜜+200 mL/t酶制剂+2 g/t乳酸菌”添加组的青贮效果最佳；将蒲公英作为添加剂时，饲喂200 g/d蒲公英可以显著改善泌乳奶牛生产性能和瘤胃发酵性能。

4. 犊牛营养调控技术取得重要进展。建立饲喂成年牛瘤胃液定向调控犊牛消化道微生物菌群技术，在哺乳犊牛进食的牛乳中添加高粗料成年牛的瘤胃液，能够定向改善犊牛的肠道微生物菌群，NDF消化率提高14.9%，ADF消化率提高17.0%，总抗氧化能力提高35.7%。建立哺乳期犊牛饲喂5-羟甲基糠醛、没食子酸、添加25羟基维生素D_3减少应激、促进犊牛生长发育技术，哺乳犊牛每头每天添加1～2 g的5-羟甲基糠醛产品可提高哺乳犊牛日增重，提高抗氧化能力和免疫力。断奶犊牛添加0.5 g/kg没食子酸可显著提高断奶前犊牛开食料采食量和平均日增重，提高犊牛抗氧化能力，降低犊牛腹泻。新生犊牛牛奶中添加高剂量（12000IU/头/天）25羟基维生素D_3可使犊牛腹泻发生率降低25%。

5. 床场一体化粪污处理技术获得2021年年度农业农村部重大引领性技术。完善并推广床场一体化养牛技术体系，从挡粪墙设计、牛舍高度、运动场顶棚等方面，设计了分别适合于奶牛、肉牛和水牛的牛舍，开发了可升降牛料槽、水槽以及自动化给料系统，开发了牛粪异位发酵菌剂、牛粪无害化处理技术和垫料化利用技术，集成了该饲养模式下配套的饲养管理体系和粪污处理体系；该技术体系可节省新建牛场投资成本约25%，以及牛场运行成本（2 800元/头年），并使牛舍污水零排放，无异味；床场一体化养牛技术通过湖北省技术交易所的评价，成果技术水平达到国际领先，并获2021年度农业农村部重大引领性技术。

6. 围产期奶牛营养调控技术取得重要进展。阐明过瘤胃烟酸对围产期奶牛的调控机理：围产期奶牛过瘤胃烟酸的合适添加量为20 g/d，可以增加奶牛围产后期的DMI和产奶量；在围产前期，过瘤胃烟酸主要降低了脂肪组织炎症反应和胞外基质受体相互作用。在围产后期，过瘤胃烟酸上调脂肪组织中参与脂质合成的*CYP2B6*基因和编码紧密连接蛋白的*CLDN1*基因，下调编码脂滴蛋白的*PLIN5*基因及内质网组成成分（*BRINP2*）和细胞外泌体组成成分（*QPCT*和*PAPPA2*）相关的基因。阐明丙酸调控围产后期奶牛脂肪动员机制：围产后期奶牛饲喂丙酸可增加采食量和产奶量，通过调控GPR41-cAMP-PKA-HSL轴信号通路关键分子表达量，减少围产后期奶牛脂肪动员。添加丙酸能提升奶牛肝细胞糖异生关键基因丙酮酸羧化酶(PC)和磷酸烯醇式丙酮酸羧激酶2（PCK2）表达量，同时促进肝细胞葡萄糖的产生。在肝细胞中过表达*GPR41*基因，显著减少肝细胞葡萄糖的生成。

7. 营养代谢病研究取得重要进展。采用瘤胃灌注技术和荧光定量PCR、Western blot等分子生物学技术研究亚急性瘤胃酸中毒（SARA）。研究表明，SARA改变瘤胃上皮对VFA产生速率、流通速率、吸收速率以及吸收率，其机制可能与SARA显著上调瘤胃上皮VFA吸收基因*NHE1*、*NHE3*、*MCT-1*和*DRA*基因mRNA表达量，对调节瘤胃pH以及促进瘤胃上皮对吸收有重要作用有关。

8. 揭示了奶牛冷热应激时代谢规律变化。明确了冷热应激时物质代谢规律。夏季奶牛的营养物质消化率降低；氮代谢呈现出夏、冬季节低于春、秋季节的特点，夏季氮磷的排放明显少于其他季节；冬季奶牛血液中的糖类及脂质的代谢明显增强。夏季奶牛瘤胃内NH3-N浓度升高，各VFA浓度降低。揭示了热应激时乳腺代谢的变化机制：发现热应激可显著降低采食量、产奶量、乳脂产量、乳蛋白产量、乳糖产量、乳中尿素氮浓度和饲喂效率。短期热应激组中多个差异miRNA参与了免疫炎症调控过程，短期热应激调控网络中，ceRNA调控了与细胞凋亡相关的*TGFBR2*基因表达，而长期热应激调控中形成了乳蛋白和乳糖代谢相关ceRNA调控网络。

9. 安全优质生鲜乳生产和环境控制技术。在生鲜乳质量安全控制方面，构建了乳及乳制品中69种脂肪酸的通量检测方法，比现有国标的37种脂肪酸检测方法多32种；建立了荷斯坦奶牛、娟姗奶牛、水牛、牦牛、山羊、骆驼、驴和人等8种哺乳动物奶的脂肪酸特征，为不同动物乳的营养分析和品质评价提供了依据。针对我国奶业存在风险评估基础数据缺失、安全控制技术薄弱、质量提升技术落后等重大技术难题，成功构建了“奶产品质量安全风险评估与营养品质评价数据库平台”；针对我国奶及奶制品质量提升技术落后的难题，研究攻克了优质生乳、绿色工艺、品质评价3项技术瓶颈，成果获得2021年国家科学技术进步奖二等奖。

在智能化装备方面，突破了非接触式可离线身份注册的奶牛个体身份识别技术框架，当有新入场奶牛时，只需对其进行拍照和注册，即可快速利用该框架进行个体身份识别。当前算法在对374头荷斯坦奶牛背部图像进行身份识别时，精度达到99.73%。基于该算法提出了适于犊牛岛的“带地窗的犊牛岛设计方法”“犊牛舍夏季纤维风管正压送风系统设计方法”，改善了犊牛的生活环境，降低了犊牛的发病率。

在智慧牧场建设方面，随着国内奶牛场养殖成本的不断上涨，越来越多的牧场通过数字化、智能化、信息化技术来提高人员工作效率与牧场管理水平。三元综合试验站在智慧牧场方面进行了积极探索，生产效率大幅提升。①开发了奶牛智能管理系统，首次实现集物联网、云计算和数据挖掘为一体的数智化管理系统，实现了牧场数据的标准化录入、实时上传、自动统计、自动预警，牧场运营效率大幅提升，生产数据准确性得到有效保障。②自主开展了智能化精准饲喂系统的创新研发，借助于安装在车辆上的机器视觉传感器和北斗卫星双定位系统通过5G的高速网络的实时数据回传到数据平台，该技术已达国内领先水平，保证了牧场饲喂数据的实时储存、快速传输、精准分析和及时反馈，从真正意义上实现了牧场饲料配制饲喂全程的数字化和智能化管理，每年可实现节省饲料成本和产奶量提升产生的经济效益，总计达6 142.3万元。③开发智能化精准喷淋降温系统，实行喷淋风扇的自动控制，减少人为控制的随意性和水资源及用电量的浪费，确保了喷淋风扇系统的降温效果，实现了全天候的运行和牛只精准降温，有效控制因热应激给奶牛生产带来的严重损失，同时实现节能减排的效果，为奶牛抗热应激研究提供科学的数据保障。智能精准节水降温系统使热应激期间泌乳牛群的产奶量提高2.65 kg/d以上，降奶幅度减少高达13.64%，与人工控制风扇喷淋系统相比节水42.86%，每头牛每天节水150 L，降低蹄病发病率5.93%。除此之外，挤奶智能化设备、TMR车与其各项营养素的及时检测及剩料称重的一体化、疾病预警技术的开发，养殖环境监测技术体系的建设等都是智慧牧场的建设内容。

10. 乳制品加工技术国产化策略研究。扩充亚洲最大乳酸菌库菌株达到3万余株：2021年度，从巴基斯坦、荷兰、埃及、沙特阿拉伯、马来西亚及我国内蒙古、云南、贵州等地采集自然发酵乳及其他发酵食品共计1 091份，从中分离保藏乳酸菌6 426株，使内蒙古自治区农业微生物种质资源库中保藏的乳酸菌数量达到30 641株，建成了亚洲最大的乳酸菌菌种资源库。

研发新型奶豆腐：遵循奶豆腐的传统制作工艺，采用酸凝或乳酸菌发酵代替自然发酵，缩短了奶豆腐的发酵时间，有效控制了有害微生物，改善了奶豆腐的口感、风味，提升了奶豆腐的品质。

（二）奶牛疾病精准防控及两病净化关键技术研究与示范

1. “两病”净化工作有序推进。在全国12个省开展奶牛场“两病”流行病学调查与监测，检测样本22 000多个，布鲁氏菌病场群血清学阳性率达30.0%，牛结核病γ干扰素体外检测法场群阳性率为60.9%，超过30%的养殖场环境拭子两病核酸呈阳性，“两病”感染情况形势严峻。研制出“布鲁氏菌（A19株）基因组DNA标准物质”等3种，开发了检测动物布鲁氏菌病（牛种、羊种、猪种、犬种）的通用快速检测方法和牛结核病的快速检测方法，制备了布鲁氏菌光滑型脂多糖（S-LPS）、粗糙型脂多糖、外膜蛋白融合抗原（Fusion14）和膜蛋白YA抗原，联合完成“布鲁氏菌粗糙型疫苗”的国家新兽药申报。拟定了《奶牛养殖场“两病”防控生物安全体系》草案，优化布病、结核病防控与净化技术方案，并在现代农业产业技术体系试验站进行推广；协助农业农村部制定奶牛无疫小区标准和有关方案，推动布病净化场和无疫小区的建设与评估工作；通过净化模式的推广，2021年创建布病净化牛场2个，其中1个通过省级示范验收，创建结核病净化牛场1个；创建布病无疫小区1个。

2. 奶牛疫病与牛奶化学风险物质检测技术国产化程度进展明显。进一步改进牛冠状病毒、牛疱疹病毒Ⅳ型、牛轮状病毒等多种病原的核酸诊断技术和致犊牛腹泻大肠杆菌的分型检测方法，合作开发了犊牛呼吸道多联检测方法，建立了奶牛呼吸道病毒四重（IBRV、BAdV3、BPIV3、BRSV）荧光定量PCR检测方法，实现对实时病例病原学的精确诊断，减少对国外试剂盒的依赖。制备出了高亲和力黄曲霉毒素M_1、硝呋索尔、鼠得克等的鼠源/驼源单克隆抗体6种，合成了金属有机材料探针1种，建立了牛奶中β-内酰胺类抗生素的夹心免疫分析方法、磺胺类药物的化学发光共振能量转移免疫分析方法和阿苯达唑及其代谢物的酶联免疫吸附分析方法3项；与产业化基地合作，开发了黄曲霉毒素M_1快检试纸条产品1种，并在伊利、三元等企业进行了推广应用。

3. 奶牛重要疾病诊断、预警技术研发持续推进。确定了犊牛湿热泄泻的辩证标准，明确了湿热泄泻证患牛在代谢组和微生物菌群上的变化，为犊牛湿热泄泻临床辨证的现代诊断提供依据；通过在不同集约化程度、不同奶产量、不同地区、不同季节的养殖场，跟踪采集奶牛血液、乳汁、尿液等样品，筛选敏感性指标，开发了围产期奶牛能量代谢负平衡性疾病、产后奶牛低钙血症、奶牛亚急性瘤胃酸中毒的早期预警系统。获得了2021年度奶牛乳房炎病原谱及耐药数据，更新了奶牛乳房炎用药专家系统数据库。在黑龙江、辽宁、内蒙古、山东等15个省份、32家牧场应用。解决了奶牛主要群发疾病早期预警难和企业操作难的问题。

4. 奶牛疾病安全高效防治用药及生产技术研究进展良好。研制出靶向奶牛乳腺上皮细胞表皮生长因子（EGFR）的脂质纳米型乳房灌注剂2种，防治犊牛肺炎药物“连翘消痈汤”，防治牛结节性皮肤病药物“十味败毒饮”，防治犊牛腹泻药物“黄白健脾口服液”，为高效防治奶牛疾病提供新方案。开发的牛支原体双佐剂疫苗已完成临床申报前的全部研究工作，201佐剂和206佐剂牛支原体灭活疫苗完成了免疫后攻毒试验。制定“奶牛瘤胃酸中毒诊断、群体风险预警及治疗技术（HYB-20289）”农业农村部行业标准，为规模化养殖企业代谢病防控提供了法定参考，解决了奶牛瘤胃酸中毒群防群控难的问题。通过集成实验室检测技术、临床疫病防控技术的不断改进和优化，形成“奶牛疫病综合防控技术”，并且成为2021年度山东省主推技术，“牛三种重要传染病防控关键技术研发与示范应用”获得山东省科学技术进步奖一等奖，支撑了奶牛健康养殖产业发展。

三、服务县域经济

1. 提升生产技术水平。2021年，为进一步提升草原酸奶产品品质，内蒙古兰格格乳业联合奶牛体系开展了不同领域的科技合作。开展酸奶中“卡脖子”的菌种采集、培养、分离、筛选、鉴定等基础研究，借助自治区以及乌兰察布市出台的科技项目，包括“科技兴蒙”“揭榜挂帅”等专项，推动企业创新能力。与张和平团队联合研发出的一款发酵乳新产品——960g草原益生菌酸奶。项目组将益生菌干酪乳杆菌和乳双歧杆菌V9应用于发酵乳的生产过程中，开发出一款发酵乳新产品，即960草原益生菌酸奶。产品上市后，赢得广大消费者的欢迎，截至2021年12月，本年度销售额达到2 078.6万元。此外，2021年企业完成设备自动化、信息化方面的改造提升，完成全部产能提升改造，具备日处理鲜奶300t的生产能力；企业获得了“两化融合”示范企业。

2. 提升产业发展能力。推动净土乳业成为西藏首个获得“中国学生饮用奶”标志使用许可的企业，学生奶走进了西藏拉萨城关区区属82所中小学，6万多名学生喝上了本土的学生奶，加工厂的加工量从4t提升到30t，带动了拉萨奶业的发展壮大。学生奶牛奶源基地的认证，提升了奶牛养殖基地的养殖水平和奶源安全保障水平，整体提升了拉萨市奶牛产业的技术水准。

3. 提升品牌市场竞争力。乌兰察布集宁区，乌兰察布持续开展中国草原酸奶大会，铸造草原酸奶品牌，提升中国草原酸奶之都的知名度。组织企业参与内蒙古绿色农畜产品博览会等活动，通过电视、广播、网络等途径开展专题宣传，持续扩大品牌影响力。

拉萨城关区，推动蒙牛与西藏净土乳业共同制定了“联合品牌”发展策略，蒙牛集团及旗下蒙牛未来星学生奶与西藏净土乳业将展开学生饮用奶合作计划，共同推出学生奶联合品牌，共同助力西藏少年儿童健康成长。与此同时，合作开发的学生奶与北京市通州区部分小学建立了合作关系，增加了净土乳业的销售渠道和销售收入。

四、应急与咨询服务

1. 政策咨询和服务。2021 年积极参与农业农村部举行的各种行业形势分析会议，配合农业农村部完成各种调研活动，向行业主管部门提供国内饲料资源利用情况、奶牛养殖情况、奶业发展现状和趋势以及国际贸易情况，为主管领导了解国内和国际奶业动态，把握全国局势提供了第一手资料和数据，深受领导好评。同时，奶牛体系办公室每月都整理分析奶业发展动态，增加了领导及公众对当前我国奶业形势的了解，加大了奶牛体系的宣传力度。

2021 年完成《世界奶业发展报告》（计划 2022 年 2 月出版）、《点石成金——奶牛金钥匙技术手册》（2021 已出版）、《奶牛养殖接本增效典型案例》（2021 已出版）、《全国奶牛群体遗传改良计划（2021-2035 年）》《中国奶业品牌建设报告》《关于中国奶源自给率的研究》《中国饲料粮供给安全研究》《奶牛养殖业概况》《中国奶业“十四五”战略发展专题报告——奶业经济篇》《中国奶业“十四五”战略发展专题报告——饲料篇》《畜禽粪便资源化利用的模式、问题与对策》《关于加强 2022 年奶及奶制品质量安全监测的建议》《卡介苗预防牛结核病应用情况的调查报告》《关于有关国际组织和国家安全屠宰利用两病感染及暴露动物的政策研究报告》《人兽共患病国际形势和防控策略》等。

2. 应急性工作。

（1）河南水灾对奶业产业链各环节的影响和建议。2021 年 7 月的河南水灾不仅造成重大人员伤亡和财产损失，同时影响了奶牛场的正常运营和生产。针对该情况，体系办组织河南岗位科学家紧急进行了调研和指导。摸清和掌握了奶牛场在此次大暴雨中的受灾情况，对奶牛行业受灾范围特点进行了分析，介绍了暴雨天气对奶牛生产的影响并且进行了评估，统计了暴雨天气养殖场户受损情况，并且给出了暴雨之后奶牛业减灾应对措施。组织了奶牛养殖场抗击洪灾专题讲座，内容涉及灾后生产恢复以及汛期防疫问题。通过远程视频讲座，使河南省灾区奶牛场 60 余人在线学习了恢复生产和防控疫病的有关知识。

（2）其他应急。2021 年，根据科教司部属，安排体系专家围绕奶牛养殖各环节编写完成《奶牛养殖防灾减灾技术手册》并下发所有岗站学习，用以应急事件指导。

岗位科学家和站长根据专业所长和服务区域所需要，发挥专业优势，积极应对各个奶业突发事件，服务行业。2021 年 11 月，黑龙江省暴雪之后，黑龙江地区岗位专家和站长深入北安三个规模化牧场开展应急性技术指导和培训工作，提出了低温暴雪时的奶牛养殖饲养管理应对措施。2021 年，针对炭疽病感染致死、产气荚膜梭菌感染、IBRV 和 LSDV 感染等突发疾病，疾病功能研究室奔赴全国各地，通过牛场临诊、现场解剖、实验室诊断、治疗结合预防手段，为牛场挽回经济损失做出了重要贡献。

五、对接服务企业工作亮点

2021 年，奶牛体系全面贯彻落实体系任务书，继续深入推进农业科技快速进村、入养殖场，采取现场指导、技术示范、座谈走访、小型培训以及大型培训班等多形式、多样化的培训方式，开展了奶牛场高级人才研修班、“金钥匙”现场示范会、奶牛金钥匙公益讲堂等培训活动。奶牛体系的 33 位岗位科学家和 21 个综合试验站 2021 年共计举办培训班 201 场，线下线上合计培训 69 000 多人次。

1. 依托奶牛“金钥匙”平台，对大型养殖企业进行现场“问诊”。2009 年由农业部奶业管理办公室和国家奶牛产业技术体系联合创建了奶牛“金钥匙”技术示范现场会。“金钥匙”以产业和技术需求为导向，通过政－产－学（研）－推的推广模式，推出适应不同学习对象的特色鲜明的四个推广培训模块，包括现场检测诊断示范、昼会技术报告、晚会技术沙龙、答疑解惑等内容。

2021 年采取“线下金钥匙现场示范会＋线上金钥匙公益讲堂”相结合的模式，线下服务让专家有更多的时间沉到牧场，通过“望、闻、问、切”诊断各种类型的问题和根源，提出切实可行、有针对性、令其信服的解决方案；线上培训的形式避免了人员聚集，且受众面广，可以让更多的从业人员足不出户了解奶牛科学养殖技术。2021 年线下金钥匙现场会共举办 8 期（累计 133 期），走访牧场 16 个，答疑解惑 200 多个问题；2020 年 3 月启动“奶牛金钥匙点石成金公益讲堂”直播，2021 年直播课程 26 期，直播时长达 3 500 分钟，在线观看人数达 9.5 万余人次；累计直播课程 64 期，直播时长达 8 500 分钟，在线观看人数达 22 万余人次。

2. 为企业提供定制化跟踪服务。针对规模养殖企业集团技术需求，选派技术团队开展为期两到三天的专项牛场诊断评估，出具评估报告，就双方关心的技术问题开展科研验证试验，后续持续跟踪问题解决和技术提升情况，解决大牧场生产成本较高、持续亏损等难题。2021 年对接了现代牧业、燕塘乳业、天润乳业、呼图壁、得益乳业、圣牧高科、完达山、石埠乳业等奶牛生产企业。全年服务 20 场次，被服务企业单产每年提升 300 kg 以上，养殖效益明显提升。

3. 通过“现代奶牛场高级人才研修班”，实现牛场人员再教育。为解决奶牛场人才短缺的现实问题，2012 年国家奶牛产业技术体系奶牛“金钥匙”技术专家团队创办的现代奶牛场高级人才研修班。按照“理论学习–牧场实践–案例教学–结业考核”模块式培训方式，已连续9年为中国奶业培养了职业场长和实用技术人才。2021年与蒙牛合作，举办一期“奶牛场高级人才研修班”线上培训，同步通过奶牛金钥匙公益讲堂公开网络直播，吸引业内近3万多人观看。

4. 产业化应用，提升企业品牌。对接服务企业蒙牛乳业（集团）股份有限公司，在与企业共同成立乳酸菌联合创新实验室基础上，2021年度围绕乳酸菌菌株遗传、生理特性、功能开发验证等领域持续发掘合作潜力。本年度联合开发了含PC01的益生菌复合制剂，并在治疗幽门螺杆菌感染的临床试验中取得了显著效果。对接服务企业宁夏塞尚乳业有限公司，持续提供奶油、MPC产品及厚乳产品加工及应用技术支持，推动企业提质增效，带动宁夏地区乳制品加工高技术进步。目前，塞尚“欧必客”品牌厚乳，稀奶油系列产品已成为国内乳品配料知名品牌，供货星巴克、瑞幸、喜茶等多家知名企业。稀奶油产品全国市场占有率12%，排名第二，仅次于雀巢；MPC产品全国市场占有率20%，排名第一；稀奶油和MPC两种产品宁夏地区市场占有率均为100%。有力推动宁夏奶业经济提升，带动奶农增产增收。“优质乳工程”服务于25个省份、61家乳制品企业，培育优质乳品牌，在全国的乳制品企业发挥了技术引领—标准引领—品质引领—品牌引领的作用。优质乳工程被卫健委列入2021年度国民营养计划重点工作。

5. 专业化服务，减少企业经济损失。疾病防控研究室岗位科学家分别与燎原乳业、伊利集团、三元集团、甘肃庄园乳业、天润乳业股份有限公司、威海嘉盛乳业有限公司、双城雀巢有限公司奶牛养殖培训中心等紧密对接，为企业提供DHI测定、饲料毒素检测、中兽医药防控、自动化兽药残留快速检测技术及系统、两病净化等技术服务，科学化指导疾病防控与治疗，为企业减少经济损失提供了重要技术支撑。例如，针对大型乳企生乳样品基质中黄曲霉毒素M_1、beta内酰胺类抗生素、农药残留等快速检测需求，配套研发自动化多因子快速检测系统，其中可在30分钟内完成12项农药残留检测靶标的检测，显著提升了检测质量及效率。与某牧场合作示范奶牛酮病、低血钙早期预警监测技术体系，对牧场奶牛进行酮病抽样早期监测评估，指导牧场建立产后3天内营养补充的疾病防控策略，显著降低了牛群发病率达10%以上，牛群病淘率降低5%。

6. “本土化”牛粪再生垫料技术有效实现牧场粪污资源化。持续开展了“本土化”牛粪再生垫料技术的研究，先后与奥地利BRU中国代理、上海牛奶集团金禾再生资源、天津神驰牧业、内蒙古优然牧业等企业联合，研发出了“奶牛卧床垫料再生设备”国产化设备，并实现了产业化应用，形成的“一分一挤二级分离”好氧滚筒发酵处理工艺，确保了垫料品质的稳定性和安全性。已在新疆、内蒙古、黑龙江、河北、四川、辽宁、云南、甘肃、江苏等省份推广成套设备107台（套），实现日处理粪便2 000t，生产垫料4000m^3，可供10万头奶牛使用，在业界创出了品牌，为实施粪污资源化低碳高效利用起到了很好的示范作用。目前，该成果已被列入农业农村部粪污治理主推技术。

7. 岗站合力，推动奶农办加工发展。响应农业农村部号召，王雅春教授与体系多位岗位科学家共同努力，凝练了恒利–爱尔的奶农发展乳制品加工创新模式，凝练了6个创新点：①围绕乳肉兼用牛的生产主线，综合各专业科技力量提高效益，对接市场双轨获利；②延长产业链实现产加销一体化，挖掘优质原奶经济潜力，筑建增加利润空间新模式；③践行“零添加”，形成优质“鲜”奶制品自然、纯粹、健康的品牌文化壁垒；④笃定年轻人对现代乳制品的定位，走出养牛人的认识误区，奶吧管理向大企业看齐；⑤不忘初心、感恩社会，爱尔公益温暖消费者、凝聚从业者；⑥利用在地优势，与“伙伴”企业合作共赢织造销售网，高效传递便利服务与健康理念。

六、宣传报道

1. 定期发行奶业知识和形势分析，加强宣传。奶业经济研究室定期编辑和发行《中国奶业经济月刊》（12期）、《中国奶业贸易月刊》（12期）、《国际奶业市场动态周报（双周）（24期）、《中国奶业经济调查研究》，主要收集国内外奶业生产、加工及行业发展动态、奶业国际贸易、相关政策和趋势等信息，目前已成为农业农村部、各奶业优势省区主管领导、企业家和学者了解我国奶业和国际奶业发展、贸易情况的案头参考资料，受到政府、协会、企业的广泛赞誉，电子版发行量逐期增加。

2. 通过网络、微信、纸媒、电视节目进行宣传。一方面，利用电视纸媒等传统媒体进行体系培训等报道；另一方面，2021年通过奶牛“金钥匙”公益讲堂、奶牛产业技术网、黑龙江省奶业协会、奶牛常见病等微信公众号或者直播号宣传奶业养殖技术和前沿科技；再一方面，通过行业主流媒体，像农民日报、经济日报、央广网等报告体系成果。比如，为全力推进奶牛种业建设，与中国奶业协会育种专业委员会协同，2021年7月成功举办中国奶牛种业高质量发展推进会，会议由中国网、新华网、中国奶业协会官微、中国农业大学官网等媒体进行了广泛深度的报道。2021年11月，针对当前我国奶业发展出现的高端化倾向，刘长全在《经济日报》发文《不宜过度追求奶业高端化》，文章指出，面向广大消费者提供价格亲民、营养又安全的优质乳制品仍是我国奶业的一个重要任务。基于该文的微博话题总阅读量超过5 900万次，在政府主管部门及行业均产生了较大影响。

奶牛体系建设依托单位是中国农业大学，李胜利教授为首席科学家。奶牛体系岗位的设置综合考虑了成员研究领域、知识层次、年龄结构以及奶牛场示范辐射效应，基本保证了我国奶业研究的主要大学和科研单位都有岗位科学家，优势产区设有试验站的布局，为构建国家奶牛科研与推广的产业技术体系打下了坚实基础。其主要机构及组成情况如下。

（1）奶牛产业技术研发中心由6个功能研究室组成。每个功能研究室设研究室主任1名和岗位成员若干。遗传改良研究室（7名）、营养与饲料研究室（9名）、疾病防控研究室（7名）、生产与环境控制研究室（5名）、加工研究室（4名）、产业经济研究室（1名），共计33名岗位科学家和132名团队成员（表1）。

（2）奶牛产业技术研发中心下设21个综合试验站，每个综合试验站设站长1名（84名团队成员）。综合试验站涵盖115个示范县、210个示范辐射牛场、345名技术推广骨干（表2）。

（3）体系还设立了由体系首席科学家、岗位科学家和试验站站长代表共13人组成的执行专家组，以及由知名专家组成的咨询专家组（4人）和首席科学家办公室（6人）。

（国家奶牛产业技术体系首席科学家办公室，李胜利 姚 琨 夏建民 曹志军 都 文）

表1 2021年度国家奶牛产业技术体系人员名单

首席科学家：李胜利

国家奶牛产业技术研发中心人员：曹志军、杨敦启、王雅晶、姚琨、夏建民、都文

岗位科学家

研究室名称	岗位专家	岗位名称	所在单位
营养与饲料研究室	王中华（主任）	饲料安全监测	山东农业大学
	刘红云	泌乳生理与调控	浙江大学
	李胜利	泌乳牛饲养管理	中国农业大学
	高艳霞	营养需求与饲养标准	河北农业大学
	高　民	粗饲料资源开发与利用	内蒙古自治区农牧业科学院
	张永根	饲料营养价值评定	东北农业大学
	高腾云	奶牛环境营养	河南农业大学
	蒋永清	后备牛饲养管理	浙江省农业科学院
	赵国琦	饲料配制与工艺	扬州大学
疾病防控研究室	李建喜（主任）	传统中兽医兽药防治	中国农业科学院兰州畜牧与兽药研究所
	高明春	病毒性传染病防控	东北农业大学
	范伟兴	细菌性传染病防控	中国动物卫生与流行病学中心
	吴文学	奶牛场生物安全与综合防控	中国农业大学
	杨宏军	繁殖病防控	山东省农业科学院奶牛研究中心
	沈建忠	兽药残留检测	中国农业大学
	徐　闯	常见病研究与诊疗	黑龙江八一农垦大学
生产与环境控制研究室	王加启（主任）	生鲜乳质量控制与安全检测	中国农业科学院北京畜牧兽医研究所
	施正香	牛舍设计与养殖装备	中国农业大学
	陶秀萍	环境控制与奶牛福利	中国农业科学院都市农业研究所
	韩鲁佳	粪污处理与利用（肥料化）	中国农业大学
	沈维政	智能化养殖	沈阳农业大学
遗传改良研究室	王雅春（主任）	育种规划与核心群建立	中国农业大学
	张　毅（代）	后裔测定与遗传评估	中国农业大学
	孟庆勇	育种技术与方法	中国农业大学
	史远刚	奶牛品种资源评价	宁夏大学
	杨利国	繁殖技术	华中农业大学
	朱化彬	胚胎工程	中国农科院畜牧所
	仲跻峰	良种扩繁与生产技术	山东农科院
加工研究室	张和平（主任）	乳酸菌及发酵乳加工	内蒙古农业大学
	张列兵	乳粉及液态奶加工	中国农业大学
	李盛钰	干酪加工	吉林省农业科学院农产品加工研究所
	郑　楠	质量安全与营养品质评价	中国农业科学院北京畜牧兽医研究所
产业经济研究室	刘长全（主任）	产业经济	中国社会科学院农村发展研究所

表2　综合试验站

试验站名称	站长	所在省份	所在单位
哈尔滨综合试验站	张维银	黑龙江	黑龙江省奶业协会
齐齐哈尔综合试验站	王永信	黑龙江	黑龙江克东瑞信达原生态牧业股份有限公司
鞍山综合试验站	谢振全	辽　宁	鞍山市恒利奶牛场
保定综合试验站	孙凤莉	河　北	河北省畜牧兽医研究所
石家庄综合试验站	张新同	河　北	河北省农林科学院
济南综合试验站	赵　鲲	山　东	济南佳宝乳业有限公司
大同综合试验站	马　腾	山　西	牧同科技股份有限公司
呼图壁综合试验站	葛建军	新　疆	新疆呼图壁种牛场有限公司
克拉玛依综合试验站	邹阿玲	新　疆	克拉玛依绿成农业开发有限责任公司
西安综合试验站	党东河	陕　西	西安现代农业综合开发总公司
银川综合试验站	赵国丽	宁　夏	宁夏现代牛业工程技术研究中心
三元综合试验站	李锡智	北　京	北京首农畜牧发展有限公司
延庆综合试验站	任师喜	北　京	北京市归原农业生态有限公司
北辰综合试验站	于　静	天　津	天津梦得集团有限公司
武清综合试验站	贾春涛	天　津	天津市武清区海林养殖场
上海综合试验站	袁耀明	上　海	光明牧业有限公司
伊利综合试验站	韩吉雨	内蒙古	内蒙古伊利实业集团股份有限公司
哈尔滨农垦综合试验站	甘文平	黑龙江	黑龙江省农垦科学院畜牧兽医研究所
大理综合试验站	张克强	云　南	农业部环境保护科研监测所
拉萨综合试验站	尼玛穷达	西　藏	西藏自治区拉萨市城关区净土农业发展有限公司
马鞍山综合试验站	刘玉承	安　徽	现代牧业（集团）有限公司

2021 年中国奶水牛产业及科技发展概况

中国为世界第三水牛大国，仅次于印度和巴基斯坦，2021 年，水牛存栏 2 722.34 万头（FAO.2020），占世界水牛总数的 13.38%。中国本地水牛为沼泽型水牛，主要分布在南方的 18 个省份，在相当长的历史时期内为我国的农业生产做出了重要贡献。但随着农业现代化水平的提高，水牛作为役畜的利用价值逐步弱化。为了充分挖掘水牛的潜力和价值，让这一重要的大型畜种在新时代继续造福人民，我国从 20 世纪 50 年代开始从国外引进优秀的河流型乳用水牛品种，对本地水牛进行杂交改良，提高其乳用性能和经济潜力。至此，我国水牛逐步向乳肉兼用型畜种转变，并带动了饲料生产、良种培育、奶水牛饲养、水牛奶收购、冷链贮运、特色乳制品加工等环节的同步推进，上游和下游都有丰富的产业群，形成了一二三产业联动发展的独具区域特色的奶水牛产业，对盘活资源、调整农村和农业经济结构、增加农民收入、引导人们消费及改善人民生活水平具有积极作用。

一、奶水牛产业发展

（一）政府关注和政策支持。农业农村部已给予奶水牛“三农”奶类提质增效补短板项目 17 个，共资助 3 600 多万元。同时，积极发展奶牛家庭农场和奶农合作社项目，大多数项目正在推进实施中。广西政府把奶水牛产业发展列入了“十四五”发展规划，并安排广西“十四五”创新驱动重大专项“广西奶水牛‘十万百亿’重大技术攻关与产业化示范”，财政资金 2 200 万元。出台的政策鼓励措施还有《广西支持水牛奶业发展若干措施》《关于对 2021 年新建扩建肉牛肉羊（奶水牛）生态养殖示范场予以奖励的通知》，为发展奶水牛提供了有力的政策支持。

（二）主要产区及养殖情况。我国奶水牛产区集中分布在广西、云南、广东、湖北、福建等地，此外，浙江、四川、湖南、贵州等省份奶水牛存栏量也在逐年增加。2021 年中国奶水牛的存栏量近 10 万头，其中能繁母牛约为 4.2 万头，用于加工的水牛鲜奶总产量约为 5 万 t，占全国鲜奶产量约 0.2%。与此同时，奶水牛产业正在从传统的散户粗放的养殖模式逐渐向养殖现代化、饲养标准化、品种良种化、防疫规范化的适度规模模式转换。

（三）市场发展及经济效益。2021 年后疫情时代，人民更加注重健康消费，对优质奶制品的需求和认可程度大大提升，市场上传统特色与创新创意产品不断涌现，国民正在从“有奶喝”向“喝好奶”转变。而水牛奶素来享有“奶中精品”的美称，综合营养价值是普通牛奶的 1.85 倍，且生物活性肽、共轭亚油酸、神经苷节脂、低聚戊糖等含量丰富，尤其免疫球蛋白含量高于黄牛奶 10 倍，是开发高端营养食品的优质原料。水牛奶产品因其特色口感、营养价值、产地、稀缺等特点广受消费者追捧，奶水牛产业迎来了空前利好的发展机遇。其中广西作为产业发展的引领，2021 年水牛奶加工产值达近 50 亿元，保持持续增长。北京、上海、贵州、湖南等投资基金和相关企业都纷纷聚焦水牛奶市场，寻找优质奶源。奶源的紧缺，促使生鲜水牛乳的收购价上涨到 10~13 元 /kg，一头产奶水牛，农户可获得直接经济收益 2 万 ~2.5 万元，进一步刺激奶水牛养殖规模扩大，家庭农场养殖存栏已从最初的 1~2 头发展到 10~50 头的规模，家庭年收益可达 15 万 ~60 万元。

（四）奶水牛加工企业发展。全国主要从事水牛奶加工的企业有 20 多家，其中全国奶业 D20 成员标杆企业——皇氏集团，充分发挥着产业引领带动作用。主要产品有巴氏水牛奶、高温灭菌水牛奶、发酵风味水牛奶、奶酪以及双皮奶、姜撞奶等传统工艺产品，特色鲜明，高质量打造了奶水牛产业核心竞争力，在高端乳制品具有稳定市场。而随着产业链的不断延伸和全球牧业发展水平的提升，以皇氏为代表的乳企们已开始从单一的加工经营，向全产业链发展，规模化自营牧场、饲料供给基地等运营已逐步进入各企业的发展规划内。

二、奶水牛科技研发

（一）育种与扩繁。

1. 水牛良种扩繁与品种培育。良种是影响奶水牛产业发展的根本，群体遗传改良及新品种（系）培育已经迫在眉睫。我国通过先后引进的印度摩拉水牛、巴基斯坦尼里拉菲水牛和意大利地中海水牛三个世界著名奶水牛品种，开展了多种杂交组合试验，通过级进杂交培育了诸多二元杂个体，也通过多品种杂交培育了三元杂和四元杂群体。2021 年广西水牛研究所国家级水牛种畜场存栏良种水牛 870 头，其中摩拉水牛 540 头、尼里 – 拉菲水牛 170 头、地中海水牛 160 头，年供种能力 240 头。

2. 水牛分子育种与性能测定。对水牛白毛色表型相关的分子机制进行研究，提供了一种基于2个SNP分子标记进行遗传学鉴定水牛白毛色表型和瓦灰毛色表型的方法，可用于水牛辅助育种，应用前景良好。对非编码RNA circNMT1在组织和细胞中的表达模式进行研究，发现circNMT1在水牛前体脂肪细胞的细胞核和细胞质中均稳定表达，能显著促进脂肪细胞的脂滴积累，并且显著提高成脂标志基因*PPARG*、*C/EBPα*和*FABP4*的相对表达水平。对来自亚欧大陆14个国家的39个水牛地方种群共230头个体进行全基因组重测序和群体遗传学分析，并对水牛的演化迁徙历史和基因组上受驯化选择影响的区域进行了系统分析。基因流分析显示分布在我国云南、中南半岛和印度北部区域内的水牛存在长期的基因渗入和杂交，这可能与当地存在千余年的茶马古道贸易有关。本研究发现该区域内的沼泽型水牛群体多态性较高是河流型水牛基因流渗入的结果，再加之没有考古学证据的支持，因此在确定沼泽型水牛驯化起源地的问题上需要考虑更多因素。结合东亚和东南亚的考古学研究，发现沼泽型水牛的迁徙与南岛语系扩散具有很高的重合性，推测其驯化起源地应当位于我国东南沿海一带。

围绕奶水牛核心群开展工作，广西水牛研究所进行良种水牛登记及系谱登记近1 315头，测定生产性能数据2 350头次，上传DHI数据2 894条。

（二）奶水牛遗传与繁殖生物技术研究。

1.水牛人工授精。研究日粮中添加叶酸（70mg/天）可以提高奶水牛的生产性能和发情率；探索水牛发情期唾液生殖激素和结晶与卵泡发育的关系，发现卵巢上卵泡的发育与唾液中生殖激素的浓度显著相关，发情当天唾液结晶呈现典型的树枝状，“唾液结晶+B超法”的发情鉴定准确率最高；分析同期发情对发情期水牛黄体与血液激素的影响；分析可视输精枪在广西母水牛生产中的应用；探析水牛同期发情技术常用的前列腺素、孕酮和促性腺激素释放激素3种，为提高水牛同期发情、人工授精技术提供参考；采集纯种温州水牛精液，并制成冻精移送国家级家畜基因库进行长期保存，对温州水牛的遗传资源起到了双重保护作用。

2.水牛的精液生殖机理和卵母细胞成熟及胚胎发育调控。开展*NANOS2*维持水牛精原干细胞干性特征机制的初步研究，构建了*NANOS2*过表达载体，筛选和优化了水牛*SSCs*体外培养系统，通过对水牛*NANOS2*过表达*SSCs*的转录组测序及生物信息学分析，解析了水牛*SSC-like*细胞转录组相关变化；探索水牛支持细胞的分离纯化方法，采用两步酶法结合差速贴壁法成功分离获得水牛睾丸支持细胞，采用*iTRAQ*标记结合*LC-MS/MS*技术首次建立了性成熟前和性成熟水牛睾丸支持细胞差异蛋白质表达谱；对比了幼年和成年水牛支持细胞*FGF2*的表达差异，并构建了支持细胞*FGF2*过表达细胞系；运用非靶向代谢组学和定量蛋白组学技术对不同活力种公牛精浆进行了代谢物和蛋白水平分析；分析了*FST*对水牛卵母细胞体外成熟的影响及其作用机理；研究阴阳因子1（YY1）在水牛植入前胚胎中的表达规律及其对早期胚胎发育和DNA甲基化的影响；对水牛*PADI6*重组蛋白多克隆抗体的制备及表达模式进行分析，发现*PADI6*对卵母细胞成熟与胚胎植入前发育有着极大作用；开展了水牛*Tle6*基因表达模式分析及其多克隆抗体制备。这些研究为进一步揭示水牛的生殖生理提供理论依据。

3.水牛遗传研究。水牛全基因组遗传多样性与选择信号研究，从全基因组SNP与CNV对中国、老挝、越南、印度等国家与地区的多个品种水牛遗传多样性、群体结构、选择信号等进行分析，从全基因组水平系统解析了水牛的遗传多样性、群体遗传结构、驯化历史及选择信号，为中国沼泽型水牛的遗传资源保护与开发利用提供了理论依据，也为中国地方水牛的选育改良奠定了遗传学基础。通过对西林水牛和富钟水牛mtDNA D-loop序列的遗传多样性和母系起源研究，发现西林水牛和富钟水牛具有丰富的遗传多样性，NJ系统发育树显示西林水牛和富钟水牛均属于沼泽型水牛，且有A支系和B支系两个母系起源。河流型和沼泽型水牛*OAT*基因家族的进化研究：通过比较基因组分析，在河流型水牛和沼泽型水牛中分别鉴定出10个和7个*OAT*基因，确定了水牛*OAT*基因在牛奶性能中的潜在作用。水牛酪蛋白基因家族的比较基因组学、进化和基因调控区分析，旨在研究河流型和沼泽型水牛中酪蛋白基因家族（*CSN1S1*、*CSN2*、*CSN1S2*和*CSN3*）的进化关系、理化特性和比较基因组分析，系统发育、基因结构、基序和保守结构域分析揭示了水牛和其他密切相关物种中酪蛋白基因的进化保守性质。LINE-1在毛色中的趋同进化：利用多种组学手段，对水牛白毛色性状的致因突变和分子调控机制进行了分析，阐明水牛白毛色性状遗传机制，使其成为家养水牛中第一个被解析分子遗传机制的表型性状，丰富了人们对动物白毛色形成机理的认识，加深了对白水牛遗传特性的了解，为我国白水牛特色遗传资源的有效保护和科学选育提供了重要的科学依据。

4.水牛繁殖生物技术研究。姜黄素对水牛颗粒细胞(GCs)凋亡和自噬的影响，发现姜黄素对GCs的活力具有抑制作用，且呈剂量依赖性。分子生物学实验表明在姜黄素胁迫下，GCs启动保护性自噬以拮抗凋亡。网络毒理学虚拟分析结果则表明姜黄素通过IKK/NF-k8通路对GCs发挥毒性作用。类脂肪素在卵巢中的功能研究发现类脂肪素在水牛卵巢卵泡中表达，对水牛卵巢颗粒细胞分泌雌二醇和孕酮有促进作用。热应激条件下研究体外培养的水牛卵泡颗粒细胞(GCs)的生理和分子反应，发现水牛GCs的细胞活力、类固醇激素生成和转录谱均保持正常。褪黑素处理对水牛卵巢功能和同期发情无显著影响。通过非编码RNA转录组分析、整合分析妊娠和非妊娠水牛的子宫软骨组织，共鉴定出86

个表达于子宫软骨组织的LincRNA，其中6个LincRNA在妊娠子宫软骨组织中上调表达。通过miRNA相互作用分析，鉴定出的16个差异表达LincRNA与繁殖相关的miRNA相互作用，拓展了水牛子宫LincRNA数据库，为水牛子宫生理学的分子遗传学研究提供了候选调控因子，以改善胚胎着床和完成妊娠。通过应用“CIDR+PG”法和“GnRH+PG”法对德宏州奶水牛实施了同期发情定时输精试验，将奶水牛年平均受胎率提高到65%，比前期提高14.5个百分点，产犊间隔也缩短180天。探讨低温保存培养基中维生素B_{12}对水牛冷冻精液的影响，证明补充维生素B_{12}可以提高精液质量。通过研究在精液中添加胰岛素样生长因子-1(IGF-1)对水牛精子低温保存后的结构和功能特性的影响，发现精液中添加IGF-1影响水牛精子的结构和功能特性。利用蛋白质组和磷酸化蛋白质组整合分析支持细胞在精子发生中的作用，鉴定出2 912个蛋白质组和753个磷酸化蛋白质组共有438个蛋白，其中*ACTG1*、*ACTB*、*ACTA2*、*MYH9*等蛋白表达最丰富，同时发现了10个与网络稳定性最密切相关的蛋白质。通过免疫组化和免疫荧光验证波形蛋白，发现磷酸化波形蛋白与非磷酸化和非磷酸化波形蛋白在睾丸组织中存在定位差异。

（三）奶水牛饲料营养与舒适环境研究。

1. 奶水牛粗饲料资源开发与应用。水牛以耐粗饲而著称，能广泛利用各种常见牧草、农作物秸秆及果蔬渣农副产品等粗料。合理开发利用南方本地牧草、秸秆资源，因地制宜，有效降低了水牛饲料成本。水牛牧草资源主要包括象草、紫花苜蓿、杂交狼尾草、皇竹草、黑麦草、墨西哥玉米等。牧草产量高，青饲剩余的都被用作青贮或者干草，青贮能改善饲料适口性，提高营养价值。稻秆、甘蔗尾叶、玉米秸秆和麦秸等农作物秸秆是奶水牛饲料化利用的主要品种。虽然粗饲料消化率低，但它是水牛日粮必不可少的组成部分，对刺激反刍和咀嚼，维持瘤胃液正常pH，维持瘤胃微生物正常发酵，促进营养物质消化代谢均具有重要作用。秸秆饲料化利用主要包括直接饲喂、粉碎后饲喂、青贮发酵饲喂和添加微生物发酵饲喂等。青贮甘蔗尾和青贮玉米秸秆二者组合饲喂能提高水牛生长性能。青贮甘蔗尾和青贮玉米秸秆对生长水牛血液生化指标均无不良影响，且二者组合饲喂能提高水牛生长性能。饲喂添加20%象草的甘蔗梢青贮能够显著提高泌乳水牛产奶量和饲料转化率，且不影响粗蛋白质、酸性洗涤纤维和中性洗涤纤维的表观消化率及泌乳水牛的血清生化指标。柑橘渣、葡萄渣、菠萝渣、罗汉果渣和甘蔗渣等果渣中含有较多粗纤维，适合用作反刍动物饲料。果渣饲料发酵后适口性提升，能增加动物食欲和采食量，有效提高饲料消化利用率以及提高乳品产量和质量。所以秸秆和果渣饲料通过氨化或青贮处理后更适合饲喂水牛，从而提高饲料转化率和水牛生产性能，节约饲料粮消耗，并形成循环利用模式。

2. 奶水牛瘤胃营养代谢与调控。近年来，科研人员在奶水牛营养代谢调控方面做了许多研究，尤其是在水牛瘤胃微生态系统、瘤胃微生物与脂肪酸代谢调控、甲烷调控及环境因子互作等方面。利用*16SrRNA*基因克隆库技术分析发现德昌水牛瘤胃产甲烷菌以Methanobrevibacter产甲烷菌为优势菌群，富钟水牛瘤胃产甲烷菌以Methanobacteriales为优势菌群。硝酸盐能抑制甲烷的生成，发现在抑制甲烷产生的同时，降低不饱和脂肪酸的生物氢化过程中起主要作用的是硝酸钠，虽然单独添加延胡索酸二钠对抑制甲烷没有显著影响，但其可以缓解硝酸钠对瘤胃发酵的不利影响，增加大多数瘤胃微生物的数量。蛋氨酸可增加天冬酰胺含量、瘤胃总原虫和弯曲杆菌数量，但对甲烷和总产气量无影响。日粮添加巯乙胺和烟酸铬均能提高水牛产奶量，提高抗热应激能力，有利于瘤胃菌群的生长。

3. 奶水牛舒适环境研究。为了确定环境因子对水牛健康和生产的影响机制、综合评价指标，广西水牛研究所采用典型规模化牛场现场测定和智能化环控舱精准研究两条途径，进行了大量试验研究和数据采集。目前，该研究根据水牛的生理参数和环境参数拟合出泌乳期和干奶期各三套舒适指数模型，为集约化条件下水牛生产环境精准控制提供了理论和数据支撑。

（四）水牛乳加工关键技术与质量安全控制技术。

1. 水牛乳加工关键技术。水牛乳是世界产量最大的特种乳，总体营养是黑白花牛奶的1.85倍，且质地浓稠、奶香醇厚。但凸显其营养、特色与价值的创新产品少，低值同质化竞争激烈。通过开展水牛乳特征品质挖掘和关键加工技术及设备集成创新攻关，创制并推广高值化新产品，分别获得以下成果：系统揭示了水牛乳蛋白表达、多态性及其在体内消化释放机制，研发了基于水牛乳特殊蛋白表型及其衍生基料的特色干酪及功能调制乳3个。探明了传统手工制作的水牛乳制品姜撞奶、乳饼、双皮奶制备关键技术及机制，率先创新工业化生产技术，在国内最先实现量化生产，其中姜撞奶和乳饼加工技术获得国家发明专利授权2项。挖掘利用外源性营养活性基质，协同强化乳基功能，创制并推广系列功能发酵水牛乳，包括基于植物化合物富集稳态化加工技术的产品4个，显著提升降血压功能的产品1个，显著提升肠道定植等能力的强化益生菌产品3个。创新主食颗粒物料包埋技术，并通过颗粒物料包埋、分离、灌装等设备集成创新，在国内率先创制并推广含颗粒物料主食化发酵乳产品2个。

2. 质量安全控制技术。水牛乳营养物质丰富，因检测方法缺失，养殖端与加工端均存在较为严重的掺杂牛属乳的现象。科研人员首次在国内构建基于“RP-HPLC法快筛+PCR法精准复检”的水牛乳中掺杂牛属乳的识别技术方案体系，实现2小时极速高通量RP-HPLC初筛以及PCR精准复检水牛乳中掺杂牛属乳的高效、稳定识别。依托广西壮族自治区水牛乳质量与安全工程中心，在获得广西壮族自治区农业农村厅批复同意的情况下，参照CMA实验室规范，构建广西生鲜乳质量与安全快检实验室，涵盖样品采集、检测分析、数据分析、报告出具、预警分析等业务。平台应用掺杂识别技术体系、微生物快检技术以及常规理化检测技术，为养殖和加工端提供低价高效的水牛乳及其制品的质量指标、安全指标以及真实属性的常态化检测服务，检测量达到4 300多批次。通过平台服务，推动全区理顺养殖与加工端市场秩序，促进养殖与加工联动、高质量发展，带动奶水牛养殖提质增收，助力乡村振兴。

（广西壮族自治区水牛研究所）

2021 年度国家牧草产业技术体系工作总结

一、总体情况

2021 年国家牧草产业技术体系在农业农村部的指导下，持续围绕国家乡村振兴战略、“双碳”目标、畜牧业高质量发展要求、“粮改饲”政策和可持续脱贫战略部署，针对牧草产业存在的重大科技需求开展了一系列技术研发、集成示范与培训工作，加强了全国牧草全产业链发展的重大科技创新工作，并取得了显著成效。2021 年度体系审定牧草新品种 15 个，形成牧草新技术、新规程、新材料、新工艺 79 套，研制新设备 6 套，开发草产品相关软件 59 项；获批发明专利 132 件，制定技术标准 40 项，获得科技奖励 22 项，出版专著 17 部，发表论文 344 篇，提交报告 56 篇，获得省部级及以上批示 2 个，牧草科技创新大幅度提升了草畜业科技水平，为我国“振兴奶业苜蓿发展行动计划”“粮改饲”和“草原生态奖励补助政策”的实施提供了重要的科技引领和技术支撑。

（一）强化品种培育，满足产区急需。体系紧紧围绕我国牧草“一带两区”对适宜牧草品种的重大科技需求，组织体系育种研究室及相关试验站顶层设计和联合攻关，不断取得新成果。2021 年育成了支撑主产区牧草产业发展急需的一批优良牧草品种。审定登记饲草新品种 15 个，其中国审品种 6 个，包括中苜 10 号紫花苜蓿、鄂西北美丽胡枝子、渝东鸭茅、梦龙燕麦、麦洼老芒麦、康南垂穗披碱草；农业农村部品种登记 1 个：冀草 8 号高丹草；省审品种 8 个，包括白牧 1 号苜蓿、吉农 1 号羊草、蜀草 3 号高丹草、科纳燕麦、黑玫克燕麦、罗特白三叶、清水草地早熟禾、麦丰小黑麦；进入国家及省级区域试验新品系 9 个，包括冀饲 5 号饲用小黑麦、滇东北黑麦、 阿坝紫羊茅、勒通垂穗披碱草和加依尔黄花苜蓿等；培育羊草、披碱草、苜蓿等饲草新品系 18 个；筛选柱花草、红三叶、紫花苜蓿等新种质 18 份；创制燕麦、豌豆和苜蓿杂交新材料等 47 份；发掘苜蓿、无芒雀麦等具有抗寒、抗旱、耐盐碱、早熟等特征特性的优异种质资源 97 份。

（二）创新种植模式，推进产业发展。体系紧扣农业供给侧结构性改革，聚焦推动我国优质饲草产业发展的重大技术需求，组织全体系科技力量，规划产业布局，研究建立了适宜不同区域的饲草高产高效种植模式，为转型期主产区农业产业结构调整及推动优质饲草产业的持续发展提供科技支撑。研发的玉米 / 高丹草中行间作种植混合收获青贮生产模式，突破了西北旱作区饲草高产的技术瓶颈，每亩鲜草产量达 47.52 t/hm^2，相对玉米单播增产率达 39%，土地当量比 1.22。确定呼伦贝尔地区保护播种抑制豆禾混播草地建植初期杂草的技术模式：使用燕麦作为混播草地的保护草种，播种量为 80 kg/hm^2，混播行与保护行交叉播种。紫花苜蓿与无芒雀麦的播种比例为 1 ∶ 1，播种方式为同行条播，行距为 15cm。紫花苜蓿与无芒雀麦播种量分别为 7.5 kg/hm^2 和 15 kg/hm^2，播种前整地，去除地表植被，深翻 30cm 内土层，平整地面，播种前 6~7 天，喷洒除草剂进行杂草防除；建立的紫花苜蓿－垂穗披碱草混播较单播处理显著提高 5.9%~14.5%，混播越冬率较单播处理显著提高 8.7%~23.2%；确定混播系统中紫花苜蓿播种比例在 30%~50% 时产量最高，推荐在青藏高原放牧草地管理种采取豆禾混播的播种方式，以提高牧草的越冬率和产量，实现放牧草地和草畜业的高质量可持续发展。

（三）服务县域经济，助力乡村振兴。体系首席及体系专家组共 7 人前往固原市参加“天然草原和现代人工草地养殖一体化模式”关键技术研讨会，专家们对项目执行过程中可能存在的主要问题以及关键技术展开了广泛和深入的讨论，并总结了该项目的执行思路与关键技术的解决方案，建议基于宁夏荟峰农副产品有限公司的企业基础，在西吉县生态搬迁规划区，从生态保护、草地改良、家畜养殖和旅游观光等多方面建成 1 万亩现代化生态牧场示范区，支撑建设固原市“山水林田湖草”的现代草畜业新体系。体系围绕张家口“两区建设”科技需求，针对沽源县天然草地退化严重、人工草地产量质量低下、饲草供给严重不足、健康养殖技术落后、家畜粪尿污染严重等生产和生态问题，研发推广了草畜一体化生态循环农业技术模式，建立了退化草原生产力提升、高产人工饲草料基地建植、草食家畜健康养殖等技术集成，并以沽源县深度贫困村为实施单元，在当地政府的支持下，与宝洲现代牧业、鹿源养殖场、北岗子村家庭牧场合作对家畜粪便资源化利用进行了技术研发，在沽源县椴木梁村和北岗子村建立了 2 个核心示范基地，辐射推广至口道营村、水泉沟村、南沟村等 13 个村，参与河北沽源县教育体育和科学技术局组织的“东西部协作 2021 年沽源县农业科技扶贫培训工作”，走遍了沽源县14个乡（镇）233个行政村，为农民送去科技知识。体系专家通过现场实地、线上线下技术指导支持西藏阿里地区农业农村局，那曲市科技局，噶尔县、那曲市尼玛县、色尼区、拉萨市当雄县、日喀则拉孜县、日喀则市吉隆县、日喀则市岗巴县、拉萨市农牧综合服务中心，拉萨市林周县、拉萨市墨竹工卡县等50余部门开展技术支持100余次，以现场和线上线下等方式支持西藏那曲草牧业发展。在新疆哈密、博乐、新源和青河县4个示范县利用“科技之冬”有利时机，开设优质牧草栽培、青黄贮制作、草原改良技术、林草优惠资源等牧草与草原建设保护等内容丰富的各类培训班或现场会32场次，培训科技人员及农牧民3 274人次，发放宣传资料1 396份，在于田县、墨玉县和洛浦县建立饲草生产示范基地3个，推广苜蓿、苏丹草等优质牧草品种4个，推广种植模式4套，高产栽培技术5项；建立紫花苜蓿高产高效生产核心示范基地700亩，辐射面积20 000亩以上，示范推广苏丹草饲草生产田2 000亩。编印《南疆紫花苜蓿优质高效生产技术手册》800册，培训技术骨干和农牧民1 000余人次。参与谋划内蒙古阿鲁科尔沁旗“十四五”畜牧业发展规划，为高标准苜蓿人工草地项目实施提供智力支持，引进体系技术成果示范应用2.26万亩，草地平均产量提升16.8%，品质提升3%以上，越冬率提升30%，培育龙头企业样板1个，种养大户2户，开展各类技术服务19次。在宁夏以草畜联动养殖技术助力吴忠市红寺堡区肉羊产业发展，以“产业帮扶、技术帮扶、生态建设、人才振兴”模式完美助力红寺堡区乡村振兴。立足绿色健康生态养殖产业，整合相关核心技术，开展新型农牧民培训10余期，推广饲草高粱高产栽培、饲草高粱单一型、全混合日粮型发酵饲料调制和饲喂转化等新型技术3套，对以草换畜，以畜养草模式的认可度得到大幅度的提升。体系本年度累计在全国开展培训班162场，现场会58次，专题调研180余场次，开展技术服务190余场次，线上线下培训基层技术人员、种养大户、农民92万余人，发放培训资料1.6万余册。

（四）提供政策咨询，服务政府决策。依托体系科技力量，积极向国家及地方政府建言献策，为政府部门在草原生态文明建设及草牧业发展方面的决策和政策制定提供科学依据，凸显了牧草产业技术体系在推进农业现代化建设和发展方面的重要作用。张英俊首席提出的“大力发展草畜业 缓减粮食安全压力”建议被《人民日报》内参采用，并得到胡春华副总理和唐仁健部长的批示，农业农村部畜牧兽医局正在开展相关调查研究；协助九三学社完成《关于将草原生态文明建设和高质量发展上升为国家重大战略的建议》，获中共中央、国务院领导批示；撰写的《建议在固原市建立人工栽培草地放牧试验区推动六盘山区肉牛产业高质量发展》，获宁夏回族自治区副主席批示。受农业农村部委托，结合实地调研经验和数据，撰写《大力发展苜蓿产业 保障奶产品有效供给》并递交农业农村部，报告获得农业农村部首席兽医师李金祥批示，为指导苜蓿产业发展提供了有效的政策建议。多位体系专家参与的《全国现代饲草产业发展规划（2021—2030年）》提交农业农村部畜牧兽医局，并通过了公开的论证，且即将发布，可为产业中长期发展提供指导。张英俊首席联合各相关岗位专家和综合试验站站长进行全国草产业受雨水影响的调研工作，形成《强降雨对牧草产业影响调研报告》《牧草体系支持西藏饲草产业方案》，并上报农业农村部。受农业农村部委托，完成了《国家牧草产业技术体系防灾减灾技术手册》的编写工作。

二、重大关键问题技术攻关进展亮点

（一）中苜5号紫花苜蓿获农业农村部植物新品种权证书。中苜5号紫花苜蓿是以中苜3号原始材料、美国耐盐苜蓿种质材料为亲本进行相互杂交，获得一代材料，然后将第一代材料种植在盐碱地，通过盐碱地三代耐盐性表型混合选择（选择耐盐性好、叶量大、节间短、分枝多、再生快、适应性好的优株）结合分子标记辅助育种技术，育成耐盐苜蓿新品系，2014年经第六届全国草品种审定委员会审定，登记为育成品种。中苜5号根系发达，株型直立，株高85~110 cm，分枝较多，叶片较大，叶色较深，花色为紫到浅紫色，总状花序，荚果螺旋形2~3圈，种子肾形，黄色或棕黄色，千粒重1.8~2.0 g，该品种耐盐性好、叶量大、节间短、分枝多、再生快、适应性好，实现了耐盐性状与高产性状的聚合。2021年6月18日，中苜5号紫花苜蓿获农业农村部植物新品种权证书，品种权号CNA20180837.5，证书号为第2021017831号，已开始在黄淮海地区推广种植。经测算，种植中苜5号较其他苜蓿品种可以使农牧民每亩增收80元以上。

（二）“苜蓿套种青贮玉米高效生产技术”入选农业农村部重大引领性技术。该技术确定玉米播种密度4.5万株/hm^2，施氮肥量120 kg N/hm^2为黄淮海地区苜蓿套作青贮玉米体系的最佳模式。经过评价，该模式产量较苜蓿单作和青贮玉米单作分别提高了31.1%和27.7%。四年平均土地当量比达到1.27，该模式收获时的混合青贮饲料显著提高了青贮的粗蛋白，可溶性糖含量和乳酸含量，其营养品质和发酵品质均达到较高水平，相比传统的冬小麦夏玉米系统，生产投入（包括种子、化肥、灌溉、农药、机械、人工）减少了41.7%，而净利润提高了7.2%，尤其是氮肥和灌溉用水的投入降低了70%以上，对于节能增效有重要意义，该苜蓿玉米系统相较单作苜蓿系统生产投入高9.5%，但净利润提高了16.8%，且有效降低了苜蓿雨季损失的风险，是一年两熟地区极具潜力的种植系统，于2021年8月入选农业农村部重大引领性技术。

（三）研制了9GQZ-2.0型自走履带式高秆禾草收获机。针对南方区域种植较多的杂交狼尾草等高茎秆禾草机械化收获的实际需要，创新研发了主动平衡与防侧翻预警技术，以及履带自走式底盘与控制技术，实现了丘陵山地复杂地形的自适应稳定可靠作业；创新设计了大喂入量簇生饲草作物割台系统，突破了高大簇生禾草割茬平整、顺序喂入、无缠绕等技术难题；研发了三级压扁输送、平衡载荷均匀切碎和驱动抛送技术，解决了变量物料输送和非均匀交变载荷切碎的技术难题；研发了菌剂均匀喷洒搅拌、偏心连杆式快速剪网、成型密度调节智能控制技术与装置，满足了饲草碎料不同调制与利用方式的个性化需求。成功创制了集收获、粉碎、抛送、打捆和智能控制功能于一体的 9GQZ-2.0 型自走履带式高秆禾草收获机，集成了“联合作业 + 后续调制 + 缠网成捆”的机械化适时收获与营养保全工艺技术模式，该收获装备生产率为 6.3 亩 /h，幅宽 2.0m，检验试验最大坡度 16°，适用于丘陵山区作业，且可实现复杂地形自适应作业，解决了高大簇生禾草割茬平整等技术难题，显著减少了收获过程中的落叶损失与收获后饲草产品的灰分。经中国农业机械工业协会检测评价，评定该机“整体达到国际先进水平”。

（四）“高水分苜蓿青贮技术”入选 2021 年农业主推技术。本年度，牧草体系建立了多种饲草加工和利用模式，提升了饲草种植及利用的经济效益。研发出的高水分苜蓿青贮技术，入选 2021 年农业主推技术。该技术建立了苜蓿刈割、原料切碎、原料运输、原料混合、原料装填、压实密封为一体的无缝衔接收获加工工艺，通过添加农产品加工副产物（如饲料枣粉、麦麸、果渣、甜菜渣等），调节高水分苜蓿青贮原料水分、可溶性糖等含量；同时添加乳酸菌添加剂，调节微生物菌群，从而实现高水分苜蓿青贮品质提升和农产品加工副产物饲料化利用。该技术不存在晾晒萎蔫和捡拾环节，苜蓿原料外源性灰分降低 70% 以上，苜蓿养分损失降低 30% 以上，加工成本降低 225 元 /hm^2 茬；每茬可以减少 2 次田间机械作业，显著降低了机械对苜蓿地的碾压，实现年节本增收 2 400 元 /hm^2 以上。该技术 2021 年被农业农村部列为全国农业主推技术。

（五）体系重点任务完成情况

1. CARS-34-01A：优质饲草高产高效关键技术研究与示范（表 1）。

表 1　优质饲草高产高效技术研究与示范任务完成情况

序号	考核指标	完成情况（全部完成）
1	适宜不同区域的作物与饲草配套种植制度和轮作模式 9~13 个	适宜不同区域的作物与饲草轮作种植制度和模式 41 个
2	适宜不同区域的优质高产苜蓿、羊草、饲用燕麦、披碱草、黑麦草和狼尾草等饲草品种 21~30 个，抗逆、优质、高产饲草新种质 3 个	适宜各区域种植的优质高产苜蓿、羊草、饲用燕麦、披碱草、黑麦草和狼尾草等饲草品种 161 个，审定登记饲草新品种 15 个，新品系 18 个，新种质、新材料 65 份，优异种质资源 97 份
3	外来物种的智能识别技术并构建扩散模型 1 种	构建外来入侵植物刺萼龙葵的扩散模型 1 种
4	不同区域主要饲草干草生产技术规程、青贮生产技术规程、杂草病虫鼠害防治和预警技术规程 9~12 套，干草和青贮饲料安全贮藏和品质控制管理技术规程 1 套，主要饲草干草、青贮饲料分级标准和安全贮藏管理技术规范 3~5 个	不同区域主要饲草干草生产、青贮生产、杂草病虫鼠害防治和干草、青贮饲料分级标准、安全贮藏和品质控制管理等技术规程 35 个，技术规程 29 个
5	羊草栽培草地持续高产高效田间管理技术、燕麦饲用高产栽培技术和羊草种子繁育技术各 1 项	羊草栽培草地持续高产高效田间管理技术、燕麦饲用高产栽培技术和羊草种子繁育技术各 1 项
6	成型草产品加工技术规范与产品质量标准 2 个，国家专利 7~13 项	成型草产品加工技术规范与产品质量标准 14 个，技术规范 4 个，企业标准 1 个，授权发明专利 10 项，实用新型专利 11 项
7	饲草型颗粒饲料配方、产品和工艺 10 套	饲草型颗粒饲料配方、产品和工艺 3 套，青贮玉米、青贮油菜和玉米秸秆饲料配方 3 个，相关技术 19 项
8	饲草高效收获、加工农业机械 3~5 种	饲草高效收获、加工农业机械 4 种（ZY-2.0 型羊草种子联合收获机 1 个，9BM-2.2 型免耕牧草播种机 1 个，Polaris320 系列牧草刈割压扁机的液压仿形系统及自动避障系统 1 个，9GQZ-2.0 型自走履带式高秆禾草收获机 1 个）
9	主要饲草不同草产品生产效益优化模式 1~2 套	区域饲草产业典型生产模式、产业发展条件及产业生产效益调研报告 2 份
10	适宜饲草生产菌剂 3~5 种，筛选出适宜于虫害防治的生物农药或诱引剂等及其组合 3~4 种，技术规范 1 套	乳酸菌添加剂 3 种，适宜于虫害防治的生物农药配方 3 种，根瘤菌剂使用技术规范 2 套

（续）

序号	考核指标	完成情况（全部完成）
11	优质高产苜蓿产量提高 10%，羊草、黑麦草和狼尾草等饲草产量平均增加 10%~15%，燕麦饲草产量提高 10% 以上；羊草和燕麦草产品优质率提高 15%，种子发芽率达 40% 以上；青贮玉米和小黑麦的轮作模式综合效益提升 15% 以上；切叶蜂授粉苜蓿种子产量提高 30% 以上；苜蓿一级干草比例达 60%，二级干草以上比例达 80%；羊草干草优质率（二级以上）60% 以上；饲用燕麦干草优质率（二级以上）80% 以上；披碱草干草优质率 60% 以上。苜蓿、羊草、披碱草青贮饲料贮成率 90% 以上，优质率 60% 以上；黑麦草、狼尾草青贮贮成率 90% 以上，优质率 60% 以上	示范区苜蓿、羊草、披碱草、饲用燕麦、黑麦草和狼尾草等主要饲草产量平均增加 12%~19%，草产品质量优质率提高了 15%~17%；苜蓿切叶蜂繁殖的关键技术，种子产量提高 30% 以上；内蒙古河套示范区苜蓿一级干草比例达到 60% 以上，二级干草达 80% 以上，达拉特旗示范企业苜蓿刈割 4 茬，第一茬干草一级草比例可达 100%；四川高丹草青贮贮成率 95% 以上，优质率 80% 以上；贵州黑麦草、狼尾草混合青贮贮成率 90% 以上，优质率达 75% 以上；杂交狼尾草青贮产品贮成率提高到 85% 以上，优质率 60% 以上
12	苜蓿干草生产和青贮生产示范总面积各 10 万亩，苜蓿种子生产示范区 1 000 亩，苜蓿典型害虫生物防治示范区 1 000 亩	优良饲草品种、种植技术、混播技术、轮作模式、套作模式等示范面积 8.6 万亩，干草生产和青贮生产示范总面积 43.1 万亩；病虫害防治技术示范 0.85 万亩

重要进展如下。

（1）重要饲草产量、质量和效益大幅提升。在新品种、新技术、新模式支撑下，示范区苜蓿、羊草、披碱草、饲用燕麦、黑麦草和狼尾草等主要饲草产量平均增加 12%~19%，西北黄土高原旱作区青贮玉米间作系统饲草产量增产率达 38.9%，草产品质量优质率提高了 15%~17%；内蒙古河套示范区苜蓿一级干草比例达到 60% 以上，二级干草达 80% 以上，达拉特旗示范企业苜蓿刈割 4 茬，第一茬干草一级草比例可达 100%；四川高丹草青贮贮成率 95% 以上，优质率 80% 以上；贵州黑麦草、狼尾草混合青贮贮成率 90% 以上，优质率达 75% 以上；杂交狼尾草青贮产品贮成率提高到 85% 以上，优质率达 60% 以上。

（2）发现热研 4 号王草新种质。在王草种植群体中发现了 10 株形态特征显著区别于热研 4 号王草的单株，其特征为：株形紧凑，茎株均匀且粗壮，叶片数量丰富，茎秆光滑，叶鞘和叶片表面茸毛少。通过全基因组浅层测序确定该材料与王草、桂牧 1 号杂交象草和桂闽引象草都有显著差异。在广西开展 3 年评比试验结果表明，该材料 3 年平均鲜草产量为 22.44t/ 亩，较热研 4 号王草和桂牧 1 号杂交象草分别增产 13.51% 和 25.08%。

（3）基于多时相 Landsat 遥感影像的规模化人工草地面积提取技术。为了准确提取人工草地面积，我们基于多时相 Landsat 遥感影像，发展了目视判读和机器学习监督分类相结合的规模化人工草地面积提取技术。依据冬小麦种植区和春小麦种植区不同的种植制度，针对小麦、玉米、苜蓿、燕麦等主要农作物的物候特征，选定不同时期的遥感影像；春小麦种植区域选择苜蓿返青、燕麦出苗、玉米盛期、生长季末 4 个时期的影像，冬小麦种植区域选择返青期、冬小麦收获、玉米盛期、生长季末 4 个时期的遥感影像。不通过目视判读分别选择训练样本，使用支持向量机监督分类方法，对不同区域苜蓿、玉米、燕麦的种植面积进行初步提取，利用目视解译方法、同时结合地面调查，对遥感影像识别结果进行校正调整。目前利用此方法，完成了春小麦种植区六省的规模化苜蓿种植面积，以及彭阳县和阿鲁科尔沁旗近 20 年以来苜蓿、燕麦、玉米的分布面积及变化趋势。

（4）研发的 C_4 光合型饲草间作与苜蓿 – 青贮玉米轮作模式在增产、提质、提效方面具有综合优势。研究了适宜我国西北旱作区 C_4 饲草作物光、热、水和养分资源高效利用的高产优质种植模式。研发出玉米 / 高丹草中行间作种植混收混贮生产模式，突破了西北旱作区饲草高产的技术瓶颈，每亩鲜草产量达 47.52 t/hm^2，相对玉米单播增产率达 39%，土地当量比 1.2。针对苜蓿 – 玉米轮作系统的后茬作物种植过程中氮肥施用不科学、资源浪费严重的问题，在天津基地通过 2 年的田间氮肥添加试验研究，集成了苜蓿 – 青贮玉米轮作系统减氮增效的施肥方案。明确了苜蓿对后茬的饲草作物的影响持续 2 年，最佳轮作模式为“4+2”，即种植 4 年苜蓿草地，然后种植 2 年青贮玉米模式，苜蓿田可为第一茬玉米（2020 年）节省氮肥 15 kg/ 亩，当年青贮玉米不使用氮肥；后续的燕麦节省氮肥 3.2 kg/ 亩，氮肥施用量由 8 kg/ 亩，降低到 4.8 kg/ 亩；第二茬玉米（2021 年）节省氮肥 6 kg/ 亩，施氮量为 9 kg/ 亩，“4+2”模式累计节省氮肥 24.2 kg/ 亩。团队集成了第一茬玉米，后续的饲用燕麦和第二茬玉米的配方施肥推荐以及施用技术，三茬饲草最高产量达到 3.65 t/ 亩。紫花苜蓿和青贮玉米的“4+2”轮作模式可以显著降低化学氮肥的施用量，实现氮肥的节省和高效利用。

（5）研制了 9BM–2.2 型牧草免耕播种机。9BM–2.2 型牧草免耕播种机具有窄行距、低重心、对地形地貌要求低、适用范围广、作业稳定、性能可靠等特点。在青藏高原四川若尔盖麦溪乡、青海贵南县西格日村退化草地进行试验示范和培训服务，共计补播824亩，培训当地牧民103人。完成了第三方检测验证，提出9BM-2.2型机械化作业技术规程1套。该机的研制成功可促进草原生态修复治理的实施，加快退化草原植被和土壤恢复，提升草原生态功能和生产功能，达到保护草原生态、保障牧草供给、促进草原生态畜牧业的发展。

（6）明确了适宜苜蓿切叶蜂繁育的最佳区域。2021年6~7月在宁夏平罗千叶青公司、新疆塔城、内蒙古赛乌素绿洲草业公司4个苜蓿种子生产基地，开展苜蓿切叶蜂田间授粉技术示范，共计1500亩。7月收获蜂茧共107万粒，其中内蒙古赛乌素绿洲草业公司苜蓿种子基地蜂茧平均回收率达到149%；新疆塔城为优良的苜蓿切叶蜂繁育基地，苜蓿切叶蜂滞育率达到95.58%，内蒙古赛乌素滞育率也达到了77.68%，为提高苜蓿切叶蜂繁育率提供了重要依据。

2. CARS-34-02A：优质饲草高效利用与转化关键技术研究与示范（表2）。

表2　优质饲草高效利用与转化关键技术研究与示范任务完成情况

序号	考核指标	完成情况（全部完成）
1	低损耗高品质田间收获工艺技术3~4项，田间损失降低10%	集成工艺技术16项，田间损失降低10.4%~20%；制定地方标准3项
2	发酵型TMR产品原料配方1~2个，优质饲草青贮工艺技术2~3套，制订技术标准2~3项，饲草营养利用和转化效率提高5%~10%，贮成率85%以上，优质率60%以上	研发配方3个，青贮工艺技术10项，地方标准3项，团体1项，贮成率90%，优质率65%，转化效率提高6.7%
3	优质干草调制技术3~4项，降低饲草营养损失10%	集成干草调制技术3项，饲草营养损失降低13.3%
4	新型草产品配方2~3个，工艺技术1~2套，动物利用或转化效率提高5%~10%	新型草产品配方10个，工艺技术3套，技术规程1项；家畜转化效率提高6.5%
5	牧草混播草地高效利用与转化配套技术4~5项，制订草畜营养平衡技术规程2~3项，草地利用效率提高10%	在南北方集成配套技术13项，制定地方标准3项；草地利用效率提高10%，饲草转化效率提高10%
6	潮湿或多雨条件下饲草高效利用技术1~2项，饲草利用效率提高10%	研发专用添加剂3个，集成配套技术2项，利用效率提高15%，入选2021年农业农村部主推技术
7	示范区7~13处，合计面积10万亩，草产品150吨	建立示范区14个，面积12.35万亩。撰写生态和经济效益评价报告9份

重要进展如下。

（1）列入农业农村部主推技术和制定地方标准。“高水分苜蓿青贮技术”和“混播草地划区轮牧技术”被农业农村部列入2021年农业主推技术，制定了《苜蓿全程机械化生产技术标准》《马棘与甜象草混合青贮技术规程》《黑麦草裹包青贮技术规程》和《科尔沁沙地放牧型草地建植与利用技术规范》等10项地方标准。

（2）研发了新型草产品肉羊和生猪日粮配方。集成甜高粱种养一体化模式。研发饲用甜高粱全替代全株玉米青贮饲料育肥羊配方，在肉羊采食量和日增重不变的情况下，每只育肥羊日粮成本每天降低0.4元；研制苜蓿型全价草颗粒饲料配方及配套工艺技术，肉羊饲喂利用效率提高了6.5%。研发苜蓿叶粉替代豆粕的生猪日粮配方2个，其中母猪实现100%替代和仔猪25%替代，母猪繁育的初生仔猪体重分布均匀，生长性能显著提升，每头母猪毛盈利从3 821元提高至4 409元；仔猪料肉比从1.59降至1.45，每头仔猪毛盈利从487元提升至493元。

（3）集成了豆禾混播人工草地放牧系统。集成了苜蓿混播草地“母羊－羔羊”生产系统全年的饲草供给模式，通过给苜蓿混播放牧草地系统配置苜蓿割草场和青贮玉米－饲用燕麦高产饲料田，满足了基础母羊全年饲草供给，实现每亩草地承载1.13只基础母羊，年出栏1.56只羔羊的高效生产模式，每亩收入达到3 694元；集成高山林下白三叶混播草地放牧补饲技术模式，在经济林下建植白三叶混播草地，根据山羊营养需求进行精准补饲，实现每亩经济林养殖白山羊0.55只，每亩经济林种草养山羊年净利润增加至少120元；研发了混播草地放牧育肥的精准补饲技术，通过对放牧羔羊精准补饲能量和蛋白饲料提高家畜对牧草转化率和生产性能，每亩草地净收入达到653元，比不补饲处理提高了105元。

3. 数据库建设工作完成情况。2021年度，牧草体系在原有基础上进一步充实完善各数据库的建设工作，并按照相关要求进行了数据搜集和录入（表3）。

（1）产业技术研发中心。主要负责统筹安排全国牧草产业基础数据的收集录入工作。经汇总整理，本年度新录入牧草产业技术国内外研究进展数据1 119条，牧草产业全国省以上立项的科技项目数据111条，牧草产业全国从事研发的人员数据 71 条，牧草产业主要仪器设备数据 145 条，其他主产国牧草产业技术研发机构数据 3 条。

（2）遗传改良研究室。重点开展牧草种质资源和种子生产信息的收集整理工作，本年度共获取牧草种质资源数据 272 条，牧草品种或品系数据 36 条，牧草基因数据 48 条，牧草种子生产及生产企业数据 42 条。

（3）栽培与土肥研究室。基于以往研究基础之上，本年度收集草地生产力与资源数据库、牧草栽培模式数据库以及饲用植物营养价值数据库新增条数分别为 204 条、67 条和 216 条；继续完善牧草主产区气候数据库及草地管理数据库，2021 年收集整理了全国多个气象站点降水量、气温、地温、日照时数、最高温度、最低温度、0℃积温、10℃积温、蒸发量及草地管理等数据 44 053 条；本年度收集了四川、山东、内蒙古、宁夏等地的土样，并对其进行测定、完善土壤肥力库和肥料库与肥料企业库，共增加数据 190 条。

（4）病虫草害防控研究室。在原有基础上进一步完善了草地病虫害发生与防控数据库，包括不同种类牧草的病害名称、病原、病害图片、发病规律防控措施及药剂生产企业，草地害虫名称及其拉丁学名、形态特征、照片、主要危害牧草等数据，共增加 37 条数据量；杂草种类与防除数据库新增数据量 96 条；今年新增 1 项草地外来物种入侵与危害数据库，收集数据 15 条。

（5）机械化研究室。在原数据库基础上，进一步更新完善了牧草栽培、收获与加工机械数据库。通过多条途径，广泛搜集不同类型的播种机、储运机械、干草收获机械、耕整机械、青贮设备与机械、饲草加工机械、田间管理机械和种子机械的适用地形、动力类型、外形尺寸、生产企业及其地址等信息，并增加 159 条数据量。另外，牧草机械化作业典型案视频数据库今年新增 17 条。

（6）加工利用研究室。在已有数据的基础上，完善各地区草产品与加工企业数据库的建设，包括草产品的茬次、营养成分、干草分级及加工企业等，为草产品与加工企业数据库增加数据 39 条；通过对多个地区奶牛、肉牛、羊、蛋鸡、肉鸡、猪和兔广泛深入地调查取样，获取了品种，代谢能、粗蛋白、钙、磷等畜禽需求量、日粮配方、采食量、消化率等数据，为加工利用研究室建立的食草畜禽营养参数技术档案数据库奠定基础，并增加数据 84 条。

（7）产业经济研究室。本年度获得四川、陕西、宁夏、山西、新疆、山东、内蒙古、河北、黑龙江、云南、江苏和湖北等省份牧草产业发展固定监测点牧草种植的成本收益基本数据 12 500 条；收集了 2021 年各月份我国燕麦草、苜蓿干草等草产品及紫花苜蓿种子、羊茅种子、黑麦草种子等草种子进出口贸易量和贸易额，为草产品价格与进出口贸易基础数据库新增数据 850 条；牧草产业生产资料数据库录入各地区种植者牧草生产资料，包括种植牧草品种、面积产量、牧草利用方式、种子用量、底肥追肥用量及成本、灌溉浇水用量及成本等信息，今年新增 4 320 条数据。

表 3　数据库建设工作完成情况

负责机构	数据库名称	2011–2010 年数据量	2021 年新增数据量	现有数据量
产业技术研发中心	牧草产业技术国内外研究进展数据库	3 215	1 119	4 334
	牧草产业全国省以上立项的科技项目数据库	930	111	1 041
	牧草产业全国从事研发的人员数据库	1 288	71	1 359
	牧草产业主要仪器设备数据库	1 496	145	1 641
	其他主产国牧草产业技术研发机构数据库	103	3	106
遗传改良研究室	牧草种质资源数据库	4 426	272	4 698
	牧草品种或品系数据库	835	36	871
	牧草基因数据库	590	48	638
	牧草种子生产及经营企业数据库	415	42	457
栽培与土肥研究室	草地生产力与资源数据库	1 062	204	1 266
	牧草栽培模式数据库	1 012	67	1 079
	饲用植物营养价值数据库	4 288	216	4 504
	牧草主产区气候数据库及草地管理数据库	186 466	44 053	230 519
	牧草主产区土壤肥力、施肥与肥料企业数据库	7 655	190	7 845
病虫草害防控研究室	草地病虫害发生与防控数据库	468	37	505
	草地杂草种类与防除数据库	290	96	386
	草地外来物种入侵与危害数据库	0	15	15

（续）

负责机构	数据库名称	2011-2010 年数据量	2021 年新增数据量	现有数据量
机械化研究室	牧草栽培、收获与加工机械数据库	1 187	159	1 346
	牧草机械化作业典型案例视频库	87	17	104
加工研究室	草产品与加工企业数据库	422	39	461
	食草畜禽营养参数技术档案数据库	700	84	784
产业经济研究室	牧草生产成本收益基础数据库	149 337	12 500	161 837
	草产品价格与进出口贸易基础数据库	8 570	850	9 420
	牧草产业生产资料数据库	46 129	4 320	50 449

三、服务县域经济进展亮点

（一）CARS-34-01B：宁夏回族自治区固原市彭阳县。2021 年国家牧草产业技术体系认真落实农业农村部关于“打造一批‘一县一业’示范样板”的精神，“十四五”期间将宁夏回族自治区固原市彭阳县作为服务重点示范县，依托国家牧草体系科技、智力、品牌等资源优势，促进宁夏回族自治区固原市彭阳县牧草产业高质量发展，充分发挥“一县一业”支撑县域经济发展的作用。一年来，国家牧草产业技术体系积极与固原市彭阳县相关产业部门对接，以打造彭阳县牧草产业品牌为重点，明确了重点任务的落实和责任分工。围绕着多元化牧草新品种、优质牧草高效生产技术和种植模式、牧草生产加工适宜机械引进、牧草病虫害防控、牧草信息化平台等方面开展工作。重点依托彭阳县龙头企业荣发农牧有限责任公司，建立了 4 个试验示范区，开展苜蓿新品种、新技术示范展示，完成了牧草生产加工适宜机械引进调研，初步构建了牧草病虫害防控示范及信息化数据平台。通过示范引领，支撑彭阳县“一县一业”的牧草产业高质量发展，提升了彭阳荣发牧草产业品牌，形成科技与产业有效对接的新模式，助推彭阳县牧草产业发展的新动能，为固原市牧草产业科技服务县域经济发展做出可借鉴、可复制的模板。

1. 已开展的工作。

（1）制定服务县域经济支撑“一县一业“的实施方案。根据宁夏回族自治区九大特色产业规划和彭阳县牧草产业发展的技术需求，成立了国家牧草产业技术体系“一县一业”专家服务团队，围绕着彭阳牧草产业多元化高质量发展目标，针对牧草新品种、优质牧草高效生产、牧草病虫害防控及信息化平台建设等方面开展技术支撑和服务。先后组织岗站专家实地进行调研一次，积极与彭阳县政府、产业部门、企业、合作社座谈会一次，开展技术培训和观摩各一次。

（2）多元化牧草新品种试验示范。围绕彭阳县苜蓿产业发展过程中苜蓿优质高产品种短缺的问题，组织苜蓿品种改良岗位专家积极开展指导工作，在彭阳县孟塬乡建立了优质高产苜蓿品种展示区，示范苜蓿新品种 18 个，面积 20 亩。表现突出的品种为甘农 3 号、甘农 4 号和中苜 3 号，产量均达到 600 kg/ 亩以上。

（3）优质牧草高效生产技术和种植模式示范。围绕着彭阳县新修梯田的牧草高效生产技术瓶颈问题，组织金昌综合试验站、病虫草害防控、放牧管理与草畜平衡、草田轮作、养分管理等岗位专家开展新修梯田的微生物菌株培养、微生物菌肥技术研发、缓释肥技术应用、病虫害综合防控技术、杂草防治技术等方面进行示范，建立了 3 个示范区，示范面积达 5 200 亩。

（4）牧草生产加工适宜机械引进示范。围绕着彭阳县牧草产业发展机械效率低、机械不完善等问题，国家牧草产业技术体系通过调研制定了可行方案，初步筛选出了适宜彭阳山区的苜蓿收获和包膜青贮机械及饲用玉米种、收生产机械，为彭阳牧草产业的高质量发展奠定了坚实的基础。

（5）牧草病虫害防控示范及信息化平台建设。围绕着彭阳县牧草产业 2000—2020 年牧草产业体量，组织体系经济岗位、病虫害防控岗位、遥感监测与智能管理岗位、人工草地生态评价岗位等专家，完成 2000—2020 年彭阳县牧草基础种植面积、产量和价格等基础数据调查及遥感监测；调查了彭阳县主要牧草病虫害发生规律，完成监测点设置和调查设备安装工作，为研发大数据平台做好准备工作。并以龙头企业彭阳县荣发农牧有限责任公司为试点，研发田间苜蓿智能系统，动态采集苜蓿生育期、气象和土壤等信息，为企业在大规模种植中评价牧草生长状况、病虫害预报预测、产量分析等提供数据支撑。

（6）技术服务培训。2021 年召开观摩座谈会一次，体系栽培与土肥、遗传改良、机械化、病虫草害防控、产业经济研究室专家悉数参加，与彭阳县农牧局、企业、合作社等技术人员交流座谈，听取产业发展现在存在的问题和技术需求。举办技术培训会共两次，针对牧草种植和管理过程中栽培技术、病虫害识别及防治技术进行讲解，培训牧草企业、合作社、种养大户及产业部门技术人员 200 余人次。另外，因受新冠疫情影响，体系成员完成远程线上技术咨询服务多次，打破地域和时间限制，完成服务工作。

2. 取得的成效。

（1）提升生产技术水平。建立了优质苜蓿高效生产示范区，重点示范新修梯田地力提升技术、旱地苜蓿缓释肥和菌肥技术、苜蓿病虫害绿色防控技术、苜蓿低损耗收获加工技术，通过试验示范，缓释肥增产效果显著，病虫害防治效果达85%以上，示范区苜蓿第一茬产量达到300~440 kg/亩，可年产优质苜蓿0.3万t，较传统种植模式干草产量提升了39.53%以上。

（2）提升产业发展能力。筛选得到适宜当地种植的优质高产苜蓿新品种，初步集成田间管理技术模式，初步突破了新修梯田苜蓿地力快速提升技术，为实现“种好草、喂好牛、产好肉”奠定基础，提升苜蓿产业和草食畜牧业发展的能力；旱地苜蓿缓释肥和微生物菌剂施用技术的集成和应用，降低化肥用量，改善新修梯田地力，具有显著生态经济效益；利用“星－空－地”一体化监测技术，提升企业智能化管理水平，实现牧草产业经济、生态、信息技术的全面发展。

（3）提升市场竞争力。依托国家牧草产业技术体系专家团队力量，在彭阳荣发农牧有限责任公司基地打造了苜蓿高质量发展试验示范区，通过带领彭阳县牧草种植企业、合作社等20家单位的观摩交流，提升了企业的品牌；通过技术集成应用示范，企业的第一茬苜蓿蛋白含量达到了18%，提高了2到3个百分点，售价达2 300元/t，显著提升了企业草产品的市场竞争力。

3. 经验模式。采用“科技＋龙头企业＋合作社/农户”模式，体系专家团队作为科技支撑，以彭阳县荣发农牧有限责任公司为龙头企业，负责组织优质苜蓿商品草种植、生产和销售，合作社和农户具体负责田间管理。2021年通过新品种推广、新技术的应用，荣发公司头茬苜蓿干草售价达历史最高价2 300元/t，并成功辐射带动5个村种植苜蓿6 000余亩，企业与农户签订了高于当地市场价格20%的收购合同。2021年彭阳县域苜蓿价格为1 450元/t，企业订单收购价为1 750元/t，真正达到了高产优质。

表4　2022年服务县域经济固原市彭阳县工作安排

时间	工作内容
3月	制定2022年服务县域经济“一县一业”彭阳县实施方案。
5月	召开优质高产苜蓿品种展示现场观摩会。
6~8月	组织遥感监测与智能管理岗进行彭阳县牧草种植情况监测，与经济岗位、病虫害防控岗位、人工草地生态评价岗位继续构建大数据平台。
7~9月	举办“一县一业”专家服务活动1~2次，通过召开山区优质高产苜蓿基地建设技术培训会进行牧草种植管理、缓释肥施用、新建梯田地力提升、病虫害防控等技术培训。
12月	盐池站组织召开宁夏牧草新品种、新技术研讨会，与专家、管理部门和企业负责人商议2023年宁夏主推牧草新品种和新技术。

4. 下一步工作打算。制定2022年服务县域经济支撑“一县一业”实施方案，对优质牧草品种选择、高效栽培管理、病虫害绿色防控、产品加工等关键技术开展跟踪服务，继续研发大数据服务平台，构建适宜彭阳县气候和生产条件的多元化牧草产业结构，并定期开展培训，带动彭阳县优质牧草生产技术水平的提升（表4）。

（二）CARS-34-02B：内蒙古自治区赤峰市阿鲁科尔沁县。牧草体系服务县域经济支撑“一县一业”发展领导小组，由首席科学家张英俊教授任组长，阿鲁科尔沁旗政府分管旗长裴焕斌任副组长，旗农牧局、旗林草局为成员，体系13位岗位专家和2个试验站站长作为专家组。在组长的统一部署与指导下，政产学研紧密对接，针对全旗制约牧草产业高质量发展的突出问题，引进推广了一批自育优良牧草品种和全产业链生产利用新技术、新规程，打造了现代化草产业示范区和绿色标准化种养示范区，扶持品牌建设等，通过一年的科技支撑，牧草产业质与量的提升，畜产品绿色优质，进一步保障了奶业和畜产品安全，产业振兴助推了县域经济全面发展。

1. 已开展的工作。

（1）智囊团服务把脉发展建言献策。根据阿旗牧草产业发展的技术需求，成立了国家牧草产业技术体系“一县一业”专家服务团队，为全旗“十四五”畜牧业发展规划提供智力支持。2021年7–9月，赤峰综合试验站就《阿旗十四五畜牧业发展规划（2021—2025）》对饲草料发展布局以及天然草原利用提供专家意见。2021年8月，评审阿鲁科尔沁旗高产优质苜蓿项目实施方案，为全旗草牧业项目实施起到充分带动示范作用把关指导。设立教授工作站开展实时指导。栽培生理与高产栽培岗位科学家在牧草产业核心区设立教授工作站，实时为当地草企业提供水肥管理、杂草防除、越冬管理的技术服务，产业经济研究室建言献策。对全旗种草养牛产业发展情况深入调研，与当地种草养牛农户开展座谈，针对全旗草畜产业发展需求，提出对策建议。

（2）建立现代化草产业示范区，实现规模化优质饲草产品高水平生产。引进体系成果重点支撑服务企业内蒙古绿田园农业有限责任公司发展，针对公司科技需要与发展定位，开展了全方位科技服务，建立了现代化草产业示范区，打造了规模化优质饲草产品高水平生产示范点。在牧草生产方面，引进羊草品种改良岗位自育品种公农1号、公农5号苜蓿种植1 270亩，表现了良好的抗寒性和丰产性，为下一步本土品种的推广解决北方苜蓿越冬难题打下基础；赤峰试验站苜蓿越冬管理技术示范田500亩，养分管理岗位苜蓿和燕麦示范测土精准配方施肥技术11 000亩、燕麦7 000亩；虫害防控岗位引进示范了白僵菌、绿僵菌防治蓟马蚜虫示范2 200亩，综合防治效果达75%左右；毒杂草防控岗位开展杂草防治示范450亩，防治效果98.6%；干草调制贮藏岗位示范苜蓿干草安全贮藏和质量控制管理技术示范1 600亩，品质提升3%以上。这些技术的应用使公司展现了现代化草产业发展的特点，草地生产水平大幅提升，产量与质量再创新高，解决了公司乃至全旗草产业越冬不稳定、质量提升困难、抗风险能力不足的瓶颈问题。

体系以内蒙古绿田园农业有限责任公司为抓手培育样板企业，打造绿色草畜产品品牌。牧区混播栽培岗位建立放牧型人工草地利用技术示范田200亩，草地产量提高12%，饲喂优质牧草提升了畜产品品质；青贮技术岗位研制了饲草青贮加工技术和饲草型肉羊日粮饲喂技术方案用于饲喂指导；体系成果有《科尔沁沙地放牧型混播人工草地改良技术规程》《科尔沁沙地放牧型草地建植与利用技术规范》《内蒙古中东部沙地节水灌溉苜蓿越冬管理技术规程》《沙地节水灌溉苜蓿－饲用燕麦轮作技术规程》《科尔沁沙地灌溉苜蓿刈割技术规程》等多项技术规程，在其指导下，公司在种养加环节实现了标准化生产。体系在首席带领下，多位岗位专家实地指导5次和电话咨询、会议解答等形式对该公司开展跟踪性的技术服务23次。经过体系科技扶持，公司被认定为国家级高新技术企业和内蒙古自治区农牧业优势产业集群领军企业，并获得赤峰市农牧业产业化联合体企业称号，自有品牌“草原苜蓿羊”“草原苜蓿牛”“草王的羊”市场影响力稳步提升。体系科技支撑助推了企业的发展壮大，目前实现了牧草种植、牧草加工、牧草贸易、肉羊养殖和生态旅游五位一体化发展，在中阿“一带一路”草畜一体化示范园建设项目推进上，提供了技术保障。用科技为全旗打造出了现代化草产业示范区，实现了规模化优质饲草产品高水平生产，为下一步以点带面全旗推广提供了发展样本。

（3）建立绿色标准化种养示范区，为生态治理与生产发展提供样本模式。2021年农业主推技术之一“混播人工草地划区轮牧”技术源于阿鲁科尔沁旗，一年来对技术进行优化、提升，采取集中打造标准种养示范区的方式开展技术优化与示范，在典型户呼日勒巴特尔、额尔敦乌拉2户家庭牧场建立绿色标准化种养示范区1 400亩，根据草地特性分区域开展草地合理放牧利用示范，示范区草地产量提高12%以上；在放牧6年的混播草地开展了补播、施肥改良示范；将体系成果《科尔沁沙地节水灌溉混播人工草牧场划区轮牧技术规程》和《混播人工草牧场改良技术规程》提供给技术推广部门和116户牧民用于标准化生产指导，示范户生产技术水平取得了显著提升。示范区严重退化沙化天然草地种植混播优良牧草后草地产量提高了20倍，品质达到了一级草水平。养殖一个羊单位由原来需要13亩草地降到8亩，牲畜生产效率提高40.3%，折合每亩新增纯收益589.3元，牛羊肉产品真正实现了绿色、优质、优价。种植一亩混播草地可代替16.2亩天然草场休养生息或合理利用，种植4年的混播草地有机质含量提高96%，改善了贫瘠土壤，在生态治理、生产发展和生活富裕方面实现了兼顾共赢。由于混播草地较单播苜蓿草地节水2/3，受水资源限制也为县域牧草产业转型升级、规避单一生产干草生产雨淋及市场风险提供了转型模式。

（4）多项体系成果引进吸收，解决产业瓶颈，助力县域经济高质量发展。体系自育品种公农1号、公农5号苜蓿在阿旗达布希绿业有限责任公司、阿旗天歌草业有限公司示范3 000亩。引进47个重点草种青贮玉米、饲用燕麦和苜蓿开展适应性评价，遴选出1个高产优质青贮玉米、1个高产优质抗倒伏饲用燕麦品种、6个越冬高产优质苜蓿品种，示范应用面积达15 600亩，为全旗牧草产业和粮改饲提供品种支持。开展全旗主要牧草动态变化遥感监测，提取了近20年苜蓿、燕麦和青贮玉米的面积、产量和价格数据。初步分析显示：阿鲁科尔沁旗的玉米、燕麦、苜蓿的面积在过去20年间都呈现显著增长趋势，玉米面积于2007年和2016年两次呈现爆发式增长，苜蓿种植从2010年开始，在最近10年增长迅速。燕麦种植于2014年开始，近5年基本保持稳定，通过规模化人工草地制图，准确获取了人工草地空间分布等信息，这将能够为当地相关部门在对人工草地建设及合理利用方面提供理论依据及数据支撑，提高草地生态生产效应，提升产业发展能力，促进地区草产业可持续发展。在发展区位和种植水平具有代表性的3家企业：阿旗达布希绿业有限公司、赤峰地森农牧有限公司和岩峰农业生物科技有限公司，建立成果集中示范区；引进苜蓿、燕麦新品种示范600亩、青贮玉米品种示范1 000亩；建立苜蓿越冬管理技术示范田500亩；引进苜蓿和燕麦的测土精准配方施肥技术示范49 000亩、燕麦190 000亩；为岩峰农业生物科技有限公司建立智能管理系统等，这些适宜品种及新技术的引进，进一步提高了草地单产水平和品质，示范效果良好，助力产业提质增效。

2. 取得的成效。

（1）提升生产技术水平。通过体系成果引进吸收，培育与引进的牧草品种应用面积覆盖率达95%以上，新品种使草地平均单产苜蓿干草稳定在890~1100kg提升了16.3%；饲用燕麦干草单产平均稳定在460kg以上，提高了5.6%，解决了因选择品种不当造成越冬死亡问题，为产业发展提供了基本保障。水肥精准调控技术节水近1/4，节肥23.4%，虫害防治效果75%，草害防治效果98.6%，干草蛋白含量提升3%，越冬率提升25%。

（2）提升产业发展能力。一年来，通过体系全方位科技服务，为产业把脉发展建言献策，完成技术成果引进示范、科技培训等工作，使产业抗寒品种、越冬、节水控肥、品质提升等关键技术难题得以解决，集中打造了国家高新技术企业内蒙古绿田园有限公司现代化草产业示范区，实现了规模化优质饲草产品高水平生产，为产业发展能力提升提供了技术样本；集中打造了家庭牧场绿色标准化种养示范区，为生态治理与生产发展提供样本模式，为产业转型升级提供了技术样本。

（3）提升市场竞争力。新品种、新技术、新规程应用后，示范区特级草比例达65%，一级草比例达95%，卓有成效地提升了国家地理标志证明“阿鲁科尔沁紫花苜蓿”和“阿旗”草业集体商标的影响力，苜蓿干草地头价平均达 2 599.3 元 /t。作为全国约 1/5 商品草生产基地的阿鲁科尔沁旗，商品草远销京津冀、东三省、山东、山西及内蒙古周边地区，多年来由于品质参差不齐导致效益低下、抗风险能力不足和在国际市场上竞争力弱等问题，通过体系成果应用和科技支撑，提高了草地生产技术水平，草品质稳定性大幅提升，分级销售增加了产业效益，并在苜蓿的定价权的影响力方面有了一定发言权，对代替部分进口苜蓿，稳定国际牧草价格，改善我国苜蓿草的供给形式发挥了积极作用，为奶业安全和畜产品安全提供了保障。绿色标准化种养示范区建设，实现了好草养好牛羊，“阿鲁科尔沁牛肉”和“阿鲁科尔沁羊肉”品牌提升了知名度，实现了增效。

3. 经验模式。“科技创新 + 地方政府推广 + 龙头企业 / 种养大户落地应用”模式。本着产业需求，引进体系新品种、越冬管理、病虫草害防治、干草提质增效、节水控肥等技术，通过地方政府推广部门开展示范推广，在龙头企业和种养大户中落地应用，配合全程技术指导，从产前、产中、产后全产业链全方位，以点带面推动产业发展，为产业转型升级、草畜结合、乡村振兴提供了典型样板。

4. 下一步工作打算。根据阿鲁科尔沁旗草牧业产业发展技术需求，确定服务“一县一业”专家在阿鲁科尔沁旗落实示范内容，继续加大优质高产多年生混播草地生产力高效稳定维持技术、混播草地放牧、刈割及牧刈轮换等关键利用技术及混播草地畜种优化与草畜配置技术的集成与示范，对苜蓿、饲用燕麦等优势牧草的高效收获利用开展技术服务，推进抗寒优良苜蓿品种选育、牧草节水型种植模式、高附加值饲草饲料产品、牧草品质控制技术及毒杂草绿色防控技术研发，推进牧草领域的行业、地方标准制定工作，同时定期开展相关关键技术培训，助力阿鲁科尔沁旗草牧业走产出高效、资源节约、环境友好的发展新路子（表 5）。

表 5　2022 年服务县域经济阿鲁科尔沁旗工作安排

时间	工作内容
4 月	与阿鲁科尔沁旗草业业务主管部门、牧草种植企业及合作社进行技术需求对接。
5–6 月	服务“一县一业”专家在阿鲁科尔沁旗落实示范。
6–7 月	举办服务“一县一业”现场培训会。
8–9 月	进行专家对接服务，通过现场指导进行技术培训。
10–12 月	将主推技术、技术规程和主推牧草品种推广到牧草种植企业及合作社。

四、应急与咨询服务工作亮点

（一）积极响应国家战略及地方重大需求。

1. 为饲草产业发展献言献策。依托体系科技力量，积极向国家及地方政府建言献策。提出的“大力发展草畜业 缓减粮食安全压力”建议被《人民日报（内参）》采用，并得到胡春华副总理和农业农村部唐仁健部长的批示，农业农村部畜牧兽医局正在开展相关调查研究；受农业农村部委托，结合实地调研经验和数据，撰写《大力发展苜蓿产业 保障奶产品有效供给》并递交农业农村部，获得农业农村部首席兽医师李金祥批示，为指导苜蓿产业发展提供了有效的政策建议；体系多位专家参与的《全国现代饲草产业发展规划（2021—2030 年）》提交农业农村部畜牧兽医局，并通过了公开的论证，即将发布，可为产业中长期发展提供指导。

2. 助推林草有机结合。参加科技部组织的林草科技创新专家座谈会，就草种业科技创新情况作了相关汇报。应国家林草局种苗司等邀请，体系团队参加了全国草种质资源技术协作组会议，为全国草种质资源收集保存利用未来发展规划和实施方案建言献策。承接国家林草局全国林草生态综合监 测任务，完成阿坝州 162 个草原样地的监测任务。试验站协助云南省林草局“草地健康评价标准”“草地监测年度报告”等技术咨询及草地监测培训工作。

（二）及时应对突发灾害，加强处置防控能力。

2021 年度我国南北方各省（区）多数地区受夏季强降雨和秋季连续阴雨天气的影响，牧草生产受灾严重，而 6 至 9 月为我国牧草主产区主要收获季节，强降雨天气影响严重了牧草的产量和品质。今年强降雨天气造成的洪涝灾害主要发生在我国华北、东北、西北和华中地区，受灾面积约为 1 600 万亩，其中苜蓿受灾面积约有 390 万亩，青贮玉米受灾面积约 1 150 万亩，燕麦及其他饲草受灾面积约 60 万亩。受灾情况较为严重的有内蒙古、河南、河北、山东、甘肃和宁夏等省份，受到降雨影响，牧草出现产量下降、品质变差、生长期延长甚至绝收的情况，还导致牧草大面积受雨水浸泡或因遭遇大风发生倒伏，难以采用机械收获，另外，也带来了高湿环境，引发苜蓿根腐病和玉米锈病等病害传播，部分地区伴随虫害发生。针对上述问题，体系及时组织力量开展全国草产业受雨灾影响的调研工作，提出应对建议，形成《强降雨对牧草产业影响调研报告》上报农业农村部。

常见的牧草病害、虫害、毒杂草、冻害、旱灾及涝害等问题时常制约牧草产业的发展。据体系专家测定，每年因病虫害造成的牧草损失约占其草产量的 15% 左右；我国内蒙古等部分地区由于纬度较高、气候冷凉、寒潮等降温天气频繁，冷害、冻害等灾害时有发生，严重影响了当地农牧业生产；我国干旱及半干旱地区面积占全国总耕地面积的 48%，局部区域频繁的旱灾直接危及我国农牧业生产、生态保护及国民经济可持续发展；黄淮海地区为牧草主产区之一，但我国黄淮流域为重大洪涝多发区，平均 2~3 年出现 1~2 次重大洪涝灾害，而对于水位偏高，且排灌系统不配套的黏性土质地区，每年会有大部分苜蓿植株因遭受涝害而死亡，严重制约着当地牧草产业的发展。为促进牧草业可持续发展和为畜牧业提供优质牧草，针对以上各问题，体系积极组织专家制定相关预案、监测预警、应急技术及相应防灾意识宣传与普及办法，形成《国家牧草产业技术体系防灾减灾技术手册》上报农业农村部。

（三）继续严防死守，积极开展新冠疫情防控工作。2021 年 10 月，甘肃嘉峪关、张掖、兰州、天水等地暴发新冠疫情，相关企业采取了停工停产的措施，养殖和牧草企业的牧草青贮、加工等出现了困难，针对此问题，体系团队召开视频会议，积极为企业提供技术支持，帮助企业渡过难关。针对云南德宏地区新冠疫情情况，试验站相关示范县部分工作人员长期坚守在边境严防死守，保护边境安全。体系试验站坚持不信谣、不传谣，传递防疫工作的正能量，通过网络和电话，及时跟云南德宏边境疫情区（示范县相关负责人）进行沟通，时刻关注疫情发展对区域牧草产业发展的影响，为在边境疫情防控的工作人员加油打气。

（四）联合执行体系重点应急任务。

1. 蛋白饲草开发与综合利用。

（1）收集评价并开发优质种质资源。牧草体系调查收集海南及西藏饲用植物 153 种、660 份资源样本，开展了 205 份饲草样品的粗蛋白含量评价，筛选出了一批高蛋白的饲草资源，基本上确定了以上两个特殊区域的蛋白饲草分布情况和资源特性。评价了箭筈豌豆、野豌豆等 1 372 份豆科牧草资源，10 份品种灌乔木， 10 份其他农作物，解析了箭筈豌豆响应干旱胁迫的 miRNA 调控网络，提出了野豌豆属物种鉴定的理想 DNA 条码，发掘高蛋白高产优质饲草材料 2 个。筛选了适合新疆地区的杂交构树，4 年的试验结果证明筛选的构树为耐寒、持绿期长、性状稳定的优良品系。

（2）开发蛋白饲草生产加工技术。本体系与国家大豆产业技术体系合作，对桂夏 1 号（GX1）、桂夏 7 号（GX7）、华夏 3 号（HX3）和南黑豆 20（NH20）4 个品种开展了增加种植密度和减少施氮量的高效栽培技术研究，明确饲用大豆品种的环境需求属性，确立饲用大豆品种最佳氮密种植模式。培育了区域适宜性蛋白饲草品种 40 余个，并利用管理手段提升饲草的蛋白生产水平，使蛋白质含量达 24% 左右。针对牧草干燥中营养损失和品质降低的关键问题，基于红外和热风干燥的不同动力学特性，设计研制了一种红外 – 热风联合干燥设备，为进行高蛋白饲草加工提供了高效加工设备。开展饲用油菜青贮技术的研发，并在吉林省长春市进行青贮技术示范。

（3）开发蛋白饲草的利用技术。体系与达州市饲草饲料站、大竹县农业农村局等合作，在大竹县木鱼池黑山羊养殖专业合作社开展了山羊全混合日粮颗粒料加工示范工作，取得了较好的效益。

2. 牧草重大病虫害信息化监测与绿色防控。沙漠蝗 2020 年在西亚的印度、巴基斯坦等多国暴发成灾，存在迁入我国的风险。2021 年 8 月 2–6 日，昆虫岗位受国家林草局草原司邀请，赴西藏日喀则市聂拉木县调研有无沙漠蝗发生，调查未发现沙漠蝗发生。培训了当地草原站监测沙漠蝗的技术，撰写《西藏草原有害生物防治调研报告》作为调查沙漠蝗及其他迁飞性暴发性害虫的依据。在甘肃、河北、宁夏、新疆、云南、陕西、内蒙古、黑龙江，共 8 个省份监测了自 2018 年设立的苜蓿病害监测点上苜蓿病害。苜蓿毁灭性黄萎病分布区域 2021 年在河西走廊 4 个地级市和甘肃中部的兰州市永登县发生，存在蔓延的趋势，苜蓿黄斑病在云南局部流行成灾，苜蓿小光壳等其他苜蓿病害发生与 2020 年接近，未流行成灾。撰写了《防灾减灾技术手册 – 病害篇》。

五、对接服务企业工作亮点

2021 年国家牧草产业技术体系各岗站通过创新科企对接合作机制、新品种新技术示范、技术咨询指导服务、研发平台联合创建、合作承担科技项目、品牌培育及品牌企业打造等多种有效措施，对接服务草业及相关企业 180 余家，开展对接活动 260 余场次，为企业开展技术服务 800 余场次，培育提升了“绿田园”“苜蓿湖羊”“沧茂盛园”“景益”“杨柳青”“柳氏草业”等草业品牌 20 余个，有力支撑了企业高质量发展，提高了企业草产品市场竞争力，壮大了企业发展实力。

1. 创新科企对接合作机制，高质量支撑服务企业发展。体系在甘肃杨柳青牧草饲料开发有限公司的紫花苜蓿高效节水灌溉试验基地，以水肥为干预，开展了荒漠灌区紫花苜蓿高效节水灌溉理论及技术研究工作，正在进行苜蓿节水品种筛选、耗水规律、水分养分间的互馈耦合机制和高产优质苜蓿的水肥阈值的确定研究；初步制定了适宜于荒漠化灌区苜蓿生产种植的灌溉制度；得出了适宜灌区高产优质苜蓿生产的最佳水分调控模式，灌区苜蓿单产提高 10%~15%，粗蛋白含量提高了 5%~10%，水分利用效率提高 15%~25%。该技术推广应用后，不仅实现了节水增产，使甘肃杨柳青饲草饲料公司苜蓿草产品一级品率最高达到 60% 以上，质量据全国之首，成为全国优质草产品的代表，具有明显的价值与价格优势，占领市场份额。协助甘肃杨柳青牧草饲料开发有限公司拟成立“甘肃省苜蓿节水灌溉研究中心”。

体系与黄骅市丰茂盛园农业科技有限公司、河北景明农业科技有限公司、青县福林农业开发有限公司等企业进行了紧密对接合作，示范加工调制优质苜蓿干草 3.2 万余 t 以上、苜蓿青贮 9.5 万 t 以上、全株玉米青贮 15 万 t 以上、燕麦干草 1.2 万 t 以上、宠物饲草 2.1 万 t 以上，二级及以上草产品比例提高到 85% 以上；示范企业苜蓿亩均产值提高到 1800 元左右，较 2020 年增长近 20%。在体系的帮助下，黄骅市丰茂盛园农业科技有限公司获批国家农业高新技术企业。2021 年 4 月 17–19 日，试验站组织相关对接企业赴重庆参加全国饲料工业博览会，丰富多样的饲草产品成为饲草展区的一大热点。全国畜牧总站王宗礼站长、草业处王加亭处长、赵之阳副处长、标准处李新一处长等均亲临展区进行参观指导。会上与近 20 余家客户达成合作意向，会后先后有四川、重庆、广东等地近 10 家客户到对接企业进行考察与签约。

体系与内蒙古绿田园农业有限责任公司对接，累计引进体系成果9项用于指导企业生产，在企业湖羊养殖、现代化草产业生产、混播草地放牧利用和草颗粒加工厂的建设和产业链延伸、绿田园农业（Green Pasture）•草原原生态“苜蓿湖羊”高端品牌羊肉的品牌创建等方面开展了全方位技术指导20余场次，全面提升了企业综合生产水平。

2. 加大全产业链科技支撑，有效助力企业提质增效。体系各岗站通过与企业共建优质草产品研发与加工基地、牧草规模化种植示范基地、草业技术支撑服务体系及技术培训、技术指导等多种形式，从品种、种植、田间管理、收获加工、储藏、饲喂利用、良种繁育等全产业链，加大了牧草新品种、新产品、新模式、新技术的示范应用，累计为相关企业开展技术服务800余场次，示范牧草新品种20余个，示范牧草种植管理、草产品加工、示范天然草场改良及草产品饲喂利用技术30余套，累计示范面积130余万亩，牧草生产的科技水平显著提高，牧草单产平均增加10%以上，草产品质量优质率提高10余个百分点，有效助力企业提质增效。

3. 加强草业品牌培育提升，协力打造草业品牌企业。各岗站通过加大与企业紧密对接合作、科技支撑、新产品研发，加强草产品质量检测与分级服务，搭建企业交流交易平台，加大媒体宣传力度等措施，培育提升了“沧茂盛园”“绿田园”“苜蓿湖羊”“景益”“杨柳青”“柳氏草业”“首香园”“首香谣”等20余个草业品牌的价值与影响力，显著增强了企业的产业发展水平与市场影响力，品牌效应进一步增强，企业经营效益显著增加，企业市场竞争力进一步提升。

六、重要机制创新

1. 拓展体系功能，鼓励跨体系交流合作，建立互助联合发展机制，延长体系产业链。牧草的后端是畜禽，畜禽所需是牧草产业发展的方向，只有与畜禽相关的产业体系建立合作交流机制才能稳定牧草产业的发展方向和保证畜禽生产的食物安全。2021年牧草产业体系与国家肉牛牦牛、肉羊、蛋鸡、奶牛、绒毛羊、肉兔、水禽等8个产业体系22个岗站在产业调研、技术研发、产品开发、模式构建等方面开展了联合攻关，确保了草畜产业的健康发展。另外，体系与绿肥、大豆、谷子高粱、燕麦荞麦、玉米、荔枝龙眼、马铃薯、木薯、葡萄、特色油菜、西甜瓜、茶叶等13个国家产业体系31个岗站开展合作，在饲草高效种植、农作物秸秆高效利用、饲草加工、林草间作模式构建等方面取得了显著的成效。2021年，体系与橡胶体系联合，以橡胶林特有的林下自然资源为载体，在林下间作适宜牧草品种，结合草食为主的畜类牧养技术，构建橡胶林下种养结合循环农业系统，提高天然橡胶农业资源利用效率，增加胶园经济、生态效益和胶农收入，维稳胶农数量，促进天然橡胶产业可持续健康发展。

2. 积极推动地方产业技术体系建设，加强区域工作协同，实现高效发展。地方产业是根据地方产业发展需求而建立的产业体系，相对于国家产业体系具有更强的区域性，对地方产业发展更有针对性。国家牧草产业技术体系成员积极推动所在区域地方产业体系的建设和发展，与地方产业体系联合开展该区域产业发展的研究示范，二者可实现优势互补、协同发展。2021推动了海南草畜产业体系的构建，与西藏、重庆、新疆、四川、山东、青海、湖北和河北等8个省份相关产业建立合作关系，推动地方草－畜产业的发展。

3. 加强与大学、科研院所合作，优势互补，突破产业发展瓶颈。牧草产业体系既是一个产业发展推动系统又是一个产业发展研究平台，针对产业发展中存在的问题，体系内无条件解决的，通常通过与大学和科研单位进行联合攻关，以突破产业发展的瓶颈。2021年，牧草产业体系共与北京大学、兰州大学、甘肃农大、海南大学、内蒙古大学、中国科学院、中国农科院等34所大学和科研院所的68个课题组开展针对产业发展的联合攻关。

4. 建立“岗位－试验站－政府－企业”联合攻关、示范和推广模式，助推新品种、新设备、新技术示范推广和体系与产业接轨。政府和企业不仅是新品种、新技术和新模式推广的主体，还是产业发展需求和存在问题的回馈源头，牧草产业体系建立与政府和企业建立良好的合作关系，实现了成果输出与信息输入良性循环。2021年牧草产业体系与全国畜牧总站、全国政协、各省市饲草畜牧管理等53个部门建立了稳定的合作关系，促进了该区域牧草产业的健康发展。与牧草及种子生产、畜禽养殖、机械制造和农业开发等领域的50家企业开展了新品种授权、合作研发、技术指导等方面的合作，打通了“产－学－研”之间的阻碍。

七、宣传报道情况

2021年度，为了加大对国家草牧业相关政策、法规、规划以及现有新产品、新技术、新成果等的宣传报道力度，牧草产业技术体系所属的20个岗位、14个试验站积极发挥自身优势，在中央电视台CCTV-1、CCTV-13、中央电视台新闻频道、中国畜牧业“特别关注”栏目、中国日报、中国绿色时报、光明日报、农民日报、新华社、人民网及新华网等中央媒体上稿21篇。借助媒体的力量，成功播放了大型纪录片《摆脱贫困》（第四集合力攻坚），报道了重大成果“北方草甸草原生态修复与智慧管理技术”和“苜蓿套种青贮玉米高效生产技术”，在中国绿色时报社的“林草新闻”微信公众平台发表了《草原生态恢复创新团队：修补“绿地毯”为农牧民铺就幸福路》和《科学保护南山牧场，合理利用发展草地畜牧业》的重要论述，刊登了《科技驱动河西走廊苜蓿草生产质量迈入国际先进行列》专题文章，展示了黄骅市林江农业科技发展有限公司万亩苜蓿示范基地的丰收景象，并对国家牧草体系在乌蒙山区科技扶贫工作也进行了相关报道，指出专家团队立足地方特色产业，开展科研攻关、技术集成与示范应用，全力助推该县脱贫攻坚与乡村振兴。此外，中央电视台新闻频道近8分钟大幅报道了沧州综合试验站与河北黄骅林江农业科技发展有限公司对接合作的万亩苜蓿丰收与优质草产品加工景象。

与此同时，体系的各岗站也积极发挥地方媒体的示范引领作用，在河南广播电台、山东电视台农科频道、宁夏卫视、内蒙古通辽市电视台、赤峰新闻、极光新闻、南国都市报、海南日报、河南日报、四川农村日报、河北日报、黑龙江日报、青海日报、四川人社网站等地方媒体上稿119篇。依托媒体平台，成功播出《小草虽小，也能做成大产业》节目、专题纪录片《复兴路上》《九大产业看发展：宁夏加大苜蓿良种繁育——有效解决优质牧草不足问题》，报道了体系成功研制出的"种草兼收"新型羊草种子收获机、"冀饲系列小黑麦品种推广利用范围——实现全国所有饲草生产区域全覆盖"长江2号多花黑麦草品种通过北美AOSCA协会专业认证；宣传了国家牧草产业现状、牧草栽培关键技术、苜蓿的种养模式和多元化生产，以及冬黑麦饲草引种和种植技术模式，退化草原补播紫花苜蓿技术等一系列新进展、新技术和新成果，扩大了牧草体系的社会影响力。

依托牧草产业技术体系试验站成功举办成渝地区双城经济圈现代高效特色农业带建设万达开片区科技成果推介会、国际山地农业科技创新联盟成立大会暨第三届国际山地农业研讨会、饲草料产业装备论坛，系统展示了选育的蜀草1号高丹草、川北箭筈豌豆等8个新品种以及机械化生产、青贮加工、种养循环、果草套作、人工混播草地建植等技术模式，并作题为《饲草料机械装备进展》的主题报告，取得了较好的宣传效果。

八、经费使用情况

牧草体系严格按照国家项目经费管理办法执行，建立健全管理规章制度，从制度上确保经费使用合理高效，体系顺利、良好运行。本体系共30名岗位科学家，25名试验站站长，本年经费共计2 730万元。本年度，截至2021年12月19日，已支出2 223.46万元，支出比例为81.45%。项目运行经费主要用于田间试验、燃油动力、测试费、交通差旅费、劳务费、材料费、会议费、资料费等。具体支出情况如表6所示。

表6　2022年服务县域经济阿鲁科尔沁旗工作安排

项目编号	项目类别	预算总经费（万元）	本年度已支出（万元）	支出比率（%）
1	材料和小型仪器设备购置费	583.57	544.14	93.24%
2	测试化验加工费	435.19	363.36	83.49%
3	燃料动力费	55.20	42.36	76.74%
4	差旅费	521.50	397.82	76.28%
5	会议费	77.05	28.69	37.24%
6	出版/文献/信息传播/知识产权事务费	174.45	127.25	72.94%
7	劳务费	646.00	523.42	81.02%
8	管理费	162.20	149.31	92.05%
9	其他	74.84	47.11	62.95%
10	合计	2 730	2 223.46	81.45%

九、体系自评价

2021年是"十四五"开局之年，牧草产业技术体系面向乡村振兴和高质量发展等国家战略，紧密结合《"十四五"推进农业农村现代化规划》《"十四五"全国农业绿色发展规划》等部署，聚焦牧草产业重大关键技术和卡脖子问题，围绕优质饲草高产高效生产、高效利用与转化，凝练了两项重点研究任务；面向服务县域经济发展，凝练了两项牧草产业技术集成示范重点任务。体系重点任务是瞄准目前我国牧草产业发展需求和国际草牧业技术前沿，补齐短板，发挥优势，目标精准。

2021年，牧草体系各岗站紧密围绕上述重点任务联合攻关，开展了从草种资源挖掘创新及品种选育应用、优质饲草增产增效、草地高效利用与转化、退化草地改良、牧草收获加工、机械设备创制及病虫害防控等关键技术研发与示范应用；审定登记新品种15项，建立标准40项，授权专利132项；研究成果创新度高，4项技术成果入选农业农村部主推技术，其中"苜蓿玉米套作高效生产技术"入选农业农村部重大引领性技术，引领了我国农业结构调整和草牧业产业发展。

针对服务县域经济发展、推进"一县一业"，牧草体系开展了东北、华北、西北、青藏和南方5个区域的牧草产业调研，明晰了各区域牧草产业现状、科技需求和"十四五"发展途径；针对内蒙古阿鲁科尔沁旗、彭阳县两个重点帮扶县，摸清了近20年牧草产业的变化趋势，充分耦合与对接牧草体系科技成果、地方草牧业产业需求、相关草牧企业生产需求，建立了宁夏"天然草原和现代人工草地养殖一体化模式"大型示范区，支撑区域现代草业和草食畜牧业发展。

牧草体系认真落实农业农村部的各项工作部署与应急任务，聚焦产业需求，积极提供政策建议和技术咨询服务，包括《大力发展草畜业 缓减粮食安全压力》《大力发展苜蓿产业 保障奶产品有效供给》《关于将草原生态文明建设和高质量发展上升为国家重大战略的建议》等多项建议，均得到中央、农业农村部和地方政府的重视与肯定性批示，为牧草产业发展创造更好的政策环境。同时，组织体系完成《全国现代饲草产业发展规划（2021—2030年）》，为将来体系的工作指明了方向。

十、存在问题和明年工作计划

（一）存在问题。2021年，国家牧草产业技术体系在农业农村部指导下，在各岗位科学家、各功能研究室、各试验站通力协作和共同努力下，体系工作有序开展，通过汇总分析，仍存在以下问题。

1. 体系任务。

（1）部分任务因疫情反复受阻。受新冠疫情反复的影响，多个岗站年初计划开展的集中技术展示和示范工作、科技扶贫和技术指导、应急服务和科技调研、学术会议等活动未能完全实施，现场技术交流受到较大影响，多改为线上视频或信息交流。部分地区的极端天气对牧草种植、收获、加工处理以及试验效果评价等方面产生较大影响。部分岗站工作受到直接影响，部分田间的研发任务受阻，只能转到室内通过盆栽试验的形式完成。

（2）成果转化不足。部分岗、站对自身和体系成果的凝练梳理不够完整、不够全面，与基础需求结合不够紧密，在体系成果推广和转化方面稍有不足。应加强与地方相关企业、种植大户和合作社合作，加快体系成果推广和转化效率，更好地为农牧民服务。另外，存在企业需求与科研成果（方向）不一致的现象，在牧草产业的部分领域，特别是分子研究及前瞻性研究方面，科技成果应用性不强。试验站任务的设置要从生产实际需求出发，多研发实用新型技术并凝练接地气的简洁技术。

现有优良牧草品种转化利用较低。目前生产和生态建设对高寒牧草的种子需求较大，但市场上缺乏足够的种子供应。应该积极扶持相关的种子企业，建立与企业双赢的合作方式。

随着牧草产业自身发展与社会需求的不断增加，体系任务对行业需求和社会需求的把握准确度还需提升，具体体现在示范推广中机械化程度不高、重点技术研究推广力度不够等方面。

2. 体系制度建设和管理办法。体系制度建设和管理办法不够完善，在日常工作上报、产业动态、动态日志填报方面，存在补录、漏录现象。体系重点任务由多数岗站参加，部分材料收集较慢，体系内各单位间的组织协作与联合攻关略显不足，内部岗站和岗岗协作机制仍需强化。

部分岗站机械设备、实验仪器、草产品加工设施等硬件条件不够完善，试验用地紧缺，品种推广和装备示范收到较大影响。部分地区草业科技人员严重缺乏，尤其是缺乏高级专业技术人才。部分岗站团队成员普遍年龄偏大，暂未有优秀的科研人员充实团队。

3. 经费。今年由于新冠疫情的持续影响，年度经费下达较晚，部分岗站经费需求增大，前期经费较为紧张，体系科研费用多由团队成员垫付，造成部分田间研发任务受阻；年底各岗站部分支出仍未报账，经费执行率低。部分岗位单位财务报账审批环节较繁杂，经费报销滞后。

4. 宣传报道。体系各岗站对宣传工作的重视度不够，部分试验站开展科技研究工作和科技服务工作较多，但宣传报道较少，尤其是缺少地区主流媒体的报道，直接影响政府、企业等对体系工作和成果的了解，有碍广泛而深入的交流合作。

5. 交流合作。牧草上下游产业耦合研究薄弱，牧草与作物、林与草、草与畜等系统耦合研究不深入、系统性不强。体系各岗站与养殖企业和农户、地方行政管理部门、生产推广业务部门、高校等的联系欠缺，产、学、研的整合力度有待加强。对地方草业发展的理念与思路了解不够深入，未及时掌握企业对草业科技的诉求，对当地草业发展的方向缺少把控。国际相关研究合作开展较少。

6. 科技帮扶。目前，科技帮扶与乡村振兴工程的有效衔接还存在一定距离，部分试验站的科技服务侧重于对种植企业进行品种推优、测土配方施肥技术指导、病虫害防治技术指导、山地小型收获机械推广、培育龙头企业成立收获加工机械专业组织、示范推广牧草收获加工机械及配套农艺技术、开展技术培训等，这些与地方政府开展的“一村一品”“一县一业”等重点工程的整合与有效衔接上还存在不足。

科技帮扶机制还需进一步创新。体系综合试验站多为省级农科院下面的二级单位，而农科院有固定的乡村振兴示范村，试验站未能充分将其融合到重点工作中去，较难依靠试验站本身支撑起科技帮扶的工作任务。

7. 其他。牧草产业经济效益不稳定，产业政策扶持不稳定，受外界影响较大。国家和地方政策支持力度不够，虽有“粮改饲”“退牧还草”等政策的推行，但饲草种植补贴少（远低于经济作物棉花）、产值低，大部分农民种植意向弱，因此需要大力拉动下游养殖业，种养结合，提高产值，改善本地农民经济状况。牧草产业政策仍需要提高，存在产业资金缺乏、法律法规及标准化体系不健全等问题。

草食家畜的繁殖周期长，加之“重畜轻草”“重粮轻草”的思想普遍存在，决定了草牧业周期长、投资高、见效慢的特点，亟须政策扶持。但近年来，国家投入主要集中在生猪、奶业和草原生态保护建设等方面，而草牧业却没有专项的良种繁育、圈舍建设、饲草种植、饲料加工等方面的补贴，使得草牧业发展后劲不足，规模扩大受阻。

（二）明年工作计划。

1. 任务方面。在继续开展相关合同任务的研究工作基础上，夯实研发成果、收集整理产业发展中的问题，重点攻关苜蓿越冬和混播高效利用技术、推广苜蓿套种玉米重大引领技术，开展南方林下种草养畜技术；结合各领域、各区域发展现状及国内外前沿，积极参与“粮改饲”等项目实施，主动提供技术支撑，加强研发成果支撑政府工作与产业发展的力度，集成体系各项关键技术，加快成果转化应用。做好数据库建设，对数据库进行升级管理。

2. 交流合作方面。体系内加强同一区域岗站间衔接，强化不同领域专家合作水平、扩大合作范围；体系间加强与橡胶体系开展林下经济，与肉羊和肉牛体系开展混播草地放牧利用，与奶牛体系开展苜蓿套种玉米技术示范，与生猪体系开展苜蓿叶粉替代大豆技术合作，推进林草结合、草畜结合、种养结合，促进相关产业转型升级；体系外加强与地方政府、地方牧草体系或创新团队及企业合作，推动体系与县域经济、乡村产业、龙头企业融合。

3. 科技帮扶方面。继续开展“草堂行”科技培训，强化技术培训和技术指导水平，加强基层与种养企业技术人员培训；加强对帮扶地区技术升级改造，建立创新帮扶机制；积极开展科技服务和乡村振兴战略服务，让成果惠及农牧民，实现绿色发展、增产增收。

4. 宣传方面。继续完善体系网站、微信公众号运营；进一步加强对体系工作，特别是对相关试验站的宣传力度，拓展宣传渠道，及时进行体系各项活动、技术的宣传。

5. 经费方面。继续严格按照国家项目经费管理办法执行，合理有效地使用科研经费。

6. 其他方面。抓好团队建设和人才培养，提升团队创新水平；完成各项应急性任务、突发事件的应急处理。

附表 1　2021 年国家牧草产业技术体系人员名单

序号	功能研究室	岗位名称	姓名
1	遗传改良研究室	种质资源收集与评价	王赟
2		苜蓿品种改良	杨青川
3		羊草品种改良	王志锋
4		披碱草无芒雀麦品种改良	张博
5		黑麦草三叶草品种改良	张新全
6		狼尾草柱花草品种改良	刘国道
7		青藏高原牧草育种	周青平
8		种子扩繁与生产技术	毛培胜
9	栽培与土肥研究室	栽培生理与高产栽培	王显国
10		草地改良	刘刚
11		土壤改良与产地环境治理	肖燕
12		养分管理	李向林
13		草田轮作	师尚礼
14		放牧草地管理与草畜平衡	张英俊
15		人工草地生态评价	辛晓平
16		牧区混播栽培	宝音陶格涛
17		青藏高原牧草栽培	沈禹颖
18	病虫草害防控研究室	病害防控	李彦忠
19		虫害防控	张泽华
20		毒杂草防控	孙娟
21		外来物种入侵防控	林克剑
22	机械化研究室	播种机械化	刘贵林
23		青贮机械化	王德成
24		遥感监测与智能管理	梁天刚
25		干草生产机械化	布库
26	加工研究室	青贮技术	玉柱
27		干草调制贮藏	格根图
28		成型草产品加工利用	史莹华
29		质量安全与营养品质评价	张福金
30	产业经济研究室	产业经济	王明利

附表2 2021年综合试验站情况

序号	综合试验站（片区划分）	试验站名称	姓名
1	东北地区	呼伦贝尔综合试验站	徐丽君
2	东北地区	赤峰综合试验站	梁庆伟
3	东北地区	白城综合试验站	赖宪明
4	东北地区	绥化综合试验站	刘杰淋
5	东北地区	齐齐哈尔综合试验站	杨曌
6	华北黄淮海区	沧州综合试验站	刘忠宽
7	华北黄淮海区	衡水综合试验站	刘贵波
8	华北黄淮海区	东营综合试验站	王国良
9	华北旱区	张家口综合试验站	刘贵河
10	华北旱区	朔州综合试验站	石永红
11	华北旱区	乌兰察布综合试验站	殷国梅
12	华北旱区	鄂尔多斯综合试验站	尹强
13	西北旱区	榆林综合试验站	杨培志
14	西北旱区	盐池综合试验站	王占军
15	西北旱区	昌吉综合试验站	李学森
16	西北旱区	石河子综合试验站	马春晖
17	西北旱区	金昌综合试验站	姚拓
18	青藏高原高寒地区	阿坝综合试验站	游明鸿
19	青藏高原高寒地区	拉萨综合试验站	多吉顿珠
20	青藏高原高寒地区	海北综合试验站	刘文辉
21	南方草山区	恩施综合试验站	刘洋
22	南方草山区	云阳综合试验站	陈积山
23	南方草山区	黔南综合试验站	莫本田
24	南方平原区	资阳综合试验站	林超文
25	南方平原区	德宏综合试验站	薛世明

（国家牧草产业技术体系首席科学家，张英俊）

2022 年陕西省奶山羊智慧牧场调研报告

奶山羊产业是我国的朝阳产业，发展趋势良好。随着奶山羊产业的快速发展，养殖场数量和奶山羊存栏量大幅度提升，生产方式逐渐向规模化、集约化、智慧化发展。作为奶山羊产业的大省和强省，陕西省在智慧牧场发展和建设方面走在全国前列，建立了一批具有高水平和世界领先地位的智慧牧场，为奶山羊产业提质增效和高质量发展指明了方向。

一、奶山羊养殖场情况

针对陕西省 16 个奶山羊基地县（武功县、淳化县、泾阳县、乾县、三原县、陈仓区、凤翔县、千阳县、陇县、富平县、临渭区、蒲城县、蓝田县、临潼区、阎良区、耀州区）的奶山羊养殖情况进行调研汇总，截至 2021 年底，陕西省规模化养殖情况如表 1 所示。

二、自动装备情况

1. 粪污处理装备。对关中地区 5 个市县（千阳县、宝鸡市陇县、渭南市富平县、咸阳市、西安市）共 30 个养殖场粪污清理设备的调研显示，与粪污收集和处理有关的设施及机械设备有清粪斜面、自动清粪机、粪污机械传送设备和固液（粪尿）分离机等。17% 的奶山羊养殖场建设清粪斜面，43% 的养殖场有自动清粪机，17% 的养殖场有自动清粪后的配备机械传送设备，13% 的养殖场有粪尿分离机（图 1）。常见的自动清粪机品牌有上海华电清粪机、恒润清粪机和富民乐自动清粪机等。自动清粪设备在新建羊场和大型羊场中使用率较高，而小型羊场和老旧羊场自动清粪设备利用率低。

表 1　2021 年陕西省规模化养殖情况

规模（只）	1~50	50~100	100~200	200~500	500~1000	1000~2000	>2000 只
场（户）数	71 399	6 779	1 646	531	143	56	12

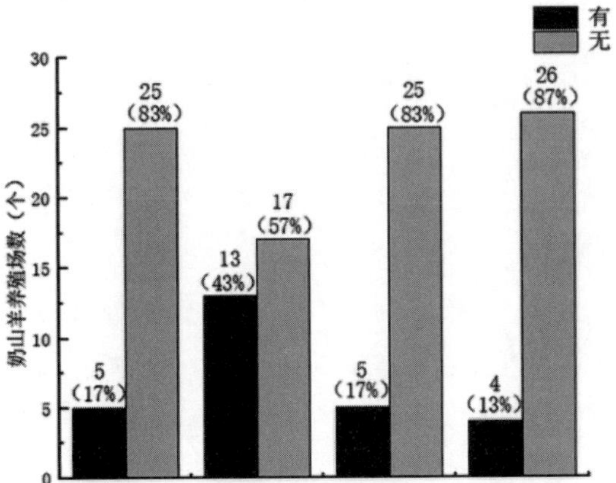

图 1　清粪的普通设备和机械设备状况

2. 挤奶装备。对关中地区 5 个市县（千阳县、宝鸡市陇县、渭南市富平县、咸阳市、西安市）共 31 个养殖场挤奶机器使用情况的调研显示，31 个奶山羊养殖场均采用机器挤奶，其中 15 个奶山羊养殖场仅使用手推式挤奶机，3 个奶山羊养殖场仅使用鱼骨式挤奶机，13 个奶山羊养殖场既有鱼骨式挤奶机又有手推式挤奶机。手推式挤奶机占地空间小，移动灵活，在小型养殖场广泛使用。双桶手推式挤奶机备特别受欢迎，使用比例达到 90.32%（表 2）。

表 2　奶山羊养殖场挤奶机使用情况

地区	奶山羊养殖场数量（个）			
	手推式挤奶机	鱼骨式挤奶机	鱼骨式和手推式挤奶机	合计
陇县	1	0	5	6
千阳县	1	1	4	6
富平县	7	1	1	9
西安市	1	1	1	3
咸阳市	5	0	2	7
合计	15	3	13	31
占比（%）	48.38	9.68	41.94	100

3. 饲草料装备。（略）

三、数字化应用与联通

陕西中科智牧携手西安市阎良区，将区内奶山羊信息录入“智能牧场大数据平台”和“智牧通羊养殖智能管理系统”。

陕西夏家湾羊场、和氏、鑫龙门和美玲羊场全部采用“奶山羊管理系统”。

四、智能装备应用

陕西中科智牧携手西安市阎良区开展奶山羊智慧牧场建设，已在区内7家规模奶山羊场，共计2 000余只羊只植入智能芯片，同时将智能芯片识别装置分发到养殖场（图1）。

图2 智能装备

五、小结

近年来，国内乳业发展规模化、标准化、集约化的步伐明显加快，并以信息化改造提升乳业发展水平，推动乳业发展转型，实现国内乳业跨越式发展。作为全国奶山羊产业的领头羊，陕西省积极参与到智慧牧场的建设中，并初步取得了丰硕的成果。通过持续鼓励推动智慧牧场的建设，提高养殖科技水平，综合协调养殖、环保和经济效益将成为奶山羊产业发展的必经之路。

（西北农林科技大学，史怀平、李　聪）

八、国际奶业

GUOJI NAIYE

【国际概况】

2021年全球奶业形势

2021年是新冠疫情流行的第二年，但疫情对全球乳制品行业造成的干扰仍然有限。全球奶类产量增长低于过去几年2.1%的平均增长率(包括所有品种，未对2020年闰年因素进行调整)，这反映了由于能源、动物饲料和肥料成本急剧上升造成的供应困难状况，尤其在主要出口地区。这些成本上升是全球经济强劲复苏和供应链中断共同作用的结果。在过去几年里，促进增长的两个主要因素一直存在：牛奶短缺地区的原料奶生产增长，特别是在亚洲(牛奶产量增长4.5%，主要是印度、巴基斯坦和中国的产量增加)，以及水牛奶产量的增加(全球增长超过5%)。牛奶产量占到全球奶类总产量的80%(7.49亿t)，即使增长率低于平均水平，但牛奶的绝对增加量仍然是最大数值之一。

2021年全球牛奶供应量较为稳定(+0.5%)，而且主要出口地区增长有限，特别是在下半年。在大洋洲，新西兰的牛奶供应量(增长0.4%)保持稳定，但澳大利亚由于受恶劣天气的影响，供应量下降了3.9%。在欧盟，由于许多国家受到生产成本急剧上升和一些环境限制的影响，牛奶供应量十多年来首次小幅下降了0.2%。在北美洲，美国的牛奶供应量仍呈上升趋势(+1.3%)，但其增长主要发生在上半年。由于2021年的牛奶供应量比较稳定，与大多数产品的长期趋势相比，乳制品总产量的增长率较低。奶酪(+2.9%)和乳清粉(+2.8%)的全球产量显著增加，全脂奶粉(+1.3%)和黄油(+0.9%)的产量仅略有增长。在2020年液态奶增长之后，全球液态奶产量在2021年小幅下降0.4%。2021年，全球脱脂奶粉产量降至490万t(–1.5%)，因为乳品加工企业更青睐生产奶酪和全脂奶粉等其他产品。

2021年，全球人均乳制品消费量增加了1.4%(折合生鲜乳)，达到118.2kg牛奶当量，而人口增加了7 500万人，达到78.7亿人。亚洲是乳制品的主要消费地区(占48%)，年人均消费量约94kg，远远低于欧洲、大洋洲和北美洲的水平。随着防疫封控的逐步解除，美国和欧盟的一些餐饮门店逐渐重新开放，许多人恢复了过去的消费模式，转向外出消费，因而零售渠道销量出现了同比下降。

受到乳制品有效供应量不足(特别是在下半年)、价格水平上升和运输成本增加的不利因素影响，2021年全球贸易量仅增长1.3%，约为9 330万t牛奶当量。全球贸易量仍然占到原料奶产量的10%左右。2021年，牛奶和稀奶油贸易量的增长相当不错(+5.7%)，脱脂奶粉的表现也很好(+2.9%)。奶酪的贸易量增长低于平均水平(+1.8%)，而全脂奶粉仅仅是略有增长(+0.9%)。黄油和液态黄油的世界贸易量连续第二年大幅下降(–3.6%)。欧盟27国仍然是世界上最大的乳制品出口地区，占比达29%，在奶酪、牛奶和稀奶油方面处于领先地位。紧随欧盟之后的是新西兰(占比22%)，该国是全脂奶粉、黄油和液态黄油的最大出口国。出口贸易量增长最多的是美国，占全球乳制品出口总量的16%。2021年，美国是全球最大的脱脂奶粉供应国。

2021年，乳制品价格不仅在上半年受到了COVID–19疫情封控措施的影响，在下半年还受到经济复苏、供应受限和供应链过载的影响。在2021年底时，脱脂奶粉、全脂奶粉和奶酪的国际价格均处于2014年以来的最高水平。

2022年初，俄乌冲突影响了世界贸易，也加剧了能源、食品和金属等基本需求方面的通货膨胀，再加上主要出口国的原料奶供应量进一步减少，导致乳制品价格再度上涨，其中许多品类的价格达到历史最高水平。

一、奶类生产

1. 生产概况。2021年，全球原料奶产量增速低于多年平均水平，仅为2.1%(经对2020年的闰年进行修正后为2.4%)，达到9.31亿t。这在一定程度上反映出供应困难的现状，特别是在主要出口区域，原因是能源、动物饲料和肥料的成本急剧增加。2021年是新冠疫情流行的第二个年份，但这对全球乳制品行业的影响仍然有限，需要注意全球平均每年增加约2000万t的原料奶，也就是说很可能在2025年，全球产量将突破10亿t大关。

在过去几年，一直有两个增长促进因素。一是牛奶供给不足的地区，特别是亚洲和其他新兴乳制品市场的生产受到了当地需求强劲增长的推动，这得益于世界许多地区的牛奶价格上涨影响了奶农的生产积极性，以及新冠疫情形势的改善。二是水牛奶产量的增长，在2015-2021年的年增长率为5.0%，是牛奶增长率(1.9%)的两倍多。水牛奶产量的持续高速增长导致2021年其在全球原料奶产量中的份额逐渐增加，达到近16%(2015年为13%)。

2. 牛奶。全球的牛奶产量是原料奶生产的主要组成部分(2021年占比为80%)，2021年增加量高于1 200万t(增长1.6%)，达到7.49亿t。此增长率低于2015—2021年期间的平均增长率(+1.9%)。这主要是由于欧洲和大洋洲的产量增长停滞。

牛奶产量大部分的增长来自亚洲，多年来亚洲对牛奶和乳制品的需求增长最为显著。因此，与世界其他地区(+4.5%)相比，亚洲在2015—2021年的平均年增长率最高，远远领先于其他地区。

在亚洲，印度的发展一直至关重要，主要体现在体量(占亚洲总量的44%)和增长率(2021年增长率为7.0%)两个方面。该国是全球最大的原料奶生产国，其产量持续稳定增长，部分原因是政府采取了若干措施和方案促进奶畜生产性能的大幅提升，预计随着人口的不断增长和需求增加，产量将进一步强劲增长。除印度外，中国(+7.1%)和巴基斯坦(+3.8%)对亚洲牛奶产量增长也有一定的贡献，尽管贡献率远远落后于印度。然而，由于不利的经济形势和高成本，土耳其的牛奶产量下降了将近2%。

全球牛奶产量的增长率低于近几年平均增长率，原因是欧盟、其他欧洲国家(包括英国)以及大洋洲的牛奶供应量小幅下降。同样在南美洲，2021年的产量几乎没有任何增长。除了气候的不利影响外，投入成本高也是一个非常重要的原因。尽管原料奶收购价格有所提高，但牧场利润几乎没有任何改善。这打击了奶农扩大生产的意愿。

欧盟27国的原料奶产量下降了0.3%。特别是在欧洲西北部(德国、法国和荷兰)，原料奶产量下降。其中的重要原因是粗饲料质量较低，以及动物饲料和能源价格高企等。由于饲料价格高，奶牛饲喂中使用的浓缩料减少。相比之下，爱尔兰和意大利继续呈现强劲增长。波兰的情况仍然相对稳定。

在美国，2021年上半年原料奶产量显著增加。然而，由于成本上升、奶牛存栏减少以及奶牛生产效率下降，抑制了下半年的增长，导致产量从11月开始下降。从全年来看，美国原料奶产量在2021年仍然增长了1%以上，与2015—2021年的复合年增长率(+1.4%)接近。

在大洋洲，与气候变化相关的异常天气和环境问题越来越突出，阻碍了原料奶生产的进一步增长。最重要的是，大洋洲的奶农也需要跟其他主要出口地区的同行一样，应对高昂的成本。因此，澳大利亚的原料奶产量在2021年大幅下降，而新西兰则没有出现任何增长。

南美洲保持了自身的内部平衡，时常不稳定的经济形势抑制了该地区供应和需求两方面增长。其增长极为有限(+0.3%)，接近2015年以来的年度增长率。在南美洲，高成本同样也影响了原料奶生产。巴西的情况尤为如此，产量出现了下跌。出口国阿根廷和乌拉圭则连续第二年出现持续的强劲复苏。智利的原料奶产量几乎保持稳定。

与亚洲一样，非洲也是一个主要的原料奶缺乏地区，但该地区的原料奶产量仅小幅增长(2021年增长1.1%)。埃及的原料奶产量仅略有增加，南非则出现了停滞，然而肯尼亚的原料奶产量估计会有大幅增长。

3. 水牛奶。两个主要水牛奶生产国——印度(+5.8%)和巴基斯坦(+3.0%)的产量持续强劲增长，使2021年全球水牛奶产量增速超过5%，总产量近1.46亿t。在2021年的全部增量中，有近83%都是由印度水牛奶产量的增长贡献的，印度的产量占世界总产量的近四分之三。

除印度和巴基斯坦外，其他主要水牛奶生产国中国、尼泊尔和埃及。埃及的产量在2021年显著增长(+24%)。

4. 绵羊奶、山羊奶及其他动物奶。山羊奶正逐渐成为一个有吸引力的细分市场，在传统乳制品领域和婴幼儿营养领域都有不错的增长率。亚洲和非洲可能拥有最大的山羊养殖种群，但专业生产主要集中在欧盟和大洋洲。在中国等一些需求不断增长的国家或地区，较高的利润率也正在吸引亚洲当地的专业性投资。2021年，全球山羊奶产量增长0.8%，远低于2015至2021年期间的平均增长率(+1.6%)。2021年，世界山羊奶产量超过2 100万t。

与此同时，绵羊奶产量的增长率几乎与山羊奶相当(+0.6%)。全球绵羊奶产量在1 050万t左右，多年来一直处于稳定水平。其他畜种的奶(如骆驼奶)产量仅小幅上升(+0.3%)。

二、乳品加工

1. 牛奶供应。在本篇涵盖50多个国家信息的报告中，关于奶牛场向乳品企业的供奶信息来源于IDF国家委员会、其他参与组织和公开收集的数据。2020年因受新冠疫情影响，奶业呈现不确定的动态变化，2021年的全球牛奶供应量保持较稳定增长（+0.5%）。2021年上半年奶业发展趋势几乎与2020年一致，但下半年强劲复苏的经济增长影响了生产的投入成本，并导致一些大型奶业产区的产量出现下降。

大洋洲的牛奶供应量呈下降趋势。在澳大利亚，由于气候条件恶劣所致饲料质量下降，以及新冠疫情影响导致的劳动力短缺，牛奶产量下降了3.9%。在新西兰，虽然受到冬春不良气候条件的强烈影响，但牛奶供应量保持稳定（增长0.1%）。

欧盟27国的牛奶供应量十多年来首次出现小幅下降（–0.2%）。其中三大主产国，德国、法国和荷兰分别下降了2.1%、1.6%和2.3%，主要原因是生产成本急剧上升和粗饲料质量低下。此外，荷兰环境限制对奶业的影响越来越大，与此同时，爱尔兰受投入成本增加的影响较小，这源于其以牧场为导向的生产体系。而且当地天气条件非常适宜，夏季温和，牛奶产量与2020年相比增长了5.5%。受益于PDO奶酪出口的良好表现，意大利的牛奶供应量强劲增长了3.3%。而波兰（增长0.5%）和西班牙（增长0.4%）的供应量相对稳定。

其他欧洲国家。英国的牛奶供应量略有下降（–0.1%），这是自2016年以来首次出现下降。2021年，俄罗斯的牛奶供应量增加了1.1%，但增速低于前几年。

在北美洲，2021年美国的牛奶供应量再次增长（+1.3%），但产量增长主要在上半年。下半年的饲料成本达到极高水平，导致牛奶产量增长放缓。在加拿大和墨西哥，牛奶供应量分别增长了1.7%和5.5%。

南美洲的情况喜忧参半。由于国内需求下降、生产成本上升，2021年巴西牛奶供应量下降2.0%。哥伦比亚的牛奶产量也大幅下降（–7.0%）。然而，主要出口国阿根廷（+4.0%）和乌拉圭（+1.8%）的产量连续第二年增长。

在大多数亚洲国家，牛奶供应量都有所增加。中国在继2020年的强劲增长之后，2021年的牛奶产量增长了2.0%。随着牛群的扩大，日本的牛奶供应量也保持增长（+2.0%）。在土耳其，尽管经济受到强劲的通货膨胀影响，但其牛奶供应量仍增长了2.1%。

2. 乳制品产量概况。本文所列的乳制品生产数据是基于国家统计数据汇总而来，它们至少占全球总产量的75%~90%。但新鲜乳制品例外，因为其中很大一部分鲜乳制品来自非正规市场，并通过非正规全球市场进行生产和销售，且通常被排除在官方统计数据之外。然而，本报告对来自50多个国家的鲜乳产品数据进行了分析，据此我们能够估算产量和增长趋势。

由于2021年牛奶供应量相对稳定，大多数产品类别的总产量增长率低于长期趋势。总体来说，加工商更青睐于生产奶酪、奶油和乳清粉，而奶粉、黄油和无水黄油、液态奶和发酵产品的产量与2020年相比几乎没有变化，甚至有所下降。

（1）液态奶和鲜乳制品。继2020年有所增长之后，2021年全球液态奶产量略微下降0.4%。在新冠疫情防控有所缓解的一年内，受国内需求增长的刺激，中国的产量大幅增长（+4.6%）。印度液态奶产量也呈现出同样的趋势，印度的产量强劲增长了7.1%（2020年下降了3.1%）。在欧盟27国，继2020年液态奶产量大幅增长后，由于消费量下降，2021年产量下降了2.8%，与近年来的增长趋势相反。美国主要专注于其他乳制品生产，其液态奶产量也有所下降（–2.6%），巴西产量下降了4.6%。俄罗斯的产量保持相当稳定（增长0.5%）。

2021年发酵乳制品产量略有下降（–0.8%），而在过去十年发酵乳制品均呈上升趋势（平均每年增长2.8%）。尽管法国产量大幅下降（–5.7%），但欧盟27国的产量仍保持稳定（+0.1%）。

在中国，尽管发酵乳制品的消费水平很高，但2021年的产量却意外下降了7.0%，这可能是因为液态奶的消费已经取代了一些发酵乳制品的消费。

而美国和土耳其的产量分别强劲增长了5.2%和8.5%。

随着营养改善消费习惯的逐渐深入，发展中国家的液态奶和鲜乳制品产量预计将继续增长

（2）黄油和其他乳脂肪。全球每年生产超过1 260万t的黄油和其他乳脂，如无水黄油和酥油（以黄油当量表示）。2021年，该品类的产量增长0.9%，低于2010年以来的平均增长率（+3.0%）。出口国的黄油产量普遍下降，而其他多数国家的产量则继续增长。

印度的产量占据主导地位，占到全球乳脂肪产量的一半。2021年印度的黄油和酥油产量增长3.3%，这是全球黄油产量增长缓慢的主要原因。在2021年，大多数黄油生产国倾向于生产奶酪，而非黄油和脱脂奶粉。欧盟27国的黄油产量下降了1.9%（德国下降了7.0%，法国下降了1.2%）。在2020年黄油产量创新高之后，美国的黄油产量下降了3.5%。主要黄油出口国新西兰的产量连续第二年大幅下降（–6.0%）。

（3）奶酪。2021全球奶酪总产量预计略高于2 500万t（为避免重复计算，此处不包括再制奶酪）。此处奶酪特指天然牛奶奶酪，其占天然奶酪总产量的近90%。其余的10%则包括其他动物奶酪（水牛奶酪、山羊奶酪和绵羊奶酪），以及不计入国家统计数据的自制奶酪和农场奶酪。2021年奶酪产量增长2.9%，高于2010年以来2.2%的年均增长率。

2021年大多数国家的奶酪产量增长。在欧盟27国，奶酪产量增加了1.5%，达到近940万t。意大利奶酪产量继续增长（+5.3%），西班牙（+15.6%）和法国（+2.6%）产量也保持增长。

美国是仅次于欧盟的第二大奶酪生产国，2021年产量增长了3.5%，高于2010年以来2.5%的年平均增长率。加拿大和墨西哥不断增长的需求刺激了美国奶酪产量的增长。

其次的奶酪主产国巴西和土耳其产量远远落后，年产量分别为107.5t和75.5万t。2021年巴西的产量增加了1.1%，巩固了其世界第三大奶酪生产国的地位，而土耳其的奶酪产量保持平稳。得益于巴西和智利的强劲需求，阿根廷奶酪产量大幅增长9.0%。澳大利亚和新西兰受中国和菲律宾需求增加的刺激，奶酪产量也大幅增长，分别增长21.9%和8.6%。

（4）奶粉。2021年，全脂和半脱脂奶粉产量增加，达到495万t（+1.3%），创2014年以来新高。主要生产国新西兰的产量增加了1.9%，以满足中国结构性增长的需求。2021年中国的奶粉产量也有所增长（+5.3%），但仍低于2018年的水平。欧盟27国的产量大幅下降（–9.0%），达到2016年以来的最低水平。特别是荷兰（–34.5%）和比利时（–49.9%）的全脂奶粉产量降幅

很大。俄罗斯和白俄罗斯以及大多数南美国家的产量都有所增长，尤其是巴西、阿根廷和乌拉圭分别增长4.9%、9.8%和4.2%。全球脱脂奶粉产量在2021年下降了1.5%，达到490万t，因为更多的牛奶被用于生产奶酪和全脂乳粉，欧盟脱脂奶粉产量大幅下降（-6.3%），德国降幅最大（-15.1%）。欧盟脱脂奶粉消费量下降的同时，出口量也有所下降。

美国连续第二年在脱脂奶粉市场展现强大的地位和竞争力，产量增长了2.4%。由于产品组合的变化，澳大利亚和新西兰的脱脂奶粉产量连续第三年下降（分别下降8.6%和8.8%）。在南美洲，尽管2021出口大幅下降，但阿根廷（+4.6%）和乌拉圭（+13.1%）的脱脂乳粉产量仍有所增加。

（5）浓缩乳。2021年全球浓缩乳产量下降1.5%，降至420万t。大多数主产国都减少了浓缩乳产量。该市场由美国和欧盟主导，其产量几乎占全球产量的一半。

欧盟27国的产量下降1.3%，降至100万t。荷兰和德国的浓缩乳产量分别下降了6.1%和5.6%。

美国浓缩乳产量也下降了4.5%，降至99.2万t。唯一一个产量增加的主产国是中国（增长21.5%）。

（6）乳清产品。液体乳清主要是奶酪生产过程中的副产品(超过80%，其余来自酪蛋白生产)。因此液体乳清主要产自奶酪主产区，如欧盟27国和美国。

随着奶酪产量的增加，乳清粉产量也增加了2.8%。欧盟27国是目前全球最大的乳清粉生产地，2021年乳清粉产量为210万t，占本报告所列国家产量的68%。

2021年，由于非洲猪瘟危机后养猪场的重建，中国对乳清粉的需求在2020年复苏后再次增加。尽管出口有所增长，但美国的产量下降了6.0%。

乳清衍生物(乳清浓缩蛋白和乳清分离蛋白)加工增加的趋势也得到持续加强。由于与婴幼儿配方奶粉、营养食品和医疗用途产品密切相关，在全球范围内，乳清原料市场成为一个日益增长的市场。

（7）有机牛奶。大多数发达国家的有机牛奶生产正在发展中。2021年，有20个国家提供了其有机牛奶收集数据，大部分来自欧洲。

2021年，20个相关国家的有机牛奶供应量占比达到4.3%。随着对有机奶产品需求的不断增长，这一比例可能会有所增加。

当然，各国之间存在很大差异，例如有机牛奶占奥地利牛奶供应量的18.0%，而在匈牙利或以色列仅占0.2%。

三、乳业产业

1. 2021年世界乳业巨头。2021年，大多数乳业集团的营业额大幅增长。国际市场乳制品价格上涨，以及2021年最后几个月，世界许多地区消费者层面通胀再次加剧，推动了这一上升趋势。

对于中国乳业集团伊利（+22%）、蒙牛（+24%）和光明乳业（+24%）而言，这种上升势头尤为强劲，当然其稳步增长也得益于人民币对美元的升值（+7%）。同样，加拿大萨普托的营业额（+19%）也有所上涨，既受到美国和英国几次收购的提振，也得益于加元对美元汇率的上升（+5%）。尽管印度卢比对美元汇率保持稳定，但由于上一财年受疫情严重影响后所有乳制品销售强劲复苏，印度阿姆尔的营业额大幅增长（+18%）。

日本乳业龙头是营业额总体上升趋势中的少数例外。具体原因有二：一是与世界大多数国家相比，日本国内食品通胀有限；二是日元对美元的贬值（-6%），导致了明治(-10%)、森永(-19%)和雪印惠乳业(-16%)的下跌趋势进一步恶化。

2. 2021年和2022年年初的主要合作与并购情况。

（1）大洋洲。在澳大利亚，尼平河乳业（Nepean River）被当地婴幼儿配方奶粉制造商Nature One以2 700万美元收购。澳大利亚握乐康（Wattle Health）以1 000万美元的价格将其持有的Corio Bay 45%的股权出售给了韩国的每日乳业（Maeil Dairies）。

2022年上半年，兰特黎斯(Lactalis)集团以1.5亿美元的价格收购了酸奶制造商Jalna Dairy Foods。总部位于泰国的KCG公司（KCG）以800万美元的价格持有Belton全球食品公司12%的股份。

新西兰Rural Land公司以7 400万美元从2017年被接管的Van Leeuwen集团及其贷款人手中收购了14个奶牛场，并以4 300万美元的价格收购了马尼托的6个奶牛场。新加坡的奥兰国际以5 700万美元的价格将其持有的Open Country Dairy公司15.19%的股份出售给Talley Group。

（2）欧洲。奥地利Pinzgau Milch于2022年上半年收购了奶酪包装商Tirolpack。

在波罗的海地区，立陶宛的Vilvi收购了拉脱维亚波罗的海Dairy Board 70%的股权。

比利时Milcobel公司收购了奶酪公司Kaasbrik。2022年上半年，荷兰皇家A-Ware公司收购了甜点和液态奶制造商奥林匹亚公司（Olympia）。

芬兰Valio公司收购了芬兰餐饮服务批发商Heinon Tukku公司。

法国Bel集团斥资1.8亿美元将其在MOM集团的持股比例从65%增至82.5%。中国健合集团（H&H）将其在Isigny Saint-Mère的持股比例从20%增至49.9%。在收购美国通用磨坊股份后，索地雅(Sodiaal)集团完全接管了优诺（Yoplait）的欧洲业务。Terra Lacta控股了奶酪零食制造商Fromacoeur。私募股权公司Unigrains成为黄油专业商Loyez Woessen的股东。2022年上半年，Bel成为了MOM集团的唯一所有者。拉克塔利斯公司(Lactalis)收购了奶酪专业公司Verdanet。索地雅(Sodiaal)将Fromagerie du Velay出售给Centurion Fromagers。

德国达能将其位于罗森海姆的工厂出售给了Saumweber。DMK集团将其在Fude+Serrahn的股份从51%减至10%，并出售了其在Milchtroknung Südhannover eG的股份。DMK与Nordfrost GmbH联合收购了Tiefk ü hl

Center Everswinkel。Meggle 公司从法国索地雅 (Sodiaal) 公司手中接管了 Stegmann Emmentaler Käsereien。MilchtroknungSüdhannovereG 通过收购爱氏晨曦（Arla Foods）持有的 50% 股份，成为 Biolac GmbH 的唯一控股者。

2022 年上半年，法国拉克塔利斯公司（Lactalis）收购了 BMI 位于维尔茨堡的酸奶工厂。Theo Müller 集团接管了菲仕兰的大部分德国乳制品业务。

希腊 CVC Capital Partners 收购了菲达奶酪和酸奶制造商 Dodoni 公司。Delta Dairy 以 3 100 万美元，将其对 Mevgal 43.2% 的持股出售给 Hatzakou 家族企业。

在爱尔兰，Glanbia PLC 将其在 Glanbia Ireland 的 40% 权益股份出售给 Glanbia Co-op。2022 年上半年，奥地利 Rupp 公司收购了 Ingredient Solutions。意大利 Granarolo 将其在 Mulino Formaggi 的股份从 40% 增至 100%，并收购了 Gorgonzola 干酪制造商 Mario Costa 公司。Newlat 集团收购了 Fidi Toscana 公司持有的 Centrale del Latte d' Italia 剩余的 6.15% 股份。

2022 年上半年，Granarolo 公司收购了 White&Seeds 公司 51% 的股份，这是一家运动员适用的蛋白产品经销商，并持有 Latticini Cuomo 60% 的股份。Lactalis 从瑞士埃米公司手中收购了 Ambrosi 25% 的股份。

在荷兰，Farmel 公司收购了 Veco Zuivel。皇家菲仕兰将旗下 Nutrifeed 动物营养业务出售给 Denkavit。法国 Lactalis 从同属法国的 Bel 公司收购了奶酪公司 Leerdamer。该交易还包括收购 Bel 公司在乌克兰的乳制品资产。

2022 年上半年，Royal A-Ware 收购了碎奶酪生产商 Noordhoek，而 Vreugdenhil 接手了 NutriDutch。

在波兰，位于奥斯特罗维克斯 - 维托克里兹斯基的 Okregowa Spoldzielnia Mleczarska 和总部设在卡利斯卡的 Kaliska Spoldzielcza Grupa Producentow Mleka 两家乳制品公司被妙可集团（Mlekovita）收购。

在俄罗斯，德国 Ehrmann 公司从荷兰皇家菲仕兰手中收购了其当地的乳制品甜点业务。2022 年上半年，Arla Foods 以象征性的 1 丹麦克朗的价格将其在俄罗斯的业务出售给当地的管理层和员工。Multipro TC 从百事公司收购了 Wimm Bill Dann Beverages。Valio 公司将其俄罗斯业务出售给 Velkom 集团。

在西班牙，意大利费列罗公司收购了冰激凌公司 ICFC 的剩余股份，成为其单独控股商。爱尔兰 Kerry 集团收购了 Biosearch Life 公司，该公司销售由母乳制成的益生菌产品。西班牙乳品公司 Pascual 的控股商 Pascual Gomez Cuetara 家族接管了鲜奶生产商 Ganaderia Priegola。

在瑞士，Cremo 于 2022 年上半年接管了奶酪生产商 Augstbordkäserei。

在英国，德国 Frostkrone 食品集团收购了威尔士山羊奶酪生产商 Abergavenny Fine Foods。意大利 Granarolo 集团收购了 Granarolo 英国 49% 的未偿付股份，从而获得了对该子公司的完全控制权。挪威 Kavli 将其山羊奶业务 St Helen 养殖场出售给了原所有者安格斯和凯瑟琳·维尔科波尔斯基。法国 Laïta 公司收购了 Halloumi 奶酪进口商 Marathon Foods。Medina 和 Freshways 乳业公司就企业合并达成一致。德国 Müller 公司接管了物流专业公司 GreenWhiteStar Acquisitions。加拿大萨普托公司（Saputo）收购了乳制品替代品生产商 Bute Island Foods 和奶酪生产商 Wensleydale 乳制品公司。乳制品贸易商 Somerdale 国际公司成为威尔士山羊奶酪生产商 Abergavenny Fine Foods 的股东。

2022 年上半年，Carron Lodge 收购了 Cheddar Gorge Cheese 公司。达能收购了一家燕麦牛奶和速溶茶、咖啡生产商 Minor Figures 的少量股权。Joseph Heler 接管了 Futura Foods Wales，该公司专门从事奶酪的切割、混合和包装业务。

（3）亚洲。中国光明乳业以 9 500 万美元收购了小西牛乳业 60% 的股份。法国达能以近 20 亿美元的价格出售了其对蒙牛 9.8% 的持股。现代牧业以 5.4 亿美元收购富源，并以 1.16 亿美元收购中元牧业的全部股权。朴诚乳业以 2 900 万美元的价格收购了澳亚集团投资控股有限公司（简称澳亚集团）2.5% 的股份。总部位于新加坡的 Jaffa 集团通过其子公司澳亚集团，以 1.23 亿美元收购了恒天然和雅培共同拥有的山东省两家奶牛场，总产能为 16 000 头。蒙牛将对中国圣牧的股份增持至 29.9%。新希望乳业以 3 300 万美元收购了“一只酸奶牛”公司 60% 的股权，然后以 5 800 万美元收购澳亚集团 5% 的股份。英国消费品公司利洁时以 22 亿美元将其婴幼儿配方奶粉子公司美赞臣（中国）出售给春华资本集团。伊利以 6.9 亿美元的价格收购了澳优乳业 34.33% 的股份。

2022 年上半年，法国 Bel 集团收购了君君乳酪 70% 的股权。君乐宝乳业收购了皇氏集团子公司云南来思尔乳业和来思尔智能化各 20% 的股权。蒙牛收购了奶酪生产商妙可蓝多。蒙牛通过达成以下三项股权交易结束了与法国达能长达九年的合作关系，达能以 2.5 亿美元的价格将其冰鲜乳制品业务 20% 的股份出售给蒙牛，然后以 1.8 亿美元出售其在雅士利 25% 的股份，同时以 1.35 亿美元收购了多美滋的股份。澳大利亚乳品生产商 Nature One dairy 收购了香港 Fei Fah Medi Balm 公司，该公司在香港销售乳制品和成人营养品牌 Ripple 和 White H20。妙可蓝多通过从蒙牛手中回购了广泽乳品 42.88% 的股份，成为广泽唯一的控股商。

在印度，卡纳塔克邦牛奶联盟计划以 1.35 亿美元收购 4 家乳品厂，其中 2 家位于孟买，1 家位于果阿，1 家在浦那。通过电子招标程序进行拍卖后，隶属于 Jindal Steel&Power 的 Sarda Mines 公司以 1 600 万美元的报价成为 Kwality Dairy 的中标者。2022 年上半年，Dodla 乳业以 700 万美元收购了 Sri Krishna Milks。

在以色列，可口可乐以色列公司（Central Bottling Company）向 BioMilk 投资了 200 万美元，该公司是一家利用发酵乳开发创新产品的食品科技公司。

在巴基斯坦，2022年上半年，日本森永以5 660万美元的价格增持了对婴幼儿配方奶粉生产商NutriCo Morinaga的股份。

在菲律宾，Metro Pacific Investment Inc于2022年上半年收购了Carmen Best 51%的股份。

在越南，日本森永乳业收购了酸奶和乳饮料生产商Elovi公司。

（4）拉丁美洲。在阿根廷，英国Reckitt Beckiser将其本地的婴幼儿配方奶粉业务出售给了Rommers公司。

巴西的Betânia和Embaré宣布合并，并成立了一个名为Alvoar Lácteos的新集团。法国Lactalis收购了Co-op Cativa的乳制品资产。

哥伦比亚Alqueria收购了Quesos Del Vecchio。

在墨西哥，马来西亚企业集团Johore Tin Bhd收购了位于拉戈斯－德莫雷诺的一家炼乳厂43%的股份。

（5）北美洲。在加拿大，法国乳业合作公司Alsace Lait将其对Chalifoux的持股比例从44%增至54%。

在美国，哥伦比亚乳品公司Alpina收购了Clover Sonoma公司70%的股份。美国奶农公司将之前迪恩食品的两个牛奶加工厂出售给New Dairy Opco和Select Milk Producer，一个位于威斯康星州德佩雷，另一个位于伊利诺伊州哈佛镇。法国达能公司收购了椰子水和椰源有机产品生产商Harmless Harvest的大部分股权，还将旗下乳制品替代品牌Vega出售给了WM Partners。意大利Granarolo收购了新鲜奶酪生产商Calabro Cheese公司。Harris Teeter将其Hunter Farms工厂出售给马里兰州和弗吉尼亚州牛奶生产商合作协会。法国Lactalis将其菲达奶酪业务Athenos出售给瑞士Emmi，并将其意大利奶酪业务Polly-O出售给BelGoioso。Lifeway Foods以600万美元收购了可饮用酸奶生产商GlenOaks Farms。爱尔兰Ornua公司收购了Whitehall Specialties，该公司为食品生产商、零售商和餐饮业客户提供功能类似物、植物基和混合奶酪产品及奶酪解决方案。加拿大萨普托公司收购了威斯康辛州特种蛋白公司位于Reedsburg的工厂，然后以1.18亿美元收购了卡罗莱纳州的防腐剂（Aseptic）公司和乳业公司。

法国Savencia集团收购了位于路易斯维尔的Hope Foods LLC，该公司生产鹰嘴豆泥和其他植物性蘸料。

2022年上半年，博登乳业将位于奥斯汀、达拉斯和康罗的3家工厂出售给了希兰德乳业。美国Dairyfood和Gilman Cheese宣布合并。DFA从Smithfoods收购了位于印第安纳州里士满和密苏里州Pacific的两个加工厂。法国达能公司向Symbrosia投资了700万美元，该公司开发了一种海藻饲料添加剂，可将牲畜的甲烷排放量减少80%。爱尔兰哥兰比亚营养公司以6 000万美元收购了Sterling Technology，这是一家源自牛初乳的乳制品生物活性解决方案专业公司。Grassland Dairy Products收购了Medlee食品公司，该公司生产各种风味和甜味的调味黄油。J&J Snack Foods以2.22亿美元的价格收购了一家冰激凌、酸奶、风味冷饮生产商Dipin' Dots。Sargento Foods收购了一家奶酪条生产商Baker Cheese Factory。私募股权公司Simest以1 200万美元收购了美国Granarolo公司49%的股份。挪威Tine公司以500万美元的价格将其在Lotto Foods的持股比例从90%增至97%。Upstate Niagara Cooperative将其坎贝尔（纽约）奶酪工厂出售给BelGioioso Cheese。

（6）非洲。在埃及，卡塔尔的Baladna以1 800万美元收购了Juhayna Food Industries 5%的股份。

在摩洛哥，2022年上半年波兰Polmlek公司从法国Bel集团手中收购了Safilit公司69.82%的股份。

四、消费

本章节内容中所提到的乳与乳制品消费是一种表观消费。在全球范围内，还没有针对基于实际购买消费行为的研究。此外，非正规市场在全球乳制品市场中占有相当大的比重。因此，总消费量只能基于贸易调整后的产量和可获得的库存变化数字来估计。

1. 全球乳品消费。2021年，尽管因为需求强劲推动了乳品价格上涨，但牛奶产量增长速度仍低于前几年（增长了2.1%，而2020年增长了3.2%），这是自2016年以来的最小增长率。

2021年，世界人口增长了7 500万人（增长率不到1%），总人口数达到78.7亿人。平均而言，全球人均乳制品消费量为118.2kg牛奶当量（包括库存变化，按非脂乳固体含量牛奶当量法计算），比上年增长了1.6kg。尽管全球乳制品需求强劲，但由于受到下半年供应增长率较低的限制，该增长率仍接近2015年以来的年均增长率（+1.4%）。

2. 2021年的消费趋势。2021年，虽然新冠疫情大流行在全球范围内仍在继续，但部分国家或地区的限制措施已经放宽。美国和欧盟的一些食品服务渠道逐渐重新开放。因此，许多人恢复了他们原来的消费模式，导致零售行业销售额同比下降，人们更趋向于外出消费。在许多发达国家，2020年封锁期间新的家庭烹饪方式暂时促进了液态奶的消费，2021年得以恢复正常。

尽管如此，一些亚洲国家仍然面临封锁措施，这影响了消费模式。特别是在中国，继续实施新冠动态清零战略。

3. 各地区奶类消费。在这个每年人均118.2kg奶类消费量数字的背后，存在各地区不同的情况。这与各地区人均收入的差异相关，而且不同国家和地区的消费习惯和趋势也有很大的差异。印度的牛奶和发酵产品消费量超过了一些欧洲国家，但与欧盟的平均水平相比，奶酪的消费量非常少。总的来说，根据联合国粮农组织对各地区乳制品总产量和贸易量的估计，年人均消费量从非洲的45kg到欧洲的283kg不等。虽然亚洲是全球前几大乳制品消费量领先地区，占到乳制品总消费量的

48%，但亚洲的人均年消费量仅为 94kg。

2021 年，由于亚洲地区奶类需求的急剧增长，推动了全球人均奶类消费量的增长。然而，由于亚洲的乳制品消费大部分是在餐饮业，许多国家的一些封锁措施影响了奶类的需求。亚洲奶类消费增长主要得益于印度黄油（酥油）消费量的持续强劲增长，2021 年增长率高于 3%（增加 20 万 t）。

中国对乳品的需求量也有所增长，尤其是奶酪需求增长了 38%，黄油需求增长率较低（+14%，接近 2015 年以来的平均增长率）。但与欧洲标准相比，消费水平仍然很低。

在欧盟，液态奶的消费量下降了 2.7%，此前 2020 年，由于封锁带来了新式家庭烹饪习惯，导致液态奶消费量短暂激增。尽管零售额下降，但黄油的表观消费量略有上升（+0.6%）。奶酪的需求量保持平稳，增长率接近 2015 年以来的年均增长率（+1.2%）。

在美国，液态奶的消费也下降了 2.6%，但黄油（+2.8%）和奶酪（+3.4%）的需求增长比较明显。

4. 各品类的消费。全球近 50% 的奶类生产不是通过工业化渠道进行的，而是来自小规模和非正式的生产经营。事实上，这种非正式的生产没有被统计在内。因此，很难计算出最终到达消费者手里的乳制品的确切数量。

《世界奶业形势报告》中提到的奶类供应和加工数据占奶类总产量的 52%。基于干物质含量的牛奶当量计算方法，我们能够对全球的奶类消费形式建立一个大致的分类。在世界范围内，奶类主要以新鲜产品的形式消费，即液态奶和发酵奶、酸奶、奶油等（14%），以及黄油（16%）和奶酪（15%）。

在此报告中，各国的总消费量和人均消费量是根据各国机构提供的液态奶、黄油和奶酪统计数据计算的。报告中的国家生产、加工和贸易数据能够使我们推算出这些消费数据。需注意的是，各个国家数据不包括除液态奶、黄油和奶酪以外的乳制品类别。就某些国家而言，数据还不包括非正式渠道生产的乳制品，这可能导致消费水平被严重低估。

从各国的液态奶、黄油（包括酥油）以及奶酪的人均消费量分布情况来看，澳大利亚和新西兰以及几个北欧国家的液态奶（以及一些国家的发酵产品）年消费量最高，人均超过 100kg。从年度数据来看，欧洲也是全球最大的黄油消费地区，法国和丹麦的人均黄油消费量分别达到 8kg 和 7kg。南美洲和亚洲的黄油消费量较少。印度是个例外，人均消费量为 4kg。酥油是欧洲、北美和以色列的奶类消费的重要组成部分。在近一半的欧洲国家，每年的人均奶酪消费量超过 20kg。

随着新冠疫情限制措施的放宽，以及餐饮零售行业的逐步重新开放，2021 年除亚洲外其他地区的液态奶消费量明显下降。受美国、欧盟、中国和澳大利亚消费增长的推动，全球奶酪需求增长 2.7%。亚洲对黄油的需求增长了 1.6%，主要原因是印度酥油的表观消费量继续增长，保持了过去 5 年的增长速度（+3.2%）。

5. 未来的消费趋势。根据经合组织－粮农组织《2022 年农业展望》，由于人口增长、收入增加和饮食结构的变化，乳制品的需求将继续增长。经合组织－粮农组织预测，2018—2031 年奶类总消费量将增长 24%，这相当于每年 1.7% 的平均增长速度。

在全球范围内，鲜乳产品（+29%）和黄油（+29%）的增长速度可能更为一致，预计发展中国家的增长将更为强劲（两类产品均增长 39%）。

由于人口数量和人均收入的增加，发展中国家的乳制品消费将持续增长（2018—2031 年期间每年增长 2.3%）。但是，发达国家的乳制品消费增长比较有限，因为这些国家的人均消费量已经很高，并且受到可持续性问题日益严重以及植物替代品竞争加剧的影响。然而，发达国家的奶酪消费量可能会继续以每年 1% 以上的速度增长。

五、全球乳品贸易

1. 英国脱欧。英国于 2020 年 1 月 31 日正式退出欧盟。在当年剩余时间内英国还一直处于欧盟共同体内，直到 2021 年 1 月 1 日才退出共同体。此后，英国成为欧盟外的一个独立贸易国家。在本报告中，为了分析世界乳制品贸易的时间阶段性发展趋势，英国在这几年也被视为一个单独的贸易国。这对近年来使用的统计贸易数据产生了重大影响。

尽管与英国的贸易因英国脱欧而受到影响，但在本章叙述中，一般将英国作为重要的贸易伙伴。

2. 全球贸易增长有限。2021 年上半年的贸易发展情况总体上表明乳制品贸易稳步增长。这部分原因是基准相对较低，因为相对比的时期，世界贸易明显受到了新冠疫情的第一次影响（2020 年上半年）。但与此同时，这反映出全球奶类产量增加后的贸易动态发展，以及越来越多的国家在大流行后进入复苏模式。2021 年上半年的世界贸易增长来自美国和大洋洲出口量的稳步增长。

2020 年下半年，国际贸易开始强劲复苏。2021 年上半年的增长速度在下半年未能持续。此外，运输成本的上升，部分与集装箱供应量的持续短缺有关，抑制了 2021 年的贸易量继续增长。但更重要的是，欧盟的牛奶产量低于预期，这导致乳制品的供应增长有限，而且价格水平不断上升。因此，2021 全年的全球贸易量仅增长了 1.3%，使全球贸易量达到约 9 330 万 t（以奶当量表示）。

就美国而言，主要是由于上半年强劲的牛奶产量，加上相对有利的美元汇率，使其 2021 年与世界其他国家的贸易量增长了近 11%。尽管新西兰在 2021 年最后一个季度所有产品的出口都出现了大幅下降，但全年仍有一定的增长。

2021 年上半年，欧洲的乳制品出口贸易发展相对缓慢，尤其是欧盟 27 国和英国。这与该地区的牛奶供应量小幅度增长一致，还反映出欧盟 27 国与英国之间形成的新伙伴关系带来的影响。

最后，欧盟第四季度所有产品的出口增长数据也为负值。这主要是由于2021年下半年牛奶产量下降。由于最后一个季度的出口急剧下降，使得全年的贸易差额为负值。

3. 各产品类别的发展。

（1）奶酪。2021年全球奶酪贸易量的增长速度低于平均水平，达到340多万t（增长1.8%）。前十大出口供应地区的情况并不一致。他们表现出相当复杂的情况。

奶酪贸易量的增长大部分来自美国。美国第三季度和第四季度出口均呈现持续的强劲增长，超过新西兰成为第二大出口国。与2020年出口相比，增长超过14%，远高于多年的平均水平。美国对第一大贸易伙伴墨西哥的出口实现了绝对增长，对墨西哥出口了近1.05亿kg奶酪（增长12.9%）。

2021年第四季度，欧盟27国的奶酪出口大幅下降，最终导致全年的出口差额为负值（减少了0.6%）。这主要是由于对英国的出口大幅减少，出口量减少了近7 000万kg。另外，欧盟27国对中国和美国的出口持续增长。在2021年第四季度，新西兰的出口贸易量急剧下降。第三季度的出口贸易增长已经放缓，但由于上半年的强劲增长，2021年总的贸易量仍大幅增长（+9.5%），尤其是新西兰对中国的出口量增加促进了这一增长。

澳大利亚的奶酪出口在第一季度呈现复苏后，在第二季度停滞不前，但在下半年又恢复增长，使得2021年的总出口量小幅增加，尤其是对日本的出口量大幅下降。但新西兰对中国出口的强劲增长抵消了这一下降。

（2）黄油和无水奶油。全球黄油和酥油贸易量连续两年呈现回落，2021达到107.5万t黄油当量（下降3.6%）。多年来，国际市场乳脂供应的特点是高度集中。2021年，前十大出口国的贸易量约占世界贸易总量的94%。其中，仅新西兰和欧盟就占到65%。然而，这两个出口地区的出口份额有所下降，而美国、白俄罗斯、阿根廷和印度等国家的出口量有所上升。

一直以来，在这一类别中全球最大的出口国是新西兰，占世界贸易总量的40%以上。但大体上新西兰这些年来一直呈现负增长，2021年的出口量也有所下降（−7.3%），特别是对俄罗斯联邦和美国的出口量明显减少。对重要贸易伙伴澳大利亚、墨西哥和菲律宾的出口量也显著下降。新西兰对中国出口量的增加在一定程度上弥补了这些出口损失。

欧盟27国在2021年的出口总量大幅下降16.3%，这主要是由于上半年的出口量显著下降。特别是对英国的出口量（减少了2.4万t）急剧下降。欧盟对美国、中国和韩国的出口量呈现明显增长。

阿根廷和印度在世界贸易中所占的份额一直相对较小，但这两个国家的年均增长率令人满意。俄罗斯联邦是阿根廷的重要出口目的地，2021年进口量占阿根廷出口总量的近45%。黄油是印度乳制品出口总量的重要组成部分（占到68%），主要出口到中东国家。

（3）全脂奶粉(WMP)。与黄油和无水奶油一样，全脂和半脱脂奶粉的国际贸易具有高度集中的特点。2021年，前十大出口国的贸易量约占世界贸易总量的85%。其中，仅新西兰和欧盟就占了近70%。

2021年全球全脂奶粉贸易情况喜忧参半，上半年增长强劲，下半年出现下滑。总体来说，上半年的增长量高于下半年的下降量，导致全年贸易量小幅增长（+0.9%）。

全脂奶粉全球贸易的发展受益于中国和阿尔及利亚等主要市场需求的进一步增长，尤其是对华贸易量显著增长（+28%），特别是新西兰和乌拉圭的出口增长在一定程度上都是由于中国的进口需求。

在一段时间的连续增长后，新西兰的全脂奶粉出口在2021年下半年明显回落，与第三季度一样，第四季度的出口量有所下降，尽管下降速度稍慢。尽管如此，新西兰2021全年的全脂奶粉出口仍然增长显著，增长了5.6%（+86万t）。

2021年欧盟的全脂奶粉出口量下降，下半年降幅最大。总体来看，2021年总出口量下降了13.5%。欧盟27国对阿尔及利亚（减少21.6万t）、英国（减少12.0万t）和科威特（减少10.7万t）的出口量下降明显。

阿根廷在2021年最后一个季度实现了出口的小幅增长。但第四季度的增长与上半年的增长相加，也不足以弥补第三季度的下降，从而导致全年净出口下降2.2%。

近年来，阿根廷的平均贸易增长速度一直较为温和，仅为1%。乌拉圭与阿根廷在世界贸易中所占份额大致相等，其表现的增长率较高。

（4）脱脂奶粉(SMP)。2021年，脱脂奶粉的全球总贸易量增长2.7%，达到263万t左右。

2021年美国在全球市场地位稳固，其价格水平与欧洲相比具有竞争力。良好的牛奶产量、墨西哥市场的复苏以及中东和北非销量的增加，促进了美国脱脂奶粉出口量的强劲增长（新增8万t）。

欧盟27国的脱脂奶粉出口仅在2021年第一季度实现了一定增长，后三个季度脱脂奶粉出口持续下降。总体上，2021年的脱脂奶粉总出口量较前一年下降5%。

2021年，新西兰的脱脂奶粉出口量低于前一年，第三季度出现了一些复苏，但最后几个月出口再次下降。总的来说，脱脂奶粉出口量下降了9%。

2021年年初，由于有利的牛奶生产条件，澳大利亚脱脂奶粉的出口量大幅增长。在第三季度小幅下滑后，2021年最后几个月的出口再次强劲增长。

土耳其重返全球脱脂奶粉贸易市场，出口增长量超过4万t（与2020年相比增长252%），尤其是对阿尔及利亚和埃及的出口增长显著，几乎占到土耳其脱脂奶粉出口总量的60%。

尽管印度在世界脱脂奶粉贸易中所占份额不足2%，

但还是在前几大出口国名单中占据了突出位置。印度的出口增加了近 4 万 t。其最重要的出口目的国家是孟加拉国和马来西亚，分别进口了 25 000t 和 11 000t。

（5）牛奶和奶油。鉴于产品的性质，牛奶和奶油的贸易在传统上更多地集中在本区域附近的目的地，而且大部分与全球范围的（长距离的）贸易没有太大关联。然而，市场形势变化再加上牛奶加工技术和物流的发展，使得牛奶长途运输成为世界贸易中日益重要的因素。

2021 年，全球的牛奶和奶油贸易总量（包括更多的区域内贸易量）达到近 480 万 t。这反映出贸易量同比增长 5.7%。因此，牛奶和奶油产品类别贸易大力推动了 2021 年全球贸易的增长。

欧盟牛奶和奶油贸易量几乎占到世界贸易的三分之一（32.7%），在这一类别中所占的出口份额最大。排在欧盟之后的是英国，二者之间差距较大。英国在世界贸易中所占份额接近 16%，爱尔兰是其目前最重要的贸易伙伴，英国 97% 以上的出口都流向爱尔兰。

由于中国的进口需求不断增长，新西兰和澳大利亚的出口逐年增加。

白俄罗斯对俄罗斯联邦的出口大幅减少，出口量下降了 12% 以上。

除澳大利亚外，沙特阿拉伯的出口量也显著增长。与 2020 年相比，沙特阿拉伯出口量大幅增长了 40% 以上，特别是对阿联酋的出口量，达到 5 400 万 kg（增长 85%），对科威特、约旦、巴林和伊拉克等其他邻国的出口量也大幅增长。

六、价格

1. 乳制品市场价格。2021 年，乳制品价格仍然受到上半年新冠疫情防控措施的影响，同时受到了 2021 年下半年经济复苏的推动。

2020 年年底，所有的乳制品价格均呈上升趋势，这一直持续到 2021 年的前几个月。新冠疫情在世界部分地区的爆发，以及区域封锁导致的供求失衡，导致乳制品价格在第二季度有所下跌。在下半年，乳制品价格呈现上涨，这主要由于进口需求旺盛，而且世界主要生产地区的出口供应紧张，但也受到供应链过载的影响。2021 年 1–12 月，粮农组织乳品价格指数（衡量脱脂奶粉、全脂奶粉、黄油和奶酪的国际价格演变）按市场份额加权，上涨了 10 个百分点。

2021 年年初，黄油价格（大洋洲离岸价）继续保持 2020 年第四季度的上涨趋势，4 月达到每吨 5 790 美元的最高水平。第二季度的价格大幅下跌，3 个月内下降超过 1 300 美元。从下半年开始直至 2021 年年底，黄油价格开始反弹，并大幅上涨，在 12 月达到每吨 5 890 美元，这是 2017 年以来的最高水平。欧洲的黄油价格也呈现同样的趋势，但第一季度的涨幅未达到大洋洲黄油的价格。全年平均下来，大洋洲黄油离岸价格为每吨 5 111 美元（与 2020 年相比上涨 33%），西欧离岸价为每吨 5 005 美元（上涨 37%）。

与黄油一样，脱脂奶粉大洋洲离岸价 2021 年前几个月有所上涨，在第二季度下跌，在下半年又强劲复苏。全球经济的复苏带来的旺盛需求和供应不足，是价格上涨的主要原因。2021 年年底，大洋洲脱脂奶粉价格创下了 2014 年以来的历史新高，达到每吨 3 740 美元。欧洲脱脂奶粉价格在上半年下跌到一个较低水平，但在下半年又快速上涨，超过了 12 月大洋洲的脱脂奶粉价格（每吨 3 775 美元），原因是 2021 年欧盟的库存处于最低水平。全年平均下来，大洋洲脱脂奶粉离岸价为每吨 3 356 美元（上涨 20%），而西欧脱脂奶粉离岸价为每吨 3 110 美元（上涨 27%）。

跟随其他乳制品，国际切达干酪价格（大洋洲离岸价）自 2020 年最后一个季度以来首次呈现上涨趋势，随后在 7 月出现回落。尽管主要出口国的切达干酪供应量有所增加，但价格在下半年飙升，达到 2019 年以来的最高水平。大洋洲切达干酪离岸价的年平均水平为每吨 4 416 美元，与其他乳制品相比，呈现小幅增长（+11%）。

全脂奶粉的价格发展趋势与脱脂奶粉相同，在第二季度价格上涨后呈下降趋势。2021 年全脂乳粉的供应量萎缩，造成欧洲下半年价格上涨，12 月达到每吨 4 675 美元，创 2014 年以来的历史新高。大洋洲脱脂奶粉价格小幅上涨，2021 年底低于 2 月的水平，全年下来，2021 大洋洲脱脂奶粉离岸价为每吨 3 853 美元（上涨 29%）。西欧和南美洲脱脂奶粉离岸价分别为每吨 3 915 美元（上涨 27%）和每吨 3 625 美元（上涨 20%）。

自 2020 年下半年开始，乳清粉价格在 2021 年持续上涨，尽管年中价格出现暴跌，但由于中国养猪业的恢复，全年乳清粉的需求相对强劲。尽管乳清粉全球供应量增加，但西欧离岸价飙升，并在 12 月底达到 10 年以来的最高水平，每吨 1 325 美元。2021 年全年乳清粉的平均价格为每吨 1 226 美元，与 2020 年相比大幅增长了 40%。

2. 农场收奶价格。

（1）总体情况。2021 年，农场收奶价从 2020 年新冠疫情对全球市场造成的重创下进一步回暖。由于全球奶类生产供应不足，各类乳制品的市场价格不断上涨，农场收奶价格的回暖仍在继续。2021 年下半年，牛奶供应量，尤其是欧洲西北部和大洋洲的牛奶供应量低于此前预期。最终导致欧洲和大洋洲收奶价的平均水平高于 2020 年，甚至高于前几年。在美国农场收奶价的增长较为温和。

（2）2021 年的奶价发展趋势。2021 年，欧盟农场收奶平均价格比前一年上涨 7.8%，达到每 100kg36.81 欧元。在过去三年，平均奶价未曾出现过上涨，基本上没有任何波动。奶价上涨是原奶供应下降的结果，也是全球市场积极发展的表现。

2021 年美国奶价基于美国农业部公布的“所有牛奶”价格上涨了 2.3%，从 2020 年的每百磅（cwt）

18.13 美元增至 2021 年的 18.54 美元。奶价的上涨幅度低于欧盟。在美国，新冠疫情的影响持续到 2021 年，包括劳动力问题、物流方面的挑战和通货膨胀上升等原因。新冠感染病例和防疫措施导致乳品厂劳动力短缺，迫使一些工厂因劳动力不足而调整生产。运输部门和港口也存在劳动力不足的问题，导致面临运费上涨和物流方面的挑战。这对牛奶出口产生了负面影响。投入成本上升和销售问题导致牛奶加工商利润率下降。

与欧洲和美国情况类似，新西兰 2021 年的奶价与前一年相比有所上涨，这得益于乳制品需求旺盛以及全球牛奶供应不足。

根据最新更新的数据（2022 年 5 月 26 日），2021/2022 产奶季恒天然农场收奶价为每千克乳固体（脂肪和蛋白质）9.30 新西兰元，比 2020/2021 产奶季增加 1.56 新西兰元，上涨了 20.2%。

（3）2022 年的发展形势。欧盟委员会牛奶市场观测公布的欧盟 2022 年前 6 个月的平均牛奶价格比 2021 年同期高出 23.1%。

2022 年 1–7 月，美国“所有牛奶”平均价格为每百磅 26.02 美元，比 2021 年平均价格高 40.3%。

恒天然最新预测的 2022/2023 产奶季（2022 年 6 月 23 日）农场收奶价为每千克乳固体 9.50 新西兰元（在 8.75~10.25 新西兰元的中间价）。这反映了对国际乳制品市场发展的积极预期。

然而，这一预测已被略微下调。这与主要销售国家的发展局势有关，例如新冠疫情导致中国的封锁和斯里兰卡经济危机，以及俄罗斯和乌克兰之间的冲突等。

九、奶业大事记

NAIYE DASHIJI

2022 年奶业大事记

1 月

4 日 农业农村部印发《国家动物疫病强制免疫指导意见（2022—2025 年）》。

同日 济南市市场监管局出台全国首个特医食品专营店经营管理规范。其中，规定婴幼儿配方食品是以乳类及乳蛋白制品和/或大豆及大豆蛋白制品为主要原料，加入适量的维生素、矿物质和/或其他辅料，仅用物理方法生产加工制成的液态或粉状产品。

5 日 农业农村部办公厅公布调整后《进口种子种源免征增值税商品清单》(第一批)。

7 日 农业农村部公布最新的农业产业化国家重点龙头企业名单，其中包括 28 个省（自治区、直辖市）的 89 家乳制品生产加工企业。

9 日 《人民日报》在头版位置刊登《伊利——拥抱数字技术 加快产业转型》一文，讲述伊利以产品为抓手、以消费者为中心，全面推动企业数字化转型、推动行业产业链转型的“中国品牌 中国故事”。

10 日 胡润研究院发布《2021 胡润中国民营企业可持续发展百强榜》，列出了 100 家最符合联合国 17 个可持续发展目标的中国民营企业。有 4 家乳企列入该榜单，分别是伊利、中国飞鹤、温氏食品、新希望。

12 日 由知名股权投资财经月刊《融资中国》组织的“融资中国 2022(第 11 届)资本年会暨颁奖盛典”在上海举行。“越秀集团重组辉山乳业项目”获评“融资中国 2021 年度中国十佳并购案例”。

同日 优然牧业与江苏农垦集团旗下东辛农场举行线上投资合作协议签约仪式。

13 日 河北省保定市与君乐宝乳业集团合作共建家庭牧场项目集中签约活动在保定市举行，顺平县、易县、曲阳县、高阳县、蠡县 5 县共同与君乐宝集团签约。项目所在的 5 个县落实建设用地 2 252 亩，规划建设存栏奶牛 2.3 万头，项目总投资 11.5 亿元。

14 日 内蒙古自治区人民政府办公厅公布推动全区地方特色乳制品产业发展若干措施。

同日 黑龙江省大庆经济技术开发区管理委员会、哈尔滨电气国际工程有限责任公司与内蒙古华蒙科创环保科技工程有限公司三方在线上签订战略合作协议。华蒙科创董事长孙海龙表示，大庆生物燃气项目的建设是对大庆经开现代农业开发有限公司 3 万头奶牛养殖项目实施绿色环保、低碳减排的有力保障。

15 日 科技部正式批复建设国家乳业技术创新中心。中心按照“一个协同创新网络、四个研究中心、三个服务平台”模式进行建设布局。

同日 工业和信息化部办公厅公布 2021 年度绿色制造名单，内蒙古蒙牛乳业（集团）股份有限公司入选绿色供应链管理企业，旗下的 5 座工厂获评“国家级绿色工厂”称号。

17 日 国务院新闻办公室于北京举行新闻发布会，介绍 2021 年国民经济运行情况。发布会公布 2021 年我国全年牛奶产量 3 683 万 t，比 2020 年增长 7.1%。

同日 中国农业科学院北京畜牧兽医研究所消息，该研究所饲草育种与栽培科技创新团队完成了我国自主选育的高产优质紫花苜蓿中苜 4 号基因组的测序组装，该基因组是世界上首个组装到同源染色体水平的紫花苜蓿育成品种基因组，在该基因组的基础上，还完成了国内外 220 份紫花苜蓿核心种质材料重测序和重要农艺性状的全基因组关联分析。相关研究成果发表在《基因组蛋白质组与生物信息学报》上。

同日 中国圣牧在沙漠中开发沙草有机奶产业的实践做法，入选世界经济论坛发布的《中国迈向自然受益型经济的机遇》洞察报告案例。案例重点介绍了中国圣牧将没有工业和化学农业污染的乌兰布和沙漠选为有机牛奶生产基地，先后投入超过 11 亿元人民币，对乌兰布和沙漠进行了大规模生态治理，并阐述了中国圣牧开展生物多样性解决方案。

同日 利乐昆山扩产项目正式签约，将增加投资 6 300 万欧元（约 4.6 亿元人民币）扩充产能，利乐昆山一体化生产服务基地投产运营，成为利乐在中国市场首个一体化生产服务基地。昆山市委书记周伟，昆山市委常委、管委会副主任徐敏中，昆山市委常委、副市长胡健，中国利乐公司总裁朱屹东，利乐包装解决方案执行副总裁欧磊一并出席签约仪式。

18 日 奥耐尔（河北）饲料有限责任公司开工建设，总投资 1.5 亿元，建设年产 3 万 t 的幼畜动物配方奶粉全自动智能化生产线。项目建成后将是国内较先进、专业的动物配方奶粉生产基地，生产设备从原料接收、投料生产至成品出入库为自动智能化。整个生产过程数据可追溯，可以根据客户要求，提供定制产品。

19 日　国际权威认证机构 Intertek 向雅士利国际授予 FSSC22000 食品安全体系认证证书。此前一天，国际权威认证机构 SGS 向雅士利国际授予了婴幼儿配方食品欧盟标准产品认证证书、SQF（安全质量食品）产品认证证书、FSSC22000 食品安全体系认证证书。

20 日　飞鹤宣布全面升级“新鲜婴幼儿配方奶粉标准体系”，形成从前端饲草到终端服务的“6+1+1”新鲜奶粉标准体系，包括 6 个过程标准、1 个服务标准和 1 个产品标准。中国奶业协会副会长兼秘书长刘亚清表示，“新鲜婴幼儿配方奶粉标准体系”的升级是飞鹤持续创新的重要体现，从立项、起草、评审等环节都由院士牵头引领，专家指导参与，体系架构严谨、导向鲜明，覆盖全产业链各个环节，凝聚了飞鹤的最新研究和实践成果。

同日　俄罗斯卫星通讯社莫斯科电，俄罗斯《生意人报》报道，四川铁投现代农业发展股份有限公司将投资 10 亿元人民币在鞑靼斯坦共和国建立乳制品厂。

22 日　君乐宝乳业集团与皇氏集团的战略合作签约仪式在石家庄举行。皇氏集团邀请君乐宝乳业战略入股皇氏来思尔乳业，以来思尔为纽带，双方将在养殖、育种、加工、研发、精细化管理等多个领域加深交流与合作。君乐宝董事长兼总裁魏立华、皇氏集团董事长兼总裁黄嘉棣、皇氏来思尔乳业总经理马万平等参加签约仪式。

23 日　人民日报社推出年终态度大片《活出自己的主场》，通过讲述时代典型人物的故事，向世界展示了中国人的精神力量。中国飞鹤研究院副院长蒋士龙作为中国乳业代表人物进行了展示。

25 日　中国奶业协会发布 2022 年现代奶业评价定级奶牛场名单（第一批）。

同日　中国奶业协会发布设立奶牛遗传评估部的公告。

26 日　国际品牌价值评估权威机构品牌金融公布“2022 年度全球最具价值品牌 500 强”榜单，伊利的品牌价值在去年相比前年增长 11% 的基础上，今年保持 10% 的强劲增幅，继续稳居全球食品集团品牌前三。

30 日　农业农村部、海关总署发布公告第 521 号，牛结节性皮肤病由一类动物传染病调整为二类动物传染病。

同日　农业农村部畜牧兽医局发布奶牛养殖场玉米青贮饲料黄曲霉毒素防控技术指导意见。

2 月

6 日　作为蒙牛的官方合作伙伴中国女足，时隔十六年重回亚洲之巅。当天，蒙牛集团率先宣布，拿出千万奖金奖励中国女足，并向中国女足的奋斗精神致敬。

7 日　央视财经报道，植物油和奶制品价格飙升，全球食品价格逼近 2011 年来历史高点。

同日　内蒙古自治区人民政府网站发表内蒙古财经大学李瑞峰、侯淑霞、闫晨丽的文章《加快培育发展羊乳产业　促进奶业振兴》。

8 日　为民族品牌蒙牛代言的中国 19 岁冰雪运动员谷爱凌凭借一组高难度动作，在自由式滑雪大跳台比赛中成功夺冠。

10 日　中国奶业协会消息，中共湖南省委组织部、湖南省科学技术厅、湖南省科学技术协会共同发文，认定澳优乳业陈卫院士专家工作站等 7 家院士专家工作站为湖南省院士专家工作站。

11 日　中国奶业协会消息，O2OMind 发布 2021 年 O2O 渠道营收 100 强品牌榜单，其中 18 个乳制品品牌上榜，伊利、蒙牛、特仑苏、金典包揽了排行榜前 4 名。

15 日　北京冬奥会单板滑雪男子大跳台决赛落下帷幕，伊利品牌代言人、17 岁中国选手苏翊鸣提前夺冠，摘得中国第六金，实现了中国在该项目的历史性突破。

16 日　农业农村部印发《“十四五”奶业竞争力提升行动方案》。

同日　农业农村部发布《“十四五”全国饲草产业发展规划》。

同日　君奥牧业全智能化未来家庭示范牧场建设完工，投入生产。该牧场设计存栏 1 500 头，引进自动挤奶系统、自动推料系统和犊牛自动饲喂系统等先进智能化设备，是河北省首个全智能化家庭牧场。该牧场通过现代信息技术与牧场的深度融合，实现牧场信息感知、定量决策、智能控制、精准投入，关注个体牛只的需求，弥补牛群群组管理的遗漏部分，这些做法将加快河北省智能化精准养殖的进程。

17 日　第四届消费品论坛（CGF）中国日系列活动在上海举行，约 300 名全球知名企业领袖围绕“合力同创 共美未来”的主题开展深入讨论。蒙牛集团总裁卢敏放受邀参会并发表致辞。他表示，中国乳业的碳中和极具挑战，需要全产业链充分协同，合力打造“净零碳时代”。

同日　在河北省张家口市蒙牛塞北工厂，中新社、中国教育电视台、中国妇女报社、中国经营报社、河北广电、内蒙古日报社、张家口新闻传媒集团等到访媒体记者参观了牛奶的整个生产工艺和先进科技，了解了蒙牛在社会责任方面的具体实践。

18 日　农业农村部畜牧兽医局副局长辛国昌一行赴中国奶业协会考察，陪同考察的有农业农村部畜牧兽医局奶业处处长卫琳和奶业处四级调研员孙永健。受中国奶业协会名誉会长高鸿宾和会长李德发的委托，中国奶业协会副会长兼秘书长刘亚清负责接待并做了工作汇报。辛国昌对中国奶业协会工作给予充分肯定，他指出，近年来协会开展了很多富有成效的工作，引领和推动奶业持续健康高质量发展，畜牧兽医局与协会是一家人，工作中相互配合、相互支持。辛国昌还指出协会政治站位高、大局观念强、行业凝聚力强、社会影响力大、标杆效应好，尤其是中国奶业大会和中国奶业 D20 峰会年年精彩，已经成为行业盛会。他希望，协会能够在提高奶源自给率，维护奶业稳定发展，维护奶业行业形象等方面，继续发挥好引领带动作用，进一步推动质量安全水平提升和民族奶业品牌壮大，促进奶业消费转型升级。中国奶业协会部门负责人参加了考察与汇报。

同日 美国食品和药品监督管理局（FDA）宣布，正在调查 4 名婴儿感染克罗诺杆菌和沙门氏菌事件的投诉。FDA 称，据报告这 4 名婴儿均食用了雅培在密歇根州斯特吉斯工厂生产的奶粉，品牌包括 Similac、Alimentum 和 EleCare。海关总署提醒消费者暂不通过任何渠道购买上述婴幼儿配方奶粉，如有通过海淘等非一般贸易渠道购买该企业相关批次婴幼儿配方奶粉的，立即暂停食用；如有购买上述特医产品的，立即暂停食用。

19 日 光明乳业举办的国内首个乳企百年时光艺术展在拥有百年历史的上海今潮 8 弄开启。艺术展共分为光明历史区、光明人文区、光明文创区三大主题空间。2022 年，正值光明乳业历史的 111 年。光明乳业把“品质如一，创新如一，温暖如一”的品牌目标融注于百年光明时光艺术展，带来一场别开生面的视觉震撼。光明乳业股份有限公司党委书记、董事长黄黎明，光明乳业股份有限公司党委副书记、副总裁赉敏出席活动。

21 日 国家体育总局冬季运动管理中心向内蒙古伊利实业集团股份有限公司发出感谢信，盛赞其在推动我国冰雪运动发展、圆满完成北京冬奥会训练备战参赛任务的过程中，为实现“全项目参赛”“参赛出彩”提供了有力保障，发挥了重要作用，做出了积极贡献。

同日 中国食品报报道，中国工程院院士、中国农业大学营养与健康研究院院长任发政接受专访，提出乳品结构单一、同质化严重现象亟待改变，乳源功能物质开发与利用是乳业发展的主要方向，重视人才培养推进产学研用一体化。

22 日 2022 年第十届中国粗饲料大会暨第三届科迪华“中国好青贮”高峰论坛在线上举行。线上参会人数突破 18.6 万人次。本届大会在中国奶业协会、中国种子协会和农垦乳业联盟的指导下，由科迪华农业科技有限公司组织筹备。来自美国、法国、爱尔兰等 6 个国家和地区的青贮种植和畜牧养殖专家分享了当前行业内所关心的粗饲料各类技术和应用标准，以及先进的种养经验和管理理念。中国奶业协会副秘书长张智山表示，粗饲料是影响奶牛健康和效益的关键。十年来，我国乳品质量持续提升，奶牛单产提高 3t，优质粗饲料品质持续提升发挥了重要作用。

同日 Discovery 探索频道在海内外同步发布纪录片《探索中国奶粉新高度》，零距离真实记录中国乳业发展现状。纪录片发布首日，全平台观看量便突破 3 000 万人次，在微博、B 站、抖音、YouTube、TikTok 等数十家海内外平台走红。片中，Discovery 探索官深入国产奶粉崛起的样本君乐宝乳业集团，从源头牧草种植基地到奶牛养殖牧场、世界级奶粉工厂，将奶粉生产全产业链通过高清镜头展示给观众，全面刷新了消费者对于国产奶粉的认知，引发全球网友惊叹。

23 日 中国奶业协会发布关于认真贯彻《奶牛养殖场玉米青贮饲料黄曲霉毒素防控技术指导意见》。

28 日 伊利集团获得全球知名国际检验认证集团——必维集团（Bureau Veritas）颁发的碳中和工厂核查声明（PAS2060），中国食品行业首个“零碳工厂”在伊利诞生。

同日 光明牧业淮北光明生态智慧牧场首批 5 000 头优质荷斯坦牛顺利入住，牧场整体建设预计于 2022 年年中竣工投产。光明牧业淮北光明生态智慧牧场位于安徽省淮北市濉溪县南坪镇朱口村，总投资 6.2 亿元，占地面积 1 015 亩。牧场于 2021 年 8 月开工建设，设计存栏 12 000 头，全部投产后，每年生产优质原料奶将达 70 000t。

3 月

1 日 农业农村部新闻办公室发布农业农村部畜牧兽医局负责人就《“十四五”全国饲草产业发展规划》答记者问。

2 日 内蒙古自治区人民政府办公厅发布推进奶业振兴九条政策措施。

同日 山东省政府召开新闻发布会，公布第一批“好品山东”品牌名单。得益乳业荣获山东唯一一家“好品山东”乳制品企业。

同日 优然牧业发布公告称，计划以 12 亿港元收购中地乳业 27.16% 股权。

3 日 澳优乳业股份有限公司与内蒙古伊利实业集团股份有限公司全资子公司香港金港商贸控股有限公司发布联合公告，宣布要约方金港对澳优全部已发行股份全面要约收购成功。公告显示，截止日期 2022 年 3 月 3 日下午 4 时，金港共收到的接纳股份为 332 338 860 股，约占澳优全部已发行股本的 18.38%。金港另持有澳优股份 620 824 763 股，合计接纳股份，金港共持有或控制澳优股份达 953 163 623 股，约占澳优已发行总股份的 52.70%。

同日 澳大利亚羊奶粉品牌 Bubs Australia Limited (ASX: BUB) 宣布它已与香港贸易公司 Willis Trading Limited（Willis）签订了一份新的股份认购协议。

5 日 《新华日报》刊登题为《聚焦中央一号文件，卫岗绿色驱动奶业振兴》一文，对卫岗在促进乡村产业发展，赋能传统奶业智慧化、数字化转型，助力新时代乡村振兴和农业农村现代化方面取得的成果给出了高度评价。

7 日 光明乳业发布了一则《关于使用募集资金实施募投项目的公告》。公告称，本次非公开发行股票实际募集资金 19.19 亿元，其中约 13.55 亿元用于向全资子公司光明牧业有限公司增资。除去光明牧业“国家级奶牛核心育种场（金山种奶牛场）改扩建项目”使用的 5 093.65 万元之外，在剩余的资金中，约 6.58 亿元由光明牧业向淮北牧场、中卫牧场、阜阳牧场、哈川牧场实缴注册资本及增资，专项用于实施募投项目；剩余部分由光明牧业按照相关规定的程序置换本次实缴注册资本及增资前淮北牧场、中卫牧场、阜阳牧场、哈川牧场已实缴注册资本并预先投入募投项目的自筹资金。

8日 飞鹤爱本系列奶粉正式通过全球绿色联盟（北京）食品安全认证中心审核，获得低GI食品认证。认证结果显示，去年11月全新上市的爱本乳铁蛋白、葆欣、膳骨、清澄4款配方奶粉全部通过《食品安全国家标准 乳粉》和《低GI食品认证技术要求》。

10日 江西省市场监管局组织召开加强婴幼儿配方奶粉安全监管约谈会。省局党组成员、副局长梁卫光，相关设区市（县）局分管领导、特殊食品监管部门负责人，省纪委省监委驻省局纪检监察组、食品抽检处相关负责人，省局特殊食品处全体干部，部分婴幼儿配方奶粉生产企业代表参加会议。

11日 清华大学主办的中国高端管理杂志《清华管理评论》首发题为《量变与质变：战略引领数字化的伊利样本》的案例文章。

同日 《北京日报》客户端在培育建设国际消费中心城市融媒体《潮人说北京》访谈中，对北京三元食品股份有限公司党委书记、董事长于永杰进行了独家专访。

12日 中国乳业产业园西部中心重点项目——现代牧业（磴口）有限公司万头奶牛牧场投产交奶，这是蒙牛集团中国乳业产业园西部中心投产交奶的第三座牧场。

14日 蒙牛集团因在印尼、坦桑尼亚等海外履行社会责任的实践，被列入中国国际扶贫中心协助建立的国际农业发展基金“南南及三方合作”机构信息库。

15日 内蒙古自治区市场监管局消息，内蒙古自治区已实现婴幼儿配方奶粉生产领域可视化智慧监管，可视化智慧监管信息可在国家、自治区、盟市监管部门实时共享。

同日 君乐宝2022年度种养结合家庭牧场项目集中动工仪式在河北深泽举行。君乐宝3年规划建设100个家庭牧场。2022年度君乐宝新建15个家庭牧场项目，涉及石家庄、沧州、保定、邢台、邯郸等区域，总投资约11亿元，奶牛总存栏2.2万头。石家庄市农业农村局局长王溪波，石家庄市农业农村局一级调研员谢合领，河北省奶业协会副会长兼秘书长袁运生，深泽县委书记王建峰，深泽县县长郝英鹏，君乐宝集团副总裁、乐源牧业总经理侯新峰等出席活动。君乐宝乐源牧业家庭牧场管理本部总监魏福国主持集中动工仪式。

20日 优然牧业灵台县万头全群奶牛养殖示范园区项目开工仪式在灵台县百里镇举行。平凉市委书记周伟出席仪式并宣布项目开工，平凉市委副书记、市长王旭讲话。

25日 呼和浩特市重点产业项目集中开工动员大会举行，作为呼和浩特市重点产业项目，优然牧业敕勒川沙尔营天然牧场集群项目在土左旗分会场同步启动开工。项目共建设4座牧场，总投资18.6亿元。

28日 农业农村部发布《畜间布鲁氏菌病防控五年行动方案（2022—2026年）》。

同日 中国飞鹤公布2021年全年业绩。飞鹤营收达227.8亿元，同比增长22.5%，净利润实现69亿元，剔除2020年原生态牧业的溢价购买收益，同比增长21.2%，基本每股盈利0.77元。其中，婴幼儿配方奶粉业务实现营收215亿元，同比增长21.7%。

29日 中国现代牧业控股有限公司公布2021年全年业绩。销售收入70.78亿元人民币，同比增长18%；现金EBITDA录得24.34亿元，同比增长7%；公司净利润10.33亿元，同比大幅增长32%，创历史新高；每股溢利14.43分，同比增长20%。

30日 工业和信息化部消费品工业司组织召开婴幼儿配方奶粉追溯体系宣传推广工作视频座谈会，中国电子信息产业发展研究院科技与标准所、中国商业联合会母婴产业分会、国内知名母婴主题网站平台及线下实体店、部分骨干婴幼儿配方奶粉企业的代表参会。自2013年开展国产婴幼儿配方奶粉追溯体系建设工作以来，已累计接入95家婴幼儿配方奶粉企业，覆盖了国内企业总数的80%以上，产品追溯数据量达17亿条。

同日 蒙牛集团公布截至2021年12月31日的年度业绩。2021年蒙牛营收同比增长15.9%，达人民币881.415亿元。集团液态奶收入按年增长12.9%，达人民币765.144亿元。公司拥有人应占利润同比增加42.6%，达人民币50.255亿元。

同日 优然牧业披露2021年业绩公告，全年营收增长30.3%，达153.46亿元；净利润达20.21亿元，经调整归母净利润增长49.1%达20.40亿元；原料奶业务收入增长36.4%，反刍动物养殖系统化解决方案业务收入增长21.3%。

31日 由宁夏回族自治区国资委组织开展的“国资国企地市行”活动首站在吴忠市拉开帷幕。活动现场，宁夏农垦集团与吴忠市政府签署5万头奶牛场建设项目框架协议。自治区国资委党委书记吴琼到拟建项目现场考察。在拟建项目现场，农垦集团董事长张戈，总经理徐军及领导班子成员与吴忠市副市长李玉山等就共同关心的道路、供水、供电等问题进行了协商。双方表示，将成立工作专班，共同推进项目尽快落地。

同日 河北省市场监督管理局印发河北省奶片食品生产许可审查方案（试行）。

4月

2日 农业农村部办公厅公布2021年国家畜禽核心育种场等遴选核验结果和变更名称。

同日 内蒙古自治区公安厅召开新闻发布会，向社会公布《内蒙古自治区公安厅在优化法治化营商环境中服务保障乳业振兴和高质量发展工作方案》主要内容。发布会前一天，自治区公安厅与10家重点乳企代表召开第一次座谈会，对方案进行解释说明，明确联络对接渠道和服务保障内容。

同日 黑龙江省农业农村厅官方微信平台发表《奶牛养殖情况分析及建议》一文。对2021年全省奶牛养殖情况进行了分析,并提出了三大解决方案的技术建议。

3日 安徽省农业农村厅发布实施奶业倍增计划提升奶业竞争力的意见。

5日 河南省人民政府办公厅公布河南省肉牛奶牛产业发展行动计划。

6日 上陵牧业发布公告，根据公司业务发展需要，公司与现代牧业（集团）有限公司、中粮饲料有限公司共同出资设立现代饲料（天津）有限公司，注册资本为人民币5 000万元。现代牧业持股54%，出资额为人民币2 700万元；中粮饲料持股34%，出资额为人民币1 700万元；上陵牧业持股12%，出资额为人民币600万元。

8日 中国奶业协会（D20企业秘书处）公布第三届中国奶业D20企业遴选结果。

同日 《伊利集团零碳未来计划》《伊利集团零碳未来计划路线图》正式发布，伊利成为中国食品行业第一家发布双碳目标及路线图的企业。伊利集团董事长兼总裁潘刚表示，伊利已在2012年实现碳达峰，将在2050年前实现全产业链碳中和，并制定了2030年、2040年、2050年三个阶段的具体任务。当天，伊利还通过网络会议“云牵手”43家全球战略合作伙伴，启动“零碳联盟”，共同签署《让世界共享健康—伊利集团可持续发展倡议书》，授予利乐、菲仕兰、科汉森、罗盖特等7家供应商“伊利集团全球供应链低碳先锋”称号。

同日 鄂尔多斯市·伊利集团黄河流域种养加一体化有机乳产业高质量发展集群项目暨准能·伊利万头奶牛示范牧场建设项目在黑岱沟露天矿复垦区举行开工仪式，准能集团携手伊利集团，共同打造存栏1.2万头的绿色牧场。

同日 江苏省工业和信息化厅发文公布《2022年江苏省智能制造示范工厂名单》，南京卫岗乳业有限公司“乳制品智能工厂”成功入选，获评江苏省智能制造示范工厂。

11日 2022年第61届世界食品品质评鉴大会评委会发来喜报，现代牧业尊贵装纯牛奶、金奖纯牛奶、金奖高钙牛奶、荷斯坦三零牛奶、荷斯坦高钙牛奶、荷斯坦纯牛奶6支产品均摘得大会金奖。其中现代牧业尊贵装纯牛奶已连续九年荣膺金奖，尊贵装纯牛奶、金奖高钙牛奶还特别荣获了大会特别奖“国际高品质奖杯”；荷斯坦高钙牛奶、荷斯坦纯牛奶首次参选就获得金奖荣誉。

12日 全国畜牧总站、中国饲料工业协会、中国畜牧业协会、中国奶业协会联合发文征集豆粕减量替代及新型蛋白原料应用技术方案。

同日 呼和浩特市人民政府新闻办公室组织召开呼和浩特市人民政府2022年经济社会发展重大项目和重点民生工程系列新闻发布会（第二场）。发布会上土默特左旗、托克托县、和林格尔县、清水河县、武川县相关负责人分别就各自地区2022年经济社会发展重大项目和重点民生工程实施做了详细介绍，其中“乳产业”项目发展格外亮眼。

土默特左旗：伊利现代智慧健康谷建设，打造“千亿级乳产业集群”伊利现代智慧健康谷实施伊顺物流、伊利液态奶配套项目、合兴环保包装、集中供热管网工程等34个项目，伊利奶粉二期、伊利智能平台等19个项目，5G绿色人工智能液态奶项目、5G工业互联网奶粉项目；沙尔营2、3、4号牧场项目，种植优质苜蓿2.8万亩、燕麦1.1万亩项目。

托克托县：利兴1.5万头奶牛牧场项目，盛鸿1.2万头奶牛牧场项目，伊利绿色智慧奶牛养殖示范园区项目。

清水河县：国家乳业创新中心奶牛核心育种场与国家胚胎工程中心项目，3 500头高产奶牛核心育种场与国家胚胎工程中心项目，优然牧业奶山羊养殖示范园区项目。

和林格尔县：新建的有蒙牛乳业产业园正缘2万头奶牛牧场、盛健奶山羊养殖15万只，续建的有蒙牛乳业产业园草原新牧民8万头、草原和牛1万头、正缘公司1万头奶牛牧场。

武川县：冻干驴奶粉、液态驴奶及阿胶项目。

13日 中国奶业协会发文开展疫情防控期间奶业企业生产销售受影响的监测调研。

16日 当晚“中国冰雪之夜”在首都体育馆举行，伊利宣布在2022年投入4 000万元，支持中国冰雪事业发展。

同日 9时56分，神舟十三号飞船在东风着陆场平安降落，太空“出差”的3名航天员翟志刚、王亚平、叶光富三位航天员，顺利在东风着陆场预定区域成功着陆，返回自己的“母星”地球。作为与中国航天牵手19年的蒙牛集团与全世界人民一起迎来这一激动人心的时刻。

16—17日 由国家食品行业生产力促进中心主办，厦门汇盛生物有限公司协办的“新国标下婴幼儿配方食品配方完善与注册指导及营养成分分析研讨会”在线上举行。国家相关部门领导、知名专家、教授及优秀企业代表参加了研讨会。厦门汇盛生物有限公司宁肖肖就原生DHA乳制品的研发初心、研发过程及产业化案例进行了分享，重点阐述了原生DHA在婴幼儿配方奶粉中的应用解决方案。

20日 博鳌亚洲论坛2022年年会在海南博鳌举行，伊利集团作为官方指定乳制品合作伙伴和中国乳业受邀企业亮相本届论坛。伊利集团执行总裁张剑秋在“实现碳中和：企业在行动”论坛中，分享了伊利在推动全产业链碳中和方面的思考和实践。

同日 陕西省咸阳市淳化县万头奶牛新型农牧产业综合示范牧场项目正式开工建设。项目由咸阳仲山牧智慧农业有限公司投资建设，建设期为2年，总投资4亿元，年度投资2亿元。将把关中打造成全国奶牛、奶山羊的“双奶源”基地。

21日 现代奶业评价管理办公室举办“2022现代奶牛场定级评价师线上培训班”。培训班由中国奶业协会副秘书长陈绍祜主持。中国奶业协会养殖业发展部主任闫青霞、北京首农畜牧发展有限公司总裁助理郭刚、内蒙古伊利实业集团股份有限公司奶科院营养中心主任韩吉雨、内蒙古蒙牛乳业（集团）股份有限公司奶源事业部质量技术中心总经理贺永强和南京卫岗乳业有限公司副总裁田雨分别对《现代奶牛场定级与评价管理办法》《现代奶牛场定级评价师管理办法》进行了重点解读；对《现代奶业评价奶牛场定级与评价》团体标准，从战略潜力和绩效表现两个维度，按布局合理化、管理智能化、发展持续化、生产标准化、品种有量化、动物福利化、产品优质化等方向进行了讲解。来自伊利、蒙牛、光明、君乐宝、现代牧业、新希望、圣牧、完达山、中地、卫岗、长富、优然牧业、越秀辉山、皇氏、首农畜牧、乐源牧业、原生态牧业、云南欧亚、黑龙江宜品、富源牧业、赛科星、奥克斯等企业的牧场、奶源部门代表，以及行政机构、地方奶协、科研院所和大专院校代表，共744人参加了此次培训。

同日 三元股份发布2021年年度报告。三元股份实现营业收入约77.31亿元，同比增长5.13%；实现归属于上市公司股东的净利润约2.45亿元，同比增长1011.72%。

22日 内蒙古自治区政府新闻办召开政策例行吹风会，解读出台的《内蒙古自治区推进奶业振兴九条政策措施》及相关配套举措。自治区农牧厅相关负责人说，九条政策措施对乳业的扶持补贴每年超过10亿元。

26日 中国营养学会正式发布《中国居民膳食指南（2022）》。与上一版指南相比，《中国居民膳食指南（2022）》将6条“核心推荐”升级为8条“膳食准则”，再次强调多吃奶类。中国居民膳食宝塔（2022）也将奶及奶制品的摄入量，由300g提升到了300~500g。

27日 农业农村部办公厅、财政部办公厅公布2022年农业产业融合发展项目创建名单。黑龙江省乳品产业集群、河南省奶业产业集群入选2022年优势特色产业集群建设名单。

同日 湖南省发展和改革委员会、湖南省工业和信息化厅、湖南省农业农村厅、湖南省卫生健康委员会、湖南省市场监督管理局、湖南省商务厅、长沙海关联合发布《湖南省“十四五”国产婴幼儿配方乳粉提升行动工作方案》。

同日 伊利股份发布2021年年报，实现营业总收入1 105.95亿元，同比增14.15%；净利润87.32亿元，同比增长23%。伊利成为亚洲首个营收突破千亿的乳企。

同日 南京市总工会授予卫岗乳业“2022年南京市五一劳动奖”荣誉称号。

同日 内蒙古2021年度十大经济人物颁奖仪式在呼和浩特举行。内蒙古农业大学食品科学与工程学院张和平教授，凭借在乳酸菌资源开发与利用方面的卓越贡献，荣获2021年度特殊贡献大奖。

28日 伊利现代智慧健康谷2022年重点项目集中开工暨呼和浩特商贸服务型国家物流枢纽揭牌仪式在呼和浩特市举行，总投资近百亿元的项目签约落户伊利健康谷。

同日 中华全国总工会召开大会表彰2022年全国五一劳动奖和全国工人先锋号获得者。宁夏伊利乳业有限责任公司、内蒙古金海伊利乳业有限责任公司荣获全国五一劳动奖状，伊利集团总部金融中心荣获全国工人先锋号，伊利集团液态奶事业部原奶质量技术负责人韩吉雨获得全国五一劳动奖章。伊利集团成为行业获奖最多的企业。

同日 蒙牛集团携手海尔海创汇共同打造的“健康科技”创新加速营正式启动。

同日 南京市人民政府授予南京卫岗乳业等4家企业“2021年度市长质量奖（组织）”，各给予50万元激励。

29日 广西壮族自治区来宾市2022年第三批重大项目集中开竣工仪式暨皇氏来宾乳制品产业化基地项目开工仪式在来宾市高新技术产业开发区举行。来宾市市长廖和明、皇氏集团董事长兼总裁黄嘉棣，以及来宾市6个重大项目业主代表等参加仪式。

同日 呼和浩特市落实自治区奶业振兴九条政策措施首批资金兑现大会召开。呼和浩特市在全区率先研究制定政策落实方案，及时对符合条件的奶业经营主体兑现政策，本次兑现扶持资金2.26亿元。

5月

5日 从新西兰进口的2 500只萨能奶山羊种羊，正式落户陕西正大奶山羊产业发展有限公司千阳县正大奶山羊繁育基地。

6日 中国奶业协会举行线上发布会，正式发布《国家“学生饮用奶计划”推广管理办法》（修订版）。中国奶业协会副会长兼秘书长刘亚清出席会议并讲话。刘亚清指出，本次修订的《国家“学生饮用奶计划”推广管理办法》共7章64条，是对2017年《办法》的全面修订，结构和内容都做了较大调整。注重前瞻性思考、全局性谋划、战略性布局、整体性推进，坚持把质量安全放在首位，强化学生饮用奶生产供应从奶源到学校全链条管理。张智山副秘书长主持会议。李栋副秘书长对修订版《办法》配套的3项新增学生饮用奶团体标准（《学生饮用奶 巴氏杀菌乳》《学生饮用奶 发酵乳》《学生饮用奶 入校操作规范》）进行了详细解读。中国奶业协会副秘书长邵明君、周振峰、陈绍祜，以及伊利集团副总裁刘春喜、蒙牛集团副总裁顾瑞珍、光明乳业副总裁李俊龙、君乐宝乳业集团副总裁仲岩、飞鹤乳业副总裁卢光、三元食品首席科学家陈历俊、新希望乳业副总裁林永裕、银桥液奶事业部总经理施建军、卫岗乳业副总裁刘宏波、佳宝乳业副总裁刘向松等400余位学生饮用奶生产企业的有关负责人、地方学生饮用奶推广机构负责人参加会议。

同日 国家市场监督管理总局发布《市场监管总局关于2021年市场监管部门食品安全监督抽检情况的通告》。2021年我国乳制品抽检合格率为99.87%；婴幼儿配方奶粉抽检合格率为99.88%，特殊医学用途配方食品抽检合格率为100%，是34类抽检食品中合格率最高的。国产奶正用品质与实力加速赢得消费者的信任。

同日 蒙牛乳业、雅士利国际联合发布公告，宣布达能向蒙牛出售其所持有的雅士利25%的股份、低温业务合资公司20%的股份，同时购买雅士利旗下多美滋中国100%股权这三项重要交易。雅士利则计划私有化退市，将成为蒙牛全资附属公司。

8日 2021年度南京市市长质量奖正式揭晓，南京卫岗乳业等4家企业获得市长质量奖（组织）。

同日 浙江一鸣江南牧场项目在温州市鹿城区举行开工仪式。项目以奶牛产业为核心，涵盖文旅、研学、民宿、有机农业等内容，总投资10.5亿元。

9日 财政部消息，新疆维吾尔自治区财政积极履行财政保障职能，聚焦四个重点推进奶业生产体系建设。一是聚焦提质增效强基础，保障奶牛优质饲草料供给；二是聚焦快速提质扩产能，保障奶牛良种繁育扩增；三是聚焦强化监管保安全，全面提升乳品质量安全水平；四是聚焦提升保障能力，强化奶业振兴投入和机制保障。

10日 伊利“数字N+伊”生态创享计划首站启航，伊利联合微软加速器发起的“数字化转型生态创新大赛”启动发布会在京举行。伊利集团执行总裁张剑秋、北京大学国家发展研究院院长姚洋、微软加速器北亚区CEO兼董事总经理周健、京东科技副总裁母小海、北京极智嘉联合创始人兼CTO李洪波、伊利集团数字化中心总经理尚直虎等出席发布会并发表演讲。

10日 “中国品牌日”当天，由中国新闻社旗下中新经纬主办的第八届财经中国V论坛暨2022品牌峰会在线上举行。蒙牛集团执行总裁、党委副书记李鹏程受邀参加峰会并表示，中国乳业是国家品牌战略的受益者。

11日 内蒙古自治区党委常委、呼和浩特市委书记包钢，呼和浩特市委副书记、市长、和林格尔新区党工委书记贺海东会见中粮集团副总裁、蒙牛集团董事长陈朗一行。包钢对中粮集团及旗下蒙牛乳业在呼和浩特打造“中国乳都”升级版中做出的贡献表示感谢。陈朗简要介绍了中粮集团整体情况和在内蒙古自治区、呼和浩特市项目发展推进情况。双方就进一步深化合作进行了务实交流。呼和浩特市人大常委会主任常培忠、蒙牛集团总裁卢敏放等参加会议。

12日 河北省政府网站消息，河北实施六大工程促进乳业高质量发展。省农业农村厅印发《河北省高端乳品产业集群2022年推进方案》。方案明确，2022年全省奶牛存栏确保145万头，生鲜乳产量实现540万t，打造16个现代奶业示范园区和4个高端乳制品项目，进一步优化乳品结构，提升高端乳品生产能力和市场占有率。

同日 君乐宝乳业集团2022年度保定市家庭牧场项目集中开工仪式在蠡县举行。保定市家庭牧场项目于2022年1月签约启动，计划建设5个家庭牧场，总投资11.5亿元，规划存栏2.2万头，其中蠡县2个家庭牧场项目总投资约3亿元。

同日 蒙牛中国乳业产业园2022年重点项目集中开工暨蒙牛九期奶粉工厂奠基仪式在内蒙古呼和浩特市举行。呼和浩特市委书记包钢、呼和浩特市市长贺海东、市人大常委会主任常培忠、市政协主席李炯等出席仪式，并为项目培土奠基。中粮集团副总裁、蒙牛集团董事长陈朗、蒙牛集团总裁卢敏放等参加活动。

同日 中国奶业协会举办2022中国奶牛体型鉴定员网络培训班。培训班由中国奶业协会副秘书长陈绍祜主持，中国奶业协会育种专业委员会主任、北京三元种业科技股份有限公司副总经理麻柱在开班仪式上进行了致辞。中国奶业协会育种专业委员会顾问、北京首农畜牧发展有限公司奶牛中心副经理石万海，中国奶业协会育种专业委员会常务副主任、中国农业大学动物科学技术学院教授王雅春，中国奶业协会育种专业委员会理事、中国农业大学动物科学技术学院教授张毅，中国奶业协会育种专业委员会秘书长、北京奶牛中心高级畜牧师刘林4位专家针对不同方面内容进行了网络直播培训。培训涵盖了《中国奶牛体型鉴定员管理办法（试行）》《中国荷斯坦牛体型鉴定技术规程》及奶牛体型鉴定的解剖学基础和奶牛功能性状中的重要性等4个方面内容，中国奶业协会养殖业发展部邀请相关专家在北京奶牛中心良种场精心录制了中国奶牛体型鉴定现场培训视频，分享给广大从业者。

13日 河北省沧州市与伊利集团签署战略合作框架协议，伊利集团将在沧州投资152亿元，建设日处理生鲜乳4 000t、年产150万t的乳制品加工基地。河北省副省长时清霜，省委农办主任、省农业农村厅党组书记王国发，伊利集团董事长潘刚出席。沧州市委书记康彦民致辞。沧州市委副书记、市长向辉主持。

同日 现代牧业（集团）有限公司、内蒙古正缘农牧业有限责任公司、中粮饲料有限公司合资成立中粮饲料（呼和浩特）有限公司，注册资本是4 000万元人民币。

16日 四川省乐山市沙湾区人民政府与新希望生态牧业有限公司举行5 000头奶牛养殖项目签约仪式。

同日 现代牧业公布内蒙古爱养牛科技有限公司股权收购转让协议显示，现代牧业拟从内蒙古蒙牛乳业（集团）股份有限公司、中粮信托有限责任公司等转让方手中收购爱养牛75%股权，股转价款合计为28 777.49万元。

17日 针对近日网上流传的“割青麦作饲料”短视频，中国奶业协会副秘书长陈绍祜表示，已停止收储口粮小麦作青贮饲料。陈绍祜介绍，奶牛养殖所用青贮饲料中90%以上是青贮玉米，其他的还有黑麦草、饲用大麦等。青贮小麦的饲用价值仅相当于青贮玉米的70%左右，而且亩生物产量不到青贮玉米的50%。协会已向全行业发出倡议，不用口粮小麦作青贮饲料。陈绍祜表示，中国奶业协会近日配合农业农村部调度了奶牛养殖企业的有关情况，在黄淮海地区的少数奶牛养殖场有用小麦作青贮饲料的现象，但不是大规模的，面积很小，黄淮海地区大型奶牛场青贮饲料缺口并不大，通过调剂调配可以解决。

20日 由蒙牛集团主办的奶业生态圈“2025爱你爱我”价值共享战略发布会在呼和浩特召开。中国奶业协会副会长兼秘书长刘亚清、内蒙古自治区农牧厅总经济师杨长春、内蒙古自治区农牧厅畜牧局副局长王红柳、呼和浩特市农牧局副局长梅花、国家奶牛产业技术体系首席科学家李胜利、蒙牛集团副总裁赵杰军，以及内蒙古、黑龙江、河北、宁夏、山东、四川等政府主管部门领导、行业专家、金融机构代表和蒙牛集团全国产业链合作伙伴，共500余人在线上线下齐聚，共同见证“2025爱你爱我”价值共享战略发布。

同日 2022年国际生物多样性日中国主场宣传活动在京举行，蒙牛集团党委副书记、执行总裁李鹏程作为乳企代表发言，就企业参与生物多样性保护进行了主题分享。当天，生态环境部党组书记孙金龙出席活动并讲话，活动由生态环境部副部长赵英民主持。《生物多样性公约》秘书处执行秘书伊丽莎白·穆雷玛通过视频致辞。外交部副部长谢锋、云南省副省长王显刚、林草局副局长李春良、欧盟驻华大使郁白、联合国开发计划署驻华代表白雅婷线上出席活动并致辞。会上，由生态环境部对外合作与交流中心联合相关合作伙伴组建的“工商业生物多样性保护联盟”正式成立，蒙牛作为指导委员会成员，成为该联盟首批战略成员单位。

同日 河北省沧州市献县人民政府与优然牧业举行牧场投资协议签约仪式，投资建设3万头高产奶牛牧场项目。

同日 茅台集团与蒙牛集团在茅台国际大酒店签署战略合作框架协议，双方将在冰激凌等预包装产品领域开展深入合作。

同日 江西阳光乳业股份有限公司（证券代码“001318”，证券简称“阳光乳业”）在深交所敲钟上市，正式登陆国内资本市场。受疫情影响，阳光乳业新股上市仪式采用云直播的方式进行。

23日 飞鹤获批乳铁蛋白生产许可，我国乳品行业乳铁蛋白自动化生产线正式投产。

同日 备受瞩目的2022年世界乳品创新奖（World Dairy Innovation Awards）最终提名名单面向全球正式公布。伊利凭借在创新领域的卓越表现，荣获最佳酸奶、最佳乳制品零食、最佳奶酪、最佳包装设计、最佳乳糖不耐受友好乳品、最佳冰激凌/冷冻酸奶、最佳黄油及涂抹型乳制品、最佳匠心乳品八项提名，获提名数量连续三年蝉联亚洲乳业第一。

24日 农业农村部畜牧兽医局发布养殖场青贮饲料生产技术导则。

同日 中国奶业协会消息，由中国奶业协会战略发展工作委员会组织编撰的《中国奶业战略发展重点课题研究报告2021》在京正式发布。

同日 伊利股份发布公告，拟与子公司珠海健瓴股权投资基金管理合伙企业共同出资3.5亿元设立健瓴种子基金，围绕健康食品等领域进行投资。

25日 淄博市召开质量强市工作会议，得益乳业被授予首届淄博市质量领军企业称号，是该市唯一一家食品类企业获此殊荣。

同日 山东省第25届运动会赞助商集中签约仪式在日照举行。卫岗牛奶凭借安全、新鲜、营养的产品品质，荣膺本届省运会官方唯一指定乳制品赞助商。

26日 新乳业2021年年度股东大会暨品牌发布会在成都召开。中国奶业协会副会长兼秘书长刘亚清在致辞中指出，新乳业发展布局覆盖西南、华东、华中、华北、西北等全国区域，拥有47家控股子公司，15个主要乳品品牌，16家乳品加工厂以及13个自有牧场，11年来为27个省份、350多万学生提供营养助力。

同日 现代牧业携手乌兰浩特市人民政府、蒙牛集团，举办乌兰浩特市3万头奶牛标准化牧场建设项目合作签约仪式。

同日 伊利乳都科技示范园、蒙牛工业旅游景区被内蒙古自治区教育厅、内蒙古自治区文化和旅游厅评为“内蒙古自治区第二批中小学生研学实践教育基地”。

27日 优然牧业在河北新建的年产32万t反刍动物饲料工厂在河北省定州市双天工业园区正式开工建设，工厂将主要生产奶牛精补料、奶牛浓缩料和结构性犊牛料三大品类产品。

同日 现代牧业携手乌兰浩特市人民政府、蒙牛集团，举办乌兰浩特市三万头标准化牧场建设项目合作签约仪式。乌兰浩特市市长刘宇、现代牧业集团执行总裁孙玉刚等出席签约仪式。

29日 上海市市场监督管理局印发《上海市婴幼儿配方乳粉生产企业原料及标签备案管理办法》。

同日 内蒙古自治区磴口县奶业振兴项目暨圣牧园区奠基仪式在圣牧奶业产业园区举行。产业园区总占地面积8 013亩，建成后将实现奶牛存栏3万头。

同日 由蒙牛优益C与热心肠研究院联合主办的GUT2022×第四届中国肠道产业大会在线上举行。其间，蒙牛优益C多支自主研发中国专利菌株揭开神秘面纱。

30日 蒙牛集团发布2021年可持续发展报告，详细披露了其深度对标联合国可持续发展目标制定的“GREEN可持续发展战略”。

31日 爱养牛公司5 200头澳大利亚优质荷斯坦牛漂洋过海顺利到港，经过广西钦州隔离场隔离检疫后，将会成为蒙牛集团位于巴彦淖尔市乌拉特前旗10万头奶产业园项目中的新成员。

6月

1日 农业农村部办公厅、财政部办公厅印发《实施奶业生产能力提升整县推进项目的通知》。

同日 以“i牛奶i生活i未来”为主题的第三届“北京牛奶文化节”在元宇宙平台线上举办。活动由北京市奶业协会主办，北京三元食品股份有限公司协办。农业农村部、工业和信息化部、中国奶业协会、中国乳制品工业协会的领导以及众多知名乳企、奶协会员单位、消费者代表等千余人共聚文化节云端现场。中国奶业协会副会长兼秘书长刘亚清在致辞中指出，“北京牛奶文化节”选择科技园区，面向340家高新企业、2万多高科技人才、25万多i友小镇社群，以牛奶为媒介，向科技人员传递营养关爱；以文化为载体，向科技人员表达健康关怀。借助元宇宙沉浸式体验，更形象、更多元、更新颖地开展科普宣传、成就展示和互动交流。发布奶业权威报告，举办元宇宙奶业科普论坛和行业新品发布会，组织元宇宙展览、介绍和巡视，内容丰富、亮点纷呈。搭建展示、交流和互动平台，普及牛奶营养健康知识和科学饮奶理念，弘扬北京奶业精神和首都奶业文化，为促进北京居民营养健康和奶业全面振兴注入了活力和动能。

同日 河北省人民政府发出《关于印发扎实稳定全省经济运行的一揽子措施及配套政策的通知》。对新建、扩建社会养殖场每个栏位补助1 000元，对乳企自建牧场每个栏位补助2 000元，建设智能奶牛场每个补助30万~100万元，升级改造家庭牧场每个补助30万元；开展胚胎移植每枚胚胎补助2 500元，购买性控冻精每支补助75元。对获批国家级核心育种场的给予一次性奖补50万元。对在每年3~5月进行生鲜乳喷粉的乳企每吨补助500元。

2日 伊利集团与阿根廷国家足球队战略合作签约仪式在北京举行。阿根廷驻华大使牛望道、伊利集团执行总裁刘春喜分别致辞，阿根廷国家足球队向伊利赠送了官方定制的印有“伊利”二字的球衣。

同日 宁夏农垦集团与伊利集团合作建设的25万头奶牛集群合作项目在宁夏平罗县正式开工。项目总投资9.9亿元，占地面积约2 465亩。

同日 蒙牛集团携手中华环境保护基金会、中华环保联合会、三峡集团等多家社会组织、机构和企业共同倡议，将积极响应中国“10年内植树700亿棵”的目标。

4日 凌晨3时33分，绍兴嵊州市五金机电城3幢2号商铺一层发生火灾，楼上有一家四口被困，包括两个孩子。45岁的光明随心订兼职牛奶配送员郑待赎女士，送奶途中见义勇为，勇敢施救，并与随后路过的一位好心小伙杨喜华一同将大火基本扑灭。最后消防车赶到，成功救下一家四口。

5日 神舟十四号载人飞船飞赴天宫空间站。新疆的4种牧草种子也一同搭载飞船飞上太空，开启“耐盐碱耐寒耐旱牧草”空间搭载实验。

6日 “庆祝宜品乳业成立66周年暨宜品蓓康僖（青岛）羊乳制品有限公司投产仪式”在莱西市举行。中国奶业协会副会长兼秘书长刘亚清、宜品乳业集团董事长牟善波分别致辞。青岛市委常委、政法委书记程德智，青岛莱西市委书记周科，市长刘瑛，市直有关部门负责同志，相关县区、相关单位领导，全球品牌独家代言人佟大为等参加仪式。

7日 “锡林郭勒奶酪”地理标志证明商标在国家知识产权局商标局成功注册。

同日 光明乳业(600597)发布公告，全资子公司光明牧业有限公司拟在安徽省滁州市定远县投资建设定远牧场群项目，投资金额24.317亿元，项目预计在2028年实现达产。

9日 呼和浩特市新建规模化牧场集中开工暨伊利集团18万头奶牛绿色智慧养殖示范园项目正式启动。内蒙古自治区党委常委、呼和浩特市委书记包钢，内蒙古自治区政府党组副书记、自治区副主席张韶春，呼和浩特市委副书记、市长、和林格尔新区党工委书记贺海东出席集中开工仪式，并与伊利集团董事长潘刚，伊利集团高级执行总裁张剑秋等共同为牧场奠基。

同日 由呼和浩特市市场监管局主导制定的《内蒙古山羊奶高质量标准体系地方标准》在内蒙古质量和标准化研究院召开审定会。北京联合大学、内蒙古农牧业科学院、内蒙古农业大学等单位的数十名专家参与审查。基于保证羊奶制品食品质量安全以及市场生产规范、竞争规范的需求，专家组主要对内蒙古山羊奶高质量标准体系中新制定的《奶山羊防疫技术规范》《奶山羊生产加工技术规范》《奶山羊规模化养殖场建设规范》等7项内蒙古地方标准进行审定。专家组对内蒙古山羊奶高质量标准体系提出相关修改意见并顺利通过审定。

同日 飞鹤乳业与京东物流联合打造的、位于哈尔滨智能化产业园的智能仓储项目——飞鹤全国中央物流配送中心正式投入使用。

同日 上海市场监督管理局发布2022年度“十大‘上品’卓越贡献品牌”评选结果，光明牛奶随心订服务再创佳绩，位列榜单。

13日 浙江省奶牛遗传改良与乳品质量研究重点实验室项目在泰顺县正式开工。该项目占地面积705亩，预计总投资3.21亿元，计划年均推广应用胚胎1万枚以上，填补浙江省奶牛种业的空白。

同日 东方天合公司凭借高品质研发生产，顺利通过了严格检测和审核，荣获美国食品药物管理局认证。

14日 澳优与中国农业科学院麻类研究所战略合作签约暨特殊食品新原料项目签署仪式在湖南长沙举行。澳优董事长颜卫彬与中麻所所长杨永坤代表签约方共同签署战略合作协议，澳优中国区副总裁、研究院院长戴智勇与杨永坤所长代表签约方共同签署“特殊食品新原料项目合作合同”。签约仪式由中麻所党委书记邱化蛟主持。

15日 2022年凯度BrandZ™最具价值全球品牌排行

榜正式发布，蒙牛2022年品牌价值达到97.26亿美元，同比增长15%，增速位居中国乳业第一。

同日 北京京瓦农业科技创新中心科技示范园开工仪式在平谷区峪口镇举行。京瓦科技示范园是集奶牛养殖、温室园艺、果树栽培于一体的低碳循环种养结合的科研示范基地。

同日 上海市消费者权益保护委员会发布10款原制奶酪比较试验结果。结果显示，原制奶酪的钙和蛋白质含量明显高于奶酪棒和奶酪片。

16日 2022年度世界乳品创新奖在法国拉瓦勒正式揭晓，伊利集团及旗下控股公司澳优乳业，获得十三个奖项提名和六项大奖，包括最佳包装设计、最佳婴幼儿营养乳制品、最佳乳糖不耐受友好乳品、最佳冰激凌、最佳奶酪、最佳乳制品零食，获奖数量蝉联全球乳业第一。此外，“畅轻黑标蛋白时光酸奶”还入选了最佳酸奶高度推荐。

同日 标普发布最新评级更新，现代牧业再次获得投资级BBB，评级展望为稳定。

17日 工业和信息化部消费品工业司以线上线下结合形式，组织召开乳制品行业奶源建设工作座谈会。农业农村部畜牧兽医局、中国乳制品工业协会、中国奶业协会、有关乳制品生产企业和奶牛养殖企业代表参加。

同日 优然牧业发布公告，其附属内蒙古优然与日信订立投资合作协议，内蒙古优然与日信成立合营公司，以投资中国上游牧业产业链中的新建牧场。合营公司的注册资本预计为人民币10亿元，其中内蒙古优然与日信分别出资5.1亿元人民币和4.9亿元人民币，分别占合营公司股权的51%及49%。

同日 三元股份发布公告称，公司将以1元底价挂牌转让所持有的甘肃三元乳业有限公司18%股权。按照当地政府要求，黑河水电计划剥离乳业、回归主业，通过股权收购方式将甘肃三元变更为其全资子公司以便进行重组，三元股份同意以1元底价挂牌转让公司持有的甘肃三元18%股权。本次交易完成后，三元股份将不再持有甘肃三元股权，并将解除“三元”品牌相关授权。

19–22日 2022年美国乳业科学学会年会（2022 ADSA Annual Meeting）在美国堪萨斯城召开。本次年会采取线上线下结合的方式，50多个国家3 000余名专家和学者参会。西北农林科技大学动物科技学院动物营养与健康养殖科技创新团队曹阳春教授和张俊副教授，中国农业科学院饲料研究所反刍动物养分与饲料立异团队马涛副研究员参加2022年美国乳业科学协会年会并作了相关专业研究陈述。

20日 包头市久元牧业机器人智能牧场开机运行，该牧场使用国外智能设备并结合中国牧场的自身特点，成为内蒙古首个具有中国特色的可持续发展的自动化、精细化畜牧养殖方式的奶牛养殖场。

21日 消费品论坛(CGF)在爱尔兰都柏林召开全球董事会会议。会议宣布，蒙牛集团总裁卢敏放成功当选为CGF全球董事。

22日 现代牧业与日信投资签订协议，拟成立合营公司以投资位于内蒙古的新建牧场。合营公司注册资本为10亿元，由现代牧业持股51%，日信投资持股49%。

23日 凯度消费者指数发布《2022年品牌足迹》中国市场报告，伊利凭借92.4%的品牌渗透率、13亿的消费者触及数，蝉联“消费者选择最多品牌”榜首。蒙牛、光明分别荣获榜单第二名和第十名。

同日 美国《机构投资者》杂志公布了“2022年度亚洲地区公司最佳管理团队”结果。现代牧业控股有限公司在1 612家上市公司的中小市值企业榜单中，荣膺五项大奖。

24日 中国社会科学院“中国企业社会责任报告评级专家委员会”发布了对蒙牛2021年可持续发展报告(ESG报告)的评级报告。评级结果显示，蒙牛2021年可持续发展报告的过程性、实质性、完整性、平衡性、可比性、可读性及创新性均达到五星级，综合为“五星佳”级，蝉联国内及行业ESG报告的最高评级。

25日 飞鹤乳业–奶业创新团队合作进展交流会议在中国农业科学院北京畜牧兽医研究所召开。会议重点交流讨论了婴幼儿配方奶粉“新鲜度”研究和合作事宜。飞鹤乳业副总裁张永久、首席科学家蒋士龙，奶业创新团队王加启研究员、郑楠研究员、张养东副研究员等出席会议。王加启研究员主持会议。奶业创新团队郑楠研究员作了题为《2022年度飞鹤乳业—奶业创新团队合作进展交流》的会议报告；飞鹤乳业王象欣、谢阳作了题为《婴幼儿配方奶粉“新鲜度”研究报告》的会议报告。王加启研究员、张永久副总裁分别做了演讲。合作团队成员参加了此次会议。

26日 德州市招商引资项目集中签约暨开工仪式在天润齐源乳制品加工项目现场举行。天润齐源乳制品加工项目，总投资4.89亿元，项目一期建筑面积5.5万平方米，占地127亩，主要生产中高端液态乳制品。

28日 河北省人民政府办公厅发布进一步强化奶业振兴支持政策。

同日 上海市市场监督管理局发布《荷斯坦奶牛蹄病防治技术规范》。

29日 印度尼西亚2022年度企业社会责任奖（BISRA）颁奖典礼在印尼雅加达举行。伊利荣获“企业社会责任特别成就奖”，被评为抗击新冠疫情最具协作精神企业。伊利也是本年度唯一获此殊荣的在印尼中资企业。

30日 蒙牛集团与中国银行内蒙古分行全面战略合作启动仪式在呼和浩特市及29个分会场同步举行。中国银行新华支行与新宜牛牧场、青禾草业牧场，中国银行包头分行与东兴源牧场，中国银行通辽分行与李园牧歌牧场、龙佳牧场，中国银行巴彦淖尔分行与源泰牧场、星连星牧升牧场，中国银行乌兰浩特分行与爱养牧牧场分别在主、分会场完成“青贮惠牛E贷项目”签约。

同日 恒天然宣布与新西兰交易所(NZX)和欧洲能

源交易所 (EEX) 的战略合作关系最终敲定，三方将分别持有全球乳制品交易平台 (GDT) 三分之一的股份。

同日 四川省奶业协会在成都召开四川省奶业协会常务理事会暨《四川奶业发展史》编委会会议。会议重点研究落实《四川奶业发展史》编辑工作，协会监事长曾世明对编辑《四川奶业发展史》提出了安排落实意见，与会代表、专家对编辑出版《四川奶业发展史》进行了充分讨论，提出很多好的建议意见。协会会长李自成作了总结讲话。

7月

1日 举行中国乳业产业园和林格尔2万头生态牧场项目合作签约仪式。并与林格尔县人民政府、蒙牛集团、天津食品集团、内蒙古正缘农牧业有限责任公司四方签署合作协议，正式启动中国乳业产业园和林格尔2万头生态牧场合作项目。

同日 湖南省委第四巡视组副组长夏文斌，省委网信办党组成员、副主任吴晖一行就企业数字化智能化生产赴澳优进行实地调研，澳优执行董事吴少虹陪同调研考察。

3日 君乐宝召开“要做就做领头羊”云发布会，推出旗下首款纯羊奶粉“臻唯爱”，以乳铁蛋白含量100mg/100g、OPO含量4.0g/100g的高配全营养配方打造羊奶粉品类高地。

4日 中国奶业协会发布2022年现代奶业评价定级奶牛场名单(第2批)。

6日 首届中原鲜奶文化节在郑州国际会展中心举办。中国奶业协会副会长兼秘书长刘亚清通过视频分享了中国奶业发展趋势及建议。农业农村部食物与营养发展研究所所长王加启以《优质乳工程与河南奶业》为题现场发表主旨演讲。河南省农业农村厅党组成员、副厅长王承启，河南省奶业协会会长郑春雷，河南花花牛乳业集团股份有限公司董事长关晓彦等出席现场开幕仪式并致辞。王加启与郑州市营养协会会长冯梓恒等还分别就优质乳发展方向及鲜奶营养与饮用方法等进行交流、释疑解惑。

同日 君乐宝君创第二家庭牧场项目在河北沧州正式开工建设。君创项目位于沧州市官庄乡东姜桥村，占地100.34亩，总投资1.2亿元。

7日 中国认证认可协会科技标准化大会暨科学技术委员会、标准化工作委员会成立大会在北京召开。蒙牛集团生乳质量保障及控制关键技术研究与应用项目荣获2021年度合格评定科学技术奖三等奖。蒙牛集团副总裁、安全质量管理部负责人杨志刚入选新成立的中国认证认可协会第二届科学技术委员会委员。

8日 飞鹤奶粉公众号消息，飞鹤星飞帆卓睿接连荣获了美国MUSE缪斯设计奖、A’设计大奖赛、美国AIIDA国际创新设计奖三个国际大奖，其外观设计获得一众世界专业设计机构的认可。

同日 南京市教育局公布了第四批南京市中小学生研学实践教育基地名单，卫岗乳业成功上榜。

10日 2022“希望工程·蒙牛世界杯少年足球公益行”启动仪式在北京举行。该公益项目由中国青少年发展基金会主办，全国青少年校园足球工作领导小组办公室指导，2022年国际足联卡塔尔世界杯全球官方赞助商蒙牛集团全面承办。中国青少年发展基金会党委书记、理事长郭美荐，教育部体育卫生与艺术教育司一级巡视员郝风林，蒙牛集团高级副总裁、常温事业部负责人高飞等参加。

11日 中国农业科学院北京畜牧兽医研究所奶产品质量与风险评估科技创新团队消息，该团队在乳铁蛋白对黄曲霉毒素M_1诱导的肠道完整性受损的保护作用方面取得新进展，为乳铁蛋白的潜在有益特性提供新见解。相关研究成果发表在《国际分子科学杂志（International Journal of Molecular Sciences）》上。高亚男为该文章第一作者，郑楠为通讯作者。该研究得到国家自然科学基金、国家现代农业产业技术体系、中国农业科学院科技创新工程等项目资助。

12日 伊利现代智慧健康谷全球智能制造产业园投产庆典在内蒙古呼和浩特市举行。伊利现代智慧健康谷工业板块重点项目——液态奶全球智造标杆基地、奶粉全球智造标杆基地、敕勒川生态智慧牧场、伊利智造体验中心正式完工并投入使用。内蒙古自治区党委副书记、自治区主席王莉霞，自治区党委常委、呼和浩特市委书记包钢分别致辞，自治区副主席张韶春，中国奶业协会副会长兼秘书长刘亚清，呼和浩特市委副书记、市政府市长、和林格尔新区党工委书记贺海东出席投产仪式。刘亚清表示，伊利现代智慧健康谷积极发挥产业引领和服务功能，创造了全球奶业多项之最，凝聚了全球奶业最高水准，为内蒙古奶业及中国奶业全面振兴和高质量发展开启了新的征程。

中国乳制品工业协会理事长吴秋林、伊利集团董事长潘刚、伊利集团高级执行总裁张剑秋，以及伊利全球供应商代表、产业链上下游合作伙伴代表、200余家媒体代表等参加投产庆典活动。

同日 吉林省畜牧业管理局、吉林省财政厅发布《吉林省支持奶牛产业发展的若干举措》。

13日 天津市发展和改革委员会发布《天津市推进国产婴幼儿配方乳粉质量提升实施意见》。

14日 内蒙古自治区党委和政府在呼和浩特市召开全区推进奶业振兴现场会。自治区党委书记孙绍骋，自治区党委副书记、自治区主席王莉霞出席会议并讲话。孙绍骋还主持召开座谈会，听取自治区农牧厅、部分盟市旗县工作汇报和企业、养殖场负责人的意见建议。与会同志到伊利现代智慧健康谷全球智能制造产业园，观摩液态奶、奶粉生产线，以及数字工厂、机械手臂、无菌车间、智能监控。在蒙牛中国乳业产业园，参观了产业园奶酪、鲜奶生产线，以及产业园3期至6期和8期工厂，详细了解亚洲最大智能高端低温乳品工厂建设情况。

同日 宁夏银川市农业农村局消息，银川市出台牛奶产业贷款贴息政策，安排财政资金650万元，拟对银川地域内注册经营的存栏2 000头以上的奶牛养殖企业予以贴息扶持，支持企业购置生产资料、品牌建设、新技术应用和升级等，全面提升牛奶产业竞争力和可持续发展能力。

同日 福建省第十七届运动会暨第十一届老年人体育健身大会市场开发签约仪式在南平市举行。福建长富乳品有限公司作为本届赛事独家指定用奶企业出席会议，并获得突出贡献奖。

15日 中国食品科学技术学会召开“基于中国母乳研究的婴幼儿配方奶粉研制及产业化示范项目成果评价会”。该项目由飞鹤乳业、大连工业大学、中国农科院农产品加工研究所、江南大学共同完成，专家委员会对项目的创新性、成果的领先性等均给予高度评价。

18日 三元股份发布公告，宣布其控股子公司北京首农畜牧发展有限公司拟分别与现代牧业、海原肉牛设立牧业合资公司。同日公告中，三元股份还宣布聘请乔绿为副总经理，麻柱为总畜牧师。

19日 蒙牛总裁卢敏放、君乐宝乳业集团董事长兼总裁魏立华受邀参加世界经济论坛2022年新领军者对话会。卢敏放表示，乳业要加快数智化技术的推广应用，在有限的资源条件下创造更多产出，从而保障产业链的安全稳固和可持续。魏立华在论坛发言中表示，中国已向国际社会做出了2030年碳达峰与2060年碳中和的庄严承诺，作为中国快速增长的乳品企业之一，君乐宝把“可持续发展与减碳”作为重要的社会责任和企业发展的重要战略目标，同时做出了“可持续发展与减碳”的全面规划，并在重点环节取得突破。本届世界经济论坛有来自全球90多个国家和地区的1 100多位嘉宾参会。

20日 现代牧业（集团）有限公司与三元股份控股子公司北京首农畜牧发展有限公司在京举办合资公司签约仪式，共同组建现代牧业三元种业科技（北京）有限公司。其中，现代牧业持有合资公司总股本的51%，首农畜牧持有49%。

23日 “2022中国学生营养与健康发展大会”在内蒙古自治区呼和浩特市召开。教育部体育卫生与艺术教育司副司长刘培俊、中国学生营养与健康促进会会长陈永祥、中国奶业协会副秘书长李栋、青岛市人民政府副市长赵胜村、内蒙古自治区教育厅总督学张喜荣、呼和浩特市人民政府副市长晓芳、蒙牛集团执行总裁李鹏程等出席会议。会上，蒙牛集团发布了“蒙牛营养普惠工程”三年公益规划（2023—2025），中粮集团、中粮营养健康研究院、蒙牛集团共同成立了“中粮营养健康研究院·蒙牛（呼和浩特）营养研究分院”。

26日 奶业工作部际联席会议联络员会议在北京召开。会议通报了奶业振兴工作推进情况，分析当前奶业发展形势，研究下一阶段重点工作。农业农村部副部长马有祥出席会议并讲话。

同日 世界品牌实验室发布2022年中国500个最具价值品牌的分析报告。其中，伊利以1 006.21亿元位居乳制品品牌首位、总榜单第68名，是唯一一个价值在千亿以上的乳制品品牌。同样居于总榜单前一百位的还有蒙牛，以766.32亿元位列第90名。其他8个乳制品品牌分别是娃哈哈、飞鹤、光明、北大荒完达山、三元、明一、旺旺、健合。

同日 “第四届iSEE全球食品创新奖颁奖典礼”在杭州举行，伊利因“构建权威母乳研究生态圈，创新引领行业高质量发展”荣获“卓越商业实践奖”，旗下金典娟姗纯牛奶、畅轻蛋白时光酸奶分别荣膺综合创新奖银奖和最佳酸奶及酸奶饮品称号。

28日 乌兰浩特市现代牧业3万头标准化牧场建设项目开工。兴安盟委副书记李洪才、乌兰浩特市委书记杨冀鹏、兴安盟行署副盟长屈振年、乌兰浩特市长刘宇，以及蒙牛集团、现代牧业、现代草业有关领导，盟直、市直有关单位负责人出席开工仪式。乌兰浩特市委副书记苏凤娇主持开工仪式。

同日 沧州市人民政府办公室印发《关于进一步加快推进奶业振兴的十条措施》。

28–30日 “2022北方奶业大会暨第四届河北国际奶业博览会”在石家庄国际会展中心举办。河北省农业农村厅二级巡视员冯雪领、河北省工业和信息化厅二级巡视员李玉民、中国奶业协会副秘书长邵明君，以及河北省有关地市政府领导、兄弟省市奶业协会、奶业企业负责人等出席开幕式。会议同期举办学生奶生产企业集体告白、2022牛羊产业高峰论坛活动。300余家奶业产业链相关企业参会参展。

29日 教育部办公厅、农业农村部办公厅、中国科协办公厅联合下发《关于支持建设一批科技小院的通知》。全国各地30多家科技小院建设，内容涉及奶牛、奶山羊、牦牛、草业等。

30日 总投资13.8亿元的优然牧业3万头高产奶牛牧场示范项目在河北省沧州市献县开工建设，沧州市委书记康彦民宣布项目开工。河北省农业农村厅党组书记王国发、沧州市市长向辉、市人大常委会主任宋有洪、市政协主席王晓燕、市委副书记张效春、伊利集团副总裁陆新东、优然牧业副总经理岳贵峰，以及献县四套领导班子成员、各乡镇党政正职、县直属相关单位主要负责同志出席活动。

8月

1日 黑龙江省农业农村厅、黑龙江省财政厅一揽子发布《2022年黑龙江省大型奶牛养殖场建设补贴项目实施方案》《2022年黑龙江省奶乳“一体化”万头奶牛养殖场建设补贴项目实施方案》《2022年黑龙江省奶牛良种补贴项目实施方案》等多个政策性文件，支持本省奶业快速高质量发展。

同日 《人民日报》刊登题为《伊利在印尼整合优质资源，推动价值共享——加大投入，扎根本土化经营》一文，讲述伊利在印尼发挥当地优势、践行责任担当、推动产业合作，积极构建“全球健康生态圈”，实现价值共享的最新实践。

4日　黑龙江省委书记许勤在哈尔滨会见来黑龙江参加2022中国青年企业家助力龙江振兴发展峰会暨中国青年企业家协会常务理事会议的团中央书记处书记徐晓，以及中国青年企业家协会会长、伊利集团党委书记、董事长兼总裁潘刚一行。潘刚表示，未来伊利将继续发挥龙头企业的引领作用，为黑龙江的奶业振兴助力，全方位推动黑龙江的振兴发展。

同日　黑龙江省农业农村厅、黑龙江省财政厅印发2022年黑龙江省大型奶牛养殖场建设补贴项目实施方案。对2021年1月1日以后开工建设的存栏3 000头以上的大型奶牛养殖场，按照设计存栏规模3 000头奶牛场（设计成母牛存栏占比不低于50%）补贴1 500万元。在此基础上，每当相应增加1 000头规模，增加补贴资金500万元，最高不超过5 000万元。

同日　加拿大食品检验局发布召回通知，加拿大正在召回一款新鲜奶酪，因为产品受大肠杆菌污染。受召回产品的名称为“Mother Dairy brand Paneer Fresh Cheese”，重量为340g，UPC为6 98708 98763 3，保质期到2022年10月23日。产品已在艾伯塔省销售。加拿大食品检验局建议消费者不要食用上述召回产品，检查家中是否存在受召回的产品，若有则应该将这些产品丢弃或退回到购买商店。

5日　第五届中国国际工业设计博览会在武汉举行，工业和信息化部发布第五批国家级工业设计中心荣誉名单并授牌，伊利食品包装工业设计中心凭借人性化、数字化、绿色化的设计理念和创新实力，获得国家级工业设计中心授牌。

6日　湖南省市场监督管理局消息，在英国FAPAS（Food Analysis Performance Assessment Scheme，食品分析能力评价体系）组织开展的婴幼儿配方奶粉中维生素的能力验证活动中，湖南省质检院参加的维生素A、维生素D_3、维生素E、维生素K_1和维生素C等5个项目通过能力验证。

8-9日　由中国国际发展知识中心主办、伊利集团协办的碳达峰碳中和的中国战略与全球展望研讨会在呼和浩特市举行。内蒙古自治区党委常委、政府常务副主席黄志强，全国政协经济委员会副主任刘世锦，中国国际发展知识中心主任赵昌文，中国国际发展知识中心副主任蒋希蘅，伊利集团高级执行总裁张剑秋等出席会议。

9日　“十四五”国家重点研发计划“婴配乳品新型核心配料规模化制备技术创新及示范”项目启动会在哈尔滨市召开。中国农村技术开发中心、江南大学、东北农业大学、大连工业大学、中国飞鹤等多家机构的数十位专家学者出席会议。

10日　国际权威品牌价值评估机构Brand Finance（品牌金融）发布系列榜单，伊利在“2022年全球最具价值乳品品牌10强”榜中再次夺冠。

11日　河北省政府新闻办召开河北省进一步促进奶业振兴新闻发布会。自2019年实施《河北省奶业振兴规划纲要（2019—2025年）》以来，河北支持新建扩建奶牛养殖场370家，新增奶牛近30万头，2021年奶牛存栏达到135.2万头，乳制品产量达到397.6万t。

同日　中国圣牧有机A2奶项目在内蒙古圣牧高科牧业有限公司正式启动。中国圣牧将单独投资建设纯A2有机奶牛牧场，拟对有机牧场的每一头奶牛进行至少两次的严格DNA检测，预计检测奶牛2万头，优中选优，挑选出纯正的A2奶牛“持证上岗”。

同日　俄罗斯卫星通讯社莫斯科电，巴什基尔行政长官拉季·哈比罗夫称，2022年巴什基尔对华出口了8.6t奶粉。

12日　卫岗乳业作为江苏省第二十届运动会唯一指定乳制品企业，向本届运动会捐赠1万箱纯牛奶。

13日　宁夏农垦集团吴忠市5万头奶牛养殖园区项目开工仪式，在吴忠国家农业科技园区麻黄沟流域举行。项目总投资23亿元，建成达产后年产鲜奶33万t，实现年销售收入12亿元，提供就业岗位1 100个左右，将成为集草、奶、肉、肥和农业观光为一体的生态循环示范园。

14日　第六届丝绸之路国际博览会暨中国东西部合作与投资贸易洽谈会在陕西西安举行。伊利集团作为内蒙古乳业领域重点推介企业，与其他推介企业共同亮相丝博会。融入“一带一路”大格局，伊利正积极构建国内国际“双循环”。截至2022年，伊利已经在陕西累计投资近40亿元，建成3个生产基地、1个规模化牧场。在全球建设了15个创新中心、74个生产基地，产品已在全球60多个国家和地区上市。

17日　荷兰合作银行公布“2022年全球乳业20强”。伊利以182亿美元的营业额位居“全球乳业5强”，连续9年保持亚洲乳业第一年，蒙牛以137亿美元的营业额，超过荷兰皇家菲仕兰和丹麦Arla Foods，从去年的第9位升至今年的第7位。2022年全球乳业前10强依次是兰特黎斯（Lactalis）、雀巢（Nestle）、达能（Danone）、美国奶农（Dairy Farmers of America）、伊利、恒天然、蒙牛、荷兰皇家菲仕兰、Arla Foods、Saputo。

同日　蒙牛集团与宁夏回族自治区农业农村厅、宁夏农垦集团分别签署《现代牛奶产业绿色融合发展示范区战略合作框架协议》《宁夏百万吨奶源全产业链建设项目合作框架协议》。宁夏回族自治区党委书记梁言顺、自治区主席张雨浦，蒙牛集团总裁卢敏放、执行总裁李鹏程等出席。

18日　内蒙古青城乳业交易中心发起人大会暨揭牌仪式在呼和浩特市举行。呼和浩特市市长贺海东出席仪式。内蒙古青城乳业交易中心是由内蒙古青城国有资本运营有限公司作为主发起人，联合内蒙古产权交易中心、伊利集团、蒙牛集团、优然牧业、现代牧业等各方共同发起设立的全国首家乳业大宗商品现货交易平台。

同日　伊利现代智慧健康谷全球智造标杆基地配套奶源项目签约仪式在呼和浩特举行。托克托县人民政府与天津嘉立荷牧业集团、金洋集团就托克托县18万头奶牛绿色智慧养殖示范园项目建设签订投资合作协议。

19日 农业农村部畜牧兽医局公布全国布鲁氏菌病免疫县和免疫奶牛场名单。

同日 中国奶业协会发布《全株玉米青贮制作质量规范》《奶牛热应激防控》两项团体标准。

21日 皇氏集团股份有限公司与安徽省阜阳经济技术开发区管理委员会签署了《战略合作框架协议》，就皇氏集团及下属子公司拟在阜阳经开区管委会管理区域内投资建设万头奶牛牧场、乳制品深加工工厂项目及高效太阳能电池项目达成合作共识。安徽省阜阳市委书记孙正东、市长刘玉杰等阜阳市委、市人大、市政府领导以及皇氏集团董事长黄嘉棣等公司领导见证了阜阳经济技术开发区与皇氏集团战略合作项目的签约。

22日 优然牧业分别与南方电网综合能源股份有限公司、中广核新能源（深圳）投资有限公司山东分公司达成战略合作协议，将在光伏发电、沼气发电、风电、节能、能源综合利用等方面合作打造绿色低碳牧场。

28日 以“高寒生态 营养未来”为主题的第二届中国高寒生态奶业发展高峰论坛在北京举行。原农业部副部长、中国高寒生态奶业科学研究院首席顾问刘成果，中国工程院院士、中国奶业协会会长李德发，中国奶业协会副会长兼秘书长刘亚清，中国乳制品工业协会副理事长兼秘书长刘美菊，农业农村部农垦局副局长程景民，中国农垦乳业联盟主席、中国农业科学院成果转化局副局长冯艳秋，北大荒完达山乳业股份有限公司董事长王贵分别致辞。国家奶牛产业技术体系首席科学家、中国农业大学教授李胜利，农业农村部食物与营养发展研究所所长、国家奶业科技创新联盟理事长王加启，中国食物与营养咨询委员会委员、北京大学公共卫生学院教授马冠生等专家出席高峰论坛。

29日 奶粉新国标专家研讨会暨中国飞鹤新品发布会在北京召开。乳业及食品安全相关领域的领导、专家学者、飞鹤研发人员围绕奶粉新国标和飞鹤新国标研究成果进行研讨。国家卫生健康委员会食品安全标准与监测评估司原副司长张志强，中国疾病预防与控制中心营养与健康所副所长、研究员赖建强，中国营养保健食品协会执行副会长厉梁秋，国家食品安全风险评估中心国民营养行动中心主任刘爱东，北京大学医学部营养与食品卫生学教授许雅君等出席研讨会，并阐述各自见解。

9月

5日 农业农村部办公厅、中国农业银行办公室印发《金融助力畜牧业高质量发展工作方案》。

同日 中国奶业协会发布《奶酪创新发展助力奶业竞争力提升三年行动方案（2023—2025）》。

5-7日 第十三届中国奶业大会、2022中国奶业D20峰会暨2022中国奶业展览会在山东省济南市隆重召开。农业农村部副部长马有祥作主旨报告。原农业部副部长、中国奶业协会名誉会长高鸿宾作题为《后疫情时代更要坚定奶业发展信心》的主旨报告。山东省人民政府副省长江成、中国奶业协会会长李德发分别致辞。中国奶业协会副会长兼秘书长刘亚清、农业农村部畜牧兽医局局长杨振海共同主持大会。国家市场监督管理总局司长马纯良、农业农村部畜牧兽医局副局长辛国昌、工业和信息化部巡视员张晓峰、蒙牛集团总裁卢敏放、济南佳宝乳业有限公司总裁李军、内蒙古优然牧业有限责任公司执行董事兼总裁袁军作大会发言。

中国奶业协会副会长兼秘书长刘亚清对《中国奶业质量报告（2022）》进行解读，并与中国奶业协会副会长沈建忠、任发政，国家奶牛产业技术体系首席科学家李胜利，农业农村部奶及奶制品质量监督检验测试中心常务副主任郑楠共同发布《中国奶业质量报告(2022)》。

伊利集团高级执行总裁张剑秋代表中国奶业企业，就如何贯彻落实《“十四五”奶业竞争力提升行动方案》发言；10个奶业主产省政府代表携当地企业代表启动《“十四五”奶业竞争力提升行动方案》。

原农业部常务副部长、中国奶业协会原会长刘成果，原农业部党组成员、中国奶业协会战略发展工作委员会名誉副主任毕美家为入选“中国奶业数字化转型卓越案例集”的企业颁发入选证书；中国农业科学院原党组书记、中国奶业协会战略发展工作委员会名誉副主任陈萌山宣读《赋能中国奶业——数字化转型与创新2025》发布词。中国工程院院士、中国奶业协会副会长沈建忠对《赋能中国奶业——数字化转型与创新2025》进行解读。D20企业代表共同承诺起动践行《赋能中国奶业——数字化转型与创新2025》。伊利、蒙牛、君乐宝、飞鹤、卫岗、现代牧业、优然牧业、中地、京鹏畜牧、杭州永创等企业代表，共同发布《文化荟萃魅力奶业——中国奶业经典企业文化集锦》。中国奶业协会副秘书长陈绍祜宣读《中国奶业协会关于启动奶牛饲料储备动态监测的通知》。

大会隆重表彰优秀奶业工作者200名，优秀乳品加工企业100名。原农业部常务副部长、中国奶业协会原会长刘成果，原农业部副部长、中国奶业协会名誉会长高鸿宾，中国奶业协会副秘书长李栋、陈绍祜为优秀乳品加工企业颁奖。中国农业科学院原党组书记、中国奶业协会战略发展工作委员会名誉副主任陈萌山，原农业部党组成员、中国奶业协会战略发展工作委员会名誉常务副主任毕美家，原中国农业电影电视中心党委书记主任、中央和国家机关行业协会商会第四联合党委书记赵泽琨，中国奶业协会副秘书长邵明君为优秀奶业工作者颁奖。

为展示奶业人的自信情怀，大会隆重推出大型情景剧《信仰的力量》，百余名奶业知名企业家表达对振兴奶业、文化自信、民族复兴的决心与信心。

本届大会与展览会共吸引参展企业500多家，展位面积达9万m^2以上。

国家卫生健康委巡视员李泰然，农业农村部国际合作司司长隋鹏飞，巡视员刘明国、宋昱、吴晓玲、王先锋，全国畜牧总站站长王宗礼，中国兽医药品监察所所长李明，中国动物卫生与流行病学中心主任马洪超，山东省政府办公厅一级巡视员张积军，山东省农业农村厅厅长张红旗、巡视员褚瑞云，山东省畜牧兽医局副局长李新，济南市副市长马保岭一并出席大会。

同时，农业农村部农产品质量安全监管司魏宏阳、农垦局王润雷、种业管理司谢焱，中国农业科学院畜牧兽医所秦玉昌、饲料研究所马莹、农产品加工研究所康威等相关事业单位的领导，以及中国奶业协会副会长、中国奶业协会专业委员会主任、省奶业协会会长及秘书长、D20企业负责人、奶业相关院校专家学者、各奶业企业负责人和技术人员、各检测和测定机构人员，兄弟协会代表等也出席大会。

中央电视台、人民日报、新华网、人民网等近百家媒体记者到会。新华网对本届大会全程直播。

5日 世纪变局下，作为第十三届中国奶业大会大型高端专场论坛，中国奶业发展之道暨成果发布与新研究课题启动会在山东济南举办。原农业部副部长、中国奶业协会名誉会长、战略发展工作委员会名誉主任高鸿宾作题为《后疫情时代更要坚定奶业发展信心》的主旨报告，国家食物与营养咨询委员会主任、中国奶业协会战略发展工作委员会名誉副主任陈萌山作题为《大食物观正当其时》专题报告，中国奶业协会副会长兼秘书长刘亚清作题为《中国奶业协会战略发展工作委员会工作回顾及下一步设想》工作报告。原农业部党组成员、中国奶业协会战略发展工作委员会名誉副主任毕美家主持会议并介绍了《中国奶业战略发展重点课题研究报告2021》要点内容，同大家一起见证报告发布。

出席会议的领导还有原农业部常务副部长、中国奶业协会原会长刘成果，中国工程院院士、中国奶业协会会长李德发，中国工程院院士、中国奶业协会副会长沈建忠，山东省农业农村厅副厅长褚瑞云。中国奶业协会战略发展工作委员会委员、中国奶业协会各专业委员会主任、各省（自治区、直辖市）奶业协会负责人、D20企业及观察员企业负责人，以及其他重点奶业企业负责人一并参加会议。

同日 作为第十三届中国奶业大会大型高端专场论坛，2022中国奶酪发展高峰论坛在山东济南举行。中国工程院院士、中国奶业协会副会长沈建忠主持论坛。中国工程院院士、中国奶业协会会长李德发，农业农村部畜牧兽医局副局长辛国昌，内蒙古蒙牛乳业（集团）股份有限公司总裁、上海妙可蓝多食品科技股份有限公司董事长卢敏放分别致辞。中国奶业协会副会长兼秘书长刘亚清解读《奶酪创新发展助力奶业竞争力提升三年行动方案》并主持《奶酪创新发展助力奶业竞争力提升三年行动方案》发布仪式。

国家食品安全风险评估中心标准二室主任王君中，上海妙可蓝多食品科技股份有限公司创始人CEO柴琇，江南大学教授刘小鸣，欧睿信息咨询（上海）有限公司高级咨询总裁穆愔，分别作题为《干酪相关国家标准解读》《产业共兴为己任 推动奶业产业新增长》《中国奶酪的创新方向》《全球和中国奶酪市场行业分享》专题报告。相关企业签署了中国奶酪产业共兴计划合作项目和酪乳零食化产品研究开发项目合约。6家企业负责人对各具特色的中国奶酪生产企业，以及各自与众不同的工艺和别具风味的产品进行了介绍分享。

内蒙古伊利实业集团股份有限公司执行总裁刘春喜，北京三元食品股份有限公司首席科学家、副总经理陈历俊，云南皇氏来思尔乳业有限公司总经理马万平等D20企业负责人及其他奶业企业代表、各地方奶业协会负责人、知名奶酪界专家、供应商代表以及新闻媒体代表，共计300多人参会。

同日 数字奶业转型之路暨中地牧场产品发布会，于第十三届中国奶业大会期间在泉城济南召开。原农业农村部副部长、中国奶业协会名誉会长高鸿宾出席会议并讲话。农业农村部畜牧兽医局副局长辛国昌、中地乳业集团董事长张建设、沂南县人民政府县长冉凡亚分别致辞。中地乳业集团分别与沂南县人民政府、GEA集团进行了中地数字奶业科技园项目和智能制造项目战略签约。

中国奶业协会战略发展工作委员会名誉副主任毕美家，宁夏农业农村厅党组成员、首席兽医师罗晓瑜，山东省畜牧兽医局副局长李新，山东省临沂市农业农村局副局长鞠成祥，山东省沂南县县长冉凡亚，北京环球种畜有限责任公司董事长Alastair Pearson，澳亚集团首席运营官、执行董事杨库出席发布会。

国际奶业专委会主任、中国农业科学院北京畜牧兽医研究所研究员卜登攀，加拿大首席科学家、圭尔夫大学动物生物科学系博士教授Trevor Devris，中地乳业集团有限公司信息管理部总经理胡昆分别从功能性支链脂肪酸牛奶富集生产技术、未来牧场的自动化技术探索以及数字化技术在中地乳业智慧生态牧场的应用等方面与行业同仁、专家学者作了深度交流。

同日 以“奶业减排与高效发展”为主题的国家奶牛产业技术体系论坛，作为第十三届中国奶业大会专题论坛在山东国际会展中心举办。中国工程院院士、中国奶业协会会长李德发致辞，中国工程院院士、中国奶业协会副会长沈建忠出席论坛。现代牧业总裁孙玉刚作大会发言。国家奶牛产业技术体系首席科学家李胜利教授和中国社科院农村发展所农村产业经济研究室主任刘长全研究员共同主持论坛。

中国农业大学副教授、北京京瓦农业科技创新中心副主任王蔚，作题为《双碳背景下的中国奶业低碳发展》的专题报告，河南农业大学教授、国家奶牛产业技术体系岗位科学家高腾云，作题为《奶牛场降甲烷策略研究》的专题报告，农业农村部环境保护科研监测所研究员、国家奶牛产业技术体系综合试验站站长张克强，作题为《奶牛场节水关键技术》的专题报告，浙江大学教授、国家奶牛产业技术体系岗位科学家刘红云，作题为《奶牛蛋白质营养与低蛋白日粮实践》的专题报告，中国农业科学院都市农业研究所研究员、国家奶牛产业技术体系岗位科学家陶秀萍，作题为《奶牛场粪水处理与利用》的专题报告，现代牧业集团助理副总裁陈红波，作题为《规模化奶牛养殖场碳减排实践》的专题报告。论坛同时进行了中国奶业低碳战略发布以及《世界奶业发展报告（第2版）》新书发布。国家奶牛产业技术体系岗位专家、试验站站长以及来自奶牛养殖业界的200余人参加了本次论坛。

同日　中国奶牛种业振兴高峰论坛作为第十三届中国奶业大会专题论坛在济南举办。中国奶业协会副会长、中国工程院院士沈建忠代表中国奶业协会肯定了中国奶牛群体遗传改良的成绩，对育种体系架构的建设、基础性工作的开展和成果推广等给予充分认可；同时，对新形势下育种专业委员会、奶牛数据中心和遗传评估部的工作提出要求。全国畜牧总站党委副书记、纪委书记聂善明介绍了我国奶业近年来的发展现状，指出了奶牛种业在奶业发展中的重要地位，要求全行业深入推进奶牛遗传改良计划的实施，为奶牛养殖业不断提供优秀的种质资源。中国奶牛育种泰斗、育种专业委员会首席顾问、中国农业大学张沅教授以《中国奶牛种业发展之路》为题作主旨报告，中国奶牛育种专家、育种专业委员会常务副主任、中国农业大学王雅春教授以《中国荷斯坦牛群体遗传改良技术要点》为题作主旨报告。中国奶业协会副秘书长陈绍祜致开场辞，育种专业委员会主任、北京三元食品股份有限公司总畜牧师麻柱主持论坛。

内蒙古赛科星繁育生物技术（集团）股份有限公司孙伟博士，河北乐源牧业有限公司总经理助理、河北品元生物科技有限公司总经理刘光磊博士，分别作题为《性控胚胎产业化技术集成与应用》和《牧场育种理念误区及当前新方向》的技术报告；来自荷兰CRV育种公司的全球遗传学总监Sander de Roos、纽勤生物科技（上海）有限公司的奶牛肉牛事业部经理瞿长伟、硕腾（中国）反刍事业线基因技术服务经理张华林博士，分别以线上和线下方式作题为《助力奶农培育健康高效奶牛的育种新方案》《基因组技术在商品奶牛场的应用》和《借力基因组检测技术提升牛群健康水平》专题报告。

黑龙江省农业农村厅一级巡视员孙文志，中国奶业协会副会长、伊利集团执行总裁刘春喜，全国畜牧总站奶业与畜产品加工处处长闫奎友，宁夏农垦集团党委书记、董事长张戈，宁夏奶产业首席专家、宁夏畜牧工作站副站长温万，天津奶牛（肉羊）产业技术体系首席科学家马毅，育种专业委员会多名顾问、专家和企业代表出席本次高峰论坛。

同日　奶牛养殖提质增效行动论坛暨NASEM《奶牛营养需要》第八次修订英文翻译工作交流会在山东省济南市顺利召开。中国奶业协会副会长兼秘书长刘亚清，全国畜牧总站党委副书记、纪委书记聂善明，农业农村部畜牧兽医局奶业处处长卫琳，中国农业科学院北京畜牧兽医研究所所长秦玉昌等出席会议并讲话。中国农业科学院北京畜牧兽医研究所和全国畜牧总站分别与山东省畜牧总站、内蒙古自治区农牧业技术推广中心、宁夏回族自治区畜牧工作站、黑龙江省农垦科学院畜牧兽医研究所以及河北省畜牧良种工作总站签署了三方战略协议，并启动了“奶牛养殖提质增效行动”计划。

中国农业科学院北京畜牧兽医研究所卜登攀研究员就NASEM《奶牛营养需要》第八次修订翻译工作进展，中国农业科学技术出版社朱绯副主任围绕NASEM《奶牛营养需要（第八版）》翻译要点与大家进行了交流。北京博克迪尔文化有限公司董事长魏全主持并启动了“孺子牛”计划。会议由全国畜牧总站处长闫奎友和中国农业科学院北京畜牧兽医研究所高级畜牧师赵连生共同主持。

山东省畜牧兽医局副局长李新、宁夏回族自治区农业农村厅首席兽医师罗晓瑜、内蒙古自治区农牧厅副厅长赵玉生、黑龙江农垦科学院畜牧兽医研究所所长李长志、农业农村部畜牧兽医局奶业处四级调研员孙永健、河北省畜牧良种工作总站高级畜牧师张艳舫等100余人出席会议。

同日　乳品营养与儿童健康论坛作为第十三届中国奶业大会专题论坛在济南举办。农业农村部畜牧兽医局奶业处处长卫琳、中国奶业协会副会长白元龙分别致辞。国家食物与营养咨询委员会主任陈萌山以《补齐乳品消费短板要从儿童抓起》为题作主旨报告。农业农村部食物与营养发展研究所所长王加启和程广燕研究员分别主持论坛与圆桌会议。南京卫岗乳业有限公司研发总监龄南先生就题为《牛奶教育进校园活动的主要做法与经验》、腾讯广告全国区域乳业负责人朱蓉蓉女士就题为《微信生态：乳品营养推动计划》、澳优乳业有限公司儿童营养健康食品负责人支海美女士就题为《儿童营养健康食品发展现状及趋势》、农业农村部食物与营养发展研究所唐振闯副研究员就题为《江苏省学龄儿童乳制品摄入与健康状况调查》作专题报告。另外，南京卫岗乳业有限公司研发总监龄南先生、农业农村部食物与营养发展研究所杨祯妮副研究员、利乐中国以食品促发展事务总监柴彤涛先生和浙江一鸣食品股份有限公司创新研究院营养健康专家杨逸凡博士参与圆桌会议并进行深入探讨。

同日　奶牛保健新技术论坛在山东国际会展中心成功举办。中国奶业协会副会长兼秘书长刘亚清、农业农村部畜牧兽医局奶业处处长卫琳分别致辞。中国农业科学院饲料研究所所长马莹主持论坛。中国奶业协会卫生保健专业委员会主任李秀波出席论坛。山东省农业科学院国家奶牛产业技术体系岗位专家杨宏军研究员就《奶牛早流产管理及病原PCR诊断新技术应用》、华南农业大学贾坤博士就《产气荚膜梭菌的最新研究成果》、中国动物卫生与流行病学中心首席专家范伟兴就《牧场布病检测与根除》、北京三元集团畜牧兽医总站陈华林站长就《首农食品集团奶牛场生物安全管理体系》、北京市农林科学院畜牧兽医研究所李永清研究员就《规模化奶牛场生物安全的重要性及管理措施》作专题报告，并与参会代表分享交流。

同日　奶业机械化技术推广与购机补贴政策实施论坛在山东国际会展中心举办。原农业部常务副部长刘成果、农业农村部农业机械化总站总工程师仪坤秀分别致辞。论坛由农业农村部农业机械化总站养殖机械处处长金红伟主持。农业农村部养殖全程机械化专家组成员、内蒙古自治区农牧业技术推广中心农牧业机械化处副处长王强，农业农村部养殖全程机械化专家组成员、山东五征集团副总经理纪中良，农业农村部农业机械化总站养殖机械处工程师吕占民，山东省农业机械技术推广站养殖机械室主任邱韶峰分别作题为《内蒙古奶牛养殖相关机械试验鉴定与购置补贴情况》《特殊情况下青贮收获及制备机械解决方案》《奶业装备补贴与鉴定》《山东省奶业机械化现状及奶业机械鉴定与补贴情况》主题报告。江苏斯凯威畜牧科技有限公司总经理姚学森、常州辉途智能科技首席营销官蓝天等企业代表，围绕奶业装备转型升级和补短板，从挤奶转盘数字化升级、数字化碳中和牧场方面作了主题发言。中国奶业协会养殖工程与机械专业委员会委员、农业农村部养殖全程机械化专家组成员、奶业装备生产制造头部企业负责人、部分省农机试验鉴定推广人员，共计60余人参加论坛。

同日　奶山羊种业发展论坛作为第十三届中国奶业大会专业论坛在山东济南举办。中国奶业协会奶山羊专业委员会主任、西北农林科技大学副校长罗军教授主持论坛。中国奶业协会副会长李军和新西兰贸易发展局大中华区总裁白安祖分别致辞。西北农林科技大学副校长罗军、国际山羊协会委员特里·A·吉普森、青岛市高级畜牧师程明、内蒙古优然牧业有限责任公司场长杨地坤、宝鸡市陇县畜牧工作站站长边会龙、新西兰贸易发展局商务官员曹夙娟、云南羊羊好有限公司研究员胡钟仁等分别作专题报告。论坛为中国羊乳加工20强企业、25强基地县和35强养殖企业颁发了荣誉证书。《2022中国羊奶产业统计资料》也于当天发布。

同日　奶水牛科技创新论坛作为第十三届中国奶业大会专业论坛在山东济南举办。中国奶业协会奶水牛专业委员会主任、中国农科院水牛研究所所长黄加祥主持论坛。中国奶业协会副会长王培亮、广西农业农村厅总畜牧师陆立权分别致辞。华中农业大学王海童博士、中国农业科学院北京畜牧研究所研究员高会江、广西大学副研究员杨小淦、皇氏赛尔生物科技（广西）有限公司董事长滕翠金、南京农业大学教授成艳芬、云南农业大学教授李清、浙江大学副教授任大喜等作专题报告。

同日　中国牧场奶牛福利研究报告发布及新技术分享荐新论坛，作为第十三届中国奶业大会专业论坛在山东泉城济南成功举办。中国奶业协会副会长高继伟、伊利集团原奶质量技术负责人韩吉雨、勃林格殷格翰反刍事业部新兴市场负责人支晓川分别代表主办单位、行业代表和研究单位致辞，并与中国奶业协会期刊总编辑杨秀文、优然牧业副总经理许燕飞共同启动发布《中国牧场奶牛福利研究报告》。中国奶业协会秘书长助理兼编辑部主任丁芳博士主持论坛并重点介绍了中国牧场奶牛福利研究项目的完成情况及连续5年举办的荐新论坛情况，伊利集团奶牛科学研究院培训与防疫保健中心主任魏小军主持荐新论坛奶业新技术推荐与分享。

勃林格殷格翰动物保健反刍事业部技术服务专员苟文强、安迪苏生命科学制品（上海）有限公司反刍技术支持经理张倩博士、北京京鹏环宇畜牧科技股份有限公司市场总监于凤鹏、内蒙古优然牧业有限责任公司技术总监王典博士、科乐收农业机械贸易（北京）有限责任公司高级产品经理张建鹏、澳欣（北京）机械科技有限公司董事长许军，分别作题为《镇痛佳选：为犊牛选择一个不痛的开始》《蛋氨酸：保证奶牛高产、健康和良好繁殖的必需养分》《通过优秀的牧场设计提高动物福利》《40kg以上单产牧场的营养和管理策略》《高湿玉米和揉丝技术提高喂养质量》《牛舍自动饲喂系统的功能及应用》等行业前沿研究主题演讲。

同日 第六届牧场持续卓越高峰论坛作为第十三届中国奶业大会专业论坛在济南举办。中国奶业协会副会长蔡永康致辞。雀巢大中华大区可持续发展总监张琦分享了雀巢农业可持续发展理念。约翰迪尔公司、奥特奇公司、ABS公司、美国蓝德雷公司、默沙东公司有关专家和技术人员作主题报告。易瑞生物集团、宁波三生集、团硕牧科技、丹麦科汉森作为新增业务合作伙伴与雀巢奶牛养殖培训中心现场签约。论坛由雀巢奶牛养殖培训中心市场部经理刘云鹏主持。

6日　中国奶业协会公布2022年优秀奶业工作者和乳品加工企业名单和《文化荟萃 魅力奶业——中国奶业经典企业文化集锦》入选企业名单。

7日　国家乳业技术创新中心“奶牛繁育与养殖技术研究中心”揭牌仪式暨成果发布会在内蒙古农业大学举行。奶牛繁育与养殖技术研究中心由内蒙古农业大学、西北农林科技大学牵头建设，该中心围绕牧草种植与加工、奶牛繁育与养殖等乳产业链上游关键技术问题，开展科技创新与技术成果转化应用研究。西北农林科技大学张涌院士、内蒙古农业大学齐景伟教授分别任中心奶牛繁育技术领域和奶牛养殖技术领域主任，国家乳业技术创新中心共建单位及行业25名知名专家组成专家委员会，为中心的建设和创新发展提供技术咨询服务和指导。

同日 吉林省畜牧业管理局、吉林省财政厅发布《吉林省奶牛引进项目实施方案》和《吉林省新建乳品加工生产线贷款贴息补助工作方案》。

9日　内蒙古发改委消息，内蒙古自治区发展改革委会同相关厅局以落实《奶业振兴九条政策措施》为抓手，强化奶源、牛源和饲草料保障，健全配方乳粉质量安全体系，抓好企业重组和提档升级，推进国产婴幼儿配方奶粉提升行动。不断完善自治区、盟市、旗县三级食品安全风险监测网络建设，把婴幼儿配方奶粉纳入年度食品安全风险监测计划中。

14日　农业农村部发布《全国畜间人畜共患病防治

规划（2022—2030年）》。

同日 Food Engineering发布2022全球食品饮料100强年度榜单，雀巢重回第一，美国AMD公司位居第二，百世位居第三。中国有8家企业入选，乳业双雄伊利和蒙牛分别位列第27位和第35位，伊利的食品业绩为168.3亿美元，蒙牛则为137亿美元。

同日 工业和信息化部举行专题发布会。工业和信息化部消费品工业司一级巡视员张晓峰表示，近年来，工业和信息化部加大工作力度，采取多项措施推进婴幼儿配方奶粉追溯体系建设，并取得积极成效。根据2021年全国食品安全监督抽检结果，婴幼儿配方食品合格率达99.88%，连续5年保持在99%以上。张晓峰表示，近年来工业和信息化部会同各地工业和信息化主管部门推动辖区内婴幼儿配方奶粉企业接入追溯平台，实现追溯体系覆盖范围的不断扩大。平台已接入企业的数量达98家，覆盖了全国80%以上的企业户数，占国内总产量的90%以上，累计上传产品追溯数据超过16亿条。

15日 农业农村部办公厅发布加快推进种业基地现代化建设的指导意见。

16日 由中国企业联合会、中国企业家协会主办的2022年全国企业家活动日暨中国企业家年会在内蒙古自治区包头市举行。伊利集团董事长兼总裁潘刚荣获“2021—2022年度全国优秀企业家”称号。

17日 河南省现代奶业高质量发展暨饲草产业高峰论坛在郑州举办。河南省农业农村厅党组成员、副厅长王承启，国家奶牛产业技术体系首席科学家、中国农业大学教授李胜利，国家奶牛产业技术体系遗传改良研究室主任、岗位科学家、中国农业大学教授王雅春，河南省农业农村厅奶业管理处处长、一级调研员赵玲，河南省农业农村厅奶业管理处二级调研员宋洛文等出席论坛。

河南奶牛产业技术体系首席专家张震与国家奶牛体系首席科学家李胜利、河南农业科技引领优势产业发展试点原阳县副县长杨俊涛签约。洛阳卓尔牧业有限公司、河南省澳美牧业有限公司被确定为河南省现代农业产业技术体系奶牛体系示范基地。参会人员共同见证了新版河南省奶牛综合数据服务平台上线。

高峰论坛邀请国家现代奶牛产业技术体系首席科学家李胜利教授，国家奶牛产业技术体系遗传改良研究室主任王雅春教授，河南省奶牛产业技术体系首席专家、河南省种业发展中心副主任、DHI中心主任张震，中国农业大学李志强副教授，河南科技学院贺永惠教授等专家，分别作题为《奶牛粗饲料资源高效利用与成本控制》《中国荷斯坦牛群体遗传改良技术要点》《数字奶业系统展示》《优质饲草产业形势与科学利用》及《河南省苜蓿干草质量分析（2016—2021年）》专题报告。

19日 农业农村部召开豆粕减量替代行动工作推进视频会，农业农村部副部长马有祥出席会议并讲话。山东省畜牧兽医局、广东省农业农村厅和牧原、温氏、新希望六和、海大4家企业代表作交流发言，中国工程院院士谯仕彦介绍养殖业豆粕减量技术方案要点。会议发布了豆粕减量替代的3类技术模式和8家企业典型案例。全国畜牧总站、中国饲料工业协会、中国畜牧业协会、中国奶业协会等单位联合发布《聚焦“提效减量”推进豆粕减量替代倡议书》。

23日 澳优发布公告，披露了与伊利实业（公司控股股东）的三项框架协议。一是加工服务框架协议，同意在协议有效期内不时为伊利实业集团提供关于生产奶粉（婴幼儿配方奶粉除外）及相关产品的加工服务；二是供应框架协议，伊利实业同意在协议有效期内不时向澳优购买羊奶粉及相关产品；三是采购框架协议，同意在协议有效期内不时向伊利实业集团购买基粉及相关成分。

24日 广东省首家采用隧道通风设计工艺的牧场燕塘乳业阳江二期牧场正式投产。

25日 云上牧歌（襄阳）万头奶牛智慧产业园项目开工仪式在南漳县九集镇举行。该项目计划总投资12亿元，占地1200亩，分两期建设。湖北省奶业协会会长杨利国表示，湖北每年需从外地引进约100万t牛奶，南漳的万头奶牛项目对于湖北省乃至中部地区乳业发展具有重要意义。南漳县委书记罗兴斌出席开工仪式。

同日 皇氏乳业集团电商版块——皇氏数字科技公司揭牌成立。

26日 由中国农业科学院北京畜牧兽医研究所奶业创新团队、农业农村部奶产品质量安全风险评估实验室（北京）、农业农村部奶及奶制品质量监督检验测试中心（北京）共同完成的《奶及奶制品中乳铁蛋白的测定 高效液相色谱法》农业行业标准，通过全国畜牧业标准化技术委员会组织的标准审定。

同日 《经济观察》报报道，《智造中国》深度解码中国飞鹤“智造”内功。中央广播电视总台和工信部共同打造的大型融媒体报道《智造中国》走进飞鹤智能工厂，解码中国奶粉智造新高度，探寻智能制造如何为中国宝宝生产新鲜好奶粉。

27日 蒙牛发布消息，全球领先的第三方检验、检测和认证机构——SGS通标标准技术服务有限公司，陆续为蒙牛集团鲜奶事业部5家工厂颁发了BRCGSFOOD（食品安全全球标准）、IFSFOOD（国际卓越标准）认证证书。

同日 欧亚经济委员会法规官网消息，欧亚经济委员会发布《乳及乳制品安全》技术法规修正案，对部分乳产品的定义、感官及理化指标、标签标识等进行了修订。该修正案将于2023年9月23日正式生效。

29日 河南省政府召开全省培育奶业重点县推进奶源基地建设座谈会。副省长武国定主持会议并讲话。全省18个重点县在建、拟建奶源基地项目23个。项目建成后，可新增奶牛存栏20多万头，新增奶类年产量100万t，全省奶类年产量将达到300万t。

10 月

1 日 据媒体消息，美国联邦卫生监管机构概述了允许海外婴幼儿配方奶粉生产商继续在美国长期销售产品的计划。美国食品药品管理局表示，在企业努力达到监管要求期间，该机构不反对海外婴幼儿配方奶粉在 2025 年 10 月底前继续销售。

3 日 新西兰当地时间，伊利集团旗下新西兰威士兰乳业与新西兰乳企 Canary Foods 进行股权交割，完成对 Canary Foods100% 股权的收购，进一步加码全球黄油市场。

9 日 浙江省奶牛遗传改良与乳品质研究重点实验室消息，其采用胚胎移植技术繁育的第一头南方奶牛良种"胚胎牛"于当天 12 时 28 分在泰顺云岚牧场诞生。

10 日 越秀辉山万和牧场竣工投产仪式在辽宁省铁岭市西丰县举行。万和牧场项目占地 216 亩，总投资 1.5 亿元，奶牛存栏数 2 500 头。自 2014 年以来，越秀辉山(西丰)全产业链项目已于西丰县建成投产 8 座牧场，存栏牛只达 17 009 头，西丰县已成为越秀辉山全产业链的重要基地。

12 日 黑龙江省奶业高质量发展重点示范项目暨蒙牛集团牡丹江 5 万头现代牧场项目开工奠基仪式在牡丹江市举行。

同日 由食品饮料创新论坛（FBIF) 发起的全球食品包装设计大赛 Marking Awards 2022（MA）获奖名单揭晓。乳品行业有三件作品获奖：内蒙古伊利实业集团股份有限公司的"金典有机纯牛奶 – 生多保护限量装""金典超滤牛奶 – 虎年生肖瓶限量款"分别获最佳产品设计奖和最佳结构与材料设计奖；内蒙古蒙牛乳业（集团）股份有限公司的"特仑苏沙漠・有机奶"获最佳品牌全案设计奖。

15 日 黑龙江省齐齐哈尔市万顺奶乳一体化万头奶牛养殖场建设项目在崔门种畜场开工。

18 日 EATNS 碳管理体系发展研讨会暨首批评定企业颁证仪式在上海举行。本次活动由上海环境能源交易所主办，汇聚了来自政府、企业、科研单位以及国际机构的代表。伊利获得由通标标准技术服务有限公司（SGS）评定、上海环境能源交易所授予的碳管理体系评定证书，伊利成为行业内第一家通过《碳管理体系要求及使用指南》认证的企业。

同日 伊利集团官宣签约新晋金球奖得主本泽马为品牌代言人，伊利足球"梦之队"再添巨星。

19 日 认养一头牛与 SGS 通标标准战略合作签约仪式暨认养一头牛认证授证仪式在杭州顺利举行。SGS 中国农产食品部总经理王剑、SGS 中国农产食品部认证总监曹炳江与认养一头牛集团董事长兼总经理徐晓波、认养一头牛集团副总经理孙仕军、认养一头牛集团质量负责人徐洪涛出席了本次签约仪式。王剑和徐洪涛分别代表 SGS 和认养一头牛签署战略合作协议。王剑还在现场向认养一头牛工厂四大食品安全管理体系和两款纯牛奶产品授予认证证书。

23 日 澳优乳业股份有限公司发布收购公告，宣布其间接全资附属公司 Ausnutria B.V 与 Dairy Goat Holland B.V 就收购事项订立购股协议，Ausnutria B.V. 已有条件同意收购，而 Dairy Goat Holland B.V. 已有条件同意出售待售股份 (占重组完成后 Amalthea Group 已发行股份的 50%)，现金代价约为 1 840 万欧元。

26 日 黑龙江省尚志市万头现代牧场正式开工建设。尚志万头现代牧场项目位于尚志市庆阳镇境内，由国家能源集团所属尚志市龙源新能源有限公司、蒙牛乳业、现代牧业共同合作投资建设。项目占地 1 226 亩，总投资 5.5 亿元。项目建成达产后，新增优质奶牛 1 万头，每年可为蒙牛乳业直接提供稳定优质奶源 7.3 万 t，年可实现产值 3 亿元。

同日 2022 第九届上海供应链发展大会暨长三角供应链创新高峰论坛在上海举行。光明乳业凭借全程领"鲜"，持续打造数字化供应链，赋能引领行业高质量发展的各项举措获评"2022 年上海市供应链创新与应用优秀案例"。

28 日 中国奶业协会消息，G20 峰会第三次协调人会议在印度尼西亚日惹市举行。伊利携手印尼中小企业与合作社部启动产业链伙伴计划。伊利 Joyday 冰激凌成为 G20 印尼峰会指定冰激凌。

11 月

4 日 商务部等 8 部门联合发出通知，公布了 2022 年全国供应链创新与应用示范城市和示范企业名单。2022 年全国供应链创新与应用示范企业名单是：光明乳业股份有限公司、黑龙江飞鹤乳业有限公司、君乐宝乳业集团有限公司、南京卫岗乳业有限公司、内蒙古伊利实业集团股份有限公司(企业名称按拼音字母排序)。

同日 中国上海国际会展中心，第五届中国国际进口博览会暨虹桥国际经济论坛开幕。作为中国特色乳业的代表企业，伊力特乳业亮相盛会，对外界展示了有机全脂纯骆驼奶粉、全脂褐牛奶粉、有机绵羊奶粉等特色乳品。

5 日 第五届进博会上，伊利携手利乐、菲仕兰、科汉森、罗盖特等 43 家全球战略合作伙伴，共同签署《零碳联盟章程》。

6 日 由中国食品土畜进出口商会主办，蒙牛集团、每日鲜语共同承办的第五届全球乳业合作论坛，作为历届进博会重要配套活动，在国家会展中心(上海)举办。

6–8 日 第五届中国企业论坛在山东济南举行。"共建 ESG 生态 共促可持续发展——ESG 中国论坛 2022 冬季峰会"在此论坛期间召开，会上发布了《中央企业上市公司 ESG 蓝皮书（2022）》及"央企 ESG・先锋 50 指数"。蒙牛集团入选优秀案例，并在本年度"央企 ESG・先锋 50 指数"中排名第一，在"央企 ESG・治理先锋 50 指数"中排名第二，在"央企 ESG・风险管理先锋 50 指数"中排名第三。

8日 浙江省人民政府发出给予蒲元强等16位见义勇为先进人物记功奖励的决定。为光明乳业旗下光明随心订送奶员——郑待赎记一等功。郑待赎在凌晨送奶途中，见义勇为灭火，并救4人，事后却默默离开，此事迹被多次报道，感动了很多人。

同日 由黑龙江省牡丹江市政府、蒙牛集团、中国交建、万鼎乳业四方共同组织的“共同建设黑龙江省奶业高质量发展重点示范项目及组建黑龙江省现代奶业高质量发展专项基金签约仪式”在上海举行。牡丹江市长张国军、蒙牛集团总裁卢敏放、中交二航局董事长由瑞凯、万鼎乳业董事长孙国强等出席此次签约活动。

同日 宁夏首个性控胚胎“试管奶牛”在灵武养殖基地出生。

9日 “第五届·2022·‘鼎革奖’数字化转型先锋榜”评选揭晓。中国圣牧“SAP-ERP项目”——即中国圣牧供应链一体化项目，凭借引领养牛行业数字化转型获得“年度产业链新兴企业奖”。

11日 农业农村部发布《牛人工授精技术规程（NY/T 1335—2022）》公告。

同日 2022食品真实性技术与产业发展国际论坛暨食品真实性技术国际联合研究中心年会在北京举办。中国工程院陈君石、李培武院士出席本次论坛。君乐宝乳业集团食品安全中心总监张耀广出席分论坛并作《食品真实性无损鉴别技术在乳品企业的应用》主题报告；君乐宝乳业集团营养研究院院长宁一冰参加了“食品真实性技术科学共识与产业高质量发展”嘉宾对话。

12日 位于新疆生产建设兵团第十二师二二二团的天润北亭万头规模化奶牛示范牧场迎来首批3 000头荷斯坦奶牛进场。天润北亭万头规模化奶牛示范牧场占地2 000多亩，建设总投资5.5亿元，满栏达产后预计年产优质原料奶6.18万t。天润北亭万头规模化奶牛示范牧场的建成，将继续强化天润乳业在黄金奶源带的奶牛养殖产业集群，发挥天润乳业国家级重点龙头企业的带动作用。

14日 国家市场监管总局发布《婴幼儿配方乳粉生产许可审查细则（2022版）》公告。

15日 二十国集团（G20）领导人第十七次峰会在印度尼西亚巴厘岛举行。伊利集团作为2022年G20印尼峰会乳制品合作伙伴，伊利印尼乳业生产基地生产的Joyday冰激凌作为G20印尼峰会指定冰激凌，为全球与会代表带来冰爽美味。为响应G20倡议，伊利还与G20携手，开展印尼科莫多国家公园珊瑚礁生态修复，共同推动全球生物多样性保护；携手印尼中小企业与合作社部启动产业链伙伴计划，带动当地产业链合作伙伴共同发展；伊利也在积极带动中国企业参与共建“一带一路”，伊利印尼乳业采用了大量“中国制造”产品，许多来自中国的优秀企业参与到了项目建设中。

16日 农业农村部组织召开畜间布鲁氏菌病防控工作推进视频会议，农业农村部副部长马有祥出席会议并讲话。国家首席兽医师李金祥主持会议。国家疾病预防控制局传染病防治司一级巡视员贺青华介绍了人间布病防控情况，农业农村部畜牧兽医局通报了全国畜间布病疫情情况。河北、内蒙古、云南、甘肃4省份农业农村部门作了交流发言。农业农村部有关司局、有关直属事业单位负责同志在主会场参加会议，各省（自治区直辖市）及新疆生产建设兵团农业农村部门负责同志在分会场参加会议。

同日 江苏省重点研发计划（现代农业）项目基于新型单碱基编辑器的奶牛高效精准育种技术研究中期检查会召开。会议邀请南京农业大学张艳丽教授、李惠侠教授和扬州大学毛永江教授作为专家组成员。项目骨干曹少先研究员就项目考核指标完成、取得成效、经费使用以及项目组织管理等方面进行汇报。江苏省农业科学院科研处、财务处、项目负责人、项目骨干及畜牧所科研管理人员等10余人参加会议，会议由畜牧所副所长丁成龙主持。专家组认为本项目获得β-乳球蛋白单碱基基因编辑奶牛，已较好地完成现阶段的各项考核指标。

17日 由农业农村部食物营养与发展研究所和美国乳品出口协会联合举办的乳制品营养线上研讨会顺利召开。受中国奶业协会副会长兼秘书长刘亚清同志的委托，中国奶业协会张智山副秘书长出席会议并致辞，中国营养学会杜松明教授、美国国家乳制品委员会营养研究副主席Matthew Pikosky博士、北京协和医院陈伟教授、农业农村部食物营养与发展研究所任广旭副研究员、江南大学周鹏教授、中国社会科学院农村发展研究所刘长全研究员等参加会议。会议由农业农村部食物营养与发展研究所杨祯妮副研究员和美国乳品出口协会代表苏畅共同主持。

张智山强调，中国高度重视奶业发展，推进奶业振兴取得实效。近年来，中国奶业生产能力持续提升，产业综合素质持续增强。美国在奶类生产、乳品加工和乳品消费升级等方面，进行了多年持续广泛深入的研究，很多成果和经验值得交流和借鉴。2021年中国人均乳品消费每天只有117g，与《中国居民膳食指南2022》倡导的每人每天300~500g还有很大差距。为了满足广大乳品消费者日益增长的高品质消费需求，中国将继续推进奶业振兴，推动奶业高质量发展，努力实现国产乳品和进口乳品协调增长。加强中美奶业技术合作，有利于推进奶业高质量发展，促进健康中国建设；有利于扩大美国奶业知名度，促进优势乳品出口增加效益；有利于增进双方互信与合作，实现互利共赢。

同日 河北省唐山市奶牛规模化养殖全程机械化现场演示会在滦南县汝立奶牛养殖场召开。会议采取现场演示及网络直播方式，市县相关领导、各县市区相关负责人及奶牛规模养殖企业代表等100多人参会。

20日 第五届北京责任展暨《企业社会责任蓝皮书（2022）》发布会在北京召开，国务院国资委党委委员、秘书长彭华岗，中国社会科学院经济研究所所长黄群慧等出席。会上，伊利连续5届位居“2022中国企业社会责任发展指数乳制品行业第一”。

21 日 农业农村部组织召开全国兽用抗菌药综合治理工作推进视频会议，农业农村部副部长马有祥出席会议并讲话。中国工程院院士沈建忠介绍了“减抗”主要技术路径。中国畜牧业、奶业、饲料工业、兽医、兽药、肉类 6 个协会联合发出《全产业链共同实施兽用抗菌药使用减量化行动倡议书》。

22 日 中国奶业协会发布 2022 年现代奶牛场定级评价师注册名单。

23 日 农业农村部办公厅公布 2022 年畜禽养殖标准化示范场（包括奶牛标准化示范场）名单。

同日 交通运输部办公厅、国家发展改革委办公厅、财政部办公厅、农业农村部办公厅印发《进一步提升鲜活农产品运输“绿色通道”政策服务水平的通知》。对目录原有“鲜牛奶”调整为“生鲜乳”。

24 日 《经济日报》头版头条以《乳业逆袭》为题，长篇报道了“以君乐宝国产奶粉”为代表的乳企重新获得国人信任的艰难成长历程以及所取得的辉煌业绩。

同日 君乐宝集团奶业一体化、生态化高质量发展项目在徐州丰县正式签约，该项目是以“三产融合”为方向，打造集生产示范、观光旅游、生态循环于一体的农业养殖及加工龙头示范项目，该项目总投资 10 亿元。集团董事长、总裁魏立华通过远程视频参加了签约仪式。

同日 由中外文化交流中心、山东省文化和旅游厅、淄博市人民政府和中国驻卡塔尔大使馆共同主办的 2022 探访足球起源文化之旅对外推广仪式，在文化和旅游部南区和山东省文化和旅游厅两个会场同时举办。蒙牛集团党委副书记、执行总裁李鹏程为活动发表视频致辞。

25 日 第七届奶牛营养与牛奶质量线上国际研讨会召开。原农业部常务副部长刘成果、中国农业科学院副院长孙坦、中国奶业协会会长李德发院士、中国奶业协会副会长兼秘书长刘亚清、中国农业科学院北京畜牧兽医研究所所长秦玉昌、新西兰驻华大使傅恩莱和丹麦驻华大使马磊出席大会开幕式并致辞。会议开幕式由中国农业科学院北京畜牧兽医研究所副所长周正奎主持。

会议以“面向人民生命健康的奶业——营养·鲜活”为主题，邀请美国、澳大利亚、加拿大、英国、荷兰等国家的 20 余位国际知名专家和 30 余位国内知名专家作学术报告。

会议围绕奶业全产业链，首次举办了线上奶业展览展示。会议期间，还举行了首家优工联标识使用授牌仪式、国家优质乳工程助力国民营养计划共同行动纲领发布仪式和优质乳工程奖项颁奖仪式。

28 日 妙可蓝多发布《关于内蒙古蒙牛乳业（集团）股份有限公司要约收购公司股份交割完成的公告》。本次要约收购完成后，内蒙蒙牛共计持有妙可蓝多 180 671 963 股股份，占后者目前股份总数的 35.01%。

29 日 经过 20 多天的转运，1 147 头荷斯坦牛全部顺利入住青海西宁湟中区西堡生态奶牛养殖场，标志着重点生态养殖场项目在湟中正式落地生根。

12 月

1 日 香港品质保证局“可持续金融及气候适应 • 香港 2022”国际专题研讨会举办。香港特别行政区行政长官李家超出席了本次研讨会，现场及线上共有来自政府部门、监管机构、中外银行和金融机构、商会组织、学术机构及环保社团的 1 000 余位高级行政人员参会，并有多位亚洲地区驻港总领事及经贸领事亲临活动。在同期举行的“香港绿色和可持续金融大奖 2022”颁授典礼上，君乐宝乳业集团凭借在绿色和可持续发展领域的创新尝试及卓越贡献获得嘉奖。

同日 恒天然和雀巢宣布了一项全新的合作项目，旨在帮助减少新西兰牧场的碳排放量。此项合作包含了建立新西兰首个商业型净零碳排放牧场，为期五年的项目将与合作伙伴 Dairy Trust Taranaki 共同运营，致力研究牧场运营，以减少碳排放量。

2 日 四川省委书记王晓晖一行前往新希望乳业旗下四川新华西乳业公司调研，四川省委常委、成都市委书记施小琳，四川省委常委、常务副省长李云泽，四川省委常委、秘书长陈炜，成都市委副书记、市长王凤朝及省直有关部门领导陪同调研，新希望集团董事长刘永好、新希望乳业董事长席刚陪同调研。

同日 黑龙江省市场监督管理局发布《黑龙江省婴幼儿配方乳粉生产企业食品原料等事项网上备案管理办法（试行）》。

6 日 Coller FAIRR 蛋白质生产商指数发布了最新的 2022 年评估结果和报告，现代牧业在全球 60 家动物蛋白生产商中排名从 2021 年的第 48 名提升至 2022 年的第 24 名，是进步最快的公司。

7 日 黑龙江北大荒农垦集团八五一一农场有限公司寒疆牧业万头牧场，从新西兰引进的 1 400 头 A2 荷斯坦奶牛历经海陆颠簸、防疫检疫后顺利抵达牧场，这是这个牧场从新西兰引进的 5 000 头 A2 荷斯坦奶牛中的第一批奶牛，剩余 3 600 头奶牛将分两批，在 2023 年 1 月底前陆续到达牧场。

同日 宁波市农机畜牧中心消息，宁波市第二批“试管奶牛”胚胎移植在宁波牛奶集团第十八牧场成功移植鲜胚 30 枚。

同日 蒙牛来自全球供应链保障标准 BRCGS 平台消息，蒙牛集团参加 2022 年卓越质量文化评价取得好成绩。该集团 5 个事业部、5 家业务单位、1 700 余人参加考核，得分均在 85 分以上，远超全球同行业平均分（76 分）。其中常温泰安、低温泰安和鲜奶马鞍山 3 家工厂拿到国际最高等级 A+ 级，处于国际领先水平。

7-19 日 联合国《生物多样性公约》第十五次缔约方大会（COP15）第二阶段会议在加拿大蒙特利尔召开。其间当地时间 8 日，以“生态保护红线：生物多样性保护创新模式”为主题的“中国角”系列边会召开，蒙牛集团执行总裁李鹏程受邀参加，现场他分享了蒙牛在生物多样性保护方面的实践经验。当地时间 16 日，君乐宝乳业集团董事长兼总裁魏立华受邀参加“打造负责任的供应链，共塑全球森林未来”主题边会，分享君乐宝在推动奶业与生态协同发展方面的经验。

9日　中荷奶业发展中心9周年年会暨落幕典礼在线上举行。荷兰驻华大使贺伟民，农业农村部畜牧兽医局奶业处处长卫琳，北京京瓦农业科技创新中心理事长、中国工程院院士李德发，中国奶业协会副会长兼秘书长刘亚清，中荷奶业发展中心主任、中国农业大学教授、国家奶业产业技术体系首席科学家李胜利，中国乳制品工业协会常务副理事长兼秘书长刘美菊，荷兰皇家菲仕兰中国区总裁陈戈等出席年会并致辞。会上，共同见证中荷奶业发展中心升级为中国国际奶业发展中心，成为北京京瓦农业科技创新中心的一部分。

10日　2022第六届联合国工业发展组织全球科技创新大会在上海举行。君乐宝旗帜乳业凭借“种养加零距离一体化”产业新模式和“鲜奶密闭输送系统”专利技术获评全球科技创新奖金奖。

11日　美国食品药品监督管理局（FDA）消息，美国FDA发布召回通报称，Byheart正在召回五批次婴幼儿配方奶粉，因为产品可能受阪崎克罗诺杆菌污染。

12日　蒙牛集团推出首位虚拟数字员工“奶思”，并在当晚进行首场电商直播活动。据“蒙牛乳业”官方新媒体平台显示，“奶思”出生于内蒙古大草原，与1999年8月18日诞生的蒙牛集团同一天生日，现任蒙牛集团未来星管培生，未来将现身于电商直播、品牌营销等多个场景当中。

同日　妙可蓝多以通信方式召开第十一届董事会第十五次会议，审议通过了《关于与现代牧业（集团）有限公司共同投资设立合资公司暨关联交易的议案》。根据该《议案》，妙可蓝多与现代牧业将共同投资设立好多牛牧业科技发展有限公司，注册资本5.10亿元人民币，各方均以现金出资。其中，妙可蓝多认缴出资2.04亿元，持有合资公司40%股权；现代牧业认缴出资3.06亿元，持有合资公司60%股权。

13日　意大利卫生部发布紧急召回文件称，由于Deluxe牌松露羊乳干酪中李斯特菌含量超标，因此对部分产品进行召回。

14日　上海市市场监督管理局印发《上海市乳制品生产企业食品安全风险及防控措施清单》（沪市监食生〔2022〕0531号）通知。该《清单》从配方设计、进货查验、生产环境条件、生产过程控制、贮存及交付控制、食品标识标注、不合格品管理和食品召回、从业人员管理以及产品检验9个方面，确定43个风险点，并明确每个风险点产生的原因和防控措施。

同日　中国食品科学技术学会第十九届年会在线上举行。同时举行“2022年度中国食品科学技术学会科技创新奖”颁奖仪式，中国飞鹤联合大连工业大学、中国农业科学院农产品加工所、江南大学申报的基于中国母乳研究的婴幼儿配方奶粉创制及产业化项目获技术进步奖一等奖。

同日　陕西省市场监管局特食处以线上形式组织召开了陕西省婴幼儿配方羊乳粉生产企业奶源自建自控质量安全保证路径研究结题会议。省局特食处、课题组成员、省质检院专家、企业代表以及受邀参会的省卫健委、省农业农村厅、西北农林科技大学等专家教授30多人参加会议。

15日　农民日报社发布《2022中国农业企业500强》。共有28家企业涉及乳制品生产加工。其中，2021年营收在千亿元以上的有1家，500亿~1000亿元的有2家，100亿~500亿元的有3家，50亿~100亿元的有3家，其余19家均在50亿元以下。

同日　云南大理宾川县万头奶牛养殖示范场（一期）项目正式开工。宾川县委副书记、县长高云磊宣布项目开工，县委副书记赵丽琦致辞，杨映红、张成良等县领导参加开工仪式。宾川县万头奶牛养殖示范场项目位于鸡足山镇大坝子村委会鸡坪关，涉及鸡足山、力角两个乡镇。项目采取“企业+企业带农户”的合作模式，投资主体为大理众鑫乳业有限公司，项目总投资2.5亿元，工期18个月。

16日　2022年卡塔尔世界杯举办期间，蒙牛集团总裁卢敏放在卡塔尔多哈会见国际足联（FIFA）主席因凡蒂诺。因凡蒂诺表示，非常高兴与蒙牛集团的持续合作，在与蒙牛合作的过程中深切地感受到彼此价值观的契合。卢敏放表示，蒙牛成为连续两届世界杯的全球官方赞助商，体现了国际足联对蒙牛品牌和产品品质的高度认可。国际足联秘书长法特玛·萨穆拉、首席商务官罗米·盖、市场负责人尼克·布朗、蒙牛集团高级副总裁高飞、执行总裁李鹏程、副总裁温永平等参加本次会见。蒙牛签约的两大品牌代言人梅西与姆巴佩，秉承要强精神，不断带领各自球队获取胜利，在本届世界杯期间大放异彩。

同日　福建省奶业协会第三届会员大会暨换届大会在福州召开。福建省政协原副主席陈荣春出席会议并致辞。林纪智、林灵、高科文等分别当选会长、秘书长、监事长。大会授予吴大新“创会荣誉会长”，并聘任吴大新为福建省奶业协会第三届常务副秘书长。澳羚牧业（乳品加工企业）代表全体乳品加工和奶牛养殖生产企业发出“落实主体责任 提升产品质量”倡议。中国奶业协会等主管部门对会员大会暨换届大会的召开表示祝贺。中国奶业协会还对新一届的领导班子提出了希望和要求。

18日　世界杯在卡塔尔落下帷幕。世界杯带动蒙牛线上常温液态乳饮全方位增长。

20日　2022第十二届香港国际金融论坛暨中国证券“金紫荆奖”颁奖典礼在香港会议展览中心以线下、线上结合的方式举行。优然牧业斩获金紫荆奖“最佳ESG实践上市公司”大奖。

同日　天津食品集团首批3 000头“新西兰进口种子母牛”顺利抵达嘉立荷牧业公司养殖基地的奶牛场。

22日　飞鹤发布“鲜萃活性营养，更适合中国宝宝体质”新战略。中国飞鹤总裁蔡方良表示，“鲜萃活性营养”就是要以中国母乳为蓝本，通过工艺创新尽量还原母乳活性营养群，升级打造更适合中国宝宝体质的奶粉。发布会上，飞鹤对外公布其牵头申报的“基于中国母乳研究的新一代婴配乳粉制造技术研究与示范”项目成功获批。

同日 2022十大中以数智化养牛实践专家颁奖典礼直播活动举行。2022年正值中以建交30周年，以色列驻华大使馆商务处、中国奶业协会、阿菲金公司和业内专家，共同组成中以奶业专家评选委员会，评选出“中以奶业交流特殊贡献奖”专家以及2022年十大“中以数智化养牛实践专家”。以色列驻华大使馆商务处公使衔参赞海约亚、中国奶业协会副秘书长邵明君、阿菲金中国总经理李鑫出席本次活动并致辞。

23日 农业农村部农产品质量安全中心公布2022年农业农村行业标准研制实施典范。奶业创新团队研制的5项农业行业标准《巴氏杀菌乳和UHT灭菌乳中复原乳的鉴定》《羊奶真实性鉴定技术规程》《全株玉米青贮霉菌毒素控制技术规范》《生乳中β-内酰胺酶的测定》《生乳安全指标监测前样品处理规范》入选。

26日 国家市场监管总局办公厅下发关于明确再制干酪和干酪制品生产许可有关事项的通知。

27日 由网易财经主办的2022网易新能量乳制品行业峰会在北京举办。中国奶业协会副会长兼秘书长刘亚清通过云端以视频形式出席峰会并发表讲话。中国乳制品工业协会副理事长兼常务副秘书长刘超、部分知名乳企以及网易传媒副总裁田华、网易传媒副总编辑张伟等嘉宾出席了本届峰会。

28日 云南欧亚乳业有限公司鹤庆县万头奶牛生态牧场项目开工仪式举行。鹤庆县万头奶牛生态牧场项目建设总投资约6亿元，项目建设面积约2 000亩。

同日 蒙牛集团旗下曲靖常温工厂顺利通过德国TÜV莱茵的审核，取得了TÜV莱茵颁发的零碳工厂认证证书，该工厂此前已获得TÜV莱茵颁发的PAS2060碳中和证书和中国广州碳排放权交易中心颁发的碳中和证书。至此，蒙牛曲靖工厂已成为乳品行业首个实现国际、国内双认证的零碳工厂。

29日 中国动物疫病预防控制中心、中国疾病预防控制中心发布《布鲁氏菌病防控技术要点（第一版）》。

同日 由内蒙古自治区工商联、发展改革委共同举行的2022内蒙古民营企业100强发布会在呼和浩特召开。优然牧业以其营收165.42亿元的业绩，位列第12名，成为乳业上游唯一入选前20强的企业。

30日 海关总署发布关于婴幼儿配方食品、再制干酪等产品进口执行食品安全国家标准检验相关要求的公告。

同日 呼和浩特市第十六届人民代表大会第二次会议在内蒙古人民会堂开幕。呼和浩特市长贺海东代表市政府向大会作政府工作报告。2023年，呼和浩特要持续增强高质量发展动力活力，要用科技强动力，推动国家乳业技术创新中心投用，启动建设内蒙古农业大学乳业学院，创建国家级乳业知识产权运营中心，高标准建设国家级知识产权保护中心。

（中国奶业协会　任永红整理）

十、行业统计

HANGYE TONGJI

【奶业发展趋势走势图】

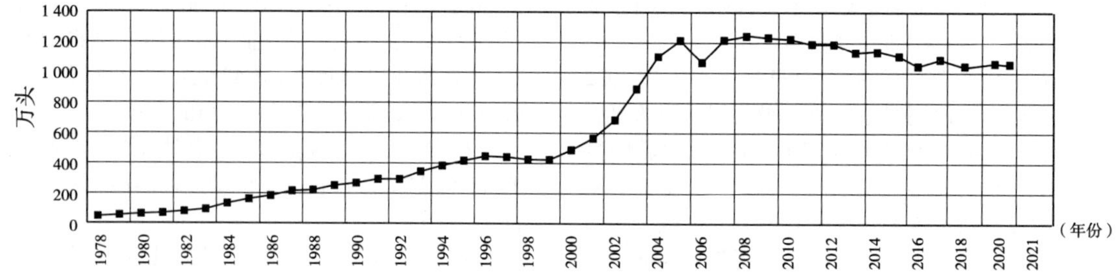

图1 1978—2021年我国奶牛存栏走势

数据来源：国家统计局。

注：本图2016—2018年数据为根据第三次全国农业普查情况做相应修正。

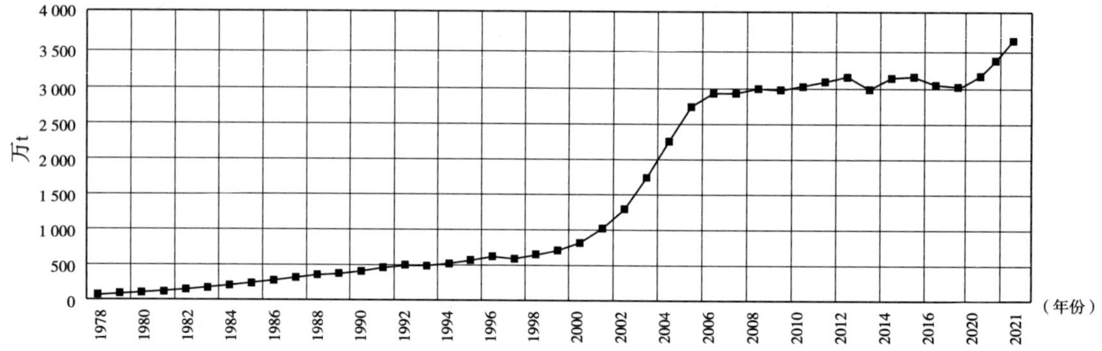

图2 1978—2021年我国牛奶产量走势

数据来源：国家统计局。

图3 1978—2021年我国奶类产量走势

数据来源：国家统计局。

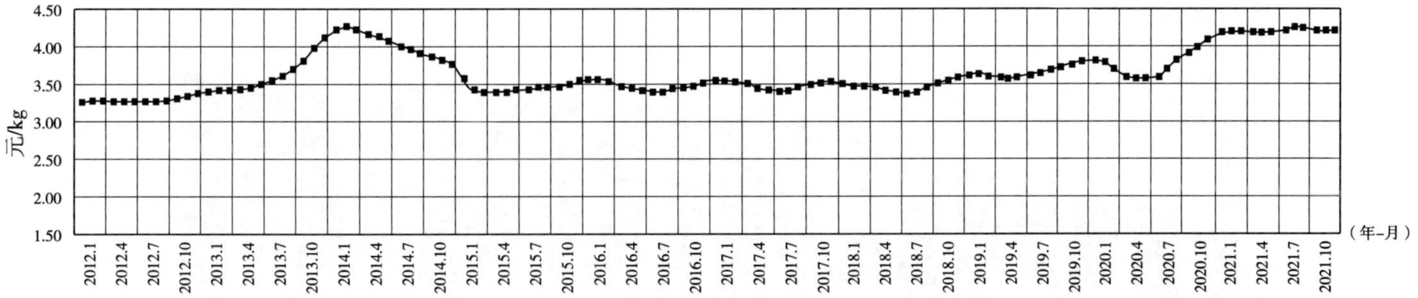

图4　2012—2021年全国主产省份生鲜乳价格情况

数据来源：农业农村部。

注：生鲜乳主产省份统计范围为河北、山西、内蒙古、辽宁、黑龙江、山东、河南、陕西、宁夏、新疆。

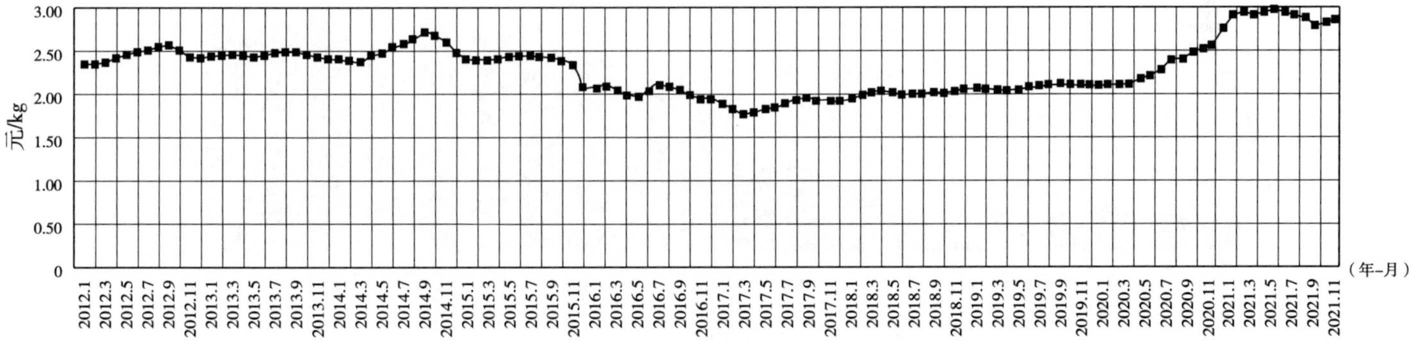

图5　2012—2021 年全国玉米价格变动情况

数据来源：农业农村部。

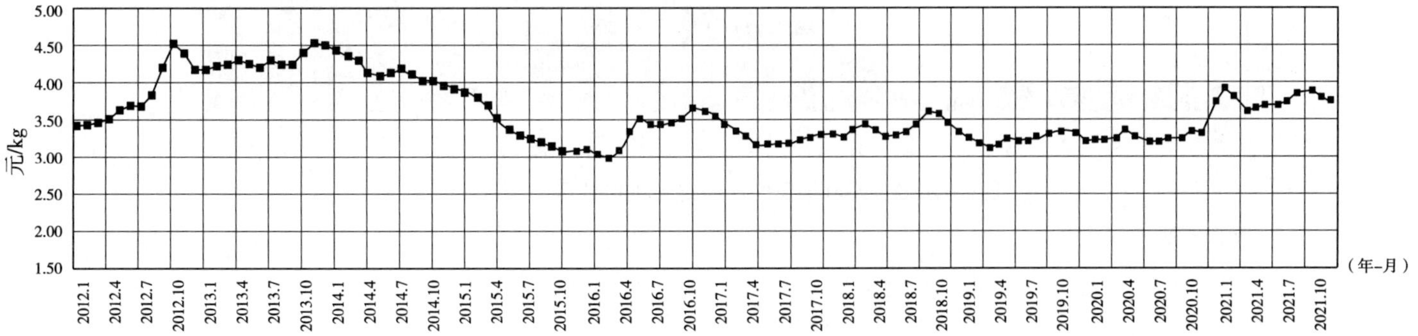

图6　2012—2021 年全国豆粕价格变动情况

数据来源：农业农村部。

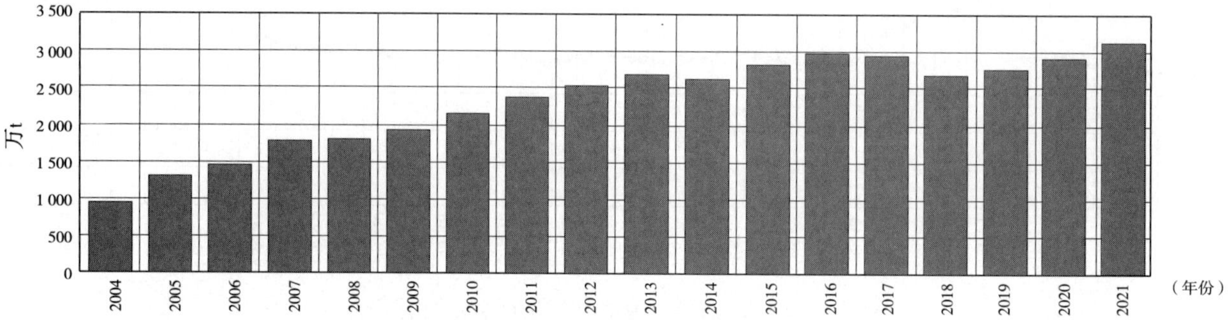

图7　2004—2021年我国乳制品产量

数据来源：国家统计局。

注：统计口径为规模以上乳企。

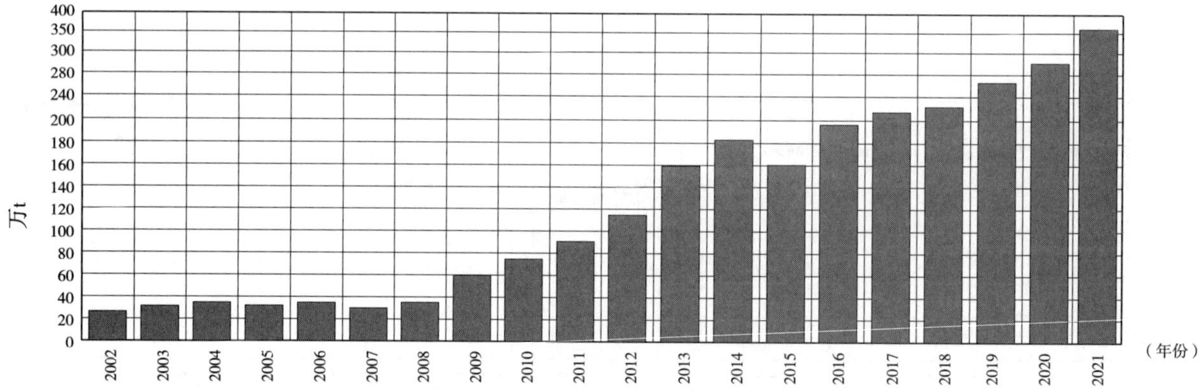

图8　2002—2021年我国乳制品进口数量

数据来源：海关总署。

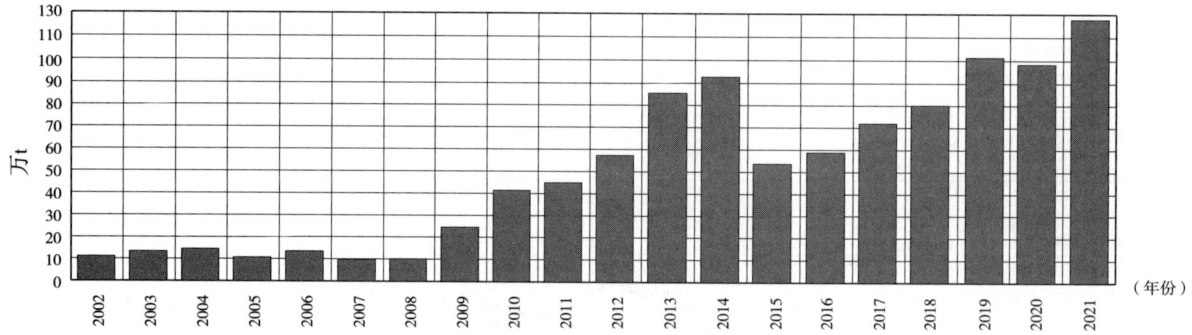

图9　2002—2021年我国原料奶粉进口数量

数据来源：海关总署。

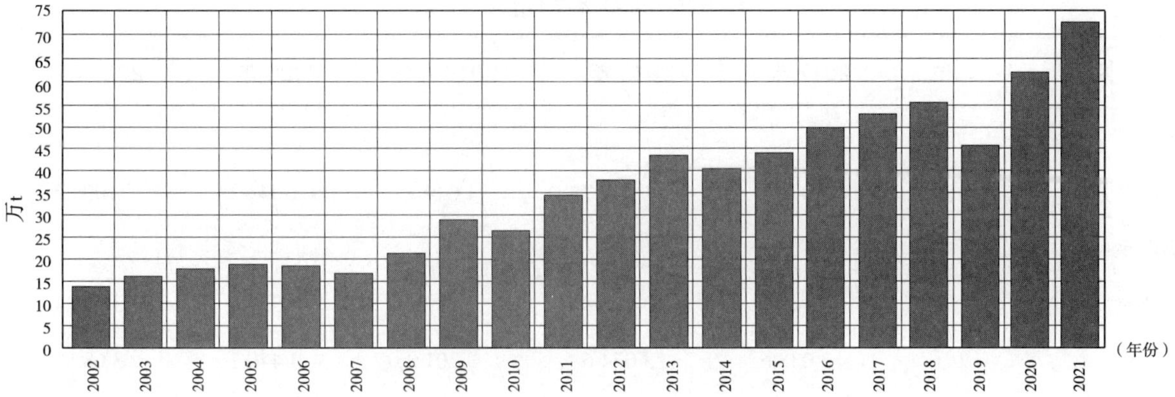

图10　2002—2021年我国乳清进口数量

数据来源：海关总署。

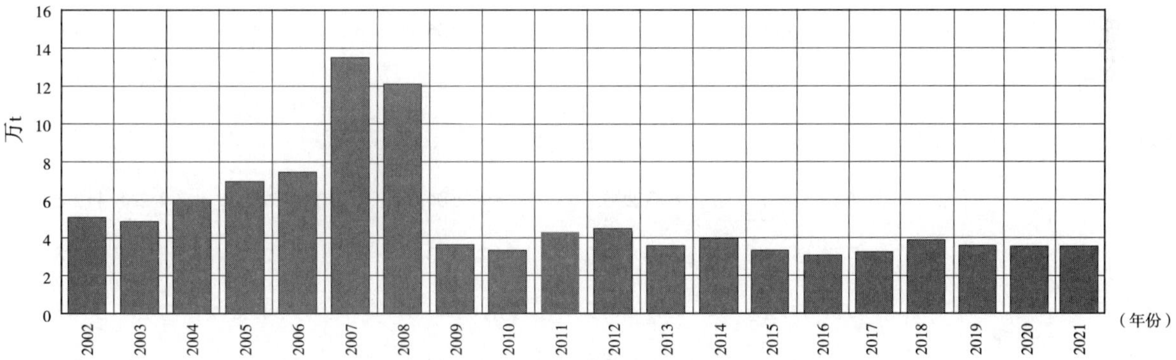

图11　2002—2021年我国乳制品出口数量

数据来源：海关总署。

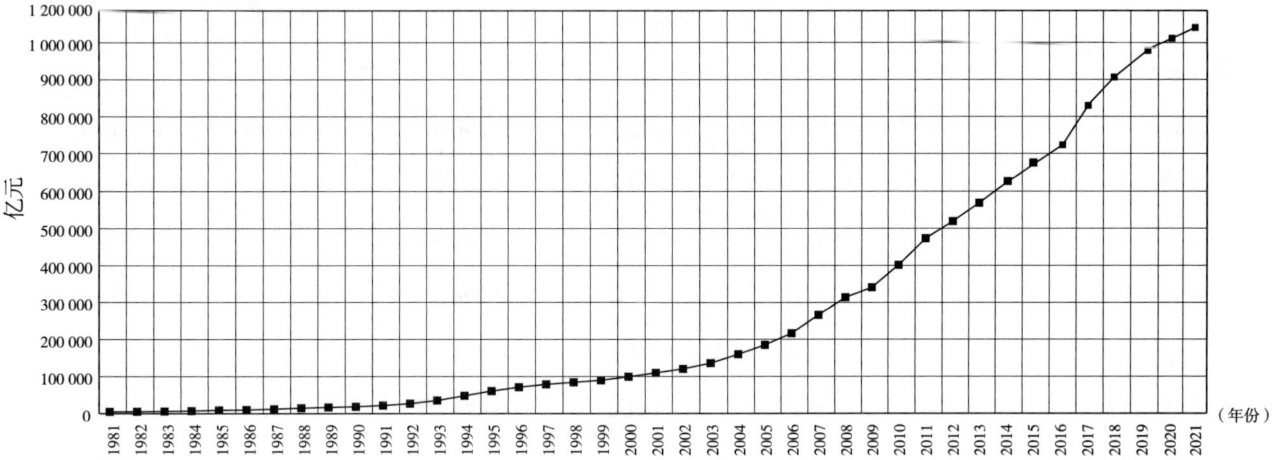

图12　1981—2020年国内生产总值

数据来源：国家统计局。

【综合情况】

中国奶业基本情况

项 目	单位	2017年	2018年	2019年	2020年	2021年
奶畜资源						
奶牛存栏数	万头	1 079.8	1 037.7	1 044.7	1 043.3	1094.3
原料奶产量						
奶类产量	万t	3 148.6	3 176.8	3 297.6	3 529.6	3 778.1
牛奶产量	万t	3 038.6	3 074.6	3 201.2	3 440.1	3 682.7
乳制品加工[1]						
乳制品产量	万t	2 935.0	2 687.1	2 719.4	2 780.4	3 031.7
其中：液态奶产量	万t	2 691.7	2 505.6	2 537.7	2 599.4	2 843.0
其中：乳粉产量	万t	120.7	96.8	105.2	101.2	97.9
乳制品进出口						
其中进口						
液奶	t	667 556.5	673 293.7	890 684.0	1 039 799.0	1 268 412.8
酸奶	t	34 156.1	30 859.2	33 743.0	32 124.0	27 603.8
奶粉	t	717 399.1	801 488.5	1 014 843.0	979 343.0	1 275 207.3
炼乳	t	25 648.2	27 522.8	34 724.0	23 759.0	34 869.5
乳清	t	529 629.4	557 245.1	453 572.0	626 403.0	723 169.6
黄油	t	91 566.1	87 189.8	85 591.0	115 616.0	131 046.1
干酪	t	108 035.4	108 278.1	114 862.0	129 228.0	176 151.9
其中出口						
液奶	t	23 161.8	27 122.9	24 796.0	25 247.0	23 010.9
酸奶	t	2 161.2	2 849.8	3 867.0	4 735.0	5 134.0
奶粉	t	2 842.9	3 135.1	1 784.0	1 624.0	4 315.4
炼乳	t	2 341.4	2 757.4	2 996.0	2 618.0	1 726.9
乳清	t	184.5	591.6	293.0	525.0	161.2
黄油	t	1 721.2	1 380.2	2 424.0	1 100.0	1 849.2
干酪	t	156.3	190.0	119.0	365.0	168.8
活牛进口	头	115 364	156 928	199 285	266 083	361 076

注：1）乳制品产量、液态奶及乳粉产量的统计范围是规模以上乳制品企业。

2017—2021年全国各地区奶业概况——北京

项目	单位	2017年	2018年	2019年	2020年	2021年
地区概况						
人口数	万人	2 194	2 192	2 190	2 189	2 189
城镇人口比重	%	86.93	87.09	87.35	87.55	87.50
地区生产总值	亿元	28 015	30 320	35 371	36 103	40 270
社会消费品零售总额	亿元	11 575	14 422	15 064	13 716	14 868
奶畜资源						
奶牛存栏数	万头	8.4	7.5	5.7	5.8	5.8
原料奶生产						
奶类产量	万t	37.4	31.1	26.4	24.2	25.8
牛奶产量	万t	37.4	31.1	26.4	24.2	25.8
乳制品加工						
乳制品产量	万t	59.7	56.0	55.4	53.7	54.2
其中：液态奶产量	万t	56.8	53.6	52.7	51.7	52.3
奶粉产量	t	8 199	5 144	8 102	6 322	2 382
乳制品进口						
液态奶	t	93 363	75 327	40 275	105 771	144 183
液奶	t	87 406	70 876	39 192	103 046	143 632
酸奶	t	5 958	4 452	1 083	2 725	552
干乳制品	t	167 015	144 412	89 799	210 577	274 192
奶粉	t	50 505	46 609	33 587	45 368	62 916
炼乳	t	445	325	2 659	2 007	3 116
乳清	t	94 098	75 948	36 904	141 841	180 974
黄油	t	4 436	4 317	4 190	5 768	5 417
奶酪	t	17 530	17 214	12 460	15 593	21 769

2017—2021年全国各地区奶业概况——天津

项 目	单位	2017年	2018年	2019年	2020年	2021年
地区概况						
人口数	万人	1 410	1 383	1 385	1 387	1 373
城镇人口比重	%	83.57	83.95	84.31	84.70	84.88
地区生产总值	亿元	18 549	18 810	14 104	14 084	15 695
社会消费品零售总额	亿元	5 730	4 231	4 218	3 583	3 770
奶畜资源						
奶牛存栏数	万头	11.9	11.3	11.0	10.7	10.4
原料奶生产						
奶类产量	万t	52.1	48.0	47.4	50.1	51.8
牛奶产量	万t	52.1	48.0	47.4	50.1	51.8
乳制品加工						
乳制品产量	万t	60.1	57.6	60.2	66.3	69.2
其中：液态奶产量	万t	30.6	50.4	50.8	57.0	57.6
奶粉产量	t	3 056	2 522	2 753	2 386	3 275
乳制品进口						
液态奶	t	34 418	41 567	99 074	68 870	81 622
液奶	t	32 833	40 547	94 603	67 727	81 414
酸奶	t	1 585	1 020	4 472	1 143	209
干乳制品	t	209 865	317 821	362 053	258 730	320 456
奶粉	t	116 543	182 195	218 200	182 895	234 241
炼乳	t	90	251	155	0	634
乳清	t	72 195	108 992	107 055	55 360	59 341
黄油	t	8 078	10 084	10 199	8 507	9 375
奶酪	t	12 959	16 299	26 444	11 968	16 865

2017—2021 年全国各地区奶业概况——河北

项 目	单位	2017 年	2018 年	2019 年	2020 年	2021 年
地区概况						
人口数	万人	7 409	7 426	7 447	7 464	7 448
城镇人口比重	%	55.74	57.33	58.77	60.07	61.14
地区生产总值	亿元	34 016	36 010	35 105	36 207	40 391
社会消费品零售总额	亿元	15 908	11 974	12 986	12 705	13 510
奶畜资源						
奶牛存栏数	万头	124.6	105.9	114.8	122.3	135.2
原料奶生产						
奶类产量	万 t	388.3	391.1	433.8	488.3	501.9
牛奶产量	万 t	381.0	384.8	428.7	483.4	498.4
乳制品加工						
乳制品产量	万 t	372.9	365.3	356.8	358.4	397.6
其中：液态奶产量	万 t	362.0	357.4	347.1	347.6	387.9
奶粉产量	t	50 508	49 920	67 725	104 680	95 819
乳制品进口						
液态奶	t	148	0	4 031	453	371
液奶	t	148	0	3 967	453	371
酸奶	t	0	0	64	0	–
干乳制品	t	7 595	6 517	4 300	7 769	16 450
奶粉	t	5 036	4 527	3 865	6 513	8 466
炼乳	t	0	0	0	0	34
乳清	t	2 377	1 845	277	1 203	7 944
黄油	t	182	146	115	52	0
奶酪	t	0	0	43	1	6

2017—2021年全国各地区奶业概况——山西

项 目	单位	2017年	2018年	2019年	2020年	2021年
地区概况						
人口数	万人	3 510	3 502	3 497	3 490	3 480
城镇人口比重	%	58.59	59.85	61.29	62.53	63.42
地区生产总值	亿元	15 528	16 818	17 027	17 652	22 590
社会消费品零售总额	亿元	6 918	6 523	7 031	6 746	7 747
奶畜资源						
奶牛存栏数	万头	32.9	31.7	31.9	38.2	38.7
原料奶生产						
奶类产量	万t	78.1	81.7	92.3	117.4	135.7
牛奶产量	万t	77.4	81.1	91.8	117.0	135.1
乳制品加工						
乳制品产量	万t	47.2	45.5	51.6	54.9	55.5
其中：液态奶产量	万t	46.9	45.2	50.9	53.0	52.8
奶粉产量	t	3 582	3 260	6 634	19 844	26 294
乳制品进口						
液态奶	t	0	0	60	321	295
液奶	t	0	0	60	321	295
酸奶	t	0	0	–	0	–
干乳制品	t	0	0	221	47	37
奶粉	t	0	0	221	47	37
炼乳	t	0	0	–	0	–
乳清	t	0	0	–	0	–
黄油	t	0	0	–	0	–
奶酪	t	0	0	–	0	–

2017—2021年全国各地区奶业概况——内蒙古

项 目	单位	2017年	2018年	2019年	2020年	2021年
地区概况						
人口数	万人	2 433	2 422	2 415	2 403	2 400
城镇人口比重	%	64.60	65.51	66.46	67.48	68.21
地区生产总值	亿元	16 096	17 289	17 213	17 360	20 514
社会消费品零售总额	亿元	7 160	4 852	5 051	4 760	5 060
奶畜资源						
奶牛存栏数	万头	123.4	120.8	122.5	129.3	143.4
原料奶生产						
奶类产量	万t	559.6	571.8	582.9	617.9	680.0
牛奶产量	万t	552.9	565.6	577.2	611.5	673.2
乳制品加工						
乳制品产量	万t	263.4	254.8	289.3	337.3	368.0
其中：液态奶产量	万t	246.8	237.1	272.5	318.9	348.9
奶粉产量	t	80 629	95 887	83 104	95 800	109 877
乳制品进口						
液态奶	t	187	0	0	6 471	4 154
液奶	t	187	0	0	6 471	4 154
酸奶	t	0	0	–	0	–
干乳制品	t	46 187	36 476	47 995	116 693	147 086
奶粉	t	41 897	33 091	36 021	99 087	130 838
炼乳	t	0	0	–	2	–
乳清	t	4 056	3 301	11 318	14 811	13 077
黄油	t	226	84	587	807	1 091
奶酪	t	8	0	70	1 986	2 079

2017—2021年全国各地区奶业概况——辽宁

项 目	单位	2017年	2018年	2019年	2020年	2021年
地区概况						
人口数	万人	4 312	4 291	4 277	4 255	4 229
城镇人口比重	%	69.49	70.26	71.21	72.14	72.81
地区生产总值	亿元	23 409	25 315	24 909	25 115	27 584
社会消费品零售总额	亿元	13 807	9 113	9 671	8 961	9 784
奶畜资源						
奶牛存栏数	万头	27.5	29.2	27.4	27.7	28.1
原料奶生产						
奶类产量	万t	120.7	132.6	134.7	137.1	139.3
牛奶产量	万t	119.7	131.8	133.9	136.7	138.9
乳制品加工						
乳制品产量	万t	75.2	74.9	76.3	58.3	53.9
其中：液态奶产量	万t	72.3	73.0	75.7	57.4	53.6
奶粉产量	t	8 912	18 421	4 601	7 820	2 320
乳制品进口						
液态奶	t	3 743	2 869	6 289	5 439	4 428
液奶	t	3 448	2 667	6 270	5 421	4 418
酸奶	t	295	201	18	18	11
干乳制品	t	62 158	60 868	52 965	26 377	26 764
奶粉	t	10 295	12 701	18 631	3 006	913
炼乳	t	863	1 083	1 140	549	97
乳清	t	49 565	46 425	32 493	22 365	25 423
黄油	t	126	301	347	391	255
奶酪	t	1 310	358	355	66	75

2017—2021年全国各地区奶业概况——吉林

项　目	单位	2017年	2018年	2019年	2020年	2021年
地区概况						
人口数	万人	2 526	2 484	2 448	2 399	2 375
城镇人口比重	%	59.71	60.85	61.63	62.64	63.36
地区生产总值	亿元	14 945	15 075	11 727	12 311	13 236
社会消费品零售总额	亿元	7 856	4 074	4 213	3 824	4 217
奶畜资源						
奶牛存栏数	万头	14.0	15.1	15.3	15.0	14.7
原料奶生产						
奶类产量	万t	34.4	39.0	40.0	39.3	32.8
牛奶产量	万t	34.0	38.8	39.9	39.3	32.7
乳制品加工						
乳制品产量	万t	16.2	17.1	20.6	18.3	18.9
其中：液态奶产量	万t	11.5	16.1	16.7	14.6	13.8
奶粉产量	t	46 803	9 192	17 785	5 463	7 191
乳制品进口						
液态奶	t	3	46	22	1	1 760
液奶	t	3	46	22	1	1 760
酸奶	t	0	0	–	0	–
干乳制品	t	0	254	225	6 058	4 365
奶粉	t	0	2	225	1 032	1 015
炼乳	t	0	0	–	0	–
乳清	t	0	0	–	5 025	3 350
黄油	t	0	0	–	0	0
奶酪	t	0	252	0	1	–

2017—2021年全国各地区奶业概况——黑龙江

项 目	单位	2017年	2018年	2019年	2020年	2021年
地区概况						
人口数	万人	3 399	3 327	3 255	3 171	3 125
城镇人口比重	%	61.90	63.46	64.62	65.61	65.69
地区生产总值	亿元	15 903	16 362	13 613	13 699	14 879
社会消费品零售总额	亿元	9 099	5 275	5 604	5 092	5 543
奶畜资源						
奶牛存栏数	万头	124.1	105.0	107.6	111.9	109.7
原料奶生产						
奶类产量	万t	468.4	458.5	467.0	501.0	501.0
牛奶产量	万t	465.2	455.9	465.2	500.2	500.3
乳制品加工						
乳制品产量	万t	158.6	155.3	164.2	164.9	189.4
其中：液态奶产量	万t	114.1	118.0	129.0	123.9	151.2
奶粉产量	t	434 769	365 254	351 037	400 092	362 732
乳制品进口						
液态奶	t	0	23	170	1 381	418
液奶	t	0	23	61	1 372	418
酸奶	t	0	0	109	9	–
干乳制品	t	30 524	30 963	38 700	37 930	47 980
奶粉	t	12 796	14 199	16 112	18 011	26 921
炼乳	t	0	0	10	4	24
乳清	t	17 726	16 753	22 563	19 756	20 482
黄油	t	0	10	15	159	–
奶酪	t	1	1	–	0	553

2017—2021 年全国各地区奶业概况——上海

项 目	单位	2017 年	2018 年	2019 年	2020 年	2021 年
地区概况						
人口数	万人	2 466	2 475	2 481	2 488	2 489
城镇人口比重	%	89.10	89.13	89.22	89.30	89.30
地区生产总值	亿元	30 633	32 680	38 155	38 701	43 215
社会消费品零售总额	亿元	11 830	14 875	15 848	15 933	18 079
奶畜资源						
奶牛存栏数	万头	6.5	5.6	5.2	5.3	5.4
原料奶生产						
奶类产量	万 t	36.4	33.4	29.7	29.1	29.4
牛奶产量	万 t	36.4	33.4	29.7	29.1	29.4
乳制品加工						
乳制品产量	万 t	44.6	44.6	46.9	52.6	54.4
其中：液态奶产量	万 t	43.7	43.6	45.8	51.7	52.6
奶粉产量	t	6 758	6 619	7 296	5 889	6 210
乳制品进口						
液态奶	t	295 775	337 036	448 878	414 784	531 042
液奶	t	276 296	320 021	433 248	397 565	512 540
酸奶	t	19 479	17 015	15 630	17 219	18 502
干乳制品	t	285 128	351 621	478 892	334 021	419 927
奶粉	t	143 004	181 981	304 159	181 599	236 001
炼乳	t	6 215	7 223	8 815	5 076	14 939
乳清	t	89 766	100 046	87 029	83 327	95 702
黄油	t	18 947	28 417	33 579	27 182	28 286
奶酪	t	27 197	33 955	45 310	36 837	44 999

2017—2021 年全国各地区奶业概况——江苏

项 目	单位	2017 年	2018 年	2019 年	2020 年	2021 年
地区概况						
人口数	万人	8 423	8 446	8 469	8 477	8 505
城镇人口比重	%	70.18	71.19	72.47	73.44	73.94
地区生产总值	亿元	85 869.8	92 595.4	99 631.5	102 719.0	116 364.2
社会消费品零售总额	亿元	31 737.4	35 472.6	37 672.5	37 086.1	42 702.6
奶畜资源						
奶牛存栏数	万头	13.9	13.4	12.5	12.9	13.1
原料奶生产						
奶类产量	万 t	49.0	50.0	62.4	63.0	64.9
牛奶产量	万 t	49.0	50.0	62.4	63.0	64.9
乳制品加工						
乳制品产量	万 t	161.2	158.0	116.0	125.2	138.9
其中：液态奶产量	万 t	145.4	155.2	108.4	118.2	129.8
奶粉产量	t	13 423.0	10 537.4	61 640.2	55 679.9	75 864.9
乳制品进口						
液态奶	t	13 367	12 832	34 679	38 834	22 913
液奶	t	12 630	11 985	33 129	36 986	22 637
酸奶	t	737	847	1 551	1 848	277
干乳制品	t	45 242	44 656	44 486	73 952	87 803
奶粉	t	34 976	35 629	38 823	59 283	76 899
炼乳	t	23	11	0	0	73
乳清	t	8 882	7 874	4 633	13 442	10 209
黄油	t	1 257	1 134	1 006	1 089	580
奶酪	t	103	7	23	138	43

2017—2021年全国各地区奶业概况——浙江

项 目	单位	2017年	2018年	2019年	2020年	2021年
地区概况						
人口数	万人	6 170	6 273	6 375	6 468	6 540
城镇人口比重	%	68.91	70.02	71.58	72.17	72.66
地区生产总值	亿元	51 768.3	56 197.2	62 351.7	64 613.3	73 515.8
社会消费品零售总额	亿元	24 308.5	25 161.9	27 343.8	26 629.8	29 210.5
奶畜资源						
奶牛存栏数	万头	3.3	3.2	3.1	4.0	4.3
原料奶生产						
奶类产量	万t	14.3	15.8	15.5	18.4	18.6
牛奶产量	万t	14.3	15.7	15.5	18.3	18.6
乳制品加工						
乳制品产量	万t	69.6	66.7	73.2	66.7	69.4
其中：液态奶产量	万t	63.9	61.7	68.2	62.1	64.1
奶粉产量	t	20 288.0	17 247.0	21 941.0	16 070.5	16 962.5
乳制品进口						
液态奶	t	29 223	31 735	40 624	43 389	36 632
液奶	t	27 797	30 471	38 634	40 987	35 114
酸奶	t	1 426	1 265	1 990	2 402	1 518
干乳制品	t	117 463	82 217	65 954	90 325	109 973
奶粉	t	101 149	65 991	57 745	62 971	74 041
炼乳	t	93	5	371	471	951
乳清	t	12 367	12 083	4 457	20 635	29 937
黄油	t	3 650	3 856	3 141	5 522	4 106
奶酪	t	204	282	240	726	938

2017—2021年全国各地区奶业概况——安徽

项 目	单位	2017年	2018年	2019年	2020年	2021年
地区概况						
人口数	万人	6 057	6 076	6 092	6 105	6 113
城镇人口比重	%	54.29	55.65	57.02	58.33	59.39
地区生产总值	亿元	27 018.0	30 006.8	37 114.0	38 680.6	42 959.2
社会消费品零售总额	亿元	11 192.6	16 156.2	17 862.1	18 334.0	21 471.2
奶畜资源						
奶牛存栏数	万头	12.9	12.8	14.5	16.4	13.1
原料奶生产						
奶类产量	万t	29.8	30.8	33.8	37.6	47.6
牛奶产量	万t	29.8	30.8	33.8	37.6	47.6
乳制品加工						
乳制品产量	万t	105.1	113.8	125.6	124.5	118.2
其中：液态奶产量	万t	98.3	107.4	123.4	122.5	116.1
奶粉产量	t	22 586.0	20 721.0	21 208.0	20 027.0	20 726.0
乳制品进口						
液态奶	t	65	9 925	0	46 083	54 783
液奶	t	65	9 925	–	45 756	54 397
酸奶	t	0	0	–	327	386
干乳制品	t	32 019	35 242	26 465	150 801	209 540
奶粉	t	12 265	13 509	11 173	69 056	121 645
炼乳	t	90	0	–	1 886	3 120
乳清	t	19 382	21 633	15 191	77 751	80 631
黄油	t	0	0	100	1 864	1 832
奶酪	t	282	99	–	244	2 312

2017—2021 年全国各地区奶业概况——福建

项 目	单位	2017 年	2018 年	2019 年	2021 年	2021 年
地区概况						
人口数	万人	4 065	4 104	4 137	4 161	4 187
城镇人口比重	%	65.78	66.98	67.87	68.75	69.70
地区生产总值	亿元	32 182.1	35 804.0	42 395.0	43 903.9	48 810.4
社会消费品零售总额	亿元	13 013.0	17 178.4	18 896.8	18 626.5	20 373.1
奶畜资源						
奶牛存栏数	万头	3.9	4.1	4.3	4.4	4.6
原料奶生产						
奶类产量	万 t	13.5	14.3	15.0	17.5	20.0
牛奶产量	万 t	13.1	13.8	14.5	16.9	19.4
乳制品加工						
乳制品产量	万 t	17.6	18.4	20.3	22.7	20.4
其中：液态奶产量	万 t	12.7	17.5	19.4	21.5	19.4
奶粉产量	t	42 536.6	6 691.0	5 486.8	4 417.7	2 905.3
乳制品进口						
液态奶	t	47 338	17 147	3 102	157 218	189 623
液奶	t	47 288	17 114	3 094	156 193	189 517
酸奶	t	49	32	7	1 025	106
干乳制品	t	93 379	69 888	47 066	241 055	303 579
奶粉	t	14 135	15 031	25 341	53 591	66 737
炼乳	t	153	30	18	8	–
乳清	t	39 528	32 974	19 418	99 972	115 761
黄油	t	19 958	21 853	119	35 878	46 259
奶酪	t	19 605	0	2 170	51 606	74 822

2017—2021年全国各地区奶业概况——江西

项 目	单位	2017年	2018年	2019年	2020年	2021年
地区概况						
人口数	万人	4 511	4 513	4 516	4 519	4 517
城镇人口比重	%	55.70	57.34	59.07	60.44	61.46
地区生产总值	亿元	20 006.3	21 984.8	24 757.5	25 691.5	29 619.7
社会消费品零售总额	亿元	7 448.1	9 045.7	10 068.1	10 371.8	12 206.7
奶畜资源						
奶牛存栏数	万头	3.2	3.7	3.5	2.5	2.6
原料奶生产						
奶类产量	万t	9.5	9.6	7.3	9.1	8.4
牛奶产量	万t	9.5	9.6	7.3	9.1	8.3
乳制品加工						
乳制品产量	万t	23.6	17.5	17.8	17.4	20.4
其中：液态奶产量	万t	18.8	17.2	17.5	16.8	19.9
奶粉产量	t	47 482.0	3 249.8	3 440.0	3 384.0	2 719.8
乳制品进口						
液态奶	t	0	0	0	0	0
液奶	t	0	0	–	0	0
酸奶	t	0	0	–	0	0
干乳制品	t	1 821	14 044	2 590	1 552	2 034
奶粉	t	1 353	1 784	2 340	1 327	1 309
炼乳	t	0	0	–	0	0
乳清	t	468	0	250	225	726
黄油	t	0	0	–	0	–
奶酪	t	0	12 260	–	0	–

2017—2021年全国各地区奶业概况——山东

项 目	单位	2017年	2018年	2019年	2020年	2021年
地区概况						
人口数	万人	10 033	10 077	10 106	10 165	10 170
城镇人口比重	%	60.79	61.46	61.86	63.05	63.94
地区生产总值	亿元	72 634.1	76 469.7	71 067.5	73 129.0	83 095.9
社会消费品零售总额	亿元	33 649.0	27 480.3	29 251.2	29 248.0	33 714.5
奶畜资源						
奶牛存栏数	万头	93.1	91.4	89.9	86.4	86.1
原料奶生产						
奶类产量	万t	231.3	232.5	234.5	241.6	288.4
牛奶产量	万t	223.5	225.1	228.0	241.4	288.3
乳制品加工						
乳制品产量	万t	251.1	204.4	217.8	216.7	242.6
其中：液态奶产量	万t	243.3	197.2	208.0	204.3	226.8
奶粉产量	t	56 417.4	39 164.3	50 514.5	39 450.9	35 369.0
乳制品进口						
液态奶	t	37 771	18 897	22 381	25 027	17 851
液奶	t	37 340	18 632	22 141	24 849	17 651
酸奶	t	432	264	241	178	200
干乳制品	t	70 257	60 611	56 567	64 210	90 262
奶粉	t	32 006	27 066	31 270	31 254	47 290
炼乳	t	39	0	11	0	16
乳清	t	24 134	20 914	13 600	17 311	24 332
黄油	t	13 163	11 050	10 589	14 674	17 123
奶酪	t	915	1 581	1 096	971	1 501

2017—2021年全国各地区奶业概况——河南

项 目	单位	2017年	2018年	2019年	2020年	2021年
地区概况						
人口数	万人	9 829	9 864	9 901	9 941	9 883
城镇人口比重	%	50.56	52.24	54.01	55.43	56.45
地区生产总值	亿元	44 552.8	48 055.9	54 259.2	54 997.1	58 887.4
社会消费品零售总额	亿元	19 666.8	21 268.0	23 476.1	22 502.8	24 381.7
奶畜资源						
奶牛存栏数	万头	33.7	34.3	35.6	36.6	38.5
原料奶生产						
奶类产量	万t	212.9	208.9	208.5	214.7	216.8
牛奶产量	万t	202.9	202.7	204.1	210.0	212.1
乳制品加工						
乳制品产量	万t	351.4	251.6	198.9	177.2	193.1
其中：液态奶产量	万t	350.7	251.6	198.9	177.1	193.1
奶粉产量	t	6 297.6	546.3	442.0	831.4	424.6
乳制品进口						
液态奶	t	1 671	3 158	4 671	3 738	8 162
液奶	t	1 575	2 864	4 241	3 467	7 922
酸奶	t	96	294	430	271	240
干乳制品	t	1 245	2 039	1 473	1 472	5 973
奶粉	t	1 177	1 008	1 365	1 104	2 670
炼乳	t	1	0	1	0	–
乳清	t	3	999	0	49	2 835
黄油	t	0	0	–	0	0
奶酪	t	64	32	107	319	468

2017—2021年全国各地区奶业概况——湖北

项 目	单位	2017年	2018年	2019年	2020年	2021年
地区概况						
人口数	万人	5 904	5 917	5 927	5 745	5 830
城镇人口比重	%	59.88	61.00	61.83	62.89	64.09
地区生产总值	亿元	35 478.1	39 366.6	45 828.3	43 443.5	50 012.9
社会消费品零售总额	亿元	17 394.1	20 598.2	22 722.3	17 984.9	21 561.4
奶畜资源						
奶牛存栏数	万头	4.5	4.5	4.6	4.3	1.7
原料奶生产						
奶类产量	万t	12.8	12.8	13.4	13.4	9.6
牛奶产量	万t	12.8	12.8	13.4	13.4	9.6
乳制品加工						
乳制品产量	万t	109.4	103.7	98.3	120.1	125.4
其中：液态奶产量	万t	108.2	101.8	86.2	109.9	114.6
奶粉产量	t	2 902.0	9 419.0	6 729.0	7 660.4	3 136.5
乳制品进口						
液态奶	t	3 108	3 821	9 573	4 420	12 150
液奶	t	3 108	3 821	9 547	4 419	12 149
酸奶	t	0	0	26	1	1
干乳制品	t	619	1 870	4 659	2 584	1 009
奶粉	t	0	1 216	4 036	1 581	360
炼乳	t	0	96	1	260	49
乳清	t	0		220	0	88
黄油	t	505	501	395	738	512
奶酪	t	114	56	7	5	0

2017—2021年全国各地区奶业概况——湖南

项目	单位	2017年	2018年	2019年	2020年	2021年
地区概况						
人口数	万人	6 633	6 635	6 640	6 645	6 622
城镇人口比重	%	54.62	56.09	57.45	58.76	59.71
地区生产总值	亿元	33 903.0	36 425.8	39 752.1	41 781.5	46 063.1
社会消费品零售总额	亿元	14 854.9	15 134.3	16 683.9	16 258.1	18 596.9
奶畜资源						
奶牛存栏数	万头	5.7	5.8	6.0	4.8	4.4
原料奶生产						
奶类产量	万t	6.1	6.2	6.3	5.6	5.7
牛奶产量	万t	6.1	6.2	6.3	5.6	5.7
乳制品加工						
乳制品产量	万t	28.2	28.8	40.5	28.4	47.8
其中：液态奶产量	万t	22.7	23.0	34.8	22.9	43.0
奶粉产量	t	43 487.9	39 793.4	39 364.2	34 214.1	25 651.6
乳制品进口						
液态奶	t	325	192	363	337	820
液奶	t	325	192	363	337	740
酸奶	t	0	0	–	0	81
干乳制品	t	15 717	18 020	15 993	13 127	16 198
奶粉	t	7 170	14 353	13 385	13 127	15 943
炼乳	t	0	0	–	0	96
乳清	t	8 531	3 666	2 608	0	159
黄油	t	0	0	–	0	–
奶酪	t	15	0	–	0	0

2017—2021年全国各地区奶业概况——广东

项 目	单位	2017年	2018年	2019年	2020年	2021年
地区概况						
人口数	万人	12 141	12 348	12 489	12 624	12 684
城镇人口比重	%	70.74	71.81	72.65	74.15	74.63
地区生产总值	亿元	89 705.2	97 277.8	107 671.1	110 760.9	124 369.7
社会消费品零售总额	亿元	38 200.1	39 767.1	42 951.8	40 207.9	44 187.7
奶畜资源						
奶牛存栏数	万头	6.0	6.0	6.0	6.8	6.2
原料奶生产						
奶类产量	万t	13.9	13.9	13.9	15.2	17.3
牛奶产量	万t	13.9	13.9	13.9	15.1	17.2
乳制品加工						
乳制品产量	万t	77.3	91.7	97.8	96.4	82.7
其中：液态奶产量	万t	59.4	62.6	82.6	83.5	69.9
奶粉产量	t	4 614.1	4 005.0	11 438.7	9 225.5	3 550.4
乳制品进口						
液态奶	t	138 620	144 837	205 217	124 933	159 702
液奶	t	134 617	139 374	197 128	120 038	154 565
酸奶	t	4 004	5 462	8 088	4 895	5 137
干乳制品	t	265 390	301 542	330 959	188 042	200 905
奶粉	t	117 013	126 893	171 829	119 380	123 108
炼乳	t	17 405	17 823	21 012	13 442	11 721
乳清	t	83 213	100 288	91 209	34 525	41 665
黄油	t	20 225	30 810	20 592	11 982	15 175
奶酪	t	27 534	25 729	26 317	8 713	9 237

2017—2021 年全国各地区奶业概况——广西

项 目	单位	2017 年	2018 年	2019 年	2020 年	2021 年
地区概况						
人口数	万人	4 907	4 947	4 982	5 019	5 037
城镇人口比重	%	50.59	51.82	52.98	54.20	55.08
地区生产总值	亿元	18 523.3	20 352.5	21 237.1	22 156.7	24 740.9
社会消费品零售总额	亿元	7 813.0	7 663.5	8 200.9	7 831.0	8 538.5
奶畜资源						
奶牛存栏数	万头	5.0	5.1	5.2	5.9	6.5
原料奶生产						
奶类产量	万 t	8.1	8.9	8.7	11.2	13.1
牛奶产量	万 t	8.1	8.9	8.7	11.2	13.1
乳制品加工						
乳制品产量	万 t	45.9	34.8	28.5	30.8	43.7
其中：液态奶产量	万 t	45.5	32.5	27.4	30.2	43.5
奶粉产量	t	2 563.3	3 441.6	3 210.0	2 078.0	2 206.3
乳制品进口						
液态奶	t	43	183	67	20	487
液奶	t	43	183	67	20	179
酸奶	t	0	0	–	0	308
干乳制品	t	0	258	254	270	181
奶粉	t	0	38	1	0	5
炼乳	t	0	0	0	0	–
乳清	t	0	220	253	270	176
黄油	t	0	0	–	0	–
奶酪	t	0	0	–	0	–

2017—2021 年全国各地区奶业概况——海南

项 目	单位	2017 年	2018 年	2019 年	2020 年	2021 年
地区概况						
人口数	万人	972	982	995	1 012	1 020
城镇人口比重	%	58.04	59.13	59.37	60.27	60.97
地区生产总值	亿元	4 462.5	4 832.1	5 308.9	5 532.4	6 475.2
社会消费品零售总额	亿元	1 618.8	1 852.7	1 951.1	1 974.6	2 497.6
奶畜资源						
奶牛存栏数	万头	0.1	0.1	0.1	0.2	0.1
原料奶生产						
奶类产量	万 t	0.5	0.2	0.2	0.3	0.1
牛奶产量	万 t	0.5	0.2	0.2	0.3	0.1
乳制品加工						
乳制品产量	万 t	0.3	0.2	0.3	0.2	0.1
其中：液态奶产量	万 t	0.3	0.2	0.2	0.1	0.0
奶粉产量	t					0.0
乳制品进口						
液态奶	t	0	85	0	52	1
液奶	t	0	85	–	52	1
酸奶	t	0	0	–	0	–
干乳制品	t	278	846	783	1 363	4 286
奶粉	t	133	172	252	307	795
炼乳	t	146	674	531	56	–
乳清	t	0		–	1 000	3 220
黄油	t	0	0	–	0	–
奶酪	t	0	0	–	0	271

2017—2021年全国各地区奶业概况——重庆

项 目	单位	2017年	2018年	2019年	2020年	2021年
地区概况						
人口数	万人	3 144	3 163	3 188	3 209	3 212
城镇人口比重	%	65.00	66.61	68.24	69.46	70.32
地区生产总值	亿元	19 424.7	20 363.2	23 605.8	25 002.8	27 894.0
社会消费品零售总额	亿元	8 067.7	10 705.2	11 631.7	11 787.2	13 967.7
奶畜资源						
奶牛存栏数	万头	1.5	1.2	1.1	0.9	0.7
原料奶生产						
奶类产量	万t	5.1	4.9	4.2	3.2	3.1
牛奶产量	万t	5.1	4.9	4.2	3.2	3.1
乳制品加工						
乳制品产量	万t	22.9	21.2	24.1	25.1	26.5
其中：液态奶产量	万t	22.9	21.2	24.1	25.1	26.5
奶粉产量	t					0.0
乳制品进口						
液态奶	t	1 323	1 926	2 232	14 080	17 806
液奶	t	1 312	1 926	2 230	14 077	17 805
酸奶	t	11	1	2	3	2
干乳制品	t	335	4 237	4 414	5 765	3 951
奶粉	t	333	4 050	3 109	4 462	3 616
炼乳	t	2	1	0	0	–
乳清	t	0	176	1 300	1 275	0
黄油	t	0	5	4	8	273
奶酪	t	0	5	–	20	62

2017—2021年全国各地区奶业概况——四川

项 目	单位	2017年	2018年	2019年	2020年	2021年
地区概况						
人口数	万人	8 289	8 321	8 351	8 371	8 372
城镇人口比重	%	51.78	53.50	55.36	56.73	57.82
地区生产总值	亿元	36 980.2	40 678.1	46 615.8	48 598.8	53 850.8
社会消费品零售总额	亿元	17 480.5	19 340.7	21 343.0	20 824.9	24 133.2
奶畜资源						
奶牛存栏数	万头	79.0	76.9	79.8	78.9	78.3
原料奶生产						
奶类产量	万t	63.8	64.3	66.8	68.0	68.4
牛奶产量	万t	63.7	64.2	66.7	68.0	68.3
乳制品加工						
乳制品产量	万t	146.2	110.4	112.5	116.0	113.7
其中：液态奶产量	万t	128.0	101.4	104.2	105.2	103.9
奶粉产量	t	3 947.2	3 728.0	1 390.6	1 442.4	2 946.1
乳制品进口						
液态奶	t	282	554	369	1 790	1 231
液奶	t	282	550	362	1 764	1 204
酸奶	t	0	4	8	26	27
干乳制品	t	17 808	21 010	25 055	27 122	42 984
奶粉	t	14 535	18 699	22 508	22 708	38 565
炼乳	t	0	0	–	0	–
乳清	t	2 953	1 502	1 875	3 444	3 506
黄油	t	310	762	613	945	762
奶酪	t	11	48	60	25	152

2017—2021年全国各地区奶业概况——贵州

项 目	单位	2017年	2018年	2019年	2020年	2021年
地区概况						
人口数	万人	3 803	3 822	3 848	3 858	3 852
城镇人口比重	%	47.76	49.54	51.48	53.15	54.33
地区生产总值	亿元	13 540.8	14 806.5	16 769.3	17 826.6	19 586.4
社会消费品零售总额	亿元	4 154.0	7 105.0	7 468.2	7 833.4	8 904.3
奶畜资源						
奶牛存栏数	万头	5.9	6.0	1.3	1.3	0.9
原料奶生产						
奶类产量	万t	4.4	4.6	5.3	5.3	4.9
牛奶产量	万t	4.4	4.6	5.3	5.3	4.9
乳制品加工						
乳制品产量	万t	11.1	11.3	13.0	17.0	17.0
其中：液态奶产量	万t	11.1	11.3	13.0	17.0	17.0
奶粉产量	t	0.0	0.0	0.0	–	0.0
乳制品进口						
液态奶	t	77	34	45	1 232	2 054
液奶	t	0	34	45	1 232	2 054
酸奶	t	77	0	–	0	–
干乳制品	t	2 056	0	9	0	0
奶粉	t	1 346	0	9	0	0
炼乳	t	0	0	–	0	–
乳清	t	113	0	–	0	–
黄油	t	538	0	–	0	–
奶酪	t	59	0	–	0	–

2017—2021 年全国各地区奶业概况——云南

项 目	单位	2017 年	2018 年	2019 年	2020 年	2021 年
地区概况						
人口数	万人	4 693	4 703	4 714	4 722	4 690
城镇人口比重	%	46.29	47.44	48.67	50.05	51.05
地区生产总值	亿元	16 376.3	17 881.1	23 223.8	24 521.9	27 146.8
社会消费品零售总额	亿元	6 423.1	9 197.3	10 158.2	9 792.9	10 731.8
奶畜资源						
奶牛存栏数	万头	16.1	16.5	16.9	17.6	18.8
原料奶生产						
奶类产量	万 t	64.5	65.7	66.7	73.1	72.5
牛奶产量	万 t	56.8	58.2	59.9	67.3	68.4
乳制品加工						
乳制品产量	万 t	63.2	67.3	63.2	62.2	71.4
其中：液态奶产量	万 t	62.8	67.0	62.6	61.5	70.9
奶粉产量	t	2 312.5	992.1	3 924.8	3 738.5	2 350.4
乳制品进口						
液态奶	t	0	0	0	0	0
液奶	t	0	0	–	0	–
酸奶	t	0	0	–	0	–
干乳制品	t	0	0	2	6	0
奶粉	t	0	0	2	6	–
炼乳	t	0	0	–	0	–
乳清	t	0	0	–	0	–
黄油	t	0	0	–	0	–
奶酪	t	0	0	–	0	–

2017—2021年全国各地区奶业概况——西藏

项目	单位	2017年	2018年	2019年	2020年	2021年
地区概况						
人口数	万人	349	354	361	366	366
城镇人口比重	%	33.38	33.80	34.51	35.73	36.61
地区生产总值	亿元	1 310.9	1 477.6	1 697.8	1 902.7	2 080.2
社会消费品零售总额	亿元	523.3	711.8	773.4	745.8	810.3
奶畜资源						
奶牛存栏数	万头	38.0	42.3	44.0	45.3	53.1
原料奶生产						
奶类产量	万t	42.0	40.8	48.2	49.2	53.7
牛奶产量	万t	37.1	36.4	42.4	44.9	48.8
乳制品加工						
乳制品产量	万t	1.0	1.3	1.0	1.2	1.3
其中：液态奶产量	万t	0.9	1.1	0.8	0.9	1.0
奶粉产量	t	0.0	1 121.0	0.0	0.0	0.0
乳制品进口						
液态奶	t	0	0	0	0	0
液奶	t	0	0	0	0	–
酸奶	t	0	0	0	0	–
干乳制品	t	0	0	0	0	0
奶粉	t	0	0	0	0	–
炼乳	t	0	0	0	0	–
乳清	t	0	0	0	0	–
黄油	t	0	0	0	0	–
奶酪	t	0	0	0	0	–

2017—2021 年全国各地区奶业概况——陕西

项　目	单位	2017 年	2018 年	2019 年	2020 年	2021 年
地区概况						
人口数	万人	3 904	3 931	3 944	3 955	3 954
城镇人口比重	%	58.07	59.65	61.28	62.66	63.63
地区生产总值	亿元	21 898.8	24 438.3	25 793.2	26 181.9	29 801.0
社会消费品零售总额	亿元	8 236.4	9 510.3	10 213.0	9 605.9	10 250.5
奶畜资源						
奶牛存栏数	万头	28.4	27.9	27.4	27.6	26.4
原料奶生产						
奶类产量	万 t	156.9	159.7	159.7	161.5	161.9
牛奶产量	万 t	107.3	109.7	107.8	108.7	104.6
乳制品加工						
乳制品产量	万 t	143.4	106.8	120.1	112.2	116.4
其中：液态奶产量	万 t	113.5	84.2	94.7	98.1	100.8
奶粉产量	t	249 307.8	221 193.6	249 289.5	136 971.3	149 263.2
乳制品进口						
液态奶	t	854	425	423	35	1 125
液奶	t	854	423	397	0	1 074
酸奶	t	0	3	25	35	51
干乳制品	t	527	798	494	372	243
奶粉	t	437	596	335	210	236
炼乳	t	0	0	0	0	–
乳清	t	0	100	0	153	8
黄油	t	0	0	0	1	–
奶酪	t	90	102	159	8	–

2017—2021年全国各地区奶业概况——甘肃

项目	单位	2017年	2018年	2019年	2020年	2021年
地区概况						
人口数	万人	2 522	2 515	2 509	2 501	2 490
城镇人口比重	%	48.12	49.69	50.70	52.23	53.33
地区生产总值	亿元	7 459.9	8 246.1	8 718.3	9 016.7	10 243.3
社会消费品零售总额	亿元	3 426.6	3 435.6	3 700.3	3 632.4	4 037.1
奶畜资源						
奶牛存栏数	万头	29.8	29.9	30.7	31.3	32.3
原料奶生产						
奶类产量	万t	41.0	41.1	44.7	58.4	67.5
牛奶产量	万t	40.4	40.5	44.1	57.5	66.6
乳制品加工						
乳制品产量	万t	36.0	32.5	36.5	35.2	53.9
其中：液态奶产量	万t	33.3	30.6	34.5	33.8	52.6
奶粉产量	t	13 988.3	6 271.1	6 362.2	5 863.2	4 770.4
乳制品进口						
液态奶	t	0	0	0	0	0
液奶	t	0	0	0	0	–
酸奶	t	0	0	0	0	–
干乳制品	t	0	0	0	4	475
奶粉	t	0	0	0	4	–
炼乳	t	0	0	0	0	–
乳清	t	0	0	0	0	475
黄油	t	0	0	0	0	–
奶酪	t	0	0	0	0	–

2017—2021 年全国各地区奶业概况——青海

项 目	单位	2017 年	2018 年	2019 年	2020 年	2021 年
地区概况						
人口数	万人	586	587	590	593	594
城镇人口比重	%	55.45	57.27	58.78	60.08	61.02
地区生产总值	亿元	2 624.8	2 865.2	2 966.0	3 005.9	3 346.6
社会消费品零售总额	亿元	839.0	899.9	948.5	877.3	947.8
奶畜资源						
奶牛存栏数	万头	24.7	22.4	19.1	16.2	13.7
原料奶生产						
奶类产量	万 t	33.2	33.5	35.5	36.9	35.6
牛奶产量	万 t	32.4	32.6	34.9	36.6	35.4
乳制品加工						
乳制品产量	万 t	16.0	8.6	9.1	9.0	10.3
其中：液态奶产量	万 t	16.0	8.5	9.0	7.4	8.5
奶粉产量	t	0.0	0.0	0.0	0.0	0.0
乳制品进口						
液态奶	t	0	0	0	0	0
液奶	t	0	0	0	0	–
酸奶	t	0	0	0	0	–
干乳制品	t	0	0	0	50	0
奶粉	t	0	0	0	0	–
炼乳	t	0	0	0	0	–
乳清	t	0	0	0	0	–
黄油	t	0	0	0	50	–
奶酪	t	0	0	0	0	–

2017—2021 年全国各地区奶业概况——宁夏

项 目	单位	2017 年	2018 年	2019 年	2020 年	2021 年
地区概况						
人口数	万人	705	710	717	721	725
城镇人口比重	%	60.95	62.15	63.63	64.96	66.04
地区生产总值	亿元	3 443.6	3 705.2	3 748.5	3 920.6	4 522.3
社会消费品零售总额	亿元	930.4	1 330.1	1 399.4	1 301.4	1 335.1
奶畜资源						
奶牛存栏数	万头	40.8	40.1	43.7	57.4	70.2
原料奶生产						
奶类产量	万 t	160.1	169.4	183.4	215.3	280.5
牛奶产量	万 t	160.1	168.3	183.4	215.3	280.5
乳制品加工						
乳制品产量	万 t	95.9	117.4	130.2	147.0	181.8
其中：液态奶产量	万 t	90.4	109.9	126.5	142.2	176.8
奶粉产量	t	15 190.3	12 911.7	7 770.0	11 353.9	4 511.4
乳制品进口						
液态奶	t	0	0	0	1	2
液奶	t	0	0	0	0	–
酸奶	t	0	0	0	0	–
干乳制品	t	0	0	0	0	0
奶粉	t	0	0	0	0	–
炼乳	t	0	0	0	0	–
乳清	t	0	0	0	0	–
黄油	t	0	0	0	0	–
奶酪	t	0	0	0	0	–

2017—2021 年全国各地区奶业概况——新疆

项 目	单位	2017 年	2018 年	2019 年	2020 年	2021 年
地区概况						
人口数	万人	2 480	2 520	2 559	2 590	2 589
城镇人口比重	%	51.90	54.01	55.51	56.53	57.26
地区生产总值	亿元	10 882.0	12 199.1	13 597.1	13 797.6	15 983.6
社会消费品零售总额	亿元	3 044.6	3 429.1	3 617.0	3 062.5	3 584.6
奶畜资源						
奶牛存栏数	万头	157.1	158.0	154.0	115.6	127.1
原料奶生产						
奶类产量	万 t	200.3	201.7	209.4	206.9	221.9
牛奶产量	万 t	191.9	194.9	204.4	200.0	211.5
乳制品加工						
乳制品产量	万 t	60.8	49.4	53.3	64.6	75.4
其中：液态奶产量	万 t	58.8	48.1	52.2	63.3	74.2
奶粉产量	t	16 678.4	10 742.5	9 165.4	11 610.4	9 978.4
乳制品进口						
液态奶	t	0	1 535	1 883	7 244	2 403
液奶	t	0	1 535	1 883	7 244	2 403
酸奶	t	0	0	–	0	–
干乳制品	t	264	1 658	1 221	14 079	3 793
奶粉	t	0	150	300	1 416	643
炼乳	t	0	0	–	0	–
乳清	t	264	1 508	921	12 663	3 151
黄油	t	0	0	–	0	–
奶酪	t	0	0	–	0	–

【奶牛养殖】

奶 牛 存 栏

1978—2021年我国奶牛存栏、奶类产量、牛奶产量

年 份	奶牛存栏（万头）	奶类产量（万t）	牛奶产量（万t）
1978年	47.5	97.1	88.3
1979年	55.7	130.2	106.5
1980年	64.1	136.7	114.1
1981年	69.8	154.9	129.1
1982年	81.7	195.9	161.8
1983年	95.1	221.9	184.5
1984年	133.6	259.6	218.6
1985年	162.7	289.4	249.9
1986年	184.6	332.9	289.9
1987年	216.4	378.8	330.1
1988年	222.2	418.9	366.0
1989年	252.6	435.8	381.3
1990年	269.1	475.1	415.7
1991年	294.6	524.3	464.6
1992年	294.2	563.9	503.1
1993年	345.1	563.7	498.6
1994年	384.3	608.9	528.8
1995年	417.3	672.8	576.4
1996年	447.0	735.9	629.4
1997年	442.0	681.1	601.1
1998年	426.5	745.4	662.9
1999年	424.1	806.7	717.6
2000年	489.0	918.9	827.4
2001年	566.2	1 122.6	1 025.5
2002年	687.5	1 400.4	1 299.8
2003年	893.2	1 848.6	1 746.3
2004年	1 108.0	2 368.4	2 260.6
2005年	1 216.1	2 864.8	2 753.4
2006年	1 068.9	3 051.6	2 944.6
2007年	1 213.1	3 055.2	2 947.1
2008年	1 230.5	3 236.2	3 010.6
2009年	1 220.8	3 153.9	2 995.1
2010年	1 210.8	3 211.3	3 038.9
2011年	1 178.1	3 262.8	3 109.9
2012年	1 178.8	3 306.7	3 174.9
2013年	1 122.9	3 118.9	3 000.8
2014年	1 127.8	3 276.5	3 159.9
2015年	1 099.4	3 295.5	3 179.8
2016年	1 037.0	3 173.9	3 064.0
2017年	1 079.8	3 148.6	3 038.6
2018年	1 037.7	3 176.8	3 074.6
2019年	1 044.7	3 297.6	3 201.2
2020年	1 043.3	3 529.6	3 440.1
2021年	1 094.3	3 778.1	3 682.7

数据来源：国家统计局。

2017—2021 年全国各地区奶牛存栏数

单位：万头

地 区	2017 年	2018 年	2019 年	2020 年	2021 年
全 国	1 079.8	1 037.7	1 044.7	1 043.3	1 094.3
北 京	8.4	7.5	5.7	5.8	5.8
天 津	11.9	11.3	11.0	10.7	10.4
河 北	124.6	105.9	114.8	122.3	135.2
山 西	32.9	31.7	31.9	38.2	38.7
内蒙古	123.4	120.8	122.5	129.3	143.4
辽 宁	27.5	29.2	27.4	27.7	28.1
吉 林	14.0	15.1	15.3	15.0	14.7
黑龙江	124.1	105.0	107.6	111.9	109.7
上 海	6.5	5.6	5.2	5.3	5.4
江 苏	13.9	13.4	12.5	12.9	13.1
浙 江	3.3	3.2	3.1	4.0	4.3
安 徽	12.9	12.8	14.5	16.4	13.1
福 建	3.9	4.1	4.3	4.4	4.6
江 西	3.2	3.7	3.5	2.5	2.6
山 东	93.1	91.4	89.9	86.4	86.1
河 南	33.7	34.3	35.6	36.6	38.5
湖 北	4.5	4.5	4.6	4.3	1.7
湖 南	5.7	5.8	6.0	4.8	4.4
广 东	6.0	6.0	6.0	6.8	6.2
广 西	5.0	5.1	5.2	5.9	6.5
海 南	0.1	0.1	0.1	0.2	0.1
重 庆	1.5	1.2	1.1	0.9	0.7
四 川	79.0	76.9	79.8	78.9	78.3
贵 州	5.9	6.0	1.3	1.3	0.9
云 南	16.1	16.5	16.9	17.6	18.8
西 藏	38.0	42.3	44.0	45.3	53.1
陕 西	28.4	27.9	27.4	27.6	26.4
甘 肃	29.8	29.9	30.7	31.3	32.3
青 海	24.7	22.4	19.1	16.2	13.7
宁 夏	40.8	40.1	43.7	57.4	70.2
新 疆	157.1	158.0	154.0	115.6	127.1

2017—2021年全国各地区奶类产量

单位：万t

地区	2017年	2018年	2019年	2020年	2021年
全　国	3 148.6	3 176.8	3 297.6	3 529.6	3 778.1
北　京	37.4	31.1	26.4	24.2	25.8
天　津	52.1	48.0	47.4	50.1	51.8
河　北	388.3	391.1	433.8	488.3	501.9
山　西	78.1	81.7	92.3	117.4	135.7
内蒙古	559.6	571.8	582.9	617.9	680.0
辽　宁	120.7	132.6	134.7	137.1	139.3
吉　林	34.4	39.0	40.0	39.3	32.8
黑龙江	468.4	458.5	467.0	501.0	501.0
上　海	36.4	33.4	29.7	29.1	29.4
江　苏	49.0	50.0	62.4	63.0	64.9
浙　江	14.3	15.8	15.5	18.4	18.6
安　徽	29.8	30.8	33.8	37.6	47.6
福　建	13.5	14.3	15.0	17.5	20.0
江　西	9.5	9.6	7.3	9.1	8.4
山　东	231.3	232.5	234.5	241.6	288.4
河　南	212.9	208.9	208.5	214.7	216.8
湖　北	12.8	12.8	13.4	13.4	9.6
湖　南	6.1	6.2	6.3	5.6	5.7
广　东	13.9	13.9	13.9	15.2	17.3
广　西	8.1	8.9	8.7	11.2	13.1
海　南	0.5	0.2	0.2	0.3	0.1
重　庆	5.1	4.9	4.2	3.2	3.1
四　川	63.8	64.3	66.8	68.0	68.4
贵　州	4.4	4.6	5.3	5.3	4.9
云　南	64.5	65.7	66.7	73.1	72.5
西　藏	42.0	40.8	48.2	49.2	53.7
陕　西	156.9	159.7	159.7	161.5	161.9
甘　肃	41.0	41.1	44.7	58.4	67.5
青　海	33.2	33.5	35.5	36.9	35.6
宁　夏	160.1	169.4	183.4	215.3	280.5
新　疆	200.3	201.7	209.4	206.9	221.9

2017—2021 年全国各地区牛奶产量

单位：万 t

地区	2017 年	2018 年	2019 年	2020 年	2021 年
全 国	3 038.6	3 074.6	3 201.2	3 440.1	3 682.7
北 京	37.4	31.1	26.4	24.2	25.8
天 津	52.1	48.0	47.4	50.1	51.8
河 北	381.0	384.8	428.7	483.4	498.4
山 西	77.4	81.1	91.8	117.0	135.1
内蒙古	552.9	565.6	577.2	611.5	673.2
辽 宁	119.7	131.8	133.9	136.7	138.9
吉 林	34.0	38.8	39.9	39.3	32.7
黑龙江	465.2	455.9	465.2	500.2	500.3
上 海	36.4	33.4	29.7	29.1	29.4
江 苏	49.0	50.0	62.4	63.0	64.9
浙 江	14.3	15.7	15.5	18.3	18.6
安 徽	29.8	30.8	33.8	37.6	47.6
福 建	13.1	13.8	14.5	16.9	19.4
江 西	9.5	9.6	7.3	9.1	8.3
山 东	223.5	225.1	228.0	241.4	288.3
河 南	202.9	202.7	204.1	210.0	212.1
湖 北	12.8	12.8	13.4	13.4	9.6
湖 南	6.1	6.2	6.3	5.6	5.7
广 东	13.9	13.9	13.9	15.1	17.2
广 西	8.1	8.9	8.7	11.2	13.1
海 南	0.5	0.2	0.2	0.3	0.1
重 庆	5.1	4.9	4.2	3.2	3.1
四 川	63.7	64.2	66.7	68.0	68.3
贵 州	4.4	4.6	5.3	5.3	4.9
云 南	56.8	58.2	59.9	67.3	68.4
西 藏	37.1	36.4	42.4	44.9	48.8
陕 西	107.3	109.7	107.8	108.7	104.6
甘 肃	40.4	40.5	44.1	57.5	66.6
青 海	32.4	32.6	34.9	36.6	35.4
宁 夏	160.1	168.3	183.4	215.3	280.5
新 疆	191.9	194.9	204.4	200.0	211.5

1990—2021年我国人均牛奶产量

单位：kg

年　份	人均牛奶产量	年　份	人均牛奶产量
1990	3.7	2012	23.4
1995	4.8	2013	21.9
2000	6.6	2014	23.0
2005	21.1	2015	23.0
2006	22.5	2016	22.0
2007	22.4	2017	21.7
2008	22.7	2018	21.9
2009	22.5	2019	22.7
2010	22.7	2020	24.4
2011	23.1	2021	26.1

数据来源：国家统计局。

2021年全国各地区人均牛奶产量

单位：kg

地　区	人均牛奶产量	地　区	人均牛奶产量
北　京	11.8	湖　北	1.7
天　津	37.5	湖　南	0.9
河　北	66.8	广　东	1.4
山　西	38.8	广　西	2.6
内蒙古	280.3	海　南	0.1
辽　宁	32.7	重　庆	1.0
吉　林	13.7	四　川	8.2
黑龙江	158.9	贵　州	1.3
上　海	11.8	云　南	14.5
江　苏	7.6	西　藏	133.5
浙　江	2.9	陕　西	26.5
安　徽	7.8	甘　肃	26.7
福　建	4.7	青　海	59.6
江　西	1.8	宁　夏	388.0
山　东	28.4	新　疆	81.7
河　南	21.4		

注：因第七次全国人口普查后历史数据修订，近十年人均主要农产品产量数据相应调整。

2007—2021 年奶牛规模养殖情况表

养殖规模	2007 年	2008 年	2009 年	2010 年	2011 年	2012 年	2013 年	2014 年	2015 年	2016 年	2017 年	2018 年	2019 年	2020 年	2021 年
年存栏 1~4 头	39.7%	32.4%	28.1%	26.4%	24.0%	22.5%	21.8%	20.8%	20.3%	19.0%					
年存栏 5 头以上	60.3%	67.6%	71.9%	73.6%	76.0%	77.5%	78.2%	79.2%	79.7%	80.8%					
年存栏 20 头以上	26.1%	36.1%	42.6%	46.5%	51.1%	55.7%	57.0%	59.9%	62.5%	65.6%					
年存栏 50 头以上											64.8%	66.0%	68.7%	72.0%	75.3%
年存栏 100 头以上	16.4%	19.5%	26.8%	30.6%	32.9%	37.3%	41.1%	45.2%	48.3%	52.3%	58.3%	61.4%	64.0%	67.2%	70.8%
年存栏 200 头以上	12.1%	15.5%	22.9%	26.5%	28.4%	32.3%	35.3%	38.8%	42.3%	46.6%	54.4%	59.1%	60.8%	63.7%	67.4%
年存栏 500 头以上	7.5%	10.1%	16.0%	19.4%	20.8%	25.0%	27.7%	30.7%	34.0%	38.5%	45.7%	50.7%	53.2%	56.6%	61.4%
年存栏 1000 头以上	3.9%	5.5%	8.3%	10.4%	12.1%	15.4%	17.8%	20.2%	23.6%	28.1%	34.3%	38.9%	42.0%	46.1%	51.1%
年存栏 2000 头以上											23.3%	27.8%	30.1%	33.5%	37.9%
年存栏 5000 头以上											11.4%	14.6%	16.1%	18.3%	21.5%

注：此表比重指不同规模年存栏数占全部存栏数比重。

本章节以上表格由中国奶业协会国际部陈兵汇总整理。

奶牛育种

2021年全国各地区生产性能测定奶牛场性能概况

地　区	牛场数（个）	奶牛头数（头）	测定日平均产奶量（kg）	测定日平均乳脂肪率（%）	测定日平均蛋白率（%）	测定日平均体细胞数（万个/mL）
总　计	1 309	1 479 280	33.2	3.93	3.34	23.6
北　京	41	37 963	36.6	4.01	3.32	23.5
天　津	42	42 456	34.0	3.90	3.40	23.9
河　北	344	284 373	33.1	3.91	3.35	23.7
山　西	79	79 625	32.1	3.88	3.40	23.2
内蒙古	63	183 424	34.3	3.97	3.39	18.1
辽　宁	22	21 385	34.9	3.73	3.47	25.6
吉　林	2	8 090	36.9	3.75	3.25	23.0
黑龙江	77	109 550	33.7	3.96	3.37	26.0
上　海	30	22 423	33.0	3.57	3.23	32.5
江　苏	39	65 306	32.2	3.92	3.30	25.8
浙　江	14	13 835	28.5	3.98	3.31	29.4
安　徽	7	11 274	33.5	3.89	3.36	25.9
福　建	5	5 203	29.9	4.17	3.34	29.5
江　西	1	554	24.4	3.76	3.31	49.4
山　东	121	168 792	34.7	3.91	3.32	21.4
河　南	197	130 789	31.9	4.02	3.33	25.7
湖　北	9	10 469	29.4	3.77	3.35	29.3
湖　南	8	5 941	28.2	3.50	3.51	37.9
广　东	18	23 904	27.9	3.88	3.33	33.0
广　西	11	9 435	29.5	3.76	3.21	36.2
四　川	12	11 408	30.7	4.04	3.30	27.9
贵　州	2	2 837	24.5	4.11	3.35	43.5
云　南	24	19 270	30.4	4.19	3.40	22.0
西　藏	1	175	13.5	3.60	3.41	13.1
重　庆	2	1 187	32.7	4.49	3.24	27.6
陕　西	28	30 357	34.0	4.03	3.40	26.3
甘　肃	12	33 479	33.3	4.22	3.43	18.4
宁　夏	33	83 898	35.7	3.85	3.29	19.4
新　疆	65	61 878	29.1	3.74	3.29	31.0

数据来源：中国奶业协会。

2019 年全国各地区不同规模生产性能测定奶牛场性能概况

规 模（奶牛存栏 / 头）	牛场数（个）	测定日平均产奶量（kg）	测定日平均乳脂肪率（%）	测定日平均蛋白率（%）	测定日平均体细胞数（万个 /mL）
< 50	14	21.8	3.62	3.41	36.1
50~99	43	23.3	3.78	3.40	40.1
100~199	133	25.4	3.83	3.38	34.2
200~499	471	28.4	3.88	3.33	29.1
500~999	356	30.4	4.01	3.32	27.2
≥ 1 000	347	32.2	3.96	3.35	22.3

数据来源：中国奶业协会。
（“奶牛育种”表格由中国奶业协会养殖业发展部闫青霞汇总整理）。

2020 年全国各地区不同规模生产性能测定奶牛场性能概况

规 模（奶牛存栏 / 头）	牛场数（个）	测定日平均产奶量（kg）	测定日平均乳脂肪率（%）	测定日平均蛋白率（%）	测定日平均体细胞数（万个 /mL）
< 50	11	18.9	3.65	3.52	63.1
50~99	31	22.9	3.74	3.37	48.8
100~199	133	25.3	3.73	3.35	36.4
200~499	422	28.8	3.86	3.34	28.4
500~999	354	31.3	3.95	3.33	26.9
1 000~2 999	255	32.4	3.97	3.36	23.6
≥ 3 000	85	34.3	3.90	3.39	21.1

数据来源：中国奶业协会。
（“奶牛育种”表格由中国奶业协会养殖业发展部闫青霞汇总整理）。

2021 年全国各地区不同规模生产性能测定奶牛场性能概况

规 模（奶牛存栏 / 头）	牛场数（个）	测定日平均产奶量（kg）	测定日平均乳脂肪率（%）	测定日平均蛋白率（%）	测定日平均体细胞数（万个 /mL）
< 50	14	20.0	3.67	3.40	54.3
50~99	30	23.9	3.77	3.36	56.4
100~199	125	25.7	3.82	3.35	38.0
200~499	399	29.6	3.88	3.33	30.6
500~999	340	32.1	3.96	3.32	26.9
1 000~2 999	284	32.8	3.99	3.35	23.5
≥ 3 000	117	34.8	3.89	3.36	20.9

数据来源：中国奶业协会。
（“奶牛育种”表格由中国奶业协会养殖业发展部闫青霞汇总整理）。

2021年各地区散养

项　　目	单 位	平 均	山 西	吉 林
每头				
主产品产量	kg	5 469.48	5 743.70	5 247.00
产值合计	元	26 217.27	40 453.39	18 812.00
主产品产值	元	23 309.82	37 695.45	16 704.00
副产品产值	元	2 907.45	2 757.94	2 108.00
总成本	元	18 461.96	20 702.19	16 831.95
生产成本	元	18 439.29	20 638.63	16 831.95
物质与服务费用	元	14 252.84	16 042.43	12 191.25
人工成本	元	4 186.45	4 596.20	4 640.70
家庭用工折价	元	4 096.35	4 232.35	4 640.70
雇工费用	元	90.10	363.85	
土地成本	元	22.67	63.56	
净利润	元	7 755.31	19 751.20	1 980.05
成本利润率	%	42.01	95.41	11.76
每50kg主产品				
平均出售价格	元	213.09	328.15	159.18
总成本	元	150.06	167.93	142.43
生产成本	元	149.87	167.42	142.43
净利润	元	63.03	160. 22	16.75
附				
每头用工数量	日	45.15	48.74	50.33
平均饲养天数	日	365.00	365.00	365.00

数据来源：国家发展和改革委员会价格司。
注：年成本收益表中散养、小规模、中规模、大规模分别指10头以下（含10头）、10头以上50头以下（含50头）、50头以上。

奶牛成本收益情况

湖　南	贵　州	陕　西	新　疆
4 584.88	5 200.33	6 034.25	6 006.74
19 590.82	22 066.48	28 145.54	28 235.34
17 284.57	19 761.27	25 840.29	22 573.32
2 306.25	2 305.21	2 305.25	5 662.02
16 637.29	20 136.86	21 804.92	14 658.40
16 597.87	20 136.86	21 804.92	14 625.37
13 861.83	15 448.77	16 233.73	11 738.95
2 736.04	4 688.09	5 571.19	2 886.42
2 736.04	4 688.09	5 571.19	2 709.67
			176.75
39.42			33.03
2 953.54	1 929.62	6 340.63	13 576.94
17.75	9.58	29.08	92.62
188.50	190.00	214.11	187.90
160.08	173.39	165.88	97.55
159.70	173.39	165.88	97.33
28.42	16.61	48.22	90.35
29.68	50.85	60.43	30.88
365.00	365.00	365.00	365.00

500 头以下（含 500 头）、500 头以上。

2021年各地区散养奶牛

项　　目	单 位	平 均	山 西	吉 林
一、每头物质与服务费用	元	14 252.84	16 042.43	12 191.25
（一）直接费用	元	11 979.11	13 418.62	10 385.58
1. 仔畜费	元			
2. 精饲料费	元	8 903.66	10 418.11	7 998.20
3. 青粗饲料费	元	2 423.46	2 234.98	2 088.00
4. 饲料加工费	元	45.11	49.37	22.43
5. 水费	元	32.31	53.45	22.07
6. 燃料动力费	元	182.67	138.40	23.25
电费	元	65.07	115.26	10.62
煤费	元	33.92	23. 14	12.63
其他燃料动力费	元	83.68		
7. 医疗防疫费	元	116.44	166.89	23.47
8. 死亡损失费	元	89.39	94.13	21.00
9. 技术服务费	元	10.72		11.00
10. 工具材料费	元	32.52	62.25	19.33
11. 修理维护费	元	33.66	37.18	25.83
12. 其他直接费用	元	109.17	163.86	131.00
（二）间接费用	元	2 273.73	2 623.81	1 805.67
1. 固定资产折旧	元	2 166.27	2 491.93	1 805.67
2. 保险费	元	69.17		
3. 管理费	元			
4. 财务费	元			
5. 销售费	元	38.29	131.88	
二、每头人工成本	元	4 186.45	4 596.20	4 640.70
1. 家庭用工折价	元	4 096.35	4 232.35	4 640.70
家庭用工天数	日	44.43	45.90	50.33
劳动日工价	元	92.20	92.20	92.20
2. 雇工费用	元	90.10	363.85	
雇工天数	日	0.72	2.84	
雇工工价	元	125.14	128.12	110.00
三、附				
1. 仔畜重量	kg			
2. 精饲料数量	kg	2 726.67	3 213.07	2 580.00
3. 耗粮数量	kg	2 015.96	2 362.68	1 831.91

数据来源：国家发展和改革委员会价格司。

费用和用工情况

湖　南	贵　州	陕　西	新　疆
13 861.83	15 448.77	16 233.73	11 738.95
11 455.66	12 965.24	12 813.60	10 835.95
8 900.60	9 180.83	9 806.53	7 117.69
2 205.00	2 467.74	2 268.13	3 276.91
		72.13	126.71
33.31	23.40	39.88	21.76
46.36	656.92	204.63	26.45
46.36	154.85	53.38	9.94
		151.25	16.51
	502.07		
42.07	257.20	181.63	27.36
100.00	200.00	46.10	75.13
26.79		20.90	5.63
25.65	37.75	24.75	25.40
30.88	40.57	39.24	28.24
45.00	100.83	109.68	104.67
2 406.17	2 483.53	3 420.13	903.00
1 908.34	2 483.53	3 420.13	888.00
400.00			15.00
97.83			
2 736.04	4 688.09	5 571.19	2 886.42
2 736.54	4 688.09	5 571.19	2 709.67
29.68	50.85	60.43	29.39
92.20	92.20	92.20	92.20
			176.75
			1.49
150.00	120.00	120.00	118.62
2 368.11	2 429.00	2 996.25	2 773.58
2 072.10	1 700.30	2 187.26	1 941.51

2021年各地区小规模

项目	单位	平均	河北	山西	内蒙古	辽宁
每头						
主产品产量	kg	5 838.36	6 338.66	5 634.33	6 340.00	5 929.22
产值合计	元	27 242.32	28 529.86	29 608.13	24 580.25	30 864.83
主产品产值	元	23 535.39	24 133.20	27 195.85	21 115.25	26 846.27
副产品产值	元	3 706.93	4 396.66	2 412.28	3 465.00	4 018.56
总成本	元	20 435.44	19 592.23	17 969.60	25 326.31	19 666.59
生产成本	元	20 379.66	19 559.46	17 952.88	25 252.43	19 662.84
物质与服务费用	元	17 100.74	17 264.70	14 881.24	21 404.15	15 340.22
人工成本	元	3 278.92	2 294.76	3 071.64	3 848.28	4 322.62
家庭用工折价	元	2 805.19	2 117.56	3 071.64	2 213.08	3 863.27
雇工费用	元	473.73	177.20		1 635.20	459.35
土地成本	元	55.78	32.77	16.72	73.88	3.75
净利润	元	6 806.89	8 937.63	11 638.53	–746.06	11 198.24
成本利润率	%	33.31	45.62	64.77	–2.95	56.94
每50kg主产品						
平均出售价格	元	201.56	190.37	241.34	166.52	226.39
总成本	元	151.20	130.73	146.47	171.57	144.25
生产成本	元	150.78	130.51	146.34	171.07	144.22
净利润	元	50.36	59.64	94.87	–5.05	82.14
附						
每头用工数量	日	34.34	24.33	33.32	36.11	46.09
平均饲养天数	日	365.00	365.00	365.00	365.00	365.00

数据来源：国家发展和改革委员会价格司。

奶牛成本收益情况

吉 林	黑龙江	山 东	河 南	湖 南	广 西	云 南	宁 夏
4 801.46	6 006.70	6 830.15	5 391.89	4 707.58	6 619.56	5 718.75	5 741.96
29 401.56	25 710.73	27 517.50	18 942.82	19 977.38	36 548.91	26 141.21	29 084.64
25 998.72	21 505.41	23 205.00	15 787.96	17 530.06	32 670.79	21 872.32	24 563.81
3 402.84	4 205.32	4 312.50	3 154.86	2 447.32	3 878.12	4 268.89	4 520.83
18 931.20	19 063.83	20 864.41	18 193.58	16 041.41	30 940.56	18 629.79	20 005.29
18 917.13	19 058.57	20 808.91	18 157.45	15 942.45	30 691.50	18 569.79	19 982.01
14 740.31	16 043.12	17 855.68	14 590.79	13 402.52	26 061.77	16 778.10	16 846.07
4 176.82	3 015.45	2 953.23	3 566.66	2 539.93	4 629.73	1 791.69	3 135.94
3 742.03	2 008.02	2 503.23	3 566.66	2 539.93	4 629.73	1 191.69	2 215.11
434.79	1 007.43	450.00				600.00	920.83
14.07	5.26	55.50	36.13	98.96	249.06	60.00	23.28
10 470.36	6 646.90	6 653.09	749.24	3 935.97	5 608.35	7 511.43	9 079.36
55.31	34.87	31.89	4.12	24.54	18.13	40.32	45.38
270.74	179.01	169.87	146.40	186.19	246.77	191.23	213.90
174.33	132.73	128.80	140.61	149.51	208.90	136.28	147.13
174.20	132.69	128.46	140.33	148.58	207.22	135.84	146.96
96.41	46.28	41.07	5.79	36. 68	37.87	54.95	66.77
44. 22	30.09	31.30	38.68	27.55	50.21	18.00	32.07
365.00	365.00	365.00	365.00	365.00	365.00	365.00	365.00

2021年各地区小规模

项　　目	单　位	平均	河　北	山　西	内蒙古	辽　宁
一、每头物质与服务费用	元	17 100.74	17 264.70	14 881.24	21 404.15	15 340.22
（一）直接费用	元	14 209.65	14 775.30	12 248.37	16 277.15	12 648.06
1. 仔畜费	元					
2. 精饲料费	元	10 067.06	11 725.68	9 641.27	10 387.73	9 454.69
3. 青粗饲料费	元	3 470.02	2 537.22	1 978.69	5 166. 63	2 494. 81
4. 饲料加工费	元	38.76	137.67	69.41	27.75	89.69
5. 水费	元	35.81	27.05	58.19	59.38	19.51
6. 燃料动力费	元	129.62	63.88	118.36	313.53	165.09
电费	元	89.50	63.88	60.43	127.00	109.34
煤费	元	35.24		57.93	134.63	55.75
其他燃料动力费	元	4.88			51.90	
7. 医疗防疫费	元	180.46	139.71	66. 94	80.45	100.23
8. 死亡损失费	元	72.52		75.60		131.38
9. 技术服务费	元	7.14		25.30	11.75	
10. 工具材料费	元	44.98	27.67	61.98	39.75	37.79
11. 修理维护费	元	35.42	18.69	40.46	46.00	27.55
12. 其他直接费用	元	127.86	97.73	112.17	144.18	127.32
（二）间接费用	元	2 891.09	2 489.40	2 632.87	5 127.00	2 692.16
1. 固定资产折旧	元	2 695.80	2 443.13	2 539.01	4 601.50	2 596.73
2. 保险费	元	90.69	20.00		250.00	
3. 管理费	元	9.80	26.27	50.56		
4. 财务费	元	0.03				
5. 销售费	元	94.77		43.30	275.50	95.43
二、每头人工成本	元	3 278.92	2 294.76	3 071.64	3 848.28	4 322.62
1. 家庭用工折价	元	2 805.19	2 117.56	3 071.64	2 213.08	3 863. 27
家庭用工天数	日	30.43	22.97	33.32	24.00	41.90
劳动日工价	元	92.20	92.20	92.20	92.20	92.20
2. 雇工费用	元	473.73	177.20		1 635.20	459.35
雇工天数	日	3.91	1.36		12.11	4.19
雇工工价	元	121.16	130.29	127.50	135.03	109.63
三、附						
1. 仔畜重量	kg					
2. 精饲料数量	kg	2 991.50	3 594.84	2 967.00	3 291.25	3 052.99
3. 耗粮数量	kg	2 175.04	2 467.86	2 235.37	2 368.73	2 103.51

数据来源：国家发展和改革委员会价格司。

奶牛费用和用工情况

吉 林	黑龙江	山 东	河 南	湖 南	广 西	云 南	宁 夏
14 740.31	16 043.12	17 855.68	14 590.79	13 402.52	26 061.77	16 778.10	16 846.07
10 792.32	13 055.79	15 084.58	12 721.18	11 001.68	22 168.27	15 250.60	14 492.34
7 771.04	8 038.54	9 915.00	9 412.72	8 852.34	15 085.86	9 645.13	10 874. 66
2 482.84	4 438.95	4 151.88	2 617.47	1 899.67	6 054.78	4 697.55	3 119.77
16.77	51.95		37.20				34. 69
30.67	16.66	31.25	36.12	34.28	57.40	24.64	34. 55
121.50	101.82	267.90	144.97	50.99	132.76	35.59	39.00
79.91	59.45	254.15	97.68	50.99	96.52	35. 59	39.00
41.59	35.74	13.75	47.29		36.24		
	6.63						
114.58	146.80	322.00	223.06	38.43	388.64	337.63	207.08
26.49	27.15	67.00	52.76		216.81	273.00	
	3.73		6.25	38.60			
19.69	22.29	75. 55	31.06	23.50	107.47	60.00	33.01
37.80	25.39	49.00	28.89	28.87	42.14	49.00	31.25
170.94	182.51	205.00	130.68	35.00	82.41	128.06	118.33
3 947.99	2 987.33	2 771.10	1 869.61	2 400.84	3 893.50	1 527.50	2 353.73
3 314.59	2 956.77	2 756.25	1 810.93	1 979.59	3 893.50	1 157.50	2 300.08
	12.25			400.00		370.00	36.00
	9. 36		31.37				
0.38							
633.02	8.95	14. 85	27.31	21.25			17. 65
4 176.82	3 015.45	2 953.23	3 566.66	2 539.93	4 629.73	1 791.69	3 135.94
3 742.03	2 008.02	2 503.23	3 566.66	2 539.93	4 629.73	1 191.69	2 215.11
40.59	21.78	27.15	38.68	27.55	50.21	12.93	24.03
92.20	92. 20	92.20	92.20	92. 20	92.20	92.20	92.20
434.79	1 007.43	450.00				600.00	920. 83
3.63	8.31	4.15				5.07	8.04
119.78	121.23	108.43	91.90	150. 00	110.00	118.34	114.53
2 428.97	2 545.84	3 025.00	2 768.14	2 355.32	3 993.75	2 755.75	3 119.20
1 705.85	1 967.69	2 178.00	2 003.71	2 060.90	2 675.97	2 149.49	2 183.44

2021年各地区中规模

项　　目	单位	平均	北京	河北	山西	内蒙古	辽宁	吉林	黑龙江	江苏
每头										
主产品产量	kg	6 791.14	7 764.74	7 226.17	6 140.95	7 417.05	6 463.15	5 119.50	6 576.16	4 960.78
产值合计	元	34 261.74	34 732.57	33 077.60	30 852.60	33 362.84	30 532.83	31 826.00	30 054.10	21 012.45
主产品产值	元	30 400.30	31 724.17	28 939.76	28 378.35	28 296.44	25 999.33	28 050.00	25 561.93	19 843.12
副产品产值	元	3 861.44	3 008.40	4 137.84	2 474.25	5 066.40	4 533.50	3 776.00	4 492.17	1 169.33
总成本	元	25 151.15	25 605.24	21 583.71	18 689.93	28 526.46	22 864.18	17 999.71	21 484.91	18 308.78
生产成本	元	25 073.98	25 543.57	21 540.36	18 673.88	28 505.50	22 811.77	17 966.71	21 462.63	18 212. 38
物质与服务费用	元	21 643.56	22 429.54	19 388.97	16 199.28	24 277.86	18 183.59	15 081.05	18 278.35	14 645. 38
人工成本	元	3 430.42	3 114.03	2 151.39	2 474.60	4 227.64	4 628.18	2 885.66	3 184.28	3 567.00
家庭用工折价	元	418.50	30.70	2 151.39	238.61	430.11		258.16	510.70	
雇工费用	元	3 011.92	3 083.33		2 235.99	3 797.53	4 628.18	2 627.50	2 673.58	3 567.00
土地成本	元	77.17	61.67	43.35	16.05	20.96	52.41	33.00	22.28	96.40
净利润	元	9 110.59	9 127.33	11 493.89	12 162.67	4 836.38	7 668.65	13 826.29	8 569.19	2 703.67
成本利润率	%	36.22	35.65	53.25	65.08	16.95	33.54	76.81	39. 88	14.77
每50kg主产品										
平均出售价格	元	223.82	204.28	200.24	231.06	190.75	201.14	273.95	194.35	200.00
总成本	元	164.30	150.60	130.66	139.97	163.10	150.62	154.94	138.94	174.27
生产成本	元	163.80	150.23	130.40	139.85	162.98	150.28	154.65	138.79	173.35
净利润	元	59.52	53.68	69.58	91.09	27.65	50.52	119.01	55.41	25.73
附										
每头用工数量	日	26.12	21.01	23.33	19.97	31.77	42.19	24.30	28.39	33.00
平均饲养天数	日	365.00	365.00	365.00	365.00	365.00	365.00	365.00	365.00	365.00

数据来源：国家发展和改革委员会价格司。

奶牛成本收益情况

浙 江	安 徽	山 东	河 南	广 西	四 川	云 南	陕 西	甘 肃	宁 夏	新 疆
9 500.00	7 015.00	6 571.85	6 170.54	3 404.00	9 768.68	7 066.67	6 197.50	7 443.66	5 905.32	8 320.00
52 300.00	35 660.00	29 637.17	23 397.93	57 130.00	46 450.00	27 665.83	28 300.25	33 311.12	30 829.73	40 840.00
47 500.00	28 060.00	26 403.17	19 993.53	51 060.00	43 665.90	25 708.33	2 613.25	29 042.25	25 801.15	37 440.00
4 800.00	7 600.00	3 234.00	3 404.40	6 070.00	2 784.10	1 957.50	2 162.00	4 268.87	5 028.58	3 400.00
41 113.20	26 947.00	20 294.91	20 222.43	18 531.90	47 612.43	22 258.52	24 925.23	29 541.75	21 267.64	30 093.20
41 007.20	26 817.00	20 277.86	20 173.94	18 531.90	47 115.29	22 153.92	24 893.98	29 417.84	21 205.96	30 093.20
35 915.00	25 917.00	18 897.12	16 733.19	15 535.90	39 359.81	17 425.02	19 363.98	27 041.60	17 528.45	29 026.00
5 092.20	900.00	1 380.74	3 440.75	2 996.00	7 755.48	4 728.90	5 530.00	2 376.24	3 677.51	1 067.20
92.20		551.36	110.64			1 628.90			1 856.26	92.20
5 000.00	900.00	829.38	3 330.11	2 996.00	7 755.48	3 100.00	5 530.00	2 376.24	1 821.25	975.00
106.00	130.00	17.05	48.49		497.14	104.60	31.25	123.91	61.68	
11 186.80	8 713.00	9 342.26	3 175.50	38 598.10	−1 162.43	5 407.31	3 375.02	3 769.37	9 562.09	10 746.80
27.21	32.33	46.03	15.70	208.28	−2.44	24.29	13.54	12.76	44.96	35.71
250.00	200.00	200.88	162.01	750.00	223.50	181.90	210.88	195.08	218.46	225.00
196.53	151.13	137.56	140.02	243.29	229.09	146.35	185.73	173.01	150.70	165.79
196.02	150.40	137.44	139.69	243.29	226.70	145.66	185.50	172.28	150.27	165.79
53.47	48.87	63.32	21.99	506.71	−5.59	35.55	25.15	22.07	67.76	59.21
26.00	7.60	11.05	37.12	29.85	30.96	23.00	46.10	16.90	36.23	7.50
365.00	365.00	365.00	365.00	365.00	365.00	365.00	365.00	365.00	365.00	365.00

2021年各地区中规模

项　　目	单位	平均	北京	河北	山西	内蒙古	辽宁	吉林	黑龙江	江苏
一、每头物质与服务费用	元	21 643.56	22 429.54	19 388.97	16 199.28	24 277.86	18 183.59	15 081.05	18 278.35	14 645.38
（一）直接费用	元	17 671.18	18 144.48	16 326.06	13 245.69	19 859.77	14 930.84	11 599.25	14 576.44	11 997.32
1. 仔畜费	元									
2. 精饲料费	元	10 809.86	12 492.62	13 508.39	10 571.52	11 412.27	10 199.44	7 776. 48	9 018.80	6 900.75
3. 青粗饲料费	元	5 745.43	3 886.15	2 461.67	1 997.53	7 580.38	3 735.88	2 964.00	4 960.23	4 242.63
4. 饲料加工费	元	38.47			28.33		123. 25		37.17	8.02
5. 水费	元	55.96	45.03	11.94	49.23	46.61	61.73	49.00	20.29	45.26
6. 燃料动力费	元	306.34	571.25	59.79	162.95	231.77	210.18	180.00	78.02	217.00
电费	元	200.13	387.87	59.79	77.41	114.37	131.85	150.00	53.71	184.89
煤费	元	45.25	119.93		85.54	74.33	78.33	30.00	24.31	32.11
其他燃料动力费	元	60.96	63.45			43.07				
7. 医疗防疫费	元	210.43	458.68	171.67	90.68	147.03	122.93	154.03	140.73	239.60
8. 死亡损失费	元	117.55	398.93		88.02	70.97	210. 00	113.00	61.38	61.23
9. 技术服务费	元	37.09			24.39	6.22			9.91	133.50
10. 工具材料费	元	68.16	137.65	23.68	53.80	81.51	65.25	85.00	32.10	43.46
11. 修理维护费	元	69.36	29.34	10.69	58.74	125.23	39.43	70.24	30.46	58.24
12. 其他直接费用	元	212.53	124.83	78.23	120.50	157.78	162.75	207.50	187.35	47.63
（二）间接费用	元	3 972.38	4 285.06	3 062.91	2 953.59	4 418.09	3 252.75	3 481.80	3 701.91	2 648.06
1. 固定资产折旧	元	3 318.35	2 933.13	2 743.84	2 860.10	3803. 33	3 080.50	3 098.00	3 609.44	2 377.96
2. 保险费	元	177.37	300.00	300.00		250.00			12.25	54.08
3. 管理费	元	266.33	58.95	19.07	48.22	20.44	129.75	133.69	22.42	85.81
4. 财务费	元	114.92	387.93			49.56		123.05		36.63
5. 销售费	元	95.41	605.05		45.27	294.76	42. 50	127.06	57.80	93.58
二、每头人工成本	元	3 430.42	3 114.03	2 151.39	2 474.60	4 227.64	4 628.18	2 885.66	3 184.28	3 567.00
1. 家庭用工折价	元	418.50	30.70	2 151.39	238.61	430.11		258.16	510.70	
家庭用工天数	日	4.54	0.33	23.33	2.59	4.67		2.80	5.54	
劳动日工价	元	92.20	92.20	92.20	92.20	92.20	92.20	92.20	92.20	92.20
2. 雇工费用	元	3 011.92	3 083.33		2 235.99	3 797.53	4 628.18	2 627.50	2 673.58	3 567.00
雇工天数	日	21.58	20.68		17.38	27.10	42.19	21.50	22.85	33.00
雇工工价	元	139.57	149.10	107.50	128.65	140.13	109.70	122.21	117.01	108.09
三、附										
1. 仔畜重量	kg									
2. 精饲料数量	kg	3 163.44	3 610.40	4 101.17	2 993.49	3 247.74	3 317.68	2 585.75	2 777.78	2 535.32
3. 耗粮数量	kg	2 323.70	2 491.61	2 940.42	2 267.97	2 445.85	2 271.14	1 823.29	2 162.86	1 876.14

数据来源：国家发展和改革委员会价格司。

奶牛费用和用工情况

浙 江	安 徽	山 东	河 南	广 西	四 川	云 南	陕 西	甘 肃	宁 夏	新 疆
35 915.00	25 917.00	18 897.12	16 733.19	15 535.90	39 359.81	17 425.02	19 363.98	27 041.60	17 528.45	29 026.00
27 455.00	20 824.00	15 742.47	14 524.42	12 317.90	32 392.03	14 103.35	15 869.09	23 686.54	13 969.15	24 188.00
14 000.00	14 060.00	9 439.67	10 759.06	2 510.00	12 705.00	8 708.67	12 263.00	14 653.52	10 101.08	14 307.00
11 000.00	5 723.00	5 584.50	3 018.04	9 280.00	15 677.44	4 811.00	2 712.75	7 972.04	3 223.88	8 332.00
300.00			50. 12			66.67	63.90		53.38	
360.00	5.70	36.60	60.30		22.95	23.67	59.38	88.17	53.39	24.00
600.00	210.00	204.75	136.66	142.40	1 109.07	119.33	274.00	218.17	114.96	980.00
600.00	210.00	204.75	84.33	142.40	701.66	119.33	189.75	171.19	59.15	160.00
			52.33					46.98	55.81	260.00
					407.41		84.25			560.00
175.00	300.00	306.85	200.42	55.60	304.54	145.67	210.50	346.58	212.61	215.00
150.00	125.00		65.40	149.80	444.44		64.28	146.00		85.00
350.00			21.37	20.30	64.01					75.00
150.00	72.30	9.25	23.64	93.40	169.54	66.67	59.03	19.98	43.73	65.00
200.00	168.00	10.85	27.77	20.80	199.61	76.67	70.40	17.53	38.77	65.00
170.00	160.00	150.00	161.64	45.60	1 695.43	85.00	91.85	224.55	127.35	40.00
8 460.00	5 093.00	3 154.65	2 208.77	3 218.00	6 967.78	3 321.67	3 494.89	3 355.06	3 559.30	4 838.00
7 500.00	4 093.00	3 154.65	2 134.61	2 830.00	3 982.01	2 800.00	3 010.25	2 289.03	3 348.83	3 400.00
300.00	360.00				97.50	370.00	90.28		36.00	1 200.00
500.00	219.00		42.43	380.00	2 482.56		348.48	564.05	5.36	
160.00	421.00				405.71	151.67	45.88	49.50	132.64	220.00
			31.73	8.00				452.48	36.47	18.00
5 092.20	900.00	1 380.74	3 440.75	2 996.00	7 755.48	4 728.90	5 530.00	2 376.24	3 677.51	1 067.20
92.20		551.36	110.20			1 628.90			1 856.26	92.20
1.00		5.98	1.20			17.67			20.13	1.00
92.20	92.20	92.20	92.20	92.20	92.20	92.20	92.20	92.20	92.20	92.20
5 000.00	900.00	829.38	3 330.11	2 996.00	7 755.48	3 100.00	5530. 00	2 376.24	1 821.25	975.00
25.00	7.60	5.07	35.92	29.85	30.96	5.33	46.10	16.90	16.10	6.50
200.00	118.42	163.59	92.71	100.37	250.50	581.61	119.96	140.61	113.12	150.00
4 000.00	4 380.00	2 992.65	3 112.46	783.00	2 619.59	2 434.17	3 702.75	4 153.94	2 992.53	3 765.00
2 800.00	3 810.60	2 274.42	2 315.33	548.10	1 833.71	1 703.92	2 732.21	3 115.45	2 094.77	2 635.50

2021年各地区大规模

项　　目	单位	平均	北京	河北	山西	内蒙古	辽宁	黑龙江	上海
每头									
主产品产量	kg	8 545.39	11 049.02	9 981.99	6 573.23	8 283.88	5 621.20	6 710.10	9 436.04
产值合计	元	41 571.19	50 074.79	43 308.88	29 675.84	38 942.38	26 327.98	31 065.34	52 522.42
主产品产值	元	37 921.45	44 818.98	41 136.78	26 807.04	33 866.90	22 173.43	26 692.55	45 024.02
副产品产值	元	3 649.74	5 255.81	2 172.10	2 868.80	5 075.48	4 154.55	4 372.79	7 498.40
总成本	元	30 974.72	38 386.84	31 823.22	19 342.54	27 840.74	21 213.17	21 998.54	45 771.93
生产成本	元	30 856.44	38 321.70	31 717.01	19 324.84	27 809.78	21 139.47	21 974.94	45 576.33
物质与服务费用	元	27 693.11	35 121.14	28 087.20	16 648.94	24 374.96	17 984.47	18 805.73	40 776.31
人工成本	元	3 163.33	3 200.56	3 629.81	2 675.90	3 434.82	3 155.00	3 169.21	4 800.02
家庭用工折价	元	12.35		96.81				100.50	
雇工费用	元	3 150.98	3 200.56	3 533.00	2 675.90	3 434.82	3 155.00	3 068.71	4 800.02
土地成本	元	118.28	65.14	106.21	17.70	30.96	73.70	23.60	195.60
净利润	元	10 596.47	11 687.95	11 485.66	10 333.30	11 101.64	5 114.81	9 066. 80	6 750.49
成本利润率	%	34.21	30.45	36.09	53.42	39.88	24.11	41.22	14.75
每50kg主产品									
平均出售价格	元	221.88	202.82	206.06	203.91	204.41	197.23	198.90	238.57
总成本	元	165.32	155.48	151.41	132.91	146.14	158.91	140.85	207.91
生产成本	元	164.69	155.22	150.91	132.79	145.97	158.36	140.70	207.02
净利润	元	56.56	47.34	54.65	71.00	58.27	38.32	58.05	30.66
附									
每头用工数量	日	21.12	16.43	26.33	19.36	22.61	24.50	24.99	31.55
平均饲养天数	日	365.00	365.00	365.00	365.00	365.00	365.00	365.00	365.00

数据来源：国家发展和改革委员会价格司。

奶牛成本收益情况

江 苏	浙 江	安 徽	山 东	河 南	湖 北	广 东	甘 肃	新 疆
6 956.41	10 176.80	8 919.23	8 804.70	6 403.87	10 984.00	7 352.40	9 418.42	10 055.00
33 635.97	53 507.16	45 374.34	39 938.80	28 081.67	59476. 52	42 591.57	43 831.49	46 783.88
32 367.81	48 645.10	42 980.44	35 218.80	24 342.50	55 249.52	41 394.01	41 040.62	44 984.75
1 268.16	4 862.06	2 393.90	4 720.00	3 739.17	4 227.00	1 197.56	2 790.87	1 799.13
30 965.45	41 317.59	33 375.90	33 793.51	21 792.89	32 031.60	38 553.41	28 943.60	28 444.04
30 235.60	41 202.59	33 170.90	33 749.31	21 735.69	31 841.38	38 515.38	28 943.60	28 444.04
27 567.80	39 122.59	30 536.44	31 710.31	17 889.00	28 427.46	33 758.38	27 077.12	25 201.79
2 667.80	2 080. 00	2 634.46	2 039.00	3 846.69	3 413.92	4 757.00	1 866.48	3 242.25
2 667.80	2 080.00	2 634.46	2 039.00	3 846.69	3 413.92	4 757.00	1 866.48	3 242.25
729.85	115.00	205.00	44.20	57.20	190.22	38.03		
2 670.52	12 189.57	11 998.44	6 145.29	6 288.78	27 444.92	4 038.16	14 887.89	18 339.84
8.62	29.50	35.95	18.18	28.86	85.68	10.47	51.44	64.48
232.65	239.00	240.94	200.00	190.06	251.50	281.50	217.87	223.69
214.18	184.55	177.23	169.23	147.50	135.45	254.81	143.87	136.00
209.13	184.04	176.14	169.01	147.11	134.64	254.56	143.87	136.00
18.47	54.45	63.71	30.77	42.56	116.05	26.69	74.00	87.69
27.05	13.00	18.41	20.00	39.47	11.44	13.40	8.91	20.57
365.00	365.00	365.00	365.00	365.00	365.00	365.00	365.00	365.00

2021年各地区大规模

项　　目	单位	平均	河北	山西	内蒙古	辽宁	黑龙江	黑龙江	上海
一、每头物质与服务费用	元	27 693.11	35 121.14	28 087.20	16 648.94	24 374.96	17 984.47	18 805.73	40 776.31
（一）直接费用	元	22 637.60	28 115.73	24 905.01	13 711.87	20 206.04	14 118.83	15 342.92	34 194.98
1. 仔畜费	元								
2. 精饲料费	元	13 029.45	17 001.70	17 058.47	11 031.60	12 696.19	8 174.33	9 204.69	1 438.91
3. 青粗饲料费	元	7 364.12	7 094.16	7 286.25	2 024.68	6 648.28	5 151.50	5 339.90	13 969.35
4. 饲料加工费	元	35.64				2.41			
5. 水费	元	112.95	43.55	17.82	60.48	46.48	70.00	27.26	285.20
6. 燃料动力费	元	575.13	1 090.97	85.84	167.05	245.89	201.43	155.59	1 257.30
电费	元	464.24	809.17	85. 84	88.87	138.65	163.41	103.04	1 147.49
煤费	元	56.74	48.75		78.18	69.56	38.02	49.55	
其他燃料动力费	元	54.15	233.05			37.68		3.00	109.81
7. 医疗防疫费	元	384.76	1 684.27	145.34	92.06	147.02	139.50	176.51	989.96
8. 死亡损失费	元	207.99	506.54		82.35	60.68	149.59	122.60	482.15
9. 技术服务费	元	24.14		50.00	36.18	18.36		28.10	93.45
10. 工具材料费	元	328.94	225.60	31.67	53.81	67.71	62.18	51.18	579.42
11. 修理维护费	元	200.17	257.31	19.62	48.33	116.98	40.80	53.99	505.34
12. 其他直接费用	元	374.31	211.63	210.00	115.33	156.04	129.50	183.10	1 713.90
（二）间接费用	元	5 055.51	7 005.41	3 182.19	2 937.07	4 168.92	3 865.64	3 462.81	6 581.33
1. 固定资产折旧	元	4 280.24	5 876.67	3 025.21	2 835.63	3 378.31	3 392.76	3 331.08	4 527.73
2. 保险费	元	114.01	120.00	128.99		414.19	216.65		208.70
3. 管理费	元	378.69	60.22	27.99	58.80	78.19	196.18	40.02	926.94
4. 财务费	元	133.32	314.30		15.70	54.75	60.05		917.96
5. 销售费	元	149.25	634.22		26.94	243.48		91.71	
二、每头人工成本	元	3 163.33	3 200.56	3 629.81	2 675.90	3 434.82	3 155.00	3 169.21	4 800.02
1. 家庭用工折价	元	12. 35		96.81				100.50	
家庭用工天数	日	0.13		1.05				1.09	
劳动日工价	元	92.20	92.20	92.20	92.20	92.20	92.20	92.20	92.20
2. 雇工费用	元	3 150.98	3 200.56	3 533.00	2 675.90	3 434. 82	3 155.00	3 068.71	4 800.02
雇工天数	日	20.99	16.43	25.28	19.36	22.61	24.50	23.90	31.55
雇工工价	元	150.12	194.80	139.76	138.22	151.92	128.78	128.40	152.14
三、附									
1. 仔畜重量	kg								
2. 精饲料数量	kg	3 839.83	4 496.29	4 571.06	3 340.51	3 599.48	2 651.50	2 858.26	3 366.47
3. 耗粮数量	kg	2 804.54	3 142.65	3 375.23	2 482.81	2 663.56	1 831.52	2 242.38	2 356.53

数据来源：国家发展和改革委员会价格司。

奶牛费用和用工情况

江苏	浙江	安徽	山东	河南	湖北	广东	甘肃	新疆
27 567.80	39 122.59	30 536.44	31 710.31	17 889.00	28 427.46	33 758.38	27 077.12	25 201.79
24 456.13	32 592.08	23 986.90	27 080.01	15 428.99	21 085.20	23 322.31	22 413.89	21 240.54
12 361.61	16 637.46	14 338.45	14 059.00	11 237.97	11 131.00	11 579.84	12 790.83	14 849.13
8 534.16	12 564.58	8 126.64	9 515.00	3 301.78	7 377.00	7 791.04	8 260.45	4 841.07
	395.46			52.32	120.00			
147.68	483.29	60.00	75.00	51.81	114.66	75.63	132.13	116.15
973.74	617.46	503.57	857.80	206.01	950.21	1 153.45	335.10	400.57
596.55	617.46	503.57	601.50	138.53	931.18	1 153.45	237.08	111.98
251.32				67.48			16.41	288.59
125.87			256.30		19.03		81.61	
243.12	326.00	333.27	721.90	243.92	111.63	180.62	227.54	393.50
88.00		192.64	307.30	75.87	215.63	818.05	141.86	84. 65
				18.48	120.92			20.81
1 020.75	267.19	166.32	680.00	32.57	580.61	1 204.65	110.52	128.90
354.47	868.62	74.36	413.40	33.83	173.90	90.07	46.65	104.99
732.60	432.02	191.65	450.61	174.43	189.64	428.96	368.81	300.77
3 111.67	6 530.51	6 549.54	4 630.30	2 460.01	7 342.26	10 436.07	4 663.23	3 961.25
2 066.86	6 123.63	5 701.38	4 320.00	2 307.24	6 771.94	8 715.70	3 309. 18	2 800. 59
30.00	134.10	280.00			14.29	98.24		179.00
916.75	240.26	386.92	310.30	59.62	41.64	1 234.78	934.37	545.98
60.00	32.52	156.24		52.26	318.05			151.36
38.06		25.00		40.89	196.34	387.35	419.68	284. 32
2 667.80	2 080.00	2 634.46	2 039.00	3 846.69	3 413.92	4 757.00	1 866.48	3 242.25
92.20	92.20	92.20	92.20	92.20	92.20	92.20	92.20	92.20
2 667.80	2 080.00	2 634.46	2 039.00	3 846.69	3 413.92	4 757.00	1 866.48	3 242.25
27.05	13.00	18.41	20.00	39.47	11.44	13.40	8.91	20.57
98.63	160.00	143. 10	101.95	97.46	298.42	355.00	209.48	157.62
4 148.17	4 244.25	4 227.78	4 038.00	3 231.38	4 434.00	3 387.99	4 229.53	4 612.55
2 985.86	2 970.98	2 959.45	2 907.36	2 423.54	3 901.92	2 439.35	2 960.67	3 228.79

生产价格

2015—2021年我国奶类生产价格指数

上年=100

日期	2015年价格指数	2016年价格指数	2017年价格指数	2018年价格指数	2019年价格指数	2020年价格指数	2021年价格指数
第一季度	90.3	95.4	102.3	101.0	103.7	101.5	109.0
第二季度	91.8	95.3	99.2	100.0	104.9	99.7	111.1
第三季度	92.6	95.6	101.6	100.8	105.8	102.1	107.4
第四季度	94.4	98.9	100.0	102.4	106.7	103.7	104.1

2008—2021年全国生鲜乳收购价格

单位：元/kg

年份	1月收购价格	2月收购价格	3月收购价格	4月收购价格	5月收购价格	6月收购价格	7月收购价格	8月收购价格	9月收购价格	10月收购价格	11月收购价格	12月收购价格
2008年	2.77	2.90	2.93	2.86	2.85	2.85	2.77	2.76	2.76	2.69	2.69	2.68
2009年	2.62	2.57	2.49	2.43	2.37	2.32	2.32	2.31	2.36	2.43	2.52	2.60
2010年	2.68	2.73	2.74	2.79	2.82	2.86	2.89	2.93	2.98	3.02	3.07	3.13
2011年	3.18	3.20	3.20	3.20	3.19	3.20	3.19	3.19	3.20	3.22	3.23	3.25
2012年	3.26	3.28	3.28	3.27	3.27	3.27	3.27	3.27	3.28	3.31	3.34	3.38
2013年	3.40	3.42	3.42	3.43	3.45	3.50	3.55	3.61	3.70	3.81	3.98	4.12
2014年	4.23	4.26	4.23	4.21	4.16	4.08	4.00	3.95	3.92	3.90	3.84	3.79
2015年	3.56	3.44	3.42	3.40	3.40	3.41	3.41	3.41	3.44	3.47	3.50	3.54
2016年	3.56	3.56	3.54	3.47	3.46	3.42	3.40	3.39	3.44	3.45	3.47	3.52
2017年	3.54	3.54	3.53	3.50	3.45	3.42	3.41	3.41	3.46	3.48	3.50	3.52
2018年	3.49	3.47	3.46	3.45	3.41	3.39	3.37	3.39	3.45	3.51	3.55	3.59
2019年	3.61	3.62	3.59	3.54	3.53	3.55	3.59	3.65	3.71	3.78	3.83	3.84
2020年	3.85	3.82	3.76	3.62	3.57	3.58	3.62	3.73	3.87	3.95	4.03	4.15
2021年	4.25	4.29	4.29	4.25	4.24	4.27	4.31	4.37	4.34	4.31	4.30	4.31

【饲料工业】

行 业 情 况

2017—2021 年全国饲料加工业基本经营情况

分 项	单位	2017 年	2018 年	2019 年	2020 年	2021 年
企业数量	个	4 296	4 354	4 109	4 084	4 350
亏损企业数	个	561	802	873	804	891
营业收入	亿元	11 244.17	9 405.20	9 009.08	10 266.15	12 635.93
利润总额	亿元	555.31	441.87	377.08	535.44	490.95
资产总计	亿元	5 317.51	5 138.01	4 978.21	6 067.86	7 069.21
负债合计	亿元	2 618.78	2 700.44	2 681.43	3 253.89	3 873.37

数据来源：国家统计局。

2021年全国及各地区饲料、配合饲料、混合饲料产量

单位：万t

地　区	饲料产量	配合饲料产量	混合饲料产量
全　国	31 696.5	17 933.0	3 620.3
北　京	165.5	85.0	47.8
天　津	708.5	117.1	20.5
河　北	819.6	414.2	57.8
山　西	400.4	270.6	44.6
内蒙古	371.2	145.8	127.6
辽　宁	1 797.8	406.0	471.3
吉　林	590.4	241.3	122.6
黑龙江	726.0	229.6	110.2
上　海	111.5	71.1	4.3
江　苏	1 435.9	597.6	137.7
浙　江	419.5	277.1	34.0
安　徽	904.0	467.7	77.4
福　建	1 486.8	989.7	63.6
江　西	1 161.0	602.0	53.1
山　东	4 366.7	2 518.4	399.4
河　南	1 434.3	575.5	223.7
湖　北	1 688.8	936.0	247.3
湖　南	2 038.3	1 272.4	231.1
广　东	3 808.5	3 083.3	298.6
广　西	2 256.1	1 572.7	205.7
海　南	286.6	253.1	28.1
重　庆	626.7	399.5	54.4
四　川	1 863.1	1 023.2	198.4
贵　州	295.8	188.6	25.5
云　南	610.0	452.9	44.1
西　藏	5.5	5.5	0.0
陕　西	475.4	248.3	133.1
甘　肃	253.9	104.0	61.9
青　海	10.4	5.0	0.3
宁　夏	103.0	64.6	25.6
新　疆	475.1	315.2	70.8

数据来源：国家统计局。

2017—2021 年全国饲料生产量（月度）

单位：万 t

月份	2017 年		2018 年		2019 年		2020 年		2021 年	
	配合饲料	混合饲料	配合饲料	混合饲料	配合饲料	混合饲料	配合饲料	混合饲料	配合饲料	混合饲料
1–2	2 341.9	905.4	2 024.1	761.0	1 956.1	544.0	2 120.2	434.5	2 643.3	541.4
3	1 372.9	521.7	1 181.4	430.8	1 083.6	309.1	1 207.5	247.4	1 540.3	306.1
4	1 291.3	512.1	1 128.6	375.2	1 078.4	287.3	1 309.7	282.4	1 602.6	314.8
5	1 399.6	536.8	1 155.3	353.9	1 138.6	312.9	1 336.2	270.9	1 755.9	301.7
6	1 492.2	564.8	1 205.4	384.3	1 177.1	324.2	1 391.2	284.8	1 801.0	308.8
7	1 406.2	534.6	1 181.9	360.6	1 190.0	272.1	1 421.3	298.2	1 662.2	293.1
8	1 469.8	546.8	1 293.3	380.2	1 255.8	285.8	1 459.4	311.0	1 684.7	313.8
9	1 567.1	585.7	1 262.3	393.1	1 321.0	309.0	1 593.9	332.6	1 580.5	318.6
10	1 526.4	603.1	1 261.3	412.5	1 293.3	311.5	1 627.5	359.6	1 569.1	334.4
11	1 424.9	572.3	1 183.5	386.4	1 300.1	313.0	1 534.6	373.3	1 560.5	324.6
12	1 364.0	579.0	1 213.8	385.5	1 356.0	332.2	1 599.6	361.4	1 585.6	317.9

数据来源：国家统计局。

饲 料 价 格

2017—2021年全国玉米、豆粕收购价格（月度）

单位：元/kg

月 份	2017年		2018年		2019年		2020年		2021年	
	玉米	豆粕	玉米	豆粕	玉米	豆粕	玉米	豆粕	玉米	豆粕
1	1.90	3.64	1.98	3.33	2.06	3.35	2.09	3.24	2.82	3.79
2	1.86	3.56	2.01	3.31	2.05	3.26	2.13	3.28	2.95	3.95
3	1.83	3.47	2.05	3.39	2.02	3.12	2.12	3.29	2.99	3.82
4	1.85	3.39	2.07	3.46	2.01	3.05	2.14	3.40	2.95	3.65
5	1.88	3.33	2.04	3.39	2.03	3.08	2.21	3.30	2.98	3.72
6	1.90	3.21	2.02	3.31	2.09	3.23	2.24	3.23	3.01	3.75
7	1.94	3.22	2.03	3.33	2.11	3.20	2.31	3.23	2.98	3.74
8	1.96	3.23	2.03	3.37	2.12	3.21	2.43	3.28	2.95	3.79
9	1.97	3.23	2.04	3.46	2.13	3.28	2.45	3.29	2.92	3.85
10	1.95	3.27	2.04	3.63	2.12	3.32	2.50	3.40	2.86	3.89
11	1.94	3.30	2.06	3.60	2.12	3.36	2.57	3.47	2.89	3.81
12	1.95	3.34	2.08	3.48	2.10	3.30	2.62	3.46	2.90	3.76

数据来源：农业农村部。

【乳品加工】

行 业 情 况

2017—2021年全国液体乳及乳制品制造业基本经营情况

分 项	单位	2017年	2018年	2019年	2020年	2021年
企业数量[1]	个	611	587	565	572	589
亏损企业数	个	110	121	127	125	132
资产总额	亿元	2 972.5	3 145.8	3 616.9	4 044.2	4 639.7
负债总额	亿元	1 540.0	1 576.4	1 938.5	2 170.8	2 435.6
主营业务收入	亿元	3 590.4	3 398.9	3 947.0	4 195.6	4 687.4
利润总额	亿元	244.9	230.4	379.3	394.8	375.8

注1：指规模以上企业数量。

数据来源：国家统计局。

乳 制 品 产 量

2015—2021年度全国乳制品产量

年 份	乳制品		其 中			
			液态奶		乳粉	
	产量（万t）	同比（%）	产量（万t）	同比（%）	产量（万t）	同比（%）
2015年	2 782.5	4.60	2 521.0	4.72	141.95	−4.50
2016年	2 993.2	7.68	2 737.2	8.53	139.02	−0.34
2017年	2 935.0	4.17	2 691.7	4.53	120.72	1.04
2018年	2 687.1	4.43	2 505.6	4.34	96.80	−0.74
2019年	2 719.4	5.58	2 537.7	5.81	105.24	2.36
2020年	2 780.4	2.84	2 599.4	3.28	101.23	−9.43
2021年	3 031.7	9.44	2 843.0	9.68	97.94	1.76

数据来源：国家统计局。

2017—2021年全国各地区乳制品产量

单位：万t

地　区	2017年	2018年	2019年	2020年	2021年
全　国	2 935.04	2 687.10	2 719.40	2 780.38	3 031.66
北　京	59.67	56.00	55.38	53.73	54.18
天　津	60.13	57.62	60.23	66.25	69.23
河　北	372.85	365.29	356.83	358.36	397.64
山　西	47.24	45.48	51.55	54.95	55.53
内蒙古	263.41	254.82	289.34	337.29	367.99
辽　宁	75.22	74.92	76.30	58.31	53.95
吉　林	16.15	17.05	20.64	18.29	18.88
黑龙江	158.57	155.34	164.17	164.91	189.40
上　海	44.65	44.64	46.90	52.64	54.43
江　苏	161.16	158.01	116.01	125.17	138.94
浙　江	69.61	66.74	73.19	66.72	69.36
安　徽	105.14	113.79	125.56	124.55	118.20
福　建	17.58	18.45	20.29	22.68	20.38
江　西	23.59	17.49	17.81	17.39	20.42
山　东	251.11	204.37	217.85	216.69	242.58
河　南	351.37	251.62	198.94	177.16	193.12
湖　北	109.43	103.68	98.33	120.07	125.39
湖　南	28.21	28.84	40.53	28.35	47.82
广　东	77.29	91.72	97.83	96.37	82.74
广　西	45.95	34.79	28.47	30.81	43.68
海　南	0.28	0.24	0.31	0.23	0.09
重　庆	22.91	21.18	24.15	25.11	26.51
四　川	146.24	110.44	112.46	115.98	113.68
贵　州	11.07	11.26	12.98	17.04	17.02
云　南	63.22	67.30	63.20	62.17	71.39
西　藏	0.99	1.25	1.02	1.16	1.27
陕　西	143.42	106.78	120.12	112.21	116.37
甘　肃	35.96	32.52	36.47	35.18	53.94
青　海	15.95	8.58	9.05	9.01	10.32
宁　夏	95.88	117.42	130.16	146.99	181.80
新　疆	60.78	49.44	53.33	64.60	75.41

数据来源：国家统计局。

2017—2021 年全国各地区液体奶产量

单位：万 t

地 区	2017 年	2018 年	2019 年	2020 年	2021 年
全 国	2 691.66	2 505.59	2 537.67	2 599.43	2 842.98
北 京	56.76	53.59	52.72	51.66	52.33
天 津	30.62	50.38	50.83	57.03	57.61
河 北	362.03	357.42	347.14	347.56	387.85
山 西	46.88	45.15	50.89	52.96	52.81
内蒙古	246.79	237.10	272.46	318.92	348.95
辽 宁	72.25	73.00	75.68	57.36	53.56
吉 林	11.47	16.13	16.71	14.64	13.83
黑龙江	114.05	118.01	129.03	123.85	151.23
上 海	43.70	43.65	45.83	51.74	52.61
江 苏	145.40	155.19	108.40	118.22	129.75
浙 江	63.95	61.72	68.16	62.07	64.13
安 徽	98.35	107.44	123.44	122.55	116.12
福 建	12.72	17.47	19.36	21.47	19.37
江 西	18.84	17.17	17.46	16.83	19.90
山 东	243.30	197.23	208.02	204.29	226.84
河 南	350.71	251.57	198.89	177.08	193.08
湖 北	108.25	101.75	86.17	109.90	114.56
湖 南	22.74	22.99	34.78	22.93	42.99
广 东	59.39	62.56	82.61	83.50	69.91
广 西	45.53	32.54	27.36	30.15	43.45
海 南	0.28	0.24	0.22	0.13	0.00
重 庆	22.91	21.18	24.15	25.11	26.51
四 川	128.03	101.40	104.22	105.20	103.89
贵 州	11.07	11.26	12.98	17.04	17.02
云 南	62.77	67.00	62.56	61.54	70.91
西 藏	0.88	1.14	0.79	0.87	0.98
陕 西	113.50	84.20	94.68	98.14	100.83
甘 肃	33.30	30.59	34.49	33.76	52.58
青 海	15.95	8.54	9.01	7.41	8.46
宁 夏	90.44	109.86	126.48	142.24	176.79
新 疆	58.78	48.10	52.15	63.29	74.15

数据来源：国家统计局。

2017—2021年全国各地区乳粉产量

单位：万t

地区	2017年	2018年	2019年	2020年	2021年
全国	120.72	96.80	105.24	101.23	97.94
北京	0.82	0.51	0.81	0.63	0.24
天津	0.31	0.25	0.28	0.24	0.33
河北	5.05	4.99	6.77	10.47	9.58
山西	0.36	0.33	0.66	1.98	2.63
内蒙古	8.06	9.59	8.31	9.58	10.99
辽宁	0.89	1.84	0.46	0.78	0.23
吉林	4.68	0.92	1.78	0.55	0.72
黑龙江	43.48	36.53	35.10	40.01	36.27
上海	0.68	0.66	0.73	0.59	0.62
江苏	1.34	1.05	6.16	5.57	7.59
浙江	2.03	1.72	2.19	1.61	1.70
安徽	2.26	2.07	2.12	2.00	2.07
福建	4.25	0.67	0.55	0.44	0.29
江西	4.75	0.32	0.34	0.34	0.27
山东	5.64	3.92	5.05	3.95	3.54
河南	0.63	0.05	0.04	0.08	0.04
湖北	0.29	0.94	0.67	0.77	0.31
湖南	4.35	3.98	3.94	3.42	2.57
广东	0.46	0.40	1.14	0.92	0.36
广西	0.26	0.34	0.32	0.21	0.22
海南					
重庆					
四川	0.39	0.37	0.14	0.14	0.29
贵州					
云南	0.23	0.10	0.39	0.37	0.24
西藏		0.11			
陕西	24.93	22.12	24.93	13.70	14.93
甘肃	1.40	0.63	0.64	0.59	0.48
青海					
宁夏	1.52	1.29	0.78	1.14	0.45
新疆	1.67	1.07	0.92	1.16	1.00

数据来源：国家统计局。

2015—2021 年全国乳制品生产量（月度）

单位：万 t

月 份	2015 年	2016 年	2017 年	2018 年	2019 年	2020 年	2021 年
1–2	409.41	423.50	591.66	430.22	436.18	361.41	467.97
3	213.33	236.38	246.95	208.86	213.50	195.06	256.91
4	213.74	233.45	233.77	216.16	204.93	221.38	245.49
5	228.53	242.89	253.03	225.03	219.78	250.07	266.86
6	248.81	299.79	290.09	236.28	234.32	253.94	268.87
7	228.03	255.60	258.68	235.98	231.47	251.22	253.44
8	236.91	255.07	265.40	235.80	234.70	252.48	259.37
9	254.28	270.66	287.42	236.02	231.18	257.70	261.79
10	246.46	265.42	266.44	221.51	227.39	261.38	283.36
11	241.55	269.81	251.98	212.36	228.06	238.99	257.96
12	251.07	279.77	254.47	232.82	258.93	251.12	281.20

数据来源：国家统计局。

2015—2021 年全国液态奶生产量（月度）

单位：万 t

月 份	2015 年	2016 年	2017 年	2018 年	2019 年	2020 年	2021 年
1–2	366.59	383.96	553.48	399.14	436.18	339.14	438.41
3	188.20	213.89	223.22	192.68	213.50	177.71	240.83
4	190.74	212.25	211.92	197.12	204.93	204.83	230.41
5	205.04	219.30	230.68	208.80	219.78	233.21	249.94
6	224.27	275.30	263.67	219.83	234.32	237.90	251.60
7	206.48	234.17	237.96	220.84	231.47	237.59	239.61
8	215.27	235.95	243.80	221.10	234.70	237.35	244.68
9	231.00	249.68	265.41	220.99	231.18	241.81	245.91
10	224.29	241.98	245.11	206.64	227.39	245.31	266.55
11	218.01	245.77	230.74	197.94	228.06	222.66	240.52
12	224.77	254.03	232.08	216.40	258.93	234.28	263.23

数据来源：国家统计局。

2015—2021年全国奶粉生产量（月度）

单位：万t

月 份	2015年	2016年	2017年	2018年	2019年	2020年	2021年
1–2	19.68	20.38	17.72	16.73	14.48	13.48	16.34
3	10.28	10.93	10.85	8.35	9.06	10.74	8.13
4	10.12	10.51	9.95	8.32	8.88	9.37	7.23
5	11.12	11.30	10.50	8.24	8.61	8.91	7.88
6	12.18	12.99	12.27	8.39	9.26	8.12	8.53
7	11.47	12.29	10.35	7.51	8.69	6.70	6.36
8	11.44	10.58	11.37	7.79	7.33	7.88	7.23
9	13.07	12.12	11.96	8.18	7.63	8.66	8.09
10	12.89	12.61	12.15	8.11	8.08	8.16	9.11
11	14.07	13.94	11.92	8.25	9.31	9.39	10.32
12	15.84	16.13	12.69	9.80	10.15	10.15	10.77

数据来源：国家统计局。

奶业贸易

2018—2021年全国活牛进口量值

来源地	2018年		2019年		2020年		2021年	
	进口量（头）	进口额（万美元）	进口量（头）	进口额（万美元）	进口量（头）	进口额（万美元）	进口量（头）	进口额（万美元）
总　计	**156 928**	**26 732.7**	**199 285**	**33 507.7**	**266 083**	**48 704.8**	**359 077**	**79 467.2**
澳大利亚	122 611	21 570.7	160 232	26 833.2	140 948	26 353.7	108 559	30 313.1
新西兰	16 907	2 709.6	32 569	5 805.4	100 619	18 070.0	124 660	25 971.6
智　利	–	–	–	–	13 303	2 205.4	29 727	5 724.7
乌拉圭	17 410	2 452.4	6 484	869.1	11 213	2 075.7	96 131	17 457.8

数据来源：海关总署。

牧草国际贸易

2008—2021年我国苜蓿干草进口量值

年 份	进口量（t）	进口额（万美元）	进口单价（美元/t）
2008年	17 613	513	291
2009年	74 185	2 003	270
2010年	218 058	5 906	271
2011年	275 564	9 960	361
2012年	442 696	17 416	393
2013年	755 598	28 060	371
2014年	884 513	34 249	387
2015年	1 210 030	46 859	387
2016年	1 387 775	44 613	321
2017年	1 399 125	42 363	303
2018年	1 383 388	44 626	323
2019年	1 356 104	45 983	339
2020年	1 358 995	49 097	361
2021年	1 779 398	67 965	382

数据来源：海关总署。

2014—2021 年我国苜蓿干草进口量值（每月）

月 份	2014 年		2015 年		2016 年		2017 年		2018 年		2019 年		2020 年		2021 年	
	进口量（t）	进口额（万美元）	进口量（t）	进口额（万美元）	进口量（t）	进口额（万美元）	进口量（t）	进口额（万美元）	进口量（t）	进口额（万美元）	进口量（t）	进口额（万美元）	进口量（t）	进口额（万美元）	进口量（t）	进口额（万美元）
1	66 126	2 409.0	78 796	3 179.1	102 548	3 489.9	108 608	3 250.4	131 825	4 133.2	112 258	3 559.9	76 017	2 729.6	111 243	3 920.0
2	33 235	1 213.2	60 758	2 442.1	52 775	1 852.5	94 524	2 798.8	77 562	2 464.6	45 255	1 497.8	83 843	3 070.1	74 385	2 674.3
3	72 150	2 626.2	71 213	2 929.3	125 908	4 378.7	138 138	4 077.0	144 852	4 626.6	77 917	2 581.3	100 228	3 654.1	107 418	3 838.1
4	89 345	3 276.4	112 501	4 572.4	103 980	3 525.7	127 783	3 800.6	121 062	3 874.8	81 302	2 763.8	111 790	4 083.2	124 275	4 431.5
5	82 499	3 075.8	112 892	4 635.8	121 581	3 923.3	154 414	4 547.1	156 267	5 020.5	97 742	3 336.5	120 175	4 357.8	118 020	4 296.5
6	62 218	2 362.7	131 343	5 287.7	115 040	3 625.2	144 831	4 384.3	121 384	3 963.7	81 497	2 868.3	117 627	4 190.2	100 139	3 703.2
7	73 543	2 903.1	124 568	4 863.0	136 280	4 299.3	119 819	3 665.5	115 722	3 893.4	88 785	3 103.3	125 992	4 615.2	156 076	5 920.1
8	70 676	2 831.4	115 793	4 369.3	156 947	4 972.8	110 739	3 381.4	108 738	3 734.6	124 983	4 289.7	134 081	4 857.4	171 144	6 504.6
9	89 653	3 606.1	126 558	4 744.0	134 744	4 265.8	103 741	3 230.8	116 846	3 832.7	168 002	5 656.3	134 746	4 873.0	200 622	7 737.6
10	79 122	3 253.7	83 366	3 031.1	105 619	3 295.6	86 126	2 656.2	119 676	3 775.0	171 409	5 789.1	115 174	4 109.7	225 901	8 855.6
11	72 176	2 929.5	100 098	3 541.0	107 472	3 270.4	110 994	3 468.1	82 238	2 572.2	175 603	5 973.2	119 277	4 283.3	205 985	8 320.5
12	93 771	3 762.1	92 145	3 264.6	124 882	3 713.4	99 410	3 103.1	87 215	2 734.9	131 350	4 563.4	120 044	4 273.1	184 191	7 763.2

数据来源：海关总署。

2008—2021年我国燕麦干草进口量值

年 份	进口量（t）	进口额（万美元）	进口单价（美元/t）
2008年	1 546	48	314
2009年	1 448	37	257
2010年	8 991	240	267
2011年	12 726	395	310
2012年	17 525	620	354
2013年	42 812	1 581	369
2014年	120 953	4 064	336
2015年	151 490	5 280	349
2016年	222 688	7 307	328
2017年	307 922	8 623	280
2018年	293 641	7 973	272
2019年	240 901	8 637	359
2020年	334 468	11 578	346
2021年	212 156	7 269	343

数据来源：海关总署。

2014—2021 年我国燕麦干草进口量值（每月）

月份	2014 年		2015 年		2016 年		2017 年		2018 年		2019 年		2020 年		2021 年	
	进口量（t）	进口额（万美元）	进口量（t）	进口额（万美元）	进口量（t）	进口额（万美元）	进口量（t）	进口额（万美元）	进口量（t）	进口额（万美元）	进口量（t）	进口额（万美元）	进口量（t）	进口额（万美元）	进口量（t）	进口额（万美元）
1	4 337	148.2	10 187	341.2	20 064	663.6	18 103	528.9	28 841	776.1	22 928	755.6	23 651	840.8	36 339	1 198.0
2	3 639	123.5	8 749	309.7	12 421	409.2	21 219	607.5	7 823	212.7	14 305	488.9	28 647	1 002.1	36 964	1 202.2
3	8 588	292.1	15 042	529.6	20 924	692.8	26 048	733.0	24 892	661.2	13 127	464.3	38 061	1 341.8	30 042	980.3
4	8 321	281.4	11 470	404.1	19 291	640.7	22 040	642.9	21 780	577.5	17 280	614.9	35 389	1 244.4	9 331	302.1
5	10 186	349.1	14 432	503.1	17 916	599.1	24 361	678.7	24 977	660.1	17 564	626.1	30 246	1 066.3	8 181	272.8
6	10 394	355.9	14 521	505.9	18 051	598.7	30 983	865.9	23 033	616.3	19 792	714.2	19 631	695.5	8 157	275.4
7	11 299	384.4	16 271	576.9	17 362	576.7	27 918	784.2	21 533	583.1	27 108	984.9	27 273	952.1	10 318	359.7
8	13 648	462.6	11 666	414.1	22 435	742.5	27 817	784.5	26 750	700.3	24 819	919.8	18 577	638.5	11 075	389.8
9	13 955	460.1	12 836	452.6	19 757	650.5	28 890	810.6	32 725	877.3	23 039	847.6	22 710	781.1	10 153	363.8
10	12 597	408.0	9 818	344.2	15 196	499.3	26 230	707.5	33 121	912.4	22 651	842.3	22 060	743.5	17 200	632.5
11	14 265	474.5	9 048	314.3	15 234	493.4	31 464	852.2	30 136	855.0	14 759	532.3	30 661	1 021.0	16 656	619.8
12	9 723	323.8	17 451	584.4	24 038	741.0	22 849	627.0	18 030	540.7	23 529	846.0	37 563	1 250.6	17 741	672.3

数据来源：海关总署。

乳制品贸易

2017—2021年全国乳制品进口情况

品种	2017年			2018年			2019年			2020年			2021年		
	进口量（t）	进口额（万美元）	平均单价（美元/t）	进口量（t）	进口额（万美元）	平均单价（美元/t）	进口量（t）	进口额（万美元）	平均单价（美元/t）	进口量（t）	进口额（万美元）	平均单价（美元/t）	进口量（t）	进口额（万美元）	平均单价（美元/t）
乳制品	2 173 991	481 857	2 216	2 312 017	529 424	2 290	2 628 019	593 648	2 259	2 945 995	665 148	2 258	3 898 129	1 336 276	3 428
液态奶	701 713	94 623	1 348	704 153	97 347	1 382	924 427	116 028	1 255	1 071 902	136 673	1 275	1 296 017	186 855	1 442
液奶	667 557	87 935	1 317	673 294	91 269	1 356	890 684	110 145	1 237	1 039 779	130 876	1 259	1 268 413	181 284	1 429
酸奶	34 156	6 688	1 958	30 859	6 078	1 970	33 743	5 883	1 743	32 123	5 797	1 805	27 604	5 571	2 018
干乳制品	1 472 278	387 234	2 630	1 607 864	432 078	2 687	1 703 592	477 620	2 804	1 874 093	528 475	2 820	2 602 113	1 149 421	4 417
奶粉	717 399	216 175	3 013	801 489	242 866	3 030	1 014 843	312 433	3 079	979 339	328 980	3 359	1 275 207	459 504	3 603
炼乳	25 648	4 635	1 807	27 523	4 867	1 768	34 724	5 559	1 601	23 760	4 029	1 696	34 870	7 010	2 010
乳清	529 629	66 635	1 258	557 245	63 334	1 137	453 572	60 765	1 340	626 150	81 814	1 307	723 170	102 268	1 414
黄油	91 566	50 016	5 462	113 330	69 691	6 149	85 591	46 663	5 452	115 616	54 618	4 724	131 046	66 720	5 091
奶酪	108 035	49 772	4 607	108 278	51 319	4 740	114 862	52 201	4 545	129 228	59 034	4 568	176 152	81 324	4 617
婴幼儿配方奶粉	296 014	398 008	13 446	323 096	474 976	14 701	345 434	519 166	15 029	335 528	506 462	15 094	261 668	432 596	16 532
其他相关制品															
乳糖	87 870	9 348	1 064	117 236	9 858	841	92 856	10 220	1 101	113 930	13 729	1 205	120 045	16 977	1 414
酪蛋白	18 651	14 542	7 797	24 499	17 834	7 279	24 440	18 263	7 473	29 643	25 050	8 451	38 084	37 357	9 809
白蛋白	23 084	20 255	8 774	29 351	23 486	8 002	30 014	31 025	10 337	40 108	34 201	8 527	36 541	34 721	9 502
冰激凌	18 199	6 775	3 723	21 601	8 906	4 123	24 703	10 276	4 160	21 078	9 195	4 362	25 564	12 222	4 781

数据来源：海关总署。

2017—2021年全国乳制品出口情况

品 种	2017年			2018年			2019年			2020年			2021年		
	出口量（t）	出口额（万美元）	平均单价（美元/t）	出口量（t）	出口额（万美元）	平均单价（美元/t）	出口量（t）	出口额（万美元）	平均单价（美元/t）	出口量（t）	出口额（万美元）	平均单价（美元/t）	出口量（t）	出口额（万美元）	平均单价（美元/t）
乳制品	32 569	4 784	1 469	38 792	5 676	1 463	36 281	5 238	1 444	36 215	5 126	1 415	44 834	30 262	6 750
液态奶	25 323	2 436	962	29 974	3 107	1 037	28 664	3 011	1 050	29 982	3 215	1 072	28 145	3 387	1 204
液奶	23 162	2 065	892	27 123	2 504	923	24 797	2 127	858	25 247	2 162	856	23 011	2 179	947
酸奶	2 161	371	1 716	2 851	604	2 118	3 867	883	2 284	4 735	1 053	2 223	5 134	1 208	2 353
干乳制品	7 246	2 348	3 241	8 818	2 568	2 912	7 617	2 228	2 925	6 232	1 911	3 066	16 689	26 875	16 103
奶粉	2 842	948	3 334	3 137	984	3 137	1 783	694	3 893	1 624	698	4 297	4 315	1 663	3 853
炼乳	2 341	478	2 043	2 757	468	1 698	2 996	479	1 600	2 618	523	1 996	1 727	407	2 356
乳清	185	38	2 057	592	144	2 431	293	65	2 202	525	77	1 472	161	20	1 268
黄油	1 721	761	4 423	2 139	848	3 964	2 425	899	3 708	1 100	419	3 810	1 849	695	3 759
奶酪	157	123	7 861	193	124	6 436	120	91	7 547	365	194	5 320	169	162	9 598
婴幼儿配方奶粉	4 574	7 362	16 095	15 404	30 361	19 710	18 115	37 884	20 913	6 726	16 828	25 018	8 468	23 928	28 258
其他相关制品															
乳糖	451	294	6 514	1 103	331	3 002	1 418	372	2 622	366	83	2 275	67	38	5 662
酪蛋白	769	442	5 753	546	320	5 866	935	517	5 525	1 178	709	6 015	407	402	9 867
白蛋白	33	127	38 375	15	264	175 936	16	514	321 528	1 008	515	5 106	56	426	76 491
冰激凌	31 981	4 702	1 470	31 448	5 004	1 591	19 658	2 983	1 518	32 711	4 830	1 477	36 319	6 180	1 702

数据来源：海关总署。

2017—2021 年全国液奶进口量值

来源地	2017 年		2018 年		2019 年		2020 年		2021 年	
	进口量（t）	进口额（美元）	进口量（t）	进口额（美元）	进口量（t）	进口额（美元）	进口量（t）	进口额（美元）	进口量（t）	进口额（美元）
总 计	**667 556**	**879 352 207**	**673 363**	**912 591 816**	**890 685**	**1 101 443 451**	**1 039 801**	**1 308 797 013**	**1 268 450**	**1 813 012 801**
德 国	195 458	154 064 239	175 007	147 467 482	258 383	199 999 719	338 500	264 086 042	400 457	344 411 175
新西兰	209 962	377 621 358	232 995	374 516 504	283 917	459 183 339	309 154	535 746 847	363 393	737 148 624
波 兰	18 273	12 149 058	32 297	22 873 397	77 271	48 523 767	107 129	70 188 176	149 975	108 699 758
澳大利亚	76 187	69 094 164	81 121	80 694 779	103 189	96 202 022	103 123	97 354 024	125 221	128 529 104
法 国	91 873	164 368 022	68 106	158 970 189	60 684	143 527 291	56 335	148 908 915	67 689	199 967 339
比利时	9 164	8 459 897	12 276	13 629 387	18 540	19 167 288	17 224	22 766 822	29 141	43 058 796
奥地利	5 869	3 683 816	9 854	6 267 819	15 075	11 116 158	32 835	26 265 979	28 324	23 235 746
西班牙	9 260	13 300 958	5 848	14 195 406	7 886	17 584 816	15 443	37 407 027	22 565	65 297 124
爱尔兰	6 661	6 851 324	9 542	14 594 270	11 055	17 683 208	12 592	22 279 986	17 228	35 581 080
英 国	16 091	33 153 196	16 156	40 970 741	16 594	41 372 883	12 926	35 605 604	15 168	48 275 239
其 他	28 758	36 606 175	30 161	38 411 842	38 091	47 082 960	34 540	48 187 591	49 289	78 808 816

数据来源：海关总署。

2017—2021 年全国酸奶进口量值

来源地	2017 年		2018 年		2019 年		2020 年		2021 年	
	进口量（t）	进口额（美元）	进口量（t）	进口额（美元）	进口量（t）	进口额（美元）	进口量（t）	进口额（美元）	进口量（t）	进口额（美元）
总 计	**34 157**	**66 877 905**	**30 819**	**60 609 004**	**33 743**	**58 828 998**	**32 124**	**57 883 772**	**27 604**	**55 721 050**
德 国	23 114	41 309 452	21 313	38 710 785	25 352	37 038 563	20 868	29 987 190	19 278	29 697 314
奥地利	778	973 985	2 108	2 894 447	3 397	5 142 321	3 799	4 495 154	2 280	2 838 121
法 国	699	1 782 114	891	2 802 503	1 220	4 325 507	1 444	6 120 476	2 023	9 461 627
新西兰	4 331	10 838 031	2 665	5 867 729	1 613	4 598 094	3 403	9 470 871	1 770	5 962 646
西班牙	1 397	2 971 692	1 461	3 495 863	558	1 223 703	1 361	3 289 529	723	2 033 195
澳大利亚	428	1 818 136	428	2 043 037	536	2 408 001	516	1 850 778	537	2 014 492
越 南	0	0	0	48	0	0	0	0	389	642 069
瑞 士	580	2 485 850	358	1 574 427	487	1 959 753	245	1 124 937	164	787 418
美 国	599	1 232 481	248	684 566	164	783 564	113	585 431	135	709 489
波 兰	1 052	1 212 606	830	1 142 161	125	231 126	22	48 983	103	272 673
其 他	1 179	2 253 558	517	1 393 438	291	1 118 366	353	910 423	202	1 302 006

数据来源：海关总署。

2017—2021 年全国奶粉进口量值

来源地	2017 年		2018 年		2019 年		2020 年		2021 年	
	进口量（t）	进口额（美元）	进口量（t）	进口额（美元）	进口量（t）	进口额（美元）	进口量（t）	进口额（美元）	进口量（t）	进口额（美元）
总 计	717 398	2 161 753 330	801 459	2 428 455 336	1 014 803	3 123 580 918	979 343	3 291 066 844	1 275 097	4 595 255 824
新西兰	549 822	1 651 291 971	587 797	1 782 471 305	754 962	2 263 337 902	695 194	2 254 290 067	888 640	3 123 526 797
澳大利亚	45 968	179 275 592	52 765	227 520 392	68 231	333 601 109	77 255	405 440 894	90 162	480 080 085
美 国	33 804	83 052 711	28 195	64 708 872	6 657	22 391 329	23 681	58 606 168	47 686	139 895 302
乌拉圭	200	621 017	9 126	27 503 350	11 800	34 927 425	18 701	58 036 141	39 576	135 640 949
法 国	21 481	63 985 588	18 639	63 077 115	26 253	70 650 231	26 156	77 612 322	35 881	116 020 762
芬 兰	9 763	22 411 290	12 034	21 956 444	18 155	37 783 461	23 459	64 158 025	28 871	87 206 675
白俄罗斯	695	1 941 200	16 110	34 649 896	15 413	31 004 938	20 888	43 845 920	25 909	73 741 935
德 国	24 239	56 778 489	20 685	41 317 899	29 654	70 937 250	20 259	59 831 840	25 007	83 018 872
爱尔兰	4 854	12 746 618	9 259	20 032 828	18 342	42 757 800	17 838	47 154 323	18 926	58 813 184
荷 兰	7 670	34 728 053	11 905	50 397 645	9 093	45 726 321	10 703	73 826 111	16 167	94 221 753
其 他	18 902	54 920 801	34 944	94 819 590	56 243	170 463 152	45 209	148 265 033	58 272	203 089 510

数据来源：海关总署。

2017—2021 年全国炼乳进口量值

来源地	2017 年		2018 年		2019 年		2020 年		2021 年	
	进口量（t）	进口额（美元）	进口量（t）	进口额（美元）	进口量（t）	进口额（美元）	进口量（t）	进口额（美元）	进口量（t）	进口额（美元）
总 计	**25 648**	**46 347 884**	**27 648**	**48 668 354**	**34 724**	**55 589 363**	**23 760**	**40 285 020**	**33 931**	**63 479 218**
荷 兰	12 921	24 745 711	13 709	26 764 487	13 536	25 268 544	5 831	10 887 609	13 432	23 271 173
澳大利亚	7 837	12 046 363	9 780	14 673 633	16 377	22 009 564	11 830	18 237 400	10 810	17 655 144
德 国	2 503	4 505 704	1 779	3 184 215	1 988	3 569 786	3 408	5 906 961	4 395	8 116 083
意大利	43	70 971	17	57 882	25	108 717	472	1 352 783	3 077	8 844 038
马来西亚	343	398 055	1 402	1 683 314	1 805	2 195 995	1 588	2 454 213	813	1 529 942
比利时	121	256 945	42	173 235	88	265 020	92	268 367	278	1 593 189
泰 国	2	3 110	55	86 792	17	31 470	0	10	273	557 443
立陶宛	416	663 554	235	393 009	326	552 975	253	425 396	145	243 447
美 国	32	94 308	14	41 309	59	121 491	17	73 972	139	360 519
其 他	1 320	3 349 892	508	1 371 430	374	1 162 014	175	459 705	390	805 454

数据来源：海关总署。

2017—2021年全国乳清进口量值

来源地	2017年		2018年		2019年		2020年		2021年	
	进口量（t）	进口额（美元）	进口量（t）	进口额（美元）	进口量（t）	进口额（美元）	进口量（t）	进口额（美元）	进口量（t）	进口额（美元）
总 计	529 631	666 351 261	557 235	633 332 178	453 573	607 648 308	626 404	818 149 977	723 340	1 023 105 891
美 国	290 499	280 824 587	261 938	205 576 437	161 664	116 686 334	246 255	212 097 531	286 443	288 803 034
法 国	61 579	113 377 160	63 020	107 333 364	54 622	109 930 558	52 790	101 141 957	65 145	117 948 745
白俄罗斯	5 250	4 250 869	25 218	18 885 971	36 673	28 684 046	59 362	50 991 423	62 361	66 448 595
荷 兰	40 805	64 338 656	49 907	67 489 760	34 265	55 574 727	57 202	80 365 003	60 429	88 750 378
波 兰	30 742	30 709 274	33 008	28 359 483	29 709	27 321 467	54 617	48 477 575	49 507	52 321 996
德 国	16 124	33 885 071	21 119	37 856 576	30 935	61 766 759	31 703	70 979 512	36 035	85 732 579
土耳其	0	0	0	0	0	0	5 197	4 276 277	34 719	34 722 481
爱尔兰	18 066	28 155 361	19 164	33 287 245	21 308	40 919 656	22 911	40 265 614	26 916	48 074 329
阿根廷	15 092	16 295 494	22 977	21 304 365	22 658	23 974 622	16 417	21 403 411	23 260	29 616 447
芬 兰	10 934	15 975 924	12 314	17 802 448	11 902	19 357 268	13 835	23 569 414	14 656	22 745 070
其 他	40 540	78 538 865	48 570	95 436 529	49 837	123 432 871	66 115	164 582 260	63 869	187 942 237

数据来源：海关总署。

2017—2021 年全国黄油进口量值

来源地	2017 年		2018 年		2019 年		2020 年		2021 年	
	进口量（t）	进口额（美元）	进口量（t）	进口额（美元）	进口量（t）	进口额（美元）	进口量（t）	进口额（美元）	进口量（t）	进口额（美元）
总 计	**91 568**	**500 158 360**	**113 330**	**696 912 355**	**85 544**	**466 602 480**	**115 620**	**546 182 669**	**131 047**	**667 190 926**
新西兰	78 837	417 377 199	100 444	603 259 776	70 985	372 437 684	95 239	436 582 053	103 446	514 183 260
澳大利亚	1 956	10 697 126	1 965	12 568 412	1 709	10 704 871	3 004	13 354 166	5 480	24 750 199
法 国	5 589	38 767 181	5 019	40 278 371	5 133	39 135 642	5 676	41 902 566	5 479	40 550 552
荷 兰	1 323	7 910 851	1 135	7 708 537	2 023	11 550 371	2 928	12 768 834	3 684	18 409 929
比利时	2 305	15 950 883	1 852	15 762 036	2 106	14 223 946	2 471	13 716 109	2 735	16 567 932
爱尔兰	222	1 086 096	271	1 647 647	544	2 778 036	682	3 116 072	2 083	9 601 167
德 国	374	2 677 885	542	3 812 288	887	5 207 753	1 279	5 386 392	1 940	9 341 862
美 国	57	477 852	60	484 055	58	436 830	610	2 804 048	1 714	9 376 485
丹 麦	199	1 248 760	315	2 489 092	349	2 268 956	849	4 062 342	1 559	10 088 548
英 国	141	701 643	7	76 123	430	2 110 759	867	4 214 958	1 239	7 077 474
其 他	565	3 262 884	1 720	8 826 018	1 320	5 747 632	2 015	8 275 129	1 688	7 243 518

数据来源：海关总署。

2017—2021年全国奶酪进口量值

来源地	2017年		2018年		2019年		2020年		2021年	
	进口量（t）	进口额（美元）	进口量（t）	进口额（美元）	进口量（t）	进口额（美元）	进口量（t）	进口额（美元）	进口量（t）	进口额（美元）
总 计	108 032	497 724 900	108 391	513 172 057	114 864	522 008 001	129 227	590 337 165	176 152	813 199 011
新西兰	54 887	244 240 873	54 975	247 817 830	66 831	284 294 916	72 768	313 455 592	95 706	409 106 568
澳大利亚	21 107	87 225 611	19 810	86 673 949	17 130	71 846 440	17 988	71 892 988	26 707	108 045 133
丹 麦	4 095	20 979 496	4 487	23 602 038	4 669	24 789 224	7 326	35 712 554	13 595	64 215 888
美 国	12 905	60 234 683	12 018	55 837 501	7 533	36 674 880	7 153	37 226 623	8 647	45 050 839
意大利	3 281	20 320 613	3 775	24 018 078	3 809	23 390 420	4 238	25 543 643	6 501	41 289 119
法 国	3 150	22 334 095	3 108	23 567 060	3 396	24 076 934	4 343	30 409 074	6 378	45 204 636
爱尔兰	346	1 623 963	538	2 666 367	2 523	10 326 705	3 045	12 461 467	2 920	12 314 285
德 国	2 032	9 059 416	1 922	9 123 845	2 239	9 785 184	2 070	8 829 855	2 466	10 240 249
捷 克	46	186 234	152	554 904	65	240 680	21	73 038	2 068	7 719 531
荷 兰	865	5 458 775	874	5 773 729	1 015	6 376 337	1 365	9 883 086	1 979	17 743 999
其 他	5 318	26 061 141	6 732	33 536 756	5 654	30 206 281	8 910	44 849 245	9 185	52 268 764

数据来源：海关总署。

2009—2021 年全国原料奶粉进口量值

年 份	奶粉			其中：脱脂奶粉			其中：全脂淡奶粉			其中：全脂甜奶粉		
	数量（t）	金额（万美元）	单价（美元/t）	数量（t）	金额（万美元）	单价（美元/t）	数量（t）	金额（万美元）	单价（美元/t）	数量（t）	金额（万美元）	单价（美元/t）
2009	246 787	58 041	2 352	70 443	15 601	2 215	174 969	41 953	2 398	1 375	486	3 537
2010	414 040	138 810	3 353	88 544	27 403	3 095	324 708	110 431	3 401	788	976	12 389
2011	449 542	164 544	3 660	129 805	45 564	3 510	318 049	117 848	3 705	1 687	1 132	6 710
2012	572 875	192 739	3 364	167 593	55 397	3 305	402 387	135 490	3 367	2 896	1 852	6 396
2013	854 416	358 473	4 196	235 019	95 850	4 078	617 798	261 485	4 233	1 599	1 137	7 111
2014	923 697	443 686	4 803	252 840	112 520	4 450	670 043	330 630	4 934	814	535	6 574
2015	547 243	150 690	2 754	200 220	51 717	2 583	342 620	95 238	2 780	4 403	3 735	8 483
2016	604 217	147 817	2 446	184 469	39 619	2 148	415 724	105 354	2 534	4 024	2 844	7 067
2017	717 399	216 175	3 013	247 304	60 043	2 428	463 408	149 407	3 224	6 688	4 871	7 284
2018	801 489	242 866	3 030	280 488	60 931	2 172	512 641	174 667	3 407	8 360	7 268	8 694
2019	1 014 803	312 358	3 078	343 616	87 077	2 534	664 012	217 603	3 277	7 175	7 678	10 701
2020	979 339	328 981	3 359	335 597	98 589	2 938	633 677	222 403	3 510	10 065	7 989	7 937
2021	1 275 207	459 504	3 603	426 054	137 019	3 216	843 496	317 892	3 769	5 657	4 593	8 118

数据来源：海关总署。

2009—2021年全国原料奶粉出口量值

年 份	奶粉			其中：脱脂奶粉			其中：全脂淡奶粉			其中：全脂甜奶粉		
	数量（t）	金额（万美元）	单价（美元/t）	数量（t）	金额（万美元）	单价（美元/t）	数量（t）	金额（万美元）	单价（美元/t）	数量（t）	金额（万美元）	单价（美元/t）
2009	9 738	3 086	3 169	0	0	3 372	8 051	2 561	3 181	1 687	525	3 112
2010	2 970	943	3 175	189	69	3 649	606	198	3 274	2 175	675	3 106
2011	9 327	3 711	398	199	91	4 569	6 562	2 360	360	2 566	1 260	4 909
2012	9 703	3 984	4 106	345	166	4 816	5 999	2 076	4 106	3 359	1 742	5 185
2013	3 318	1 622	4 889	359	149	4 148	1 000	347	3 473	1 958	1 126	5 749
2014	8 125	3 228	3 973	2 356	826	3 507	4 931	1 868	3 788	838	534	6 372
2015	4 869	1 098	2 255	1 178	246	2 086	3 030	455	1 502	661	397	6 008
2016	3 530	1 605	4 547	655	196	2 986	1 383	563	4 073	1 491	846	5 672
2017	2 843	948	3 333	1 047	233	2 222	1 271	392	3 086	524	323	6 151
2018	3 135	982	3 133	1 375	334	2 429	1 350	399	2 955	411	250	6 082
2019	1 783	694	3 893	713	187	2 620	727	338	4 656	343	169	4 924
2020	1 624	698	4 297	467	152	3 251	467	152	3 251	165	143	8 716
2021	4 315	1 663	3 853	2 261	701	3 103	1 909	820	4 298	146	141	9 637

数据来源：海关总署。

【乳品消费】

2017—2021 年居民家庭人均奶类消费量

单位：kg

指标	2017 年	2018 年	2019 年	2020 年	2021 年
全国居民	12.1	12.2	12.5	13.0	14.4
城镇居民	16.5	16.5	16.7	17.3	18.2
农村居民	6.9	6.9	7.3	7.4	9.3

注：数据来源于国家统计局开展的城乡一体化住户收支与生活状况调查。

2021年分地区居民家庭人均奶类消费量

单位：kg

地　区	居民	城镇居民	农村居民
全　国	**14.4**	**18.2**	**9.3**
北　京	29.8	31.8	17.4
天　津	17.2	18.6	10.6
河　北	17.6	22.6	12.3
山　西	19.2	23.2	14.4
内蒙古	23.8	28.4	16.8
辽　宁	19.3	25.1	7.9
吉　林	11.3	15.1	6.4
黑龙江	12.4	16.4	6.7
上　海	24.0	24.9	16.3
江　苏	15.0	16.6	12.0
浙　江	16.9	18.2	14.3
安　徽	13.3	15.8	10.8
福　建	13.4	15.8	9.5
江　西	12.4	15.7	8.8
山　东	17.1	19.9	13.3
河　南	16.0	20.6	12.0
湖　北	10.9	13.9	6.8
湖　南	8.9	11.3	6.3
广　东	12.9	15.0	8.0
广　西	6.3	9.5	3.5
海　南	5.7	7.9	2.9
重　庆	17.5	21.7	10.6
四　川	11.5	15.4	7.8
贵　州	6.4	10.9	3.1
云　南	7.2	12.0	3.6
西　藏	9.3	21.7	4.7
陕　西	15.4	19.8	10.6
甘　肃	17.4	29.5	8.3
青　海	17.0	22.4	11.4
宁　夏	15.4	19.5	10.3
新　疆	18.4	28.9	9.0

数据来源：国家统计局。

2018—2021年分地区居民人均可支配收入

单位：元

地　区	2018年	2019年	2020年	2021年
全　国	**28 228.0**	**30 732.8**	**32 188.8**	**35 128.1**
北　京	62 361.2	67 755.9	69 433.5	75 002.2
天　津	39 506.1	42 404.1	43 854.1	47 449.4
河　北	23 445.7	25 664.7	27 135.9	29 383.0
山　西	21 990.1	23 828.5	25 213.7	27 425.9
内蒙古	28 375.7	30 555.0	31 497.3	34 108.4
辽　宁	29 701.4	31 819.7	32 738.3	35 111.7
吉　林	22 798.4	24 562.9	25 751.0	27 769.8
黑龙江	22 725.8	24 253.6	24 902.0	27 159.0
上　海	64 182.6	69 441.6	72 232.4	78 026.6
江　苏	38 095.8	41 399.7	43 390.4	47 498.3
浙　江	45 839.8	49 898.8	52 397.4	57 540.5
安　徽	23 983.6	26 415.1	28 103.2	30 904.3
福　建	32 643.9	35 616.1	37 202.4	40 659.3
江　西	24 079.7	26 262.4	28 016.5	30 609.9
山　东	29 204.6	31 597.0	32 885.7	35 705.1
河　南	21 963.5	23 902.7	24 810.1	26 811.2
湖　北	25 814.5	28 319.5	27 880.6	30 829.3
湖　南	25 240.7	27 679.7	29 379.9	31 992.7
广　东	35 809.9	39 014.3	41 028.6	44 993.3
广　西	21 485.0	23 328.2	24 562.3	26 726.7
海　南	24 579.0	26 679.5	27 904.1	30 456.8
重　庆	26 385.8	28 920.4	30 823.9	33 802.6
四　川	22 460.6	24 703.1	26 522.1	29 080.1
贵　州	18 430.2	20 397.4	21 795.4	23 996.2
云　南	20 084.2	22 082.4	23 294.9	25 666.2
西　藏	17 286.1	19 501.3	21 744.1	24 949.9
陕　西	22 528.3	24 666.3	26 226.0	28 568.0
甘　肃	17 488.4	19 139.0	20 335.1	22 066.0
青　海	20 757.3	22 617.7	24 037.4	25 919.5
宁　夏	22 400.4	24 411.9	25 734.9	27 904.5
新　疆	21 500.2	23 103.4	23 844.7	26 075.0

数据来源：国家统计局。

2018—2021年分地区居民人均消费支出

单位：元

地　区	2018年	2019年	2020年	2021年
全　国	19 853.1	21 558.9	21 209.9	24 100.1
北　京	39 842.7	43 038.3	38 903.3	43 640.4
天　津	29 902.9	31 853.6	28 461.4	33 188.4
河　北	16 722.0	17 987.2	18 037.0	19 953.6
山　西	14 810.1	15 862.6	15 732.7	17 191.2
内蒙古	19 665.2	20 743.4	19 794.5	22 658.3
辽　宁	21 398.3	22 202.8	20 672.1	23 830.8
吉　林	17 200.4	18 075.4	17 317.7	19 604.6
黑龙江	16 994.0	18 111.5	17 056.4	20 635.9
上　海	43 351.3	45 605.1	42 536.3	48 879.3
江　苏	25 007.4	26 697.3	26 225.1	31 451.4
浙　江	29 470.7	32 025.8	31 294.7	36 668.1
安　徽	17 044.6	19 137.4	18 877.3	21 910.9
福　建	22 996.0	25 314.3	25 125.8	28 440.1
江　西	15 792.0	17 650.5	17 955.3	20 289.9
山　东	18 779.8	20 427.5	20 940.1	22 820.9
河　南	15 168.5	16 331.8	16 142.6	18 391.3
湖　北	19 537.8	21 567.0	19 245.9	23 846.1
湖　南	18 807.9	20 478.9	20 997.6	22 798.2
广　东	26 054.0	28 994.7	28 491.9	31 589.3
广　西	14 934.8	16 418.3	16 356.8	18 087.9
海　南	17 528.4	19 554.9	18 971.6	22 241.9
重　庆	19 248.5	20 773.9	21 678.1	24 597.8
四　川	17 663.6	19 338.3	19 783.4	21 518.0
贵　州	13 798.1	14 780.0	14 873.8	17 957.3
云　南	14 249.9	15 779.8	16 792.4	18 851.0
西　藏	11 520.2	13 029.2	13 224.8	15 342.5
陕　西	16 159.7	17 464.9	17 417.6	19 346.5
甘　肃	14 624.0	15 879.1	16 174.9	17 456.2
青　海	16 557.2	17 544.8	18 284.2	19 020.1
宁　夏	16 715.1	18 296.8	17 505.8	20 023.8
新　疆	16 189.1	17 396.6	16 512.1	18 960.6

数据来源：国家统计局。

2018—2021 年分地区城镇居民人均可支配收入

单位：元

地 区	2018 年	2019 年	2020 年	2021 年
全 国	39 250.8	42 358.8	43 833.8	47 411.9
北 京	67 989.9	73 848.5	75 601.5	81 517.5
天 津	42 976.3	46 118.9	47 658.5	51 485.7
河 北	32 977.2	35 737.7	37 285.7	39 791.0
山 西	31 034.8	33 262.4	34 792.7	37 433.1
内蒙古	38 304.7	40 782.5	41 353.1	44 376.9
辽 宁	37 341.9	39 777.2	40 375.9	43 050.8
吉 林	30 171.9	32 299.2	33 395.7	35 645.8
黑龙江	29 191.3	30 944.6	31 114.7	33 646.1
上 海	68 033.6	73 615.3	76 437.3	82 428.9
江 苏	47 200.0	51 056.1	53 101.7	57 743.5
浙 江	55 574.3	60 182.3	62 699.3	68 486.8
安 徽	34 393.1	37 540.0	39 442.1	43 008.7
福 建	42 121.3	45 620.5	47 160.3	51 140.5
江 西	33 819.4	36 545.9	38 555.8	41 684.4
山 东	39 549.4	42 329.2	43 726.3	47 066.4
河 南	31 874.2	34 201.0	34 750.3	37 094.8
湖 北	34 454.6	37 601.4	36 705.7	40 277.8
湖 南	36 698.3	39 841.9	41 697.5	44 866.1
广 东	44 341.0	48 117.6	50 257.0	54 853.6
广 西	32 436.1	34 744.9	35 859.3	38 529.9
海 南	33 348.7	36 016.7	37 097.0	40 213.2
重 庆	34 889.3	37 938.6	40 006.2	43 502.5
四 川	33 215.9	36 153.7	38 253.1	41 443.8
贵 州	31 591.9	34 404.2	36 096.2	39 211.2
云 南	33 487.9	36 237.7	37 499.5	40 904.9
西 藏	33 797.4	37 410.0	41 156.4	46 503.3
陕 西	33 319.3	36 098.2	37 868.2	40 713.1
甘 肃	29 957.0	32 323.4	33 821.8	36 187.3
青 海	31 514.5	33 830.3	35 505.8	37 745.3
宁 夏	31 895.2	34 328.5	35 719.6	38 290.7
新 疆	32 763.5	34 663.7	34 838.4	37 642.4

数据来源：国家统计局。

2018—2021年分地区城镇居民人均消费支出

单位：元

地　区	2018年	2019年	2020年	2021年
全　国	26 112.3	28 063.4	27 007.4	30 307.2
北　京	42 925.6	46 358.2	41 726.3	46 775.7
天　津	32 655.1	34 810.7	30 894.7	36 066.9
河　北	22 127.4	23 483.1	23 167.4	24 192.4
山　西	19 789.8	21 159.0	20 331.9	21 965.5
内蒙古	24 437.1	25 382.5	23 887.7	27 194.2
辽　宁	26 447.9	27 355.0	24 849.1	28 438.4
吉　林	22 393.7	23 394.3	21 623.2	24 420.9
黑龙江	21 035.5	22 164.9	20 397.3	24 422.1
上　海	46 015.2	48 271.6	44 839.3	51 294.6
江　苏	29 461.9	31 329.1	30 882.2	36 558.0
浙　江	34 597.9	37 507.9	36 196.9	42 193.5
安　徽	21 522.7	23 781.5	22 682.7	26 495.1
福　建	28 145.1	30 945.5	30 486.5	33 942.0
江　西	20 760.0	22 714.3	22 134.3	24 586.5
山　东	24 798.4	26 731.5	27 291.1	29 314.3
河　南	20 989.2	21 971.6	20 644.9	23 177.5
湖　北	23 995.9	26 421.8	22 885.5	28 505.6
湖　南	25 064.2	26 924.0	26 796.4	28 293.8
广　东	30 924.3	34 424.1	33 511.3	36 621.1
广　西	20 159.4	21 590.9	20 906.5	22 555.3
海　南	22 971.2	25 316.7	23 559.9	27 564.8
重　庆	24 154.2	25 785.5	26 464.4	29 849.6
四　川	23 483.9	25 367.4	25 133.2	26 970.8
贵　州	20 787.9	21 402.4	20 587.0	25 333.0
云　南	21 626.4	23 454.9	24 569.4	27 440.7
西　藏	23 029.4	25 636.7	24 927.4	28 159.2
陕　西	21 966.4	23 514.3	22 866.4	24 783.7
甘　肃	22 606.0	24 453.9	24 614.6	25 756.6
青　海	22 997.5	23 799.2	24 315.2	24 512.5
宁　夏	21 976.7	24 161.0	22 379.1	25 385.6
新　疆	24 191.4	25 594.2	22 951.8	25 724.0

数据来源：国家统计局。

2018—2021 年分地区农村居民人均可支配收入

单位：元

地　区	2018 年	2019 年	2020 年	2021 年
全　国	**14 617.0**	**16 020.7**	**17 131.5**	**18 930.9**
北　京	26 490.3	28 928.4	30 125.7	33 302.7
天　津	23 065.2	24 804.1	25 690.6	27 954.5
河　北	14 030.9	15 373.1	16 467.0	18 178.9
山　西	11 750.0	12 902.4	13 878.0	15 308.3
内蒙古	13 802.6	15 282.8	16 566.9	18 336.8
辽　宁	14 656.3	16 108.3	17 450.3	19 216.6
吉　林	13 748.2	14 936.0	16 067.0	17 641.7
黑龙江	13 803.7	14 982.1	16 168.4	17 889.3
上　海	30 374.7	33 195.2	34 911.3	38 520.7
江　苏	20 845.1	22 675.4	24 198.5	26 790.8
浙　江	27 302.4	29 875.8	31 930.5	35 247.4
安　徽	13 996.0	15 416.0	16 620.2	18 371.7
福　建	17 821.2	19 568.4	20 880.3	23 228.9
江　西	14 459.9	15 796.3	16 980.8	18 684.2
山　东	16 297.0	17 775.5	18 753.2	20 793.9
河　南	13 830.7	15 163.7	16 107.9	17 533.3
湖　北	14 977.8	16 390.9	16 305.9	18 259.0
湖　南	14 092.5	15 394.8	16 584.6	18 295.2
广　东	17 167.7	18 818.4	20 143.4	22 306.0
广　西	12 434.8	13 675.7	14 814.9	16 362.9
海　南	13 988.9	15 113.1	16 278.8	18 076.3
重　庆	13 781.2	15 133.3	16 361.4	18 099.6
四　川	13 331.4	14 670.1	15 929.1	17 575.3
贵　州	9 716.1	10 756.3	11 642.3	12 856.1
云　南	10 767.9	11 902.4	12 841.9	14 197.3
西　藏	11 449.8	12 951.0	14 598.4	16 932.3
陕　西	11 212.8	12 325.7	13 316.5	14 744.8
甘　肃	8 804.1	9 628.9	10 344.3	11 432.8
青　海	10 393.3	11 499.4	12 342.5	13 604.2
宁　夏	11 707.6	12 858.4	13 889.4	15 336.6
新　疆	11 974.5	13 121.7	14 056.1	15 575.3

数据来源：国家统计局。

2018—2021年分地区农村居民人均消费支出

单位：元

地 区	2018年	2019年	2020年	2021年
全 国	12 124.3	13 327.7	13 713.4	15 915.6
北 京	20 195.3	21 881.0	20 912.7	23 574.0
天 津	16 863.3	17 843.3	16 844.1	19 285.5
河 北	11 382.8	12 372.0	12 644.2	15 390.7
山 西	9 172.2	9 728.4	10 290.1	11 410.1
内蒙古	12 661.5	13 816.0	13 593.7	15 691.4
辽 宁	11 455.0	12 030.2	12 311.2	14 605.9
吉 林	10 826.2	11 456.6	11 863.6	13 411.0
黑龙江	11 416.8	12 494.9	12 360.0	15 225.0
上 海	19 964.7	22 448.9	22 095.5	27 204.8
江 苏	16 567.0	17 715.9	17 021.7	21 130.1
浙 江	19 706.8	21 351.7	21 555.4	25 415.2
安 徽	12 748.1	14 545.8	15 023.5	17 163.3
福 建	14 942.8	16 281.4	16 338.9	19 290.4
江 西	10 885.2	12 496.7	13 579.4	15 663.1
山 东	11 270.1	12 308.9	12 660.4	14 298.7
河 南	10 392.0	11 546.0	12 201.1	14 073.2
湖 北	13 946.3	15 328.0	14 472.5	17 646.9
湖 南	12 720.5	13 968.8	14 974.0	16 950.7
广 东	15 411.3	16 949.4	17 132.3	20 011.8
广 西	10 617.0	12 045.0	12 431.1	14 165.3
海 南	10 955.8	12 417.5	13 169.3	15 487.3
重 庆	11 976.8	13 112.1	14 139.5	16 095.7
四 川	12 723.2	14 055.6	14 952.6	16 444.0
贵 州	9 170.2	10 221.7	10 817.6	12 557.0
云 南	9 122.9	10 260.2	11 069.5	12 386.3
西 藏	7 452.1	8 417.9	8 917.1	10 576.6
陕 西	10 070.8	10 934.7	11 375.7	13 158.0
甘 肃	9 064.6	9 694.0	9 922.9	11 206.1
青 海	10 352.4	11 343.1	12 134.2	13 300.2
宁 夏	10 789.6	11 464.6	11 724.3	13 535.7
新 疆	9 421.3	10 318.4	10 778.2	12 821.4

数据来源：国家统计局。

1978—2021年居民消费水平

年份	绝对数（元）			城乡消费水平对比（农村居民=1)	指数（上年=100)			指数 (1978=100)		
	全体居民	城镇居民	农村居民		全体居民	城镇居民	农村居民	全体居民	城镇居民	农村居民
1978	184	393	139	2.8	104.1	102.9	104.4	100.0	100.0	100.0
1980	238	490	178	2.7	109.1	107.3	108.6	116.8	113.8	115.0
1985	440	750	346	2.2	112.7	107.4	114.4	181.3	141.6	191.3
1990	831	1 404	627	2.2	102.8	101.4	103.4	227.5	168.6	238.8
1995	2 329	4 767	1 345	3.5	108.3	109.5	105.0	339.7	294.2	286.9
2000	3 712	6 972	1 917	3.6	110.5	109.6	106.6	491.9	393.0	375.2
2001	3 968	7 272	2 032	3.6	105.9	103.4	104.6	520.7	406.5	392.7
2002	4 270	7 662	2 157	3.6	108.1	105.9	106.6	563.1	430.6	418.5
2003	4 555	7 977	2 292	3.5	105.4	103.0	104.6	593.4	443.4	437.7
2004	5 071	8 718	2 521	3.5	106.6	105.2	103.9	632.7	466.6	454.9
2005	5 688	9 637	2 784	3.5	109.5	108.3	106.8	693.0	505.4	485.8
2006	6 319	10 516	3 066	3.4	108.0	105.9	107.3	748.3	535.4	521.4
2007	7 454	12 217	3 538	3.5	112.4	111.2	108.7	841.4	595.5	566.8
2008	8 505	13 722	3 981	3.4	107.5	106.2	104.8	904.2	632.2	593.8
2009	9 249	14 687	4 295	3.4	110.5	108.6	110.1	999.4	686.6	654.0
2010	10 575	16 570	4 782	3.5	107.5	105.9	105.4	1 074.7	726.9	689.2
2011	12 668	19 219	5 880	3.3	109.8	106.8	110.8	1 179.7	776.3	764.0
2012	14 074	20 869	6 573	3.2	109.1	107.1	108.1	1 286.9	831.0	826.1
2013	15 586	22 620	7 397	3.1	107.9	105.7	109.4	1 388.9	878.2	903.9
2014	17 220	24 430	8 365	2.9	108.4	105.9	110.9	1 505.1	930.3	1 002.3
2015	18 857	26 119	9 409	2.8	109.5	106.9	112.7	1 648.4	994.3	1 129.1
2016	20 801	28 154	10 609	2.7	108.2	105.6	110.8	1 783.2	1 050.4	1 251.4
2017	22 969	30 323	12 145	2.5	106.6	104.0	110.8	1 901.7	1 092.0	1 386.6
2018	25 245	32 483	13 985	2.3	107.4	104.7	112.4	2 041.9	1 143.0	1 558.8
2019	27 504	34 900	15 382	2.3	106.1	104.6	107.0	2 166.0	1 195.9	1 668.2
2020	27 438	34 033	16 063	2.1	97.8	95.5	102.7	2 118.0	1 142.1	1 712.9
2021	31 072	37 994	18 601	2.0	111.9	110.3	114.6	2363.5	1 258.0	1 945.5

注：1. 城乡消费水平对比没有剔除城乡价格不可比的因素。
2. 居民消费水平指按年中常住人口计算的人均居民消费支出。

2021年分地区居民消费价格分类指数

上年=100

地区	总指数	食品烟酒	食品	
				奶类
全国	100.9	99.7	98.6	101.8
北京	101.1	100.5	99.0	101.2
天津	101.3	101.3	100.2	101.1
河北	101.0	100.9	100.8	103.7
山西	101.0	100.4	99.8	101.6
内蒙古	100.9	100.5	99.9	101.4
辽宁	101.1	100.3	99.9	101.1
吉林	100.6	99.7	99.4	102.5
黑龙江	100.6	99.5	98.9	101.8
上海	101.2	100.5	99.6	103.7
江苏	101.6	100.9	100.5	102.4
浙江	101.5	100.7	99.8	103.3
安徽	100.9	99.5	98.5	101.8
福建	100.7	98.9	97.6	101.6
江西	100.9	99.3	98.1	100.5
山东	101.2	100.9	100.0	101.8
河南	100.9	100.2	99.7	100.8
湖北	100.3	98.5	96.7	102.0
湖南	100.5	98.0	96.6	100.8
广东	100.8	99.4	97.7	101.7
广西	100.9	98.8	97.3	100.4
海南	100.3	98.9	96.7	102.2
重庆	100.3	97.8	95.6	98.8
四川	100.3	98.0	96.0	103.0
贵州	100.1	97.7	95.8	100.4
云南	100.2	98.4	96.4	100.3
西藏	100.9	100.5	100.4	102.9
陕西	101.5	101.4	100.5	100.9
甘肃	100.9	100.3	99.3	101.5
青海	101.3	100.1	99.3	100.4
宁夏	101.4	101.5	101.7	101.6
新疆	101.2	100.7	100.5	100.9

数据来源：国家统计局。

1978—2021年居民人均消费支出和指数

年 份	全国居民人均消费支出		城镇居民人均消费支出		农村居民人均消费支出	
	绝对数（元）	指数 (1978=100)	绝对数（元）	指数 (1978=100)	绝对数（元）	指数 (1978=100)
1978	151.0	100.0	311.2	100.0	116.1	100.0
1980	210.7	127.4	412.4	121.0	162.2	131.2
1985	401.8	203.0	673.2	161.2	317.4	220.6
1990	768.0	234.9	1 278.9	185.1	584.6	246.3
1995	1 957.1	326.4	3 537.6	264.6	1 310.4	312.8
2000	2 914.0	444.6	5 026.7	338.9	1 714.3	380.0
2001	3 138.8	475.5	5 349.7	358.3	1 803.2	396.4
2002	3 547.7	541.8	6 088.5	411.8	1 917.1	423.2
2003	3 888.6	586.8	6 587.1	441.5	2 049.6	445.5
2004	4 395.3	638.4	7 280.5	472.4	2 326.5	482.6
2005	5 035.4	718.4	8 067.7	515.5	2 748.8	543.6
2006	5 634.4	792.0	8 850.7	557.3	3 072.3	598.7
2007	6 591.9	884.1	10 195.7	614.3	3 535.5	653.6
2008	7 547.7	955.9	11 489.0	655.6	4 054.0	703.6
2009	8 376.6	1 068.4	12 557.7	723.2	4 464.2	777.1
2010	9 378.3	1 158.0	13 820.7	771.0	4 944.8	830.7
2011	10 819.6	1 267.5	15 554.0	823.4	5 892.0	935.4
2012	12 053.7	1 376.3	17 106.6	881.9	6 667.1	1 032.7
2013	13 220.4	1 471.2	18 487.5	928.9	7 485.1	1 127.8
2014	14 491.4	1 581.0	19 968.1	982.7	8 382.6	1 240.7
2015	15 712.4	1 690.6	21 392.4	1 037.2	9 222.6	1 347.5
2016	17 110.7	1 804.9	23 078.9	1 096.0	10 129.8	1 452.5
2017	18 322.1	1 902.3	24 445.0	1 141.4	10 954.5	1 550.6
2018	19 853.1	2 019.7	26 112.3	1 194.0	12 124.3	1 681.2
2019	21 558.9	2 131.6	28 063.4	1 248.6	13 327.7	1 790.4
2020	21 209.9	2 046.3	27 007.4	1 174.1	13 713.4	1 788.6
2021	24 100.1	2 303.8	30 307.2	1 304.3	15 915.6	2 062.1

数据来源：国家统计局。

注：本表2013–2020年人均消费支出来源于住户收支与生活状况调查，1978—2012年数据是根据历史数据按住户收支与生活状况调查可比口径推算获得。消费支出绝对数按当年价计算，指数按可比价计算。

2021年全国各地区零售鲜奶平均价格（纯牛奶 利乐枕240mL月度）

单位：元

地区	1月	2月	3月	4月	5月	6月	7月	8月	9月	10月	11月	12月
北京	2.51	2.51	2.44	2.45	2.51	2.59	2.47	2.48	2.49	2.47	2.47	2.48
天津	2.42	2.47	2.47	2.47	2.47	2.54	2.48	2.54	2.54	2.54	2.54	2.54
河北	2.50	2.58	2.48	2.44	2.45	2.43	2.45	2.43	2.45	2.47	2.48	2.47
山西	2.52	2.53	2.53	2.53	2.54	2.54	2.54	2.58	2.59	2.59	2.66	2.66
内蒙古	2.77	2.78	2.78	2.77	2.78	2.78	2.78	2.78	2.78	2.78	2.78	2.78
辽宁	2.45	2.45	2.45	2.47	2.49	2.50	2.50	2.50	2.52	2.55	2.57	2.58
吉林	2.50	2.51	2.50	2.50	2.51	2.51	2.51	2.54	2.54	2.54	2.54	2.54
黑龙江	2.32	2.34	2.35	2.38	2.38	2.38	2.38	2.38	2.37	2.37	2.38	2.38
上海	2.92	3.03	3.03	3.03	3.03	3.03	3.00	3.00	3.00	3.00	3.00	3.00
江苏	2.45	2.47	2.53	2.68	2.63	2.58	2.52	2.62	2.62	2.60	2.64	2.63
浙江	2.21	2.21	2.21	2.21	2.23	2.21	2.22	2.23	2.23	2.23	2.23	2.23
安徽	2.52	2.52	2.53	2.53	2.52	2.52	2.52	2.53	2.53	2.53	2.53	2.53
福建												
江西	2.82	2.82	2.82	2.88	2.98	2.98	2.98	2.98	2.98	2.98	2.98	2.98
山东	2.60	2.60	2.60	2.60	2.60	2.60	2.60	2.62	2.63	2.63	2.63	2.63
河南	2.41	2.56	2.60	2.57	2.57	2.57	2.55	2.54	2.56	2.57	2.57	2.56
湖北	2.67	2.68	2.71	2.72	2.67	2.69	2.72	2.70	2.69	2.70	2.69	2.69
湖南	2.57	2.59	2.60	2.60	2.60	2.60	2.60	2.60	2.68	2.77	2.77	2.77
广东	3.22	2.97	2.72	2.57	2.65	2.65	2.71	2.85	2.68	2.80	2.87	2.87
广西	2.78	2.82	2.79	2.79	2.79	2.79	2.79	2.79	2.79	2.79	2.79	2.79
海南	3.08	3.17	3.17	3.17	3.17	3.17	3.17	3.17	3.18	3.18	3.18	3.18
重庆	2.93	2.93	2.93	2.93	2.93	2.93	2.93	2.93	2.93	2.93	2.93	2.93
四川	2.64	2.71	2.71	2.73	2.73	2.72	2.71	2.72	2.73	2.77	2.77	2.77
贵州	2.66	2.66	2.67	2.73	2.74	2.74	2.74	2.74	2.74	2.74	2.74	2.75
云南	2.73	2.73	2.73	2.73	2.73	2.73	2.73	2.73	2.73	2.73	2.73	2.73
西藏												
陕西	2.25	2.25	2.25	2.25	2.25	2.24	2.26	2.29	2.29	2.29	2.29	2.29
甘肃	2.43	2.41	2.41	2.39	2.39	2.40	2.40	2.41	2.41	2.44	2.42	2.42
青海	2.30	2.30	2.30	2.30	2.30	2.30	2.31	2.31	2.31	2.31	2.30	2.33
宁夏	2.21	2.22	2.22	2.24	2.25	2.25	2.25	2.25	2.25	2.25	2.27	2.28
新疆	2.12	2.13	2.13	2.13	2.13	2.13	2.13	2.13	2.13	2.13	2.13	2.13

数据来源：国家发改委。

2021年全国各地区零售鲜奶平均价格（纯牛奶 盒装250mL月度）

单位：元

地 区	1月	2月	3月	4月	5月	6月	7月	8月	9月	10月	11月	12月
北 京	2.74	2.73	2.73	2.73	2.73	2.68	2.70	2.75	2.75	2.73	2.69	2.69
天 津	2.87	2.88	2.96	2.79	2.90	2.91	2.83	2.96	2.96	2.88	2.96	2.84
河 北	3.04	3.10	3.09	3.09	3.00	2.97	2.97	2.98	2.99	2.99	3.01	3.02
山 西	2.78	2.81	2.81	2.81	2.81	2.81	2.86	2.90	2.91	2.91	2.93	2.96
内蒙古	3.78	3.76	3.74	3.72	3.72	3.72	3.72	3.76	3.79	3.79	3.79	3.79
辽 宁	2.92	2.93	2.93	2.93	2.94	2.93	2.93	2.92	2.92	2.93	2.93	2.95
吉 林	3.25	3.28	3.29	3.29	3.28	3.28	3.28	3.30	3.30	3.30	3.30	3.33
黑龙江	2.75	2.78	2.78	2.80	2.80	2.80	2.81	2.81	2.80	2.79	2.79	2.79
上 海	3.41	3.73	3.74	3.77	3.77	3.77	3.81	3.83	3.83	3.83	3.83	3.83
江 苏	3.07	3.03	2.98	2.95	2.96	2.98	3.03	3.03	3.00	3.00	3.08	3.07
浙 江	3.10	3.14	3.14	3.13	3.17	3.21	3.12	3.09	3.10	3.13	3.13	3.13
安 徽	2.76	2.79	2.79	2.78	2.78	2.77	2.77	2.79	2.81	2.82	2.82	2.82
福 建	3.00	3.06	2.99	2.94	3.00	2.87	3.04	3.06	3.00	3.02	3.03	3.08
江 西	3.08	3.08	3.08	3.08	3.08	3.08	3.08	3.08	3.08	3.08	3.18	3.23
山 东	3.01	3.01	3.01	3.01	3.01	3.01	3.01	3.03	3.03	3.06	3.06	3.06
河 南	2.93	3.07	3.09	3.09	3.07	3.07	3.05	3.04	3.06	3.06	3.06	3.06
湖 北	2.92	2.91	2.91	2.90	2.89	2.89	2.89	2.90	2.90	2.92	2.94	2.94
湖 南	2.72	2.73	2.70	2.64	2.64	2.69	2.73	2.73	2.73	2.75	2.75	2.75
广 东	2.89	2.96	2.96	2.96	2.99	3.01	3.04	3.10	3.09	3.03	3.06	3.08
广 西	2.87	2.90	2.83	2.83	2.83	2.82	2.82	2.83	2.83	2.83	2.83	2.83
海 南	3.12	3.18	3.18	3.18	3.18	3.18	3.18	3.19	3.19	3.18	3.18	3.20
重 庆	3.75	3.76	3.79	3.93	3.93	3.93	3.93	3.93	3.93	3.93	3.93	3.93
四 川	2.79	2.86	2.86	2.87	2.87	2.87	2.85	2.86	2.86	2.88	2.97	2.97
贵 州	2.79	2.79	2.81	2.95	3.05	3.14	3.13	3.13	3.12	3.11	3.12	3.09
云 南	3.05	3.06	3.06	3.09	3.10	3.12	3.14	3.14	3.14	3.14	3.15	3.15
西 藏	3.50	3.50	3.50	3.50	3.50	3.50	3.50	3.50	3.50	3.50	3.50	3.50
陕 西	2.82	2.82	2.82	2.82	2.85	2.87	2.87	2.87	2.87	2.87	2.87	2.87
甘 肃	3.16	3.09	3.21	3.22	3.29	3.34	3.32	3.32	3.32	3.33	3.32	3.28
青 海	3.30	3.30	3.30	3.30	3.25	3.23	3.23	3.23	3.23	3.23	3.23	3.27
宁 夏	2.68	2.73	2.73	2.81	2.81	2.81	2.81	2.81	2.81	2.81	2.82	2.82
新 疆	2.60	2.60	2.61	2.61	2.61	2.61	2.61	2.61	2.61	2.62	2.62	2.62

数据来源：国家发改委。

2021年全国各地区零售盒装婴幼儿配方乳粉平均价格(国产三段 400g 月度)

单位：元

地 区	1月	2月	3月	4月	5月	6月	7月	8月	9月	10月	11月	12月
北 京	56.84	60.89	68.22	68.50	68.50	68.50	68.50	68.50	68.50	68.50	68.50	68.50
天 津	64.17	64.17	64.17	64.17	64.17	64.17	64.17	64.17	64.17	64.17	64.17	64.17
河 北	58.65	62.10	71.10	71.10	71.10	71.10	71.10	71.10	71.10	71.10	71.10	71.10
山 西	68.75	68.75	68.75	68.75	68.75	68.75	68.75	70.43	71.27	71.27	71.27	71.27
内蒙古	64.90	65.13	65.13	65.13	65.13	65.13	65.13	65.68	65.96	65.96	65.96	65.96
辽 宁	65.14	65.14	65.14	65.61	65.84	66.39	66.46	66.46	66.69	67.29	67.44	67.14
吉 林	61.08	62.20	62.21	62.38	62.38	62.38	62.38	62.38	62.38	62.38	62.38	62.38
黑龙江	72.17	72.34	72.55	72.65	72.65	72.65	72.86	72.97	72.97	72.97	72.97	72.97
上 海	52.50	52.50	52.50	52.50	52.50	52.50	52.50	52.50	52.50	52.50	52.50	52.50
江 苏	76.51	76.51	76.91	76.28	76.51	76.74	77.05	77.12	77.15	77.15	77.49	77.86
浙 江	97.98	97.98	97.98	97.98	97.98	97.98	97.98	97.98	97.98	97.98	105.40	105.40
安 徽	63.16	63.35	63.35	63.43	63.60	63.60	63.60	63.60	63.60	63.60	63.60	63.60
福 建	58.72	58.51	59.13	59.13	59.89	60.80	61.90	62.18	62.18	62.18	62.18	62.18
江 西	63.92	63.92	63.92	63.92	66.57	67.89	67.89	67.89	67.89	68.08	70.03	70.03
山 东	66.54	66.54	66.54	66.54	66.54	66.54	66.54	66.54	66.54	66.54	66.54	66.54
河 南	116.42	116.42	116.42	116.42	116.42	116.42	116.42	116.42	116.42	116.42	116.42	116.42
湖 北	67.62	67.68	68.11	68.05	68.09	68.30	68.30	68.52	68.51	68.64	68.67	68.67
湖 南	55.03	55.03	55.03	55.03	55.03	55.03	55.03	54.84	64.34	65.68	64.93	64.93
广 东	65.04	73.79	74.53	74.52	74.54	74.58	74.74	81.21	81.96	82.73	82.86	83.27
广 西	81.99	83.04	86.59	86.62	86.64	75.05	73.69	73.01	73.01	73.01	73.01	73.01
海 南	77.86	78.86	78.86	78.06	78.11	78.07	78.37	78.25	78.25	78.37	78.62	79.30
重 庆	75.96	75.96	75.96	75.71	73.84	73.84	77.56	73.84	76.32	77.56	77.56	77.56
四 川	64.51	64.29	64.99	65.33	65.59	65.59	65.59	66.18	66.50	66.34	65.78	65.76
贵 州	68.44	68.16	68.31	78.26	83.69	83.64	83.59	83.69	83.69	83.69	83.69	86.52
云 南	87.25	87.25	87.25	87.25	88.34	91.15	95.08	98.00	100.31	94.56	94.56	94.76
西 藏	83.65	83.65	83.65	83.65	83.65	83.65	83.65	83.65	83.65	83.65	83.65	83.65
陕 西	75.83	75.58	75.14	74.93	74.93	74.82	74.76	74.72	74.90	75.12	74.96	74.96
甘 肃	127.67	129.68	133.65	133.58	133.69	133.81	133.49	134.17	133.67	132.56	130.33	132.92
青 海	61.75	61.75	61.75	61.75	62.58	64.25	64.25	64.25	64.25	64.25	65.92	66.75
宁 夏	85.42	85.42	85.42	85.42	120.42	120.42	120.42	120.42	120.42	120.42	121.49	122.03
新 疆	143.37	143.37	143.37	143.37	143.37	143.37	143.37	143.37	143.37	143.37	143.37	143.11

数据来源：国家发改委。

2021年全国各地区零售盒装婴幼儿配方乳粉平均价格（进口三段 400g 月度）

单位：元

地 区	1月	2月	3月	4月	5月	6月	7月	8月	9月	10月	11月	12月
北 京	103.81	106.31	109.25	109.06	109.06	109.06	109.06	109.06	109.06	109.06	109.06	109.06
天 津	73.14	73.14	73.14	73.14	73.14	73.14	73.14	73.14	74.25	76.48	76.48	76.48
河 北	82.25	82.50	82.50	82.50	82.50	82.50	82.50	82.50	82.50	82.50	82.50	82.50
山 西	80.96	80.96	80.96	80.96	80.96	80.96	80.96	97.04	105.09	105.09	105.09	105.09
内蒙古	115.87	115.87	115.87	115.87	115.87	115.87	115.87	115.87	115.87	115.87	115.87	115.87
辽 宁	81.63	81.63	81.63	81.72	81.76	82.04	82.04	82.04	82.04	81.89	81.35	80.92
吉 林	88.08	96.00	110.50	117.75	117.75	117.75	117.75	117.75	117.75	117.75	117.75	117.75
黑龙江	90.23	90.23	90.23	90.23	90.23	90.23	90.23	90.23	90.23	90.23	90.23	90.23
上 海	74.00	74.00	74.00	74.00	74.00	74.00	74.00	74.00	74.00	74.00	74.00	74.00
江 苏	79.87	79.87	80.12	80.72	82.56	82.95	83.69	84.22	84.49	84.56	84.62	84.66
浙 江	132.75	132.75	132.75	132.75	132.75	132.94	133.33	133.33	133.33	133.33	141.22	141.22
安 徽	107.76	101.41	101.41	101.41	101.41	101.41	101.41	101.41	101.41	101.41	101.41	101.41
福 建	74.49	74.49	74.85	75.03	84.30	88.94	88.94	88.96	89.02	89.02	89.02	89.02
江 西	97.34	97.34	97.34	97.34	98.67	99.33	99.33	99.33	99.33	99.64	101.92	101.92
山 东	138.37	138.37	138.37	138.37	138.37	138.37	138.37	138.37	138.37	138.37	138.37	138.37
河 南	205.75	205.75	205.75	208.92	208.92	208.92	208.92	208.92	208.92	208.92	208.92	208.92
湖 北	85.56	85.56	85.56	85.56	85.56	85.55	85.53	85.58	85.68	85.68	85.68	85.68
湖 南	71.36	71.36	71.36	71.36	71.36	71.36	71.36	70.67	97.28	100.67	100.67	100.67
广 东	79.79	90.73	90.77	90.23	90.23	90.23	90.23	122.27	122.86	122.86	122.86	121.90
广 西	102.42	102.47	102.47	102.47	102.47	102.47	102.47	102.47	102.47	102.47	102.47	102.47
海 南	93.77	94.27	94.27	94.27	94.27	94.71	95.60	96.30	97.71	98.46	99.96	99.96
重 庆	112.59	112.59	112.59	112.59	110.92	112.59	112.59	112.42	112.42	112.42	112.42	112.42
四 川	73.97	74.20	74.25	75.14	75.97	75.97	75.97	76.04	76.08	76.08	76.08	76.15
贵 州	154.42	153.81	153.92	165.53	170.67	167.86	170.25	169.83	170.25	170.67	171.08	170.17
云 南	176.31	176.31	176.31	176.31	176.42	177.41	178.84	180.71	182.28	170.55	170.55	170.80
西 藏	141.20	141.20	141.20	141.20	141.20	141.20	141.20	141.20	141.20	141.20	141.20	141.20
陕 西	95.57	95.43	93.43	93.43	93.47	93.55	93.55	93.55	93.55	93.55	93.55	93.55
甘 肃	178.13	173.38	172.82	172.82	172.82	173.88	173.88	173.88	173.88	173.88	173.88	173.78
青 海	73.23	73.23	73.23	73.23	74.06	75.73	75.73	75.73	75.73	75.73	75.73	75.73
宁 夏	134.33	134.33	134.33	139.33	153.00	153.00	153.00	153.00	153.00	153.00	153.67	154.00
新 疆	162.48	162.48	162.48	162.48	162.48	162.48	162.48	162.48	162.48	162.48	162.48	162.48

数据来源：国家发改委。

【含乳饮料和植物蛋白饮料制造业】

2014—2021年全国含乳饮料和植物蛋白饮料制造业基本经营情况

分 项	单位	2014年	2015年	2016年	2017年	2018年	2019年	2020年	2021年
企业单位数	个	246	265	286	297	293	270	265	260
亏损企业数	个	13	15	14	20	40	37	41	40
资产总计	亿元	658.2	741.6	817.4	798.2	859.5	804.1	815.3	895.5
负债合计	亿元	261.6	306.8	370.5	335.4	327.4	328.1	316.5	331.1
营业收入	亿元	1 039.2	1 132.9	1 147.9	1 164.7	978.3	972.8	860.2	993.3
利润总额	亿元	126.3	149.6	159.3	133.6	116.7	95.0	116.4	119.6

资料来源：国家统计局。

【社会经济综合指标】

1978—2021 年国内生产总值

单位：亿元，元

年 份	国民总收入	国内生产总值	产业				人均国民总收入	人均国内生产总值
			第一产业	第二产业	第三产业	农林牧渔业		
1978	3 678.7	3 678.7	1 018.5	1 755.1	905.1	1 027.5	385	385
1979	4 100.5	4 100.5	1 259.0	1 925.3	916.1	1 270.2	423	423
1980	4 586.1	4 587.6	1 359.5	2 204.7	1 023.4	1 371.6	467	468
1981	4 933.7	4 935.8	1 545.7	2 269.0	1 121.1	1 559.4	496	497
1982	5 380.5	5 373.4	1 761.7	2 397.6	1 214.0	1 777.3	533	533
1983	6 043.8	6 020.9	1 960.9	2 663.0	1 397.1	1 978.3	591	588
1984	7 314.2	7 278.5	2 295.6	3 124.7	1 858.2	2 316.0	705	702
1985	9 123.6	9 098.9	2 541.7	3 886.4	2 670.8	2 564.3	868	866
1986	10 375.4	10 376.2	2 764.1	4 515.1	3 097.0	2 788.6	973	973
1987	12 166.6	12 174.6	3 204.5	5 273.8	3 696.3	3 232.9	1 122	1 123
1988	15 174.4	15 180.4	3 831.2	6 607.2	4 742.0	3 865.2	1 377	1 378
1989	17 188.4	17 179.7	4 228.2	7 300.7	5 650.8	4 265.8	1 537	1 536
1990	18 923.3	18 872.9	5 017.2	7 744.1	6 111.6	5 061.8	1 667	1 663
1991	22 050.3	22 005.6	5 288.8	9 129.6	7 587.2	5 341.9	1 916	1 912
1992	27 208.2	27 194.5	5 800.3	11 725.0	9 669.2	5 866.2	2 336	2 334
1993	35 599.2	35 673.2	6 887.6	16 472.7	12 313.0	6 963.3	3 021	3 027
1994	48 548.2	48 637.5	9 471.8	22 452.5	16 713.1	9 572.1	4 073	4 081
1995	60 356.6	61 339.9	12 020.5	28 676.7	20 642.7	12 135.1	5 009	5 091
1996	70 779.6	71 813.6	13 878.3	33 827.3	24 108.0	14 014.7	5 813	5 898
1997	78 802.9	79 715.0	14 265.2	37 545.0	27 904.8	14 440.8	6 406	6 481
1998	83 817.6	85 195.5	14 618.7	39 017.5	31 559.3	14 816.4	6 749	6 860
1999	89 366.5	90 564.4	14 549.0	41 079.9	34 935.5	14 768.7	7 134	7 229
2000	99 066.1	100 280.1	14 717.4	45 663.7	39 899.1	14 943.6	7 846	7 942
2001	109 276.2	110 863.1	15 502.5	49 659.4	45 701.2	15 780.0	8 592	8 717
2002	120 480.4	121 717.4	16 190.2	54 104.1	51 423.1	16 535.7	9 410	9 506
2003	136 576.3	137 422.0	16 970.2	62 695.8	57 756.0	17 380.6	10 600	10 666
2004	161 415.4	161 840.2	20 904.3	74 285.0	66 650.9	21 410.7	12 454	12 487
2005	185 998.9	187 318.9	21 806.7	88 082.2	77 430.0	22 416.2	14 267	14 368
2006	219 028.5	219 438.5	23 317.0	104 359.2	91 762.2	24 036.4	16 707	16 738
2007	270 704.0	270 092.3	27 674.1	126 630.5	115 787.7	28 483.7	20 541	20 494
2008	321 229.5	319 244.6	32 464.1	149 952.9	136 827.5	33 428.1	24 250	24 100
2009	347 934.9	348 517.7	33 583.8	160 168.8	154 765.1	34 659.7	26 136	26 180
2010	410 354.1	412 119.3	38 430.8	191 626.5	182 061.9	39 619.0	30 676	30 808
2011	483 392.8	487 940.2	44 781.5	227 035.1	216 123.6	46 122.6	35 939	36 277
2012	537 329.0	538 580.0	49 084.6	244 639.1	244 856.2	50 581.2	39 679	39 771
2013	588 141.2	592 963.2	53 028.1	261 951.6	277 983.5	54 692.4	43 143	43 497
2014	644 380.2	643 563.1	55 626.3	277 282.8	310 654.0	57 472.2	46 971	46 912
2015	685 571.2	688 858.2	57 774.6	281 338.9	349 744.7	59 852.6	49 684	49 922
2016	742 694.1	746 395.1	60 139.2	295 427.8	390 828.1	62 451.0	53 516	53 783
2017	830 945.7	832 035.9	62 099.5	331 580.5	438 355.9	64 660.0	59 514	59 592
2018	915 243.5	919 281.1	64 745.2	364 835.2	489 700.8	67 558.7	65 246	65 534
2019	983 751.2	986 515.2	70 473.6	380 670.6	535 371.0	73 576.9	69 881	70 078
2020	1 005 451.3	1 013 567.0	78 030.9	383 562.4	551 973.7	81 396.5	71 253	71 828
2021	1 133 239.8	1 143 669.7	83 085.5	450 904.5	609 679.7	86 775.0	80 237	80 976

注：1980 年以后国民总收入（原称国民生产总值）与国内生产总值的差额为来自国外的初次分配收入净额。

1978—2021年农林牧渔业总产值及指数

年份	绝对数（亿元）					指数（上年=100）				
	农林牧渔业总产值	农业	林业	牧业	渔业	农林牧渔业总产值	农业	林业	牧业	渔业
1978	1 397.0	1 117.5	48.1	209.3	22.1					
1980	1 922.6	1 454.1	81.4	354.2	32.9	101.4	99.7	112.2	107.0	107.7
1985	3 619.5	2 506.4	188.7	798.3	126.1	103.4	99.8	104.5	117.2	118.9
1990	7 662.1	4 954.3	330.3	1 967.0	410.6	107.6	108.0	103.1	107.0	110.0
1995	20 340.9	11 884.6	709.9	6 045.0	1 701.3	110.9	107.9	105.0	114.8	119.4
2000	24 915.8	13 873.6	936.5	7 393.1	2 712.6	103.6	101.4	105.4	106.3	106.5
2005	39 450.9	19 613.4	1 425.5	13 310.8	4 016.1	105.7	104.1	103.2	107.8	106.5
2006	40 810.8	21 522.3	1 610.8	12 083.9	3 970.5	105.4	105.4	105.6	105.0	106.0
2007	48 651.8	24 444.7	1 889.9	16 068.6	4 427.9	103.9	103.7	109.8	103.2	104.0
2008	57 420.8	27 679.9	2 180.3	20 354.2	5 137.5	105.6	104.6	108.0	106.7	105.8
2009	59 311.3	29 983.8	2 324.4	19 184.6	5 514.7	104.6	103.4	106.7	105.5	105.6
2010	67 763.1	35 909.1	2 575.0	20 461.1	6 263.4	104.4	104.3	103.5	104.2	105.4
2011	78 837.0	40 339.6	3 092.4	25 194.2	7 337.4	104.4	105.6	107.6	101.7	104.1
2012	86 342.2	44 845.7	3 407.0	26 491.2	8 403.9	104.9	104.3	106.7	105.2	105.0
2013	93 173.7	48 943.9	3 847.4	27 572.4	9 254.5	104.0	104.4	107.4	102.0	105.1
2014	97 822.5	51 851.1	4 190.0	27 963.4	9 877.5	104.3	104.9	106.4	102.6	104.0
2015	101 893.5	54 205.3	4 358.4	28 649.3	10 339.1	104.0	105.4	106.1	100.5	104.3
2016	106 478.7	55 659.9	4 635.9	30 461.2	10 892.9	103.5	104.2	108.2	101.1	102.9
2017	109 331.7	58 059.8	4 980.6	29 361.2	11 577.1	104.0	104.7	106.9	102.1	102.8
2018	113 579.5	61 452.6	5 432.6	28 697.4	12 131.5	103.5	103.9	106.5	101.7	102.7
2019	123 967.9	66 066.5	5 775.7	33 064.3	12 572.4	102.8	104.6	105.2	97.9	102.5
2020	137 782.2	71 748.2	5 961.6	40 266.7	12 775.9	103.4	104.1	104.3	102.0	102.2
2021	147 013.4	78 339.5	6 507.7	39 910.8	14 507.3	107.9	104.5	104.4	115.6	104.1

数据来源：国家统计局。

注：本表绝对数按当年价格计算，指数按可比价格计算。2003年起总产值包括农林牧渔专业及辅助性活动产值。

2021年农林牧渔业总产值及指数

地区	绝对数（亿元）					指数（上年=100）				
	农林牧渔业总产值	农业	林业	牧业	渔业	农林牧渔业总产值	农业	林业	牧业	渔业
北 京	269.5	123.0	88.8	46.3	4.4	102.8	111.3	91.5	111.3	103.5
天 津	509.3	258.4	9.5	142.5	80.9	102.1	101.8	52.7	109.8	99.9
河 北	7 018.7	3 645.0	263.7	2 239.5	298.0	107.1	103.6	102.6	112.4	107.6
山 西	2 134.0	1 223.1	159.8	624.4	9.1	109.9	104.4	109.4	120.6	108.7
内蒙古	3 815.1	1 879.6	94.1	1 755.3	29.8	105.1	104.8	106.1	105.4	102.7
辽 宁	4 927.7	2 222.5	120.9	1 683.9	719.9	105.7	103.6	99.5	110.0	105.5
吉 林	2 972.3	1 302.9	72.6	1 454.3	54.4	107.5	106.5	101.9	108.0	138.6
黑龙江	6 460.0	4 099.5	208.0	1 833.1	135.9	107.1	105.8	109.6	109.5	106.8
上 海	268.9	144.9	8.7	45.3	47.7	93.3	95.5	57.7	98.9	86.7
江 苏	8 279.7	4 426.1	178.2	1 215.9	1 833.5	104.3	103.2	101.5	112.5	101.1
浙 江	3 579.2	1 697.9	168.3	402.7	1 188.3	103.0	102.5	89.0	111.2	102.0
安 徽	6 004.3	2 802.9	412.9	1 810.9	621.7	109.3	103.4	98.5	121.3	104.2
福 建	5 201.0	1 906.0	424.9	1 059.9	1 621.5	105.1	104.1	102.3	110.5	102.9
江 西	3 998.1	1 796.3	398.9	1 051.4	548.3	108.9	104.0	104.9	120.2	104.1
山 东	11 468.0	5 814.6	219.9	2 904.2	1 652.6	108.6	104.3	101.7	119.2	105.9
河 南	10 501.2	6 564.8	134.1	2 942.1	143.4	107.1	101.0	104.2	120.4	106.7
湖 北	8 296.4	3 912.5	302.7	1 990.2	1 458.9	114.3	104.1	120.3	136.9	107.3
湖 南	7 662.4	3 532.9	455.8	2 542.5	570.8	110.4	103.6	109.5	120.6	104.3
广 东	8 305.8	3 951.1	495.4	1 707.8	1 747.3	107.1	104.7	100.8	115.1	104.6
广 西	6 524.4	3 690.7	538.1	1 437.6	555.1	109.2	106.4	107.6	119.0	102.6
海 南	2 014.8	1 049.6	118.3	327.7	435.2	105.1	106.1	91.5	108.4	103.0
重 庆	2 935.6	1 759.9	168.1	804.2	138.2	109.2	104.9	116.0	116.4	105.1
四 川	9 383.3	5 089.5	408.4	3 305.3	327.8	107.5	105.0	105.4	111.1	105.1
贵 州	4 692.0	3 123.7	319.8	959.0	69.8	109.2	108.8	107.9	110.2	114.6
云 南	6 351.8	3 441.5	497.3	2 113.3	112.4	110.4	107.8	105.5	115.0	102.7
西 藏	255.3	115.3	4.0	129.3	0.3	105.6	107.1	104.2	104.4	154.4
陕 西	4 313.4	3 035.6	100.0	917.8	35.0	106.7	104.0	113.7	114.6	105.8
甘 肃	2 439.5	1 623.2	32.8	619.9	2.0	111.3	106.4	103.4	127.8	102.3
青 海	528.5	204.7	13.2	298.6	4.1	104.5	104.7	111.4	104.1	106.8
宁 夏	759.8	412.7	11.4	280.7	25.0	104.8	100.9	108.0	110.8	105.4
新 疆	5 143.1	3 489.0	79.1	1 265.7	35.9	108.8	107.3	107.9	113.0	113.7

数据来源：国家统计局。

注：本表绝对数按当年价格计算，指数按可比价格计算。2003年起总产值包括农林牧渔专业及辅助性活动产值。

2017—2021 年全国各地区社会消费品零售总额

单位：亿元、%

地　区	2017 年	2018 年	2019 年	2020 年	2021 年	同比增长
全　国	366 261.6	377 783.1	408 017.2	391 980.6	440 823.2	12.5
北　京	11 575.4	14 422.3	15 063.7	13 716.4	14 867.7	8.4
天　津	5 729.7	4 231.2	4 218.2	3 582.9	3 769.8	5.2
河　北	15 907.6	11 973.9	12 985.5	12 705.0	13 509.9	6.3
山　西	6 918.1	6 523.3	7 030.5	6 746.3	7 747.3	14.8
内蒙古	7 160.2	4 852.3	5 051.1	4 760.5	5 060.3	6.3
辽　宁	13 807.2	9 112.8	9 670.6	8 960.9	9 783.9	9.2
吉　林	7 855.8	4 073.8	4 212.9	3 824.0	4 216.6	10.3
黑龙江	9 099.2	5 275.0	5 603.9	5 092.3	5 542.9	8.8
上　海	11 830.3	14 874.8	15 847.6	15 932.5	18 079.3	13.5
江　苏	31 737.4	35 472.6	37 672.5	37 086.1	42 702.6	15.1
浙　江	24 308.5	25 161.9	27 343.8	26 629.8	29 210.5	9.7
安　徽	11 192.6	16 156.2	17 862.1	18 334.0	21 471.2	17.1
福　建	13 013.0	17 178.4	18 896.8	18 626.5	20 373.1	9.4
江　西	7 448.1	9 045.7	10 068.1	10 371.8	12 206.7	17.7
山　东	33 649.0	27 480.3	29 251.2	29 248.0	33 714.5	15.3
河　南	19 666.8	21 268.0	23 476.1	22 502.8	24 381.7	8.3
湖　北	17 394.1	20 598.2	22 722.3	17 984.9	21 561.4	19.9
湖　南	14 854.9	15 134.3	16 683.9	16 258.1	18 596.9	14.4
广　东	38 200.1	39 767.1	42 951.8	40 207.9	44 187.7	9.9
广　西	7 813.0	7 663.5	8 200.9	7 831.0	8 538.5	9.0
海　南	1 618.8	1 852.7	1 951.1	1 974.6	2 497.6	26.5
重　庆	8 067.7	10 705.2	11 631.7	11 787.2	13 967.7	18.5
四　川	17 480.5	19 340.7	21 343.0	20 824.9	24 133.2	15.9
贵　州	4 154.0	7 105.0	7 468.2	7 833.4	8 904.3	13.7
云　南	6 423.1	9 197.3	10 158.2	9 792.9	10 731.8	9.6
西　藏	523.3	711.8	773.4	745.8	810.3	8.7
陕　西	8 236.4	9 510.3	10 213.0	9 605.9	10 250.5	6.7
甘　肃	3 426.6	3 435.6	3 700.3	3 632.4	4 037.1	11.1
青　海	839.0	899.9	948.5	877.3	947.8	8.0
宁　夏	930.4	1 330.1	1 399.4	1 301.4	1 335.1	2.6
新　疆	3 044.6	3 429.1	3 617.0	3 062.5	3 584.6	17.0

数据来源：国家统计局。

1978—2021年全国城乡人口数及构成

单位：万人、%

年份	总人口（年末）	按性别分				按城乡分			
		男		女		城镇		乡村	
		人口数（万人）	比重(%)	人口数（万人）	比重(%)	人口数（万人）	比重(%)	人口数（万人）	比重(%)
1978	96 259	49 567	51.49	46 692	48.51	17 245	17.92	79 014	82.08
1979	97 542	50 192	51.46	47 350	48.54	18 495	18.96	79 047	81.04
1980	98 705	50 785	51.45	47 920	48.55	19 140	19.39	79 565	80.61
1981	100 072	51 519	51.48	48 553	48.52	20 171	20.16	79 901	79.84
1982	101 654	52 352	51.50	49 302	48.50	21 480	21.13	80 174	78.87
1983	103 008	53 152	51.60	49 856	48.40	22 274	21.62	80 734	78.38
1984	104 357	53 848	51.60	50 509	48.40	24 017	23.01	80 340	76.99
1985	105 851	54 725	51.70	51 126	48.30	25 094	23.71	80 757	76.29
1986	107 507	55 581	51.70	51 926	48.30	26 366	24.52	81 141	75.48
1987	109 300	56 290	51.50	53 010	48.50	27 674	25.32	81 626	74.68
1988	111 026	57 201	51.52	53 825	48.48	28 661	25.81	82 365	74.19
1989	112 704	58 099	51.55	54 605	48.45	29 540	26.21	83 164	73.79
1990	114 333	58 904	51.52	55 429	48.48	30 195	26.41	84 138	73.59
1991	115 823	59 466	51.34	56 357	48.66	31 203	26.94	84 620	73.06
1992	117 171	59 811	51.05	57 360	48.95	32 175	27.46	84 996	72.54
1993	118 517	60 472	51.02	58 045	48.98	33 173	27.99	85 344	72.01
1994	119 850	61 246	51.10	58 604	48.90	34 169	28.51	85 681	71.49
1995	121 121	61 808	51.03	59 313	48.97	35 174	29.04	85 947	70.96
1996	122 389	62 200	50.82	60 189	49.18	37 304	30.48	85 085	69.52
1997	123 626	63 131	51.07	60 495	48.93	39 449	31.91	84 177	68.09
1998	124 761	63 940	51.25	60 821	48.75	41 608	33.35	83 153	66.65
1999	125 786	64 692	51.43	61 094	48.57	43 748	34.78	82 038	65.22
2000	126 743	65 437	51.63	61 306	48.37	45 906	36.22	80 837	63.78
2001	127 627	65 672	51.46	61 955	48.54	48 064	37.66	79 563	62.34
2002	128 453	66 115	51.47	62 338	48.53	50 212	39.09	78 241	60.91
2003	129 227	66 556	51.50	62 671	48.50	52 376	40.53	76 851	59.47
2004	129 988	66 976	51.52	63 012	48.48	54 283	41.76	75 705	58.24
2005	130 756	67 375	51.53	63 381	48.47	56 212	42.99	74 544	57.01
2006	131 448	67 728	51.52	63 720	48.48	58 288	44.34	73 160	55.66
2007	132 129	68 048	51.50	64 081	48.50	60 633	45.89	71 496	54.11
2008	132 802	68 357	51.47	64 445	48.53	62 403	46.99	70 399	53.01
2009	133 450	68 647	51.44	64 803	48.56	64 512	48.34	68 938	51.66
2010	134 091	68 748	51.27	65 343	48.73	66 978	49.95	67 113	50.05
2011	134 916	69 161	51.26	65 755	48.74	69 927	51.83	64 989	48.17
2012	135 922	69 660	51.25	66 262	48.75	72 175	53.10	63 747	46.90
2013	136 726	70 063	51.24	66 663	48.76	74 502	54.49	62 224	45.51
2014	137 646	70 522	51.23	67 124	48.77	76 738	55.75	60 908	44.25
2015	138 326	70 857	51.22	67 469	48.78	79 302	57.33	59 024	42.67
2016	139 232	71 307	51.21	67 925	48.79	81 924	58.84	57 308	41.16
2017	140 011	71 650	51.17	68 361	48.83	84 343	60.24	55 668	39.76
2018	140 541	71 864	51.13	68 677	48.87	86 433	61.50	54 108	38.50
2019	141 008	72 039	51.09	68 969	48.91	88 426	62.71	52 582	37.29
2020	141 212	72 357	51.24	68 855	48.76	90 220	63.89	50 992	36.11
2021	141 260	72 311	51.19	68 949	48.81	91 425	64.72	49 835	35.28

注：1.1981年及以前数据为户籍统计数；1982年、1990年、2000年、2010年、2020年数据为当年人口普查数据推算数；其余年份数据为年度人口抽样调查推算数据(下相关表同)。

2. 总人口和按性别分人口中包括现役军人，按城乡分人口中现役军人计入城镇人口。

2013—2021年分地区年末城镇人口比重

单位：%

地 区	2013	2014	2015	2016	2017	2018	2019	2020	2021
全 国	54.49	55.75	57.33	58.84	60.24	61.50	62.71	63.89	64.72
北 京	86.39	86.50	86.71	86.76	86.93	87.09	87.35	87.55	87.50
天 津	82.29	82.55	82.88	83.27	83.57	83.95	84.31	84.70	84.88
河 北	48.02	49.36	51.67	53.87	55.74	57.33	58.77	60.07	61.14
山 西	52.88	54.30	55.87	57.27	58.59	59.85	61.29	62.53	63.42
内蒙古	59.82	60.97	62.09	63.40	64.60	65.51	66.46	67.48	68.21
辽 宁	66.45	67.05	68.05	68.87	69.49	70.26	71.21	72.14	72.81
吉 林	55.74	56.81	57.64	58.75	59.71	60.85	61.63	62.64	63.36
黑龙江	58.04	59.22	60.47	61.09	61.90	63.46	64.62	65.61	65.69
上 海	89.60	89.30	88.53	89.00	89.10	89.13	89.22	89.30	89.30
江 苏	64.39	65.70	67.49	68.93	70.18	71.19	72.47	73.44	73.94
浙 江	63.94	64.96	66.32	67.72	68.91	70.02	71.58	72.17	72.66
安 徽	47.87	49.31	50.97	52.62	54.29	55.65	57.02	58.33	59.39
福 建	60.80	61.99	63.22	64.39	65.78	66.98	67.87	68.75	69.70
江 西	49.04	50.55	52.30	53.99	55.70	57.34	59.07	60.44	61.46
山 东	53.46	54.77	56.97	59.13	60.79	61.46	61.86	63.05	63.94
河 南	43.60	45.05	47.02	48.78	50.56	52.24	54.01	55.43	56.45
湖 北	54.51	55.73	57.18	58.57	59.88	61.00	61.83	62.89	64.09
湖 南	47.63	48.98	50.79	52.70	54.62	56.09	57.45	58.76	59.71
广 东	68.09	68.62	69.51	70.15	70.74	71.81	72.65	74.15	74.63
广 西	45.11	46.54	47.99	49.24	50.59	51.82	52.98	54.20	55.08
海 南	52.28	53.30	54.91	56.70	58.04	59.13	59.37	60.27	60.97
重 庆	58.29	59.74	61.47	63.33	65.00	66.61	68.24	69.46	70.32
四 川	44.96	46.51	48.27	50.00	51.78	53.50	55.36	56.73	57.82
贵 州	37.89	40.24	42.96	45.56	47.76	49.54	51.48	53.15	54.33
云 南	39.99	41.21	42.93	44.64	46.29	47.44	48.67	50.05	51.05
西 藏	23.93	26.23	28.87	31.57	33.38	33.80	34.51	35.73	36.61
陕 西	51.57	53.01	54.74	56.39	58.07	59.65	61.28	62.66	63.63
甘 肃	40.50	42.28	44.24	46.07	48.12	49.69	50.70	52.23	53.33
青 海	49.29	50.84	51.67	53.55	55.45	57.27	58.78	60.08	61.02
宁 夏	52.84	54.82	56.98	58.74	60.95	62.15	63.63	64.96	66.04
新 疆	44.94	46.79	48.78	50.42	51.90	54.01	55.51	56.53	57.26

【国际奶业】

2010—2021 年全球原料奶产量

单位：万 t

原料奶种类	2010 年	2015 年	2019 年	2020 年	2021 年	2021 年增长率	2010—2021 年复合增长率
牛　奶	59 972.7	66 763.0	71 552.9	73 735.0	74 947.7	1.6%	2.0%
水牛奶	9 318.7	10 905.4	13 219.0	13 868.8	14 585.1	5.2%	4.2%
山羊奶	1 780.7	1 912.0	2 066.1	2 089.8	2 107.3	0.8%	1.5%
绵羊奶	988.6	988.0	1 062.4	1 051.1	1 057.3	0.6%	0.6%
其　他	361.3	363.7	400.7	408.2	409.4	0.3%	1.1%
全　球	72 422.0	80 932.0	88 301.1	91 152.9	93 106.8	2.1%	2.3%

数据来源：IDF。

2010—2021 年全球各地区牛奶产量

单位：万 t

地区	2010 年	2015 年	2019 年	2020 年	2021 年	2021 年增长率	2010—2021 年复合增长率
亚　洲	15 809.2	19 090.3	22 525.1	23 801.9	24 892.0	4.6%	4.2%
欧盟 27 国	13 573.2	14 750.7	15 216.6	15 446.3	15 401.3	–0.3%	1.2%
北美和中美(1)	11 208.2	12 091.3	12 798.5	13 072.5	13 256.8	1.4%	1.5%
其他欧洲国家	7 293.9	7 279.6	7 340.4	7 417.0	7 371.2	–0.6%	0.1%
南美洲	6 052.5	6 706.6	6 663.7	6 835.6	6 854.8	0.3%	1.1%
非　洲	3 370.4	3 686.3	3 910.9	4 049.2	4 093.6	1.1%	1.8%
大洋洲	2 665.2	3 158.1	3 097.7	3 112.5	3 078.1	–1.1%	1.3%
全　球	59 972.7	66 763.0	71 552.9	73 735.0	74 947.7	1.6%	2.0%

注：（1）包括加勒比海地区。

2010—2021年世界主要国家奶牛存栏

单位：万头

国家	2010年	2015年	2019年	2020年	2021年	2021年增长率	2010—2021年复合增长率
印 度	4 275.5	4 716.5	5 439.4	5 636.9	5 841.5	3.6%	2.9%
巴基斯坦	1 011.2	1 216.7	1 410.8	1 464.0	1 510.0	3.1%	3.7%
土耳其	438.4	566.5	627.0	642.6	634.7	–1.2%	3.4%
日 本	96.4	87.0	83.9	83.9	84.9	1.2%	–1.1%
韩 国	24.5	25.0	24.0	23.9	23.1	–3.3%	–0.5%
巴 西	2 292.5	2 111.1	1 630.5	1 616.8	1 611.1	–0.4%	–3.2%
阿根廷	174.9	177.0	162.3	158.7	157.7	–0.6%	–0.9%
智 利	53.6	43.6	45.2	45.4	45.2	–0.4%	–1.5%
乌拉圭	42.8	45.2	43.5	42.1	42.3	0.6%	–0.1%
欧盟（27国）	2 148.0	2 141.6	2 078.2	2 061.1	2 028.9	–1.6%	–0.5%
德 国	418.2	428.5	401.2	392.1	383.3	–2.3%	–0.8%
法 国	371.2	365.8	364.3	357.6	351.1	–1.8%	–0.5%
波 兰	252.9	213.4	216.4	212.6	203.5	–4.3%	–2.0%
意大利	174.6	182.6	164.3	163.8	161.0	–1.7%	–0.7%
爱尔兰	107.1	129.6	150.5	156.8	160.5	2.3%	3.7%
荷 兰	147.9	162.2	157.8	159.3	157.1	–1.4%	0.6%
丹 麦	57.3	57.0	56.3	56.5	55.9	–1.1%	–0.2%
瑞 典	34.8	34.0	30.6	30.4	30.0	–1.3%	–1.3%
立陶宛	34.5	30.1	24.1	23.3	22.5	–3.3%	–3.8%
美 国	912.2	932.0	933.7	939.2	944.8	0.6%	0.3%
墨西哥	237.5	245.8	256.4	260.6	264.3	1.4%	1.0%
加拿大	96.6	94.8	97.8	98.1	97.8	–0.3%	0.1%
俄罗斯	884.4	837.9	796.4	789.8	778.4	–1.5%	–1.2%
英 国	184.7	190.1	186.9	185.3	185.5	0.1%	0.0%
乌克兰	255.7	216.7	178.9	167.3	154.4	–7.7%	–4.5%
白俄罗斯	147.8	151.2	149.5	148.5	145.9	–1.8%	–0.1%
新西兰	440.0	501.8	494.6	492.2	490.4	–0.4%	1.0%
澳大利亚	158.9	156.2	139.4	138.4	137.0	–1.0%	–1.3%
全 球	**25 837.1**	**27 416.8**	**27 267.0**	**27 543.8**	**27 790.7**	**0.9%**	**0.7%**

数据来源：IDF。

2010—2021 年世界主要国家牛奶产量

单位：万 t

国 家	2010 年	2015 年	2019 年	2020 年	2021 年	2021 年增长率	2010~2021 年复合增长率
印 度[1]	5 490.3	7 364.5	9 664.7	10 344.2	11 071.6	7.0%	6.6%
土耳其	1 241.9	1 693.4	2 078.2	2 174.9	2 137.0	–1.7%	5.1%
巴基斯坦[2]	1 290.6	1 552.9	1 800.7	1 868.6	1 939.0	3.8%	3.8%
日 本	772.1	737.9	731.4	743.8	759.2	2.1%	–0.2%
韩 国	207.3	216.8	204.9	208.9	203.4	–2.6%	–0.2%
欧盟（27 国）	13 573.2	14 750.7	15 216.6	15 446.3	15 401.3	–0.3%	1.2%
德 国	2 962.9	3 268.5	3 308.0	3 315.5	3 253.0	–1.9%	0.9%
法 国	2 401.0	2 580.0	2 506.2	2 516.2	2 474.8	–1.6%	0.3%
波 兰	1 227.9	1 323.6	1 450.3	1 482.2	1 488.0	0.4%	1.8%
荷 兰	1 182.9	1 352.2	1 401.2	1 420.0	1 387.2	–2.3%	1.5%
意大利	1 139.9	1 142.6	1 249.4	1 296.8	1 338.7	3.2%	1.5%
爱尔兰	535.0	660.4	824.5	856.1	903.5	5.5%	4.9%
丹 麦	490.9	535.6	569.3	574.5	572.2	–0.4%	1.4%
瑞 典	286.2	293.3	270.4	277.3	278.2	0.3%	–0.3%
立陶宛	173.7	173.9	155.1	149.2	147.7	–1.0%	–1.5%
美 国	8 748.8	9 457.8	9 908.3	10 129.1	10 262.9	1.3%	1.5%
墨西哥	1 099.7	1 173.7	1 264.4	1 294.1	1 323.7	2.3%	1.7%
加拿大	843.4	901.2	1 016.3	1 030.0	1 047.8	1.7%	2.0%
俄罗斯	3 150.8	2 988.8	3 136.0	3 222.6	3 233.9	0.4%	0.2%
英 国	1 385.2	1 545.7	1 566.7	1 568.2	1 567.3	–0.1%	1.1%
乌克兰	1 097.7	1 035.9	944.8	905.8	852.0	–5.9%	–2.3%
白俄罗斯	659.5	703.0	737.8	775.1	780.9	0.7%	1.5%
巴 西	3 163.7	3 564.8	3 596.6	3 650.8	3 587.3	–1.7%	1.1%
阿根廷	1 061.7	1 242.3	1 065.0	1 144.7	1 190.0	4.0%	1.0%
智 利	260.6	266.0	260.1	274.2	273.4	–0.3%	0.4%
乌拉圭	191.0	231.4	225.7	228.1	234.5	2.8%	1.9%
新西兰	1 717.3	2 158.7	2 189.6	2 198.0	2 199.5	0.1%	2.3%
澳大利亚[3]	945.5	997.1	906.1	912.4	876.4	–3.9%	–0.7%
全 球	**59 972.7**	**66 763.0**	**71 552.9**	**73 735.0**	**74 947.7**	**1.6%**	**2.0%**

备注：（1）奶业年度为 4 月 1 日至次年 3 月 31 日。

（2）奶业年度为 7 月 1 日至次年 6 月 30 日，奶产量为食用消费。

（3）奶业年度为 7 月 1 日至次年 6 月 30 日。

（以上各章节表格由中国奶业协会国际部陈兵汇总整理）。

十一、索　引

SUOYIN

说　明

一、本索引采用分析索引方法，按英文字母顺序的汉语拼音排列，汉语拼音同音字按声调排列。

二、索引采用数字和字母表示，数字表示该内容所在的页码，字母（a、b）表示该页自左至右的栏别。单独数字（没有字母组合的），表示为该内容在本页的通栏中或左右栏中都有。

A

B

C

D

H

J

2022 2022 2022